ERIC WERNER · MENDELSSOHN

Felix Mendelssohn, London 1829. Aquarell von James Warren Childe

ERIC WERNER

Mendelssohn

LEBEN UND WERK
IN NEUER SICHT

ATLANTIS

MEINER LIEBEN FRAU ELISABETH

Atlantis Musikbuch-Verlag, Zürich/Freiburg i. Br.

Gestaltung: Hans Frei, Zürich
Satz und Druck: Schüler AG, Graph. Anstalt, Biel
Einband: Buchbinderei Weber, Winterthur
ISBN 3 7611 0571 1 Printed in Switzerland

INHALT

Vorwort .. .. Seite 7

1. Das Erbe der Ahnen 11
2. Elternhaus und Jugend, 1809–1825 30
3. Altes Gesetz oder neue Hoffnung 54
4. Die Lehrjahre und ihre Werke 68
5. Umhegte Jugend 89
6. Traum und Tat 107
7. Die erste Ernte 126

Zwischenspiel I: Romantiker und «Neutrale» in den Musikachsen Europas .. 157

8. Die Reise nach England 166

Zwischenspiel II: Die Heimkehr aus der Fremde 187

9. Reisen und Reiseberichte 192
10. Reife Früchte 226
11. Berlin lehnt ab, Europa lädt ein 252
12. Lebenswende 273
13. Krisen und Erfolge. Die Lebensgefährtin 299
14. Die «ruhigen» Jahre und ihre Früchte 330

Zwischenspiel III: Die Antipoden – Mendelssohn und Wagner 366

15. Die Werke der Jahre 1837–1841 377
16. Komponist in königlichen Diensten 398
17. Die Werke der Jahre 1841–1844 428
18. Die letzten Jahre und ihre Werke 457

Zwischenspiel IV: Der «Elias» 484

19. Triumph und Tod 500
20. Mendelssohn und die Nachwelt 529

Anmerkungen zu den Kapiteln 549

Literaturverzeichnis 589

Anhang I:

a) Unveröffentlichtes Manuskript von Varnhagen von Ense 597
b) Ein unveröffentlichter Brief Mendelssohns an seinen Bruder Paul 599
c) Prolog zur Wiener Aufführung des «Elias» 600

Anhang II: Werkverzeichnis 601

Anhang III: Englische Abschrift (1878) von Felix Mendelssohns thematischem Verzeichnis seiner Werke 610

Abbildungsverzeichnis 614

Namenregister 617

Register der zitierten Werke 631

VORWORT

I.

Der Künstler, der das Prinzip «Kunst und Leben sind nicht zweierlei» aufstellte und danach lebte, stand oft im Gegensatz zu seiner allgemein als romantisch bezeichneten Zeit. Der gleiche Komponist machte es sich zum «unverbrüchlichen Gesetz», nie etwas Persönlich-Privates über sein Werk zu publizieren, und vereitelte so von vornherein alle Versuche, autobiographische Elemente in seinem Werk zu finden. Ein solcher Künstler darf nicht nach der üblichen biographischen Prozedur behandelt werden, die doch gewöhnlich Leben und Werk getrennt beschreibt. Um dem ersten Grundsatz gerecht zu werden, muß eine ernsthafte Darstellung des Komponisten Mendelssohn die Einheit von Leben und Schaffen respektieren. Um diese innige Wechselwirkung ins rechte Licht zu setzen, war es geboten, die Kompositionen mit den persönlichen Dokumenten (Briefen, Gesprächen etc.) zu verknüpfen. Ein solcher Versuch ist meines Wissens noch nie unternommen worden.

Ein Mangel hat also dieses Buch bedingt: die Kargheit zugänglicher und verläßlicher Quellen und Zeugnisse vom Leben und Schaffen des Meisters. In einigen Prolegomena hat der Verfasser darauf hingewiesen, daß frühere Biographien und Einschätzungen, selbst diejenigen anerkannter Gelehrter, sich auf eine ziemlich beschränkte Anzahl der von Verwandten zensurierten und tendenziös entstellten Exzerpte aus Mendelssohns Korrespondenz stützen. Diese Prolegomena sind:

Two unpublished Concertos (in: *Music and Letters,* April 1955)
New Light on the Mendelssohn Family (in: *Hebrew Union College Annual 1955*)
Mendelssohn's Sources (in: *Notes,* Washington, März 1955)
Mendelssohn's Fame and Tragedy (in: *Reconstructionist,* 1959, XXV, Nr. 1)
Artikel «Felix Mendelssohn Bartholdy» (in: *Musik in Geschichte und Gegenwart*)
The Family Letters of Felix Mendelssohn Bartholdy (in: *Bulletin of the New York Public Library,* Januar 1960)
Mendelssohn und Wagner, eine alte Kontroverse in neuer Sicht (in: *K.G. Fellerer-Festschrift,* Köln 1973)
und zwei ausführliche Besprechungen von Büchern über Felix Mendelssohn (in: *Die Musikforschung*)

Leider ist dieser Hinweis auf die Unzuverlässigkeit wichtiger Quellen erst in den allerletzten Jahren beachtet worden. So kommt es, daß der größte Teil der älteren Literatur, insbesondere der zwischen 1890 und 1933 publizierten, vor allem die musikalischen Fehden jener Zeit widerspiegelt und daher mit fehlerhaften Urteilen und Vorurteilen operiert. Dies gilt besonders für die vielen Musikgeschichtsbücher, die auch in neuester Zeit immer wieder dieselben falschen Klischees zitieren.

Es mußte daher eine dringende, wenn auch unerfreuliche Aufgabe des Biographen sein, die *Legende,* die sich an den Namen Mendelssohn hängt, zu überprüfen und auf den ihr zugrunde liegenden Wahrheitsgehalt zurückzuführen. Das Idol des victorianischen Zeitalters, der deutschen und englischen Salons, der engelreine Tugendbold, der konfliktlose Götterliebling Mendelssohn unserer Großeltern gehört in die Kategorie populärer historischer Romane; diese wieder verdanken ihre Existenz dem einst sehr populären, leider sehr einseitigen Buch *Die Familie Mendelssohn* von Sebastian Hensel. Der eingefleischte, ultrakonservative Feind aller *Zukunftsmusik,* der Weichling und Frömmler, als den ihn die Wagnerianer und ihr in musikalischen Fragen kaum urteilsfähiger Prophet G.B. Shaw verschrien, repräsentiert die andere, ebenso unhaltbare Deutung. Alle diese Darstellungen, die sich meist auf einige wenige Klischees zurückführen lassen, lösen sich in Dunst auf, oder bestenfalls in ein Phantasiegespinst, wenn sie mit den originalen Quellen oder Tatsachen *in ihrer Totalität* konfrontiert werden. Nur *eine* Tatsache bleibt bestehen, und sie ist immerhin bemerkenswert: schon zu seinen Lebzeiten, und mehr noch nach seinem frühen Tode, war und ist das Bild des Meisters und seine Einschätzung umstritten und Gegenstand langdauernder Dispute gewesen.

II.

Zur Zeit der englisch-amerikanischen Ausgabe dieser Biographie (1963), und wohl schon etwas früher, begann man in der Deutschen Demokratischen Republik – dort lagen die allermeisten Autographen von Mendelssohns Kompositionen – mit der Sichtung und Herausgabe der vielen bisher unveröffentlichten Werke. Diese haben mittlerweile sein Bild verändert, wenn auch noch nicht in so entscheidendem Maße, wie es zu wünschen wäre. Doch haben sie es zumindest bereichert. Solange aber die wichtigsten Werke des frühen Mendelssohn, vor allem seine Kirchenmusik, nicht allgemein zugänglich sind, bleibt die ausführliche Studie Rudolf Werners (kein Verwandter des Verfassers) *Felix Mendelssohn Bartholdy als Kirchenmusiker* die einzige ergiebige und verläßliche Quelle für einen eminent wichtigen Sektor seines Werks.

Die heute vorliegende Literatur unterliegt, wie wohl alle nicht rein wissenschaftlichen Abhandlungen, den Wechseln und Wandlungen des Geschmacks, um nicht zu sagen: der jeweils herrschenden Mode. Zuerst beherrschte eine unkritische Überschätzung die Zeit bis etwa 1860; dann begann das Wagner-Fieber und damit die Unterschätzung oder Geringschätzung Mendelssohns. Den Musikern des Impressionismus und Expressionismus bedeutete er wenig: den ersteren war er zu *linear*, zu wenig farbig, den letzteren war seine Musik zu reserviert, zu *unterkühlt,* um ihrem Bedürfnis nach ungehemmtem, triebhaftem Emotionalismus zu genügen. Außerdem war er ein Heiliger der wilhelminischen Epoche und ihrer Bourgeoisie und obendrein von jüdischer Abkunft. Noch vor etwa 20 Jahren hat man ihn nicht gerade respektvoll beurteilt. Er ließ sich keiner Schule einreihen, das beweisen die vergeblichen Versuche, ihn als *romantischen Klassizisten, klassizistischen Romantiker,* als *klassizistischen Epigonen* oder schlechthin als *Romantiker* zu bezeichnen. Die tieferen Gründe für diese Unsicherheit des Urteils über seine Stellung in der Musikgeschichte dürften auf soziologischem Gebiet liegen, und man könnte vielleicht von dort her seine wechselnde Einschätzung erklären. Diese Gründe sind ja schließlich doch nur Auswirkungen der jeweiligen Geschmacksänderungen. Mit ihnen verglichen, spielt die sogenannte Kulturpolitik des Hitler-Regimes nur eine geringe Rolle. Zwar hat diese seinen Namen und sein Werk geschmäht, sein Werk in ebenso dummer wie überheblicher Weise verurteilt, aber nicht viel weniger Schaden war seiner Einschätzung schon vorher zugefügt worden, hauptsächlich durch die Hyperkritik der Wagnerianer, aber auch durch die kritiklose Anbetung Mendelssohns durch deren Gegner.

Anläßlich der Besprechung seiner Kompositionen muß Mendelssohns Biograph über seine Darstellungsmethode technischer Einzelheiten Rechenschaft geben. Obwohl er von der Wahrheit von Strawinskys Wort: «What is technique? The whole Man»! überzeugt ist, war er nicht gewillt, den Leser mit einer Überfülle musikwissenschaftlichen Jargons zu belasten. Er mußte sich daher auf zwei Typen der verbalen Beschreibung von Musikwerken (eine *contradictio in adjectu*) beschränken. Er konnte für die bedeutendsten Werke eine morphologische Analyse versuchen, oder, bei weniger wichtigen, sich mit der Skizzierung ihrer historischen Stellung in der Gattungsgeschichte des 19. Jahrhunderts bescheiden. So hofft er, die Scylla des «Programm-Noten-Stils» und auch die Charybdis einer pseudopsychologischen «Deutung durch freie Assoziation», die gegenwärtig sehr beliebt ist, sicher umschifft zu haben.

Fragen der Musikästhetik wurden nur in besondern Fällen berührt; sie erfordern Sonderstudien. Auch das Problem des künstlerischen und persönlichen Antagonismus von Mendelssohn und Richard Wagner konnte nur teilweise diskutiert werden; eine gründliche Darlegung ist nicht möglich, solange die Archive in Bayreuth nicht allen ernsthaften Musikologen zugänglich sind.

Der Einblick in die Familienbriefe, in die unveröffentlichte Korrespondenz des Komponisten in der Bodleian Library, Oxford, und in der Library of Congress, Washington, D.C., und in die vielen Familienpapiere, die in Kopien im Archiv des Leo-Baeck-Instituts, New York, vereinigt sind, haben dem Verfasser wertvolle Erkenntnisse vermittelt, auch das Dilemma beleuchtet, dem Mendelssohn ausgesetzt war: seiner Stellungnahme zwischen Christentum, Judentum und deutschem Nationalbewußtsein. Diesen Fragen stand er keineswegs gleichgültig gegenüber.

III.

Für die englisch-amerikanische Version der Biographie hatte der Verfasser viele Helfer, und auch die vorliegende, erweiterte und revidierte Fassung ist ihnen verpflichtet. Zuerst sei dem Andenken an den verstorbenen Professor Wach, den Urenkel des Meisters, mein Dank gezollt; der Verfasser verdankt ihm die unschätzbare – wahrscheinlich erstmals erteilte – Erlaubnis, Familienkorrespondenz und -papiere eingehend zu durchforschen. Ihm und seiner lieben Schwester, der treuen Freundin, Mme Susi Heigl-Wach, gebührt mein tiefster Dank. Den verstorbenen Herren Hugo von Mendelssohn Bartholdy und seinem zeitweiligen Mitarbeiter Max F. Schneider habe ich schon seinerzeit, anläßlich der Gründung der Mendelssohn-Gesellschaft, meinen Dank ausgesprochen. Herrn Prof. Felix Gilbert, einem andern Urenkel Mendelssohns, verdankt das Buch die revidierte Genealogie. Dazu haben auch der Leiter des Leo-Baeck-Instituts in New York, Dr. Max Gruenewald, der Exekutivsekretär, Dr. Fred Grubel, und der Direktor des angeschlossenen Archivs, Dr. S. Milton, nach besten Kräften beigetragen.

Den fünf Bibliotheken, die der Verfasser benutzt hat, schuldet er herzlichen Dank: der Bodleian Library in Oxford, der Library of Congress, Washington, D.C., und seinen Freunden dort, dem verstorbenen Richard Hill, den Freunden Bill Lichtenwanger und Edward Waters und Dr. D. Mintz, nunmehr in New Jersey; der Wissenschaftlichen Bibliothek in Berlin (DDR) und ihrem um Mendelssohn verdienten Direktor der Musikabteilung Dr. Heinz Köhler; der Österreichischen Staatsbibliothek in Wien, insbesondere dem damaligen Direktor der kostbaren Handschriftensammlung, Herrn Hofrat Prof. Dr. Leopold Nowak; der Bibliothek der Stadt Wien und ihrem verstorbenen Musikbibliothekar, Hofrat Dr. F. Racek.

Der getreuen Helferin, Frau H. Stolzenberg, danke ich für ihre Sorgfalt bei der Herstellung des Typeskripts. Auch darf ich nicht versäumen, meines treuen verstorbenen Freundes, Prof. Israel Bettans, Cincinnati, in Dankbarkeit zu gedenken; er hat mir manchen tiefen Einblick in die Persönlichkeit Mendelssohns vermittelt. Überdies schuldet der Verfasser Dank den Institutionen und Personen, die ihm bei der deutschen Ausgabe behilflich waren: den Herausgebern der *Leipziger Werkausgabe* (DDR) Felix Mendelssohn Bartholdys; der *Stiftung Preußischer Kulturbesitz,* insbesondere seinem verehrten Freund Herrn Dr. Rudolf Elvers, Berlin, für seine Hilfe in Rat und Tat. Den Exekutiven der *Free-Press-Macmillan-Verlage* in New York ist der Verfasser für die freundliche Überlassung der Musikbeispiele aus der amerikanischen Ausgabe ebenfalls verpflichtet. Dem allzeit getreuen Druckgestalter Hans Frei gebührt besonderer Dank für seine Arbeit.

Als letzte der Liste, aber als erste meinem Herzen, nenne ich die treue Gefährtin meines Lebens, meine liebe Frau Elizabeth, geborene Mendelssohn. Sie hat mir bei dem mühseligen Geschäft der Sichtung und Auswertung des riesigen Materials unermüdlich zur Seite gestanden und hat mir bei der Anfertigung des Registers oft geholfen, immer mit Geduld und Liebe.

New York, Herbst 1979 *Eric Werner*

1. DAS ERBE DER AHNEN

Daja: Sein Volk verehret ihn als einen Fürsten,
Doch daß es ihn den weisen Nathan nennt,
Und nicht vielmehr den reichen, hat mich oft
Gewundert.
Tempelherr: Seinem Volk ist reich und weise
Vielleicht das nämliche.
Daja: Vor allem aber
Hätt's ihn den Guten nennen müssen.

Lessing, Nathan der Weise

I.

Der gute, der weise Nathan: wie man weiß, hat Lessing in seinem Drama dem Freunde Moses Mendelssohn ein idealisierendes Denkmal gesetzt, ja, man könnte es eine Huldigung nennen. Ein Schulphilosoph höchsten Ranges war Moses Mendelssohn gewiss nicht; eher wird man ihm gerecht, wenn man ihn einen Weisen seines Volkes nennt. Mit ihm beginnt für das jüdische Volk erst die Neuzeit; sie wird eingeleitet durch sein Leben und Werk. Es ist daher angebracht, daß wir uns mit dieser ehrwürdigen Gestalt, dem Großvater Felix Mendelssohns, etwas näher beschäftigen. Sowohl unter seinen Ahnen wie unter seinen Nachkommen finden sich viele bedeutende, ja überragende Persönlichkeiten. Wohl deshalb haben die Genealogen die Familie bis zurück ins 14. Jahrhundert erforscht.[1]

Die Ahnen Moses Mendelssohns waren meistens gelehrte Rabbiner und talmudische Juristen, von denen nur wenige es zu einigem Wohlstand brachten. Unter ihnen finden sich wohlbekannte Persönlichkeiten, wie Rabbi Moses Isserles (Krakau, 1520–1572) oder der legendäre «Eintagskönig» von Polen, Saul Wahl (15. Jahrhundert) und der scharfsinnige Bibelexeget Jakob Lipmann Heller (17. Jahrhundert); auch die Gelehrtendynastie der Katzenellenbogen aus Padua gehörte zu seinen Vorfahren. Moses wußte einiges von ihnen, und auch seine Kinder und sogar seine (christlichen) Enkelkinder kannten diese Namen.

Die Historiker und Genealogen dürften kaum überrascht gewesen sein, unter den Vorfahren mancher adeliger Geschlechter einige Namen jüdischer Patrizierfamilien zu finden, z. B. im Stammbaum der Grafen Wimpffen, Zichy, Beroldingen, Fries, der Barone Pirquet, Pereira, Arnstein, Rothschild etc.[2] Allgemein bekannt ist, daß Felix der Enkel Moses Mendelssohns war; über seine Mutter Lea hört oder liest man eigentlich nur in Sebastian Hensels weitverbreitetem Buch *Die Familie Mendelssohn.* Diese Chronik schweigt sich aber sowohl über des Moses wie auch Lea Salomons Ahnen schamvoll aus, wie es bei neugetauften Juden nicht eben selten war. Doch die Vorfahren von Felix Mendelssohns Mutter Lea sind nicht weniger interessant als die seines Großvaters.

Lea, geb. Salomon, war die Enkelin von Daniel Itzig (1722–1799), dem «Hofjuden» Friedrichs II. von Preußen. Er hatte fünf Söhne und elf Töchter. Nach alter

Sitte blieben die Söhne im Geschäft und heirateten die Töchter von Geschäftsfreunden oder Konkurrenten. Die Mädchen hingegen wurden entweder mit gelehrten Rabbis oder mit Söhnen aus der jüdischen Hochfinanz verheiratet. So heiratete Babette, Leas Mutter (1749–1824), den Hofjuwelier Levi Salomon. Leas Bruder war Jakob Salomon, der seinen Familiennamen ablegte und dafür den Namen Bartholdy annahm; dies geschah unmittelbar nach seinem Übertritt in die protestantische Kirche. Der Name Bartholdy stammte aus einer in seinen Besitz gelangten Meierei in Neu-Cölln, deren früherer Eigentümer ihn vor langen Jahren getragen hatte. Eine Schwester der Babette Itzig, Fanny, wurde später die Frau des österreichisch-jüdischen Barons Nathan Adam von Arnstein. Eine weitere Schwester Cäcilie (Zipporah) wurde dann mit Arnsteins Kompagnon, dem Baron Eskeles, gleichfalls in Wien, verheiratet. Eine andere Schwester der Babette war Blümchen, die Frau des Theologen David Friedländer, der ein Lieblingsschüler Moses Mendelssohns war. Wie man sieht, kannten die zwei Clans – denn um solche, beinahe stammesartige, weitverzweigte Familien handelt es sich hier – einander gut; sie waren sogar weitläufig miteinander verwandt, denn die Itzigs waren ebenfalls Nachkommen des Moses Isserles. Andere, ihnen verwandte Familien waren die Heine, Ephraim, Oppenheimer, Beer, Rothschild, Leo u. a.

Bei weitem die interessanteste und bedeutendste unter den Töchtern Daniel Itzigs war Sorel (Sara), die in ihrem langen Leben – sie wurde 91 Jahre alt (1763 bis 1854) – sowohl die Emanzipation der deutschen Juden wie auch deren oft umstrittene Weiterentwicklung miterlebt hat. Sie wurde die Gemahlin des Bankiers Samuel ben Salomon Levy Chalfan, der später den letzten Namen, der eigentlich eine Berufsbezeichnung war, ablegte, im übrigen aber, zusammen mit seiner Frau, dem Judentum treu blieb. Vor dem chaotischen Hintergrund einer aufgeschreckten Judenheit, deren einer Teil die Emanzipation erhoffte, während der andere Teil sie fürchtete, während Tausende aus opportunistischen oder weltanschaulichen Gründen ins Christentum flüchteten, erscheint Sara Levy als eine Persönlichkeit starken Charakters und ungewöhnlicher Leistungen. Diese Frau, Großtante unseres Komponisten, nahm auf seine musikalische Erziehung bedeutenden Einfluß und besaß selbst auch eine ausgezeichnete musikalische Ausbildung. In ihrer Jugend war sie Wilhelm Friedemann Bachs Lieblingsschülerin und Wohltäterin gewesen. Sie half auch der Witwe C. Ph. E. Bachs und ließ eine Büste von ihm anfertigen, die später in der Konzerthalle des Königlichen Schauspielhauses aufgestellt wurde. Ihre Begeisterung für die Musik der Bach-Familie – eine Begeisterung, die von der ganzen Itzig-Familie geteilt wurde – hat sie schon früh mit dem Kreis um Ch.F. Fasch und den Anfängen der Berliner Singakademie in Berührung gebracht. Dort lernte sie K.F. Zelter kennen, und es scheint, daß sie es war, die Zelter zum Lehrer des jungen Felix Mendelssohn bestimmte. Jener respektierte sie als Musikerin, denn sie trat als Cembalistin in Konzerten der Singakademie in den Jahren 1806–1808 auf. Sie war eine der ersten, wenn nicht die erste Instrumentalsolistin dieser erzkonservativen

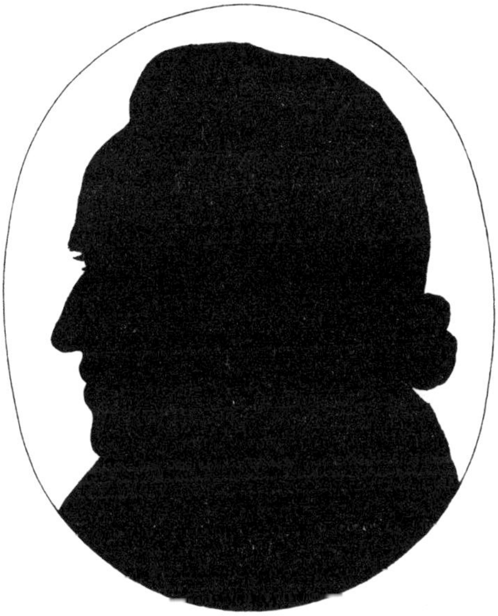

Moses Mendelssohn, Großvater von Felix

Institution, die Juden nicht eben geneigt war. Trotzdem vermachte sie ihr einen Teil ihrer kostbaren musikalischen Bibliothek, die viele Manuskripte der Bach-Familie enthielt.[3]

Sie regierte in einem der ersten und einflußreichsten der Berliner jüdischen Salons. In ihm trafen sich so verschiedenartige Persönlichkeiten wie Graf Bignon, der französische Gesandte in Berlin, Prinz Louis Ferdinand, Rahel Varnhagen, der deutsche Dichter Achim von Arnim, der sich dort eine böse Provokation erlaubte, für die er büßen mußte[4], Fürst Radziwill, die Familien Mendelssohn, Itzig und Hitzig, Professor Steffens, Rektor der Berliner Universität, u. a. m.

Sie wurde als eine «vergeistigte alte Dame» im Spitzenhäubchen geschildert, die mit Vorliebe Musik, Philosophie und Literatur zu diskutieren pflegte. Sie war tief verletzt durch die Apostasie vieler ihrer nächsten Verwandten.

«Hier steh' ich, ein entlaubter Stamm» (ihre Anwendung eines Schillerschen Verses, wenn sie über dieses heikle Thema sprach), «alle die Meinigen um mich her sind durch ihren Übertritt zum Christentum mir doch in vieler Hinsicht fremd geworden», schrieb sie an ihren Freund, den protestantischen Theologen Friedrich Schleiermacher, der sich seinerseits bemüht hatte, sie für das Christentum zu gewinnen. Anders als ihre Kusine, die schöne Henriette Herz, die Schleiermacher zum Christentum bekehrte, pflegte sie zu sagen:

Da der jüdische Glaube, sogar nach der Doktrin der Kirche, den Unterbau bildet, auf dem das ganze Gebäude des Christentums errichtet ist, wie kann man erwarten, daß ich mein Erdgeschoß abbreche, um im ersten Stock zu wohnen?[5]
Sie pflegte regelmäßig im Alten Testament zu lesen, das sie gut kannte und gelehrt zu interpretieren verstand. Sie bewies ihre Treue dem Judentum gegenüber durch ihre großzügige Stiftung, das jüdische Waisenhaus, dem sie 20 000 Taler hinterließ (heute etwa 250 000 Fr.).

II.

Wenn man den Charakter und das Wesen Felix Mendelssohns verstehen will, muß man mit dem Milieu seiner Kindheit und Jugend vertraut sein. Dieses aber war weitgehend beherrscht von zwei Zielen, oder richtiger, von zwei Erwartungen: Emanzipation und Assimilation der Juden. Heute, nachdem diese stolze Errungenschaft in einer unaussprechlichen Tragödie von Feuer und Blut versunken ist, läßt sich jene etwas zwielichtige Epoche rein historisch betrachten, ohne daß man für eine der Parteien Stellung nehmen muß.

Man hat oft gesagt, die Assimilation sei der Preis für die bürgerliche Emanzipation gewesen; abgesehen davon, daß der Preis sehr gerne entrichtet wurde, wäre hier zu bemerken, daß in gewissen Kreisen die Assimilation der Emanzipation um mindestens eine Generation vorausging.

Die Frage liegt nahe: Welcher Teil der Juden wollte sich assimilieren und an wen? Gewiß nicht an das ganze deutsche Volk. Erinnern wir uns, was der junge Moses Mendelssohn in seiner Empörung über eine absprechende Kritik von Lessings Schrift *Die Juden* (von Professor Michaelis in den Göttinger *Gelehrten Anzeigen*) hinausschrie: *Welche Erniedrigung für unsere bedrängte Nation! Welche übertriebene Verachtung! Das gemeine Volk der Christen hat uns von jeher als den Auswurf der Natur, als Geschwüre der menschlichen Gesellschaft angesehen. Allein von gelehrten Leuten erwarte ich jederzeit eine billigere Beurteilung ...*[6]

Nein, nur wenige Juden dachten an eine Assimilation an «das gemeine Volk der Christen»! Die Gruppe, an die sich die Juden assimilieren wollten und oft auch konnten, war die der sogenannten «deutschen Geisteselite».[7] Dieser Ausdruck von Hans Weil umfaßt drei Bevölkerungsteile: einzelne Adelige, aufsteigende Schichten des Bürgertums und privatisierte Honoratioren. Diese dritte Gruppe war ein Teil des Großbürgertums, das nicht primär mit dem Staat der Fürsten und seiner absolutistischen Regierung verbunden war; seine Erziehung vermittelte ihm Kenntnis und Kritik. Sie alle aber waren Vereinzelte, *Nicht*-Assoziierte, und waren tief beeindruckt von der Konstitution der Vereinigten Staaten und den *Droits de l'homme* der Französischen Revolution. Die *freie Menschlichkeit,* enthusiastisch besungen in Schillers Tellparaphrase *Die Menschenrechte* und Mozarts *Zauberflöte,* war ihre Lösung und Lieblingsidee und allen Gliedern dieser «Geisteselite» gemeinsam.[8]

Diese Intellektuellen und ihre Philosophie aber wurden von beiden Seiten mißverstanden. Dilthey hat das Dilemma klar erkannt: *Das Thema des Nathan ist, zu zeigen, wie mitten im Machtkampf und in den fanatischen religiösen Gegensätzen die freien Geister sich loslösen vom Glauben der Väter, wie sie sich finden, in sich selbst die gleiche Menschlichkeit entdecken, und wie nun eine geistige Solidarität zwischen ihnen sich bildet...*[9]

Es wurde um die Jahrhundertwende (von 1800) allgemein angenommen, daß eine Assimilation der deutschen Juden nur unter Aufgabe aller jüdischen Doktrin sinnvoll sein würde; die gewiß nicht dummen Juden waren über diese Zumutung erstaunt, wie sich in der Kontroverse zwischen David Friedländer und Probst Teller gezeigt hat. Und es muß betont werden, daß schon Moses Mendelssohn ein solches Mißverständnis seiner eigensten Gedanken vorausgesehen und sich bemüht hatte, diese und ähnliche Verdrehungen in wuchtigen Worten zu tadeln, d. h. zurückzuweisen. Nachdrücklich ist seine Warnung:

... Haltet auch standhaft bei der Religion eurer Väter! ... Haltet nichtsdestoweniger aus, steht unerschüttert auf dem Standorte, den euch die Vorsehung angewiesen... In der Tat sehe ich nicht, wie diejenigen, die in dem Hause Jacobs geboren sind, sich auf irgendeine gewissenhafte Weise vom Gesetze entledigen können...[10]

Wir wenden uns nun einer kurzen Biographie dieses originellen Denkers und edlen Menschen Moses Mendelssohn zu.

III.

In der Person seines Großvaters waren zwei der mächtigsten Kräfte vereint, die des Enkels Felix Schicksal bestimmen sollten. Des Ahnen Ruhm und die Nachwirkung seiner Gedankenwelt haben die nachfolgenden Geschlechter seiner Familie immer wieder verpflichtet, manchmal sogar gegen ihren Willen. In Felix wirkte, mehr als in irgendeinem anderen Enkel Moses Mendelssohns, dessen humanistischer, die Menschenwürde als hohes Ideal respektierender Geist nach.

Als vierzehnjähriger Vagabund folgte der mißgestaltete Talmudjünger Moses aus Dessau seinem früheren Rabbi Fränkel auf dem Fuße und zu Fuß nach Berlin. Von 1743 bis 1750 mußte er sich in harter Arbeit kümmerlich durchbringen, ja durchhungern. Er hat später davon gesprochen, daß er in diesen Hungerjahren auf einem Laib Brot sechs Teile markierte, eine Schnitte pro Tag; am Sabbath aber war er bei vermögenden Leuten zum Essen eingeladen. Nichtsdestoweniger lernte er mit Hilfe von Dr. Gomperz und Dr. Kisch in fünf Jahren vier Sprachen: Französisch, Englisch, Latein und Griechisch. Sie alle kamen dem werdenden Philosophen sehr zustatten. Er wurde dann Hauslehrer, Buchhalter und schließlich Gesellschafter in der Firma eines Seidenfabrikanten und -verkäufers. Inzwischen hatte er mit dem Juden Zamosc autodidaktisch Mathematik, Philosophie und Literatur studiert und sich besonders der Philosophie eifrig zugewandt. Seine philosophischen Schriften wurden gewöhnlich als Aufklärungsliteratur bezeichnet, ohne daß der Begriff oder das Wort «Aufklärung» genauer definiert oder doch wenigstens erklärt worden wäre. Doch beginnt man an der landläufigen Erklärung des Wortes zu zweifeln, wenn man Mendelssohns eigne Worte liest:

Familie Mendelssohn
(Auszug)

- R. Moses Isserles 1520–1572
  - Mendel Dessau ∞ Sisa
    - Moses Mendelssohn 1729–1786 ∞ Fromet Gugenheim 1737–1812
      - (Brendel) Dorothea M. 1764–1839 ∞ 1) Simon Veit 2) Friedrich von Schlegel
      - Recha M. 1767–1831 ∞ Mendel Meyer
      - Josef M. 1770–1848 ∞ Henriette (Hinni) Meyer
      - Henriette (Maria) M. 1775–1831
      - Abraham M. (Bartholdy) 1776–1835 ∞ Lea Salomon 1777–1842
      - Nathan M. 1782–1852 ∞ Henriette Itzig 1781–1845
    - Saul Mendelssohn
  - Daniel Itzig 1723–1799 ∞ Miriam Wulff 1725–1788

    5 Söhne und 11 Töchter

    siehe Familie Itzig

Familie Itzig
(Auszug)

Daniel Itzig ∞ Miriam Wulff
1723–1799 1725–1788
(5 Söhne und 11 Töchter)

- Bella (Babette) I. 1749–1824 ∞ Levin Jacob Salomon
  - Jacob S. (Bartholdy) 1774–1825
  - Lea Salomon 1777–1842 ∞ Abraham Mendelssohn (B.)
    - Fanny
    - **Felix**
    - Rebekka
    - Paul

    s. oben Familie Mendelssohn
- Isaac Daniel I. 1750–1806 ∞ Edel Wulff
  - Moritz I. 1787–1813 [umgekommen]
- Elias Daniel (Hitzig) 1752–1818 ∞ Marianne Leffmann
  - Julius Eduard Hitzig 1780–1849 ∞ Jeannette Bartenstein
  - Henriette Itzig 1781–1845 ∞ Nathan Mendelssohn 1782–1852

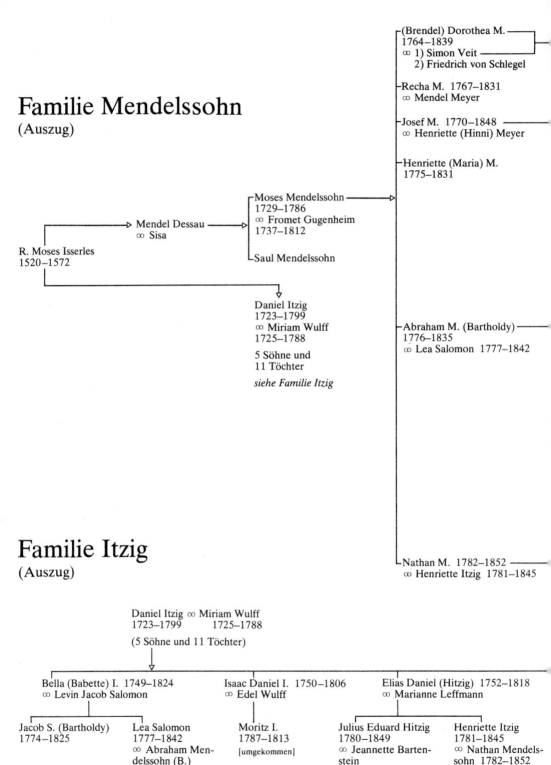

- Jonas (Johannes) V. 1790–1854 ∞ Flora Riess
- Philipp V. 1793–1877 ∞ Caroline Pulini

- Benjamin (Georg) M. 1794–1874 ∞ Rosamunde Richter
- Alexander M. 1798–1871 ∞ Marianne Seeligmann
  - Marie M. 1822–1891 ∞ Robert Warschauer
    - Francesco W.
    - Eleonore W.
    - Angelica W.
  - Franz (von) M. 1829–1889
    - 2 Söhne

- Fanny M. 1805–1847 ∞ Wilhelm Hensel
  - Sebastian H. 1830–1898 ∞ Julie von Adelson
    - Ernst H.
    - Kurt H.
- **Felix Mendelssohn Bartholdy** 1809–1847 ∞ Cécile Jeanrenaud
  - Carl M. B. 1838–1897 ∞ 1) Berta Eissenhardt 2) Mathilde von Merkl
    - Albrecht M. B. ∞ Dora Wach
      - 2 (adopt.) Töchter
  - Marie M. B. 1839–1897 ∞ Victor Benecke
  - Paul M. B. 1841–1880 ∞ 1) Else Oppenheim 2) Enole Oppenheim
    - Otto M. B.
      - Hugo
      - Mrs. Grafström
    - Ludwig M. B.
    - Paul M. B.
      - Enole
    - Cécile M. B. ∞ Gilbert
      - Felix
      - Maimie
    - Lilli M. B. ∞ Pasini
      - Paul
      - Peter
      - Mia
  - Felix (als Kind †)
  - Lilli M. B. 1845–1910 ∞ Adolf Wach
    - Felix Wach ∞ Katherine (von) Mendelssohn-Bartholdy
      - Joachim
      - Hugo
      - Susi
    - Marie W.
    - Dora W.
    - Adolf W.
      - Thomas W.
- Rebekka M. 1811–1858 ∞ P. G. Lejeune Dirichlet
  - Walter D. 1833–1887 ∞ Anna Sachs
  - Ernst D. 1840–1868
  - Flora D. 1845–1912 ∞ Wilhelm Baum
- Paul M.-B. 1812–1874 ∞ Albertine Heine
  - Ernst (von) M.-B. 1846–1909 ∞ Marie Warschauer
    - Katherine (von) M.-B.
  - Gotthold M.-B. 1848–1903 ∞ Elise Wentz
  - Fanny M.-B. 1851–1924 ∞ Eugen Freiherr von Richthofen

- Arnold M. 1817–1850
- Ottilie M. 1819–1848 ∞ Eduard Kummer
- Wilhelm M. 1821–1866 ∞ Aimée Cauer
  - Arnold M. 1855–1933 ∞ Maria Cauer
  - Ottilie M. 1858–1929
  - Marie M. 1860–1937
  - Louise M. 1863–1923

- Blümchen I. 1752–1814 ∞ David Friedländer
  - Benoni (Johann Julius) F. 1783–1858 ∞ Rebekka von Halle
    - Marianne F. 1797–1817 ∞ Mendheim
      - Julie F. ∞ J. G. Droysen
  - Moses F. 1774–1840
- Sara I. 1761–1854 ∞ Ch. Levy
- (Franziska) Fanny I. 1758–1818 ∞ Nathan Adam (Freiherr von) Arnstein
  - R. ∞ Salomon Heine
    - Albertine H. ∞ Paul Mendelssohn-Bartholdy 1812–1874

[andere ∞: Baron Eskeles
Graf Wimpffen
M. Ephraim]

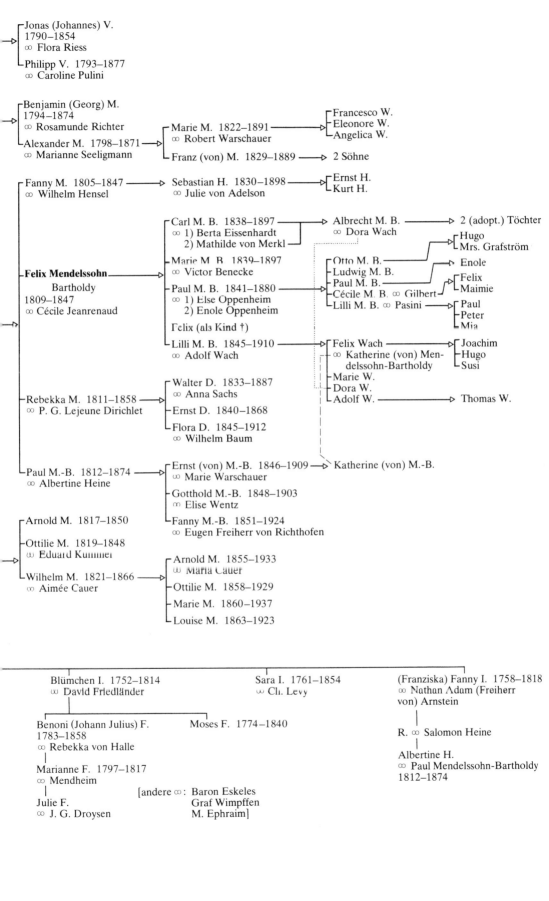

Nichts aber ist dem wahren Wohl des Menschen mehr zuwider als jene Afteraufklärung, da Jedermann schale Weisheit im Munde führt, wovon der Geist schon längst verduftet ist, wo Jedermann über Vorurtheile spottet, ohne das Wahre in denselben vom Falschen zu unterscheiden. Nun, übe man Arzneikunst in einem Krankenhause, wo jeder Kranke sich einbildet, selbst ein Arzt zu sein! In derselben Verlegenheit befindet sich der Freund der echten Aufklärung in jeder Gesellschaft, in der Verspottung des Aberglaubens zum Modeton geworden ist...[11]

Dies ist ganz im Sinn seines großen Freundes Lessing gesprochen, der bis zum Ende seines Lebens mit theologischen und dogmatischen Streitfragen beschäftigt war. Diese Freundschaft, die ursprünglich aus gemeinsamen literarischen Interessen hervorging, gipfelte in Lessings Drama *Nathan der Weise,* in welchem er dem Freunde und dessen Ideen ein unvergängliches Denkmal setzte. Es gilt als das ideale Drama der Toleranz; doch sei hier bemerkt, daß niemand dieses Wort mehr haßte und verachtete als eben Mendelssohn.[12] *Nie ist das männliche Glück einer auf Übereinstimmung der Gesinnung beruhenden Freundschaft, des gegenseitigen Verständnisses und Vertrauens so empfunden worden als unter diesen Menschen, deren Charakter rational und übereinstimmend bis zur Eintönigkeit sich geformt hatte.*[13]

Als Autor wirkte Mendelssohn auf den Gebieten der Theologie, der Philosophie und der deutschen Literatur. Es gibt von ihm sogar eine kleine Abhandlung über die physikalischen und mathematischen Grundlagen der Musik. Diese Schrift wurde von J. Ph. Kirnberger (1721–1783) angeregt oder, was wahrscheinlicher ist, herausgefordert. Sie heißt *Versuch eine vollkommen gleichschwebende Temperatur durch die Construction zu finden* und erschien anonym in *Historisch-kritische Beyträge zur Aufnahme der Musik,* Bd. V, Heft 2, S. 95–97, herausgegeben von Fr. W. Marpurg.[14] Seine bedeutendsten Leistungen vollbrachte er auf dem Gebiet der Religionsphilosophie. Wir werden sehen, daß seine großen Arbeiten alle einen tiefen inneren Konflikt enthalten, von dem noch zu sprechen sein wird, weil er in anderer Gestalt auch im Leben und Denken seines Enkels wirksam war. Diese, möglicherweise dem Philosophen unbewußte Problematik ist erst spät erkannt worden; F. Bamberger hat in seiner Programmstudie *Die geistige Gestalt Moses Mendelssohns* den tiefen inneren Widerspruch der Gedankenwelt des Denkers aufgezeigt: es handelt sich hierbei um die logisch unüberbrückbare Kluft zwischen den Grundsätzen einer philosophisch begründeten Vernunftreligion und den Prinzipien einer «göttlich geoffenbarten Gesetzgebung», die von jenen rational nicht ableitbar sind.[15] Diesen Konflikt hatte Hamann, der «Magus des Nordens», in seiner Schmähschrift gegen Mendelssohns *Jerusalem* gespürt und war nicht ganz im Unrecht, wenn er ihn einerseits einen «Aufklärer», andererseits einen «Stockjuden» nannte und als solchen und als «ästhetischen Moses» verspottete.

Eine psychologisch-historische Betrachtung der inneren Problematik Mendelssohns, die ein großer Essay von S. Stern-Täubler bietet, geht auf die mehrjährige Periode der tiefen Melancholie, ja Apathie Mendelssohns ein, die seiner Auseinandersetzung mit Lavater folgte. Damals fürchtete er, geisteskrank zu werden, und mehrere Jahre schrieb und las er kaum etwas Ernsthaftes. Die genannte Untersuchung knüpft daran die folgenden Fragen: Was war die tiefere Ursache dieser Apathie?[16]

War es die Erkenntnis, daß in dem Dispute über die Toleranz im alten Römerreich vom legalistischen Standpunkt nur drei Religionen Toleranz beanspruchen durften, in denen weder Islam noch Judentum inbegriffen waren?...

Oder war es so, daß Duldung und Toleranz, die uns gepredigt wurden, ihm gefährlicher schienen als Grausamkeit und Verfolgung? Denn er sah in jener «heiligmäßigen Toleranz» nicht Weisheit und Nächstenliebe, sondern die effektivste Methode der Judenbekehrung.

War es, daß die Begegnung des jüdischen mit dem deutschen Geist... die er mit dem Instrument der Philosophie der Vernunft zu fördern suchte, ihn zum erstenmale die tragischen und lebensgefährlichen Aspekte seines Unternehmens gewahr werden ließ?...

Weit entfernt davon, einer *Universalreligion* das Wort zu reden, verteidigte Moses Mendelssohn die individuellen monotheistischen Religionen, die er als Emanationen einer einzigen ewigen Wahrheit ansah, unbeschadet ihrer vielfältigen Formen und Strukturen. Wenn die meisten seiner Kinder sich anläßlich ihres Übertritts zum Christentum auf ihres Vaters Philosophie beriefen, dann mißverstanden sie diese oder verfälschten sie willkürlich. Hatte er doch noch in seinem *Jerusalem* die Mahnung und Warnung ausgesprochen:

Und noch jetzt kann dem Hause Jacobs kein weiserer Rath ertheilt werden, als eben dieser. Schickt euch in die Sitten und in die Verfassung des Landes, in welches ihr versetzt seid; aber haltet euch standhaft bei der Religion eurer Väter. Tragt beider Lasten, so gut ihr könnt!

Wenn die bürgerliche Vereinigung unter keiner anderen Bedingung zu erhalten, als wenn wir von dem Gesetze abweichen, das wir für uns noch verbindlich halten, so thut es uns herzlich leid, was wir zu erklären für nöthig erachten: so müssen wir lieber auf bürgerliche Vereinigung Verzicht thun; so mag der Menschenfreund DOHM vergebens geschrieben haben...[17]

Viel von seiner schriftstellerischen Tätigkeit hatte didaktische Zwecke: so seine deutsche Bibelübersetzung von jüdischer Seite, die zwar sprachlich nicht die Kraft von Luthers Werk hat, aber dafür viele seiner Irrtümer vermeidet, da sich Mendelssohn an den Urtext und die jahrhundertealte Tradition gehalten hatte. Auch seine *Morgenstunden* und besonders *Jerusalem,* ein Versuch, den jüdischen Monotheismus als eine Vernunftreligion und zugleich als eine göttliche geoffenbarte Gesetzgebung darzustellen, zeugen von aufklärerischen Absichten. Alle diese Werke sollten seinen Glaubensgenossen die deutsche Sprache in flüssigem Stil nahebringen, seine Kinder in jener Gesinnung erziehen, die er für die einzig sinnvolle hielt, und seine religiösen und philosophischen Thesen vor intelligenten, mehr noch, gelehrten Christen vertreten. Seine wichtigste Position, daß, wer in Einklang mit der Ethik *handelte,* die das Judentum geschaffen und vertreten hatte, *ipso facto* ein gottgläubiger Mensch (im Sinne des Judentums) sei, wurde schon zu seinen Lebzeiten angefochten und ist seither von christlichen und jüdischen Denkern als unhaltbar bezeichnet worden.

Seine philosophischen und ästhetischen Werke sind heute nahezu vergessen, vielleicht mit Ausnahme seines *Phädon,* eines Dialogs in platonischer Art, in dem die Unsterblichkeit der Seele bewiesen werden soll. Diese Abhandlung ist seinerzeit in mehr als 30 Sprachen übersetzt worden. Seine vielen und überraschend vielseitigen Studien über literarische, ästhetische, ja physikalische Publikationen, die er in *Briefe, die neueste Literatur betreffend* zusammen mit Gotthold Ephraim Lessing und Friedrich Nicolai erscheinen ließ, sind natürlich vergessen, weil sie durchaus an den Zeitgeschmack gebunden waren. Wie leicht zu verstehen, kam Mendelssohn mit vielen bedeutenden Zeitgenossen zusammen, sogar mit dem alten König Friedrich II., der sich einbildete, an Freisinn und Witz einem Voltaire gleichzukommen. Der König war verärgert, weil Mendelssohn seine Gedichte ziemlich abfällig rezensiert hatte; auf seine indignierte Anklage replizierte der nach Sanssouci zitierte Kritiker:

Majestät, wer Verse macht, schiebt Kegel, und wer öffentlich Kegel schiebt, sei er König oder Bauer, muß sich gefallen lassen, daß der Kegeljunge sagt, wie er schiebt.

Da ließ der «freisinnige» König, der schon mit der Suspendierung der *Literaturbriefe* gedroht hatte, amüsiert von seinem Vorhaben ab. Mendelssohn hatte viele derartige Kontroversen: mit dem Theologen und Physiognomen Lavater, dem französischen Publizisten Bonnet, mit Kant und mit Hamann, dessen wir schon gedacht haben. Er war wohl beschlagen in der zeitgenössischen Literatur, und Pope und Shaftesbury gehörten zu seinen Lieblingsautoren. Wie schon im 19. Jahrhundert bemerkt wurde, hatte Mendelssohn ursprünglich nicht gewagt, eine wirkliche und rechtliche Verbesserung der Stellung der Juden Europas zu seinen Lebzeiten zu erhoffen[18]; aber nach und nach, besonders nach dem Toleranzpatent Kaiser Josephs II. 1781/82, faßte er neuen Mut, und die letzten Jahre seines Lebens waren erfüllt von Bemühungen um eine legale und pragmatische «Neue Ordnung» der Verhältnisse vor allem der mitteleuropäischen Juden. Als Einführung in das Problem schrieb er das Vorwort zur *Rettung der Juden* des holländisch-portugiesischen Rabbi Manasse ben Israel, der Schrift, die seinerzeit Cromwell veranlaßt hatte, Juden die Einwanderung nach England zu gestatten. Die Denkschrift *Über die bürgerliche Verbesserung der Juden* des preußischen Kriegsrats Christian W. Dohm war, wenigstens teilweise, das Ergebnis von Mendelssohns Einfluß auf diesen. Doch war der Schrift ein positiver und konkreter Erfolg zunächst nicht beschieden. Mendelssohn war mehr ein «Fürsprech» denn ein Kämpfer für die Emanzipation; er war zu weise, um ihre inhärenten Gefahren nicht zu erkennen.[19]

Dennoch wurde die erste und wichtigste Gesetzgebung über die Judenemanzipation mit Mendelssohns Namen verknüpft. Sie wurde vom Abbé Grégoire in der

Assemblée Constituante eingebracht, von Mirabeau befürwortet, aber erst nach einigen Aufschüben durch das Gesetz vom 28. September 1791 verwirklicht. Weitergetragen und in die Tat umgesetzt wurde es außerhalb Frankreichs nur von den französischen Legionen.

Moses Mendelssohns letzte Jahre waren vielfach getrübt; was ihn am meisten berührte, war der sich anbahnende *philosophische* Konflikt mit seinem Freunde Lessing. Er hatte ihm, wenn auch in der liebenswürdigsten Weise, seine Kritik an *Ernst und Falk* brieflich mitgeteilt. Die immer lauter werdenden Behauptungen von Lessings «Spinozismus» trafen den kränkelnden Mendelssohn hart. Schon vorher hatte er seines Freundes *Erziehung des Menschengeschlechts* in seiner eignen großen Verteidigung des Judentums, in *Jerusalem,* auffallend geringschätzig abgetan – er neigte gar nicht zu einer Philosophie der Geschichte. Wo immer möglich versuchte er, durch persönliche Beziehungen einen Wandel zum Besseren zu schaffen, wie etwa damals, als er sich an seinen Freund und Gegenspieler Lavater wandte; er wollte für die jüdischen Bewohner von Endingen und Lengnau, den einzigen Ortschaften der Schweiz, wo Juden, wenn auch mit sehr beschränkten Rechten, unangefochten leben durften, eine Besserung ihrer Verhältnisse erreichen. Und wirklich, Lavater, der Schweizer Patrizier, setzte sich für diese Menschen ein, so daß ihre «Privilegien» ihnen erhalten blieben.

Immer wieder hatte er den Begriff der Religionsfreiheit klarzustellen, oft sogar polemisch. Große Teile der Bevölkerung hatten Mendelssohn mißverstanden und meinten, Toleranz sei das Übergangsstadium zu einer liberalen (natürlich christlichen) Universalreligion. Gegen dieses Mißverständnis erhebt er seine Stimme wieder und wieder, so wenn er den Fürsten zuruft: «Trauet den Räthen nicht, die euch mit glatten Worten zu einem so schädlichen Beginnen, wie Glaubensvereinigung ist, verleiten wollen... Glaubensvereinigung ist nicht Toleranz, ist der wahren Duldung gerade entgegen.»[20] Noch schärfer, ja in geradezu erbitterter Weise antwortete er – in seiner letzten Schrift – den «Spinozisten» unter Lessings Freunden, die, den pantheistischen Denker mißverstehend, für solche «Toleranz» eingetreten waren: «Ich von meiner Seite bleibe bei meinem jüdischen Unglauben, traue keinem Sterblichen einen engelreinen Mund zu[21], möchte selbst von der Autorität eines Erzengels nicht abhängen, wenn von ewigen Wahrheiten die Rede ist...; oder vielmehr, da wir alle, wie Herr Jacobi sagt, im Glauben geboren sind, so kehre auch ich zum Glauben meiner Väter zurück...»

Moses starb 1786, ohne Todeskampf, an einem Gehirnschlag, wie manche seiner Nachkommen.

Vom Charme des «jüdischen Socrates», wie er in Berlin genannt wurde, gibt es viele Anekdoten; hier seien nur zwei erwähnt, die beide einen ernsten Hintergrund haben. Erst auf die Fürsprache eines französischen Edelmannes hin erhielt Mendelssohn vom «freisinnigen» Friedrich das Aufenthaltsrecht in Preußen. Als er so arrogant war, dasselbe auch für seine Kinder zu erbitten, wurde es ihm rundweg abgeschlagen. Die Akademie der Wissenschaften zu Berlin hatte Mendelssohn zu ihrem Mitglied gekürt; doch der Voltairianer Friedrich versagte die Bestätigung der Wahl. Mendelssohn war davon keineswegs überrascht, da er die Kaprizen seines Monarchen kannte. Er begnügte sich damit zu bemerken, daß es jedenfalls besser sei, daß der König ihn nicht bestätigt habe, als daß der König ihn ernannt und die Akademie ihn nicht bestätigt hätte. Doch ist das nicht viel mehr als ein etwas indignierter Galgenhumor der Spezies *spernere sperni,* der Mendelssohn immer zugetan war. Freilich, wenn man seinem Urenkel Sebastian Hensel, dem Verfasser der *Familie Mendelssohn,* glaubt, der Moses Mendelssohn als deutschen Nationalpatrioten schildert, wird man arg in die Irre geleitet. Das populäre Buch ist alles eher als zuverlässig; Auslassungen, Verdrehungen von Briefen und Tatsachen sind nichts Seltenes darin. Wir werden noch darauf zurückkommen müssen. Voller Schalkheit ist die feine List, mit der der verwachsene und stotternde Philosoph und damalige Buchhalter seine Frau gewann. In Bad Pyrmont lernte er einen Hamburger Geschäftsmann namens Abraham Guggenheim kennen, der dem weitbekannten und unter den Juden berühmten Mann sehr ehrerbietig gegenübertrat und ihn schließlich nach Hamburg einlud. Mendelssohn folgte der Einladung, aber Guggenheim, der offenbar mit seiner Tochter gesprochen hatte, bezweifelte doch, daß seine Tochter Fromet (= Frohmut) an diesem buckligen Manne würde Gefallen finden können. Mendelssohn aber faßte sich ein Herz und ging zu Fromet, die, mit einer weiblichen Arbeit beschäftigt, ihn höflich empfing, aber vermied, ihn anzublicken. Der gewandte Dialektiker wußte bald das Gespräch auf die Theorie zu bringen, daß die Ehen «im Himmel geschlossen seien». Er fügte hinzu, daß es bei ihm in dieser Hinsicht noch eine besondere Bewandtnis habe: «Bei der Geburt eines Kindes wird im Himmel ausgerufen: Der und Der bekommt Die und Die. Wie nun ich geboren wurde, wird mir auch meine Frau ausgerufen, aber dabei heißt es: sie wird, leider Gottes, einen Buckel haben, einen schrecklichen. Lieber Gott, habe ich da gesagt, ein Mädchen, das verwachsen ist, wird gar leicht bitter und haßt, ein Mädchen soll schön sein, lieber Gott, gib mir den Buckel und laß das Mädchen schlank gewachsen und wohlgefällig sein! Kaum hatte Moses das gesagt, als ihm das Mädchen um den Hals fiel – und sie wurde seine Frau, und sie wurden glücklich miteinander...»[22]

Die Ideengeschichte der bewegten Zeit zwischen Moses' Tod (1786) und der Geburt des Enkels Felix (1809) ist von Sebastian Hensel nur flüchtig und verzerrt dargestellt worden.

In diese dreiundzwanzig schicksalsschweren Jahre fallen einige welterschütternde Ereignisse – die Französische Revolution, der kometenhafte Aufstieg Napoleons zum Diktator Europas, der Untergang des Römischen Reiches Deutscher Nation. Es klingt paradox, ist aber wahr, wenn man behauptet, daß sich im großen viel, im kleinen nur wenig verändert habe. Man mag auch erkennen, daß gewisse Charakterzüge dem Großvater und dem Enkel gemeinsam waren: Moses war ein Huma-

Abraham Mendelssohn, Vater von Felix. Zeichnung von Wilhelm Hensel

nist, und dasselbe läßt sich vom Enkel sagen – sie neigen, wie der Humanismus selbst, zur Evolution, nicht zur Revolution. Sodann: Die jeden Kompromiß scheuende Ethik Moses Mendelssohns und seine fleckenlose Integrität waren charakteristisch auch für seines Enkels Leben.

Es ist gewiß kein Zufall, daß Felix das Herz des Humanisten Goethe gewann; gleichermaßen ist die *rationale* Gläubigkeit des Ahnen auf den Enkel übergegangen, nachdem sie eine Generation übersprungen hatte. Denn Abraham Mendelssohn, Moses' zweiter Sohn und Vater von Felix, war zwar getauft, aber kein echter Christ; Felix aber war einer.

Von den sechs Moses überlebenden Kindern haben sich mindestens drei völlig auseinandergelebt. Die Älteste, Dorothea, Moses' Lieblingskind, hatte eine recht bewegte Lebens- und Liebesgeschichte. Zuerst mit einem jüdischen Kaufmann verheiratet, dem sie zwei Söhne gebar, entsprang sie den Fesseln der Ehe und lebte, nach einer Periode der «Emanzipation des Fleisches», als Geliebte, dann als Gemahlin des Dichters und Publizisten Friedrich Schlegel; sie wurde Protestantin, wandte sich aber später mit ihrem Gatten der katholischen Kirche zu, deren eifrige und gerne Proselyten machende Bekennerin sie wurde. Sie war eine literarisch und kulturpolitisch interessierte Frau von hoher Intelligenz. Ihre jüngste Schwester Henriette (Jette) mißbilligte die Abenteuer ihrer Schwester in scharfen Worten, besonders ihre «katholische Phase»; sie blieb ledig, vielleicht weil kein Mann dem Idealbild, das sie sich von ihrem Vater geschaffen hatte, auch nur nahekommen konnte. Sie lebte lange in Paris, wo sie junge Mädchen aus dem Adel und der Hochfinanz in einer Art Pension betreute. Auch sie war ein Blaustrumpf und verkehrte viel mit Literaten und Publizisten; so gehörten Benjamin Constant, die Brüder Humboldt, Madame de Staël und andere Figuren des öffentlichen Lebens zu ihren Bekannten. Auch sie machte schließlich ihren Frieden mit der katholischen Kirche. Diese «tiefste und sinnigste» der Töchter Moses' (so nannte sie Rahel Varnhagen) war eine fanatische Anhängerin der «Religion der Vernunft» und war daher im revolutionären Paris wohl am Platz. Später aber trat sie als Erzieherin in den Dienst des bonapartistischen Grafen Sebastiani, bekehrte sich zur katholischen Kirche und benahm sich so, als wollte sie ihren Vater verleugnen. Bald nach dem tragischen Ende ihres Zöglings, der Herzogin Praslin-Sebastiani, verließ sie Paris und kehrte nach Berlin zurück, wo sie 1831 starb. Recha Mendelssohn, Moses' zweite Tochter, heiratete einen Kaufmann namens Mayer und starb geschieden und kinderlos.

Von den drei Söhnen Joseph, Abraham und Nathan war der letztgenannte beim Tode seines Vaters Moses knapp vier Jahre alt; er wurde zunächst von seiner Mutter erzogen und ging dann nach Schlesien, wo er eine kleine Beamtenlaufbahn einschlug, die durch die Ehe mit der begüterten Henriette Itzig dann doch einigermaßen versüßt wurde. Er war der Großvater des Komponisten Arnold Mendelssohn (1855–1933).

Joseph, seinem ältesten Sohn, hatte Moses eine im wesentlichen richtige Prognose gestellt; in einem seiner Briefe heißt es: «Zum Kaufmann wird er dadurch (d. h. durch ernsthaftes Studium) wenigstens nicht verdorben. Er mache es allenfalls, wie sein Vater es hat machen müssen: stümpere sich durch, bald als Gelehrter, bald als Kaufmann, ob er gleich Gefahr läuft, keines von beiden ganz zu werden.»[23] Doch war er allzu skeptisch gewesen: Joseph legte den Grundstein zu einer der bedeutendsten Privatbanken Deutschlands, die als «Brüder Mendelssohn» in ganz Europa hochgeachtet war und bis 1933 florierte. Er war ein lebhafter Geist, der sich für Literaturgeschichte und verwandte Wissensgebiete interessierte, später mit Alexander Humboldt vertraut und befreundet war; ein ungemein wohltätiger Menschenfreund, von heiterem und glücklichem Temperament (siehe hierzu die Skizze des Stammbaums).

Der Vater von Felix, Abraham, war Moses' zweiter Sohn. Beim Tode seines Vaters war er erst zehn Jahre alt und lebte zunächst mit seiner Mutter. Seine Erziehung verdankte er Privatlehrern und seinen Geschwistern Dorothea und Joseph, die ihn bildeten, als sie sich selbst ernsthaft um ihre eigene Erziehung bemühten. Nächst Dorothea war er der komplizierteste Geist unter den Geschwistern, es wird noch öfter von ihm zu sprechen sein. Von scharfem Intellekt und Witz, ein gesuchter Gesellschafter, begann er seine Laufbahn als kleiner Angestellter des bedeutenden Bankhauses Fould & Co. in Paris. Sein Weggang von Berlin (im Jahre 1797) wurde von der «Gesellschaft der Freunde», einer karitativen und geselligen Vereinigung, der vor allem wohlhabende assimilierte Juden angehörten, sehr bedauert; er war in ihr recht aktiv gewesen.[24]

Auf seiner Reise nach Paris kam er durch Frankfurt am Main und machte dort die persönliche Bekanntschaft Goethes. Als dieser erfuhr, daß Abraham in Jena gewesen war, wo er Kompositionen K.F. Zelters an Schiller übergab, begann er sich für den Besucher zu interessieren und fragte ihn: «Sind Sie einer von Mendelssohns Söhnen?» Abraham dankte ihm für diese Form der Frage: «Es ist zum erstenmal, daß ich meines Vaters Namen ohne [erklärendes oder schmückendes] Beiwort oder Phrase höre; so wollte er immer erwähnt und genannt sein.» Goethe lud den jungen Mann in sein Haus ein und fragte ihn über die Persönlichkeit Zelters aus, seine Tätigkeit, seine Pläne, für die er sich lebhaft interessierte. Er rühmte Zelters Kompositionen seiner Gedichte und fragte Abraham, woher er Zelter so gut kenne. Der junge Mann konnte dem Dichter erklären, daß er Zelter seit Jahren kannte; hatte er ihn doch oft im Hause einer entfernten Verwandten getroffen, Mme Sara Levy, die durch ihre Musikabende und als eine ausgezeichnete Musikerin bekannt war. Natürlich schilderte Abraham Zelter die Unterredung mit Goethe in einem lebhaft geschriebenen Briefe und schlug ihm auch eine Reise nach Weimar und Jena vor. Glücklicherweise ist dieser Brief erhalten, und es ist daraus zu entnehmen, daß es Abraham war, der jene große Freundschaft Goethes mit Zelter initiierte, die späterhin literarische und musikalische Epoche gemacht hat; Abraham war zumindest ihr katalytisches Agens gewesen.[25] Er hatte dann die Genugtuung, seinem Sohn an den beiden Freunden die zwei wichtigsten Mentoren zu gewinnen.

In der erwähnten «Gesellschaft der Freunde» lernte Abraham seine spätere Frau Lea Salomon, genannt Lilla, kennen – übrigens eine entfernte Verwandte –, eine Enkelin des Daniel Itzig, der damals Präsident der Gesellschaft war. Es scheint, daß Schwester Jette hier mehr als nur den Anstoß gab; sie mag die Vermittlerin zwischen den beiden Familien gewesen sein, was insofern nahelag, als sie eine intime Freundin Leas war.[26] Überdies war es eine nach jüdischer Anschauung sehr passende Partie: der Sohn des weltberühmten Rabbi und die Enkelin des großen Bankiers – so war es gerade recht! Lea, die Mutter von Felix, war keine Schönheit, aber zierlich, elegant, wohlgebildet; sie sprach und las Französisch und Englisch und war sogar imstande, leichtere Verse des Homer *im Original* zu lesen und zu verstehen. Dies wurde damals, und vielleicht nicht mit Unrecht, als ein Gipfel feiner Bildung angesehen. Sie spielte gut Klavier, vielmehr das Cembalo, und war eine Schülerin des berühmten Kirnberger, der seinerseits bei J.S. Bach studiert hatte. Aufs engste war sie also, wie ihre Tante Sara, mit der Familie und der Musik der Bachs verbunden. Aus den zeitgenössischen Beschreibungen und noch mehr aus den vielen Briefen Leas, die in der Bodleian Library in Oxford erhalten sind, ergibt sich ein klares Bild ihrer Persönlichkeit. Sie konnte sehr charmant sein und war eine hervorragende, ziemlich strenge, aber liebevolle Mutter. Sie besaß lebhaften Witz, der manchmal zur Malice neigte, und konnte gelegentlich ihrer Klatschsucht nicht widerstehen (dies besonders in den Briefen an ihre Tante, die Baronin Arnstein-Pereira); auch war sie wohl etwas versnobt, hatte aber viel Respekt vor Gelehrten, überhaupt vor Menschen, die in der Welt des Geistes zuhause waren. Ihre Dankbarkeit und Höflichkeit hat etwas Rührendes; andererseits war sie keine besonders liebevolle Schwiegermutter. Alle ihre Kinder aber liebten und verehrten sie, und es scheint niemals einen ernsten Konflikt zwischen ihnen und der Mutter gegeben zu haben. Lea und Abraham heirateten im Jahre 1804.

Viel schwieriger ist es, die Persönlichkeit Abrahams gerecht und fair zu würdigen. Denn er war keineswegs ein einfacher Charakter, sondern ein Denker, der aber weder seinen eigentlichen Ausgangspunkt noch seinen Bestimmungsort hat finden können. Er war ein guter, wenn auch etwas autokratischer Vater und Pädagoge, ein hilfreicher Freund und sozialgesinnter Bürger, sehr zugetan scharfen und abstrakten Diskussionen, bei denen er oft die Geduld verlor, wie Felix' älterer Freund Eduard Devrient berichtet.[27]

Bei dieser Gelegenheit behauptet Devrient, Felix habe zwei charakteristische Züge seines Vaters geerbt: die Überzeugung, daß «unser Leben eine Verpflichtung zur Arbeit, zum Nutzen und Streben sei», und wohl auch etwas «von Abrahams Streitsucht, die mit den Jahren wuchs». Abraham war ein Rationalist reinsten

Lea Mendelssohn, Mutter von Felix. Zeichnung Wilhelm Hensel

Wassers, der sich auch gewissen utilitaristischen Theorien verschrieb und am besten als Anhänger einer reinen Vernunftreligion angesprochen wird. Einer seiner Urenkel, der nicht nur mit der Familientradition gut vertraut war, sondern auch viele Dokumente und Memorabilia der Familie besaß, der verstorbene Professor Albrecht Mendelssohn Bartholdy, hat seine Problematik in diesen Worten geschildert:

Abraham Mendelssohn ist eine tragische Figur. Er war ein streng rechtlicher Mann, von nicht gewöhnlicher Klugheit und weitem Blick in seinen Geschäften... Aber er war ein Kind seiner Zeit und Umgebung, Rationalist durch und durch. So verfällt er der Kurzsichtigkeit dieser Anschauung, die über dem Zweckmäßigen der Gegenwart die Lehre der Vergangenheit übersieht und deshalb die schlechteste Prophetin der Zukunft ist.[28]

Viele typisch jüdische Eigenschaften hat Abrahams Taufe (1822) nicht geändert: sicherlich nicht sein ausgesprochenes Stammesbewußtsein, sein nahezu engherziges Denken innerhalb seiner Clique, aber auch nicht seine große Wohltätigkeit; anderseits war er ein frankophiler Internationalist und ein Europäer im besten Sinne des Wortes. Er ließ Felix die freie Wahl der Niederlassung und zeigte keine besondere Vorliebe für Deutschland oder Preußen.[29] Er sympathisierte mit der Juli-Revolution von 1830, die er in Paris miterlebte.

Er war weit mehr als ein «Bindestrich zwischen seinem Vater und seinem Sohn» – eine Variante seines ironisierenden Wortes: «Früher war ich der Sohn eines Vaters, nun bin ich der Vater eines Sohnes.» Er dachte über Gott und Welt weit skeptischer als Felix, dem er überhaupt in rein abstraktem Denken überlegen war. Doch fehlte es ihm an schöpferischer Kraft, und der Konflikt zwischen seiner Anhänglichkeit an jüdische Freunde, Verwandte und Traditionen und seiner Skepsis, die ihm oft nicht bewußt war, zermürbte die Einheit seiner Persönlichkeit, besonders als diese, nach der Taufe, mit einem Schuldgefühl gegenüber dem verehrten Vater belastet war.

Von allem Anfang an fand sich das junge Paar mit dem Dilemma konfrontiert, das die meisten europäischen Juden bedrängte: sollten sie auf die von Staats wegen eingerichtete Emanzipation, d. h. auf die Gleichberechtigung der Juden warten? Sie wußten, der Kampf darum würde lange Zeit in Anspruch nehmen. Oder sollten sie Befreiung aus den Fesseln, die ihnen der Staat und ihre Religion anlegten, für sich selbst suchen, ohne sich um ihre Brüder und Schwestern zu kümmern? Ohne allen Zweifel neigte Lea der «individuellen» Lösung, d. h. der Taufe, zu.

Im zwielichtigen Milieu der deutschen Juden vor und während der Emanzipation spielten in den Großstädten, vor allen in Berlin und Wien, die Salons der intellektuell oder sozial ambitionierten Jüdinnen eine beträchtliche Rolle. Da die Aufklärung die jüdische Religion zweier Heilserwartungen beraubt hatte, man also dem heroischen Martyrium wie dem gloriosen Messianismus gleich skeptisch gegenüberstand, waren die entscheidenden Kräfte des mittelalterlichen Judentums gebrochen, die es durch so manche bittere Jahrhunderte lebenskräftig bewahrt hatten. Die zentrifugalen Kräfte der Aufklärung, der Assimilation, der deistischen Gleichmacherei hatten die Eintracht der jüdischen Familien zerstört; so ergriffen die Frauen, die auf die Rettung ihrer Gesellschaft bedacht waren, die Initiative. Ihre Salons waren die Orte, wo sich die geistig tätigen Männer jener Zeit, Juden wie Christen, als «aufgeklärte Menschen», als beinahe Ebenbürtige trafen, der alten religiösen Zwistigkeiten müde, der gewaltigen Standesunterschiede vergessend. War es ein beiderseitiges Mißverständnis, so war's ein schönes und fruchtbares. Lea und Abraham waren mit diesen geselligen und geistigen Zirkeln vertraut: die Salons der Henriette Herz, der Rahel Varnhagen, der Itzigs und der Sara Levy waren ihnen offen und wohlvertraut. Für den Augenblick aber war weder für Lea noch für Abraham eine radikale Entscheidung auch nur denkbar, denn beider Mütter lebten noch und hätten sie ganz gewiß enterbt, ja verstoßen, wenn sie dem Glauben ihrer Väter – zumindest öffentlich – abgeschworen hätten. Aber den Tod der eigenen Mutter als Erlösung anzusehen, hat noch nie einer Familie den inneren Frieden gegeben.

So darf man sagen: «Die tatsächlich erfolgte Assimilierung an eine nichtjüdische Gesellschaft, die aber die Zugehörigkeit zur jüdischen Gemeinschaft *nicht aufhob,* führte eben jene Intelligenzschicht in eine zweideutige, nicht ohne weiteres verständliche Lage, die erst «geklärt» werden mußte. Aus diesem Streben nach Klärung ist die Ideologie der Assimilation erwachsen.»[30]

2. ELTERNHAUS UND JUGEND
(1809–1825)

«Glücklicher Mensch! Dich erwartet wohl nur ein kurzes Ephemeren-Leben, aber Liebe, Glück und Kunst haben es aus Licht und Wärme Dir gewoben! Zieh hin und sinke, wenn es sein muß, wie alles Schöne im Frühlinge dahin!»

Adele Schopenhauer über Felix, in den Tagebüchern unter dem 12. November 1821

I.

Die ersten Briefe und Berichte des jungen Paares kommen aus Hamburg, wo sich Abraham mit seinem Bruder Joseph geschäftlich assoziierte. Warum verließen sie denn Berlin, ihre nächsten Verwandten und Freunde? Es gab manche Gründe für ihre Übersiedlung.

Da Abraham noch immer mit dem großen Geschäftshaus Fould & Co. in Verbindung stand, konnte er von Hamburg aus besser operieren, besonders in Geschäften mit England. Das war allerdings nur vor Napoleons Kontinentalsperre möglich, die 1810 dekretiert wurde und in der Folge den deutsch-englischen Handel ruinierte. In Hamburg hatten übrigens die Juden freien Zutritt, wenn auch keine «Stättigkeit» (verbrieftes Heimatrecht). In Berlin dagegen waren Abraham und Lea durch Privilegien als Kindeskinder des Daniel Itzig gesichert; aber diese «Schutzrechte» erstreckten sich nicht auf ihre Kinder.

Das junge Ehepaar war sich einig darüber, daß sie beide das Judentum verlassen wollten, wenn nicht in allernächster Zeit ein Umschwung alle diesbezüglichen Gesetze ändern würde. Dieser Umschwung trat zwar schon 1811 unter dem Druck des französischen Gouvernements ein, wobei alle Juden «eingemeindet» und rechtlich den anderen Bürgern gleichgestellt wurden. Aber gerade um jene Zeit verließen die jungen Mendelssohns Hamburg – wohl wegen der ruinösen Kontinentalsperre – mit ihren drei dort geborenen Kindern und kehrten nach Berlin zurück. Manche Umstände aus der Hamburger Zeit sind bis heute ungeklärt; so z. B., wie es Abraham gelingen konnte, entgegen dem gesetzlichen Verbot ein Grundstück zu erwerben. Es hieß «Martins Mühle» und wurde von Vater Abraham später erwähnt, als er in einem Brief voll Stolz seiner Frau von den Erfolgen des Sohnes berichtete. Es scheint also, daß Felix dort gezeugt und geboren wurde.

Lea gebar in Hamburg Fanny Cäcilie (1805), Jacob Ludwig Felix (3. Februar 1809), Rebekka (1811); der Jüngste, Paul Hermann, kam schon in Berlin zur Welt (1813). Ein Wort über die Namenswahl für die Kinder muß hier genügen: Fanny wurde nach ihrer Großtante, der Baronin Fanny Arnstein, genannt, und das lateinische Caecilia steht für das (ursprüngliche) hebräische Zipporah – Cäcilia Zipporah war der Name ihrer anderen Großtante, der Baronin Eskeles. Jacob Ludwig entspricht dem Jacob Lewin Salomon-Bartholdy, Leas Bruder, und Rebekka hatte ihren Namen nach ihrer Großtante Rebekka Veitel, geb. Itzig. Der Name Paul endlich ist die «modifizierte» Version von Saul, dem Bruder Moses Mendelssohns. Die Wahl der Namen trägt also schon etwas Programmatisches an sich, zugleich aber knüpft sie an althergebrachte Bräuche an und bezeugt eine starke Familienbindung, wie sie bei Juden häufig anzutreffen war.

Die Kinder jüdischer Familien durften damals nicht ohne weiteres die allgemeinen Schulen besuchen. Aber auch wenn dies möglich gewesen wäre, erzog man seine Kinder lieber zu Hause, sofern man es sich leisten konnte, und ließ sie dort von guten Privatlehrern unterrichten. Diese waren damals eine allgemein akzeptierte Quelle sorgfältiger Bildung, freilich nur für wohlhabende Kreise. Das fehlende Element der täglichen Kameradschaft mit Kindern anders gestellter und anders gesinnter Familien machte sich erst später im «Clandenken», in der Überempfindlichkeit solcher Familien gegenüber der Außenwelt deutlich bemerkbar. Doch störten solche Rücksichten in keiner Weise die kulturellen Interessen der Eltern: sie waren begeisterte Theater- und Musikliebhaber. Die musikalischen Talente und Interessen waren in der Familie Itzig-Salomon vererbt und traditionell «Bachisch» geprägt, während bei den Mendelssohns sich die literarischen mit den musikalischen Interessen verknüpften, diese daher mehr zur Oper neigten. Abraham war ein Verehrer Glucks und seiner französischen Schüler, besonders von Cherubini, Grétry und Méhul.

Mit der Rückkehr der Familie nach Berlin wurde auch die Erziehung und Bildung der Kinder geordnet: letztere bestand aus Lesen, Schreiben, Rechnen, dem Studium der alten Sprachen, dazu Französisch und etwas Englisch, Mathematik, Zeichnen und Tanzen. Es wurde ein ausgezeichneter Erzieher gewonnen, Dr. Karl Wilhelm Ludwig Heyse, Vater des nachmals berühmten Novellisten und Dichters Paul Heyse. Vater Heyse hatte eine Cousine Leas geheiratet und gehörte daher zur weiteren Familie. Ein ausgezeichneter Altphilologe, nicht verknöchert im jahrzehntealten Staub von Schulbänken, mit – für die damalige Zeit – höchst modernen Ansichten über die Lektüre antiker Autoren, war er der ideale Führer ins Land der Antike wie in die klassische deutsche, französische und englische Literatur. Alle vier Kinder hatten ihm sehr viel zu verdanken. Felix wollte nicht als einziger Griechisch lernen und überredete Rebekka, ihm dabei Gesellschaft zu leisten. Sie erfüllte seinen Wunsch und wurde eine so gute Schülerin, daß sie noch in höherem Alter Homer und Platon im Urtext lesen konnte. Wie gut es Heyse gelang, Felix für Homer zu begeistern, zeigt sich in dem jüngst ans Licht gekommenen «Spott-Heldengedicht» *Paphleis* (an Paul gerichtet), das in homerischer Diktion die Raufereien der Mendelssohn-Jungen mit den anwohnenden Burschen aufs Korn nimmt. Ein paar Verse mögen dies veranschaulichen: «Nenne mir Muse nun die, die dort in dem Kampfe gefochten. Aber zuerst die Krieger vom tapferen Feska geführet. Erst kam Adami daher, voll trotziger Kühnheit, welcher im Rinnstein wohnte, ein unappetitlicher

Bengel» (In: *FMB, Paphleis,* ein Spott-Heldengedicht, herausgegeben von Max F. Schneider, Basel 1961).

Der Stunden- und Arbeitsplan der Kinder macht auf Menschen unserer Zeit einen spartanischen, fast despotischen Eindruck. Während des Tages gab es – außer den Mahlzeiten – keine freie Zeit; was an Zeit nicht durch Studium oder Lektüre besetzt war, wurde durch Unterricht in der Musik, im Zeichnen, im Tanzen und mit turnerischen Übungen ausgefüllt. Unter allen Umständen sollte jeder Müßiggang vermieden werden. Dieses System war ein Überbleibsel jüdisch-puritanischen Denkens, in dem «Zeitvertreib» oder Spiel als Sünde angesehen werden. Dieser Ausschluß alles Nichtstuns hatte sicherlich auch pädagogische Vorteile, für Felix aber schuf er eine durch nichts mehr gutzumachende, unheilvolle Gewohnheit der Rastlosigkeit, des Immer-um-jeden-Preis-Beschäftigtseins, die sogar sein Freund Devrient geißelte, wenn er meinte, Mendelssohn verwechsle echtes Schaffen mit «sich zu schaffen machen». Die Unrast, die viele Beobachter für Felix' jüdisches Erbteil hielten, war in Wirklichkeit nichts anderes als das schlechte Gewissen, das ihn zeit seines Lebens um den Genuß jeder echten Freizeit brachte, ihm auch jedes «Hobby» verwehrte. Nicht direkt mit der Verurteilung des «unmoralischen Zeitvertreibs» verbunden, aber ähnlichen Prinzipien entsprungen, war natürlich die absolute Abneigung gegen jedes Wort und jede Geste, die auf natürliche sexuelle Triebe hätte schließen lassen. Auch diese Seite des jüdischen, von ungezählten Generationen vererbten Puritanismus hatte ihre großen Nachteile, von denen noch zu sprechen sein wird.

Mittlerweile war aber unter den assimilierten Berliner und Wiener Jüdinnen – aber nur dort! – der Ehebruch zu mehr als einem bloßen Diskussions- und Klatschgegenstand geworden: Dorothea Mendelssohn, Moses' Älteste, die mit dem Kaufmann Simon Veit verheiratet war, fing mit dem Literaten Friedrich Schlegel eine ebenso berühmte wie skandalöse Affäre an, die Literaturgeschichte machte: sie war die Heldin von Schlegels *Lucinde,* einem erotischen Roman, der die «Emanzipation des Fleisches» proklamierte. Leas Tante, die von ihr verehrte Baronin Arnstein, hatte ein vier Jahre dauerndes Liebesverhältnis mit dem Fürsten Carl von Liechtenstein, das schließlich zu dessen Duelltod führte. Der Skandal erregte Aufsehen in ganz Europa. Von anderen derartigen Abenteuern, z. B. von denen der schönen Henriette Herz, sei hier nicht die Rede...

II.

Da alle vier Kinder eine starke musikalische Begabung zeigten, vor allem Felix, aber auch Fanny, wurden sie im Klavierspiel, später in der Musiktheorie, Felix auch im Geigenspiel und Paul, der Jüngste, im Violoncellospiel unterrichtet. Hier waren die Eltern ganz besonders darauf bedacht, für ihre Kinder die allerbesten Tutoren zu erlangen.

Der Klaviermeister war Ludwig Berger (1777–1839), ein feiner Pianist und Komponist, Schüler von Clementi und J.B. Cramer. Er neigte zur Verfeinerung des konzertanten Klavierspiels, wie Clementi es vertrat, und kam außerdem unter den Einfluß H. Fields. Aber man täte ihm Unrecht, wenn man ihn einfach auf diese Richtungen – sei es die mehr konzertante Clementis und Cramers, sei es die mehr sentimentale, Chopin vorwegnehmende Fields – festlegen wollte. Berger war ein durchaus eigenständiger Komponist, wie z. B. aus seiner c-moll-Sonate «auf eine gegebene Figur» hervorgeht (1807), die in ihrer Art ein Meisterwerk der Variation vor Beethoven darstellt.

Geigenlehrer des Knaben Felix war zunächst C.W. Henning, der zweite Konzertmeister der Oper. Bald aber wechselte Felix zu seinem etwas älteren Kameraden Eduard Rietz über, der ihn im Violin- und Bratschenspiel unterrichtete und sein intimer Freund wurde. Felix verlegte sich besonders auf die Bratsche und wirkte auch in späteren Jahren noch bei öffentlichen Kammermusikveranstaltungen als Bratschist mit.

Der Gesang durfte natürlich auch nicht vernachlässigt werden, und wenn die Mendelssohn-Kinder doch noch zu einer Art Ersatz für die fehlende Kameradschaft der öffentlichen Schule kamen, so geschah das durch die Berliner Singakademie, in deren Sing- und Chorschule sie alle brav mitsangen. Diese ausgezeichnete Chorpraxis trug ihr Teil dazu bei, daß Mendelssohn einen «stimmigen», immer wohlklingenden Chorsatz schrieb; nur so, nicht im Klassenzimmer und nicht von Büchern lernt der Chorkomponist sein Handwerk, wie die Fälle von Haydn, Mozart, Schubert, Händel und anderen beweisen. Mendelssohn sang und dirigierte dort mehr als zehn Jahre lang, und seine Familie gehörte mit ihren Anverwandten zu den ältesten Mitgliedern der Institution. Die Singakademie war aus Singübungen unter Carl Friedrich Faschs Leitung hervorgegangen und organisierte sich 1791. Sie war ein Hort der älteren Kirchenmusik; nach Faschs Tode übernahm K. F. Zelter ihre Leitung, die er bis zu seinem Tode 1832 innehatte. Da Fasch zu den persönlichen Freunden Moses Mendelssohns gehörte, auch einige seiner deutschen Psalmübersetzungen komponiert hatte, war die Familie doppelt mit Zelter verbunden.

Dieser war, wie wir gesehen haben, schon seit langen Jahren mit Abraham bekannt; auf «Tante Levys» Anraten wurde er zum Musikerzieher von Felix und Fanny bestimmt. Er unterrichtete im Hause Mendelssohn – außerhalb der Singakademie – Generalbaß (Harmonielehre), Kontrapunkt und wohl auch die Anfangsgründe der vokalen und instrumentalen Komposition. Dieser Mann war – abgesehen von Abraham – für Felix von größter Bedeutung bis in seine Mannesjahre hinein und hat seinem Schüler manche seiner Grundsätze eingeimpft, zu seinem Nutzen und gelegentlich zu seinem Schaden.

Karl Friedrich Zelter (1758–1832) war eines Maurers Sohn und war selbst ein Maurermeister und Bauunternehmer geworden, nachdem er wegen undisziplinierten Verhaltens das Gymnasium hatte verlassen müssen. Neben seinem Beruf als Maurer wurde er ein erfahrener Geiger und interessierte sich mehr und mehr für

Musiktheorie, so daß der bedeutende Theoretiker Fr. W. Marpurg, der sein Talent erkannte, ihn an Kirnberger und Fasch empfahl. Er wirkte als Faschs Assistent und wurde nach dessen Tode sein Nachfolger in der Singakademie. Er gründete (1808) die ersten «Liedertafeln» und bemühte sich sehr um die protestantische Kirchenmusik; schon 1803 und 1804 verfaßte er wichtige Denkschriften zu einer systematischen Musikpflege seitens des Staates. Auf Wilhelm von Humboldts Anregung hin wurde 1809 eine Professur für Musik an der Akademie der Künste errichtet, zugleich als oberste Aufsichtsbehörde über Schul- und Kirchenmusik, die auch für die Ausbildung der Organisten und Kantoren zuständig war. Diese Machtposition war Zelter anvertraut, und sie war sein Hauptberuf. Er war allgemein respektiert, wohl auch von vielen seiner Zeitgenossen gefürchtet. Goethe aber liebte diesen Naturburschen, dessen robustes Wesen ihm so sympathisch war, daß der sonst so reservierte «Exzellenzherr» ihm, dem Maurersohn, als einzigem das brüderliche Du antrug. Es war Zelters durchaus männliche Lehrerpersönlichkeit, die das Absinken Felix Mendelssohns in einen weichlichen, dandyhaften und «salonfähigen» Musikstil immer wieder verhinderte, vor allem durch die strenge und enthusiastische Pflege von Bachs Musik, die für Felix zum Maßstab wurde, an dem er, wenn auch einseitig, alle andere Musik maß. Die von Zelter offen zur Schau getragene Verachtung für die Zierpüppchen der Berliner jüdischen Salons enthielt gewiß auch ein gutes Maß von unterschwelligem Antisemitismus; daß dies Felix kaum berührt zu haben scheint, spricht sowohl für den Lehrer wie für den Schüler. Denn empfindlich durfte man bei Zelter nicht sein!

Abgesehen von ihrer gemeinsamen Verehrung für Bach, Händel und die ältere Chormusik gingen indessen die musikalischen Vorlieben von Lehrer und Schüler weit auseinander. Zelter hielt wenig vom *Freischütz,* der jedoch Felix entzückte; er stand Beethoven kühl und kritisch gegenüber, den Felix über alle Massen bewunderte. Zelter ignorierte völlig Franz Schubert und dürfte daran schuld sein, daß Goethe die Sendungen einiger Meisterwerke Schuberts, zu dessen tiefer Enttäuschung, nicht einmal zur Kenntnis nahm. Zwar respektierte Zelter Gluck, hatte aber manches für Rossini übrig, der für seinen Schüler hingegen nicht viel mehr als ein Scharlatan war. Wie wir sehen werden, erwies er sich – trotz seiner Vorurteile, die er aber seinem Schüler nicht aufzwang – als ein vortrefflicher Lehrer. Zu seinen Freunden gehörten außer Goethe auch Schiller, Hegel, die Brüder von Humboldt und Varnhagen von Ense. Keineswegs servil – eine Seltenheit unter den Preußen jener Zeit –, war er dennoch bei Hofe beliebt und wohlgelitten. Obwohl ein recht guter Musiker mit viel Erfahrung, gelang es ihm doch nicht, mehr als gute bis mittelmäßige Musik zu produzieren. Seine besten Schöpfungen sind seine Lieder, die eine scharf umrissene Tendenz beherrscht: die Gleichberechtigung von Ton und Wort im strengen Strophenlied, ein unter Umständen paradoxes Postulat im Sinne Goethes, das oft eine im Text vor sich gehende Entwicklung musikalisch vernachlässigen mußte. Neben seiner gewaltigen organisatorischen Leistung und seinen musikpäd-

Carl Friedrich Zelter, Berlin 1829. Zeichnung von Wilhelm Hensel

agogischen Errungenschaften sei aber nicht übersehen, daß er ein gewandter Geiger und Kammermusiker war und reiche Erfahrungen gesammelt hatte.

Man kann sich schwer zwei so total verschiedene Personen vorstellen, wie Felix und Zelter es waren. Der überempfindliche, sensitive, immer gespannte jugendliche Intellektuelle, der den Träumen seiner leicht entflammten Phantasie nachhing, wurde streng gezügelt von einem Mann der Tat, der mit beiden Füßen fest auf der Erde stand, einem Handwerker mit hohen geistigen Interessen; Zelter hatte keinerlei romantische Neigungen; er war ein autoritärer, ja gelegentlich tyrannischer Mentor und Lehrherr, im Temperament Abraham Mendelssohn nicht unähnlich.

Zelter war nicht wenig stolz auf seinen genialen Schüler und berichtete Goethe häufig über die Fortschritte, die Felix machte. Goethe kargte nicht mit anerkennenden Worten und erklärte, er beneide den Freund um einen solchen Zögling. Weder Goethe noch Zelter verkannten die Gefahren einer allzu dicht abgesicherten Treibhaus-Atmosphäre. Besonders Zelter verwendete eine veritable Blütenlese von Schimpfworten für diese Zirkel von «perniziösen Klatschmäulern».

Felix und Fanny waren von Zelters kraftvoller Persönlichkeit tief beeindruckt und hatten vor diesem Selfmademan großen Respekt, der sich in jedem ihrer (unveröffentlichten) Briefe äußerte. Der lebhafte Felix hatte bald Zelters Schwächen entdeckt und äffte ihn gelegentlich nach, wiederholte auch einige seiner Kraftworte, wie z. B. «Whist heißt: ‹Halts Maul›!» und ähnliches. Dieser späte Sproß von vielen Generationen von Denkern und Gelehrten war stets erheitert von den oft vulgären Bemerkungen und Scherzen seines Meisters, dem kein «Erdenrest zu tragen peinlich» war. Auch als Erwachsener übersah er die vielen taktlosen und antisemitischen Bemerkungen seines Lehrers, darunter auch solche über seine eigene Familie, die nach und nach ans Licht der Öffentlichkeit kamen.

Die Jahre 1819–1821 brachten Abrahams Familie einige Erschütterungen und folgenschwere Entschlüsse. Die erste Krise trat mit dem sogenannten «Judensturm» des Jahres 1819 ein. Das war ein netter kleiner Pogrom, der sich in Berlin meistens nur in Plünderungen, Beschimpfungen und ähnlichen Aktionen des Pöbels Luft machte. Ein königlicher Prinz ließ die schöne Gelegenheit nicht ungenutzt vorbeigehen: er spuckte vor dem zehnjährigen Felix aus, rief dazu: «Hep hep, Judenjung!» und ging seines Weges.[1] Dieses Zeichen fürstlicher Beachtung ging an Abraham und seiner Familie nicht ungenutzt vorüber; unter dem Einfluß seines Schwagers Jakob Lewin Salomon-Bartholdy hatte er seine Kinder zum – vorläufig geheimgehaltenen – christlichen Religionsunterricht gesandt und ließ sie nun, 1819, im Jahr des Pogroms, taufen. Er hatte offenbar jede Hoffnung aufgegeben, daß die Juden in absehbarer Zeit die rechtliche und soziale Gleichstellung erreichen würden. Wie wir im nächsten Kapitel sehen werden, traten noch andere und schwerwiegende Gründe hinzu.

Eine zweite Krise erschütterte die Familie, als die 44jährige Lea im Jahre 1821 abermals schwanger wurde und ein fünftes Kind zur Welt brachte, das aber nicht lebensfähig war und bald starb. Bei dieser traurigen Gelegenheit machte sich Bartholdy abermals bemerkbar, und um seinen – im ganzen unheilvollen – Einfluß zu verstehen, wird es nützlich sein, den Werdegang und Charakter jenes Mannes kurz zu skizzieren, der unter anderem Abrahams Familie auch seinen Namen vermacht hat.

Dieser Name nun hat eine seltsame Vorgeschichte. Wir erinnern uns, daß Lea und ihr Bruder Jakob Enkel des jüdischen Patriziers Daniel Itzig waren. Dieser besaß in der Kopernikusstraße einen parkartigen, prachtvoll angelegten Garten, der im Volksmund «Luisenhof» oder «der große Judengarten» oder auch «Klein-Sanssouci» hieß. Sein erster Besitzer war ein gewisser Bartholdy gewesen; er wurde 1684 Bürgermeister von Neu-Cölln und hatte in der Köpenickerstraße eine gute Meierei errichtet, die sein Sohn weiter ausgebaut hatte. Als der Garten als Erbteil Itzigs an dessen Tochter Bella und deren Sohn Jakob (und Isaac) fiel, nahm Jakob anläßlich seiner Taufe den Namen Bartholdy an.[2] Die Berichte der Zeitgenossen schildern ihn als einen sehr fähigen, energischen, aber wenig sympathischen, sich in alles einmischenden Menschen, der «sich zu größeren Verhältnissen berufen fühlte, als vielleicht seine Geburt, seine nicht einnehmende Gestalt, seine mehr ins Breite als Tiefe gehenden Studien zu gestatten schienen. Er mußte nicht nur die alten Edelleute, sondern auch die alten Christen zwingen, ihn unter sich zu dulden, er mußte sich beliebt, gefürchtet, unentbehrlich machen, allen alles, beständig in aufsteigender Bewegung sein, um da geduldet zu sein, wo ein anderer Platz nimmt, ohne besonders daran zu denken».[3] Und diese Beschreibung findet sich in seinem Nekrolog, wo man Gutes zu sagen bestrebt ist!

Seine fromme Mutter hatte sich nach seiner Taufe von ihm abgewandt und erst auf Fanny Mendelssohns inständige Bitten ihm verziehen. Da er nicht undankbar war, ergab sich aus dieser Intervention eine Art «Seelenfreundschaft», die im Briefwechsel von Onkel und Nichte ihren Niederschlag findet. Als seine Schwester Lea unter der unglücklichen Geburt des fünften Kindes litt, schrieb dieser Gemütsmensch an Fanny:

4. August 1821

... Der Verlust des Kindes ist nicht als ein Unglück zu betrachten – sobald man noch nicht Zeit gehabt hat, Anhänglichkeit daran zu fassen.[4]

III.

Nur wenige Briefe sind auf uns gekommen, die uns einen Einblick in das musikalische Erziehungssystem Zelters gestatten. Einige Stellen daraus werden im folgenden erwähnt werden. Andererseits kennen wir bedeutend mehr von Felix' oft ausführlichen Briefen an seinen Lehrer. Beide zusammen geben uns eine Vorstellung von Zelters Erziehungsmethode.

Den Anfang mache ein ergötzlicher Brief von Felix an seinen Freund Eduard Rietz, der ein Musikbeispiel enthält, das er seinem Meister vorlegte. Rietz hatte sich über das berühmte Finalthema von Mozarts Jupiter-Symphonie lustig gemacht, und

Felix wollte ihm zeigen, «was sich mit diesem Thema anfangen ließe». Dabei übersah der naive Felix völlig, daß Mozart selbst großartig demonstriert hatte, was sich «mit dem Thema anfangen ließe».

Musikbeispiel 1a

Zwei Jahre später hatte Zelter seinem Schüler eine knifflige Kontrapunktaufgabe gestellt. Er gab ihm zwei Themen, die er als Kontrasubjekte von Fugen Bachs bezeichnete, und er forderte Felix auf, die originalen Themen Bachs, die zu den von Zelter gegebenen Kontrasubjekten passen würden, *aus dem Gedächtnis* zu finden; denn Felix war damals zur Sommerfrische in Doberan an der Ostsee. Nur die Antwort von Felix ist erhalten. Darin heißt es:

... Ist dies wohl die richtige Auflösung Ihrer zwei schönen Rätsel? Verzeihen Sie mir bitte die lang verspätete Antwort, aber ich wollte Ihnen nicht schreiben, bevor ich Ihnen die Noten schicken konnte, und das erste Rätsel war wirklich schwer...

Musikbeispiel 1b (Das von Zelter gegebene Thema I)

Musikbeispiel 1c (Das von Zelter gegebene Thema II)

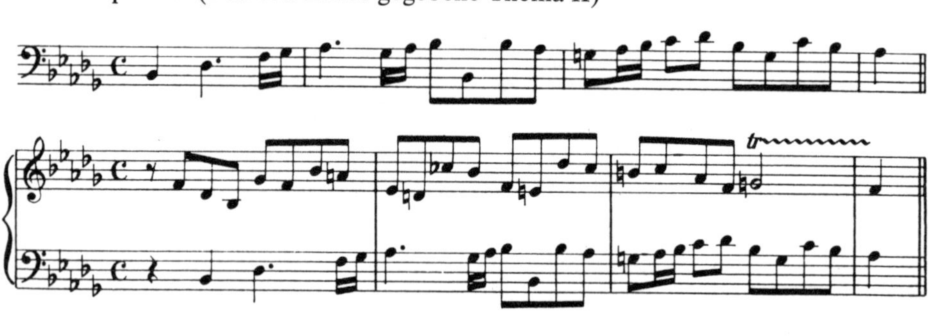

Zelter hatte es seinem Schüler nicht leicht gemacht. Er hatte zunächst dasselbe Thema Bachs (Wohltemperiertes Klavier II, h-moll) einmal nach a-moll und einmal nach b-moll transponiert; sodann hatte er die Kontrasubjekte so angelegt, daß das eine mit drei Vierteln und das andere mit einem Viertel Auftakt begann, so daß der Schüler annehmen sollte, es handle sich um zwei verschiedene Themen. Diese Methode, Kontrapunkt zu lehren, ist anregend und keineswegs langweilig, außerdem erfordert sie vom Schüler eine gute Kenntnis der Fugen Bachs. Auch heute dürfte ein Lehrer auf seinen vierzehnjährigen Schüler, der solche Rätsel zu lösen vermochte, stolz sein. Er sah auch darauf, daß Felix viele durch Berlin durchreisende Musiker, sowohl Komponisten wie Virtuosen, persönlich kennenlernte: C. M. von Weber, Paganini, Spontini, Spohr und viele andere kannten Zelters Zögling. Entscheidend für sein ganzes Leben aber war die Bekanntschaft mit Goethe, die Zelter bewirkte. Er wollte seinen hervorragenden Schüler Goethe vorführen, und schrieb ihm, unbefangen wie es seine Art war (am 26. Oktober 1821):

Morgen früh reise ich mit meiner Doris und einem 12jährigen Muntern Knaben, meinem Schüler, dem Sohn des Herrn Mendelssohn, ab nach Wittenberg, um dem dortigen Fest beizuwohnen.[5]

Von Wittenberg aus sollst Du erfahren, ob ich, diese drei Mann hoch, nach Weimar komme. Da Dein Haus voll genug ist, so trete ich in meinem guten «Elefanten» ab, wo ichs noch immer recht gut gehabt habe, wenn ich nur Dich wiedersehe, mich dürstet nach Deiner Nähe. Meiner Doris und meinem besten Schüler will ich gern Dein Angesicht zeigen, ehe ich von der Welt gehe, worin ichs freilich solange als möglich aushalten will. Der letztere ist ein guter hübscher Knabe, munter und gehorsam. Er ist zwar ein Judensohn, aber kein Jude. Der Vater hat mit bedeutender Aufopferung seine Söhne nicht beschneiden lassen[6] *und erzieht sie, wie sichs gehört; es wäre wirklich einmal* eppes Rores, *wenn aus einem Judensohn ein Künstler würde...*

Die taktlose Unterscheidung von «Jude» und «Judensohn» paßt wenig zum Bewunderer Moses Mendelssohns; noch häßlicher ist die humoristisch sein sollende, ans Jüdisch-Deutsche anklingende Wendung «eppes Rores». Sogar bei dem gewiß wohlwollenden Zelter spürt man die jahrhundertealte Verachtung jüdischen Denkens und Lebens, mitten in der von ihm selbst verfochtenen Emanzipation!

Die Besucher trafen anfangs November in Weimar ein. Von diesem sechzehntägigen Besuche gibt es vier Berichte von Augenzeugen, die recht gut die individuelle Anteilnahme des Erzählers widerspiegeln: Ludwig Rellstabs nüchterner und sachlicher Bericht sticht von Chr. Lobes (viel später aufgezeichneter) enthusiastischer Darstellung ebenso ab wie Adele Schopenhauers poetische Einfühlung von den enthusiastischen, aber doch frühreifen Briefen, die Felix an Eltern und Geschwister richtete. Vor der Abreise nach Weimar bekam Felix noch eine besondere Ladung von Verhaltungs- und Anstandsregeln eingepaukt, von denen einige nicht ohne Humor sind. So schreibt ihm die Mutter:

Übrigens, mein bestes Felixchen! nimm Dir Deinen Vater in allem zum Muster, nur nicht in der Kalligraphie! Vielleicht gelingt es Dir in Weimar, dergleichen [einen Operntext] *zu erhaschen… Nimmst Du Unterricht bei Hummel und stiehlst Du ihm aus Leibeskräften ab?… Wie stehts mit Deiner Lockenpracht? Ich meine, mit dem Kämmen derselben. Denk an Simson seliger! Und klein Zaches!…*[7]

Sein Vater stand mit Ermahnungen nicht zurück.[8] Alle diese elterlichen Ermahnungen vermochten nicht, sein jugendliches Temperament zu zügeln, wie aus einigen Stellen in Rellstabs Bericht hervorgeht:[9]

Als wir noch in den gegenseitigen Begrüßungen und ersten Wechselworten begriffen waren, wurde die Thür des Zimmers leise geöffnet und ein Knabe von etwa zwölf Jahren trat ein; es war Felix Mendelssohn, den ich mit Freuden erkannte. Schüchtern näherte er sich und sein schwarzes schönes Auge blickte befangen in dem Kreise (es waren noch einige andere Herren und Damen zugegen) umher. Zelter war, als wir Andern schon versammelt waren, noch nicht zugegen, wohl aber Felix Mendelssohn, der sich scherzend, wie am Morgen, mit den Damen des Hauses unterhielt. Zelter wohnte in einem der an den Gesellschaftssaal stoßenden Zimmer. Von dort her trat er ein, in einem Ceremoniel der Kleidung, wie ich ihn in Berlin niemals gesehen, nämlich in kurzen, schwarzen seidenen Beinkleidern, seidenen Strümpfen und Schuhen mit großen silbernen Schnallen. Eine Tracht, die damals schon längst nicht mehr Sitte war, ihm aber von früherer Zeit her, als die der höchsten Festlichkeit, gewohnt sein mußte.

Der Flügel war geöffnet worden, die Lichte auf das Pult gestellt. Felix Mendelssohn sollte spielen. Er fragte Zelter, gegen den er durchaus kindliche Hingebung und Vertrauen zeigte: «Was soll ich spielen?».

«Nun, was du kannst!» antwortete dieser in dem obenhin streifenden Tone, dessen sich Alle erinnern werden, die ihn näher gekannt: «Was dir nicht zu schwer ist!»

Mir, der ich wußte, was der Knabe leistete, für den schon damals kaum eine Aufgabe vorhanden war, die er nicht spielend gelöst hätte, erschien dies wie eine unrichtig angebrachte Unterschätzung seiner Fähigkeiten. Es wurde endlich festgesetzt, daß er frei phantasiren solle und er bat Zelter um ein Thema.

«Kennst Du das Lied: Ich träumte einst von Hannchen», fragte ihn Dieser. (Diese Worte sind nicht die richtigen; ich habe das Lied musikalisch, wie seinen Wortlaut, vergessen, doch war dies ungefähr der Sinn der ersten Zeile und es kommt, wie man nachher sehen wird, auf denselben an.)

Felix verneinte.

«So will ich es dir einmal vorspielen.»

Zelter setzte sich an den Flügel und spielte mit seinen steifen Händen (er hatte mehrere gelähmte Finger) ein sehr einfaches Lied in G-dur in Triolenbewegung. Es mochte vielleicht sechzehn Takte haben. Felix spielte es einmal ganz nach und brachte dann, indem er die Triolenfigur in beiden Händen unisono einige mal übte, gewissermaßen seine Finger in das Geleise der Hauptfigur, damit sie sich ganz unwillkürlich darin bewegen möchten. Jetzt begann er, aber sogleich im wildesten Allegro. Aus der sanften Melodie wurde eine aufbrausende Figur, die er bald im Baß, bald in der Oberstimme nahm, sie mit schönen Gegensätzen durchführte, genug, eine im feurigsten Fluß fortströmende Phantasie gab, wobei ihm Hummel's Art und Weise, dergleichen Aufgaben zu behandeln, wohl am meisten vorschweben mochte. Alles gerieth in das höchste Staunen; die kleine Knabenhand arbeitete in den Tonmassen, beherrschte die schwierigsten Combinationen, die Passagen rollten, perlten, flogen mit ätherischem Hauch, ein Strom von Harmonien ergoß sich, überraschende contrapunktische Sätze entwickelten sich dazwischen – nur die Melodie blieb ziemlich unberücksichtigt und durfte wenig mitsprechen in diesem stürmischen, glänzenden Reichstag der Töne.

Mit einem ihm schon damals eigenen richtigen Takt dehnte der junge Künstler sein Spiel nicht zu lange aus. Desto größer war der Eindruck gewesen; ein überraschtes gefesseltes Schweigen herrschte, als er die Hände nach einem energisch aufschnellenden Schlußaccord von der Klaviatur nahm und sie nunmehr ruhen ließ.

Zelter war der Erste, der die Stille in seiner schon eben erwähnten fahrlässig humoristischen Weise unterbrach, indem er laut sagte: «Na, du hast wohl vom Kobold oder Drachen geträumt! das ging ja über Stock und Block!» Zugleich lag in dem Ton die völligste Gleichgültigkeit gegen die Sache, als ob eben nichts Bemerkenswerthes dabei wäre. Außer allem Zweifel hatte der Lehrer die pädagogische Absicht, dadurch der Gefahr eines zu glänzenden Triumphes vorzubeugen. Ob aber diese Weise, die staunenswürdigste Erscheinung zu behandeln, die, oder überhaupt eine richtige war, darüber habe ich später oft mit Freunden und namentlich auch mit Ludwig Berger viel gesprochen. Dieser war ganz dagegen. Seiner edlen aufrichtigen Seele erschien es auch hier als ein Unrecht, und zugleich als ein Fehlgriff, die Wahrheit irgendwie zu verleugnen oder zu verhüllen. Er hat sie bei andern Anlässen aus innerster Überzeugung seinem Zögling ganz unumwunden gesagt und in der entschiedensten Form. – Doch wir lassen das!

Goethe war ein großer Freund der Bach'schen Fugen; ein Musiker aus dem Städtchen Berka, zwei Meilen von Weimar, musste ihm dieselben häufig vorspielen. Es wurde also auch Felix Mendelssohn die Aufforderung gestellt, eine Fuge des hohen Altmeisters zu spielen. Zelter wählte sie aus dem Notenheft der Bachschen Fugen, welches herbeigebracht wurde, und der Knabe spielte dieselbe völlig unvorbereitet, mit vollendeter Sicherheit. Welche, vermag ich nicht mehr anzugeben. Im Thema aber kam ein Triller vor, der später, als derselbe zu andern Stimmen im Baß und in der Mittelstimme wiederkehrte, zuweilen wegblieb. «Du solltest den Triller nicht weglassen,» bemerkte Zelter; »man erkennt daran das Thema so gut wieder.»

Lebhaft rief Felix: «Es ist nicht möglich, ihn zu machen! Sehen Sie nur, Herr Professor, so liegen die Stimmen, so muß ich greifen!»

«Ja, wenn es nicht möglich ist,» erwiderte Zelter, «dann muß er wohl wegbleiben! – Aber vielleicht doch!» setzte er zweifelnd, in summendem Tone hinzu. Felix Mendelssohn beharrte mit kecker Sicherheit auf seiner Meinung und hatte zuverlässig Recht, denn wäre es irgend möglich gewesen, die Forderung zu erfüllen, so würde er sie erfüllt haben.

Goethe's Freude wuchs bei dem erstaunenswürdigen Spiel des Knaben. Unter Anderm forderte er Felix auf, ihm eine Menuett zu spielen.

«Soll ich Ihnen die schönste, die es in der ganzen Welt gibt, spielen?» fragte er mit hell leuchtenden Augen.

«Nun, und welche wäre das?»

Er spielte die Menuett aus «Don Juan».

Goethe blieb fortdauernd lauschend am Instrument stehen, die Freude glänzte in seinen Zügen. Er wünschte nach der Menuett auch die Ouverture der Oper; doch diese schlug der Spieler rund ab mit der Behauptung, sie lasse sich nicht spielen, wie sie geschrieben stehe, und abändern dürfe man nichts daran. Dagegen erbot er sich, die Ouverture zum «Figaro» zu spielen. Er begann sie mit einer Leichtigkeit der Hand, mit einer Sicherheit, Rundung und Klarheit in den Passagen, wie ich sie nie wieder gehört. Dabei gab er die Orchestereffecte so vortrefflich, machte so viele feine Züge in der Instrumentation bemerkbar, durch mitgespielte oder deutlich hervorgehobene Stimmen, daß die Wirkung eine hinreißende war und ich fast behaupten möchte, mehr Freude daran gehabt zu haben, als jemals an einer Orchesteraufführung.

Goethe wurde immer heiterer, immer freundlicher, ja er trieb Scherz und Neckerei mit dem geist- und lebensvollen Knaben.

«Bis jetzt» sprach er, «hast du mir nur Stücke gespielt, die du kanntest, jetzt wollen wir einmal sehen, ob du auch Etwas spielen kannst, was du noch nicht kennst. Ich werde dich einmal auf die Probe stellen.»

Goethe kam nach einigen Minuten wieder in's Zimmer und hatte mehrere Blätter geschriebener Noten mitgebracht. «Da habe ich Einiges aus meiner Manuscriptensammlung geholt. Nun wollen wir dich prüfen. – Wirst du das hier spielen können?

Er legte ein Blatt mit klar aber klein geschriebenen Noten auf das Pult. Es war Mozart's Handschrift. Ob es uns Goethe sagte oder ob es auf dem Blatte stand, weiß ich nicht mehr, nur daß Felix Mendelssohn freudig erglühte bei dem Namen und uns Alle ein unnennbares Gefühl durchbebte, was zwischen Begeisterung und Freude, zwischen Bewunderung und Ahnung schwankte, vielleicht von Allem etwas hatte. Goethe, der Greis, der ein Manuscript Mozart's, des seit dreißig Jahren Bestatteten, dem zu reichster Verheißung frisch aufblühenden Knaben Felix Mendelssohn vorlegt, um es vom Blatt zu spielen – wahrlich, diese Constellation ist eine seltene zu nennen.

Der junge Künstler spielte mit vollster Sicherheit, ohne nur den kleinsten Fehler zu machen, das nicht leicht zu lesende Manuscript vom Blatt. Sehr schwer war die

Aufgabe allerdings nicht, wenigstens nicht für Mendelssohn, denn es galt nur ein Adagio zu lesen. Aber es hatte viel Zweiunddreißigtheile, Passagen, die genau eingetheilt sein wollten, und ein Manuscript, wenn auch im Allgemeinen deutlich, bleibt immer schwerer zu lesen als ein gestochenes Blatt. Jedenfalls war eine Schwierigkeit, die Aufgabe so zu lösen, wie es geschah, denn das Stück klang, als wisse es der Spieler seit Jahr und Tag auswendig, so sicher, so klar, so abgewogen im Vortrag.

Goethe blieb, da Alles Beifall spendete, bei seinem heitern Ton. «Das ist noch nichts!» rief er, «das könnten auch Andere lesen. Jetzt will ich dir aber Etwas geben, dabei wirst du stecken bleiben! Nun nimm dich in Acht!»

Mit diesem scherzenden Ton langte er ein anderes Blatt hervor und legte es aufs Pult. Das sah in der That sehr seltsam aus. Man wußte kaum, ob es Noten waren, oder nur ein liniirtes, mit Tinte besprütztes, an unzähligen Stellen verwischtes Blatt. Felix Mendelssohn lachte verwundert laut auf. «Wie ist das geschrieben! Wie soll man das lesen?» rief er aus.

Doch plötzlich wurde er ernsthaft, denn indem Goethe die Frage aussprach: «Nun rathe einmal, wer das geschrieben?» rief Zelter schon, der herzugetreten war und dem am Fortepiano sitzenden Knaben über die Achsel schaute: «Das hat ja Beethoven geschrieben! Das kann man auf eine Meile sehen! Der schreibt immer wie mit einem Besenstil und mit dem Ärmel über die frischen Noten gewischt! Ich habe viele Manuscripte von ihm! Die sind leicht zu kennen!»

Ich glaube, ich gebe seine Ausdrücke ziemlich wörtlich, trotz des Vierteljahrhunderts, das seitdem vergangen. Wer seinen derben Humor gekannt hat, wird dieser Versicherung nicht bedürfen. Seine Redeweise war ebenso kenntlich und grotesk, wie Beethovens Manuscripte.

Bei diesem Namen aber war, wie ich schon eben sagte, Felix Mendelssohn plötzlich ernsthaft geworden, mehr als ernsthaft. Ein heiliges Staunen verrieth sich in seinen Zügen; Goethe betrachtete ihn mit forschenden, freudestrahlenden Blicken. Der Knabe hielt das Auge unverwandt auf das Manuscript gespannt und leuchtende Überraschung überflog seine Züge, wie sich aus dem Chaos ausgestrichener, frisch verwischter, über- und zwischengeschriebener Noten und Worte ein hoher Gedanke der Schönheit, der tiefen, edlen Erfindung hervorrang.

Das Alles währte aber nur Secunden. Denn Goethe wollte die Prüfung scharf stellen, dem Spieler keine Zeit zur Vorbereitung lassen. «Siehst du», rief er, «sagt' ich's dir nicht, du würdest stecken bleiben? Jetzt versuche, zeige, was du kannst.»

Felix begann sofort zu spielen. Es war ein einfaches Lied; deutlich geschrieben eine kinderleichte, gar keine Aufgabe, selbst für einen mittlern Spieler. So aber gehörte doch dazu, um aus den zehn und zwanzig ausgestrichenen, halb und ganz verwischten Noten und Stellen die gültigen herauszufinden, eine Schnelligkeit und Sicherheit des Überblicks, wie sie wenige erringen werden. Ich sah verwundert mit ins Blatt und versuchte zu singen, doch manche Takte blieben, was die Worte anlangt, durchaus unlesbar, wie auch der Accompagnist rücksichtlich der Noten einhalf *und oft lachend mit dem Finger die richtige zeigte, die urplötzlich an ganz anderer Stelle gesucht werden mußte. Er aber übersah, so schien es, Alles zugleich.*

Einmal spielte er es so durch, im Allgemeinen richtig, aber doch einzeln inne haltend, manchen Fehlgriff unter einem raschen: «Nein so!» verbessernd; dann rief er: «Jetzt will ich es Ihnen vorspielen!» Und dieses zweite mal fehlte auch nicht eine Note; die Singstimme sang er theils, theils spielte er sie mit. «Das ist Beethoven, diese Stelle!» rief er einmal dazwischen zu mir gewandt, als er auf einen melodischen Zug stieß, der ihm die eigenthümliche Weise des Künstlers recht scharf auszuprägen schien. «Das ist ganz Beethoven, daran hätte ich ihn erkannt!»

Mit diesem Probestück ließ es Goethe genug sein. Daß der junge Spieler wiederum das reichste Lob erntete, welches sich bei Goethe in den neckenden Scherz versteckte, hier habe er doch gestockt und sei nicht ganz sicher gewesen, darf ich kaum hinzufügen... [Es war das Lied Klärchens aus «Egmont».]

Lobe, ebenfalls ein Augenzeuge, berichtet so: Felix' op. I, ein Klavierquartett, sollte aufgeführt werden. In des Jungen Abwesenheit ermahnte der weltweise Zelter die anderen Spieler, ihren Enthusiasmus zu zügeln. Denn der unerfahrene Knabe wüßte zwischen echtem Lob und einer wohlwollenden Ermutigung nicht zu unterscheiden. Also sollten sie die Lobeshymne – die Lobe ebenso fürchtete wie erhoffte – in mäßigem Tempo und in C-dur, der «neutralsten» aller Tonarten, anstimmen! Bis nun sei er vor Eitelkeit und Einbildung behütet worden, diesen Todfeinden jeder echten künstlerischen Entwicklung! In diesem Punkt waren sich Zelter und Goethe völlig einig; die betonte Indifferenz gegenüber des Knaben besten Leistungen war pädagogisch ganz richtig, da die Mutter und die Schwestern ihn ohnehin verhätschelten. Rellstab war über diese etwas ironische Geringschätzung von Felix' Talent indigniert und berichtete sie Ludwig Berger, der ihm zornig zustimmte.[10]

Wieder anders schilderte die geistreiche Adele Schopenhauer den Besuch:
Im ganzen verlebe ich eine poetisch schöne Zeit, Goethen sehe ich recht viel, obendrein mit Zeltern, so auch den wunderbaren Felix Mendelssohn, der im zwölften Jahr nach Zelters eignem Ausspruche füglich Kapellmeister sein könnte. Das schöne wunderbare Kind interessiert mich ungemein; er vereint zwei seltsam verschiedene Naturen in sich: die eines wilden, fröhlichen Knaben und die eines schon reifen Künstlers, der mit Bedacht Fugen, Opern, Quatuors schreibt und gründlich das Seine gelernt hat. Kommendes Jahr bleibt er noch bei Zeltern, sodann geht er mit seinen Eltern und der ebenso musikalisch gebildeten Schwester nach Italien.»[11]
Die seltsame Mischung von Frühreife und echter Jugendfreude spricht auch aus Felix' eigenen Briefen. Sie sind weithin bekannt worden, und es genügt hier, einige Auszüge wiederzugeben und einige Bemerkungen von Felix' Sohn Karl anzuschließen, die dem «Album» und den (seither verlorenen) Aufzeichnungen seines Vaters entnommen sind. *Weimar, 6. Nov. 1821*
...Jetzt hört alle, alle zu. Heut ist Dienstag. Sonntag kam die Sonne von Weimar,

Göthe, an... Nach zwei Stunden kam Professor Zelter: «Göthe ist da, der alte Herr ist da»! Gleich waren wir die Treppe herunter in Göthes Haus. Er war im Garten und kam eben um eine Hecke herum; ist das nicht sonderbar, lieber Vater, ebenso ging es auch Dir... Man hält ihn nicht für einen Dreiundsiebziger, sondern für einen Funfziger. Nach Tische bat sich Fräulein Ulrike, die Schwester Frau von Göthes [Goethes Schwiegertocher], *einen Kuß aus und ich machte es ebenso...*

...Nachmittag spielte ich Göthe über zwei Stunden vor, theils Fugen von Bach, theils phantasirte ich...

10. Nov. 21

... Donnerstag früh kamen die Großherzogin und die Großfürstin und der Erbgroßherzog zu uns, denen ich vorspielen mußte. Und nun spielte ich von 11 Uhr mit Unterbrechung von zwei Stunden bis 10 Uhr abends, und die Phantasie von Hummel machte den Beschluß. Als ich letzt bei ihm war, spielte ich ihm die Sonate aus g-moll vor, die ihm sehr wohl gefiel... Ich spiele hier viel mehr als zu Hause, unter 4 Stunden selten, zuweilen 6, ja wohl gar 8 Stunden. Alle Nachmittage macht Göthe das Streicher'sche Instrument mit den Worten auf: «Ich habe dich heute noch garnicht gehört, mache mir ein wenig Lärm vor», und dann pflegt er sich neben mich zu setzen, und wenn ich fertig bin (ich phantasire gewöhnlich) so bitte ich mir einen Kuss aus oder nehme mir einen... Daß seine Figur imposant ist, kann ich nicht finden, er ist eben nicht viel größer als Vater. Doch seine Haltung, seine Sprache, sein Name, die sind imposant. Einen ungeheuren Klang der Stimme hat er, und schreien kann er wie 10,000 Streiter. Sein Haar ist noch nicht weiß, sein Gang ist fest, seine Rede sanft... Die Rede kam auf unsere Abreise und Adele [Schopenhauer] *beschloß, daß wir alle hingehen und uns Professor Zelter zu Füßen werfen sollten und um ein Paar Tage Zugabe flehen. Er wurde in die Stube geschleppt und nun brach Göthe mit seiner Donnerstimme los, schalt Professor Zelter, daß er uns mit nach* dem alten Nest [Jena] *nehmen wollte, befahl ihm still zu schweigen, ohne Widerrede zu gehorchen, uns hier zu lassen, allein nach Jena zu gehen und wieder zu kommen, und schloß ihn so von allen Seiten ein, daß er alles nach Göthes Willen thun wird; nun wurde Göthe von allen Seiten bestürmt, man küßte ihn Mund und Hand... Übrigens war auch Fräulein Ulrike ihm um den Hals gefallen, und da er ihr die Cour macht, (sie ist sehr hübsch) so that alles dies zusammen die gute Wirkung...*

In diesen Briefen des Knaben ist von Musik nur wenig die Rede (abgesehen vom stundenlangen Vorspielen und «Phantasiren», meistens über bekannte Themen wie Mozarts «Champagnerarie» aus Don Giovanni, Eberweins Lieder, «Des Treuen Tod» von Körner, den sogenannten «Dreieckwalzer», auch Ypsilanti-Walzer und ähnliches). Desto mehr von Goethes persönlicher Nähe und dem allgemeinen Küssen; auch etwas Schauspielerei ist dabei, wie etwa die theatralische Szene, die Adele Schopenhauer (wohl im Einverständnis mit Zelter) arrangiert hatte und die ebenfalls in Küssen endete, was sich Goethe, besonders von Ulrike, gewiß gerne gefallen ließ.

Aufschlußreich sind daher die ergänzenden Bemerkungen von Karl Mendelssohn,

Felix' ältestem Sohn, die er aus den Souvenirs und dem «Album» seines Vaters entnahm.[12] Goethe, ganz im Einklang mit Zelter, neckte den Jungen und spornte ihn zu immer schwereren Aufgaben an.

In Felix' Abwesenheit wurde der Dichter gefragt, ob er sich noch des Wunderkindes Mozart entsinne. Goethe bejahte die Frage: «Er war damals 12 Jahre alt; aber was dein Zögling bereits fertig bringt, verhält sich zum 7jährigen Mozart wie die gebildete Konversation eines Erwachsenen zum Geschwätz eines Kindes.» Alle Anwesenden wünschten Felix eine glänzende Karriere – auch Goethe; aber er war vorsichtiger: wer könne wissen, in welcher Richtung sich ein Geist entfalte – man sehe oft, wie ein vielversprechendes Talent eine falsche Richtung nehme und die schönsten Erwartungen enttäusche! Auch Zelter konnte diese Möglichkeit nicht unerörtert lassen: er fühle seine Verantwortung dem Jungen gegenüber, und halte ihn, außer seiner freien Komposition, streng am Zügel kontrapunktischer Aufgaben. Aber es werde nicht mehr lange dauern, bis er seiner Obhut entspringen werde – schon jetzt habe er so ziemlich alles Wesentliche gelernt. Erst wenn er sich ganz frei wisse, werde man sehen, welchen Weg er einschlage. Wieder und wieder betonte Goethe, daß er allem «Gethue», das man mit dem Knaben mache, abgeneigt sei, weil es ihm nur schade; so erlaubte er Felix nicht, bei einem Konzert aufzutreten, das die Jenenser Studenten für ihn veranstalten wollten.

Es steht dem Biographen nicht an, die Handlungen der historischen Personen kritisch zu beurteilen; in diesem Fall aber erhebt sich drohend die Frage, ob die (nicht ermutigende, sondern eher herabsetzende) Behandlung des Jungen angebracht war. Bei einem lethargischen oder sich langsam entfaltenden Talent war diese Pädagogik sicher passend; ob aber bei dem frühreifen, ehrgeizigen, immer mit sich unzufriedenen Mendelssohn, ist doch fraglich. Anderseits war das Prinzip, den Knaben ja nicht zu verwöhnen oder zu umschmeicheln, sicherlich das einzig Richtige. Aber der junge Felix war nicht blind, er fühlte sehr wohl, daß er es mit allen Musikern in Weimar aufnehmen konnte außer mit Hummel, den er sehr respektierte. Auch blieben ihm die Flirts des alten Goethe keineswegs verborgen, und er scherzte selbst mit den jungen Damen dort schon wie ein Cherubino.

Goethe ließ ihn nicht mit leeren Händen weggehen: er gab ihm ein Gedicht für Fanny mit und eine Silber-Medaille mit seinem Porträt zum Andenken. Adele Schopenhauer und Goethe sandten ihm eine «Jakobs-Leiter» (Anspielung auf den Doppelsinn von Leiter und Tonleiter), eine reizende Silhouette, unter die Goethe in seiner eleganten Hand schrieb:

Wenn über die ernste Partitur
Quer Steckenpferdchen reiten;
Nur zu, auf weiter Töne Flur,
Wirst Manchem Lust bereiten;
Wie Du's gethan mit Lieb' und Glück.
Wir wünschen Dich allesamt zurück. *Goethe*

Des Dichters freundschaftliches Interesse an Felix ließ bis zu seinem Tode nicht nach, wie wir noch sehen werden. Aber diese erste Begegnung mit dem Genius, dem Denker, dem Humanisten, kurz, dem Vorbild, bedeutete für den jungen Mendelssohn weit mehr als das Treffen mit einem «Berühmten». Er hatte deren ja schon einige kennengelernt; aber Goethe wurde für ihn zum humanistischen Exemplum. Vielleicht geht Mendelssohns für seine Zeit leicht anachronistische Gesinnung in Politik und Moral auf dieses Vorbild zurück.

Die ganze Familie hörte natürlich von diesem Besuch in Weimar und war entsprechend beeindruckt, mit Ausnahme Jakob Bartholdys, der seiner Nichte Fanny den folgenden Kommentar schrieb:[13] *Rom, 2. März 1822*

Alles, was Du mir... von Felix und von seinem Besuche bey Goethe schreibst, ist mir höchst angenehm und erfreulich gewesen. Besonders sehe ich es gerne, daß Felix sich mit älteren und alten Leuten zu thun macht, das ist immer ein gutes Zeichen und nützlich fürs ganze Leben...

IV.

Wohl um seine noch immer deprimierte Gattin aufzuheitern, entschloß sich Abraham, mit seiner ganzen Familie «auf Reisen zu gehen». Zugleich wollte er ihnen «die große Welt» vorstellen, damals ein wichtiger Teil der Erziehung, die allerdings nur den vermögenden Klassen zugänglich war. «Abrahams Karawane», wie es seine Schwester Henriette nannte, bestand aus den Eltern selbst, ihren vier Kindern, zwei Cousinen von Lea, Dr. Heyse, dem Erzieher, und seinem Gehilfen Dr. Neuburg sowie «einigen Dienstboten». Die Reise führte sie über Magdeburg und Göttingen nach Kassel, wo sie an Ludwig Spohr empfohlen waren und von ihm sehr freundlich aufgenommen wurden. Von da nach Frankfurt am Main, wo ausgiebig Station gemacht wurde, weil Abraham dort wichtige Geschäftsinteressen wahrzunehmen hatte. Von dort ging es über Stuttgart und das Rheintal nach Interlaken und zum Gotthard, wo sie am Tor zum «gelobten Land» Italien Halt machten und dann, zur Verzweiflung Fannys, umkehrten und ihren Weg über den Lago Maggiore, Genf, Bern nach Frankfurt nahmen, wo sie wieder rasteten. Von da wurde über Weimar, wo sie sich ein paar Tage aufhielten, die Heimreise angetreten.

Musik wurde besonders in Kassel, Frankfurt und Stuttgart gemacht; in Frankfurt lernte Felix seinen späteren Gönner Nikolaus Schelble, den Direktor des Cäcilienchors, kennen und produzierte sich mit viel Erfolg als Pianist und Improvisator. Dort machte er auch die Bekanntschaft des etwas jüngeren Ferdinand Hiller, eines anderen Wunderkindes, mit dem ihn eine Art kritischer Freundschaft viele Jahre hindurch verband, bis durch Hillers Frau, eine italienische Sängerin, die alte Kameradschaft in die Brüche ging.

Wichtiger aber als alle neuen Bekannten war für Felix das Erlebnis der Schweiz, die er liebte wie kein anderes Land. Einige Briefe an Zelter beschreiben den beinahe permanenten Zustand des Entzückens, mit dem Felix (und auch Fanny) die Schweiz, ihre Berge, Seen, Matten und Wälder aufnahmen; er zeichnete fleißig und auch in viel späteren Jahren wurde er nie müde, seine Lieblingsorte, vor allem im Berner Oberland, zu zeichnen. Ein paar Kraftstellen aus den Briefen des noch nicht Dreizehnjährigen mögen diese tiefe Liebe für die Schweiz und ihre Landschaft verdeutlichen:

Der hellste aller Morgen dämmerte. Der Mond schien klar und bestrahlte das schneebedeckte Schreckhorn; Jungfrau und Finsteraarhorn standen prächtig da – keine Wolke am Himmel...

Viel nüchterner beschreibt er für Zelter den Aufenthalt in einer Sennhütte:

Sécheron bei Genf, 13. 9. 22

...In die hintere Abteilung [der Hütte] *begaben sich die Träger und Führer und machten daselbst ein Feuer an, um das sie sich lagerten; hin und wieder kam auch einer von uns und wärmte sich, denn die Kälte war streng. Dem einen froren die Füße, dem andern die Ohren, des Dritten Nase hatte eine Schattierung von lila, und alle hatten einen desperaten Hunger. Zuweilen unterbrachen Lawinen mit Donnergeräusch das lebhafte Gespräch; dann lief alles ans Fenster, was nicht zur Tür hinausgedrängt wurde, und eine Herde rotbrauner Schweine begleitete mit lieblichen Tönen das schreckliche Tönen der Lawinen... Wenn des Abends dann die Kühe gemolken sind, so legt man sich aufs Heu und schnarcht mit Ochsen und Schweinen, die, glaube ich, auch in der Hütte schlafen, um die Wette. Die Figur, die wir darin machten, wie auch unser Essen, waren sonderbar. In solcher Hütte Schals, Kanten und Gott weiß, wie all der Modekram heißen mag, zu sehen, war ebenso sonderbar, wie zur dicken Milch und dem Käse, den die Hirten lieferten, Schokolade und Bonbons zu essen, welche die Damen lieferten. Und das alles im Angesicht der prächtigen Jungfrau!*

Die Beobachtungsgabe, vor allem aber die kritische Darstellung seiner eigenen Gesellschaft im Kontrast zur Bevölkerung und Natur ist erstaunlich bei einem dreizehnjährigen Knaben. Es war aber gerade die rauhe Bergnatur, die für Felix, der ein guter Alpinist wurde, die Schweiz so heimatlich vertraut machte. Immer wieder war sie sein Refugium in guten und bösen Tagen. Während des Aufenthalts in Weimar wurde die ganze Familie Goethe und seinen Angehörigen vorgestellt; wieder mußte Felix dem Dichter vorspielen, und manche bedeutenden Worte sind damals gefallen, vor allem im Gespräch mit Abraham. Zu Felix sagte Goethe eines Tages: «Ich bin Saul und du bist mein David, wenn ich traurig und trübe bin, so komm du zu mir und erheitere mich durch dein Saitenspiel»! Welch ein Symbol hatte der Alte damals heraufbeschworen! Man wagt nicht daran zu denken, was mehr als ein Jahrhundert später mit Saul und David geschah.

Der liebenden wachsamen Schwester entging es nicht, daß «Felix bedeutend größer und stärker geworden war, Züge und Ausdruck des Gesichts hatten sich mit unglaublicher Schnelligkeit entwickelt, und die veränderte Haartracht (man hatte ihm seine schönen langen Locken abgeschnitten) trug nicht wenig dazu bei, sein Ansehen zu entfremden. Das schöne Kindergesicht war verschwunden, seine Gestalt hatte etwas Männliches gewonnen, welches ihn auch sehr gut kleidete...».[14]

Er war keine seßhafte Natur und liebte Reisen und jeden Vorwand dazu. So begleitete er Abraham zu einem Besuche von Leas altem Onkel Itzig nach Frankfurt an der Oder, woher die Familie stammte; so fuhr er mit Zelter in viele der kleinen Vorstadtgemeinden Berlins, wo er die Orgeln abhörte – Zelter verließ sich auf sein vortreffliches Gehör –, auch viel Orgel spielte und auf ihr zu improvisieren lernte. Diese Orgelreisen führten ihn bis nach Breslau.[15] Durch die Reisen, die Singakademie und durch die kleinen Konzerte, in denen er aufzutreten begann, machte er viele neue Bekanntschaften und gewann wirkliche Freunde. Er hatte sie auch nötig, um seine Berufswahl der Familie akzeptabel zu machen: er wollte Musiker werden! Der Vater war jedoch keineswegs davon überzeugt, daß das Talent seines Sohnes für eine Laufbahn, die ihn weltberühmt machen sollte, ausreichen würde. Denn: *Aut Caesar, aut nihil!* war Abrahams Motto. Er hatte gewichtige Zweifel sowohl an der Durchschlagskraft von Felix' Talent als auch und noch mehr an seiner Zähigkeit und Beharrlichkeit unter widrigen Umständen. Ja, er war sicher, daß des Sohnes Lebensglück durch sein Talent gefährdet werden könnte, da ein Genie *ipso facto* zur Einsamkeit verdammt sei.[16] In diesem Punkt wurde Abraham abermals von seinem Schwager Bartholdy bestärkt, der in den stärksten Ausdrücken von einer Künsterlaufbahn seines Neffen abriet:

...Ich bin gar nicht einverstanden, daß Du Felix keine positive Bestimmung gibst. Dies würde und könnte seiner Anlage zur Musik, über die nur eine Stimme ist, keinen Eintrag thun... Ein Musicus von Profession will mir garnicht in den Kopf... Das ist keine Karriere, kein Leben, kein Ziel; man ist zu Anfang soweit als am Ende und weiß es; *ja, in der Regel besser daran. Lasse den Buben ordentlich studieren, dann auf der Universität die Rechte absolvieren und dann in eine Staatskarriere treten. Die Kunst bleibt ihm als Freundin und Gespielin zur Seite... Soll er aber ein Kaufmann werden, so gib ihn früh in ein Comptoir...»*[17]

Bei ruhiger Überlegung konnte man, betrachtet man den Musikerberuf in jener Zeit, Bartholdy nicht Unrecht geben: ein Haydn führte das Leben eines hochangesehenen Kammerdieners, der K.K. Kammerkompositeur Mozart war in bitterer Armut gestorben, und auch von Reichtümern des noch lebenden Beethoven hat man nie gehört, auch nicht, daß er ein «glückliches» Leben geführt hätte. Anderseits ist die Ausdrucksweise «Lasse den Buben... die Rechte absolvieren...» oder «gib ihn früh in ein Comptoir» nicht die eines liebenden Onkels, sondern eher die eines harten Arbeitgebers. Dazu kam der offene Snobismus, der ja Bartholdy auch keine Freunde geschaffen hat; Felix jedenfalls verzieh ihm diese Einmischung nie und versuchte, wie wir sehen werden, sich an ihm zu rächen, indem er seinen Namen Bartholdy nur in Deutschland und Frankreich gebrauchte, ihn in England aber wegließ.

In diesen Jahren – 1823 bis 1825 – mußte sich Felix behaupten gegenüber dem autoritären Vater, dem strengen Zelter und dem unsympathischen Bartholdy. Doch vier Freunde gewann er in dieser Zeit, und drei davon blieben ihm bis zu seinem Tode innigst verbunden: der Schauspieler und Sänger Eduard Devrient aus einer berühmten Theaterfamilie, der hannoveranische Diplomat Carl Klingemann, der Pianist und Komponist Ignaz Moscheles und der Musiker und Gelehrte Adolf Bernhard Marx. Nur mit dem Letztgenannten überwarf sich Felix später; wir werden auf den Fall noch zurückkommen. Sie alle waren von Felix' Genialität und den großen Chancen seines Erfolges fest überzeugt. Am wichtigsten war wohl Moscheles' Urteil, denn er war damals (1824) bereits ein international anerkannter Künstler. Er schreibt in seinen Tagebüchern:

Felix, ein 15jähriger Jüngling, ist ein Phänomen. Was sind alle Wunderkinder im Vergleich mit ihm?...

Aber auch Moscheles hatte Zweifel, ob sein Talent würde standhalten können – und er mußte seine Überzeugung, daß Felix schließlich ein großer Meister werden und als solcher Anerkennung finden werde, wieder und wieder verfechten, bevor die Eltern des Jungen ihm glaubten.[18] Devrients Urteil wog nicht schwer, da er nicht als Musiker angesehen wurde; Klingemann hielt sich etwas zu diplomatisch zurück; aber Marx trat enthusiastisch für Felix und seinen glühenden Wunsch, Musiker zu werden, ein. Doch war er – Marx – Zelter unsympathisch, und auch Vater Abraham scheint nicht allzuviel auf sein Urteil gegeben zu haben.

Zwei an sich unbedeutende Ereignisse beseitigten aber alle Zweifel an Felix' Zukunft: Abraham wollte nach Paris fahren, um seine Schwester Henriette abzuholen, die nun in Berlin leben wollte; bei dieser Gelegenheit wollte er Felix Cherubini vorstellen, dem Direktor des Conservatoire, einem Meister, den er für den bedeutendsten lebenden Komponisten ansah. Beethoven stand er, trotz seines Sohnes enthusiastischer Bewunderung, skeptischer gegenüber, ähnlich wie Zelter. Überdies war Beethoven zu jener Zeit schon völlig taub geworden und darum Fremden kaum mehr zugänglich. Dennoch erlaubte sich Felix einen charmanten, aber doch ziemlich frechen Scherz: er fälschte (d. h. fabrizierte) einen Brief Beethovens zum Geburtstag seiner Schwester Fanny[19] (s. S. 128ff.). Bei aller Frivolität muß man doch über das Einfühlungsvermögen des Jünglings staunen, der den völlig vereinsamten, von der Welt abgeschlossenen Meister so gut verstand.

Cherubini also sollte entscheiden, ob der Junge «das Zeug zum Meister» hätte. Zur gleichen Zeit übersiedelte die Familie mit Sack und Pack in ein sehr schönes Herrenhaus mit großem Garten und Schwimmbassin, das Vater Abraham gekauft hatte. Es war das sogenannte von der Reckesche Palais in der Leipzigerstraße. Um der allgemeinen Unordnung und Verwirrung zu entfliehen, die eine solche Übersiedlung mit sich bringt, kam die Reise nach Paris Abraham sehr gelegen.

Von der Prüfung durch Cherubini gibt es leider nur einen Bericht, dessen Authentizität nicht ganz klar ist. Weder Abraham noch Felix haben in ihren Briefen die immerhin lebenswichtige Entscheidung länger diskutiert, während andere, weit weniger wichtige Begegnungen sehr lebendig geschildert wurden. In Paris befanden sich damals außer Cherubini, sei es ständig oder auf der Durchreise, die folgenden Musiker: Rossini, Meyerbeer, Auber, Moscheles, Hummel, Liszt, Reicha, Kalkbrenner, Rode, Kreutzer, Habeneck, also eine europäische Elite. Berlioz war damals noch ganz unbekannt. Mit ihnen allen, außer mit Habeneck und Auber, scheint Mendelssohn in persönliche Berührung gekommen zu sein.

Dem gefürchteten, allgemein als «ein Ekel» geschilderten Cherubini legte Felix sein Klavierquartett in h-moll op. 3 vor; und siehe da: der Tiger, vielleicht gerührt von der Anmut des Knaben, vielleicht auch beeindruckt von seiner außerordentlichen Frühreife, zog seine Krallen ein und urteilte beinahe enthusiastisch. Das war so ungewöhnlich, daß Halévy, ein Lieblingsschüler des Alten, sich rundweg weigerte, die Geschichte zu glauben. Der Meister sprach nämlich die «geflügelten Worte»:

Ce garçon est riche; il fera bien; il fait déjà bien. Mais il dépense trop de son argent; il met trop d'étoffe dans son habit.[20]

Der Junge ist begabt; er wird Gutes leisten; er leistet schon jetzt Gutes. Aber er verschwendet sein Vermögen; er verwendet zuviel Stoff für sein Gewand.

Dieses Orakel läßt sich verschieden interpretieren. Jedenfalls wurde es von den Mendelssohns als überaus günstig verstanden und scheint damals allgemein so aufgenommen worden zu sein. Cherubinis Beurteilung muß Felix sehr beruhigt haben. Das zeigt sich auch in den kecken, manchmal arroganten Briefen des Jungen, der offenbar mitten in den Flegeljahren war. Er fing mit dem Meister selbst an:[21]

Der ist vertrocknet und verraucht. Neulich hörte ich … eine Messe von ihm, die war so lustig, wie er brummig ist, d. h. über alle Maßen… Kurz, ich glaube, daß er der einzige Mensch ist, auf den Klingemanns Wort mit dem ausgebrannten Vulcan paßt. Er sprüht noch zuweilen, aber er ist ganz mit Asche und Steinen bedeckt.

Über Rossini: *Der hat ein verzwicktes Gesicht; eine Mischung von Schelmerey, Fadaise und Überdruß… Da habt Ihr den großen Maestro Windbeutel! Der setzte sich ans Clavier und accompagnierte das Ave verum von Mozart… Da wollte er, als gelahrter Componist, alle Dissonanzen vorhalten und so präparierte er denn die Terz, die Quinte, die Octave, zu Nutz und Frommen aller zuhörenden, oder vielmehr nicht zuhörenden Damen…*

Über Reicha: *Was Reicha betrifft, der ist hier gefürchtet wie der wilde Jäger (er geht nämlich auf die Quintenjagd); übrigens bei all seiner Trockenheit, ist er doch gegen Cherubini wie Meer gegen Land…*

Über Meyerbeer: *M. sprach lehrreich über die Natur des F-Horns; die Tage der Welt vergeß ichs nicht… Ich fiel vor Lachen beinahe von der Bank.*

Über Liszt: *Nun spielte L. – er hat viel Finger, aber wenig Kopf, die Improvisation war erbärmlich und flach, lauter Tonleiter etc…*

Die Produktion Liszts wirkte mehr als ein abschreckendes Beispiel denn als Ansporn. Nun nahm er sich vor, der Versuchung, elegante Salonmusik zu schreiben, energisch zu widerstehen. Doch weder er noch Liszt sind hier konsequent geblieben. Liszt wurde ein bedeutender, sehr ernst zu nehmender Komponist, und Felix hat seinerseits der Versuchung, Salonmusik zu komponieren, doch manchmal nachgegeben.

Schon jetzt erhob sich die Frage, wo sich Felix endgültig niederlassen werde. Erst sechs oder sieben Jahre später entschied sich Felix für Deutschland, und dieser Entschluß war keineswegs von einem Hurra-Patriotismus diktiert, den Felix zeit seines Lebens verabscheut hat.[22] Wohl aber zeigte er schon damals Verachtung für die Rolle, die die Musik im Frankreich jener Zeit spielte. Von Aubers Ouvertüre zu «Léocadie» behauptete er, daß sie sich sehr gut für zwei Flöten mit Maultrommel arrangieren ließe. Fanny hatte ihn aufgefordert, «Reicha Beethoven und Sebastian Bach lieben zu lehren». Darauf antwortete er, daß man in Paris keine Note des *Fidelio* kenne und daß Bach für eine gelehrte Perücke gehalten werde. Das war eine Unverschämtheit von Felix, gegründet auf seine Unkenntnis der jahrzehntelangen Freundschaft zwischen Beethoven und Reicha und von dessen eingehender Beschäftigung mit der Polyphonie Bachs. Aber er hatte recht, wenn er behauptete, daß in Paris nur triviale und brillante Musik Erfolg habe. So ist es auch lange geblieben.[23] Felix versuchte sich auch in einer Stilkopie, indem er Cherubinis Kirchenmusik nachahmte, vielleicht sogar parodierte, und zwar in einem polyphonen «Kyrie», das verlorengegangen ist. Zelter berichtet darüber an Goethe: «Er hat dem Cherubini ein Kyrie dort angefertigt, das sich hören und sehen läßt, umso mehr, als der brave Junge nach seinem gewandten Naturell das Stück fast ironisch in einem Geiste verfaßt hat, den ... Cherubini stets gesucht und ... nicht gefunden hat.»[24]

Hier urteilt Zelter offenbar sehr parteiisch; allerdings hatte er nie am Resultat der Pariser Prüfung gezweifelt. Schon vorher hat er, in echt maurerischem Ritual, seinen Felix zum «Gesellen» befördert. An seinem 15. Geburtstag ernannte er ihn zum «freien Gesellen» im Namen Mozarts, im Namen Haydns und im Namen des alten Bach. Dann umarmte und küßte er den Knaben. Die kleine Zeremonie bedeutete mehr als eine Übertragung handwerklicher Gebräuche in die Sphäre der Musik. Denn Zelter war, ganz wie sein großer Freund in Weimar, ein begeisterter Freimaurer, und die «Gesellenreise» Mozarts hat das kleine maurerische Ritual angeregt.

Es ist hier wohl angebracht, die Frage zu erwägen, ob Zelter auf Felix' Werdegang fördernd einwirkte oder ihn durch seinen Historismus vielleicht gar in eine Bahn lenkte, die ihm, dem *laudator temporis peracti,* wohl anstand, nicht aber einem jüngeren, enthusiastischen Komponisten. Wir werden auf diese Frage noch zurückkommen.

Eine Parallele mit einer anderen berühmten Vater-Sohn-Beziehung drängt sich auf: die von Leopold und Wolfgang Mozart. Bei einem solchen Vergleich kommt Abraham weit besser weg als Leopold Mozart, sowohl als Vater wie als Pädagoge und auch als Mann. Nie hätte Abraham eingewilligt, seinen Sohn für Geld auf Tourneen zu produzieren. Er ließ ihm volle Freiheit in seinen menschlichen Beziehungen und in der Wahl seiner Arbeit, sobald es beschlossen war, daß Felix Musiker werden sollte. Allerdings war es auch – in Abrahams Sinne – eine «Freiheit unter dem Gesetz» (des Vaters). Er mochte keine «Wunderkinder», er bremste eher die Entwicklung seines Sohnes, als daß er sie beschleunigt hätte. Aber er sorgte dafür, daß Felix seine Unabhängigkeit errang ohne die Rebellion, die in Mozarts Leben so gedeihlich und notwendig war. Je älter Felix wurde, desto mehr erfüllte ihn echt kindliche Liebe zum alternden Vater. Das heißt nicht, daß er immer und überall dem gelegentlich despotischen Willen des Vaters folgte. Aber er gab viel auf sein Urteil in menschlichen Beziehungen und oft auch in musikalischen Fragen. Wie ein frommer Jude behielt er später des Vaters Todestag im Gedächtnis und erinnerte sogar seine Familie daran.

Will man sich allerdings für die Deutung des Verhältnisses zwischen Vater und Sohn ausschließlich auf Sebastian Hensels Buch *Die Familie Mendelssohn* und die «offiziellen», d. h. die von Paul und Karl Mendelssohn Bartholdy herausgegebenen Briefe verlassen, dann müßte man wirklich glauben, daß Felix' Entwicklung, insbesondere sein Verhältnis zum Vater, sich in eitel Sonnenschein und «kandierten Frühlingslüften» vollzogen hat. Nichts wäre falscher als eine solche Annahme. Ein drükkendes Problem umdüsterte seine Jugend und wohl auch manche der Lebensjahre seiner Eltern. Davon ist nun weder in Hensels Buch noch in der «frisierten» Ausgabe der Familienbriefe etwas zu spüren. Das Problem war unlösbar verbunden mit Fragen der jüdischen Emanzipation, der Assimilation und ihrer Auswirkung auf die Familie Mendelssohn, die schon durch ihren Namen im hellsten Lichtkreis der Beobachter stand. Felix' Verhältnis zu seinem Vater litt an der Verschiedenheit ihrer Ansichten über Religion, Assimilation und Emanzipation. Davon wird allerdings in den bis heute veröffentlichten Briefen wenig oder gar nichts zu finden sein. Diese manipulierten Quellen würden eine ernsthafte Erörterung dieser Probleme weder veranlassen noch ermöglichen. Die unveröffentlichten Briefe sprechen hingegen eine ganz andere Sprache und erfordern eine volle und offene Erklärung der Kontroverse, die die Familie viele Jahre lang verfolgte und die Hensels «Selbstzensur» verständlich macht. Eine freimütige Darstellung jener inneren Konflikte wird aber manche unerwarteten Aspekte offenbaren, in welchen die Persönlichkeiten Abrahams und des Sohnes Felix im Zwielicht jener Zeiten erscheinen.

3. ALTES GESETZ ODER NEUE HOFFNUNG

«Über Juden und Deutsche und ihr Verhältnis in diesen letzten 200 Jahren
zu sprechen, ist im Jahre 1966
ein melancholisches Unterfangen.»

Gershom Scholem

I.

Bis zur Zeit Moses Mendelssohns war die Lebenshaltung der Juden in Deutschland mehr oder weniger gleich wie die aller europäischen Juden gewesen. Sie betrachteten sich als eine Nation im Exil, sie waren sich ihrer jüdischen Identität innerhalb des Ghettos und der Bedingungen, die ihnen durch dieses oder von aussen auferlegt waren und die ihnen ihr Gesetz vorschrieb, voll bewußt. Von dem, was außerhalb geschah, hatten die Juden zwar mehr als eine Ahnung, aber im allgemeinen waren sie an den verschiedenen Kriegen und dynastischen Streitigkeiten wenig interessiert, weil es ihnen allen, was immer die wechselnden Zeitläufte bescherten, mehr oder weniger gleich schlecht ging, immer ausgenommen die sogenannten «Hoffaktoren», die zwar meistens reich, aber gleichzeitig auch sehr gefährdet waren und von denen der *Jud Süß* ein gutes Beispiel ist.

Gewiss gab es ein tropfenweises Einsickern deutschen Kulturgutes, aber, was immer davon resorbiert wurde, mußte zunächst dem jüdischen Milieu angepaßt werden. Das spürt man an der Entstellung altdeutscher Worte im Jiddischen, und noch deutlicher an alten deutschen Volksliedern, die die deutschen Juden zwar aufgenommen, aber ihrer synagogalen Musiktradition angeglichen, d. h. assimiliert haben.[1] Dieser Prozeß der Angleichung fremden Kulturgutes hatte für die aufnehmende Kultur keine schwerwiegenden Konsequenzen.

Die Situation änderte sich überraschend schnell mit dem Auftreten Moses Mendelssohns und seiner Schüler, deren Ideen von der Französischen Revolution und ihren Legionen machtvoll getragen wurden. Nun erst begannen die deutschen Juden ihre konkreten Ziele klar zu umreissen. Doch waren sie, zumal nach Moses Mendelssohns Tod, ohne wirkliche Führerschaft und wohl auch historisch oder gar philosophisch nicht gerüstet für die Stunde der Freiheit. Die gesteckten Ziele waren:

(1) Legale und soziale Gleichberechtigung mit den bürgerlichen Ständen.

(2) Völlige Freiheit der Religionsübung.

(3) Kulturelle und gesellschaftliche Assimilierung ohne jede Einschränkung.

Da, wie schon bemerkt, die deutsche Judenschaft innerlich nicht gerüstet war, begann damals jenes unendlich «sehnsüchtige Schielen nach dem deutschen Geschichtsbereich» (Gershom Scholem)[2], der an die Stelle des verlorengehenden jüdischen gesetzt wurde. Diese Haltung war begleitet von der enthusiastischen Zustimmung der deutschen «Liberalen», aber auch der scharf kritischen Verurteilung durch die Konservativen auf beiden Seiten. Von den Liberalen wurde die Selbstaufgabe der Juden nicht nur begrüßt, sondern geradezu gefordert als eine *conditio sine qua non* für die Integration der deutschen Juden; anderseits wurde sie von vielen aus der intellektuellen deutschen Elite verachtet, vor allem von den Romantikern, denen es die Juden überhaupt nie recht machen konnten mit weniger als kollektivem Selbstmord oder Auswanderung.[3]

Eine erstaunliche Begleiterscheinung dieser Zustände war die – bis dahin stark eingedämmte – geistige Produktion der deutschen Juden während und nach der Emanzipation; sie sprengte alle Dämme und überflutete alle, wirklich alle geistigen Bezirke: von der Mathematik, der Philologie, der Literatur, den humanistischen Fächern bis in die Politik, die Rechtswissenschaft und -praxis, die Medizin, wo die Juden von altersher Fuß gefaßt hatten, und vollends bis zu den Künsten der Musik und des Theaters! Man kann Professor Scholem nur zustimmen, wenn er betont, daß die «spezifische historische Stunde» der Begegnung mit der deutschen Kultur besonders günstig war, fruchtbar für beide Teile: sie geschah auf dem Höhepunkt der bürgerlichen Zivilisation. «Diese Amalgamierung einer großen historischen Stunde, für die Juden durch die Namen Lessing und Schiller bezeichnet, hat ihrer Intensität und ihrem Umfang nach keine Parallele in den Begegnungen der Juden mit anderen europäischen Völkern.»[4]

Aber die «glückliche Stunde» ging allzuschnell vorüber, und um 1848 waren diese Errungenschaften, wenn nicht vergessen, so doch verfallen. Noch um 1830 versuchte man ernsthaft, einander näherzukommen, und es gab wohl auch hinreichend guten Willen auf beiden Seiten. Der Kampf um die bürgerlich-legale Gleichberechtigung hatte nun im Ernst begonnen und erreichte auch, beträchtliche Zeit nach 1848, sein trügerisches, nie ganz verwirklichtes Ziel. Das aber war um 1820 kaum zu erahnen, geschweige denn zu erwarten.

Für die Familien Mendelssohn standen diesen Zielen drei Hindernisse im Wege:

(1) Der Betrug an den Juden beim Wiener Kongreß.
(2) Der «Judensturm» von 1819 als warnendes Memento.
(3) Eine Klausel im Bürger- und Schutzbrief des Daniel Itzig, des Großvaters der Lea Mendelssohn.

Zu (1): Beim Wiener Kongreß wurden die Juden durch einen bürokratischen Schwindel im Text der Beschlüsse um die ihnen versprochenen Rechte und Privilegien betrogen, so daß ihnen in Preußen das 1812 versprochene Bürgerrecht wieder entzogen wurde und 1822 gar die gesamte Hardenbergsche Gesetzgebung rückgängig gemacht wurde. Die Juden mußten wieder, wie eh und je, um die Siedlungserlaubnis und die damit verbundene «Stättigkeit» von Amt zu Amt betteln, jede Familie für sich.

Zu (2): Wie schon oben erwähnt, betraf der «Judensturm» die Familie des Abraham

Mendelssohn direkt: der königliche Prinz spuckte vor dem zehnjährigen Felix aus mit den fürstlichen Worten: «Hep hep, Judenjung!» Das Trauma des Knaben machte den Eltern viel zu schaffen und sie gelobten sich, jeder möglichen Wiederholung solcher Vorfälle vorzubeugen. Das einzig taugliche Mittel dazu sahen sie in der Taufe – sie war das angeblich wirkungsvollste Schutzmittel. Aber seine Wirksamkeit mußte erst erprobt werden.

Zu (3): In Daniel Itzigs Bürger- und Schutzbrief wurde ihm, seinen Kindern, Kindeskindern und deren Gatten oder Gattinnen der königliche Schutz zugesagt; aber die Kinder Abrahams und Leas lagen außerhalb dieser Kategorien – sie waren Urenkel. Hier drängen sich dem Beobachter die Verse auf:

So erben sich Gesetz' und Rechte
Wie eine ew'ge Krankheit fort,
Sie schleppen von Geschlecht sich zu Geschlechte
Und rücken sacht von Ort zu Ort.
Vernunft wird Unsinn, Wohltat Plage.
Weh dir, daß du ein Enkel bist!
Vom Rechte, das mit uns geboren,
Von dem ist, leider! nie die Frage. *(Goethe, Faust I.)*

Gegen den Entschluß, sich taufen zu lassen, standen eigentlich nur zwei oder drei Gründe, die mit der Zeit immer schwächer wurden: Die Verpflichtung, die Moses Mendelssohns Kinder dem großen Namen verband; aber dieser innere Konflikt wurde durch eine Mißdeutung, um nicht zu sagen eine bewußte Fälschung seiner Gedanken und Mahnungen überwunden: jedes der Kinder, außer dem ältesten Sohn Joseph, rechtfertigte den Bruch mit dem alten Gesetz mit einer platten Simplifikation der Lehre des Vaters, nämlich, daß alle monotheistischen Religionen nichts als gleichwertige Formen einer «Universalreligion» seien (s. Kap. I, S. 19). Auch die Furcht, Zwietracht oder doch Verachtung unter Freunden und Verwandten zu stiften, wurde recht leicht überwunden oder ganz in den Wind geschlagen. Abrahams Skeptizismus endlich, der weder eine historische Religion noch ihre Institutionen ernst zu nehmen vermochte, ging parallel mit seiner Deutung der ungünstigen Chancen der deutschen Juden, so lange sie Juden blieben. Er war bereit, «die alte Form» im Interesse der Zukunft seiner Kinder zu opfern.

Problematisch und von Fall zu Fall verschieden war das Verhalten der deutschen Juden zu den Renegaten: im Grunde bestand es aus einer Mischung von Verachtung, Mitleid, und wohl auch ein wenig Neid auf den Mut, mit dem alten Gesetz ein für allemal zu brechen. Wurde der Getaufte nachher berühmt, dann konnte, dann mußte ihm alles verziehen werden. Das war so bei Heinrich Heine, bei Gustav Mahler, bei Karl Marx und bei vielen anderen. Bei Felix Mendelssohn lag der Fall etwas anders; er wurde als Kind getauft (1819), und daher wurden ihm, selbst von den religiösen Eiferern, «mildernde Umstände» zugebilligt.

II.

Die letzten Hemmungen, die Abraham von der Taufe seiner Kinder abhielten (er selbst und seine Frau ließen sich erst 1822 taufen, wahrscheinlich aus finanziellen Gründen), räumte sein Schwager Bartholdy beiseite. Sein Brief ist notorisch geworden als das Bekenntnis eines Opportunisten, der sein *sauve qui peut* nicht laut genug rufen konnte. Hier ist der wichtigste Teil des Briefes:

Du sagst, Du seiest es dem Andenken Deines Vaters schuldig – glaubst Du denn, etwas Übles getan zu haben, Deinen Kindern diejenige Religion zu geben, die Du für sie für die bessere hältst? Es ist geradezu eine Huldigung, die Du und wir alle den Bemühungen Deines Vaters um die wahre Aufklärung im allgemeinen zollen, und er hätte wie Du für Deine Kinder, vielleicht wie ich für meine Person gehandelt... Ich würde raten, daß Du den Namen Mendelssohn Bartholdy zur Unterscheidung von den übrigen Mendelssohns annimmst, welches mir immer angenehmer sein wird, da es die Art ist, auch mein Andenken auch bei ihnen zu erhalten und worüber ich mich herzlich freue...[5]

Der Brief spiegelt getreulich die Persönlichkeit seines Schreibers. Seine Argumentation, obwohl sie die Gedanken von Moses Mendelssohn verfälscht, scheint logisch, wenn auch opportunistisch. Daß Bartholdy, wie übrigens auch Abraham, jedes historische Verständnis für das Judentum abging, darf nicht überraschen; ebenso ging es damals nahezu allen denkenden Kreisen innerhalb der deutschen Juden. Auf die eine großartige Ausnahme von dieser Regel werden wir noch zurückkommen. Jenes «sehnsüchtige Schielen» teilte Bartholdy mit den meisten Juden seiner Klasse; was bei ihm hinzukam, war ein unbedenklicher Snobismus. Dabei hatte er tüchtige historische Arbeit geleistet in seinen Studien über griechische und römische Kunst. Auch seine Sammlungen der Gemälde und Skulpturen der della Robbia sichern ihm einen Platz unter den frühen deutschen Archäologen und Kunsthistorikern. Dennoch war er keineswegs beliebt; so dunkle Ehrenmänner wie von Gentz, der Vertraute Metternichs, und von Niebuhr, preußischer Gesandter beim Vatikan, nannten ihn einen «demagogischen Lumpen» und «ein wahres Unglück für [Kanzler] Hardenberg», seinen höchsten Vorgesetzten.

Obwohl Abraham seinem Rate folgte, wäre es ein Irrtum zu glauben, daß er mit seines Schwagers Ansichten und seiner Stellungnahme bezüglich des Judentums sympathisierte, denn man kann sich kaum zwei Männer vorstellen, die im Denken und im Fühlen verschiedener gewesen sind. Abraham war ein Skeptiker, aber auf seine Art ein verirrter Idealist. Daß er von aller Religion wenig hielt, kann man zwischen den Zeilen seines formellen Briefes an Fanny gelegentlich ihrer Konfirmation lesen:

Ob Gott ist? Was Gott sey? Ob ein Teil unseres Selbst ewig sey, und, nachdem der andere Teil vergangen, fortlebe? und wo? und wie? Alles das weiß ich nicht und habe Dich deswegen nie etwas gelehrt.[6] ...

Um es kurz zu sagen: Abraham sah die Notwendigkeit der Taufe ein, aber er hatte ein schlechtes Gewissen dabei. So klagt Lea, die ihrem Bruder durchaus zustimmte – auch etwas von seinem Snobismus hatte – immer wieder in ihren Briefen:

4. Juni 1830,
[aber auch schon 1827 und 1828]

Ich habe mir abermals... ein Herz gefaßt und ciceronianisch ihm ins Gewissen geredet ... es hat wenig geholfen. So verdirbt er sich und uns das schöne Leben und thut zu Hause wie ein von Gram gebeugter, finsterer und verzweifelter Mann – Vaters üble Laune verdirbt nicht nur meine gute, sondern Beckchens außerordentliche...[7]

Wie anders kann man auch die häufigen talmudischen Anspielungen und Rätsel, die sich in Abrahams Briefen an Moscheles finden, deuten denn als eine Art geistigen Heimwehs oder als Verteidigung gegen sich selbst. So schreibt er, sieben Jahre nach seiner Taufe:

Am 10. September 1829 wird der 100. Geburtstag meines seel. Vaters eingesegnet werden, und die jüdische Gemeinde will dazu ein Waisenhaus fondieren und ihm seinen Namen beilegen. Letzteres gefällt mir gar wohl, und ich werde nach meinen Kräften dazu beytragen. Aber ich werde mit jedem Tag ein abgesagter Feind aller Feyerlichkeit und Form. Und so werde ich es auch vielleicht dem Zufall zu verdanken haben, daß eine Reise, welche ich in einiger Zeit vielleicht machen muß, auch diese Ceremonie verträgt...[8]

Abraham wußte die Vorteile der christlichen Religion zu schätzen, andererseits aber mochte er gewisse alte Loyalitäten nicht aufgeben; daher mischt sich in jede seiner Äußerungen über jüdische Themen ein allgemein agnostisch-bitterer Ton, der mit dem Inhalt der übrigen Mitteilung nicht harmoniert.

Man darf getrost behaupten, daß Abraham das große Ansehen seines Vaters dazu brauchte, um ganz bewußt in den Herzen seiner Kinder eine Art «Familien-Saga» einzupflanzen, in der er und sein Vater Moses schließlich zu einem einzigen Bild eines «großen Vaters» verschmelzen würden. Seine Absicht gelang, wenigstens bis zu jener Zeit, da Felix' Name in ganz Europa berühmt wurde. Dann erst pflegte er sich mit dem resigniert-bitteren Scherzwort darüber hinwegzusetzen: «Früher war ich der Sohn eines Vaters, jetzt bin ich der Vater eines Sohnes.»

Die tiefe Kluft, die ja tatsächlich zwischen den Gedanken seines Vaters und seinen eigenen, besonders in jüdischen Fragen, bestand, konnten allerdings alle Mühen Abrahams nicht überbrücken, als seine Kinder lernten, kritisch und unbefangen zu urteilen. Für ihn war die Taufe eine leere Formalität, der er sich im Interesse seiner Kinder zu unterziehen hatte. Sie bedeutete ihm nichts. Abraham war kein Christ, ganz im Gegensatz zu seinem Sohn, der ein denkender und gläubiger Christ wurde und auch blieb. Abraham schloß die folgende, leicht geringschätzige Bemerkung in seinem Brief an Fanny gelegentlich ihrer Konfirmation ein, aus dem wir schon oben einiges erwähnt haben. Diesmal heißt es:

Die Form, in der es Dir Dein Religionslehrer gesagt, ist geschichtlich und, wie alle Menschensatzungen, veränderlich... Wir, Deine Mutter und ich, sind von unseren Eltern im Judentum geboren und erzogen worden und haben, ohne diese Form verändern zu müssen, dem Gott in uns und unserem Gewissen zu folgen gewußt. Wir haben Euch... im Christentum erzogen, weil es die Glaubensform *der meisten gesitteten Menschen ist und nichts enthält, was Euch vom Guten ableitet...*[9]

Konsequent aber war er dort am wenigsten, wo er es am ehesten sein wollte. Alle schönen Lehren und Gleichnisse wurden beiseite gesetzt, als er von Felix verlangte, er möge den Namen Mendelssohn aufgeben und sich Felix M. Bartholdy nennen. Wenn heute in der Welt der Musik der Name Mendelssohn etwas bedeutet, so ist das ausschließlich Felix zu verdanken, der sich diesmal dem autokratischen Willen des Vaters nicht beugte. Was wohl die Motive für dieses merkwürdige Ansinnen gewesen sein mögen? Da der Brief von großer Bedeutung für Felix' Zukunft war, überdies einen tiefen Einblick in seines Vaters Denken gewährt, wird dieses allgemein unbekannte Dokument hier vollständig wiedergegeben. Einige Bemerkungen von Felix' Enkel, dem verstorbenen Professor Albrecht Mendelssohn Bartholdy, dem Herausgeber des Briefes, haben als Kommentare des Textes auch heute noch Gültigkeit und werden hier angefügt:[10]

Im Frühjahr 1829 fuhr Felix Mendelssohn zum ersten Mal nach London, das dann so bald die Heimat seiner Wahl wurde; seiner vor der langen Reise bangen Mutter hatte er die «Meeresstille und glückliche Fahrt» als Abschiedspfand gegeben; in England empfingen ihn die Musiker mit offenen Armen, als er seine Sommernachtstraum-Ouverture aufführte und ihnen Beethovens Es-dur-Konzert zum ersten Mal vorspielte. Aber in seinem jungglänzenden Ruhm und im lustigen Treiben der Gesellschaft mag er sich doch eines Abends still und traurig an den Schreibtisch gesetzt haben, um sich vor der bitteren Anklage des Vaters zu rechtfertigen, einmal zu tun, was er sonst sogar in seinem eigensten Schaffensgebiet fast niemals übers Herz brachte: dem in kindlicher Anhänglichkeit geliebten Vater Widerpart zu halten. Abraham hatte ihm d. d. Berlin 8 July 1829 geschrieben:

Der große Bogen) wird heute wohl ohne mich voll werden, ich habe bemerkt, daß diesem Bogen manche fremde Beiträge geliefert werden und ich will dir daher um so mehr einen eignen Brief schreiben als ich mich einer ernsten Angelegenheit wegen mit dir explicieren muß.*

*ich muß vermuthen, daß du dort den von mir angenommenen Familiennamen Bartholdy entweder ganz supprimiert, oder doch wenigstens vernachlässigt und geduldet hast, daß es von andern geschehe, ich finde dich wenigstens sowohl auf dem von dir eingesandten Koncertzettel als in allen Journalartikeln**) nur als Mendelssohn*

**) auf dem die Mutter, Schwestern und Freunde zusammen schrieben. Er ist in Berlin am 8., Hamburg am 10. und London am 13. (Ship letter) und 14. (Stadtpost) Juli gestempelt.*

***) Vermutlich ist das Konzert, in dem die Sommernachtstraum-Ouverture aufgeführt wurde, am 24. Juni, gemeint.*

aufgeführt und kann mir diese Übereinstimmung nur dadurch erklären, daß du sie veranlaßt hast.

ich bin nun mit der Sache sehr unzufrieden, und hast du sie veranlaßt, so hast du sehr unrecht gehabt.

*Ein Name ist am Ende nicht mehr und nicht weniger als ein Name, allein, erstlich hast du, bis du der väterlichen Gewalt entlassen bist, die einfache und unumgängliche Verpflichtung dich zu nennen wie dein Vater, und zweitens hast du die nie erlöschende vernünftige Verpflichtung anzunehmen, daß dein Vater, was er thut,***) ernstliche Überlegung und gute Gründe thut.*

*Auf unsrer Reise nach Paris,****) den Tag nach der halsbrechenden Nacht, frugst du mich um diese Gründe zu der Namensänderung, und ich setzte sie dir weitläufig auseinander. Hast du sie vergessen, so hättest du mich noch einmal danach fragen können, haben sie dir nicht triftig geschienen, so hättest du mir bessere entgegen setzen sollen. ich will ersteres glauben, weil ich letztere nicht finden kann, und dir daher meine Gründe und Ansichten widerholen.*

Meines Vaters Vater hieß Mendel Dessau. Als dessen Sohn, mein Vater, in die Welt getreten war, als er anfing genannt zu werden, als er den edlen, nie genug zu preisenden Entschluß faßte, sich selbst, und seine Mitbrüder, aus der tiefen Erniedrigung, in welche sie versunken waren, durch Verbreitung einer höheren Bildung zu reißen, fühlte er, daß es ihm zu schwer werden würde, als Moses Mendel Dessau in das nähere Verhältnis, welches ihm erforderlich war, zu denjenigen zu treten, die damals im Besitz dieser höheren Bildung waren: er nannte sich, ohne daß er fürchtete seinem Vater dadurch zu nahe zu treten, Mendelssohn. Die Änderung war so unbedeutend als entscheidend. Als Mendelssohn trennte er sich unwiderruflich von einer ganzen Classe, aus der er die besten zu sich hinaufzog, und an eine andre Gemeinschaft anschloß. Der große Einfluß den er damals durch Wort, Schrift und That, auf die edelste und geistreichste Weise ausübte, der heute noch fortlebt und sich in steter Entwicklung verbreitet, gab dem Namen den er angenommen, ein großes Gewicht, aber auch eine unauslöschliche Bedeutung. einen christlichen Mendelssohn kann es nicht geben, denn die Welt agnoscirt keinen, und soll es auch nicht geben, denn er selbst wollte es ja nicht seyn. Mendelssohn ist und bleibt ewig das Judentum in der Übergangsperiode, das sich, weil es sich von Innen heraus rein geistig zu verwandeln strebt, der alten Form um so hartnäckiger und consequenter anschließt, als anmaßend und herrschsüchtig die neue Form meynt und behauptet, eben nur durch sie sey das Gute zu erreichen.

Der Standpunkt auf welchen mich mein Vater und meine Zeit gestellt, legte mir gegen Euch, meine Kinder, andere Pflichten auf, und gab mir andere Mittel an Händen, ihnen zu genügen. ich hatte gelernt, und werde es bis an meinen letzten Atemzug nicht vergessen, daß die Wahrheit nur Eine und ewig, die Form aber vielfach

****) ergänze: nicht ohne?*
*****) Zur Vorstellung des damals (1825) sechzehnjährigen Felix bei Cherubini.*

und vergänglich ist, und so erzog ich Euch, solange die Staatsverfassung unter der wir damals lebten, es zugeben wollte, frei von aller religiösen Form, welche ich Eurer eigenen Überzeugung, im Fall diese eine erheischen sollte, oder Euer Wahl nach Rücksichten der Convenienz überlassen wollte. Das sollte aber nicht seyn, ich mußte für Euch wählen. Daß ich keinen innern Beruf fühlte, bei meiner Geringschätzung aller Form überhaupt die jüdische als die veraltetste, verdorbenste, zweckwidrigste für Euch zu wählen, versteht sich von selbst. so erzog ich Euch in der christlichen als der gereinigteren von der größten Zahl civilisirter Menschen angenommenen und bekannte mich auch selbst zu derselben, weil ich für mich thun mußte, was ich für Euch als das bessere erkannte. So wie aber meinem Vater sich die Nothwendigkeit aufgedrängt hatte, seinen Nahmen seiner Lage angemessen zu modifizieren, so erschien es mir Pietät und Klugheitspflicht zugleich das auch zu thun. Hier habe ich mir eine Schwäche vorzuwerfen, ich bekenne sie, aber ich halte sie für verzeihlich. Was ich für recht hielt, hätte ich ganz und entschieden thun sollen. Ich hätte den Nahmen Mendelssohn ganz ablegen, und den Neuen ganz annehmen sollen; ich war meinem Vater schuldig, es zu thun. ich that es nicht, um langjährige Gewohnheit, viele Mitlebende zu schonen, schiefen und giftigen Urtheilen zu entgehen; ich that Unrecht, ich wollte den Übergang vorbereiten, ihn Euch erleichtern, die ihr nichts zu schonen und zu besorgen hättet. Ich ließ sehr absichtlich deine Karten in Paris Felix M. Bartholdy stechen, da du im Begriff warst in die Welt zu treten, und Dir einen Nahmen zu machen. Du bist in meine Ideen nicht eingegangen, ich habe auch hier wieder, schwach genug, nicht eingegriffen, und wünsche mehr als ich erhoffe oder verdiene, daß mein jetziges Einschreiten nicht zu spät kommt. Du kannst und darfst nicht Felix Mendelssohn heißen Felix Mendelssohn Bartholdy ist zu lang, und kann kein täglicher Gebrauchsname seyn, du mußt dich also Felix Bartholdy nennen weil der Name ein Kleid ist, und dieses der Zeit, dem Bedürfniß, dem Stande angemessen seyn muß, wenn es nicht hinderlich oder lächerlich werden soll. Die Engländer, sonst so förmlich, altrechtgläubig und steif, ändern ihre Nahmen öffters im Leben, und es wird fast keiner unter dem Nahmen berühmt, den er in der Taufe erhalten. Und sie haben Recht. ich wiederhole dir, einen christlichen Mendelssohn giebt es so wenig als einen jüdischen Confucius. Heißt du Mendelssohn so bist du eo ipso ein Jude, und das taugt dir nichts, schon weil es nicht wahr ist.

Beherzige dies, mein lieber Felix und richte dich danach. Kommt heute noch dein Brief so finde ich auf dem großen Bogen wohl noch Platz zu einigen Worten.

Dein Vater und Freund.

Und nun der Kommentar von Felix Mendelssohns Enkel zu diesem Brief seines Urgroßvaters:

Abraham war als Kind seiner Zeit und Umgebung Rationalist durch und durch. So verfällt er der Kurzsichtigkeit dieser Anschauung, die über dem Zweckmässigen der Gegenwart die Lehre der Vergangenheit übersieht und deshalb die schlechteste Pro-

phetin der Zukunft ist. Spräche nicht aus jeder Zeile des Briefes der peinlich aufrichtige, gegen sich selbst wie gegen andere genaue Charakter, der Abraham Mendelssohn war, so möchte man sich fast weigern, zu glauben, daß ein Sohn sich über seinen Vater so sehr irren könne, und daß die «Morgenstunden», die Moses mit seinen Kindern hielt, so vergeblich gewesen seien.

Albrecht Mendelssohns Annahme, daß Felix' Antwortbrief verloren sei, hat sich als irrig erwiesen: das Leo-Baeck-Institut enthält in seinem Archiv ein Fragment dieses Schreibens. Felix geht darin auf die Kernfrage gar nicht ein, sondern versucht, die Auslassung des Namens Bartholdy als eine Nachlässigkeit der Philharmonic Society in London darzustellen und bedauert sie; aber der Brief ist merkwürdig kühl und beinahe abweisend. Seine eigentliche Antwort enthalten die Programme der folgenden Londoner Konzerte: keines von ihnen gibt den Namen Bartholdy. Felix konnte selbst dem Toten noch seine Einmischungen nicht verzeihen, und seine Geschwister teilten diese Abneigung, außer Fanny, die ihn immer verteidigte. Rebekka beendet zwei (unveröffentlichte) Briefe an Felix mit den Worten «Deine Schwester Rebekka Mendelssohn, *medèn* [griechisch für «nie»] Bartholdy».

III.

Die ambivalente Beziehung zwischen Vater und Sohn hat ohne allen Zweifel in Felix' Persönlichkeit tiefe Spuren hinterlassen. Ob auch in seiner Musik? Mendelssohn war alles eher als ein «autobiographischer» Komponist und viel zu beherrscht, um den Emotionen, die er im Leben weitgehend unterdrückte, in seiner Musik Spielraum zu gewähren. Die Verschiedenheit von Vater und Sohn äußerte sich auf mehreren Gebieten; vor allem in ihrem Verhältnis zur Religion, zur Geschichte, zum Judentum; gemeinsam war ihnen beiden die puritanische Ethik, ein Erbe von Jahrhunderten jüdischer Ahnen. Bis in sein frühes Mannesalter waren des Sohnes Gefühle für den Vater eine Mischung von echter Liebe, Verehrung und oft genug nicht wenig Furcht. Das Lebensprinzip einer humanistischen Denkart ist charakteristisch für den Sohn und den Großvater, nicht aber für den Vater. Sein Denken war geprägt von den französischen und englischen Skeptikern und Rationalisten, von Hume bis hin zu Voltaire, von Locke zu R. Owen, dessen sozial ausgerichtete Experimente er bewunderte.

Früh in seinem kurzen Leben hatte Felix seine Freunde gewählt und gewonnen; früh wußte er, was ihm gefiel und mißfiel, und er hat sich in dieser Beziehung wenig geändert. Auf dem europäischen Kontinent erwarb er sich nach seinem zweiundzwanzigsten Jahr kaum mehr intime Freunde, ja, er scheute vor neuen Bindungen zurück, trotz seiner vielen und langen Reisen. Nähere Vertraulichkeit erlaubte er sich nur mit Jugendfreunden und Verwandten, höchstens noch mit Mitgliedern jenes einigermaßen esoterisch-intellektuellen Zirkels seiner Jugend. Diese Reserve, so sehr im Widerspruch zu seiner eher geselligen und expansiven Natur, gibt zu denken, vor allem wegen der großen Ausnahme, die hier England machte. Denn in

England, seiner Wahlheimat, war er neuen Bekanntschaften gegenüber ohne Hemmungen. Wie ist diese Reserve zu verstehen, wie anderseits die Aufgeschlossenheit in England? Warum die Reserve Männern gegenüber, da er doch bei den Damen allgemein beliebt war? Er nannte sich ja selbst einen «unverbesserlichen Lämmerer» (d. h. Flirter). Warum beschränkte dieser brillante junge Mann, gesegnet mit hellen Augen, einem warmen Herzen und einem feinen Sinn für Humor, seinen Verkehr auf den engen Kreis von Verwandten und Jugendfreunden? Natürlich konnte diese Zurückhaltung als Hochmut mißverstanden werden und machte ihn nicht gerade populär. Sein Vater, der sich zwar auch nur in einer gewissen Cliquen-Gesellschaft wohl fühlte, warnte ihn gelegentlich vor dieser Selbstbeschränkung; seine Mutter dagegen, selbst zum Snobismus neigend, war mit Felix einverstanden und billigte seine Reserve. Allerdings war ihr Snobismus rein gesellschaftlich; sie lief dem Adel und den großen Namen nach, während ihr Sohn, wenn überhaupt, doch nur im intellektuellen Bezirk als Snob bezeichnet werden könnte. Der Maler Wilhelm Hensel, Felix' Schwager (Fannys Gatte), spielte auf diese Exklusivität des Mendelssohn-«Clans» in einer Karikatur an, die er *Das Rad* betitelte. Er stellte die ganze geschlossene Gesellschaft als ein Rad dar, dessen Nabe Felix ist, der wie Arion Musik macht. Die Speichen werden von den Geschwistern, Verwandten und Freunden der Familie gebildet, die Peripherie des Rades ist von der Außenwelt strikt abgeschlossen – das Rad dreht sich nur um sich selbst. Am besten bezeichnet man Felix' Reserve gegenüber seinen kontinentalen Zeitgenossen als defensiv – denn sie beruhte auf dem Prizip, jeder möglichen Enttäuschung vorzubeugen, indem man jeder neuen, unsicheren Bindung auswich. Denn nur in Deutschland, dem Land, das er als Vaterland und Heimat liebte, hatte er eine Reihe beleidigender Erfahrungen oder Zusammenstöße machen müssen.

Das Trauma während des «Judensturms» wurde schon erwähnt; er machte aber noch einige andere ähnliche Erfahrungen. In Doberan, einem Badeort an der Ostsee, den die Mendelssohn-Familie gerne besuchte, wurden Felix und seine geliebte Schwester Fanny von Straßenjungen als «Judenjungen» etc. beschimpft und attakkiert. Felix verteidigte sich und Fanny tapfer, brach aber nachher zusammen. Sein Lehrer und Mentor Dr. Heyse berichtet über den Zwischenfall:[11]

August 1824
Doberan

...Felix benahm sich wie ein Mann [er war damals 15 Jahre alt], *aber nach unserer Rückkehr war er außer stande seine Wuth und Indignation über die Demütigung, die ihm widerfahren, zu unterdrücken. Am Abend brach sie in einem Sturm von Thränen und wilden Beschuldigungen allgemeiner Art aus...*

Von seiner argen Demütigung als Kandidat für den Posten des Direktors der Berliner Singakademie wird noch die Rede sein. Es ist möglich, daß in einer «Stunde der Wahrheit» Felix sich durch die Beleidigung von seiten der Singakademie so erbittert fühlte, daß er sich seiner eigenen Herkunft aggressiv bewußt wurde: er schrieb für seinen – damals noch intimen – Freund A.B. Marx ein Libretto für dessen geplantes Oratorium «Moses». Der Oratorienplan von Marx scheiterte schließlich, aber das von Mendelssohn verfaßte Libretto, das in seinem ersten Teil die Vorgeschichte des Exodus enthält, hat sich im Autograph erhalten. Es zeigt eine seltsame Mischung von naiver Unbefangenheit und «bibelstolzem» Bewußtsein der jüdischen Abstammung. Es wurde von Marx zurückgewiesen und bildete vielleicht den ersten Anlaß für die zunehmende Entfremdung zwischen den Freunden.

Etwa ein Jahr nach jener verunglückten Kandidatur für die Singakademie schrieb er aus London:[12] *London, 23 July, 1833.*

...Heute früh haben sie die Juden emanzipiert, das macht mich stolz, zumal da vor ein paar Tagen Eure lumpigen Posener Ordnungen hier runtergemacht worden sind, nach Recht und Billigkeit! Die Times fühlte sich vornehm und meinte, in England sey es doch besser für uns, und nachdem gestern eine Menge Judenhasser: Mr. Finn, Mr. Bruce, und der Rohsche [judendeutsch «Bösewicht»] *Inglis gesalbadert hatten, schloß Robert Grant, der die bill einbringt, indem er fragte, ob sie glaubten, daß sie da seyen, um die Prophezeiungen zu erfüllen (denn darauf stützen sie sich), und sagte, er hielte sich an das Wort: «Glory to God and good will to men», und darauf waren ayes 187 and noes 52. Das ist ganz nobel und schön und erfüllt mich mit Dankbarkeit gegen den Himmel...*

Ebenso drastisch und unverblümt reagierte er sogar auf halbscherzhafte Bosheiten antisemitischer Natur, wenn sie von Freunden oder Verwandten kamen. So replizierte er scharf auf Rebekkas taktlose, aber nicht so ernstgemeinte Tirade über einen Musiker namens Dessauer (wahrscheinlich ein entfernter Verwandter):

(Rebekka an Felix) *23. ? 1829*

...Ich bitte Dich aber, laß salva venia H. Dessauer aus dem Spiele [Felix hatte sich nach ihm erkundigt]*, über ihn ist schon mehr Gerede gewesen, als er es verdient, und Gott sey Dank, er ist abgeschoben worden; aber nicht, ohne seine Schwester präsentiert zu haben. Ich bin kein Judenfeind, es geht mir aber über den Spaß...*[13]

Darauf der zornige Felix:[14] *London, 17. July 1829.*

Du, l. Beckchen, mußt Rüffel besehen. Was meinst Du damit, daß Du schreibst, Du seyest keine Judenfeindin? Ich nehme an, das sey nur ein Scherz: denn sonst würde ich ganz andere Saiten aufziehen. Es ist wirklich sehr liebenswürdig von Dir, daß Du nicht Deine gesamte Familie verachtest, nicht wahr? Ich erwarte von Dir übrigens eine volle Erklärung der Affaire Dessauer im nächsten Brief...

Unbewußt seiner selbst, in bitter-ironischem Stolz, fühlte er sich unwiderstehlich provoziert, nachdem Zelter ihm, nach langem Zögern, erlaubt hatte, die Matthäus-Passion in der Singakademie aufzuführen, und brach in die unbeherrschten Worte aus: «Zu denken, daß es ein Komödiant und ein Judenjunge sein müssen, die den Leuten die größte christliche Musik wiederbringen!»[15] Diese sardonische Reaktion, ein Gegenstück zum feudalen *Spernere sperni* zeigt den jungen Mendelssohn in seiner ganzen aggressiven Naivität: denn gerade, weil es «der Judenjunge» war, der

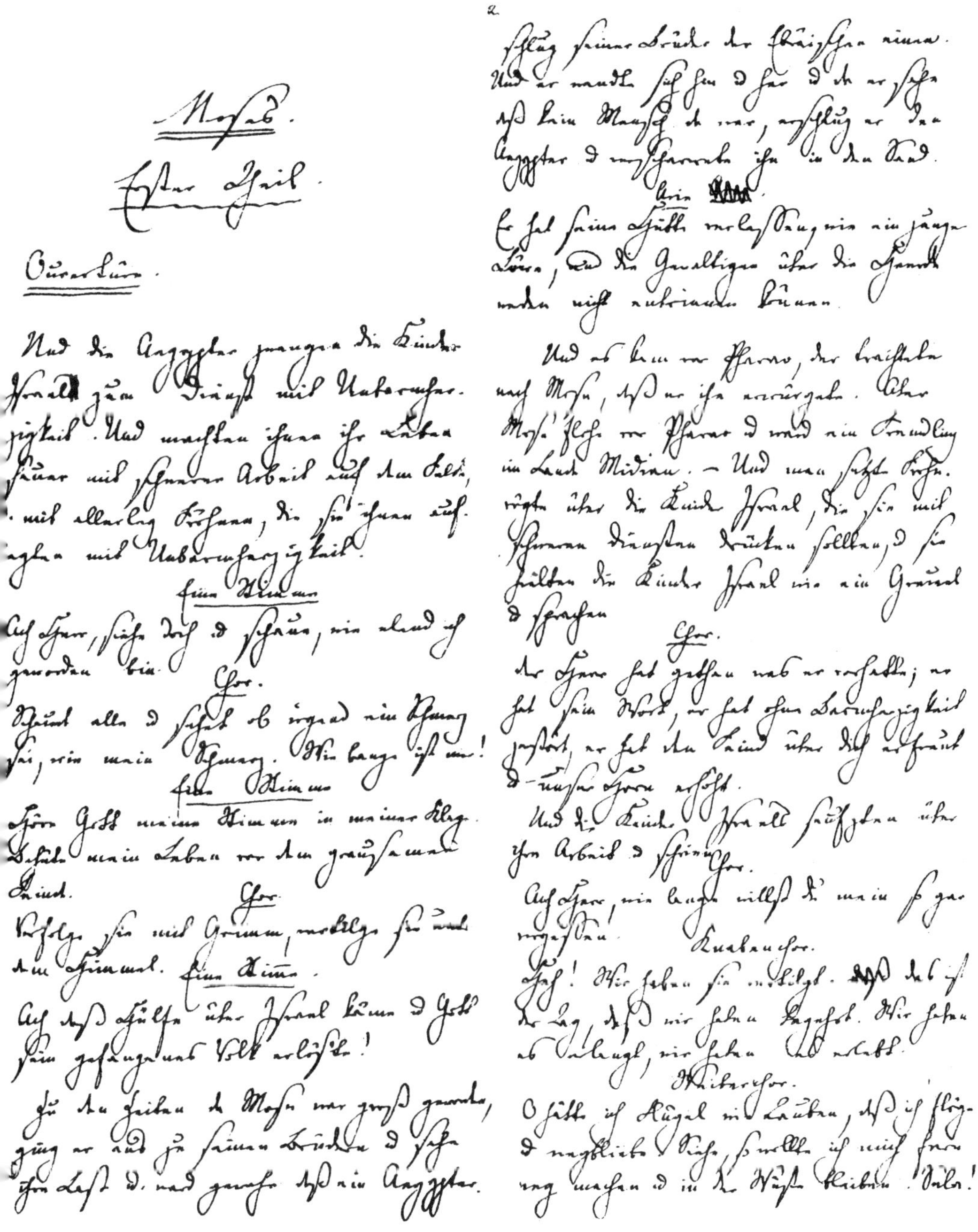

Libretto für das geplante Oratorium «Moses» von A. B. Marx
in Mendelssohns Handschrift. Die Widmung an Marx auf dem Titelblatt
wurde von Mendelssohn sorgfältig durchgestrichen

den deutschen Christen ihre größte Musik aufdrängte, haben eben dieselben Christen ihm dies – verständlicherweise! – verübelt. Man gewahrt an diesem einzigen Zwischenfall die Tragödie des «Schielens nach der deutschen Kultur», so charakteristisch für die Periode der radikalen jüdischen Assimilation in der Generation nach der Emanzipation.

Überhaupt finden sich in vielen von Felix' Briefen Bemerkungen, die offenbar aus dem Ideenkreis seines jüdisch erzogenen Vaters stammen und die er seinen Kindern mitgegeben hatte. Sie alle stammen aus der gelehrten jüdischen Tradition, in der Abraham aufgewachsen war. Hier seien nur einige wenige Beispiele angeführt: Felix schreibt aus London:[16] *May 29, 1829*

...Aber wie Vater sagt: Wer sich im Studium der Lehre per se *recht vertiefe, zu dem käme alles: Glück, Erfolg, die Liebe seiner Mitmenschen und die seines Schöpfers – und just das ist geschehen... Im Grunde sind Gott, Kunst und Leben nur Eins.*

Im hebräischen Original heißt der Passus: «Wer immer sich in die Torah vertieft um ihres Studiums willen, der verdient viele Güter:... er wird Freund genannt, Geliebter, einer, der den Allgegenwärtigen liebt, ein Freund und Schätzer der Menschheit... und dies verleiht ihm Souveränität, Herrschaft, und gerechtes Urteil... und es erhöht ihn über alles.»[17]

In bewußter Solidarität mit dem jüdischen Volke – aber nicht mit dem religiösen Judentum, das ihm fremd war – freundete er sich mit manchen der «Glaubenstreuen» an, vor allem mit den Gelehrten Abraham Geiger und Julius Fürst; der letztere hat ihn übrigens auch bei der Komposition des *Elias* beraten, leider nicht sorgfältig genug. Er komponierte auch, wenn auch viele Jahre später, eine kleine Psalmkantate für den neuen Israelitischen Tempel in Hamburg, wie unten ausgeführt werden wird.

Überhaupt interessierte sich Felix anfänglich für theologische Fragen; in dieser Beziehung folgte er durchaus der liberalen Lehre Schleiermachers, den er persönlich gut kannte und sehr verehrte. Die nüchterne, nahezu utilitaristische «ethical culture», der sein Vater anhing, konnte dem Sohn nicht genügen. Er strebte unablässig danach, «vom Ewigen berührt zu werden (ohne jeden praktischen Zweck)» (Moses Mendelssohn). Für ihn, wie ja auch für Schleiermacher, war die Persönlichkeit Jesu nicht von zentraler Bedeutung. Es ist fraglos bezeichnend, daß in seinen Briefen der Name Jesus nie fällt; auch das Wort «Gott» wird nur ganz ausnahmsweise gebraucht; an dessen Stelle verwendet Felix Paraphrasen wie «der Himmel» oder «der Ewige».

Vielleicht ist es hier angebracht, die respektiven Denk- und Verhaltensweisen Mendelssohns und Heines zum angestammten Judentum zu vergleichen. Heine war erwachsen, Dr. jur., als er sich taufen ließ (1825) und damit das «Eintrittsbillet zur europäischen Zivilisation» erlangte. Dennoch war seine jüdische Geburt – die er für ein Unglück hielt – sein Schicksal und seine Tragik. Vor der Taufe hatte er dem sogenannten «Jüdischen Cultur-Verein» angehört, einem kleinen Kreis von Gelehrten und Kennern hebräischer Literatur und jüdischer Geschichte, der später, unter der inspirierten Führung durch Leopold Zunz, Julius Fürst, Abraham Geiger und Moritz Steinschneider zur «Wissenschaft des Judentums» emporwuchs und zum geistigen Mentor der Theologen, Philosophen, Historiker und Musiker jüdischen Bewußtseins und deutscher Sprache werden sollte. Nach 1900 wurde die «Wissenschaft des Judentums» die Lehrerin aller liberalen und reformierten Strömungen in den Gemeinden und Synagogen der Welt. Heine und Abraham Mendelssohns Freund Eduard Gans gehörten als eifrige Mitglieder zu diesem Verein. Aber nach dem «Judensturm» und vor allem nach der Rücknahme der Judenemanzipation von 1822 verließen die Genannten das, wie sie glaubten, sinkende Schiff des Judentums. Noch 1823 hielt Heine es für unter seiner Würde, Christ zu werden, um eine staatliche Position in Preußen zu erlangen. 1825 aber besann er sich eines anderen und ließ sich taufen (und erhielt das Amt); das hinderte ihn keineswegs daran, seinen alten Freund Gans zu beschimpfen, der einige Begeisterung für die «neue Lehre» an den Tag gelegt hatte: «Gestern noch ein Held und Märtyrer, heute schon ein Lump». Ebenso dachte er über Gans' Kollegen, den Kriminalrat Julius Eduard Hitzig, der sich ähnlich verhalten hatte.[18] Heine litt unter seiner Apostasie, verkehrte weiterhin viel mit deutschen und französischen – vorzugsweise reichen – Juden und vertiefte sich während seines elenden, langen Siechtums wieder in hebräische Poesie, der er im «Romanzero» und den «Hebräischen Melodien» ein bleibendes Denkmal gesetzt hat. Aber er kehrte nicht zum Judentum zurück, mit dessen «altem Gotte» er zu Ende seines Lebens häufig geflirtet hatte. Schließlich hat er sowohl die Welt der deutschen wie der jüdischen Denker verlassen, aber bis zu seinem Ende wurde er zwischen den beiden Sphären hin und her gezerrt. Zwischen Flucht, Weltschmerz, Selbsthaß und Selbstmitleid, Stolz und Resignation pendelten seine Empfindungen, wenn das Thema Judentum berührt wurde.

Ganz anders Felix. Der Konflikt Heines war ihm erspart geblieben, da der Vater ihn früh in der christlichen Lehre unterweisen ließ. Abraham sah eben im Christentum lediglich eine «reinere Form», als sie das Judentum damals aufweisen konnte. Mit dem letzteren war er – Abraham – nur halbwegs vertraut, da er nur zehn Jahre zählte, als sein Vater Moses starb. Für Felix aber waren sowohl Theologie wie Geschichte des Judentums fremde Welten, so weit er diese nicht – oft ganz naiv und irrtümlich – mit dem Alten Testament und dessen komplexem Weltbild gleichsetzte. Aber er fühlte sich solidarisch, nicht so sehr als geborener Jude, sondern als human denkender, aufklärungsfreundlicher, gottesfürchtiger Christ, mit dem unterdrückten, übervorteilten und überall benachteiligten alten Gottesvolke. Er neigte weder zum «Judenschmerz», einer Lieblingspose Heines, noch zum Weltschmerz, er identifizierte sich ohne jeden inneren Vorbehalt mit dem deutschen Volk, seiner Musik und seiner Kultur. Mehr noch: er fühlte sich als guter Europäer in unserem modernen Sinne des Wortes. Mit ihm und in ihm kam die Idee der völligen Assimilierung so nahe an die Verwirklichung heran, als es das deutsche Volk gestatten würde. Mit dieser Erwägung beschließen wir dieses schmerzliche, doch notwendige Kapitel.[19]

4. DIE LEHRJAHRE UND IHRE WERKE

«Von meiner schwachen Seite kann ich meiner Bewunderung kaum Herr werden, wie der Knabe, der soeben 15 Jahre geworden ist, mit so großen Schritten fortgeht. Neues, Schönes, Eignes, Fleiß, Ruhe, Wohlklang, Ganzheit, Dramatisches. Das Massenhafte wie von erfahrenen Händen...»

Zelter an Goethe am 8. Februar 1824

Wie lernte ein Komponist seine Kunst, bevor es Konservatorien gab? Nun, ganz in der Art, wie ein Handwerker sein Gewerbe und seine Fertigkeit erlernte. Er «dient von der Pike auf». Wie Haydn seinem Lehrer Porpora gelegentlich die Schuhe putzen mußte, um «die Satzkunst zu erlehrnen», wie der junge Wagner sich als Korrepetitor und Chordirektor an Provinztheatern durchschlagen mußte, so war es üblich bis weit in die zweite Hälfte des 19. Jahrhunderts hinein. Zwei Bedingungen mußten erfüllt sein, um dem angehenden Komponisten ein Fundament eigenen Lernens und sinnvollen Versuchens zu gewähren: er mußte Gelegenheit haben, viel Musik zu hören, auch zu spielen oder zu singen, und er mußte lernen, Meisterwerke nachzuahmen. Haydn's Erinnerungen erwähnen ein typisches Beispiel für die Unsicherheit des Lehrlings: «Ich glaubte damals, es sey alles recht, wenn nur das Papier hübsch voll sey. [Kapellmeister] Reutter lachte über meine unreifen Produkte, über Sätze, die keine Kehle und kein Instrument hätte ausführen können, und er schalt mich, daß ich 16stimmig komponierte, ehe ich noch den zweystimmigen Satz verstünde».[1] Selbst Mozart, der sich das Komponieren gewissermaßen im Handumdrehen aneignete, erwarb seine Satzkunst nicht als Knabe von seinem Vater, sondern durch Nachahmung älterer Zeitgenossen in Wien, Salzburg und Italien; dort erlangte er – und keineswegs im Handumdrehen – das Absolutorium der Accademia Filarmonica in Bologna unter Mithilfe des strengen, aber ihm wohlgesinnten Padre Martini. Der Maurermeister Zelter war durchaus der Mann, seinem Schüler Gelegenheit zur Nachahmung zu geben und ihn die Regeln «der Satzkunst» zu lehren. Als Sänger in der Singakademie hatte Felix Gelegenheit, verschiedene Gattungsstile kennenzulernen; durch das Klavier- und Geigenspiel lernte er Instrumentalmusik der Meister aus erster Hand kennen, und seines Vaters Vermögen ermöglichte es dem Knaben, regelmäßig die Oper und viele Konzerte zu besuchen. Er hatte es also leichter, die Komposition zu erlernen, als wohl irgendein anderer der älteren Meister und viele jüngere.

Wer waren nun die Modelle, die Zelter seinem Schüler vorführte und zur Nachahmung empfahl? Vor allem G.F. Händel, J.S. Bach, J.Haydn, W. A. Mozart, J.N. Hummel, dann die Musik C.Ph.E. Bachs und einiger Schüler J.S. Bachs, schließlich die um 1820 populären Opernkomponisten; diese aber nicht ohne einige kritische Reserve: C.M. von Weber, L. Cherubini, N. Méhul, Fr. Auber. Dem Modekomponisten Rossini hätte der Junge ohnehin nicht ausweichen können, auch wenn Zelter es gewollt hätte. Man wird unter diesen Namen den Beethovens vergeblich suchen, denn Zelter war nicht sein Bewunderer sondern stand ihm ziemlich kritisch gegenüber. Allerdings war schon der zwölfjährige Felix ein enthusiastischer Bewunderer des Wiener Meisters, und sein Urteil in diesem wie in vielen anderen Punkten war unabhängig von Zelter. Von Lehrbüchern der Komposition hielt Zelter nicht gar viel, und zu jener Zeit (vor 1821) kamen eigentlich nur zwei Werke in Frage, die von wirklichen Autoritäten verfaßt waren: H.Chr. Kochs (1749–1816) *Versuch einer Anleitung zur Komposition* (1782–1793) und A. Reichas *Cours de composition musicale* (1816). Das Werk Reichas scheint Felix gekannt zu haben; ob es Zelter bekannt war, ist nicht sicher.

Mit welcher Musik war Felix vertraut? Wir wissen, daß seine um drei Jahre ältere Schwester Fanny eine ausgezeichnete Klavierspielerin war, und daß ihr Vater bei allen größeren Musikverlegern der Zeit (Schlesinger, Artaria, Mechetti, Biedermann u. a.) für die ernsthaften Neuerscheinungen für Klavier subskribiert hatte. Zelters Modelle wurden schon erwähnt, aber darüber hinaus zeigt der Briefwechsel von Ignaz Moscheles, von dem noch die Rede sein wird, daß Felix durch seinen Klaviermeister Berger so ziemlich mit der gesamten neuen Literatur für Klavier und Kammermusik vertraut war.

Sowohl in Berlin wie in Wien hatte die hohe Aristokratie als Patronin der «großen» Musik der oberen Schicht des Bürgertums Platz gemacht; die lebenslängliche Pension Beethovens war eines der letzten und eindrucksvollsten Zeugnisse der aktiven Unterstützung von Musikern durch die Hocharistokratie, die sich um 1830 weit mehr für ausübende Künstler, vorzüglich weiblichen Geschlechts, also Sängerinnen oder Tänzerinnen, interessierte als für schöpferische, aber misanthropische Genies wie Beethoven.

Es ist niemals ganz einfach, den künstlerischen Werdegang eines Komponisten im Detail festzulegen. Dennoch muß man diese Aufgabe auf sich nehmen und speziell im Fall Mendelssohn: zu oft haben leichtfertige oder *al fresco*-Musikschriftsteller ihn als einen früh fertigen, statischen Komponisten bezeichnet und ihm jede Entwicklung abgesprochen. Daher werden wir im folgenden den weniger bekannten Frühwerken mehr Aufmerksamkeit widmen, als es sonst üblich ist.

Bevor wir jedoch auf die Arbeiten der Lehrjahre Felix Mendelssohns im einzelnen eingehen, wird es nützlich sein zu erfahren, was davon gedruckt oder zumindest allgemein zugänglich ist. Es existiert zwar eine sogenannte «Gesamtausgabe» der Kompositionen Mendelssohns, aber noch selten ist eine so grobe Verfälschung der Tatsachen so lange unangefochten geblieben wie eben diese: denn die «Gesamtausgabe», die zum größten Teil von seinem Bruder Paul Mendelssohn und dessen Nachkommen finanziert und kontrolliert wurde, hatte zwar einen erfahrenen Musiker und Freund von Felix, den Kapellmeister Julius Rietz, als Herausgeber, aber dieser Mann hielt es nicht für nötig, über seine herausgeberische Tätigkeit öffentlich (oder auch nur privat) Rechenschaft abzulegen.[2] So hat er ganz autokratisch bestimmt, was in die Ausgabe aufgenommen werden sollte und was nicht. Er hat es auch versäumt, wenigstens anzugeben, was an handschriftlichen Kompositionen *nicht* in die «Gesamtausgabe» aufgenommen wurde. Im Anhang II (S. 601 ff.) dieses Buches werden zum erstenmal auch die handschriftlichen Kompositionen Mendelssohns aufgeführt, die sich in Bibliotheken oder in Privatbesitz befinden.[3] Leider sind durch Streitigkeiten in der Familie Mendelssohn, verbunden mit dem antisemitischen Bann auf seiner Musik im Dritten Reich, viele der Handschriften verstreut worden und sind oft nicht mehr zu eruieren. Daher kann die im Anhang vorgelegte Liste keineswegs den Anspruch auf Vollständigkeit erheben.[4]

Wenn wir bei den ersten Arbeiten des Lehrlings darauf verzichten, gewisse Stilelemente als klassisch oder romantisch zu bezeichnen, so bedeutet dies nur, daß von einem eigenen, persönlichen Stil nicht die Rede sein kann, wenn es sich im wesentlichen um Nachahmungen, also um Stilkopien, handelt.

DIE JUGENDSINFONIEN

Da sich nahezu alle Frühwerke des Meisters, besonders die bisher ungedruckten, in der Wissenschaftlichen Bibliothek in Berlin (DDR) befinden, folgen wir einem vorläufigen Bericht des um Mendelssohn hochverdienten Dr. Karl-Heinz Köhler, Musikbibliothekar der genannten Bibliothek.[5]

Der Autographenband mit der Nr. 1 eröffnet den Reigen mit Kompositionsversuchen des Elfjährigen und zeigt auf S. 20 bereits ein beachtenswertes viersätziges Klaviertrio in c-Moll mit dem Schlußdatum 9. Mai 1820… In unmittelbarer zeitlicher Nachbarschaft des als Op. 1 veröffentlichten c-Moll-Quartetts (29. 9. 1822!) [entstanden] *ausgereifte Werke, von denen besonders ein dreisätziges Klavierquartett in d-Moll und die vollwertige Bratschensonate des Fünfzehnjährigen erwähnt seien…*
Die große Mühe und der erstaunliche Ernst, mit dem sich der Knabe der Orchester- und Kirchenmusik widmete, ist am deutlichsten zu erkennen an den *zwölf Streichersinfonien,* die aus den Jahren 1821–1823 stammen. Sie liegen nun alle in schön gedruckten Partituren vor, ebenso wie das «kleine» *Violinkonzert in d-moll,* die *Konzerte für zwei Klaviere in E-dur und As-dur* und das *Doppelkonzert für Klavier, Violine und Orchester in a-moll.*[6]

Diese *Streichersinfonien* zeigen uns deutlich die geradlinige, rapide, aber keineswegs problemlose Entwicklung der kompositorischen Technik des Lehrlings, dann aber auch seine wichtigsten Modelle und die Aufgaben, die er sich stellte. An den folgenden Punkten bzw. Werken ist das Ringen um die Satztechnik (1), um die Formanlage (2) und um die angestrebten Klangwirkungen (3) deutlich zu erkennen: (1) die *erste Sinfonie* ist satztechnisch noch ziemlich unbeholfen und begnügt sich mit Formeln, die in der Musik des ausgehenden 18. Jahrhunderts Gemeinplätze waren (Tonleiterelemente, freie Imitationen kleiner Motive etc.). Aber schon der langsame Satz dieser Sinfonie bezeugt in den ersten 8 Takten eine Satzkunst, die eines Kleinmeisters würdig wäre. Auch die *zweite Sinfonie* ist im ersten Satz noch voll von Formelkram, aber der langsame Satz (h-moll) beginnt mit einem 16-taktigen strengen Kanon zwischen erster und zweiter Violine – ein klangschöner und auch in der Anlage gelungener Satz. Von hier an beginnen die Stilkopien nach Händel, Haydn und Mozart. Den ersten Satz der *dritten Sinfonie* könnte man eine «Invention für Streichorchester à la Händel» nennen, die Sonatenform tritt hier völlig in den Hintergrund, und nur der Tonartenwechsel am Ende der Exposition deutet auf sie hin; Umkehrungen aber treten zum erstenmal auf. Im *stile grande* beginnt die *vierte Sinfonie,* die schon Elemente des Händelschen Concerto grosso mit Themenköpfen von C. Ph. E. Bach und Haydn verbindet. Noch sind alle ersten Sätze *monothematisch,* und es mag sein, daß Zelter seinen Zögling erst langsam in die klassische Sonatenform einführte, jedenfalls zunächst mit Mustern von Haydn, dessen zweite Themen häufig Varianten des Hauptthemas bleiben. Ganz und gar im «mittleren» Stil Haydns ist die *fünfte Sinfonie* gehalten; auch hier ist der erste Satz noch monothematisch. Schon in früheren Sinfonien finden sich Fugati, aber hier schmiedet sich Felix eine Art Rondofuge im Finale, in dem die Fuge das wirkliche Seitenthema verarbeitet. In diesem einen Jahr hat Felix die Fugentechnik erlernt, und er gebraucht sie bei den Sinfonien wieder und wieder, bis er sie elegant und meisterhaft beherrscht. Auch die *sechste Sinfonie* lehnt sich an Haydn an – noch immer gibt es im ersten Satz kein zweites Thema; die Durchführung ist hier frei polyphon. Der folgende Menuett-Satz mit zwei Trios weist einen deutlichen Stilbruch auf: der Hauptteil ist durchaus noch stilgerecht im Sinn des späteren Haydn; im ersten Trio macht Felix Gebrauch von geigerischen Klangfarben, die der Bratsche besonders gut liegen. Das zweite Trio beginnt wie eine choralartige Aufgabe aus der Harmonielehre; hier aber bricht Felix rhapsodisch aus und entwickelt aus dem Cello-Thema das überraschend ausgedehnte Trio. Der letzte Satz ist eine gute Kopie von Mozartschen Quintett- und Symphoniefinalen; insbesondere KV. 614 und das Finale der *Es-dur-Symphonie* KV. 543 haben hier Pate gestanden. Der Sprung von der fünften zur *sechsten Sinfonie* ist überraschend und bedeutend. In der *siebenten Sinfonie* gebraucht Felix zum erstenmal ein «gebrochenes» Thema, wie Mozart sie liebte. Zum erstenmal erklingt hier eine Art Seitenthema, das auch in der Durchführung verarbeitet wird. Das Menuett der Sinfonie ist Felix mißlungen; sowohl der Formbruch wie die stilistische Inkonsistenz sind ganz deutlich. Diesmal ist es der Mozart der Divertimenti, der hier kopiert wird; aber die Kopie mißlingt nach den ersten zwanzig Takten des Hauptteils. Wieder ist das Trio gelungen; zum erstenmal hört man Klänge, die möglicherweise auf das Scherzo Beethovens zurückgehen. Der letzte Satz ist eine große Finalfuge mit Einleitung, schon in mancher Hinsicht ähnlich dem Finale des *Oktetts.* Die *achte Sinfonie* scheint zu fehlen. In der *neunten Sinfonie* merkt man wohl zum erstenmal Stilelemente von Mendelssohns älteren Zeitgenossen; bis dahin waren seine Modelle doch dreißig bis fünfzig Jahre älter gewesen. Der Anfang der Sinfonie klingt wie ein leicht modernisiertes Concerto grosso von Händel, mit pompösen punktierten Rhythmen, in feierlichem Grave. Es folgt aber, sehr überraschend, ein Allegro in C-dur, dessen Anfang in einer Ouvertüre von Rossini stehen könnte – völlig homophon, und man vermißt bei den lärmenden Skalen und Halbschlüssen die Pauken und Trompeten. Aus diesem etwas trivialen Thema entwickelt sich ein liebliches Seitenthema, im Charakter zwischen Mozart und Weber; aber die Durchführung nimmt das erste Thema sehr ernst, fugiert es, führt es nach einigen Modulationen und einer *fausse reprise* zurück nach C-dur, wo es nach einigen kontrapunktischen Abenteuern munter schließt. Das darauf folgende Andante ist das erste und erstaunlich gelungene Klangexperiment des Jungen: er teilt den Satz in drei Teile: das erste Thema (in E) wird von geteilten ersten und zweiten Violinen vorgetragen; der zweite Teil (in e-moll) von geteilten Bratschen, Celli und Bässen, und im dritten Teil wird das erste Thema nun von allen Streichern (Violinen vierfach, Bratschen zweifach geteilt) mit Celli und Bässen vorgetragen. Der Satz muß bezaubernd klingen. Diese Sinfonie wird wegen des Scherzos (im $^6/_8$ Takt), das Elemente von Schweizer Jodlern stilisiert und sie mit einem veritablen Kuhreigen verbindet, die «Schweizer Sinfonie» genannt, und ist schon jetzt populär geworden. Sie ist der Niederschlag der Schweizerreise von 1822; Felix hatte damals für Volks- und Nationalmelodien noch ein offenes Ohr und stilisierte sie gerne. Das Finale ist wieder eine große Fuge mit zwei Themen. In der *zehnten Sinfonie* klingen Motive von Gluck in der langsamen Introduktion an, gefolgt von einem Allegro, dessen Thematik – nicht aber die Verarbeitung – an Ladislaus Dussek erinnert. Dussek, der geniale böhmische Klavierkomponist, war in Berlin noch aus der Zeit bekannt, da er der Hofmusiker Prinz Louis Ferdinands gewesen war; sicherlich hatte noch Berger seinen Schüler auf diesen originellen Künstler aufmerksam gemacht. Hier bemüht sich Felix um «motivisch durchbrochene Arbeit» in der Durchführung. Zum erstenmal gelingt sie ihm in der *elften Sinfonie,* von deren erstem Satz einige Motive auch in reifen Werken anklingen, z. B. in der Ouvertüre *Die schöne Melusine,* und auch in der *Schottischen Symphonie.* Hier finden wir ein voll entwickeltes Seitenthema und einige durchbrochene Arbeit, der man aber die «Arbeit» noch gut ansieht. Es folgt ein Schweizerlied, dessen Text und Weise vom Herausgeber dankenswerterweise angegeben wird: Emmentaler «Hochzeyt und Tanz»[7], bekannt seit 1812.

Musikbeispiel 2

Aber im Verlauf des Satzes geht Felix in die Irre: er verläßt die schöne Schweiz und macht einen kleinen Abstecher in die Synagoge seiner Ahnen. Das sieht so aus:[8]

Musikbeispiel 3

Leoni, «Jigdal», The God of Abraham Praise

Wie sind diese Ähnlichkeiten zu erklären? Motiv a_1 kommt im Schweizerlied nicht vor, und auch a_2 ist keineswegs genau zitiert; anderseits ist (b) eine Allerweltsformel, die sich auch in der Lautenmusik des 17. Jahrhunderts findet; dagegen ist die Identität von (a_2) und (c) evident, und es ist anzunehmen, daß Vater Abraham die hundertmal gehörte Melodie aus seiner Kindheit gelegentlich summte und der junge Felix sie von ihm übernahm und in a_4 nur im vorletzten Takt etwas mit geigerischen Ornamenten ausstaffierte.

Das folgende Adagio folgt dem klassischen Modell eines langsamen Satzes, in dem der Knabe noch nichts von Bedeutung zu sagen weiß. Der letzte Satz ist wieder eine große Finalfuge mit Introduktion, die schon eine bemerkenswerte Meisterschaft der Fugentechnik aufweist.

Die *zwölfte Sinfonie* vereinigt wieder Stilelemente Händels und Mozarts. Der erste Satz ist ein großangelegte Doppelfuge mit langsamer Einleitung. In dieser Fuge, die rein technisch schon meisterlich geschrieben ist, werden alle kontrapunktischen Künste wie Umkehrung, Engführung, Vergrößerung, Verkleinerung, doppelter und dreifacher Kontrapunkt vorgeführt; der Satz ist aber kein Schulstück, sondern ein elegant angelegter Satz, der an Felix' Können keine Zweifel mehr erlaubt. Hier ist Bachs Einfluß stärker als der Händels, der für die polyphonen Sätze zurücktritt. Das Finale ist ganz und gar abhängig vom letzten Satz der großen *g-moll-Symphonie* von Mozart und enthält sogar, in den gleichen Tonarten (g-moll und B-dur), ähnliche Motive. Ein letzter, einzelner Sinfoniesatz in C besteht wieder aus einer langsamen Einleitung und einer großangelegten Tripelfuge. Die Einleitung lehnt sich deutlich an ein Werk aus Mozarts Spätzeit an, das Präludium zur *Fuge in c-moll* K.V. 546 für Streichquartett: die robuste Thematik der Fuge aber ist weder von Bach noch von Händel abhängig und zeigt schon eigene Klangwirkungen, besonders in den Zwischenspielen zwischen den Themeneinsätzen. Die stark ausgeprägte Chromatik geht aber noch nirgends über Mozart hinaus. Zusammenfassend mag man wohl die kompositionstechnischen und formellen Fortschritte des jungen Mendelssohn bewundern, muß sich aber darüber klar sein, daß seine Vorbilder zwar große Meister waren, «doch lang schon tot» (Richard Wagner).

Von sogenannten «romantischen» Elementen ist in keiner der zwölf Sinfonien etwas zu merken, wenn man nicht das «Schweizerlied» mit seiner türkisch gefärbten Schlagzeugbegleitung als eine romantische Hinwendung zur Volksmusik verstehen will. Obwohl die Frage der Stellung Mendelssohns zur musikalischen Romantik noch des näheren erörtert werden wird, sei schon hier bemerkt, daß seine Klavier- und Kammermusik, auch seine Ouvertüren, romantischen Einflüssen weit mehr Spielraum gewähren als seine Oratorien und Symphonien; es ist also im großen und ganzen so: in kleineren Formen sind romantische Elemente eher zu finden als in den Großformen, sofern die in Frage stehenden «romantischen Elemente» überhaupt definierbar oder identifizierbar sind, was dem Verfasser keineswegs als unbestreitbare Tatsache erscheint. Noch in der Originalfassung der von Mendelssohn selbst so bezeichneten *Ersten Symphonie in c-moll,* op. 11, ist keine Spur von Romantizismen zu entdecken, wohl aber im neuen Scherzo, das er an die Stelle des ursprünglichen, in seiner Art recht originellen Menuetts setzte. Davon wird später noch die Rede sein.

Etwas vielseitiger sind die Modelle für die Konzerte des Knaben. Hier sollen nur drei Konzerte betrachtet werden: das kleine *Violinkonzert in d-moll,* das *Doppelkonzert für zwei Klaviere und Orchester in As-dur* und das in *E-dur* für dieselbe Besetzung.

DIE KONZERTE

Das «kleine» *Violinkonzert in d-moll* ist noch nicht lange bekannt; erst nach dem Ende des zweiten Weltkriegs wurde das Manuskript des Konzerts von der Familie veräußert und von Yehudi Menuhin erworben, der auch die Welt-Première veranstaltete und das Konzert an die Öffentlichkeit brachte. Es war dem Freund des dreizehnjährigen Komponisten, Eduard Rietz, gewidmet, der auch Felix' Geigenlehrer war. Es beweist, daß Rietz ein guter Lehrer und Felix ein sehr gelehriger Schüler war. Denn der Solopart ist ganz geigenmäßig geschrieben, konzertant, ohne gerade viel Virtuosität zu erfordern.

Die Vorbilder des jungen Komponisten sind, zumindest für den ersten Satz, französische und italienische Violinisten wie Viotti, Rode und Kreutzer. Das erste Thema besteht aus einer sogenannten «Mannheimer Rakete», also einem in Dreiklangsintervallen hinaufstürmenden Motiv, wie es schon beim jungen Mozart und erst recht in Beethovens Klaviersonaten (op. 2 in f-moll, op. 10 in c-moll, etc.) anzutreffen ist, und den punktierten, leicht martialischen Rhythmen der napoleonischen Aera.

Musikbeispiel 4

Das Thema ist orchestral und spielt im Solopart nur eine geringe Rolle – es ist eben ein lautes *Tutti* und will nicht viel mehr sein. Der zweite Satz war, wie üblich, eine Art «Romanze»; obwohl der Satz nicht ausdrücklich so genannt wird, gehört er doch in diese Kategorie: er ist zwar melodisch, auch stellenweise nur gefällig, aber nie süßlich. Schon hier finden sich, besonders in den Ornamenten, Ähnlichkeiten mit Passagen aus dem berühmten «großen» *Konzert in e-moll.*

Musikbeispiel 5

Die französische Schule liebte elegante, witzige oder exotische Rondo-Finale für den letzten Satz. («Was die Phantasie an kecken Themen, das Herz an Gefühl, der Verstand an Witz und Überraschungen zu erzeugen fähig war, ist für das Rondo aufgespart.»[10]) Daß Felix mit dieser Tradition vertraut war, läßt sich am Thema des Finales erkennen; seine Rhythmik ähnelt einer Gavotte, enthält aber eine pikante Note in der Vorwegnahme des ersten Auftakttons in Takt 4.

Musikbeispiel 6

Rondo:

Die technischen Anforderungen sind mäßig; der Komponist geht selten über Läufe, Arpeggios oder die üblichen Ornamente hinaus. Für den zweiten und dritten Satz wurden die Kadenzen von Felix ausgeschrieben. Das Konzert als Ganzes ist eine außerordentliche Talentprobe, wohl auch ein dankbares Stück, enthält aber nichts, das auf den späteren Mendelssohn hindeuten würde, vielleicht mit Ausnahme des Mittelsatzes, der schon gewisse melodische Floskeln enthält, die man später wiederfinden kann. Das Orchester ist mit erstaunlicher Sachkenntnis und Freiheit behandelt, und die spärlichen polyphonen Stellen lassen nichts von einem Schulstuben-Kontrapunkt erkennen. Für einen dreizehnjährigen Knaben jedenfalls eine erstaunliche Leistung!

Als die beiden *Doppelkonzerte für zwei Klaviere und Orchester (in E- und As-dur)* komponiert wurden, lebte Beethoven noch. Mendelssohn, sein glühender Bewunderer, war nicht imstande, seinem mächtigen Kraftfeld zu entfliehen. Aber nicht nur Beethoven hat diese Konzerte inspiriert, auch die «Urmodelle» der «Jugend-Sinfonien», Mozart und Bach, auch damals viel gespielte Zeitgenossen wie Hummel, C.M. von Weber und Moscheles, haben den Jungen gefesselt. Sie alle haben ihre Spuren in den Konzerten hinterlassen. Die Partituren sind vor wenigen Jahren in Leipzig gedruckt und veröffentlicht worden.

Wo soviele Einflüsse gewirkt haben, war die Gefahr des Eklektizismus nie ganz zu bannen; und in der Tat, im *E-dur-Konzert* ist ihr der jugendliche Komponist nicht entgangen (1823). Im *zweiten Konzert in As* (1824) hat er sich aber gefunden, und man hört doch schon einen echten Mendelssohn, wenn auch die Schatten Mozarts und Beethovens erkennbar bleiben. Hier folgt er in der Struktur den großen Meistern, in den pianistischen Details aber den Zeitgenossen. Mozarts Ritornell-Aufbau ist getreu beibehalten, und das Klavier eröffnet keines der Konzerte. Für den langsamen Satz verwendet der Komponist in beiden Konzerten eine instrumentale Arienform mit gelegentlichen Variationen. Die Finale enthalten, wie in den Streichersymphonien, Fugati, unterbrochen von dramatischen Soli-Einsätzen. Im *E-dur-Konzert* kann Felix das Formgerüst noch nicht ganz füllen; im zweiten in As gelingt es ihm erstaunlich gut. In seiner Thematik folgt Felix manchmal naiv den Konturen eines seiner Vorbilder, ohne die im Thema schlummernden Möglichkeiten zu erkennen. So beginnt er das erste Konzert mit einem Thema, das direkt an Fugen des *Wohltemperierten Klaviers* erinnert, aber er macht erst ganz zu Ende Gebrauch von der Polyphonie, die in dem Thema impliziert ist.

Musikbeispiel 7

Im allgemeinen folgt Felix deutschen Vorbildern, mit Ausnahme des letzten Satzes des *E-dur-Konzerts,* wo er vergeblich die eleganten Finale der Franzosen nachzuahmen bestrebt war. Das *zweite Konzert in As-dur,* dem wir uns nun zuwenden, steht auf bedeutend höherer Ebene als das in *E-dur.* Hier erscheinen schon Phrasen, in denen der fünfzehnjährige Komponist Meisterschaft verrät und die das *Oktett* op. 20 vorausahnen lassen. Dieses entstand nur ein Jahr später.

Das Konzert fängt in den Streichern und den zwei Klavieren an, die das erste Thema vortragen.

Musikbeispiel 8

Der große Rhythmus von Beethovens *Fünfter Symphonie* ist deutlich zu hören im ersten Satz des *zweiten Konzerts.*

Musikbeispiel 9

In der Fortspinnung verfängt sich Felix in Erinnerungen an Beethovens *Septett* op. 20; er kopiert zwar das «Brücken»-Thema des ersten Satzes, aber er führt es schon in eigener Weise durch; daneben findet man Züge, die für Weber charakteristisch sind.

Musikbeispiel 10

Der langsame Satz, ein *Air varié,* beginnt mit einem Thema, das deutlich an die Arie «In des Lebens Frühlingstagen» des Florestan in Beethovens *Fidelio* erinnert.

Musikbeispiel 11

Es wird von Holzbläsern und Hörnern ausgesponnen und variiert und kehrt nach einigen Modulationen und elegantem Passagenwerk über a-moll zur Haupttonart zurück und bringt den Satz zu ruhigem, serenem Ausklang im pp.

Der letzte Satz, ein brillantes Finale, ist ein Genieblitz. Das Allegro vivace beginnt mit einem stürmischen Thema, das an einige Sätze Chopins (besonders der Polonaisen) erinnert, die aber damals noch gar nicht komponiert waren.

Musikbeispiel 12

Das ritterliche Thema wird vom ersten Klavier vorgetragen und in einem kühnen Form-Experiment entwickelt. Mendelssohn beginnt den Anfang des Themas zu fugieren und fügt in den Wirbel der vierstimmigen Fuge noch das erste Seitenthema in den Holzbläsern ein, ein kontrapunktisches Virtuosenstück. Dieses Seitenthema wird dann von den zwei Klavieren schlicht-akkordisch begleitet. Nach einer einigermaßen stürmischen Durchführung und Reprise beginnt das Orchester mit einer *Stretta,* die, nachdem sie von beiden Klavieren begleitet wurde, zu einem jubilierenden Schluß in der Manier C.M. von Webers führt. Dieser letzte Satz ist unzweifelhaft Mendelssohns beste Komposition vor dem Oktett. In den zweieinhalb Monaten während der Komposition des Konzerts ist er von Satz zu Satz gewachsen.

KAMMERMUSIK

Mendelssohns frühe Kammermusik wurde früher als viele andere Kompositionen des Musiklehrlings veröffentlicht; *zwei Sonaten für Violine und Klavier* sowie eine *Sonate für Bratsche und Klavier* sind bis heute nicht erschienen; von ihnen ist die *Bratschensonate* das beste Werk, hat aber noch nicht das Niveau der *Doppelkonzerte für zwei Klaviere* erreicht. Veröffentlicht sind: *3 Klavierquartette in c-moll, f-moll* und *h-moll,* op. 1, 2 und 3; die *Sonate für Klavier und Violine in f-moll* op. 4; das *Sextett in D-dur* für eine Violine, 2 Violen, Cello, Baß und Klavier op. 110 (aus dem Nachlaß herausgegeben); dazu kommt noch eine *Violinsonate in F-dur,* die aber nicht datierbar ist. Diese sechs Werke sind ziemlich ungleichwertig: die *F-dur-Sonate für Violine und Klavier* sowie das *h-moll-Klavierquartett* op. 3 können auch heute noch konzertreif genannt werden. Dagegen ist die *f-moll-Violinsonate* op. 4 zu stark Beethovens *Klaviersonate in d-moll* op. 31 «nachgeschrieben», um als Eigenbau gelten zu können. Anders steht es mit den Klavierquartetten. In allen bestimmten Mustern, vor allem J.N. Hummel nachempfundenen Sätzen findet sich doch schon viel Eigenes, vor allem in den Scherzosätzen; darüber hinaus weist das letzte der drei Quartette (Goethe gewidmet) schon eine thematische Integration aller Sätze des Werkes auf, die bereits damals die Hörer aufhorchen ließ. Das charakteristische Motiv des ersten Satzes durchzieht in variierter Form Scherzo und Finale.

Musikbeispiel 13

Scherzo:

Finale:

Das Scherzo des *Quartetts* op. 3 ist eine Art *perpetuum mobile,* eine Form, die Mendelssohn sehr lag, wegen der Richard Wagner ihn aber bösartig angriff. Aber die Achillesferse des unfertigen Mendelssohn ist immer wieder die etwas weichliche Gefälligkeit der langsamen Sätze, die nach Parfüm und Süßigkeiten schmecken. Erst nach dem Ende der Pubertät hat er den Geschmack an musikalischen Bonbons verloren. Felix hat sich selbst über diese flachen Sätze lustig gemacht, als er sie «Musik des juste milieu» taufte. Das schon oben erwähnte *Sextett* ist etwa ein Jahr vor dem *Oktett* entstanden. Im Grunde ist es ein Miniatur-Kammerkonzert für Klavier, dem die fünf Instrumente gegenübergestellt sind. Es ist eine frische, leicht an Weber erinnernde Musik, sehr talentiert, aber keineswegs aufsehenerregend.

FRÜHE KLAVIERMUSIK

Auf keinem Gebiet ist Mendelssohn so populär geworden wie auf dem seiner Klaviermusik. Doch sind hier gewisse Einschränkungen am Platz, will man seine Leistungen objektiv beurteilen. Er hatte zwar die Sonaten-Großform in der frühen Kammermusik und vor allem in den drei Konzerten gemeistert, aber bei der Klaviersonate hatte er doch beträchtliche Schwierigkeiten zu überwinden; und jede der drei veröffentlichten *Klaviersonaten* (op. 6 in *E-dur,* op. 105 in *g-moll,* op. 106 in *B-dur)* läßt etwas von den hohen Anforderungen, die er selbst an sich stellte, unerfüllt. Die erste Sonate, op. 6, ist lyrisch und rezitativisch, die dritte, op. 106, nicht mehr und nicht weniger als eine enthusiastische Nachahmung von Beethovens *Sonate für das Hammerklavier*; Julius Rietz gab ihr zum Erstaunen der Musikwelt die gleiche Opuszahl, wie die von Beethoven sie hat, um die Ähnlichkeit ja deutlich zu machen. Aber die Sonate bleibt im Anlauf stecken, und schon in der Exposition des ersten Satzes findet sich weder eine rechte Entwicklung noch ein echter Kontrast.[11] Dagegen ist das Scherzo fein gearbeitet und erfindungsreich. Die *Sonate g-moll* (op. 105) enthält im Adagio ein Experiment in der dreiteiligen Liedform, und die *E-dur-Sonate* op. 6 wagt ein sehr kühnes Formexperiment im langsamen Satz: hier verknüpft der Komponist ein Instrumental-Rezitativ in der Art Beethovens (vgl. seine Sonate op. 101, offenbar für Felix das Vorbild) mit einer fugierten Durchführung, die überdies mit chromatischen Wendungen gespickt ist.[12]

Musikbeispiel 14

Dieser Satz allein, obwohl keineswegs ganz geglückt, hätte bei den Zeitgenossen Aufsehen erregen müssen. Das Werk war aber bei einem ungeschickten Berliner Verlag erschienen und wurde erst ziemlich spät bekannt, vor allem in England, wo es bewundert wurde.

Viel leichter tat sich Felix mit Klavierkompositionen in kleineren Dimensionen. Hier ist vor allem die bis heute unveröffentlichte *Phantasie d-moll für Klavier vierhändig* zu erwähnen, die, obwohl ein Werk des Sechzehnjährigen, ein polyphones Meisterstück ist und ähnlichen Kompositionen Mozarts ruhig an die Seite gestellt werden dürfte.

Bedeutenden Erfolg hatte Felix mit seinen *Charakteristischen Stücken* op. 7 und dem brillanten *Capriccio* op. 5, die ebenfalls 1825/26 entstanden. Hier schielt er nicht nach dem «Unsterblichen in Wien», sondern sucht und findet die ihm gemäßen Formen und Klänge. Sie sind nicht klassisch, sondern biedermeierlich und neigen zur romantischen Miniatur, nicht ohne älterer Meister zu gedenken, vor allem J.S. Bachs und Domenico Scarlattis. Hier ahmte Felix nicht nach, er kannte ihre Musik und auch die seiner Zeitgenossen; er steckte sich sein eigenes Gebiet ab und baute es an, nach seiner eigenen Weise. An den reiferen Klavierwerken wird in einem späteren Kapitel die keineswegs synthetische, sondern echte Eigenart dieser Werke aufgezeigt werden. Immerhin ist es seltsam, daß der Lehrling schon genau sein eigenes Gebiet und dessen Grenzen kannte, die er nachher nie mehr überschritten hat, nämlich: das kleine lyrische oder idyllische Klavierstück, das brillante Konzertstück und die Fugen- und Präludienform. Eine Klaviersonate hat er nicht wieder geschrieben oder auch nur begonnen.[13]

VOKALMUSIK

Von jeher hat man zwar Mendelssohns Vokalstil, vor allem seine Behandlung des Chores, diese schwierigste aller Disziplinen, bewundert; umso bedauerlicher ist es, daß die Nachwelt von seinem Werk nahezu ausschließlich seine Instrumentalmusik und die Oratorien pflegt. Seine echt liturgische Musik, d. h. Musik, die für eine autoritativ fixierte Ordnung des Gottesdienstes bestimmt war, seine Kantaten, Motetten, Psalmen und biblischen «Sprüche» sind ganz allgemein vernachlässigt oder vergessen worden. Dabei war er – mit Recht – stolz auf diese Werke, die so überzeugend seine tiefe Frömmigkeit, seine echte Gläubigkeit bezeugen. Mehr als ein Drittel dieser Werke ist bis heute unveröffentlicht, und die andern kann man nur ganz selten zu Gehör bekommen. Was sind die Ursachen dieser Indifferenz?

Sie sind zweifacher Natur: praktisch und ideologisch. Mendelssohn, verwöhnt durch die guten Chöre der Singakademie und der englischen Chorfeste, erfordert für seine Kompositionen geschulte vier- bis achtstimmige Chöre. Nur große protestantische Kirchen besitzen solche, und ihre Chormeister neigen entweder zur Musik des Spätbarocks (J. S. Bach, G. F. Händel, Fr. Chr. Fasch u. a.) oder zu zeitgenössischen oder doch modernen Werken des 20. Jahrhunderts. Die größeren Werke Mendelssohns erfordern überdies Orchesterbegleitung, die aus verschiedenen Gründen unerwünscht ist. Nicht weniger triftig sind die ideologischen Argumente.

Die Liturgie der deutschen evangelischen Kirche wurde von der «Agende» geregelt, die zu verschiedenen Zeiten von den Landesbischöfen und bestimmten beratenden Funktionären als Kirchenordnungen festgesetzt wurden. Die wachsende Einheitlichkeit der Agenden hat sich zu Ungunsten der sakralen Kunstmusik ausgewirkt, wann immer die vertonten Texte nicht mehr autorisiert waren, d. h. in der jeweils gültigen Agende nicht vorkamen. Darüber hinaus betont die liturgische Musik mehr und mehr die aktive Beteiligung der Gemeinde, was in den meisten Fällen die Kunstmusik ausschließt; für den Gemeindegesang ist die liturgische Kunstmusik nicht erreichbar.

Mit anderen Worten: die einst (in der damaligen Agende) funktionale Musik hat ihre Bestimmung verloren; daher obliegt es dem Biographen, der Kirchenmusik Mendelssohns gebührende Aufmerksamkeit zu zollen. Hier ist sich der Verfasser seiner Dankesschuld an Rudolf Werner bewußt, der in einer profunden Studie über Mendelssohn als Kirchenmusiker nahezu alle Kirchen-Kompositionen des Meisters erfaßt und kommentiert hat, und dies zu einer denkbar ungünstigen Zeit (1932).[14]

Die technische Fertigkeit, einen guten polyphonen Chorsatz zu schreiben, besaß der junge Mendelssohn gewiß; zur geistigen Durchdringung der biblischen oder liturgischen Texte fehlte es ihm aber noch an Reife; so wurden also die Sentenzen mehr oder minder zur Unterlage der von ihnen getragenen Musik. Indessen finden sich doch schon Beispiele, wo der Knabe intensiv einen Gedanken musikalisch deutet, wie etwa in der Stelle *a progenie ad progenies* (von Geschlecht zu Geschlecht) seines *Magnificat* (unveröffentlichtes Manuskript).

Musikbeispiel 15 *(Magnificat) A progenie ad progenies*

Hier interpretiert (symbolisiert) der Komponist der «Geschlechter ewige Kette» als ein ewig rollendes Gefüge über einem Orgelpunkt im Baß, gewiß eine zwingende Auffassung! Der Kontrast zwischen dem starren Baß und den rollenden Massen ist drastisch. In anderen seiner lateinischen Texte, wie etwa im *Kyrie in c-moll,* gerät er ins Fahrwasser von Mozarts *Ave verum,* dessen Kadenz er genau wiederholt.

OPERN UND OPERETTEN

Sein Leben lang war Mendelssohn ein Theaternarr; als Junge schauspielerte er selbst gern ein wenig, und seine mimischen Karikaturen bekannter Persönlichkeiten waren immer sehr lustig. Er hat mehrere Operetten geschrieben, allerdings nur für den Hausgebrauch; sie wurden öfter im intimen Kreis aufgeführt, bevor er ernstlich eine wirkliche Oper plante und schrieb. Erst in der allerjüngsten Zeit erfahren wir Genaueres über dieses Problem- und Schmerzenskind, *Die Hochzeit des Camacho.* Es erlebte genau *eine* Aufführung in der Berliner Oper (1827) – wir werden noch darauf zurückkommen.

Vorher aber versuchte er es mit kleineren Formen, die zwischen Singspielen und kleinen komischen Opern liegen. Sein Librettist war Dr. Caspar, ein Freund des

Hauses. Das meiste, was wir über diese Versuche im dramatischen Genre wissen, verdanken wir einem ausführlichen Essay Prof. Georg Schünemanns. Zu einer Zeit, da die von ihm in die Staatsbibliothek eingeladenen großen deutschen Musikverleger bei Durchsicht der etwa 200 unveröffentlichten Kompositionen Mendelssohns «nichts der Publikation Würdiges» finden konnten (1923![15]) hat er die ersten opernartigen Versuche des jungen Felix untersucht.[16]

Eine erste komische Szene zwischen dem Vater und Onkel Joseph stellt sie als Geschäftsmänner, als Freunde dar, aber in der Musik gehen ihre «Geschmäcker» weit auseinander. So verulkt Abraham den Bruder: «Von Musik verstehst du doch nichts, denn deine geliebte ‹Olympia› ist miserabel». Der Bruder: «Was? Ich versteh' nichts von Musik? Wir werden das gleich entscheiden, denn ‹Olympia› ist eine wirklich schöne Oper». Gemeint war Gasparo Spontinis, des Allmächtigen der Berliner Oper, damals oft aufgeführte Oper dieses Namens.

Es folgte eine Art Operette *Soldatenliebschaft,* voll von hübschen Melodien, die aber nicht genug Schmiß für die Bühne haben. Lustiger und lebendiger, weil in der Lausbubenwelt des Knaben beheimatet, ist sein Singspiel *Die zwei Pädagogen* aus dem Jahr 1821. Die Ouvertüre zeigt, daß Felix mit Mozart, Cimarosa und Dittersdorf vertraut war. Von echt komischer Wirkung muß der Auftritt des «Pädagogen» Kinderschreck gewesen sein, und man merkt sofort, daß Felix hier aus der Schule plaudert und persönliche Erfahrungen karikiert.

Musikbeispiel 16

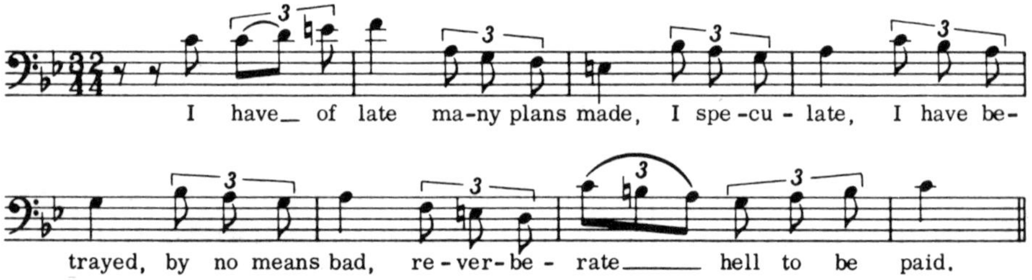

Das ist gar nicht so weit entfernt vom jungen Rossini; besonders im Kampf zweier Pädagogen, die die Theorien Pestalozzis gegeneinander verfechten.

Noch zwei musikalische Komödien schrieb der Junge, bevor er sich an eine Oper wagte: *Die reisenden Komödianten* (1822), und eine wirkliche komische Oper *Der Onkel aus Boston* (1822/3). Weber und Mozart sind die überall erkennbaren Paten dieses Werks. Manchmal aber leuchtet in die lieblichsten Melodien ein Strahl von Beethoven, und diese Assoziation wirkt störend.

Musikbeispiel 17 *Vgl. Langsamer Satz (4 Takte) Beethoven,* op. *59, 1*

Musikbeispiel 18

Reminiszenzen aus *Freischütz* und *Le Nozze di Figaro* passen weit eher in diese sorglose Welt.

Endlich traute Felix sich die Kraft zu einer wirklichen und aufführbaren Oper zu. Das erste und wichtigste Problem dabei war das Libretto. Dank einer Arbeit des gelehrten Dr. R. Elvers sind wir jetzt imstande, die Entstehungsgeschichte des Werkes zu skizzieren. In dieser Publikation der Mendelssohn-Gesellschaft in Berlin heißt es:

«Die Hochzeit des Camacho» spielt im Leben des Komponisten eine ebenso wichtige wie unglückliche Rolle. Nach der Uraufführung in Berlin wurde eine Wiederholung, wie sie der Achtungserfolg der ersten Aufführung durchaus gerechtfertigt hätte, durch die Erkrankung des Sängers Blum, der den Don Quixote sang, zuerst verzögert, später durch weitere Hindernisse ganz unterbunden. In den fast zwei Jahren, die zwischen der Beendigung der Partitur und der Aufführung verstrichen waren, hatte FMB selbst einen größeren Abstand zu diesem Werk gewonnen – kein Wunder, wenn man bedenkt, daß er sie als Sechzehnjähriger komponierte und als Achtzehnjähriger aufführte –, so daß er selbst auch nicht mehr auf weitere Aufführungen drängte. Man darf aber annehmen, daß die Oper zu den Erlebnissen gehörte, die der feinnervige und empfindsame, ja auch empfindliche Felix nur schwer verarbeiten konnte…

Mit der Frage des Librettos hat sich schon der Fünfzehnjährige beschäftigt. Es liegt ein beinahe zehnseitiger Brief des Knaben an einen «Unbekannten» vor, den Dr. Elvers nun identifiziert hat. Bisher wurde angenommen, daß der Adressat des Briefes, d.h. der Librettist der Oper, Mendelssohns späterer intimer Freund Legationsrat Karl Klingemann aus Hannover war; wie wir nun wissen, war es ein Schriftsteller Friedrich Voigts (1792–1861) in Hannover. Er war also der Librettist des ersten Aktes jener unglücklichen Oper, und es sieht ganz so aus, als habe er auch den zweiten Akt geliefert. Allerdings weisen die Kopien von Partitur und Textbuch erhebliche Abweichungen von den Autographen auf, und sogar der Klavierauszug «bietet darüber hinaus noch ein anderes Bild..., und das handschriftliche Textbuch-Fragment... paßt wiederum weder zum gedruckten Libretto noch zum Klavierauszug noch zu den beiden Partituren...».[17]

Felix' Brief enthält einen ausführlichen Kommentar zu Voigts detailliertem Szenarium der geplanten Oper. Darin handelt es sich um eine Intervention des irrenden Ritters Don Quixote zugunsten des Liebhaber-Helden der Oper, Basilio, und seiner geliebten Quiteria.

Felix lief noch während der Aufführung der Oper davon, obwohl sie einen ehrlichen Achtungserfolg hatte. Er war seinem eigenen Werk entwachsen. Aber jene Erfahrung hatte eine traumatische Wirkung auf den Jüngling. Wie wir noch öfter sehen werden, hat sie ihn zeit seines Lebens nicht mehr losgelassen.

IV.

In Mendelssohns Jugendjahre fiel der Tod von drei großen Komponisten: Carl Maria von Weber 1826, Ludwig van Beethoven 1827 und Franz Schubert 1828. Die Gebiete, die sie vorzugsweise kultiviert hatten, also Oper, Lied, Orchester-, Kammer- und Klaviermusik, waren jetzt ohne anerkannte, d. h. führende Meister, und es entstand ein Vakuum, in dem nur *eine* wirklich autoritative Stimme gehört wurde: die Luigi Cherubinis. Er war immer noch der letzte Repräsentant des klassischen Stils in der Instrumentalmusik und der – nach Salieris Tod – einzige anerkannte Nachfolger Glucks in der Oper, darüber hinaus ein Kirchenkomponist, der für die Liturgie und die ihr gemäße Musik einen sicheren Instinkt hatte.

Mittlerweile war eine neue Generation herangewachsen; die «neue Welle», die man heute Frühromantik nennt, bestand aus Komponisten, deren Namen heute zum größten Teil vergessen sind. Die wenigen, die noch heute bekannt sind, verdanken mit Ausnahme des schon erwähnten Dussek ihr Ansehen Leistungen außerhalb der Musik, wie E.T.A. Hoffmann, der Dichter und Jurist, oder Prinz Louis Ferdinand von Preußen, der Kavalier und Amateurkomponist; die überragende Kunst und Persönlichkeit Webers stellte sie alle in den Schatten. Was nach ihm kam, waren schon – mit Ausnahme Mendelssohns – jene Komponisten, die *expressis verbis* der Romantik angehörten, also Spohr, Schumann, Chopin, Berlioz und Liszt.

Die musikalische Szene in Mendelssohns Jugend wurde von zwei oder drei lokalen Größen beherrscht: in der großen Oper von Spontini, in der Kirchen- und Instrumentalmusik von Zelter und J.Fr. Reichardt. Spontini war eine späte Blüte der *opera seria;* er, zusammen mit Lesueur und Méhul, waren die Väter der «heroischen Oper », die in ihren pompösen Szenen und Aufzügen die Ära Napoleon getreu widerspiegelt. In historischer Sicht war er ein Glied der Kette, die Gluck, Salieri und Cherubini mit Meyerbeer und Richard Wagner verbindet. Dieser schätzte ihn hoch und hielt sein Schaffen für die «logische Fortsetzung, nein, die Erfüllung von Glucks Ideal der dramatischen Oper-Kantate.»[18] Unleugbar waren die unmittelbare Umgebung des jungen Mendelssohn und ihre Autoritäten – milde gesagt – konservativ gesinnt. In der Tat weisen seine frühen Kompositionen Spuren von nur zwei zeitgenössischen Komponisten auf, die man allerdings romantisch nennt: Weber und Spohr. Er kannte beide persönlich und hat ihre Kunst bewundert. Von Weber haben die lyrischen und enthusiastischen Jubelkadenzen, von Spohr das kontrapunktische und feine Stimmengewebe bei Mendelssohn bleibende Eindrücke hinterlassen. Doch hat er niemals etwas von der romantischen Sucht gehalten, verschiedene Künste miteinander zu verschmelzen. Diese synästhetischen Phantasien und Träume ließen ihn kalt, und gelegentlich spottete er darüber. Wagners «Gesamtkunstwerk» und E. T. A. Hoffmanns Behauptung, daß dem wahren Musiker alle Farben, Düfte, Lichtstrahlen als Töne erscheinen[19], blieben Mendelssohn völlig fremd. Er besaß zwar große malerische und literarische Begabung, sah aber streng darauf, diese Talente getrennt zu halten und getrennt zu verwenden.

Um die Musik des Jünglings gerecht zu würdigen, muß man sich alle Gattungen, in denen er sich versuchte, vor Augen halten: Kirchenmusik strengster Polyphonie, ebenso kontrapunktisch gearbeitete «Sinfonien», Lieder, Operetten, Klavier- und Kammermusik und frühe Orchesterwerke. Diese Mischung aus Geistigkeit und Spielfreude, von Experimenten in der Form, in den Konturen und in den Klängen, so bezeichnend für den «wilden Jungen», ist außerordentlich und unzweifelhaft genialisch. Da der Mann Mendelssohn nicht immer gehalten hat, was er als Jüngling versprach, obliegt es dem ernsthaften Biographen, die Störfunktion ausfindig zu machen und sie, wenn möglich, zu interpretieren.

Für den lernenden Komponisten ist die geschlossene Form, vor allem die dreiteilige (etwa Menuett oder Scherzo), eine verhältnismäßig leicht zu lösende Aufgabe; anders steht es mit den offenen Formen, wie der Sonate oder der Fuge. Diese bieten erfahrungsgemäß größere Schwierigkeiten. Die Fuge meisterte Felix früher als die (dualistische) Sonate; und die kleineren Klavierformen früher als die «reine» Kammermusik (ohne Klavier).

Die offene, expandierende Großform stellte alle Komponisten nach Beethoven vor bedeutende Schwierigkeiten, die sie, vielleicht Berlioz ausgenommen, nicht immer überwanden. Auch Mendelssohn hatte es mit ihr nicht leicht; er meisterte sie leichter, wenn ihm ein vages «Programm» vorschwebte, wie in allen großen Konzert-Ouvertüren, besonders in der zum «Sommernachtstraum», zu den «Hebriden» und zur «Schönen Melusine».[20]

In seinen frühen Instrumentalwerken liebte er Formexperimente, wie schon in den Streichersinfonien. Zyklische Ideen tauchen früh bei ihm auf, wie später gezeigt werden soll, und auch rhapsodische Einfälle und Wirkungen sind ihm nicht fremd. Später hat er solche Experimente «revolutionär» genannt, und das waren sie in der Tat. Henry Chorley, der bedeutendste zeitgenössische Musikkritiker, mußte diesen Experimenten gegenüber zugeben:

Sie sind alle gewissermaßen verknotet; doch mit größter Sorgfalt und Aufmerksamkeit, nicht etwa frech hingehauen. Sie waren die Arbeiten eines Jungen, der eifrig

bemüht war, sich als Mann zu erweisen in dem abgebrühten Kreis der Intellektuellen, der ihn umgab; er stellte bewußt seine Kunstfertigkeit, seine Kenntnis der alten Meister, seine Vertrautheit mit allem Wissenswerten seiner Kunst zur Schau.[21]
Unter den vielen Fugen in den unveröffentlichten Handschriften und den Sinfonien finden sich zahlreiche, die über Kontrapunkt-Übungen weit hinausgehen, und die nicht mit dem «Schweißgeruch der Schularbeit» (A. Halm) behaftet sind. Es sind eigenständige Produkte des 19. Jahrhunderts; selten naiv (Felix war wohl nur als Kind naiv), keine Nachahmungen der Bach-Schule, sondern häufig melodiöse oder witzige Stücke für Klavier oder Orgel. Hier haben die originellen Ideen (Robert Schumann nannte sie «kurios») Antonin Reichas, des großen Theoretikers der ersten Generation des Jahrhunderts, schöne Früchte getragen. Felix hat sicherlich den hochgeschätzten, vierbändigen «Cours de la composition musicale...» gekannt, der in Paris 1816 erschien und später von Carl Czerny ins Deutsche übersetzt wurde, und hat gewisse Vorschläge Reichas befolgt.

Dieser Mann, der so bedeutende Künstler wie Franz Liszt, Hector Berlioz, Charles Gounod und César Franck zu Schülern hatte, der ein langjähriger Freund Beethovens war («wir lebten 14 Jahre eng verbunden miteinander... wie Orest und Pylades», sagt Reicha)[22], hat in seinem reichen Leben zwischen Wien und Paris gependelt, das er nach 1808 nicht mehr verlassen hat. Dort ist er, hochgeehrt als Professor am Conservatoire und Membre de l'Institut, 1836 gestorben. Über ihn sagt sein sonst sehr kritischer Schüler Hector Berlioz:
Reicha lehrte den Kontrapunkt mit bemerkenswerter Klarheit, er hat mir in kurzer Zeit und mit wenigen Worten viel beigebracht... Er war weder Empiriker, noch rückständiger Theoretiker; er glaubte in gewissen Bezirken der Kunst an Fortschritt, und seine Hochachtung für die Erzväter der Harmonie ging nicht bis zum Fetischismus...[23]
Reicha war einer der ersten, wenn nicht sogar der erste, der die Aufhebung der strengen Tonalität in der Fuge empfahl, und dessen «oft kuriose Ideen» von großem Einfluß waren: er wollte «alle Wendungen und Verbindungen unserer neuen Harmonie» in die Fuge aufnehmen. Seine radikalen Ideen haben dazu geholfen, daß Mendelssohn noch «Blumen auf dem Felde ziehen konnte, wo Bach riesenarmige Eichenwälder angelegt hatte» (Robert Schumann). Reichas System der musikalischen Bildung war der letzte ernsthafte Versuch einer synthetischen Zusammenfassung der klassischen Stilprinzipien. An seinem Lebensabend stand er offen gegen die romantische Schule, die er auch auf «le genre romantique» Beethovens ausdehnte.[24] Reicha, Moritz Hauptmann und Simon Sechter waren die führenden Theoretiker der ersten Jahrhunderthälfte. Alle drei waren den Romantikern abhold; aber einer von Reichas Schülern hieß Berlioz, ein Schüler Sechters hieß Bruckner und war ein abgöttischer Verehrer Richard Wagners! Wir werden auf das alte Thema «Klassik-Romantik» unter völlig neuer Perspektive noch zurückkommen.

5. UMHEGTE JUGEND

«Nie hat es eine Zeit gegeben, in
der in jeder Hinsicht das Alte
und das Neue so scharf zusammengestoßen sind.»
Wilhelm von Humboldt

«Frische Fahrt dann, nah und fern,
Allen muthigen Seglern,
Die getreu dem rechten Stern,
Schleglern oder Heglern.»
Joseph von Eichendorff

I. DAS HAUS IN DER LEIPZIGER STRASSE

Im Jahre 1825, da guter Friede und gute Geschäfte walteten, übersiedelte Abraham mit Frau, Kindern, Troß und Wagen in das Palais – wir würden heute sagen Stadthaus – einer preußischen Adelsfamilie, das er erworben hatte. Das Haus war von einem großen Park umgeben, umfaßte viele Räume und Nebengebäude und ähnelte einer kleinen Festung eher als dem Heim eines Bürgers. Die nicht ausbleibende Kritik der Freunde der Familie beschränkte sich auf die Abgelegenheit der neuen Behausung – «aus der Welt heraus» –, damals richtig; heute gehört die Leipzigerstraße zum Zentrum der City.

Der Familie aber galt das Haus weit mehr denn als Grundbesitz oder eine neue Wohnung. Sie alle sahen es schon damals (und später noch mehr) als eine Art «Familienschloß» oder gar «Tempel», der, zumindest nach ihrer Einschätzung, ihre Geltung in der Welt symbolisieren sollte. So versteht es Felix, wann immer er den Ausdruck «Leipzigerstraße 3» anwendet; so verstanden es auch die Familienmitglieder und der große Kreis der Freunde. Der weiträumige Garten war im Sommer der beliebteste Treffpunkt für jung und alt und im Winter der Tummelplatz der Eisläufer und Schlittenfahrer. Es war aber auch der ideale Ort der vielen Lustbarkeiten, der Familienfeste, wunderbar geeignet zum Flirten, Tanzen, turnerischen und sogar zu akrobatischen Übungen, die Felix eine Zeitlang sehr ernst nahm, und vor allem für peripatetische Diskussionen. Sogar eine Art Journal gab es dort, und nur dort, zu finden; es hieß im Sommer «Gartenzeitung», im Winter «Tee- und Schneezeitung». Es wurde von Hand geschrieben, und jeder Besucher durfte dazu beitragen. Felix und seine Freunde Marx und Klingemann gründeten das Journal, und da es allgemein beliebt war, verschmähten auch Männer wie Hegel und Wilhelm von Humboldt es nicht, Aphorismen, Bonmots oder kleine Gedichte beizutragen. Leider sind nur ganz wenige Blätter dieses interessanten Journals gerettet worden.

Man kann dieses Haus geradezu als eine Art Salon oder Klub bezeichnen; seine Interessen waren durchaus nicht nur musikalisch. Im patriarchalischen Berlin, wo jeder jeden kannte, hatte ein solch geselliges Haus viele Funktionen: es war Salon, Klub, politischer Diskussionsverein, Kaffeehaus, musikalischer Verein, und gelegentlich auch Tanzkränzchen. Drei Gruppen hochgebildeter Menschen (damals hatte das Wort «Intellektueller» noch nicht den pejorativen Beigeschmack, den Deutschnationale und verwandte Seelen ihm gegeben haben) trafen einander dort: Philosophen und Naturwissenschaftler, die Verehrer von Goethe, ob «Hegler oder Schlegler», waren immer willkommen, auch ausgesprochen «romantische» Dichter verkehrten dort: erlauchte Namen wie die der Professoren Hegel, Böckh, Jacob Grimm, Gans, Ranke; die Poeten Bettina von Arnim, Tieck, Heine; endlich Publizisten wie Droysen und Varnhagen von Ense waren dort zu hören; überdies Wilhelm von Humboldt. Es war eines der ausgezeichneten Asyle der Gedankenfreiheit, wo Christen und Juden, Aristokratie und Bourgeoisie einander auf gleicher Ebene begegneten. So ziemlich alle die damalige Welt bewegenden Probleme der Religion, des Rechts, der Politik und des sozialen Lebens bildeten den täglichen Gesprächsstoff in diesem gastfreien Hause. Natürlich war es ein musikalischer Salon ersten Ranges; Abraham kargte nicht, wenn Felix für seine Aufführungen professionelle Musiker benötigte, und er bezahlte auch ohne Murren die vielen Kopisten, die Felix beschäftigte. Daher ist es nicht einfach, die geistige Atmosphäre jener Gruppe lebendig zu machen. Sie ähnelte vielleicht einer freien, durch keine anderen Gesetze als die der guten Manieren gebundenen Akademie. Probleme und Themen jener Zeit sind heute kaum verständlich ohne vorherige ausführliche Erklärung; die Personen und Geschehnisse des Tagesklatsches sind vergessen, die heitern Malicen und Skandälchen irrelevant.

Die musikalischen Gäste des Hauses bedürfen einer Einführung ebensowenig wie die Gelehrten und Philosophen: intime Freunde des Hauses waren Ignaz Moscheles, Pianist und Komponist, der Theoretiker A. B. Marx, damals Herausgeber der *Berliner Allgemeinen Musikalischen Zeitung,* der verehrte und wegen seiner derben und ungehemmten Zunge gefürchtete Zelter, der Komponist Ferdinand Hiller, der Geiger Eduard Rietz, der Schauspieler und Sänger Eduard Devrient. Jeder irgendwie bekannte oder verdiente Musiker, heiße er Spontini[1], maliziöser Operndirektor, oder Carl Maria von Weber oder Giacomo Meyerbeer, Spohr, Chopin und noch viele andere, waren Gäste des Hauses.

Damals begann die intime Freundschaft Felix Mendelssohns mit Carl Klingemann, der noch ein Sekretär der Gesandtschaft von Hannover war, dann aber als Legationsrat nach London versetzt wurde. Hannover war in jener Zeit noch in Personalunion mit dem König von England verbunden; dieser Zustand fand aber mit dem Tode Williams IV. und der Krönung Victorias im Jahre 1837 ein Ende. Klingemann war ein echter Biedermeier-Poet von «salonfähigen» Gedichten, die Felix gelegentlich in Musik setzte. Durch seine spätere Stellung in London hatte er eine Schlüsselposition für seinen jungen Freund.

Felix war mit einigen hochgeistigen Männern befreundet: mit J. Gustav Droysen, dem berühmten Historiker, mit dem schon erwähnten Schauspieler Devrient; der interessanteste, aber auch am meisten problematische seiner Freunde war Adolf

Das Gartenhaus in Berlin, Leipzigerstraße 3
Zeichnung von Felix Mendelssohn

Bernhard Marx, nahezu 14 Jahre älter als Felix. In mancher Beziehung machte er den Antagonisten des allzu konservativen, gelegentlich betont philiströsen Zelter, der ihn verachtete. Mehr als einmal läßt Zelter seinem Grimm über Marx die Zügel schießen, auch in den Briefen an Goethe:

Das sind aber junge lebhafte Bursche, Dilettanten, und ihr Redakteur, ein gewisser Marcus oder Marx aus Halle, der mit Sole getauft sein mag, weil seine Exkremente von graugrüngelber Farbe sind... (Brief vom 25. Mai 1826)

oder

Herr Marx oder Markus, nicht der Evangelist, wiewohl er in der «Musikalischen Zeitung» das neue Evangelium der Pfuscher predigt, brachte mir Grüße von Felix aus München, die sich von selbst verstehen, wie ich nicht einverstanden bin mit dem Überbringer... (Brief vom 26. September 1830)

Es wäre aber ungerecht, wollte man Marx als bloßen Musik-Journalisten abtun; das war er auch, aber doch bedeutend mehr als nur dies. Seine Schriften zur Musiklehre, sein vierbändiges Lehrbuch der Komposition (zuletzt von H. Riemann zu Ende des Jahrhunderts bearbeitet) erlebten viele Auflagen und haben Generationen von Musikern gut gedient; als Ästhetiker war er ein Gegner der romantischen Schule und Richtung. Im Gegensatz zu Mendelssohn, der ziemlich allgemein als Deutscher akzeptiert wurde, ist dies Marx nicht gelungen; in den Kritiken seiner Arbeiten finden sich schon Schmähungen seiner analytischen Begabung, die die Reaktion des 20. Jahrhunderts dann als «zersetzenden jüdischen Intellekt» abgestempelt hat. Die Gegnerschaft Zelters stammt zum Teil aus persönlichen Gründen, da Marx den Unterricht bei ihm ziemlich brüsk abgebrochen und nachher in der von ihm geleiteten *Berliner Musikalischen Zeitung* Zelter und die Singakademie einige Male scharf kritisiert hatte.[2] Während der Jahre 1825–1831 hatte Marx sehr bedeutenden Einfluß auf Felix, bis der schöpferische Felix und der Kritiker Marx sich zerstritten und die langjährige Freundschaft zerbrach. Felix' Vater mochte Marx nicht leiden: er bat Devrient, «ihn von Marx loszumachen; Leute der Art, die so gescheit reden und nichts Gescheites zu machen wissen, wirken nachteilig auf produktive Talente.»[3] Lange nach Mendelssohns Tod, als noch alles, was von seiner Feder herrührte, unkritisch gepriesen wurde, hat Marx, weniger voreingenommen und auch weniger gehässig als Richard Wagner, als einer der ersten die problematischen Aspekte von Mendelssohns Musik erkannt und gewürdigt. Obwohl Marx' Erinnerungen sehr stark persönlich gefärbt sind, geben sie doch ein scharfes, wenn auch etwas verzerrtes Bild von des jungen Felix Gesellschaft und Gedankenwelt. Marx hatte Bettina von Arnim kennen gelernt, sie auch besucht, war aber nicht wieder eingeladen worden – und so erging es ihm häufig. *Es widerstand* [bei ihr und der vielgerühmten Rahel Varnhagen] *mir die bekannte Manier so mancher weiblicher Größe Berlins. Diese Damen, – die immerhin geistige Anlagen mit Bildung vereinen, hauptsächlich aber von dem zehren, was sie «in der Gesellschaft», im Umgang mit...*

geistvollen... Männern aufgelesen, und die... hierhin und dahin ein keckes Wort, einen gewagten Ausspruch ‹lanciren›, ohne die angeflogenen Funken zu schöpferischer Flamme zusammenwachsen zu lassen...[4] *Um die Familie schloß sich ein reicher Kreis von Freunden des Sohnes und Freundinnen der Töchter. Überragt wurde diese Jugend von den älteren Bekannten des Hauses, Alexander von Humboldt, Varnhagen von Ense, dem Professor Gans, dem klugen Bruder des Hausherrn, Joseph, der an den Spielen der Jungen lustig Theil nahm...*[5] Nach eingehender Schilderung der Geselligkeit im Hause Abrahams aber bricht er in die Worte aus:

War es denn da zu verwundern..., als daß die von so Vielen geweckte und so Vielen gleichzeitig gespendete Huldigung jenen weichen Nachhall in den Kompositionen vernehmen ließ, den man später süß, bald courmacherisch, bald zart zu nennen beliebte, und der jene «Lieder ohne Worte» zur Folge hatte, welche sich aus der damaligen Zeit hinrankten durch das ganze Leben des Komponisten? – Damals hatte ich mit den Andern meine reine Freude daran, und ich durfte es.[6]

In einem Punkte aber hat Marx Recht behalten, wenigstens bis zur vollen Entwicklung des Grammophons und des Radios: die «Salon-Kompositionen» Mendelssohns haben seine größeren, weniger leicht auszuführenden Werke ungebührlich verdunkelt; ihn nur unter der Perspektive der *Lieder ohne Worte* zu sehen, wie es noch manchmal geschieht, mußte notwendigerweise zu einer großen Unterschätzung des Meisters führen.[7] Solange er im Elternhaus lebte, hatte Felix sich gegen den «Salon» seiner Mutter zu wehren, denn sie drängte ihn, «effektvolle und dankbare» Musik zu schreiben, d. h. brillante Klavier- und Gesangstücke. Felix war darüber verärgert, und so öffnete er einmal dem Vater sein Herz:

Meinst Du wirklich, ich laufe dem Genialen nach, und achte nur das ‹genial-seyn-sollende›, und suche zu unterscheiden, wenn Du mich belehrst, ob es schön gesagt und genial klingend ist? Und gibt es eine andere Genialität als die allergrößeste Wahrheit, deren wärmster Freund Du bist?[8]

Aber die Mutter war nicht zufrieden mit ihres Sohnes Streben nach Wahrheit und seiner Abneigung gegen das Genialisch-Brillante; sie wandte sich an Klingemann, den treuen Freund:

Nicht allein, daß er die Grille hat, sich nirgend als mit fadem Akkompagnieren hören lassen zu wollen, komponiert er auch lauter Sachen, die kein Mensch zu sehen bekommt, und die fast unausführbar sind. Das betrachte ich aber als totgeborene Kinder, und ich fürchte, er vertieft sich so sehr in die Gattung, daß nichts Frisches, Genießbares mehr herausquillt, oder doch das Tageslicht erblickt...![9]

Felix muß, trotz der Mutter Bitte um Diskretion, Wind bekommen haben von ihrem Brief, denn er antwortet auf Klingemanns Predigt:

...Ich denke also, es soll ein jeder unbekümmert seinen Weg gehen... und dann tut er Recht, dann ist er zufrieden, und somit dürft' ich wohl Ihrer Predigt in dem Brief an Mutter geantwortet haben, in der Sie (auch wohl mit aus Gefälligkeit für ihre Ansichtsweise) mich zur Publizität treiben wollen...[10]

Das «fade Akkompagnieren», das Lea rügt, bezog sich auf nichts Geringeres als die Klavierbegleitungen zu Aufführungen von Franz Schuberts Liedern, besonders seines «Erlkönigs» und anderer, heute berühmter Gesänge, die der junge Mendelssohn gern begleitete, sowohl in Berlin wie in Leipzig.[11] Ihre Klage über die «unausführbaren» Arbeiten ihres Sohnes beziehen sich auf seine Beschäftigung mit größeren Chorwerken a cappella, oder mit Orchesterbegleitung, vorzüglich auf lateinische liturgische Texte. Diese Kritik mußte Felix von vielen seiner Freunde hören, immer ausgenommen seine Schwester Fanny, die sein hohes Streben wohl zu würdigen wußte. Felix wehrte sich, so gut er konnte, oftmals parodistisch, oft auch in humoristischen Gedichten, wovon eines bekannt wurde:

Schreibt der Komponiste ernst,
Schläfert er uns ein;
Schreibt der Komponiste froh,
Ist er zu gemein.
Schreibt der Komponiste lang,
Ist es zum Erbarmen;
Schreibt ein Komponiste kurz,
Kann man nicht erwarmen.
Schreibt ein Komponiste klar,
Ist's ein armer Tropf;
Schreibt ein Komponiste tief,
Rappelt's ihm im Kopf.
Schreib' er also wie er will,
Keinem steht es an.
Darum schreib' ein Komponist
Wie er will und kann![12]

Das war wohl die deutlichste und zugleich höflichste Entgegnung.

In den «Sonntagsmusiken», die von vielen Hörern beschrieben worden sind, darunter auch von Paul Heyse, hatte der Jüngling ein herrliches musikalisches Laboratorium zu seiner Verfügung, in dem er seine Experimente ausführen und durch sie vieles lernen konnte, das kein Musiker aus Büchern oder durch Unterweisung erwerben kann. Die ausführlichste Beschreibung des geliebten Hauses, Gartens, der Sonntagsmusiken findet sich in S. Hensels *Die Familie Mendelssohn;* der Autor, Fannys Sohn, hat noch das Haus gekannt und die Sonntagsmusiken, wenn nicht gehört, so doch in den Erinnerungen der Eltern miterlebt.

Dies war Felix' glücklichste und wohl auch inspirierteste Zeit. Die Geborgenheit innerhalb der Familie, die tägliche wohlwollende Kritik von seiten seiner Mutter, seiner Schwester und seiner Freunde befeuerte ihn, und ließ ihn weder selbstzufrieden noch untätig sein. Der regelmäßige Umgang mit der Großen Welt, insbesondere mit viel älteren und geistig hervorragenden Männern, verschaffte ihm Gewandtheit im Umgang, urbane Manieren und brachte ihm jene scheinbar «unlehrbare» Sicherheit im gesellschaftlichen Umgang bei, die den Gentleman kennzeichnet. Selbst diese dem Aristokraten eigene Sicherheit des Auftretens wurde ihm später von seinen Feinden verübelt.

II. FELIX UND FANNY

Selten ist das Band, das Bruder und Schwester verbindet, so eng, so innig geknüpft wie das zwischen Felix und Fanny. Und besonders in jenen sorglosen und glücklichen Jünglingsjahren, in der Zeit, da Felix sich «intensiv» mit sich selbst beschäftigte, stets auf der Suche nach seiner wahren künstlerischen Berufung, war die Beziehung zwischen ihnen die denkbar innigste. Sie überstieg zuweilen die bei Geschwistern natürliche und vorauszusetzende Zärtlichkeit und Gefühlswärme. Sie war fraglos mächtiger als die Cliqueninstinkte, die ihm so wichtig und doch manchmal auch so schädlich für ihn waren. Eine solch innige Beziehung findet sich sonst meist bei Zwillingen, wo sie eine biologische Grundlage hat. Das Element der nahen Blutsverwandtschaft wurde von den Geschwistern ins Geistige sublimiert, so daß man in ihrer Korrespondenz oft nicht weiß, wer wem schrieb. Bei Fanny, allerdings nur bei ihr, hat das innige Verhältnis und die nahe Blutsverwandtschaft sogar physische Impulse hervorgerufen, besonders vor ihrer Hochzeit: die geschwisterliche Liebe wurde oft durch Fannys Eifersüchteleien und ihren ängstlichen Eifer um den Alleinbesitz des Bruders gestört.

Felix wußte sich allerdings seiner Haut zu wehren. Zwar suchte er Fanny gegenüber immer taktvoll zu bleiben, aber, so sehr er das geistige und emotionelle Band zwischen ihnen liebte und würdigte, so sehr er auch Fannys Gefühle erwiderte, so energisch wehrte er ihre dunkleren, manchmal das Abnormale streifenden Triebe ab. Schon als Fünfzehnjähriger schrieb er ihr trotzig: *Wenn ich mir nicht vorgenommen hätte, nicht zärtlich zu sein, so ständ' ich nach solchem Briefe für nichts. Indessen will ich nicht, und ich bin beharrlich!*[13] Drei Jahre nachher, als sie wieder einmal in seinen Sachen kramte, wurde er grob:

Du mußt Rüffel besehen... Bist Du die Inquisition? Spürst Du mir nach? Ist das Seil, an dem ich flattere, lang, doch unzerreißbar?... Hüt Du Dich, schön's Blümchen![14]

Ihre Sentimentalität war ihm zuwider, und ihre Ausbrüche von Enthusiasmus provozierten manchmal seine Grobheit; über ihre Eifersucht macht er sich lustig. Als sie ihn (in London) wegen seines langen Schweigens (brieflich) schalt, meinte er ganz ungerührt, daß ihre Unterscheidung zwischen «Betroffenheit» und «Verletztheit» kaum so sensationell sei, daß sie den Kanal überqueren müßte.[15] Allein, sie war seine Vertraute in allen musikalischen Fragen und Plänen; mehr noch, sie war seine strenge, sachverständige Kritikerin und Beurteilerin. Ihren Spitznamen «Kantor» hatte sie erhalten, weil Felix, wenn er mit ihr musizierte, immer an den großen Thomas-Kantor dachte. Sie war die erste, die von der Entstehung der Ouvertüre

Fanny Hensel, geb. Mendelssohn, Schwester von Felix
Zeichnung von Wilhelm Hensel, gestochen 1847

Felix Mendelssohn. Gemälde von Wilhelm Hensel

zum «Sommernachtstraum» erfuhr. Sein Leben lang war sie die Felix allernächste Seele. Ihr Tod brach sein Herz, und er starb ihr nach einem halben Jahr nach.

Komplizierter nimmt sich die Sachlage von Fannys Seite her aus: einige Jahre älter als ihr Bruder, hatte sie seine ersten, unsicheren Schritte ins Labyrinth der Musik gelenkt. Doch hatte der Bruder sie bald überwachsen und machte sie zu seiner Ratgeberin in seinen zusehends kühner werdenden künstlerischen Plänen. Den kleinen Neid auf des Bruders großes Talent konnte sie leicht unterdrücken; weniger leicht fiel es ihr, sein Vertrauen mit andern zu teilen, besonders wenn diese andern weiblichen Geschlechts waren. Sie wollte ihn besitzen, ganz und gar, mit Haut und Haaren. Einige ihrer Briefe lesen sich wie passionierte Liebeserklärungen, aber sie selbst wäre entrüstet und schockiert gewesen, hätte sie jemand auf die leidenschaftliche Natur ihrer Gefühle aufmerksam gemacht. Wie kann man ohne Sympathie Ausbrüche lesen wie z. B.:

Ich spiel Deine Hora est, stehe vor Deinem Bildnis und küsse es alle fünf Minuten, stelle mir Deine Gegenwart vor ... Ich liebe Dich, ich bete Dich an ...[16]

Aber zu jener Zeit war sie eine glückliche Braut, mit dem Maler Wilhelm Hensel verlobt. Der emotionelle Konflikt macht sich in Briefen an den fernen Felix Luft; so, wenn sie berichtet, sie habe gefürchtet, daß ihre Bindung an Hensel Felix aus ihrem Leben entfernen würde. Aber zu ihrem Glück sehe sie, daß dies nicht und nie der Fall sein werde.[17] Aber an ihrem Hochzeitstag verlor sie alle Hemmung und Besinnung und gestand Felix (brieflich), daß sie fortwährend weine, sein Porträt küsse, ihn liebe, sich nach ihm sehne; sie sei aber sicher, daß sie mit solchen Sentiments ihrem Gatten keinen Abbruch tue.[18]

Natürlich konnte Fannys exaltierte Schwärmerei vor den Geschwistern kein Geheimnis bleiben, und ihre Schwester Rebekka mokierte sich nicht wenig darüber – sie hatte, als Clown der Familie, Narrenfreiheit: «Adieu, liebe Leidenschaft! Fanny schreibt jetzt auch einen Brief an Dich, den will ich lieber nicht lesen, ich möchte sonst auf manches stoßen...»[19] In liebenswürdiger Malice berichtet sie, wie Fanny «doll-mausefest» eingeschlafen sei an der Seite ihres «liebeglühenden» Verlobten, inmitten charmanter Konversation, in herrlichem Mondschein..., alles wegen des Bruders Abwesenheit.[20]

Auf solche und ähnliche, nahezu tabuverletzende Insinuationen reagierte Felix in beschwichtigenden, freundlichen, aber entschieden abwehrenden Briefen. In späteren Jahren verschwanden Fannys «Pseudo-Byronische» Wallungen, und an ihre Stelle trat eine tiefe, durch nichts mehr gestörte Liebe, die schwesterliche, mütterliche und kameradschaftliche Komponenten enthielt.

III. AKADEMISCHE UND INTELLEKTUELLE INTERESSEN

Bei dem gewohnheitsmäßigen Mißtrauen, das gutsituierte jüdische Familienväter ihren künstlerisch veranlagten Sprößlingen von jeher entgegenbrachten, war es selbstverständlich, daß Felix auch «seriösen» Studien nachzugehen haben würde. Nicht daß er sich dagegen gesträubt hätte: er war selbst zu sehr Humanist, als daß er eine gute akademische Bildung verschmäht hätte. Zunächst lag aber die Frage vor, wie Felix das Äquivalent eines Gymnasialabiturs, einer Maturitätsprüfung, erhalten sollte. Sein Mentor, Dr. Heyse, fand einen damals allgemein gangbaren Weg: mit Zustimmung der akademischen Behörden gab er Felix die Aufgabe, eine lateinische Komödie ins Deutsche zu übertragen. Felix wählte «Das Mädchen von Andros» des Terenz und übersetzte es in den Metren des Originals. Diese beachtliche Leistung wurde von den Autoritäten anerkannt und genügte als Zeugnis der Reife, das ihm die Matrikulation an der Berliner Universität gestattete. Er hörte Geographie (bei dem Weltreisenden Ritter), Philosophie, besonders Ästhetik (bei Hegel), die Geschichte der Freiheitsbewegungen, eine damals unerhörte Neuerung (bei Dr. Gans, dem Freund des Hauses). Außerdem besuchte er gelegentlich Vorträge von Alexander von Humboldt.

Die formelle Seite des akademischen Lebens, die damals ungleich stärker hervor trat als heute, mit Farben, Bändern, Korporationen und (oft verbotenen) Burschenschaften, ließ ihn ziemlich kalt, und auch akademische Grade imponierten ihm nicht sehr. Dies im Gegensatz zu Haydn, Brahms und Bruckner, die auf den Titel eines Dr. honoris causa stolz waren und ihn auch gebrauchten. Mendelssohn wurde von der berühmten Leipziger Universität als Siebenundzwanzigjähriger zum Ehrendoktor der Philosophie promoviert, aber er gebrauchte seinen Titel nur sehr selten, und die einzige Anspielung auf seinen Doktortitel, im Deutschland des 19. Jahrhunderts noch eine außergewöhnliche Ehrung, findet sich in einem Brief an Klingemann als beiläufige Bemerkung (Brief vom 22. März 1836).

Schon vorher, im Jahre 1831, wurde ihm die neu geschaffene Professur für Musik an der Berliner Universität angeboten; er schlug sie aus, da er an seiner Qualifikation für eine solche Stellung zweifelte, und bot seinen erheblichen Einfluß auf, um sie als treuer Freund Marx zuzuschanzen.

In seinem Kreis wurde natürlich viel über Musikästhetik gesprochen und geschrieben. Er selbst hielt wenig davon und verachtete die meisten Argumente, wenn sie nicht von wirklichen Denkern vorgebracht wurden, und erachtete im übrigen dieses ganze Feld für unfruchtbar. Sehr charakteristisch für seine Einstellung war seine Kritik an dem tonangebenden französisch-belgischen Musikwissenschaftler Fétis: «Wozu das viele Reden über Musik? Es ist besser, gute [Musik] zu schreiben».

Unseres Erachtens aber war diese Ablehnung der Ästhetik eine fingierte, keine wirkliche Indifferenz. Denn schließlich hatte Felix bei Hegel Ästhetik gehört, und des Philosophen Ideen hatten ganz konkrete Einwirkungen auf sein Schaffen gehabt, wie wir noch zeigen werden. Daher muß man Zelters maliziöse Berichte an Goethe mit mehr als einem Körnchen Salz hinnehmen:

[Hegel] *hält eben mit seinem Kollegium bei der Musik. Was ihm Felix recht gut nachschreibt und wie ein loser Vogel höchst naiv mit allen persönlichen Eigenheiten zu reproduzieren versteht. Dieser Hegel nun sagt, das sei* keine *rechte Musik; man sei jetzt weiter gekommen, wiewohl noch lange nicht aufs Rechte. Das wissen wir nun so gut oder nicht wie er, wenn er es uns nur musikalisch erklären könnte, ob er schon auf dem Rechten sei...*[21]

Die Frage nach dem Einfluß Hegels auf Mendelssohn wird aber mit Gespött dieser Art nicht erledigt. Wenn man die Gedanken des Philosophen über Musikästhetik auf ihre Tragweite untersucht, wird man gewisse Prinzipien und Postulate finden, die in Mendelssohns Musik und seiner Stellungnahme zu zeitgenössischen Fragen deutliche Spuren hinterlassen, ja direkten Widerhall gefunden haben. Jene Ideen Hegels, die bei Felix besonderen Anklang gefunden hatten, werden hier in einer getreuen Paraphrase wiedergegeben (nach seinen *Vorlesungen über Ästhetik,* Berlin 1838). Die Seitenangaben nach jener Ausgabe finden sich am Ende jedes Paragraphen.

(1) *Musik darf den Ausdruck der Gefühle nicht als Naturausbruch der Leidenschaften wiederholen, sondern muß das zu bestimmten Tonverhältnissen ausgebildete Klingen empfindungsreich beseelen, und insofern den Ausdruck in ein erst durch die Kunst und für sie allein gemachtes Element hineinheben, in welchem der einfache Schrei sich zu einer Folge von Tönen, zu einer Bewegung auseinanderlegt, deren Wechsel und Lauf durch Harmonie gehalten und melodisch abgerundet wird.* (S. 192/93)

(2) *Wie alle Kunst, muß die Musik die Affekte und deren Ausdruck zügeln, um nicht zum bacchantischen Toben und wirbelnden Tumult der Leidenschaften fortgerissen zu werden, oder im Zwiespalt der Verzweiflung stehen zu bleiben, sondern im Jubel der Lust, wie im höchsten Schmerze noch frei und in ihrem Erguße noch selig zu sein.* (S. 193/4)

(3) *Es sind nicht reale Gefühle, die der Musiker in seinem Werk niederlegt, sondern ideale Scheingefühle, die, von seinem realen Ich losgelöst, nur in seiner Phantasie leben und sich wiederum an die Phantasie des Hörers wenden, sodaß auch dessen reales Fühlen unmittelbar aus dem Spiele bleibt.* (S. 130)

(4) *In ihrer Verwebung mit dem Wort muß sich die Musik nicht zu solcher Dienstbarkeit herunterbringen, daß sie, um in recht vollständiger Charakteristik die Worte des Textes wiederzugeben, das freie Hinströmen ihrer Bewegungen verliert, und dadurch, statt ein auf sich selbst beruhendes Kunstwerk zu erschaffen, nur die ‹verständige Künstlichkeit› ausübt, die musikalischen Ausdrucksmittel zur möglichst getreuen Bezeichnung eines außerhalb ihrer und ohne sie bereits fertigen Inhalts zu verwenden.* (S. 148)

(5) *Auf der andern Seite muß sich die Musik auch nicht, wie ... bei den meisten neueren italienischen Komponisten Mode geworden ist, fast gänzlich von dem Inhalt des Textes, dessen Bestimmtheit dann als eine Fessel erscheint, emanzipieren und sich dem Charakter der selbständigen Musik durchaus nähern wollen. Die eigentliche Region der Musik ist formale Innerlichkeit, das reine Tönen.* (S. 191/2)

(6) *In der Musik ist die Objectivität aufgehoben, in ihr, als der eigentlich roman-*

tischen Kunst, findet ein völliges Zurückziehen in die Subjectivität nach Seiten des Innern wie der Äußerung statt, und ihre Ausdrucksweise ist gegenstandslose Innerlichkeit, in dem Sinne, daß das Bewußtsein keinem Object mehr gegenübersteht. (S. 127, 132)

Es ist nicht schwer, die konkrete Auswirkung von Hegels Postulaten – denn um solche handelt es sich ja – auf Mendelssohn nachzuweisen:
(1) Im Gegensatz zu Beethoven, bei dessen originellsten und stürmischsten Kompositionen das leise Echo des «cri premier» noch nachzittert, wird man bei Mendelssohn, glücklicherweise oder unglücklicherweise, davon nichts spüren. Er schrieb eine «zivilisierte» Musik.
(2) Nur sehr selten, in seinen Frühwerken, und später im wilden Schmerz um den Verlust der geliebten Schwester (im Streichquartett op. 80), verliert er die ihm eigene Zurückhaltung, läßt er der Musik und dem Ausdruck seiner Gefühle die Zügel schießen. Diese Mäßigung und das Zurücktreten des allzu Persönlichen ist ihm, besonders in den künstlerischen Wallungen der Jahrhundertwende, nicht nur von Musikern verübelt worden; für ihn war sie nicht, wie für Hegel, eine lediglich ästhetische Forderung, sondern hatte ihren wahren Grund in seiner tiefen Schamhaftigkeit und der daraus hervorgehenden Abneigung gegen alle Formen des Exhibitionismus.
(3 und 4) Die Neigung zum Feen- und Märchenton (wo es sich um «ideale Scheingefühle» handelt) und die Beschränkung auf das strenge, halb strophische Lied, folgen wieder der Warnung Hegels, die Musik nicht zur Dienerin des Wortes herabsinken zu lassen. Auch hat Mendelssohn es immer verschmäht, «illustrative» oder «autobiographische» Musik zu komponieren – doch gibt es hier Grenzfälle und vielleicht Ausnahmen: die Ouvertüre *Meeresstille und Glückliche Fahrt* ist eine von ihnen, wohl auch gewisse Passagen der *Hebriden*-Ouvertüre.
(5) Die musikalische Sinndeutung des Textes wurde in Mendelssohns Oratorien sehr ernst genommen, schon darum, weil er zu großen Respekt vor dem biblischen Worte hatte, um es musikalisch zu bagatellisieren. Und gegen die von Hegel erwähnten «italienischen Komponisten» hegte er zeitlebens eine verachtungsvolle Antipathie.
(6) Mendelssohn hat das «abstrakte» Tönen, das aber subjektive Gebilde schuf, vielleicht etwas zu sehr gepflegt, wie man aus den «Liedern ohne Worte» und den brillanten, aber doch etwas zu leicht wiegenden Klavierwerken ersehen mag. Dies betrifft aber nur den kleineren und minderen Teil seines Oeuvre.

Wenn man diese Übereinstimmungen für zeitgebunden und Hegels Einfluß für unbedeutend hält, gibt es doch ein zwingendes Beweisstück fürs Gegenteil: einen Brief Hegels an seinen Schüler, der ihn nach der Existenz und dem Wert der Logik in der Musik befragt hatte. Hegel antwortete in einem zweiseitigen Brief grundsätzlich negativ. Er meinte, da die Gefühle, die die Musik im Hörer auslöse, ins Reich der «idealen Scheingefühle» gehörten, könne echte, d. h. beweiskräftige Logik zumindest nicht bewiesen werden. Daß dem so sei, könne gezeigt werden, wenn man einem fähigen Komponisten das Thema eines anderen vorlege und ihn ersuche, es zu entwickeln.

Vermutlich wird er anders verfahren als der ursprüngliche Komponist. Aber, sofern er sein Handwerk versteht... wird er es in einer Weise fortführen, die uns nicht viel weniger plausibel erscheinen wird... Daraus geht hervor, daß die Logik der Musik eine Logik des Scheins und der Form ist, die dem Vergleich mit echten Schlüssen, die die reale Welt betreffen, nicht standhält...»[22]

Solche und ähnliche Fragen beschäftigen kaum die romantischen Salons, denn die Frage nach der Logik geht weit über Salongeplauder oder Kaffeehausdiskussionen hinaus. Daher ist es nicht verwunderlich, daß der philosophisch geschulte Mendelssohn in seiner Korrespondenz und in seinen Gesprächen mit weniger Gebildeten verächtliche Bemerkungen über dilettantische oder leere Musikästhetik einstreut.

IV. GEISTIGE UND POLITISCHE ATMOSPHÄRE DIE PERSÖNLICHKEIT

Das geistige Klima, in dem Felix zeitlebens zu Hause war, ist schon in den Jahren 1825–1831 erkennbar und stabilisiert; nur in England erlaubte er sich gelegentlich Abstecher in geistige Niederungen, die ihm aber gesellschaftlich angenehm waren. Die ihm kongeniale Welt war ausgerichtet nach einem humanistischen Wertmaßstab, der durch die Namen Goethe, Lessing, Shakespeare und Hegel hinreichend gekennzeichnet ist. Seine Lieblingsautoren neben Goethe und Schiller waren Jean Paul, Shakespeare und Lessing. Dieser letztere war für die ganze Familie eine Art Schutzheiliger, dessen Schriften mit hohem Respekt gelesen und diskutiert wurden, vor allem wegen seiner historischen Freundschaft mit dem «hohen Vater» Moses. Jean Paul war damals ein literarisches Idol der jüngeren Generation; sein Witz und seine schweifende Phantasie haben viele Komponisten entzückt, unter anderen auch Gustav Mahler. Jean Pauls Hin und Her zwischen Lachen und Weinen, zwischen Derbheit und äußerster Subtilität fand in dem gänzlich verschieden gearteten Felix ein lebhaftes Echo. In seinen Briefen zitierte er ihn gerne und oft. Auch Rebekka sprach in späteren Jahren von Jean Paul, und wehmütig erinnerte sie sich, daß «es für die Jugend eben nur Jean Paul gibt, wo seine Schreibart, seine Ironie nachgemacht wird... Wüßte ich nicht sehr gut, wie der Jean Paul der Jugend tut, ich... autodafüsierte den ganzen *Hesperus*».[23]

In jenen Tagen erschienen die Bände der Schlegel-Tieckschen Übersetzungen von Shakespeares Dramen und wurden gelesen, memoriert und von der ganzen Gesellschaft mit Begeisterung zitiert. Die ungeheure Wirkung dieser bis heute maßgebenden Übersetzung auf die romantische Generation war ein gesundes Korrektiv jener Salonschwärmerei und Sentimentalität, die damals bei alt und jung in hohem Kurse standen. Ein anderes Gegengewicht gegen die allzu abstrakte Denkungsart, die unter den Schülern Hegels, Humboldts und Böckhs herrschte, war auch eine kräftige Dosis von Klatsch und Tratsch, woran es im Salon der Lea Mendelssohn nicht fehlte. Die Damen, besonders Rahel Varnhagen, die Felix «unsere Jean Pauline» nannte, Friederike Robert, ihre Schwägerin, Joseph Mendelssohns Gemahlin, und andere exzellierten in diesem Zeitvertreib, der nicht immer ungefährlich war.

Felix war ein Courmacher von hohen Graden und wollte immer von hübschen Mädchen umgeben sein; aber er war ein verwöhnter Bursche, zumal er von verheirateten und unverheirateten Damen verhätschelt wurde. Daß diese keineswegs ungefährlichen Liebeleien nicht ausarteten und ihn nicht ernstlich in Anspruch nahmen, spricht doch für seine Charakterstärke. Weder seine Schwestern noch seine Freunde sahen dies Verhätscheln gerne. Intellektuelle Damen, die Blaustrümpfe der Salons, konnte Felix nicht ausstehen, auch die abwechselnd sentimentale und witzige Bettina Brentano nicht. Die Abneigung zwischen ihnen und Felix war gegenseitig, besonders als bekannt wurde, daß Felix die bewunderte Rahel eine «Pythia» genannt hatte, «die ewig auf dem Dreifuß sitzt, immer bereit Orakel zu verkünden.»

Ein Wort über des jungen Mendelssohn persönliche Erscheinung wird hier genügen: er war mittelgroß und sehr schlank, immer sorgfältig gekleidet, und neigte in seiner Jugend etwas zum Dandy. Sein Gesicht wurde um seines rein orientalischen Schnitts willen oft mit dem eines «Beduinenprinzen» verglichen und verriet seine etwas hochgezüchtete jüdische Abkunft. Bald nach seinem 30. Jahr wich der Haaransatz langsam zurück und legte die hohe, schön gewölbte Stirn bloß. Sein Gang wurde von den Zeitgenossen als schnell und energisch geschildert, seine Hände sind wegen ihrer Eleganz oft bewundert und sogar modelliert worden.

Von seiner Jugend an war er ein unermüdlicher Wanderer und Alpinist und immer reiselustig. Er liebte lange Fußtouren mit vertrauten Freunden und benützte bei solchen Wanderungen jedes Vehikel, das seines Weges kam, gleichgültig ob es ein Frachtwagen, ein Bauernwagen oder ein elegantes Phaëton war, das den Fußmarsch unterbrach. Mit Richard Wagner und Berlioz war er der am weitesten und häufigsten «bereiste» Komponist seiner Zeit. Diese Wanderlust führte ihn als Achtzehnjährigen in einer langen Fußtour nach Heidelberg (1827). Dort lebte der Rechtslehrer Justus Thibaut, der in einem damals aufsehenerregenden Büchlein *Über Reinheit der Tonkunst* (Heidelberg 1824/5) die antike Doktrin vom «Ethos» in der Musik wiederaufgenommen und verteidigt hatte. In der alten griechischen Musik hatte sie eine entscheidende Rolle gespielt. Thibaut wollte die Doktrin als Kriterium für den Wert der Kirchenmusik angewandt wissen. Daher kritisierte er alle Instrumentalmusik als «unrein», im Gegensatz zu den Griechen, die, zumindest in der Ethoslehre, keinen Unterschied zwischen vokaler und instrumentaler Musik machten. Der Begriff «Reinheit» wurde von ihm in mindestens zweifachem Sinn verstanden: einmal im konkret-musikalischen Sinn, z. B. in der Bezeichnung der «reinen» Intervalle, oder des «reinen» Satzes der klassischen Vokalpolyphonie des 16. Jahrhunderts, die Thibauts Ideal war; sodann im ethischen Sinn, wobei der Rechtsgelehrte seines Lehrers Kant kategorische Trennung der «praktischen Vernunft» (d. h. Ethik) von der «Urteilskraft» (d. h. Ästhetik) geflissentlich übersah. In historischer Perspektive ist Thibauts Schrift ein Markstein in der uralten Geschichte des Themas von Musik, Ethik und Religion. Felix' Schilderung seines Besuches bei dem Gelehrten ist deshalb so interessant, weil der Jüngling sich damals kaum der Tragweite der philosophischen Probleme bewußt war, die Thibaut mit seiner Lehre direkt oder indirekt berührt hatte. Aber er war nichtsdestoweniger sehr beeindruckt und berichtete:[24]

... es gibt nur einen Thibaut, aber der gilt für sechse. Das ist ein Mann!... Es ist sonderbar: der Mann weiß wenig von Musik, selbst seine historischen Kenntnisse darin sind ziemlich beschränkt, er handelt meist nach bloßem Instinkt, ich verstehe davon mehr als er – und doch habe ich unendlich von ihm gelernt, bin ihm gar vielen Dank schuldig. Denn er hat mir ein Licht für die altitalienische Musik aufgehen lassen, an seinem Feuerstrom hat er mich dafür erwärmt... Ich komme eben vom Abschiede her und da ich ihm manches von Seb. Bach erzählte und ihm gesagt hatte, das Haupt und das Wichtigste sei ihm noch unbekannt, denn im Sebastian da sei alles zusammen, so sprach er zum Abschiede: ‹Leben Sie wohl und unsere Freundschaft wollen wir an den Luis de Vittoria und den Sebastian Bach anknüpfen, gleichwie sich zwei Liebende das Wort geben, in den Vollmond zu sehen und sich dann nicht mehr fern voneinander glauben›... Was mich bei alledem am meisten freute, war, daß er mich gar nicht nach meinem Namen gefragt hatte...

Diese Begeisterung für den sogenannten Palestrina-Stil war für Felix nicht vollkommen neu, denn sein Altersgenosse E. Grell, ihm von der Singakademie her wohl bekannt, vertrat schon damals ähnliche Gedanken wie Thibaut, wenn auch nicht mit dessen Autorität. Das enthusiastische Eintreten für die «klassische» Vokalpolyphonie veranlaßte Felix, sich mit dieser Musik, soweit das damals möglich war, vertraut zu machen. Der Gedanke der musikalischen «Reinheit» verband sich bei ihm mit den Lehren Hegels und Schleiermachers über ethische Prinzipien, und der Jüngling geriet in das Extrem, seine Musik als eine Art Tugendübung anzusehen, und wollte Musik nach *moralischen* Kriterien beurteilen.[25] Er entwöhnte sich aber von diesem musikalischen Puritanismus, vor allem während seiner ersten Reise nach England.

Noch vor der Wanderung nach Heidelberg reiste Felix nach Stettin. Dort lebte Carl Loewe, ein Freund der Familie, als Musikdirektor. Bei jener denkwürdigen Gelegenheit dirigierte er die Uraufführung der *Ouvertüre zum Sommernachtstraum*, und die öffentliche Premiere des *Konzerts in As-dur für zwei Klaviere mit Orchester*. Den zweiten Teil des Programms füllte die erste norddeutsche Aufführung von Beethovens *Neunter*.[26]

Die ersten Besprechungen dieser Werke und des Stettiner Konzerts erschienen überraschend prompt nach der Aufführung in der *Berliner Allgemeinen Musikalischen Zeitung*. Das Konzert fand am 20. Februar statt, und die anonyme Besprechung erschien unter dem Datum des 27. Februar.[27] Bedenkt man, daß es damals weder Telegraphen noch Telephone noch Eisenbahnen gab, dann muß man diese schnelle Kommunikation für ebenso erstaunlich wie verdächtig halten. Felix' persönlicher Briefbericht, datiert vom 17. Februar (nach der Generalprobe), kam in Berlin erst am 23. Februar an. Möglicherweise hatte Freund Marx, der Herausgeber der Musikzeitung, die Kritik im voraus geschrieben und bereitete sie für das Erscheinen vor, sobald Felix, in irgend einer Weise, den Erfolg des Konzerts bestätigen würde. Diese Bestätigung kam rechtzeitig an, und nach der guten Probe war Felix enthusiastisch über die freundliche Aufnahme seiner Kompositionen durch die Musiker und Musikfreunde. Er war aber zu bescheiden, sich im Mittelpunkt der Aufregung zu sehen:[28]

...Loewe hat mich unendlich herzlich aufgenommen... der Himmel gebe hübsche Stettinerinnen...! Ganz Stettin geht auf dem Kopfe über die Beethovensche Symphonie. O Marx! Welch Unglück richtet das an! Hier findet man seine Ansicht von der Symphonie ganz falsch... Loewe spielt das Doppelkonzert ganz vortrefflich...

Marx hatte nämlich eine ausführliche und begeisterte Analyse von Beethovens Symphonie (in vier Nummern der Zeitung) vorbereitet. Damals erreichte Marx' Einfluß auf Felix seinen Höhepunkt. Die historischen Aufführungen von Bachs *Matthäus-Passion* machten Epoche, und Marx war daran aktiv beteiligt. Er, der ältere, leitete Felix auch in dessen noch ungeformten politischen Ansichten. Allein, Mendelssohns politische Überzeugungen waren keineswegs stabil und haben sich einige Male geändert. Als Jüngling war er ein ausgesprochener Demokrat, und Liberalismus, soziale Reformen oder die Zukunft Deutschlands lagen ihm sehr am Herzen. Charlotte Moscheles neckte den radikalen Jüngling, indem sie einen Brief an ihn mit den Worten begann: «Um Sie, den Ultraliberalen, aufzuregen, fange ich mit einem Konzert am Hofe von Weimar an.»[29]

Felix' Briefe sind voll von politischen Beobachtungen, Kritiken, Spekulationen und dergleichen. Er sympathisierte mit der Juli-Revolution von 1830.[30] Jede Art von Hurra-Patriotismus ging ihm «wider den Strich» – er verabscheute die Spielart. Sein Interesse für die Emanzipation der Juden beschränkte sich nicht auf Deutschland, sondern war so lebendig, daß er öfters die Lebensbedingungen der Juden in Deutschland mit denen in England oder Frankreich verglich. Gewöhnlich hatte er Grund, die deutschen Gesetze zu kritisieren.[31] Er war kaum je ein überzeugter Monarchist und hatte deshalb mit seinem streng royalistischen Schwager Hensel manchen Disput. Er verurteilte Preußens reaktionäre Politik, war besorgt über Englands interne Schwierigkeiten und sprach über Tories wie Wellington unweigerlich in Ausdrücken wie «Gelichter».[32] Er verglich die preußische Bürokratie schlicht mit einer Zwangsjacke.[33] In allen diesen Betrachtungen spielt das Postulat der Gerechtigkeit die allergrößte Rolle. Für ihn, den geborenen Juden, der eingedenk war der jahrhundertealten Unterdrückung seiner Vorfahren, bedeutete Gerechtigkeit die erste Kardinaltugend und den Prüfstein einer menschenwürdigen Regierung. Mit den Jahren wurde er eher konservativ, zumindest verlor er jede Sympathie für revolutionäre Bewegungen, hielt wenig von «Amateur-Politikern», wie er alle demokratisch gewählten Volksvertreter oder Delegierten nannte. Aber er hatte nur Verachtung für den Hochadel der Großgrundbesitzer, obwohl er selbst einer aristokratischen Familie entstammte. Über das «Gottesgnadentum» spottete er häufig[34]; er begann als «Kleindeutscher» und wollte von einem großdeutschen Staat – mit Einschluß Österreichs – nichts wissen. Hätte er sie erlebt, er wäre in der Revolution von 1848 genau zwischen den Fronten gestanden und sicherlich in ernstliche Konflikte verwickelt worden.[35] So international er gesinnt war, er hatte seine Vorlieben: er war anglophil, mäßig pro-französisch, ein glühender Verehrer der Schweiz, skeptisch gegenüber Österreich und entschieden gegen Rußland; manchmal neigte er zum Republikanismus, aber mit fortschreitendem Alter verlor sich diese Neigung. Seinem Bewunderer, dem König Friedrich Wilhelm IV. von Preußen, stand er nicht ohne gelegentliche Ironie gegenüber. Seine Indignation über Preußens provokante Haltung in der Frage der Rheinprovinz wurde publik, als er sich rundweg weigerte, Beckers Rheinlied «Sie sollen ihn nicht haben» für Breitkopf und Härtel zu komponieren.[36] Er lehnte die «neukatholische» deutsche Bewegung ab, da sie auf ein großdeutsches Imperium abzielte.[37] Ebenso scharf war seine Ablehnung Heinrich Heines, dessen ambivalente Haltung zwischen Deutschland und Frankreich er tadelte. Er bewunderte Heine als großen Dichter, verabscheute aber seinen «käuflichen Charakter».[38] Die beiden mochten einander nicht leiden, und dieser Antagonismus hat tiefe Gründe, von denen die politischen Meinungsverschiedenheiten nur die auf der Oberfläche sichtbaren waren. Viel tiefer lagen die wirklichen Beweggründe: Heines kränklich-neurotischer Zynismus stand gegen Mendelssohns etwas philiströsen Idealismus. Heine verübelte Mendelssohn sein gläubiges Bekenntnis zur evangelischen Kirche, die Heine für sich lediglich als «Eintrittsbillett zur europäischen Kultur» ansah. Auch für die Wiedererweckung Bachs und der *Matthäus-Passion* hatte er nicht das geringste Verständnis.

6. TRAUM UND TAT

«Die Hitze der Jahreszeit... wirke außerdem auf die Phantasie, daß in diesen Wochen die seltsamsten Träume, ungewöhnliche Zustände, Tollheiten und Launen der wunderlichsten Art den Menschen besuchten. Daher der Titel dieses romantischen Meisterstücks...»

Ludwig Tieck, Noten zu seiner Übersetzung von «Midsummernight's Dream»

I.

Es war im Hochsommer des Jahres 1826, als der junge Mendelssohn es sich zur Gewohnheit machte, im Garten «zu träumen und zu componieren. Dort habe ich die Klavierkonzerte... beendet. Heute oder morgen will ich dort midsummernight's dream zu träumen anfangen. Es ist aber eine gränzenlose Kühnheit...»[1] Mit diesen Worten bereitete sich Felix zu dem Werk vor, das ihm, dem Siebzehnjährigen, Weltruhm bringen sollte. Bald darauf, am 18. Juli, berichtete er begeistert über die Premiere der Ouvertüre zu *Oberon* von C.M. von Weber, die ihm einen dauernden Eindruck hinterlassen haben muß, wie wir sehen werden.

Was hatte Felix so mächtig bewegt, eine ausgesprochen illustrative Konzertouvertüre zu komponieren zu einem der subtilsten, aber auch verwirrendsten Stücke Shakespeares? Von der Wirkung der Schlegel-Tieckschen Übersetzung wurde schon oben gesprochen; Felix gehörte eher zu den Jüngsten der nachfolgenden Generation.

Die Welt um Felix hatte ein völlig gebrochenes, man könnte sagen «schizophrenes» Verhältnis zur Natur; einerseits zollten die Denker wie Hegel und seine Schüler der Naturwissenschaft gesteigerte Aufmerksamkeit, andererseits liebte man es, «verzaubert» zu werden, sei es durch Spuk oder Elfen oder Ritterlegenden; jedenfalls hielten die Dichter ihre Welt für «wirklicher» als die realen Tatsachen der Wissenschaft. Die uralte Magie der Mondnacht und ihrer Luftgespinste kam durch Shakespeares phantastische Komödie wieder zur Geltung, verklärt durch einen hohen Dichter, der überdies in den Rüpelszenen das Ideal der «romantischen Ironie» vorweggenommen hatte: was Wunder, wenn diese «Zauber wieder banden» und diesmal einen siebzehnjährigen Komponisten inspirierten? Felix war von dieser Welt unwiderstehlich angezogen; sie erschien ihm, in Shakespeares Dichtung, ein ideales Sujet für Musik. Ja, aber Musik welcher Art? Wie war diese Phantasmagorie von Traum- und Luftgespinsten in eine nichtzerfließende, in geformte Musik zu bannen? Er mußte zum Hilfsmittel der «illustrativen» Musik greifen, deren er sich dann in allen folgenden Konzert-Ouvertüren bedient hat.

Die Entstehungsgeschichte, zumindest einige ihrer Details, war umstritten, so daß Mendelssohn sechzehn Jahre später nicht mehr imstande oder aber unwillig war, eine genaue Darstellung der Genesis jenes Meisterwerkes zu geben, vermutlich, weil er seine Verpflichtung dem ehemaligen Freund Marx gegenüber verdrängt hatte.

Als die Verleger Breitkopf und Härtel ihn um Details der Entstehungsgeschichte angingen, erklärte er, es sei ihm unmöglich, die Folge der Ideen zu beschreiben, welche die Komposition stimuliert hätten. Er meinte, die Ouvertüre folge genau dem Theaterstück, so daß es vollkommen zulässig sei, die hervorstechenden Situationen musikalisch auszudeuten, wobei die Hörer Shakespeares Stück im Sinn und im Gedächtnis haben sollten...[2] Marx hingegen erinnerte sich weit besser an jene halkyonischen Tage. Nach seiner Darstellung kam Felix zu ihm mit dem ersten Teil (der Exposition) der Ouvertüre. Die Einleitung, das erste und zweite Thema waren, wie man sie heute kennt, aber was dann folgte, war eine liebenswürdige, heitere, gutklingende Musik, aber vom Sommernachtstraum war darin nichts zu spüren. Er legte Felix nahe, daß die Ouvertüre alle die «charakteristischen Details» enthalten müsse, die die Komödie von allen andern unterscheidet. Felix war betroffen, sah aber nach einigen Tagen ein, daß Marx recht hatte, und überarbeitete die Ouvertüre in dessen Sinn. Später soll er ihm die von ihm zerrissenen Seiten der ersten Fassung als Zeichen seiner Anerkennung des geleisteten Dienstes gesandt haben. Die heutige Partitur zeigt keinen Bruch; aber das würde Marx' Behauptung, daß Felix die Partitur von neuem geschrieben habe, nur bekräftigen.[3] Auch der Marx wenig gewogene Devrient bestätigt, daß Marx eigentlich den «Ruck» veranlaßt habe, den Felix' Entwicklung mit der Ouvertüre bekommen habe.[4] Da Marx im folgenden Jahre (1828) seine Schrift «Über Malerei in der Tonkunst» veröffentlichte und auch nachher für illustrative und Programmusik und besonders für deren Champion Berlioz eingetreten war, ist sein Bericht durchaus glaubhaft. Ein weiteres, sehr bemerkenswertes Zeugnis über Mendelssohns Hinwendung zur illustrativen Musik stammt von einem anderen Jugendfreund Mendelssohns, dem nachmaligen Pastor Julius Schubring, der unter Benutzung seines Tagebuches die folgende Anekdote erzählt:[5] Er war mit Felix nach Pankow geritten, und die Freunde hatten sich im hohen Grase des Schönhauser Parks gelagert, in angeregtes Gespräch vertieft. Plötzlich faßte Felix den andern am Arm und flüsterte «Pst!». Eine riesige Fliege flog gerade vorbei, und Felix wollte den Summton des sich entfernenden Insekts genau wahrnehmen. In der vollendeten Partitur zeigte er ihm dann die Stelle, wo das Cello absteigend von h-moll nach fis-moll moduliert, und sagte ihm: «Da, das ist die Fliege, die vorbeisummte im Park von Schönhausen.» (Takte 264–270).

Musikbeispiel 19

Da das Manuskript die Anfangs- und Vollendungsdaten, 8. Juli und 6. August 1826, angibt, muß Felix das Werk mit allen Änderungen und Varianten in vier Wochen

Adolf Bernhard Marx. Zeichnung von Wilhelm Hensel

Erste Seite der 4. Symphonie, der «Italienischen». Autograph

skizziert und fertiggestellt haben. Der schöpferische Funke hatte so gut gezündet, daß das kompositorische Problem der Formgebung des Formlosen anscheinend spielend gelöst wurde – mit Hilfe eines zyklischen Leitmotivs, das sich durch die Ouvertüre zieht, jener unvergeßlichen vier Bläserakkorde am Anfang des zweiteiligen Hauptthemas, das aus dem «Elfentanz» und dem glanzvollen Festmotiv gewoben ist, und durch lebendigen Kontrast mit dem zweiten, lyrischen Thema. Das rein illustrative Element, das der alte Zelter etwas kühl einschätzte, war zum Bindestoff der Ouvertüre geworden. In einem von mir entdeckten Brieffragment, das in ein Schreiben an Abraham Mendelssohn eingeklebt war, hatte der alte Zelter kritisiert:[6]

In dem Sommernachtsstück liegt der Hauptgedanke außerhalb der Musik. Man soll das Stück nicht kennen, man muß *es kennen. Es erscheint von vornherein wie ein Meteor, wie eine Lufterscheinung, flattert umher gleich Mükken-schwärmen aus dem Boden heraus...*

Mendelssohn hatte die Kontraste zwischen der Welt der Elfen, des Herzogs, und der Rüpel scharf gezeichnet. Dazu verhalfen ihm die von Marx so sehr geschätzten «charakteristischen Details». Dadurch wurden die «romantischen» Komponenten konkret erfaßt. Die Ouvertüre enthält – daran ist nicht zu rütteln – drei Elemente, die von den Romantikern als die ihren erkannt und anerkannt wurden: das zyklische Leitmotiv, die realisierte «Verfremdung», damals «romantische Ironie» genannt – das sind die scheinbar falschen Bässe in der Durchführung, wo die Rüpel in den Elfentanz hineinplumpsen, und das «charakteristische Detail» des Rüpeltanzes mit Anspielung auf Zettels Eselsgeschrei (der fallende Nonensprung), gebrummt von der Ophikleïde, dem «brummigen Baßhorn» der Zeitgenossen und Kritiker.

Daher hatte Marx nicht ganz Unrecht, als er Mendelssohn in die Nähe von Berlioz rückte, dem er die größere Kraft und Originalität nachrühmte. Kompositorisch geht es bei beiden um die Schwierigkeit, eine außerhalb der Musik liegende Idee, Stimmung, Atmosphäre oder Dichtung in eine *autonome* musikalische Form zu bringen, ohne ihr Zwang anzutun und ohne sie – oder die sie repräsentierende Musik – gewissermaßen zu verkleiden. Neuere Gelehrte haben den Vergleich mit Berlioz aufgenommen und untersucht. Dabei wurde betont, daß sich das Prinzip eines «Grundmotivs» auch in Mendelssohns *Schottischer Symphonie* finden läßt, «die wahre Idée fixe der in Edinburgh... empfangenen Eindrücke... Nicht in den klotzigen, greifbaren motivischen Beziehungen der Berliozschen ‹Genialität in Fraktur›, aber doch noch immer in den Wandlungen des thematischen Grundstoffes, der Substanz, für Auge und Geist klar zu erkennen.»[7] Seinen Zeitgenossen weit überlegen ist Mendelssohn in diesem Werk durch eine Eigenschaft, die man bei Schöpfungen jugendlicher Künstler kaum erwartet: die musikalische Integration der Ouvertüre ist, bei all ihren Kontrasten, vollkommen. Sie entsteht aus leitmotivischen Phrasen, aus verborgenen Identitäten der Struktur, ganz unabhängig von der doch programmatischen Natur der Ouvertüre. Bei jedem Musikwerk muß man, auch in historischer Sicht, zuerst und vor allem die musikalische Substanz neben dem literarischen Vorbild untersuchen.

Die «Urlinie» des Werkes ist ein absteigendes Tetrachord:

Musikbeispiel 20a

Musikbeispiel 20b

Vor Berlioz und Liszt operiert hier Mendelssohn mit Leitmotiven und zyklischen Ideen. Die vier Akkorde, welche die Ouvertüre durchziehen, sind eines der berühmtesten Leitmotive der Musik, zumal Mendelssohn sie auch in die viel spätere Bühnenmusik zum Sommernachtstraum aufgenommen hat. Die erste Hälfte des ersten Themas, der Elfentanz, den Zelter mit Mückenschwärmen verglich, in erstaunlicher Einfühlung, wenn man an Schubrings Anekdote denkt, enthält das Tetrachord:

Musikbeispiel 21a

das in der Coda in doppelter Vergrößerung erscheint:

Musikbeispiel 21b

Hier leitet es den Abgesang ein, der ebenfalls das Tetrachord enthält, als zarte Umformung des zweiten Themas:

Musikbeispiel 21c

Zusammengefaßt ergibt sich folgendes Bild:

Das Tetracord erscheint zuerst im Motto,

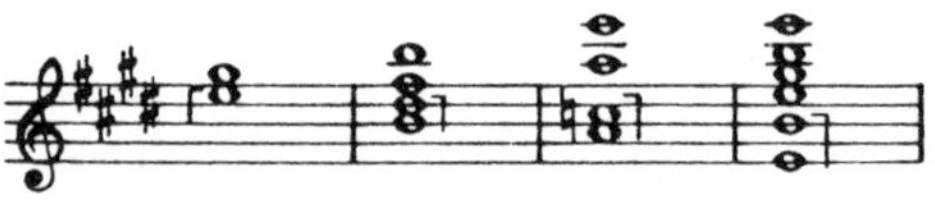

dann im ersten Thema,

in seiner Fortsetzung,

als Brücke zum zweiten Thema,

im zweiten Thema selbst,

im Rüpeltanz (Klarinetten)

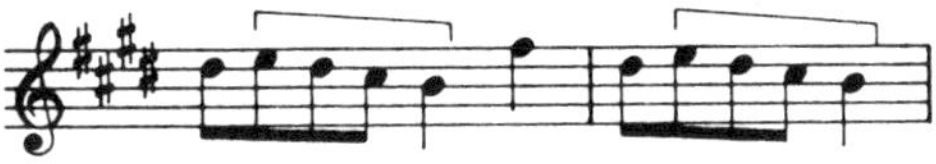

und schließlich in der Coda.

Es ist unnötig zu betonen, daß diese organische Integration nicht das Werk des analysierenden Verstandes war, sondern ein Produkt der unbewußt auswählenden schöpferischen Erfindung. Nun dürfen wir fragen: in welcher Hinsicht weicht die Ouvertüre von der orthodoxen Konzertouvertüre ab, wie etwa Beethoven sie geformt hatte? Die entscheidenden Faktoren sind:

(1) Das erste (Haupt-)Thema besteht aus zwei kontrastierenden Hälften.
(2) Der Charakter der ersten Hälfte (der Elfentanz) wird durch unerwartete, halb komische Bässe in Durchführung und Reprise verfremdet.
(3) Eine retardierende Transformation der zweiten Hälfte des Themas findet sich in der Coda.
(4) Eine leitmotivische Idee durchzieht die Ouvertüre.

Von den genannten Faktoren kommt nur der zweite und der vierte Punkt der frühen Programmusik nahe. Spaltungen des Hauptthemas waren nichts Ungewöhnliches: Spohr machte Gebrauch von ihr in der Ouvertüre zur Oper *Jessonda* (1823) – die übrigens auch durch vier gehaltene Bläser-Akkorde eingeleitet wird, allerdings ohne Leitmotiv-Funktion. Sie stehen auch in E-dur und e-moll! Bei aller Originalität war Mendelssohns Ouvertüre nicht «vom Himmel gefallen». Es erhoben sich auch bald Stimmen, die ihn des Plagiats ziehen, weil er in der Coda dem Meermädchengesang in Webers *Oberon* allzu nahe kam.

Musikbeispiel 22c

Daß Mendelssohn bei der privaten Aufführung von Webers Oper im Hause seines Verlegers Schlesinger mitwirkte, ist heute erwiesen.[8] Zwar ist die Transformation der zweiten Hälfte des Hauptthemas durchaus organisch, aber die Ähnlichkeit war doch zu stark, um als Zufall gelten zu können. Vielleicht auch hatte er sie beabsichtigt, um auf diese Weise den jüngst verstorbenen Weber zu ehren und seinem Andenken zu huldigen.[9] Trotz der Abweichungen von der Konvention, die damals als kühn angesehen wurden, verletzte die Ouvertüre nicht Zelters strenge Regel: «Man muß nach architektonischen Prinzipien komponieren», ein des ehemaligen Bauunternehmers durchaus würdiges Prinzip![10]

Bevor wir uns dem Schicksal der Ouvertüre zuwenden, seien einige Feinheiten der überaus transparent und durchsichtig orchestrierten Partitur hervorgehoben, z. B. die sparsamen, schon pointillistischen Glanzlichter der Holzbläser auf dem Elfentanz zwischen D und E, und wieder zwischen H und I; die – nicht «wirkliche» – Generalpause (nur das Cis klingt in den Bratschen pp) kurz vor Tempo I; das ff der Hörner zum p des Orchesters vor E; das Eintreten der Bässe nach langem Schweigen *pizzicato* in der Coda (nach K) und der Schlußpunkt: der Paukenwirbel pp im letzten Takt. Das Werk wurde zunächst von Freund Marx, aber nicht unter seinem Namen, in der *Berliner Allgemeinen Musikalischen Zeitung* überaus freundlich besprochen. Wir geben hier nur die ersten Sätze wieder, die die Vertrautheit des Kritikers mit dem Werk und seinem Komponisten verraten:

Bravo, Felix! Du hast Dich an ein Werk gewagt, zu dessen Unternehmung inneres Sichbewußtsein unbedingt erfordert wurde. Du hast Deine Aufgabe herrlich gelöst…[11]

Darin wurde das «charakteristische Detail» des Rüpeltanzes besonders gerühmt und die musikalische Darstellung des «täppischen Midas Zettel» (= Bottom) hervorgehoben: Die Mitwelt und die Mendelssohn weniger freundlich gesinnte Nachwelt aber haben das Stück immer als «typisch romantisch» bezeichnet und bewundert. Mit Recht. Denn die Sommernacht, der Elfentanz, das Eselsgeschrei Bottoms in den (scheinbar falschen) Bässen, alles Requisiten der Romantik, machen es dazu. Der Schimmer von romantischem Sentiment (später nannte man es Sentimentalität), das Ineinander von Grazie, Humor und leiser Melancholie, alles das sind Eigentümlich-

Musikbeispiel 23
Darstellung des «täppischen Midas Zettel» (= Bottom), aus dem Rüpeltanz

keiten der Romantik. Doch war es eher ein Abschied von ihr, was Mendelssohn anlangte: nie wieder hat er sich so mit *allen* romantischen Konzepten eingelassen wie hier. Selbst der Mendelssohn gegenüber (nach dessen Tode erst!) hyperkritische Richard Wagner wahrte in diesem Fall vorsichtiges Schweigen. Schumann meinte, die Blüte der Jugend liege über sie ausgegossen, wie kaum über ein anderes Werk des Komponisten...[12] Im gleichen Sinn schrieb Berlioz, der selbst mehrere Shakespeare-Stücke als Sujets seiner Opern und Ouvertüren behandelt hatte, an Felix: «Nie habe ich etwas gehört, das Shakespeare echter erfaßt hätte als Deine Musik – ich würde drei Jahre meines Lebens darum geben, Dich umarmen zu können.»[13] Noch überschwänglicher waren die englischen Kritiker, die Mendelssohn mit einem Vulkan verglichen, der heidnische Kulte in der «Walpurgisnacht» ebensogut produzieren könne wie, in plötzlichem Wechsel, fallenden Tau in der Mondnacht...[14] Die modebedingte Abkehr von Mendelssohns Musik zwischen 1900 und 1945 hat allerdings diesem Werk, zusammen mit dem großen Violinkonzert, nichts anhaben können – es wurde immer wieder aufgeführt, mit Ausnahme der Nazi-Epoche. Schon vorher hatte man sich seiner wieder erinnert, und Meister wie Ferruccio Busoni, Richard Strauss und Max Reger, übrigens auch Arnold Schönberg, haben den «magischen Charme» des Werkes bewundert.

In jüngster Zeit haben sich junge Theoretiker wieder mit der Ouvertüre beschäftigt, und einige von ihnen haben den älteren Kritikern arg zugesetzt. Einer dieser Kritiker, F. Krummacher, hat in einer wertvollen Studie nicht nur einige Werke Mendelssohns untersucht, sondern ist auch auf die kritischen Bemerkungen, die man gemacht hat, näher eingegangen.[15] Gleich zu Anfang schreibt er:

Dem Ausspruch der Ästhetik im 19. Jahrhundert, der Künstler habe sich durch Individualität von allen andern zu unterscheiden, stand die Forderung gegenüber, er habe sich nicht zu wiederholen, sondern beständig zu wandeln. Nicht also genügte Origi-

nalität: der Künstler hätte nicht nur er selbst, sondern auch ein andrer zu sein, er wäre denn Epigone oder Manierist...
Gegen dieses Argument steht die These, Mendelssohn habe in der Romantik begonnen und sich zum Klassizisten gewandelt. Wenn das wahr wäre, hätte er die Forderung steter Wandlung erfüllt, und die Behauptung, er sei immer auf einem schon früher erreichten Stilniveau stehengeblieben, wird unhaltbar.[16] Ähnliche Widersprüche, die sich in der flachsten Kritik, derjenigen der Wagnerianer, finden, sind heute schon unhaltbar geworden. Einigen war Mendelssohn nicht genug «programmatisch», andern zu sehr.

Das illustrative Element ist in der Ouvertüre gewiß handgreiflich vorhanden, aber wenn der Meister es auch in anderen Ouvertüren nicht ganz vermieden hat, so bezieht es sich mehr auf Landschaften oder Märchenideen als auf eine spezifisch romantische Situation.[17] Im Prinzip aber war Mendelssohn gegen alle wirklich «darstellende» Musik, wie aus einem wichtigen Brief an seine Tante, die Baronin Pereira, in Wien hervorgeht. Sie hatte ihn aufgefordert, die Ballade «Nächtliche Heerschau» von Zedlitz zu komponieren, was er mit den folgenden Worten ablehnte:
Ich nehme es mit der Musik gern sehr ernsthaft und halte es für unerlaubt, etwas zu componieren, was ich nicht ganz durch und durch fühle. Es ist, als sollte ich eine Lüge sagen, denn die Noten haben doch einen ebenso bestimmten Sinn wie die Worte – vielleicht einen noch bestimmteren. – Nun scheint es mir überhaupt unmöglich, ein beschreibendes Gedicht zu componieren... Nun hätt' ich es freilich componieren können, wie es Neukomm und Fischhof in Wien gethan; – ich hätte einen originellen Trommelwirbel im Baß und Trompetenstöße im Discant und sonst allerlei Spuck anbringen können, – dazu habe ich aber wieder meine ernsthaften Töne zu lieb; so etwas kömmt mir immer vor wie ein Spaß, etwa wie die Malereien in den Kinderfibeln...[18]
Trotz einiger Gemeinsamkeiten mit Berlioz war Mendelssohn die Tendenz einer Malerei in Musik fremd: die *Idée fixe* dagegen war ihm durchaus vertraut. Denn die viel später komponierte *Bühnenmusik zum Sommernachtstraum* beruht ja, zumindest in den Elfen- und Rüpelszenen, auf der *Idée fixe* der Ouvertüre. Er hielt auch nichts von der Synästhetik einiger Romantiker, die Poesie und Malerei mit Musik «vermählen» wollten. Obwohl ein überdurchschnittlich begabter Zeichner und Maler, hielt Mendelssohn die Künste scharf voneinander getrennt. Berlioz kannte Mendelssohns strenge Grundsätze und respektierte sie.

Als Felix viele Jahre später die *Bühnenmusik zum Sommernachtstraum* schrieb, vermochte er die Zauberwelt wieder heraufzubeschwören, als habe Prosperos Zauberstab von neuem Oberons Welt, die Elfen, Puck und die Rüpel geschaffen – und es gelang über Erwarten. Mendelssohns Herz war jung geblieben.

In den letzten Jahren ist, wieder in der Bodleian Library in Oxford, eine Art «Urfassung» der Ouvertüre ans Licht gekommen, offenbar jene, von der Marx die «zerrissenen Blätter» gesehen haben wollte. Da sie nur den Hauptteil der Exposition enthält, nicht aber den Rüpeltanz, der formal die Funktion des Schlußsatzes hat, bestätigt sie im wesentlichen den von Marx gegebenen Bericht. Änderungen bzw. Verbesserungen finden sich hauptsächlich in der Überleitung vom zweiten Teil des Hauptthemas; auch ist die Ophikleïde der Endfassung noch nicht vorgesehen, und einige rhythmische Verschärfungen tragen zur Eleganz der Endfassung bei.

II.

Die Musikgeschichte, wie alle Erzeugnisse des menschlichen Geistes, verzeichnet viele Arten von Irrtümern und Mißverständnissen, fruchtbare und unfruchtbare. Gefährlicher noch als Irrtümer oder Mißverständnisse kann das völlige Vergessen, das ganze Scharen von heute nicht mehr bekannten Meistern betroffen hat, die Kontinuität der Musik unterbrechen, zumindest für unser Verständnis. Auch heute noch, da die elektronische Reproduktion nahezu aller Musik durch Radio, Grammophon, Tonband etc. gewährleistet zu sein scheint, kann man unversehens auf solche Lücken stoßen, die erst durch Gelehrtenfleiß ausgefüllt werden können. Sicherlich der Größte all dieser Vergessenen war J. S. Bach.

Wie wir noch sehen werden, war er jedoch nie ganz vergessen. Aber die Romantiker waren ursprünglich nicht bereit, ihn wiederzuerwecken; sie interessierten sich mehr für Ritter, Zauberer und für ein durch krasse Unkenntnis der Verhältnisse beschönigtes Mittelalter. Der Musik brachten solche Interessen nur mageren Ertrag, denn die authentische Musik des Mittelalters war damals noch längst nicht erforscht oder zugänglich, so warm ihre Verfechter für die Poesie und Musik der ritterlichen Minnesänger und Trouvères plädierten. Einer der zeitgenössischen Kritiker, dem wir noch öfter begegnen werden, Fr. Rochlitz, hat diese Widersprüche und Unzulänglichkeiten offen beklagt und gerügt.[19] Der nächstbeste Ersatz schien den literarischen Romantikern – die Musiker dachten ganz anders! – das Zurückgreifen auf die katholische Tradition der klassischen Vokalpolyphonie der späteren Renaissance und des Frühbarocks. Alfred Einstein hat gezeigt, daß sie allerdings so, wie die Romantiker sie sahen, nie existiert hat.[20] Einer der Gründe für die in Worten begeisterte, in Taten recht kümmerliche Vorkämpferschaft der Frühromantiker für den Palestrina-Stil und die «reine» Vokalmusik mag die plötzlich aufflammende Unabhängigkeit der Instrumentalmusik vom Wort gewesen sein; Werke wie die Symphonik Haydns, Mozarts und des jungen Beethoven setzten vielleicht eine musikalisch gebildete Hörerschaft voraus. Die romantischen Schriftsteller zogen eine Musik vor, die sich vom Wort noch nicht völlig gelöst hatte; dazu kam ihre naive Liebe für das Archaische, für den Pomp und Weihrauch, auch für das mystische Dunkel der gotischen Kathedralen. So wurden Palestrina, Lasso, Victoria, dann auch Lotti und Durante mehr gefeiert als richtig aufgeführt und gehört. Die Schwärmer Wackenroder, A.W. Schlegel und vor allem der Dichter, Maler und Musiker E.T.A. Hoffmann führten diese Bewegung ein, aber ihr einflußreichster Publizist war Justus Thibaut, dessen wir schon im vorigen Kapitel gedacht haben.

So war die Wiedererweckung J. S. Bachs keineswegs das Werk dieser Romantiker noch auch der führenden Kreise der protestantischen Kirche. Musiker regten sie an, und Musiker führten sie durch und zum Erfolg hin. Die Verbindung von Literatur und Musik wurde durch Hoffmanns Essay *Über alte und neue Kirchenmusik* (1814) bewerkstelligt, in dem er J. S. Bach einen «Menschheitsgenius» nennt.

Nach seinem Tod 1750 wurde Bach als gelehrter Pedant angesehen, wenn auch sein Ruhm als großer Organist ihn überlebte. Diese Konzeption beherrschte das musikalische Denken bis zum Ende des 18. Jahrhunderts. In Lehrbüchern des Kontrapunkts oder ähnlichen Kompendien der Zeit finden sich gelegentlich Passagen aus dem *Wohltemperierten Klavier,* aber weder Chor- noch Instrumentalmusik Bachs war damals in Konzerten zu hören. Wir erinnern jedoch an Mozarts Besuch in Leipzig im Jahre 1789 und an sein Entzücken über die Motette *Singet dem Herrn ein neues Lied* und an die Einwirkung Bachs auf ihn, von dem er fünf Fugen, einige mit eigenen Präludien für Streichquartett versehen, bearbeitet hatte (KV. 405). Doch wurde nicht ein einziges vollständiges Werk von Bach zwischen 1750 und 1800 gedruckt, ausgenommen das *Musicalische Opfer* (1761)[21]. Erst kurz vor der Jahrhundertwende mehrten sich die Vorboten des neuerwachten Interesses für Bach.

In der Zeit, da die Aufklärung auch die musikalische Szene beherrschte, zog man die Instrumentalmusik Bachs, wenn man überhaupt Kenntnis von ihr nahm, wegen ihres nicht genau definierten Inhalts allen anderen Werken vor, denn man hielt die Poesie, die er in seiner liturgischen Musik vertont hatte, für minderwertig, und das wohl mit Recht. In romantischer Sicht änderte sich das nur wenig, da, wie Alfred Einstein bemerkt, die Romantiker sich von jeder Art Christentum abwandten, dem noch Spuren des Rationalismus und der Aufklärung anhafteten, also auch von der lutherischen wie der calvinistischen Kirche.[22]

Endlich, mit dem neuen Jahrhundert, fand Bachs Winterschlaf ein Ende: in London wurden einige seiner Kompositionen für Orgel und Klavier bei A.F.C. Kollmann & Co. veröffentlicht und erwarben die begeisterte Zustimmung von Samuel Wesley[23], dem Neffen des Begründers der Methodisten-Kirche und ersten Bischofs, und sogar die des eher zurückhaltenden, greisen Charles Burney. Die Auswirkung auf dem Kontinent wäre verhallt, wäre nicht bald darauf die erste ernsthafte Biographie Bachs erschienen, verfaßt von dem angesehenen J. Nikolaus Forkel in Göttingen. Sein Verdienst um Bach wird durch den Nationalismus, der aus seiner Auffassung der Weltgeschichte entsprang, nicht gemindert. Der sonderbare Gelehrte, der Kollmann nicht nur für seine eigenen Kompositionen, sondern auch für die Publikation von Bachschen Werken gewann, verdient einen Ehrenplatz in der Geschichte der Bacherweckung. Seine Betonung des deutschen Charakters von Bachs Musik gewann endlich auch die literarischen Romantiker. Auch C.M. von Weber rühmte in einer wenig bekannten Studie über Bach dessen fundamental deutschen Charakter (1821). «Mit Worten ließ sich wacker streiten», aber die Werke zu drukken und aufzuführen, das war eine schwerere Aufgabe. Sehr wenige Werke wurden während Bachs Lebenszeit gedruckt, zwar manche von ihnen in Abschriften seiner Schüler bewahrt[24], vor allem von Doles, dem Thomaskantor, Kirnberger, J.L. Krebs, Altnikol und von seinen Söhnen Wilhelm Friedemann und Carl Philipp Emanuel. K.F. Christian Fasch (1736–1800), K.F. Zelter, Kirnberger und teilweise Marpurg waren die Hauptträger der Berliner Bach-Tradition, die in der Singakademie ihren festen Boden fand. Vor allem war es Zelter, der wieder und wieder Bachsche Werke zum Erklingen und das grundlose Gerede über die «abstruse und dunkel-mystische» Kunst Bachs zum Verstummen brachte.[25] Dieser romantischen Deutung hat nicht nur Einstein, sondern vor allem A. Schering widersprochen, als er schrieb:

Keine Zeile... deren Musik nicht von höchst klaren, bestimmten Vorstellungen diktiert ist, bei der das Musikalische etwas anderes wäre als das sinnliche Substrat eines Rationalen...[26]

Um 1820 gab es schon Musikdirektoren, die sich tätig um Bachs Musik bemühten: Hans Georg Nägeli in Zürich, Nikolaus Schelble, der Dirigent des Frankfurter Cäcilienvereins, und Zelter, der Herrscher über die Singakademie. Außerdem interessierten sich einige protestantische Geistliche wie die Wesleys in England und ihre Schüler für Bach – aber unter diesen waren keine Romantiker. Doch war es schlecht bestellt mit Aufführungen, einfach deshalb, weil Bachs Musik nicht leicht zu finden war, und wenn sie gefunden wurde, enthielt sie bedeutende Schwierigkeiten, die nicht ohne weiteres aus dem Weg zu räumen waren, wie z.B. alte Instrumente oder völligen Mangel an Tempoangaben und dynamischen Zeichen. Am schlimmsten stand es mit den fünf Jahrgängen der Sonntags- und Festkantaten in Bachs eigener Handschrift, über 220 Partituren. C.Ph.E. und W.Friedemann Bach hatten sie unter sich geteilt, und der Letztgenannte hatte seinen Teil bald verschleudert – aber die traurige Geschichte der Bach-Handschriften gehört nicht in unsere Darstellung. Philipp Emanuels bittere Erfahrungen mit seines Vaters *Kunst der Fuge,* die er drucken ließ, von der aber bis 1765 nur 30 Exemplare verkauft waren, hielten ihn und andere von weiteren Wagnissen ab, und erst zwei Generationen nach Bachs Tod war der Weg zu weiteren Veröffentlichungen gebahnt. Die einzige überlebende Enkelin des großen Thomaskantors, Anna Carolina, fügte der Anzeige von ihrer Mutter Tod (1795) die Ankündigung bei, sie werde «auch weiterhin Handschriften von C.Ph.E. und auch von J.S. Bach vermieten».

Zelter hatte es sich zur Aufgabe gemacht, Bachs Chormusik allgemein bekannt zu machen, gegen alle Widerstände, ohne Rücksicht auf die Schwierigkeiten der Aufführung und der Notenbeschaffung. Häufig berichtet er darüber an Goethe, der hier wie sonst mit Zelter sympathisierte. Dieser beschloß einen solchen Brief mit den stolzen Worten:

Du hast mir Arbeit gemacht,
Ich habe Dich wieder ans Licht gebracht.[27]

Die Indifferenz Zelters gegenüber den Passionen erklärt sich aus ihren Texten: in der Tat, für einen Freund Goethes ist die Poesie jener *liturgisch ausgerichteten* Werke nur schwer erträglich. Überdies setzten sie einen beträchtlichen Apparat voraus, vor dessen praktischen Anforderungen der Greis zurückschreckte. Marx allerdings erklärte Zelters Zurückhaltung mit anderen Gründen; und seine Deutung ist, zumindest in einigen Punkten, überzeugend. Nach ihm hatte Zelter wenig übrig für die *Matthäus-Passion* und hatte begonnen, sie «umzukomponieren», wenigstens ihre Chöre und Rezitative, in dem damals noch beliebten Graunschen Stil.[28] Auch hatte Zelter einen so durchschlagenden Erfolg nicht erwartet, wie er dann tatsächlich eintrat; daher war er skeptisch und mißtrauisch. Noch im Herbst 1828 – ein halbes Jahr nach dem großen Erfolg der *Matthäus-Passion* – sagte er nach einer sorgfältigen, erfolgreichen Aufführung der Motette *Singet dem Herrn ein neues Lied* zu Lea Mendelssohn: «Einige Leute applaudierten, als ob's ihnen wirklich gefiele.»[29]

Hier nun trat Felix ein, als legitimer Vorkämpfer für das Werk J.S. Bachs: gehörte er doch durch Zelter und Kirnberger, den Lehrer seiner Mutter, zu den «Enkelschülern» des Thomaskantors (durch W.F. Bach, den Lehrer der «Tante Levy», zu den «Urenkelschülern»), wie denn die Familien Itzig und Mendelssohn sich schon lange vorher große Verdienste um die Handschriften Bachs erworben hatten.[30] Felix' Verbindungen mit dem Cäcilienverein in Frankfurt und mit vielen Organisten verschafften ihm auch eine gewisse Autorität als Vorkämpfer Bachs. Auf diese Weise hat sich nach hundert Jahren Georg Philipp Telemanns Nachruf auf seinen Freund Bach bewahrheitet, den er durch Fr. W. Marpurg veröffentlichen ließ.[31]

So schlaf! Dein Name bleibt vom Untergange frei,
Die Schüler Deiner Zucht, und ihrer Schüler Reih',
Bereiten für Dein Haupt des Nachruhms Ehrenkrone,
Auch Deiner Kinder Hand setzt ihren Schmuck daran,
Das zeiget uns Berlin in einem würdgen Sohne. [*C.Ph.E. Bach*]

Das Interesse Mendelssohns an der *Matthäus-Passion* geht zurück bis in sein vierzehntes Jahr, als er erfuhr, daß Zelter die Partitur davon besitze – damals glaubte man, es sei das Bachsche Autograph.[32] Er gab keine Ruhe, bis seine Großmutter Salomon, eine geborene Itzig, aufgezogen in der Bach-Verehrung ihres Vaterhauses, ihm eine Kopie davon machen ließ, die er aufs eingehendste studierte.[33] Seit 1827 versammelte er eine kleine Gruppe von Freunden bei sich, die Stücke aus dem Werk unter seiner Leitung sangen. Sein alter Freund Devrient fing Feuer und begann nun selbst, an eine öffentliche Aufführung zu denken. Die Entwicklung von da ab bis zur ersten Aufführung am 11. März 1829 ist von Devrient in allen Einzelheiten geschildert worden, von denen einige wenige herausgegriffen seien.[34] Devrient wollte unbedingt die Partie des Jesus singen, und er hat es schließlich auch durchgesetzt. Da seine *Erinnerungen* heute nur schwer zu finden sind, lassen wir im folgenden Devrient selbst sprechen:

Die Einwände gegen die Aufführung, die Devrient erwähnt, waren allen wohlbekannt, und auch Marx war skeptisch, «und die alten Akademistinnen schüttelten die

Köpfe.» Felix selbst hielt die Idee für unausführbar – «er stellte alle Stadien, welche das Unternehmen zu durchlaufen hätte, im lächerlichsten Lichte dar, und sich selbst zumal...» «So hoffnungsarm stand es um die Auferstehung der seit hundert Jahren begrabenen Passionsmusik, selbst bei ihren Bewunderern.» Devrient aber entschloß sich, Zelter direkt anzugehen, und besprach seinen Plan mit Felix:

Felix: *Wer dirigiert sie denn?*
Devrient: *Du.*
Felix: *Den Teufel auch! Unterstützen will ich die Musik mit...*
Devrient: *Komm mir nicht wieder mit dem ‹Waldteufel›!* [ein Kinderinstrument] *Die Sache ist... gründlich überlegt!*
Felix: *Potz Wetter, Du wirst feierlich. Nun laß einmal hören.*

«So vorbereitet rückten wir dem alten Zelter aufs Zimmer, im Erdgeschoß der Singakademie. Vor der Tür sagte Felix mir noch: ‹Du, wenn er aber grob wird, geh' ich fort; ich darf mich nicht mit ihm kabbeln.› ‹Grob wird er ganz gewiß›, antwortete ich, ‹aber das Kabbeln übernehme ich.› Wir klopften an. Die rauhe Stimme des Meisters rief uns laut herein. Wir trafen den alten Riesen in dichtem Tabaksqualm mit der langen Pfeife im Munde an seinem alten, mit doppelter Klaviatur versehenen Flügel sitzend...» Zelter begrüßte die beiden jungen Leute herzlich. Dann begann Devrient seinen «wohlüberlegten Vortrag von der Bewunderung des Bachschen Werks...» und schlug eine große öffentliche Aufführung vor, wenn er es erlauben würde, «mit Hilfe der Singakademie eine Aufführung zu veranstalten». Zelter äußerte schwere Bedenken, die Devrient zu zerstreuen suchte. Die Akademie sei jetzt schon so vertraut mit dem Stil Bachs, «daß sie jeder Schwierigkeit gewachsen sei...» «Zelter war immer ärgerlicher geworden... jetzt platzte der alte Herr los: ‹Das soll man nun geduldig anhören! Haben sichs ganz andere Leute müssen vergehen lassen, diese Arbeit zu unternehmen, und da kommt nun so ein Paar Rotznasen daher, denen das alles ein Kinderspiel ist!› Diesen Berliner Kernschuß hatte er mit äußerster Energie abgefeuert, ich hatte Mühe, das Lachen zu verbeißen. Hatte Zelter doch einen Freibrief für Grobheit... Felix stand an der Thür, den Griff in der Hand, und winkte mir mit etwas blassem und verletztem Gesicht zu, daß wir gehen sollten; ich bedeutete ihm, daß wir bleiben müßten...» Devrient drang mit seinen Argumenten schließlich durch, besonders, als Felix dem alten Mann seine wohlüberdachten und vorsichtigen Pläne darlegte, so daß Zelter schließlich sagte: «‹Na, ich will euch nicht entgegen sein – auch zum Guten sprechen, wo es not thut. Geht denn in Gottes Namen daran, wir werden ja sehen, was daraus wird.› Später besprachen wir den sonderbaren Zufall, daß gerade 100 Jahre seit der letzten Leipziger Aufführung vergangen sein mußten, bis diese Passion wieder ans Licht komme – ‹und›, rief Felix übermütig, mitten auf dem Opernplatz stehen bleibend, ‹daß es ein Komödiant und ein Judenjunge sein müssen, die den Leuten die größte christliche Musik wiederbringen müssen›».[35]

Als er dann zu den Proben kam, «beherrschte Felix die Situation mit völliger

Souveränität, als ob er schon zehn Musikfeste dirigiert hätte... Mich störte damals und alle spätere Zeit das unausgesetzte... mechanisch werdende Taktiren. Die Musikstücke werden in solchen Fällen gewissermaßen durchgefuchtelt. Die Aufgabe aller Direktion ist doch wohl: sich möglichst unbemerklich zu machen.»[36]

Über die Aufführung, einen Markstein der Musikgeschichte, gibt es mehrere zeitgenössische Berichte – mit wenigen Ausnahmen waren sie alle begeistert oder doch zustimmend, wenn ihre Autoren auch nicht ahnten, daß mit ihr die radikale Umwertung der Barockmusik beginnen würde, die bis heute ihre Früchte trägt.

Zelter setzte sich bei der ersten Aufführung irgendwohin ins Publikum, das den Saal zum Bersten füllte. Über tausend Personen konnten keine Eintrittskarten mehr erhalten. Als die Türen zum Konzertsaal geöffnet wurden, war er binnen zehn Minuten bis zum letzten Platz besetzt.[37] Die Gesangssolisten hatten auf jedes Honorar verzichtet, da die Aufführung zu wohltätigen Zwecken stattfand. Nur sechs Freikarten waren vergeben worden, von denen Spontini, zum Mißvergnügen der Mitwirkenden, zwei für sich beanspruchte. Die Vorsteher der Singakademie hatten sich von Mendelssohn 50 Taler für die Miete des Konzertsaals bezahlen lassen – leider ist der Brief von Felix und Abraham, der die Zahlung begleitete und der ziemlich sarkastisch gewesen zu sein scheint, verloren. «Der überfüllte Saal gab einen Anblick wie eine Kirche, die tiefste Stille, die feierlichste Andacht herrschte in der Versammlung, man hörte nur einzelne unwillkürliche Äußerungen der tieferregten Gefühle...»[38] Zelter, der in den Jubel als erster einstimmte, schrieb einen enthusiastischen Bericht an den großen Freund in Weimar, aus dem wir nur zwei höchst bezeichnende Sätze zitieren:

...man dürfte sich zwischen Himmel und Erde und zugleich 30 Jahre älter fühlen. Und das mag es sein, was diese Musik im allgemeinen kaum ausführbar macht...»[39]

Er war aber noch immer nicht ganz überzeugt von der Lebenskraft des Werkes. Hingegen Goethe:

...Es ist mir, als ob ich von ferne das Meer brausen hörte. Dabei wünsch' ich Glück zu so vollendetem Gelingen des fast Undarstellbaren... Was Du an Felix erlebst, gönn' ich Dir von Herzen; mir ist es unter meinen vielen Schülern kaum mit wenigen so wohl geworden...[40]

Ein wahrhaft rührender, unveröffentlichter Brief von Felix' Mutter an Zelter, dem sie in den wärmsten Tönen für seine väterliche Obsorge für Felix dankt, betont, daß sie sich wohl bewußt sei, was Zelter und die Singakademie für den Nachruhm Bachs getan hätten. Abgesehen von den Nazi-Gelehrten haben wohl alle ernsthaften Musikhistoriker Mendelssohns Verdienst um die Wiedererweckung Bachs anerkannt. Den Anfang der Widerstände machte allerdings, *horribile dictu,* die Singakademie selbst. Die Einzelheiten sind noch kaum bekannt, da sie sich in Felix' privaten Papieren finden und er zu großherzig war, sie zu veröffentlichen. Einige verspätete wütende Ausbrüche über die Vernachlässigung der Aufführungstradition finden sich noch viel später, hauptsächlich in unveröffentlichten Briefen an Julius Rietz[41]. Die

Passion wurde am 21. März, Bachs Geburtstag, und nachher während der Karwoche unter Zelters Leitung wiederholt. Zwar hatte Spontini versucht, die Wiederholung zu hintertreiben, allein der Kronprinz befahl die weiteren Aufführungen. Bezeichnend für die Teilnahme der akademischen Intelligenz ist die Anekdote, für deren Wahrheit sich Devrient verbürgt. Nach der zweiten Aufführung gab es ein einfaches Mahl bei Zelter. Frau Devrient fühlte sich unangenehm berührt von ihrem Tischnachbar, weil er ängstlich besorgt war, daß ihr Ärmel nicht seinen Teller berühre; so fragte sie Felix – hinter der Serviette –, wer denn der «unerträgliche dumme Kerl» neben ihr sei? Das Lachen verbeißend, antwortete der: «Der dumme Kerl neben Ihnen ist der berühmte Philosoph Hegel.»[42] Damals war Mendelssohn Student Hegels, der übrigens in seinen ästhetischen Vorlesungen Bach in hohen Tönen pries, dessen mächtigen, dabei gelehrten Genius man erst in letzter Zeit erkannt habe.[43]

Die Berliner und Leipziger Musikzeitungen hatten analytische Beschreibungen des Werkes und Berichte über dessen Aufführungen publiziert und versucht, das allgemeine Interesse an der Passion anzuregen. Aber manche Orte wollten von ihr nichts wissen, und aus Königsberg wurde berichtet, daß ein Teil des dortigen Publikums das Werk als «altmodischen Unsinn» bezeichnet habe (1832). Schon Albert Schweitzer hat in seinem großen Werk über J.S. Bach darauf hingewiesen, daß «Mendelssohns Sieg» kaum weiter reichte als zur *Matthäus-Passion:*

Im ganzen betrachtet, war der von Mendelssohn errungene Sieg fast einzig der Matthäuspassion zugute gekommen. Daß die Klavier- und Orgelwerke des Meisters das Publikum jetzt mehr interessierten, war eine Nebenerscheinung jenes Erfolgs, wobei nicht vergessen werden darf, was Mendelssohn durch den öffentlichen Vortrag jener Kompositionen für die Sache Bachs tat... Er hat Schumann in die Schönheit der Choralphantasien eingeführt.[44]

Jedoch, manche Verehrer von Bachs Musik, wie der verdienstvolle Hans Georg Nägeli in Zürich, waren weder mit der Aufführung der *Matthäus-Passion* noch mit der Herausgabe seiner Musik einverstanden. Er wandte sich in einem kritischen Aufsatz in der *Berliner Allgemeinen Musikalischen Zeitung* dagegen – und es muß Marx, der als Redakteur fungierte, nicht leicht angekommen sein, die Rüge hinzunehmen, da er zu den ersten Herausgebern der Chorwerke Bachs gehörte. Was hatte Nägeli einzuwenden?

Will man den großen Bach so großartig wie möglich darstellend einführen, so halte ich es nicht für gut, daß man es mit einem ganzen großen deutschen Kirchenwerk thue. Diese Excellenz aller Excellenzen im Kunstgebiete excelliert nicht *als Vocalcomposition. Sein Wortausdruck ist... einer der gezwungensten, wie ich mit 1000 Beispielen würde beweisen können...*

Er bietet einige kleinere Kantaten aus seinem Besitz zur Aufführung an und schließt mit den Worten:

Sollte das [*hochansehnliche Berliner Publicum*] *darüber hinwegschreiten... so schicke ich dann statt der Bachschen MSS nur noch einen christlichen Seufzer nach Berlin hin, wie er ursprünglich aus Lavater's Munde kam: «Man kann Niemanden zur Seligkeit zwingen.»*[45]

Die ganze Saga jener epochemachenden Erstaufführung wurde neuerdings von M. Geck in allen Einzelheiten durchforscht, und viele bisher unbekannte Details sind ans Licht gebracht worden. Von den vielen bedeutsamen Ergebnissen dieser Forschungsarbeit seien nur die auf Mendelssohn bezüglichen hier angeführt:

(1) Mendelssohns Unbehagen gegenüber Zelter war nicht unberechtigt; dessen Bachenthusiamus war getrübt durch seine Zweifel, ob Bachs Musik nicht «veraltet» sei.

(2) Alle Einzelheiten jener Aufführung sind nun erhellt durch Gecks eingehendes Studium der Partitur, die der Aufführung zugrunde lag; sie befindet sich mit anderen Papieren aus dem Besitz Albrecht Mendelssohn Bartholdys in der Bodleian Library in Oxford.

(3) Von einer «Bearbeitung» des Werkes durch Mendelssohn kann nach Gecks Studie keine Rede sein; es handelt sich im äußersten Falle um eine «Einrichtung». Dies muß klar herausgestellt werden, da noch A. Einstein es beklagt hatte, daß die Aufführung das Werk Bachs «gekürzt, verstümmelt, vollkommen modernisiert im Klang» habe. Einstein hat in Unkenntnis jener Partitur geurteilt.[46]

(4) Die Frage nach dem «Historismus», der schließlich auch Bach erfaßte und «aktualisierte», wird von Geck grundsätzlich verneint: «Die Tat Mendelssohns hat nicht mehr mit Historismus zu tun als die Entdeckung Shakespeares, die Begeisterung für den Kölner Dom oder der Enthusiasmus für Beethoven...»[47]

Nach der Publikation von Partitur und Klavierauszug der Passion durch Schlesinger (unter fortwährendem Druck von Mendelssohn und Marx) begannen die Stimmen der nur lauwarmen Bach-Anhänger zu verstummen. In der Subskriptionsliste des Verlags begegnen uns die Namen Mendelssohn, Meyerbeer, Sara Levy, Marx in Berlin; nur ein Subskribent findet sich in Frankfurt am Main, Justus Thibaut in Heidelberg und der alte «Aufklärer» Sonnleithner in Wien.

Nicht lange vorher hatte der einflußreiche Kritiker Fr. Rochlitz orakelt, daß Bach vor 1800 vergessen, nachher überschätzt und erst 1822 richtig eingeschätzt und seinem wahren Wert gemäß beurteilt worden sei.[48]

Mendelssohn hingegen war überzeugt vom ewigen Wert Bachscher Musik, und er kannte keinen höheren Meister. So hat er denn auch seinem Werk sein ganzes Leben lang gedient, hat ihm in Leipzig ein Denkmal gesetzt, hat sich um die alten Nachkommen Johann Sebastians gekümmert, kurz, was damals ein Individuum für den Altmeister tun konnte, hat er getan oder angeregt.[49] Es ist auch heute nicht einfach, alle Konsequenzen jener Wiederaufführung zu erfassen. Eine Art Auferstehung einer versunkenen Epoche, die jedermann für tot hielt, ein Gigant, der in voller Kraft aus dem Grabe stieg in das milde Licht der Biedermeierzeit, ein romantisches Mißverständnis; alles das bedeutete jene Aufführung – und mehr. Wie jede neue Generation die Bibel unter einem neuen Aspekt liest und versteht, so geht es ihr – seit jener Wiedererweckung – mit Bach.

Niemand anders als Vater Abraham war es, der schon damals die ungeheure Macht erkannte, die Bachs Musik über seinen Sohn hatte: in einem denkwürdigen Brief hat er das festgehalten, wobei er den verstorbenen Zelter mit Bach und diesen wieder mit Felix in historischer Perspektive verbindet:

Nebenbei aber wurde mir aufs Neue klar, welch' großes Verdienst es von Zelter war und bleibt, Bach den Deutschen wiedergegeben zu haben, denn zwischen Forkel und ihm war von Bach wenig die Rede, und auch dann fast nur vom wohltemperierten Klavier. Ihm ist zuerst das wahre Licht über Bach aufgegangen... Seine musikalischen Aufführungen am Freitag sind abermals ein Beleg, daß nichts, was mit Ernst angefangen... ohne Erfolg bleiben kann. Ausgemacht ist es wenigstens, daß Deine musikalische Richtung ohne Zelter eine ganz andere geworden wäre.[50]

Mit der Drucklegung der Ouvertüre zum *Sommernachtstraum* und der Aufführung der *Matthäus-Passion* errang Mendelssohn sich internationale Reputation. Während der vorangegangenen vier Jahre hatte er das Gesellen-Stadium durchmessen und hinter sich gelassen, er war zum Meister gereift.

7. DIE ERSTE ERNTE

«Mendelssohn, an dem sie [die Wagnerianer] die Kraft des elementaren Erschütterns (beiläufig gesagt, das Talent des Juden des Alten Testaments) vermissen, um an dem, was er hat, Freiheit im Gesetz und edle Affekte unter der Schranke der Schönheit zu finden.»

Friedrich Nietzsche, Nachlaß III, 1878, Nr. 129

I.

Wie erkennt und beurteilt man den Stil eines Künstlers? Bei erster Annäherung wohl durch genaue Vergleiche mit den Werken seiner Zeitgenossen; im Falle Mendelssohns wie in dem Mozarts oder Bachs muß man sogar ein gut Teil der älteren Musik zum Vergleich mit heranziehen.[1] Anders als etwa Beethoven oder die Komponisten der «Mannheimer Schule» hatten jene gründliche Kenntnisse von der Musik ihrer Vorgänger, haben auch manche ihrer Stilelemente absorbiert oder aber abgelehnt; auch diese negative Reaktion darf nicht übersehen werden.[2]

Es scheint jedoch sinnlos, den Stil eines Komponisten zu untersuchen, ohne den Stil seiner Zeit und den der Gattungen, die er bearbeitet hat, wie etwa Oper, Oratorium, Symphonie usw., so genau wie möglich umschrieben zu haben. In allen diesen Fällen geht man von einer evolutionistischen Geschichtsauffassung aus, die die Kontinuität alles historischen Geschehens voraussetzt. Dieser Ansatz aber läßt Sprünge oder auch kataklysmische Revolutionen außer Betracht und ist daher immer hypothetisch. Er wird noch fragwürdiger, wenn anthropologische Faktoren einbezogen werden. Diese sind hier gewiß nicht am Platz: noch bewegen wir uns im rein abendländischen Gebiet. Einige der oben genannten Bedingungen müssen aber erfüllt sein, wenn eine Stilanalyse wissenschaftliche Bedeutung erlangen soll. Zum wenigsten müßte sich erforschen lassen, ob die erste Ernte von Felix' reifen Werken einem klar definierten Zeitstil entspricht oder, sollte das nicht der Fall sein, in welchen Punkten sie sich von einem solchen unterscheidet.

Solche Untersuchungen würden allerdings den Rahmen einer Biographie weit überschreiten und müssen Monographien wie z. B. dem schon erwähnten Buch *Das Problem Mendelssohn* vorbehalten bleiben. In den folgenden Seiten werden nur Einzelelemente des Zeitstils, des Gattungsstils und einige Vergleiche untersucht werden. Schließlich wird die Frage gestellt und beantwortet werden: War Mendelssohn ein bloßer Eklektiker, wie einige Pseudo-Ästheten haben feststellen wollen? Oder besitzt seine Musik wahre Meisterschaft und damit gewisse unverwechselbare Züge? In jedem Fall sollten wir uns bemühen, die Stationen seiner Entwicklung genau zu erkunden.

Es gab kaum Musik nach 1800, die Felix nicht kannte; dafür hatte schon der Vater gesorgt, der großzügig auf alle musikalischen Neuerscheinungen bei den führenden

Verlegern Europas subskribiert hatte. Aber alles Geld und alle Noten, die dieses beschaffte, hätten Felix nicht jene panoramische Kenntnis der Musikliteratur seiner und der vorhergehenden Generation vermittelt ohne sein phänomenales Gedächtnis. Was immer er ein- oder zweimal gespielt hatte, blieb in seiner Erinnerung, und oft hat er die Hörer in Erstaunen versetzt, wenn er abgelegene oder halbvergessene Musik *ex tempore* reproduzierte.

Im Jahre 1827, dem Todesjahr Beethovens, kannte er alles, was bis dahin von diesem erschienen war; dasselbe gilt von Mozart, von dessen Lebenswerk damals etwas mehr als die Hälfte bekannt war; von Haydn alles im Druck Vorliegende, von Schubert aber vorerst nur einige Lieder, von Carl Maria von Weber das meiste, von Cherubini, Spontini, Spohr, Méhul, Clementi die meisten veröffentlichten Kompositionen.

Allein Beethovens Oeuvre stellte *die* Schranke dar, die jeder ernsthafte Komponist zu passieren hatte. Mehr noch! Beethoven setzte einen Standard, der an Bedeutsamkeit den größten Meisterwerken der Literatur und Philosophie gleichkam – für Fachmusiker wie etwa Leopold Mozart oder seine Zeitgenossen mit Ausnahme von C. Ph. E. Bach eine unfaßbare Idee! Beethoven postulierte die Autonomie des Komponisten, aber er forderte von ihm auch Neuheit und Originalität. Dieser Rebell gegen alle Konvention scheute sich nicht, Sentenzen von sich zu geben, wie etwa: «Musik ist höhere Offenbarung als alle Weisheit und Philosophie», oder: «Ich bin unzufrieden mit meinen früheren Arbeiten, drum suche ich mir einen neuen Weg», und dergleichen mehr. Beethovens unendlicher, nie ganz befriedigter Freiheitsdurst kannte keine Grenzen; Freiheit von der Konvention und unbegrenzte künstlerische Autonomie, das waren die Pfeiler seiner Kraft und Originalität. Diese Pfeiler aber ruhten auf dem Fundament der strikten Ökonomie der Mittel und einer strengen und wohldisziplinierten musikalischen Logik. Die kategorische Forderung nach persönlicher Originalität hetzte in der Folge nicht wenige Komponisten in eine unechte Originalität um jeden Preis. Für uns, die sechste oder siebente Generation nach ihm, erscheint diese unbedingte Originalität als ein fragwürdiger Segen für alle spätere Musik.

Der junge Mendelssohn aber machte sich zunächst über diese Frage weniger Gedanken als über das Leben und Schaffen des alternden Beethoven. Der Sechzehnjährige konnte sich mit überraschender Empathie in den einsamen Meister hineinfühlen. Wir erwähnten bereits den Geburtstagsbrief von Felix an Fanny, den er als ein Schreiben Beethovens ausgibt, eine lustige, freche Fälschung, die wenig bekannt ist. Wir führen auf den umstehenden Seiten 128–131 den Text sowie das Faksimile an.

Wien, den 8. November 1825.

Mein werthestes Fräulein; Der Ruf ihrer Verdienste um mich ist bis nach Wien gedrungen, – ein dicker Herr mit einem Schnurrbart, und ein dünner mit einem Pariser Accent, deren Namen ich nicht behalten konnte, haben mir berichtet, wie Sie es dahin gebracht haben, daß ein gebildetes Publicum meine Concerte aus Es und G, und mein Trio aus B mit Anstand gehört hat; und daß nur Wenige davon gelaufen sind; so viel Beifall könnte mich beinahe kränken und mich an meinen Werken irre machen, aber der Antheil den Ihr liebenswürdiges Spiel u.s.w. daran haben wird, bringt Alles wieder ins Gleiche. Es ist gar keine Kunst, wenn die Leute meine ersten Trios, meine beiden ersten Sinfonien, und manche von meinen früheren Sonaten goûtieren; so lange wie man Musik macht wie die Andern, und jung dabei ist, also allgemeiner und trivialer, verstehen und kaufen sie einen schon, – ich bin des aber müde geworden und habe Musik gemacht wie der Herr van Beethoven, und dazu fahren mir in meinen Jahren und in meiner Verlassenheit auf meinem öden Zimmer Dinge durch den Kopf, wie sie vielleicht nicht Jedermann angenehm sind. Wenn ich nun Personen finde, die dieser meiner Musik und also auch meiner innersten Gemüthslage entgegenkommen, und mich alten einsamen Mann darin freundlich tractiren, so ist dies ein Verdienst und sehr dankenswerth, solche Leute sind meine eigentlichen Freunde und keine anderen habe ich nicht. Von wegen dieser Freundschaft bin ich so frei Ihnen meine Sonate aus B-dur opus 106 zu Ihrem Geburtstage, nebst herzlicher Gratulation zu übersenden, ich habe sie halt nicht des blauen Dunstes willen verfaßt; spielen Sie sie nur wenn Sie mal recht Zeit haben, denn die gehört dazu, denn sie ist nicht von den kürzesten, aber ich hatte auch viel zu sagen. Wo Ihre Freundschaft für mich nicht weiter ausreicht, da fragen Sie nur meinen Kenner Marx, der wird es Ihnen schon auslegen, besonders im Adagio hat er Platz dazu. Übrigens ist es mir noch besonders angenehm, daß ich einer so Deutschen Dame, wie man Sie mir geschildert hat, eine Sonate nicht für das Pianoforte, sondern für Hammerklavier überreichen kann. Schließlich füge ich mein schlechtes Bildniß bei, ich bin so gut ein Potentat wie mancher andere, der sein Bildniß verschenkt, ich halte mich für gar keinen schlechten Kerl. Und somit behalten Sie in gutem Andenken

Ihren ergebensten Beethoven.

Auch durch diese scherzhafte Verkleidung hindurch sind Felix' tiefste Überzeugungen leicht erkennbar: die Idee, daß große Musik «nicht des blauen Dunstes willen» geschrieben wird, daß sie «vielleicht nicht Jedermann angenehm» sei; daß er Musik machen will wie «der Herr van Beethoven», d. h. höchstpersönliche, nur dem Komponisten angehörige Musik. Die leicht maliziöse Anspielung auf «meinen Kenner Marx» zeugt von Felix' etwas boshaftem Humor. Marx arbeitete damals an seinem Buch über Beethoven.

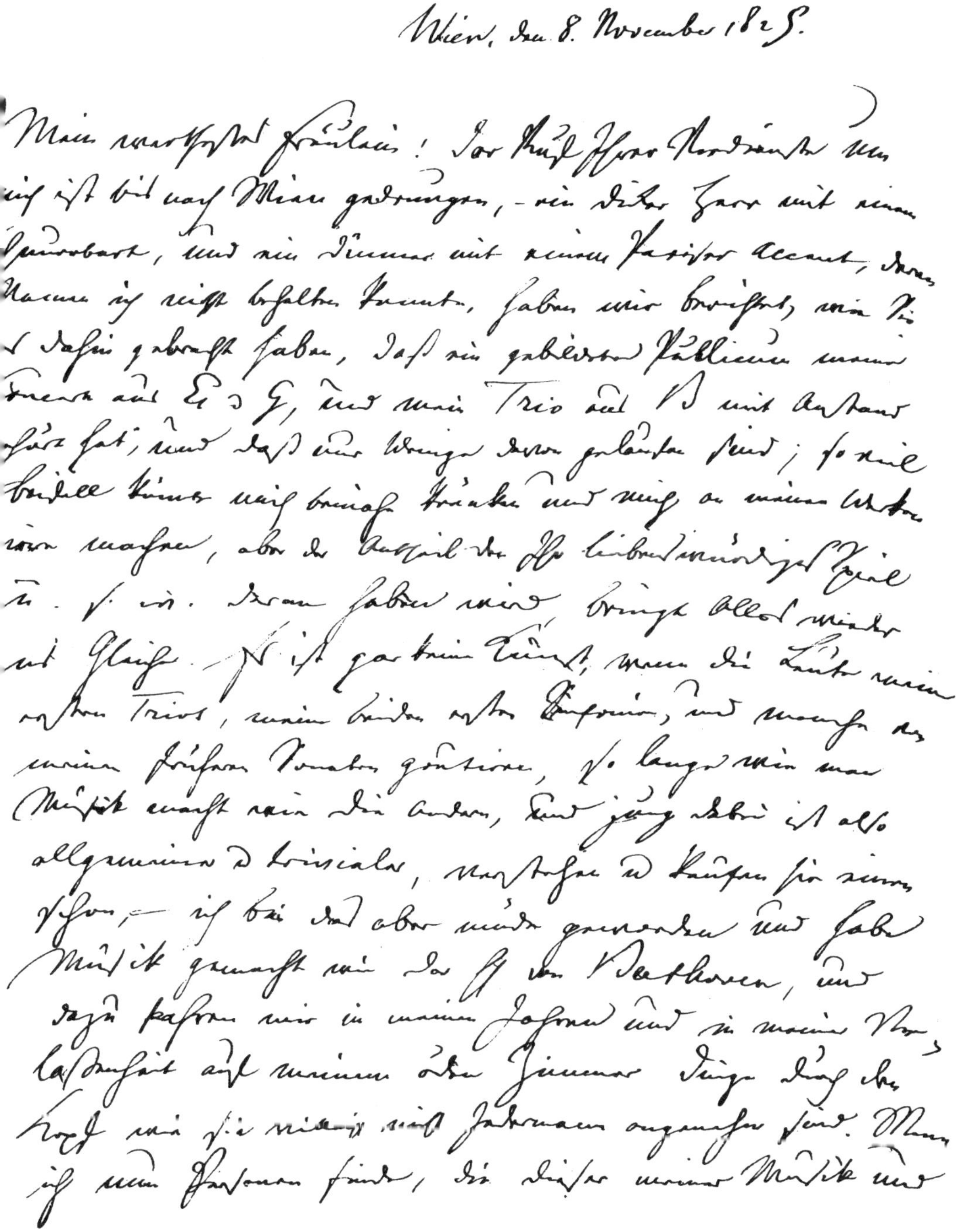

Wien, den 8. November 1825.

Geburtstagsbrief von Felix an Fanny vom 8. November 1825
in Form eines fingierten Beethoven-Briefes

also auch meiner einsamsten Gemüthslage entgegenkommen und mich alten einsamen Mann darin freundlich tractiren so ist dies ein Verdienst und sehr dankenswerth, solche Leute sind meine eigentlichen Freunde und keine andern habe ich nicht. Von wegen dieser ~~Freundschaft~~ bin ich so frei Ihnen meine Sonate aus B dur opus 106. zu Ihrem Geburtstage, meine herzlichste Gratulation zu übersenden, ich habe sie halt nicht des kleinen Dünkels willen verfasst; spielen Sie sie nur wenn Sie mal recht Zeit haben, denn die gehört dazu, denn sie ist nicht von den kürzesten, aber ich hatte auch viel zu sagen. Ob Ihre Freundschaft für mich nicht weiter lebt auch, nicht, da fragen Sie nur meinen treuen Marx, der wird es Ihnen schon auslegen, besonders im Adagio hat er Platz dazu. Übrigens ist es mir noch besonders angenehm, daß ich einer so deutschen Dame, wie man Sie mir geschildert hat, eine Sonate nicht für Pianoforte, sondern für Hammerklavier überreichen kann. Schließlich füge ich mein schlechtestes Bildniß bei, ich bin so gut ein Potentat wie mancher

andern, der sein bildniß verschenkt, ich halte mich
für gar keinen schlechten Kerl. Und somit
behalten Sie in gutem andenken

Ihr

ergebenster

Beethoven.

Die unablässige Beschäftigung des jungen Mendelssohn mit dem Werk Beethovens, sein vergebliches Sich-messen-Wollen an diesem «Übermaß» machte ihn zugleich aufmerksam auf gewisse Kernprobleme, welche sich allen nach Beethoven schaffenden Komponisten aufdrängten. Er hatte sich auseinanderzusetzen mit:

(a) beschreibender, «malerischer» oder offen programmatischer Musik,
(b) mit der schärfsten Chromatik innerhalb der Tonalität,
(c) mit der Frage der dualistischen Sonate, d. h. der klassischen Form mit zwei oder drei kontrastierenden Themen,
(d) mit dem romantischen Hang zur «autobiographischen» Musik,
(e) mit der Forderung nach Originalität.

Alle diese Fragen beschäftigten Mendelssohn, und er versuchte sie zu beantworten – in Tönen und in Worten: Malerische und auch programmatische Musik bejahte er damals, als junger Mann, durchaus; ebenso die Ausweitung der Tonalität durch Chromatik und ausgreifende Modulationen, vor allem in der Instrumentalmusik. In der Chormusik mußte er natürlich vorsichtiger sein, schon aus Gründen der Intonationsschwierigkeit. Den betont dualistischen Sonatentypus Beethovens hat er nicht weitergeführt; an die Stelle der dialektischen Funktion der Themen setzte er eine mehr zyklisch-integrierende. In diesem Sinn hat er auch mit neuen Formkategorien experimentiert, wie z. B. das fugierte Rezitativ in seiner *Klaviersonate op. 6* oder gewisse «Motti» oder Leitformeln etwa in seiner *Reformations-Symphonie* bezeugen. Von autobiographischen Ideen oder Anspielungen hielt er seine Musik fern und verschmähte jede Art eines musikalischen Exhibitionismus à la Berlioz' *Vie d'un artiste*. Er konnte es nicht immer verhindern, daß sentimentale Musiker beiderlei Geschlechts seinen Stücken, besonders den *Liedern ohne Worte,* Titel unterlegten, die damals als poetisch galten, aber er hat nichts dazu getan, um ein Eindringen in die Intimsphäre zu autorisieren.

Seine Vokalmusik tendiert zu archaischen Modellen, seine Instrumentalmusik ist – für damalige Begriffe – modern, weil er hier, besonders in Chroma und Modulation, die einzige Möglichkeit sah, über den sonst alles beherrschenden Beethoven hinaus Neuland zu betreten, in das der ertaubte Gigant nicht folgen konnte. Die Gründe dieser zweifachen Haltung sind klar: Beethoven war ein älterer Zeitgenosse, Haydn und Mozart lagen nur eine Generation zurück. Sie waren Felix' große Vorbilder. In der A-cappella-Chormusik aber gab es kein zeitgenössisches Vorbild, und da Mendelssohn nur das Höchste als erstrebenswertes Muster anerkannte, mußte er sich nach dem erst kürzlich wiederentdeckten Bach und anderen Barockmeistern wie Händel, dann aber nach den alten «Italienern» Palestrina, Lasso, Victoria orientieren. Aus seiner – wohl nicht voll bewußten – Einsicht, daß er sich an Beethoven auf dessen eigenstem Gebiet nicht messen dürfe, ging die Abkehr von dessen heroischer oder auch «intensiver» Schreibart (der letzten Quartette und Klaviersonaten) hervor. Sie äußerte sich zunächst in den Klavierwerken, in denen keine «echte»,

d. h. dualistische Sonate mehr versucht wird. Anders hat Felix in seinen Ouvertüren reagiert: hier führt er, befeuert von seinen malerischen Neigungen, den Typ der Konzertouvertüre, wie ihn Beethoven zu *Coriolan, Egmont, Leonore* Nr. 2 und 3, wohl auch zum *König Stephan* entwickelt hat, fort, geht aber nie so weit wie Beethoven in seinen «Schlachtsymphonien» *(Wellingtons Sieg* oder *Der glorreiche Augenblick),* weil er dessen Vorliebe für Militärmusik ganz und gar nicht teilte. Die Ouvertüren zum *Märchen von der schönen Melusine,* zu *Ruy Blas,* enthalten stark programmatische Elemente, da sie sich auf eine erzählte oder dargestellte Handlung beziehen. *Meeresstille und Glückliche Fahrt* ist eine beinahe abstrakte Ton-Malerei, eine Studie in Ruhe und Bewegung. Nach Mendelssohns eigener Definition gehören aber solche Kompositionen zu der Kategorie der nicht «eigentlichen», also nicht zur «musikalischen» Musik.[3] Er will nicht eigentlich illustrieren, wie wir in dem im vorigen Kapitel zitierten Brief gesehen haben, wobei die Grenze zwischen programmatischer, darstellender und malerischer Musik kaum genau zu definieren ist.

In einer seiner «Groß-Mogul»-Äußerungen[4] hatte Beethoven proklamiert: «Zwei Prinzipe! Tausende verstehen das nicht»! Dieses Edikt von autoritärer Seite idealisiert die dualistische Sonatenidee in einer nahezu militärischen Ordre und hat mindestens eine Generation von Komponisten am ungehemmten Schaffen gehindert. Dabei aber ist zu bedenken, daß Beethoven selbst mit nichtdualistischen, d. h. zyklischen Formideen operiert, abgesehen von den autobiographisch intendierten Selbstzitaten in der *Neunten Symphonie* und anderen Werken; in den *letzten Quartetten,* der *Sonate* op. 106, in der *Fünften Symphonie* nutzt er zyklische Thematik zum Zweck der Integration und «Intensivierung» seiner Tonsprache. Schubert hatte, ganz naiv, ähnliches unternommen, vor allem in seiner *Zweiten Symphonie* und in seinem Trio op. 100 (s. Musikbeispiel 29, a, b). Nur ein so selbständiger und origineller Geist wie Berlioz fühlte den Drang in sich, die Musik von jenem «Punkte weiterzuführen, an dem Beethoven sie verlassen hat»[5], mit anderen Worten: seine eigenen Ziele auf eigenen Wegen mit eigenen Mitteln zu verfolgen. Mendelssohn hat sich über diese Frage nie prinzipiell geäußert – auch besaß er wohl nicht den Mut, sich vom gewaltigen Schatten Beethovens ganz loszulösen.[6] Aber er geht vom streng dualistischen Prinzip ab, entweder zugunsten einer vorklassischen Einheit der Thematik oder einer zyklischen Formanlage, wie sie gelegentlich schon bei C. Ph. E. Bach angedeutet ist.

Schließlich obliegt es dem Biographen eines Komponisten, zur Frage von dessen Originalität Stellung zu nehmen. Dieser Frage weichen leider die sonst so apodiktisch auftretenden Ästhetiker geflissentlich aus; einzig Guido Adler spricht sich darüber unter dem Titel «Individualstil» etwas freier aus.[7] Theodor Adorno leitet die Bewertung der Originalität vom Begriff des (privilegierten) Eigentums ab[8], während C. Dahlhaus nur das «Epigonale», also das Gegenteil des Originalen, berührt.[9] Dort heißt es: «Ist die Verfallsform des Vollkommenen das Epigonale, so ist die des Großen das Hybride.» Ohne sich über Wert oder Unwert der Originalität auszusprechen, unterscheidet Adlers sehr vorsichtig abwägendes Urteil zwischen «Neumanieristen alter Kunstschulen und den wirklichen Verarbeitern älterer Stilelemente im Sinne einer organisch fortschreitenden Tonkunst», und er betont, daß die Wiedererweckung älterer Stile je nach der Gattung mit Änderungen, Transformationen verbunden sein müsse, «wie etwa der neue A-cappella-Stil bei Mendelssohn, dann bei Brahms».[10]

Heute müssen wir die verschiedenen Arten der «objektiven» Schöpfung, etwa das Zwölfton-System oder die seriellen, auch die aleatorischen Prozeduren, obgleich die letztgenannten dem innersten Wesen der Kunstmusik zuwiderlaufen, als Reaktionen gegen das Ideal des originellen Individualstils verstehen. Auch soll dieser nicht notwendigerweise nach der Harmonik oder Melodik eines Komponisten beurteilt werden. Mit Recht kritisierte Busoni diese Einseitigkeit, als die Originalitätssuche um 1910 ihren Höhepunkt erreicht hatte: «Ists nicht eigentümlich, daß man vom Komponisten in allem Originalität fordert, und daß man sie ihm in der Form verbietet. Was Wunder, wenn man ihn – wenn er wirklich originell wird – der Formlosigkeit anklagt.»[11] Mendelssohns Anspruch auf Originalität beruht hauptsächlich auf seinen damals neuen Konzeptionen der musikalischen Form. Er war, im übrigen, durchaus kein Freund von «Originalgenies», wie er in einem bis heute unveröffentlichten Brief an den Vater bekennt.[12] Ja, in einem andern Brief kritisiert er sich selbst und sein früheres Opus *Tu es Petrus* und gesteht, daß Cherubinis vorsichtig abwägendes Urteil berechtigt war, denn er habe «die Totalität des Werkes um kleinlich-origineller Züge willen vernachlässigt. Nun aber erkenne er die Wichtigkeit des Gesamtbildes an».[13] Trotz allem Unheil der «absoluten Originalität» herrscht die allgemeine Überzeugung, daß hervorstechende Eigenart das Kennzeichen des musikalischen Genies sei. Aber es war nicht immer so, und es ist auch heute nicht so. Die Originalität der musikalischen Substanz ist etwas den Klassikern völlig Unbekanntes, keinesfalls ein Wertkriterium, selbst in deren größten Werken. Ein abschließendes Urteil über Mendelssohns Originalität wird im letzten Kapitel versucht werden.

Als Sproß einer alten und berühmten Familie hielt Mendelssohn mehr von Tradition – im weitesten Sinne – als die meisten seiner Zeitgenossen. Jedenfalls hat er niemals Devisen und Programme vertreten, die «neue Bahnen» verfochten. Im Gegenteil! Er hat sich von allen derartigen, damals modernen Schlagworten abgegrenzt; mehr noch, er hat das Suchen nach dem «Absolut Neuen» in scharfen Worten gegeißelt und als einen «vertrackten Dämon» für jeden schöpferischen Künstler getadelt. Er verachtete Stilkopien, aber er war stolz genug zu sagen:[14]

Hat es [Mendelssohns Musik] *Ähnlichkeit mit Seb. Bach, so kann ich wieder nichts dafür, denn ich habe es geschrieben, wie es mir zu Mute war, und wenn mir einmal bei den Worten so zu Mute geworden ist, wie dem alten Bach, so soll es mir umso lieber sein ...*

Die Haltung des jungen Mendelssohn besteht also aus einer merkwürdigen Synthese von alten und neuen Werten: er war bereit, das stilistische Potential seiner Musik zu erproben in neuen Formen, neuer Substanz und sogar manchmal neuartiger Technik. In ästhetischen Prinzipien aber, z. B. in der Frage der Originalität um ihrer selbst willen, in der Einbeziehung autobiographischer Elemente oder gar der radikalen «Programmisierung» seiner Musik, blieb er konservativ und offenbarte eine ausgesprochen vorsichtige, um nicht zu sagen, ablehnende Haltung.

II.

Von den Werken der Jahre 1826–1829 werden die folgenden im einzelnen betrachtet werden:

Orchesterwerke:	*Symphonie in c-moll* op. 11
Kammermusik:	*Streichquartette in Es-dur* op. 12, *in A-dur* op. 13
	Quintett in A-dur op. 18, Oktett op. 20
Klavierwerke:	*Sieben charakteristische Stücke* op. 7
	Rondo capriccioso in E-dur op. 14
Lieder:	op. 8, op. 9, op. 19

Kirchenmusik und Chorwerke: *Tedeum; Tu es Petrus* op. 111 posthum; *Hora est*

ORCHESTERWERKE

Symphonie Nr. 1, in c-moll, op. 11

Eigentlich gehört die Symphonie noch zu den «Gesellenwerken», aber da Felix sie für das London Philharmonic Orchestra revidiert und umgearbeitet hat, scheint sie seinen Ansprüchen genügt zu haben und wurde von ihm als gelungen betrachtet. Freilich muß uns das paradox erscheinen, da Mendelssohn weder die *Italienische Symphonie* (op. 90) noch die *Reformationssymphonie* je zu veröffentlichen bereit war, obwohl diese Werke der frühen Arbeit doch weit überlegen sind. Ganz streng genommen, ist die *c-moll-Symphonie* nur eine Fortführung der zwölf Streichersinfonien, denn das Autograph trug noch die Nummer XIII.[15] Das Werk wurde im Leipziger Gewandhaus 1827 uraufgeführt und von der – sonst kniffligen – *Allgemeinen musikalischen Zeitung* sehr zustimmend beurteilt. In der für London umgearbeiteten Fassung ersetzte Mendelssohn das $^6/_4$-Menuett durch das sehr elegant orchestrierte Scherzo aus dem Oktett op. 20. London nahm das Werk begeistert auf, und dieser Erfolg ließ Mendelssohn England als seine «Wahlheimat» erscheinen. Daß der gewissenhafte und selbstkritische Meister Publikation und Aufführung zuließ und förderte, sollte uns davon abhalten, die Symphonie als eine bloße Jugendarbeit anzusehen und als solche abzutun; denn er hatte, wie er selbst sagt, «einen höllischen Respekt vor der Druckerschwärze». Obwohl sie weder ein ausgereiftes noch ein für ihren Komponisten charakteristisches Werk ist, trägt sie zumindest alle Kennzeichen der souveränen Material- und Orchesterbeherrschung.

Beethoven lebte noch, als die Symphonie vollendet wurde, und die *Neunte* war noch nicht bekannt. Schon hier, wie vorher bei Schubert, erweisen sich Beethovens Symphonien als eine Art Sperre für alle nachgeborenen Komponisten, die sie zwang, nach anderen, vielleicht engeren Wegen und bescheidenerer Zielsetzung zu suchen, da die Hauptstraße eben von jenen Symphonien besetzt war. Mendelssohns Themen sind solid, aber kaum symphonisch; auch ist das c-moll nicht Beethovens «Schicksalstonart». Das Hauptthema entwickelt sich in Läufen und Arpeggios, ihm folgen Ketten absteigender Sextakkorde, wie sie der späte Mozart gerne verwendete. Das zweite Thema hat wenig eigene Kontur, und die Exposition endet mit einer deutlichen Anlehnung an die jubelnden Skalen zu Ende der *Freischütz-Ouvertüre.* Die Durchführung ist kurz, ziemlich anspruchslos, und verwendet nur Teile des ersten Themas und des Schlußsatzes. Die Reprise ist gekürzt und erreicht ein triumphales C-dur; aber hier stockt der ambitionierte Felix: er will doch einmal versuchen, zu «komponieren, wie der Herr van Beethoven», und er setzt zu einer großen Coda an, deren Modell am Ende des ersten Satzes der *Eroica* zu finden ist. Aber es will nicht gelingen, und der Satz – und sein Komponist – finden keinen überzeugenden Schluß. Der langsame Satz (Adagio $^3/_4$ in Es-dur) ist liebenswürdig, aber nicht bedeutend. Das ursprüngliche Menuett, im ungewöhnlichen $^6/_4$-Takt, überrascht durch die Unregelmäßigkeit seiner Struktur. Das Scherzo aus dem Oktett war sicher das bessere Stück, aber es repräsentiert schon eine höhere Stufe der Entwicklung zum Meister. Das Menuett war eine Arbeit des «robusten, wilden Jungen», wie Fanny ihn beschreibt. Das Trio ist, zumindest klanglich, neuartig, weniger in der Faktur: choralartige Akkorde in den Holzbläsern, dazu Streicher pizzicato und Pauken pp. Das Menuettthema ist übrigens dem Hauptthema des ersten Satzes verwandter als das stellvertretende Scherzo; beiden Sätzen gemeinsam ist das Oszillieren zwischen G und As. Pate gestanden zum Menuett hat wohl jenes der *c-moll-Serenade* für 8 Bläser (KV. 388) von Mozart. Der letzte Satz lehnt sich wieder an Mozart (*Klavier-Konzert c-moll,* KV. 491) und Haydn an *(Finale der c-moll-Symphonie* Nr. 95). Die Durchführung folgt ganz dem Muster einer Schulfuge, die nach alter Weise mit einem Orgelpunkt endet und die Reprise einleitet. Ein zweites Fugato in der Coda und ein betont optimistisches Stretto in C-dur mit triumphierenden Schlußakkorden beendet das Finale. Die Coda von Beethoven's *Egmont-Ouvertüre* wie die der *Freischütz-Ouvertüre* waren in Felix' Erinnerung übermächtig geworden. Die Symphonie klingt prächtig und ist ein dankbares Stück für einen Konzert-Anfang.

KAMMERMUSIK

Streichquartett Es-dur op. 12
Streichquartett a-moll op. 13

Von den großen Komponisten des 19. Jahrhunderts ist Mendelssohn der einzige, der das große Erbe der Streichquartette Beethovens antritt und fortsetzt. Weder Schumann noch Brahms haben sich so eifrig mit Quartetten beschäftigt wie Mendelssohn, der in seinem kurzen Leben nicht weniger als acht Quartette hinterlassen hat, von denen das erste eine unfertige Jugendarbeit und das letzte (op. 81) eine posthum aus einzelnen Stücken zusammengeflickte Kompilation (von wem?) darstellt.[16] Von reifen Werken runden das *Quintett* op. 18 und das *Oktett* op. 20 die Kammermusik jener Jahre ab, wobei die vom Klavier begleiteten Quartette, op. 1, 2, 3, unberücksichtigt blieben. In der Tat, man kann Mendelssohns Quartette als die Brücke zwischen den Quartetten Beethovens und denen Bartóks ansehen – zumal die Kontinuität der kompositorischen Faktur zwischen Beethoven und Mendelssohn und zwischen Mendelssohn und Bartók sich der eingehenden Analyse offenbart.

Die *zwei Quartette* op. 12 und 13 sind so grundverschieden voneinander wie kein Paar Zwillinge seit Jakob und Esau. Das erste, op. 12, in *Es-dur,* ist ein heiteres, gelöstes Stück, das sowohl emotionellen wie satztechnischen Problemen aus dem Weg geht. Die einzige Spur einer merkwürdig verschränkten Anlehnung an einen sehr berühmten Satz des späten Beethoven, die Cavatine aus dem *B-dur-Quartett* op. 130, findet sich im langsamen Satz. Dort tritt, ganz unerwartet, ein von kurzen, atemlosen Pausen durchsetztes, rezitativartiges Motiv ein, das sich innerhalb von vier Takten von p zum ff steigert und nach einer Generalpause zum milden, liedartigen Hauptthema zurückführt. Wenn R das Rezitativ bezeichnet, ist das Formschema A–R–A–Df–R–A, eine freie dreiteilige Liedform, an die sich ohne Pause das Finale anschließt. Dieses ist das schwächste Glied der Kette. Beginnend mit einem aufgeregt auftretenden «Scheingewitter», dessen Polyphonie ebenfalls nur Schein ist, leitet es (bei *L'istesso tempo*) in ein Zitat aus dem ersten Satz, das wieder von der Scheinpolyphonie unterbrochen wird, in der wenig vorgeht. Nochmals wird der erste Satz heraufbeschworen mit dem Durchführungsthema, das schließlich in das Hauptthema des ersten Satzes ausmündet. Dieses bringt, begleitet von Tremoli und Triolen, mit fallenden Sequenzen und schwindender Dynamik den Satz pp zu Ende.[17]

Auch das andere Quartett (op. 13) bezieht aus demselben Werk Beethovens (op. 130) gewisse Motive, aber wieviel tiefer ist es angelegt! Die Polyphonie ist ebenso echt und kraftvoll wie die leidenschaftliche Thematik des ersten, zweiten und letzten Satzes. Das Werk ist eingerahmt von dem Zitat eines Liedes «Ist es wahr?», von Felix variiert zu «Weißt Du noch?», dessen gemächlicher Biedermeierton seltsam absticht von der leidenschaftlichen Erregung der drei Sätze, die nur durch das pikante Intermezzo mit einem Elfentrio in rapidem Tempo erheitert werden. Da das ganze Werk erst vor kurzem – und keineswegs stets zuverlässig – analysiert worden ist[18], scheint eine kurze Analyse nützlich.

Das einrahmende Motto variiert einen Gedanken Beethovens aus dem langsamen, sehnsüchtigen Satz (L'absence) der Sonate *Les Adieux* op. 87 in viel heitererer Stimmung. Das Hauptthema bricht leidenschaftlich aus, es entwickelt sich eine herbe Polyphonie, die Dissonanzen nicht scheut. In die Coda wird ein Thema aus der Exposition kunstvoll eingearbeitet.

Musikbeispiel Nr. 24

Struktur wie auch Substanz des langsamen Satzes (Adagio non lento) sind neuartig und gewagt. Er beginnt scheinbar harmlos, entwickelt sich aber bald zu einer ausgedehnten, stark chromatischen Fuge, die in einer großen Steigerung in ein dramatisches Rezitativ der ersten Violine mündet, die zu einer Art gekürzter Reprise führt. Eine Wiederaufnahme des Fugato beschließt den Satz; er endet ruhig, aber die Spannung, die sich in den stärksten Chromatizismen vor dem *Tristan* ausdrückt, ist nicht gelöst.

Musikbeispiel Nr. 25

Dieser Satz ist von beunruhigender Intensität. Alle kontrapunktischen Mittel wie Umkehrung, Engführung, Verkleinerung, Orgelpunkt usw. werden darin aufgeboten, sind aber nur Mittel zum Zweck der Verdichtung und Straffung des Gewebes.[19] Übrigens ist der Satz nicht leicht in ein Formschema zu pressen; Mendelssohn hat eben nicht nach Schablonen gearbeitet, wie oberflächliche Kritiker ihm vorgeworfen haben. Die *Canzonetta* aus op. 12 und das *Intermezzo* aus op. 13 haben die Eleganz und Leichtigkeit, aber auch die klangliche Transparenz miteinander gemeinsam. Am Ende des Intermezzos erscheinen Hauptthema und Trio zugleich als Coda mit überraschender Wirkung. Das Finale des *a-moll-Quartetts* (Presto) hebt in großem orchestralem Stil mit dramatischen Tremoli an – darüber wieder ein Rezitativ der ersten Violine –, hier ist eine Erinnerung an Beethovens *Quartett a-moll* op. 132 fast unvermeidlich. Mendelssohn aber verfolgt hier die von ihm selbst verpönten «neuen Bahnen». So ungezügelt wird der Satz, daß der Meister den Sturm durch ein kühnes Experiment zu bändigen versucht: er verbindet das Rezitativ mit dem Hauptthema und erzwingt so die (gekürzte) Reprise. Hier bekennt sich Mendelssohn zum Dualismus der Sonate und führt schließlich das Fugenthema des zweiten Satzes in verändertem Rhythmus, veränderter Struktur und Haltung als Rezitativ ein! Der zweite Satz wird so an den vierten gebunden:

Musikbeispiel 26a

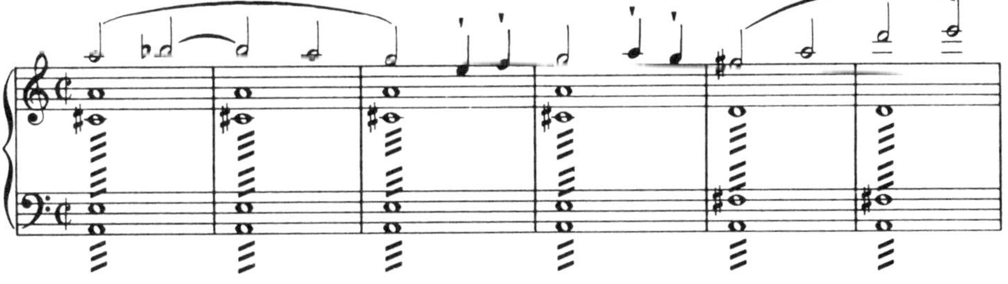

Musikbeispiel 26b

Leicht abgewandelt, gleitet das Rezitativ in das beruhigende Motto des Quartetts zurück, das das Werk umrahmt. Es zeugt von erstaunlicher Meisterschaft und großer Originalität der Substanz und der Form. Die Kraft der Integration, die erst bei Brahms, Bruckner und Mahler ihre wahren Meister fand, ist hier in dem Werk eines Achtzehnjährigen voll entfaltet. Hätte Mendelssohn die Intensität dieses Quartetts in seinen späteren Werken aufrechterhalten können, sein Name würde neben denen eines Mozart und Beethoven genannt werden! Leider hört man das Werk nur selten; es hat nicht die Popularität des *Violinkonzerts* und nicht den Klangzauber des *Sommernachtstraums.* Vielleicht würde eine Aufführung durch ein Streichorchester ihm die – verschwiegene – symphonische Gesinnung und Statur gewähren.[20]

Quintett, op. 18

Der Schwerpunkt des Werkes, wie wir es heute kennen, liegt im langsamen «Intermezzo», einer Elegie, geweiht dem Andenken seines Freundes Eduard Rietz. Dieser Satz wurde anläßlich der Drucklegung des Quintetts sechs Jahre nach seiner Komposition an Stelle des ursprünglichen langsamen Satzes eingefügt. Er beginnt harmlos wie ein volkstümliches Lied ohne Worte, wird aber zusehends ernster und setzt am Höhepunkt des Satzes unerwartet tragische Akzente. (Modulation f-moll-b-moll-Des-dur, es-moll-f-moll-F-dur). Die schönen Gegenstimmen sind frei von allem Schulkontrapunkt. Keiner der Ecksätze ist bemerkenswert, dagegen das Scherzo in $^2/_4$, das von Anfang bis zum Ende fugiert auftritt; es ist aber keineswegs eine Schulfuge, sondern eher ein spritziges Capriccio im Stil der *Sommernachtstraum-Elfenmusik*. Es erfordert aber sichere und routinierte Streicher.

Oktett, op. 20

Im Autograph der Partitur steht die folgende Anweisung von Felix: «Dieses Oktett muß von allen Instrumenten im Style eines symphonischen Orchesters gespielt werden. Pianos und Fortes müssen genau eingehalten und schärfer betont werden als gewöhnlich in Werken dieses Charakters.» Welche «Werke dieses Charakters» mochte er im Sinne haben? Von Oktetten findet man in der zeitgenössischen Literatur weit und breit keine Spur, mit Ausnahme von Beethovens Septett op. 20 (mit Bläsern), Hummels Septett (mit Bläsern), Schuberts Oktett (mit Bläsern), Moscheles' Septett (mit Bläsern) und endlich L. Spohrs Doppelquartett. Aber Mendelssohns Oktett läßt sich schon aus Gründen der Disposition nicht mit Spohrs Werk vergleichen, wie Spohr selbst betonte.[21] So ist es bis heute ein *opus sui generis* geblieben. Es ist die erste Komposition des jungen Meisters, von der vom Anfang bis zum Ende jeder Takt ihm und nur ihm gehörte. Daher ist es sinnlos, nach anderweitigen «Einflüssen» zu suchen.

Zusammen mit der *Sommernachtstraum-Ouvertüre* und dem *Quartett* op. 13 repräsentiert das *Oktett* die Krone der frühen Meisterwerke. Es hat Kraft und Grazie, elegante Struktur und außerordentliche Satzkunst. Das Scherzo wurde von Mendelssohn selbst orchestriert und der ersten Symphonie eingefügt. Am vorteilhaftesten klingt das *Oktett*, wenn es von einem Streichorchester vorgetragen wird, weil dann der symphonische Charakter des Werkes am besten zur Geltung kommt. Zyklische wie dualistische Formideen sind in diesem Werk vereint und erscheinen als gleichberechtigte Prinzipien; das Scherzothema wird im Finale wiederaufgenommen, und das erste Seitenthema des Finales (nach B) ist nichts anderes als eine leichte Variante des Seitenthemas des ersten Satzes. So werden der erste und dritte Satz mit dem Finale verknüpft, und nur das Andante entzieht sich jeder Wiederaufnahme, aus guten Gründen, wie wir sehen werden. Aber, wie Fanny verrät, hat zumindest das Scherzo auch eine programmatische Idee:

Wolkenflug und Nebelflor
Erhellen sich von oben.
Luft im Laub und Wind im Rohr;
Und alles ist zerstoben.

(Goethe, Faust I., Walpurgisnacht)

Fanny beschreibt, was Felix vorgeschwebt habe: «Das ganze Stück wird staccato und pianissimo vorgetragen, die einzelnen Tremulando-Schauer, die leicht aufblitzenden Pralltriller, alles ist neu, fremd und doch so ansprechend, so befreundet, man fühlt sich so nahe der Geisterwelt, so leicht in die Lüfte gehoben, ja, man möchte selbst einen Besenstiel zur Hand nehmen, der luftigen Schar besser zu folgen. Am Schlusse flattert die erste Geige federleicht auf – und alles ist zerstoben.»[22]

Die vier Sätze – Allegro moderato ma con fuoco $^{4}/_{4}$, Es-dur
Andante $^{6}/_{8}$, c-moll
Allegro leggierissimo $^{2}/_{4}$, g-moll
Presto $^{2}/_{2}$, Es-dur – stehen in scharfem Kontrast zueinander.

Der erste Satz ist von großer Intensität und Eleganz; das Hauptthema ist biegsam wie eine Rute und scharf profiliert wie eine Damaszener Klinge; es erinnert ein wenig an Haydns *Sonnenaufgang-Quartett* op. 76, Nr. 4 (b).

Musikbeispiel 27a

Musikbeispiel 27b

Auffallend und ohne frühere Modelle treten neue rhythmische Varianten auf, hier die Überleitung

Musikbeispiel 28a

Musikbeispiel 28b

Musikbeispiel 28c

wo ein Motiv «verlängert» wird, eine geistreiche Art der Retardation der Bewegung (a), oder ungewöhnliche Fortschreitungen (b) und die sich steigernden Engführungen am Anfang der Durchführung (c).

Die Durchführung kommt nahezu zum Stillstand, ähnlich wie in der *Sommernachtstraum*-Ouvertüre, aber diesmal in scharfer Dissonanz pp, in Takt 15 nach D und der Folge. Die Rückführung zur Reprise nimmt hier, in der Weise Beethovens, 21 Takte in Anspruch. Der erste Satz ist Zeugnis und Symbol strahlender Jugend.

Im zweiten Satz verspüren wir gleich zu Anfang den Wind neuer Musik: obwohl das Andante mit der leeren Quint auf C beginnt, also c-moll andeutet, bleibt er nur zwei Takte in dieser Tonart und irrt, scheinbar ziellos, durch f-moll, Des-dur, As-dur, Des-dur, bevor er nach fünfzehn Takten höchst unkonventionell wieder c-moll ansteuert. Im ganzen Satz ist die Tonalität bedeutend erweitert, und bis zum Ende weiß der Hörer nicht, in welcher Tonart das elegische Irren zur Ruhe kommen wird. Dazu kommt noch die Struktur des Themas, das ganz unsymmetrisch etwa diese Struktur aufweist: a, a, a, a, a, a, a, a, a, also lauter Eintakter, die sich erst im Verlauf des Satzes verbinden, variieren und ins «Beinahe-Nichts» auflösen. Felix spottet hier aller Schulregeln: Querstände, elliptische Phrasen, unaufgelöste Dissonanzen, freie Tonalität, all das konnte nicht ohne Einfluß auf die Nachwelt bleiben. Und so darf es nicht wundernehmen, daß insbesondere Bedrich Smetana in seinem *Quartett e-moll* mancherlei Motive aus dem ersten und zweiten Satz wiederverwendet hat – sie sind noch deutlich erkennbar!

Die Krone des *Oktetts* ist das großartige Scherzo in Sonaten-Form, von dem schon gesprochen wurde. Die zwei Scherzi in op. 18 und op. 20 sind einander ähnlich, und ihre Polyphonie ist mit so leichter Hand angelegt, daß der Laie die sehr komplexe Faktur des Satzes nicht einmal ahnt.[23] Er klingt so einfach, so natürlich. Überdies ist die Schreibweise von höchster künstlerischer Ökonomie. In dieser trügerischen Einfachheit hat Mendelssohn nur einen Ebenbürtigen – Mozart. Auch dieser konnte Musik schreiben, die ihr kompliziertes Gewebe hinter einer simplen Fassade verbirgt.

Der letzte Satz beginnt mit einem Fugato, das einer Doppelfuge nahekommt. Viele Künste des Kontrapunkts werden aufgeboten: am Schluß aber triumphieren Erinnerungen an die *Zauberflöte* und die stürmischen Läufe des Satzbeginns, die nunmehr in der ersten Violine liegen und von den Kadenzformeln leicht übertönt werden können. Heiter und kraftvoll endet dieses jugendliche Meisterwerk. Bis heute hat es seinen Zauber nicht verloren. Für lange Jahre hat Mendelssohn diesen Höhepunkt nicht wieder erreicht; als er ihn aber erreichte, war's auf höherer Ebene, und er war nahe der Vollendung von Leben und Werk.

Abschließend werden einige Bemerkungen, die die gesamte Kammermusik betreffen, nützlich sein: seitdem das Wort von der «liedmäßigen Melodik und Thematik» Mendelssohns gefallen ist, wird dieses – an sich nur teilweise zutreffende – Schlagwort zu Tode gehetzt.[24] Als natürlicher Folgesatz wird die «Kontrastarmut der Themen» erkannt und getadelt. Im folgenden geben wir eine kurze Liste einiger Themen der *Instrumentalmusik* Mendelssohns, die *nicht* liedmäßige Struktur oder Charakter haben (Hth = Hauptthema):

Hth	Ouvertüre zum Sommernachtstraum
Hth	Erster Satz Oktett
Hth	Letzter Satz Oktett
Hth	Scherzo des Oktetts
Hth	langsamer Satz des Quartetts op. 13
Hth	letzter Satz des Quartetts op. 13
Hth	Hebriden-Ouvertüre
Hth	Violinkonzert e-moll, erster Satz
Hth	Quartett op. 80, erster Satz
Hth	Klavierkonzert g-moll, erster Satz
Th	Thema der Variations sérieuses
Hth	Piano-Trio c-moll op. 66, erster Satz.

Diese Liste sollte hinreichen, um die erwähnte Kritik zu widerlegen. Anders steht es mit der Frage der «kontrastarmen Themen». Daß Mendelssohn auch scharfe Kontraste anlegen konnte, beweisen die Gegensätze des *Oktetts*; aber Mendelssohns Sonatenform ist, wie schon bemerkt, selten dualistisch und schon gar nicht dialektisch. Er neigt auch nicht, wie Beethoven fast immer, zur Motivaufspaltung, sondern arbeitet lieber mit ganzen Linien und ihren Kontrapunkten, wie Mozart. Auch an Haydn orientiert er sich, wenn er das Seitenthema aus dem Hauptthema ableitet. Diese beinahe monothematische Anlage entspringt aus seinem Willen zur Integration.

Mendelssohn hat seine Reprisen immer verkürzt und variiert, wie schon W. Fischer nachgewiesen hat[25]; es ist dies ein Zug, den er mit Gustav Mahler gemeinsam hat. Er ist möglicherweise aus einem alten jüdischen Erbteil, der nervösen Ungeduld, zu erklären.

Auch die alte Mär von Mendelssohns «quadratischer Periodik» ist unhaltbar. Die Kammermusik und sogar die Lieder (!) Mendelssohns weisen nicht selten «unregelmäßigen Periodenbau» – über- oder unterzählige Strukturen – auf, und es wäre leicht, auch dafür eine Liste aufzustellen. Doch sehen wir weder in regelmäßigem noch in unregelmäßigem Periodenbau ein besonderes Verdienst oder einen ästhetischen Wert. Die Neigung zur achttaktigen Periode, die man ja bei Bruckner und Wagner findet, sagt weder etwas für noch gegen den Komponisten aus; bei Mozart, übrigens auch bei Mendelssohn, lassen sich «unregelmäßige» Achttakter nachweisen (3 + 3 + 2 oder 3 + 2 + 3). Doch kann nicht bestritten werden, daß das *rhythmische* Gleichmaß, das Mendelssohn so liebte, viele seiner Kompositionen, besonders die im $^6/_8$-Takt, eintönig, reiz- und kontrastarm macht. Anderseits finden sich erstaunliche Antizipationen Brucknerscher Formbildung; es ist das Verdienst von O. Wessely und M. Thomas, auf diese Ähnlichkeiten und ihre Ursprünge nachdrücklich hingewiesen zu haben.[26] Schließlich sollte man bei der summarischen Erörterung von Mendelssohns Kammermusik nicht den beträchtlichen Einfluß vernachlässigen, den die Streichquartette Cherubinis, bisher unbeachtet, auf Mendelssohn gehabt haben müssen. Hier findet sich die nichtdualistische Thematik, hier treten Rezitative in Durchführungen und langsamen Sätzen auf, hier findet sich gelegentlich die modulatorische Oszillation und die variierte Reprise. Erst wenn man die kompositorische Mitte zwischen Beethoven und Cherubini sucht, wird man auf die Diktion Mendelssohns und auf seine Problematik stoßen – er war zwar ein Jünger der beiden Meister, aber er hat doch seine Unabhängigkeit gewahrt.

KLAVIERWERKE

Sieben charakteristische Stücke, op. 7

In den ersten reifen Klavierwerken tritt uns ein Mendelssohn entgegen, der weniger vielseitig ist als der Komponist der Kammermusik. Das virtuose Element einerseits, das polyphone anderseits und das leicht weltschmerzlich angehauchte Salonstück, das sind die drei Kompositionstypen, die gleich in den *Sieben charakteristischen*

Stücken op. 7 auftreten und von denen er – allerdings nur in seiner Klaviermusik – nicht mehr losgekommen ist. Dabei war er ein «gelehrter» Komponist, und es gab nur wenige, die ihm auf dem Gebiet musikalischen Wissens und der musikalischen Literatur gleichkamen. Er kannte sehr viel alte Musik, nicht nur aus Drucken, sondern auch aus Handschriften – vielleicht allzuviel für das unbehinderte Spiel seiner Phantasie. Die drei Paten des op. 7 hießen, in der Reihenfolge ihrer Erscheinung in diesem Werk: J. S. Bach, Domenico Scarlatti und Ludwig van Beethoven. Zwar verspricht der Titel nur sieben individuelle Stücke – und sie sind wirklich individuell verschieden –, geheime Fäden aber spinnen sich vom einen zum andern Stück, sehr zarte, nahezu unsichtbare Fäden sind es, aber die Verbindung existiert. Nr. 1 («Sanft, und mit Empfindung») ist eine Invention im Stile Bachs. Was sie von Bach trennt, ist vor allem die Faktur: Mendelssohn arbeitet *nicht* mit obligaten Stimmen, sondern schreibt klaviermäßig für 2–5 Stimmen. Es beginnt mit zwei Neuntaktern, und auch vor dem Ende finden sich «unregelmäßige» Phrasen. Nr. 2 («Mit heftiger Bewegung») ist ein schnelles und furioses Scherzo, nahe dem *Capriccio* op. 5. Sehr zum Ärger Mendelssohns meinte Rossini: «Das riecht nach Scarlatti» – womit er natürlich recht hatte. Nr. 3 («Kräftig und feurig») ist eine elegante Fuge, als ob sie Bach für einen Salon geschrieben hätte; das liebenswürdige Stück hat Grazie und Witz. Nr. 4 («Schnell und beweglich») lehnt sich kaum an irgendein Modell an: es stellt wieder einmal ein Formexperiment des jungen Meisters dar; im Grunde ist das Stück ein Sonatensatz, aber mit nur einem Thema, dessen Oberstimme und Baß in mannigfachen Kombinationen erscheinen. Natürlich ist alles in elegantem «doppeltem» Kontrapunkt gehalten; dabei spielt der Komponist mit dem Fugen-Schema, geht aber nicht wirklich darauf ein. Es ist eine Kombination von Sonate, Invention und *Perpetuum mobile*. Es kann als Präludium zur folgenden Fuge (Nr. 5) angesehen werden, und tatsächlich kann man das Fugenthema gegen die ersten Takte von Nr. 4 setzen. Nr. 5 («Ernst, und mit steigender Lebhaftigkeit») ist eine Doppelfuge und für unseren Geschmack zu steif und akademisch. Mendelssohn paradiert hier mit «gelehrten Künsten» wie Umkehrung, Vergrößerung, Verkleinerung, Engführung etc., aber der geborgte Bachsche Pomp paßt nicht zu ihm. Nr. 6 (»Sehnsüchtig») erinnert ein wenig an eine Sarabande und besteht aus zwei Neuntaktern und zwei Achttaktern: schon hier zeigt sich die Ähnlichkeit mit Nr. 1, und es steht auch in der gleichen Tonart. Auch die harmonischen Wendungen ähneln einander; sollte sich hier ein geheimes Programm verstecken? Es gibt kein Anzeichen dafür. Die «Sehnsucht» ist nichts als ein damals beliebtes *malaise,* zwar sehr «romantisch», aber im Grunde nur eine Dandy-Pose. Ursprünglich war dieser Weltschmerz eine echte Empfindung existenzieller innerer Not, wurde aber später mehr und mehr zum Vehikel billiger Sentimentalität, benutzt und abgenutzt von Hunderten von Komponisten und Tausenden von Hörern. Es war ein Malheur für Mendelssohns Status, daß seine Musik manchmal dem Bedürfnis nach «a good cry» diente, aber es kann ihm kaum zur Last gelegt werden. Nr. 7 in E-dur, der Tonart des *Sommernachtstraums* («Leicht und luftig»), wird der Elfentonart gerecht und auch ihrer Atmosphäre. Das Stück beschwört alle die Geister herauf, die die Ouvertüre durchschwärmen. Vielleicht war das Stück sogar eine Art Seitenstück zur Ouvertüre. Überraschend endet der Elfentanz in e-moll pianissimo, wie ein Geisterspuk. Es ist alles intime Musik, aber die Nr. 4 und 7 würden auch im Konzertsaal ihre Wirkung machen und verdienten öfter aufgeführt zu werden.

Rondo capriccioso, op. 14 (E-dur – a-moll)

Dieses einst berühmteste seiner Klavierstücke hat dem Meister eher geschadet, denn es ist seinerzeit in Verruf geraten, weil es gerne von Töchtern der Bourgeoisie als Schaustück gespielt oder geklimpert wurde. Diese Zeiten sind aber vorbei, und man kann das Stück nun unbefangener beurteilen. Die Tonarten der Ouvertüre zum *Sommernachtstraum* (E-dur – e-moll) verraten die Verwandtschaft, obwohl der erste Teil, ein Andante, stark von Weber angehaucht ist; doch wird sein Thema schön ausgesponnen. Der zweite Teil ist das eigentliche Capriccio, ein Elfentanz von unnachahmlicher Grazie, der eine gute Staccato-Technik im schnellsten Tempo erfordert. Am besten lassen wir hier den großen Musiker sprechen, der als Knabe von Mendelssohn selbst im Vortrag dieses Werkes unterwiesen wurde, Hans von Bülow. Er schreibt:[27]

...*Kaum ein einziger Clavierlehrer wird wagen, das Stück in dem Programme seines Unterrichtscurses zu übergehen – ein Schicksal, dem die Lieblinge der vorigen Generation: Dussek's* «Consolation» *und sogar Hummel's* «Bella Capricciosa» *allmählich im großen Ganzen zu verfallen beginnen. Der innere Werth der Composition (derjenigen Jugendperiode des Meisters entstammend, in der, so äußerst charakteristisch für seine Individualität und deren regressive Entwicklung, echteste Produktivität mit bewußtester Reife verbunden war), ihre Gemeinnützigkeit für Bildung von Geschmack wie Technik rechtfertigen in dieser Hinsicht conservative Wünsche*...

Der Herausgeber genoß als Knabe in den Jahren 1844–46 häufig das Glück, den Meister in Privatkreisen Clavier (auch Orgel) spielen, ihn ferner Proben zu den Gewandhausconcerten dirigieren zu hören. Endlich wurde ihm zuletzt die hohe Ehre zu Theil, daß sich derselbe herbeiließ, dem Knaben eine mehrstündige Clavierlection für den Vortrag der bei aller Varietät der Erfindung in Form und Styl so urverwandten Op. 14 und 22 (Capriccio h-moll mit Orchesterbegleitung) mit unvergleichlicher Geduld zu gewähren. Die hierdurch gewonnenen Eindrücke – die Macht der bezaubernden Persönlichkeit des Meisters kam der verhältnismäßigen Unreife des Zufalls-Schülers zu Hülfe – sind begreiflicherweise fortwirkend haften geblieben: am lebendigsten jene negativen Vorschriften, welche durch Abschneidung des Mißverstehens die Bahn des Verständnisses, das ja doch seine Entwicklung nur von innen vollziehen kann, frei machen, somit als die förderlichsten sich erweisen...

Wer Mendelssohn richtig spielen will, spiele etwa vorher Mozart. *Vor allem entsage er aller «Empfindsamkeit» der Auffassung, trotz der Verführung, die einzelne ihm eigenthümliche, häufig wiederkehrende Melismen hierzu darbieten. Man versuche z. B. Stellen solchen scheinbaren Charakters schlicht im Takte (natürlich mit schönem, ebenmäßigen Anschlag) zu spielen, und wird sicher finden, daß sie auf diese Art weit nobler und anmuthiger klingen, als in leidenschaftlich erregtem* Rubato. *Der Meister hielt vor allem auf strenge Tactobservanz. Kategorisch verbot er jedes nicht vorgeschriebene* Ritardando *und wollte die vorgeschriebenen Verzögerungen auf das allergeringste Maß beschränkt haben... Pedalgebrauch statuierte er nur zu gewissen Klangzwecken... Das Studium der Mendelssohnschen Claviermusik wird umso fruchtbarer für äußerste Verfeinerung in Anschlags- und Bewegungsschattierungen sich erweisen, je strenger die Grenzen der Reinerhaltung der Zeichnung eingehalten werden...*

LIEDER MIT KLAVIERBEGLEITUNG

Lieder op. 8, 9, 19

In den gängigen Musikgeschichtsbüchern werden die Lieder Mendelssohns gewöhnlich kurz abgetan. Ja, ein ausgezeichneter und verantwortungsbewußter Gelehrter hat sie als veraltete Formen im Stil Zelters, wenn auch als melodiöse und feinsinnige Piecen erledigt.[28] Ist denn alte Musik notwendig «veraltet»? Wenn dem so wäre, hätten Palestrina, Monteverdi oder Bach kaum mehr Lebensberechtigung: sie wären «veraltet». Wo liegt der Unterschied zwischen Altem und Veraltetem? *Ein* Wort spricht ihn aus: die Mode. Sie wollte von Bach nichts wissen, also galt er als «veraltet». Heute gilt Graun als «veraltet», derselbe Graun, der Bach (als Passionskomponist) immer vorgezogen wurde. Wir werden daher, ungeachtet aller Modekriterien, die Lieder Mendelssohns auf ihren inhärenten künstlerischen Wert prüfen. Das Lied hat die Funktion, das Textwort musikalisch zu deuten, und durch eben diese Deutung eine Synthese von Wort und Ton zu bewirken. Dann ist ein Lied gut, wenn die Deutung diese Synthese vollzieht, d. h. wenn die Synthese ästhetisch höher steht als das Gedicht allein oder die Musik an sich, ohne Worte. Diese Betrachtungsweise mag primitiv erscheinen, sie genügt aber für unseren Zweck.

Man hat es oft beklagt, daß Mendelssohn sich der sogenannten «Berliner Schule» Zelters angeschlossen hatte, die das «durchkomponierte» Lied verpönte und im wesentlichen beim Strophenlied haltmachte. Doch ist Mendelssohn oft über diese Schablone hinausgegangen. Er wollte sich bei Liedern ganz dem primären Einfall anvertrauen, der seinerseits aus dem «Empfinden» geboren wird, und so bekennt er denn: *Aber es gibt kein Zuviel des Empfindens, und was man so nennt, ist eher ein Zuwenig... denn wer empfindet, der soll soviel empfinden als er nur immer kann, und dann womöglich noch mehr...*

Ähnlich hatte einst ein engagierter Romantiker, E.T.H. Hoffmann[29], sich über die Liedkomposition geäußert – nach seiner Meinung sollte der Komponist «nicht sowohl den Sinn des Liedes tief auffassen, als vielmehr selbst Dichter des Liedes werden...»[30] Alle Ästhetik und Spekulation kann aber den Tatbestand nicht ändern:

die Lieder – es gibt deren über 80 – repräsentieren den schwächsten Teil von Mendelssohns Gesamtwerk. Die melodische Begabung, die hohe Geistigkeit, der ausgesprochen lyrische Charakter seines Talents, all das schien einen Liederkomponisten großer Statur zu versprechen. Aber Mendelssohn ist, mit einigen bemerkenswerten Ausnahmen, in seinen Liedern durchaus mittelmäßig geblieben. Ein paarmal ist er sogar zu Banalitäten herabgesunken. Wie läßt sich diese Schwäche erkären?

Die Gedichte, die er vertonte, stammen von Dichtern dreier verschiedener Kategorien: von persönlichen Freunden, die sich auch als Gelegenheitsdichter betätigten, wie Droysen (Pseudonym Voss), Friederike Robert, der schwäbischen Schönheit, Klingemann u. a.; oder von damals anerkannten Biedermeierpoeten der «guten Stube», wie E. Geibel, L. Uhland, E. Ebert, oder aber von Dichtern hohen Ranges wie Goethe, Heine, Lenau, Hölty, Fleming. Leider ist die dritte Kategorie am schwächsten vertreten. Aber selbst wenn das Gedicht von Goethe stammt, ist seine Vertonung nicht immer gelungen; nur ein Beispiel genüge: ein Vergleich der «Suleika» in der Vertonung von Schubert und Mendelssohn fällt entschieden zu des letzteren Nachteil aus. Und «wenn das am grünen Holz geschieht...» Die Frage liegt nahe, warum Mendelssohn nicht mehr von Goethes Lyrik komponiert hat – zumal man weiß, daß er viele dieser Gedichte auswendig kannte. Es gibt für diese Zurückhaltung zwei einleuchtende Gründe: vor Goethes Tod (1832) hatte Zelter eine Art Monopol auf die Komposition seiner Gedichte, und Mendelssohn hatte gewichtige Bedenken, sich die beiden «großen Alten» zugleich zu Feinden zu machen. Überdies war Felix mit Goethes Gedanken vertraut – und scheint ihnen zugestimmt zu haben –, daß bei manchen Gedichten, besonders den vollkommensten, Musik eine störende, weil überflüssige Beigabe sei.

Die drei Hefte op. 8, op. 9, op. 19 enthalten 30 Lieder. Von ihnen haben nur sieben oder acht eigene Physiognomie oder eigenen Charakter.[31] Wir greifen sie heraus:

Op. 8: Nr. 4, *Erntelied* (altes Kirchenlied). Das Stück hat die Wucht und Einfachheit des alten Textes «Es ist ein Schnitter, heißt der Tod»; es ist Mendelssohn gelungen, diese ruhige Kraft in seine Musik einzufangen. Sie ähnelt in ihren herben Linien einem alten Holzschnitt und wird nie durch zuviel Bewegung gestört.

Nr. 8, *Hexenlied* (L. H. Ch. Hölty). Hier spürt man zum ersten-, doch nicht zum letztenmal den dämonischen Humor, der Mendelssohn eigen war. Der für ihn sonst oft verhängnisvolle $^6/_8$-Takt dient hier vortrefflich dem schnellen jambischen Metrum: *Die Schwalbe fliegt*
Der Frühling siegt... usw.

Das Lied wirkt wie eine Vorstudie zur «Ersten Walpurgisnacht», und die «regelmäßige» Struktur wird hier durchbrochen.

Op. 9: Nr. 2. *Frühlingsglaube* (L. Uhland). Das Gedicht ist durch Schuberts unsterbliche Komposition berühmt geworden. Die Stimmung dieses Liedes ist bei Schubert Ungeduld, bei Mendelssohn Aufregung. Außerdem hat Mendelssohn Schuberts

«Nun armes Herze, sei nicht bang» nichts Gleichwertiges an die Seite zu setzen.
Nr. 12. *Die Nonne* (L. Uhland). Das streng strophisch gehaltene Lied erregt die Aufmerksamkeit durch seinen ganz unregelmäßigen Bau: 7 + 11 Takte im wiegenden $^3/_8$ – bei aller Einfachheit wirkt das Lied eigenartig.

Op. 19: Nr. 2. *Das erste Veilchen* (E. Ebert). Sowohl die etwas freiere Formgebung – dreiteilige Liedform mit verkürzter Reprise – wie wechselnde Rhythmen zeichnen das Lied aus. Der Mittelteil in moll zitiert das Motiv «Die Botin der Liebe» aus dem ersten Teil – man nannte das damals «sinnig». Die Rückführung ist mit großer Kunst angelegt. Die letzte Strophe besteht aus 9 Takten; die erste gar aus 13 (= 8 + 5).
Nr. 5. *Gruß* (H. Heine). Dieses Lieblingsstück unserer Großeltern, das immer wieder verlangte *Encore* der Jenny Lind, die es berühmt machte, hat seine Popularität heute verloren. Seine Simplizität ist trügerisch, sein Klang subtil und leisen Glocken ähnlich, aber nur wenn das Lied einfach – ohne Tremolo oder vibrato! – gesungen wird.
Nr. 6 *Neue Liebe* (H. Heine). Ein genialer Wurf, der zum dauernden Bestand des Liedrepertoires gehört. Dämonisch, ironisch, fesselnd durch seine stürmisch wechselnde Harmonik, erreichen hier wirklich Ton und Wort eine Synthese auf höherer Ebene, als jedes für sich sie erreichen könnte.

Auf keinem anderen Sektor seines Schaffens erscheinen Mendelssohns Manierismen so auffallend wie in den ersten Liedern. Von 30 Stücken stehen nicht weniger als 12 im $^6/_8$-Takt; die Häufigkeit weiblicher Endungen, sentimentaler Vorhalte und weichlicher Harmonik verurteilen die meisten zur wohlverdienten Vergessenheit. In späteren Jahren hat sich der Meister vom Diktat des Strophenliedes der Berliner Schule etwas abgewendet, aber «zu wenig und zu spät». Möglicherweise hat auch Hegels Warnung, die Musik nicht «zur Dienerin des Wortes zu erniedrigen», in Mendelssohn nachgewirkt. In seinen besten Liedern aber, wie in Heines «Neue Liebe», hat er sich um Doktrinen oder Schulen kaum mehr gekümmert.

Mancherlei Gründe sind angeführt worden für Mendelssohns immerhin auffallenden Mangel an bedeutenden Liedschöpfungen. Ich glaube, daß diese Schwäche am ehesten psychologisch verstanden und erklärt werden sollte. Die vertonten Gedichte handeln vom Wechsel der Jahreszeit, von Liebe und Tod, von Geistern und Feen. Mendelssohn flirtete gerne, war aber kein passionierter Liebhaber, sondern ein liebevoller Gatte und Vater. Vor seiner Ehe hat er nicht ein einziges leidenschaftliches Liebeslied komponiert; auf der Hochzeitsreise schrieb er einen Psalm, und nur einmal, inspiriert durch ein schönes Gedicht Goethes, fühlte er sich im höchsten Sinne erotisch schöpferisch: so entstand sein bestes Lied «Die Liebende schreibt» (op. 86, erst posthum veröffentlicht!). Die Natur und die Jahreszeiten nahm er hin wie ein echtes Großstadtkind: nur an ihre Annehmlichkeiten denkend, hat er ihrer Größe und Gewalt kaum jemals gedacht, und so bleiben seine «Naturlieder» alle in der «guten Stube» oder bestenfalls in einem wohlgepflegten und bequemen Garten *comme il faut.* Ein näheres Verhältnis hatte er mit Feen und Geistern, was übrigens sein rationalistisch gesinnter Vater gar nicht gern sah. An den Tod hat er früh gedacht, und seine guten Lieder (auch die symbolisch intendierten «Reiselieder» und «Nachtlieder») geben davon Zeugnis. In den meisten Fällen mangelte es ihm an Motivation. Dies war wohl einer der Gründe, warum seine Lieder die Lieblinge der Königin Victoria und des Prinzgemahls wurden: haftete nicht an ihnen die Aura der Respektabilität und der Tugend, so daß sie wohl in ihren sittenstrengen Hof paßten? Ein zweites Hemmnis scheint die soziale Funktion des Liedes in Norddeutschland in des Meisters Jugendzeit gewesen zu sein: im Gegensatz zu Wien, wo doch gelegentlich Arien und Lieder ins Konzertrepertoire eingedrungen waren, hatte in Berlin das Lied einen mehr intimen, zwischen Volkslied, Kirchenlied und Gesellschaftslied schwankenden Charakter. Es war mehr in der Familie zuhause als im Konzertsaal, und leidenschaftliche Lieder oder tiefe, depressive Elegien, wie wir sie in einigen der schönsten Lieder Schuberts finden, waren im Berliner Familienkreis kaum am Platz, zumindest nicht, solange der alte Zelter noch den Ton angab.

KIRCHENMUSIK

Ironie der Historie sowohl wie die Caprice des Geschmacks haben es bewirkt, daß Mendelssohns eigenstes und bestes Vermächtnis, seine Kirchenmusik, ebenso verweht und vergessen ist wie sein schwächstes Oeuvre, die Lieder. Die Gründe dafür sind leicht anzugeben: Felix schrieb nicht für kleine Pfarrkirchen, sondern für große Gemeinden mit professionellen Chören. Dies allein schon verringerte die Aufführungsmöglichkeiten. Überdies hat er viele lateinische Texte vertont, die für die katholische Kirche damals schon schwer aufführbar, für die herrschende protestantische Kirche und ihre Agende aber nicht akzeptabel waren. Dieser Begriff – Agende – setzt eine streng geordnete Liturgie voraus, ein Prinzip, das durchaus nicht alle evangelischen Konfessionen anerkennen, wie etwa die von Calvin und Zwingli geschaffenen reformierten Kirchen. Schließlich hat er keine Werke für den Gemeindegesang geschrieben, nicht einmal solche, die ohne weiteres einem Laienchor anvertraut werden konnten. Diese Hindernisse allein hätten hingereicht, seine Kirchenmusik vergessen zu lassen. Ein weiterer Umstand, das hohe und durchaus nicht populäre Niveau seiner Kunst, hat nicht eben dazu beigetragen, sie den Durchschnittsgemeinden schmackhaft zu machen. Die sogenannte «Bekennende Kirche», die ihm gesinnungsmäßig am nächsten steht, hat sich um ihn und sein Werk so gut wie gar nicht gekümmert, da ihr liturgische Kunstmusik ohnehin nicht besonders sympathisch war, um es sehr milde auszudrücken. Seine Kirchenmusik wird also, ganz abgesehen von materiellen Hindernissen, wie Kostenpunkt, Berufschöre usw. aus ähnlichen Gründen abgelehnt, und zwar von kirchlichen Kreisen, wie einst zu seinen Lebzeiten. Dennoch verdienten es einige Stimmen, die vor dem Ersten und nach dem Zweiten Weltkrieg sehr vernehmlich sprachen, gehört und beachtet zu werden. In seinem weitverbreiteten «Führer durch den Konzertsaal» schrieb Kretzschmar:[32]

Verschiedentlich... ist die Meinung ausgesprochen worden, ob nicht auf dem Gebiet der kirchlichen Komposition Mendelssohns größte Stärke zu suchen sei. Und diese Meinung mag wohl die richtige sein...
Und erst vor kurzer Zeit ist diese Überzeugung wieder laut geworden, auch in Deutschland.[33]

Von den drei Werken, die wir herausgreifen, ist nur eines gedruckt (in den fälschlich so genannten «Sämtlichen Werken»); die andern schlafen weiter den Schlaf der Vergessenheit in der Berliner Staatsbibliothek (DDR).

Te Deum, für 8stimmigen gemischten Chor a cappella mit Orgel- oder Klavierbegleitung

Musikbeispiel 29a

Musikbeispiel 29b

Dieses Werk ist voll von erstaunlichen Reibungen in der Stimmführung. Geschrieben im gleichen Jahre, in dem auch die *Sommernachtstraum-Ouvertüre* und das *Oktett* entstanden, bezeugt es nicht weniger als diese Werke die Meisterschaft des noch nicht Siebzehnjährigen. Er hatte kaum Modelle dafür, außer Händels *Utrechter* und *Dettinger Te-Deum*-Kompositionen, wenn er sich nicht an Lottis *Crucifixus*, Durantes *Psalmen* oder Caldaras *Te Deum* anlehnen wollte. Außer einem liturgischen Motiv im letzten Satz, das er mit Händel gemeinsam hat, finden sich kaum Ähnlichkeiten mit diesem oder mit den italienischen Komponisten; Mendelssohn steht schon ganz auf eigenen Füßen. Das Werk ist zwar echt liturgisch in Stil und Gesinnung, wird auch dem frühchristlichen Lobgesang einigermaßen gerecht, ist aber den gleichnamigen Werken Berlioz', Bruckners und Verdis nicht ebenbürtig. Anders steht es mit den zwei anderen Kirchenmusiken.

Tu es Petrus, für 5stimmigen Chor mit Orchester, op. 111, posthum veröffentlicht

Diese Motette ist, gesehen vom stilistischen Standpunkt, die gewagteste *tour de force* des Meisters überhaupt; sie erscheint nicht nur als ein polyphones Paradestück par excellence, sondern ein frühes Beispiel linearer Stimmführung von auffallender Herbheit des Klanges. So sehr der spätere Mendelssohn auf schönen Klang hielt, so wenig hat der junge Mann, zumindest in diesem Werk, auf ihn Bedacht genommen. In seiner wertvollen, 1932 mutig im Selbstverlag herausgegebenen Studie *Felix Mendelssohn als Kirchenmusiker* hat Rudolf Werner eine kleine Liste der schärfsten Reibungen gegeben, die dieses Werk charakterisieren.[34] Nicht mit Unrecht nannte Fanny die Motette 19stimmig, denn Felix hat die 14 Stimmen des begleitenden Orchesters fast ebenso selbständig geführt wie die Chorstimmen. Das Orchester hat keine Klarinetten oder Fagotte, aber volle Blechbläserbesetzung mit Posaunen, ist also bewußt mehr auf mächtige als auf zarte Klangwirkungen ausgerichtet. In diesem durchaus unromantischen Werk gibt es weder Scheinpolyphonie à la Liszt noch die von W. Kirkendale fälschlich behauptete reibungslose Polyphonie.[35] Der herbe Ernst des Stückes korrespondiert mit seinem festen Rhythmus; daher verdient es sehr wohl, aufgeführt, und noch mehr, auf Schallplatten aufgenommen zu werden. Auch das nun zu besprechende Stück ist in jenen Monaten geschrieben, von gleichem Ernst, aber bedacht auf Klangschönheit, im Gegensatz zum *Tu es Petrus.* Diese Kirchenmusik ist komponiert auf den Text

Hora est, Antiphona und Responsorium für 16stimmigen Chor a cappella
oder 4 Chöre zu 4 Stimmen

Wie Rudolf Werner angibt, hatte J. Fr. Reichardt (1752–1814) eine der vielstimmigen Messen des Orazio Benevoli (1605–1672) nach Berlin gebracht und sie der Singakademie anvertraut. Ihr damaliger Direktor Chr. Fr. Fasch war sehr beeindruckt von dem Werk und seinem polychoralen Stil, hat es aufgeführt und seinerseits eine 16stimmige Missa brevis komponiert. Beide Werke wurden ins Repertoire der Singakademie aufgenommen.[36]

Es ist nicht einfach, für 16 obligate Stimmen zu schreiben, wenn man an der Forderung festhält, daß der Komponist Verdoppelungen im allgemeinen vermeiden soll und daß jede Stimme durch die ihr anvertraute Linie volle Existenzberechtigung habe. Es darf also in dieser Schreibweise keine nur begleitenden Stimmen geben. Daher sind solche Kompositionen die Tummelplätze der kontrapunktischen Künste, wobei aber zu beachten ist, daß sich die vielen Stimmen auf engem Raume drängen: «Leicht beieinander wohnen die Gedanken, doch hart im Raume stoßen sich die Sachen» (und Stimmen). Auch müssen die Intonationsschwierigkeiten eines vielstimmigen Chores a cappella gebührend in Betracht gezogen werden, so daß ein wirklicher Meister ist, wer unter diesen einengenden Bedingungen etwas Gutes, mehr noch, etwas Charaktervolles zustande bringt, denn seiner Phantasie sind hier sehr enge Grenzen gezogen. Zwei Zeitgenossen Mendelssohns, Eduard Grell und Heinrich Bellermann, haben dieses Gebiet vielstimmiger Chormusik gepflegt und mit vielen Kompositionen bereichert; ihre Arbeiten sind solide, oft feine, aber im Ganzen doch etwas ermüdende Versuche, die A-cappella-Kunst des Frühbarocks wiederzubeleben, ganz im Sinne Thibauts und der Romantiker. Die Messen Grells und Bellermanns sind heute vergessen, aber sie wurden gedruckt, während Mendelssohns «Antiphona und Responsorium» bis heute Manuskript geblieben ist.

Die Teilung der sechzehn Stimmen in vier Chöre zu vier ist ebenso gebräuchlich wie die Zweiteilung oder auch die völlige Individualisierung aller Stimmen. Mendelssohn ist dem Text genau nachgegangen und hat aus ihm ein Programm entwickelt:

Hora est, jam nos de somno surgere et apertis oculis surgere ad Christum, quia lux vera est, fulgens in coelo. Ecce apparebit Dominus super nubem candidam et cum eo sanctorum milia.

Die Stunde schlägt! An uns ist es nun, uns aus dem Schlaf zu erheben und mit offenen Augen uns zu Christus zu erheben, denn er ist das wahre Licht, das am Himmel strahlt. Siehe, der Herr wird erscheinen, über einer weißen Wolke, und mit ihm Myriaden Heiliger.

Der Text ist reich an Bildern, die Musik heraufbeschwören: die langsam erwachenden Schläfer, die sich die Augen reiben und die Zurufe, aufzustehen und den lebendigen Christus anzubeten, nur langsam befolgen. Es folgt eine der apokalyptischen Visionen der frühchristlichen Hoffnung auf die Wiederkunft Christi: er wird als Weltenherr mit dem Heer der Heiligen erscheinen – eine Vorstellung, die schon im *Te Deum* ausgesprochen wird.

Ein Männerchor respondiert den fortwährenden Zurufen «Hora est»! Nach und nach erscheinen die musikalischen Symbole des physischen und seelischen Aufwachens – sie steigen aus den tiefen Bässen zu den Sopranen auf. Der zweite Teil symbolisiert das göttliche Licht (in strahlendem D-dur) und seine Strahlen. In 16stimmiger kanonischer Führung erscheint das Motiv

Musikbeispiel 30

und durchmißt den Chor in absteigender Richtung, wie die himmlischen Strahlen. Majestätische Akkorde führen zum Ende des eindrucksvollen Werks, das den Klangfarben der vollen wie der «gebrochenen» Chöre völlig gerecht wird.[37]

Die ersten zwei Aufführungen durch die Singakademie wurden von der zeitgenössischen Öffentlichkeit sehr freundlich aufgenommen. Die Kritiker der *Leipziger Allgemeinen musikalischen Zeitung* und der *Berliner Musikalischen Zeitung* waren des Lobes voll.[38] «Voll Geist und Feuer» heißt es in der einen, und «geniale Arbeit und meisterhafte Arbeit» in der anderen. Auch der – damals noch mit Felix eng befreundete – Marx widmete dem Werk einen begeisterten Aufsatz, dessen Prophetie leider nicht wahrgeworden ist.[39] *Nicht seine Erfindung, noch weniger die Kunst des 16stimmigen Satzes, die Grundidee, die jene hervorgerufen und diese beseelt hat, muß unser Herz durchleuchten und wird fortleben, wenn die leinerne Wand der Partitur einst zusammengefallen und verweht ist.*[40]

Neben diesen großen Leistungen erscheinen die sechs Kantaten, die Mendelssohn in den Jahren 1827–1832 komponierte, beinahe als untergeordnete Beiprodukte. Das sind sie aber durchaus nicht; wir werden sie in Kapitel 10 des näheren betrachten.

Abschließend mögen einige Worte über Mendelssohns Stellung zum christlichen Glauben und dem religiösen Denken dazu beitragen, das Verständnis für seine Kirchenmusik zu vertiefen. Mendelssohn war eine tief religiöse Natur; er war ein gläubiger Christenmensch. Es ist aber zu unterscheiden zwischen seinem religiösen Denken und seiner in seinem Monotheismus verankerten Ethik. Er war nicht damit zufrieden, als Christ angesehen zu werden; er wollte als Christ auch leben und handeln. In seinem Denken war er keineswegs naiv; nicht umsonst hatte er zu Hegels Füßen gesessen. In seiner Lebensführung zeigt er sich leicht puritanisch – wohl ein Erbe der Ahnen –, aber keineswegs asketisch, doch streng bedacht auf Reinhaltung seiner, wie auch seiner Mitmenschen, Ehe und Ehre. Er hielt mehr von der Tat als vom Glauben: so schrieb er, als reifer Mann, an seinen Düsseldorfer Freund, den Maler Schirmer:[41]

Ich soll ein Frommer geworden sein! Wenn man darunter meint, was ich mir unter dem Worte fromm denke, und was auch Du wohl nach Deiner Äußerung darunter

verstehen wirst, so kann ich nur sagen, daß ich es leider nicht geworden, aber ich arbeite jeden Tag meines Lebens nach Kräften daran, mehr und mehr es zu werden…
…Wenn aber die Leute unter einem Frommen einen Pietisten verstehen, einen Solchen, der die Hände in den Schoß legt, und von Gott erwartet, daß Er für ihn arbeiten möge… ein Solcher bin ich nicht geworden, Gott sei Dank, und hoffs auch nicht zu werden mein Leben lang…
Sein religiöses Denken war weder dogmatisch noch theologisch fundiert und ist im wesentlichen rationalistisch. Auch von der Mystik, und wohl auch vom Mysterium, das doch jede echte Religion umwittert, hielt er sich geflissentlich fern. Für ihn war Religion identisch mit der Ethik eines gläubigen, aber dogmatisch ungebundenen Christen.

Dies zeichnet sich auch in seiner Kirchenmusik ab: es gibt bei ihm kaum die esoterische Wortdeutung, wie sie Bach gepflegt hat. Seine religiöse – nicht immer die liturgische – Musik steht dem Gestus Händels näher, der im Universalen, Allumfassenden, seinen transzendenten Gott findet und anbetet. Nicht dem mystischen Mikrokosmos Bachscher Spekulation, sondern dem Newtonschen Makrokosmos Händels ist Mendelssohn verwandt. Auch eine gewisse Ähnlichkeit mit Mozarts Freimaurer-Religion zeichnet sich ab; allerdings hat der Geist eines Schleiermacher auf Mendelssohn tiefer eingewirkt als das katholische Denken seiner Zeit auf Mozart. Mendelssohn stand immerhin der katholischen Religion nicht ganz ferne, aber der Kirche hat er wegen ihrer politischen Ansprüche mißtraut. Dem Judentum war er entfremdet; aber am Schicksal der Juden hat er zeitlebens lebhaften Anteil genommen. Bis zu einem gewissen Grad hat er sich sogar mit ihnen solidarisch gefühlt, besonders, wenn sie von Staats wegen Unrecht erleiden mußten. Er hatte, trotz seiner Bibelfestigkeit, weder Interesse noch Verständnis für Bibelkritik, noch auch für ernsthafte, d. h. wissenschaftliche Geschichte der biblischen Zeit. Dieser fundamentale Mangel hat sich in seinen Oratorien sehr nachteilig ausgewirkt. Schließlich durfte ein Geist wie Mendelssohn nicht an die Bibel herangehen wie ein Konfirmand. Hier stehen wir an den Grenzen seines religiösen Verständnisses; sie sind identisch mit den Grenzen, die seiner Kirchenmusik gesetzt waren. Seine Ethik und Gottesfurcht standen weit höher als sein religiöses Denken.

ZWISCHENSPIEL I

ROMANTIKER UND «NEUTRALE» IN DEN MUSIKACHSEN EUROPAS

«Allerdings ist *ein* Weg, in Deutschland anerkannt zu werden, der über Paris und London; doch ist er nicht der einzige.»

Unveröffentlichter Brief Felix Mendelssohns an Zelter vom 19. Dezember 1831

1. DER BEGRIFF DER ROMANTIK IN LITERATUR UND MUSIK

Jedermann, der nur ein paar Programmnoten gelesen hat, weiß, daß die Ausdrücke, mit denen die historischen Stilperioden der Musik bezeichnet werden, andern Künsten oder Disziplinen entlehnt sind. «Antike», «Mittelalter» und z.T. auch «Renaissance» stammen aus dem Wortschatz der Geschichte; «Barock» und «Rokoko» aus der Architektur, «Klassik» aus der Kunstgeschichte, «Romantik» aus der Literatur, «Moderne» aus der Kulturgeschichte. Ein so angesehener Gelehrter wie Hugo Riemann wollte das ändern: er setzte für Barock plus Rokoko den musikalischen Begriff «Generalbaßzeitalter»; für Romantik «Musik nach Beethoven» (bis 1900); er teilte die Klassik in zwei geographisch getrennte Gebiete: «Die Mannheimer Schule» und «Die Wiener Klassiker». Aber dieser Kategorisierung war kein Erfolg beschieden; die alten oder neuen bequemen Schlagworte ließen sich nicht mehr verdrängen. Sehen wir zu, was ernsthafte Denker darüber zu sagen haben. Ein so bedeutender Gelehrter wie Friedrich Blume schrieb: «Die Wörter ‹klassisch› und ‹Klassizismus› werden auf die Musik häufig, aber meist in sehr unbestimmtem und häufig in wechselndem Sinn angewendet. Eine Stilperiode oder ein bestimmter Stil ist darunter überhaupt nicht zu verstehen».[1] «Die Wörter ‹romantisch› und ‹Romantik›, ursprünglich aus der Literatur des 18. Jahrhunderts stammend, gehören seit dem Beginn des 19. Jahrhunderts zum alltäglichen Wortschatz der Musik, ohne jemals eine ganz fest umrissene Bedeutung angenommen zu haben. Auch in der Musikgeschichtsschreibung haben sie sich eingebürgert, so vage ihr Gebrauch von Anfang an bis zur Gegenwart geblieben ist, und so sehr zu bezweifeln ist, ob mit ihnen eigentlich ein Stil, eine Technik, ein Formenkanon oder nur eine allgemeine künstlerische Anschauungsweise ... bezeichnet wird. Gewiß scheint, daß sie zur Abgrenzung einer geschichtlichen Epoche ungeeignet sind.»[2]

Da uns weniger an abstrakt-ästhetischen Erörterungen als an historisch belegbaren Tatsachen gelegen ist, um die Situation zu Anfang des 19. Jahrhunderts zu beleuchten, müssen wir mit dem geschichtlich greifbaren Anfang der sogenannten «romantischen Schule» beginnen. Dieser Ausdruck stammt von einem ihrer Gründer, dem Dichter und Philosophen Friedrich Schlegel, der sich mit gleichgesinnten Geistern

1797 in Berlin zur «romantischen Poesie» bekannte. Die Genossen waren Novalis-Hardenberg, A. W. Schlegel, Friedrichs Bruder, Ludwig Tieck und Friedrich Schleiermacher, der nachmals berühmte Theologe und Kanzelredner. Im «Manifest» der Romantik, dem sogenannten «Zentralfragment», stehen dann Friedrich Schlegels lapidare Sätze:

Die romantische Poesie ist eine progressive Universalpoesie. Ihre Bestimmung ist nicht bloß, alle getrennten Gattungen der Poesie wieder zu vereinigen und die Poesie mit der Philosophie und der Rhetorik in Verbindung zu setzen. Sie will und soll auch Poesie und Prosa, Genialität und Kritik, Kunstpoesie und Naturpoesie bald mischen, bald verschmelzen..., den Witz poetisieren und die Formen der Kunst mit gediegenem Bildungsstoff jeder Art anfüllen und sättigen und durch die Schwingungen des Humors beseelen...[3] *Die romantische Poesie ist unter den Künsten, was der Witz der Philosophie, und die Gesellschaft, Umgang, Freundschaft und Liebe im Leben ist. Andere Dichtarten sind fertig und können nun völlig zergliedert werden. Die romantische Dichtart ist noch im Werden, ja, das ist ihr eigentliches Wesen, daß sie ewig nur werden, nie vollendet sein kann... Die romantische Dichtart ist die einzige, die mehr als Art, und gleichsam die Dichtkunst selbst ist; denn in einem gewissen Sinn ist oder soll alle Poesie romantisch sein.*[4]

Nicht viel später faßt er seine Ziele dichterisch zusammen:

Der Bildung Strahlen all in eins zu fassen,
Vom Kranken ganz zu scheiden das Gesunde,
Bestrebten wir uns treu im freien Bunde.

Dieser «Bund» bezog sich auf die oben genannten hochgeistigen Weggefährten. Die ausgesprochenen Gedanken geben eine immerhin verständliche, weil zum Teil überprüfbare Umschreibung der «Romantischen Schule». Dennoch geschah es nicht selten, daß, ungeachtet aller Tendenzen zur Systematisierung, der Hauptideologe der Romantischen Schule, eben Friedrich Schlegel, den Ausdruck «romantisch» im landläufig-populären Sinn gebrauchte, so z. B., wenn er von «Mignons und des Harfners romantischen Gesängen» spricht und dergleichen.[5] Ohne Zweifel wurden Grundsätze der neuen Richtung von allen Schriftstellern, die sich der «romantischen Schule» angehörig fühlten, selbst den geringsten, bejaht und befolgt. Etwas Ähnliches hat es aber in der Musik seit der *Ars Nova* nicht mehr gegeben und wäre auch für die Komponisten nie als verbindlich angesehen worden.

Unsere Zeit hat die Romantiker schärfer beurteilt als das 19. Jahrhundert, ähnlich wie Fr. Schiller, der Schlegel einen «kalten Witzling» und «naseweis» schalt. Aber schon ein ihnen näher stehender Dichter wie Jean Paul hatte gewisse Romantiker im Sinn, als er diese Blasierten «Abgebrannte des Lebens» nannte, «für sie gibt es keine neue Freude und keine neue Wahrheit mehr». Und gerade in der Musik hat Schlegels «Sehnsucht nach dem Unendlichen» manches Unheil angerichtet.[6] Am strengsten von allen Kritikern ist allerdings Heinrich Mann mit der romantischen Literatur ins Gericht gegangen:

Die Klassiker haben befestigt und erhalten, was den Deutschen je zu eigen war an Form und Vernunft... Die armen deutschen Romantiker, die Gabe voraus zu wissen haben sie sich nicht beigelegt; sie zogen ein Halbdunkel vor, sogar über ihre Lage bei Lebzeiten. Die Weltflucht ist bedingt durch ein fragwürdiges Gewissen... Das Lebensgefühl der Romantiker ist das niedrigste, das eine Literatur haben kann. Das kommt nur vor, wo, mit oder ohne Nötigung, falsch gehandelt wurde... Goethe, der große Liebhaber des Lebens, mochte die ganze Gesellschaft nicht. Er nannte sie krank.[7]

Selbst wenn man annimmt, daß Begriff und Ausdruck der literarischen Romantik einigermaßen widerspruchsfrei umschrieben waren, sind Postulate wie die oben zitierten in der Musik unausführbar und daher sinnlos.[8] Es ist aber trotzdem unleugbar, daß das bequeme Modewort «Romantik», mit dem sich so vieldeutig und nichtssagend operieren läßt, nicht so bald aus der musikalischen Literatur verschwinden wird, solange sich Schwätzer und sogenannte «Stilkritiker» als Gelehrte aufspielen.

Wir lassen nun einen Zeitgenossen der musikalischen Romantiker sprechen, der die Problematik jener Richtung mit scharfem Auge betrachtete und erkannte. Es ist A.B. Marx, einst ein intimer Freund des jungen Mendelssohn, der mit jenem später brach, wovon noch die Rede sein wird. In seiner «Musik des 19. Jahrhunderts» (Leipzig 1855) schreibt er:

... einen solchen Fortschritt hat man vielfältig mit dem Namen ‹Romantik› oder ‹romantische Schule› bezeichnet. Was versteht man darunter? Vor allem: ist das, was in der Litteratur Romantik heißt und in Deutschland vor einem halben Jahrhundert... an die Namen Tieck und Schlegel sich knüpfte, dann in Frankreich einen zum Teil burlesken Nachwuchs erlebte: ist das neu? des Namens Fortschritt, der Hoffnung auf eine Zukunft würdig? Dann: sollte nicht schon das Wesen der Musik ‹romantisch› sein durch und durch? Und sollte dieser romantische Hang nicht von jeher, seit Musik sich zur freien Kunst erhoben, wenigstens in einzelnen Partien und Schöpfungen sich kundgegeben haben? Wie dem auch sei: einige Komponisten scheinen das ersehnte Clair-obscur *der Romantik in dem «Schwärmerischen und Phantastischen» zu gewahren. Ihnen behagt dies gänzlich Zusammenhangfreie der Akkorde, dies kosmopolitische Vagabondieren durch alle Gauen des Tonsystems, dies heimatlose Verleugnen all' und jeder Tonart... Ihnen gefällt, daß die Melodie ‹grenzenunbewußt› dahinschweife wie duftige Nebelstreifen... um zuletzt als Wolke den Regen niederzusenden, diese «Thränen des Weltallschmerzes».*

Umgekehrt haben andre gerade das Vordringen der Tonkunst in die Sphäre bestimmter Gestalten als das Romantische bezeichnet. Hier tritt kühner als Alle Hector Berlioz hervor, der einzige Franzose, dem Kraft und Liebe für bedeutende Schöpfungen im Gebiete der reinen Musik gegeben worden...[9]

Im Gegensatz zu den romantischen Literaten haben sich die romantischen Musiker keineswegs «als eine streng geschlossene und historisch abgegrenzte Gruppe mit gemeinsamen Zielen» verstanden.[10] Mendelssohn hat sich jedenfalls nie zu ihnen gezählt. Es wäre ihm schon gesinnungsmäßig unmöglich gewesen. Schon wenn man die Entwürfe der sogenannten «Alten» Romantiker betrachtet, wird man finden, daß sie in allen Punkten den ästhetischen und ethischen Idealen, die Mendelssohn hegte, die er vom Vater und Großvater, aber auch von Hegel überkommen hatte, zuwiderliefen:

ästhetisch: *Wie? es wäre nicht erlaubt, in Tönen zu denken und in Worten und Gedanken zu musizieren? O, wie schlecht wäre es dann mit den Künstlern bestellt! Wie arm die Sprache, wie ärmer die Musik!*
Dies war Ludwig Tiecks Meinung, die er in «Verkehrte Welt» aussprach.

Es wurde schon betont, daß unser Meister für synästhetische Experimente wenig übrig hatte. Die vollständige Antwort auf die von Tieck erhobene Forderung hat er später in einem vielzitierten Brief an einen Verwandten seiner Frau gegeben.

ethisch: *Die erste Regung der Sittlichkeit ist Opposition gegen die positive Gesetzlichkeit und konventionelle Rechtlichkeit – eine grenzenlose Reizbarkeit des Gemütes.*[11]
Eine für Mendelssohn ganz und gar unannehmbare Haltung.

2. DIE MUSIKALISCHEN ACHSEN

Im folgenden wird eine Auffassung vorgelegt werden, die an Stelle ästhetischer Überlegungen gewisse historische Gegebenheiten ins Auge faßt und aus ihnen eine Theorie entwickelt, die das im Titel des Zwischenspiels ausgesprochene Dilemma unter Hinweis auf historische Tatsachen auflösen würde. Wenn es schwierig ist, die klassische oder romantische Richtung in der Musik zu definieren, so ist es nahezu unmöglich, jene Komponisten in *einer* Kategorie unterzubringen, die, sei es in Worten oder unausgesprochen, sich keiner dieser Richtungen verschworen. Sie erleiden, zumindest in der Musikgeschichte, das Schicksal des «parteilosen Künstlers»: das Prokrustesbett der Geschichte steht immer bereit für diese Art der «problematischen Unabhängigen». An Stelle der semantisch unklaren Begriffe «Klassisch» oder «Romantisch» wird im folgenden eine geographische Begriffsbestimmung versucht. So kann man von einer Pariser, einer Wiener, einer Norddeutsch-Berliner Schule sprechen; ihnen entsprechen auf rein instrumentalem Gebiet die Verbindungslinien (oder Achsen):

I. Wien-Norddeutschland – (London),
mit ihren Repräsentanten (Beethoven), Schubert, Hummel, Moscheles, Spohr, Bruckner;

II. Norddeutschland (Berlin – Leipzig) – Paris – (London);
ihnen entsprechen die Repräsentanten Mendelssohn, Schumann, Chopin, Berlioz, Liszt.

Zur ersten Gruppe gehören die wesentlich naiven Genies und Talente; zur zweiten die reflektierenden Naturen. Die erste Achse tendiert zum Klassizismus, die zweite zur Romantik. Auf die hier verwendete Unterscheidung hat zuerst Schiller in seinem großen Essay «Über naive und sentimentalische Dichtung» aufmerksam gemacht. Dort heißt es:[12]

Der Dichter, sagte ich, ist *entweder Natur oder er wird sie* suchen. *Jenes macht den naiven, dieses den sentimentalischen Dichter... da der naive Dichter bloß der einfachen Natur und Empfindung folgt, und sich auch bloß auf Nachahmung der Wirklichkeit beschränkt, so kann er zu seinem Gegenstand auch nur ein einziges Verhältnis haben, und es gibt, in dieser Beziehung, für ihn keine Wahl der Behandlung... Ganz anders verhält es sich mit dem sentimentalischen Dichter. Dieser reflectirt über den Eindruck, den die Gegenstände auf ihn machen, und nur auf jene Reflexion ist die Rührung gegründet, in die er selbst versetzt wird, und in die er uns versetzt...*

Der «sentimentalische» Ansatz ist nichts anderes als «das Resultat der Intention, das naive Gefühl unter der Aegis der Vernunft zu reconstruieren». In dieser Perspektive gesehen, gehörte sicherlich die große Mehrzahl der Musiker der ersten Achse zur Kategorie der naiven Künstler in Schillers Sinn. Die Kleinmeister, wie Hummel, Pleyel, Vanhal u. a., waren recht eigentlich überaus geschickte Kunsthandwerker oder Nachahmer. Robert Schumann empfand dies schmerzlich, als er feststellte:

Es giebt auch Talentlose, die recht viel gelernt haben, die durch Umstände zur Musik angehalten worden sind – die Handwerker.[13]

Dieser Ausspruch enthüllt die wachsende Entfremdung zwischen den «Naiven» und den Reflektierenden; etwas hochmütig wirft Schumann die Naiven mit den «Handwerkern» in einen Topf. Die Generation der Instrumentalkomponisten, die hier allein zur Diskussion steht, lebte und wirkte zwischen 1790 und ca. 1840. Zwei Revolutionen haben ihr Denken, aber auch ihre soziale Stellung bestimmt: die vergangene von 1789, und die sich vorbereitende von 1848. Die meisten dieser «Neutralen» kamen aus Deutschland, der Donaumonarchie und einige aus Italien. Frankreich ist kaum vertreten, mit Ausnahme von Berlioz, und England ist zwar Ziel, aber gewiß nicht der Ausgangspunkt der allermeisten. Die Mehrzahl von ihnen wurde von Paris oder London absorbiert. Wir geben hier eine unvollständige Liste:

F. J. Gossec, Paris	J. H. Voříšek, Wien	L. Spohr, Berlin-Paris	A. Reicha, Prag-Bonn-Paris
M. Clementi, Wien London	J. W. Dussek, Berlin-London	J. B. Cramer, London	F. Mendelssohn Berlin-Leipzig-London
I. Pleyel, Wien-Paris	J. B. Vanhal, Wien	L. Berger, Berlin-London	
L. A. Kozeluch, Wien	G. L. Onslow, London-Paris	I. Moscheles, Wien-London-Leipzig	

Nicht berücksichtigt sind hier drei zu ihrer Zeit hochangesehene Komponisten, weil ihr Hauptgebiet die Oper war: Rossini, Spontini, und wohl auch Cherubini, der, nicht viel anders als Beethoven, sich völlig «neutral» verhielt, was, auch hier, tiefe persönliche Gründe gehabt zu haben scheint. Obwohl Italiener, gravitierten sie doch alle nach Paris; Spontini allerdings war viele Jahre Generalmusikdirektor der Berliner Oper, wenn auch sehr angefeindet. Von den vierzehn Komponisten der Liste tendierten mindestens fünf nach London, vier nach Paris, obgleich nur einer von ihnen Franzose war, vier mindestens vorübergehend nach Wien, davon drei Böhmen, und zwei oder drei nach Berlin oder Leipzig. Noch ein gebürtiger Engländer wäre zu erwähnen, der auch über Wien kam: Thomas Attwood, der ein Schüler Mozarts und ein Gönner Mendelssohns war. Man ist also wohl berechtigt, von einer Wien-London-Achse zu sprechen, besonders wenn man bedenkt, daß Haydn zweimal in London war und Mozart kurz vor seinem Tod dorthin eingeladen wurde. Die meisten der erwähnten Komponisten verbrachten viele Jahre ihres aktiven Lebens in London oder Paris, auch wenn sie in Wien studiert hatten. Warum blieben sie nicht in Wien?

3. DIE «NEUTRALEN»

Die unschuldige Frage erklärt viel von der problematischen Position dieser Gruppe. Nach Beethovens und Schuberts Tod wurde Wien zu einer «Musikalien-Börse» der klassischen Tradition auf dem Gebiet der Instrumentalmusik und zu einer Filiale des italienischen Sänger- und Opernexports. Die romantischen Komponisten waren in Berlin, Leipzig, Dresden und Paris zuhause. Wien hatte seine beherrschende Stellung in der Instrumentalmusik verloren, war von jeher – in der Literatur nicht weniger als in der Musik – der Romantik abhold; der Hochadel, noch vor einer Generation Schutzpatron der Klassiker (wenn auch keineswegs ein heiliger), hatte nach dem Wiener Kongreß viel Geld und auch das Interesse an ernster Instrumentalmusik verloren. Nach der Wiederbesetzung Oberitaliens wandten sich die Aristokraten von neuem der italienischen Oper zu; schließlich war der österreichische Kaiser auch König der Lombardei, und seine nächsten Verwandten saßen als Großherzoge in der Toscana, in Parma und Modena, und als Könige in Neapel. Das alte Sprichwort bewährte sich aufs Neue: die politisch niedergeworfenen Italiener beherrschten ihre Besieger in der Oper und in ihrer Musik. Wie sonst ist es zu erklären, daß von unserer Gruppe nur die drei separat Genannten in der Operngeschichte Bedeutendes erreichten? Der wahre Grund, abgesehen von der ewig wechselnden Theatermode, bringt ein Element in die Diskussion, das für die gesamte Musik des 19. Jahrhunderts von größter Bedeutung wurde: nämlich das Prinzip der Spezialisierung. Die meisten der oben genannten Komponisten waren Pianisten, d. h. Klaviervirtuosen. Betont ist hier der Ausdruck Klavier, weil sie nicht für irgendein Tasteninstrument schrieben, wie frühere Generationen, sondern weil sie sich auf das moderne Pianoforte spezialisiert hatten. Einzig das letzte und jüngste Mitglied unserer Gruppe, eben Mendelssohn, meisterte noch alle Tasteninstrumente, Klavier, Cembalo und Orgel – dies war natürlich und erforderlich für einen Wiedererwecker der älteren Musik, wie er es war. Anderseits führte die romantische Spezialisierung zum Extremfall eines Frédéric Chopin, der sich nahezu ausschließlich auf das Klavier beschränkte.

Hatten die Komponisten unserer Gruppe überhaupt etwas miteinander gemeinsam, außer ihrer Betätigung als Klaviervirtuosen? Sie waren aber Zeitgenossen und daher bedrängt von einem Problem, das sie alle anging: sollten sie Musik schreiben, die sich leicht verkaufte, also nicht zu schwer für Finger und Kopf war, oder sollten sie nach dem idealen Parnaß streben und allein der hohen Kunst dienen, auf die Gefahr hin, hungern zu müssen? Dies war nicht nur ein Problem der Komponisten, sondern auch der Dichter, wie wir aus dem Briefwechsel Schillers mit Goethe entnehmen, vor allem aber aus seiner berühmten Rezension von G. A. Bürgers Gedichten. Dort legte Schiller mit unfehlbarem Urteil den entscheidenden Punkt bloß:

Ein Volksdichter für unsere *Zeiten hätte also bloß zwischen dem Allerleichtesten und dem Allerschwersten die Wahl: entweder sich ausschließlich der Fassungskraft des großen Haufens zu bequemen und auf den Beifall der gebildeten Classe Verzicht zu thun – oder, den ungeheuren Abstand, der zwischen beiden sich befindet, durch die Größe seiner Kunst aufzuheben und beide Zwecke vereinigt zu verfolgen ...*[14]

Von den großen Meistern hatte vor allem Mozart das Problem erkannt und in seiner drastischen Weise dargelegt:

Die Concerten sind eben das Mitteldings zwischen zu schwer und zu leicht, sind sehr brillant, angenehm in die Ohren, natürlich ohne in das Leere zu fallen; hie und da können auch Kenner allein *Satisfaction erhalten – doch so, daß die Nichtkenner damit zufrieden seyn müssen, ohne zu wissen, warum.*[15]

Unter den «Neutralen» gab es einige wenige, welche die billige Popularität scheuten: so etwa Cherubini, Dussek, Berger und Voříšek. Der einzige, der nie und nimmer zu Konzessionen an den Publikumsgeschmack bereit war, ein wahrer «Fels im Meer», war Cherubini; und er, Reicha, Spohr, und vielleicht noch Voříšek, alle um die «hohe Kunst» bemüht, sind auch die einzigen, deren Musik heute noch gelegentlich zu hören ist. Ist das purer Zufall? Als junger Mann hat Mendelssohn danach gestrebt, das hohe Ziel, das Schiller angedeutet hatte – die Vereinigung des Populären mit dem Klassisch-Künstlerischen – zu erreichen, jedoch nicht mit vollem Erfolg. Mehr wird darüber im Zusammenhang mit den *Liedern ohne Worte* zu sagen sein. Im allgemeinen hat die Geschichte Schiller Recht gegeben: nur die größten Genies sind imstande gewesen, die Kluft zwischen der klassischen und der populären Musik zu überbrücken. Ja, es war einigen gelungen, selten genug: Mozart, in einigen Stücken, vor allem in der *Zauberflöte*, Beethoven in seinen *Bußliedern* und im Finale der *Neunten Symphonie*, Schubert in manchen seiner Lieder und sicherlich auch Haydn und Weber, diesen Lieblingen der deutschen und mitteleuropäischen Bourgeoisie.

Um auf die «Neutralen» und ihre Haltung gegenüber dem Formproblem zurückzukommen: wenn sie Sonaten schrieben, neigten sie zu Modellen des frühen, höchstens des mittleren Beethoven, ohne sich in Experimente einzulassen.[16] Doch sind auch zyklische Versuche bei ihnen anzutreffen. Sie haben nicht die «autobiographische» Funktion wie oft bei Beethoven, erscheinen eher wie die folgenden Beispiele von Schubert (Klaviertrio op. 100):

Musikbeispiel 31a

Musikbeispiel 31b

Dieses Werk kann aber der junge Mendelssohn nicht gekannt haben; seine Vorbilder waren eher Dussek mit seinem zu Unrecht vergessenen g-moll-Konzert und Moscheles mit seinen Klavierkonzerten, oder gar C.Ph.E. Bach. Felix' Lehrer Ludwig Berger trieb den Willen zur völligen Integration ins Extrem: er komponierte eine Sonate, nicht etwa ein Variationenwerk, über die eintaktige, keineswegs interessante Figur (op. 18):

Musikbeispiel 32

Diese Sonate, komponiert 1816, wurde erst 1825 veröffentlicht, und dies nur auf die energische Intervention des damals führenden Musikkritikers von Deutschland, Ludwig Rellstab, hin. Dieser war so eingenommen, ja, hingerissen von der Sonate, daß der sonst eher nüchterne, allem Überschwang abholde Kritiker in eine veritable Lobeshymne ausbrach:

[das Werk] *ist nicht nur ein Meisterstück an kontrapunktischer Wissenschaft, in der mannigfachen Benutzung der Figur durch Verlängerung, Umkehrung, Veränderung des Rhythmus, der Taktart, sondern... voll phantastischer Erfindung, ein... inniger Verein der Arbeit und der Phantasie.*[17]

Ein leises Echo dieser überspitzten motivischen Arbeit findet sich in den Klaviersonaten Mendelssohns, op. 6, 105, 106. In op. 6 sind die Ecksätze miteinander motivisch verknüpft, in op. 106 die Mittelsätze, und das verbindende Motiv stammt aus dem ersten Satz, während das Finale einen Teil des Scherzos zitiert, etwa wie Beethoven im Finale seiner *Fünften Symphonie.* Es scheint, daß Berger seinen brillantesten Schüler für die Antinomie interessierte, die in dem Gegensatz von dualistischen und zyklischen Ideen der Sonate liegt. Später hat Mendelssohn subtileren und feineren Methoden der Integration den Vorzug gegeben und auf wörtliche oder handgreifliche Zitate im allgemeinen verzichtet.

8. DIE REISE NACH ENGLAND

«Leben und Kunst sind aber nicht zweierlei.»
Aus einem Brief Mendelssohns an Devrient

I.

Da Mendelssohn und sein Werk von bedeutender Wirkung für die englische Musik des 19. Jahrhunderts waren, wollen wir zunächst den Stand der englischen Musik zur Zeit seines ersten Besuches skizzieren.

Es ist dabei für unseren Zweck unwichtig, zu entscheiden, ob Mendelssohns Einfluß für die englische Musik günstig oder schädlich war. Die Tatsache seines mächtigen Eingreifens wird durch solche Erwägungen nicht geändert. Heute noch, mehr als ein Jahrhundert nach seinem Tode, wird sein Name in breiten Schichten Englands immer noch mit Respekt oder sogar Verehrung genannt. Das ist erstaunlich angesichts der heftigen Angriffe und der hochmütigen Verachtung, denen seine Musik von zwei Seiten und für lange Zeit auch dort ausgesetzt war. Sowohl die Wagnerianer als auch die Vorkämpfer einer autonomen englischen Nationalmusik waren seine geschworenen Feinde. Trotz all dem hat Mendelssohns Name und Prestige sich einen bleibenden Platz im musikalischen Repertoire Englands gesichert. Um sein Wirken in England würdigen zu können, muß man aber in Betracht ziehen, wie das Musikleben Englands sich vor seiner Zeit ausnahm; und auch die Hauptvertreter der englischen Musik verdienen eine nähere Betrachtung.

Die Musik im vorviktorianischen England präsentierte eine brillante Fassade. Dahinter aber herrschten Chaos und Verfall der einst so soliden Struktur. Mehr als in irgendeinem europäischen Land bestimmten die Klassenunterschiede den musikalischen Geschmack. Nur die zwei Pfeiler der englischen Gesellschaft, die Aristokratie und die gehobene Mittelklasse, waren ernstlich am Musikleben interessiert. Aber sogar diese zwei Schichten unterschieden sich in ihren Interessensphären voneinander. Die Oper war beinahe ausschließlich, die symphonische Musik größtenteils die Domäne der Aristokratie und des sich entwickelnden Großbürgertums. Das Oratorium, die Singvereine (Glee clubs) und die Kirchenmusik waren dagegen bürgerliche Domänen.

Vor dem Beginn des 20. Jahrhunderts waren die Klassenunterschiede überaus strikt und wurden streng gewahrt, in der Musik nicht weniger als sonst im Leben. Zwar glaubte Moscheles, der als Pianist oft zu privaten Soireen eingeladen war, in seiner Einfalt:

Die Prinzipien, die mein Gastgeber (Lord Palmerstone) vertritt, sind reinster Toryismus. Glücklicherweise steht die Kunst, die ich repräsentiere, auf neutralem Boden.[1]

Doch entsprach die Realität durchaus nicht solchen liberalen Träumen.

«Patronat» oder «Protektion» (englisch *patronage*) waren die magischen Schlüssel, die alle Konzerthallen öffneten, alle Instrumente stimmten. F.-J. Fétis, der bekannte belgische Musikwissenschaftler, zu jener Zeit das Orakel der europäischen Musik, schrieb gerade damals einen sehr aufschlußreichen Brief über die Musik Englands. Darin heißt es:

Protektion ist alles in England; und die Künstler sind so fest überzeugt von der Macht der Protektion, daß sie weniger darauf ausgehen, ihre Begabungen zu entwickeln als einflußreiche Freunde zu erwerben. Wer sie unter den Mächtigen und Reichen besitzt, kann seines Glückes sicher sein.[2]

Für Fétis, der im Grunde seines Herzens ein Jakobiner war, existieren nur zwei Gesellschaftsklassen: die wertvolle Unterklasse, das Gros des Volkes, nach ihm immer verständig, fleißig, ehrenhaft; ihm fehlt aber die Zeit für ernste Musik. (Wenn diese Klasse Zeit findet, wählt sie Musik nur für «leichtes Amüsement» oder für die großen Chorfeste). Dagegen stellt er die Aristokratie, von ihm «die Pest Englands» genannt. Bei all ihrer Lächerlichkeit nennt sie sich doch die «elegante Welt» und hat die Künste als ihren legitimen Besitz usurpiert. Er beschreibt auch das Benehmen dieser eleganten Welt.

Wenn die ‹Eleganz› (fashion) ein Konzert besucht, ist sie kaum begierig der Musik zu lauschen; eher sucht sie dort einen angenehmen Treffpunkt... Das Schnattern dieser Herrschaften hört sich oft an wie der Lärm auf einem Markt oder öffentlichen Platz, und es dauert während des ganzen Stückes an.

Vor dieser beleidigenden Unart waren nur Starsänger oder Sängerinnen sicher.[3]

Manches in Fétis' Bericht mag übertrieben sein. Aber schließlich war er doch ein erfahrener, wenn auch vorurteilsvoller Beobachter und Kritiker, und so ist sein Bild des Londoner Musiklebens unerfreulich, aber glaubwürdig.

Es spricht für die englischen Musiker, daß die Profitmacher an dieser Protektionswirtschaft meistens Ausländer waren. Denn sowohl Oper wie Symphonie waren von kontinentalen Managern und Künstlern beherrscht. Ob das eine Folge der Georgianischen Vorliebe für deutsche Komponisten und italienische Sänger war oder das Resultat der blinden Verehrung Händels und alles dessen, was auch nur lose mit ihm verknüpft war, muß dahingestellt bleiben. Die Frage, ob hier dynastisch-politische Interessen mit im Spiele waren (und es sieht manchmal so aus), wäre keineswegs irrelevant. Jedenfalls war die Instrumentalmusik Englands im Jahrhundert 1750 bis 1850 vorwiegend von Deutschen beherrscht. Die Oper dagegen verblieb nach wie vor, trotz Weber und Spohr, die Domäne der italienischen Gastspieltruppen.

Die Impresarios dieser *stagioni,* die oft ihr ganzes Hab und Gut, ihren Namen und ihre Reputation aufs Spiel setzten, sahen ihr Ziel darin, in jeder Saison eine Parade von Primadonnen zu präsentieren. Diese Damen waren denn auch die Hauptattraktion und mehr noch: die eigentliche Existenzberechtigung des englischen Opernbetriebes. Angefangen mit der berühmten Pasta enthält die Liste der Primadonnen viele einst gefeierte Namen: die Malibran, Grisi, Rubini, Tamburini, die Berlinerin

Henriette Sontag, die Französin Viardot-Garcia, dann Jenny Lind, die «schwedische Nachtigall», und viele andere. Die Opern Rossinis, Cimarosas, Bellinis, Donizettis und eine Menge heute vergessener Italiener beherrschten das Repertoire. Ja, es gab sogar eine Bewegung, welche alle Opern ohne Ausnahme italienisch gesungen hören wollte.[4] Eine Weile sah es aus, als ob sich diese abstruse Idee wirklich in London durchsetzen würde (zur selben Zeit übrigens auch in New York, dessen musikalischer Geschmack sich damals nach London orientierte). Ein Komponist wie Rossini wurde über den grünen Klee gepriesen und sogar der «Voltaire der Musik» genannt.[5] Dennoch blieb die Oper den weiten Kreisen des englischen Lebens fremd oder wurde mit einem gewissen Mißtrauen angesehen. Sie war nicht nur «ausländisch», sondern eben leichte Unterhaltungsmusik – überdies nur einer wohlgefüllten Börse zugänglich.[6] Ihre habituellen Schutzpatrone waren stets die Aristokraten.

Dabei fehlte es nicht an Versuchen, englische Opern zu komponieren und aufzuführen. Von diesen Unternehmungen und ihren ausnahmslos erfolglosen Komponisten weiß man heute nur durch musikgeschichtliche Spezialwerke. Das hartnäckige Fazit aller solcher Experimente blieb: eine englische Oper hatte sehr geringe Chancen, ein Repertoirewerk zu werden, das den Ansprüchen der Oberklasse genügte. Denn deren «Angehörige waren völlig im Banne der italienischen Oper und ihrer zahlreichen Primadonnen.»[7]

Wenn die Italiener in der Oper regierten, und nicht immer mit zarter Hand, waren es die Deutschen, die in den Konzertsälen den Ton angaben.

Die Parade der deutschen und österreichischen Musiker, die von König Georg III. und dem musikalisch hochbegabten Prinzregenten (später Georg IV.) begünstigt wurden, enthält beinahe alle bekannten Namen der Musikgeschichte, angefangen mit dem Wunderkind Mozart bis zu Liszt. Selbst das spätviktorianische England folgte mehr oder minder diesem Beispiel. Eine der merkwürdigsten Ausnahmen von der Vorherrschaft deutscher Musiker bildete natürlich Paganini; aber selbst dieser Teufelskünstler wurde nicht einmütig bejubelt, wie sonst überall in Europa.[8]

Deutlich beginnt sich die Virtuosenherrschaft im Konzertsaal abzuzeichnen; Opernsängerinnen, vornehmlich Koloratursoprane, dringen in Programme von Symphoniekonzerten ein, genau wie «Wunderpianisten». Das Publikum reagierte auf diesen neuen Musikertyp nicht viel anders als heute auch: es verlor mehr und mehr das Interesse an der Qualität der aufgeführten Musik und bestaunte die musikalischen Akrobatenkünste.

So begann der Einfluß Händels und seiner Schule langsam zu schwinden unter dem unaufhörlichen Ansturm neuer deutscher und italienischer Komponisten und Virtuosen. Diese Entwicklung datiert jedoch erst aus den zwanziger Jahren; und man kann nur wenige Konzertprogramme dieser Zeit finden, die Händel nicht den schuldigen Tribut zollten.

Zwei Programme, das eine konservativ, das andere mehr modern, mögen das Stil-Potpourri jener Jahre veranschaulichen.

I. Antient Concert. April 1829

Dirigent: Earl of Darnley
(Zu Ehren des Earl of Derby)

Act I.	Ouverture		
	Quintett (Flavius)		
	Recitative and Chorus from «Deborah»		G. F. Händel
	Recitative and Aria from «Il Pensieroso»		
	Concerto No. 5 (Grand)		
	Aria and Chorus		Guglielmi
	Recitative and Chorus Recitativo accompagnato «Hark, hark» Song «Revenge»	from Alexander's Feast	Händel
	Recitativo accompagnato «But bright Cecilia» Solo and Chorus «As from the»	from Dryden's Ode to St. Cecilia	Händel
Act II.	Symphony I-st. (?)		Mozart
	Duetto from «Clemenza di Tito»		Mozart
	Glee «Since I first saw»		Ford
	Duetto «Quel anelante»		Marcello
	Quartet «Sing unto the Lord»		
	Chorus «Cry aloud»		Croft
	Musette (From Concerto 6th Grand)		Händel
	Glee «Through the last glimpse»		Irish melody
	Recitativo accomp. and Aria		Cimarosa
	Grand Chorus: «Gloria in excelsis»		Pergolesi

IV. Philharmonic Concert

Leader Mr. Weischal
Conductor Mr. Attwood

Act I.	Sinfonia in A	Beethoven
	Duetto (From Barbiere)	Rossini
	Concerto Corno	Belloli
	Scena	Pacini
	Overture, Pietro von Albano	Spohr
Act II.	Sinfonia in C	Mozart
	Aria «Il mio tesoro»	Mozart
	String Quartet (?)	Beethoven
	Terzetto from «L'Inganno felice»	Rossini
	Overture to Lodoiska	Cherubini

Zwar vertritt jedes dieser Programme eine bestimmte Hauptlinie, das zweite betont deutlich Mozart und Beethoven, aber Konzessionen an den Publikumsgeschmack waren häufig und nicht immer zu vermeiden.

Die Soireen in den Stadtpalästen der Aristokratie folgten noch mehr der Tagesmode. Da war es gebräuchlich, einen Impresario zu engagieren, der sowohl für das Programm als auch für die ausführenden Künstler verantwortlich war. Die vornehmen Gastgeber behandelten die auftretenden Musiker oft wenig vornehm, manchmal sogar in unerhört beleidigender Weise. Es war gang und gäbe, daß der Herr oder die Dame des Hauses den Solisten mitten im Stück unterbrach mit den liebenswürdigen Worten: «C'est assez, mon cher.» Die Programme dieser Soireen suchten natürlich die letzten Opernerfolge der Saison und ihre Stars zu präsentieren.

Vollkommen verschieden vom Londoner Musikbetrieb verhielten sich die Dinge in der Provinz. Dort überschattete Händels gigantischer Name immer noch alle musikalischen Neuerungen. Aus der Synthese von Händels persönlichem Stil mit dem der älteren englischen Kirchenmusik entwickelte sich allmählich ein typisch englischer Geschmack. Er gewann seine Eigenart durch ein Zurückgreifen auf viele heute vergessene Komponisten, von Merbecke (16. Jahrhundert) bis zu Crotch (Anfang des 19. Jahrhunderts), aber Händel blieb sein Mittelpunkt und Rückgrat. Das Resultat solcher traditionsgebundener Bemühungen war eine unverkennbare und wirklich nationale englische Kirchen- und Volksmusik. Aus ihr erwuchs die Regeneration der englischen Musik Ende des 19. und Anfang des 20. Jahrhunderts.

Diese Musik, solid, konservativ, manchmal etwas steif, entsprach in jeder Beziehung der englischen Mittelklasse und war blutsverwandt mit ihr. In diesem Idiom fühlte sich das Gros des englischen Volkes ganz zu Hause. Die Komponisten dieses Genres pflegten die liturgische Musik, das Oratorium und den stilisierten Volksgesang (Glee). Die Tradition des chorischen Volksgesanges geht zurück auf die Zeit vor Händel und ist sogar älter als der Puritanismus, der sie pflegte. Man mag ihre Spuren schon bei Dowland und sicherlich bei Thomas Morley und den Elizabethanischen Madrigalisten finden.

Von den vorviktorianischen Komponisten muß Thomas Attwood (1765–1838) zuerst genannt werden, nicht so sehr wegen seiner Kompositionen, sondern weil er die Brücke darstellt zwischen Mozart und der englischen Kirchenmusik. Attwood war Mozarts persönlicher Schüler und führte seinerseits den jungen Mendelssohn in die englische Kirchenmusik ein. Als ein Musiker, der dem «Kontinent» ebenso nahe stand wie seinem Vaterland, pflegte er einen Geschmack, der für die damals gängige anglikanische Kirchenmusik nicht eben charakteristisch war. Seine Musik war zu lyrisch und gefiel sich in der Nachahmung längst aus der Mode gekommener Rokoko-Manieren des jungen Mozart. Das änderte nichts an der Tatsache, daß Attwood ein großes Prestige hatte, was sich auch darin ausdrückte, daß er, als Hauptorganist der St. Pauls-Kathedrale in London, eine Machtposition innehatte und so nach englischem gutem Brauch geadelt wurde.

Die Brüder Samuel und Charles Wesley (1766–1837; 1757–1834) schrieben Kirchen-Musik von kernigerer Substanz. Obwohl Neffen des «dissidenten» Dr. John Wesley, des Gründers und Bischofs der Methodistenkirche, waren sie eifrige Vorkämpfer der Gregorianik und setzten sich für ihre Erneuerung aktiv ein. Nicht minder bahnbrechend wirkten sie für J.S. Bach und sein Werk. Samuels Sohn, Samuel Sebastian Wesley, war wohl der begabteste Komponist jener bemerkenswerten Dynastie (1810–1874). Seine liturgische Musik repräsentiert noch heute einen Gipfel anglikanischer Kirchenmusik des 19. Jahrhunderts. Zwar ein durchaus origineller Komponist in den meisten seiner Werke, vermochte er doch nicht ganz außerhalb von Mendelssohns Einflußsphäre zu bleiben, wie man in seinem berühmten *Service in E* spüren kann. Trotzdem gibt es in diesem Werk nicht einen einzigen Takt, der Mendelssohn mechanisch kopiert. Wesley blieb selbst in der gefährlichen Nähe Mendelssohns sich und seinem Stil treu.

Außer den großen Kathedralen und Bischofssitzen, die die meiste Kirchenmusik der viktorianischen Periode produzierten, pflegten die altberühmten Universitätsstädte Oxford und Cambridge ein durchaus eigengesetzliches Musikleben, das hauptsächlich die Musik der Kollegiatskirche, des Oratoriums und der Glee clubs pflegte. Der Oxforder Professor für Musik war damals Dr. William Crotch (1775–1847), von dessen einst vielgesungenem Oratorium *Palestine* noch gelegentlich das Anthem «Lo, star-led chiefs» am Dreikönigstage gesungen wird. Ein zweiter Bakkalaureat von Oxford, William Horsley (1774–1858), war als Glee-Komponist bekannt und beliebt. Einige seiner populären Stücke werden heute noch gesungen. Er und seine ganze Familie wurden intime Freunde von Mendelssohn, und Horsley gab sich alle Mühe, den jungen deutschen Komponisten mit dem Geist und der Technik der Glees vertraut zu machen. Diese Bemühungen waren nicht umsonst. Mendelssohns Männerchöre, die ja die volkstümliche deutsche Chormusik so sehr bereichert haben, verraten ein wenig den Stil der Glees. Auch der Organist von Cambridge, Dr. Thomas Walmisley, Attwoods Patensohn (1814–1866), zählte zu Mendelssohns Freunden und Bewunderern.

Die verschiedenen Richtungen wurden von einer relativ kleinen Zahl musikalischer Institutionen repräsentiert. Ihre Namen kennzeichnen nicht nur ihre künstlerischen Ziele, sondern häufig auch die Gesellschaftsschichten, aus denen die Organisationen jeweils ihre Mitglieder gewannen.

Die wichtigsten musikalischen Institutionen jener Zeit waren:

Die *Concerts of Antient Music*, die offenbar nicht nur alte Musik, sondern auch veraltete Rechtschreibung pflegten. Nach ihren Statuten durfte kein Werk, das nicht mindestens 20 Jahre alt war, in ihren Konzerten aufgeführt werden. Die Parallele mit alten Weinen, die die Mitglieder sehr wohl zu würdigen wußten, scheint man damals ernst genommen zu haben.

Die *Royal Philharmonic Society*, gegründet 1813, hatte zuerst alle solistischen Aufführungen aus ihren Konzerten verbannt; sie mußte aber nach drei Jahren Wasser in ihren Wein tun. Ihr Niveau war etwas höher als das der dritten mächtigen Organisation: *The City Concerts* wurden 1818 von Sir George Smart gegründet. Die Statuten erlaubten sogar Amateuren aufzutreten, aber nur als Sänger oder Instrumentalisten, nicht als Komponisten.

Die Vokalmusik wurde gepflegt von der *Caecilian Society* (später *Sacred Harmonic Society),* von den *Concentores Sodales* und vor allem von den *Glee clubs.* Im Juli 1823 wurde die *Royal Academy of Music* gegründet, die von allem Anfang an einen entscheidenden Einfluß auf die musikalische Geschmacksbildung in England nahm. Bedeutende Künstler wie Attwood, Smart, Horsley, Clementi und Moscheles lehrten an ihr.

Der musikalische Journalismus war noch keineswegs voll entwickelt und allzu oft ein Tummelplatz dilettierender aristokratischer Damen; aber die wenigen Zeitschriften jener Zeit führten ihre undankbare und heikle Aufgabe mit Würde und Anstand durch. Sie waren, soweit diese Dinge heute noch erfaßbar sind, völlig frei von kommerziellen Rücksichten. Das *Harmonicon* und die *Quarterly Musical Review* waren die bedeutendsten dieser Musikjournale.

Alle diese Institutionen waren in London zentralisiert. Aber das musikalische Rückgrat Englands war nicht die Metropole, wie viele musikalische Impulse auch von ihr ausgingen. Das englische Volk sah seine urwüchsige Tradition am besten verkörpert in den großen Chorvereinigungen der Provinzen mit ihren periodischen Musikfesten. Städte wie Gloucester, Worcester und Hereford organisierten die berühmt gewordenen *Three Choirs Festivals*, wobei jede der drei Städte abwechselnd ein Musikfest beherbergte. Leeds, Birmingham, Manchester, Edinburgh und viele andre Provinzstädte haben, und hatten schon damals, eine jahrhundertealte Tradition von Musikfesten. Ihr Repertoire pflegte ausschließlich das Oratorium, liturgische und Glee-Musik; erst in der Mitte des 19. Jahrhunderts drang symphonische Musik in die Programme der Chorvereinigungen ein, nicht ohne zähe Vorarbeit Mendelssohns in dieser Richtung.

Ein objektiver Überblick kann uns nicht im Zweifel darüber lassen, daß England in musikalischer Beziehung weit hinter Deutschland und Österreich zurückstand; kein Garten kann ertragreich sein, wenn er viele Jahrzehnte lang vernachlässigt war. Auch waren die regelmäßigen Besuche fremder Künstler eine Quelle gemischter Freuden; denn nicht alle konzertgebenden Deutschen oder Italiener standen auf der Höhe eines Haydn, Spohr, Weber oder Mendelssohn. Es gab musikalische Scharlatane und Pseudo-«Professoren» in Menge, genau wie in den U.S.A. vor 1900. Die angelsächsische Gesellschaft hegte immer noch starkes Mißtrauen gegen die bürgerliche Respektabilität aller Berufskünstler, besonders der Musiker. Auch in dieser Beziehung nahm Händel eine Ausnahmestellung ein. Es ist Mendelssohn gelungen, vielleicht durch sein Auftreten als *gentleman amateur*, in diesen Wall von Vorurteilen eine entscheidende Bresche zu schlagen.

II.

Der große Erfolg der Matthäus-Passion hatte Felix' Prestige erhöht, aber nichts zu seinem Ruf als Komponist beigetragen.

Schon als Jüngling hatte er sein Lebensziel in der Komposition gesehen; alles, was nicht direkt seinen Schaffenstrieb förderte, sah er bestenfalls als einen Umweg, oft genug auch als ein notwendiges Übel an. In diese Kategorie gehört auch sein Dirigieren. Als Komponist war er nun, gerade durch den hallenden, weitreichenden Erfolg seiner Aufführung der Matthäus-Passion, etwas in den Hintergrund getreten. Die unerwartete Folgeerscheinung, die Gefahr, als schaffender Künstler vergessen zu werden, deprimierte ihn. Zelter hatte ihn ja oft genug davor gewarnt, in Berlin eine Weltstadt der Musik zu erblicken – es war immer noch ein großes Dorf, wie der Alte manchmal sagte. Daher konnte er es nicht erwarten, Felix in die «Große Welt» zu schicken.

Die «Kavalierstour» durch ganz Europa war lange vorher geplant gewesen. Schon im September 1828 erwähnen einige Familienbriefe die große Reise als ein sicheres Projekt, doch werden keine Gründe angeführt. Felix fühlt, «daß die Leute seiner müde sind», und er schreibt, nicht ohne Bitterkeit:

es ist lang her seitdem das Publikum etwas Bedeutendes von mir gehört hat... und so bin ich in Vergessenheit geraten... Es war mir ein großer Schmerz zu hören, daß das Königliche Orchester sich geweigert hat, öffentlich unter mir zu spielen... Ich bin sicher, daß nicht eine einzige Person einen Konzertsaal wegen einer Komposition von mir aufsuchen würde, und ich könnte viele Konzerte anführen, bei denen Werke von mir aufgeführt werden.[9]

Man muß hier wohl zwischen den latenten und manifesten Motiven unterscheiden, welche Felix bewogen, seine zärtlich geliebte Familie auf Jahre zu verlassen. Zelter vor allem spürte, daß sein Lieblingsschüler dem provinziellen Kreis des musiktreibenden Berlin entwachsen war. Nur halb bewußt mag es dem streng erzogenen Jüngling gewesen sein, daß er sich dem wohlwollenden Despotismus des Vaters, der Eifersucht der Schwester und dem Snobismus der Mutter entziehen mußte, um sich selbst als Mann und Künstler zu finden.

Die von der Familie angegebenen Gründe sind jedoch mindestens ebenso plausibel. Vater Abraham schreibt an Moscheles kurz und bündig, daß Felix das Vaterhaus in wenigen Monaten verlassen und «in die Welt» gehen werde. Er sei ein Musiker und gedenke sein Leben der Musik zu widmen. Er wolle Italien, Frankreich, England und Deutschland bereisen, um sich an Ort und Stelle mit den großen Kunstwerken und Künstlern bekannt zu machen. Es sei ihm, Abraham, eine große Beruhigung, Felix in London in der Obhut von Moscheles und Klingemann zu wissen.[10]

Felix war seiner Ziele nicht ganz so sicher wie der energische Vater, und daher betont er, daß er nicht die Absicht habe, öffentlich in London aufzutreten. Wichtiger sei es ihm, seinen Stil und Geschmack zu entwickeln und zu festigen. Felix wußte noch nicht recht, ob er Wien oder London zum Ausgangspunkt seiner europäischen

Tour bestimmen sollte. Zum erstenmal ist hier die Rivalität der beiden Musikachsen des beginnenden 19. Jahrhunderts erwähnt: Wien – Neapel gegen London – Paris. Moscheles, der ja Beethovens Schüler gewesen war und daher Wien kannte, riet zu London. Nun, es war keineswegs ungewöhnlich, daß ein begabter deutscher Musiker in England auftrat. Mozart hatte als Kind dort geglänzt – und studiert, Beethoven hatte eine Reise nach England zumindest geplant, Haydn, Spohr, Weber und eine Schar kleinerer Meister hatten England bereist, hauptsächlich um aus den damals hochbezahlten Konzert-Touren Kapital zu schlagen. Deutsche Musiker waren zu jener Zeit sehr beliebt, wie wir gesehen haben, und die Aussichten waren günstig.

Aber Felix wollte ja gar nicht öffentlich auftreten! Er gefiel sich in der Rolle des brillanten Amateurs, als hochbegabter Musiker, aber immer noch als *gentleman of leisure* (gentleman mit einer interessanten Beschäftigung in seiner unbemessenen Freizeit). Diese aristokratische, Musik als Beruf verleugnende Haltung war bei Englands Gentry sehr beliebt und ist es bis zum 1. Weltkrieg geblieben. Um sie ganz zu verstehen, denkt man am besten an den radikalen Unterschied, den der Engländer zwischen einem hochklassigen Amateur-Sportler und einem «Profi» noch heute macht. Der letztere mag viel Geld verdienen, auch in der öffentlichen Gunst stehen, aber als wahrer «sportsman» zählt doch nur der Amateur.

Trotz aller Vorsätze gewannen Felix' musikalische Instinkte schließlich die Oberhand über seine gesellschaftlichen Bedenken. Er trat als Dirigent, als Pianist, als Komponist auf. Geld hat er dabei nicht verdient, aber das war ja auch nicht seine Absicht. Was er gewann, war Selbstvertrauen und eine gewisse Zielsicherheit, Eigenschaften, die dem jungen Künstler eine ungeahnte Würde verliehen. Seine Briefe verzichten auf die in den Berliner Salons beliebte Geistreichelei mehr und mehr; sie war bei ihm doch nur eine falsche Fassade gewesen. Diese Entwicklung zeigt sich nicht in den veröffentlichten Briefen an seine Familie; die sind noch voll von dem üblichen smarten Tratsch. Desto mehr spürt man den neuen Geist in den Briefen an die Freunde Devrient und Droysen. Devrient hatte in einem Brief seine Befürchtungen ausgesprochen, daß Felix im Taumel seiner gesellschaftlichen Erfolge seine wahre Sendung vergessen könnte. Felix antwortet ziemlich scharf, wenn auch herzlich. Unter anderm sagt er da:

...ich muß etwas wüten; nämlich über eine Stelle in Deinem Briefe, auf die ich recht tüchtig losziehen will. Mein Brief, schreibst Du, hätte mir bei Deiner Frau «genützt», sie hatte solch ein Mißfallen an meinem hiesigen Leben gehabt, und auch Du seist gar nicht damit einverstanden... Soll mir etwas bei Dir oder Deiner Frau nützen? Mir sollte nichts nützen und nichts schaden bei Euch; denn ich dachte ihr müßtet mich kennen... Was würdest Du sagen, wenn ich Dich recht bäte, Dich durch den Glanz der Spontinischen Opern nicht blenden zu lassen, sondern die gute Musik lieb zu behalten; Du würdest von mir mehr Vertrauen verlangen... Leben und Kunst sind aber nicht zweierlei, *und wenn ich gewiß bin, daß Du nicht fürchtest, ich möchte hier zum Rossini oder zum John Bull übergehen, so mußt Du deshalb auch nicht*

fürchten, daß mich das Leben ersäuft... Wahrhaftig, Dev., wenn ich mich bessere oder verschlechtere, so schicke ich Dir einen Expressen; bis dahin glaub ichs nicht. Ich meine natürlich, was gewisse Dinge betrifft, die die Leute Gesinnung nennen.

Hol der Teufel vieles, unter anderm auch die ganze vorige Seite, die nichts taugt. Ich weiß aber sehr wohl, was ich meine.[11]

Nur in solchen und ähnlichen Briefen zeigt sich sein wahrer Stolz. Dessenungeachtet ist er sein Leben lang für die freundliche und wohlwollende Aufnahme, die die Engländer ihm bereitet hatten, dankbar geblieben. Er wußte wohl, daß viele von ihnen wenig oder nichts von Musik verstanden, aber

ich möchte hier augenblicklich dem Publikum meine Meeresstille etc. vorspielen, und sie würden es weit besser fassen und verstehen, als der Zirkel gebildeter Leute in unserm Saal. Und doch verstehen sie nichts von Musik... Auch spiele ich hier bei Gott besser als in Berlin, und zwar deshalb, weil die Leute lieber zuhören.[12]

Es kann nicht geleugnet werden: Vater Mendelssohns Weitblick und Klugheit hatten den richtigen Weg gefunden, um Felix über seine Unsicherheit und Depression hinwegzuhelfen. Für alle Zukunft waren in seinem Sinn Moscheles und Klingemann, die getreuen Freunde und Hüter in der Fremde, mit dem geliebten Bild des Vaters verschmolzen. Wohl darum wurden sie seine liebsten und intimsten Freunde.

III.

Nach einer miserablen Überfahrt von Hamburg, wohin sein Vater und seine Schwester Becky ihn begleitet hatten, kam Felix am 21. April völlig erschöpft in London an. Während der Überfahrt war er von einer Ohnmacht in die andre gefallen, hatte den Stewart gescholten und sich und seine Ouvertüre *Meeresstille und Glückliche Fahrt* verflucht. Aber sofort besserte sich seine Laune, als er seine Freunde Klingemann und Moscheles erblickte, die ihn am Pier erwarteten.

So begannen seine Lehr- und Wanderjahre, die ihm eine Fülle von Anregungen und neuen Ausblicken gewährten. Nicht nur in London hat er übrigens die von ihm selbst gesteckten Grenzen des «stillen Beobachters» weit überschritten. Er lernte die Vielfalt des englischen Lebens kennen, sowohl in London wie in Schottland. Aber zuerst war er verwirrt durch die Vielfalt der neuen Eindrücke der Metropole, und in der ersten Hitze schrieb er:

Es ist entsetzlich! es ist toll! Ich bin confus und verdreht! London ist das grandioseste und complicirteste Ungeheuer, das die Welt trägt.

Dabei war das keineswegs das London unsrer Zeit; es gab keinen Flughafen, keine Eisenbahnen, keine Autos. Es war also eine vergleichsweise ruhige Stadt. Dennoch war Felix erschüttert von diesem ersten Eindruck.

Die ersten Tage und Wochen waren ausgefüllt mit kleinen Ausflügen, Besuchen und touristischem Flanieren. In England, wo er ungehemmt von seiner gewöhnlichen Reserve und der anerzogenen Berliner Korrektheit auftreten konnte, gelang es ihm, viele neue Freunde zu erwerben. Und Freunde sind sie ihm zeitlebens geblieben. Er sah und bewunderte die Malibran, damals auf dem Gipfel ihrer Popularität, und hat wohl auch mit ihr etwas geflirtet. So sehr er sie bewunderte, er wurde nie ein schmachtender Seladon; denn auf musikalischem Gebiet blieb seine Kritik unberührt von seinen persönlichen Empfindungen. Frau Moscheles führte ihn zu Besuchen und Promenaden in ihrem eleganten Wagen, und seine ausgezeichneten Empfehlungen verschafften ihm Zutritt zu verschiedenen Schichten der englischen Gesellschaft. Man kann nicht all seine Besuche, Bekanntschaften, Gesellschaften beschreiben, ohne entweder pedantisch oder klatschsüchtig zu werden; daher werden wir uns im folgenden auf die allerwichtigsten Erlebnisse und Begebnisse beschränken.

Die gesellschaftliche Atmosphäre Londons war in jenen halkyonischen Tagen vor Victorias Regierung alles eher denn philisterhaft oder kleinbürgerlich. Sogar ein so geschworener Bürgerlicher wie Klingemann meinte:

Es glaubt keiner, was neben dem Ernst der Institutionen und der Roastbeefs hier für eine Masse von Frivolität und Modetorheit umherfaselt – die Franzosen sind schwerfällig oder Mammuts gegen uns.[13]

Die Theatersaison war gerade auf der Höhe, als Felix ankam. Er sah einige Opern mit der Malibran und Henriette Sontag, der berühmten Berliner Primadonna. Sehr kritisch berichtet er über eine Hamlet-Aufführung in Covent Garden mit Kemble, dem bedeutendsten englischen Schauspieler seiner Zeit, und schließlich auch über einige französische Opern, für die er sich zeitlebens nicht erwärmen konnte. (Ob Spontinis Kabalen ihm das ganze Genre verleidet hatten?) Er besuchte das Parlament und war wie jeder echte Vormärz-Liberale davon stark beeindruckt. Als «Fremder von Distinktion» war er Gast bei einem pompösen Ball, den der Marquis von Landsdowne gab, und bei einem andern des Herzogs von Devonshire.

All das war neu für ihn; nie zuvor hatte er Festivitäten in solchem Stil gesehen. Er bewunderte die Schönheit der Frauen und die Eleganz der Räume, doch ließ er sich davon nicht blenden. Er erkannte mit klarem und nüchternem Blick den erschütternden Kontrast mit der jämmerlichen Armut der Massen und dem fürchterlichen Elend der Slums.[14]

Die Mai-Nummer des Londoner *Harmonicon* (1829) enthält in der Spalte «Extracts from the diary of a dilettante» die Nachricht von Mendelssohns Ankunft in England:

...der Sohn des reichen Berliner Bankiers und, wie ich glaube, der Enkel des berühmten jüdischen Philosophen und geistreichen Schriftstellers. Er ist einer der besten Pianisten von Europa, und trotz seiner Jugend vielleicht ein erfahrenerer Musiker als viele «professors» ...[15]

Moscheles fand für ihn ein recht bescheidenes Quartier bei einem deutschen Eisenhändler in Portlandstreet und hoffte, der Jüngling würde bereit sein,

die Attraktionen der Großstadt mit unserer ländlichen Einsamkeit zu vertauschen, wo seine Gesellschaft wie ein heilender Balsam auf unsere verwundeten Seelen wirkt.[16]

Carl Klingemann. Zeichnung von Wilhelm Hensel

(Moscheles hatte kurz zuvor ein Kind verloren.) Aber schon am 28. April, eine Woche nach Felix' Ankunft, schrieb sein Freund Klingemann, daß

Felix keine musikalische... Beziehung aus den Händen geben dürfe, seinen näheren Freunden zu Gefallen... und ich verlange von ihm, daß er kein appointment mit mir hält, wenn der Beruf ruft.[17]

Diese Haltung entsprach auch Felix' eigenen Wünschen.

Über seine musikalischen Eindrücke berichtet er ausführlich an seine Eltern am 25. April. Leider ist der Text dieses Briefes im Henselschen Buch so verstümmelt wiedergegeben, daß der Leser sich notwendig eine falsche Vorstellung von den Empfindungen Felix' machen muß. Im folgenden wird ein charakteristischer Teil jenes Briefes paraphrasiert.

Aber der «nicht öffentlich auftreten-wollende Mendelssohn» wurde doch etwas ungeduldig, als man von seiner Anwesenheit so wenig Notiz nahm; doch klärte sich diese kleine Komödie der Irrungen bald auf: Der Sekretär der Philharmonischen Gesellschaft, dem Felix seine Aufwartung gemacht hatte, nahm an, daß Felix ihm eine seiner neuen Kompositionen zur Aufführung überlassen werde, und notierte sich seine bisher gedruckten Werke. Aber es kam zu keiner definitiven Vereinbarung. Indessen machte Felix die Bekanntschaft vieler Musiker; außer den englischen Musikern Sir George Smart, J.B. Cramer, M. Clementi, John Taylor, Sir Thomas Attwood traf er die ihm von Berlin her bekannte Sängerin Henriette Sontag und lernte insbesondere die Malibran-Garcia kennen, die damals allgemein Furore machte. Auch mit einigen Mitgliedern der Hocharistokratie kam er in Berührung, reagierte aber scharf auf die unhöfliche Behandlung von seiten der Fürstin Lieven und des Herzogs von Montrose:

...Auch habe ich von diesen Vornehmen gerade schon soviel, als ich brauche, gehabt, nämlich ihren Anblick...[18]

Der «Beobachter» Felix wurde ungeduldig, als er am Ende der ersten Maiwoche noch nichts von der Philharmonischen Gesellschaft gehört hatte, und begann an andere Auftrittsmöglichkeiten zu denken, obgleich er noch am ersten Mai geschrieben hatte:

Im Philharmonischen Orchester ist hier die beste, vielmehr die einzige gute Gelegenheit, meine Ouverture zum Sommernachtstraum aufführen zu lassen;...ich werde auch nicht öffentlich spielen, als bis das Philharmonische Orchester etwas von mir gegeben hat.[19]

Endlich war das Eis gebrochen, die Kette der Mißverständnisse gelöst: Felix' *c-moll-Symphonie* wurde auf das Konzert-Programm des 25. Mai gesetzt. In einem unveröffentlichten Teil des Briefes vom 26. Mai, von dem Hensel wie gewöhnlich nur die gloriosen Stellen wiedergibt, erklärt Felix die Wartezeit. Er hatte nie eine offizielle Einladung erhalten; als er Sir George Smart um eine Erklärung angeht, wird er mit tausend Ausreden abgespeist: die Season sei schon zu weit vorgeschritten, man könne nichts Neues mehr aufführen etc. Der Sekretär belügt ihn gleichfalls, denn Felix erfährt, daß unerwarteterweise eine neue Symphonie von Spohr aufgeführt werden soll. Die *Sommernachtstraum-Ouvertüre* hätte sowohl im Privatkonzert von Moscheles als auch bei dem von Sir George aufgeführt werden können, aber der weise Moscheles riet Felix entschieden davon ab, sich «billig zu verkaufen». Es sah beinahe so aus, als ob alle musikalischen Pläne zunichte werden würden. Felix verhandelte bereits mit andern Künstlern und Unternehmern. Zufällig traf er zwei Direktoren der Philharmonischen Gesellschaft in einer Musikalienhandlung, in der Abwesenheit von Sir George. Nun klärte sich alles auf:

Sir George hatte, ebensowenig wie der Sekretär, den Direktoren kein Wort davon gesagt, daß ich hierher Musik mitgebracht hätte und sie gespielt haben wollte, im Gegenteil hatte Sir George immer erzählt, wie ich eigentlich nur zum Spaß *Musik machte und wie «ichs gar nicht nötig hätte», und wie ich hier nur als gentleman, keineswegs als professor mich befände... In einigen Tagen bekam ich die feyerliche Aufforderung durch den Sekretär mit der Bitte von J.B. Cramer, der den Tag Conductor war,* [die Symphonie] *selbst zu dirigieren.*[20]

Man sieht, daß nicht alles Freude und Sonnenschein war und daß Felix den Erfolg seiner *c-moll-Symphonie* und seines Auftretens abgewartet hatte, bevor er den Eltern über die vorhergehenden Schwierigkeiten berichtete. Der Erfolg des Werkes war so groß, daß sich mit einem Schlage alle Schwierigkeiten in eine Menge von Engagements und Vorverträgen auflösten. Das *Harmonicon* und die *Times* brachten überaus wohlwollende Besprechungen, aus denen nur eine Stelle zitiert sei, da sie schon Mendelssohns Beliebtheit in England vorausahnt:

Es ist nicht zu kühn zu behaupten, daß Mendelssohns letztes Werk, die Symphonie von der eben die Rede ist, sein ganz besonderes Genie für diese Kunstform beweist. Nur drei große Meister gibt es, die ihn darin überragen; aber die Annahme ist berechtigt, daß er bei weiterem beharrlichem Schaffen in wenigen Jahren als der Vierte in jener Linie angesehen werden wird. Sie hat ja der musikalischesten Nation Europas unsterblichen Ruhm gebracht...[21]

Da das Programm jenes denkwürdigen Konzertes nur schwer zugänglich ist, sei es hier wiedergegeben. Es ist ein für jene Zeit typisches Potpourri von solider, leichter, deutscher, italienischer, vokaler und instrumentaler Musik.

Seventh Concert, May 25, 1829

Leader Mr. L. (?) Cramer
Conductor Mr. Cramer

Act I.	Sinfonia (never performed)	Felix Mendelssohn
	Aria, Mr. Rosner «So reizend hold» (Zauberflöte) (?)	Mozart
	Concertante, Piano and Harp	Kalkbrenner and Dizi
	Scena, Miss Paton, «Misera me»	C.M. von Weber
	Overture Euryanthe	C.M. von Weber

Act II.	Sinfonia in E flat	Mozart
	Aria, Mme. Wranizky, «Non piu di fiori» (Clemenza di Tito)	Mozart
	Concerto Violin, Mr. Oury	Kreutzer und De Beriot (?)
	Song, Miss Paton, «If guiltless Blood» (Susannah)	Händel
	Duet, Mme. Wranizky and Mr. Rosner, «Amor, possente nome» (Armida)	Rossini
	Overture Anacreon	Cherubini

In seiner Symphonie ersetzte er das ursprüngliche Menuett durch das für volles Orchester gesetzte Scherzo aus seinem Oktett. Es fand großen Beifall und mußte wiederholt werden. In einem Brief erklärt er, daß ihm
die Menuett langweilig... und wie ein Pleonasmus vorgekommen sei... So habe ich das Scherzo aus dem Oktetto mitten hinein spielen lassen, und einige lustige D-Trompeten dazu gesetzt. Es war sehr dumm, aber es klang sehr nett.[22]

Die freundliche, ja begeisterte Aufnahme, die Felix bei seinem ersten Auftreten fand, blieb ihm sein Leben lang unvergeßlich. Sie half ihm, die feindselig schnoddrige Haltung der Berliner zu verwinden, und auch die kleinen Schmerzen, die ihm die Überwachung durch seine Familie bereitet hatte, schienen nun unwichtig. In einem französisch geschriebenen Brief drückt er der Philharmonischen Gesellschaft seine tiefe Dankbarkeit aus und bewies sie später durch die Zueignung der Symphonie an die Gesellschaft. Daraufhin ernannte ihn die Philharmonie zu ihrem Ehrenmitglied. Es war dies die erste öffentliche und bedeutende Ehrung seines Lebens. Nie hat er sie den Engländern vergessen! Nahe dem Ende seines Lebens sprach er noch davon, daß der «englische allgemeine Beifall ihm einen Stein vom Herzen genommen habe».

Fünf Tage nach dieser Aufführung trat Felix wieder in den Argyll-Sälen auf, als Solist in einem von Sir George geleiteten Konzert. Er brillierte mit Webers *Konzertstück in f-moll*, das er zum Staunen der Engländer auswendig vortrug. Wieder eine Neuerung![23] Am 10. Juni gab Mr. Nicholson, der erste Flötist der Philharmonie, ein Benefizkonzert, bei dem Felix mitwirkte. Auf allgemeinen Wunsch mußte seine neue *c-moll-Symphonie* wiederholt werden. Endlich hatte er, bei einem Konzert des Flötisten Drouet, die ersehnte Gelegenheit, am Midsummerday (24. Juni) seine *Sommernachtstraum-Ouvertüre* vorzuführen; sie wurde zwar *da capo* verlangt, aber das Konzert war kein Erfolg, da nur knapp zweihundert Personen anwesend waren. Die Philharmonie spielte zwar erträglich unter Felix' Leitung, aber Sir George hatte ein Instrument (Felix nannte es Baßhorn) nicht richtig besetzt, und erst das zweite Mal ging es zu Felix' Zufriedenheit. Bei dieser Gelegenheit trat er auch als Pianist in Beethovens *Es-dur-Konzert* auf –
ich bin des trocknen Tons nun satt,
muß wieder mal den Beethoven spielen –[24] travestiert er Mephisto.

Sein letztes Auftreten in der Saison fand zugunsten der notleidenden Schlesier am 13. Juli 1829 statt. Dieses Konzert hat eine lange und für die Musikverhältnisse Londons bezeichnende Vorgeschichte. Sie ist bisher noch nicht bekannt geworden.

Mme Sontag hatte beabsichtigt, am Ende der Saison ein Wohltätigkeitskonzert zugunsten der notleidenden Danziger zu veranstalten und hatte Felix um seine Mitwirkung gebeten. Er versprach sie auch, aber die Intrigen Sir Georges, den Felix voll Entrüstung einen «intriganten, hinterlistigen und unwahren Mann» nennt, hatten die Sontag eingeschüchtert, und Ende Mai gab sie das Projekt auf.[25] Dies gab Felix die Gelegenheit, aus eigener Initiative seinen jungen Ruhm in den Dienst der Wohltätigkeit zu stellen. Er folgte einer Bitte seines Onkels Nathan, durch ein Wohltätigkeitskonzert die Not der durch schwere Fluten heimgesuchten Schlesier etwas zu mildern. Aber er mußte seinen Stolz schlucken und doch wieder bei der Sontag als Bittsteller vorsprechen. Da er inzwischen zur «Gesellschaft» gehörte, ließ sich die Sontag, die allein ein Wohltätigkeitskonzert für Nicht-Engländer hätte proponieren können, gern überreden und willigte ein, mitzuwirken und auch für die richtige Patronage zu sorgen. Schließlich gelang es ihr und Felix, einige große Namen der Hocharistokratie für den Plan zu gewinnen. Danach war es nicht mehr so schwer, andere Künstler zur Mitwirkung zu bestimmen. Das Konzertprogramm war ein wahres Monstrum und dauerte etwa vier Stunden. Vokalsolisten gab es nicht, denn nun drängte sich alles zur Mitwirkung, und man konnte die Sänger nur in Ensembles auftreten lassen, um niemand zu beleidigen.[26]

Diesmal dirigierte Felix wieder seine *Sommernachtstraum-Ouvertüre* und spielte mit Moscheles sein *Doppelkonzert E-dur mit Orchester*, ein Jugendwerk, von dem schon die Rede war.[27] Das Konzert hatte einen bedeutenden Erfolg und brachte 300 Guineen ein (etwa 7000 Goldmark), eine für damalige Verhältnisse sehr beträchtliche Summe.

Inzwischen hatte Felix seine alten Freunde nicht vergessen. Mit Klingemann, Rosen, Mühlenfels machte er viele Ausflüge in die Umgebung von London, zeichnete auch gerne – er hatte dafür ein sichres Auge und eine begabte Hand –, besuchte neue englische Freunde, die preußische Gesandtschaft, wo Josias von Bunsen sie herzlich aufnahm, und die hannoversche Legation, wo Klingemann zuhause war. Die Freunde aßen deutsche Wurst, flirteten mit deutschen und englischen Mädchen, kurz, verlebten eine überaus fröhliche Zeit. Bei der Gelegenheit verliebte sich der Frauenschönheit zeitlebens zugängliche Felix in Marian Cramer, eine Tochter oder Nichte J.B. Cramers, des Konzertmeisters der Philharmonie. Doch wußten die Väter nichts davon, und so genoß Felix die schöne Zeit in vollen Zügen.

IV.

Erst nach Erledigung seiner künstlerischen und sozialen Verpflichtungen konnte Felix mit gutem Gewissen die schon seit langem geplante Ferienreise antreten. Freund Klingemann sollte ihn auf eine Fahrt ins schottische Hochland und das Seengebiet begleiten. Sicherheitshalber hatte Felix den gestrengen Herrn Vater gebeten, ihm die Reise und ein paar zusätzliche Ausflüge zu gestatten. Um allen möglichen Fragen oder Vorwürfen zuvorzukommen, beginnt er mit einer Entschuldigung:

Ihr scheint zu vermuten, ich lebte hier so aufs Geratewohl, ohne eigentliche Absichten und Pläne. Das ist mir wahrscheinlich nirgends möglich; nur kann ich Euch auf solche Entfernung nicht alle kleinen Schritte... mittheilen... aber wie Vater immer sagt, wer sich ins Studium der Lehre per se *recht vertiefe, zu dem käme alles, Glück, Erfolg, und die Freundschaft seiner Mitmenschen – und jetzt ist das geschehen...*[28]

Dieser Brief mag als eine Art Huldigung an den Vater beabsichtigt gewesen sein; Felix wollte beweisen, daß er des Vaters Forderung nach unbedingtem Gehorsam noch wohl eingedenk war.

Die Reise, mit der Postkutsche oder zu Fuß, führte die Freunde über York und Durham nach Edinburgh, wo sie eine Woche nach ihrer Abfahrt von London ankamen (28. Juli). Sie sahen dort Holyrood Palace und besuchten, als Verehrer Schillers, die historischen Stätten, die mit Maria Stuart verknüpft sind. Gleich am ersten Tag schwamm Felix ins Meer hinaus, das ihm besonders salzig vorkam. Alles in Edinburgh gefiel ihm, auch die Mädchen; er verspricht, wenn Mohammeds Vater Christ würde, seinerseits Moslem zu werden und sich in Schottland niederzulassen. Ein anderes Mal besuchten sie die Ruine der Kapelle, in der Maria Stuart gekrönt worden war. Felix bemerkt hier, er glaube dort den Anfang einer *Schottischen Symphonie* gefunden zu haben. Und wirklich wurden die ersten sechzehn Takte der langsamen Introduktion damals aufgezeichnet; sie enthalten das Motto des ersten Satzes. Es dauerte jedoch mehr als zehn Jahre, bis die Symphonie vollendet war; dennoch ist es Felix gelungen, den schöpferischen ersten Eindruck über all die Jahre hinweg klanglich festzuhalten.

Von Edinburgh gingen sie nach Abbotsford, um den in Deutschland ungemein beliebten Sir Walter Scott persönlich kennenzulernen. Leider war der große Romancier gerade im Begriff, Abbotsford zu verlassen, und die Reisenden mußten sich damit begnügen, ihn anzustaunen «wie ein neues Thor», und ärgerten sich nicht wenig über ihr Pech. Auf dem Wege zu den Hebriden (über Stirling, Perth und Inverary) hatten die Freunde of Gelegenheit, wildes Land und wildes Wetter kennenzulernen. Felix reagiert mit den feinsten Nervenspitzen auf die ihm fremde und unvertraute Landschaft. Das beweisen seine entzückenden Zeichnungen[29] und seine Briefe; so schreibt er einmal:

Sehr still war es trotz des Knechtgesprächs und Thürenklappens! Still und sehr einsam! Ich möchte sagen, daß die Stille durch den Lärm durchklingt.

Anfang August erreichten sie die Hebriden nach einer anstrengenden Seereise, unter der Felix sehr litt, denn «er verträgt sich mit dem Meer besser als Künstler, denn als Mensch, oder als Magen».[30]

Über Staffa kamen sie zur Fingalshöhle (7. August). Von dort sendet Felix nur einen kurzen Brief an seine Familie:
... um Euch zu verdeutlichen, wie seltsam mir auf den Hebriden zu Mute geworden ist, fiel mir eben das Folgende bei ...[31]
Das «Folgende» war eine Notenbeilage von zwanzig Takten, eine Orchesterskizze seiner berühmten *Fingalshöhlen-Ouvertüre.* Mehr als ein Jahr verstrich, bis er die erste Fassung des Werkes fertiggestellt hatte, und weitere zwei Jahre, bis er mit der letzten (dritten) Fassung zufrieden war. Dies ist nur eines von vielen Beispielen, die von Felix' nie schlummernder Selbstkritik zeugen; schreibt er doch selbst, daß er «immer noch verbessere».

Die Wanderung, die auch bei Regenwetter nicht unterbrochen wurde, ging über Glasgow durch die Heide nach Liverpool. Die Stille und Einsamkeit bedrückt die Wanderer. Zehn Tage lang waren sie keinem Reisenden begegnet; die Nächte verbrachten sie in den primitiven Gasthäusern kleiner Ortschaften, in denen dunstiger Branntwein das einzig bekannte Getränk war. Wie sehr sehnten sie sich nach der Sonne, die sie seit Tagen nicht gesehen hatten, nach Wärme und Freundlichkeit. Trotz allen Strapazen, die ihnen Land, Wetter und mangelnde Unterkunftsmöglichkeiten auferlegten, sagten sie dann doch ein «süßes Ade von jenen Höhen, die wir verleumden und lieben».[32]

In Liverpool trennten sich die Freunde, denn Klingemanns Urlaub war abgelaufen, und er mußte zurück nach London. Felix wollte einen Abstecher nach Irland machen, überlegte sichs aber, als er hörte, daß der Dampfer anstatt sechs Stunden fünfzehn auf hoher See gelegen hatte. Statt dessen entschloß er sich lieber, der Einladung Mr. John Taylors auf dessen Landgut Coed-Du (Wales) Folge zu leisten. Vorher aber wollte Felix «zum Spaß» die neue Eisenbahn nach Manchester ausprobieren. Er ließ sich durch die zwei Tunnels bis an den Liverpooler Hafen fahren und war überaus beeindruckt von der «tollen Schnelligkeit» von zweiundzwanzig Stundenkilometern.

In Coed-Du, bei den Taylors und ihren drei hübschen und musikalischen Töchtern, erlebte er sein erstes englisches Idyll. Er selbst berichtet in Briefen an seine Familie ausführlich über diesen Aufenthalt. Wie sich der junge Künstler in den Augen der jungen Mädchen spiegelte, erfahren wir durch die Taylors und deren Verwandte, die Horsleys. Alles was da geschieht oder eigentlich nicht geschieht, ist reinstes Biedermeier: liebenswürdig, höflich, respektabel, von echtem Gefühl beseelt, ein angenehm trauliches Beisammensein.

Wir sprachen schon von der nach Klassen geordneten Schichtung der Musikinteressen Englands. So dürfen wir uns nicht wundern, daß die Taylor-Familie, mit Ausnahme der einen Tochter, kaum vertraut mit den Konzertereignissen der vergangenen Saison war, die Felix so viel Ruhm gebracht hatte. Dabei hatten die Taylors, die zur ländlichen Gentry gehörten – Mr. Taylor war ein reicher Bergwerksbesitzer – ihr Stadthaus in London; aber ihre musikalischen Interessen galten mehr dem Oratorium und dem Glee-Gesang als der modernen Instrumentalmusik. Daher darf es einen nicht befremden, daß Anne Taylor in jenem Erinnerungsbrief, geschrieben nach Felix' Tode, sich besinnt, daß bei seinem ersten Besuch in Coed-Du die Schwestern zueinander sagten:

Das ist sicherlich ein genialer Mann... es ist bei seiner Musik kein Zweifel möglich... aber wir kennen doch die besten Musiker von London! Nach und nach werden wir es erleben, daß der Name Felix Mendelssohn berühmt werden wird in der Welt.[33]

Mittlerweile war Felix schon mit den Glees und den verschiedenen musikalischen Dialekten Englands und Schottlands in Berührung gekommen. Im Gegensatz zur damaligen romantischen Mode (die vielleicht mit Haydn angefangen hatte), sogenannte Nationalmelodien zu sammeln und zu arrangieren, fühlte sich Felix von diesen Volksliedern eher abgestoßen als angezogen. Dabei hatte ihm sein Lehrer Zelter eingeschärft, auf solche Stücke zu achten und sie heimzubringen.[34] Felix aber ruft in komischer Verzweiflung aus:

Nur keine Nationalmusik! Zehntausend Teufel sollen doch alles Volksthum holen! Da bin ich hier in Welschland [Wales]... *und ein Harfenist sitzt auf dem Flur jedes Wirtshauses... und spielt in einem fort sogenannte Volksmelodien, d. h. infames, gemeines, falsches Zeug... Wenn man, wie ich, Beethovens Nationallieder nicht ausstehen kann, so gehe man doch hierher und höre diese von kreischenden Nasenstimmen gegröhlt, begleitet von tölpelhaften Stümpersängern, und schimpfe nicht!* [Es folgt im Brief ein Notenbeispiel mit lauter parallelen Quinten].[35]

Zunächst hatte er gemeint, ein «glee sei ein höchst infames Ding», aber Zelter ermahnte ihn neuerlich, die englischen Chorformen gut zu studieren. Als Felix sie mehr und mehr schätzen lernte und beschloß, sie nach Deutschland zu verpflanzen, gab Zelter ihm recht und nennt diese Chorgesänge «die große ernste Gestalt für ein handelndes Volk, das beständig in großer Sorge lebt».[36]

Im geselligen Umgang mit den Taylors entfaltet sich auch Felix' Schaffen in *Trois fantaisies ou caprices* op. 16, die die Taylor-Mädchen musikalisch porträtieren sollten. Über die Entstehungsgeschichte der *fantaisies* läßt sich Felix weitschweifig aus.[37] Hier mögen wir uns nur erinnern, daß das erste Stück (einen Strauß Nelken mit einer Rose darstellend) im Anfang etwas an die noch ungeborene *Schottische Symphonie* erinnert, später aber sehr konventionell wird. Das zweite Stück, das durch gelbe Trompetenblumen im Haar Miss Honorias inspiriert war (sie war die hübscheste der drei), deutet, wie Felix selbst sagt, die Trompeten in einem luftigen Feenscherzo an. Es ist unstreitig das beste der drei Stücke. Das dritte sollte die mittlere Tochter Susan an ihr Lieblingsbächlein erinnern und wurde daher «the rivulet» genannt. Es enthält bereits jenen fatalen Keim des «respektablen» Perpetuum mobile, das in diesem Fall noch sentimentale Töne anschlägt.[38] Mendelssohn hat in seinen *Liedern ohne Worte* hie und da derselben eleganten, aber im Grunde nichtssagenden Musikplauderei gehuldigt. Der junge Mann hat manchmal auch in seiner Musik «Süßholz geraspelt», und zwar englisches.

Am 10. September war Felix wieder in London. Diesmal war er in ständiger Berührung mit den führenden *englischen* Musikern. Seine ersten ernstzunehmenden Urteile über englische Musik erreichen nun die Berliner Freunde.[39] Über den alten Attwood, der ihn aufs herzlichste empfangen hatte, berichtet er und lobt sein feines Stilgefühl für Kirchen- und besonders Orgelmusik. Von Croft dagegen hält er nicht gar viel, und seine ewigen Te Deums langweilen ihn. Die Anthems von Boyce interessieren ihn zwar, aber können ihn, der mit der Musik Händels und Bachs aufgewachsen war, nicht fesseln. Selbst Purcell scheint ihm häufig schwach und «gelegentlich degeneriert».

Es war dies nicht das erste Mal, daß er sich über Purcell kritisch geäußert hatte; und diese Bemerkungen hatten ihn schon in eine recht unangenehme Lage gebracht. In einem seiner Briefe für die *Revue musicale* hatte Fétis nämlich eine schwere Indiskretion begangen. In jener Auslassung schrieb er (ohne Felix um Erlaubnis gefragt zu haben): Er sei zwar geneigt gewesen, ungehört alles zu bewundern, was von Purcells Feder stammte. Aber er sei tief enttäuscht gewesen, als er anstatt eines Meisterwerks

eine lange Kette von unbedeutenden Phrasen zu hören bekam, durch ungeschickte Modulationen miteinander verbunden, und zwar durch prätentiöse, aber doch «unkorrekte» Harmonie.

Fétis habe sich, seinem eigenen ersten Eindruck mißtrauend, an seinen Nachbarn in der St. Pauls-Kathedrale gewandt;

Jedoch Herr Felix Mendelssohn Bartholdy, ein junger und ausgezeichneter... deutscher Komponist, der zufällig neben mir stand... hatte genau denselben Eindruck wie ich. So unbehaglich wars ihm zumute, daß er... vor Schluß des Te Deum entwischte.[40]

Diese journalistische Flegelei entfachte einen kleinen Sturm in der englischen Musikwelt. In einer scharfen Zuschrift an das *Harmonicon* wurde Mendelssohn als *Infelix* («unhappy») bezeichnet und als unwürdiger Frechling zurechtgewiesen. Die Angelegenheit nahm solche Dimensionen an, daß Felix sich gezwungen sah, im *Harmonicon* einen Brief an den Herausgeber zu veröffentlichen. Darin heißt es u. a.:

Herr Fétis hat es... für schicklich gehalten, meinen Namen vor das Publikum zu zerren, indem er gewisse Äußerungen erwähnte, die mir in privatem *Gespräch entfallen sein mögen. Daraus hat er Schlüsse gezogen, um ihn in seiner Kritik eines berühmten englischen Komponisten zu bestärken... Obwohl ich das Recht des Herrn Fétis bestreite, private und gelegentliche Bemerkungen von mir öffentlich zu zitieren, um seine eigenen Ansichten zu rechtfertigen, halte ich es für unbillig, mich dem englischen Publikum als einen Gesinnungsgenossen jenes Herren vorzustellen...*[41]

Jene Episode schuf eine bleibende Spannung zwischen Fétis und Mendelssohn, der als schöpferischer Musiker «professionelle Ästhetiker» verabscheute.[42] Der Konflikt mit der verletzten englischen Eitelkeit jedoch wurde beigelegt, und als Felix vom Drury Lane Theater ein Kontrakt über dreihundert Guineas (etwa 7000 Goldmark) für eine Oper (zu einem Libretto von Planchet) angeboten wurde, konnte ihm dieser törichte Skandal nichts mehr anhaben.

In tiefer Dankbarkeit für seinen Erfolg in England fühlte er sich gedrängt, seinem alten Mentor Zelter einen rührenden Dankbrief zu schreiben, ein schönes Zeugnis der Verbundenheit von Schüler und Lehrer. Dieser Brief verdiente, schon wegen der Seltenheit menschlicher Dankbarkeit, volle Veröffentlichung; Mendelssohn schließt als Dokument seines Fleißes eine lange Liste von Händel-Manuskripten bei, die er in der Privatbibliothek des Königs entdeckt hatte – mehr als sechzig Bände! Mehr noch: er erbietet sich, für Zelter alles zu kopieren, was ihm wichtig schiene.[43] In seiner Antwort spricht Zelter die Theorie aus, daß «dies göttliche Werk *(Messias)* aus einzelnen Teilen bestehe, die zu verschiedenen Zeiten komponiert worden seien».[44] Die moderne Forschung hat Zelters Vermutung bestätigt.

Zum Schluß seines Aufenthaltes in England hatte Mendelssohn noch Unglück: am 17. September wurde er aus einem Kabriolett geschleudert und verletzte ernstlich seine Kniescheibe. Dieser Unfall fesselt ihn für nahezu zwei Monate ans Bett, eine harte Geduldsprobe für den überlebendigen Felix. Das Schlimmste an der Sache war, daß es ihm nun unmöglich wurde, nach Berlin zu fahren, um bei der Hochzeit seiner Schwester Fanny anwesend zu sein (am 3. Oktober). Er sowohl als Fanny empfanden dies als einen bitteren Schmerz.

Klingemann pflegte ihn zwar so zärtlich wie ein krankes Kind; und dieser edle und vornehme Mensch preist in der männlichsten Weise die «Engländer der unteren Klassen», besonders die Wirtsleute, die trotz allen Mühen, die ihnen Felix' Unfall verursachte, immer freundlich und hilfsbereit waren. Aber auch die vornehme Gesellschaft vergaß den jungen Berliner nicht in seinem Mißgeschick: wir können aus Felix' Briefen eine eindrucksvolle Liste von vornehmen Besuchern zusammenstellen, die sich um ihn bemühten. Ganz besonders nahm sich der alte Sir Thomas Attwood seiner an, und als Felix wieder mobil war, besuchte er den alten Herrn auf seinem Landsitz in Norwood, Surrey, wo er einige schöne und fruchtbare Tage verbrachte. Nach London zurückgekehrt, war er melancholisch und hatte Heimweh. Vor allem konnte er es nicht erwarten, Fanny wiederzusehen. Kurz vor ihrem Hochzeitstag hatte sie, die ein Stück von Felix für ihre Hochzeit erwartet hatte, sich selbst eins komponiert, ein großes Orgelpräludium «zum 3. Oktober».[45]

Endlich war es soweit, und er konnte am 29. November England verlassen, innerlich ganz beschäftigt mit dem Plan eines Liederspiels, das er für die silberne Hochzeit seiner Eltern komponieren wollte. Es trug den beziehungsreichen Titel «Die Heimkehr aus der Fremde».

ZWISCHENSPIEL II

DIE HEIMKEHR AUS DER FREMDE

Am 8. Dezember 1829 war Felix in Berlin angekommen. Kaum zu Hause, stürzte er sich Hals über Kopf in die Arbeit, da es galt, das *Liederspiel* für das Fest der Eltern fertigzustellen und einzustudieren. Wir sind heute vielleicht geneigt (gehetzt von atomischen Ängsten und verstört von wirtschaftlichen Sorgen – nicht wirklicher Not! –), diese «labor of love» als «love's labor's lost» anzusehen; denn das Werkchen hat die viele Arbeit kaum gelohnt, zumal es nicht für die Öffentlichkeit bestimmt war. Der gute Sohn Felix brachte mit ihm seinen Eltern eine rührende Huldigung in einer Welt des Friedens und des Familienidylls dar. Wenn man das bedenkt, wird einem der musikalische Gartenlaubestil des Spiels, der, philiströs bis in die Knochen, sich dennoch bemüht, «schelmisch» oder «sinnig» zu erscheinen, eher erträglich sein. Ohne dies Vorwissen ist eine gesunde Dosis Langeweile kaum zu vermeiden. Darum sei hier nur das bekannteste Stück davon, die Ouvertüre, kurz besprochen, und die Handlung des Liederspiels erzählt, ohne auf die vielen liebenswürdigen Einzelheiten einzugehen.

Die Ouvertüre beginnt mit einem Motto «im Volkston», ziemlich langsam und sentimental. Das eigentliche Thema des Allegro

Musikbeispiel 33

hat zwar den ganzen melodischen Charme des jungen Mendelssohn, aber zeigt auch schon Spuren jener rhythmischen Monotonie, der er in den *Liedern ohne Worte* mehrmals zum Opfer gefallen ist. Hier aber ist die Gefahr vermieden, und die lieblich kontrastierenden Themen und Motive bringen Abwechslung genug in das wohlklingende Stück. Es endet wieder mit dem Rahmen-Motto, das vermutlich eine programmatische Bedeutung hatte.[1] Als Gelegenheitskomposition im wahrsten Sinne des Wortes ist die Ouvertüre von hohem Rang.

Die Handlung des Liederspiels ist so harmlos, wie sie Eltern und Gästen zuliebe sein mußte. Da ist ein Dorfschulze, der eben sein fünfzigstes Amtsjubiläum feiert, das aber durch die Abwesenheit seines verschollenen Sohns (Hermann) getrübt ist. Er hat ein Mündel (Lisbeth), das ihrem Verlobten Hermann durch manche Jahre die Treue bewahrt hat. Nun kommt ein gaunerischer Krämer (Kauz) ins Dorf, der durch allerlei Intrigen Lisbeth ihrem Hermann abspenstig machen will. Zu gleicher Zeit erscheint der verschollene Hermann und gibt sich Lisbeth zu erkennen. Nachts will Hermann seine Lisbeth durch seine Serenade wecken, wird aber durch Kauz, der sich als Nachtwächter verkleidet hat, gestört; dann erklärt Kauz seinerseits der umstrittenen Lisbeth seine Liebe. Er wird aber von Hermann, der nun selbst nachtwächtert, festgenommen. Der Schulze erwacht und Hermann muß Kauz wieder freilassen – alles geht nun zur Ruhe. Am nächsten Morgen findet das allgemeine *dénouement* statt; weitere Betrugsversuche des Kauz, der sich für den verschollenen Sohn ausgibt, werden von Hermann selbst entlarvt. So endet alles in *dulci jubilo* mit einem Festgesang.

Am interessantesten sind für uns die Serenaden-Nachtwächterszenen; denn hier wird ja im Grunde die Situation Beckmesser-Sachs-Walter-Nachtwächter vorausgenommen, wenn auch ohne jede tiefere seelische Verwicklung. Mendelssohn ist in diesen Szenen von der rein lyrischen Haltung, die er sonst einnimmt, abgegangen; in den dramatisch angehauchten Ensembles scheut er nicht scharfe Dissonanzen (ein F in g-moll-Wendungen; ein h, das, ähnlich wie Wagners Nachtwächterhorn, in das B-dur des unechten Wächterliedes hineinplatzt, etc.); auch Leitmotive gibt es, die ja in der Oper seit der *Zauberflöte* und insbesondere seit Weber nichts Neues mehr waren.

Kurz vor der Aufführung, die der routinierte Devrient leitete, gab es noch Aufregung: Devrient war zu einer Soiree beim Kronprinzen befohlen worden, und dieser Berufspflicht durfte er sich schlechterdings nicht entziehen; das unvermutete Hindernis drohte, das ganze Projekt zu Fall zu bringen. Felix, dem die Sache über alles Maß ans Herz gewachsen war, brach in einen hysterischen Anfall aus, bei dem er anfing, irre zu reden. Nur der energischen Ermahnung des Vaters gelang es, den wildgewordenen Felix einigermaßen zur Ruhe und ins Bett zu bringen.[2] Devrients Ansuchen, das prinzliche Konzert vorzeitig verlassen zu dürfen, wurde gewährt, und so konnte die Aufführung schließlich wie geplant stattfinden. Dem völlig unmusikalischen Hensel, der den Dorfschulmeister sang, war nur ein Ton anvertraut, auf den er «geeicht» war[3]; aber selbst diesen einen Ton konnte er nicht treffen, trotz allen Soufflierens von Felix und den Mitspielenden, die sich darob krank lachten.

Das lustig-idyllische Stückchen hatte einen so entschiedenen Erfolg, daß Felix von allen Seiten gedrängt wurde, sich nun ernsthaft an eine Oper zu wagen. Er selbst fühlte den Trieb, ein dramatisches Werk zu schreiben, nicht minder stark. Die Idee

Eduard Devrient, Berlin 1831. Zeichnung von Wilhelm Hensel

einer Oper beschäftigt ihn immer wieder im Laufe seines kurzen Lebens. Mit vielen Dichtern führte er eine sehr lebhafte, aber sporadische Korrespondenz; in den meisten Fällen war schon das Szenarium der geplanten Oper zur beiderseitigen Zufriedenheit fertig – und dann wollte Felix nichts mehr zusagen: Devrient, Holtei, Planchet, Helmine von Chézy, Bartholomew, Bauernfeld, Birch-Pfeiffer und Geibel waren einige der Dichter, mit denen er schon aufs ernsthafteste verhandelt hatte. Es ist erschütternd, in den Originalkorrespondenzen zu blättern, den Enthusiasmus Mendelssohns am Anfang, und seine zwar immer höfliche, aber doch allzu pedantische Kritik am Ende der Verhandlungen zu verfolgen. Vielleicht hatte Holtei so unrecht nicht, als er sagte:
Mendelssohn wird niemals einen Opernstoff finden, der ihm genügt; er ist viel zu gescheit dazu.[4]
Sein Vater war derselben Meinung[5], und selbst Heine, den man als Musikorakel nur im äußersten Notfall heranziehen sollte, hat sich zweimal in derselben Weise und mit überraschendem Klarblick geäußert – einmal in einem Essay, in dem er Rossinis *Stabat Mater* mit Mendelssohns *Paulus* vergleicht, eine an sich schon sinnlose Gegenüberstellung. Dennoch aber erfaßt er den Kern des Problems am Ende des Aufsatzes:
Herr Leon Pillet ist dahin gebracht worden, ein Libretto von Herrn Scribe anfertigen zu lassen, das Herr Mendelssohn für die Große Oper komponieren soll. Wird unser junger Landsmann sich diesem Geschäft mit Glück unterziehen? Ich weiß nicht... Eigentümlich ist beiden (der Mlle Rachel Felix, der berühmten Tragödin, und Mendelssohn), ein großer, strenger... Ernst, ein entschiedenes Anlehnen an klassische Muster, die feinste, geistreichste Berechnung, Verstandesschärfe und endlich der gänzliche Mangel an Naivität. Gibt es aber in der Kunst eine geniale Ursprünglichkeit ohne Naivität?...[6]
Heine hätte diese Frage auch auf sich selbst beziehen können, denn Naivität hat ihm wohl noch niemand nachgesagt; dennoch hat es ihm an Originalität wahrlich nicht gefehlt. Ein zweites Mal vergleicht Heine die dramatischen Aspirationen Tiecks mit denen Mendelssohns; und hier wagt er die Prophezeiung, daß der Komponist vielleicht alt und mürrisch werden würde, ohne etwas Großes auf die Bretter gebracht zu haben.[7] Dabei aber hatte Heine selbst die bittere Enttäuschung erleben müssen, daß ihm – trotz seines *Almansor* und *Radcliff* – dramatischer Ruhm versagt geblieben ist!

Der sprechendste Beweis für Felix' Naivität aber ist, daß er in das Liederspiel so verliebt war, wie nur ein Pygmalion in seine Galathea verliebt sein konnte. Dreimal schrieb er Klingemann, daß das Liederspiel das Beste sei, was er bis jetzt komponiert habe, und er war sich des Mangels an Selbstkritik genau so bewußt, wie seiner Verliebtheit in das Werk:
Im Ernst aber bin ich in unser beider Arbeit verliebt, so verliebt wie ich es noch nie, weder in Musik noch in Mädchen gewesen bin...[8]

Es dauerte volle zwei Jahre, bis er imstande war, das Liederspiel etwas objektiver zu beurteilen – erst dann «war er wirklich darüber weg.»[9]

Die alten Freunde scharten sich von neuem um Felix, der darüber glücklich war. Im Jahre 1830 wurde an der Berliner Universität ein Lehrstuhl für Musik (oder Musikgeschichte) errichtet und A. B. Marx als Lehrer angestellt. Die Tradition, wonach der Lehrstuhl eigentlich Felix zugedacht und nur durch ihn Marx zugewendet worden sei, ist weit verbreitet und auch nicht ohne Wahrscheinlichkeit; allein es war mir nicht möglich, irgendein zeitgenössisches Dokument als Beweis dafür zu finden, mit Ausnahme von Devrients Darstellung, auf den alle anderen Berichte zurückgehen.[10] Weder ein Brief von Felix noch einer an ihn erwähnt die Angelegenheit. Marx, der sonst nicht eben verschwiegen ist – sagt kein Wort von einer Verwendung Mendelssohns für ihn. Dennoch kann die Geschichte auf Wahrheit beruhen, denn Felix war zu jener Zeit noch so im Bann von Marx, daß er an Droysen schrieb:

...ich kann die Zeit kaum erwarten, da er [Marx] *mit seinen großen Sachen vortritt und all die Hunde und Katzen zuschanden macht, die ihn jetzt anbellen und anmautzen... Denn empörend ists, wie das Gesindel sich benimmt gegen den einzigen Musiker, den sie unter sich haben.*[11]

Es dauerte aber nicht mehr lange, bis Mendelssohn selbst an des Freundes Schöpferkraft zu zweifeln begann.

Inzwischen aber war die große Europareise, die nun angetreten werden sollte, von Felix und Abraham in allen Details durchgesprochen worden. Vor einem Jahr hatte Moscheles, der zur Paris-London Achse gehörte, den Vater bewogen, Felix in London anfangen zu lassen. Nun wollte Felix die andere Achse und ihre Künstler und Stile aus eigener Erfahrung kennenlernen.

Zelter, der ungeduldige Mentor, schreibt Goethe am 10. Mai 1830:

Ich weiß nicht, ob Felix noch da ist, er wollte heute abreisen.[12] *...Ich kann die Zeit nicht erwarten, daß der Junge aus dem vertrackten Berliner Klimperwesen und nach Italien kommt, wohin er nach meinem Dafürhalten gleich zuerst hätte kommen sollen...*

Im März 1830 endlich rüstete sich Felix zur großen Tour, nachdem er auf seinen Lieblingsplan, auch die Eltern zur Italienreise zu überreden, hatte verzichten müssen. Diesmal war es die Mutter, die, von jeher dem Reisen abhold und ganz in ihrem Hause, der engeren und weiteren Familie aufgehend, sich dem Projekt aufs entschiedenste widersetzte. Kurz vor der geplanten Abreise erkrankten Rebekka, Felix und Paul an den Masern, und so wurde es Anfang Mai, bevor sich der «Kunstreisende» auf die Wanderung machen konnte.

9. REISEN UND REISEBERICHTE

Es ist hier der Ort, von den berühmten «Reisebriefen» des jungen Mendelssohn zu reden. Wir sind über seine Reiseeindrücke durch diese Auswahl von Sammelbriefen an die ganze Familie, hier RB genannt, sehr gut und genau informiert. Aber nur über die Reiseeindrücke! Wenig erfahren wir über Felix' Pläne, seine Gedankenwelt, und am allerwenigsten über seine Sorgen und Zweifel. Die Schuld daran liegt nicht an Felix, sondern an der strengen Zensur der Herausgeber (Paul, der jüngere Bruder, und Carl, sein ältester Sohn). Sei es um Lebende zu schonen, sei es, um der Nachwelt ein möglichst liebenswürdiges und zugleich respektables Bild von dem jungen Komponisten zu hinterlassen, haben sie sich nicht gescheut, Briefe zu verstümmeln, zu kürzen, zusammenzulegen, ganz wegzulassen, und den Text nach Gutdünken zu ändern; kurz, alles zu unternehmen, um ein Porträt ihres Vaters und Bruders zu zeichnen, das in vielen Zügen verfälscht und unwahr ist. Schon Sir George Grove, der Verfasser des überaus wertvollen, bis jetzt zuverlässigsten Artikels über Felix Mendelssohn in der 1. Auflage seines *Dictionary of Music and Musicians* hatte mit bedeutenden Schwierigkeiten zu kämpfen, um an die Quellen heranzukommen. Es ist ihm das auch nur teilweise gelungen.[1] Noch weniger Glück hatte Ernst Wolff, der verdienstvolle Verfasser der besten bisherigen Mendelssohn-Biographie.[2]

Man wird es daher begreifen, wenn der Verfasser sich der bisher unzugänglichen Quellen annimmt, und die allgemein zugänglichen Werke: Hensels *Die Familie Mendelssohn* HFM und P. und C. Mendelssohn Bartholdys *FMB «Reisebriefe»* (RB) nur gelegentlich paraphrasiert. Dagegen soll die weniger bekannte Korrespondenz des Komponisten – der ein großer Briefschreiber war – mit Klingemann, Moscheles, Devrient, Hiller, Droysen, Heydemann etc. herangezogen werden. Vor allem aber seien seine mir freundlichst zur Verfügung gestellten Originalbriefe in bedeutend größerem Maß berücksichtigt als es bisher möglich war. Diese Hilfe kam vom seither verstorbenen Prof. Joachim Wach und seiner Schwester, Frau Susanne Heigl-Wach, denen an dieser Stelle nochmals für ihre Freundschaft und Hilfe gedankt sei.

Für chronologische und praktische Zwecke läßt sich die «große Reise» in acht Phasen gliedern:

ERSTE PHASE:	(8. Mai bis Ende Juni 1830): Leipzig – Weimar – Nürnberg – München
ZWEITE PHASE:	(Ende Juni bis 9. Oktober): München – Salzburg – Wien – Venedig

DRITTE PHASE: (10. Oktober bis 1. November):
Bologna – Florenz – Rom

VIERTE PHASE: (1. November 1830 bis 19. Juni 1831):
Rom – Neapel – Rom

FÜNFTE PHASE: (20. Juni bis 9./10. September 1831):
Florenz – Genua – Mailand – Genf – Interlaken – Luzern – St. Gallen – Augsburg – München

SECHSTE PHASE: (10. September bis 9. Dezember 1831):
München – Stuttgart – Düsseldorf – Paris

SIEBENTE PHASE: (9. Dezember 1831 bis 19. April 1832):
Paris

ACHTE PHASE: (23. April bis 22. Juni 1832):
London; Rückkehr nach Berlin am 27. Juni 1832

ERSTE PHASE (Berlin – München)

Es scheint uns überflüssig, eine ins einzelne gehende Darstellung der großen Reise zu geben. Eine solche Beschreibung würde nicht nur den Rahmen dieses Buches überschreiten, es sprechen auch andere Gründe dagegen. Was uns an Mendelssohn interessiert, sind seine Werke und das Verständnis seiner Persönlichkeit, das heißt, vor allem sein künstlerischer und menschlicher Werdegang. Daher beschränken wir uns im folgenden darauf, die Länder, Begebnisse und Menschen, die für den jungen Künstler von Bedeutung waren, zu verzeichnen und zu besprechen. In besonderen Fällen wird die jeweilige Auseinandersetzung Felix' mit einem künstlerischen, politischen oder philosophischen Problem unsere Aufmerksamkeit erfordern. Denn sein wacher Geist war begierig, all diese Anregungen aufzunehmen und zu verarbeiten. Gleich die erste Phase der Reise begann mit einem mächtigen Auftakt: denn der Weg führte über Dessau und Weißenfels nach Weimar.

Wie ein gewaltiger Stern, der sich zwar schon zum Untergang neigt, aber noch immer am Himmelsgewölbe erstrahlt, so erleuchtete der alte Goethe den geistigen Horizont seiner Zeit. Sicherlich bestimmte er, mehr noch als Zelter und Hegel, Felix' ästhetische Grundsätze. Hinfort bleiben sie für ihn die einzig gültigen, und nie hat Felix an ihnen gezweifelt, vielleicht zum Schaden seiner freien Entwicklung.[3]

Von Goethes Interesse für den Knaben war schon früher die Rede. Nun kam ein junger Mann, durch seine Erfolge in England gefestigt, brennend von Schaffensdurst, gleich aufgeschlossen der Welt der Sinne und der Gedanken.

Am wichtigsten bei dieser letzten Begegnung des Jungen mit dem Alten waren die Gespräche über Instrumental- und Vokalmusik, deren Grenzen und Funktionen. In den veröffentlichten Briefen spricht Felix überhaupt nicht davon, vielleicht mit Ausnahme der Bemerkung, daß er Goethe täglich

...ein Stündchen Clavier vorspielen muß, von allen großen Componisten, und muß ihm erzählen, wie sie die Sache weiter gebracht hätten; ...An den Beethoven wollte

er gar nicht heran. Ich sagte ihm aber, ich könne ihm nicht helfen und spielte ihm nun das erste Stück der c-moll Symphonie vor... Er sagte erst: «Das bewegt aber gar nichts; das macht nur Staunen; das ist grandios», und dann brummte er so weiter und fing nach langer Zeit wieder an: «Das ist sehr groß, ganz toll, man möchte sich fürchten, das Haus fiele ein...» und bei Tische, mitten in einem anderen Gespräch, fing er wieder damit an.[4]

Das nur fragmentarisch erhaltene und unveröffentlichte Tagebuch Felix' bemerkt aber noch unter demselben Datum:

Langes und ernsthaftes Gespräch über durchkomponierte Lieder.

Schon vorher hatte er erwähnt, daß er Goethe über Hegels Ästhetik berichten mußte[5]; und hier finden wir die Verbindung zwischen diesen scheinbar disparaten Gesprächsthemen. Früher (Kapitel 5) haben wir von Hegels Ästhetik gesprochen und ihren Einfluß auf den jungen Mendelssohn erwähnt. Vom Spezialisten Fétis wollte Felix sich nicht belehren lassen, aber den Denker Goethe, den größten *schaffenden* Künstler der Zeit, respektierte er auf das höchste. Wir kennen einigermaßen die Ansichten des Dichters über das Verhältnis von Wort und Ton. Ähnlich wie Hegel war er ein Gegner des durchkomponierten Liedes, das er für eine Verirrung hielt. Ja, er war der Ansicht, daß durch das Durchkomponieren

der allgemeine lyrische Charakter [der Gedichte] *ganz aufgehoben und eine falsche Teilnahme am Einzelnen gefordert und erregt wird.*[6]

Auch gegen jede Tonmalerei war er von vornherein eingenommen:

Den Donner in der Musik nachzuahmen, ist keine Kunst; wohl aber würde der Musiker, der das Gefühl erregt, als wenn *ich donnern höre, sehr schätzbar sein.*[7]

Muß man hier nicht an Hegels Konzeption der «Erregung idealer Scheingefühle» denken, die für ihn das Wesen alles musikalischen Ausdrucks bedeutet? Eine wesentlich kühlere Haltung nahm Goethe gegenüber aller reinen Instrumentalmusik ein; ja, man könnte wohl behaupten, daß er sie als solche nicht direkt zu würdigen imstande war, sondern einen vermittelnden Sinn benötigte, um ihr Verständnis abzugewinnen: sei es eine bildliche Vorstellung, sei es eine dichterische Idee. Im Grunde hielt er die neue Instrumentalmusik für

...keine Musik mehr, sie [die Arbeiten] *gehen über das Niveau der menschlichen Empfindungen hinaus und man kann solchen Sachen aus eigenem Geist und Herzen nichts mehr unterlegen. (!)*[8]

Er bekennt freimütig zu Zelter:

Mir fehlt zu dem, was man Genuß nennt und was bey mir immer zwischen Sinnlichkeit und Verstand schwebt, eine Basis zu dem Flammen- und Wolkenräuber. [Paganini][9]

In einem anderen Bericht über seinen Besuch, der allerdings an Zelter gerichtet war, spricht Felix davon, daß Goethe der erste Satz von Beethovens *Fünfter* sehr gut gefallen habe.

Über die Ouverture [Erster Satz der D-dur-Suite für Orchester] *von Sebastian*

Bach… hatte er eine große Freude; «im Anfange gehe es so pompös und vornehm zu, man sehe ordentlich die Reihe geputzter Leute, die von einer großen Treppe herunterstiegen…»
Wieder eine bildliche Hilfsvorstellung, ähnlich der, welche er für Beethoven benützt hatte.

Es kann kaum ein Zweifel bestehen: Mendelssohns Scheu vor dem durchkomponierten Lied war das Resultat der Doktrinen Zelters, Hegels und vor allem Goethes. Nicht viel anders steht es mit der Tonmalerei, die ja damals im Schwange war: auch hier geht Mendelssohn über das Stimmungsmäßige einer Landschaft, das Allgemein-Sinnliche eines Menschenbildes (Porträts der Taylor-Mädchen!) kaum je hinaus. Weder im *Sommernachtstraum,* noch in der *Hebriden-Ouvertüre,* die doch als Landschaftsmalerei einen hohen Rang einnimmt, noch in der *Schönen Melusine* unterstreicht er je tonmalerische Einzelheiten. Später wandte er sich von der Tonmalerei völlig ab.

Goethe scheint dem jungen Mann einige Lebensregeln über den Umgang mit Frauen mitgegeben zu haben, widmete ihm ein Manuskriptblatt aus dem der Vollendung zuwachsenden Faust II, und entließ ihn mit seinen besten Segnungen[10]. Vorher bestätigt er,
…daß seine [Felix'] *Gegenwart mir besonders wohltätig sey, da ich fand: mein Verhältnis zur Musik sey noch immer dasselbe; ich höre sie mit Vergnügen, Antheil und Nachdenken, liebe nur das Geschichtliche; …Dagegen war dann die Hauptsache, daß Felix auch diesen Stufengang recht löblich einsieht… Sage den werthen Eltern des außerordentlichen jungen Künstlers das Allerbeste, in* bedeutenden Worten.[11]

Zelters Antwort verrät ein wenig von der Teilnahme und Sorge, mit der der alte Lehrer Felix umhegte, und die sich sonst bei ihm kaum findet; er schrieb:
Ich danke Dir, was ich kann; er wird zeitlebens davon zu zehren haben. Mir kann zuweilen bange werden, wenn ich den Anlauf des Knaben betrachte. Bis jetzt hat er kaum einen Widerspruch erfahren…[12]
Später schrieb Ottilie von Goethe an Felix, wie sehr er in Weimar vermißt werde, und daß Goethe ihm sagen lasse, er habe ihm dauernden Nutzen gewährt, da ihm, Goethe, nun erst vieles klar geworden sei.[13] Es scheint übrigens, daß Zelter den langen Brief Goethes den Eltern wörtlich vorgelesen hat, denn Abraham kannte ihn; aber wie verschieden war seine Reaktion von der eines auf seinen Sohn stolzen und überdies geschmeichelten Vaters! Abraham erkannte in den Worten Goethes nur «die schwere Pflicht… welche Du in Deinem Leben zu erfüllen hast.[14]

Wahrhaftig, Lea hatte nicht unrecht, als sie über diese grämliche Haltung ihres Mannes verärgert war.

Die nächste Station war München. Dort wurde Felix, dank gewichtiger Empfehlungsbriefe an Mitglieder der Aristokratie und des Großbürgertums, sehr freundlich aufgenommen. Wie meist in fremden Großstädten, so trat er auch hier mehr

als «Kavalier» denn als professioneller Musiker auf. Zu jener Zeit hatte München nur ein professionelles Konzertorchester, die musikalische Akademie der Hofkapelle, die Franz Lachner erst nach 1840 zur vollen Entfaltung brachte. Mit dem ausgezeichneten Solo-Klarinettisten Heinrich Bärmann freundete sich Felix an, und wechselte später einige seiner witzigsten Briefe mit ihm und komponierte für ihn zwei Konzertstücke für Klarinette und Bassethorn mit Klavierbegleitung. Zur vornehmen Gesellschaft gehörte eine Gruppe von ausgezeichneten Dilettanten, wie die Pianistin Delphine von Schauroth, oder der Königliche Theaterintendant Graf Poissl. Felix fühlte sich in München sehr wohl, wenn er auch die dortige Musikpflege scharf kritisierte. Wir hören, daß Haydn und Mozart nur als Orchesterkomponisten geschätzt wurden, daß die Klavierwerke Beethovens so gut wie unbekannt waren; dafür aber wurden die üblichen galanten und konzertanten Variationen von Herz und Kalkbrenner fleißig gespielt. Er war so viel in Gesellschaft, daß er wenig zur Arbeit kam, und daher ein schlechtes Gewissen hatte.[15] Nur so läßt sich der geradezu servile Brief an seinen Vater vom 14. Juli erklären. Darin heißt es unter anderem:
Da wollt' ich mich denn gerne rechtfertigen, l. Vater, wenn Du es erlaubst, und daher der dumme Brief, verzeih ihn, l. Vater, und auch das schlechte Format... *ich fürchtete, Du würdest über die zugegebenen Tage in Weimar zürnen – vergieb mir das Alles! Auch wollt' ich Dir dafür danken, daß Du von mir glaubst, ich hätte den ernsten Willen, das auszubilden, was mir anvertraut sey: den hab ich ganz gewiß...*[16]
Und in dieser Tonart geht es weiter. Vorher hatte Felix gut Wetter gemacht; sein Vater befand sich gerade zur Zeit der Juli-Revolution in Paris. Da er seines Vaters liberale Gefühle kannte, sprach er seine Freude aus, ihn in diesem weltgeschichtlichen Moment gerade an der Quelle zu wissen. Später, in Salzburg, bereut es Felix, daß er nicht *stante pede* nach Paris aufgebrochen sei, denn auch er sympathisierte lebhaft mit der Revolution. Nur die Furcht vor dem strengen Vater habe ihn davon abgehalten – in Wirklichkeit aber war es eine ziemlich ernste Herzensangelegenheit, die Felix das schlechte Gewissen verursachte.

Delphine von Schauroth, die Marx «mindestens sechzehnjährig» nennt, war eine vorzügliche Pianistin und intelligente Musikerin. Dazu brillant, schön und aus reichem, angesehenem Hause. Felix hatte sich ernstlich in sie verliebt[17]; aus den verschiedenen Aufzeichnungen läßt sich schließen, daß Delphine den bereits berühmten Künstler recht gern zum Mann gehabt hätte. Bei seiner Rückkehr von Italien nach München spitzte sich diese Affäre bedrohlich zu – bedrohlich für Felix, der gar nicht ans Heiraten dachte. Noch viel später, 1834, schrieb ihm seine Mutter, besorgt wegen irgendeines Flirts in Düsseldorf:
Ach, lieber Künstler, häng Dir kein Hemmklötzchen an die freien Flügel, trotz aller Söhne Beispiel und Polterabende...[18]
So bestieg er denn erleichterten Herzens, mit einem Tentativvertrag für eine Oper von der Königlichen Intendantur in der Tasche, wieder seinen Wagen und reiste über Salzburg und Linz nach Wien.

Felix machte sich keine Illusionen über die Dauer seines Einflusses in München; er war überzeugt, daß nach der plötzlichen Beethovenbegeisterung, die er entfacht hatte, die jungen Damen wieder zu Herz, Kalkbrenner etc. zurückkehren würden.[19] Nichtsdestoweniger hat der Charme der Münchner Damen zwei seiner besten Klavierwerke inspiriert – darüber kann kein Zweifel bestehen: das erste ist das bekannte *Rondo capriccioso* op. 14 *in E* («Das Ding mit Saucen und Champignons» [FM]). Das zweite war sein erstes *Klavierkonzert in g-moll* op. 25, Delphine gewidmet. Von diesem wird noch die Rede sein.

Einiges Reisepech hatte er in Salzburg, nicht nur wegen des dort üblichen «Schnürlregens», sondern weil er eine mysteriöse «Grande Dame» (wohl nach einem Bild) zu erkennen glaubte, sie aber immer wieder verpaßte. Es war, wie sich später herausstellte, seine Großtante, die Baronin Pereira aus Wien, in deren Haus in Wien er später aus- und einging. Die recht interessante Frau und die Atmosphäre in ihrem Salon ist vor kurzem ausführlich dargestellt worden.[20]

Wien war – und das darf uns nicht wundernehmen – eine Enttäuschung für Felix. Nach den künstlerischen Leistungen eines Haydn, Mozart, Beethoven und Schubert war die Wiener Mode wieder zur leichten Oper, überhaupt zur Salonmusik zurückgekehrt, wahrscheinlich mit einem Seufzer der Erleichterung.

Der Puritanismus, der Felix in Fleisch und Blut steckte, machte sich nun bemerkbar: nach seinem Zeugnis «machte er wenig Musik innerlich», nannte Wien ein «verdammt liederliches Nest» und fühlte sich gar nicht wohl in der leichtlebigen Kaiserstadt. Als Gegenmaßnahme «verkroch er sich in sich selbst» und schrieb strenge erzprotestantische Musik – als Protest gegen die oberflächliche Wiener Manier.[21] Es war ihm nicht, wie Schubert, gegeben, gleichzeitig Tänze und Symphonien zu konzipieren. Die Ironie des Geschmackswandels wollte es aber, daß zur Zeit von Felix' Besuch in Wien Johann Strauß Vater seine ersten großen Erfolge hatte. Diese nach Felix' Überzeugung «liederliche» Musik aber hat sich gehalten, während Mendelssohns strenge geistliche Stücke, die er damals schrieb, vergessen, ja, bis heute nicht veröffentlicht sind. Trotzdem aber wird Mendelssohn als «armseliger, ja, immerdar heiterer und gewandter» Komponist bezeichnet.[22] Auch mit den dortigen Theatern war Felix sehr unzufrieden und kritisierte scharf das Repertoire des Kärntnerthortheaters.[23]

Von den dortigen Musikern spricht der Jüngling beinahe in strengem Ton, mit Ausnahme von Aloys Fuchs, dem Mozartforscher, Franz Hauser, dem eifrigen Bachenthusiasten (später Konservatoriumsdirektor in München) und vielleicht dem Cellisten Merk. In Bausch und Bogen verdammt er die andern:

Bei Gott! die Leute kennen nichts Besseres als ihr langweiliges Ich, und daher sind sie auch so mattherzig; der Czerny z. B. thut und denkt nun den ganzen Tag nichts, als sich, seine Ehre, seinen Ruhm, sein Geld, seine Beliebtheit; was ist die Folge?

Er ist in ganz Wien gering geachtet, man zitiert ihn nicht einmal mehr unter den Klavierspielern, und obwohl er, während des Stundengebens, immer Notenpapier und Schreibzeug vor sich hat, um seine Komposition zu verrichten, wenn er sie nicht mehr halten kann, so zucken sogar die Verleger zu seinen Sachen die Achseln und meinen, sie gingen doch nicht so recht.[24]

Felix kam viel mit seinen Verwandten, den Pereiras, Arnstein-Eskeles', Ephraims und dem Grafen Wimpffen zusammen, aber er fühlte sich stèts als «Stockbürgerlicher» und machte sich gelegentlich über die «Vornehmtuerei» in diesen Familien lustig.

Zuletzt lernte er den Theoretiker Simon Sechter kennen (den nachmaligen Lehrer von Bruckner), «und wir bewarfen uns mit süßen canonischen Redensarten».

In Graz, auf dem Weg nach Italien, beendigte er seine Choralkantate *O Haupt voll Blut und Wunden* (sie ist leider Manuskript geblieben) und entwarf ein *Ave Maria,* das er aber erst viel später vollenden sollte. Dann ging's über Udine nach Venedig. Zusammenfassend läßt sich über den Wiener Aufenthalt sagen, daß in ihm bereits eine sehr charakteristische Seite Mendelssohns zum Vorschein kommt: das Beharren auf dem eigenen Gesetz, das durch eine gegensätzliche Umgebung noch verstärkt wird. In dem erzkatholischen und dabei leichtsinnigen Wien schreibt er plötzlich lutherische Kirchenmusik, die er seit zwei Jahren nicht mehr gepflegt hatte, ja, er läßt sich von seinem Freund Hauser ein Büchlein mit Luthers geistlichen Gedichten schenken, um daraus – in Italien – Kraft und «echte Andacht» zu schöpfen. An Zelter schreibt er am 16. Oktober: «Die Leute um mich herum (in Wien) waren so schrecklich liederlich und nichtsnutzig, daß mir geistlich zu Muthe wurde und ich mich wie ein Theolog unter ihnen ausnahm.» Dieser innere Widerstand gegen äußere Einflüsse sollte sich mehrfach in seinem Leben wiederholen. Ja, man darf behaupten, daß – nach Zelter – eigentlich nur zwei Personen existierten, deren Urteil über sein Schaffen er respektierte und deren «Zensur» er sich unterwarf – leider allzuoft! – Fanny und sein Vater.

In Venedig war er von der Landschaft und noch mehr von den Bildern Tizians und Giorgiones entzückt, und beim Betrachten dieser Kunstwerke «ist ihm auch schon recht oft nach Musik dabei zu Muthe geworden».

Aber wieder ist es protestantische Kirchenmusik, die er plant, später auch ausführt: im wesentlichen Choralmotetten oder Choralkantaten. Daneben arbeitete er an der *Hebridenouvertüre,* beendete die erste Fassung und begann sofort mit ihrer Revision. Beinahe alles gefällt ihm in Italien, was er in München und Wien verurteilt hatte, auch der Leichtsinn! Er war ohne Zweifel durch Zelter und Goethe präjudiziert.

DRITTE PHASE (Venedig – Bologna – Florenz – Rom)

Die Briefe Mendelssohns aus Italien sind wertvoll als intelligente Berichte eines deutschen Reisenden jener Zeit, aber sie sagen noch weit mehr über den Briefschreiber selbst aus. Sie sind echte Selbstzeugnisse, und ihr Wert wird nicht geringer, wenn man bedenkt, daß sie gewiß nicht zu diesem Zweck geschrieben wurden.

Je tiefer der klassisch gebildete Jüngling in das alte Land eindringt, desto mehr steigert sich seine Abneigung gegen alles Archäologische oder Archaische, betreffe es nun Literatur oder Musik. Ciceronianische oder Cäsarische Reminiszenzen lassen ihn vollends kalt. Nur die antiken Kunstdenkmäler läßt er gelten, und vor allem entzückt ihn die italienische Landschaft. Er, der mit Thibaut für Palestrina und Victoria geschwärmt hatte, zeigt auffallend wenig Verständnis für gregorianischen Gesang.[25]

Der italienische Kunstgesang – wie er ihn dort antraf – findet in ihm vielleicht den schärfsten Kritiker aller Zeiten, aber er betont gerechterweise, daß man nach Paris oder London gehen müsse, um die besten italienischen Sänger zu hören. Auch hier wieder bemerken wir die Rivalität der zwei Musikachsen, von der schon die Rede war. Felix wendet sich entschieden von der südlichen ab, und der westlichen zu.

Er bekennt sich als Gegner des Mittelalters und rückt schon dadurch von den eingeschworenen Romantikern ab:

...man dankt Gott, daß dieses gepriesene Mittelalter vorüber ist und nie wiederkehren kann. Zeigt es keinem Hegelianer, aber es ist so ...[26]

Auch sonst spüren wir seine entschiedene Abneigung gegen «Schulen», besonders wenn er sich dagegen wehrt, in seinem Leben irgendeiner Koterie, sei sie gesellschaftlicher oder künstlerischer Art, anzugehören.[27] Er war und blieb ein Individualist; ja sogar kosmopolitische Bestrebungen oder Ideen sind ihm unsympathisch:

Ich sage Euch aber im Vertrauen, daß ich nach und nach auf das Kosmopolitische einen ganz besonderen Haß bekomme; – ich mag es nicht, wie ich überhaupt Vielseitigkeit nicht recht mag oder eigentlich nicht recht dran glaube. Was eigenthümlich und groß und schön sein soll, das muß einseitig *sein, wenn diese eine Seite nur zur größten Vollkommenheit ausgebildet ist...*[28]

Auch diese Äußerung steht im Widerspruch zu der damals beliebten Synästhesie der Romantiker, die Farben, Düfte, Worte und Töne in einem Gesamtkunstwerk zusammenzuschmelzen versuchten – von Novalis und E. T. A. Hoffmann zu Richard Wagner und darüber hinaus.

Solch klaren und durchdachten Anschauungen stehen bei Felix irrationale und oft ungerechte Vorurteile gegenüber. Am deutlichsten zeigten sie sich im Zusammentreffen mit Berlioz, den er in Rom kennen lernte. Was Felix für sich selbst postulierte, nämlich die Einheit der Person des Künstlers und seines Werks, läßt er bei Berlioz nicht gelten. Als Menschen schätzt er ihn hoch, als Künstler «möchte er ihn todtbeißen»[29] und berichtet, daß er zusammen mit Berlioz dessen Sinfonie gespielt habe,

...welche heißt Episode de la vie d'un artiste *und zu der ein gedrucktes Programm ausgetheilt wird, wie der arme Künstler im letzten Stück zum Teufel fährt, während die Zuhörer schon längst desselben werden möchten – nun und da haben alle Instrumente den Katzenjammer und vomiren Musik und man wird sehr unglücklich dabey,*

Spanische Treppe in Rom mit der Casa Bartholdy (rechts), Rom 1831. Bleistiftzeichnung von Felix Mendelssohn

und doch ist er ein sehr angenehmer Mensch und spricht gut und hat feine Ideen, und man muß ihn sehr liebgewinnen...[30]
Es ist verständlich, daß ein so unwandelbarer Verfechter klarer Formen und klassisch gerundeter Melodik, wie Mendelssohn es war, mit der kühnen Formlosigkeit und eckigen Melodik eines Berlioz wenig anzufangen wußte. Noch viel mehr mußte ihn das *Sujet* der *Phantastischen Symphonie* abstoßen, der haltlose *artiste,* der *Hexensabbath,* und die unvermittelten dramatischen Kontraste des Werkes. Und zu all dem trat ein – Felix wohl unbewußtes – Gefühl der Rivalität hinzu: sie lag darin, daß er eben begonnen hatte, Goethes *Erste Walpurgisnacht* zu komponieren, in der schließlich die Hexen auch eine gewisse Rolle spielen. Freilich, neben den Monstren Berlioz' à la Félicien Rops – diese Künstler waren nicht zufällig Zeitgenossen! – nehmen sich die Mendelssohnschen Hexen wie verführerische Frühlingsnixen aus.

Und da wir schon auf nur halbbewußte Reaktionen und Widersprüche in Felix' Gefühlsleben hingewiesen haben, müssen wir auch seiner problematischen, sehr komplexen Haltung gegenüber religiösen Manifestationen gedenken. Rom konfrontierte ihn mit der Fülle und Kraft des zentralisierten europäischen Katholizismus. Er, der von Geburt Jude, durch Erziehung und Umgebung gläubiger Protestant war, reagierte kritisch auf alle *Ausdrucksformen* der Kirche, soweit sie als ästhetische Phänomene in Erscheinung traten. Aber er schreibt kein Wort über die fundamentalen Glaubensprinzipien der katholischen Kirche, die auf ästhetische Fragen ja nur indirekt Bezug nehmen. Wüßten wir nicht durch Berlioz' Memoiren, daß dieser den glühend gespannten Felix mit Bibelkritik und agnostischen – nicht ganz ernst gemeinten Aperçus – zu Religionsdisputationen aufreizte, so hätten wir annehmen müssen, daß für Felix nur die sinnlich wahrnehmbaren Formen einer Religion von Interesse und Bedeutung waren.[31]

Nur an einem Punkt tritt uns in seinen «Römerbriefen» eine echte und sehr ernste Religionsanschauung entgegen, aber sie ist weder katholisch noch protestantisch, sondern erzjüdisch. Freilich, Felix wußte das sicher nicht. Sein Vater aber hätte die Doktrin sofort erkannt und identifiziert. Felix schreibt nämlich an Klingemann am 2. Januar 1831:
Der letzte und der erste Tag [des alten, respektive neuen Jahres] *waren mir wieder, wie immer, traurig und langweilig, ich war den Silvesterabend in ein paar Gesellschaften... und mußte den Neujahrstag Visiten machen. Wie da die Leute sich begegnen und gedankenlos oder mit Witzen einander eine glückliche Zukunft, den ernstesten Wunsch, den es gibt, zurufen, wie sie gerade an dem Tag aller närrischen Zeremonie Tür und Tor öffnen..., wie bei alledem kein einziger daran zu denken scheint, welch' ein Feiertag eigentlich sei, wie sie am Silvesterabend durch Possen, Trinken, Bleigießen die traurige Idee wegscheuchen wollen und nicht können, das ist mir fatal. Die beiden Tage sind* wahre Bußtage, *und man sollte sie ganz allein mit sich erleben, und sich nicht vor den ernsten Gedanken fürchten und verkriechen...*[32]
Ein orthodoxer Jude hätte diesen Gedankengang nicht besser aussprechen können,

man merkt wohl auch, daß solche Gefühle nicht wie revolutionäre Neuerungen formuliert sind, sondern daß sie bei Felix organisch gewachsen waren. («Die Tage sind mir, *wie immer,* traurig...») Woher kommt das? Natürlich vom Elternhause, das die sehr ernste Stellungnahme zum Neuen Jahre einfach von der jüdischen in die christliche Praxis transponiert hatte. Äußerungen von diesem herben Ernst finden sich sonst in den Reisebriefen nicht eben häufig: eine *ähnliche* Reaktion tritt ein, als er von Goethes kritischer Erkrankung hört. Da schreibt er dem Vater:

...bei aller Lustigkeit vergesse ich nie, daß der Kern und das Eigentliche von allen Dingen ernsthaft, ja oft tragisch ist, und daß ich wieder beim Ernst daran denke, daß der rechte Ernst heiter und nicht eben finster und kalt sein muß... dessen bin ich gewiß...[33]

Das war sicher nach dem Herzen des Vaters gesprochen, und ganz im Sinne Goethes; es liegt nahe, gerade in diesem Zusammenhang an Giordano Brunos Devise zu denken: *In hilaritate tristis, in tristitia hilaris.*

Die *äußere* Reisegeschichte ist nicht gerade reich an Abenteuern, aber voll von interessanten Zeitereignissen, die Felix an Ort und Stelle miterlebte. Kurz nach seiner Ankunft in Rom starb Papst Pius VIII., und nach langem Konklave fand die Wahl und Krönung seines Nachfolgers, Gregors XVI., statt, noch vor der Karwoche des Jahres 1831. Vom Karneval sah Felix nicht gar viel, da der Tod des Papstes und politische Unruhen dem vergnügten Treiben bald ein Ende bereiteten. Über alle diese Dinge berichtet er sehr ausführlich, mit einem wachen Auge für Lokalkolorit.

Von ungewöhnlichem Interesse sind natürlich alle Bemerkungen über das Musikleben Roms. Obwohl Felix ein wissenschaftliches Verständnis für archaische Musik fehlt, hat er doch ein ungeheuer fein entwickeltes Stilgefühl. Jede Verstümmelung der archaischen Musik registriert er, obwohl er ihre Prinzipien nur oberflächlich kannte. Seine Berichte über die musikalischen Zeremonien der Karwoche, die er an Zelter sandte, sind Meisterstücke kritischer – wenn auch oft präjudizierter – Darstellung. Bewunderungswürdig ist auch sein scheinbar untrügliches Gedächtnis: seit Mozarts Aufzeichnung des *Miserere* von Allegri aus dem Gedächtnis hat es ähnliche «Musikdiktate» geraume Zeit nach der Aufführung nicht mehr gegeben. Auch heute dürfte seine beinahe phonographisch getreue Aufzeichnung all der verschiedenen Nuancen noch Aufsehen erregen. Wegen seines feinen Gehörs und seines angeborenen Stilgefühls war Felix ein überaus scharfer Kritiker an der Praxis der Kirchenmusik. Dennoch verliert er nie die Ehrfurcht vor der gewaltigen religiösen Idee, und also schließt er seine Kritiken immer wieder mit einem respektvollen Staunen über die Größe und Würde der liturgisch-musikalischen Zeremonien, die auch durch mangelhafte Wiedergabe nicht verloren gingen.

Dieser Respekt fehlt ihm aber ganz, wenn es sich um die weltliche Musikübung handelt. Sie erscheint ihm «unter aller Kritik jämmerlich», «wirklich zu schlecht», «sie macht mir Zahnschmerzen», «das Ganze bildet eine wahre Katzenmusik» etc. Stolz fühlt er sich als Deutscher, wenn Spontinis Wort zitiert wird: «Les Allemands traitent la musique comme une affaire de l'Etat», und er fügte hinzu: «Das Omen nehme ich an».[34] Allzu scharf und ungerecht wird er, wenn er italienische und deutsche Musik miteinander vergleicht –

wie mir ein Cicisbeo [– Galan –] *in alle Ewigkeit etwas Gemeines und Niedriges sein wird, so auch die italienische Musik.*[35]

Der Schüler Hegels übersieht völlig in seiner *rabbia,* daß er hier ethische und ästhetische Kategorien durcheinander wirft, um seinem Kulturpatriotismus eine rationale Basis zu geben.

Felix war auch in Rom schon durch seine eigenen Schöpfungen bekannt, seine Persönlichkeit war durch seinen Umgang mit den größten deutschen Geistern sozusagen «approbiert»; ihm, der überdies aus einer wohlhabenden Familie stammte, und einen von altersher berühmten Namen trug, öffneten sich in Rom alle Türen. Angefangen vom preußischen Minister-Residenten von Bunsen, der mit den Humboldts befreundet und als Historiker von Bedeutung war, bis zu den Kardinälen, von der herzoglichen Familie der Torlonia bis zu den französischen Künstlern und Diplomaten, von den Musikern Baini und Santini zu Berlioz durchlief er die ganze Skala der vornehmen, aber auch der intellektuellen Gesellschaft Roms. Doch steht er der italienischen Hocharistokratie nur mit «Respekt, gemischt mit Widerwillen» gegenüber und begnügt sich zum Beispiel, die Familie der Napoleoniden, die damals in Rom ihr Heim gefunden hatte, aus der Distanz zu betrachten.[36]

Dagegen suchte er engen Kontakt mit den italienischen Musikern Baini und Santini. Zelter hatte ihn an diese Musiker-Priester gewiesen. Beide waren von ihm und seiner Musik entzückt; der Abbé Santini, ein gelehrter Theoretiker und Bewunderer Händels, nannte Felix ein *Monstrum sine vitio* – Koloß ohne Mangel –, eine Bemerkung Scaligers über Pico della Mirandola auf den jungen Deutschen anwendend.[37] Er hatte gehofft, daß Felix die Partitur der Bachschen *Matthäuspassion* mitbringen werde, mußte sich aber mit Klavierexzerpten begnügen, die der willige und begeisterte Jüngling ihm vorspielte. Santini bemühte sich sehr um die Einbürgerung ernster, auch protestantischer Kirchenmusik in Italien; und seine Aufgabe war nicht einfach, wie aus Mendelssohns Briefen hervorgeht. Felix half ihm, soweit er es vermochte; er verschaffte ihm aus Berlin die damals schwer zugänglichen Partituren von Werken Bachs, Händels, Grauns und anderer deutscher Komponisten. Aber dem ernsten Streben Santinis war ein bleibender Erfolg versagt: die Oper überschattete in Italien alle anderen musikalischen Formen, und selbst heute gehören Aufführungen deutscher Oratorien oder Kirchenmusik eigentlich zu den Seltenheiten des Repertoires. Mozart und Bach haben dort bis etwa 1920 kaum viel Verständnis finden können, im Gegensatz zu Beethoven und Wagner, deren Pathos die Italiener schon viel früher schätzten.

Mit dem anderen Maestro, Baini, hatte Felix nicht so enge Beziehungen. Das lag zum Teil daran, daß Baini ein sehr beliebter Beichtvater war und nur seine Abende für Musik und musikalische Studien frei hatte, wenn er nicht gerade durch Proben des päpstlichen Chores in Anspruch genommen war. Baini, der erste selbständige Biograph Palestrinas, war ein glühender Bewunderer der A-cappella-Musik und betrachtete alle Instrumental-Komposition als minderwertig oder geradezu frivol. Wohl nicht ganz ohne Anlaß vermutete Felix, daß der A-cappella-Fanatiker Baini ihn für einen *brutissimo tedesco* halte.[38] Eine gewisse Zurückhaltung scheint auf beiden Seiten bestanden zu haben, denn auch Felix hielt wenig von des andern Musik. Und da er nicht übermäßig historisch interessiert war, konnte ihn auch das große musikgeschichtliche und theoretische Wissen Bainis nicht beeindrucken. Auch hier wieder zeigt sich jene psychologische Reaktion, die wir schon bei anderen Gelegenheiten beobachtet haben: Im katholischen Rom schreibt er protestantische Kirchenmusik; in der geschichtsbeladenen Stadt der Cäsaren betont er die Sache des «Fortschritts» im politisch-historischen Sinn.

Sehr gerne und viel verkehrt Felix mit Malern. Und Rom war voll von ihnen, Deutschen, Franzosen und Engländern. Am liebsten waren ihm Horace Vernet, damals Direktor der Französischen Akademie (in der Villa Medici), Schadow aus Düsseldorf und Thorwaldsen, der ihm schon durch sein löwenhaftes Aussehen großen Eindruck machte. Vernet hat bekanntlich Mendelssohn in Rom gemalt, und der merkuriale, im Gesichtsausdruck ständig wechselnde Felix scheint in jenem Porträt gut, ja in subtiler Deutung und mit tieferem Verständnis erfaßt zu sein, als in den meisten anderen seiner Porträts.

Die deutschen Maler schätzte er nicht sehr; er hielt sie für eine Bande von faulen, barttragenden Bohemiens, die sich im Augenblick einer auch nur flüchtigen Gefahr «einschließen und sich da nun allein graulen».[39] Schadow aber rechnet er nicht zu ihnen und bewundert seine ruhige, klare, immer respektvolle Art, in der er Meisterwerke beurteilt. Dies im Gegensatz zu den andern, «die vor ihren Meistern keinen Respekt haben –» er fühlt, er würde ein gutes Werk vollbringen, wenn er allen solchen die «herzlichsten Grobheiten sagte».[40]

Alle diese Zerstreuungen aber erscheinen unwesentlich, wenn man sie mit der gewaltigen musikalischen Produktion Mendelssohns gerade während seines römischen Aufenthalts vergleicht. Einige bedeutende Kompositionen verdanken ihr Entstehen der befruchtenden Atmosphäre Roms. An protestantischer Kirchenmusik zunächst die drei Stücke op. 23: Choralmotette *Aus tiefer Not*, Luthers Gedicht *Mitten wir im Leben sind*, dem er ein katholisch angehauchtes *Ave Maria* für achtstimmigen Chor anschließt. Zur selben Zeit entstand sein Gebet *Verleih uns Frieden gnädiglich* für vierstimmigen Chor und Orchester. Es wurde das Lieblingsstück seines Vaters, wohl wegen der betont einfach, aber streng gehaltenen Melodieführung in kanonischem Stil. Auch Schumann hat es sehr geliebt und verglich es mit einer «Madonna von Raffael oder Murillo, [die] können nicht lange verborgen bleiben». Ernst Wolff schließt aus der mangelhaften Deklamation des deutschen Textes, daß die Komposition ursprünglich auf das lateinische *Da nobis pacem* gesetzt war; in der Tat paßt die Wortbetonung viel besser auf den lateinischen Wortlaut.[41]

Schon vorher hatte Felix eine große Psalmkomposition *Non nobis Domine* (Psalm 115) abgeschlossen, die als Geburtstagsgeschenk für Fanny bestimmt war. Es ist eins seiner besten Chorwerke mit Orchester. Kinder eines ganz anderen Geistes sind die drei Motetten für Soli, dreistimmigen Frauenchor mit Orgelbegleitung op. 39, die er für die Nonnen in der Kirche Trinità dei Monti schrieb. Ihre Stimmen hatten ihn entzückt – nicht ihre Musik.[42] Er kam auf die romantische Idee, die Stücke einfach den Nonnen zuzusenden; er wünschte sich, unerkannt seine Musik in der Kirche anhören zu können. Es ist mehr als zweifelhaft, ob dieser Wunsch jemals in Erfüllung gegangen ist. Die Texte sind durchwegs für den katholischen Gottesdienst gewählt: *Veni Domine, et noli tardare, Laudate pueri,* und *Surrexit pastor bonus;* zwei davon wieder Stücke aus dem Psalter.

Über die meisten dieser Werke oder Entwürfe berichtet er treulich seinem alten Lehrer Zelter, ja, er sendet ihm das Manuskript der Choralmotette *Aus tiefer Not* zur Begutachtung und eventuellen Verbesserung. Wir müssen uns vor Augen halten, daß Felix technisch und künstlerisch weit über dem Niveau Zelters stand, so daß das Begehren, von jenem korrigiert zu werden, uns befremdlich erscheint. Wenn wir nicht aus unveröffentlichten Briefen wüßten, wie sicher Felix bereits seiner selbst war, möchte man an der Selbständigkeit seines künstlerischen Urteils und Geschmacks zweifeln.[43] Indessen wollte Felix dem alten Herrn seinen ehrlichen Respekt bezeigen, und das Mittel, das er wählte, war sicher nach Zelters Geschmack. Felix war kein Heuchler, sondern ein dankbarer und taktvoller Schüler.

Von größerer Bedeutung für lebende Musik sind die zwei weltlichen Kompositionen, an denen Felix in Rom arbeitete: die Ouvertüre zu den *Hebriden* (ursprünglich betitelt *Die einsame Insel*) und die Vertonung von Goethes *Erster Walpurgisnacht*. Beides sind Meisterwerke in ihrem Genre und gehören zum ständigen Repertoire der Konzertsäle.

Die Konzeption der *Walpurgisnacht* geht wahrscheinlich auf jenen letzten Besuch in Weimar zurück; in Wien jedenfalls hat Felix ernstlich mit der Komposition begonnen – «und hatte keine Courage, sie aufzuschreiben».[44] Als die Komposition sich ihrer Vollendung nähert, greift Felix endlich zur Feder und schreibt dem Dichter. Im Brief heißt es unter anderem:

Was mich seit einigen Wochen fast ausschließlich beschäftigt, ist die Musik zu dem Gedicht von Eur. Exzellenz, welches die Erste Walpurgisnacht heißt; ich will es mit Orchesterbegleitung als eine Art großer Kantate komponieren... Ich weiß nicht, ob mirs gelingen wird, aber ich fühle, wie groß die Aufgabe ist und mit welcher Sammlung und Ehrfurcht ich sie angreifen muß.[45]

Mendelssohn überarbeitete das Werk noch zweimal, wie wir ja auch von der *Hebridenouvertüre* drei Fassungen haben. Es wurde in der ersten Fassung am 15. Juli 1831 beendet, mit Ausnahme der Ouvertüre, die erst ein Jahr später fertig wurde.

Außerdem wurden die Anfänge und Themenkomplexe der *Italienischen* und der *Schottischen Symphonien* skizziert, die also auch in die römische Zeit zurückreichen, obwohl sie bedeutend später vollendet wurden. Es ist das ein Charakteristikum von Mendelssohns Schaffen: blitzschneller primärer Einfall, Skizze und lang-dauernde Verarbeitung, Revision und Superrevision des fertigen Werkes, manchmal über die Drucklegung hinaus, manchmal die Drucklegung um Jahre verzögernd, wenn nicht gar verhindernd. So war bis zum Tage seines Todes Mendelssohn mit seiner *Italienischen Symphonie* nicht zufrieden und bastelte immer noch daran. Sie ist erst posthum veröffentlicht worden, war aber bereits im Jahre 1833 vollendet.

VIERTE PHASE (Neapel – Rom)

In einer lustigen und kongenialen Gesellschaft, die aus E. Bendemann, T. Hildebrandt, C. Sohn bestand, reiste Felix nach dem Süden. Seine Berichte lassen uns erkennen, daß er dort mehr Beobachter, Schilderer und Sozialkritiker als Musiker war. Bald scheint er Metternichs halb zynisches Wort erfaßt zu haben, daß Italien keine Nation sei, sondern ein geographischer Begriff; denn für Felix beginnt bei Terracina der Süden – «ein anderes Land» –, und alles mahnt ihn an diese Verschiedenheit. Die subtropische Vegetation überrascht und entzückt den Nordländer, und er kann sich nicht genug tun in malerischen Schilderungen, die uns viel farbiger und naturgetreuer erscheinen als die besten Photographien. Hier steht die Betrachtung der überwältigenden Natur für ihn an erster Stelle; aber der gedankenvolle junge Künstler sagt sich:

Was in England durch die Menschen erfreulich ist, ist es hier durch die Natur.[46]

Kurz darauf formuliert er seine Gedanken noch schärfer:

Ich kann fortfahren, die Natur und den blauen Himmel zu genießen, ohne an was anderes zu denken. Nur da ist jetzt die Kunst von Italien – da und in Monumenten... Trotz dessen bin ich Stockmusiker genug, um mich herzlich wieder nach einem Orchester oder einem vollen Chor zu sehnen.[47]

Und bei der Gelegenheit kann er sich wieder eines seiner maliziösen Aperçus nicht versagen:

Die Sänger sind die schlechtesten italienischen, die ich bis jetzt irgendwo gehört habe, Italien ausgenommen.

Im selben Zusammenhang bestreitet er, daß Italien etwas von seiner alten musikalischen Glorie bewahrt habe, und erzählt, daß der Komponist Coccia von ernsthaften Musikern geschätzt würde, nur weil er in *London* studiert habe.

Felix' sozialkritische Bemerkungen über Süditalien lassen uns aufhorchen. Wer es kennt, weiß, daß sich dort bis heute kaum etwas geändert hat. Felix ist unzufrieden mit sich, weil ihn das heiße Sciroccowetter von der Arbeit abhält.[48] Da fällt ihm ein, daß die Abwesenheit einer tätigen Mittelklasse, die er vorher beklagt hatte, eigentlich ein natürliches, klimatisch bedingtes Phänomen sein müsse. Die nun folgende Analyse ist so lebendig und nimmt die Theorien eines Max Weber und Karl Mannheim so naiv voraus, daß sie hier vollständig zitiert sei:

Das Klima ist für einen großen Herrn eingerichtet, der spät aufsteht, nie zu Fuß zu gehen braucht, nichts denkt (weil das erhitzt), Nachmittags seine paar Stunden auf dem Sopha schläft, dann sein Eis ißt und Nachts ins Theater fährt, wo er wieder nichts zu denken findet, sondern da Besuche machen und empfangen kann. Auf der andern Seite ist das Klima wieder ebenso passend für einen Kerl im Hemde, mit nackten Beinen und Armen, der sich ebenfalls nicht zu bewegen braucht, – sich ein paar Gran erbettelt, wenn er einmal nichts zu leben hat, – Nachmittags sein Schläfchen macht auf der Erde, am Hafen... der sich dann seine frutti di mare *etwa selbst aus dem Meere heraufholt, dann da schläft, wo er Abends zuletzt hinkommt, kurz, der in jedem Augenblick das thut, was ihm gerade gemüthlich ist, wie ein Thier. Das sind denn nun auch die beiden Hauptclassen in Neapel...*

Im selben Zusammenhang fügt er hinzu:

Daher eben gibt es so wenig Industrie und Konkurrenz; daher macht Donizetti eine Oper in zehn Tagen fertig; sie wird ausgezischt, aber das thut gar nichts, denn er bekommt dafür bezahlt und kann wieder spazieren gehen...[49]

Er wäre gar zu gerne nach Sizilien gegangen, aber der besorgte und vielleicht auch beunruhigte Vater wollte die Exkursion nicht erlauben. Felix, gehorsam wie immer, fügte sich dem väterlichen Spruch, obzwar gegen seine innere Überzeugung.

Zelter war weder mit des Vaters Verbot, noch mit des Sohnes Folgsamkeit einverstanden. Er hat es auch «dem Alten bemerklich gemacht».[50] Goethe war gleicher Meinung:

Der Herr Papa hatte sehr Unrecht ihn nicht nach Sizilien zu schicken; der junge Mann behält eine Sehnsucht ohne Noth...[51]

Indessen, es war zu spät, um das Verbot zu widerrufen; auch war Abraham Mendelssohn nicht der Mann, sich von andern beraten zu lassen, und hießen sie auch Zelter und Goethe.

Immerhin hatte der Verzicht auf Sizilien eine gute, für uns wichtige Folge: Felix arbeitete rüstig an seiner *Italienischen Symphonie*; sie scheint in Neapel in der Skizze fertig geworden zu sein, wie er selbst andeutet.[52] In der Tat fand ich in der Bibliothek des Konservatoriums zu Neapel das Autograph zu einem *Concertino* von Mendelssohn, das aber nichts anderes ist, als eine Particell des ersten Satzes der *Italienischen Symphonie.* Nur die ersten zwei Seiten sind von Felix' Hand, der Rest ist offenbar von einem Kopisten geschrieben. Es stehen in dem Manuskript einige interessante Abweichungen vom endgültigen Text; vor allem finden sich beträchtlich mehr Sequenzen darin, als der selbstkritische Komponist später für gut hielt.

Nach Pompeii, Cumae, den Averner Gefilden und endlich Paestum, dem südlichsten Punkt der ganzen Reise, wurden ausführliche Exkursionen unternommen, die in den Reisebriefen liebevoll beschrieben sind. Dann ging es wieder zurück nach Norden. In Rom blieb Felix nur zwei Wochen, um seine Angelegenheiten zu ordnen, Besuche zu machen, einen ausführlichen Brief an Zelter über die Musik der Karwoche zu verfassen – er ist ein ganzer Traktat – und sich die Fahrgelegenheiten über

Florenz und Genua nach Mailand zu sichern. Am 19./20. Juni nahm er Abschied von der ewigen Stadt.

Hier seien einige Bemerkungen zum Bericht über die Musik der Karwoche angefügt:

Es ist merkwürdig, wie Mendelssohn hier vom rein Sinnlichen auf das Geistige schließt; so objektiv – übrigens positiv kritisch – und so genau er jede Nuance des Gesanges, die *embellimenti* und andere Manieren registriert, obwohl er sie für Unarten hält, so zugänglich und einfühlsam ist er für das große Ganze, die kultische Zeremonie. Wo es aber um Fragen der Interpretation und Tradition geht, da ist er so recht ein Kind seines skeptischen, dabei doch fortschrittsgläubigen Jahrhunderts.[53] Die Psalmtöne erfaßt er zwar durch sein unglaubliches Gedächtnis, aber ihre Struktur und vor allem ihr antiphonischer Vortrag bleiben ihm völlig rätselhaft; er hätte besser seines Großvaters Psalmübersetzung mit ihrem gelehrten Vorwort lesen sollen. Dann wäre ihm die parallelistische Struktur der Psalmodie klar geworden. Vollends, wenn es sich um die musikalische Interpretation der «allerheiligsten, schönsten Worte auf nichtssagende, leiermäßige Töne»[54] handelt, ist er empört. Das ästhetische Ideal, dem alle Gregorianik nachstrebt, ist Objektivität des Ausdrucks. Felix spürt das intuitiv, aber in echt romantischer Weise meint er:

Freilich, ein falscher Ausdruck ist nicht drin, denn es ist gar kein Ausdruck darin; aber ist denn das nicht die rechte Entwürdigung der Worte?[55]

Aus diesen Bemerkungen erhellt, daß Felix nicht – und vielleicht nie – den wahren Geist und vor allem die wahre *Funktion* liturgischer Musik erfaßt hat. Denn ausdeutender Ausdruck ist im besten Fall ein Beiprodukt, nicht ein primäres Ziel der Liturgie. Was Felix unter «Ausdruck» versteht, ist aber die subjektive, ausdeutende Vertonung oder musikalische Symbolisierung eines liturgischen Texts. Es ist überraschend, daß in diesem «neuen» Protestanten Konflikte wieder aufklingen, die einst in der Frühzeit der Kirche viele Geister und Federn bewegt hatte. Es ist im wesentlichen die Antinomie von Ethos und Pathos.

Eine andere Ausstellung, die Felix macht, hat dagegen dauernden Wert. Er postuliert für die Passionsgeschichte eine «ruhig erzählende» Lektion des Priesters; er wünscht, daß sie so vergegenwärtigt werde, «daß mir zu Muthe wird, als sei ich dabei und sähe alles mit an», also, «entweder einfache Erzählung oder große dramatische, ernsthafte Wahrheit». Hier handelt es sich um die Frage: Text oder Ausdeutung? und vielleicht im tiefsten Grunde um das Problem, ob Liturgie naiv oder sentimentalisch im Sinne Schillers zu verstehen und auszuführen sei. Dies ist ja bis zum heutigen Tag eine offene und umstrittene Frage; auch kanonische Stellungnahmen, wie etwa das Motu Proprio Pius' X., haben die Kontroverse ebensowenig aus der Welt geschafft wie sie das Problem lösten. Hier hat Mendelssohn also richtig ein Kernproblem gespürt und verzeichnet. Er hat sich in späteren liturgischen Werken noch mehrfach damit auseinandersetzen müssen.

Fünfte Phase (Florenz – Genua – Mailand – Genf – Luzern – St. Gallen – Augsburg – München)

Von einer ganz anderen, sehr robusten Seite lernen wir den kunstbegeisterten Reisenden auf der Fahrt nach Florenz kennen. Da passiert ihm etwas, was jeder Italienreisende als natürlich ansieht: er wird geprellt. Aber als die Posthalterin in Incisa für gewöhnliche Postpferde den vierfachen Betrag fordert, nur weil sie sicher ist, daß der *barbaro tedesco* keine andere Fahrgelegenheit finden würde, da wird der sanfte Felix rabiat. Er verlangte, den offiziellen Posttarif zu sehen; sie wurde unverschämt und verweigerte ihm die Einsicht in den Tarif. Selbst-ironisierend erzählt nun Felix: «Der Zustand der Gewalt, der hier große Rollen spielt, trat also abermals ein; denn ich packte sie und warf sie in die Stube hinein», dann lief er zum Bürgermeister, umjohlt von Straßenjungen. Endlich erhielt er um mäßiges Geld ein Wägelchen, einem alten Bettler wurden ein paar Pfennige gegeben; worauf alle bravo riefen und ihm gute Reise wünschten. Noch am selben Abend besuchte er einen Maskenball im Teatro Goldoni in Florenz.

Über Genua reiste Felix nach Mailand, damals die Hauptstadt der österreichischen Lombardei. Dort, an der Grenze Italiens, Österreichs und der Schweiz, machte er eine Woche Halt weniger der Stadt wegen, die ihn nicht besonders interessiert zu haben scheint, sondern, um sozusagen die *Bilanz* der italienischen Reise zu ziehen. Von Mailand aus schrieb er eine Reihe wichtiger Briefe, in denen er sich über seine Zukunft ernste Gedanken macht und verschiedene *Lebensziele* ins Auge faßt.

Als allererstes nach der Ankunft in Mailand schrieb der junge Mann einen wohlüberlegten Brief an den Vater. Da dieser wichtige Brief nicht veröffentlicht ist, sei hier wenigstens der Kern davon herausgegriffen: Felix bedauert es, sich mit dem Vater nicht über Fragen seiner beruflichen Laufbahn persönlich aussprechen zu können und bittet ihn, ihm womöglich einen Treffpunkt anzugeben. Er spricht von seinen möglichen Chancen in London, Paris und München, aber er ist nicht entschlossen,

...ob ich neue Fäden da anspinnen soll, oder mich nach der bleibenden, ruhigen Existenz hinwende, die ich mir nun einmal nur in Berlin wünsche, *und die ich auch durch das Anerbieten der Vorsteherschaft der Singakademie zu meiner Freude vor mir eröffnet sehe. Dieser Antrag wurde mir aber nach der Aufführung der Passion gemacht, und seit meiner Rückkunft von England habe ich nichts weiter von mir hören lassen. Es muß also womöglich vorher (vor meiner Rückkehr) noch etwas Ordentliches geschehen, daß ich auch den Antrag mit Ehren annehmen könne...*[56]

Es ist dies ein einzigartiges Dokument, weil aus ihm hervorgeht, daß Felix gerne in Berlin seine Existenz aufgebaut hätte. Freilich, als dies geschrieben wurde, lebte Zelter noch; als Felix nach Zelters Tode nach Berlin zurückkehrte, fand er die Verhältnisse völlig verändert vor und wollte von seiner Kandidatur zurücktreten. Dies ist also der Anfang jenes traurigen Dilemmas, durch das Felix zwischen Liebe und

Haß fortwährend hin und her gezerrt wurde, und das sicherlich auch zu seinem allzufrühen Ende beigetragen hat.

Felix wollte in jenen Mailänder Tagen mit sich und seinen Freunden ins Klare kommen, und er hat sich solchen Auseinandersetzungen nie entzogen. Devrient hatte ihm – halb im Ernst, halb im Scherz – den Vers aus «Don Carlos» hingeworfen: «Zweiundzwanzig Jahre, und nichts für die Unsterblichkeit gethan». Vorsichtigerweise hatte er hinzugefügt, daß man durch Psalmen und Choräle, mögen sie sogar in Bachschem Geist konzipiert sein, nicht berühmt werden könne, und hatte ihn dringend gemahnt, Opern zu schreiben. Er dürfte nicht wenig erstaunt gewesen sein, als er eine durchaus philosophisch-theologische Entgegnung darauf erhielt. Ein Teil des Briefes, aber durchaus nicht der wichtigste, findet sich in den Reisebriefen. Stolz und zugleich demütig antwortet Felix, daß, wenn Gott es gewollt hätte, er schon mit 22 Jahren berühmt gewesen wäre. Er schreibe nicht Musik, um berühmt zu werden; und solang er nicht gerade verhungere, erachte er es als seine Pflicht, so zu schreiben, wie es ihm ums Herz sei, und die Wirkung davon dem Himmel zu überlassen. In seinem Schaffen will er immer weniger Rücksichten auf Konventionen oder Personen nehmen – der Rest sei ihm gleichgültig. Wenn seine Musik Ähnlichkeiten mit der Bachs habe, so sei das unbeabsichtigt, denn er habe sie geschrieben, wie ihm zu Mute gewesen sei:

...und wenn mir einmal bei den Worten so zu Muthe geworden ist wie dem alten Bach, so soll es mir umso lieber sein. Denn Du wirst nicht meinen, daß ich seine Formen kopiere, ohne Inhalt, da könnte ich vor Widerwillen und Leerheit kein Stück zu Ende schreiben...[57]

Nachher, im selben Brief, macht er Devrient aufmerksam, daß er auch ans Praktische denke, fügt aber sogleich hinzu:

aber wer Teufel soll Musik schreiben, die doch einmal das unpraktischste Ding in der Welt ist, (weshalb ich sie lieb habe) und ans Praktische dabei denken?

Er ist begierig, eine Oper zu schreiben, aber sehnt sich nach einem «natürlichen» Libretto, das nicht nur Theater sei, sondern auch glaubhafte Charaktere darstelle, lebende Menschen mit innerem Leben.[58] Mit einer gewissen freundschaftlichen Würde, gemessen, aber doch sehr bescheiden, weist er so Devrients gutgemeinte Ermahnungen zurück. Man sieht: Felix war als Mensch und Künstler dem Jünglingsalter entwachsen. Bei aller Höflichkeit, Wärme und Bescheidenheit spricht aus allen seinen Briefen ein klarer und fester Wille, der seines Zieles – nicht immer seines Weges – sicher ist. Der letztgenannte Brief enthält außerdem eine ungewöhnlich scharfe Kritik an der italienischen Vokal- und Instrumentalmusik, betont und preist die westliche Achse (London-Paris), erreicht aber seinen Höhepunkt mit dem frohen Bekenntnis: *Das Land der Künstler ist nun einmal Deutschland und es soll leben!*[59]

Im selben Sinne schreibt er dem Vater gegen die Rossini-Anbetung allerorten und fügt hinzu:

Ich hasse die jetzigen Liederlichkeiten von Herzen. Nimm es mir nicht übel; Dein

Spruch ist ja: ohne Haß keine Liebe, und es war mir so sonderbar, als mir der Gluck einfiel mit seinen großen Gestalten.[60]

Von solchen Gedanken und Gefühlen bewegt, vollendete er die *Walpurgisnacht*, war sich aber nicht klar, ob er dazu eine sinfonische Ouvertüre oder nur eine kurze Einleitung schreiben sollte. Nicht ohne Ironie klingt seine Absicht, darüber einen Gelehrten zu befragen.[61]

Im österreichischen Mailand lernt er auf eine nahezu tolldreiste Art Baron und Baronin Ertmann kennen, die alten, treuen Freunde Beethovens. Seinem Charme gelingt es ohne Schwierigkeit, diese viel älteren Menschen zu Freunden zu gewinnen; sie musizierten auch viel miteinander. Auch Karl Mozart, der ältere Sohn des Meisters, führte damals in Mailand ein k. und k. geregeltes Beamtenleben, und Felix freundete sich mit ihm an, ja, er gewann so viel Sympathie und Vertrauen zu dem einsamen, im Schatten des Titanen lebenden Mann, daß er ihm als erstem seine *Walpurgisnacht* vorspielte. In lustige Verlegenheit geriet er schließlich in Como, wo die Notabeln des Städtchens Shakespeare kritisierten und besonders den *Sommernachtstraum* heruntermachten, der ein albernes Hexereistück sei und überdies von Anachronismen wimmle. Felix solle es ja nicht lesen! Dieser «schwieg kleinlaut und vertheidigte [sich] nicht». Nun, mit dem fertigen Opus der *Walpurgisnacht* in der Tasche, machte er sich auf den Weg über Chamonix in die Schweiz. Seine Route führte ihn über den Simplon, Brig und das Wallis, Weißenburg, Spiez, Unterseen, Grindelwald, Flüelen, Luzern, Engelberg, Schwyz, St. Gallen, Lindau, Augsburg nach München. Er war am 20. Juli von Mailand aufgebrochen, gelangte aber erst am 9./10. September nach München. Diese lange Zeitspanne erklärt sich einfach daraus, daß Felix das größte Stück des Weges zu Fuß ging, als Tourist, als Wanderer – ohne Seil- oder Zahnradbahn, Skilift, Auto, Eisenbahn usw.; er begnügte sich mit den primitivsten Übernachtungsgelegenheiten und lebte während dieser Monate wirklich wie ein Spartaner. Diese beträchtliche körperliche Leistung zeigt deutlich, daß Felix kerngesund und nicht im geringsten verwöhnt oder verweichlicht war (eine Folge der strengen Kinderzucht, die er durchgemacht hatte), und daß seine Naturliebe ihn zu anstrengenden Expeditionen wie Rigi-, Scheidegg- oder Faulhornbesteigungen anspornte. Man verfolge einmal seine Route, die ja in den Reisebriefen aufs genaueste angegeben ist, auf der Karte, und vergegenwärtige sich obendrein, daß Felix einmal in eine gewaltige Unwetterkatastrophe hineingeriet; ich glaube nicht, daß so leicht heute ein Mann, der nicht ein durch und durch geübter und erfahrener Bergsteiger ist, etwas Ähnliches unternehmen wollte oder könnte.

Die Reisebriefe jener Monate sind, sowohl vom beschreibenden wie vom literarischen Standpunkt, Meisterwerke und werden wohl so lange lebendig bleiben, als man noch wandern wird, und die Natur ohne lärmende Tanzdielen, Autobusse und Radios wird bewundern können. Wieder und wieder zeichnet er die geliebten Landschaften (es gibt mehr als hundert Handzeichnungen von Felix), und allen Freunden versichert er:

...es ist kein Land wie dieses. Alle Träume und Bilder können... nicht eine Ahnung von dem geben, was dies für eine Schönheit ist.[62]

Und er endet mit Hymnen auf die Schönheit des Schweizerlandes:

Was grün heißt und Wiesen und Wasser und Quellen und Felsen, das weiß nur einer, der hier gewesen ist... Mir ist nirgends so ganz frei, so ganz der Natur gegenüber zu Mute gewesen als in diesen unvergeßlichen Wochen...[63]

Seinem Vorsatz, seine Sommerferien womöglich immer in der Schweiz zu verbringen, ist er treu geblieben, und seine tiefe Liebe zu diesem Land bleibt ein Trost, der sein ganzes späteres Leben verklären sollte. Nun hatte er die drei Länder gefunden, die ihm Heimat waren: Deutschland nördlich des Mains – sein Geburtsland; England, seine musikalische und gesellschaftliche Wahlheimat, und die Schweiz, wahre Zuflucht für sein zur Natur hingezogenes Herz, das Paradies für seine schönheitsdurstigen Augen.

Ein Selbstzeugnis ganz anderer Art als diese von dichterisch-malender Hand geschriebenen Schweizer Briefe ist ein Brief an einen zeitgenössischen Komponisten, Wilhelm Taubert. Felix' Noblesse, seine echte Bescheidenheit, aber auch seine reine Denkungsart leuchten aus diesem ganz unprätentiösen Brief, der viel weiter bekannt sein sollte als er es ist. Nach einer kritischen Bemerkung über den Stand der Musik in Italien schließt er das Thema ab mit den Worten:

...die letzten Ereignisse, die ich leider dort erlebt, haben mir wohl gezeigt, daß noch mehr ausgestorben ist, als die Musik; es wäre ja ein Wunder, wenn es irgendwo eine Musik geben könnte, wo keine Gesinnung ist.[64]

Weiter bittet er Taubert, ihn doch nicht um «Lehren oder Ratschläge» anzugehen, solches Ersuchen beängstige ihn geradezu. Er macht seinem Grimm Luft bei der Erwähnung eines «deutschen Ästhetikblattes». Die folgende Äußerung ist der Kernpunkt des Briefes:

Es sieht wahrhaftig auf dem deutschen Parnaß ebenso toll aus als in der europäischen Politik. Gott sei bei uns! Ich mußt den gespreizten Menzel[65] *verdauen, der damit auftrat, bescheidentlich Goethe schlecht zu machen, und den gespreizten Grabbe, der bescheidentlich Shakespeare schlecht macht, und die Philosophen, die Schiller doch zu trivial finden! Ist Ihnen denn dies neuere, hochfahrende, unerfreuliche Wesen, dieser widerwärtige Cynismus auch so fatal wie mir? Und sind Sie mit mir einer Meinung, daß es die erste Bedingung zu einem Künstler sei, daß er Respekt vor dem Großen habe und sich davor beuge... und nicht die großen Flammen auszupusten versuche, damit das kleine Talglicht ein wenig heller leuchtet?...*

Das ist nun aber... eine tolle, wilde, durch und durch erregte Zeit, und wer fühlt, die Kunst sei aus, der lasse sie doch um Gotteswillen ruhen. Aber wenn all das Unwetter sich von draußen auch noch so wild ausnimmt, so reißt es doch die Häuser nicht gleich um; und wenn man drinnen ruhig weiter fortarbeitet... so geht es auch wohl oft vorüber, und man kann sichs nachher gar nicht so toll wieder vorstellen, wie es einem damals erschien...[66]

Die genannten und von Felix verachteten Männer gehören mehr oder weniger deutlich zur Schule des «Jungen Deutschland», mit seinen Hauptvertretern Heine und Börne, vor allem aber Immermann, mit dem er bald darauf in enge, aber durchaus nicht immer freundliche Berührung kommen sollte. Nachdem er sich in Engelberg und Lindau etwas ausgeruht, dort und in Sargans fleißig Orgel geübt hatte, reiste er über Augsburg nach München, wo er am 9./10. September eintraf.

SECHSTE PHASE (München – Frankfurt – Düsseldorf – Paris)

Der zweite Münchner Aufenthalt war für Felix aus drei Gründen bedeutungsvoll. Der Flirt mit Delphine hatte sich zu einer *grande affaire* entwickelt, und wir wissen, daß ihre Mutter und wohl auch Delphine eine dauernde, das heißt eheliche Verbindung sehr begrüßt hätten. Aber Felix' Familie winkte deutlich ab, und Felix hatte wohl auch nicht an eine Heirat gedacht. Jedoch fehlen merkwürdigerweise zwei seiner Briefe aus jener Zeit, und es ist möglich, daß sie von Cécile, Felix' späterer Gemahlin, vernichtet worden sind. Wie sehr Aufsehen und Klatsch sich dieser Sache annahmen, ersehen wir aus einem unterdrückten Brief von Felix an den Vater:

Hauptsächlich aber sagte der König mir, ich möchte doch Fräulein von Schauroth heirathen, das sey eine sehr gute Partie und das müßte sehr gut passen und warum ich das nicht thun wollte? Mich ärgerte das im Munde eines Königs und ich wollte ihm eben etwas piquirt antworten, als er, meine Antwort gar nicht abwartend, auf etwas anderes übersprang und dann etwas drittes...[67]

Für Delphine schrieb der entflammte junge Meister dann und dort sein *g-moll-Konzert für Klavier und Orchester;* wie er selbst sagt, war es «ein schnell hingeworfenes Ding»[68]; aber wenn die Einheit des Werks ein Resultat der kurzen Arbeitszeit ist, dann möchte man wünschen, daß Felix öfter «Dinge hingeworfen» hätte. Denn obwohl das ganze Konzert nicht gerade tief oder originell genannt werden kann, ist es doch eine so gute Synthese von «gelehrter» und «volkstümlicher» Musik, daß man seine Lust daran haben muß, unter der Voraussetzung, daß es von einem ausgezeichneten Interpreten gespielt wird.

Das Werk wurde bei einem großen Konzert zu Gunsten der Münchner Armen am 17. Oktober 1831 uraufgeführt, mit Felix am Klavier; bei derselben Gelegenheit dirigierte er seine *c-moll-Symphonie* und seine *Sommernachtstraum-Ouvertüre*. Der Beifall, der vom König selbst angeführt wurde, war so stürmisch, daß Felix *nolens volens* phantasieren mußte; der König hatte ihm *Non più andrai* als Thema gegeben – obwohl Felix im Improvisieren hervorragend war, liebte er es durchaus nicht in der Öffentlichkeit, ja er hielt es für einen Unsinn. Er schreibt:

Mir ist selten so närrisch zu Muthe gewesen, als wie ich mich da hinsetzte, um meine Phantasie dem Publikum zu produciren. Die Leute waren sehr zufrieden... die Königin sagte mir alles Verbindliche; aber ich war ärgerlich; denn mir hatte es mißfallen, und ich werde es öffentlich nicht wieder thun; es ist ein Mißbrauch und ein Unsinn zugleich...[69]

Vorher hatte Felix bei sich eine kleine musikalische Soiree gegeben, zu der viele geladene und auch ungeladene Gäste erschienen waren. Auch dort mußte er improvisieren, und über das darauffolgende Hofkonzert heißt es:

...mit jedem Ellbogen stieß man an eine Exzellenz... am meisten gefiel es mir, daß die Königin nach der Phantasie mir sagte: das wäre ja sonderbar, ich risse einen ordentlich mit fort, und man könne bei der Musik ja an nichts Anderes denken; worauf ich um Entschuldigung bat – wegen des Fortreissens.[70]

Der größte Ansporn Münchens war der formelle Opernkontrakt, den Baron von Poißl, der Generalintendant der Königlichen Theater, ihm mit auf den Weg gab. In einem sehr artigen Brief an Poißl dankt Felix für das in ihn gesetzte Vertrauen und verspricht, sein Allerbestes leisten zu wollen.[71] Er dachte damals daran, Immermanns Version von Shakespeares «Sturm» für eine Oper zu verwenden. Es war nicht seine Schuld allein, daß aus dem weit vorgeschrittenen Projekt doch wieder nichts wurde.

Von München wandte er sich über Stuttgart nach Frankfurt, wo er einige Wochen im Kreis von alten Freunden blieb. Noch einmal versucht er, dem Vater seine Lebenspläne darzulegen, aber diesmal in einer viel mehr ins Einzelne gehenden Weise. Dieser Brief vom 13.–17. November 1831 ist bis heute unveröffentlicht geblieben, obwohl er viel wichtiger ist als die vielen Klatschbriefe in Hensels Sammlung und manche andere in den Reisebriefen. Der volle Text nimmt zu viel Platz in Anspruch; hier seien nur die entscheidenden Stellen herausgegriffen. Zunächst betont er, daß des Vaters Wünsche und Anordnungen ihm über alles gingen, und er möchte wissen, inwieweit seine eigenen Pläne mit des Vaters «Bestimmungen über ihn» parallel gehen.

Wir erfahren ferner, daß der Vater dringend wünscht, Felix solle nach seiner Reisezeit «selbständig und unabhängig» dastehen. Abraham hatte ihm auf der Reise nach Dessau berichtet, daß Felix in den Besitz einer Erbschaft (von seiner mütterlichen Großmutter) gekommen sei, die er notfalls dazu anwenden könne, sich eine selbständige Existenz zu gründen. Nun will Felix klar wissen, wann seine Reisezeit aufhören und seine «Unabhängigkeit» beginnen solle. Des weiteren fragt er, ob es Abrahams Wunsch sei, daß er die ererbte Summe und auch die Honorare, die er in des Vaters Verwaltung hatte liegen lassen, angreifen, oder aber «ohne jedes Geld, als das, was ich mir verdiene, anfangen soll?» Er weiß, daß er das kann, und hält sich für beide Möglichkeiten bereit. Aber er meint, daß er mancherlei Dinge nur dem lieben Geld zuliebe werde machen müssen, die seiner Entwicklung nicht förderlich seien, zum Beispiel Stunden oder Konzerte geben. Wieder betont er, daß der Vater das entscheiden solle: «...hältst Du es für förderlich von der Pike an zu dienen, so will ichs versuchen, das Geld ruhig liegen zu lassen...» Er will auch wissen, wie der Vater gegebenenfalls über eine Anstellung als erster Kapellmeister-Musikdirektor *an einem Theater* denken würde.

Sodann spricht er von *seinen eigenen Plänen*. Er hält sich für zu jung, um mit

23 Jahren eine volle Musikdirektorstelle zu bekleiden, da es ihm an äußerer Autorität fehle. Besser wäre es, wenn er sich aufs Komponieren verlegen dürfte, da er einen Opernauftrag von München in der Tasche hätte und einen weiteren in London sicher erlangen könne. In Berlin möchte er keinesfalls Musikdirektor sein, wenn er sich darum bewerben müßte, da durch Spontinis Persönlichkeit der Intrige und üblen Nachrede Tür und Tor geöffnet seien. Er erwähnt weitere Möglichkeiten, in England und auch gelegentlich auf dem Kontinent als Gastdirigent aufzutreten, spricht von seiner Oper für München, als ob er morgen anfangen würde, sie zu schreiben. Aber er verspricht dem Vater, sich doch zuerst in Berlin umzusehen, «denn natürlich möchte ich am liebsten da bleiben..., wo Ihr seid, aber ich muß wirken können...»

Er berichtet, daß Schelble, in Frankfurt, ihn mit Güte und Liebenswürdigkeit überhäufe. Er habe auch ein großes Oratorium für den Cäcilienverein bei ihm bestellt (es sollte der *Paulus* werden). Felix' wahre Gesinnung tritt erst am Schlusse des Briefes hervor, der seine innerste Erkenntnis ausspricht:

... seit ich aus Italien wieder da bin... habe ich nie so klar gefühlt, daß ich eigentlich Deutscher bin und bleiben muß.

Der Brief ist voll von Widersprüchen, die sich jedoch leicht aufheben, wenn man bedenkt, daß Felix, der seinen Vater nicht nur fürchtete und liebte, sondern auch sehr genau kannte, «diplomatisch» schreiben mußte. Deutlich ist zu erkennen, daß trotz aller Gehorsamtuerei Felix darauf erpicht ist, als freier Künstler, und zwar vorzugsweise als Opernkomponist und Gastdirigent zu leben und seinen Unterhalt zu bestreiten. Diese Grundabsicht ist allerdings geschickt verdeckt, mit finanziellen – etwas rosig gesehenen – Erwartungen verkleidet und mit etwas Schmeichelei verbrämt. Jedoch das Bekenntnis zum Deutschtum, das mit dem übrigen Inhalt des Briefes nur in loser Verbindung steht, ist absolut echt und stolz. Dennoch wissen wir bis zum heutigen Tage nicht, ob dies Selbstbekenntnis von seinen Volksgenossen angenommen wurde; subjektiv wahr als «innere Evidenz» im Kantischen Sinne war es gewiß, aber ob es objektiv dem Gefühl der Umwelt entsprach, darüber werden erst die nächsten fünfzig Jahre entscheiden.

Leider ist die Antwort des Vaters nicht auf uns gekommen, aber wir können aus einem Brief des Sohnes aus Paris (vom 19. November 1831) schließen, daß der Vater den Opernplänen sympathisch gegenüberstand. Ja, Abraham ging so weit, Felix einen französischen Librettisten zu empfehlen, dessen Buch, ins Deutsche übersetzt, er dann für München komponieren solle. Felix aber hatte sich auf dem Weg nach Paris in Düsseldorf aufgehalten und Immermann um ein Libretto angegangen; er selbst hatte Shakespeare's «Sturm» vorgeschlagen und Immermann hatte eingewilligt. So war denn Felix arg in der Klemme, zumal sein Vater nicht das geringste Vertrauen in Immermann als Dramatiker oder gar Opernlibrettist hatte. Leider sollte in diesem wie in manchen andern Punkten der gescheite Abraham recht behalten. Felix aber fühlte sich als Ehrenmann gebunden und übte sogar, zum erstenmal, Kritik am Vater:

Vor allen Dingen ist mir als billigtest Du sie [französische Operntexte] *mehr nach dem* Erfolg, *den sie haben, als nach ihrem wirklichen* Werthe. ... *Versuchen will ich es also in Deutschland und dort leben und wirken, so lange ich da wirken und mich erhalten kann;... kann ich das nicht, so muß ich wieder fort und nach London oder Paris, wo es leichter geht. Kann ich es aber in Deutschland, so sehe ich freilich, wie man anderswo besser bezahlt und geehrt wird..., wie man aber in Deutschland immer fortschreiten, arbeiten und niemals ausruhen muß. Und zum Letzten halte ich mich...*[72]

Diese herbe Absage an den kosmopolitischen und wohl auch opportunistischen Vater, die diesmal nur wenig mit Entschuldigungen wegen seiner abweichenden Ansicht verkleidet ist, zeigt den Beginn einer gewissen inneren Selbständigkeit, die er jedoch dem Vater gegenüber nur mit gewissen Einschränkungen erreichen sollte. Doch wir sind den Ereignissen vorausgeeilt. Über Bonn, wo er mit dem Verleger Simrock wegen der Herausgabe einiger seiner Kirchenmusiken verhandelte, und Düsseldorf, wo Immermann ihm das «Sturm»-Libretto zusagte, reiste er nach Paris, wo wir ihn Mitte Dezember 1831 antreffen.

Siebente Phase (Paris)

Das Paris der Jahrzehnte nach der Juli-Revolution sah die fieberhafte und wohl schöpferisch bedeutendste Gesellschaft des 19. Jahrhunderts in Frankreich. In der Literatur war es die heute schon legendäre Aera der «Titanen» Balzac, Daudet, George Sand, Victor Hugo, Dumas père und vieler kleinerer Talente. Die musikalische Mode wurde von Rossini (für Opernfreunde), Cherubini (für die soliden Musikliebhaber), Paganini und Liszt (für die Virtuosenanbeter) diktiert. Meyerbeers Stern war eben aufgegangen und drohte, Rossini zu verdunkeln; Chopin und Berlioz waren der Öffentlichkeit kaum bekannt, aber sehr wohl den Musikern. Die bildenden Künste sahen in Delacroix, Gavarni, Daumier, Rops und Vernet ihre Hauptvertreter. Auch wissenschaftlich war es eine der großartigsten Perioden französischer Forschung auf allen Gebieten – das Land gärte kaum weniger als Paris – und es fehlte nicht an hervorragenden Begabungen. Die Saat der bürgerlichen Gleichheit, von der Revolution vor mehr als einer Generation gesät, war aufgegangen und ein starkes und expansionsfreudiges Bürgertum ließ überall seine neue, noch nicht völlig erprobte Kraft erkennen.

In diesen brausenden Wirbel von neuem Leben geriet Felix ziemlich unvorbereitet und, gestehen wir es offen, mit den Vorurteilen eines zwar weltgewandten, aber puritanischen Kleinstädters.

Keiner dieser großen Namen begegnet uns in Felix' Berichten, ausgenommen Cherubini, Liszt und Chopin. Dafür aber traktiert er seine Freunde und Verwandten mit seiner unreifen Kritik des Saint-Simonismus, mit Berichten von Vorstadttheatern, von Besuchen im Parlament und Kammermusikaufführungen. Er hatte zwar Kontakt mit einigen der deutschen Emigranten, sympathisierte aber nicht mit ihnen: nicht mit Heine, noch weniger mit Börne, der ihm

...mit seinen abgequälten Einfällen, seiner Wut auf Deutschland und seinen französischen Freiheitsphrasen ebenso zuwider ist wie Dr. Heine mit allen ditos...[73]

Weder Meyerbeer noch dessen Bruder Michael Beer, den Verfasser des damals berühmten Schauspiels «Struensee», mag er leiden, trotz des größten und liebenswürdigsten Entgegenkommens von seiten Meyerbeers. Hier gibt uns Felix wenigstens Gründe an, wenn es vielleicht auch nur Scheinerklärungen sind; seine Kritik von *Robert der Teufel* ist unbarmherzig – trifft aber ins Schwarze:

...Das Sujet ist elend, konfus, und so kalt, verrückt, phantastisch – die Musik ist ganz vernünftig. An Effekt fehlt es nicht, er ist immer wohl berechnet... Melodie für das Nachsingen, Harmonie für die Gebildeten, Instrumentierung für die Deutschen, Kontratänze für die Franzosen, etwas für jeden – aber ein Herz ist nicht dabei. Solch ein Werk verhält sich zu einem Kunstwerk wie die Dekorationsmalerei zur Malerei; mehr Effekt macht am Ende die Dekoration, aber wenn man sie genau ansieht, so merkt man, daß sie mit den Füßen gemalt ist...[74]

Richard Wagner hat nicht viel anders und vielleicht nicht einmal so scharf geurteilt – er begnügte sich damit, Meyerbeers dramatische Technik «Effekt ohne Ursache» zu nennen – und gelegentlich nachzuahmen. Wie tief die Abneigung gegen den Landsmann und Kollegen Meyerbeer reichte, erhellt aus einer Anekdote, die Felix' Freund Hiller berichtet: Viele Leute glaubten, ihm zu schmeicheln, wenn sie seine äußere Ähnlichkeit mit Meyerbeer betonten; das ging Felix aber gar zu sehr gegen den Strich. Auch Hiller neckte ihn damit so lange, bis Felix plötzlich in völlig anderen Kleidern und vor allem in einer gräßlich verschnittenen Haartracht erschien. Auch Meyerbeer erfuhr von der Sache, nahm sie aber mit der Nonchalance des Weltmanns, der er ja war, artig auf.[75]

Wenn man die persönlichen Berichte Mendelssohns im Original liest, drängt sich die Frage auf, warum er sich nicht bemühte, mit den großen Vertretern der französischen Literatur in Berührung zu kommen? Dafür gibt es zwei Gründe, die sich ergänzen; beide lagen wahrscheinlich außerhalb seines Bewußtseins. Wie in Wien oder in Rom, so war er auch in Paris keineswegs geneigt, seine Prinzipien von Künstlertum und noch weniger seine Wertmaßstäbe zu revidieren; die aber standen in scharfem Widerspruch zur damals modernen französischen Schule.

Die französische Romantik mit ihrer tollen, makabren, melancholischen und *Epater-le-bourgeois*-Attitüde wollte ihm ganz und gar nicht behagen – mit Verachtung nennt er diese Haltung eine «müde Two-penny-Melancholie».[76]

Vielleicht noch wichtiger war seine Abschätzung seiner persönlichen Chancen in Paris. Deutschland befand sich, musikalisch gesprochen, nach dem Tod Beethovens, Schuberts und Webers in einer Periode der Stagnation; die drei bedeutendsten Komponisten Spohr, Loewe und Marschner waren schließlich keine ebenbürtigen Rivalen für Felix; Schumann und Wagner waren der Öffentlichkeit noch ganz unbekannt,

Brahms zu jung; kurz, Felix durfte sich gegenüber seinen deutschen «Brüdern in Apoll» wie ein anderer Simson vorkommen. Vollkommen anders aber war die Situation in Paris. Dort lebten und wirkten Meister wie Cherubini, Chopin, Berlioz, Liszt und Meyerbeer, alle schon berühmt oder doch schon sehr bekannt, und es mag sein, daß Felix im Grunde seines Herzens vor einer ernsten Rivalität mit diesen Künstlern zurückscheute. Außerdem glaubte er, in Deutschland eine Mission zu haben, so bescheiden er sich auch in dieser Hinsicht ausgedrückt hat. Jedenfalls aber entschied er sich definitiv erst in Paris, als deutscher Künstler zu wirken und sein Schicksal mit dem des deutschen Volkes zu vereinen. In diesem Sinn hat er auch Zelter geschrieben.[77] Wie übel hat es ihm gerade die deutsche Nachwelt gelohnt! Angefangen von den Pamphleten Wagners und seiner Schule bis zu den infamen Niederträchtigkeiten der Nazi-«Kultur-Politik» ist sein Name immer wieder von neuem herabgezerrt und beschmutzt worden – in Deutschland, nicht etwa in Frankreich oder Italien, ganz zu schweigen von den angelsächsischen Ländern und der Schweiz, wo sein Name und sein Werk immer lebendig geblieben sind.

In Paris aber konnte er nicht einmal die Ziele, die er sich selbst dort gesteckt hatte – und sie waren keineswegs extravagant – erreichen. Er trat als Pianist auf (in den Konzerten des Conservatoire), spielte das ihm liebste Beethovenkonzert *in G-dur* mit großem Erfolg; seine *Sommernachtstraum-Ouvertüre* wurde auch zwei- oder dreimal mit mäßigem Erfolg aufgeführt.[78] In intimerem Kreise hörte er sein *Oktett* und seine zwei *Quartette in Es-dur-* und *a-moll* sehr zu seiner Zufriedenheit – aber der Rest ist Schweigen. Und zwar ein sehr betretenes Schweigen, denn in keinem seiner Briefe findet sich ein klarer Bericht über die Zurückweisung seiner *Reformations-Symphonie* durch das Conservatoire. Es ist möglich, daß er selbst später den betreffenden Brief unterdrückt oder vernichtet hat; der einzige Hinweis auf diese bittere Enttäuschung findet sich in der scheinbar leicht hingeworfenen Bemerkung:

...die Revolutions-Sinfonie (sic!) ist mir sehr zurückgedrängt, weil mir die Völker ins Handwerk gefallen sind, wer weiß, ob ich sie jemals wieder vorhole, seit ich die Sache in der Nähe gesehen habe...[79]

Noch zu Ende Februar aber war er der Uraufführung des Werks sicher, denn Habeneck, der allmächtige Dirigent des Conservatoire-Orchesters, hatte ihn auf acht oder gar neun Proben vorbereitet. Das Ende erfahren wir wieder durch Hiller allein, und durch eine kurze Notiz im Archiv des Conservatoire. Daraus geht hervor, daß schon bei der ersten, spätestens aber der zweiten Probe die Orchestermitglieder das Werk als «zu gelehrt, zu viele Fugatos, zu wenig Melodie» zurückwiesen.[80] Dies war eine der bittersten Enttäuschungen für den erfolgverwöhnten Felix. Auch scheint er den Refus nicht ganz schweigend hingenommen zu haben, denn für volle elf Jahre danach blieb das Repertoire des Conservatoire seinen Werken verschlossen. Es wäre interessant, den Begebnissen «hinter den Kulissen» auf den Grund zu kommen, denn es scheint, daß Fétis und vielleicht auch Kalkbrenner gegen Felix intrigiert hatten. Fétis hatte ihn jedenfalls in seiner Zeitschrift tüchtig abgekanzelt, und über Kalkbrenners Loyalität hat sich Felix niemals Illusionen gemacht.[81]

Übrigens spricht er in Ausdrücken höchster Bewunderung vom Orchester des Conservatoire, und es ist ganz sicher, daß er von dessen Organisation und Erziehung Entscheidendes für seine spätere Reformierungstätigkeit am Gewandhaus gelernt hat. Überhaupt, wo es sich um rein musikalische Dinge handelt, ist er stets bei der Sache, oft scharf kritisch, aber niemals blasiert oder arrogant. Über seinen musikalischen Umgang erfahren wir von Hiller mehr als aus irgendeiner anderen Quelle. Felix, der Chopin schon in Berlin kennengelernt und in München wieder angetroffen hatte, war ein großer Bewunderer des polnischen Genius. Er verteidigte ihn gegen das patronisierende Urteil eines Kalkbrenner und machte sich diesen dadurch zum Feind.[82] Vor dem «alten, brummigen» Cherubini hatte er immer noch großen Respekt und schätzte ihn als einen hervorragenden Meister, aber seine Musik erschien ihm zu kalt, zu gefühlsarm; es wollte ihm nicht eingehen, daß ein großer Komponist bar jeder menschlichen Wärme, jeder lebendigen Empfindung sein sollte. Der junge Mann war sich kaum im klaren darüber, daß ein reifer, introvertierter Künstler wie Cherubini sich nicht autobiographisch in seiner Musik aussprechen mochte; daher dann Felix' Mißverständnis, daß der alte Meister «alles mit dem Kopf mache».

Zwei Todesnachrichten trübten seine Stimmung und erfüllten ihn mit Wehmut: die eine betraf seinen Jugendfreund Eduard Rietz, «den getreuen Eckart» der *Matthäuspassion*, die andere das Scheiden Goethes. Rietz setzte er in dem Adagio seines *Quintetts* op. 18 («Nachruf») ein warmherziges Epitaph. Die Erinnerungen an Goethe ließen ihn nicht los, als er die Ouvertüre zur *Walpurgisnacht* vollendete; er nannte sie «die sächsische» (wohl wegen des Kampfes der Niedersachsen gegen das Christentum). Auch sagte er den baldigen Tod Zelters als Folge von Goethes Hinscheiden voraus. «Nur der alte Zelter, der weint nicht, der stirbt ihm lieber nach», hieß es damals in Berlin. Und wirklich, ein paar Wochen nach des Freundes Tod verbeugte sich Zelter in seiner Wohnung ironisch vor Goethes Büste mit den Worten: «Exzellenz haben natürlich den Vortritt; aber ich komme bald nach.» Er ist auch nicht ganz zwei Monate nach seinem angebeteten Dichterfreund gestorben.

Zu all dem Unglück kam eine heftige Cholera-Epidemie, die Paris heimsuchte und alles gesellschaftliche Leben vergiftete oder unterband. Auch Felix wurde von der Epidemie erfaßt, überstand aber die Attacke; damit aber war ihm das Pariser Leben, an dem er doch immer nur als moralisierender Fremdling von der Peripherie aus teilgenommen hatte, im wörtlichsten Sinn verpestet, und er beeilte sich, nach kurzer Rekonvaleszenz nach seinem lieben England zu fliehen.

So endete der Aufenthalt in Paris nicht nur mit einer Dissonanz, sondern sogar mit einer negativen Bilanz, und Felix war nicht der Mann, sich darüber Illusionen zu machen. Auf der positiven Seite stehen: die klare Erkenntnis, daß er als deutscher Künstler seinen Weg in Deutschland machen müsse, die Vollendung der *Walpurgisnacht,* der *Hebriden-Ouvertüre,* die ersten *Lieder ohne Worte* und einige wertvolle Beziehungen zu französischen Musikverlegern. Auf der negativen: der Mißerfolg seiner *Reformations-Symphonie*, seine Abneigung gegen die große schöpferische Welle, die damals Frankreichs geistiges Leben befruchtete. Seine Abneigung dagegen, sich unzweideutig einer der zwei damals rivalisierenden Tendenzen – Klassizismus oder Romantik – zu verschreiben, trug ihm später das Mißtrauen von beiden Seiten ein. Doch ist sein Streben nach geistiger Unabhängigkeit bewundernswert bei einem so jungen Künstler, besonders, wenn man bedenkt, daß die klassizistische Gruppe Meister wie Cherubini, Hummel und Freund Moscheles einschloß, während auf der «romantischen» Seite Genies wie Chopin, Liszt und Berlioz standen.

ACHTE PHASE (London)

Nicht lange vor seiner Abreise von Paris hatte ihn der formelle Auftrag des Frankfurter Cäcilienvereins erreicht, der ein Oratorium mit dem Schicksal des Apostels Paulus als Thema vorsah. Nun müssen wir uns erinnern, daß Mendelssohn auch einen festen Opernvertrag für München in der Tasche hatte, also zwei große Werke in Angriff nehmen wollte. Dazu kamen die Londoner Aufführungen, die Vollendung von mehr als einem Dutzend größerer Kompositionen, die er während der Reise angefangen hatte, und noch weiterreichende Pläne für Berlin. Alle diese Werke sind gereift, nur die Oper nicht. Wir werden uns mit diesem sonderbaren Schicksal aller Opernpläne noch des weiteren beschäftigen müssen.

Zum zweiten- und nicht zum letztenmal legte London ihm Balsam auf die bösen Wunden, die ihm Paris und der Tod lieber Menschen geschlagen hatte. In Paris ereilte ihn die Kunde vom Tod Goethes, in London sollte er den Tod Zelters erfahren. Er reagierte auf dieses für ihn so traurige Ereignis in einer Weise, die bei aller Trauer eine ernste Männlichkeit ausspricht, während er bei Goethes Tode am liebsten «in lautes Wehklagen ausgebrochen wäre.»[83] Diese Stärkung seines Lebensmutes ist zweifellos der Londoner Atmosphäre zu verdanken. Wie genau der Geheimrat Bunsen, sein römischer Mentor, ihn verstanden hatte, zeigt ein Brief dieses geist- und gemütvollen Staatsmannes und Gelehrten an Hensel, in dem es unter anderem heißt:

Nichts würde mich mehr freuen als die Nachricht, daß er [Felix] *in England, wenigstens für einige Jahre, sich und seine Kunst einsiedelt. Er hat einen schweren Kampf durchzukämpfen, um sein besseres Theil durch den Wohnsitz einer mit Barbarei bei ... äußerer mechanischer Fähigkeit und Fertigkeit bedrohten Zeit hindurchzuretten. Der Componist unserer Zeit hat keinen gefährlicheren Feind als den Virtuosen...*[84]

Aber gerade mit diesen hatte er in London wieder zu tun, und es spricht für Felix' Lebensart und Politesse, daß er, der den Kalkbrenners, Herz und ihresgleichen als entschiedener Antagonist gegenüberstand, doch Skandalszenen à la Berlioz immer zu vermeiden wußte.

Mendelssohns seelische Verfaßung während der drei Monate des zweiten Londoner Aufenthaltes steht in scharfem Gegensatz zu der passiveren, beinahe ausschließlich rezeptiven Haltung in Paris. Diese wenigen Wochen in London sind gefüllt bis zum Rand mit schaffensfreudiger, künstlerischer Tätigkeit, der Gesellschaft seiner alten Freunde Klingemann, Moscheles und Rosen, zu denen sich noch die Horsleys als neue Freunde fürs Leben gesellten. Die große Herzlichkeit, mit der ihn die ganze englische Welt, nicht nur die der Musik, als einen der Ihren aufnahm, hat ihn immer von neuem beglückt und gestärkt. Darum merkt man auch nichts von der Voreingenommenheit, die ihn der Pariser großen Welt entfremdet hatte.

Von der denkwürdigen Szene an, wo die Orchestermitglieder des Philharmonic ihn bei einem Konzert (bei dem er nicht mitwirkte), erkannten und ihm, noch bevor das Konzert anfangen konnte, eine spontane Begrüßungsovation darbrachten, waren seine Enttäuschungen vergessen, seine durch die häufigen Trauerbotschaften umdunkelten Sinne wiederbelebt; und er begann, sich mit voller Kraft dem Leben und der Gegenwart zu widmen, wie er es von früher her gewohnt war.[85]

Bald nachher (am 14. Mai) hatte er die Genugtuung und Freude, seine endgültige Fassung der *Hebriden-Ouvertüre* vom Philharmonischen Orchester zu hören – «sie machte sich ganz seltsam zwischen mancherlei Rossinis» –, wurde aber mit großem Enthusiasmus aufgenommen. Das *Harmonicon* ergeht sich in Lob und Preis:

...das Werk steht an Einheit der Erfindung dem Sommernachtstraum nicht nach, und diese Einheit ist ein vorzügliches Merkmal aller seiner Kompositionen. Was eine lebhafte Phantasie nur immer hervorbringen und ausgezeichnetes technisches Können dazu beitragen mag... all das findet sich in diesem Werk des Herrn M., der eines der besten und originellsten Genies unserer Zeit ist. Es wäre nicht mehr als gerecht ihm gegenüber und erfreulich seinem Publikum, diese Komposition vor dem Ende der Saison zu wiederholen. Solche Arbeiten sind wie «Engelsbesuche» und man sollte sie als solche behandeln.[86]

Am 28. Mai und 18. Juni spielte er selbst sein *g-moll-Konzert*, am 25. Mai sein neues, für London geschriebenes *Capriccio brillant in h-moll mit Orchester*[87], er dirigierte selbst die *Hebriden-* und *Sommernachtstraum-Ouvertüren* in Moscheles' Konzertabend (1. Juni) und spielte mit diesem zusammen Mozarts Doppelkonzert, zu dem er neue Kadenzen geschrieben hatte. Sein eigenes «Münchner» Konzert hatte solchen Erfolg, daß «die Leute wie toll waren und meinten, es sei sein bestes Stück». Er spielte vor einer erlesenen Hörerschaft die große Orgel in der St. Paulskathedrale; die Berichte darüber sind voll Bewunderung und Staunen, besonders über seine außerordentliche Fähigkeit, in doppeltem und dreifachem Kontrapunkt zu improvisieren. Während er doch sonst sehr gegen öffentliches Improvisieren vor großem Publikum eingenommen war, erfreute er seine Hörer und sicherlich auch sich selbst mit seinen polyphonen Phantasien auf der Orgel. Dieses Instrument hat er dem Klavier *für diesen Zweck* zeitlebens vorgezogen.

Er verlegte sein erstes Heft der *Lieder ohne Worte* bei Novello unter dem Titel

«Original Melodies for the Pianoforte», worüber im nächsten Kapitel mehr zu sagen sein wird. Schließlich erhielt er den Auftrag, für den Verleger Ewer zwei große Stücke für den anglikanischen Gottesdienst zu schreiben; er hat auch späterhin einige Werke für die Church of England geschrieben, die nur in England veröffentlicht worden sind.

Vielleicht seine größte Leistung während jener Tage in London ist die dritte (und endgültige) Fassung der *Hebriden*. Noch Sir Ernest Walker war der Meinung, daß nur zwei Versionen des Werkes existieren;[88] aber schon die veröffentlichten Reisebriefe deuten auf eine dritte, die Urfassung, die er in Paris verwarf.[89] Es scheint, daß die Autographen der verschiedenen Fassungen sich in Oxford (Legat der Bodleian Library), bei der Familie Sterndale Bennett, und im *Corpus Christi College* befinden. Die letzte Fassung trägt das Datum des 20. Juni 1832, also knapp fünf Wochen nach der Uraufführung des Werkes. Sie ist nahezu identisch mit der seither gedruckten, von Mendelssohn selbst redigierten Partitur.

Seinem alten, verehrten Mentor für englische Musik, Sir Thomas Attwood, begegnete er oft. Ja, als er die Nachricht von Zelters Tod empfing, flüchtete er sich geradezu ins Landhaus von Attwood in Surrey; denn er selbst fürchtete, er würde «sehr krank» von der bösen Nachricht werden.[90] Es schien ihm dringend geboten, sich wieder zu sammeln und sowohl des toten Lehrers als auch seiner eigenen Zukunft ernsthaft zu gedenken. Außer dem «großen Vater» Abraham hatten in seinem bisherigen Leben noch zwei «Vater-Figuren» (um ein psychologisches Fachwort zu gebrauchen) eine wichtige Rolle gespielt: Zelter und Goethe. Nun waren sie beide dahin, und der Vater zu weit, als daß er hätte Trost und Zuspruch spenden können. Ist es nicht bezeichnend für des jungen Mendelssohn Anlehnungsbedürfnis an Vater-Gestalten, daß er nun zu Attwood als einem Ersatz-Vater flüchtet, um dort Trost, Sammlung und Erholung zu finden? Ich bin davon überzeugt, daß sich diese tiefeingewurzelte, in Felix' Charakter immer wieder spürbare Vater-Bindung auch in seiner Musik manifestiert. Vielleicht erklärt sie die Abwesenheit aller heroischen Züge in seiner Musik, und damit das Unvermögen zu einer wirklichen Oper, die ja ohne einen «Helden» nicht bestehen kann.

Selbst in seiner Musik zu Racines *Athalie* und zu Sophokles' *Antigone* kommt das heroische Element entschieden zu kurz. Erst in den allerletzten Jahren, im *Elias* und den letzten Werken hat er echte heroische Akzente gefunden. Alle seine früheren Versuche sind mißlungen: wo immer er versucht hat, künstlerisch des Vater-Komplexes Herr zu werden (was ja die heroische Befreiung vom Ödipus-Joch voraussetzt), ist er gescheitert: Sein *Moses* ist über das Libretto hinaus nicht gediehen, der *Sturm* (Prospero) wurde nicht einmal angefangen, und in seinem *Paulus* scheut er, bewußt oder unbewußt, vor der großen Vater-Gestalt des Rabbi Gamaliel, des Paulus Lehrer, zurück, ja, er führt diese dominierende Persönlichkeit gar nicht ein. Wie er sich im *Elias* dem Heroischen nähert, so versucht er ganz zuletzt, auch die Vater-Bindung künstlerisch zu lösen: in seinem (leider nur begonnenen) Oratorium

Christus.[91] Mozart, der sich ja auch aus einer überaus starken Vater-Bindung zu lösen hatte, war imstande gewesen, sie im *Don Giovanni* ein für allemal auf hoher künstlerischer Ebene zu bezwingen; der Komtur ist das Vater-Bild und zugleich das mahnende Gewissen.[92]

Aber der wirkliche Vater ließ Felix nicht los: im Gegenteil! er mahnte ihn nun, in immer dringenderen Briefen aus Berlin, sich um die durch Zelters Tod freigewordene Stelle des Direktors der Singakademie ernstlich zu bemühen. Hier nun zeigt sich die ganze Noblesse von Felix' Charakter: weit entfernt, den Wünschen des (für ihn ehrgeizigen) Vaters nachzukommen, zeigt er sich im höchsten Maß abgeneigt, in die frei werdende Stelle «hineinzuspringen». Während der letzten Tage Zelters scheint dieser den Wunsch ausgesprochen zu haben, daß Felix sich der Akademie annehmen möge.[93] Felix will nur «Zelter jede Arbeit abzunehmen suchen, solange dieser es wollte; denn das wäre dann natürlich meine Pflicht». Und weiter: «Alles Andere käme mir wie ein Unrecht gegen ihn vor...»[94] Noch lieber wäre es ihm, wenn Zelter sich wieder erholte und ohne seine Dienste auskommen könnte. Ein paar Tage später schreibt er an Fanny in der entschlossensten Art, die zwischen den beiden so innig verbundenen Geschwistern möglich war:

Du schreibst, 1. Fanny, ich möchte nun doppelt eilen zurückzukommen, um womöglich die Anstellung bei der Akademie zu erhalten. Das werde ich aber nicht tun. Ich komme zurück, sobald ich kann, weil Vater mir schrieb, er wünsche es... Aber nur aus dem *Grunde; der andere könnte mich weit eher zurückhalten...*[95]

Von allem Anfang wehrt er sich dagegen, für die Stellung bei der Singakademie zu *kandidieren*; wenn sie ihm angeboten würde, glaubte er, sie annehmen zu müssen, auch zusammen mit Rungenhagen.[96] Selbst dies wollte er nur tun, weil er es vor drei Jahren dem Vorstand der Singakademie versprochen hatte.

Mein Ja noch einmal zu wiederholen, ist nicht nöthig; denn wenn ich es einmal gegeben habe, so bleibt es dabei. Ich kann es aber umso weniger [wiederholen], da ich mich jetzt zu dem anbieten *müßte, was damals mir* angeboten *wurde.*[97]

Ferner beruft er sich auf einen Brief aus Paris, in dem er betont, daß Berlin die einzige größere Stadt Deutschlands sei, die er noch nicht gut kenne. Er war – wie sich bald herausstellen sollte, mit Recht – sehr skeptisch gegenüber den Berliner Möglichkeiten, aber geradezu *mißtrauisch* gegenüber den dortigen Musikern und Musikliebhabern. In den Briefen, die er nach der Aufführung der *Matthäuspassion* nach England schrieb, nahm er bereits eine ähnlich pessimistische Haltung gegenüber den Berlinern ein.

Indessen hörte der Druck der Familie nicht auf. Solange Felix ihm nicht persönlich ausgesetzt war, und sich mit so wohlmeinenden und weisen Freunden wie Klingemann und Moscheles beraten konnte, blieb er fest und entschieden bei seiner ablehnenden Haltung. Noch in seinem letzten Reisebrief von London ist er sich der Richtigkeit seines Weges bewußt; da schreibt er:

Ich befürchte, Euer nächster Brief wird mich schelten, daß ich die Akademiestelle nicht ambiren *will... wie mir jetzt zu Muthe ist, möchte ich in den ersten Jahren keine feste, bindende Stelle annehmen... Ich muß doch bald wieder in dies Land* [England] *und habe dabey ganz absonderliche Pläne... hier ist es sehr gut sein, und so freundliche Menschen und so schöne Mädchen wie hier gibt es doch nirgends...*[98]

Hier spricht ein guter Sohn, aber doch schon ein rechter Mann. Solange Zelter noch lebte, war er viel zu stolz, um durch dessen «Protektion» in eine Sinekure zu kommen; er wollte auf eigenen Füßen stehen. Nicht nur sein Stolz, sondern auch seine Menschenkenntnis, die er in drei Reisejahren erworben hatte, warnten ihn, daß ein Kandidat sich notwendigerweise exponieren muß, daß er einen Teil seiner Würde verliert und daß er gegebenenfalls annehmen muß, was auch immer geboten wird. Wäre er nur fest geblieben! Er hätte sich die Enttäuschung seines Lebens erspart, eine Enttäuschung, die er erst in den letzten Lebensjahren überwunden hat.

Sie ist ihm aber nicht erspart worden, und da bis zum heutigen Tage sowohl die Singakademie wie die Biographen darüber geschwiegen haben, soll dieses Buch alle Züge und Gegenzüge mit ihren Triebfedern, soweit sie heute noch erkennbar sind, aufzeichnen. Sie sind keineswegs rühmlich für die Singakademie, aber auch die Familie Mendelssohn hat schwere taktische und menschliche Fehler begangen, deren Rückwirkungen noch das Leben der nächsten Generation der Familie verbittern sollten. Wir werden diese Krise in Kapitel 11 näher betrachten.

Das Fazit des Londoner Besuchs war vielversprechend im höchsten Grad, sowohl im künstlerischen wie im menschlichen Sinne. Mendelssohns Erfolg war unbestritten, er wurde mit besonderem Respekt und doch wie ein Einheimischer behandelt (was seit Händel keinem kontinentalen Musiker gelungen war, auch Haydn und Clementi nicht); er fand eine ihm kongeniale Gesellschaft und sogar einen wirklichen Freund in Charles Edward Horsley, dem Sohne des bekannten Chorkomponisten William Horsley. Die Horsleys gehörten zur Gentry, dem kleinen Landadel, dem Rückgrat der englischen Nation von jeher.

Es war ein in sich gefestigter, vertrauensvoll in die Zukunft blickender, erfolgreicher und in Europa weit umher bekannter Mendelssohn, der endlich am 25. Juni 1832 im Vaterhause ankam. Er hatte sich beträchtlich gewandelt, und das treffendste Zeugnis davon sind die Werke, die er während der Reisezeit geschaffen hatte. Unser nächstes Kapitel wird sich mit ihnen befassen.

10. REIFE FRÜCHTE

I. DER ERTRAG DER JAHRE 1830–1832

Man liest manchmal, daß Mendelssohn eine eigentliche Entwicklung als Komponist nicht durchgemacht habe; dies vorwiegend bei Autoren, deren Unkenntnis der Mendelssohnschen Werke klar zu Tage tritt, wann immer sie auf Einzelheiten und Vergleiche eingehen.[1] Es ist nun nicht unsere Absicht, solche Ansichten hier zu entkräften; das versparen wir uns – und dem Leser – für eine zusammenfassende Beurteilung aus historischer Sicht. Dagegen werden wir häufig Gelegenheit finden, die erstaunliche Kohärenz und Integration seines Schaffens in jeder Phase zu beleuchten.

Die künstlerische Reife hat Mendelssohn schon vor der menschlichen erreicht; unter weniger günstigen Umständen hätte diese Frühreife gefährliche Folgen für ihn und seine Kunst haben können. Der strengen Zucht des Elternhauses und der selbstkritischen Anlage des Jünglings ist es zu danken, daß er zum Mann und Meister reifte und nicht zum verhätschelten Liebling der Salons, also zum Modekomponisten wurde.

Die zweite Phase seines Schaffens, die wir hier besprechen, bezeugt schon deutlich die Abkehr vom nur Gefälligen; zwar hatte er in der Kammermusik der früheren Jahre, insbesondere in den zwei *Quartetten* op. 12 und 13, diesen Weg schon betreten, aber noch waren diese Werke in der Minderheit gegenüber halb akademischen Schülerarbeiten auf der einen Seite und musikalischen Causerien auf der andern. Dieses Zwischenland hatte er nun verlassen. Als Künstler wie als Mann erlebt Felix eine Wandlung, deren Endziel er zwar nicht kennt, deren Weg er aber vor sich sieht.

Wir beginnen mit der Übersicht der bedeutendsten Werke aus den Wanderjahren 1830 bis Ende 1832.

VOKALMUSIK

(1) Die *Erste Walpurgisnacht:* Ballade für Soli, Chor und Orchester nach Worten von Goethe

(2) *Psalm 115* («Non nobis, Domine...») für Soli, Chor und Orchester

(3) Choralmotette *Aus tiefer Noth* für vierstimmigen Chor a cappella

(4) *Ave Maria,* für achtstimmigen Chor und Orgel

(5) *Mitten wir im Leben sind,* für achtstimmigen Chor und Soli

(6) *Drei Motetten* für Frauenchor und Orgel

(7) *Verleih uns Frieden gnädiglich,* für Chor und Orchester

(1) *Hebriden-Ouvertüre* («Fingalshöhle»)
(2) *Reformations-Symphonie d-moll*
(3) *Klavierkonzert g-moll*
(4) *Lieder ohne Worte,* erstes Heft (Nr. 1–6)

Schon ein flüchtiger Blick zeigt uns, daß diesmal die Vokalmusik, auch zahlenmäßig, mehr gepflegt wird als die Instrumentalmusik. In Kapitel 7 wurde das progressive, experimentierende Element in Mendelssohns Stil der Kammer- und Orchestermusik zugeordnet, das mehr traditionelle, um nicht zu sagen konventionelle, der Gesangsmusik. Das gilt auch diesmal noch, aber mit einer wichtigen Ausnahme, der *Walpurgisnacht.* Es ist übrigens bezeichnend für die Expansionslust des jungen Mannes, daß er mitten im turbulenten Leben einer beinahe dreijährigen Reise keine Kammermusik schreibt, sondern eigentlich nur Werke größeren Umfangs, wenn man von den kleineren geistlichen «Gelegenheitsmusiken» absieht. Auch das «Altertümeln» in der Vokalmusik ist erheblich gemildert, und man merkt deutlich, daß der junge Komponist sich auch dort einen ihm gemäßen Stil sucht. Doch hat er ihn noch nicht gefunden. Nur die *Walpurgisnacht* ist schon in der ersten Fassung (1832) ganz frei von archaisierenden Elementen; das mag allerdings auch an ihrem leicht parodistischen, jedenfalls «weltlichen» Charakter liegen.

FORM-EXPERIMENTE

Unablässig bemüht sich Mendelssohn um Erneuerung und engste Verknüpfung der musikalischen Form. Seine Formexperimente sind, man muß es bedauern, zum allergrößten Teil von den Zeitgenossen nicht beachtet worden. Im Kampf zwischen «Traditionalisten» und «Neutönern» hatte er, der die Mitte wahrte, einen undankbaren Stand. Wenn man nicht als Neuerer so kühn auftrat wie Berlioz im Orchester oder Chopin und Schumann in ihren Klavierwerken, war es nicht leicht, die Aufmerksamkeit der Musiker – oder der Laien – auf die weniger äußerlichen, aber doch tiefgehenden Neuerungen in der Struktur zu lenken. Doch soll das nicht heißen, daß Mendelssohns Schöpfungen jener Jahre unbeachtet geblieben sind. An Erfolgen hat es ihm zeitlebens nicht gefehlt. Aber bis zum heutigen Tag gehen noch viele sonst feinsinnige Beurteiler an jenen geistreichen Versuchen vorbei, die Sonaten-, symphonischen und Klavierformen aus der nach-Schubertischen Enge herauszuführen und neue Formprinzipien für sie zu finden.

Schon früher war die Rede von schüchternen Experimenten in zyklischer Form, wie wir sie gelegentlich in den Frühwerken antreffen. Nun stoßen wir auf zwei große symphonische Sätze, die aus einem einzigen kleinen Motiv gewachsen sind: der erste und dritte Satz der *Reformationssymphonie,* die beide auf dem als Leitmotiv zitierten *Dresdner Amen* aufgebaut sind. Ähnliches gilt von der *Ouvertüre zur Walpurgisnacht,* in der das traditionelle zweite Thema fast verschwindet; dafür tritt eine (programmatisch bedingte), im Ausdruck völlig verschiedene, in der Thematik aber abgeleitete große Coda ein, die aufs stärkste mit dem Hauptteil kontrastiert. Wir finden zyklische Ideen auch im *Klavierkonzert,* wo sie mehr als geistreiches Spiel auftreten denn als Konstruktionsprinzip. Aber dafür besitzt das Konzert schon keine Pausen mehr zwischen den Sätzen und versagt sich auch die klassischen Orchesterritornelle. Beethoven hatte bereits im *IV. und V. Klavierkonzert* den zweiten Satz ohne Überleitung ins Finale übergehen lassen, aber doch nach dem ersten Satz die Pause beibehalten und auch das Orchesterritornell gepflegt. Es ist nicht unmöglich, daß Mendelssohn auch in diesem Punkt eher den Formprinzipien der Bachschen Konzerte folgt (Arnold Schering, Geschichte des Instrumentalkonzerts, S. 189) und sie neu- und umgestaltet. Jedenfalls machte das *g-moll-Konzert* große Schule, vielleicht mehr als sein künstlerischer Wert erwarten ließ. Als neuer Formtypus war es jedenfalls von beträchtlicher Bedeutung. Wenn wir oben von der Nichtbeachtung der formalen Neuerungen Mendelssohns sprachen, waren natürlich die *Lieder ohne Worte* davon ausgenommen, wie eigentlich sein gesamtes Klavierwerk.[2] Denn diese Stücke trafen den Ton der Zeit in einem Maß, das sie überpopulär und damit allzu zeitgebunden machte. Dennoch können wir auch an ihnen die Freude am Formexperiment erkennen. Alle 48 Stücke dieser Gattung sind in die erweiterte zweiteilige Liedform gespannt; aber welche Vielfalt pulsiert in diesem offenbar begrenzten Medium! Dies merkten die Zeitgenossen erst allmählich, aber die Verleger sehr bald. Das erste Heft erschien 1832, und nach einem Jahr waren erst 48 Exemplare davon verkauft, nach vier Jahren erst 114. Mendelssohn verschleuderte seine Rechte für das erste und dritte Heft der *Lieder ohne Worte,* drei Präludien und Fugen für Orgel und die drei Choralmotetten für Frauenchor, die er in Rom geschrieben hatte, an Novello für einen Pauschalpreis von £ 35.–, also etwa den Gegenwert von 700 Mark jener Zeit, der heute vielleicht dem Dreifachen dieses Betrages entspräche. Selbst wenn man also DM 2000.– ansetzt, muß man dies als Schleuderpreis bezeichnen.[3]

VOKALMUSIK

DIE ERSTE WALPURGISNACHT

In der geistlichen Musik, ja in der Vokalmusik ganz allgemein, bewegt sich Mendelssohn viel vorsichtiger oder, wenn man will, traditionsgetreuer. Von dieser Regel ist die *Walpurgisnacht* natürlich ausgenommen, denn für diese «Ballade», wie ihr Schöpfer sie nach langem Zweifel nannte, gab es noch keine Tradition. In Wirklichkeit handelt es sich hier um eine ausgedehnte weltliche Kantate, ähnlich den Kompositionen des «gemütlichen» Bach, genannt *Der zufriedengestellte Äolus* oder die *Kaffeekantate,* die alle einen heiter-parodistischen Ton haben; auch Händels *L'Allegro ed il Pensieroso* könnte hier Pate gestanden haben, wenn Mendelssohn es gekannt hat. Wahrscheinlich war es ein Glück, daß er diese Werke nicht kannte, sonst wäre er auch hier ins Altertümeln verfallen. So aber fühlte er sich beinahe als Pionier einer völlig neuen Gattung, und dies mit Recht. Denn die poetische Gattung war eine Schöpfung Goethes, der sie zuerst «Gespräche in Liedern» nennen wollte, sie aber später als Kantaten in sein Gesamtwerk einordnete. Es waren nur drei Stücke: «Idylle», geschrieben im Januar 1813; «Rinaldo», entstanden im Mai 1811, und «Die erste Walpurgisnacht», die Goethe schon am 30. Juli 1799 in seinem Tagebuch anführt.[4]

Zelter hatte das Gedicht schon im August 1799 direkt vom Dichter erhalten, also beinahe unmittelbar nach seiner Entstehung. Goethe hatte damals bemerkt:

Diese Produktion ist durch den Gedanken entstanden, ob man nicht die dramatischen Balladen so ausbilden könnte, daß sie zu einem größeren Singstück dem Komponisten Stoff gäben...

Aber er fügt hinzu:

Leider hat die gegenwärtige [Ballade] *nicht Würde genug, um einen so großen Aufwand zu verdienen.*[5]

Zelter erwidert verlegen:

Die erste Walpurgis-Nacht ist ein sehr eigenes Gedicht. Die Verse sind musikalisch und singbar. Ich wollte es Ihnen in Musik gesetzt hier beylegen und habe ein gutes Theil hineingearbeitet, allein ich kann die Luft nicht finden, die durch das Ganze weht und es soll lieber noch liegen bleiben...[6]

Drei Jahre später entschuldigt sich Zelter abermals bei Goethe: «Die Walpurgisnacht blieb aber deswegen unfertig, weil sich mir immer die alte abgetragene Kantatenuniform aufdrängte...»[7] Aber das Gedicht läßt ihm doch noch keine Ruhe: Dreizehn Jahre nach dem ersten mißlungenen Versuch erbittet sich Zelter historische Aufschlüsse über das Thema der Walpurgisnacht: «Ich habe das Gedicht vor einiger Zeit angefangen in Musik zu setzen und bin über die Form mit dem Gedichte einig...»[8] Und Goethe gibt auch einige Auskunft, kann sich aber auf seine historischen Quellen nicht mehr besinnen. Im einzelnen sagt er:

... So hat nun auch einer der deutschen Alterthumsforscher die Hexen und Teufelsfahrt des Brockengebirgs, mit der man sich in Deutschland seit unendlichen Zeiten trägt, durch einen historischen Ursprung retten und begründen wollen. Daß nämlich die Deutschen Heiden-Priester und Altväter, nachdem man sie aus ihren heiligen Haynen vertrieben und das Christenthum dem Volke aufgedrungen, sich mit ihren treuen Anhängern auf die wüsten unzugänglichen Gebirge des Harzes, im Frühlingsanfang begeben, um dort, nach alter Weise, Gebet und Flamme zu dem gestaltlosen Gott des Himmels und der Erde zu richten, um nun gegen die ausspürenden bewaffneten Bekehrer sicher zu seyn, hätten sie für gut befunden, eine Anzahl der Ihrigen zu vermummen, um hiedurch ihre abergläubischen Widersacher entfernt zu halten, und, beschützt von Teufelsfratzen, den reinsten Gottesdienst zu vollenden...[9]

Zelter war aber einer solchen Aufgabe nicht gewachsen und hat seine Komposition des Stücks nie vollendet: diese ehrenhafte Selbstbescheidung aber sollte man nicht als Verständnislosigkeit auslegen, wie A. Einstein es tut, der von Zelter sagt: «... der damit natürlich nichts anzufangen wußte.»[10] Am guten Willen und an Intelligenz hat es Zelter nicht gefehlt; daß er ein so schwieriges Unternehmen aufgab, spricht eher für seine Selbsterkenntnis.

Wann Felix das Gedicht kennenlernte, ist unbekannt. Aber er spricht in einem Brief an Fanny vom 22. Februar 1831 davon, daß er sich seit Monaten mit dem Plan trage, die Kantate zu komponieren, und in Rom faßte er sich ein Herz und schrieb dem Alten in Weimar von seinem Plan. Goethe antwortete in besonders herzlicher Weise und sprach Felix als «Mein lieber Sohn» an, ein rührender Ton von einer Vertraulichkeit, deren sich sonst niemand aus der jüngeren Generation hat rühmen können. Und in diesem Brief gibt er auch seine Deutung des Gedichts; sie mag historisch genannt werden, obwohl sie mehr ins Philosophische geht. Darin heißt es:

Es ist im eigentlichen Sinne hochsymbolisch intentioniert; denn es muß sich in der Weltgeschichte immerfort wiederholen, daß ein Altes, Gegründetes, Geprüftes, Beruhigendes durch auftauchende Neuerungen gedrängt, geschoben, verrückt und wo nicht vertilgt, so doch in den engsten Raum eingepfercht werde. Die Mittelzeit, wo der Haß noch gegenwirken kann und mag, ist hier prägnant genug dargestellt, und ein freudiger, unzerstörbarer Enthusiasmus lodert noch einmal in Glanz und Wahrheit hinauf.[11]

Die «dramatische Ballade», wie Goethe das Gedicht zuerst genannt hatte, stellt sich – nach den eigenen Worten des Dichters – siehe oben – auf die Seite der dem alten Glauben und Brauch ergebenen Germanen oder Kelten, die «beschützt von Teufelsfratzen, den reinsten Gottesdienst [geweiht dem gestaltlosen Allvater] vollenden». Es ist also eine milde Satire auf mittelalterlich-kirchliche Bigotterie und Aberglauben und stellt einen reinen, aus der Erkenntnis der Natur entsprungenen Monotheismus gegen die abergläubischen Sitten der frühen europäischen Kirche. Geboren aus dem Geist der Aufklärung, wächst das Stück weit über einen hier naheliegenden Rationalismus hinaus und nimmt in seiner Art schon Gedanken Nietzsches voraus. Es ist ein im tiefsten Sinn humanistisches Gedicht.

Kein Zweifel kann bestehen, daß sowohl Moses wie Abraham Mendelssohn Goethes Vision enthusiastisch zugestimmt hätten. Und der innere Konflikt, der Felix durch sein Leben begleitete, der Konflikt eines seiner Abstammung stolz bewußten Juden, der der protestantischen Kirche tief und ehrlich ergeben war, tritt hier klar zutage. Die humanistische Hymne, die das Ende der *Walpurgisnacht* bildet, hat Felix in begeisternden Tönen gedeutet:

> *Und raubt man uns den alten Brauch,*
> *Dein Licht, wer kann es rauben?*

Er hat auch kein Hehl aus seiner Begeisterung gemacht. Goethe selbst schrieb er darüber:

Erlauben Sie mir, meinen Dank zu sagen für die himmlischen Worte... man braucht

erst keine Musik dazu zu machen, sie liegt so klar da, es klingt alles schon; ich habe mir immer schon die Verse vorgesungen, ohne daß ich daran dachte...[12]
Hier ist es ihm gelungen, den inneren Konflikt zwischen reinem Monotheismus und traditioneller Kirchengläubigkeit aufzulösen; das Medium, das er in genialer Einsicht zur Darstellung und Lösung des Konflikts verwendete, ist das Element des Humors. Die *Walpurgisnacht* ist eines der seltenen Großwerke, in denen Humor, Geist, Majestät und Anmut untrennbar miteinander verflochten sind. Nur Haydns viel größer angelegte *Jahreszeiten* können mit der *Walpurgisnacht* verglichen werden – doch der Vergleich ist schief, denn in dem Oratorium Haydns handelt es sich um Gegensätze in der Natur, in der *Walpurgisnacht* um Konflikte zwischen Ideologien. Beiden Werken gemeinsam ist aber ein subtiler Humor. Vater Abraham war besonders entzückt von der Grundidee des Werks; er, der die Religion der Väter nicht leichtlich aufgegeben hatte, fand hier jenseits des Christentums, das ihm – anders als seinem Sohn – bestenfalls als ein akzeptabler Kompromiß erschien, die poetische und gedankliche Rechtfertigung des eigenen Denkens, frei von dem festgefahrenen Vokabular der Aufklärung, formuliert in Worten des für ihn größten Dichters seiner Sprache.

Die Ouvertüre in a-moll, deren erstes Motiv an die damals noch unfertige *Schottische Symphonie* erinnert, stellt das «schlechte Wetter» dar; der schönste und wichtigste Teil davon ist der langsame «Übergang zum Frühling» in E- und A-dur. Wagner scheint diesen Übergang gekannt zu haben, denn die gleichen Wendungen finden sich in der *Walküre*. Der Epilog der Ouvertüre leitet den ersten Chor ein: «Es lacht der Mai», einen zauberhaften Frühlingsgesang von hoher Eigenart: stürmische, liebenswürdige und kecke Elemente mischen sich hier in einem Stück unwiderstehlichen Glanzes. Nun fordert der Priester die Menge auf, mit ihm dem Allvater Dank zu sagen – (Chor: «Die Flamme lodre durch den Rauch») –, und die Musik schwingt sich auf zu freudiger Feierstimmung. Die christlichen Missionare und Wächter sollen getäuscht und erschreckt werden.

Diese dummen Pfaffenchristen,
Laßt uns keck sie überlisten!
Mit dem Teufel, den sie fabeln,
Wollen wir sie selbst erschrecken...

Alles drängt nun zum Kernstück des Werks hin, zum Chor: «Kommt! Mit Zacken und mit Gabeln»; er schildert mit äußerstem Realismus den Spuk, der die Wächter in panische Flucht treibt. Dieser Chor hatte Mendelssohn viel Kopfzerbrechen verursacht; dreimal spricht er in seinen Briefen davon, und endlich entschließt er sich: *Ich muß aber zu meinen Hexen zurück; der ganze Brief schwebt in Ungewißheit, oder vielmehr schwebe ich darin, ob ich die große Trommel dabei nehmen darf oder nicht. «Zacken, Gabeln und wilde Klapperstöcke» treiben mich eigentlich zur großen Trommel, aber die Mäßigkeit räth mir ab... Ich bin überzeugt, Fanny sagt Ja, aber ich bin doch unschlüssig. Großer Lärm muß auf jeden Fall gemacht werden.*[13] Volles Orchester mit großer Trommel und schrillen Flöten kennzeichnen dieses grotesk-humoristische Stück, dessen wilde Phantastik ein in Deutschland unerhörtes Wagnis bedeutete. Von Mendelssohns Zeitgenossen ist nur Berlioz weit darüber hinausgegangen; es war kein Zufall, daß ihn die *Walpurgisnacht* besonders ansprach und daß er sie hoch schätzte. Auch die Harmonik des Satzes weicht grellen Dissonanzen, wie sie sonst bei Mendelssohn selten sind, keineswegs aus. Gegen Ende des Satzes erhält der Hörer eine Vorahnung der Elfenchöre der viel späteren *Sommernachtstraum*-Musik, nur sind die imaginären Hexen hier humoristisch-grotesk dargestellt.

Dem groben Scherz folgt die eigentliche Feier; in einfach-frommen Tönen singt

Doch ist es Tag,
Sobald man mag
Ein reines Herz zu Dir zu bringen.

Der Chor antwortet mit dem Festgesang der Walpurgisfeier; nun erst treten die christlichen Wächter auf; sie fliehen, erschreckt und verwirrt:

Hilf, ach hilf mir, Kriegsgeselle!
Ach, es kommt die ganze Hölle!

Diese Szene ist durchaus im karikierenden Ton der italienisierenden *opera buffa* gehalten und gibt einen lustigen Kontrast zum Feiergesang. Dieser erhebt sich von neuem, diesmal in triumphierenden Klängen:

Die Flamme reinigt sich vom Rauch;
So reinig' unseren Glauben!
Und raubt man uns den alten Brauch,
Dein Licht, wer kann es rauben?

Damit schließt das Werk ab. Mendelssohn hatte für sein Unternehmen keine Vorlagen, und daher ist er hier ganz er selbst, frei von Nachahmung, originell, kühn, dabei sowohl subtil wie robust. Kein Wunder, daß die *Walpurgisnacht* das bedeutendste weltliche Oratorium des 19. Jahrhunderts geblieben ist.

DIE GEISTLICHE VOKALMUSIK

Allen Vokalwerken dieser drei oder vier Jahre ist eine bedeutende Verfeinerung des Klangsinns, ja des Klangideals gemeinsam. Das abstrakt-akademische Klangbild des unfertigen Gesellen verschwindet, die Polyphonie wird frei und leicht, der Chorsatz überaus wohlklingend, durchsichtig, und wo beabsichtigt, massiv und majestätisch. Wir begegnen keinen Formexperimenten, wohl aber Studien im Chorklang. Zu dieser Kategorie gehören zum Beispiel die *drei Motetten für Frauenchor,* auch die Choralmotette *Aus tiefer Noth* für vierstimmigen Chor a cappella sowie die unveröffentlichte Motette *Herr Gott, wir loben dich.* Im Grunde handelt es sich bei den letztgenannten Werken um die Wiederaufnahme einer sehr alten Form, der *Cantus-*

firmus-Variation. Eduard Grell, ein älterer Schüler Zelters und Zeitgenosse Mendelssohns, dessen bedeutende Vokalmusik zu Unrecht vergessen ist, mag die Aufmerksamkeit Felix Mendelssohns auf den großen *Cantus-firmus*-Stil der Motetten Lassos oder Victorias gelenkt haben. Felix hatte einige von ihnen in Italien gehört, und die Bekanntschaft mit Baini und Santini wie auch sein unermüdliches Stöbern in den italienischen Musikarchiven wird ihn mit manchen damals vergessenen Motetten des Cinquecento und Seicento bekannt gemacht haben. Es ist bezeichnend für seine Unsicherheit im Gefilde der liturgischen Musik, die er damals noch offen bekannte – er hat sie dann doch überwunden –, daß er, bevor er sich endgültig der «strengen» Schreibart zuwandte, es noch einmal mit Experimenten versuchte. In seiner unveröffentlichten Motette *O lux beata* wagt er sich in harmonische Fortschreitungen, die schon die Luft des späteren *Tristan* atmen.

Musikbeispiel 34

Bevor wir auf einzelne dieser Werke eingehen, sei zunächst ein Überblick über Mendelssohns geistliche Musik aus den Jahren 1830–1833 gegeben.

CHORALKANTATEN (für Soli, Chor und Orchester) über die Choräle:

Vom Himmel hoch
Ach Gott, vom Himmel sieh darein
Christe, du Lamm Gottes
O Haupt voll Blut und Wunden
Wir glauben all an einen Gott.

Keine von ihnen ist veröffentlicht worden, obwohl mindestens die zweite *(Ach Gott, vom Himmel)* und die vierte *(O Haupt voll Blut)* als reife und gediegene Werke anzusprechen sind.

PSALM-KANTATEN über ganze Psalmen (für Soli, Chor, Orchester):
Psalm 115

CHORALMOTETTEN (Soli, vier- oder achtstimmig, Chor a cappella oder mit Orgel):

Aus tiefer Noth

Mitten wir im Leben sind

Ave Maria

Drei MOTETTEN für Frauenchor:

Veni domine, non tardare

Laudate pueri

Surrexit pastor bonus

HYMNE (für gemischten Chor und Orchester):

Verleih uns Frieden gnädiglich

Von den unveröffentlichten Kantaten kann hier nur kurz gesprochen werden, da Abschriften oder Photographien der Stücke nur mit großer Mühe erhältlich sind. An dieser Stelle sei deshalb den Herren Dr. Köhler von der Deutschen Staatsbibliothek (vormals Preußische Staatsbibliothek), Professor Dr. H. Chr. Wolff von der Universität Leipzig und dem verstorbenen Max F. Schneider von der Internationalen Felix-Mendelssohn-Gesellschaft für ihre liebenswürdige Hilfsbereitschaft gedankt, ohne die mir die Bekanntschaft mit diesen Werken nicht möglich gewesen wäre. Hier sei auch nochmals auf Rudolf Werners verdienstvolles Werk *Felix Mendelssohn als Kirchenmusiker* eindringlich hingewiesen.

PSALM 115 *Nicht unserm Namen, Herr*

Dieses großangelegte Werk ist deutlich von Bachs Kantatenform inspiriert. Es ist anzunehmen, daß Mendelssohn, der das erzprotestantische Stück «zu trotz» in Rom komponierte, es ursprünglich auf den lateinischen Text setzte; diese Vermutung stützt sich auf die zum Teil fehlerhafte Deklamation des deutschen Textes, die sogleich schön und natürlich wird, wenn man die lateinischen Worte unter die Musik setzt, wie nachfolgend

Musikbeispiel 35

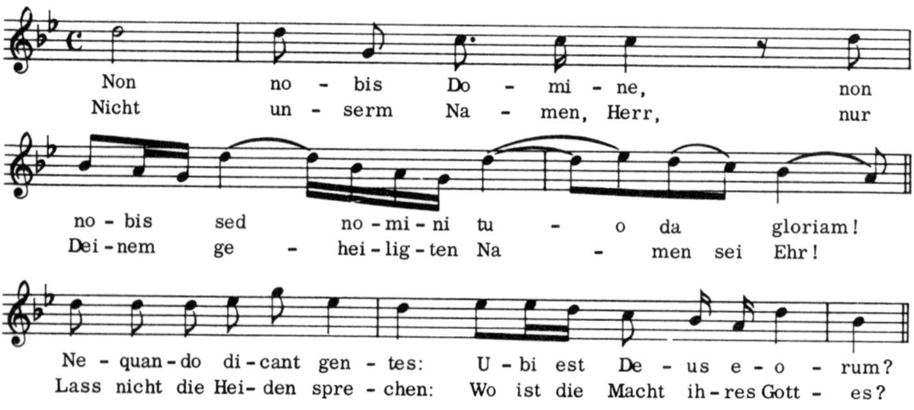

Dieser lateinische «Urtext» der Komposition macht sich noch stärker bemerkbar in der Fortsetzung: im Gegenthema der Doppelfuge heißt es[14]

Musikbeispiel 36

Der Psalm setzt gleich mit einer mächtigen Doppelfuge ein, die in einem beinahe stürmischen Ton Dank sagt und mit Gott rechtet. Ein strenger Ernst, wie er in ähnlichen Kompositionen Mendelssohns sonst nur im *Elias* zu finden wäre, beherrscht das Stück und läßt kaum eine gelöstere Stimmung aufkommen. Selbst das folgende, etwas weichliche Duett in $^6/_8$ vermag die heraufbeschworene Vision nicht zu verwischen; und in choralartigen, lapidaren Rhythmen deklamiert der achtstimmige Chor: «Die Toten werden Dich nicht loben, Herr» – der zu einem monumentalen Ende führt.

Es ist schon früh darauf hingewiesen worden, daß Mendelssohns eigene Kirchenmusik mehr unter dem Zeichen Händels als Bachs steht. H. Kretzschmar sieht sogar in den Psalmen B. Marcellos Mendelssohns Muster.[15] Jedenfalls hat man «Modelle» gesucht; aber schon Moritz Hauptmann hat darauf hingewiesen, daß Mendelssohn außer Händel kein Vorbild kannte, das er mit Vorteil hätte nachahmen können; und wenn man seines Lehrers Zelter geradezu klägliche Versuche in dieser Richtung studiert und einige der norddeutschen Komponisten des achtzehnten Jahrhunderts hinzunimmt, kann man noch immer nichts finden, was Mendelssohn als Vorbild hätte dienen können.

In *Psalm 115* finden wir schon alle starken und alle schwachen Seiten der geistlichen Musik unseres Komponisten, und die folgenden allgemeinen Beobachtungen gelten für seine gesamte Kirchenmusik, seine Technik, ja seine künstlerische Auffassung von religiöser Musik. Sie wandelte sich zwar, nicht aber wandelte sich sein Ausdrucksvermögen. Seine größte Schwäche eben auf diesem Gebiet liegt im völligen Mangel, ja im Unverständnis für alles mystisch-transzendente Empfinden. Er wußte das wohl selbst. Schon aus Italien hatte er geschrieben: «Das Unbegreifliche, Überirdische habe ich nicht finden können; es ist mir auch ganz genug, wenn es begreiflich und irdisch schön ist.»[16] Ehrfurcht, Gottesfurcht, Sinn für Lob, Dank, ja auch für bittere Klage und Glaubensstolz, all das lag in seiner Persönlichkeit; aber weder den Schauer des Mystikers noch den «Schrei der Kreatur» konnte er fassen oder gestalten. Sollten wir auch hier die nachwirkende Gedankenwelt des Vaters und

Großvaters spüren? Wie dem auch sei, Mendelssohn ist der rationalistischen, durch Schleiermacher philosophisch fundierten Theologie des Protestantismus nie untreu geworden.

Seine größte Kraft liegt in den Chören, die dem Ausdruck der hymnischen Preisung, der Gottesliebe und der religiösen Indignation dienen. Ihnen widmet er seine Hingebung, aus ihnen spricht der gottvertrauende Christ.

Vor dem biblischen Wort hat er zwar großen Respekt; aber er erlaubt sich allzuhäufige Wort- oder Satzwiederholungen. Die dadurch entstehenden Verlängerungen steigern zwar die künstlerische Wirkung, aber sie widersprechen dem echt liturgischen Geist. Er faßt alle Werke geistlicher Natur gewöhnlich als «Kirchenmusik» zusammen, gleichviel ob sie der wirklichen oder einer idealen Kirche dienen sollen. Das ist der Hauptgrund, von geringeren praktischen Umständen abgesehen, weshalb seine Musik niemals als wirklich liturgisch aufgenommen worden ist. Auch später, als er gewillt war, der lutherischen Neuorthodoxie Konzessionen zu machen, ist seine für den Berliner Domchor bestimmte A-cappella-Chormusik auf unfruchtbaren Boden gefallen; diese Saat ist nie aufgegangen. Mendelssohn hat die Aussichtslosigkeit seines Vorhabens wohl selbst erkannt, und zwar sehr früh. Im Jahr 1835 schrieb er schon an seinen geistlichen Berater und Freund, den Pastor Bauer:
Eine wirkliche Kirchenmusik, das heißt, für den evangelischen Gottesdienst... scheint mir unmöglich, und zwar nicht bloß, weil ich durchaus nicht sehe, an welcher Stelle des Gottesdienstes die Musik eingreifen sollte, sondern weil ich mir überhaupt diese Stelle nicht denken kann... Bis jetzt weiß ich nicht... wie es zu machen sein sollte, daß bei uns die Musik ein integrierender Teil des Gottesdienstes, und nicht bloß ein Konzert werde, das mehr oder weniger zur Andacht anregt.[17]
Im Konzertsaal dagegen wird sein *Psalm 115* immer die Hörer fesseln, erheben, vielleicht sogar begeistern können.

CHORALMOTETTEN *Aus tiefer Noth*
Mitten wir im Leben sind

Wie wir schon oben bemerkten, kehrt Mendelssohn hier zur klassischen Choralmotette der Renaissance zurück. Im Gegensatz zu Bachs Motetten, die den Choral mehr zur «Deutung» des biblischen Texts verwenden oder sich des Chorals ganz enthalten, bildet hier der Choral, Note für Note, das tragende Fundament des Werkes.[18] Auch in ihrem Chorsatz, ja in ihrer Struktur weicht diese Motette vom Bachschen Typ ab: die Kontrapunkte des Choralthemas wechseln in jeder Strophe; der Cantus selbst bleibt aber nahezu unverändert. Solch eine Behandlung weist auf ältere Muster hin, wohl die späten Niederländer oder die römische Schule des 16. Jahrhunderts. Von diesen Vorbildern unterscheidet sich Mendelssohn durch seine überaus flüssige und doch harmoniegebundene Polyphonie. Schon die Beschränkung auf vierstimmigen A-cappella-Chor, in Verbindung mit der Cantus-firmus-Technik, machte eine durchsichtige Linienführung unerläßlich. Tatsächlich könnte man *Aus tiefer Noth* als Schulbeispiel des reinen Satzes aus dem Spätbarock zitieren, denn Stellen wie diese entsprachen kaum der Harmonik von Mendelssohns musikalischer Umwelt:

Musikbeispiel 37

Es handelt sich also um ein bewußtes Archaisieren – eine Tendenz, die der Kirchenmusik von je angehaftet hat und für die alle Anhänger der Romantik immer viel übrig hatten.

Kein Zweifel, Mendelssohn nahm den Choral sehr ernst; auch hier spürt man die Schule des Vaters, der ihm noch 1835 schrieb: «Mit dem Choral ist nicht zu spaßen.»[19] Das war ein Gesetz, das der junge Mendelssohn nie verletzte, erst später hat er sich hie und da Freiheiten im Choralzitat erlaubt. Als er die erste Motette schrieb, erkundigte er sich vorher bei Zelter, ob er die erste Choralnote verlängern dürfe.[20] Leider hat Felix den phrygischen Charakter des Chorals nur in einer einzigen Strophe berücksichtigt; die anderen sind in reinem Moll gehalten.

Nahezu gleichzeitig mit diesem Stück war die Motette *Mitten wir im Leben sind* entstanden. Sie ist für achtstimmigen Chor mit Orgel gedacht und von weit größerem Wert als die Schwestermotette. Das Stück wirkt wie ein mittelalterlicher Holzschnitt in seiner strengen Wucht, die sich bewußt von der Tonsprache des frühen neunzehnten Jahrhunderts abkehrt. Das Werk ist (wieder «zum Trotz») in Rom geschrieben, und Mendelssohn war sich seines Wertes wohl bewußt.[21] Es ist zwar achtstimmig (mit Orgel), aber eher antiphonisch als polyphon gehalten. Der Text wird aufgeteilt zwischen Männer- und Frauenchor, und nur gegen Schluß der ersten zwei Strophen erhöht kunstvoll imitatorische Arbeit die Wirkung; die letzte Strophe aber ist im wesentlichen ein lapidar gesetzter homophoner Choral.

AVE MARIA *für achtstimmigen Chor*

DREI MOTETTEN *für Frauenchor*

Im Gegensatz zur antiphonischen Technik der Motette *Mitten wir im Leben sind* experimentiert Mendelssohn im *Ave Maria* mit responsorischen Formen und vereinigt schließlich beide Typen in den drei Motetten für Frauenchor. Da wir noch öfters von diesen Formprinzipien zu sprechen haben werden, mag eine kurze Erklärung mögliche (und oft vorkommende!) Mißverständnisse beseitigen. Ein responsorisches Stück stellt einem oder zwei Solisten den ganzen Chor entgegen, er «respondiert» ihnen. In der antiphonischen Form begegnen wir nicht einem Solisten, sondern zwei Chören, die miteinander alternieren, wobei der Kontrast noch gesteigert wird, wenn eine Chorgruppe klein, die andere groß ist.

Das *Ave Maria* ist ein zwar kunstvolles, doch allzu «süßes» Stück, das offenbar als Wallfahrtslied konzipiert wurde, denn die Weise des Vorsängers wird zeilenweise vom Chor wiederholt. Erst am Ende, beim «Sancta Maria», geht Mendelssohn zu antiphonischer Technik über, trennt Männer- und Frauenchöre und schließt das Stück in Polyphonie großen Stils. Das Anfangsmotiv (aus dem *Magnificat)*

Musikbeispiel 38

enthält eine Lieblingswendung des Komponisten, die schon im Mittelteil des *115. Psalms* auftrat und manchmal, besonders im *Lobgesang,* zur Manier wird, zumal Mendelssohn, für den sie zweifellos eine persönlich-assoziative Bedeutung hatte, sie häufig gleichartig harmonisiert.

Von den drei Motetten für die Nonnen der Trinità dei Monti sind Nr. 2 und 3 bemerkenswert; die zweite, *Laudate pueri,* weil Mendelssohn hier das Antiphon «Assumpta est» aus dem gregorianischen Gesang dem Stück zu Grunde gelegt hat und es zu einem zarten polyphonen Gewebe verarbeitet.

Die dritte dieser Motetten *Surrexit pastor bonus* krönt das ganze Werk. Hier wird dem Chor ein Soloquartett gegenübergestellt und der Text antiphonisch vorgetragen. Mendelssohn hat sich eng an den Sinn des Textes gehalten und den Anfang zu einer Pastorale vom «guten Hirten» ausgebaut. Das folgende Duett «Tulerunt Dominum meum» ist, wie oft in Mendelssohns Solosätzen, etwas zu weichlich gehalten, wenn auch der Wohllaut des ganzen Stückes bezaubernd ist; das hymnische Ende, von allen Stimmen getragen, ist zwar ausdrucksvoll, aber es bleibt, wenn man es so ausdrücken darf, irdisch und nähert sich nicht dem Himmlischen, wie es der Text «Surrexit spes mea» erfordert.

CHORAL-KANTATE *Ach Gott, vom Himmel sieh darein* (unveröffentlicht)

Als der bedeutendsten der fünf ungedruckten Choral-Kantaten seien diesem zu Unrecht vernachlässigten Werk einige Erläuterungen gewidmet. Wie schon Rudolf Werner betont hat, geben sie uns «den vollkommensten Aufschluß über Mendelssohns Einstellung zu dem protestantischen Choral».[22] Der Autor zeigt in geistvoller Analyse das der Choralkantate inhärente Dilemma auf: entweder muß der Komponist dem Text des Kirchenliedes oder aber seiner musikalischen Linie irgendwie Gewalt antun, d. h. entweder Rezitative oder Arien auf neue Texte einschalten, oder aber den Text unangetastet lassen und Choralstrophen für solistische Gesänge oder frei erfundene Chöre verwenden. Der Konflikt besteht also in der Wertung der Choralmelodie gegenüber dem Choraltext und umgekehrt.

Noch eindringlicher und zusammenfassender hat Albert Schweitzer das Problem formuliert. Da der oben erwähnte Zwiespalt in der Struktur der Choralkantate begründet war und jeder Komponist sich nach Neigung und Kunstverstand damit abzufinden hatte, gelten also seine Worte auch für Mendelssohn:

Eigentlich ist ja diese Kantatenart nur eine Verlegenheitsschöpfung, da ein Strophenlied sich nicht zum Text eines Werkes mit Solosätzen eignet. Die ganze Gattung dieser Kantaten fällt unter das Gericht des Spruches, daß man ein altes Kleid nicht mit einem neuen Lappen flicken darf.[23]

Mendelssohn entschied sich, in allen seinen Choralkantaten, für die Integrität des Wortes gegenüber der des Chorals. In den Kantaten *Christe, Du Lamm Gottes,* und *Wir glauben all* hat er auf jede nicht choralische Zutat verzichtet. In den andern hat er sich mit der Choralmelodie (nie dem Text!) einige Freiheiten genommen und «freie» Solostücke auf Choral- oder Bibelverse eingeschaltet. Im Grunde folgt er also der Struktur von Bachs späteren Kantaten.[24] Nur Rezitativen auf Choraltexte geht er sorgfältig aus dem Weg, folgt also unbewußt dem Prinzip J. A. Hillers, der die Ansicht ausgesprochen hatte, daß «man sich des rezitativischen Vortrags gänzlich enthalte».[25]

Das bei weitem stärkste und beste Stück unserer Kantate *Ach Gott, vom Himmel sieh darein* ist unzweifelhaft der Eingangschor, der die Choralzeilen 1–4 verwendet. Schon der Anfang mit seinen herben Dissonanzen, seinen unablässigen, aber keineswegs weichlichen Chromatismen steht weitab von allen anderen Werken jener Zeit. Im Gegensatz zur alten Melodie ist die Harmonisierung geradezu revolutionär und nimmt *Tristan*-Akkorde voraus (s. Notenbeispiel 39). In die eng gewobene Polyphonie tritt dann der Choral mächtig ein; für die vierte Strophe baut sich Mendelssohn seinen eigenen Choral, der älteren Mustern nachempfunden ist. Es folgt eine Arie (cis-moll, $^3/_4$), der ein (später geschriebenes) Rezitativ vorangegangen war;

sie bildet den erwünschten Kontrast zum abschließenden figurierten Choral der letzten Strophe, der, durch Triolenmotive unterbrochen, vom vollen Orchester begleitet, in streng phrygischer Kadenz endet.

Die Arie, die man eher ein geistliches Lied nennen sollte, ist unglücklich deklamiert und auch sonst nicht von bedeutender Erfindung: der Anfangschor allein steht auf der Höhe eines meisterlichen Werks und verdient entschieden die Drucklegung.

Notenbeispiel 39

HYMNE *Verleih uns Frieden gnädiglich*

Dieses ebenso blutarme wie klangschöne Stück verrät von allen Kirchenkompositionen Mendelssohns am ehesten den Einfluß der zeitgenössischen «Nazarener» in der bildenden Kunst. Das Stück, ein schlichter, vierstimmiger Chor, raffiniert einfach gesetzt, wird vom vollen Orchester begleitet; die Diskrepanz zwischen dem etwas flachen thematischen Material

Notenbeispiel 40

und dem reichen Hintergrund ist auffallend und schadet dem Stück; es wäre am stilreinsten mit einfacher Orgelbegleitung. Schumann aber war ganz und gar anderer Ansicht, und so sei seiner Begeisterung volle Freiheit gewährt:

Eine einzig schöne Komposition, von deren Wirkung man sich nach dem bloßen Anblick der Partitur wohl kaum eine Vorstellung machen kann. Das kleine Stück verdient eine Weltberühmtheit und wird sie in Zukunft erlangen: Madonnen von Raffael und Murillo können nicht lange verborgen bleiben.[26]

Später hat Mendelssohn in weiser Einsicht alle «geistlichen Sprüche» ausschließlich dem A-cappella-Chor anvertraut, unzweifelhaft dem dafür passendsten Medium.

INSTRUMENTALMUSIK

HEBRIDEN-OUVERTÜRE

Von jeher ist diese Ouvertüre als ein Höhepunkt von Mendelssohns Kunst angesehen worden: selbst sein Erzfeind Richard Wagner bezeichnet sie als «eines der schönsten Musikwerke, die wir besitzen»[27]; er hatte auch allen Grund, sie hochzuschätzen! Nicht wenig aus ihrem Stimmungs- und Klangmaterial hat Wagner im *Fliegenden Holländer* effektvoll wieder zur Geltung gebracht.

Der drei verschiedenen Fassungen des Werkes wurde schon oben gedacht; der «dumme Mittelsatz» fällt nach Thematik und Kolorit aus dem seltsamen, für jene Zeit beinahe exotischen Klangbild der Urkonzeption heraus. Es ist nicht ohne Pikanterie festzustellen, daß das berühmte erste Thema des Werkes geschrieben wurde, kurz *bevor* Felix zur «Fingalshöhle» kam.[28] Für die Psychologie des schöpferischen Künstlers ist es bezeichnend, daß er seine ersten zwei Fassungen nahezu drei Jahre liegen ließ, bevor er die radikal durchgreifenden Änderungen der Endfassung anbrachte.[29] Jene Änderungen scheinen ihm viel Kopfzerbrechen gemacht zu haben, denn Moscheles, dem er die (veraltete römische) Partitur des Werkes schenkte, bemerkt voll Verwunderung, daß

seine Sachen schon in der ersten Anlage so schön und abgerundet schienen, daß ich mir keine Veränderung denken konnte, und diesen Punkt diskutierten wir auch heute wieder. Er blieb aber bei seinem Prinzip des Änderns...[30]

Es ist schon oft auf das «Raumempfinden» aufmerksam gemacht worden, das dieses Werk in so bedeutendem Maß kennzeichnet. Musikalisch weiten Raum darzustellen, ist nicht vielen Komponisten gelungen, sogar Debussy nicht in *La Mer;* gewisse Ähnlichkeiten der «weiträumigen» Anlage zeigen sich beim Vergleich des Vorspiels zum III. Akt *Tristan* und unserem Werk. Das ästhetische Problem, einen Landschaftsraum musikalisch nachzuschaffen, muß hier unerörtert bleiben; es möge aber genügen, daß die überaus reiche Modulation, die freie Rhythmik und das unablässig wechselnde Kolorit sicherlich dazu beitragen, den Eindruck einer bewegten See in öder und fremdartiger Weite entstehen zu lassen.

Dabei ist das Hauptthema gewiß weder weiträumig noch langatmig, sondern kurz und prägnant. Felix' Meisterschaft bewährt sich darin, daß er die Vorzüge, aber auch die Schwächen des Themas erkannte und ermüdenden Wiederholungen in dreifacher Weise aus dem Weg ging: (1) durch die Einführung von autonomen Kontrasubjekten gegen das Thema; (2) durch ein breit ausgesponnenes zweites Thema; (3) durch stark modulierende Variationen, zum Beispiel, die große G-dur-Episode der Durchführung.

Der Erfolg des Stückes war gesichert von der Uraufführung an (London 1832). Selbst die bedeutend kühleren Berliner beurteilten die Ouvertüre wohlwollend und nicht ohne Respekt. Aber gerade die Freiheit der thematischen Arbeit, die den unvergänglichen Reiz der Ouvertüre ausmacht, wurde von den deutschen Kritikern mißverstanden oder gar getadelt. Der sicherlich wohlwollende Rellstab schrieb abschließend darüber:

Vieles Einzelne überrascht; Bau, Fluß, Form, im gewöhnlichen Sinn des Worts, sind schwer zu verfolgen. Der Fehler der Composition ist vielleicht nur der, daß sie eines Commentars bedarf.[31]

REFORMATIONS-SYMPHONIE

Es fällt schwer, desselben Rellstab Besprechung heute ohne ironisches Lächeln zu verfolgen; hier seien nur die unsere Zeit am meisten frappierenden Äußerungen wiederholt:

... Lieber wäre es uns freilich, wenn der Componist nicht so viel auf colossale, als auf schöne Grundzüge hielte, wenn er nicht so überreich instrumentirte und endlich mehr den melodischen als den harmonischen, kühn combinirten Schönheiten das Übergewicht verstattete. Auch zeigt er uns selten einen heitern Himmel; fast immer stürmt oder gewittert es...[32]

Der Komponist selbst war auf dieses Werk nicht gut zu sprechen; zahlreich sind seine scharf selbstkritischen Bemerkungen darüber: er nennt ihren ersten Satz «ein dickes Tier mit Borsten»; Fanny pflegte zu sagen, «sie sei ein böses Tier, und es ist etwas daran».[33] Später «kann [er] sie gar nicht mehr ausstehen, möchte sie lieber verbrennen als irgendeines meiner Stücke; soll niemals herauskommen»[34]; den Schluß-Strich darunter zieht er mit den Worten: «Ein völlig mißlungenes Werk.»[35] Tatsächlich hat er das Stück niemals zum Druck bestimmt. Ist eine so scharfe Beurteilung sachlich gerechtfertigt oder bestehen gewisse, dem Komponisten selbst unbewußte Gründe, aus denen er sein eigenes symphonisches Werk verdammte? Die Musikgeschichte lehrt uns, die Selbstbeurteilung eines Künstlers nicht allzu wörtlich zu nehmen, da ihm häufig die Distanz zum eigenen Schaffen abgeht. So scheint es auch hier zu sein: denn gerade diese Symphonie ist eines der wenigen Werke Mendelssohns, die während der letzten dreißig Jahre in der Gunst des Publikums eher gestiegen sind. Dies kann zwar nie das legitime oder entscheidende Kriterium für Wert oder Unwert eines Kunstwerkes sein, aber auch die rein sachliche Analyse zeigt weite Strecken genialischer Erfindung auf; vom rein formalen Standpunkt kann die *Reformationssymphonie* vielleicht am ehesten Berlioz' *Harold in Italien* als ein großenteils zyklisches Gegenstück an die Seite gestellt werden.

Es will uns scheinen, daß Mendelssohn das Werk aus zwei rein persönlichen Gründen ablehnte: erstens, weil er damit – in Paris – seinen ersten schweren Prestigeverlust erlitten hatte, ohne daß es aufgeführt worden wäre, und zweitens, weil er im ersten Satz ein tolles Instrumentationsexperiment versucht hatte, dessen er sich nachher wohl schämte. Wir hören von Devrient, daß der Komponist die Partitur des ersten Satzes, ohne Hauptmotive oder tragende Stimmen auch nur zu skizzieren, taktweise von oben bis unten durchinstrumentiert habe.[36] In der Tat klingen manche Stellen des Satzes brüchig und bedürfen sorgfältiger dynamischer Retouchen von seiten des Dirigenten. Dieses Experiment zeugt von Mendelssohns unglaublicher Gedächtniskraft und Klangphantasie, aber auch von seiner etwas kindischen Freude an dieser Virtuosität. Ebenso wie der spätere Mendelssohn das öffentliche Improvisieren am Klavier verdammte (außer für Konzert-Kadenzen), so hat er wohl auch dieses Parforce-Experiment verurteilt, und zwar sowohl aus künstlerischen wie auch aus moralischen Gründen, die für ihn die entscheidenden waren. Angesichts dieser widerspruchsvollen Beurteilung der Symphonie halten wir es für angebracht, ihre wichtigsten Elemente herauszugreifen, selbst auf die Gefahr hin, gelegentlich auf musiktechnische Fragen eingehen zu müssen.[37]

Schon vor 70 Jahren ist die innere Einheit der Symphonie verteidigt worden: A. Heuß und W. Tappert haben, von verschiedenen Ausgangspunkten kommend, nachgewiesen, daß die ersten drei Sätze aus einem gemeinsamen Kernmotiv gewachsen sind, dem sogenannten «Dresdener Amen»[38]. Die folgenden Bemerkungen stützen sich zum Teil auf diese Studien.

Der erste Satz besteht aus zwei Teilen: einer langsamen Introduktion in D-dur und einem feurigen Allegro ($^2/_2$) in d-moll, die thematisch miteinander verknüpft sind. Die Einleitung verarbeitet die Lieblingswendung Mendelssohns, den psalmodischen Anfang des «Magnificat tertii toni»,

Musikbeispiel 41

dessen Initium auch im «Nunc dimittis» und anderen Cantica vorkommt. Die in einem Fugato entwickelte Einleitung endet mit dem genannten «Dresdener Amen», einer allen protestantischen Kirchenmusikern vertrauten Klausel:

Musikbeispiel 42

Uns ist die Wendung durch Wagners *Parsifal* geläufig – dort ist es das Motiv des Grals. Wie Tappert nachgewiesen hat, galt es in der sächsischen Liturgie als ein Symbol des heiligen Geistes. Nun, für eine Reformations-Symphonie läßt sich schwer ein passenderes Motto denken. Aus diesem Motiv der schrittweise aufsteigenden Quint ist das Hauptthema entstanden, das das charakteristische Intervall sprungweise enthält:

Musikbeispiel 43a

Auch das zweite Thema ist aus dem Hauptmotiv abgeleitet, und zum Schluß der Exposition begegnet man dem uns aus der *Hebriden-Ouvertüre* vertrauten Motiv:

Musikbeispiel 43b

Die Coda wandelt das Hauptmotiv synkopisch ab:

Musikbeispiel 43c

Die Durchführung enthält einige spannende Momente, aber im ganzen dürfte doch der Meister Recht gehabt haben in seiner – oft sehr herben – Selbstkritik, die er diesem Werk angedeihen ließ; das spürt man in den Bemerkungen, die er Freund Rietz noch im Jahre 1841 – also nach mehr als zehn Jahren! – schrieb, nämlich «daß die Grundgedanken der Symphonie mehr bedeutend [wirken] durch das, was sie bedeuten, als an und für sich».

Der zweite Satz (Scherzo B-dur $^{3}/_{4}$) enthält nur Fragmente des «Amen»:

Musikbeispiel 44

Der dritte Satz (Andante $^{3}/_{4}$, g-moll) ist, wohl um den Kontrast mit dem voll besetzten Orchester des Finale zu verschärfen, nahezu ausschließlich für Streicher bestimmt und erinnert etwas an langsame Klaviersätze des späten Beethoven – es bezieht übrigens das «Amen» in einer Variante (zweites Thema) ein und enthält ein inniges Instrumentalrezitativ. Ohne Pause folgt der vierte Satz (G-dur, $^{4}/_{4}$). Eine Flöte ohne alle Begleitung intoniert nun den Choral «Ein veste Burg», dessen erster Vers sofort fugatoartig entwickelt wird. Sowohl die Brücke zum zweiten Thema wie dieses selbst sind flach und beinahe vulgär. Die Durchführung wird mit dem zweiten Vers des Chorals bestritten und mündet wieder in ein Fugato; in dieses schmettert nun das Bläserensemble, einschließlich drei Posaunen, den Choral als Cantus Firmus. Leider hat sich Mendelssohn zu einer brillanten Coda verleiten lassen, die ein Motiv des *Freischütz* paraphrasiert und dann das Werk im Tutti zu einem etwas lärmenden Ende bringt:

Musikbeispiel 45a

Musikbeispiel 45b

Auch der Ausklang selbst – der Choral in ganzen Notenwerten – kann den Schwächen des letzten Satzes nicht mehr aufhelfen. Das soll aber nicht heißen, daß die Symphonie nicht verdient, aufgeführt zu werden: drei Sätze sind gut geraten und voll von sprudelnder Erfindung. Wieder war es der Choral, an dem Mendelssohn scheiterte, wie ja auch in den Kantaten. Wir werden später noch sehen, daß es die Hinneigung zum Choral war, die auch seinen *Paulus* schwächte.

KLAVIER-KONZERT *g-moll*

Es ist unnötig, dieses allgemein bekannte und beliebte Werk in allen Einzelheiten zu besprechen. Die zyklischen Ideen (Wiederaufnehmen des zweiten Themas, die Reminiszenz des Mittelsatzes etc. im Finale), der Verzicht auf Pausen und Orchesterritornelle etc. sind so auffallend und gleichzeitig so abwegig für die Zeit, daß sie berechtigtes Aufsehen und endlose Nachahmung hervorriefen. Doch scheint es, daß die Zeit überreif für diese Neuerungen war; denn selbst ein so konservativer Kritiker wie Rellstab fand an den erwähnten Neuerungen nichts auszusetzen; seine Einwendungen beschränken sich auf das «Übergewicht des Orchesters über das fortepiano» im ersten Satz.[39] Die Idee, daß dieselben Fanfaren, die vom ersten zum zweiten Satz überleiten, auch vor dem dritten Satz diese Funktion erfüllen, schien ihm offenbar organisch oder mindestens gesund, jedenfalls hat er über diese geistreiche Kleinigkeit kein Wort verloren – weder er noch irgendein anderer seiner Zeitgenossen.

Über diese bekannten Tatsachen hinaus seien noch zwei für das vorliegende Werk charakteristische Elemente hervorgehoben: die Schwäche des langsamen Satzes und die straffe Struktur des Gesamtwerkes. Beethovens langsame Sätze sind variierte Hymnen, die von Mozart und Schubert sind im Grunde ruhig gehaltene Sonaten- oder einfache Arienformen mit oder ohne *da capo,* gelegentlich auch tendieren sie zur Variation hin. Der langsame Satz des *g-moll-Konzerts* gehört eigentlich zu keiner der genannten Kategorien, er ist nichts anderes als ein *Lied ohne Worte* mit konzertanten Figuren. Es besitzt weder den langen, ruhigen Atem eines Beethovenschen noch die scheinbare, doch raffinierte Simplizität eines Mozartschen oder sogar Schubertschen Mittelsatzes, wenn auch deren äußere Eleganz. Nur in einigen seiner Kammermusikwerke sind Mendelssohn weitausholende, tief-innerliche und organisch fließende Adagios geraten; es war dies ein Geburtsfehler der meisten Romantiker, und nur wo unser Komponist sich von ihnen abwendet, gelingt ihm ein echter langsamer Satz.

Andererseits muß man die Kraft bewundern, die das ganze thematische Material eines ausgedehnten Sonatensatzes aus zwei Themen herausholt; diese allerdings sind scharf kontrastierend geformt und werden in dramatischer Weise eingeführt. Wenn man bedenkt, daß das Konzert in wenigen Tagen hingeworfen wurde, kann man den Respekt, aber auch den Neid seiner von der Muse spärlicher bedachten Brüder wohl verstehen.[40]

LIEDER OHNE WORTE

Im Jahre 1839 schreibt Mendelssohn an den Verleger Simrock:
Aber Lieder ohne Worte sind es nicht [was er zu schreiben gedenkt]. *Ich habe auch nicht die Absicht, mehr der Art herauszugeben, die Hamburger mögen sagen, was sie wollen. Wenns gar zu viel solches Gewürm zwischen Himmel und Erde gäbe, so möchte es am Ende keinem Menschen lieb sein. Und es wird jetzt wirklich eine so große Menge Claviermusik ähnlicher Art componirt; – man sollte wieder einmal einen anderen Ton anstimmen, meine ich!*[41]
Sollen wir es bedauern, daß er seinem Vorsatz nicht treu geblieben ist? Die Ansichten darüber sind geteilt. Aber es ist nicht etwa so, daß die Kenner auf der einen, die Liebhaber auf der anderen Seite stehen; es gibt Verächter und Freunde der *Lieder ohne Worte* ohne Rücksicht auf ihre respektive musiktechnische Urteilsfähigkeit. Es ist auch keineswegs leicht, ein nur einigermaßen unparteiisches Urteil zu erreichen, zumal die meisten Musikfreunde der älteren Generation durch persönliche Assoziationen mit den einzelnen Stücken verknüpft sind. Vielleicht wird die heutige jüngere Generation ein klareres Urteil haben, da Mendelssohn während ihrer Kindheit verboten war oder doch sehr über die Achsel angesehen wurde.

Wir aber wollen versuchen, den historischen, stilistischen, persönlichen und kulturgeschichtlichen Tatbestand der *Lieder ohne Worte* aufzusuchen und dann erst die musikästhetische Frage nach ihrem Wert im allgemeinen und im besonderen zu beantworten.

Der Name «Lied ohne Worte» findet sich zuerst in einem Brief Fannys an Klingemann aus dem Jahre 1828, in dem es heißt:
Felix hat mir dreierlei gegeben, ein Stück in mein Stammbuch, ein Lied ohne Worte, wie er in neuerer Zeit einige sehr schön gemacht hat, ein anderes Klavierstück... und ein großes Werk, ein vierchoriges Stück... [Hora est][42]
Daraus geht unzweifelhaft hervor, daß der Name ursprünglich dasselbe bedeutete wie «Albumblatt», als das es füglich von Fanny verstanden wurde. Erst später hat

der Name «Lied ohne Worte» allen musikalischen und unmusikalischen Impulsen als Unterschlupf gedient. Solch ein Albumblatt trug immer einen besonders intimen Charakter, der es mit der Person, der es gewidmet war, künstlerisch und menschlich verband. In diesem Zusammenhang ist es bezeichnend, daß von den sechs Heften, die zu Lebzeiten Mendelssohns erschienen waren (die anderen zwei sind posthum), fünf Widmungen tragen, alle an Damen der eleganten Welt: Elise von Woringen, Rosa von Woringen, Sophy Horsley, Clara Schumann und Sophie Rosen, Klingemanns Braut. Die Stücke sind also vorzüglich für «die Damen» bestimmt, was auch Mendelssohn in einem unveröffentlichten Brief an Fanny klar aussprach.

Der Gestalt und Stimmung nach sind die Stücke überaus differenziert, formell aber sind alle 48 Abwandlungen eines und desselben Prinzips, nämlich der erweiterten zweiteiligen Liedform AbA, wobei b jedoch nicht als ein völlig neuer Gedanke zu verstehen ist, sondern als eine Fortspinnung von A. In diesem Rahmen spielt natürlich die Art, wie die Rückleitung von b zu A zustande kommt, eine besonders wichtige Rolle. Klavierstücke dieser Form gab es schon sehr lange vorher, und manche von Beethovens *Bagatellen* scheinen Felix direkt als Muster gedient zu haben. Die *Moments musicaux* von Schubert scheint er kaum gekannt zu haben, obwohl sie seit 1828 gedruckt waren. Sie halten sich im Prinzip genau an dieselbe künstlerische Idee des kleinen, intimen, geschlossenen «Kabinettstücks». Bewundernswert, und völlig verschieden von den Bagatellen, ist aber die bis ins Detail gehende Individualisierung der einzelnen *Lieder ohne Worte* bei strikter Einheit des Formtypus. Schumann hatte bei aller Schwärmerei die Kleinkunst der Stücke wohl begriffen, als er schrieb:

Wer hätte nicht einmal in der Dämmerungsstunde am Klavier gesessen und mitten im Phantasieren sich unbewußt eine leise Melodie dazu gesungen? Kann man nun zufällig die Begleitung mit der Melodie in den Händen allein verbinden, und ist man hauptsächlich ein Mendelssohn, so entstehen daraus die schönsten Lieder ohne Worte...[43]

Diese liebenswürdige Causerie kennzeichnet die Biedermeier-Natur der *Lieder ohne Worte* aufs beste; angedeutet sind hier poetische Stimmung, künstlerische Gestaltung, respektable Gesinnung (keinerlei wilde Leidenschaft oder heiße Erotik etc.), Intimität und wohl auch eine Dosis Sentimentalität. All das trifft auf diese Stücke zu. Hier liegen auch Kraft und Schwäche aller Biedermeier-Kunst – sie setzt sich im Mittel, im Ausdruck, im Bereich des Gefühlslebens enge und strenge Grenzen. Anderseits aber gab es in jedem Bürgerhaus eine musikliebende (oder zur Musik gezwungene) Tochter, und jener Biedermeier-Bourgeoisie war die weitgehende Individualisierung der *Lieder ohne Worte* hochwillkommen: die vielen, nicht von Mendelssohn stammenden Bei- und Spitznamen von mindestens 28 Liedern zeugen dafür. Kein Wunder, daß bei solcher Popularität es von Nachahmern wimmelte – und wie wir sahen, war sich Mendelssohn dessen voll bewußt, erkannte auch, daß «zuviel solches Gewürm» dem Publikum den ganzen Typus verleiden könnte. Wie recht hat er gehabt![44]

Aus den ersten zwei Heften seien einige der charakteristischen Stücke kurz analysiert – sie sind in ihrer Art Prototypen, die allerdings viele Variationen zulassen. Schon Schumann hat diese vier Typen erkannt und identifiziert.[45]

I. Heft, Nr. 1. Dieses liebenswürdige Stück (englischer Name «Sweet remembrance») gehört zur ersten der vier Kategorien: (1) Solo-Melodie, umspielt von homophonen Akkordbrechungen; (2) Imaginäres Duett mit ähnlicher Begleitung; (3) Choralartige, kompakte Melodie, stilgetreu harmonisiert, gelegentlich unterbrochen von leichtem Figurenwerk; (4) echt pianistisches «Charakterstück» ohne imaginäre Stimmen oder Chor.

Die Form von Nr. 1 – eine erweiterte zweiteilige Liedform – ist von trügerischer Einfachheit und stellt sich etwa so dar:

A (2 Takte Vorspiel); 4 + 9 Takte Hauptmelodie, die in die Dominante ausmündet. b (4 + 1 + 8) Takte leicht kontrastierende, modulierende Fortspinnung des Hauptgedankens; A (4 + 8 + 1 + 3) Takte: variierte Wiederholung des Hauptgedankens; Coda, auf einem sanften Orgelpunkt der Tonika, 5 Takte. Die Melodie bewegt sich hauptsächlich in Vierteln und wird im letzten Teil gelegentlich durch Achtelpassagen variiert. Die Harmonik ist einfach, am vielfältigsten noch in b, wo sie bescheiden moduliert; der Rhythmus ist etwas zu gleichförmig, doch tut das dem Stück in Anbetracht seiner Kürze keinen Abbruch.

Musikbeispiel 46

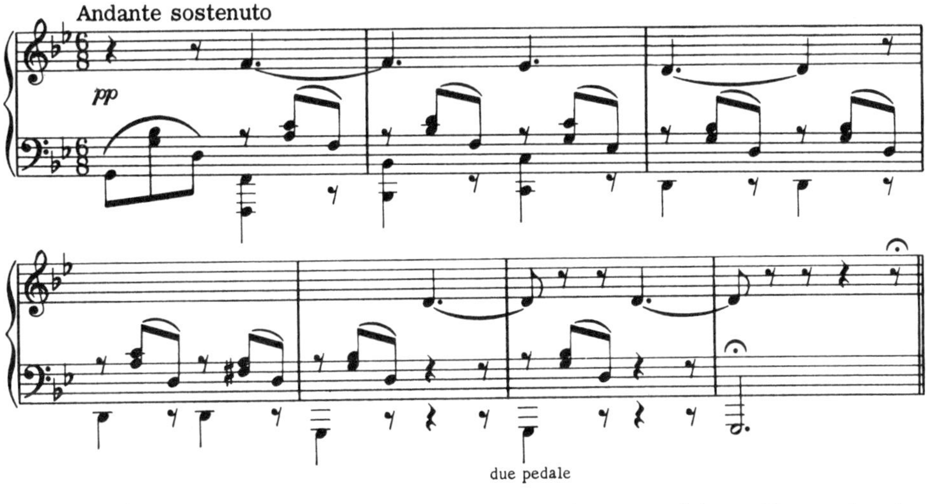

Nr. 9 (Englischer Titel: «Consolation»). Es gehört zur dritten Kategorie, dem imaginären Chorlied, das wie ein solches harmonisiert wird. Seine Form ist: $2^1/_2$ Takte Vorspiel. A /4 + 4; Hauptgedanke/ B /4 + 2 Fortspinnung in der Dominante/ A /4 + 1 + 1 + 2 Wiederholung von A mit Steigerung, /3 Takte Nachspiel (= Vorspiel). Die Melodie ist kompakt harmonisiert, bewegt sich wieder in Vierteln und Achteln, der Rhythmus wird kaum je variiert.

Nr. 6 (Venetianisches Gondellied). Eine der drei Barkarolen, die leider von unfähigen Händen so oft nachgeahmt worden sind.[46] Das Stück ist bemerkenswert durch seinen Klangreiz, der, scheinbar paradoxerweise, auf der strengen Sparsamkeit des akkordischen Gefüges beruht. Nirgendwo geht Mendelssohn über einen drei- bis vierstimmigen Satz hinaus, er beginnt dreistimmig und endet, *con due pedali,* zweistimmig.

Form: A/7 Takte (!) «Motto» oder «Ruf»; 4 + 6 Hauptgedanke; B/8 Takte Fortspinnung + 1 Rückführung – A /4 + 1 + 7 «Motto». Es ist in seiner Art eine wahre Perle intimer Musik, nur noch mit Chopins Präludien vergleichbar.

Nr. 24, die Krone aller *Lieder ohne Worte* ist eine hochoriginelle pianistische *tour de force,* in der die Schlichtheit des thematisch-melodischen Materials in stärkstem Gegensatz zur geistreichen und komplexen Akkordik steht, die das Stück erfüllt. *Molto allegro vivace* $^6/_8$ in A-dur «stellt sich die Regel und folgt ihr dann», gleich im ersten Takt. Von allem Anfang ist die Mittelstimme jedes Akkords durch ihre fieberhaft pulsierende kleine Untersekunde abgelöst, was beim Höhepunkt, wo sie verdoppelt wird, zu sehr scharfen Dissonanzen führt:

Musikbeispiel 47a

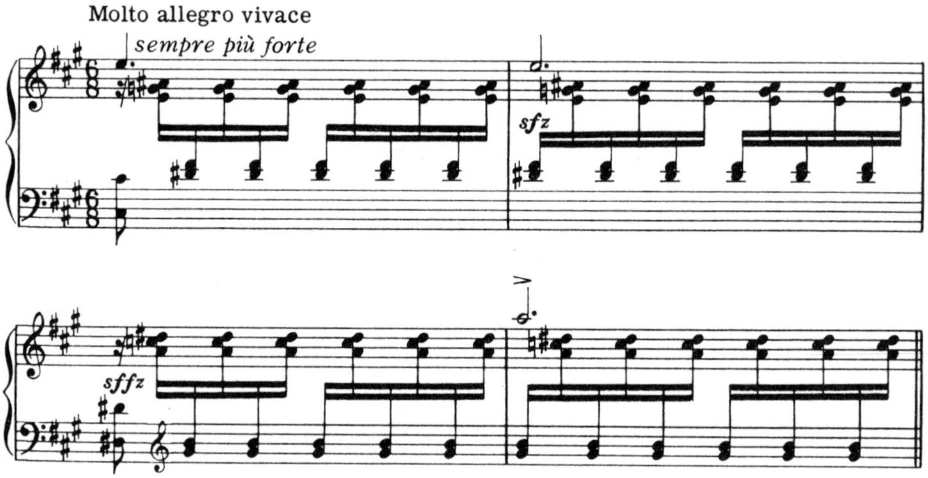

eine Idee, die drei Generationen Klavierkomponisten, von Liszt zu Bartók, immer wieder angeregt und befruchtet hat. Derlei Gewaltstücke erwartet man in den als gar zu harmlos verschrieenen *Liedern ohne Worte* gewiß nicht! Und es ist wirklich beinahe das einzige in seiner Art.

Form: Das Stück ist ein rondoartiges Gebilde: A /8 + 8; Hauptgedanke/ B / 8 + 8 Fortspinnung/ A_1/8 + 8 Variation von A, vor allem harmonisch/, B_1/8 + 8 Variante von B/, A /8 + 8, Wiederkehr des Themas/ B_2/8 + 8 stark variierte Fassung von B/ kadenzierende Steigerung, die zu einem dramatischen Höhepunkt (mit den Dissonanzen) führt, 1 + 1 + 1 + 1 + 4, Coda/4 + 1 + 4 + 4 + 1 + 4 + 2

Takte Nachspiel/. Die achttaktige Regelmäßigkeit der melodisch-rhythmischen Struktur ist dreimal durch Dehnungen oder Wiederholungen aufs geistreichste unterbrochen. Gegen Ende lösen sich die dissonierenden Wechselnoten in einen sanften Baßtriller auf, aber noch ganz zum Schluß kann sich der Komponist eine kühnwitzige, dabei völlig logische Pointe nicht versagen: diminuendo

Musikbeispiel 47b

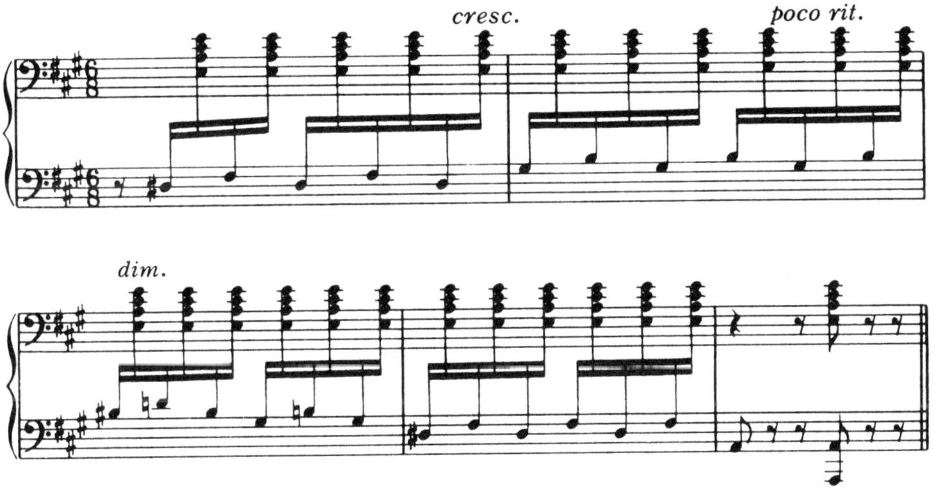

Hören wir hier nicht die Vorahnung von König Markes Jagdhörnern im Vorspiel des zweiten Aktes von *Tristan*? Dieser Schluß ist von höchster Pikanterie und war nicht nur in Stücken leichteren Genres, sondern ganz allgemein, eine beträchtliche Kühnheit.

Sehr bald nach ihrem Erscheinen haben die *Lieder ohne Worte* ästhetische Kontroversen entfacht, die, wenn sie auch nicht zu ernst genommen werden dürfen, doch als Echos der Auseinandersetzung zwischen den «konservativen» Klassizisten und den «progressiven» Romantikern beachtenswert sind. In einer späteren Darstellung von Mendelssohns ästhetischem Credo werden wir auf die *Lieder ohne Worte* und auf die durch sie heraufbeschworene Debatte zurückkommen.

11. BERLIN LEHNT AB, EUROPA LÄDT EIN

«Es ist keiner Prophet in seinem Vaterland.»

I.

Während der großen Reise hatte Felix Freiheit geschmeckt und genossen; er war mit bedeutenden Menschen in Berührung gekommen und hatte die musikalischen, literarischen, künstlerischen und auch die politischen Strömungen jener Jahre mit wacher Aufmerksamkeit verfolgt. Zuletzt war er in Paris und London gewesen, den Metropolen der westlichen Zivilisation. Im Vergleich mit ihrem stürmischen Hauch mußte ihm Berlin klein und provinziell erscheinen. Dabei hatte er, zumindest in Paris, den Atem des historischen Geschehens nur rezeptiv gespürt, er hatte keinerlei aktiven Anteil an irgendeiner Bewegung genommen. Dennoch wußte er wohl, daß nicht in Berlin allein sich die musikalische Entwicklung abspielen würde. Aber er war nichtsdestoweniger entschlossen, seine Mission in Deutschland zu finden und zu erfüllen. So begann er sich einzurichten auf das engere Milieu der Familie, der Freunde und der Singakademie.

Zwar fühlte er sich immer noch dem Vater gegenüber zum Gehorsam verpflichtet, aber er folgte ihm nur widerwillig – das Cliquendenken Abrahams irritierte ihn doch mehr und mehr. Aber noch hatte er nicht seine völlige innere Freiheit erlangt.

Wir erinnern uns hier jenes ernsten Briefes vom 13. November 1831 (s. Kapitel 9), den Felix in Frankfurt geschrieben hatte, und in dem er sich noch nicht genügend Autorität für die Stellung eines Musikdirektors zutraut; schon damals war er Berlin als einer möglichen Domäne seines Wirkens sehr skeptisch gegenübergestanden, hatte aber, um des lieben Friedens willen, hinzugefügt, «doch würde ich am liebsten dableiben... wo Ihr seid, aber ich muß wirken können».

Inzwischen war Zelter gestorben und seine Nachfolgerschaft in der Singakademie heiß umstritten. Von allem Anfang an hatte Felix sich dagegen gesträubt, für diese Stellung zu kandidieren; würde sie ihm angeboten, so würde er sie annehmen, selbst wenn er sich mit Rungenhagen in die Autorität des Direktorats teilen müßte. Er war von der Richtigkeit seines Standpunkts fest überzeugt – aber er hatte nicht mit den Überredungskünsten der Familie, der Freunde, und vor allem nicht mit dem entschiedenen Gebot des Vaters gerechnet. So ließ er sich – gegen seine innerste Überzeugung – dazu bringen, als Kandidat für die Direktorstelle der Singakademie formell aufzutreten. Er hat diesen Irrtum sein Leben lang bedauert. Dieser Fehler hat das schwerste Trauma seines Gefühlslebens erzeugt, eine nie vernarbende seelische Wunde in seinem eigenen Leben und eine Menge unangenehmer Folgeerscheinungen für die Familie, die selbst nach Felix' Tode nicht aufhören wollten.

Von dem Augenblick der Kandidatur an wurde Felix bitter, sarkastisch, böser Laune, und seine Schaffenskraft schien zu versiegen. Seine Briefe reflektieren getreulich diesen Zustand. Zunächst zeigte sich, daß das von Immermann versprochene Libretto für eine Opernfassung von Shakespeares «Sturm» ganz untauglich war. Felix hatte die unangenehme Aufgabe, dem Dichter sein Werk zurückschicken zu müssen; wie er's getan hat, wissen wir nicht, aber es muß wohl ein Meisterstück an Diplomatie gewesen sein, denn der als hochmütig und eitel bekannte Immermann scheint Felix die Ablehnung nicht verdacht zu haben.[1] Schon im August fühlte er aber, daß er keine wirkliche Chance hätte, zum Nachfolger Zelters gewählt zu werden – und seine Briefe werden sehr trübsinnig, wie zum Beispiel der an Pastor Bauer, in dem er den Herbst 1832 «die bitterste [Zeit], die er sich denken könne und die er je erlebt habe», nennt.[2] Am traurigsten klingt ein Brief an Klingemann, in dem Mendelssohn selbst versucht, sich seinen Zustand zu erklären:

...ich bin seit einigen Wochen so unsäglich herunter und so tief verstimmt, daß ich es Dir nicht ausdrücken kann... Der Tod der schönen Robert nahm wieder ein ganzes Stück Jugend fort; auch war ich körperlich unwohl und bin es noch, litt entsetzlich an Ohrenpein und seitdem auch an Kopfschmerzen, aber das hängt immer zu sammen; dann kommt die große Ruhe und Gleichmäßigkeit auf jene aufgeregte Zeit dazu, dann das ganze still stehengebliebene Berliner Nest, dann die Verhandlungen wegen der Akademie, mit der sie mich mehr quälen, als recht ist, um am Ende doch ihren Rungenhagen oder Gott weiß wen zu wählen. Und mein sehr dummer Kopf, in den nichts Heitres will – hol' der Teufel solche Zeit. Ich hab' sie nie so schlimm erlebt.[3]

In der Zwischenzeit (bis zum 22. Januar 1833, dem Tag der Wahl), bemühte sich Felix, die Berliner in diskreter Weise auf sich aufmerksam zu machen: die Art der wilden Reklame, wie sie seither üblich geworden ist (sie geht jetzt unter dem Namen Public Relations), wäre ihm allerdings im höchsten Maß unwürdig erschienen. Er gab aber drei Konzerte zu wohltätigen Zwecken, bearbeitete Händels *Salomo* für die Singakademie, komponierte das anglikanische *Morning and Evening Service,* und setzte, nach vielen Änderungen und Verbesserungen, den Schlußstrich unter seine *Italienische Symphonie.* Eine gewisse Animosität gegen Berliner Kritiker ist jetzt schon erkennbar[4], war aber wahrscheinlich unbegründet. Auch als Gast in Konzerten anderer Künstler trat er auf, alles, um sich wieder und wieder in Erinnerung zu bringen: mit Madame Milder, dem Klarinettisten Heinrich Bärmann, mit dem einflußreichen Musikdirektor Möser. Alle diese Bemühungen bewirkten nichts an dem Ort, für den sie bestimmt waren – die Mitglieder der Singakademie; aber im weiteren Kreise wurde man doch aufmerksam: schon damals begann sich Leipzig für den vielseitigen Künstler zu interessieren, und die einflußreiche *Leipziger Allgemeine musikalische Zeitung* von 1833 enthielt einige recht schmeichelhafte Kritiken.

Sogar in Berlin schrieb der dort einflußreichste Kritiker Rellstab: «Diese drei musikalischen Abende [Mendelssohns Konzerte] waren bedeutungsvoller für die Kunst als ein ganzer Jahrgang der gewöhnlichen Konzerte...»[5]

Schon vorher war ein Lichtblick aus London gekommen: die Philharmonic Society hatte am 5. November 1832 den Beschluß gefaßt, Mendelssohn einen definitiven, sehr schön bezahlten Auftrag zu erteilen. Er sollte für sie «eine Symphonie, eine Ouvertüre, und eine vokale Komposition schreiben»; das Aufführungsrecht der drei Werke würde für zwei Jahre ausschließlich der Philharmonie gehören. Das Honorar betrug etwas mehr als £ 100.–, also in damaliger deutscher Währung etwa 720.– Reichstaler, gewiß ein sehr ansehnlicher Betrag. Nun fühlt Felix, daß sich «der Nebel zu heben beginnt»...: «Sieh, ich habe sehr schlimme Zeit erlebt..., jetzt aber streicht mir die Freude alles andere wieder weg»[6]; und er beginnt, die schöpferische Arbeit aus allen Kräften wieder aufzunehmen. Schon vorher hatte ihn Moscheles' Einladung erreicht, nach London zu kommen, wenn das erwartete Kind ein Junge sein würde, und ihm Pate zu stehen. Nun war er beinahe sicher, daß er im Frühjahr 1833 wieder das «liebe, alte, rauchige Nest» (London) wiedersehen würde und sorgte sich wenig um den Ausgang der Singakademie-Quertreibereien. Dabei wurde sein idealistischer Eifer um die Wiederbelebung Händels von der Singakademie übel belohnt: er hatte das Glück gehabt, Händels Originalpartitur zum *Salomo* aufzustöbern und hatte die Abschrift mit nach Berlin gebracht. Die Singakademie aber konnte sie nicht auf den englischen Text singen; so bat Felix den lieben Klingemann, ihm blitzgeschwind eine deutsche poetische Übersetzung des Textes zu machen, die auf die Musik passen würde.[7] Als sie pünktlich ankam, hatte die Akademie schon beschlossen, das Oratorium in *Prosa* zu singen, mit einigen bösen «Verbesserungen» in Händels Instrumentation. Darüber berichtet Felix in einigen unveröffentlichten Briefen an Sir Thomas Attwood und an Moscheles; der Zorn um seine und seines Freundes vertane Arbeit mischt sich hier mit der Indignation über die Anmaßung, einen Händel korrigieren zu wollen.[8]

II.

So wenig fruchtbar das Thema erscheinen mag, müssen wir uns nunmehr mit der Ablehnung Mendelssohns von seiten der Singakademie beschäftigen. Die Frage der Nachfolgerschaft Zelters wurde endlich, nach langem Hinzögern seitens der Vorsteherschaft, in Angriff genommen, und es wurde beschlossen, sie durch einen Wahlakt der Mitglieder zu entscheiden. Es ist keineswegs einfach, den wahren Sachverhalt heute noch zu erkennen; die Protokolle der Singakademie, *wenn sie noch existieren,* waren mir nicht zugänglich, und in den zeitgenössischen Quellen stößt man auf betretenes Schweigen oder leere Redensarten. Von gedrucktem Quellenmaterial gibt es nur vier halbwegs zeitgenössische Zeugen: Eduard Devrient, richtiger dessen Memoiren; sie sind immerhin Berichte eines Augenzeugen und eines «zugeordneten» Mitglieds der Vorsteherschaft; sodann die auf den originalen Protokollen basierenden historischen Darstellungen M. Blumners und G. Schünemanns; schließlich die Korrespondenz Mendelssohn-Klingemann, die zum großen Teil auf Hörensagen beruht und jedenfalls für Mendelssohn Partei nimmt.[9] Außerdem können einige unveröffentlichte Briefe der Familie Mendelssohn noch etwas Licht in die Sache bringen.

Wie schon erwähnt, hatte Felix sich dem Diktat des – in diesem Fall uneinsichtigen – Vaters gebeugt und sich formell als Kandidat angemeldet. Dieser Schritt hat ihm sein Leben lang jede Erinnerung an Berlin vergiftet.

Was geschah? Auf die Ausschreibung der Singakademie hin meldeten sich: B. Klein, A. W. Bach, Carl Loewe, C. G. Reißiger, F. Mosewius, N. Schelble, von Neukomm, Eduard Grell, F. Schneider, Rungenhagen und Mendelssohn. Schon in der ersten Sitzung «rückten Rungenhagen und Mendelssohn an die Spitze».[10] Um allen Mitgliedern gerecht zu werden, schlug man eine Teilung der Stelle vor und paragraphierte die Befugnisse und Pflichten des ersten und zweiten Direktors. Allein – Rungenhagen lehnte eine Teilung rundweg ab. Nunmehr hielt Felix die Wahl Rungenhagens für gesichert und wollte seine Kandidatur zurückziehen, wurde aber wieder von Devrient und seiner eigenen Familie daran gehindert. Mittlerweile wurde viel gehandelt und verhandelt, in erster Linie von den Freunden Mendelssohns, insbesondere von Devrient und Geheimrat Lichtenstein; natürlich wurden diese von der Gegenseite als bezahlte Propagandisten der Mendelssohn-Familie bezeichnet. In der Tat waren finanzielle Interessen involviert, die damals keineswegs unbekannt waren, und die erst Schünemann ins rechte Licht gesetzt hat.[11]

Wie der Bibliothekar der Singakademie, Georg Pölchau, seinem Wiener Kollegen Aloys Fuchs mitteilte, «hat Zelter die Angelegenheiten unserer Bibliothek in einer solchen Verwirrung zurückgelassen, daß die Vorsteherschaft noch lange die Wehen empfinden wird. Geschenke, die der Academie gemacht wurden, finden sich in seinem Nachlaß, die natürlich (Zelters) Erben nicht herausgeben wollen, da kein Protocoll, noch sonst streng juristische Beweise vorhanden sind, die darüber gehörige Auskunft geben». Es zeigte sich u. a., daß Pölchau einen «Schatz Bachischer Handschriften» an Abraham Mendelssohn verkauft hatte, die dieser der Singakademie schenkte. Sodann hat Pölchau eine Sammlung von Werken (großenteils Manuskripte) von Carl Philipp Emanuel Bach gleichfalls an Abraham Mendelssohn verkauft, dieser habe sie «der Jüdin Sara Levi weitergegeben», und von hier seien die Werke «in die Singakademie gekommen». Bei dieser Lage der Dinge konnte die Singakademie, deren Hauptzeugen zur Stelle waren, die Rechte der (Zelterschen) Erben nicht anerkennen. Aber die Erben brachten andere Argumente vor. Doris Zelter meinte, ihr Vater habe nicht lange vor seinem Tod gesagt, «daß sie seine (?) Sammlung von J.S. Bachs Werken..., die einen unschätzbaren Werth habe, daß sie diese nach seinem Tode gar zusammenhalten müßte und niemals etwas davon vereinzeln müsse». Sie hat auch schließlich 1000 Reichstaler für die Überlassung der Mendelssohn-Sammlung an die Singakademie erhalten. Diese Doris Zelter spielte in den Verhandlungen eine recht unschöne Rolle: aufgenommen und behandelt wie ein Kind des Hauses Mendelssohn, bemühte sie sich nach Kräften, gegen Felix zu intrigieren und von allen Seiten Geld herauszuschinden. Die ziemlich glaubhaften Briefe über diese Angelegenheit sind zum größten Teil noch erhalten. Da also die Singakademie den Mendelssohns und ihren Verwandten überaus verpflichtet war, kam es die Mitglieder hart an, sich durch Ablehnung von Felix' Kandidatur so kraß undankbar zu zeigen. Es kam aber alles, wie es kommen mußte und wie Felix es vorausgeahnt hatte: mit überwältigender Mehrheit (148 gegen 88 Stimmen) wurde Rungenhagen zum Direktor gewählt. Um die bittere Pille zu versüßen und den – wohl unvermeidlichen – Bruch mit der Mendelssohn-Familie zu heilen, bot man Felix die Vizedirektorstelle an. Die Höflichkeit der Ablehnung von seiten Felix' erstaunt uns: nachdem er noch kurz vorher an Klingemann geschrieben hatte: *Ich habe vor vier Monaten die Dummheit begangen, nicht von vornherein zu bitten, man (d. h. die Singakademie) möge mich gütigst ungeschoren lassen. Nun scheren sie auch weidlich an mir, verderben mir die Wolle nach Kräften, wer mir begegnet, weiß eine neue Klatscherei.*[12] Er hatte als Trost zu seinem Geburtstag ein paar sehr kostbare Musikhandschriften erhalten, darunter fand sich

...ein fast rührender Brief von Mozart, worin der sich beim Wiener Magistrat um eine unbesoldete Stelle bewirbt und anführt, seine musikalischen Talente seien im Ausland bekannt...

Dieser Brief stimmte ihn nachdenklich und demütig und so schrieb er nur «mit höflichen Ausdrücken, daß sie sich hängen lassen könnten...»[13]

Nicht lange vor Mendelssohns Tod versuchte die Singakademie, die sowohl durch Schaden (Rungenhagen) als auch durch Felix' Weltruhm klug geworden war, ihren Fehler, der historische Dimensionen angenommen hatte, gutzumachen.[14] Sie ernannte Mendelssohn zum Ehrenmitglied, führte einige seiner Werke regelmäßig auf –, allein Felix konnte die Schmach und Demütigung nicht vergessen, die ihm die Singakademie angetan hatte; es blieb bei einem frostig-höflichen Verhältnis, auch als der König ihn zum Generalmusikdirektor ernannte. Wenn ein Mensch von Felix' Intelligenz und Reife noch volle acht Monate nachher schreibt: «Ich hab' für diese Erdenzeit mit der Berliner Singakademie nichts gemein, und da sie im Himmel nicht besteht, überhaupt nichts...»[15], so spürt man, daß er ins Herz getroffen war.

Bleibt die Frage nach den wahren Gründen der Ablehnung. Nüchtern betrachtet, wollte man an der Spitze der Singakademie nicht einen «jungen jüdischen Musiker» (Schünemann) sehen, sei er so genial wie er wolle. Das war eine keineswegs unfaire Stellungnahme: denn die Singakademie war eine christliche Institution, und Mendelssohn war sehr jung, ebenso wie sein Christentum. Daß die alte Feindschaft innerhalb einer Generation verschwinden würde, hat vielleicht Felix naiverweise geglaubt. In historischer Perspektive muß man allerdings schon in dieser Zurückweisung die blinde Torheit jener jüdischen Kreise wiedererkennen, die ein Jahrhundert später dem Wahn, echte Deutsche und Christen zu sein, zum Opfer fielen. Naiver Optimismus stand hier einem eingewurzelten, grausamen Vorurteil gegenüber. Denn die deutsch-jüdische Symbiose war und ist höchst labil, und muß auch heute noch von beiden Seiten mit großer Vorsicht und feinstem Takt behandelt werden.

III.

Die Kandidatur für die Singakademie hatte Felix' Zukunftspläne zunächst gelähmt; solange sie nicht entschieden war, konnte er nichts Ernsthaftes unternehmen. Aber nun, im Besitz des Londoner Auftrags und nach der Ablehnung seitens der Singakademie, beginnt er endlich an die weitere Zukunft zu denken; er erwähnt München, (für das er eine Oper schreiben sollte), Wien und die Schweiz (als Erholungsaufenthalt).[16] Noch hat er also nichts von einem rheinländischen Antrag gewußt, der ihn Ende Februar erreicht haben muß. Wer waren die Männer, die ihm eine so ehrenvolle, aber auch so verantwortungsvolle Aufgabe zutrauten? Der offizielle Vertreter des Niederrheinischen Musikvereins, der ihm die Einladung übermittelte, ihr nächstes Musikfest zu leiten, war Regierungspräsident von Woringen aus Düsseldorf; aber es scheint, daß Immermann und die Düsseldorfer Maler sich für Felix lebhaft eingesetzt haben[17], denn sie wollten ihn irgendwie ans dortige Theater binden, dessen Intendant eben Immermann war.[18]

Damit hatte Felix eine glänzende Genugtuung für die Berliner Niederlage erhalten: die Londoner Einladung, gekoppelt mit dem vielversprechenden Engagement in Düsseldorf, zeigten Felix endlich «den Weg ins Freie», und er griff schnell zu. Nun arbeitete er emsig und unablässig an seiner *Italienischen Symphonie,* die er in Erfüllung des Londoner Auftrags mitbringen wollte, und beendigte auch seine sogenannte *Trompeten-Ouvertüre.* Das letztere Werk war nicht eigentlich neu, es stammte aus den Jahren 1825/26, aber der ewig selbstkritische Felix hielt es für notwendig, das Werk von Grund auf zu revidieren. Im selben Sinn handelte er, als er sich weigerte, mit Moscheles zusammen eines seiner Doppelkonzerte für zwei Klaviere in London aufzuführen. Er hat sie durchgesehen, aber schließlich gefunden, daß es «ganz unmöglich ist, sie jetzt noch zu spielen.»[19] Aber er erklärte sich bereit, mit ihm «ein lustiges Stück zusammenzuschmieren.» Aus der «Schmierlaune» entstanden dann die brillanten *Variationen über den Zigeunermarsch* aus Webers *Preziosa* für zwei Klaviere, ein reichlich unbedeutendes Gelegenheitsstück.

Mittlerweile war Moscheles der heißersehnte Sohn geboren worden, und Felix beeilte sich, seinem Patenkind und dessen Eltern einen wirklich charmanten (gezeichneten) Gratulationsbrief zu senden.[20] Der Sohn wurde nach Felix genannt, und der Pate schickte sich an, so rasch als möglich nach London zu gelangen. Diesmal ging's über Düsseldorf, wo er mehrere Tage in weitreichenden Verhandlungen für das Musikfest und die nächste Zukunft verbrachte. Am 25. April war er in London. Schon am 1. Mai erscheint er in Moscheles' Konzert, um mit diesem die schnell «zusammengeschmierten» Variationen vorzutragen; sie wurden übrigens mit viel Beifall aufgenommen.

Am 13. Mai fand das Philharmonische Konzert statt, das als Uraufführung Mendelssohns *Italienische Symphonie* brachte und bei dem er als Pianist mit Mozarts *d-moll-Konzert* auftrat. Ursprünglich hatte er daran gedacht, ein eigenes Konzert zu spielen, fügt aber hinzu, «weiß noch nicht, welches», was darauf schließen läßt, daß er außer dem *g-moll-Konzert* ein anderes beinahe fertig hatte; doch fehlt davon jede Spur.[21]

Die Symphonie wurde mit wahrhafter Begeisterung aufgenommen. Felix hatte sich während der Arbeit an dem Werk keineswegs sicher gefühlt; aber nun glaubte er, «es sei ein gutes Stück geworden, und es sei wie es wolle, es sei ein Fortschritt darin und nur darauf kommt es an.»[22] Das hat denn auch das musikalische London sofort gespürt. Das *Harmonicon* schreibt, nach einer ausführlichen Darstellung des Werkes:

Herrn Mendelssohns Symphonie... ist eine Komposition, die viele Generationen überdauern wird, wenn wir uns erlauben dürfen, ein solches Werk nach einmaligem Hören zu beurteilen... Es sei kurz festgestellt, daß die Aufnahme des Werkes von seiten der kritischesten, bestqualifizierten Hörerschaft Londons (das zur Zeit voll von ausländischen Musikern ist) unsere Ansicht in jeder Hinsicht bestätigt...[23]

Selbst der sehr reservierte Paganini war des Lobes voll und forderte Felix auf, mit ihm Beethovensche Violinsonaten aufzuführen; und natürlich war Felix Feuer und Flamme für den Vorschlag.[24] Es ist dann nichts draus geworden, weil Paganini sich einer schweren und schmerzhaften Kieferoperation unterziehen mußte.

IV.

Am Tag darauf, dem 14. Mai, reiste Felix zurück nach Düsseldorf, um die letzten Proben für das Musikfest selbst zu leiten. Das Programm des ersten Tages bestand aus Mendelssohns *Trompetenouvertüre* und Händels *Israel in Egypt* in der ersten europäischen Aufführung der originalen Partitur[25]; der zweite Tag bot Beethovens *Pastoral-Symphonie,* die *Leonoren-Ouvertüre Nr. 3,* eine Kantate von einem heute vergessenen Thüringer Komponisten E. W. Wolf, und schließlich Peter von Winters damals populäres Oratorium *Die Macht der Töne* (al. «Timotheus»), die beiden letztgenannten Werke von kaum mittelmäßiger Statur.

Hier mögen wir uns wohl fragen, warum Mendelssohn zwei so unbedeutende Werke auf dem Programm belassen hat. Die Antwort ist einfach genug: weil sie schon geprobt waren und die Zeit nicht mehr reichte, um anderes einzustudieren. Auch müssen wir sowohl die Bedeutung jener Musikfeste, wie auch das Leben der Zeit, das zwar durch mechanisierte Musik noch nicht verseucht war, aber dessen Transportmittel sich auf Rheinbarken und langsame Postkutschen beschränkte, mit in Erwägung ziehen. Musikfeste im allgemeinen sind Einrichtungen, die gewöhnlich regional begrenzt waren: so die englischen Three Choir Festivals von Gloucester, Worcester und Hereford oder die alten Feste der Wiener Tonkünstler-Sozietät, in denen Mozart noch mitwirkte. Die ersten *wandernden* Musikfeste waren von dem Allgemeinen Deutschen Musikverein eingerichtet (seit 1859), dem viele andere, besonders internationale Aufführungen zur Förderung zeitgenössischer Musik, auf dem Fuß folgten. Aber noch heute sind Institutionen wie die Biennale von Venedig, das May Festival von Cincinnati und viele andere entweder auf eine bestimmte Stilepoche oder einen bestimmten Repertoire-Typus eingestellt, von dem sie nur in Ausnahmefällen abgehen.

Von den deutschen Musikfesten ist nur das 1817 gegründete Niederrheinische zu überragender Bedeutung gelangt. Unter seinen Dirigenten finden wir Mendelssohn siebenmal, F. Hiller zwölfmal, Liszt einmal, Brahms zweimal, R. Strauss einmal, H. Richter viermal, auch K. Muck, H. Abendroth, R. Schumann (zusammen mit Hiller), Gade, A. Rubinstein, mit einem Wort: die klingenden Namen des neunzehnten und beginnenden zwanzigsten Jahrhunderts. Mit Ausnahme von F. Liszt und Rubinstein ist aber die Wagner-Schule nicht vertreten.[26] Schon daraus läßt sich die eher konservative Tendenz der Niederrheinischen Musikfeste erkennen, die auch ein Mann wie Otto Jahn, selbst ein Erzkonservativer, geistreich und sympathisch charakterisiert hat.[27]

Vater Mendelssohn besuchte Felix in Düsseldorf, um sich beim Musikfest ein «ungetrübtes» Bild von den Fähigkeiten seines Sohnes machen zu können. Der erzgescheite, skeptische, manchmal hyperkritische Abraham aber wurde von den Geschehnissen so überwältigt, daß er seine Zuflucht zum Humor nehmen mußte – an dem es ihm ebensowenig fehlte wie seinem großen Vater Moses –, um sein inneres Gleichgewicht zu bewahren. Darum sind seine Briefe aus jenen Tagen so wertvoll, weil Vaterstolz, Skepsis, Ironie und wohl auch etwas Resignation «innig vereint» in ihm ein ziemlich getreues Bild der Geschehnisse produzieren; wir werden seine Berichte mit denen der völlig unbefangenen Kritiker des *Westfälischen Merkur* und des französischen Korrespondenten vergleichen, um ein einigermaßen objektives Urteil zu erreichen.

...Es ist mir aber auch noch nicht vorgekommen, einen Menschen so auf Händen getragen zu sehen wie Felix hier; er selbst kann den Eifer aller zum Fest Mitwirkenden, ihr Zutrauen zu ihm nicht genug rühmen, und, wie überall, setzt er alles durch sein Spiel und sein Gedächtnis in Erstaunen und Bewegung ... Heute ... nachmittags um drei Uhr ist Hauptprobe des ganzen Israel, welche, wie Felix meint, bis gegen acht Uhr dauern wird... Morgen ist vor- und nachmittag Probe, Sonntag und Montag die Concerte, Dienstag ein großer Ball und dann noch ein drittes Concert, in welchem, hoffe ich, alle fünf oder sechs Beethovenschen Symphonien hintereinander gegeben werden, die Decker singen, Felix spielen, und dann noch einiges geschehen wird. Ich werde vorschlagen, solches um 10 Uhr Abends anfangen und die ganze Nacht hindurch dauern zu lassen. Es hat manches für sich...[28]

(Es folgen einige ironische Bemerkungen.)

...Zu diesen aktiven Beförderungsmitteln kommen nun auch viele hier fehlende Hemmungen. Es gibt hier keinen Hof, keine Einmischung oder Einstörung [kommt von Einfluß] *von oben, keinen Generalmusikdirektor, keine königlichen Dies oder*

Jenes. [Hier spricht der alte Republikaner ganz unverblümt.] *Es ist ein wahres Volksfest!...*

... Während der Pausen ... stürmt alles in den Garten, Massen von Butterbroden, Maitrank ... werden verzehrt und das Ganze sieht einer Kirmeß gar sehr ähnlich ... es ertönt vom Orchester ein starker Tusch, worauf dann alles wieder rasch ... in den Saal hineinzieht, etwa Säumige oder Durstige ruft ein zweiter Tusch und Israel schreit wieder zum Herrn...

... Da nun aber zu einem Musikfest ein Direktor gehört, so muß ich wohl noch Einiges von dem diesjährigen, dem hiesigen Herrn Felix ... erzählen. Liebes Kind! Wir erleben einige Freude an diesem jungen Mann, und ich denke manchmal, Martens Mühle soll leben.[29]

... Gestern abend war Generalprobe von Felix' Ouverture und Israel ... Die Ouverture gefiel sehr; aber der letzte Chor des ersten Theils «Er gebeut der Meeresfluth – und sie trocknete aus» und dann der erste des zweiten Theils mit seinem furchtbaren Schluß: «Roß und Reiter hat er ins Meer gestürzt,» erregte unter den Hörern und Ausführern einen so ungeheuren Jubel, eine Aufregung, wie sie nur selten vorgekommen, es dauerte eine Viertelstunde, ehe alles wieder ins Geleis kam...[30]

Hier bricht unversehens beim «aufgeklärten Kantianer» Abraham Mendelssohn ein echter alttestamentlicher Enthusiasmus durch. (Auch Felix hat ähnlich gefühlt, als er die Begeisterung im *114. Psalm,* «Da Israel aus Aegypten zog», mit- und nachfühlte. Es ist sein bestes geistliches Werk geworden.)

... Gestern früh in der Probe hatte Woringen ... angekündigt, daß sie zum erstenmal seit der Existenz der Musikfeste ein drittes Concert zu geben beabsichtigten ... und der Vorschlag wurde allgemein mit dem größten Applaus aufgenommen ... So wurde gestern das Concert nach folgendem Programm gegeben:

Erster Theil: Felix' Ouverture, Szene aus dem Freischütz (Mme Decker), Concertstück von Weber (Felix), Arias aus dem Figaro (Mme Kufferath).

Zweiter Theil: Ouverture zu Leonore. Der zweite Theil von Israel. Die Aufführung war durchaus trefflich, Orchester und Chor wetteiferten auf eine wirklich begeisternde Weise, und der letzte Chor aus Israel wurde, ich kann es nicht anders nennen, rasend executirt.[31]

Der musikalische Theil des Festes hatte also gestern geendet und heut wird dasselbe schließlich ausgegessen (?) *Es waren ein paar sehr schöne, mir unvergeßliche Tage ... die ich zunächst Felix, dann Euch, die ihr mich dazu beredet habt, schuldig und dafür sehr dankbar bin.*

Von morgen an besehe ich hier alles, was zu sehen ist, bespreche mich mit Felix über seine Zukunft, welche sich nach meinen Wünschen gestalten zu wollen scheint... [Später]... *doch sind wir alle müde, nur der Katzenjammer nicht.*

Die letzten Sätze lassen aufhorchen: der Vater freut sich, daß alles nach *seinen* Wünschen geht (die seines Sohnes wurden nicht diskutiert); und wir sehen wieder, daß der patriarchalische Lebensstil dem Alten noch völlig richtig und angemessen erscheint. Erst auf der folgenden Reise nach London begann der Vater, seine «Tages- oder Jahresbefehle», Felix betreffend, in Ton und Wort zu mildern.

Ganz zu Ende der Düsseldorfer Briefe hören wir Genaueres über die Verhandlungen, die Abraham angedeutet hatte. Er schreibt:

Felix ist für drei Jahre ... mit einem Gehalt von 600 Thalern (etwa 800–900 Th. in Berlin entsprechend) und einem jährlichen Urlaub von 3 Monaten ... zum Vorsteher und Leiter des gesamten musikalischen (städtischen und Privat-) Wesens hier ernannt worden.[32] *Seine städtischen Geschäfte bestehen in Leitung der Kirchenmusik, seine Privat-Obliegenheiten in der Direktion des hier bestehenden Gesang- und Instrumentalvereins ... und in Veranstaltung von vier bis acht Concerten mit diesen beiden Vereinen jährlich, die eigentlichen Musikfeste ausgenommen.*[33]

Abraham rühmt noch die «kluge und noble Manier, in welcher Felix sich selbst betragen» und freut sich, daß Felix keinen Titel, aber ein ordentliches Amt haben wird, «während so viele Titel ohne Amt haben».

Dieser Darstellung seien zwei Exzerpte aus den bedeutendsten deutschen und französischen Musikzeitschriften an die Seite gestellt, um jene Distanz zu gewinnen, die auch für eine tatsachengemäße Beurteilung Mendelssohns *aus seiner Zeit* erforderlich ist.

Vier seiner Werke werden in der *Cäcilia* einer ziemlich flüchtigen Besprechung unterzogen; nur das erste Heft der *Lieder ohne Worte* ist ausführlich und mit hohem Lob bedacht, während die lauwarmen Elogen über das *g-moll-Konzert* mit dem hymnischen Ausruf beginnen: «Wie verschieden Mendelssohn doch von dem Heer der übrigen Modetonkünstler ist!», aber über diese Feststellung hinaus kaum etwas von Bedeutung gesagt wird.[34]

Die *Revue musicale,* deren Herausgeber A. Fétis nicht gerade ein Freund Mendelssohns genannt werden könnte, bringt eine überaus lobende Besprechung der Uraufführung der *Italienischen Symphonie* von London, in der es unter anderem heißt:

La symphonie ... est une œuvre très estimable ... La scrupuleuse exactitude ... et le goût parfait ont excité l'admiration des auditeurs.[35]

V.

Verabredungsgemäß kehrte Felix nach Beendigung des Musikfestes, am 3. Juni, nach London zurück. Aber diesmal brachte er seinen Vater mit. Dieser «weise Memnon,» wie er sich in Selbstironie nannte, war ohne viel Mühe überredet worden, Felix nach London zu begleiten. Die Saison näherte sich ihrem Ende, und so war dieser Besuch mehr dem Vergnügen als dem Beruf gewidmet. Wieder können wir uns von zwei Seiten her informieren lassen, einer befangenen – vom Vater, dessen Briefe von Witz und Verstand sprühen – und von den Horsley-Mädchen, die einander ihre Aktivitäten, und insbesondere ihren Verkehr mit dem Mendelssohn-Kreis (Klingemann,

Moscheles, Dr. Rosen und Felix selbst) aufs genaueste schildern und die langweiligsten Trivialitäten unendlich breittreten. Indessen repräsentieren ihre Briefe den Lebens-, Denk- und Schreibstil der «gentlewomen» des neunzehnten Jahrhunderts mit all seinen guten und liebenswürdigen Seiten, aber auch mit seiner unbeschreiblichen Beschränktheit und Prüderie. Nichtsdestoweniger vermitteln sie ein sehr frisches, kritisches, durch keinerlei Heldenverehrung verzerrtes Bild von Felix. Sie sind echte Zeitdokumente.

Vater Mendelssohn hatte sich bald nach seiner Ankunft eine schmerzhafte Beinverletzung zugezogen und Felix, allzeit ein guter Sohn, war dadurch ziemlich an den Patienten gefesselt. Dennoch besuchte er das Horsley'sche Haus so oft er nur konnte. Auch nach seiner Rückkehr korrespondierte er mit der Familie. Durch diese Briefe lernen wir ein Milieu kennen, das unübertrefflich scharf und lebenswahr von der Schriftstellerin Jane Austen in ihren Romanen dargestellt worden ist, besser, als es irgendein soziologisches oder historisches Werk vermocht hätte.

Um aber einige Feststellungen dieser lieben Mädchen, die dem schon berühmten Felix sehr unbefangen gegenüberstanden, festzuhalten, wollen wir einige ihrer mikroskopischen Beobachtungen wiedergeben:

(1) Mendelssohns seelische Verfassung: Felix war plötzlichen Stimmungswandlungen sehr unterworfen, konnte innerhalb einer Stunde vom Clown zum melancholischen Einsiedler werden.

(2) Mendelssohns äußere Erscheinung: Trotz sorgfältiger Pflege konnte es ihm passieren, daß ihm Seife und Nagelbürste angeboten wurden. Aber Miß Fanny ist schockiert, weil die Männer, «diese schmutzigen Schweine» (sic!), es erwähnen, daß sie ein Bad nehmen wollen.

(3) Verhältnis zum Vater: Sie hatten gelegentlich philosophische Disputationen, bei denen sich beide ereiferten. Das war kein Wunder, da Abraham ein halber Kantianer, Felix aber Hegelianer war.

(4) Sie sind im höchsten Maß geniert, weil ein starker Wind die Unterröcke der Mama zum Vorschein bringt, und halten Felix und Klingemann ab, der Mama näherzukommen, «denn es bedrückte unseren weiblichen Sinn».[36]

Bei dieser Gelegenheit hören wir von Klingemann, daß nunmehr Felix der verlorenen, nun verheirateten Delphine (aus München) sehr nachtrauerte – er sah sie wieder «und zwar ganz zerknirscht».[37]

Indessen hören wir aus ganz anderer Quelle, daß Felix bei weniger prüden Damen Abenteuern nicht aus dem Weg geht. Es handelt sich dabei um eine malerisch veranlagte junge Freundin Rosens, deren (im erotischen Sinn) aggressives Temperament Felix entzückte. Er scheint auch Glück bei ihr gehabt zu haben. Jedenfalls war er keineswegs prüde, obwohl der Vater und Klingemann dazu neigten.[38]

Der alte Herr aber sendet geistvoll-kritische Eindrücke aus der Riesenstadt heim; und diese teilen Felix' Begeisterung für London ganz und gar nicht. Angefangen vom Klima, über das er sich lustig macht, bis zur englischen Küche und den englischen Gesellschaftsbräuchen, denen er respektvoll, aber fremd gegenübersteht, gibt er uns ein lebendiges Bild des vorviktorianischen London. Auch hier greifen wir nur einige Bemerkungen heraus.[39]

(1) Abrahams Humor:

Ich spreche übrigens mit Horsley italiänisch, denn er spricht weder deutsch noch französisch, und italienisch sprechen wir wenigstens Beide nicht.

Er ist ärgerlich, daß sein zweiter Schwiegersohn, der gefeierte Mathematiker Dirichlet, nicht selbst die Geburt seines Sohns anzeigt, und meint, dieser hätte wenigstens schreiben können: 2 + 1 = 3.

(2) Unterschied zwischen Paris und London:

In England ... sind die Fremden ein ganz ignorierter Punkt. Es soll eigentlich keine Fremden geben, es gibt überhaupt nur Engländer. Der Fremde muß sich ganz verläugnen, entnationalisiren ... um zu irgend einer Existenz ... zu gelangen. In Paris können Deutsche, Engländer, Chinesen ... leben ... ohne auch nur einen Punkt ihrer Individualität und Nationalität aufzugeben.

(3) Eindruck von der Malibran: Der alte Mann, der noch vor drei Jahren die brieflichen Schwärmereien seines Sohns mit mißtrauischem Unwillen verfolgt hatte, fällt nun selbst völlig in ihren Bann:

... welch ein Strömen, Sprudeln, Brausen von Kraft und Geist, von Laune und Übermuth, von Leidenschaft und Esprit ... diese nun auch mir aufgegangene Frau ... *entfaltete!*

Er schwärmt mehr als eine große Briefseite nur von ihr und spricht von ihren «genialen unerschöpflichen Mitteln».

(4) Soziale Zustände: Die sozialen Kontraste sind viel größer als in Berlin; in London kann es vorkommen, daß eine Frau und zwei Kinder eines irischen Arbeiters buchstäblich verhungert waren, während ihm, dem Fremden, nicht das Geringste mangelte. «Ich hoffe, daß diese Betrachtung ... nicht unfruchtbar wieder vergessen werden wird.» In der Tat hat Abraham nach seiner Rückkehr eine wohltätige Stiftung zur unentgeltlichen Verköstigung von Kranken gemacht.

(5) Felix spielt die große Orgel in der St.-Pauls-Kathedrale. Die Bälgetreter waren nicht mehr da, so daß Klingemann und zwei andere Fremde deren Platz einnehnehmen mußten. Felix spielte Attwoods *Coronation Anthem* in Gegenwart des Komponisten, eine eigene *Introduktion und Fuge* und drei große Fugen von Bach. Abraham verbrachte auch einige Zeit im Attwoodschen Haus, wo die beiden alten Herren sich sehr anfreundeten.[40]

(6) Felix' Sorge um den leidenden Vater: Hier ist Abraham voll des überschwenglichsten Lobes für den immer besorgten Felix und dessen «zärtliche Sorgfalt». «Mein bester Dank gilt ihm.» Zu erwähnen ist noch, daß Felix es sich nicht nehmen ließ, den Parlamentsverhandlungen über die Judenemanzipation in England beizuwohnen. Er schreibt darüber nach Berlin:

Heut früh haben sie die Juden emancipirt, das macht mich stolz ... Nachdem eine Menge Judenhasser, Mr. Finn, Mr. Bruce ... und ... Inglis (?) gesalbadert hatten, schloß Robert Grant, der die bill einbringt, indem er fragte, ob sie glaubten, daß sie da seyen, um die Prophezeiungen zu erfüllen ... und sagte, er hielte sich an das Wort ‹Glory to God, and good will to men›, und darauf waren ayes 187, and noes 52. Das ist sehr nobel und schön.[41]

Inzwischen war des Vaters Verletzung geheilt, und am 25. August reisten sie zusammen nach Berlin. Bei dieser Gelegenheit konnte sich der alte Mendelssohn den Jungenscherz nicht versagen, daheim anzukündigen, daß er einen jungen Freund, einen französischen Maler Alphonse Lovie mitbringen würde. Seine Frau war ärgerlich, weil sie sich auf das Wiedersehen mit Felix gefreut hatte; natürlich war M. Lovie niemand anderer als Felix selbst.[42]

Am 13. September erreichten sie endlich Berlin; für Felix bedeutete diese Rückkehr aber auch den Abschied vom Vaterhaus, und so sehr er sich der gewonnenen Selbständigkeit freute, so sehr bedauerte er doch die Entfernung von seinen Lieben. Jedoch er kam guten Mutes in Düsseldorf am 25. September an und begann, sich dort einzurichten.

VI.

Musikdirektor war Felix nun, aber was hatte er zu dirigieren? Der Vertrag war mit dem Düsseldorfer Musik- und Theaterverein abgeschlossen worden, der seinerzeit eine städtische Institution war. Also hatte Felix dessen Proben und Konzerte zu leiten, darüber hinaus die Kirchenmusik zu «überwachen,» die ja im Rheinland sich hauptsächlich auf den katholischen Gottesdienst beschränkt. Wichtig ist auch das Verhältnis zu den Musikfesten. Der Düsseldorfer Verein war zwar ein konstituierendes Mitglied der Niederrheinischen Musikfeste, aber weder wollte noch konnte er jener großen Institution seinen neugebackenen Dirigenten aufoktroyieren. Felix ist sich über die etwas delikate Situation völlig klar und weigert sich, auch nur den geringsten Schritt zu unternehmen, um beim nächsten Musikfest, (das in Aachen stattfand) als Dirigent eingeladen zu werden.[43] Im Jahre 1832 war Ferdinand Ries, Beethovens Schüler, verpflichtet worden, und er sollte auch 1834 das Musikfest leiten. Jedoch scheinen Klatsch und die üblichen Intrigen fleißig am Werk gewesen zu sein, wie wir aus folgenden Tatsachen entnehmen:

(a) Felix hielt es für nötig, mit Ries ein Konzert zu geben, um dem böswilligen Klatsch, daß der eine «der Papst, der andere der Gegenpapst sei», allen Boden zu entziehen.[44]

(b) Schon anläßlich des 15. Musikfestes, Pfingsten 1833, finden wir eine höchst sonderbare Notiz in Fétis' *Revue musicale,* die ja Mendelssohn nicht gerade sehr zugetan war. Darin heißt es unter anderem aus Düsseldorf:
Eine musikalische Gesellschaft von etwa 500 Mitgliedern hat hier schon seit einigen Jahren existiert und geblüht ... In letzter Zeit ist sie von Tag zu Tag zurück-

gegangen, und nun ist sie in einem Zustand eines beinahe völligen Ruins. ... Schritte zur Wiederbelebung dieser Organisation sind unternommen worden, und Herr Anton Schindler ist mit ihrer Durchführung betraut worden...[45]

Wer ist diese geheimnisvolle «musikalische Gesellschaft»? und warum wird eine Notiz in der *Revue musicale* gerade am Vorabend des Düsseldorfer Musikfests lanciert, noch dazu verbunden mit dem Namen Anton Schindlers, des alten Freundes von Beethoven? War etwa Schindler der Rivale Mendelssohns als Kandidat für die Dirigentenstelle? Vielleicht wird sich diese Frage klären lassen.[46]

(c) Beinahe ebenso merkwürdig ist es, daß diesmal (1833) die Niederrheinischen Musikfeste weder in der *Allgemeinen Musikalischen Zeitung,* noch in der *Cäcilia,* noch in der *Revue musicale* auch nur erwähnt wurden, während die des vorigen und folgenden Jahres ausführlich besprochen sind.

Alle diese Tatsachen deuten an, daß Felix – zumindest in der ersten Zeit – keine ganz einfache Sachlage vorgefunden hat. Sein durchschlagender Erfolg als Dirigent des Musikfestes war es vor allem, der ihm über die Anfangsschwierigkeiten hinweghalf.

Als Kirchenmusikdirektor einer katholischen Gegend vertrat er im Grunde die Ideen von J. B. Thibaut; das heißt, er tat, was er konnte, um die alte italienische Kirchenmusik der Renaissance und des Barocks wieder in der Liturgie zum Leben zu bringen. So durchstöberte er die Bibliotheken und Archive von Köln, Bonn, und Elberfeld – und fand, was er suchte, nämlich Messen und Motetten von Palestrina, Lasso, Lotti, Leo, Allegri und Pergolesi. Die versuchte er – entgegen allem Widerstand – in die Kirchen einzuführen und hatte schließlich doch Erfolg damit. Bei dieser Gelegenheit fühlte er, daß wahre Kirchenmusik nur im 16. Jahrhundert entstanden sei.[47] Selbst Messen von Haydn findet er «skandalös lustig».

Im weltlichen Pflichtenkreis neigt er nicht zum Archaisieren, aber da darf er auch nicht zu radikal-modern auftreten – wir wollen bei dieser Gelegenheit bedenken, daß Beethoven erst 6 Jahre tot war und Mozart als Neuerer galt. In den Konzerten streicht er vor allem Händel (*Messias, Alexanderfest* und *Judas Maccabaeus) und* Beethoven (Klavierkonzerte, *Eroica* etc.) heraus, daneben Weber (*Oberon-Ouvertüre, Leyer und Schwert* [für Männerchor]), Gluck (Ouvertüre zu *Iphigenie in Aulis*) und Cherubini (*Messe in C,* Ouvertüren). Er war verpflichtet, sechs Konzerte zu leiten und womöglich – als Repräsentant von Düsseldorf – auch sonst im Rheinland aufzutreten; er ist dieser Pflicht getreulich nachgekommen, obwohl er jedes Honorar ablehnte; denn er hatte sich zu Beginn seiner Karriere gelobt, nie «Concerte zu seinem Vortheil zu veranstalten.»[48] Er war also in den ersten Wochen und Monaten keineswegs überlastet.

Mittlerweile hatte Immermann die große Begabung von Felix erkannt und gedachte, sie für sein Ideal eines großen Nationaltheaters in Düsseldorf dienstbar zu machen. Er überredete den jungen Künstler, einige Opern zu dirigieren und zwar als «Musteraufführungen» klassischer oder moderner Werke. War dieser Ausdruck schon wegen seiner kaum verhehlten Arroganz unglücklich gewählt, so mußte man ihn zumindest durch besonders hohe Anstrengung rechtfertigen.

Daher hatte Mendelssohn Mozarts *Don Juan* erst nach zwanzig Ensembleproben zur Aufführung gebracht, und der Stadtklatsch, während der Proben genügend vorbereitet, hatte das Seinige getan: kurz, es gab einen wilden Theaterskandal bei der ersten «Mustervorstellung.» Aber alles Toben und Brüllen vermochte Felix nicht einzuschüchtern; im Gegenteil, er wurde, wie immer, wo er auf Mob stieß, jähzornig, und wollte «lieber den Kerls den Taktstock an den Kopf werfen», doch beruhigten sich die Leute zusehends, und der Skandal wurde zum Sieg. Noch dazu wurde der Urheber der Störung eruiert – es war ein Regierungs-Sekretär –, und nun «nahm die Gerechtigkeit ihren Lauf»; denn der Regierungspräsident war niemand anderer als Felix' Gönner und Freund, Herr von Woringen – das Weitere läßt sich denken. Die Wiederholung des *Don Juan* wurde ein Theater-Triumph. Es gab noch weitere kleine Dispute, aber im großen und ganzen hatten sich die «Mustervorstellungen» etabliert.

Doch stellte sich noch genug Ärger auch im Schauspiel ein. Während der Probe zu Beethovens *Egmont-Musik,* die mit Goethes Stück aufgeführt werden sollte, regte sich Felix so auf, daß er die große Orchesterpartitur entzweischlug «vor Ärger über die dummen Musici, die ich mit dem [ausgeschlagenen] $^6/_8$ Takt förmlich füttere, und die doch immer noch mehr Lutschbeutel brauchen...»

... dazu prügeln sie sich gern im Orchester – das dürfen sie nun aber bei mir nicht, und so muß zuweilen eine furiose Szene aufgeführt werden ... da habe ich zum erstenmal eine Partitur entzwei geschlagen, und darauf spielten sie gleich mit mehr Ausdruck.[49]

Die Beschreibung dieses Vorfalls zeigt uns einen jähzornigen Felix, der aber, zu Hause angelangt, schon wieder schmunzelt, als ob er die Szene «gestellt» hätte. Übrigens war er von der *Egmont-Musik* nicht gerade entzückt; nur die Ouvertüre, der Marsch und eine Klärchen-Pantomime sind ihm «zu Augen geschrieben».

Felix war zwar ein Theater-Narr, aber nur als Zuschauer. Nun sollte ein neues Theater – auf Aktien – in Düsseldorf gegründet werden, und schon wurde er als «Musik-Intendant» in einen Trubel von Aktivitäten verwickelt, von dem er sich vorher nicht hatte träumen lassen. Das war das Leben «hinter den Kulissen». Aber zunächst hatte er auch daran seine Freude; die aber sollte nicht lange dauern. Zunächst kam es zu unerfreulichen Kompetenz-Konflikten mit Immermann, dann zu ausfälligen Briefen zwischen den beiden und schließlich zum offenen Bruch. Wir besitzen von dieser für Felix wenig rühmlichen Angelegenheit seine eigene Darstellung, die sein Verhalten ungebührlich schön färbt; dann die scharfe Rüge seines Vaters, der durch Woringen den Sachverhalt erfahren hatte, den Bericht des Theatermannes Devrient und einige Notizen aus den zeitgenössischen Journalen.

Es ist schon richtig, daß nach Devrients Worten Mendelssohn für die Verwaltungsgeschäfte der Oper (die er mitübernommen hatte) schlechthin ungeeignet war. Auch spielte sicherlich die Zerstörung vieler Illusionen über das Theaterleben, die er sich vorher gemacht hatte, eine gewichtige Rolle. Wenn man der hochmächtige Herr Opernintendant ist, den jeder stellungslose Chorist für einen halben Herrgott ansieht, in dem jede gut aussehende Sängerin einen skrupellosen Lüstling erblickt, dann vergeht einem sensitiven, ehrenhaften Idealisten wie Felix gar bald der Appetit zu einer solchen Position. Zwar genießt er im Anfang seine Machtstellung, und er hätte sie vielleicht gerne behalten, wenn er nicht faulen Kompromissen und unerfreulichen Menschen ausgeliefert gewesen wäre. Und so läßt er sich etwas verbittert auch aus:

Ein Intendant werde ich nicht wieder, und will zeitlebens an die paar Wochen denken. Pfui Teufel! Sich mit den Menschen rumzanken wegen zwei Thaler, gegen die Guten streng und gegen die Schlechten nachsichtig sein, vornehme Gesichter machen, damit sie den Respekt nicht verlieren, den sie gar nicht haben, ärgerlich thun, ohne sich zu ärgern, das sind lauter Sachen, die ich nicht kann und nicht können mag ... Spontinis Stelle könntest Du mir jetzt auf dem Präsentierteller bringen, ich nähme sie nicht herunter... [50]

Freilich hätte er nie die Stelle so verantwortungslos verlassen dürfen, wie er es getan hat. Es ist dies das einzigemal in Mendelssohns Leben und Wirken, daß er eine eingegangene Verpflichtung, von der die Existenz vieler Menschen abhing, einfach in den Wind schlug. Noch trauriger ist es, daß er nicht den Mut hatte, der Familie, vorab dem Vater, die volle, ungeschminkte Wahrheit zu sagen. Die aber hieß: er hatte als Opernintendant und erster Kapellmeister für die regelmäßige und ungestörte Folge der Opernaufführungen zu sorgen und war dafür dem Konsortium des Aktientheaters und wohl auch Immermann persönlich verantwortlich. Er hat aber von einem Tag zum andern diese Stellung und Verantwortung hingeworfen, ohne sich viel Sorgen um die Konsequenzen für die Mitbetroffenen zu machen.

Glücklicherweise hatte Felix einen tüchtigen Assistenten oder zweiten Kapellmeister engagiert, bevor der Konflikt ausbrach. Dieser erhielt das Gehalt, auf das Felix als Theaterintendant Anspruch hatte und das er seinem Adlatus überließ. Sein Name, Julius Rietz, wird uns nicht sehr überraschen, denn er war der jüngere Bruder von Felix' Jugendfreund Eduard Rietz, der seinerzeit die Partitur der *Matthäus-Passion* kopiert hatte. Julius Rietz begann sich überraschend schnell einzuarbeiten und übernahm nach Felix' Ausscheiden die Leitung des Opern-Unternehmens, so daß dieses vor dem Zusammenbruch geschützt war.

Es ist nicht ohne Ironie, den Einladungsbrief Felix' an Rietz, in dem er ihm die Kapellmeisterstelle in Düsseldorf anbietet, mit seinem eigenen Verhalten zu konfrontieren. Der stolze und zum Jähzorn geneigte Mendelssohn warnt den viel ruhigeren Rietz, «daß alle Rheinländer schwierig, leicht zu beleidigen, sehr eigensinnig und etwas störrisch» seien, bei aller sonstigen Gutmütigkeit. Man müßte also viel Geduld mit ihnen haben. Außerdem erfahren wir, was Felix im Opernrepertoire plante: *Titus,* Rossinis *Italienerin in Algier,* zwei oder drei Opern von Bellini, Marschners *Hans Heiling,* und natürlich Weber, so viel als möglich.[51]

Bei all seiner Liebe zu seinem Sohn war Abraham Mendelssohn ein viel zu gerechter Mann, als daß er Felix' Handlungsweise und seine folgenden Verschleierungsmanöver hätte billigen können. Zwei Briefe Abrahams, von denen aber nur einer veröffentlicht ist[52], sprechen eine sehr deutliche Sprache. Im ersten rügt er des Sohnes vorschnelle und selbstgerechte Haltung:

Das Ideal der Tugend hat der am wenigsten erreicht, der es am unerbittlichsten von Andern fordert ... Nun hast Du Dich unleugbar bis jetzt noch nicht von einer gewissen Schroffheit und Heftigkeit, – von einem raschen Ergreifen und ebenso raschen Loslassen trennen können, und Dir dadurch selbst in praktischer Hinsicht vielfache Hindernisse geschaffen...[53]

Noch schärfer drückt er sich in einem späteren Brief aus, in dem es heißt:

Durch Deine eigene calamitöse Eigenwilligkeit hast Du Dir selbst mehr geschadet, als Dir jetzt bewußt ist; Du hättest aber – und das gilt mehr – Unglück über eine ganze Institution bringen können, die Du selbst gefördert und nun ganz unbedacht verlassen hast.[54]

Aber es war zu spät. Ein zwar hochbegabter, aber immerhin noch sehr jugendlicher Künstler hatte den allgemein respektierten und bewunderten Dichter (und Landgerichtsrat), der überdies dreizehn Jahre älter war, tödlich verletzt und obendrein, als Intendant, in böse Verlegenheit gebracht. Bis zu Immermanns Tod (1840) blieben die beiden unversöhnt und einander feindlich gesinnt.

Dabei hatte er gewiß Respekt vor dem Dichter, denn er komponierte Bühnenmusik zu Immermanns Übersetzung von Calderons *Der standhafte Prinz* – aber der Einfluß Klingemanns überwand Mendelssohns Zögern. Denn es war ohne Zweifel der ruhige, höfliche, etwas schüchterne Klingemann, der bei seinem Besuch in Düsseldorf Felix überredet hatte, den Intendantenposten aufzugeben. Schreibt doch auch Felix an ihn:

Ohne Dein Hiersein hätte ich den Entschluß gewiß den ganzen Winter hindurch wohl gewünscht, aber nicht gefaßt, und so bin ich Dir mehr Dank schuldig als Du wissen kannst.[55]

Ein halbes Jahr vorher, zu Pfingsten 1834, hatte das 16. Niederrheinische Musikfest in Aachen stattgefunden, diesmal unter der Leitung von Ferdinand Ries. Da Düsseldorf sich dabei aktiv beteiligte, konnte Mendelssohn die Gelegenheit wahrnehmen, um alte Freunde wiederzusehen. Vor allem waren es Hiller und Chopin, mit denen er seine Zeit verbrachte. Sie musizierten, politisierten und diskutierten viel. Hiller hatte Händels *Deborah* übersetzt und die fragmentarische Instrumentation des Originals ergänzt; sein Arrangement war von Ries angenommen worden, und er brachte Chopin zum Musikfest mit.[56] Seinerseits lud nun Felix die Freunde zu sich nach Düsseldorf ein, wo sie mit allen Malern der Akademie, vor allem Schadow, zusammenkamen. Felix rühmt zwar die Musik der Freunde, kann sich aber nicht enthalten, eine kritische Bemerkung einfließen zu lassen:

Beide laboriren nur etwas an der Pariser Verzweiflungssucht und Leidenschaftssu-

cherei, und haben Tact und Ruhe und das recht Musikalische oft gar zu sehr aus den Augen gelassen; ich nun wieder vielleicht zu wenig, und so ergänzten wir uns und lernten, glaub' ich, alle drei von einander, indem ich mir ein bischen wie ein Schulmeister, und sie sich ein bischen wie mirliflors oder incroyables vorkamen.[57]

Spricht hier nicht der Klassizist gegen die Romantiker? Oder der Philister gegen den Bohémien? Dennoch erwähnt Felix mit größter Bewunderung Chopins pianistische Kunst, die alles andere in den Schatten stellt.

Anläßlich jenes Musikfestes in Aachen hatte Felix Gelegenheit, seine Rechnung mit Fétis zu begleichen. Seit jenem ersten Zusammenstoß in London 1829 waren die beiden einander nicht näher gekommen. Wohl hatte Fétis in der *Revue musicale* eine lobende Skizze über Mendelssohn veröffentlicht[58], aber ihn dafür wegen seiner «Fehler in der Satzkunst, die in der Ouverture zum Sommernachtstraum evident seien..,» abgekanzelt.[59] Man dürfe solche Fehler nicht zu ernst nehmen, da Mendelssohn von einer Schule komme, in der man über derlei Dinge nicht gar zu streng denke.[60] Als Fétis und Mendelssohn einander in Aachen begegneten, kam der erstere mit ausgestreckter Hand und freundlichem Lächeln auf Felix zu; der aber, so berichtet er selbst,

gab ihm dafür cut dead, nickte nur mit dem Kopfe und drehte mich um. Er mag nun auf mich herziehen, ich liebe in solchen Dingen Aufrichtigkeit und suche durch mein Betragen möglichst kund zu geben, was ich empfinde, nämlich in diesem Falle: Lassen Sie sich hängen![61]

In diesem Falle war Felix unbestreitbar im Recht; denn nicht nur Fétis' Arroganz und Liebe zur Intrige, sondern vor allem seine oft unwahren und klatschlüsternen Berichte mußten Felix abstoßen. Hatte doch Fétis noch Jahre später behauptet, daß es beim Aachener Musikfest eine Szene zwischen Mendelssohn und Ries gegeben hätte, provoziert durch den Jüngeren.[62] An dieser Behauptung ist kein wahres Wort; schlimmer noch, sie wurde ausgesprochen, als Felix und Ries tot waren und den «Biographen» nicht mehr zur Rechenschaft ziehen konnten.

Indessen, Felix' Ressentiment stammte nicht nur aus persönlicher Abneigung – er selbst mag das geglaubt haben –, sondern hatte eine viel tiefere und unpersönliche Ursache. Nicht umsonst hatte er bei Goethe gelernt, einer pseudo-philosophischen Ästhetik zu mißtrauen; er war von Jugend an dem Journalismus feind. Es gibt zahlreiche Stellen in seinen Briefen, wo er diese Gesinnung ausspricht. Felix war kein Freund der Tagespresse.[63] Fétis aber bedeutete ihm die Verkörperung der zwei unsympathischen Disziplinen, nämlich, einer diktatorischen Musikästhetik und eines oft skrupellosen Journalismus. Wir werden noch später Gelegenheit haben, diese Idiosynkrasie Mendelssohns am Werk zu sehen; sie hat ihm äußerlich oft geschadet, anderseits ihn vor faulen Kompromissen oder Sensationshascherei zeitlebens bewahrt.

Ganz anders verhielt sich Felix gegenüber einer kritisch *angewandten* Ästhetik. Hierfür gibt es manche interessanten Belege in seiner ausgedehnten Korrespondenz; und kein Kritiker jener Zeit konnte es in stilistischem Feingefühl mit seinem Vater aufnehmen. Einer von mehreren solchen kritischen Beiträgen ist veröffentlicht worden (vom 10. März 1835), und von einem anderen, nicht bekannten, sei nur ein Passus herausgegriffen, der buchstäblich den Nagel auf den Kopf trifft. Es handelt sich dabei um die Verwendung des Liedes «Ein veste Burg» im letzten Satz der *Reformationssymphonie.* Abraham bemerkt dazu treffend:

Wenn Du Choräle verwendest, so mußt Du sie ganz konsequent durchführen; auch ist es nicht leicht, ohne den ihnen innewohnenden Geist zu stören, dazu künstlerische Gegensätze zu erfinden; am besten wäre der Gegensatz wieder ein – im übrigen völlig verschiedenartiger – Choral. Du hast das nicht so gehalten, und der letzte Satz leidet unter dem etwas zu populären Gegenthema.[64]

Felix beugte sich im allgemeinen der Meinung und der Kritik des Vaters; ja, auf dessen Bemerkungen über sein «Ave Maria» hin bricht er – übrigens mit Recht – in Bewunderung aus und kann es nicht begreifen, wie ein Mann über Musik ein so genaues Urteil haben könne, ohne selbst (im technischen Sinn) musikalisch gebildet zu sein.[65] Zwar habe ihn die Erkenntnis einer mißlungenen Stelle (auf die der Vater ihn aufmerksam gemacht hatte) zuerst geärgert, aber dann «wars ihm doch wieder lieb, daß eine solche Deutlichkeit des Gefühls bei Musik da ist,» und daß der Vater sie genau versteht.[66] Es kann auch gar keinen Zweifel geben, daß der Vater das Wesen der protestantischen Kirchenmusik besser verstand als der Sohn; und sein Satz: «Das höchste Ziel [beim Choral] ist, daß das Volk ihn unter Begleitung der Orgel rein singe – alles andere erscheint mir eitel und unwirklich,» hätte, von Felix überdacht und zu Herzen genommen, ihm Enttäuschungen und Kontroversen, besonders in bezug auf den *Paulus,* erspart.[67]

Neben derlei orthodox-lutherischen Bemerkungen finden wir andere aus bedeutend älteren Quellen, wie zum Beispiel im gleichen Schreiben die talmudische Deutung: «Nichts, was mit Ernst angefangen und in der Stille ... fortgesetzt worden ist, kann ohne Erfolg bleiben.» Und ganz im Sinne seines hohen Vaters Moses denkt Abraham, wenn er, vom *Paulus* sprechend, hofft, daß Felix darin «die Aufgabe der Verbindung alten Sinnes mit neuen Mitteln lösen werde».[68] Von einem solchen Mentor konnte Felix freilich manches lernen. Jedoch hielt er sich von theoretischer Ästhetik gänzlich und grimmig fern, und schreibt: «Ein Philosoph bin ich nicht ... oder nur ein Ästhetiker – trotz Hegel ... ich kriege immer mehr Grimm auf diese Kerls.»[69] Und bald darauf macht er sich über ihre «Leichenbitterästhetik» lustig und schließt mit den kräftigen Worten: «Eigentlich können mir doch alle Ästhetiker, Rezensenten und wie sie heißen mögen, gestohlen werden...[70]

Gestern haben sie mir von Leipzig aus eine Professorenstelle an der Universität angeboten, die meinetwegen creirt werden solle, ich habe sie aber ausgeschlagen. Collegia über Musik lesen kann ich nicht, und hinge auch mein ganzes Glück davon ab.[71]

Dies war das zweitemal, daß er eine angebotene Universitätsprofessur ablehnte. Er hielt es mit Goethes Wort: «Bilde, Künstler, rede nicht!»

Wenn sich der Künstler von leerem Ästhetisieren schaudernd abwandte, so interessierte sich doch der Mann, intelligent und allen Anregungen aufgeschlossen, lebhaft für das politische Leben. Sein Briefwechsel, besonders der mit Klingemann, ist um jene Zeit voll von englischer und auch etwas preußischer Politik. Die Freunde sind überzeugte liberale Whigs und Antitories – «Wellington und das übrige Gelichter» ist für ihn eine ständige Redensart, und er hält sich gesinnungsmäßig für einen «Reformer».[72]

Was deutsche Politik anlangt, so war Mendelssohn zweifellos ein «liberaler Kleindeutscher», abgeneigt einem großdeutschen Parlament, also im Prinzip einig mit den «Göttinger Sieben», die er übrigens nach ihrer Entlassung regelmäßig unterstützt hat.[73] Auch mit Droysen und den übrigen Liberalen, die von Österreich abrückten und im Norddeutschen Zollverein ihre Morgenröte sahen, war er eines Sinnes. Wenn er die Revolution 1848 erlebt hätte, hätte er in jeder Beziehung zwischen zwei Stühlen gesessen: dem Liberalismus der nationalistischen Burschenschaften stand er ebenso ablehnend gegenüber wie er es dem Frankfurter Parlament gegenüber gewesen wäre; anderseits war er ein Liberaler und Demokrat: er hätte also nach Friedrich Wilhelms IV. Abdankung in den sauren Apfel eines Bismarckischen Preußen beißen müssen. Das ist ihm nun doch erspart geblieben.

Die Beschäftigung mit geistlicher Musik war für ihn ein tiefes Herzensbedürfnis; in der Korrespondenz mit dem Vater – aber nur mit ihm! – geht er über liturgische Fragen hinaus und auf theologische Probleme ein. Doch geschah das selten, denn Felix hatte eine Scheu vor theologischen Spekulationen. Anläßlich einer wohlgelungenen Aufführung von Lessings *Nathan* in Düsseldorf, von der er selbst entzückt war, kam es zu einem heftigen Disput seiner Freunde mit Schadow, der «gar zu ärgerlich darüber war...» –, aber Felix «stritt nicht mit; denn wenn man über was so total uneinig ist, und zwar über Prinzipe, so ists doch zu nichts».[74] Wenn er auch nicht ganz so rationalistisch wie sein Vater über das religiöse Erlebnis dachte, so war sein lutherisches Bekenntnis doch im Grunde mit Hegels und Schleiermachers Philosophie tiefer verbunden als mit Luthers anti-katholischer Dogmatik. Wir sahen schon, daß er die katholische Kirchenmusik in Düsseldorf geleitet hat; auch später hat er die Aufträge, für den eucharistischen Kongreß in Lüttich ein *Lauda Sion* zu komponieren, und für die Einweihung des Kölner Doms eine feierliche liturgische Musik zu schreiben, gerne angenommen. Leider durfte er nur das erste Projekt zur Ausführung bringen – der Tod ereilte ihn zu früh. Sein religiöses Denken und Fühlen war tief und ehrlich, aber weit entfernt von Mysterium oder Ekstase. Er hatte jedoch eine gewisse Hinneigung gerade zu solchen Charakteren, in denen eben das Wunder, das Unfaßbare geschieht – Paulus und Elias –, aber wenn's dann dazu kam, fehlte ihm doch die Fähigkeit, ein mystisches Erlebnis überzeugend darzustellen. Er hat diesen Widerspruch jedoch nur dunkel empfunden, und sein Zeitalter hat ihn wohl nie gespürt.[75]

Er ist in Düsseldorf hauptsächlich mit Malern umgegangen, hat dort auch sein bedeutendes Zeichentalent gefördert, aber Vertrauen hatte er doch nur zum Vater und zu Klingemann, und in musikalischer Hinsicht zu Fanny. So war er bei allem lebhaften Verkehr, den das Konzert- und Theaterwesen mit sich brachte, im Grunde vereinsamt. Er hat darüber auch oft geklagt, allerdings nur zu Klingemann.[76] Am ehesten hat er sich noch bei Woringens zu Hause gefühlt; den Ausdruck seiner Dankbarkeit finden wir in den Widmungen zweier Hefte von *Liedern ohne Worte* an die Damen des Hauses. Dagegen sind seine wiederholten Klagen, daß es keine netten Mädchen dort gebe, nicht ernst zu nehmen. Er hatte eine enge Beziehung zu einer verwitweten Aristokratin, aber weder er noch sie scheinen das Verhältnis als dauernd angesehen zu haben. Da Felix ein intellektuell anspruchsvoller Partner war, konnte ihm ihr ausschließlich physisch orientierter Eros nicht genügen. Auf der anderen Seite war er, vom Elternhaus her, zu puritanisch in seinem Fühlen, als daß er sich auf längere Zeit mit einer Geliebten hätte glücklich fühlen können – so scheint es bald nach dem Aufflammen zu ernsten Konflikten und nach einiger Zeit zu kühler Trennung gekommen zu sein.

Felix war in höchstem Maß diskret gewesen, und es mag ihn nicht wenig überrascht haben, daß die Mutter (wohl durch Woringens) von der Affäre erfahren hatte. Sie schreibt ihm auch daraufhin einen sehr privaten Brief, der mit der denkwürdigen Tirade endet: «Zum Thema der Dir empfohlenen Heirathen hättest Du Vaters ‹Heirate nicht, *sonst kriegst Du Prügel!*› wählen können… Ach, lieber Künstler, häng Dir kein Hemmklötzchen an die freien Flügel. Trotz aller Söhne Beispiel und Polterabende, und laß Dich von Schadow so wenig schatchanisieren als katholizieren… zur guten Stunde sei's gesagt…!»[77] Aber Felix war ja selbst weit entfernt von solchen Plänen.

Der Abschied von der Freundin war schon äußerlich akzentuiert durch Felix' Abreise nach Berlin, wo er den Spätsommer 1834 mit seiner Familie verbrachte. Auf der Rückfahrt wurden bereits die ersten Fühler von Leipzig ausgestreckt, aber Felix antwortete unverbindlich und diplomatisch: er verlangte, daß keine weiteren Verhandlungen geführt würden, bevor er nicht die bindende Versicherung erhalte, daß er «keinesfalls einem andern Kandidaten in die Quere kommen» würde.[78] Dies war in der Tat eine noble und vornehme Bedingung, die damals wie heute die meisten seiner Kollegen als eine Donquichotterie belächelt haben mögen.

Dennoch wußte Felix schon im Dezember 1834, daß er übers Jahr nicht mehr in Düsseldorf weilen werde.[79] Er wurde aufgefordert, das 17. Niederrheinische Musikfest in Köln zu dirigieren und nahm die Einladung für Pfingsten 1835 an; er wußte schon, daß er nach Leipzig gehen würde und spürte, daß dies einen wichtigen Schritt bedeutete. So sind die Zeugnisse aus jener Zeit getragen von einer eigentümlichen Mischung von hohem Ernst und freudigem Optimismus. Die Lebenswende stand bevor.

12. LEBENSWENDE

Düsseldorf – Köln – Leipzig

«Res severa verum gaudium» (Seneca)
Felix Mendelssohns Motto, das am
Gewandhaus angebracht wurde

I.

Die Verhandlungen mit Leipzig begannen im Oktober 1834 und dauerten bis April 1835. Felix hielt sie streng geheim, und nur mit dem Vater diskutierte er die verschiedenen Fragen des Vertrages. Selbst seinem Busenfreund Klingemann verriet er nichts, als daß er sich entschlossen habe, nicht in Düsseldorf zu bleiben, sondern «anderswohin zu gehen» – er wisse aber selbst noch nicht genau wohin.[1] Das war nun, gelinde gesagt, eine Unwahrheit, denn Felix wußte sehr wohl, daß er nach Leipzig gehen würde. Die Sache bedrückt ihn, und wirklich, im nächsten Brief verrät er dem Freund das Geheimnis – in betont nonchalanter Weise, die bei ihm eigentlich selten zu finden ist: er habe «sich auf den nächsten Winter nach Leipzig bereden lassen... Die Leipziger meinen, ich solle und würde mich da fixieren...»[2]

So einfach lag indessen die Sache nicht; denn zwei persönliche Konferenzen und ein sehr ins Detail gehender Briefwechsel waren dem endgültigen Vertrag vorausgegangen. Der Vater wurde stets auf dem laufenden gehalten und jede wichtige Frage brieflich erörtert. Die Bedingungen, die Felix stellte, gereichen ihm allerdings zur höchsten menschlichen und künstlerischen Ehre: (1) keinesfalls soll ein Vorgänger oder anderer Kandidat durch sein Kommen verdrängt werden[3]; (2) er würde eine private Institution einer behördlichen vorziehen; (3) er besteht auf fünf bis sechs Monaten Freizeit für seine schöpferische Arbeit; (4) schließlich will er von Benefiz-Konzerten zu seinem eigenen Vorteil (die damals in großer Mode waren) nichts wissen und lehnt es kategorisch ab, «Concerte zu seinem Vortheil» zu veranstalten oder zu geben.[4] Hierbei beruft er sich auf den Wunsch der Eltern, daß er seine Kunst als Beruf treibe und durch sie seinen Lebensunterhalt gewinnen solle. Lange vorher hatte er diese Frage in einem (unveröffentlichten) Brief an den Vater erörtert; er war nicht gerade erpicht darauf, nach Leipzig zu gehen, sondern hätte am liebsten wieder eine zweijährige Kunstreise unternommen, aber er ist sich klar, «daß man nur Vergnügen und Ruf dabei gewinnen könnte, und daß man innerlich weniger reift, wenn man auf Reisen ist, als in einer festen Position.» Auch hatte München ihm die Stelle des Operndirektors angeboten mit einem Gehalt von mehr als 2000 Gulden, also weit mehr als Leipzig bieten konnte.[5] Der Vater erinnert ihn aber mit Recht an seine Düsseldorfer Theatererfahrungen und erwartet, daß Felix sich seiner Sympathien und Antipathien endlich bewußt werde; daher rät er ihm ernstlich von München ab und empfiehlt ihm Leipzig aufs wärmste. Diese Stimme dürfte für

Felix den Ausschlag gegeben haben, denn Ende April war der Vertrag geschlossen.

Wie stand es nun mit der Hauptbedingung? Wurde wirklich kein anderer verdrängt, widerfuhr niemand ein Nachteil durch seine Berufung? Diese für die Mendelssohns so wichtige Frage läßt sich nur nach genauem Studium der Leipziger Musikverhältnisse beantworten. Die Stadt beherbergte fünf wohlbekannte musikalische Institutionen: (a) die Thomaskirche und ihren Chor; (b) das Gewandhausorchester; (c) die Singakademie; (d) die Oper; (e) die populäre «Euterpe», die ein nichtprofessioneller Orchester- und Gesangverein war.[6] Das Orchester des Gewandhauses wurde, wie auch viele andere, von seinem *Konzertmeister* dirigiert; nur für die Aufführung von Oratorien oder anderen Vokalwerken bedurfte es eines Dirigenten. Dieser hieß damals Christian August Pohlenz (1790–1843). Er war jedoch nur «ein kleines Licht,» wie ihn ein moderner Historiker genannt hat.[7] Viel schärfer urteilt Richard Wagner über ihn; seine maliziöse Beschreibung von Pohlenz' unfähiger Direktion der *Neunten* ist sehr bekannt.[8] Der Konzertmeister war Heinrich August Matthäi (1781–1835); schon im Herbst 1834 schien er hoffnungslos erkrankt. Conrad Schleinitz, der Vorsitzende des Gewandhaus-Aufsichtsrates, sprach also die Wahrheit, wenn er Felix versicherte, daß durch sein Kommen niemand Schaden leiden würde. Allein Felix bestand auf einer gebührenden Abfindung für Pohlenz, und erst als diese geregelt war, akzeptierte er die Stellung. Ja, er fühlte sich sogar verpflichtet, Pohlenz als Gesangslehrer am neugegründeten Konservatorium (1842) heranzuziehen; dieser starb aber, ohne die Stelle angetreten zu haben.[9]

Felix' Gehalt belief sich auf 600 Reichstaler (= 1800 Goldmark) für die ersten zwei Jahre, war also keineswegs extravagant. Trotz aller Ethik und seiner strengen Integrität in jeder Phase der Verhandlungen scheint jedoch der Beschluß, ihn zu engagieren, auf einigen Widerstand gestoßen zu sein. Denn die *Leipziger Allgemeine musikalische Zeitung* verteidigt Pohlenz' Stellung noch Ende Mai, als der Vertrag mit Felix schon geschlossen war, und endet ihren Artikel mit Worten, die für Pohlenz eher eine Belohnung fordern, als seine Entlassung hinnehmen: «...so ist uns die Sache [welche, wird nicht erwähnt] bis jetzt noch ein wahres Rätsel, und wir gestehen nur, daß sie uns weh tut...»[10]

Wir haben gesehen, daß Felix entschlossen war, die Stellung in Düsseldorf aufzugeben. Welche Gründe bestimmten ihn zu dieser Entscheidung? In erster Linie waren es wohl die ausweglosen Kompetenzstreitigkeiten mit Immermann und die Abneigung gegen die dunkleren Seiten des Theaterbetriebes, die ihm das Leben in Düsseldorf vergällten. Dazu kamen zwei andere Gründe: der undisziplinierte Zustand des dortigen Orchesters, dessen Mitglieder sich manchmal betranken und dann prügelten, und der Katholizismus der Rheinländer, der dem Protestanten Mendelssohn doch manchmal Gewissenskonflikte verursachte.

Leipzig war, schon wegen seiner geringen Entfernung von Berlin und den Eltern, dann aber vor allem wegen seiner alten und großen Musiktradition, die die Thomaskirche und J. S. Bach einschloß, dem jungen Meister doch angenehmer und versprach weit größere Entwicklungsmöglichkeiten. Durch Erziehung und Neigung Humanist, bedeutete ihm auch die dortige altberühmte Universität einen entschiedenen Vorteil, und er erwartete sich geistigen Gewinn von ihrer Nähe. Zwar hatte er ihr Angebot einer Musikprofessur abgelehnt, aber er hatte Grund anzunehmen, daß die Universität seinem künstlerischen Streben verständnisvoll und wohlwollend gegenüberstehen würde. Das war dann auch der Fall.

Mendelssohn sollte seine Stelle in Leipzig im Herbst 1835 antreten; vorher jedoch hatte er das 17. Niederrheinische Musikfest zu leiten, das diesmal in Köln stattfand. Um auch für die Zukunft Reibungen und Unannehmlichkeiten zu vermeiden, beabsichtigte er, eine Regel einzuführen, die dem Dirigenten verbot, eigene Werke aufzuführen. Obwohl der Vorschlag nicht angenommen wurde, hat er sich in Köln daran gehalten und keines seiner Werke aufs Programm gesetzt.[11] In Anbetracht des anspruchsvollen Programms hatte Felix sich bemüht, ein großes Orchester zusammenzubringen; und wirklich bestand das Orchester aus 91 Violinen, 33 Bratschen, 26 Celli, 17 Bässen, 19 Holzblasinstrumenten, 16 Blechinstrumenten, Trommel und Pauken. Der Chor war massiv: er hatte 118 Soprane, 101 Alte, 120 Tenöre und 137 Bässe, wie wir aus den Protokollen erfahren[12] – ein für jene Zeit außerordentlich großes Ensemble. Da sich im allgemeinen der Adel und auch das Proletariat von den Festen fernhielten, ergab es sich von selbst, daß das Bürgertum als tragende Gruppe die Feste weit über ihre regionale Bedeutung hinaus ins internationale Kunstleben führte.

Das Programm enthielt als Hauptwerke Händels *Salomo,* Beethovens *achte Symphonie* und *Ouvertüre C-dur* op. 124 «Zur Weihe des Hauses», J. F. Reichardts *Morgengesang* (auf einen Text von Milton), Webers *Euryanthe-Ouvertüre* und Cherubinis *Marche religieuse* und *Hymne,* geschrieben zur Krönung Karls X.[13] Mit Ausnahme der Beethoven-Kompositionen verraten alle anderen Stücke Mendelssohns persönlichen Geschmack; mit Händels großem Oratorium hatte er sich schon während der italienischen Reise beschäftigt und schrieb für die erste deutsche Aufführung eine eigene Orgelstimme dazu.[14] Reichardts *Morgengesang* war ein Lieblingsstück der Berliner Singakademie, für den «verstoßenen» Mendelssohn ein Klang aus Jugendtagen; Weber war einer seiner Lieblingskomponisten, und in Cherubini ehrte er den (mit Berlioz) größten Komponisten Frankreichs, zugleich seinen alten Gönner.[15]

Klingemann hatte das Seinige zum Gelingen des Festes beigetragen: die deutsche Übersetzung des Oratoriums stammte von ihm. Felix schrieb ihm einen knappen Bericht über das Fest, obwohl Rebekka meinte, es sei so wenig möglich, ein Rheinisches Musikfest zu beschreiben wie einen Schweizer Gletscher.[16] Wiederum fehlt es an einer ausführlichen Kritik und Berichterstattung in den Fachblättern. Die *Allgemeine musikalische Zeitung* in Leipzig läßt sich, endlich, im September (!) herbei, über das große Niederrheinische Musikfest in Köln ganze 14 Zeilen zu bringen.[17] Aus dem – durchwegs lobenden – Text geht hervor, daß der Referent von Felix als dem neuen Musikdirektor Leipzigs gerade noch flüchtig Notiz nehmen konnte. Das viel unbedeutendere Elbe-Musikfest wurde dagegen in zwei ausführlichen Aufsätzen gewürdigt. Die *Revue musicale,* Fétis' Hausorgan, nahm vom Niederrheinischen Musikfest nur insofern Notiz, als sie wieder einmal die Gelegenheit benützte, um einige Gerüchte über persönliche Rivalitäten Mendelssohns auszustreuen. Hinter all diesem Klatsch steckt, wie mir Dr. Julius Alf, der verdienstvolle Historiograph der Niederrheinischen Musikfeste, brieflich versicherte, nicht ein Wort von Wahrheit. Weder die Akten noch handschriftlich niedergelegte Denkwürdigkeiten enthalten auch nur eine Andeutung, die jene Gerüchte rechtfertigen würde.

Soweit es sich aber aus den zeitgenössischen Quellen erkennen läßt, war das Kölner Musikfest ein bedeutender künstlerischer und organisatorischer Erfolg für Mendelssohn, zumal die Beziehungen zwischen den verschiedenen teilnehmenden Chören nicht immer freundschaftlich waren; so standen die Chöre von Köln und Düsseldorf nicht zum besten miteinander.[18] Spohr besuchte Felix in Düsseldorf und Köln und äußerte sich in hohen Tönen über Programm und Ausführung des Festes; auch andere Musiker beeilten sich, dem Lob des Altmeisters zu folgen, zum Beispiel Aloys Schmitt, Heinrich Dorn u. a. Das Hauptwerk war unzweifelhaft Händels Oratorium; dieses Meisters gewaltige Chor-Epen spielten ja bei den meisten deutschen Musikfesten eine überragende Rolle. Wenn zwei so verschiedenartig gesinnte, doch ausgezeichnete Musikhistoriker, wie zum Beispiel Alfred Einstein und Hugo Riemann darin übereinstimmen, daß

das größte und wichtigste Ergebnis dieser Epoche der Musikfeste unzweifelhaft die volle Würdigung der Kunst Händels ist, sozusagen deren erstmalige Aufnahme in das Gemeinbewußtsein[19],

dann steht eine große Tatsache fest: ein einzelner Gigant – Händel – hat die Urkraft besessen, ganze Gruppen von Musikorganisationen zu seinen Bannerträgern zu machen. Diese Vereinigungen sind heute 150 bis 200 Jahre alt, und manche von ihnen blühen noch immer.

Felix' Familie rüstete sich, diesmal mit Kind und Kegel, zur Fahrt nach Köln, um den jungen Triumphator zu akklamieren. Die Wiedersehensfreude war auf allen Seiten überaus groß; die Eltern begleiteten Felix nach Düsseldorf zurück, wo er seine Angelegenheiten abwickeln wollte. Übrigens sind die Rheinländer Felix Mendelssohn bis zu seinem Lebensende treu geblieben; seine wiederholte Direktion der Niederrheinischen Musikfeste bezeugt diese Anhänglichkeit aufs schönste. Von seiner Familie lernte allein Rebekka die Freundin kennen, und, um es kurz zu sagen, sie war nicht entzückt von der Liaison, mäßigte sich aber in ihren Briefen und bemerkte nur ganz zum Schluß: «...ich habe gesehen, wie gut es ist, daß er nicht verheiratet ist.»[20]

Noch kurz vor der Abreise – Felix wollte die Eltern nach Berlin begleiten – ereignete sich ein unvorhergesehener Schrecken: seine Mutter scheint von einem leichten Schlaganfall betroffen worden zu sein. In seinen Briefen drückt sich Felix nicht ganz klar darüber aus, aber die in Erinnerungen schwelgende Elise Polko weiß darüber Genaueres: nach der Krise war die muntere Rebekka zu lustigen Streichen aufgelegt und nähte den Rock des eingeschlummerten Felix ans Sofa an. Beim Erwachen war Felix in komischer Verlegenheit: der Zweck des Streiches war erreicht – die Familie zu erheitern![21] Ein echtes Biedermeieridyll, für uns schon kaum mehr verständlich.

Die Reise nach Berlin war – der kranken Mutter wegen – anstrengend und aufregend, und der gute Sohn dankte dem Himmel, als er Steglitz und die Gendarmentürme erblickte. Auch nach der Ankunft wurden keine Besuche gemacht oder angenommen. Im übrigen fühlte er sich elend und höchst unzufrieden in Berlin, das er ein «höchst abscheuliches Nest» nennt[22]; auch fürchtete er sich vor der Einsamkeit, die er für Leipzig voraussah – er kannte sie schon von Düsseldorf her, wo wenigstens die Woringens, die Freundin und die Maler seinen «spleen» gelegentlich erleichterten. Er wollte trotzdem gleich nach Leipzig abreisen, aber er brachte es nicht übers Herz, die alternden Eltern in der großen Wohnung allein zu lassen. So verschob sich seine Abreise bis zum 30. August. Er fuhr nicht leichten Herzens, und nur die Gewißheit, in Leipzig eine ihm adäquate Aufgabe vorzufinden, muß ihm die Reise etwas erleichtert haben.

II.

Mendelssohn war dem Leipziger musikalischen Publikum kein Fremder: und nicht nur durch seine Konzertouvertüren, die dort mehrfach aufgeführt worden waren. Sein enthusiastisches Eintreten für Bach, dessen Name dort noch nicht vergessen war, seine wachsende Bedeutung für das europäische Musikleben waren dem Redakteur der *Leipziger Allgemeinen musikalischen Zeitung,* Gottfried Wilhelm Fink (1783–1846), wohl bekannt. Obwohl er, ein biederer Musikphilister, diesen Tendenzen eher mißtrauisch und lauwarm gegenüberstand – Schumann kennzeichnete seine Kritiken als «Honigpinseleien» – mußte seine Zeitung natürlich Notiz von ihnen nehmen.

Leipzigs Musikleben aber war beinahe so bekannt wie die zwei berühmtesten Institutionen der Stadt, die Messe und die Universität, von denen jede in ihrer Art Bahnbrecherin eines europäischen Internationalismus war. Durch die Menge ihrer ausländischen Besucher haben sie mächtig in die Ferne gewirkt.

Im Gegensatz zu Düsseldorf, wo sich die Musikkultur noch in *statu nascendi* befand, hatte Leipzig eine von altersher wohlgegründete musikalische Tradition. Seit 1479 war die «Rathspfeiferei» eine stehende Einrichtung, die erst im neunzehnten Jahrhundert ihren letzten Choral blies.[23]

Die Kantorei der Thomaskirche, die von Männern wie Calvisius, Schein, Kuhnau, J. S. Bach, J. A. Hiller, Doles und Schicht bekleidet wurde, spielte eine führende Rolle in der protestantischen Kirchenmusik von ganz Deutschland. Dazu kamen schon früh das *Collegium Musicum* der Universität, die regelmäßige «Motette» der Thomaner am Samstagnachmittag, die 1809 geschaffene Singakademie und das Gewandhaus-Orchester, gegründet 1781. Für die populäre Musik sorgten im Vormärz die Konzerthausgesellschaft «Euterpe», die sich aber auch an zeitgenössische ernste Musik heranwagte, und der sehr beliebte Queißersche «Posaunenchor,» ein ausgezeichnetes Blasorchester, das merkwürdigerweise nicht nur vom unteren Bürgerstand, sondern auch von der Aristokratie patronisiert wurde.[24] Das Stadttheater pflegte wohl auch die Oper, diese stand aber nicht auf gleicher Höhe mit den anderen Musikinstituten der Stadt.[25]

Das Gewandhaus-Orchester bestand im Jahr 1831, kurz vor Mendelssohns Direktion, aus acht ersten und acht zweiten Violinen, vier Bratschen, drei Celli, drei Bässen, je zwei Flöten, Oboen, Klarinetten, Fagotten, Hörnern, Trompeten, und zwei Schlagzeugen mit Pauken – Posaunen gehörten nicht zum stehenden Ensemble.[26] Die Mitglieder des Orchesters waren ziemlich schlecht besoldet und mußten sich außerhalb der Konzertsaison an die benachbarten Kurorte oder gar an Biergärten verdingen. Da weder ein Hof noch ein Staat das Gewandhaus unterstützte, bestand seine tragende Gesellschaftsklasse ausschließlich aus dem gehobenen Bürgertum und dem eingesessenen Patriziat. In seinen Memoiren weist Spohr darauf hin, daß das Orchester, von Kaufleuten erhalten, doch nicht zur Kategorie besserer Dilettanten gehöre, sondern einen sehr respektablen Ruf als Berufsorchester habe und verdiene.[27]

Ein Konzert im Gewandhaus wurde gerne als «Stelldichein der gebildeten Kreise» bezeichnet; dabei ist aber zu beachten, daß der Ausdruck «gebildet» seit der Mitte des 18. Jahrhunderts doch eine gewisse Wandlung durchgemacht hatte. Noch für die Brüder Grimm galt es als die Übersetzung, zumindest als das Equivalent des französischen *poli*; zu Mendelssohns Zeit umfaßte das Wort aber schon einen viel weiteren Ideenkreis: den des individuellen – und wohl auch kollektiv-bürgerlichen – Interesses an Kunst und Wissenschaft.[28] Dieses noch nicht industrialisierte oder hochkapitalistische, aber ehrenhafte und musische Bürgertum war so recht der Boden, auf dem Mendelssohn als Komponist und Dirigent, als musikalischer Wegweiser und Führer gedeihen konnte. Er hat es wohl gewußt. Wir werden später sehen, wie das Repertoire des Gewandhauses sich entfaltete, an Breite und Tiefe gewann; gewiß nicht in allen Dimensionen und Richtungen, denn Mendelssohn war ein Mann, der etwas auf sein Urteil – und Vorurteil! – hielt. Dennoch hat das Gewandhaus unter seiner Leitung Weltruf erlangt.

Das traditionelle Konzertprogramm jener Zeit kurz vor und noch zum Teil während Mendelssohns Direktion bestand aus zwei Teilen, die etwa dem folgenden Schema entsprechen:

A (1) Ouvertüre oder klassische Symphonie
(2) Opern-Arie mit Orchester
(3) Konzert für ein (oder zwei) Soloinstrumente mit (und manchmal ohne) Orchester
(4) Quartett, Chor oder Finale aus einer Oper

Pause
B (1) Kleinere Symphonie oder Ouvertüre
(2) Arie mit Orchester
(3) Konzertstück für das ganze Orchester –
oft mit Soli und Chor
(oder eine große Symphonie)[29]

Hier ist der Aufstieg des Virtuosentums schon angedeutet; denn dieses «Modellprogramm» erfordert mindestens einen Solo-Sänger und einen Instrumentalvirtuosen. In der zweiten Hälfte des 19. Jahrhunderts wächst der Anteil der Solisten an einem *symphonischen Konzert* ins Ungemessene und oft Absurde. Schon bei Mendelssohn, aber viel mehr noch bei Wagner und Berlioz, finden wir die Klagen über die stumm dasitzenden Orchestermusiker, die für lange Zeit nichts zu tun haben als die Daumen zu drehen und den Solisten – oder die Sängerin – anzustarren.

Mendelssohn versuchte mehrere Male und auf verschiedene Art, die Eintönigkeit des überkommenen Schemas zu beleben oder zumindest zu variieren. Das Orchester, das er übernahm, bestand keineswegs aus Künstlern, sondern aus tüchtigen, erfahrenen, auf einander eingespielten Musikern, die wirklich einen organisierten Klangkörper bildeten. Und wenn diese Musiker auch keine Künstler waren, so brachten sie doch genug Begeisterung und Enthusiasmus, würdig des besten Künstlers, mit: oft haben sie viele Extraproben gratis zugegeben, nur um dem aufzuführenden Werk Genüge zu tun.[30]

Die Stelle des ersten Konzertmeisters war mit dem Tod Matthäis frei geworden, und Mendelssohn gelang es, seinen alten Freund Ferdinand David für diese Stelle zu gewinnen. Dieser hervorragende Geiger und Lehrer hielt die Zeit für reif, um den Leipzigern regelmäßig Kammermusik in mustergültigen Aufführungen von Berufsmusikern darzubieten. Wir wollen nicht vergessen, daß zu jener Zeit die Kammermusik noch die von den Dilettanten vorzüglich gepflegte Musikgattung war, bevor sich das Klavier die heranwachsenden Töchter eroberte. Berufsmusiker hatten sich schon zu Beethovens Zeiten der Kammermusik in Wien angenommen, wie wir von ihm selbst und Schuppanzigh erfahren; in Berlin pflegte Karl Möser klassische Kammermusik in öffentlichen Konzerten, und ähnliches hören wir, wenn auch seltener, von Paris. In Leipzig muß Davids Einführung neu gewesen sein, da sie von Schumann wie seinem Antagonisten Fink in der *Leipziger Allgemeinen musikalischen Zeitung* sehr aufmerksam gewürdigt wurde. Diese «professionellen» Kammermusik-Abende haben, von Wien und Berlin her kommend, durch die Konsolidierung spezieller Ensembles (David, Joachim, Hellmesberger, Rosé etc.) sich die Konzertsäle der ganzen Welt erobert – vielleicht zu Gunsten eines höheren Geschmacksniveaus, gewiß aber zum Schaden der Liebhaber-Kammermusik, der man keine lange Lebensdauer mehr in Aussicht stellen kann.[31]

Einen zweiten Versuch unternahm Felix mit zwei Reihen «historischer» Konzerte, in der Saison 1837/8, als «Extraveranstaltungen». Das Repertoire der vier Abende bestand aus Werken der folgenden Komponisten (man kann es kaum «historisch» nennen, sondern eher eine Auslese nichtzeitgenössischer, als klassisch angesehener Kompositionen):

I. J. S. Bach, Händel, Gluck, Viotti
II. Haydn, Cimarosa, Naumann, Righini
III. Mozart, Salieri, Méhul, Andreas Romberg (!)
IV. Abbé Vogler, Beethoven, Carl Maria von Weber

Die zweite Serie (im Jahre 1841), teilweise unter Davids Leitung, brachte Werke von:

I. Bach, Händel
II. Haydn
III. Mozart
IV. Beethoven *(Neunte Symphonie)*[32]

Damit hatte sich eigentlich der «historische» Charakter jener Abende völlig verflüchtigt; wie Mendelssohn für rein historisch-musikalische Studien oder auch Stilexperimente nie Geschmack oder Neigung hatte. Bach war ihm lebendig, auch – unter gewissen liturgischen Voraussetzungen – Palestrina; aber keiner wird von ihm historisch erfaßt, und er meint ernstlich und ganz fortschrittsgläubig, daß sein Zeitalter in gewisser Hinsicht mehr wisse und könne als die Epochen vergangener Jahrhunderte.

Es ist nicht uninteressant, zu beobachten, wie das Publikum des Gewandhauses sich einstellte, äußerlich und innerlich. Leipzig war eine wohlhabende Stadt; aber in den «repräsentativen» Konzerten wurde aller äußere Aufwand ostentativ vermieden: noch 1847 berichten die *Grenzboten:* «der demokratische Charakter von Leipzig verleugnet sich nicht; wenigstens sind Brillanten und Fracks hier selten.» Anderseits war auch Mendelssohn durchaus kein Hemdärmeldemokrat und hielt viel auf gewählte Kleidung. Die Konzerte begannen gewöhnlich um 6 Uhr, und erst 1841, als unter dem Schatten der unaufhaltsamen Industrialisierung die Tageszeit immer kostbarer wird, entschließt man sich nolens volens, erst um halb 7 anzufangen. Dabei blieb es bis in die 80er Jahre.

Die innere Haltung des Publikums Mendelssohn gegenüber war manchen Wandlungen unterworfen. Bis zu seinem Tode und wohl noch bis in die Mitte des neunzehnten Jahrhunderts folgte es ihm willig und begeistert «als dem großen Lehrmeister».[33] Mit der Ära Wagners und seiner Kohorten änderte sich diese Haltung sehr schnell, wenn auch die «akademischen» Kreise des von Mendelssohn gegründeten Konservatoriums zäh an einer sogenannten «Mendelssohn»-Tradition festhielten, die, von ihnen geschaffen, ihrem Schutzheiligen wohl kaum sehr zugesagt hätte. Wir werden diese und ähnliche Fragen im Kapitel über «Mendelssohn und die Nachwelt» erörtern.

Dagegen ist hier der Ort, um uns mit Mendelssohn als Dirigent, im engen wie im weiteren Sinn des Wortes, zu befassen.

Heute wird Wert und Wirkung eines hervorragenden Dirigenten – abgesehen von Mode-Stars – sowohl nach seiner Kraft der Interpretation als auch nach seiner Fähigkeit als Orchester-Erzieher und -Leiter eingeschätzt. Das internationale Repertoire der großen Orchester ist heute schon mehr oder minder standardisiert; der Dirigent mag zwar seine Lieblingsstücke haben, wird aber im allgemeinen einen vorgezeichneten Weg zu beschreiten haben. Dazu kommt der gewerkschaftliche Zusammenschluß der Orchestermitglieder. Zu Mendelssohns Zeiten lagen die Dinge noch wesentlich anders. Ein Dirigent war zunächst ein Taktschläger und Einpauker, dann erst ein Interpret. Sein Geschmack bestimmte das Repertoire weitgehend, wenn auch nicht ausschließlich. Darüber hinaus sorgte ein wirklich guter Dirigent des neunzehnten Jahrhunderts auch oft für die materielle Wohlfahrt seiner Musiker. In allen diesen – dem frühen neunzehnten Jahrhundert noch fremden – Auffassungen ist Mendelssohn seinen Zeitgenossen als Pionier vorangegangen. Wie er den taktschlagenden Konzertmeister ablöste, zum Orchesterpädagogen, Meisterinterpreten, wohlwollenden Administrator wurde, wie er aus dem tüchtigen, aber keineswegs hervorragenden Orchester ein Musterinstrument Europas, ja der Welt machte, ist hinreichend und genau beschrieben worden. Trotz seinen bedeutenden Erfolgen mochte der junge Meister weder Großtuerei noch jene aufgeblasene Publizität leiden, die heute gang und gäbe ist. Er war kein Star-Dirigent und wollte keiner sein. Man kann sich schwer ein ehrenvolleres, dabei in seiner Bescheidenheit rührenderes Selbstzeugnis ausstellen als Felix, da er von Anträgen bedrängt wurde, sein Porträt für das Kölner Fest «groß aufzuziehen». Er antwortete auf dieses Anerbieten sehr einfach (in einem Brief an einige der Veranstalter):

Es ist jetzt so gang und gäbe, daß die unbekannten oder mittelmäßigen Leute ihr Bildnis herausgeben, um dadurch etwas bekannter zu werden...; ich wünschte, daß es (für mich) nicht eher geschähe, als bis ich irgendetwas hingestellt hätte, was diese Ehre nach meiner Überzeugung verdient. Das ist aber bis jetzt noch nicht der Fall, und so möchte ich gern eine solche Anerkennung aufschieben, bis ich derselben nach meiner eigenen Überzeugung würdiger bin...[34]

Auch sonst wich er äußeren Ehrungen aus, wo immer er konnte; dabei aber mangelte es ihm durchaus nicht an Selbstbewußtsein, das sich gelegentlich oft ganz unerwartet, in einer übertriebenen Empfindlichkeit äußerte, die gewiß nicht immer berechtigt war. Wir können uns hier auf bestimmte charakteristische Züge seiner Praxis als Dirigent beschränken, wie ihn seine Zeitgenossen sahen.[35]

Beim *Einstudieren* eines neuen – oder noch nie zuvor gespielten – Werkes war Mendelssohn höflich gegenüber den Musikern, aber unerbittlich exakt. Er forderte von ihnen die genaueste Befolgung der vorgeschriebenen Phrasierung, Dynamik und Tonfarbe. Er verkörperte als Dirigent den «reinen Stil» und ist Vertreter der fließenden Form. Daß er Beethoven einen zu fließenden Charakter gab, wird von Gegnern behauptet, doch nicht bewiesen.[36] Er verabscheut Pantomimik und «Durchfuchteln» eines Werkes gleich stark. Anderseits bezeugen Hans von Bülow und Richard Wagner, jener objektiv freundlich, dieser subjektiv feindlich, daß Mendelssohn immer zu frischen Tempi geneigt habe, obwohl er sich «gegen das Abhetzen und Abjagen seiner Stücke stets gewehrt habe».[37] Bülow geht in seiner Bewunderung des Dirigenten Mendelssohn sehr weit:

... daß Mendelssohn übrigens in seiner Eigenschaft als Dirigent nicht Schule gemacht ... ist gar nicht genug zu beklagen. Am Meister lag die Schuld nicht, sondern an den Jüngern...

(Folgt eine enthusiastische Beschreibung der Erstaufführung von Schuberts großer C-dur-Symphonie unter Mendelssohns Leitung.)[38] Joseph Joachim, der noch unter ihm gespielt hatte, rühmt gleichfalls seine

fast unmerkliche, aber äußerst beredte Zeichensprache ..., durch die es eben möglich war, den Geist seiner Persönlichkeit auf Chor und Orchester zu übertragen, kleine Entgleisungen mit einem Wink seines Fingers wieder einzurichten... Er liebte frische Tempi, war aber von einem oberflächlichen Darüberhingleiten, wie es ihm ... Richard Wagner nachsagt, himmelweit entfernt, dabei von unnachahmlicher Freiheit des Rhythmus.[39]

Sehr eingehend, mit großer und dabei geistreicher Offenherzigkeit beschreibt Berlioz, für dessen Musik Mendelssohn gar kein Verständnis aufbrachte, das Leipziger Ensemble und bewundert die Geduld, aber auch die Kompromißlosigkeit, mit der Mendelssohn die vielen Proben leitete.[40] Ja, selbst der Wagner der Retrospektive, der kaum eine Malice unterdrückte, wenn er sie Mendelssohn anhängen konnte, sah sich gezwungen, in leicht ironisierendem Ton den Geschmackswandel der Leipziger festzustellen, der mit Mendelssohns Direktion eingetreten war:

... die Musikfreunde Leipzigs hatten eine Geschmacksrichtung gewonnen, welcher ich selbst mit der so gewandten Combination meiner sechs Trompeten nicht beizukommen vermochte.[41]

Die berühmten schnellen Tempi Mendelssohns, die sicherlich keine Legende sind, lassen sich auf verschiedene Weise erklären und im allgemeinen – aber nicht im besonderen – rechtfertigen. Schumann scheint geahnt zu haben, was rational erklärlich war: «... man muß dem Mangel der Resonanz durch treibende Tempi zu Hilfe kommen» (anläßlich der Besprechung von Beethovens *Vierter Symphonie* unter Mendelssohn).[42] Wagner gab eine andere Erklärung (und zitiert dabei eine angebliche Äußerung Mendelssohns; nun, man weiß, daß es bei den sogenannten «Zitaten» Wagners einiger Vorsicht des Lesers bedarf): Mendelssohn habe die langsamen Tempi gerügt, weil durch sie viel mehr Schaden angerichtet werde als durch schnelle. Denn wirklich perfekte Ausführung sei so überaus selten, daß man die Unebenheiten am wenigsten spüre, wenn man im Geschwindmarsch über das schwierige Gelände marschiere.[43] Im Grunde schließen sich die beiden Erklärungen keineswegs aus, sondern ergänzen sich: dem «Perfektionisten» Mendelssohn war kaum je eine Aufführung kommensurabel mit seinem (oder des Komponisten) Ideal, und so versuchte er, durch schnelle Tempi die Schwächen zum Verschwinden zu bringen, sie unhörbar zu machen. Sei dem, wie ihm wolle; wir glauben, daß außer diesem sehr plausiblen Grund noch andere, sehr elementare und dem Meister selbst nicht bewußte Impulse mitspielten; sie offenbaren sich, wenn man an die Fülle der überaus schnellen Zeitmaße denkt, die Mendelssohn für die meisten seiner Kompositionen fordert: Presto, Molto vivace, Molto allegro con fuoco etc. sind ganz regelmäßig wiederkehrende Tempobezeichnungen; wenn eine perfekte Wiedergabe bei einem großen Orchester nur unter viel Mühe, Zeitaufwand und Kosten erreicht werden kann, so gilt doch das nicht von der Kammermusik oder gar von Klavierstücken! Aber auch da finden wir wieder die Präponderanz sehr schneller Zeitmaße. Sollte diese nicht in der ewigen Ruhe- und Rastlosigkeit des Meisters, die ihm im Elternhaus anerzogen worden war, ihre Ursache haben? Noch mehr: ist sie nicht der Ausdruck einer geheimnisvollen emotionalen Unruhe, ja Unsicherheit, deren Urgründe in Regionen zu suchen wären, die nur dem gewissenhaften Tiefenpsychologen zugänglich sind? Wir lassen die Frage unbeantwortet.

Wir müssen noch der Verdienste Mendelssohns um die materielle Wohlfahrt seiner Musiker gedenken: er scheint der erste Dirigent gewesen zu sein, der für die permanenten Orchestermitglieder eine feste Pension verlangte und schließlich auch erhielt[44]; zwar hatte jedes größere Orchester einen sogenannten «Pensionsfonds», aber dieser war auf freiwillige Beiträge der Mitglieder, auf Schenkungen und auf das Einkommen der statutarischen Konzerte zu Gunsten des Fonds angewiesen. Abgesehen von dieser sozialpolitischen Tätigkeit waren Mendelssohn und seine Kasse persönlich stets zur Hand, wenn irgendein Unglücksfall oder Notstand einen seiner Musiker traf. In Oxford (in den sogenannten «Grünen Büchern», der Sammlung vieler an Mendelssohn gerichteter Briefe) finden sich Dankbriefe von Leipziger Musikern in sehr großer Zahl; ausnahmslos aber stellte Mendelssohn die Bedingung, daß andere von seiner Hilfeleistung nichts erfahren durften.

Mehr aus musikalischen Gründen ist die unter ihm eingetretene Vergrößerung des Orchesters zu verstehen: die stilgerechte Aufführung der späten Beethoven-Symphonien, die stetig wachsenden Anforderungen der zeitgenössischen Komponisten machten diesen Schritt zur absoluten Notwendigkeit. Wir haben gesehen, daß vor und zu Mendelssohns Zeit das Orchester aus etwa 40 regelmäßig beschäftigten Musikern bestand; der Streichkörper umfaßte 26 Mann. In der Saison 1838/9 wurde dieser auf 31 und das ganze Orchester auf 48 bis 49 Mann gebracht.

Schließlich wollen wir nochmals auf jenen Geschmackswandel der Leipziger Programme zurückkommen, der unter Mendelssohn eingesetzt hatte. Die am häufigsten aufgeführten Komponisten kurz *vor* seiner Übernahme waren: Eberl, von Seyfried, Clementi, Hummel, Reißiger, Fesca, Neukomm, F. Ries, Lindpaintner. Von Friedrich Schneider aus Dessau, einem damals hochangesehenen Komponisten, wurden allein neun Symphonien und eine Anzahl Konzertstücke aufgeführt, allerdings kaum je wiederholt. Nach Mendelssohns Ankunft sind die meistgespielten Komponisten (von lebenden Zeitgenossen): Spohr, Cherubini, Moscheles, Gade, Rossini,

Liszt, Chopin, Thalberg, Berlioz, Schumann, Mendelssohn.[45] Die bei weitem meistgespielten Komponisten waren Mozart und Beethoven, hinter denen Haydn, aber auch Bach und Händel beträchtlich zurückstanden: diese scheinbar ungerechte Einschätzung ist gelegentlich falsch verstanden und töricht kritisiert worden. Ganz allgemein übersehen wurde, daß einfach weder die Partituren noch das Orchestermaterial von vielen Haydn-Symphonien, Bach-Orchesterwerken (zum Beispiel den Brandenburgischen Konzerten) etc. aufzutreiben oder auch nur zugänglich waren.

Wir sind nun den Ereignissen weit vorausgeeilt und kehren zum Amtsantritt Mendelssohns in Leipzig zurück. Nach nur zwei Orchesterproben stellte Felix sich seinem Publikum am 4. Oktober 1835 mit folgendem Programm vor:

A	Mendelssohn:	*Ouvertüre Meeresstille und glückliche Fahrt*
	Carl M. von Weber:	Szene und Arie aus *Freischütz* (Mme. H. Grabau)
	L. Spohr:	*Violinkonzert Nr. 8* (Musikdirektor Gehrke aus Berlin als Solist)
	L. Cherubini:	*Ouvertüre und Introduktion zu «Ali Baba»* (mit Singakademie und Thomanerchor)
B	Beethoven:	*Vierte Symphonie in B-dur*

Mendelssohn erwähnt in seinem eigenen Bericht an seine Familie, daß die Stücke von Weber, Spohr und Cherubini nicht so gut gingen wie seine eigene Ouvertüre – denn «eine Probe war nicht zureichend», daß er aber mit der Wiedergabe der Beethoven-Symphonie völlig zufrieden gewesen sei.[46] Im übrigen fühlte er sich in Leipzig über die Maßen wohl und ganz an seinem richtigen Platz. Auch in seinen späteren Äußerungen sieht er Leipzig immer wieder als seine Wahlheimat an, da er dort «den ganzen Winter hindurch noch keinen verdrießlichen Tag, fast kein ärgerliches Wort von seiner Stellung und viele Freuden und Genüsse gehabt habe».[47] Und in großem Stil bekennt er, daß es ihm eine wahre Genugtuung bereite, in Deutschland festen Fuß gefaßt zu haben und Anerkennung nicht im Ausland suchen zu müssen. Diese erfreuliche Änderung in seinem Status dankt er vor allem Leipzig und seiner Aufnahme dort.[48]

Felix hatte im allgemeinen einen guten Instinkt für die Echtheit oder Unechtheit der ihm gegenüber ausgesprochenen Gefühle; im Falle Leipzig hat er sich ganz gewiß nicht getäuscht. Die beiden musikalischen Zeitschriften, Finks opportunistische *Allgemeine musikalische Zeitung* und Robert Schumanns *Neue Zeitschrift für Musik,* begrüßten, jede in ihrer Weise, den neuen Musikdirektor aufs wärmste. In der erstgenannten Zeitung heißt es:

«Gleich bei seinem Auftreten als Direktor sprach sich im überaus gefüllten Saal die lebhafteste Freude der Versammlung durch laute Beifallsbezeugung unzweideutig aus … Alles ging vortrefflich. Alles wurde mit Applaus geehrt.» Nach weiterer enthusiastischer Kritik endet die Besprechung etwas zu salbungsvoll mit den Worten: «Und so gereiche denn alles zum Segen! Und es wird so sein, geht alles unter den Vorzüglichsten in einigem Geiste und in frommer Liebe zur Kunst, ohne kleinliche Eigensucht ...»[49] Ganz anders, und viel persönlicher und herzlicher ist Schumanns Reaktion. Für ihn war Mendelssohn zeitlebens der «Meister seiner Zeit»; er nannte ihn F. Meritis nach einer musikalischen Organisation in Amsterdam und begrüßte ihn mit den Worten:

F. Meritis trat vor. Es flogen ihm hundert Augen zu im ersten Augenblick ... Der F. Meritis dirigierte als hätt' er die Ouverture selbst komponiert [«Meeresstille» – er *hat* sie ja komponiert; dies ist eines von den vielen Beispielen Jean-Paul-Schumannscher Schalkheit], *und das Orchester spielte danach ... Mich für meine Person störte der Taktierstab, und ich stimmte Florestan bei, der meinte: in der Symphonie müsse das Orchester wie eine Republik dastehen ... doch wars eine Lust, den F. Meritis zu sehen, wie er die Geisteswindungen der Kompositionen vom Fernsten bis zum Stärksten vorausnuancierte mit dem Auge und als Seligster vorausschwamm dem allgemeinen...*

Das Tempo des Scherzos in der Beethoven-Symphonie war Schumann zu langsam, das Konzert von Spohr schien ihm «zu bloß und hager» gespielt.

Daß eine Veränderung in der Regie vorgegangen, wollte jeder aus der Wahl der Stücke sehen; wenn sonst gleich im ersten Firlenzer [= Leipziger] *Konzert italienische Papillons um deutsche Eichen schwirrten, so standen diese diesmal ganz allein, so kräftig wie dunkel. Eine gewisse Partei wollte darin eine Reaktion sehen; ich halt' es eher für Zufall als für Absicht. Wir wissen alle, wie es Not tut, Deutschland gegen das Eindringen Deiner Lieblinge* [gemeint sind zeitgenössische italienische Opernarien] *zu schützen ...*»[50]

Damit begann eine Beziehung zwischen zwei hohen Geistern, die aber sowohl persönlich wie künstlerisch sehr verschiedene Wege gingen. Es war niemals ein intimer Freundschaftsbund, sondern gegenseitiges Einander-Respektieren und Schätzen. Dazu kam allerdings bei dem Hochromantiker und Gefühlsenthusiasten Schumann noch eine rein persönliche «Schwärmerei» – anders kann man's wohl nicht nennen – für den etwas kühleren und aus guten Gründen vorsichtigen, aber so hinreißend charmanten Felix. Wir werden noch am 16. Kapitel auf das Verhältnis zwischen den beiden genauer eingehen. Leider sind zuerst von den Wagnerianern, dann von den Nazi-Historikern viele böswillige und manchmal infame Lügengespinste über ihre Beziehung ausgeheckt und verbreitet worden; denn diese konnten es nicht mit ruhigem Blut ansehen, daß ein echter Deutscher einen – rassisch gesehen – Volljuden verehrte! So hat man versucht, die Quellen zu fälschen oder zu vergiften. Als Großmeister dieser Kunst muß Wolfgang Boetticher angesehen werden, der in seiner Ausgabe der Schriften und Briefe Schumanns (sorgfältig nach rassenpolitischen Grundsätzen gesiebt) vor tollen Verdrehungen, Auslassungen, ja Fälschungen nicht zurückgeschreckt ist. Gleich anläßlich der ersten Begegnung zwischen Schumann und Mendelssohn heißt es

bei *Boetticher:*[51]	in den vom *Schumann-Archiv* photostatisch herausgegebenen Erinnerungen:
S. 107: «... Im August erstes Sehen im Gewandhause. Die [Henriette] Voigt, irre ich nicht, machte uns zuerst bekannt. Zu Ende September kam er ganz nach L.»	*S. 61:* «Im August 1835 erstes Sehen im Gewandhaussaal. Die Musiker spielten ihm s[eine] Ouverture «Meeresstille» vor. Ich sagte ihm, daß ich alle s[eine] Compositionen gut kenne; er antwortete etwas sehr bescheidenes darauf. Der erste Eindruck der eines unvergeßlichen Menschen.» «Die Voigt, irre ich nicht, machte uns zuerst bekannt. Zu Ende September kam er ganz nach L.»
S. 110: «Jedem wünsche er stetiges Einsamsein mit sich und seiner Kunst; seine Richtung mache ihm auch bange, daß sie nicht einseitig werde.»	*S. 71:* «Gade'n wünscht er stetiges Einsamsein mit sich und seiner Kunst; seine Richtung mache ihn auch bange, daß sie nicht einseitig werde.»
S. 114: «Gründung des Konservatoriums und sein Benehmen dabei, daß er als Direktor angesehen werden wolle.»	*S. 35:* «Seine Gedanken üb[er] das Conservatorium, daß er namentlich den Musikern auch einen Verdienst zuweisen wollte.» «Gründung des Conservatoriums, und sein Benehmen dabei, daß er nie als Direktor angesehen sein wollte.»

Es versteht sich, daß Notizen Schumanns wie etwa die folgenden sorgfältig unterdrückt werden:

Glück und Segen verbreitend überall (S. 40)
Sein Lob galt mir immer das höchste – die höchste, letzte Instanz war er. (S. 44)
Strengste Erfüllung s[einer] Pflichten gegen Gott u. Menschen. (S. 51)
Wahr in allem war Mendelssohn. (S. 58)
Frei von allen Schwächen der Eitelkeit war er. (S. 62)
Höchste sittliche und künstlerische Maxime; daher unerbittlich, scheinbar manchmal schroff und inhuman. (S. 77)

Und so weiter!

S. 61

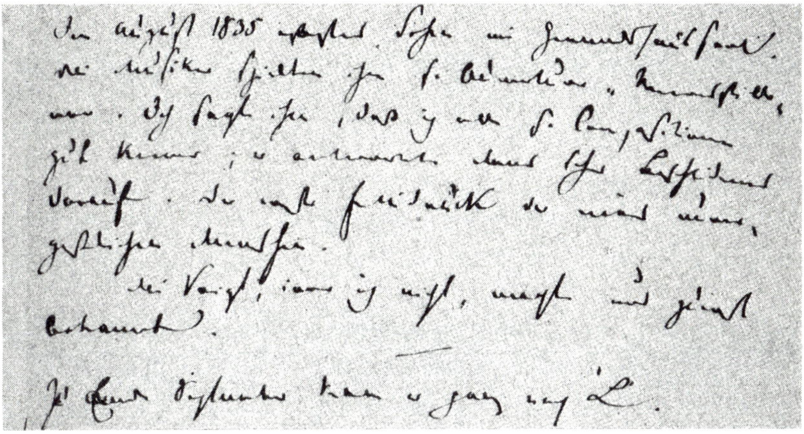

S. 71

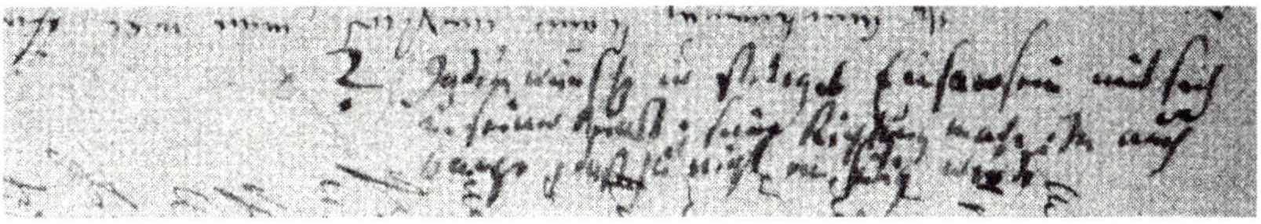

S. 35

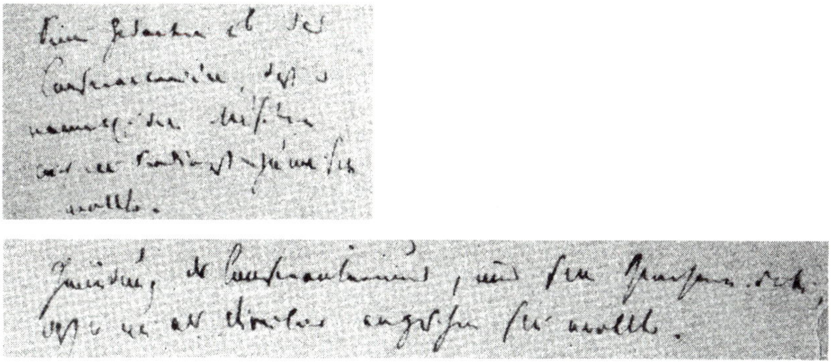

Aus Schumanns Erinnerungen an Mendelssohn (s. S. 286)

Ist es nicht traurig und beschämend, daß die Quellen über Mendelssohn von beiden Seiten, den Freunden wie den Feinden, getrübt worden sind? Wenn es wahr ist, daß die Legende immer mächtiger ist als die historische Wissenschaft, dann muß es eine Aufgabe der letzteren sein, der Mythen- und Legendenbildung zuvorzukommen oder, wo das nicht möglich ist, ihr nach Kräften den Nährboden zu entziehen.

Mit dieser Mahnung verlassen wir für den Augenblick die Lebensgeschichte unseres Komponisten und wenden uns seinen Schöpfungen aus den Jahren 1832 bis 1835 zu.

III.

DIE WERKE DER DÜSSELDORFER JAHRE

Im Gegensatz zu den Werken der großen Reise, unter denen die chorischen hervorragten, treten jetzt scheinbar die Chorkompositionen zurück; doch nur scheinbar, denn ihre Abwesenheit ist durch Mendelssohns Schaffen an seinem Oratorium *Paulus* erklärt oder vielmehr ins rechte Licht gesetzt. Da aber der *Paulus* erst 1836 fertig wurde, tritt inzwischen an die Stelle der Chorwerke das Liedwerk des Meisters. Die symphonische Musik ist mit zwei größeren Werken vertreten, die Klaviermusik sorgfältig gepflegt, und wir vermissen nur die Kammermusik, für die Mendelssohn diesmal nur kleinere Gelegenheitswerke schrieb. Wir geben hier einen Überblick seines Schaffens in den Jahren 1832 bis 1835.

A. Werke für Orchester

(1) *Symphonie A-dur (Italienische* Symphonie)
(2) *Ouvertüre «Die schöne Melusine»*
(3) *Theatermusik* zu Calderon-Immermanns *«Der standhafte Prinz»*

B. Vokalwerke

(1) *Lieder* op. 19, op. 34 für eine Stimme mit Klavierbegleitung
Zwei Romanzen auf Texte von Byron
(2) *Lieder im Freien zu singen* op. 41
(3) *Infelice, Konzertarie für Sopran mit Orchester* op. 94

C. Klaviermusik

(1) *Capricen* op. 33
(2) *Sechs Präludien und Fugen* op. 35
(3) *Rondo brillante für Klavier und Orchester in Es-dur* op. 29
(4) *Konzertstücke für Klarinette und Bassetthorn, mit Klavier*

A. Werke für Orchester

(1) Symphonie in A-dur, die «Italienische»

Mendelssohn hat dieser Symphonie selbst ihren Beinamen «Italienische» gegeben, denn er hat sie zum größten Teil in Italien geschrieben.[52] Tatsächlich befindet sich in der Bibliothek des Konservatoriums von Neapel ein Manuskript, betitelt «Concertino», das den ersten Satz der Symphonie im Particell enthält (geschrieben in vier Systemen, aber nur die ersten zwei Seiten von Mendelssohns Hand). Es zeigt einige, im ganzen aber geringe Abweichungen von der endgültigen Fassung, am deutlichsten in der Rückführung zum Hauptthema. Mendelssohn, der seinem Werk mit großer Selbstkritik gegenüberstand, war aber nie ganz damit zufrieden und hat es zu Lebzeiten nie dem Druck übergeben. Wir wissen, daß er mit vielen Details des ersten Satzes nicht zufrieden war, wissen aber nicht, mit welchen. In einem Brief an Moscheles berichtet er von seinen Änderungen im zweiten und dritten Satz des Werkes, auch von seiner Unzufriedenheit mit dem ersten Satz.[53] Der nach der Originalpartitur vorliegende Druck trägt aber das Datum 13. März 1833. Es war mir nicht möglich zu eruieren, was aus der in Düsseldorf revidierten Handschrift geworden ist; sie scheint verloren zu sein.[54]

Die Symphonie besteht aus den folgenden Sätzen: (1.) Allegro vivace, A-dur, $^6/_8$; (2.) Andante con moto, d-moll, $^4/_4$; (3.) Con moto moderato, A-dur, $^3/_4$ (Menuetto); (4.) Presto, a-moll, C, (Saltarello).

1. Satz

Obwohl Mendelssohn sonst leicht dem $^6/_8$-Takt «zum Opfer fiel», bleibt er hier durchaus souverän; das Thema ist frei von Lyrismen, einfach und rufartig gehalten, so daß es sich für symphonische Behandlung durchaus eignet. Mendelssohns kritischer Kunstverstand verbot ihm, der Lockung zu folgen, die Schumann und Chopin (in den Konzerten) berückte: ein in sich geschlossenes Thema als symphonisches Rohmaterial zu verwenden. Wenn dort das Thema schon zu Anfang vollendet auftritt, gibt es dann kaum neue Möglichkeiten für seine Entwicklung, und daran krankt zum Beispiel Schumanns *Es-dur-Symphonie* in den Ecksätzen und Chopins *f-moll-Konzert* im Anfangssatz.

Gleich nach Eintritt des Themas läßt ihm Mendelssohn eine Miniaturdurchführung folgen, dann erst übernimmt das Tutti das Thema; ihm wird nach kunstvoller Überleitung ein echtes zweites Thema gegenübergestellt; die Durchführung ist weit mehr als «a clever game», wie Einstein sie ungerecht nennt, sondern ein geniales Spiel zwischen dem Hauptthema, der «Brücke», und einem neuen Thema in moll, das rhythmisch und harmonisch scharf konturiert ist. Es führt zu einem Fugato und mit Einbeziehung des Hauptthemas zu einem prachtvollen «ausgeschriebenen Ritardando» (Riemann) auf dem in Notenwerten verdoppelten Anfang des Hauptthemas:

Musikbeispiel 48

In der Reprise kommt nirgends eine wörtliche Wiederholung vor, alles ist geistreich und elegant variiert. Die Coda nimmt das neue Thema der Durchführung (in moll) auf, erreicht aber in kräftiger Steigerung wieder A-dur und beschließt den Satz mit jubelnden Rufen.

2. Satz

Merkwürdigerweise scheint noch niemand auf die auffallende Ähnlichkeit des Themas mit Zelters «Es war ein König in Thule» hingewiesen zu haben; es wird gewöhnlich als «elegischer Prozessionsgesang» beschrieben. Es ist möglich, daß Mendelssohn mit diesem Satz und seinem Thema Zelter eine Art Denkmal setzen wollte.[55]

Musikbeispiel 49a

Die Liedmelodie hebt in Oboen, Fagotten und Bratschen dunkel an, nur begleitet von Celli und Bässen pizzicato; ein seltener Fall, daß ein langsamer Satz zweistimmig intoniert wird! Der ganze Satz entwickelt sich aus einer winzigen Keimzelle, nämlich

Musikbeispiel 49b

einer Idee, die dann (hauptsächlich von Tschaikowsky, aber auch andern, zum Beispiel Mahler, *V. Symphonie*) bis zum Überdruß ausgeschlachtet worden ist. Ein kurzes Gegenthema im Marschtempo kontrastiert mit dem «König in Thule», kann aber nicht recht aufkommen. Auch hier ist Mendelssohn eine prächtige Rundung der Form geglückt: sie ist am besten umschrieben als ABA, A_1, wobei A_1 eine leichte Variation des Hauptthemas bedeutet. In elegischem pp d-moll pizzicato der tiefen Streicher schließt der Satz.

3. Satz

Dieses menuettartige *Con moto moderato* wird von den meisten hoch gepriesen; uns scheint er der schwächste Satz zu sein. Es ist ein Biedermeier-Menuett, heiter, liebenswürdig, aber ohne die Kraft eines Haydn, ohne die beschwingte, adelige Grazie eines Mozart – eben ein bürgerliches Menuett! Am feinsten ist der Schluß geraten, wo das Trio noch einmal anklopfen will, aber sanft abgewiesen wird, und das Menuett-Thema den Satz leise beschließt.

4. Satz

Dieser Satz, einem neapolitanischen Saltarello nachempfunden, kommt dem uns schon vertrauten Mendelssohn der Elfenscherzi noch am nächsten. Aber er hat viel längeren Atem, und vor allem ist er insofern ein symphonisches Kraftstück, als die ganze Durchführung in einem einzigen Crescendo von pp zu ff eingeschlossen ist; die Rückführung liegt auf einem originellen Orgelpunkt. Ganz zu Ende hören wir noch den Anfangsruf des ersten Satzes, diesmal nach moll gewendet. So endet auch die Symphonie, die in strahlendem A-dur angefangen hatte, in einem rasenden, dabei leisen und makabren a-moll. Ein sonderbarer Schluß und weder damals noch heute üblich. Mit Recht spricht Tovey von der völlig singulären Stellung dieser Symphonie in der gesamten klassischen und «romantischen» Musik.

Die Instrumentation ist trotz ihrer vom Lehrbuch abweichenden Ideen bis zum heutigen Tag ein Musterbeispiel klangvoller und charakteristischer Linienführung geblieben; berühmt ist gleich der Anfang selbst, wo Holzbläser (die aber nicht gakkern dürfen!) das Hauptthema begleiten; glänzend geraten der vom Orchestergeflüster bis zum peitschenden ff leitende Mittelteil des Saltarello; die Krone aber ist die Verwicklung des Hauptthemas in das *Fugato* über das neue Thema in der Durchführung des ersten Satzes; das Orchester ist hier so durchsichtig gehalten, daß man die zwei Themenkomplexe förmlich miteinander tanzen sieht.

Sowohl bei älteren (Reißmann, Dahms) wie bei zeitgenössischen Autoren (H. Botstiber, A. Einstein) findet man die Ansicht, daß der *Italienischen Symphonie* die innere Einheit fehle und daß ihre Reprisen die Themen nicht auf höhere Ebenen als die des Anfangs führten. Da sich unter diesen Kritikern hervorragende Gelehrte befinden, hält es der Autor für nötig, solche Ansichten durch eine kurze Analyse zu entkräften:

I. Das zweite Thema des langsamen Satzes ist harmonisch mit dem Thema des 3. Satzes verknüpft, ein anderer Verwandter dieser Themenfamilie ist das zweite Thema des 1. Satzes.

II. Das «neue» Thema der Durchführung des ersten Satzes nimmt Tonart, Metrum und Stimmung des letzten Satzes deutlich voraus; umgekehrt erscheint am Ende des letzten Satzes eine Reminiszenz an den ersten.

III. Man kann so weit gehen, die Urmotive der ganzen Symphonie auf einen gemeinsamen Nenner zu bringen; zwar ist sich der Autor der Bestreitbarkeit einer solchen «Urlinie» bewußt, möchte aber doch auf ihre mögliche Existenz aufmerksam machen. Sie besteht aus

Musikbeispiel 50a

1. Satz

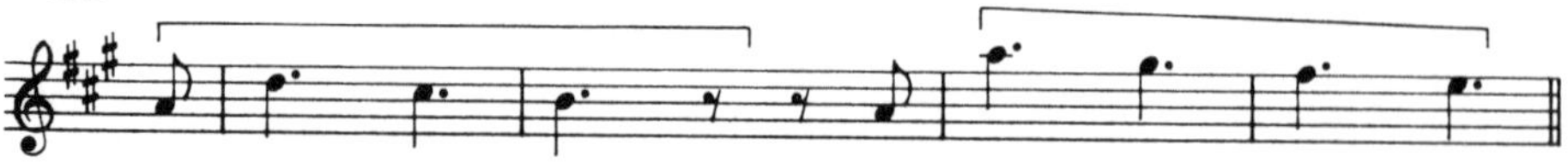

2. Satz

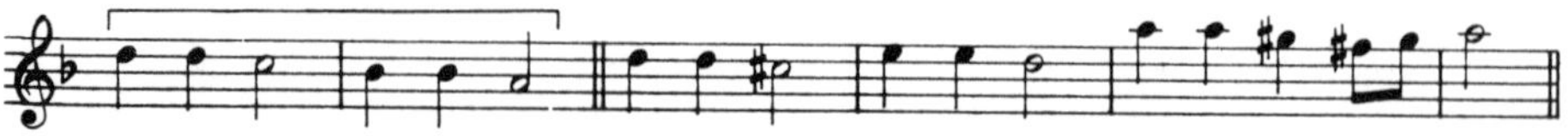

Musikbeispiel 50b

3. Satz

Musikbeispiel 50c

4. Satz

Wie nahe alle diese Motive miteinander verwandt sind, erhellt aus den Notenbeispielen. Wir halten diese Verwandtschaft nicht für das Ergebnis eines bewußten Schaffensprozesses, sondern für die Sicherheit und Einheit des «wählenden Instinkts». Schumann hat das sehr genau gespürt, wenn er vom «innigen Zusammenhang aller vier Sätze» spricht und feststellt, daß «die melodische Führung in den vier verschiedenen [Sätzen] eine verwandte» sei.[56]

(2) *Ouvertüre «Die schöne Melusine»*

Nach allem, was wir bisher von Mendelssohns «Revisionseifer» gehört haben, sind wir nicht erstaunt, daß die *Melusinenouvertüre* das Schicksal der meisten anderen Kompositionen des Meisters geteilt hat: nämlich wieder und wieder revidiert zu werden. Sir Thomas Attwood besaß die erste Version, Klingemann die zweite, die der Uraufführung des Werkes zu Grunde lag (in Abwesenheit des Komponisten, 1834).

Sie gewann nicht gerade enthusiastischen Beifall; schonend bringt Klingemann dies dem Freund bei, nicht ohne einige Exzerpte aus den wichtigsten Kritiken zu zitieren – wohl als Trost. Danach betonte der *Atlas* die Ähnlichkeit mit Beethovens *Egmont-Ouvertüre* (!); die *Times* fand Vergleichspunkte mit Beethovens *Pastoralsymphonie,* wie überhaupt des toten Meisters Mantel über Mendelssohns Schultern gefallen sei, etc.; die Aufnahme des Werkes war kühl trotz aller Lobsprüche. Moscheles, den Dirigenten, scheint auch ein wenig Schuld zu treffen, denn er nahm (nach Klingemanns Bericht) die Tempi zu langsam. Mendelssohn, der erfolgverwöhnte, nahm diese Mitteilungen mit großem Gleichmut entgegen – seine Reaktion erinnert ein wenig an Mozarts gleichmütige Antwort, als Kaiser Josef II. von *Don Giovanni* bemerkte, diese Musik sei keine Speise für die Zähne seiner Wiener. In gleichem Sinn zuckt Mendelssohn die (metaphorischen) Achseln. «Haben die Leute im Philharmonic meine ‹Melusine› nicht gemocht? Ei was, ich sterbe nicht daran...[57] Vorher schon hatte er Klingemann und Moscheles ganze Serien von dynamischen und instrumentalen Verbesserungen gesandt; 1835 endlich, ein volles Jahr später, macht er sich an die «endgültige» Revision. Bevor er diese Fassung dem Druck übergibt, bittet er Klingemann, die alte (zweite) Partitur zu verbrennen, «weil sie [ihm] immer nur halbfertig vorkam».[58] Von allen seinen Ouvertüren war diese ihm dann die liebste.[59]

Schumann rühmte das Werk über die Maßen, ließ sich von seiner Phantasie beflügeln und schwärmte von «schießenden Fischen mit Goldschuppen, Perlen in offenen Muscheln, etc.;» Mendelssohn gingen solche Extravaganzen, wenn der Musik aufgezwungen, gegen die innerste Natur, und er wehrte sich gegen solche Interpretationen, auf die Gefahr hin, für undankbar gehalten zu werden. In betont ironischer Nüchternheit antwortet er auf die Frage, worum sich's denn bei der «Schönen Melusine» handle: «Hm – eine Mesalliance.»[60]

Die Ouvertüre ist in eine neuartige Form gespannt, die in ihren Vorläufern bei Beethoven und Weber auftritt; streng genommen ist es ein Sonatensatz (S) in f-moll, gerahmt von einem einleitenden und einem abschließenden Satz in F-dur (A), die natürlich dasselbe Themenmaterial verwenden. Also

Musikbeispiel 51

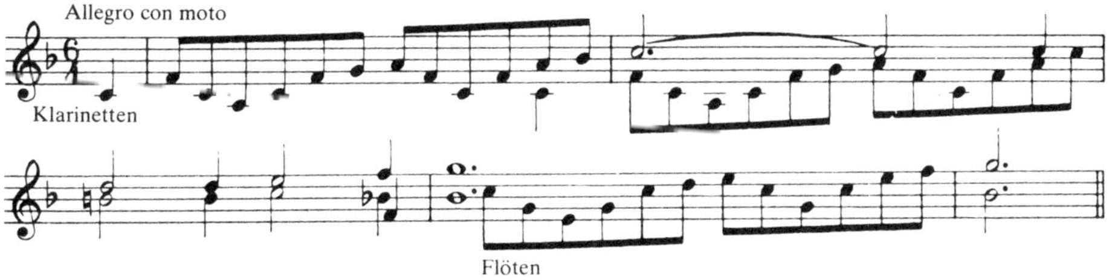

A	S	A_1
(F-dur)	(f-moll)	(F-dur)

Die F-dur-Einleitung bringt die «zauberische Wellenfigur» (Schumann), die Wagner dann wörtlich für das *Rheingold* übernahm. Nicht mit Unrecht ist der dritte Takt des Themas wegen seiner rhythmischen Schwäche getadelt worden; da aber sowohl Einleitung wie Epilog knapp gehalten sind, wird der Rhythmus nicht monoton. Denn wieder handelt es sich um einen Sechser-Takt, diesmal $^6/_4$. Glücklicherweise weiß Mendelssohn im f-moll-Satz dem Metrum einige geistreiche Wirkungen abzugewinnen (durch Teilungen

Oberstimme	3 + 3;	2 + 2 + 2;	3 + 1 + 2;	2 + 1 + 1 + 2
Baß	3 + 3;	3 + 3;	2 + 2 + 2;	3 + 1 + 2).

Die durchsichtige, «wasserklare» Orchestration ist von jeher bewundert worden; die Zeitgenossen und Kritiker rühmen den Trompeteneintritt auf der Dominantseptime (im 18. Takt), Schumann nennt ihn «einen Ton aus uralter Zeit». Die serene Idylle ist bezaubernd und einfach geschildert; und der trotzige f-moll-Satz hat als Gegenthema wieder eine idyllische Melodie von großem Charme. So ist's denn kein Wunder, daß von allen Ouvertüren Mendelssohns diese den «Kennern» am meisten gefallen hat – der Verzicht auf einen brillanten Schluß bekräftigte den Einklang mit dem Geist des Märchens und der Themen und macht das Werk umso liebenswerter.

B. Vokalwerke

(1) Lieder für eine Stimme mit Klavierbegleitung, op. 19, op. 34

Unter diesen 16 Stücken finden wir nur sechs «Treffer», eine magere Beute. Wer sind die Dichter der gelungenen Stücke? Heinrich Heine (4 Gedichte), Goethe (1), Ulrich von Liechtenstein (1); die anderen Dichter heißen Egon Ebert und Klingemann. Felix war es zwar gelungen, bessere Texte zu finden, aber noch ist er im Biedermeierstil zu Hause – und dort wirkt er ganz unoriginell. Nur wenn er ihm (allzu schüchtern) entflieht, dann geraten ihm einige berühmt gewordene Stücke. Wir haben auf die ästhetischen und persönlichen Gründe dieser Schwäche bereits in Kapitel 7 hingewiesen. Nun sollen außerdem die Formgebung seiner Lieder und dann sein Verhältnis zur zeitgenössischen deutschen Dichtung genauer betrachtet werden.

Wenn Einheit von Ton und Wort das vom Liedkomponisten angestrebte Ideal ist, dann ist es Mendelssohn gelungen, in der überwiegenden Mehrzahl seiner Lieder den hausbackenen Worten der Dichter ebensolche Töne zuzugesellen. Zwar freier als Zelter neigt er immer noch zu einer halb strophischen Struktur, die am besten als eine Art Barform angesprochen wird – zwei Stollen und ein Abgesang –, wie zum Beispiel in seinem leider zu Tode gesungenen «Auf Flügeln des Gesanges» oder im genialen Wurf «Neue Liebe» von Heine. Ein weiterer Mangel seiner Liedkomposition ist seine Gleichgültigkeit gegenüber korrekter Deklamation des Textes. Wenn solche Verstöße im Chor schon unangenehm auffallen, so erscheinen sie uns im Solovortrag nach Wagners, Wolfs und Mahlers strengen Forderungen einfach als stilwidrig. Ein paar Beispiele mögen diesen Vorwurf erhärten:

Frühlingslied von Ulrich von Liechtenstein: «... blühen gén des Mayen Schein»
Frühlingslied von Klingemann: «Es bréchén im schállénden Reigén»
«Auf Flügeln des Gesanges» von Heine: «Es liegt ein rotblühender Gartén»
«Suleika» von Goethe: «Freudigés Gefühl von beiden»
Reiselied von Heine: «Und wie ich reite, so réitén mír die Gedanken voraus»

Seine Klavierbegleitung folgt der Stimme genau; nur in seinen besten Liedern wirft er diese Krücke weg und gewinnt dann, wie im «Reiselied» oder «Neue Liebe», die Flügel des Meisters.

Ein Wort noch über sein Verhältnis zu den zeitgenössischen Dichtern: die Periode zwischen 1830 und 1850 kennzeichnet den Aufstieg des «Jungen Deutschland». Über diese Richtung sagt Oskar Walzel, ihr bester Kenner:
Der Jungdeutsche ist alles eher als Heimatkünstler, er ist vor allem ein Tagesschriftsteller... Der Wille, aus dem Tag für den Tag zu schaffen, ist die Stärke und die Schwäche der Jungdeutschen. Die Jungdeutschen sind die Begründer der deutschen Tagesschriftstellerei des 19. Jahrhunderts.[61]

Wir haben schon früher beobachtet, mit welchem Mißtrauen (um es milde zu sagen) Mendelssohn dem Journalismus aller Länder gegenüberstand. Die franzosenliebende Richtung der Jungdeutschen vollends war ihm, dem Zögling Goethes und Zelters, völlig zuwider. So fehlt es denn in seinen Briefen nicht an absprechenden Urteilen über das «Junge Deutschland»: er bittet den Vater, ihm zu sagen, was er von dieser Richtung halte:
... ich habe etwas darüber auf dem Herzen: es sind Lumpenkerle (besonders Herr von Gutzkow).[62] Das ist sicher: wer sich mit solchen Lumpenkerls (Gutzkow und *Consorten) einläßt, mit dem mag ich nun einmal nichts zu thun haben ... Es sind gar zu schändliche, charakter- und talentlos elende Leute, das ganze Junge Deutschland; sie lieben mich noch dazu, aber sehr unglücklich.*[63]
Nur der Lyrik Heines vermochte er sich nicht zu entziehen; im übrigen aber sind die Dichter seiner Lieder konservativ, bieder oder «pseudo-altdeutsch», damals die große Mode des soliden, kapitalkräftigen deutschen Bürgertums. Merkwürdig ist auch das Schwanken Mendelssohns zwischen «volkstümelnder» und echter Melodik des Kunstliedes. Ohne Zweifel ist ihm das letztere besser gelungen; doch wirkt seine Melodik des Kunstliedes nur selten spontan – der Gedanke drängt sich auf, daß der sonst so selbstkritische Komponist nicht allzuviel Gewicht auf seine Lieder legte, wie sie denn auch in seinem Briefwechsel nur eine geringe Rolle spielen. Anders steht es mit den Chorliedern.

(2) *Lieder im Freien zu singen* op. 41

Fanny hatte die «Echtheit» und «Ursprünglichkeit» vierstimmiger Volkslieder bezweifelt und sich für Einstimmigkeit eingesetzt; darauf entgegnete Felix, daß seine Art ihm die einzig richtige scheine, Volksweisen zu schreiben, denn alle Klavierbegleitung schmecke nach Zimmer und Notenschrank.[64] Er kannte diese Art von der

Singakademie, der Zelterschen Liedertafel, aber vor allem von den englischen Glees her. Nicht wenig von ihrer Technik und ihrem Geist ist in diese Chöre eingegangen, die ihn dem deutschen Bürger, in Wahrheit dem deutschen Volk so nahe gebracht haben.

Merkwürdigerweise ist Mendelssohn hier bedeutend wählerischer in seinen Texten als bei den Sololiedern. Das erste Heft enthält Gedichte von Platen, Heine, Hölty und Goethe. Ungenaue Deklamation kommt leider auch hier vor, zum Beispiel:

«Ín weiter Ferne sei mein Herz dír Vaterland und Vaterhaus» (Heine)

«Bé-gég-nen ún-sérm Láuf» (Goethe)

Der Komponist gibt sich in der Form viel freier als in den Sololiedern; Nr. 2, 3 und 4, von Heine unter dem Titel «Tragödie» zusammengefaßt, sind echte «Stücke im Volkston». Dagegen erreichen Nr. 1, 5 und 6, Kleinodien des weltlichen Chorlieds, große künstlerische Höhe mit einfachen Mitteln und leichter Stimmführung.

In den letzten Jahren hat L. U. Abraham Mendelssohns weltliche Chorlieder ernsthafter Betrachtung gewürdigt. Anhand der von C. Dahlhaus herausgegebenen Anthologie «Das Problem Mendelssohn» hat er an ihnen profunde Überlegungen der angewandten Musikästhetik angestellt (S. 79ff.).

(3) Infelice, Konzertarie für Sopran mit Orchester op. 94

Diese Komposition war im Auftrag der London Philharmonic Society geschrieben. In ihr geht Mendelssohn affektmäßig kaum über die übliche Elegie der «Abbandonata»-Arie hinaus, die ja das Paradestück der Barockoper war. Die Empfindungen der vom Heros verlassenen Geliebten sind zwar elegisch, aber weder dramatisch noch emotionell überzeugend nachgefühlt. Der – ohnehin veraltete – Stil der *opera seria,* den Felix hier nachzuahmen hatte, lag ihm ganz und gar nicht. Dennoch ist, rein musikalisch gesehen, das Stück gelungen, vor allem wegen seiner edlen und groß angelegten melodischen Linie, dann auch wegen des oft seine eigenen Wege gehenden Orchesters. Lebendig aber ist es nicht.

C. Klaviermusik

Von diesen Kompositionen verdienen die *drei Capricen op. 33* nur einige Bemerkungen, das *Rondo brillante Es-dur* kaum diese. Der Titel «capriccio» ist in diesem Fall eine Verlegenheitsbezeichnung, denn die Stücke sind weder stilistisch der alten polyphonen Form angenähert, noch ähneln sie etwa einem Chopin-Scherzo (das man auch als Capriccio bezeichnen könnte) in Ideengehalt oder Form. Am ehesten entsprechen sie schnellen Sonatensätzen; als solche aber tragen sie wenig Charakteristisches an sich. Das thematische Material ist ziemlich unergiebig und die pianistische Behandlung zwar elegant, aber durchaus unoriginell. Von den drei Stücken ist wohl das dritte (in b-moll) das gelungenste, vor allem wegen seiner langsamen funebren Einleitung; das Presto con fuoco lehnt sich ein wenig an den letzten Satz von Beethovens *Appassionata* an, ohne ihm an Wucht, Kraft, Kontrasten und Ausführung auch nur in die Nähe zu kommen. Es ist das eins von den rasanten Stücken Mendelssohns, die zwar Temperament genug haben, aber der Ausbruch bleibt Strohfeuer, und was man zuerst für einen Vulkan hält, entpuppt sich bald als bloße blinde Gewehrsalven.

Das zweite Stück (E-dur), das Schumann so gut gefiel, daß er es mit einem Kapitel aus den «Flegeljahren» von Jean Paul verglichen hat – der war nämlich ein Lieblingsautor beider Meister –, ist für uns allein interessant wegen seiner thematischen Verknüpfung mit Motiven aus der *Melusinen-Ouvertüre*. Es leidet deutlich an einer Schwäche vieler Klavierwerke Mendelssohns: der «liedhaften Kontrastarmut» (K. G. Fellerer).

Das *Rondo brillante Es-dur* mit Orchester war für Moscheles geschrieben und von diesem häufig gespielt worden. Es ist brillant, leer und war einst sehr effektvoll. Damit ist alles über dieses Werk gesagt, das sich von ähnlichen Kompositionen Kalkbrenners nur durch seine solide technische Meisterschaft unterscheidet.

Auf einem ganz anderen Niveau aber stehen die *sechs Präludien und Fugen* op. 35. Die zwölf Stücke sind zu verschiedenen Zeiten zwischen 1827 und 1837 geschrieben worden und können daher nicht als «Gelegenheitskompositionen» angesehen werden.

Wer je eine vierstimmige Fuge für Klavier geschrieben hat, weiß, wie gefährlich abhängig die Spielbarkeit des Stückes vom Thema und seinen Kontrapunkten ist. Viel leichter ist es, Fugen für Streich-Quartett zu komponieren als für Klavier. Diese Schwierigkeit muß auch den erfahrenen Kontrapunktiker Mendelssohn gereizt haben, seine Kunst auf diesem wenig betretenen Gebiet zu versuchen. Das Werk bezeugt die künstlerische Integrität des Meisters wie wenig andere; denn auf diesem Feld gab es ebensowenig Ruhm wie Profit zu ernten zu einer Zeit, da sogar der Name Bach bei Verlegern und klavierspielendem Publikum keinen guten Klang hatte. Eine Fuge war von vornherein als «gelehrter Kram» verschrien, und die Klavierspieler zogen ein brillantes Rondo einer Fuge hundertmal vor. Es ist im Grunde auch heute noch nicht so viel anders.

Abgesehen von der technischen Aufgabe, die sich der Meister in diesem Werk stellte, begegnete er noch auf höherer Ebene einem Problem von ganz anderen Dimensionen, nämlich der Stilfrage: mußte eine Fuge nicht von vornherein Bachsche Modelle nachahmen; durfte Mendelssohn die interessanten, aber sterilen Wege Reichas einschlagen, der völlige tonale Freiheit für die Fuge postuliert hatte; sollte es möglich sein, dem Barockstil, in dem die Fuge ihre großartigsten Monumente geschaffen hatte, ganz aus dem Wege zu gehen, ohne auf der anderen Seite in anachronistische und trockene Schulfugen zu verfallen?

Felix hat sich darüber Gedanken gemacht und auch einige (in Briefen an Fanny) ausgesprochen. Er weiß, daß das Werk wenig gespielt werden wird, aber er macht sich nichts draus;[65] auch fühlt er, daß ihm die strenge Zucht (der Fugen) nach all den vielen Liedern ohne Worte gut tun werde, wie es einem andern Freund gegenüber heißt.[66]

Das Resultat ist bedeutend, aber in den Einzelheiten ungleichwertig. Es war ihm gelungen, sich von bloßer Bach-Nachahmung freizuhalten – anders als in den zwei Fugen in *op.* 7 (den *Charakteristischen Stücken*) geht er hier unbetretene Wege. Tatsächlich gelingt ihm eine schöpferische Synthese von polyphonem Geist mit nachklassischem, freiem Klavierstil, und weder spüren wir archaische noch «akademische» Manierismen. Es ist auch merkwürdig, wie gewisse Formeln und Strukturideen sich bei Reger, der ja ähnliches unternommen hat, wiederfinden. In einzelnen Partien hat Mendelssohn den viel späteren, doch entschieden geistesverwandten Reger vorausgeahnt.

Von den *Sechs Präludien* sind die bedeutendsten die Nrn. 1, 4 und 6. Nr. 5 ist ein «Lied ohne Worte», das überaus leichten Anschlag erfordert, Nr. 2 eine ziemlich konventionelle «Invention», Nr. 3 ein furioses Capriccio. In Nr. 1 gelingt es ihm, eine wirklich neue pianistische Idee zu entwickeln; sonst beklagt er sich immer – und mit Recht – über seine Armut an echt pianistischen Konzeptionen. Harmonisch erinnert das Präludium an das *Lied ohne Worte* Nr. 21. Nr. 4 erinnert an das *Lied ohne Worte* Nr. 18 (auch in As), ist aber feiner gefügt. Nr. 6 erinnert durch die Art seiner Begleitung ganz leise an Schuberts *Ave Maria,* ist aber ein nobles und wohlgewachsenes Stück.

Von den *Fugen* halten wir Nr. 1 (e-moll), Nr. 3 (h-moll) und Nr. 6 (B-dur) für die besten. Nr. 1 verwendet das Thema sowohl in originaler Gestalt wie in seiner Umkehrung und mündet nach einer großen, durch Engführungen verschärften Steigerung in einen (freien) Choral mit figuriertem Baß, der deutlich an «Was mein Gott will, das g'scheh allzeit» anklingt. Jedoch das Stück endet nach diesem ff-Höhepunkt ganz leise. Nr. 3 prunkt mit kontrapunktierten Künsten: Umkehrungen, doppelte Engführung, kanonische Zwischenspiele etc. überrennen den Hörer; trotzdem klingt die Fuge nirgendwo gezwungen und hat wohl monumentale Statur. Nr. 6 endlich, ein virtuos brillantes Stück, ist seiner Zeit um viele Jahre voraus. Die voneinander scharf abgegrenzten Rhythmen werden erst ganz am Ende der Fuge miteinander verschmolzen. Die Nrn. 4 und 5 versprechen vielleicht mehr als sie halten; und Nr. 2 ist ein ungemein klangvolles Stück, bei dem man die Strenge der Form niemals zu spüren bekommt – es nähert sich einem fugierten «Lied ohne Worte». Daher konnte Schumann mit Recht schreiben:

... so konnte man manchem Mädchen die letzte Partie einer, zum Beispiel, der zweiten Fuge... für ein Lied ohne Worte ausgeben... Kurz, es sind nicht allein Fugen, mit dem Kopf und nach dem Rezept gearbeitet, sondern Musikstücke, dem Geiste entsprungen und nach Dichterweise ausgeführt.[67]

13. KRISEN UND ERFOLGE: DIE LEBENSGEFÄHRTIN

«Mit der Freude zieht der Schmerz
traulich durch die Zeiten ...»

Johann Peter Hebel, Neujahrslied,
Komposition von Felix Mendelssohn

I.

Mendelssohn war Gewandhausdirektor – in fester und leitender Stellung! Mancher nach Sicherheit haschende Künstler von heute würde sich mit einer solchen Position zufriedengeben, und auch damals fehlte es nicht an bedeutenden Musikern, die, einmal im Hafen der «Lebensstellung» gelandet, ruhig sitzen blieben und den lieben Gott einen guten Mann sein ließen.

Aber Felix Mendelssohn war nicht von dieser geruhsamen Art. Im Gegenteil, er kannte zeitlebens wenig Ruhe. Wir werden diesen auffallenden Zug noch zu würdigen haben, wenn wir uns mit seiner Persönlichkeit beschäftigen werden.

Die Jahre 1835–1837 brachten Felix einige schmerzliche Erfahrungen, die normalerweise aber keine tieferen Spuren hinterlassen haben würden. Der plötzliche Tod des geliebten Vaters hätte sie ohnehin für den Augenblick in den Hintergrund gedrängt; später jedoch verbitterten sie sein Leid, denn sie trafen ihn, wo er am verwundbarsten war: in seinem Verhältnis zu geliebten Menschen.

Die erste Wunde, die nie ganz vernarbte, war der Bruch mit seinem Freund Adolf Bernhard Marx. Leider kennen wir die Geschichte der Entfremdung nur von der Seite des Freundes, wenn wir von einigen kritischen Bemerkungen in Mendelssohns Briefen absehen. Außerdem gibt Marx in seinen Memoiren nicht einmal die wahren Gründe an; die sind erst nach seinem Tod durch seine Frau bekannt gemacht worden.[1] Was hatte die alte Freundschaft vergiftet?

Wir erinnern uns der Abneigung, die Felix gegen allen Journalismus hegte, und vor allem seiner Verachtung aller abstrakten, d. h. nicht «angewandten» Ästhetik, für die er beredte, wenn auch wenig schmeichelhafte Worte findet. Nun, Marx hatte sich in diesen beiden Sätteln versucht, sehr zum Mißvergnügen seines Freundes Felix. Jedoch hätte dieser dem Älteren Eskapaden solcher Art verziehen, wenn er als Komponist gehalten hätte, was er versprach und was Felix von ihm – noch 1832 – erwartete. Als aber nichts als trockenes, erfindungsarmes Zeug aus Marx' Feder kommen wollte, begann Felix, sich der Abneigung des Vaters und Zelters, aus der keiner je ein Hehl gemacht hatte, zu erinnern und am Werte des Freundes ernsthaft zu zweifeln.

Dazu kamen zwei an sich unbedeutende Episoden: Mendelssohn und Marx hatten sich verabredet, daß jeder für den andern ein Oratorienlibretto schreiben würde. Marx wollte einen «Moses» komponieren, und Felix war schon damals von der Gestalt des Apostels Paulus fasziniert. So schrieb Felix den Text für *Moses* und Marx den für *Paulus.* Wie nicht anders zu erwarten war, fühlten sich beide von ihren Librettisten arg enttäuscht, und es kam zu einem bittern und erregten Wortwechsel zwischen ihnen. Bald darauf verlobte sich Marx und begehrte von Felix, man muß wohl sagen in unverfrorener Weise, eine beträchtliche Summe als Leihgabe. Er hat sie auch mit freundlichen Glückwünschen erhalten, aber nie Anstalten getroffen, sie zurückzuerstatten. Dafür aber kommen immer mehr magistrale, ästhetisch-journalistische Manifeste von Marx und eine herzlich schwache Musik. Felix war von all dem höchst unangenehm berührt und wandte sich nun von Marx ab. Es soll aber nicht verschwiegen werden, daß seine Mutter mit ihren recht klatschhaften und oft maliziösen Briefen alles tat, um den Zwiespalt zu vergrößern. Felix, in Düsseldorf wie in Leipzig weit entfernt von den Ereignissen, ist diesen Gerüchten kaum je auf ihren Wahrheitsgehalt nachgegangen. So kam es allmählich zu völliger Entfremdung, wenn auch noch nicht zum offenen Bruch. Dieser erfolgte erst später unter dramatischen Umständen. Marx hatte 1839 seinen *Moses* beendet und hätte ihn gerne Mendelssohn zur Première anvertraut. Kurz entschlossen setzte er sich, mit der Partitur im Koffer, in den Zug nach Leipzig. «Wenn der mein Werk dort aufführt, so war... der Erfolg entschieden.» Mit der Bitte: «Hilf mir, mein Werk ist vollendet» trat er dem Freund gegenüber. Beide setzten sich an den Flügel, und Marx spielte und sang den ersten Teil des Werkes aus der Partitur. Als er geendet hatte, erhob sich Mendelssohn und sagte kühl: «Du darfst mir das nicht übelnehmen, aber für dieses Werk kann ich nichts tun...»; da geschah folgendes:

Marx reiste ab, ohne ein weiteres Wort zu verlieren... Die Hoffnungen, die er auf Mendelssohns Hilfe gesetzt hatte, waren zerstört, die letzten Bande der Freundschaft zerrissen. Lange klang dieser Schmerz in ihm nach, ja, er ist in seinem Leben nie darüber hinweggekommen...[2]

Bald nach der Rückkehr von Leipzig hat Marx alle an ihn gerichteten Briefe Mendelssohns in blindem Zorn vernichtet. Mit Marx ging für Felix ein Teil seiner Jugend dahin; und die Veröffentlichung der Goethe-Zelter-Korrespondenz vergällte ihm ein anderes Stück Erinnerung.

Zelter hat Abraham Mendelssohn, den alten Freund aus Jugendtagen, gewiß geschätzt und war ihm stets wohlgesinnt, wobei die Tatsache, daß er bei ihm stets «freie Casse» hatte, etwas mitgeholfen haben dürfte. Seinen Felix aber hat er mit seinem ganzen, sehr männlichen Herzen geliebt wie ein Vater. Aber seine «Loyalität» gehörte nur einem: dem Großen Freunde in Weimar. Als Zelter seine Briefe an Goethe schrieb, lag den beiden der Gedanke an Veröffentlichung ganz fern. Erst in den letzten Jahren der Freundschaft ist er gereift. Zelter pflegte sich in persönlichen Bemerkungen keinen Zwang anzutun; er wußte, daß Goethe diese kernig-unbefangene Sprache an ihm schätzte, und so hat er manches geschrieben, das er wohl nicht der Öffentlichkeit hätte preisgeben wollen. Leider ist die heikle Aufgabe der Herausgabe des Briefwechsels einem beschränkten, verbitterten Schulmeister, einem Dichterling und Faktotum Goethes, Professor Friedrich Wilhelm Riemer, übertragen worden. Diesem Manne fehlte jedes Taktgefühl Lebenden gegenüber, jede Diskretion für das Gedächtnis der Toten.

Es sind daher so manche Bemerkungen Zelters über die Familie Mendelssohn und ihre Freunde stehengeblieben, die Felix kränkten und seine Familie lächerlich machen mußten. Er war auch fest entschlossen, Riemer seine Taktlosigkeiten bei Gelegenheit heimzuzahlen. Selbst der Weimarer Kanzler von Müller schreibt an Doris Zelter:

Ich will nicht leugnen, daß ich wohl wünschte, Riemer hätte manche Namen weggelassen; allein er fürchtete, daß man dadurch den Briefen das Pikante nehmen würde ...[3]

Ganz anders reagierte die, für welche der Profit der Veröffentlichung bestimmt war, Doris Zelter selbst (in einem Brief an Riemer):

Was nun die Persönlichkeit Zelters anbetrifft, so habe ich mir die ganze Synagoge auf den Hals geladen, und ich glaube kaum, daß der alte Tempel das Klaggeschrei und Gequatsche aushält... Mendelssohns benehmen sich wunderlich genug...[4]

Dieselbe Doris war von der Familie Mendelssohn wie eins ihrer Kinder behandelt, auf viele Reisen mitgenommen worden, und Abraham hatte vorgesehen, sie bei ihrer Hochzeit reich auszustatten. Dazu ist es allerdings nicht gekommen: sie ist unverheiratet gestorben, eine alte Jungfer mit böser Zunge. Dabei ist zu erwägen, daß keine der eher komisch gemeinten Bemerkungen Zelters den Mendelssohns irgend etwas Ehrenrühriges nachsagt; es handelt sich durchwegs um kleinere Indiskretionen.

Jedoch auch diese häßlichen kleinen Vertrauensbrüche Zelters wären wohl im Laufe der Zeit vergessen worden – obgleich Abraham und Felix darüber entrüstet waren und in ihren unveröffentlichten Briefen ganz gehörig schimpften. Es scheint jedoch, daß eine damit verbundene Aufregung den plötzlichen Tod Abrahams herbeiführte. Die Familienpapiere lassen kaum einen Zweifel darüber zu. Es scheint sich folgendes abgespielt zu haben:

Vater Mendelssohn war über eine oder zwei abfällige Bemerkungen Goethes, die Hensels Talent und Kunst angingen, verärgert. Möglicherweise hat jemand aus der engeren Familie Riemer anonym zur Rechenschaft gezogen. Riemer vermutete in dem Schreiber jenes Briefes Abraham und antwortete in unhöflich-sarkastischem Ton. Abraham war sehr indigniert und begann eine scharfe Replik zu verfassen. Am nächsten Morgen wurde er leicht krank und starb kurz darauf an einem Gehirnschlag, ganz wie sein Vater Moses gestorben war: leicht und ohne Schmerzen.[5]

Noch im Jahre 1841, also fünf Jahre nach Abrahams Tode, hatte Riemer die Geschmacklosigkeit, die folgenden Zeilen zu veröffentlichen:

Möge indessen der gute Schwiegerpapa [Abraham] *sich durch das, was Börne und Heine über Goethe vor den Augen des ganzen Deutschlands ausgossen, zu seiner Satisfaktion mitgerächt, oder, wie man auch sagt, mitgerochen haben!*[6]

Solche und ähnliche Niederträchtigkeiten, in denen dieses Erinnerungswerk an einen Goethe sich ergeht, nehmen schon einen giftigen Antisemitismus völkischer Art voraus; so heißt es da u. a.:

Das Prinzip, aus dem die ganze Nation [der Juden] *hervorgegangen, aus dem sie gehandelt hat... ist* indelibel; *also denke man nicht Mohren weiß zu waschen, auch dank der christlichen Taufe nicht, wie man etwa im Mittelalter den foetor judaicus* [Judengestank] *dadurch zu tilgen glaubte...*[7]

Zum drittenmal im Leben war Felix in brutaler Weise daran erinnert worden, daß er im Grunde ein Fremder, nur Geduldeter sei und immer bleiben werde. Hat es dem Knaben jener preußische Prinz, der vor ihm ausspie, hat es die Ablehnung der Singakademie beim Jüngling nicht vermocht, wird jene Infamie aus dem Goethekreis, die hämisch an sein altes Judenvolk erinnerte, wird sie den Mann zur Selbsteinkehr, zur Besinnung über sich selbst bringen?

Die Frage muß unbeantwortet bleiben; denn mit Abraham starb auch die Gestalt des «Großen Vaters», in der viele Züge von Moses Mendelssohn noch lebendig gewesen waren. Die Reaktion des tieferschütterten Sohnes – viele Briefe zeugen von seinem Schmerz – äußerte sich in zweifacher Weise, ja auf zwei verschiedenen Ebenen: in einer bewußten und beabsichtigten Läuterung seines religiösen Denkens und Fühlens, also in einer Wendung zum positiven und erlebten Christentum Schleiermacherscher Observanz hin, aber auch in einer stark betonten Identifikation mit dem Gottesvolk der Ahnen. Für diese scheinbar paradoxe Antinomie der Gefühle gibt es mancherlei Zeugnisse. Wir wollen hier nur einige anführen.

Nichts war Felix nun wichtiger als die Vollendung des *Paulus*, des Werkes, mit dessen Werden der Vater in jeder Einzelheit vertraut war und von dem er große Stücke hielt. Alle Briefe Felix' aus jener Zeit sprechen von seinem Eifer, seiner wirklich heiligen Hingabe als doppeltes Bekenntnis zum Christentum und zum Vater. Dabei mag die Gestalt des Apostels, der als Jude geboren und auch nach seiner Bekehrung immer ein Freund seines Volkes geblieben war, im tiefsten Innern des Komponisten verwandte Töne angeschlagen haben. Während eben jener Zeit machte ein orthodoxer Jude aus Rußland, ein Virtuose auf einer von ihm selbst verfertigten Strohfiedel, eine große europäische Konzerttour. Dieser seltsame Mann, Gusikow war sein Name, enthusiasmierte Felix in ganz ungewöhnlichem Grad.[8] Dieser merkwürdige Künstler, der sein orthodoxes Judentum geradezu zur Schau trug, wurde von Mendelssohn enthusiastisch weiter empfohlen.[9]

Beinahe zur gleichen Zeit entschließt sich Felix, den Manen des Vaters ein zweites und wahrhaft christliches Opfer zu bringen: er führt in Frankfurt (als Vertreter des kranken Schelble) zum erstenmal Bachs Trauerkantate «Gottes Zeit ist die allerbeste Zeit» auf. Ein Jahr später wiederum bittet er den Kapellmeister Friedrich Schneider in Dessau, über dem Tor des Hauses, in dem Moses Mendelssohn gelebt hatte, auf seine Kosten eine Plakette anbringen zu lassen, will sich aber vorher vergewissern, daß der jetzige Besitzer des Hauses und die Dessauer im allgemeinen ein solches Denkmal zu würdigen wissen.[10] Zeugen der *Paulus* und die Aufführung von Bachs *Trauerkantate* von Felix' geläutertem Christentum, so betont der Enthusiasmus für Gusikow und das Gedenken an den großen Ahnen seine Loyalität gegenüber dem alten Stamm. Auf diese Art setzt sich Felix mit dem Hauptproblem seines Lebens «kathartisch» auseinander.

Wieder sind wir den Geschehnissen vorausgeeilt: kurz vor dem Tod des Vaters hatte Felix die Freude, zwei ihm sehr liebe «Brüder in Apoll» bei sich in Leipzig zu begrüßen: Moscheles und Chopin. Sie besuchten Leipzig zu gleicher Zeit, und so fanden sich für einige denkwürdige Tage die größten Klavierkomponisten des 19. Jahrhunderts (nach Beethoven) zusammen: Chopin, Schumann, Mendelssohn und Moscheles, nur Liszt fehlte!

Vom Begräbnis des Vaters heimgekehrt, fühlte Felix erst, wie einsam er doch in seinem Schmerz war – fern seiner Familie und seinen Freunden. Nun galt's den *Paulus* möglichst bald zu Ende zu bringen, da, wie er selbst sagt,

der letzte Brief des Vaters mich dazu antrieb, und er sehr ungeduldig die Beendigung der Arbeit erwartete; mir ists, als müßte ich nun alles anwenden, um den Paulus so gut als möglich zu vollenden, und mir dann denken, er nähme Theil daran.[11]

Felix beabsichtigte, das neue Oratorium beim Niederrheinischen Musikfest in Düsseldorf, also unter alten Freunden, zur Uraufführung zu bringen. Ursprünglich sollte es von der Frankfurter «Cäcilia» gesungen werden, aber die schwere Krankheit ihres Leiters Schelble machte jede solche Hoffnung illusorisch. So mußte denn Felix bis Anfang Mai Partitur und Stimmen des großen Werks in aufführungsreifen Zustand bringen. Nur unter Aufbietung seiner ganzen, noch frischen und ungeminderten Arbeitskraft vermochte er, die selbstgestellte Aufgabe zu gedeihlichem Ende zu bringen.

Vorher schon, nach nur halbjähriger Wirkungszeit, hatte er die Genugtuung, seine Verdienste um das Leipziger Musikleben von berufener Stelle anerkannt zu sehen. Die Universität verlieh dem Siebenundzwanzigjährigen das Ehrendoktorat der Philosophie, eine außergewöhnliche Ehrung für einen so jungen Künstler. Im Diplom vom 20. März 1836 heißt es:

Vir clarissimus Felix Mendelssohn Bartholdy,
concentus musici director,
ob insignia in artem musicam merita
Honoris Causa
Philosophiae Doctor et Bonarum Artium Magister Creatus.

(Der hochberühmte Felix Mendelssohn Bartholdy, Musikdirektor, ist auf Grund seiner hervorragenden Verdienste um die Kunst der Musik ehrenhalber zum Doktor der Philosophie und zum Magister der Schönen Künste ernannt worden.)

II.

DER PAULUS

Es ist schwer für uns, dem *Paulus* gegenüber gerecht zu sein. Das Werk ist groß angelegt und intendiert, aber es ist nicht monumental geraten wie der *Elias*. Wahrscheinlich darum ist es vom Konzertprogramm nahezu verschwunden. Es ist bezeichnend für die Unebenheit des Werkes, daß sich schon vor hundert Jahren die Kritiker nicht über den Wert des Oratoriums einigen konnten. In den meisten Fällen kann man aber, nach mehr als einem Jahrhundert, feststellen, ob und warum ein großes Werk lebt oder tot ist. Im letzteren Falle mag dann der Historiker gegen die Ungerechtigkeit der Nachwelt protestieren und darauf hinwirken, daß wenigstens Teile eines wichtigen Kunstwerkes wiederaufgeführt und so mit der modernen Hörerschaft konfrontiert werden, sei es auch nur auf Schallplatten. Hat nicht Mendelssohn selbst mit der Aufführung von Bachs *Passion* der Musik einen solchen «Wiedererweckungsdienst» erwiesen? Ist nicht in unserer Zeit Cherubinis *Medea* zu neuem Leben erwacht? In solchen Fällen, denen man noch die Wiederbelebung Monteverdis und älterer Meister anreihen könnte, ist mit dem wiederaufgeführten Werk auch eine ganze, vorher verschollene Stilart auferstanden.

Beim *Paulus* jedoch liegt das Problem grundsätzlich anders. Denn, wenn er wiedererweckt würde, käme mit ihm kein vergessener Stil wieder zum Leben. Der viel stärkere und reinere *Elias* stellt den *Paulus* in den Schatten, obwohl er vom selben Meister geschrieben, vom gleichen Stil beseelt ist. Aber eine viel sicherere Hand hat ihn gefaßt und dargestellt. Daher müssen wir von neuem versuchen, den guten und schwachen Seiten des älteren Werkes nachzugehen, um vielleicht Teile davon künstlerisch zu rechtfertigen und zu retten.

Der Text des Oratoriums wurde von Schubring unter der Beihilfe von J. Fürst aus Worten der Heiligen Schrift zusammengestellt. Die Handlung schildert das Martyrium des heiligen Stephan, der von fanatisch gesetzestreuen Juden gesteinigt wurde. Unter ihnen befand sich Saulus von Tarsus; er beabsichtigte, die Christengemeinde in Syrien zu verfolgen; auf dem Weg nach Damaskus geschieht das Wunder – er sieht das Licht Jesu, verliert aber dabei sein Augenlicht und bekehrt sich zum Christentum. Geheilt, bereut er seine früheren Sünden und wird unter dem Namen Paulus einer der Führer-Missionare des verfolgten Christentums. Damit endet der erste Teil. Der zweite Teil schildert Paulus und Barnabas in ihrer Missionstätigkeit bei den Juden und Heiden. Beide Gruppen wenden sich gegen den Apostel, und er beschließt, Ephesus zu verlassen und nach Jerusalem zurückzukehren, im vollen Bewußtsein, daß er seinem Martyrium entgegengeht. Mit dem Abschied von den ephesischen Christen schließt das Werk.

Der zweite Teil ist arm an dramatischem Geschehen. Mendelssohn und Schubring haben sich drei hochdramatische Situationen entgehen lassen: die wunderbare Errettung von Paulus und Silas aus dem Kerker, die Konfrontierung des Paulus mit seinem einstigen Meister Gamaliel vor dem Synhedrion und schließlich die gewaltige Tribunalszene in Caesarea vor dem römischen Gouverneur Festus und dem König von Judaea, Agrippa II. Jede dieser Situationen hätte dem Komponisten ausgezeichnete Gelegenheit geboten, den Charakter seines Helden «im Feuer» zu zeichnen. Mendelssohn versucht zwar die Handlungsarmut des zweiten Teils durch eine Menge lyrischer und homiletischer Stücke zu verdecken; das ist ihm aber nicht gelungen, und beim Hören dieser Einschiebsel entgeht der Hörer weder gelegentlicher Langeweile noch dem Ärger über einige allzu salbungsvolle Texte.

Ein weiterer Grund der inneren Schwäche des Texts liegt in der Auswahl der Bibelstellen. Weder Schubring noch Mendelssohn ist es gelungen, das irrationale Element – man mag auch sagen das Mysterium –, mit dem der Apostel immer wieder von neuem rang, dem Hörer nahezubringen. Allein die Tatsache, daß die Lehre des lebenden Jesus für den Paulus der Episteln kaum eine Rolle spielte, daß für ihn das Heilsopfer, die Kreuzigung und Auferstehung Christi das entscheidende Moment bedeuten, weist auf die ausschlaggebende Stellung des Mysteriums in Paulus' Lebensweg hin. Doch finden sich im *Paulus* nur drei Stellen, die dem wunderbar Geheimnisvollen Gerechtigkeit widerfahren lassen: die Vision des Stephanus bei seiner Steinigung, die Bekehrungsszene auf dem Weg nach Damaskus und, schon bedeutend schwächer, das Wunder des wiedergewonnenen Augenlichts durch Intervention des Ananias. Diese Betonung des Rationalen war zwar ganz im Sinne Schleiermachers, aber dabei kommt der überaus komplexe, prophetisch-visionäre Charakter des Paulus zu kurz, zugunsten seiner auf die hellenistische Welt beschränkten Missionstätigkeit.

Wenden wir uns nun zur Musik des *Paulus*. Mendelssohn entwickelt hier einen Stil, dessen Elemente er von Händel, Bach und den Italienern des 17. Jahrhunderts übernimmt. Die Vorbilder seiner Form scheinen der *Messias* und die *Matthäus-Passion* gewesen zu sein. Bachs Einfluß zeigt sich am deutlichsten in den Choralbearbeitungen, die von allem Anfang an den Kritikern widersinnig, ja anachronistisch erschienen. Bei Bachs *Passion* entgehen sie diesem Tadel, da ja das Werk als liturgische Karfreitagsmusik für die Kirche und ihre Gemeinde bestimmt war. Der *Messias* wieder ist eine Ausnahmeerscheinung in der Geschichte des Oratoriums; denn seit Kretzschmar wissen wir, daß sich

für die ganze Festzeit von Advent zu Trinitatis aus dem ersten und zweiten Teil des «Messias» die Kantaten in fortlaufender Reihe entnehmen lassen, und der Gedanke hat eine gewisse Berechtigung, daß zwischen der Anlage des «Messias» und dem Gange, in welchem das sogenannte Kirchenjahr die Geschichte des Erlösers ... verfolgt, ein beabsichtigter Zusammenhang besteht.[12]

Da also beide Vorbilder liturgische Zwecke verfolgen, der *Paulus* aber nicht, liegt schon hier eine Quelle von stilistischen Konflikten.

Mendelssohn hatte, als er während der italienischen Reise einige Choralkantaten komponierte, sich an Zelter um Rat und Kritik gewandt, besonders wegen der freieren Choralbehandlung. Erst jetzt ist der Antwortbrief Zelters ans Licht gekommen, und wir werden sehen, daß Zelter sich über die Choralfrage völlig im klaren war, daß aber Mendelssohn nach dem Tode seines Meisters dessen Prinzipien unberücksichtigt ließ. Wir zitieren im folgenden die darauf bezüglichen Stellen nach der Zelterschen Originalhandschrift[13]; *18. Jan. 1831*

... Der alte Choral an sich, als Gesang der ganzen Gemeine, das Evangelium enthaltend, ist, seinem ersten Grunde nach, die Scheidewand zwischen dem catholischen und protestantischen Cultus, weil dadurch die Gemeine zur Facultät des Gottesdienstes wird. Bey dem catholischen Cultus gibt es eigentlich keine Gemeine, weil jeder für sich im Stillen an der Ausübung des Cultus theilnehmen darf... Bey dem catholischen Gottesdienst kommt die öffentliche Ausübung des Cultus nur der Priesterschaft zu, als einer Gemeinde der Heiligen. Bey den Protestanten ist die Layenschaft nicht ausgeschlossen, die ganze Christenheit ist einbezogen und der protestantische Kirchenchoral das Verbindungsprincip, d. i. die Gemeine wird zur Facultät des Gottesdienstes ...

So lange nun der Choral Gesang der ganzen Gemeine ist, möchte er am besten seyn, wie wir ihn haben; insofern wir ihn zum Motiv einer freyen Composition verwenden, so verhält sichs wie mit dem Texte zur Predigt, dem Titel zum Buch, und Du hast freie Gründe ...

Zelter ließ also den Choral nur gelten als «Gesang der ganzen Gemeine», als welcher er aber im Oratorium nicht aufkommen kann; des weiteren weist Zelter auf den Heiligendienst der katholischen Kirche hin, und die logische Implikation ist der Ausschluß der Heiligenverehrung als Thema eines Oratoriums.

Insbesondere die Funktion und Haltung des Chores gibt zu Mißverständnissen Anlaß. Schon Otto Jahn hatte die dreifache Bedeutung des Chores im *Paulus* erkannt und sie milde beanstandet. Der Chor nämlich tritt in handelnder, erzählender und reflektierender Eigenschaft auf, und es ist nicht immer leicht für den Hörer, sich auf die augenblickliche Funktion einzustellen. Daneben aber singt der Chor noch Choräle, die aber hier weder von einer Gemeinde noch von einer gottesdienstlichen Handlung getragen sind. Interessanterweise ist die alte Kontroverse um die Stileinheit des *Paulus* jüngst wiederaufgenommen worden. Carl Dahlhaus knüpft die folgenden treffenden Bemerkungen an die heikle Frage:

Daß Mendelssohns Paulus, ohne eine Stilkopie zu sein, im Ton an Händel – und manchmal an Bach – erinnert, ist niemals verkannt worden und erregte das Mißfallen konkurrierender Oratorienkomponisten wie Louis Spohr und Carl Loewe. Die Nähe zu Händel, das Archaisieren als Mittel zur Monumentalität, ist jedoch nicht in einer allgemeinen stilistischen Affinität, sondern in der Gattungstradition des Oratoriums begründet, als dessen classicus auctor Händel unangefochten galt ...

Die Einfügung von Choralsätzen nach dem Vorbild der Matthäus-Passion ist Mendelssohn als Verkennung der Gattungstradition, als falsche Übertragung aus dem kirchlichen Oratorium (mit dem Choral als Gemeindegesang) in das Konzertora-

torium, zum Vorwurf gemacht worden (u. a. von Alfred Einstein in «Die Romantik in der Musik», München 1950, S. 97). Der Deutung als einfaches Mißverständnis wäre jedoch die Auffassung entgegenzuhalten, daß sich Mendelssohn nicht etwa über den Sinn der Tradition irrte, sondern daß er vielmehr eine Veränderung, die sich in der musikalischen Rezeption vollzogen hatte, in kompositorische Praxis umsetzte. Das kirchliche Oratorium, die Matthäus-Passion, ist bei seiner Ausgrabung 1829 – die eher eine «Entdeckung» als eine «Wiederentdeckung» war – zu einem Konzertoratorium umgedeutet worden; die liturgische Funktion war nicht restaurierbar ...[14]

Berlioz' scherzhafter Tadel, daß Mendelssohn «die Toten zu sehr liebe», ist wohl zu verstehen, wenn man unbefangen die Partitur des *Paulus* studiert. Die Mittel der Orchestration sind unzweifelhaft nach-Beethovenisch; die Arien, Duette etc. sind oft von jener etwas weichlichen Art, die das späte Biedermeier liebte – allein die großen Chorsätze stehen manchen Kompositionen Händels an Größe und Wucht kaum nach. So ergibt sich der Gesamteindruck einer eklektischen Stilmischung.

Im Vergleich mit der problematischen Funktion des Chores verschwinden die andern Strukturprobleme des *Paulus* mehr oder minder: die Übertragung der erzählenden Kontinuität an verschiedene Stimmen und Personen, die rigorose Beibehaltung eines epischen, nicht dramatischen Rezitativs, das seinen Ursprung in der *opera seria* nicht verleugnet, und die Mischung freier Sologesänge wie Cavatine, Arie, Duett, Ensemble mit Chor etc. Die Verteidiger Mendelssohns haben die Rolle des Chors im *Paulus* mit jener verglichen, die er in der griechischen Tragödie spielt, m. E. zu Unrecht.[15] Denn in der Tragödie nimmt der Chor an der Handlung überhaupt nicht Teil, sondern ist der von der Tradition berufene Verkünder der Gefühle und Gedanken, die den Zuschauer bewegen sollen. Im besonderen war Mendelssohn davor gewarnt worden, den Choral in ein Oratorium zu verpflanzen; aber er verharrte in seiner Ansicht, daß diese typische liturgische Form der lutherischen Kirche für jeden Text des Neuen Testaments angebracht sei. Leider hat Schubring ihn hier schlecht beraten.[16] Doch ist es nicht allein die dreifache Rolle des Chors oder die Verwendung des Chorals, die den *Paulus* als uneinheitlich erscheinen lassen, sondern die allzu freie Mischung divergenter Stile.

Zwar sieht ein Gelehrter vom Range Alfred Einsteins in der «hybriden» (gemischten, unreinen) Form des Oratoriums die Wurzel allen Übels.[17] Aber die Gültigkeit dieses Urteils ist mehr als zweifelhaft. Denn er selbst nennt ja den *Elias* ein *Werk von der höchsten Stilreinheit, dem höchsten Adel, der höchsten Innerlichkeit, diesmal mehr klassizistisch als romantisch.*

Hier scheinen also die Gefahren der Mischform überwunden zu sein; dies läßt sich allerdings vom *Paulus* nicht sagen.

Bevor wir einzelner, besonders charakteristischer Stücke gedenken, wollen wir einige Bemerkungen über die klangliche und melodisch-rhythmische Haltung des Werkes vorausschicken. Mit größtem Feingefühl behandelt Mendelssohn Orchester und Chor; er ist kein Fresco-Maler wie Händel, kein klagender Visionär wie der Bach der *Matthäus-Passion,* sondern eher ein genauer, feinsinniger Zeichner, weniger ein Maler. (Diese Beobachtung gilt auch für seine wirklichen Zeichnungen und Gemälde, die ein beträchtliches Talent erkennen lassen, bei denen aber ebenfalls das Linear-Zeichnerische überwiegt.) Seine Chorpolyphonie wird immer von klaren Linien getragen, ist daher selten massiv, und klingt hervorragend schön. Wo er ältere Stil-Muster übernimmt, wie z. B. in der Arie «Jerusalem», gelingt es ihm, mit kleinen, völlig selbständigen Zügen seine Unabhängigkeit von der Vorlage zu wahren und oft erst ins rechte Licht zu stellen. Dagegen wirken die Rezitative oft monoton, sind auch nicht immer gut deklamiert, und manche fugierten Chöre würden durch energische Kürzungen an Kraft gewinnen. Das gesamte Klangbild besticht mehr durch seine harmonischen, edlen Linien als durch kühne Farbengebung.

Die Ouvertüre intoniert in dunklen, allmählich sich erhellenden Tönen den Choral «Wachet auf», den «Programmchoral» des ganzen Oratoriums; ein großes Fugato folgt, das am Schluß in eine triumphierende Doppelfuge über den Choral übergeht und in leuchtendem Orchestertutti die Ouvertüre abschließt. Von den folgenden Stücken heben wir Nr. 4, Rezitativ und Auftritt der falschen Zeugen, heraus; hier folgt Mendelssohn unzweifelhaft Bachschen Mustern. In Motiven von fanatischer Eintönigkeit wird das eifernde jüdische Volk dargestellt in Nr. 5 («Dieser Mensch hört nicht auf»). Mit Nr. 6 (Rede des Stephanus und Chor der Eiferer) erreicht Mendelssohn einen ersten Höhepunkt. Die Beschleunigung des Tempos vom Andante des Rezitativs bis zum Presto des Chores und zurück zum Molto Adagio der Vision des Stephanus ist von eindringlichster dramatischer Kraft. Mit Recht schaltet Mendelssohn hier einen reflektierenden Ruhepunkt ein, die erhaben-schöne Arie «Jerusalem» (Nr. 7), den edelsten Sologesang des Werkes. Seiner melodischen Struktur nach geht es auf italienische Belcanto-Vorbilder zurück, denen auch Händel oft gefolgt ist. Der Rhythmus ♩ ♩.♪ ist bei Händel sehr häufig, doch seine Verknüpfung mit neueintretenden Stimmen ganz neuartig. Bewundernswert ist auch die knappe, doch sehr wirksame dreiteilige Formgebung. Dies ist eins der Stücke, die unbedingt für den Konzertsaal gerettet werden sollten. Der folgende Chor Nr. 8 («Steiniget ihn») wirkt nach der erhabenen Ruhe der vorhergehenden Arie um so monumentaler und wuchtiger. Auch er ist durchaus in der Art der großen Händelschen Oratoriumschöre gehalten, er wirkt eindringlich und furios. War hier der Chor Träger der Handlung, so tritt er in Nr. 11 («Siehe, wir preisen selig») als trauriger Beobachter auf; das Stück selbst ist die schönste Chorelegie vor Brahms; der Wohllaut des chorischen Klanges verbunden mit der selbständigen Bewegung des Orchesters und der eigenartigen Intonation der Hauptstrophe machen den Satz «spezifisch mendelssohnisch», wie Kretzschmar hervorhebt, der als seine Funktion die alte «gratiarum actio», die gewöhnlich im Schlußsatz der Passionen auftrat, wiedererkennt.[18] Mit diesem herrlichen Stück schließt die Stephanus-Episode. Saulus wird in Nr. 12 mit einer zornig-donnernden Arie («Vertilge sie») eingeführt, deren einzige Schwäche in der allzu symmetrischen Melodieführung liegt. Obwohl als Kontrast gegen die Wut des Saulus gedacht, fällt das folgende Stück (Nr. 13, Rezitativ und Arie «Doch der Herr vergißt der Seinen nicht») sehr ab, vor allem wegen der weichlichen melodischen Erfindung, die noch dazu an eine schwache Stelle des Beethovenschen Violinkonzerts anklingt. Nr. 14 dagegen strebt in der Bekehrungsszene des Saulus auf dem Weg nach Damaskus einem neuen Höhepunkt zu. Viel ist über den Frauenchor als Träger der Stimme Jesu geschrieben worden, als das Werk noch jung war; uns erscheint der Chor als ein durchaus legitimes Mittel, um das anthropomorphe oder allzu-individuelle Element aus der Stimme Jesu zu bannen. Das Stück erfüllt seine Aufgabe in erhabener Einfachheit. Der darauf folgende Chor (Nr. 15, «Mache dich auf»), ein imposantes Stück, erreicht schon im Orchesterritornell einen Höhepunkt, den dann der Chor nicht mehr überbieten kann. Es ist etwas zu lang geraten, insbesondere die Fuge «Denn siehe, Finsternis bedeckte das Erdreich». Um so erfrischender wirkt dann die Choralbearbeitung des «Wachet auf» (Nr. 16) mit regelmäßig eingeschalteten Trompetenfanfaren am Ende jeder Verszeile. Den gebrochenen Stolz des Paulus schildert vorzüglich Nr. 18, die Arie «Gott sei mir gnädig», die wieder einen Höhepunkt des Oratoriums bildet. Die Melodielinie der Arie, die abermals an Händel anklingt, ist durch eingeschaltete hochdramatische Rezitative aufgespalten wie das Herz des Saulus; als ganzes ist es musikalisch und psychologisch ein großartiges Stück. Die Arie mit Chor (Nr. 20, «Ich danke Dir, Herr») erscheint als ein großangelegter Versuch, die innere Lage des mit Blindheit geschlagenen Paulus musikalisch zu erfassen, aber hier hat Mendelssohns Einfühlungsgabe nicht ausgereicht, denn die Arie selbst klingt zu weichlich und der tröstende Chor zu salbungsvoll, um den Hörer von heute ernstlich ergreifen zu können. Das nun folgende Rezitativ Nr. 21 schildert das Wunder, durch das Paulus wieder sehend wird. Mit kurzen und treffenden Motiven wird es im Orchester geschildert, und schließlich nimmt dieses das Anfangsthema des folgenden Chors (Nr. 22, «O, welch eine Tiefe») voraus. Der Chor selbst, so schön er angelegt ist, verliert durch seine große Länge und das etwas abgebrauchte thematische Material. Einige Kürzungen würden da Wunder tun. Damit schließt der erste, handlungsreiche Teil des Oratoriums. Was nun folgt, sind Genreszenen aus der ersten Missionstätigkeit des Apostels. Daß Mendelssohn nach dem fugierten Schlußchor des ersten Teils mit einer großen Doppelfuge den zweiten Teil beginnt, muß man wegen der vergeudeten Wirkung dieses herrlichen Chorsatzes bedauern, der den vorhergehenden noch weit überragt. Ganz abgesehen von der gewaltigen Kunst, die sich in dem groß angelegten Bogen der Fuge mit mehr als einem Dutzend Engführungen bemerkbar macht, ist der Schwung der melodischen Struktur bewundernswert. Es ist dieses eins der Stücke, die unbedingt gerettet werden sollten, vielleicht durch Unterlegung eines neuen Textes. Nach zwei weniger bedeutenden Stücken trägt der Chor das berühmte «Wie lieblich sind die Boten» (Nr. 26), ein einst sehr beliebtes Stück, vor. Es ist eine Pastorale in Ton und Stimmung und ein echter Ruhepunkt mitten im Geschehen. Allerdings ist Mendelssohn, wie leider oft, den Gefahren des von ihm so geliebten $^6/_8$ Taktes nicht immer entgangen, und man kann sich gelegentlich der Empfindung einer sanften musikalischen Schaukelei nicht ganz entziehen. Klanglich ist der Chor von bezauberndem Wohllaut. In scharfem Gegensatz dazu steht der Judenchor Nr. 29 («Ist das nicht der zu Jerusalem») mit seinem zischelnden, verleumdungsgiftigen Orchestermotiv, ein ebenso echtes Charakterstück wie Nr. 26 eine Idylle war. Überraschenderweise wird dieser Judensturm durch eine herrliche Choralparaphrase «O Jesu Christe, wahres Licht» beantwortet, in dem das Orchester mit selbständigen Motiven dem Chor gleichberechtigt zur Seite tritt. Es ist unzweifelhaft der schönste Choral des *Paulus*, und hier verstummen alle kritischen Stimmen, denn die Funktion des Chorals ist hier nicht liturgisch, sondern rein psychologisch, empfunden als Gebet der verfolgten Christengemeinde. Paulus und Barnabas bereisen nun die Länder der Heiden; in einem beinahe fröhlichen, sonnenbeglänzten Chor (Nr. 33 «Die Götter sind den Menschen gleich geworden») schildert der Komponist den Enthusiasmus der Heiden, der dann allerdings (in Nr. 35, Chor «Seid uns gnädig, hohe Götter») ins leicht Komische umschlägt. Mit Recht hat Kretzschmar darin das Opera-buffa-Element der fortwährenden «Salaam»-Verbeugung wiedererkannt. Das Rezitativ, in dem die Reaktion der Apostel geschildert wird, ist wieder recht lebendig gehalten und mündet in eine Anklagerede des Paulus aus, die in einer monumentalen Choralbearbeitung ihren Höhepunkt erreicht: der fünfstimmige Chor fugiert den Text «Aber unser Gott ist im Himmel», während der zweite Sopran, gestützt von Oboen, Hörnern und Posaunen, den Choral «Wir glauben all' an einen Gott» als Cantus firmus dazwischen wirft. Das Stück ist von eindringlicher Wirkung, aber keineswegs klangfreudig, sondern eher herb, düster und streng. Nach einem zelotischen Judenchor «Hier ist des Herren Tempel» (Nr. 38), der im Wesen nur eine Replik des früheren «Steiniget ihn» ist, spricht die Stimme Jesu zu Paulus «Sei getreu bis in den Tod» (Nr. 40), eine Cavatine mit obligatem Cello. Es war einst ein Lieblingsstück des 19. Jahrhunderts, aber uns erscheint es etwas zu sentimental und auch melodisch ohne Eigenart zu sein. Paulus nimmt Abschied von der Gemeinde der Gläubigen, und sie beschwören ihn in einem lebendig gestalteten Chor «Schone doch Deiner selbst» (Nr. 42) voll von echter Empfindung. Dieselbe Gefühlswelt begegnet uns im Abschiedschor «Sehet, welch eine Liebe» (Nr. 43), in denen der Meister öfter Gebrauch von «gelehrten» kontrapunktischen Mitteln macht, ohne daß man sie beim ersten Hören bemerkt, so zwanglos ergeben sie sich. Der Schlußchor aber beendet das Werk nicht trübselig oder elegisch, sondern durch einen Hymnus auf Gottes Größe («Lobe den Herrn», Nr. 45) in einer etwas zu lang geratenen Fuge, die aber glänzend und triumphierend klingt und so einen zumindest äußerlich befriedigenden Abschluß gewährt.

Selbst wenn wir von den Schwächen des Textes und der Handlung absehen, zeigen sich bei unserer, immerhin flüchtigen, Betrachtung so viele musikalische und stilistische Unebenheiten des Werkes, daß wohl nur Teile davon für den Konzertsaal

oder die Kirchenmusik gerettet werden können. Dies war aber durchaus nicht das Urteil der Zeitgenossen Mendelssohns. Überall, wo das Werk aufgeführt wurde, hatte es entschiedenen Erfolg, und von all den begeisterten, ja enthusiastischen Urteilen wollen wir nun ein sehr gemäßigtes zitieren, das im Londoner *Athenaeum,* einem in jeder Beziehung erzkonservativen Journal, ausgesprochen wurde:
In seinem Oratorium Paulus hat Herr Mendelssohn einen erhabenen Aufschwung unternommen. Er hat seinen Stoff von der am meisten pitturesken und lebendigen Seite erfaßt, und hat seine Eingebungen mit großer Kunst geformt, dabei aber seine Technik zu hoher Einfachheit des Stils verfeinert... Er hat mehr an seinen Stoff als an sich selbst gedacht; dieser Entschluß, seine Musik zu einem Mittel *und nicht zum Endzweck zu machen, erhebt ihn hoch über diejenigen, welche... allzu oft die Echtheit ihrer Charaktere und das ungeminderte Interesse des Hörers irgendeinem eingängigen Ritornell oder gar einer abstrusen Harmonik zuliebe aufopfern...*[19]

III.

Nach dem Tode des Vaters war das Leben in seinem einsamen Zimmer in Leipzig für Felix sehr deprimierend geworden. Zwar hatte seine Mutter ihm (beim traurigen Weihnachtsfest 1835) das Versprechen abgenommen, sich nun doch bald nach einer «für ihn passenden Frau» umzusehen, aber es scheint, daß er in Leipzig vergeblich danach suchte.[20] Nur selten läßt Felix sich so gehen wie in den Briefen an Klingemann aus jenen Tagen. Da heißt es u. a.: «... die entsetzliche Veränderung, die in meinem Leben vorgegangen ist, fange ich erst ganz nach und nach an zu spüren... es ist das sichere Gefühl, daß meine Jugend mit dem Tage (von Vaters Tod) vorüber war, und alles, was dazugehörte, mit ihr...» «Das... macht mich für immer ernsthaft und gibt mir nur den Wunsch, dem Vater ähnlich zu werden, und dem nachzukommen, was er von mir erwartete...» (Abraham hatte, zumindest bei Felix, sein Ziel erreicht: seinen Kindern als der «große Vater» zu erscheinen. In diesem Bild mischen sich Züge von Moses und Abraham Mendelssohn zu einer für die Kinder unauflösbaren Einheit.) Aber welch seltsamer Wunsch, «dem [toten] Vater ähnlich zu werden»! Alle Spuren von ehemaligen ödipalen Komplexen sind verschwunden. Und ganz im Geist seiner Vorfahren bemüht sich Felix, das «Andenken des großen Vaters» zu ehren. Auch äußerlich, besonders in symbolischen Anliegen und konkreten Erinnerungen an den Vater, zeigt sich dieses Bestreben: er erlaubte nicht, auf dem Grabstein des Vaters ein vergoldetes Eisenkreuz anbringen zu lassen, wie Hensel es geplant hatte; er verlangt strikteste Einfachheit, wie «unsere Grundsätze» sie fordern.[21]

Sein Tagewerk beschreibt er ungefähr so: Er pflegte früh aufzustehen, bis 12 Uhr mittags an seinen Kompositionen zu arbeiten; dann ging er gewöhnlich bis 1 Uhr spazieren; dann Mittagessen mit Freunden in einem guten Gasthof; nachmittags spielte er Klavier (er war nicht gewohnt zu «üben», das verachtete er); gegen Abend arbeitete er wieder, und dann aß er wieder mit Freunden (privat oder im Hotel)

Souper, das sich gewöhnlich bis 10 Uhr ausdehnte. Einige immerhin erfreuliche Abwechslungen brachten etwas Freude und Farbe in diese einförmige Existenz. Schon vor dem Tod des Vaters hatten Moscheles und Chopin ihn besucht, der erstere war sogar mit ihm nach Berlin gefahren, um seine Eltern zu besuchen; im März besuchten ihn die Mutter und Schwester Fanny, um ihn etwas aufzuheitern; sie trafen damals mit Ottilie von Goethe zusammen, die unbedingt wollte, daß ihr Sohn Walter, der musikalische Anlagen hatte, bei Mendelssohn studieren sollte. Darüber hinaus scheint sie versucht zu haben, den guten Felix auch auf andere Weise zu trösten; diese und ähnliche Versuchungen aber hat Felix siegreich bestanden. Er trat auch als Bratschist bei der Aufführung seines *Oktetts* öffentlich auf, wie er schreibt, «nicht ohne Herzklopfen». Bei allem werktäglichen Getriebe ersehnt er sich nichts so wie die Herstellung seiner «inneren Heiterkeit», ein für Felix überaus bezeichnendes Wort, das man beileibe nicht mit gedankenlosem Frohsinn verwechseln darf. Es ist im Grunde die Heiterkeit, die er an Goethe so bewundert hatte und die für den Dichter so unumgänglich nötig war.

Eine Spur davon zeigt sich beim Besuch des ostjüdischen Musikers Gusikow im Februar 1836. Gusikow, ein orthodoxer polnischer Jude, war ein später Repräsentant der alten «fahrenden Spielleute» (hebräisch *Klesmorim*), die im Mittelalter und sogar noch im Barock weltliche Musik ins Ghetto gebracht und dort heimisch gemacht hatten. Mendelssohn berichtet über ihn enthusiastisch seiner Mutter und den Schwestern[22]; er empfiehlt ihn an Moscheles und Hiller und nennt ihn dabei einen «Mordskerl» und einen «Genius»[23]; er besteht darauf, daß Mutter und Schwestern ihn hören und seine Bekanntschaft machen. Es ist nun interessant und bezeichnend, wenn man die Reaktionen seiner Angehörigen mit seiner Begeisterung vergleicht. Fanny schreibt mit kühler Bewunderung, nicht ohne Ironie:

Gesehen habe ich ihn und kann versichern, daß er ein ungemein schöner Mensch ist. Er kokettiert mit strengem Judentum in Kleidung und Lebensart, und macht Glück bei Hofe damit... Ich habe das Phänomen gehört und versichere Sie, ohne so entzückt zu sein wie manche, daß er alle Virtuosität auf den Kopf stellt... scheint überhaupt ein Fuchs erster Klasse zu sein... Es ist nur eine Stimme unter uns, daß Vater sich höchlich für ihn interessiert haben würde, hätte er ihn gehört...[24]

Ganz anders Lea:

Gusikow hat mich gestern besucht: welch interessante Physiognomie!... Dazu fehlt es ihm nicht an einer gewissen Coquetterie im Kostüm, was ich sehr billige: die Locke auf der Stirn, das schräg gesetzte Käppchen, das malerische Gewand!... Von Dir spricht er mit gebührender Anerkennung... Wenn doch der liebe Vater ihn hätte hören können... wie viel hätte er mit ihm besprechen und argumentieren können!

Später erzählt sie vom Auftreten Gusikows in der «Gesellschaft der Freunde» – jener gesellschaftlichen Vereinigung der assimilierten Juden mit charitativen und künstlerischen Zielen:

... Er ist, wie Du richtig sagst, ein Phänomen... es versteht sich, daß das ganze Alte

Testament auf den Beinen und «bei Vatern» ist, wenn er spielt. Im Opernhaus soll neulich auch der Oberrabbiner gewesen sein ...[25]

Fanny dagegen ist nun schon sehr kritisch:

Diese polnische Judengeschichte [Gusikow] *ist sehr gut ... der Kerl macht hier furore – aber das Getue geht mir nun doch über die Geduld ...*[26]

Warum die Ironie und die Ungeduld bei Fanny; warum die Bezeichnung «Kerl» für einen Künstler, ein Wort, gegen das sie sich sonst entschieden verwahrt hätte? Sehr einfach: im Gegensatz zu Felix hatte sie begonnen, sich ihres Judentums zu schämen, und mehr als das: ihre Scham war in jenen vernichtenden Selbsthaß ausgeartet, der leider ein Charakteristikum vieler deutscher Juden geworden ist. Was bei Felix, der die Freunde Gusikows, lauter orthodoxe polnische Juden, zu sich einlädt, eine natürliche, freundliche Reaktion ist, wird bei ihr Ironie und – bei aller Bewunderung – verachtungsvoller Haß.

Jede freie Stunde wurde inzwischen dem *Paulus* gewidmet, und Felix geht völlig in dem Oratorium auf; zwar läßt er sich von der kritischen Fanny beraten, folgt aber durchaus nicht immer ihren Vorschlägen, besonders, wenn sie, die unbedingt-archaisierende, die Rezitative als «zu modern» bezeichnet. Solchen Gedanken mußte sich ein schaffender Künstler vom Range Mendelssohns bei allem Respekt vor der Vergangenheit natürlich verschließen. Als das Oratorium nahezu beendet war, blieb die Frage der ersten Aufführung immer noch ungelöst. Es bedurfte einer langen Korrespondenz mit den Düsseldorfern und vor allem des entschiedenen Einspruchs der Mutter, die ihn nachdrücklichst an die Wünsche des Vaters erinnern mußte, um ihm seine Einwilligung zur Uraufführung beim Niederrheinischen Musikfest abzuringen. Dann allerdings nimmt er sich aller Details der Aufführung lebhaft und energisch an. Der schlimmste Teil der inneren Krise war überwunden. So kann er denn auch zufrieden der Mutter berichten:

Es macht mir überhaupt Freude, Dir schreiben zu können, daß ich jetzt in Deutschland wohl festen Fuß gefaßt habe, und nicht meiner Existenz halber nach dem Auslande zu wandern brauchen werde. Das hat sich eigentlich erst seit einem Jahr, und namentlich seit meiner Stellung in Leipzig deutlich gezeigt, aber ich glaube gewiß, daß es so ist.[27]

Über das Niederrheinische Musikfest und die Aufführung des *Paulus* besitzen wir einige zeitgenössische Berichte und Kritiken, von denen die Freund Hillers (Erinnerungen, S. 44f.), die reichlich geringschätzigen der Frankfurter Tageszeitungen sowie die überaus enthusiastische Besprechung Schumanns anzuführen wären. Die Ansichten von zwei philosophierenden Musikern oder Musikhistorikern aus jener Zeit, die beide dem Werk Mendelssohns zustimmen, seien hier noch kurz erwähnt: wir denken hier an Moritz Hauptmann, später Thomaskantor in Leipzig, und Otto Jahn, den ersten großen Mozartbiographen. Der erstgenannte hebt besonders seinen Chorstil als unvergleichlich hervor und sieht im *Paulus* die organische Verbindung des Bachschen und Händelschen Stils mit der Tonsprache Beethovens.

Mit Recht hält Hauptmann den Chor «Siehe, wir preisen selig» für einen musikalischen Edelstein, der allen Stürmen der Zeit trotzen werde. Otto Jahn dagegen rühmt besonders den

Ernst der Empfindung, welche über die Subjectivität des Individuums sich zu erheben, das Allgemeine zu erfassen und mit der Meisterschaft des Künstlers zur Erscheinung zu bringen bestrebt ist... Es ist damit schon gesagt, daß der musikalische Ausdruck stets einfach und edel sei, und eben in der Wahrheit und Einfachheit der Elemente, aus denen der Meister seine Kunstwerke erbaut, liegt der allgemeine Eindruck und das klare Verständnis derselben...[28]

Um so beachtenswerter ist die Kritik Devrients:

Im zweiten Theile ists nun schon immer matter, und gegen Momente wie die Steinigung und Blendung hat der zweite Theil nichts... Es fehlt dem zweiten Theil etwas Interessantes... ließe er sich nicht für die Aufführung abkürzen?... Der Stoff ist spröde, und ich habe bei Oratorien meistens die Empfindung gehabt, daß der kleine Kreislauf religiöser Empfindungen sich bald abnutzt. Ich muß auf meine alte Klage kommen, daß das Oratorium ... doch eine unhaltbare Zwittergattung ist...[29]

Fügen wir diesen zeitgenössischen Betrachtungen nur noch eine bemerkenswerte Beobachtung Romain Rollands hinzu, so denken wir, ohne die Lobhudler (deren es viele gegeben hat) über Gebühr zu zitieren, einige der repräsentativen Äußerungen der Mit- und Nachwelt über den *Paulus* wiedergegeben zu haben. Romain Rolland sagt abschließend über Mendelssohns Oratorien:

Mendelssohn y touche la note juste, il donne à ses personnages un accent tragique et met de la véracité dramatique jusque dans les chœurs. Dans toute la musique sacrée ... il me semble que le sentiment judaïque vienne à son aide et l'anime du souffle des anciens prophètes de sa race.[30]

Vom Standpunkt des Theologen gesehen, erscheint der *Paulus* als das wohl erste Zeugnis eines Geistes, der die Orthodoxie des 19. Jahrhunderts überlebte und sich in unserer Generation als «Bekennende Kirche» manifestiert hat. Mendelssohn war ein früher Vorläufer dieser Richtung. Um so befremdlicher wirkt es, daß eben die bekennende Kirche an seinem reichen liturgischen Werk achtlos vorbeigeht. (Vgl. auch meinen Aufsatz in *Amor Artis,* I, Nr. 1, New York 1961).

Das Programm des Niederrheinischen Musikfestes 1836 enthielt, außer dem *Paulus,* die folgenden Werke: Beethoven, *Leonoren-Ouvertüren Nr. 1* und *3,* die *Neunte Symphonie;* Mozart, *Davidde penitente;* Händel, *Chandos-Anthem Nr. 3.*

Die *erste Leonoren-Ouvertüre,* damals noch ganz unbekannt, wurde lebhaft begrüßt; dagegen fand die *Neunte Symphonie* durchaus nicht allgemeinen Beifall. Fanny, die das Werk nur von der Partitur her kannte, schreibt darüber:

Diese kolossale 9. Symphonie, die so groß und zum Theil so abscheulich ist, wie nur der größte Mann sie machen kann, ging wie von Einem exekutiert... ein kolossales Trauerspiel mit einem Schluß, der dithyrambisch sein soll, aber nun auf seiner Höhe umschlägt und in sein Extrem fällt: ins Burleske.

Ja, Mendelssohn selbst schrieb noch am 14. Dezember 1837 an Droysen:
Es ist schwer, überhaupt über Musik zu sprechen... die Instrumentalsätze gehören zum Größten, was ich in der Kunst kenne; von da an, wo die Stimmen eintreten, verstehe auch ich es nicht, d. h. ich finde nur einzelnes vollkommen, und wenn das bei einem solchen Meister der Fall ist, so liegt die Schuld wahrscheinlich an uns. Oder der Ausführung... Im Gesangsatz aber sind die Stimmen so gelegt, daß ich keinen Ort kenne, wo er gut gehen könnte, und daher kommt vielleicht bis jetzt die Unverständlichkeit...
Mit anderen Worten: Felix vertraute der Meisterschaft Beethovens blindlings: er, der sonst so kritische Hörer, mißtraut seinem eigenen Urteil und erhoffte sich Unmögliches von einer «perfekten» Aufführung des Werkes. Diese Bescheidenheit gegenüber einem Werk, das doch offenbar technische Mängel aufweist, hat etwas von religiösem Glauben; es zeugt davon, daß Felix ernstlich an den absoluten Wert eines Kunstwerkes glaubte.

Das *Anthem* von Händel war ein Import aus England, denn diese Stücke waren in Deutschland kaum je bekanntgeworden; auch hier ist Mendelssohn ein Bahnbrecher; und dasselbe gilt von der Aufführung des *Davidde penitente.* Bekanntlich ist dieses Oratorium Mozarts eine Bearbeitung seiner großen, unvollendet gebliebenen *c-moll-Messe;* weder diese noch das aus ihr hervorgegangene Oratorium gehörten damals zum gängigen Repertoire des Konzertsaals oder auch der Musikfeste. So darf man denn mit vollem Recht sagen, daß Mendelssohn sich überall dort für sonst unbekannte Musik einsetzte, wo er von ihrem Wert oder der *absoluten Meisterschaft* ihrer Autoren überzeugt war. Dieses Vorurteil hat er sein Leben lang beibehalten, und so ist er auch bedeutenden Werken seiner Zeit häufig gleichgültig gegenübergestanden.

IV.

Beim Musikfest hatte Felix die Freude, Fanny und Klingemann wiederzusehen; die Schwester sang sogar im Chor des *Paulus* mit und rettete bei der Erstaufführung eine gefährliche Situation. Beide bewahrten in lebensvollen Berichten ihre Erinnerungen an die schönen Tage in Düsseldorf. Natürlich traf Mendelssohn dort viele alte Bekannte und Freunde von seiner früheren Tätigkeit in dieser Stadt her, vor allem die Woringens. Immermanns wird nirgendwo auch nur mit einem Wort gedacht; kurz darauf ließ sich Felix höchst ungünstig über dessen großen Roman *Die Epigonen* aus. Hier spielten persönliche Ressentiments sicherlich eine bedeutende Rolle, wie er ja nie imstande war (ausgenommen bei Berlioz), persönliche und künstlerische Sympathien oder Antipathien auseinanderzuhalten.

Von Düsseldorf ging Felix direkt nach Frankfurt, wo er während Schelbles schweren Siechtums die «Cäcilia» leitete, allerdings nur für sechs Wochen. Er tat das sowohl Schelble zuliebe als auch, um die schüchtern gedeihende Chortradition Frankfurts nicht welken zu lassen. Es war ihm sogar die endgültige Leitung der «Cäcilia» angetragen worden, die er jedoch aus verschiedenen Gründen, nicht zuletzt aus

Loyalität gegenüber Schelble, ablehnte. Auch in Frankfurt traf er alte Freunde und Verwandte. Dort lebte damals Dorothea Schlegel, seine Tante, die älteste Tochter Moses Mendelssohns, nach dem Tode ihres zweiten Mannes Friedrich Schlegel, in recht einfachen, um nicht zu sagen dürftigen Umständen. Er sah sie oft, und diese geistvolle Frau ist ihm in jenen Tagen eine wahre Freundin geworden. Auch sein alter Freund Hiller weilte nun in Frankfurt, hatte ihn sogar bei seinem Triumph in Düsseldorf besucht. Durch diese Menschen und die Mitglieder des Chorvereins kam er mit vielen Kreisen Frankfurts auch gesellschaftlich in Berührung.

Inzwischen dirigierte er die Proben, führte Stücke von Händels *Samson* und Bachs *h-moll-Messe* auf und gab ein Konzert, dessen Kernstück Bachs *Trauerkantate* «Gottes Zeit ist die allerbeste Zeit» bildete; er hatte dieses Werk als Requiem für seinen Vater gedacht. Ganz naiv erfreute er sich seines wachsenden Ruhmes:

Was ich bei den Leuten hier durch meine Ouverturen und Lieder für ein gewaltiges Thier geworden bin, hätte ich mein Lebtage nicht gedacht.[31]

Seine Unparteilichkeit in Dingen der Kunst wurde abermals auf eine, diesmal heitere Probe gestellt, und zwar durch seine Begegnung mit Rossini. Wir haben des öfteren gesehen, wie abschätzig Felix über diesen letzten Gourmet der Musik und Musiker der gourmandise dachte. Die frühere Bekanntschaft mit ihm war ja auch nur oberflächlich gewesen; nun aber ließ Rossini gegenüber dem jungen Deutschen seinen ganzen unwiderstehlichen Charme spielen, und Felix, selbst ein Charmeur von hohen Graden, konnte sich dem Witz, der lebhaften Intelligenz, ja sogar der satirischen Ironie Rossinis nicht entziehen. Zwar bemerkt er – in einem Brief an die Mutter – von oben herab:

das wird gar zu schön werden, wenn der Rossini den Sebastian Bach bewundern muß.[32]

Aber er war doch völlig kaptiviert von dem Italiener:

Ich kenne wahrlich wenig Menschen, die so amüsant und geistreich sein können, wie der, wenn er will... Geist und Lebendigkeit in allen Mienen und in jedem Wort, und wer ihn nicht für ein Genie hält, der muß ihn nur einmal so predigen hören und wird dann seine Meinung schon ändern.[33]

Rossini bestand darauf, soviel wie nur möglich von Mendelssohns eigener Musik von ihm zu hören. Unter anderem spielte er ihm einige seiner frühen *Capriccios* vor und hörte, wie Rossini murmelte: «Ça sent la sonate de Scarlatti»; er ärgerte sich nicht wenig darüber. Warum? Weil Rossini ins Schwarze getroffen hatte und mit unfehlbarem Blick den Stil erkannt hatte, der Mendelssohns frühe Klavierwerke beherrscht. Übrigens hat Rossini Mendelssohns später in Ausdrücken aufrichtiger Bewunderung, ja nicht ohne einige Melancholie gedacht.

V.

VERLOBUNG UND EHE

Das Gefühl des Vereinsamtseins, das Felix' Leben in Leipzig verdüsterte und aus all seinen Briefen jener Tage spricht, wurde durch das Musikfest in Düsseldorf und seine anschließende Tätigkeit in Frankfurt angenehm unterbrochen, wenn auch nicht ganz aufgehoben. Der Aufenthalt in Frankfurt wurde von entscheidender Bedeutung für den einsamen Mann: er fand dort die lang gesuchte Lebensgefährtin. Er begegnete ihr in der «Cäcilia» und auch gesellschaftlich, denn ihre Familie gehörte zum Frankfurter Patriziat, das sich selbst wie eine große Familie ansieht und von der Außenwelt auch gewöhnlich so angesehen wird. Die Familien Jeanrenaud und Souchay gehörten zur hugenottischen großbürgerlichen Aristokratie der Reichsstadt. Aus J. Petitpierres Buch *Le mariage de Mendelssohn* erfahren wir die interessante Vorgeschichte dieses Clans, denn um einen solchen handelt es sich unzweifelhaft. Er erscheint wie ein enggeschlossenes Familienkonglomerat, das in seiner Struktur dem Mendelssohn-Clan sehr ähnlich war, so sehr die einzelnen Ansatzpunkte wie Abstammung, Religion, Tradition, Sprache sich voneinander unterschieden.

Die Jeanrenauds sind eine alte Hugenottenfamilie, die seit dem 16. Jahrhundert in der Gegend von Neuchâtel seßhaft war; die Männer neigten zur Feinmechanik, waren Uhrmacher, Uhrenhändler und Kaufleute. Der Vater von Cécile Jeanrenaud, die Mendelssohns Gemahlin wurde, war reformierter Pfarrer in Frankfurt, nachdem er in Basel und Genf seine theologischen Studien beendet hatte. Er wurde von der reformierten Gemeinde Bockenheim-Frankfurt im Jahre 1810 zum Pastor gewählt. Als strenger Calvinist konnte er weder mit der Napoleonischen Regierung noch mit der «liberalen» Richtung der protestantischen Kirche unter Schleiermachers Führung sympathisieren. Zunächst war er der Assistent von M. Souchay, dem vollamtlichen Pastor, einem ziemlich griesgrämigen alten Mann. Dieser starb schon 1811 und Jeanrenaud wurde noch im gleichen Jahr sein Nachfolger. Er heiratete die Enkelin seines Vorgängers, die siebzehnjährige Elisabeth Wilhelmine Souchay.

Die Familie Souchay stammte aus dem Loiret und war im 17. Jahrhundert, nach der Aufhebung des Edikts von Nantes und der folgenden Hugenottenunterdrückung, nach Genf geflohen. Ihre Enkel wandten sich dann nach Hanau und Frankfurt, wo sie bald Rang und Status der dortigen Großkaufleute erreichten und sich mit den Alteingesessenen verschwägerten. Der Sohn des Pastors Daniel Souchay, Carl Cornelius, der Schwiegervater von Pastor Jeanrenaud, war ein großer Handelsherr, was ihn nicht hinderte, bis zu seinem frühen Tod ein strenges Hausregiment zu führen. Nach seinem Tod wurde dieses noch strenger unter der schweren Hand der Witwe Souchay, die den Haushalt der Jeanrenauds völlig beherrschte. Als dann Pastor Jeanrenaud nach längerem Siechtum – er war tuberkulös – im Jahre 1819 seine Frau mit drei unmündigen Kindern zurückließ, war es wieder Mme Souchay, die die Zügel aufs energischste in die Hand nahm. Sie hat ihre Tochter die moralische und finanzielle Abhängigkeit bitter spüren lassen und wäre auch geneigt gewesen, dieselbe Rolle bei Felix Mendelssohn zu übernehmen; da war sie allerdings an den Unrechten geraten!

Von seiner frühen Jugend an war Felix viel mit Frauen in Berührung gekommen, innerhalb und außerhalb der Familie; er war es gewohnt, von jungen und nicht mehr jungen Damen verhätschelt und verwöhnt zu werden, und nahm das mehr oder weniger als natürlich hin, ohne indessen eitel oder gar ausschweifend zu werden; er war ein Charmeur und Flirteur, aber sicherlich alles andere als ein Lebemann. Zu strenge Lebens- und Sittengesetze waren ihm im väterlichen Hause eingeprägt worden, nicht zu vergessen die jahrhundertealte patriarchalische Tradition seiner jüdischen Ahnen.

War's Liebe auf den ersten Blick? Kaum, auch nicht auf den zweiten, aber sehr bald danach. Da wir nur sehr wenig aus den gedruckten Quellen erfahren, scheint es uns wichtig, soweit wie möglich die brieflichen Quellen zu erforschen, um diese tiefen Regungen und Beziehungen gebührend und verständnisvoll zu würdigen. Dies ist um so wünschenswerter, als der Einfluß von Cécile Jeanrenaud auf das Leben und Schaffen des Meisters noch keineswegs geklärt ist.

Von handschriftlichen Quellen waren mir die folgenden zugänglich:

1. Alle Familienbriefe Felix Mendelssohns; die Briefe der nächsten Verwandten an ihn; wenige Briefe von Cécile, meistens aus späterer Zeit; die Korrespondenz vor und nach der Hochzeit, die sie mit Felix geführt hatte, vernichtete sie bald nach seinem Tode.

2. Einige Fragmente aus Mendelssohns Tagebuch; der größte Teil dieses unschätzbaren Dokuments ist jetzt verschollen, obwohl J. Petitpierre noch Einsicht in das Tagebuch gehabt zu haben scheint.

Dazu kommen Erinnerungen von Moscheles, Klingemann (in den Briefen), Hiller, den Schwestern (in Hensels Buch *Die Familie Mendelssohn* – mit größter Vorsicht zu lesen!); von Elise Polko, Schubring, Devrient, Chorley, Davison u. a.

Die erste Erwähnung «eines besonders schönen Mädchens, das ich gerne wiedersehen möchte», findet sich in einem Brief an die Mutter vom 13. Juli 1836; noch nennt er keinen Namen; aber im selben Brief gedenkt er seiner Tante Dorothea Schlegel, geb. Mendelssohn, und nennt sie dort «die geistreichste, lebendigste und liebenswürdigste der ganzen Familie». Das hörte die gute Mutter nicht gerne; und schon deshalb, weil sie und ihre Schwägerin sich gar nicht verstanden, schreibt sie: *Vater betrachtete das Leben, unter jeder Bedingung, als ein höchstes Gut, die Gabe des Schöpfers, worüber er sich mit der Schlegel nicht verständigen kann, die ganz anders denkt.*

In Parenthese: hier ist der dogmatische Konflikt zwischen Judentum und katholischer Kirche in etwas zu simpler Weise, aber trotzdem klar erkennbar ausgesprochen. Abraham vertritt hier den jüdischen, Dorothea den erzkatholischen Standpunkt.

Anderseits ermutigt die Mutter ihren Sohn, nachdem sie sich über den Ernst seiner

Gefühle vergewissert hatte, wie nur eine zärtlich-besorgte und auf ihren berühmten Sohn nicht wenig stolze Mutter ermutigen kann:

Ich wiederhole: sey nicht zu bescheiden; *denn wenn das liebe Mädchen nicht früher ihre Neigung verschenkte, sehe ich, und nicht nur ich als Mutter, keinen Grund, Dir nicht mit Freuden angehören zu wollen…*

Wieder im Gegensatz zu dieser zart verhüllten Warnung schreibt Dorothea ihrem Neffen Felix einen für sein Empfinden ungemein verständnisvollen, feinfühligen, in seiner demütigen Art schönen Brief über das Mysterium der Ehe. Wieder in Parenthese: Dorothea war ursprünglich mit einem jüdischen Kaufmann namens Veit verheiratet gewesen, hatte diesen in einem berühmten Abenteuer, das in der deutschen Literaturgeschichte bedeutende Nachwirkungen haben sollte, verlassen, um mit Friedrich von Schlegel zunächst in wilder Ehe zu leben; ihm zu Liebe wurde sie protestantisch. Als beide, dem Zuge der Zeit folgend, in den Bann katholischer Mystik gerieten, tat sie auch den Schritt, der sie zur Katholikin machte, zusammen mit ihrem Mann; mehr noch: sie versenkte sich mit Begeisterung in die Schriften der katholischen Mystiker – Dorothea, die Lieblingstochter Moses Mendelssohns, der einst allem Obskurantismus und allem Antirationalen den Krieg erklärt hatte! Sehr bemerkenswert sind ihre Gedanken über Schamhaftigkeit. Sie, die einst die wilde und brünstige Heldin von Schlegels *Lucinde* gewesen war und begeistert Schleiermachers Postulat einer neuen «Unschuld» (worunter er Schamhaftigkeit verstand) zugestimmt hatte, hatte damals diesem Verteidiger der peinlich indiskreten *Lucinde* mitgeteilt, daß sie das protestantische Christentum mehr angehe als das katholische, welches viel Ähnlichkeit mit dem Judentum habe, «welches sie verabscheute». Ricarda Huch, in verständnisvoller Beurteilung dieser merkwürdigen Gestalt, äußert sich in ihrem schönen Werk *Die Blütezeit der Romantik* in den wohlabgewogenen Worten:

Daß sie lebhaft, leicht und viel sprach, eine rasche Fassungsgabe besaß, auch gescheit genug war, um nichts Dummes zu sagen… ließ sie geistvoller erscheinen als sie war… So selbständig sie im Handeln sein konnte, im Denken war sie durchaus abhängig… Sich so bedingungslos angebetet zu fühlen, das war es, was ihm [Schlegel] *immer gefehlt hatte; … Sie hätte ihn beflügeln sollen und zog ihn, in der Meinung, sein Wohl zu befördern, mit starkem Gewicht zur Erde.*[34]

Zweieinhalb Jahre nach ihrer protestantischen Taufe wurde sie katholisch; alles war nicht mehr wahr, was sie vorher gedacht und geschrieben hatte.

Dorotheas «Pastoralbrief» anläßlich von Felix' Vermählung hat zwar den angedeuteten salbungsvollen Stil, ist aber ein interessantes psychologisches Dokument und steht auf hoher literarischer Stufe; aber er ist oft preziös und allzu wortgewandt. Das ehemals so wilde und «Fleischliche» Vorbild von Schlegels *Lucinde* verwechselt nun Schamhaftigkeit mit Prüderie, rühmt das «Mysterium der Ehe» und bringt eine Menge damals modischer Klischees über das «nackte Menschentum» und seine Heiligung an, spart auch nicht mit wohlgemeinten Ratschlägen für das intime Zusammenleben der Gatten. Diese etwas geschwollene und pseudomystische Prüderie erinnert lebhaft an W. Buschs sarkastisches Wort über «das Vergnügen an Dingen, welche wir nicht kriegen».

Zu Ende Juli 1836 ist Felix sich bewußt, daß er Cécile liebt; von ihrer Seite darf er zumindest auf Verständnis hoffen, weiß aber kaum mehr. Und nun geschieht etwas Sonderbares, ja, wenn man will, Skurriles: Felix, der sonst keinem Flirt ausgewichen war, will diesmal nicht einem Strohfeuer zum Opfer fallen; er will seiner Gefühle ganz sicher sein und reißt sich aus der Gegenwart des geliebten Mädchens. Er fährt mit Schadow, seinem Düsseldorfer Freund, und dessen Sohn, der eben anfing, im Gymnasium lateinische Autoren zu lesen, nach Scheveningen («im Käseland») zu einer ausgedehnten Badekur. Die Briefe aus jener Zeit sind wirklich tragikomisch, denn Felix ist sich der Anomalie seiner Situation wohl bewußt, langweilt sich tödlich, weiß nun, daß er Cécile immer lieben wird, und kann trotzdem noch nicht weg von Scheveningen. Ja, als es endlich soweit ist, macht er noch in Horchheim beim Onkel Joseph Station, erstens um sich auszuruhen, dann um auf Goethes Geburtstag zu trinken, endlich auch, um sich den Segen des Familienoberhaupts – in loco parentis – zu erbitten, der ihm natürlich mit Freuden gewährt wurde.

Er weiß nun, daß sich seine Gefühle nicht mehr ändern werden; nun gilt's, die Braut zu gewinnen. Das holde Mädchen war, bei aller Strenge des Milieus, doch eine Tochter Evas, «geweiht dem höhern Mutterland Natur» (K. Kraus), und wußte recht wohl, daß Felix sie liebte und begehrte. Indessen, auch sie mußte erst ein Hindernis überwinden: es scheint, daß Felix zuerst der noch recht attraktiven Mama Jeanrenaud den Hof gemacht hatte, bevor er sich endgültig für die Tochter entschied. So nahm sich, zumindest für die Frankfurter, die Sache aus, obwohl Felix nie ernsthaft an Mme Jeanrenaud gedacht hatte. Es scheint eine freundschaftliche Aussprache zwischen Mutter und Tochter stattgefunden zu haben, und erst danach war Cécile – wenn sie je gezweifelt haben sollte – ihres Felix sicher.

Feinfühlig wie immer, erklärt sich Felix zuerst nicht der Vertrauten seiner Jugend, Schwester Fanny, sondern der jüngeren Schwester Rebekka: er verstand recht gut die mögliche Eifersucht Fannys und verheimlichte ihr und der Mutter alles Entscheidende.

Am 6. August schreibt er Beckchen (unter dem Siegel «All right»), daß er zwar noch nichts Genaues über Céciles Haltung wisse, aber «sie hat mir die ersten frohen Stunden bereitet», und ihr Haus mit den vielen Verwandten hätten ihn aufs angenehmste an seine Familie und glückliche Kindheit erinnert. Auf die Fragen der Schwester antwortet er Punkt für Punkt:

Wie sie aussieht? Gar sehr gut. Spricht? Deutsch und viel französisch... geht? wie ein etwas verzogenes Kind; musikalisch? Nein, gar nicht...[35]

Dies im Gegensatz zu J. Petitpierres Ansicht, daß Cécile musikalisch bedeutende Interessen hatte – Felix ist jedenfalls hier die bessere Autorität. Am 9. August noch wehrt er sich gegen die Bezeichnung «Braut»:

Bis jetzt eigentlich kenne ich sie wenig und sie mich auch nicht, ich kann Dir darum auch nicht über sie schreiben, wie Du es wünschtest. Nur das weiß ich zu sagen, daß ihre Nähe mir in Frankfurt sehr frohe Tage bereitet hat, in einer Zeit, wo ich dessen sehr bedurfte...[35]

Gleichzeitig bemerkt er, gelegentlich des Seebades:

Man fragt mich immer nach einer neuen Meeresstille, worauf ich dann antworte, ich sey wahrscheinlich für immer aus dem Wasser sowie aus den Elfen heraus – eine Redensart die Du wohl kennst.[35]

Diese Bemerkung bezieht sich auf des toten Vaters Wunsch, die Wasser- und Waldgespenster zu meiden und sich auf solideren Grund zu begeben – einen Wunsch, dem Felix mit der Ausnahme seiner zweiten *Sommernachtstraum-Musik* treulich nachgekommen ist.

Endlich, am 9. September, teilt Felix der bangenden Mutter die Verlobung mit Cécile förmlich mit: «... mir ist so weich und glücklich.» In den folgenden Familienbriefen kommt Felix unablässig auf die «schönen alten Erinnerungen aus der Leipzigerstraße» zurück, die ihn froh und glücklich stimmen. Seine Braut schildert er als eine «Kindsnatur, trotz aller Feinheit». (Die wenigen Briefe Céciles, die uns einigen Einblick in ihr Denken und Fühlen erlauben, sind aber alle in einem Deutsch geschrieben, das sämtliche Modeklischees der Zeit kennt und reichlich benützt.) Schließlich erwähnt er der Mutter gegenüber, er sei in Céciles Nähe so ruhig und still glücklich, wie er sich nur von den Kinderjahren her erinnern könne.

Bevor wir uns der Persönlichkeit Céciles zuwenden, sollten wir versuchen zu verstehen, was für Felix die frohen Erinnerungen aus der Kindheit und ihre Verknüpfung mit Cécile bedeuten. Ohne hier tiefenpsychologischen Gedanken nachzugehen, die weder angebracht noch überzeugend wären, drängen sich doch dem unbefangenen Leser der Briefe etwa die folgenden Gedanken auf: Die meisten Menschen erinnern sich mit Freude und Sehnsucht an ihre Kindheit; das seelische Geborgensein, die Intensität der Glücksgefühle, denen die des Erwachsenen nachstehen, das Gefühl des «Dazugehörens», der Heimat, des Umhegtseins, alles das verbindet sich schon beim gewöhnlichen Sterblichen mit der Jugend. Wie viel mehr noch bei dem von den Schwestern verwöhnten und beinahe angebeteten Felix, der immer «der Hahn im Korb» war! So kann es uns nicht wundernehmen, wenn er sich über die Maßen freut, «wie in alten Tagen zwischen zwei Schwestern auf dem Sofa sitzen und plaudern» zu können. Aber diesmal meint er seine Braut Cécile und ihre Schwester; mit andern Worten: er ist wieder «Hahn im Korb». Noch ein anderes Bindeglied muß hier beachtet werden, und wir haben es schon gestreift: die Ähnlichkeit der sozialen Struktur bei den Familien Jeanrenaud-Souchay und Mendelssohn. In beiden Fällen herrscht der Geist des Clans; die absolute Verläßlichkeit und Loyalität der Mitglieder gegenüber dem Clan, die große Zahl der Angehörigen, alles das war Felix urvertraut und heimelte ihn an. Daß sich solche Gefühle auf das Erotisch-Sexuelle ausdehnen konnten, daß er eine ihm von Kindheit an vertraute Familienstruktur mit dem Objekt seiner erotischen Wahl ohne jeden inneren Konflikt verknüpfen konnte, spricht jedenfalls für die Reife des Mannes.

Viel schwerer ist es für uns, die Persönlichkeit und den Charakter Céciles verständnisvoll und gerecht zu beurteilen, ja, überhaupt zu erfassen. Wie schon erwähnt, sind nur wenige Briefe von ihr erhalten, und weder Felix' Schwestern noch seine Mutter äußern sich in ihren Briefen an ihn je anders als in freundlichen, aber völlig nichtssagenden Ausdrücken. Das war ganz natürlich, und würde heutzutage auch nicht anders sein. Da seine Schwestern mit seiner Mutter zusammenlebten, gibt es auch hier keinen Briefwechsel, der uns Cécile objektiver darstellen würde. Wir sind also ganz auf Felix' eigene Bemerkungen, Hillers, Klingemanns und Moscheles' Beobachtungen und auf ein paar spärliche Briefe zwischen den Schwestern angewiesen, um uns ein Urteil zu bilden.

Aus den Porträts erkennen wir die bezaubernde Schönheit Céciles; aus ihren Briefen geht ihr durchaus häusliches und konventionelles Temperament hervor; in einem einzigen Fall erwähnt Felix, der doch sonst eine fromme Seele war, daß er Cécile einmal ermahnen mußte, «den lieben Gott nicht mit Bagatellen zu molestieren» – das regelmäßige, orthodoxe Gebet der Jeanrenaud-Familie ging dem Schleiermacher-Schüler denn doch etwas auf die Nerven. Die Sentimentalität Céciles spricht aus jedem ihrer Mädchenbriefe, viel seltener äußert sie sich allerdings in den Briefen der reifen Frau. Sie ist und bleibt immer höflich, aber ebenso reserviert wie höflich, selbst in den Briefen an ihre Schwägerinnen. Herzliche Töne findet sie nur für ihre Mutter und – wahrscheinlich – für Felix. Sie ist sehr elegant, repräsentativ, interessiert sich auch sehr für Modenachrichten, kann aber nicht wohl als «grande dame» angesehen werden. Sie war nicht sehr belesen, ganz wie Felix es wünschte, der Blaustrümpfe nicht ausstehen konnte. Sie hatte kein großes Verständnis für Musik, wie wir von Felix selbst wissen; in gesellschaftlichen Dingen scheint sie wohl erfahren und eine besonders liebenswürdige Gastgeberin gewesen zu sein; in ihrem Urteil über Menschen und Dinge aber verrät sie eine Naivität, die trotz ihrem Charme doch etwas Aufreizendes hat. Sie wurde eine vorzügliche Hausfrau und Mutter, eine geliebte Gefährtin für Felix, dem sie Freude, Schönheit und Güte entgegenbrachte. Leider aber hat sie in anderer Weise auf Mendelssohn keinen guten Einfluß ausgeübt: vielleicht hatte er immer eine gewisse Neigung zum Traditionell-Konventionellen gehabt, wenn auch seine Jugendwerke entschieden gegen eine solche Annahme sprechen. Nun aber, in seiner Ehe, tritt ein gewisser Konventionalismus mehr und mehr in Erscheinung, keineswegs zum Vorteil seiner Musik. Es wird sich zwar kaum beweisen lassen, daß Céciles Einfluß diesen Konventionalismus gefördert hat, aber zahlreiche Indizien sprechen dafür.

Schließlich dürfen wir uns fragen, was diesen von den schönsten und gebildetsten Frauen verwöhnten Felix an Cécile dermaßen angezogen hat, daß er ihr zeitlebens hörig blieb, denn nur so läßt sich seine unbeschreiblich innige Anhänglichkeit an sie beschreiben. Die Konventionalität, um nicht zu sagen, die spießbürgerliche Atmo-

Cécile Mendelssohn, geb. Jeanrenaud. Gemälde von Eduard Magnus

sphäre, die Cécile umgab, darf nicht darüber täuschen, daß sie, wie etwa seine Schwestern, doch Patrizierin war; und es scheint, daß Felix nur eine solche als Lebensgefährtin akzeptieren konnte. In keine der Kategorien von Frauen, die er kannte: Verwandte, intellektuell Interessierte, Flirts oder Freundinnen, wollte Cécile passen. Ihre Schönheit und Eleganz zusammen mit ihrer feinen Lebensart machten alle Nachteile wett. So ist ihm ein wahrscheinlicher Konflikt mit dem Vater erspart geblieben, dem Cécile wohl zu ungeistig erschienen wäre. Ihr Typ aber war ihm neu; sie war die ingénue, elegant, aber häuslich, naiv, aber keineswegs dumm, attraktiv, aber nicht provokant oder kokett. Dazu kam noch die leicht exotische Aura, welche die Hugenotten in Deutschland stets umgab und sie als die natürlichen Vermittler zwischen Mittel- und Westeuropa erscheinen ließ. Der Kreis, dem Cécile angehörte, war Felix zwar neu, doch keineswegs unsympathisch – er hatte manche Ähnlichkeit mit den Enklaven, welche die Juden der Emanzipation geformt hatten.

In allen Briefen aus jener Zeit wird er nicht müde zu betonen, daß Cécile allein es vermöge, ihm das Glück der Jugendtage heraufzubeschwören – für ihn ein verlorenes Paradies, das nun wieder, eine faßbare Fata Morgana, erreichbar schien. Sie war ihm Geliebte, Frau und Schwester zugleich, aber durch ihre Schönheit Fanny weit überlegen, wenn sie auch intellektuell und bildungsmäßig auf niedrigerer Stufe stand. So kam es, daß der Weltreisende endlich die ihm angemessene Frau fand, wenn auch nicht eine ebenbürtige Gefährtin seines Denkens und Trachtens.[36] Darüber mag er sich anfangs, besonders während der Hochzeitsreise, getäuscht haben, aber bald kannte er Céciles starke und schwache Seiten. Daher wurde es eine besonders glückliche Ehe; eine gut bürgerliche Menage, kein Abenteuer. Dieses Schicksal kontrastiert so stark mit dem seiner großen romantischen Zeitgenossen, daß wir darauf besonders aufmerksam machen wollen: im Vergleich mit Berlioz' tragischen Irrungen und Wirrungen, mit Liszts Eskapaden, mit Chopins mondänen Damenfreundinnen, mit Wagners skrupellosen Abenteuern, ja sogar mit Schumanns problemgeladener Beziehung zu Clara Wieck ist Felix' Ehe wirklich «das reine Philisterium», wie er sich denn auch, nicht ohne Selbstironie, als «Erzphilister» bezeichnet. Vielleicht ist hier der Hinweis auf die strenge Tradition seiner jüdischen Vorfahren angemessen, eine Tradition, die in Dingen der Geschlechtlichkeit, und ganz besonders in Dingen der Ehe, durchaus keinen Spaß versteht. Die starke Sinnlichkeit des Künstlers und Mannes wurde durch klar formulierte und sinnvolle Hemmungen in bestimmten Schranken gehalten. Diese Tradition des sorgfältigen Maßhaltens hat bei Felix Mendelssohn ohne allen Zweifel triumphiert; dürfen wir annehmen, daß eine der sexuellen Leidenschaft gegenüber nachgiebigere Haltung seinerseits zu seinem und seiner Musik Vorteil ausgeschlagen wäre? Wir halten dies für unglaubhaft und verweisen auf den Mangel an innerer Zucht in den meisten Gedichten Heines, der eben jenen Trieben zu leicht nachzugeben geneigt war.

Noch aber waren nicht alle Schwierigkeiten überwunden. Die zwei Clans mischten sich nämlich ebensowenig wie Wasser und Öl. Mutter Lea untersuchte mit übertriebener Besorgnis jede Zeile, jedes Gerücht daraufhin; und als die Jeanrenauds Felix im Februar und März 1837, unmittelbar vor der Hochzeit, in Leipzig besuchten, versuchte Felix, seine Mutter zu überreden, nicht zur selben Zeit nach Leipzig zu kommen.[37] Wollte er einen möglicherweise unerquicklichen Zusammenstoß verhüten? Es sieht beinahe so aus; denn die Jeanrenauds versprachen zwar nach Berlin zu kommen (von Leipzig aus), aber jedesmal, wenn man fahren sollte, wurde Madame Jeanrenaud krank, dreimal hintereinander. Felix wurde ganz wütend darüber und schob die Schuld, wohl nicht zu Unrecht, auf Céciles Großmutter, den «Familiendrachen» Madame Souchay. Über sie schreibt er:

Madame Jeanrenaud lebt in völliger Abhängigkeit von ihren Eltern, namentlich Madame Souchay, die sie's tüchtig fühlen läßt.[38]

Schließlich aber kam die Mutter doch nach Leipzig, um dort den *Paulus* in der Paulinerkirche (16. März) zu hören, und schon vorher versichert ihr Felix:

Sie [Cécile] *wird auch als Frau nett sein, dafür stehe ich wohl.*[39]

Er berichtet, daß Madame Souchay von Tochter und Enkelin gleicherweise gefürchtet werde.[40] Lea antwortet resigniert, sie werde nach Leipzig kommen, aber Felix möge «sich wegen eines langen Besuches keine Sorgen machen».[41] Nach dem Zusammentreffen Leas mit den Damen Jeanrenaud entschließt sie sich, der Hochzeit nicht beizuwohnen. Man darf dies nicht mißverstehen; Lea war ältlich, kränkelte viel und hatte Reisen jeder Art immer gehaßt. Weit bezeichnender ist es, daß niemand aus Felix' unmittelbarer Familie bei der Hochzeit anwesend war; die alte Tante Dorothea Schlegel allein vertrat seine Familie. Dies sieht nun ganz nach einem wohlüberlegten Schritt aus, besonders bei einer Familie, die, wie die Mendelssohns, viel und oft auf Reisen war, jeden Anlaß zum Reisen benutzte und überdies aufs stärkste und innigste zusammenhielt. Zwar spricht J. Petitpierre von der prunkvollen Hochzeit, bei der die Equipagen der Mendelssohn-Bartholdys, die hier als «getreue Pfarrkinder» (faithful parishioners) bezeichnet werden, unter den übrigen Frankfurter Patriziern vorgefahren seien.[42] Keine Spur davon ist wahr! Und diese augenfällige Abwesenheit hatte sowohl ihre Ursachen als auch ihre Folgen; es dauerte Jahre, bis die gegenseitigen Eifersüchteleien und Spannungen beigelegt waren.

Bereits im Mai (also kurz nach der Hochzeit, die am 28. März stattgefunden hatte) halten beide Schwestern Felix für «entschieden verändert»; aber Felix wehrt sich gegen diese Insinuation und behauptet, daß sich die Schwestern irren müßten – denn sonst müßte er sich verachten! Und er schließt mit den etwas kleinlauten Worten:

Ich möchte Euch nochmals bitten, glaubt an keine Veränderung, lest sie nicht zwischen den Zeilen, hört sie nicht in den Gesprächen der Leute, sondern glaubt mir, daß ich Euch mein Lebetag so liebe... wie ich es nicht anders kann...[43]

Aber er hatte sich verändert, ohne jeden Zweifel! Nie hätte er vorher gedacht, geschweige denn geschrieben, was er nun ganz unbefangen erklärt:

Das Concert [in d-moll] *wird nicht sehr besonders als Composition, aber das letzte*

Stück macht soviel Effekt als Clavierfeuerwerk, daß ich oft lachen muß und Cécile es nicht oft genug hören kann.[44]
Dies schreibt der sarkastische Verächter Kalkbrenners und des jungen Liszt! Schon ist sein sonst so strenges Selbsturteil kompromittiert; der Wunsch, Cécile zu gefallen und zu imponieren, bedroht seine künstlerische Integrität. Und so ist es bis 1845 geblieben, zwei Jahre vor seinem Tod. Dann erst beginnt er sich dieser geistigen und physischen Hörigkeit zu entwinden.

Ja, sogar der allen Skandal sorgsam unterdrückende Sebastian Hensel kann nicht umhin, Spuren der Verstimmung in der Familie wenigstens anzudeuten; er drückt sich höflich aus:
... es hatte sich, namentlich bei meiner Mutter [Fanny], *eine Art Verstimmung festgesetzt; sie glaubte, es hätte sich wohl schon eine Gelegenheit finden lassen, Cécile nach Berlin zu bringen.»*[45]
Im Spätherbst 1837 noch schrieb Fanny an Cécile nach Leipzig:
Es ist doch ein ander Ding und ärgerlich, daß es im Buch des Schicksals verzeichnet stand, daß wir nicht zusammen leben, sondern, daß er [Felix] *seit* acht Monaten *eine Frau haben sollte, die ich nicht kenne.*[46]
Das war zwar ein milder Vorwurf, aber er hatte keine direkte Wirkung. So mußte sich Fanny nolens volens entschließen, auf eigene Faust nach Leipzig zu reisen, um ihre neue Schwägerin endlich kennenzulernen. Leicht ist es ihr nicht gefallen. Denn in ihren Notizen und Briefchen an Rebekka macht sie sich gelegentlich Luft und äußert ihre Verstimmung in unverblümten Worten. Trotz ihrer natürlichen Eifersucht ist es der klugen Fanny doch gelungen, einen modus vivendi mit Cécile zu finden.

Übrigens stellte das Treffen der Schwägerinnen wenigstens nach außen hin die alte Solidarität der Familie wieder her; allein wir müssen fortan im Auge behalten, daß Felix sich zwar von der Gewalt seiner Familie emanzipiert hatte, aber zugunsten einer neuen Abhängigkeit, die nicht weniger familiengebunden war. Erst als er selbst Vater wurde, glich sich dieser innere Konflikt wohlgefällig aus. Erst damals begann ein wirklich herzliches Verhältnis zwischen Cécile und der Familie von Felix.

Dieser war mit Braut und Schwiegermutter gleich nach der Leipziger *Paulus*-Aufführung nach Frankfurt zur Trauung gefahren und von dort auf die Hochzeitsreise. In einer noch eisenbahnlosen Zeit konnte und wollte man sich nicht gerne zu weit vom Hauptquartier entfernen. So ging's denn ins obere Rheintal, durch Worms und Speyer und über Straßburg in den Schwarzwald, nach Freiburg, Rastatt, Heidelberg, Darmstadt; von dort kehrte das junge Paar nach Frankfurt zurück, doch nur zu kurzer Rast. Ein zweiter Kreis mit dem Zentrum Frankfurt wurde dann bereist: Oberad, Kreuznach, Bingen, Koblenz, und den Schlußpunkt machte das alte liebe Düsseldorf, das sie Mitte August 1837 erreichten. Dort machte sich Felix reisefertig für seinen fünften Besuch in England.

In unserer raschlebigen Zeit fährt man weit weg, zum Meer oder in die Alpen, man badet, man spielt zusammen, man photographiert und wird selbst «aufgenommen». Die Flitterwochen bestimmen oft auch Glück oder Unglück der Ehe. Die jungen Mendelssohns badeten nicht zusammen – das wäre sehr unschicklich gewesen –, sie photographierten auch nicht, aber sie malten und zeichneten viel während der geruhsamen langen Hochzeitsreise. Sie führten sogar ein gemeinsames Reisetagebuch, das voll ist von Biedermeierschnurren, Drôlerien, ernsthaften Berichten und Zeichnungen von beiden. Reizende Stücke daraus finden sich in Petitpierres Buch; ich hatte leider nicht Gelegenheit, dieses interessante Tagebuch einzusehen.

Veilchen und Vergißmeinnicht pflücken, Spaziergänge, gemeinsamer Tisch und gemeinsames Bett, das waren «les plaisirs d'amour» der beiden, und ihre Flitterwochen scheinen nach allem, was wir wissen, von idyllischer Schönheit und von heiterem Glück beseelt gewesen zu sein. Felix' schöpferische Kraft regte sich ungestüm; eine ganze Reihe kleinerer und größerer Werke wurde auf der Hochzeitsreise skizziert und bald nachher ausgeführt: *Quartett in e-moll, Klavierkonzert d-moll, drei Präludien und Fugen für Orgel,* ein Heft *Lieder ohne Worte* und sogar ein großer Psalm für Chor, Soli und Orchester – auf den Text «Wie der Hirsch schreit nach frischen Quellen» *(Psalm 42).* Hiller war zwar der erste, aber nicht der letzte, der dieser geistlichen Sublimierung der Flitterwochen mit Verwunderung und Mißtrauen entgegentrat. Aber bald kam er zum Schluß:

Das beseligte Gottvertrauen und die gedämpfte Empfindung, die sich in einigen Theilen... aussingt, läßt sich wohl vereinigen mit dem Gefühle tiefsten Glückes, das ihn [Felix] *damals durchdrang.*[47]

Das ist sicherlich wahr; aber ebenso wahr ist es, daß dabei weder die religiöse Melancholie noch das wilde Gottverlangen des herrlichen Psalms vom Komponisten auch nur geahnt wird, vom Ausdruck solcher Ahnung ganz zu schweigen!

VI.

DAS MUSIKFEST IN BIRMINGHAM 1837

Bereits im April 1837 hatte Felix die Einladung angenommen, das Festival in Birmingham zu leiten. Nur zögernd und unlustig machte er sich reisefertig und verließ am 24. August Düsseldorf. London erreichte er am 27. in miserabler und geradezu furioser Stimmung.

Mir schmeckt England und Nebel und Beef und Porter diesmal infam bitter... ich wollte, ich säße bei meiner Cécile und hätte Birmingham Birmingham sein lassen.[48]

Die ersten Londoner Tage wurden ihm überdies durch die plötzliche Krankheit und den Tod seines Jugendfreundes Professor Rosen zu einem tragischen Erlebnis. Dazu kam noch die völlige Unsicherheit der Stellung Klingemanns, der durch den Tod König Williams IV. den Boden unter den Füßen verloren hatte. Wir erinnern uns, daß Klingemann Legationsrat der «Königlich Teutschen Kantzley» in London war; diese Institution hatte so lange Bedeutung und Berechtigung, als Personalunion zwischen dem König von Hannover und dem König von England bestand. Da Williams Nachfolger nach englischem Gesetz Victoria, nach hannoveranischem aber Ernst August, Herzog von Cumberland, war, fiel die Personalunion auseinander, und damit hatte die Hannoveranische Kanzlei in London ihre eigentliche Funktion, die vermittelnde diplomatische Instanz zwischen Hannover und London, verloren.[49] Es gelang Klingemann schließlich doch, seine Stellung in London zu behaupten, aber es dauerte Jahre, bis er sich in ihr sicher fühlen konnte.

Alle diese Begebenheiten bedrückten Felix, der viele Stunden am Krankenbette seines Freundes Rosen zubrachte; bei seinem Tod war er nicht zugegen, weil er gerade seinen *Paulus* in Exeter Hall anhören mußte. Am nächsten Morgen fuhr er nach Birmingham, einer Verpflichtung folgend, der er sich diesmal nur allzu gern entzogen hätte.

Dennoch ist er in den Londoner Tagen mit einigen Musikern, hauptsächlich Organisten, zusammengekommen. Er hatte nie sein Orgelspiel vernachlässigt, und nun spielte er in der St.-Pauls-Kathedrale und in Christ Church, Newgate Street, beide Male vor einer Schar begeisterter Organisten. Im Pauls-Dom ließen die Bälgetreter die Luft aus den Pfeifen, während Mendelssohn die große *a-moll-Fuge* von Bach vorführte – sie waren ärgerlich geworden, weil niemand weggehen wollte und sie über Gebühr lange hatten arbeiten müssen.[50] In Christ Church improvisierte er Fugen über Themen, die ihm der alte Samuel Wesley vorspielte, und fügte weitere Extempores hinzu. Grove, der Chorley, Gauntlett und andere Zeugen jener Tage persönlich kannte, bemerkt darüber:

Er war der größte unter den deutschen Organisten, die England besucht hatten, und die englischen Organisten, auch einige der hervorragenden, hatten mehr als eine Lektion von ihm zu lernen... Er brachte eine Reihe von Bachschen Fugen nach England, die hier niemand kannte – die große D-dur, g-moll, die E-dur, c-moll, die kleine e-moll etc.[51]

Sofort nach der Ankunft in Birmingham hatte er alle Hände voll mit Proben und Arrangements. Das Programm des Musikfestes schonte ihn allerdings nicht: am ersten Festabend spielte er auf der großen Orgel Phantasien über Themen aus Händels *Salomo* («Your harps and cymbals sound») und aus Mozarts *D-dur-Symphonie* (Hauptthema des ersten Satzes); die beiden Werke waren nämlich am selben Tag schon aufgeführt worden und die Themen also noch vertraut. Außerdem dirigierte er wieder einmal seine *Sommernachtstraum-Ouvertüre.* Am zweiten Tag leitete er seinen *Paulus,* am dritten spielte und dirigierte er sein neues *Klavierkonzert in d-moll,* am vierten spielte er wieder auf der Orgel die große *Es-dur-Fuge* von Bach (sogenannte *St. Anna*). Von der Orgelbank weg setzte er sich in die Reisekutsche, kam gegen Mitternacht in London an, fuhr weiter nach Dover, das er morgens um neun Uhr erreichte; dort nahm er einen Kanaldampfer, der ihn nach fünf Stunden miserabler Fahrt nicht nach Calais, sondern nach Boulogne brachte. Über Lille, Köln, Koblenz reiste er auf elenden und holprigen Straßen nach Frankfurt – er war sechs

Tage und fünf Nächte unterwegs gewesen, noch dazu nach zehn Tagen anstrengender Arbeit in Birmingham. In Frankfurt rastete er zwei Tage und begab sich mit seiner Cécile, diesmal im bequemen Reisewagen und mit mehreren Rasten, heim nach Leipzig. Dort traf er endlich am 1. Oktober ein, gerade vier Stunden vor Beginn des ersten Gewandhauskonzerts der Saison, das er natürlich zu leiten hatte. Wahrlich eine Eskapade und tour de force gleichzeitig!

Fanny hatte so unrecht nicht, als sie in einem Brief an Cécile besorgt ausrief: *Wenn ich nur einmal von Felix zu hören bekäme, daß er aus der Unruhe kommt; diese ewige Hetze, in der er Jahr aus, Jahr ein lebt, macht mich, die ich mich in der tiefsten Ruhe befinde, athemlos, wenn ich nur daran denke...*[52]
Diese fünfte englische Reise Mendelssohns, die kürzeste seiner Laufbahn, hatte ihm zwar künstlerische Triumphe in London und Birmingham gebracht, doch auch viel Anstrengungen und Aufregungen verursacht, und so beschloß er, sich fürs erste des eignen Heims und Herdes zu erfreuen, d. h. sich dem Gewandhaus und seiner Frau zu widmen. Da Cécile auf das Frühjahr 1838 ein Kind erwartete, wollte sich Felix wie ein braver Gatte und Vater nicht von ihr entfernen, noch weniger sie den Fährnissen einer Reise aussetzen.

Es ist leider nicht zu leugnen, daß Felix, der sonst nur vom Vater Abhängige, nun schnell seine innere Unabhängigkeit und damit seine Selbstkritik verliert, wenigstens für die nächsten paar Jahre, und ohne es zu wissen oder zu wollen, spielte Cécile diesmal die Mutter oder doch deren Rolle. Wir erinnern uns, daß Lea sich einst darüber beklagt hatte, daß der junge Felix lauter schwer ausführbare Werke komponiere, die niemand aufführen wollte; aber der Jüngling hatte sich dadurch nicht beirren lassen. Der reife Mann aber fiel zunächst einmal der Konventionalität Céciles zum Opfer, und mit ihr auch seine Selbstkritik. Er will nun gefallen, das heißt: er wird «gefällig», seine Interessen schwinden, er wird apolitisch, mag keine Zeitungen mehr lesen, er wagt kaum mehr Experimente, er wird, zumindest als Komponist, etwas zu glatt, und nur sein angeborener Geschmack und seine technische Meisterschaft bewahren ihn in den folgenden Jahren vor der schieren Mediokrität. Diese Bemerkungen gelten allerdings nur für das *Gesamtniveau* seiner Schöpfungen aus den Jahren 1838–1844; einige Spitzenleistungen erheben sich turmhoch darüber und machen den Unterschied zwischen ihnen und dem Rest der anderen Werke um so schmerzhafter fühlbar. Eine kleine Statistik zeigt, daß vor 1838 beinahe jedes dritte Werk eine Spitzenleistung repräsentiert; nachher nur jedes fünfte. Erst gegen Ende 1844 erhebt sich Mendelssohn aus der künstlerischen Niederung und erreicht wieder seinen früheren Standard.

Ist es nicht traurig, daß der schöpferische Geist sein privates, ganz unschuldiges Menschenglück mit einer Wertminderung seiner Leistungen bezahlen mußte?

14. DIE «RUHIGEN JAHRE» UND IHRE FRÜCHTE (1837–1841)

«Medium tenuere beati»
Vergil

I. DAS WIRKEN IN LEIPZIG

Wir mögen uns manchmal fragen, was einen schöpferischen Geist – sei es in der Wissenschaft, sei es in der Kunst – bewegen mag, sich Aufgaben und Ziele zu stellen, die auf dem Gebiet der Organisation und Administration liegen. Solche Entschlüsse erfordern eine keineswegs ungefährliche Teilung in pragmatische und künstlerische Tätigkeit. Solange er sein originales Schaffen mit dessen Interpretation verbindet, bleibt ja der Tonkünstler seiner Bestimmung treu: Bach und Händel als Meisterorganisten, Mozart, Beethoven oder Chopin als hervorragende Pianisten waren hauptsächlich Interpreten ihrer eigenen Werke. Anders steht es mit rein organisatorischer Arbeit. Wir müssen wohl bis auf Lully zurückgreifen, um einen Präzedenzfall für die administrativen Bemühungen Mendelssohns zu finden, die ja, wie jene Lullys, vor allem stilbildenden Zwecken dienten. Für den Komponisten bleibt die Kernfrage: ist es der Mühe wert, ihn seinem eigentlichen Arbeitsgebiet zu entziehen? Wenn man sich z. B. erinnert, daß ein Genie vom Gigantenmaß eines Newton viele Jahre seines Lebens dem Dienst eines königlichen Münzmeisters widmete, keineswegs gezwungen, sondern gerne, daß Goethe aus freier Wahl die Bürden eines hohen Administrationsbeamten auf sich nahm, scheint es unerlaubt, solche Spaltung zu beklagen. Aber: «Eines schickt sich nicht für alle», und nur wenigen ist es gelungen, auf beiden Arbeitsebenen das selbstgesteckte Ziel zu erreichen.

Bei Mendelssohn, der weder die Urkraft dieser Geister besaß noch deren physische Vitalität und Langlebigkeit, müßte man wohl die starke administrative Belastung, die ihm Leipzig und dann Berlin zumuteten, beklagen – aber er hat sie freiwillig auf sich genommen. Sie hat ihn sicherlich viele Lebensjahre gekostet, und manche Werke sind ihretwegen nicht gereift. War sie diesen Preis wert?

Mendelssohn selbst hat die Frage gestellt, sie zuerst bejaht, in den letzten Jahren seines Lebens aber entschieden verneint. Warum also hat er – zumindest bis 1845 – sich all den Mühen und Ärgerlichkeiten unterzogen, die jede verwaltende und organisatorische Tätigkeit mit sich bringt?

Die für uns erkennbaren Gründe sind zweifacher Natur. Zunächst sah Mendelssohn seine Mission in der Leitung einer Konzertinstitution, die für ganz Mitteleuropa den Ton angeben sollte; mehr noch, er war bemüht, eine bestimmte Richtung, ja, einen Kunstgeschmack systematisch zu propagieren und halbwegs zu stabilisieren. Dieses Ziel hat er durch die Schaffung einer klar umschriebenen «Gewandhaustradition» erreicht. Sodann wollte er dieser Tradition Kontinuität sichern; das war eine der Aufgaben des von ihm gegründeten Konservatoriums. Beide Institu-

Das Konservatorium für Musik in Leipzig zur Zeit Mendelssohns

tionen haben sich ruhmreich erhalten, aber die erhofften Dauerwirkungen sind ausgeblieben. Die Stabilität und unverrückte Tradition der beiden Organisationen haben Mendelssohn höchstens um zwanzig Jahre überlebt; dann dienten sie anderen und oft den eigenen und ursprünglichen entgegengesetzten Tendenzen.

Im folgenden wird also die praktische und organisatorische Tätigkeit Mendelssohns genauer untersucht werden, um festzustellen, worin seine künstlerischen Ziele bestanden; es soll auch versucht werden, zu bestimmen, in welchem Ausmaß seine Bestrebungen von *dauerndem Erfolg* gekrönt waren. Dann erst wird es möglich sein zu entscheiden, ob das Fazit «der Mühe wert» gewesen ist. Schon hier sei vorweggenommen, daß die Amtsnachfolger Mendelssohns als Gewandhausdirigenten sein Freund Rietz und dann Carl Reinecke waren; dieser konnte sich bis 1895 halten, dann zog, mit A. Nikisch, die «Neudeutsche Schule» siegreich ins Repertoire des Gewandhauses ein, zugleich mit Vertretern der sogenannten «slawischen Richtung», für die sich Nikisch lebhaft einsetzte. Bedeutend länger hat sich Mendelssohns «Tradition» im Konservatorium gehalten, bis in die Zeit Max Regers und Karl Straubes. Statistische Tabellen in der Musikgeschichte stimmen uns skeptisch. Wenn aber Robert Schumann einen leisen Versuch dazu macht, wollen wir's dankbar hinnehmen, denn ihm bedeuteten die Aufführungszahlen der Komponisten (und ihrer Werke) nicht Werte, sondern Anzeichen des Kunstgeschmacks seiner Zeit. Schumann gibt in seinem «Rückblick auf das Leipziger Musikleben im Winter 1837/8» einen dankenswerten Überblick über die meisten Werke, die in den Gewandhauskonzerten zur Aufführung kamen. Danach steht Mozart an erster, Beethoven an zweiter, Weber an dritter Stelle; erst nachher folgen Haydn, Cherubini, Spohr, Mendelssohn und Rossini. Noch später folgen Bach, Händel, Cimarosa, Méhul, Abbé Vogler, Onslow und Moscheles; nach ihnen, in der Nachhut, kommen Naumann, Salieri, Righini, Fesca, Hummel, Spontini, Marschner u. a. Von zeitgenössischen Komponisten sind zu erwähnen: Hiller, Lachner, Reissiger, Molique, Rosenhain, W.St. Bennett, Täglichsbeck, Burgmüller, Gährich u. a. Es dürfte schwer halten, einen Komponisten von Namen zu finden, der in dieser Liste nicht vertreten wäre. Und doch: drei Namen fallen durch ihre Abwesenheit auf: Chopin, Liszt und Berlioz. Mendelssohn war ein großer Bewunderer Chopins, aber er wollte seine Musik immer nur von ihm selbst gespielt hören, und so hat er sich erst spät (1844) entschlossen, oder, wie er es nennt, «sich dazu bequemt», seine Konzerte auch ohne Chopin selbst aufzuführen. Liszt erschien dem jungen Felix als ein Paganini des Klaviers, und obwohl er sein freches Jungenurteil «viel Finger, wenig Gehirn» bald revidierte, konnte er sich mit seinen Kompositionen nicht anfreunden – er hielt sie für brillantes, aber leeres Geklimper; den großen Pianisten Liszt hingegen schätzte Mendelssohn sehr, und er hat ihm in Leipzig Tür und Tor geöffnet, wie wir noch sehen werden. Für Berlioz' Musik hatte er überhaupt nichts übrig; dennoch hat er ihm 1843 das Gewandhaus zur Verfügung gestellt für die Aufführung von ausschließlich eigenen Werken.

Felix verabscheute immer noch Berlioz' Musik und Berlioz wußte das. Dennoch half er ihm bei den Proben und bei der Aufführung; Berlioz bewunderte nicht weniger ehrlich die Kompositionen seines Freundes Mendelssohn bis zu seinem Tod und auch nachher.[1]
Schumanns Orchesterwerke wurden meistens von Mendelssohn selbst aus der Taufe gehoben, sehr zum Entzücken des Komponisten. Obgleich also alles, was Namen und Klang in der kontinentalen Musik hatte, in den Gewandhauskonzerten vertreten war, lassen sich doch deutliche Tendenzen, die gewisse Stilgruppen bevorzugen, andere ablehnen, sofort erkennen. Am deutlichsten zeigt sich die Stilbewertung in der zeitgenössischen Musik: akzeptiert werden: Hiller, W.St. Bennett, Spohr, Schumann, Chopin, Méhul, Lachner, Moscheles, Marschner, Kalliwoda. Abgelehnt oder doch vernachlässigt sind: Hummel, Rossini, Donizetti, Meyerbeer, Berlioz, Liszt, Wagner.

Doch wird eine trockene Aufzählung der Konzertprogramme oder eine Liste der aufführenden Künstler und aufgeführten Werke der Tätigkeit Mendelssohns in Leipzig nicht gerecht. Wir werden den Geist, aber auch den herrschenden musikalischen Geschmack, den Mendelssohn zwar zu formen half, aber dem er sich auch oft anzupassen hatte, besser erfassen, wenn wir aus den fünf Konzertsaisons 1837 bis 1841 einige hervorragende Programme auswählen und zur Diskussion stellen. Wir müssen aber den Ausdruck «hervorragend» sofort qualifizieren; er soll hier nicht die historische Bedeutung jener Konzerte bezeichnen, wie wir sie heute sehen, *sondern wie sie zu Mendelssohns Zeit bewertet wurden*. Aus der sich abzeichnenden Divergenz zwischen unserer heutigen Bewertung, der damaligen Einschätzung und Mendelssohns eigentlichen Intentionen wird sich ein Bild von Mendelssohns erzieherischen Zielen und Methoden, aber auch ein Spiegel der musikalischen Zeitmode ergeben.[2] Wir haben die acht Programme (in chronologischer Ordnung) ausgewählt, welche damals am meisten von sich reden machten. Wir geben hier die wichtigsten Dokumente und einige erklärenden Bemerkungen.

1. Clara Novello

Mendelssohn hatte die junge Sängerin schon öfter in England gehört und gleich am Anfang ihrer Karriere von Frankfurt aus nach Leipzig eingeladen.[3] Sie und Mrs. Alfred Shaw waren die von ihm am meisten geschätzten englischen Sängerinnen. Beide hatten großen Erfolg, aber Miss Novello eroberte auch die Herzen der unerbittlichsten Kritiker. Schumann wurde geradezu poetisch in seiner Besprechung ihres Leipziger Engagements.[4] Er rühmt besonders ihren
edelsten Vortrag, ihre ganze einfache bescheidene Kunst, die nur das Werk und den Schöpfer glänzen läßt.
Auch Mendelssohn war von ihr sehr eingenommen; in seinen Briefen an Hiller drückt er sich überaus freundlich über sie aus; seinem Intimus Klingemann gegenüber aber hat er doch beträchtliche emotionale Bedenken wegen ihrer mangelnden

Wärme.[5] Nach ihrer Verheiratung mit einem italienischen Grafen zog sie sich für eine Zeitlang von der Konzertlaufbahn zurück, trat aber dann doch wieder auf, und wir besitzen eine recht objektive Würdigung der Novello von Wasielewski.[6] Unter Mendelssohn sang sie die Sopranpartie des *Messias* beim Niederrheinischen Musikfest in Düsseldorf 1839. Eine Ohrenzeugin, Elise Polko, hat nur rühmende Worte für sie.[7] Leider hat Clara Novello später auch zur Feder gegriffen, und in ihren Memoiren zeigt sie keineswegs jene Bescheidenheit, die Schumann an ihr gerühmt hatte. Sie wird nie müde, den Leser mit der Aufzählung ihrer Triumphe zu langweilen; dabei spricht sie von Meistern wie Mendelssohn oder Verdi mit großer Herablassung.[8] Aus jeder Seite ihrer Erinnerungen spricht der Geist eines törichten, manchmal unerträglichen Snobs, und Mendelssohn scheint diese Beschränktheit wohl bemerkt zu haben, denn in einem Brief an ihren Bruder Alfred äußert er sich in sanft ironischer Weise:

Ich fürchte oft, daß Ihre Schwester diese Stadt [Leipzig] *so klein und langweilig finden muß; sie vermißt ihr splendides Philharmonisches Orchester und alle die Marquisen und Herzoginnen und Lady-Patronessen, die sich so schön aristokratisch ausnehmen in Ihren Konzerthallen und an denen wir großen Mangel leiden* [*«of whom we have a great want»*]. *Aber wenn das Bewußtsein, wirklich verehrt und von einem großen Publikum geliebt zu sein, ja, als große Künstlerin bewundert zu werden, ein Gefühl der freudigen Genugtuung bei ihr hervorbringt, so ist das ganz natürlich ...*[9]

Es ist unglaublich aber wahr, daß Mendelssohns Ironie in diesem Brief weder von der Adressatin noch vom Herausgeber ihrer Memoiren bemerkt wurde. Im allgemeinen ist Miss Novellos Ton ziemlich herablassend, wenn sie von Mendelssohn spricht. Freilich, er war kein italienischer Graf wie ihr Mann, den sie hat unterstützen müssen!

2. Schuberts C-dur-Symphonie (Uraufführung, Leipzig, 21. März 1839)

Schon vor Jahren hatte sich Mendelssohn für Schuberts Lieder eingesetzt, und zwar in Leipzig und in Berlin.[10] In seiner Korrespondenz mit Moscheles preist er die Symphonie als das beste, was seit vielen Jahren an symphonischer Musik erschienen sei[11], und in seinen Familienbriefen nennt er das Werk «unsterblich». Schumann, der es in Wien unter einem Haufen von Schubert-Handschriften bei dessen Bruder gefunden und «ausgegraben» hatte, brachte es nach Leipzig; sein enthusiastischer Essay über das Werk und seine Uraufführung gehört zur klassischen Literatur der Musikgeschichte.

Überall wurde die Tat Mendelssohns, das lange Werk zur Uraufführung zu bringen, akklamiert; dabei muß man sich aber vor Augen halten, daß die Instrumentalmusik Schuberts zu jener Zeit noch so gut wie ganz unbekannt war – noch nicht einmal die «Unvollendete» war entdeckt worden! Die *Leipziger Allgemeine musi-*

kalische Zeitung, die sonst «Novitäten» nicht gerade grün war, rang sich aber doch die folgenden Sätze ab:

... *Hätte den überaus begabten und beliebten Komponist der Tod nicht so früh ereilt, er würde gewiß sein Werk selbst gekürzt und dadurch das vielfach anziehende noch anziehender gemacht haben. Schon der Anfang mit dem Hornsolo... nehmen für dasselbe ein... Die Aufführung war unter Dr. Mendelssohn-Bartholdys Leitung so meisterlich, als wäre das Werk schon öfter vorgetragen worden...*[12]

Aber wir haben bessere Zeugen; glücklicherweise hat Hans von Bülow die Schubert-Symphonie unter Mendelssohn gehört, und so hat er sie in der Erinnerung behalten:

... *ich erinnere mich des nie wieder so mächtig mir zuteil gewordenen Eindrucks, den ich von der Schubertschen C-dur-Symphonie unter Mendelssohns Leitung empfing. Damals war es noch nicht Mode, Schubert in den höchsten Olymp einzulogiren; man liebte, bewunderte, goutirte ihn als einen* minorum gentium, *lamentirte jedoch über die Breitspurigkeit seiner Formen, über die Eintönigkeit seiner Rhythmen. Aber unter Mendelssohns Tactirstab ward man sich dieser Mängel nicht bewußt. Der geniale Führer verstand es, ohne Rothstift, lediglich mit Hülfe seiner elastischen Feinfühligkeit und der magnetischen Eloquenz seiner Zeichensprache, die genannten Mängel vollständig zu verhüllen. Welche wunderbaren Coloritnuancen, welche geistreichen Bewegungsschattirungen wendete er nur an, wie ermöglichte ers nur, über die diversen Steppen des ‹endlosen› Allegretto hinwegzugleiten, daß der Zuhörer am Schlusse von der Zeitdauer der akustischen Erscheinungen keine Ahnung hatte? Man hatte eben in ewigen Räumen, in einer zeitlosen Welt geweilt...*[13]

Auch im Ausland machte jene Uraufführung bedeutenden Eindruck; und wir begnügen uns hier mit einer kurzen Bemerkung, die wir aus der Mendelssohn keineswegs freundlich gesinnten *Revue Musicale* (unter Fétis' Redaktion) entnehmen:

... *Man hat in den Konzerten unter der superben Leitung eines Meisters wie Mendelssohn, im Gewandhaus, eine Symphonie von Franz Schubert aufgeführt, die sehr großen Erfolg hatte. Wir möchten den Musikliebhabern von Paris wünschen, daß sie dies schöne Werk bald in einem der Konzerte des Conservatoire zu hören bekommen...*[14]

3. Franz Liszt (März 1840)

Wir lassen hier Mendelssohn selbst sprechen, da die Briefe, aus denen wir zitieren, bis heute ungedruckt sind. Er hatte als 16jähriger Frechling Liszt mit kurzen und maliziösen Worten wie oben erwähnt abgetan. Später, in Paris, hatte er sich mit ihm angefreundet, hauptsächlich durch den gemeinsamen Freund und Kunstgenossen Hiller. Nun kam Liszt nach Leipzig, und bevor wir Mendelssohn erzählen lassen, müssen wir einige erklärende Bemerkungen vorausschicken. Es scheint, daß Liszt, der damals höchste Mode war, von einem ziemlich skrupellosen Manager kommandiert wurde, der darauf aus war, möglichst schnell möglichst viel Geld herauszuschlagen, denn wer weiß, wie lang die ganze Lisztsche Herrlichkeit dauern würde? Also wurden alle Preise plötzlich erhöht, und es kam zu unerquicklichen Auftritten, ja, zur Veröffentlichung von groben Pamphleten gegen Liszts Habsucht. Auch die Wiener hatten ihn in einer Zeitschrift, auf die wir später noch zurückkommen werden, angeflegelt, und er war gezwungen gewesen, darauf in der Presse zu replizieren. Darin heißt es nun:

... reichlich entschädigte mich die so schmeychelhafte Anerkennung in beyden Städten [Dresden und Leipzig], *die liebenswürdige mir gewordene Auszeichnung des von mir hochverehrten Dr. Mendelssohn unter Mitwirkung des ausgezeichneten Leipziger Orchesters und Chors ...*[15]

Der folgende Brief an Schwester Fanny ist zum Teil unveröffentlicht; man vergleiche ihn mit dem in der «offiziellen» Ausgabe gedruckten Brief vom 30. März 1840 an seine Mutter; auch dieser Brief ist zurechtgestutzt. Im Brief an Fanny heißt es:

Liszt war 14 Tage lang hier und hat einen Heidenscandal verursacht – im guten und im schlechten Sinne; sein Spiel und seine Technik sind herrlich, und seine Persönlichkeit gefällt mir auch gar sehr: ich halte ihn im Herzensgrund für einen guten und künstlerischen Menschen. Aber das Zeitungsschreiben! Da hats Erklärungen und Gegenerklärungen, und Recensionen und Verklagen und dies und jenes geregnet, was alles nicht zur Musik gehört, so daß man fast ebensoviel Ärger wie Freude von seinem Aufenthalt hatte ... Aber seine Art, mit dem Publikum umzugehen, hat mir gar nicht gefallen – im Grunde haben sie beyde Unrecht ... Da er viel auf diese Dinge hält, gab ich ihm eine soiree von 350 Personen, auf dem Gewandhaus mit Orchester, Chor, Bischof, Kuchen, Meeresstille, Psalm [Mendelssohns 42. Psalm], *Tripel-Konzert von Bach (Liszt, Hiller, und ich), Chöre aus Paulus, fantaisie sur la Lucia di Lammermoor, Erlkönig, Teufel und seine Großmutter! ...*[16]

Dreiunddreißig Jahre nachher erinnerte sich Hiller noch genau an diese Szene, und wir lassen ihn jetzt erzählen:

... Als er den Schubertschen Erlkönig spielte, stieg das halbe Publikum auf die Stühle. Die Lucia-Fantasie verdrehte den Leuten die Köpfe. Mit einigen anderen Stücken glückte es jedoch weniger. So mit Mendelssohns D-moll Konzert, das gerade erschienen war und welches er weder vom Blatte las noch etwas gründlicher zu studiren Zeit gefunden hatte. Man fand, daß der Componist es besser spiele. Auch daß er einen Theil der Pastoralsymphonie in einem Saale vortrug, in welchem man sie so oft in ihrer orchestralen Vielstimmigkeit gehört, wollte nicht behagen. In einem Vorwort zu seinen Übertragungen der Beethovenschen Symphonien spricht Liszt das kühne Wort gelassen aus, auf dem heutigen Pianoforte sei alles wiederzugeben. Als Mendelssohn dies las, sagte er: «Ich möchte nur die ersten acht Takte der Mozartschen G-moll Symphonie mit der leichten Bratschenfigur auf dem Clavier hören, wie sie im Orchester klingen, – dann würd' ichs glauben».

Daß man Liszt möglichst feierte, versteht sich von selbst. Mendelssohn veran-

Das Bach-Denkmal vor der Thomaskirche in Leipzig, 1843 von Mendelssohn gestiftet

staltete eine große Soiree im Saale des Gewandhauses, zu welcher wohl an zweihundert Personen eingeladen waren. Es war halb rout, halb Concert; Liszt spielte viel und war äußerst liebenswürdig. An einer Aufführung des Bachschen Konzerts für drei Claviere hatte ich die Ehre mich zu betheiligen ...[17]

Schließlich zitieren wir noch einige bezeichnende Beobachtungen Schumanns über Liszts Auftreten in Leipzig.

... nicht durch Liszts Schuld war das Publikum durch die Vorausverkündigungen unruhig, durch Fehler im Konzertarrangement verstimmt worden ...

Er fing mit dem Scherzo und dem Finale der Pastoralsymphonie ... an. Die Wahl war launisch genug und unglücklich aus vielen Gründen. Im Zimmer, unter vier Augen, mag die sonst höchst sorgsame Übertragung das Orchester vergessen lassen; im grösseren Saal aber, wo wir die Symphonie so oft und so vollendet schon vom Orchester gehört, trat die Schwäche des Instruments umso fühlbarer hervor ...

Einstweilen war ihm ein musikalisches Fest bereitet worden, was Liszten selbst, wie allen Anwesenden, wohl ein unvergeßliches bleiben wird. Der Festgeber [Mendelssohn] *hatte lauter dem Gaste noch unbekannte Kompositionen zur Aufführung gewählt: die Symphonie von Schubert, den Psalm ‹Wie der Hirsch schreit›, die Ouverture «Meeresstille», drei Klaviere von Seb. Bach. Letzteres spielten Liszt, Mendelssohn und Hiller. Es schien alles wie aus dem Augenblick hervorgewachsen, nichts vorbereitet; drei glückliche Musikstunden waren's, wie sie sonst Jahre nicht bringen ...*[18]

Von Liszts Kompositionstalent hielt Mendelssohn, wie gesagt, nicht viel; und er hat sich darüber sorgfältig, und mit bewundernswerter Zurückhaltung, Moscheles gegenüber geäußert.[19] Allerdings hat er den späteren Liszt nicht mehr erlebt; aber wir wagen anzunehmen, daß der Programmkomponist Liszt Felix noch weniger akzeptabel gewesen wäre als der elegante, nicht zu reden vom Kirchenkomponisten, der für Mendelssohn sicherlich ein Horror gewesen wäre.

4. Gutenbergfeier und Lobgesang (Juni 1840)

Es war natürlich, daß Leipzig, die Stadt des Buches und der Bücher, dem Erfinder des Buchdrucks, Gutenberg, anläßlich der Vierhundertjahrfeier der Buchdruckerkunst, besonders glänzend huldigen würde. So wurde denn dieses Jubelfest höchst pompös angelegt. An den zwei wichtigsten musikalischen Festaufführungen war Mendelssohn beteiligt, bei einer dritten kam Lortzings komische Oper *Hans Sachs* zur Uraufführung. Zur musikalischen Freiluftdemonstration vor dem Gutenberg-Denkmal hatte Mendelssohn – leider! – einen Festchor komponiert (für Männerchor und Blasorchester) auf einen törichten und oftmals geschmacklosen Text, der protestantische Choräle mit Ergüssen wie «Gutenberg, der deutsche Mann, zündete die Fackel an» seltsam vermischt. Die übrigens recht gelehrte Komposition, in die Mendelssohn Choralmelodien kontrapunktisch verwob, ist von ihm selbst nicht für des Druckes wert gehalten und erst posthum veröffentlicht worden.[20] Das Programm des eigentlichen Festkonzertes in der Thomaskirche aber enthielt Webers *Jubelouvertüre, (die ja bekanntlich «God save the King» – «Heil Dir im Siegerkranz»* einflicht), Händels *Dettinger Te Deum,* und die Uraufführung von Mendelssohns *Lobgesang*, der für diese Gelegenheit geschrieben war. Als Motto des Werkes hatte er Luthers Spruch «Sondern ich wöllt alle künste, sonderlich die Musica, gern sehen im dienst des, der sie geben und geschaffen hat» in die Partitur geschrieben; der Titel *Lobgesang* stammt von ihm, die Bezeichnung «Symphonie-Kantate» von Klingemann. In England und Amerika ist das Werk als *Hymn of Praise* bekannt. Mendelssohn hat viel von diesem Werk gehalten, viel mehr als unsere Zeit. Darüber mehr weiter unten.

Die Uraufführung war ein großer Erfolg, und in England ist das Stück bis heute wenigstens teilweise populär geblieben. Über das Werk und seine Aufführung im Londoner Kristallpalast anläßlich des 30sten Todestages von Mendelssohn hat sich Hans von Bülow in charakteristischer Weise ausgelassen:

Es war eine weihevolle Evocation jenes nur von unzeitig schumannisirenden Conservatoristen heute zu mißkennenden Meisters, den Herr Richard Wagner – im Gespräche wenigstens – als das «größte specifische Musikergenie» zu bezeichnen pflegte (sic!), das der Welt seit Mozart erschienen sei. Zugegeben, daß auch dieses Genie im Laufe seiner Entwicklung zum Range eines Talents herabgestiegen sei – im ‹Lobgesang› finden sich neben manchem Verblaßten, Inspirationsbaren doch hinlänglich viel Partien, denen der Stempel des Genius unverwischbar aufgeprägt ist...[21]

Auch Schumann, der der Uraufführung beiwohnte, urteilt:

Die Form des Ganzen konnte für diesen Zweck nicht glücklicher gefunden werden. Enthusiastisch wirkte das Ganze und gewiß ist das Werk, namentlich in den Chorsätzen, seinen frischesten, reizendsten, zuzuzählen... Einzelnes heben wir nicht hervor; doch – jenen mit Chor unterbrochenen Zweigesang «Ich harrete des Herrn», nach dem sich ein Flüstern in der ganzen Versammlung erhob, das in der Kirche mehr gilt als der laute Beifallruf im Konzertsaal. Es war wie ein Blick in einen Himmel Raphaelscher Madonnenaugen...[22]

Wegen der häufig umstrittenen Genesis dieses Werkes werden wir später noch auf dieses zurückkommen.

5. Orgelkonzert zu Gunsten eines Bach-Denkmals (6. August 1840)

Mendelssohn war, wie allgemein bekannt, ein vorzüglicher Klavierspieler. Aber sein Lieblingsinstrument war doch die Orgel; und hier hat er «Schule gemacht», beinahe so wie Liszt auf dem Klavier. Denn er war nicht nur ein vorzüglicher Orgeltechniker (das verstand sich bei einem Bach-Enthusiasten wie Felix Mendelssohn ganz von selbst), sondern hatte sich sehr ernstlich bemüht, die Orgel-Dispositionen, wie

Bach sie bevorzugte, und seine Registrierkunst zu erforschen. Im Gegensatz zum Orgelgeschmack des 19. Jahrhunderts pflegte Mendelssohn die Barockorgel und ihre typischen Register: er hielt viel auf Mixturen, Schnarrstimmen und Gedackte. Wir wissen das aus seinen Briefen an Attwood und Buxton. Es war seit langem eine Lieblingsidee von ihm gewesen, durch Bachkonzerte das für ein Denkmal erforderliche Geld persönlich «zusammenzuspielen». Schon 1838 hatte er mit diesem Gedanken gespielt, wie wir aus einem Brief an Klingemann wissen.[23] Nach Ende der Konzertsaison nahm Mendelssohn sich Zeit für eine gründliche Vorbereitung und spielte dann in der Thomaskirche das folgende Programm (nur Werke von J.S. Bach wurden aufgeführt):

Präludium und Fuge Es-dur (St. Anna)
Choralvorspiel «Schmücke dich, o liebe Seele»
Passacaglia c-moll
Präludium und Fuge a-moll
Pastorale F-dur
Toccata (?) (die Berichte darüber sind unzuverlässig)
Freie Phantasie über «O Haupt voll Blut und Wunden»

Der Meister hatte so fleißig Pedalstudien gemacht, daß er «kaum mehr gerade stehen konnte, und nichts als Orgel-Passagen auf der Straße ging».[24] Das Konzert brachte 300 Taler Reingewinn, und nach einem weiteren ähnlichen Unternehmen konnte der Denkstein im Jahre 1843 gesetzt werden, direkt unter den Fenstern Bachs in der Thomasschule.

Seinerzeit ist von diesem immerhin lokal intendierten Konzert wenig gesprochen worden; Schumann natürlich pries es in den siebten Himmel, die Berliner Zeitungen betrachteten die Sache mehr als eine Kuriosität, aber die *Leipziger Allgemeine musikalische Zeitung* veröffentlichte doch einen sehr positiven Bericht, aus dem wir ein paar Zeilen herausheben:

... Durch den Vortrag mehrerer genialen Orgelkompositionen Sebastian Bachs und durch die Ausführung einer freien Phantasie zeigte sich Mendelssohn wiederholt als ausgezeichneten Orgelspieler und großen Künstler; es war ein wahrhaft herrlicher Kunstgenuß, für den wir umso dankbarer sind, je seltener er uns leider geboten wird ...[25]

Der Patriarch der Musikkritiker, der alte Hofrat Rochlitz, der noch den Thomaskantor Schicht hatte spielen hören, umarmte Felix nach dem Konzert mit Tränen in den Augen und sagte: «Nunc dimittis».[26] Als einen wirklichen Kronzeugen führen wir wieder Hans von Bülow an, der Mendelssohn noch an der Orgel gehört hat. Er schreibt:

... Wir erinnern uns hier vor Allem mit wirklicher Begeisterung Mendelssohns, dessen zarte Constitution ihm leider nur selten vergönnte, seinen Verehrern diesen Genuß zu bereiten; um so weniger, als er, einmal vor dem Instrumente, in künst-

lerischer Selbstvergessenheit, der nöthigen Rücksichten für seine Nerven gänzlich uneingedenk wurde. Sein Spiel hatte einen entschieden modernen Charakter, ebenso interessant und poetisch, als das der Organisten, die nicht Clavier spielen können, hart ohne Energie, kurz: trocken und ledern ist...[27]
Auch die Engländer, besonders Chorley und Davison, konnten das Orgelspiel Mendelssohns nicht genug loben.[28]

6. MOSCHELES' KONZERT (19. Oktober 1840)

Obgleich Moscheles bestürmt wurde, ein regelmässiges Konzert im Zyklus der Abonnements-Konzerte zu geben, konnte er sich dazu nicht entschließen, weil er, auf dem Weg nach Prag, von einem auf den andern Tag abzureisen erwartete. Es kam aber anders: er mußte vom 10. bis zum 20. Oktober warten. Um ihm die Zeit zu vertreiben, hatte sein alter Freund Felix viele Gesellschaften für ihn eingeladen, und die beiden musizierten auch eifrig miteinander. Unter anderem gaben ihm die Schumanns eine Privat-Soiree, mit Clara Schumann am Klavier. Mendelssohn gab ihm ebenfalls eine private, dann aber, wie für Liszt, eine halböffentliche Soiree im Gewandhaus. Dazu hatte er sich den Scherz ausgedacht, Frau Moscheles in London eine gedruckte Einladungskarte zu senden, in der es heißt:
Um gefällige Vorzeigung dieses Blattes am Eingang des Saales wird gebeten. Wenn dies Blatt nicht vorgezeigt wird, soll der Prof. Moscheles nach London geschickt werden, um sich den Beifall zu holen, der hier nur unvollständig sein kann. U.A.w.g. mit umgehender Post.[29]

Das Programm dieses Fests bestand aus den *Leonoren-Ouvertüren Nr. 2* und *3*, Mendelssohns *Psalm 42*, Moscheles' *Hommage à Händel*, von Felix Moscheles «brüderlich begeistert» vorgetragen, Mendelssohns *Hebriden-Ouvertüre* und Moscheles' *g-moll-Klavierkonzert*. Aber damit nicht genug! Es wurde mehr und noch mehr gefordert. So hörten die Gäste abermals das Bachsche *Tripelkonzert* mit Clara Schumann, Mendelssohn und Moscheles, und schließlich dessen *Konzertetüden*.[30] Ein lebendiges Bild von dem gesellschaftlichen Wirbel, in den Mendelssohn geraten war, gibt er selbst in seinen Briefen an Klingemann aus jenen Jahren.[31]

7. BACH–HÄNDEL KONZERT (21. Januar 1841)

Der Versuch der «historischen Konzerte» war über alles Erwarten geglückt, und so kann Mendelssohn zu Beginn des Jahres 1841 Klingemann über seine historischen Programme für das laufende Jahr berichten. Er definiert den Begriff «historische Konzerte» als «nach der Reihenfolge der großen Meister von vor 100 Jahren bis auf die neuere Zeit». Er fügt hinzu, daß die Dilettanten Leipzigs sich darum rissen, mitsingen zu dürfen, daß es eine wahre Lust ist. «... Das halte ich aber für eine gute Sache, daß wir so das zahlende Publikum daran gewöhnen, gelegentlich selbst mitzuwirken – das gibt dem Institut wieder einen mehr geselligen als öffentlichen Anstrich ...» Wie modern das gedacht ist, sehen wir an unserer Zeit, die durch die Mechanisierung der Musik tödlich bedroht ist, mehr und mehr.

Der Bach-Händel-Abend präsentierte das folgende gigantische Programm:

Bach: *Chromatische Phantasie und Fuge* (F.M.)
Motette für zwei Chöre a cappella «Ich lasse dich nicht»
Chaconne für Violine solo (F. David)
Crucifixus, Sanctus, Resurrexit aus der *h-moll Messe*

Händel: *Ouvertüre zum Messias*
Recitativ und Aria aus *Messias* (Frl. Sophie Schloss)
Thema mit Variationen für Klavier (Blacksmith) (F.M.)
Vier große Chöre aus *Israel in Ägypten*

Das Wagnis der Solo-Chaconne neben den Monumentalchören schien gelungen zu sein, denn die Kritiker lobten alles. Schumann hatte so Unrecht nicht, als er behauptete, Mendelssohn kenne Bach und Händel besser als irgend ein anderer zeitgenössischer Musiker. In der Tat, Hunderte von Bach-Handschriften waren durch Mendelssohns Hände gegangen. Seine zum größten Teil unveröffentlichte Korrespondenz mit Franz Hauser, Aloys Fuchs und George Cooper (von der Königlich Englischen Heraldischen Kanzlei in London) bezeugen seine genaue Vertrautheit mit Bachs Werk. Der letztgenannte Sammler sandte Mendelssohn einen Katalog der Werke Johann Sebastian Bachs, geschrieben von Carl Philipp Emanuel Bach. Es war mir nicht möglich zu ermitteln, was aus diesem unschätzbaren Dokument geworden ist.[32] Seit seiner Kindheit war Felix mit Bach-Handschriften umgegangen, seine Großtante Sara Levy besaß eine beträchtliche Anzahl von ihnen (siehe weiter oben), und ich kann mir nicht versagen, eine bezeichnende Stelle aus Hillers Erinnerungen anzuführen, in denen Felix' Ärger wegen einer verpaßten Gelegenheit zum Durchbruch kommt.

Mehrere Jahre vor Felix' Geburt hatte Mendelssohns Vater, der mit Zelter befreundet war, diesem eine große Anzahl Bachscher Kantaten in der Originalhandschrift geschenkt. [Deren Schicksal wurde schon oben erwähnt, im Zusammenhang mit Doris Zelter und der Singakademie. Die meisten der Handschriften waren Geschenke von Madame Levy.] *Während Mendelssohns Schülerzeit führte ihn nun Zelter zuweilen vor den Schrank, in welchem diese Schätze aufgespeichert waren und zeigte sie ihm. ‹Da stehen sie› sagte er, ‹was da alles drinnen steckt, was da alles verborgen ist!› – aber nicht einmal die Einsicht in die Werke war dem armen Felix vergönnt, der durstig vor dem kostbaren Getränk stand und nicht davon nippen durfte. Jedenfalls wären diese Sachen in den Händen Mendelssohns besser aufgehoben gewesen als in denen Zelters.*[33]

Es wäre wohl eine verdienstliche Aufgabe, den Handschriften, die Mendelssohn gesehen (und kopiert) hat, nachzugehen und ihre Geschichte zu erzählen.

8. Beethoven-Konzert (11. Februar 1841)

Das Programm: *Leonoren-Ouvertüre Nr. 3*
Kyrie und Gloria aus der *C-dur-Messe*
Violinkonzert (M. Gulomy)
Adelaide (Mad. Schröder-Devrient)
Neunte Symphonie

Zu eben jener Zeit besuchte der hervorragende englische Kritiker Henry Fothergill Chorley Deutschland, und seine Beschreibungen, wenn auch überenthusiastisch für Mendelssohn, geben ein sehr lebendiges Bild der Leipziger Verhältnisse. Im Zusammenhang mit dem Beethoven-Programm, das Schumann «einen der reichsten Musikabende, wie er vielleicht selten in der Welt zu hören» nennt, erwähnen wir Chorleys Bericht über die denkwürdige Aufführung aller *drei Leonoren-Ouvertüren* und der *Fidelio-Ouvertüre* obendrein. Er schreibt:
Ich kann über die vier Ouverturen zum Fidelio nicht schweigend hinweggehen, die sonderbare Vergleiche herausfordern; oder die Serien der historischen Konzerte, in denen der von Spohr beabsichtigte Effekt [«Historische Symphonie»]... *wirklich erreicht wurde und zwar durch chronologisch-progressive Programme von Meisterwerken, die mit Bach und Händel begannen. Wir* [Engländer] *sind noch weit entfernt von der Reife, die solche Konzerte erfordern; denn wir neigen dazu alle öffentlichen Aufführungen als gewöhnliche und zwecklose Amusements anzusehen, bei denen die pikanteste Novität immer am wichtigsten erscheint.*[34]
Wenn es sich aber um ernsthafte Kunst handelt, kann kein Orchester sich mit Leipzig messen, behauptet er, und bricht schließlich in die emphatischen Worte aus:
Nie im Leben, wirklich niemals habe ich die Symphonien Beethovens so genossen wie in Leipzig, und nie habe ich sie so wunderbar gehört, was ihre Ausführung anlangt. Zum ersten Mal in meinem Leben war ich völlig zufriedengestellt und über jeden Zweifel erhaben, wie diese Werke des Shakespeare der Musik aufgeführt werden sollen... Die Breite und Freiheit der Konturen, die vollendete Proportion in allen Sätzen, eine poetische Darstellung aller ihrer köstlichen und pittoresken Ideen, die mich in jeder Hinsicht entschädigten für den gelegentlichen Mangel von Hyper-Brillanz und Hypernuancierung [*hyperdelicacy*], *auf welche Qualitäten meine Pariser Freunde so grundlos stolz sind...*[35]
Übrigens gibt uns Chorley auch ein plastisches Bild des geselligen und musikalischen Lebens zu jener Zeit. Besonders interessieren uns seine Bemerkungen über das Arrangement der Plätze im Alten Gewandhaus, das zumindest bei zwei Gelegenheiten von Deutschen und Ausländern kritisiert wurde. Chorley aber ist milde in seinem Urteil; heute würden wir das Alte Gewandhaus als feuergefährlich verdammen; damals war man sich der Gefahren allzu enger Räumlichkeiten nicht bewußt. Diese Gefahr aber bestand:
Das Gewandhaus, ein mäßig großer Raum, war im Jahr 1839 viel zu klein für das

Publikum, das sich darin drängte, wenn es seine 16 Groschen bezahlt hatte... Die Damen saßen in der Mitte des Saales, in zwei einander gegenüberliegenden Quaders, das heißt rechtwinklig zum Orchester. Hinter ihnen drängten sich die Männer in dichten Haufen, so daß jeder, der nur eine halbe Stunde vor Beginn des Konzert kam, nicht geringe Gefahr lief, in die Wand hineingeknetet zu werden... Kein noch so gutgesinntes Bestreben der andern, sich «dünne» zu machen, konnte ihn davor bewahren...[36]

Als der König von Sachsen, Friedrich August, das Gewandhaus besuchte und Mendelssohn seine Anerkennung aussprechen wollte, mußte er sich durch die Männermassen durchzwängen und dann zwischen den Damenreihen durchmaschieren, bevor er den Meister erreichen konnte. Denn dieser hatte ebensowenig Bewegungsfreiheit. Damals begannen sogar die Leipziger Zeitungen zu bemerken, daß der Raum längst nicht mehr ausreichte, und dass der Konzertsaal dringend eine Erweiterung benötigte. Schärfer drückt sich Miss Novello in ihren Memoiren aus:

Die Bänke waren so arrangiert, daß man saß wie in einem Omnibus – und weder im Gewandhaus noch in der Kirche dürfen Damen und Herren zusammensitzen. Daher sitzen die Damen in Reihen vis-à-vis einander und starren die gegenüberliegenden Toiletten an, welche übrigens dafür berühmt sind, daß sie genau so häßlich sind wie die Damen selbst... Die herumstehenden Männer fixieren einen durch riesige Operngläser den ganzen Abend lang.[37]

Ungefähr vom Jahre 1839 an müssen wir den Weltruhm Mendelssohns datieren. In den Jahren 1839 und 1840 erschienen, mehr oder weniger gleichzeitig, große Artikel über ihn in den führenden Journalen und Zeitschriften Frankreichs, Englands und Deutschlands. Auch Wien schloß sich, wenn auch zögernd, der allgemeinen Anerkennung an. Die *Revue Musicale*, die, wie wir wissen, unter Fétis' Redaktion keineswegs zu den Anhängern des Meisters gehörte, brachte einen großen Leitartikel über ihn und sein «Verleih uns Frieden gnädiglich», das als «Dona nobis Pacem» wiedergegeben wurde; ja, sie lithographierte die ganze handschriftliche Partitur des Werkes und gab sie ihren Lesern als Beigabe.[38] Das *Athenäum*, die *Musical World* und der *Manchester Guardian* veröffentlichten große Essays über Mendelssohn, in denen er meistens als der Erbe und Nachfolger der großen Wiener Tradition angesprochen wurde, der aber durch seinen Hang für die ältere Musik Bachs und Händels einen gewissermaßen geistlichen Zug in die früher ganz verweltlichte Musik gebracht habe. Auch der *Allgemeine Musikalische Anzeiger,* das Wiener leitende Journal, begann, seine Leser auf unsern Meister aufmerksam zu machen. Doch kann nicht behauptet werden, daß sein Redakteur, I. Castelli, Mendelssohn gerecht wurde. Wir werden auf diesen Fall noch zurückkommen.

II. DIE MUSIKFESTE 1838–1840

In diesen drei Jahren leitete Mendelssohn einige Musikfeste: die Niederrheinischen Musikfeste in Köln (1838) und Düsseldorf (1839), das Musikfest in Braunschweig 1839 und das Schweriner Fest 1840; in England dirigierte er das Festival in Birmingham 1840. Wodurch sich die von ihm geleiteten Feste von allen andern zeitgenössischen zu ihrem Vorteil unterschieden, waren vor allem die schön ausgewogenen Programme, die Altes und Neues, Schweres und Leichtes, Ernstes und Heiteres anmutig vereinen. Wir geben daher zuerst die Programme der Feste und fügen ihnen einige Bemerkungen an.

NIEDERRHEINISCHES FEST IN KÖLN 1838

Programm:

Ferdinand Ries, *Symphonie c-Moll;*
Händel, *Josua;*
J. S. Bach, *Himmelfahrtskantate;*
Mozart, D-dur-Symphonie («Prager»);
Cherubini, Ouvertüre zu *Les Abencérages;*
Beethoven, *Preis der Tonkunst*, (Überarbeitung der Kantate «Der Glorreiche Augenblick oder Belle Alliance»).

Dazu Solovortrag aus Opern und Oratorien und Klaviervorträge.

Die Wiedergabe der Symphonie von Ries war als Totenopfer gedacht, denn ihr Komponist, der alte Schüler Beethovens, war im Januar des Jahres 1838 gestorben. Es wurde schon der häßlichen Gerüchte gedacht, die Fétis über eine angebliche Rivalität der beiden Meister Ries und Mendelssohn ausgestreut hatte. Nun, Mendelssohn hatte das Programm gewählt, und so zeigt es sich, daß an dem aufgeblasenen Klatsch nichts Wahres war. Dennoch hat Fétis sich nicht entblödet, noch in der zweiten Auflage seiner *Biographie universelle*, Paris 1875, mehr als 25 Jahre nach Mendelssohns Tode, den folgenden Passus aufzunehmen:

Zwischen Felix und Ries gab es eine gewisse Rivalität, weil sie abwechselnd die Niederrheinischen Musikfeste leiteten... Mendelssohn sprach über die Direktion seines Rivalen in wenig höflichen Ausdrücken, die aber bald Ries hinterbracht wurden. Ries äußerte mir gegenüber seinen Ärger, den ihm die unpassende Ausdrucksweise seines jungen Konkurrenten verursacht hatte.[39]

Kurz nach dem Tod von Ries aber veröffentlichte Fétis die Falschmeldung, daß Mendelssohn dessen Nachfolge an der Frankfurter «Cäcilia» angenommen habe.[40] Aber es dauerte nicht mehr lange, bis Fétis selbst Felix' Bedeutung anerkennen mußte. Er tat dies in einem sehr höflichen, bisher unveröffentlichten Brief, aus dem ich die wichtigste Stelle im Original wiedergebe.

...Vous grandissez chaque jour, et vous acquérez d'une manière incontestable la position de chef de la musique en Allemagne...[41]

Das Händelsche Oratorium *Josua* versah Mendelssohn mit der vom Komponisten intendierten Orgelbegleitung, wodurch es bedeutend gewann; die Berliner Singakademie aber blieb immer noch «bei ihren verd... ledernen Posaunen». Die *Himmelfahrtskantate* war die erste Bach-Kantate, die auf einem Musikfest aufgeführt wurde. Sie wurde geradezu bejubelt. Daß Mendelssohn ein so schwaches Werk wie Beethovens *Glorreichen Augenblick* aufführte, mag zunächst befremden, denn er muß sich der Armseligkeit des Werks bewußt gewesen sein. Wir dürfen aber nicht vergessen, daß er nicht immer eine Messe aufführen konnte, daß er aber ein größeres, wenig bekanntes Werk von Beethoven einbeziehen wollte. Später hat er in solchen Fällen die *Phantasie für Orchester, Klavier und Chor*, die Vorläuferin der *Neunten*, gewählt.

NIEDERRHEINISCHES MUSIKFEST IN DÜSSELDORF 1839

Das Programm:

Händel: *Der Messias*
Beethoven: *Eroica-Symphonie*
Beethoven: *Messe in C-dur* (Deutscher Text von F. Rochlitz)
Mendelssohn: *42. Psalm*
Julius Rietz: *Konzertouvertüre*
Mozart: *Jupiter-Symphonie*

Außerdem:

Mozart: Ouvertüre zur *Zauberflöte*
Arien und Duette von Mozart, Rossini, Bellini
Schottische Volkslieder, «God save the Queen» und «Heil dir im Siegerkranz».

Drei hervorragende Sängerinnen waren bei diesem Fest beteiligt; die bedeutendste war jedenfalls Miss Novello, der «Star» des Musikfests; die andern waren Auguste von Faßmann und Sophie Schloß, welch letztere nachher unter Mendelssohn große Karriere machte. Am dritten Tag des Festes spielte Mendelssohn, wie gewöhnlich, aus seinen neuen Kompositionen, diesmal sein *zweites Klavierkonzert* mit betäubendem Applaus.

MUSIKFEST IN BRAUNSCHWEIG, September 1839

Das Programm:

(Erster Tag)	Mendelssohn: *Paulus*
(Zweiter Tag)	Weber: *Jubelouvertüre*
	Spohr: *Adagio* für Solovioline und Orchester
	Fr. Schneider: *24. Psalm*
	Beethoven: *Fünfte Symphonie*
	Händel: Halleluja (*Messias*)

(Dritter Tag) Mendelssohn: *Meeresstille und Glückliche Fahrt*
~~Mendelssohn~~ Mozart: Arien aus *Don Juan*
Molique: *Violinkonzert*
Beethoven: *Siebte Symphonie*
Mendelssohn: *Serenade für Klavier und Orchester*

Am Abend des ersten Tages wurde dem Meister eine Nachtmusik dargebracht, am Abend des dritten Tages, dessen Konzert Mendelssohn zugunsten der Pensionskasse des Orchesters gegeben hatte, folgte ein festlicher Ball in der herzoglichen Residenz, bei dem Mendelssohn mit einem riesigen Lorbeerkranz geehrt wurde.

Wir haben von diesem Fest sehr genaue Berichte dank den Notizen Chorleys, der dort zu Gast war, und dank der Schreibseligkeit der Musikzeitungen, die im Frühherbst nicht viel neues Material zu drucken hatten. Über den *Paulus* hat der Braunschweiger Korrespondent das Folgende zu sagen:

... *Er ist der feurige Erguß einer großen, von der Idee der ewigen Schönheit begeisterten Seele, die an der heiligen Quelle der Religion sich genährt, erzogen und gestärkt hat für den erhabenen Lobgesang auf den Sieg des Reiches Gottes!*

Er schließt mit dem frommen, aber leider nicht erfüllten Wunsch:

Möge dieser große Repräsentant der Kunst den teutschen Geist unserer Väter *mit schützen und bewahren.*[42]

Verschiedene Musikwissenschaftler der Jahre 1925–1945 haben gerade über diesen Punkt ganz anders gedacht, insbesondere die Herren H.J. Moser und Ernst Bücken, die natürlich im «Fall Mendelssohn» den Spuren Richard Wagners ehrerbietig folgen. Es muß aber der Fairneß zuliebe bemerkt werden, daß H.J. Moser in seinen Arbeiten schon vor 1945 seine Meinung bedeutend zugunsten Mendelssohns geändert hat.

Erfreulicher ist, was Chorley uns über den herzlichen und kameradschaftlichen Geist, der über dem Braunschweiger Fest waltete, berichtete.[43]

Schweriner Musikfest, Juli 1840

Dies kleinere Fest war eigentlich eine Fortsetzung der Gutenbergfeier. Aufgeführt wurden die Oratorien *Paulus* von Mendelssohn und Haydns *Schöpfung*. Wir wissen, daß Mendelssohn das «norddeutsche Fest», wie er es nannte, viel Vergnügen gemacht hat, weil

man sich da unter braven, redlichen Seelen wußte, die sprechen, wie sie denken, und singen, wie sie empfinden, d. h. ehrlich und anständig.[44]

Am Abend des zweiten Tages fand wieder ein Ball statt, dessen Ehrengast er war, und bei dem er sich, wie es scheint, besonders gut unterhalten, übrigens auch fleißig getanzt hat. Er war ja ein bekannt guter und eleganter Tänzer.

MUSIKFEST IN BIRMINGHAM, September 1840

Das Programm:

Händel:	*Israel in Ägypten*	
	Messias	
	Einzelne Stücke aus *Josua* und *Jephtha*	
Mendelssohn:	*Ouvertüre zum Sommernachtstraum*	
	Klavierkonzert d-moll	
	Lobgesang	
Rossini:	*La gazza ladra*	beide Stücke zu je einem Akt
Greco:	*La prova*	zusammengezogen

Sehr bald nach dem großen Erfolg des *Lobgesanges* hatte der Manager der Birmingham-Feste, Mr. Joseph Moore, unseren Komponisten eingeladen, eben dieses Werk beim Festival 1840 zu dirigieren. Mendelssohn war nicht unbedenklich erkrankt, und der fortgesetzte Raubbau, den er mit seinem nicht sehr widerstandsfähigen Organismus trieb, mußte sich auf die Dauer rächen. Häufige Kopfschmerzen, Migräne, Seh- und Gehörstörungen traten seit 1838 bei ihm regelmässig auf, doch überwand er alle diese Hindernisse mit enormer Willenskraft und Selbstzucht. Die Ärzte empfahlen ihm eine längere Brunnenkur, aber sie gestatteten ihm das Birmingham-Festival. Am 21. Juli entschloß sich Felix, die Einladung anzunehmen und schrieb sowohl Klingemann wie auch Mr. Moore über seine Pläne. Ursprünglich hatte er gehofft, Cécile mitbringen zu können, aber sie war schwanger, und er wagte es nicht, sie den Fährnissen der langen und beschwerlichen Reise auszusetzen. Er war bereit, den *Lobgesang* englisch aufzuführen, und ließ den Veranstaltern die Wahl zwischen seinem bekannten *42. Psalm* oder dem neuen *114. Psalm*. Schließlich wollte er einiges von Bach und seine eigenen neuen Orgelkompositionen auf der großen Orgel selbst vorführen.

Am Abend des 17. September erreichte er London. Es war sein sechster Besuch in England. Er hielt sich aber nur zwei Tage in London auf, besuchte alte Freunde, Klingemann, die Chorleys und Moscheles; mit diesem fuhr er dann auf der neuen Eisenbahn nach Birmingham. Händels *Israel* wurde mit dem großen Lablache gegeben, das große Solo im *Lobgesang* aber wurde von Mr. Braham, einem älteren, aber ausgezeichneten Musiker vorgetragen, sehr zur Genugtuung des Komponisten.

Dem *Lobgesang* selbst gingen Werke von Fasch, Händel, Palestrina und Mozart voraus. Am Ende des *Lobgesangs*, beim triumphierenden Schlußchor, erhob sich das ganze Publikum spontan, eine Huldigung, die sonst nur Händels «Hallelujah» zugedacht wird. Nachher spielte Felix für seine Freunde und Kollegen noch lange auf der Orgel, so frisch, «als finge sein Tag eben an» (Chorley). Dies nach aufreibenden Proben und nach der Leitung seines eigenen Werks. Die Ärzte hatten so Unrecht nicht! Noch später am selben Abend spielte er vor großem Publikum sein *g-moll-Konzert*. Mit der Aufführung des *Lobgesangs* in Birmingham war Mendelssohn aber nicht zufrieden; er arbeitete bald danach den zweiten Teil des Werkes so radikal um, daß die für Birmingham gestochenen Stimmen ganz unbrauchbar wurden.

Wenn England einen Fremden ins Herz schließt, kann er nichts mehr falsch machen. So war's auch im Falle Mendelssohn: der *Lobgesang*, sicherlich eines seiner schwächeren Werke, wurde in England über den grünen Klee gepriesen. Nur er selbst, der Schöpfer, war nie ganz zufrieden damit, aber er liebte es dennoch ganz besonders.

Auf dem Heimweg von Birmingham spielte er auf der Orgel von St. Peter, Cornhill, war aber wegen der vorgerückten Jahreszeit und Saison nicht mehr imstande, das von ihm geplante Wohltätigkeitskonzert in London zu veranstalten. Nach acht Tagen Aufenthalt machte Mendelssohn in Begleitung von Moscheles und Chorley die mühselige Rückreise, vor der ihm immer graute. Bei der Ankunft in Leipzig machte er die Freunde mit Cécile bekannt, und sie verbrachten einige fröhliche Tage miteinander.

Die Wiener Aufführung des *Paulus*

Nur zögernd hatte die Wiener musikalische Bevölkerung von dem neuen und berühmten Komponisten Notiz genommen; aber endlich mußten auch sie sich, wenn auch ohne Begeisterung, dazu bequemen, den *Paulus* aufzuführen – sie waren es der altberühmten Musiktradition Wiens schuldig. Die Gründe, warum die Wiener Musiker der nach-Beethovenschen Richtung indifferent gegenüberstanden, sind schon oben erörtert worden. Hier sei nur die Tragikomödie von Mendelssohns *Nichtauftreten* in Wien erzählt, weil die Angelegenheit aus guten Gründen so gut wie unbekannt geblieben ist. Dabei können wir uns durchwegs auf die ersten und authentischen Quellen berufen.

Schon seit Februar 1839 wußte Mendelssohn, daß sein *Paulus* von der Wiener Gesellschaft der Musikfreunde geprobt wurde. Am 1. März und am 17. März wurde das Werk, wenn auch gekürzt und «in intimer Form», mit großem Erfolg aufgeführt.[45] Danach folgte eine lebhafte Korrespondenz zwischen Felix und Baron Vesque von Püttlingen, dem Vizepräsidenten der Gesellschaft der Musikfreunde, der Mendelssohn dringend und sehr höflich bat, die «große und öffentliche» Aufführung des *Paulus* selbst zu dirigieren und die letzten Proben zu leiten. Dieser Briefwechsel ist ein gutes Zeugnis für Verhandlungen zwischen zwei Grandseigneurs. Am 18. Juli bittet der Meister, ihn wissen zu lassen, «ob und wann meine Reise nach Wien stattfinden wird». Er fügt hinzu:

Auch würde ich bei der Gelegenheit gern einige meiner Compositionen für Orchester aufführen, andere für Pianoforte selbst spielen, und möchte zu dem Ende vielleicht nach der Aufführung des Oratoriums [Paulus] *ein Concert geben, (am liebsten zu einem wohltätigen Zwecke, über den Sie mir gewiß am besten rathen könnten) und Sie um Ihre Meinung hierüber fragen ...*[46]

Später (am 14. September) schreibt er Baron Vesque:

Über mein eigenes Concert werde ich, Ihrer Angabe nach, der Pensionsgesellschaft (Herrn Assmayer) seinerzeit schreiben… Über den letzten Punkt Ihres Briefes, meine Reise- und Aufenthaltskosten betreffend, würde ich denselben gerne, wie Sie vorschlagen, einer mündlichen Besprechung vorbehalten, wenn ich nicht wüßte, wie unmöglich es mir ist, über dergleichen mündlich zu verhandeln… Um daher einer besondern Berechnung zu entgehen und zugleich jedem Mißverständnis vorzubeugen, bitte ich Sie, mir die Summe von 100 Louis d'or zu bewilligen…[47]

Das war sehr bescheiden: denn Mendelssohn mußte davon die Diligence hin und zurück für sich und seinen Diener, sowie die Aufenthalts- und Repräsentationskosten in einem guten Hotel für $2^1/_2$ Wochen bezahlen. Der verlangte Betrag entspricht, seiner Kaufkraft nach, etwa 4000 Schweizer Franken, war also, für einen damals weitberühmten Künstler, eher niedrig.

Nun machten sich die ersten Schwierigkeiten bemerkbar. Sie werden am besten von E. Hanslick geschildert, wobei die Zitate aus den Protokollen der Wiener «Tonkünstler-Societät» gekürzt und paraphrasiert sind.

Mendelssohn erbot sich bei diesem Anlaß [Paulus-Aufführung durch die Gesellschaft der Musikfreunde] *am 14. November, ein Concert zum Besten der Tonkünstler-Societät zu geben, worin er einige seiner neuen Compositionen zur Aufführung bringen und selbst als Clavier-Virtuose auftreten wollte. Die Societät sollte das Concert besorgen und den ganzen Reinertrag erhalten. Das ebenso großmütige wie schmeichelhafte Anerbieten wurde «aus verschiedenen Gründen» abgelehnt! Man traut seinen Augen nicht, wenn man dieses* [seither verlorene] *Sitzungsprotokoll vom 11. September liest! Die… ehrwürdige Tonkünstler-Societät schien eben nur bares Geld annehmen zu wollen… Daß aber ein Concert von Mendelssohn so gut wie bares Geld… sei, davon hatten die Herren Hof- und Vice-Hofcapellmeister offenbar keine Ahnung…*[48]

An anderer Stelle heißt es:

Zu Anfang der vierziger Jahre [*kümmerte*] *man sich herzlich wenig um Mendelssohn, und Leute wie R. Schumann, Berlioz etc., kannte man nicht einmal dem Namen nach.*[49]

Um ein wahrheitsgetreues und ungeschminktes Bild des damaligen Wiener Musiklebens zu erhalten, fügen wir hier die Namen jener Gewaltigen der Tonkünstler-Societät hinzu, in der Mozart und der junge Beethoven zu wohltätigen Zwecken aufgetreten waren.

Mitglieder des Präsidiums:

Hofmusikgraf	Thaddäus von Amadé
Hofkapellmeister	Joseph von Eybler. (Zeitgenosse Mozarts und Beethovens, der, im Gegensatz zu diesen, von Kaiser Franz geadelt wurde)
Kapellmeister	Joseph Weigl
Kapellmeister	Ignaz Assmayr

Diese Herren ließen sich nach Mendelssohns Tode herbei, seine Oratorien ziemlich regelmäßig aufzuführen, zuerst den *Paulus* am 16. und 17. März 1856, den *Elias* am 22. und 23. Dezember 1857. Bis zum hundertjährigen Bestehen der genannten «Societät» (1871) wurde von J.S. Bach nur ein einziges Werk aufgeführt, die Kantate «Gottes Zeit ist die allerbeste Zeit». Man erkennt an den Daten des musikalischen Barometers den Stand des musikalischen Geschmackes, den R. Schumann in den sarkastischen Worten beschreibt:

... *Der Wiener ist im allgemeinen äußerst mißtrauisch gegen ausländische musikalische Größen (etwa Italiener ausgenommen)... Sodann gibt es hier eine Clique, die Fortsetzung derselben, die früher den Don Juan und die Ouverture zu Leonore auspfiff; eine Clique, die meint, Mendelssohn komponiere nur, damit sie's nicht verstehen sollten, die meint, seinen Ruhm aufhalten zu können durch Stecken und Heugabeln, eine Clique, mit einem Worte so ärmlich und unwissend, so unfähig im Urteil und Leistung, wie irgendeine in Flachsenfingen...*[50]

Noch deutlicher wurde er im Essay über Schuberts große *C-dur-Symphonie*:

So ist's oft: spricht man in Wien z.B. von Mendelssohn, so wissen sie des Preises ihres Franz Schubert kein Ende; sind sie aber unter sich, so gilt ihnen weder der Eine noch der Andere etwas Besonderes.[51]

War schon die Ablehnung von Mendelssohns Anerbieten durch die Societät tief beleidigend, so war das Feilschen, das Baron Vesque in den folgenden Briefen begann, ganz und gar unakzeptabel für Felix. Der Baron war durch die Wiener Tagespresse und auch durch eine Musikzeitschrift – unter der sachunkundigen Redaktion des Ignaz von Castelli – angestachelt worden, Mendelssohn «billig» zu bekommen, da «er es eigentlich gar nicht nötig hätte», mit seiner Musik Geld zu verdienen. Wenn irgendetwas Mendelssohn tödlich erzürnen konnte, so waren es solche Bemerkungen. Dennoch wahrte er seine Würde und schrieb dem Baron Vesque in gemessenen und abweisenden Worten den folgenden Brief:

Hochgeehrter Herr, *10. Oktober 1839.*

das geehrte Schreiben der K.K. Gesellschaft der Musikfreunde v. 1. Oktober, mit der freundlichen Anlage der Baronin Pereira [Felix' Großtante] *habe ich gestern empfangen, jedoch bereits vor 14 Tagen aus den öffentlichen Blättern die Ansichten der Gesellschaft über den Inhalt meines vorigen Briefes und seine sämtlichen Details erfahren müssen. Es scheint mir, daß diese Sache, so lange sie zwischen uns nicht ausgemacht war, auch einzig und allein zwischen uns hätte verhandelt werden sollen, daß sie wenigstens, während ich Ihre Ansichten in dieser Hinsicht noch nicht kannte, der strengen Discretion bedurft hätte – und ich kann Ihnen daher nicht leugnen, daß schon dieser Umstand es mir äußerst erschwert haben würde, zum Musikfeste zu kommen, so gern ich es früher gethan hätte. Da aber ohnehin die kürzlich erfolgte Entbindung meiner Frau und damit verknüpfte häusliche Umstände und Rücksichten mir es jetzt unmöglich machen, Leipzig zu verlassen, so würde ich doch in jedem Fall an der beabsichtigten Reise nach Wien verhindert worden sein, und sehe mich gezwungen, auf dies Vergnügen und auf die Direction des Musikfestes hiemit Verzicht zu leisten,...*[52]

Seiner Schwester Fanny gegenüber drückte er sich weniger formell aus; da heißt es denn:

... Was gibts Neues auf dem Rialto? Daß ich nicht *nach Wien gehe, sondern im Lande bleibe und mich redlich nähre. Als ich nach meinen Reise- und Aufenthaltskosten endlich fragte (da* sie *nie davon anfingen), so wurden sie etwas knauserig, und da wurde ich etwas grob, und da setzten sie Artikel in die Zeitungen, die jetzt die Blätter grün machen, und da dachten sie, nun wär' ich mürbe und schrieben wieder höflich, und da schrieb ich noch höflicher ‹ich bliebe zu Hause›. Ohne Spaß, sie haben sich verdammt lumpig aufgeführt; mir aber den größten Dienst erwiesen, denn jetzt von Cecile und den Kindern wegzugehen, würde mir wie Teufelsdreck schmecken...*[53]

Auch der Mutter gegenüber beklagte er sich über das «indiscrete, alberne und unhonorige» Betragen der Wiener, das ihm jede Reise dorthin verleidet habe.

Was war inzwischen in Wien geschehen? Man hatte – anonym – eine kleine Pressekampagne angefangen, in der Mendelssohn etwas bagatellisiert wurde. Wer hinter dieser Journaille steckte, ist nicht ganz klar; daß wenig edle Motive der Hocharistokratie dahinter standen, wie private Wiener Tagebücher behaupten, ist wahrscheinlich, aber nicht beweisbar. Die Gesellschaft der Musikfreunde jedenfalls trifft kaum eine Schuld, denn sie hatte sich aufs lebhafteste für das Werk und seinen Schöpfer eingesetzt, insbesondere Ignaz von Sonnleithner, der damalige Präsident, und Felix' alter Freund Aloys Fuchs.

Als Mendelssohn endgültig absagte, hieß es im *Allgemeinen Musikalischen Anzeiger:*

... Dadurch wird nun freylich die Gesellschaft in eine unangenehme Lage versetzt, aber wir besitzen Gott sey Dank auch hier in Wien noch gelehrte Musiker und tüchtige Dirigenten, welche das Kunstwerk auch ohne Beywirkung des Componisten zur vollkommenen Aufführung zu bringen im Stande sein werden.[54]

Die Sache hatte indes weitere Kreise gezogen, und so griff Schumann mit dem oben zitierten Bericht über die erste Aufführung des *Paulus* in Wien ein; dieser Bericht ist eigentlich nur ein Vorwand einer – nicht immer versteckten – Polemik gegen den Wiener Geschmack, an dem er ja selbst soeben gescheitert war.

Das Musikfest fand also ohne Mendelssohn statt, und der *Paulus* wurde aufgeführt; wie äußerte sich der *Allgemeine Musikalische Anzeiger* darüber? Sehr herablassend und «traditionsbewußt»:

... eine Composition, die... mit den Meisterwerken eines Bach, Händel und Haydn keinen Vergleich aushält... Beweis, daß sie [die Gesellschaft der Musikfreunde] *es ihrer Pflicht und Würde gemäß finden, nicht bloß die großen Musikwerke verflossener Tage zur Aufführung zu bringen, sondern auch die ernst strebenden Talente der Gegenwart unter ihre Ägide zu stellen... Die Erörterung der Rücksichten*

die den… eingeladenen Verfasser zu kommen hinderten, gehört nicht vor das Forum der Allgemeinheit.[55]

Dies müssen wir umso eher anerkennen, als die Gesellschaft der Musikfreunde nicht gewillt war, sich dem Druck eines sehr einflußreichen Aristokraten zu fügen, der bei dieser Gelegenheit seiner abgesungenen Mätresse eine Chance geben wollte. Im übrigen berichten die ausländischen Korrespondenten in ganz anderem Ton. Der Wiener Korrespondent der *Leipziger Allgemeinen Zeitung* z. B. berichtet, daß vier Nummern wiederholt werden mußten und schließt mit den Worten:

Die überglücklichen Zuhörer preisen ihr Los, und in gleicher Akkordanz sprechen sämtliche literarische Blätter sich aus.[56]

Um aber den Wienern nicht Unrecht zu tun, wollen wir wenigstens die wichtigsten kritischen Stimmen auszugsweise wiedergeben; sie waren übrigens – im Gegensatz zu Castellis wahrscheinlich bezahlter Verurteilung – im höchsten Masse lobend.

Die eingehendste und wohl auch sachkundigste Beurteilung des Werkes findet sich in der *Wiener Zeitschrift für Kunst, Literatur, Theater und Mode*, 1839, gezeichnet «Carlo». Unter diesem Pseudonym schrieb Karl Kunt (gest. 1852). Im folgenden seien einige Bemerkungen daraus zitiert:

… Paulus, ein Werk, das nicht nur in seiner Gattung zu dem Vorzüglichsten gehort, was je in Deutschland geschaffen worden, sondern in seinem Lichtglanz überhaupt vielleicht auch alles Andere überstrahlt, was in und außer diesem Lande seit Beethovens Heimgang die Tonmuse ins Leben gerufen hat… Der Styl: ein Felix Mendelssohn Bartholdyscher. Herangebildet an den classischen Meistern der Vergangenheit… Contrapunct: Mendelssohn spielt *mit seinen schwierigsten Formen… Der Mendelssohnsche Contrapunct verleugnet alles steife Schulpathos, regt behendig und anmuthig seine schlanken Glieder und bekommt… bei schöner Sangbarkeit der Subjecte… rhetorische Kraft… Überhaupt erscheint die strenge Schulfuge nur selten, und man fühlt in der oder jener ascetischen Stelle, zu Gunsten der Empfindung, plötzlich die Worte Schillers lebendig werden: «Der Meister darf die Form zerbrechen, mit weiser Hand, zur rechten Zeit» … usw.*[57]

Die weitgelesene *Wiener Theaterzeitung* berichtete ausführlich über das Werk in seiner ersten Aufführung für die Mitglieder der Gesellschaft der Musikfreunde. Der Referent faßt sich kurz beim öffentlichen Musikfest:

… Über den ausgezeichneten Kunstwerth dieses Oratoriums, dessen Erscheinen man ohne Übertreibung als epochemachend für unser deutsches Vaterland bezeichnen kann, haben sich alle hiesigen Zeitungen so übereinstimmend günstig ausgesprochen, als nicht so leicht bei irgendeinem andern Anlaß…[58]

In überschwenglicher Weise rühmte *Der Humorist*, dessen Editor der bekannte und keineswegs beliebte M. G. Saphir war, das Werk und seinen Schöpfer. Ein paar Phrasen mögen genügen, um seine Rhetorik ins rechte Licht zu setzen:

… Glücklich, wer der Erbe eines großen Namens geworden; zehnmal glücklich aber, wer, gleich dem jungen Aare, der, wie sein Erzeuger, zur Sonne emporfliegt… Hell

leuchtet nun der Name Mendelssohn, so im Pantheon des Wissens, wie in jenem der Kunst. Moses wurde von Athenen ins innerste Heiligthum der Weisheit, Felix von Euterpen in den Tempel der Kunst geführt ... etc. etc.[59]

Noch zwei weitere Aufführungen hat Saphir gerühmt – er fühlte sich, sicherlich mit Unrecht, dem Christen Felix geistesverwandt, nachdem er selbst sich aus rein opportunistischen Gründen hatte taufen lassen:

... *In und außer dem deutschen Vaterlande wurde dieses Kunstwerk als eine Meisterschöpfung von den gewichtigsten Stimmen anerkannt, die dem Höchsten, dessen die Musik sich in diesem Zweige rühmt, mit allem und vollem Rechte anzureihen ist ... Findet aber alles Große und Außerordentliche ... auch wenige mißgönnende Gegner, so dürfte der Mendelssohnsche Paulus auch deren Manche haben,* welche noch aus anderem Grunde ... *vor den zahllosen Schönheiten dieses ... von ... religiöser Begeisterung erzeugten die Augen* zudrücken. *(Gesperrt von Saphir) ... sie werden es doch nicht verhindern ... etc.*[60]

Der Referent berichtet mit Genugtuung, daß der Kaiser, die Kaiserin, die Kaiserinmutter, die Erzherzoge Franz Carl und Karl Ludwig anwesend waren «und lebhaft Beifall zollten».

Schatten von Gustav Mahler, von Beethoven, vor allem von Karl Kraus, wie habt ihr Wien gekannt, geliebt und verachtet! Denn Mendelssohn ging es genau wie euch, er war just einer der zahlreichen «Fälle», wie sie Kraus durch seine unsterbliche Feder und tödliche Satire verewigt hat. Zuerst Kulturgeschrei; dann Verhandlung; dann Geiz; dann Pressehetze; dann stolzer Rückblick auf die «glorreiche Wiener Tradition» (die einen Mozart hat verkommen lassen), und zuletzt allgemeine Fidelität unter dem Motto: «Wean bleibt Wean!» So mußte es kommen.

Programmpolitik

Wenn wir aus diesen Programmen und Aufführungen eine kunstpolitische Tendenz erkennen wollen, müssen wir zuerst zugeben, daß der Meister, bei aller «Toleranz» gegenüber der zeitgenössischen Musik, die ältere Musik bei weitem bevorzugt hat. Von heute noch lebenden Werken führte er doch nur Schubert, Cherubini, Chopin, Schumann, Spohr und – später – etwas Wagner auf, während er Liszt und Berlioz nur Gelegenheit gab, ihre Kompositionen persönlich zu produzieren. Abgesehen von den Tagesmediokritäten, die er faute de mieux zu Worte kommen lassen mußte, hat er eigentlich nur zwei damals berühmte Komponisten regelmäßig aufführen müssen, die ihm beide unsympatisch waren: Rossini und Meyerbeer, beide vom Publikum stürmisch verlangt. Auf seine Stellung zu ihnen und anderen Zeitgenossen werden wir in Kapitel 17 noch ausführlich zu sprechen kommen.

Manche Kritiker haben behauptet, daß Mendelssohn von Haydn wenig gehalten und wenig aufgeführt habe; dies ist absolut unwahr – man sehe im Dörffel (Geschichte der Gewandhauskonzerte) nach! Wohl aber gilt, was man Mendelssohn in

die Schuhe schiebt, im vollen Umfang von Schumann. Über einen ganzen Haydn-Abend läßt dieser sich ziemlich ungeniert aus:
So mannigfaltiges das Programm enthielt, so mag doch manchen der Abend ermüdet haben, und natürlich: denn Haydnsche Musik ist hier immer viel gespielt worden; man kann nichts neues mehr von ihm erfahren; er ist wie ein gewohnter Hausfreund, der immer gern und achtungsvoll empfangen wird; tieferes Interesse aber hat er für die Jetztzeit nicht mehr.[61]

Freilich, dem Hochromantiker Schumann war Haydn nicht nur ein «gewohnter», sondern auch ein «zopfiger» Hausfreund, wie er ihn anderwärts nannte; denn das Phänomen der deutschen Romantik enthielt in seinem Wesenskern jene schizoide Betrachtungsweise, für die nur die «wirklich alte» (Bachsche oder vor-Bachsche) oder aber die ganz neue Musik zählte, die für Schumann mit Beethoven anfing. Hier spürt man die merkwürdige, echt «romantische» Antinomie der Sehnsucht nach dem archaisch-vorklassischen Schönheitsideal, gekoppelt mit einem unerschütterlichen Fortschrittsglauben, den die Romantiker paradoxerweise mit ihren Gegnern, den Anhängern der materialistischen und positivistischen Doktrin K. Marx' und Auguste Comtes gemeinsam hatten. Aber als dann Richard Wagner mit seinen Kohorten erschien und ihnen die fortschrittlichen «Paradiese» auftat, mochten sie diese gar nicht und sagten, sie hätten es anders gemeint. Zunächst war Mendelssohn kein absoluter Fortschrittsgläubiger, er neigte eher zum Skeptizismus in seiner Philosophie der Geschichte; nicht umsonst war er Hegels Schüler gewesen. Sodann *kannte* er weit mehr Musik als Schumann, alte und neue. Das lag an seiner unglaublichen Studierlust, die keine ihm irgendwie erreichbare Bibliothek unbesucht ließ. Viele Stunden hat er zum Abschreiben und Exzerpieren älterer Musik verwandt. Allein die von ihm geschriebenen Kataloge seiner Händel-Funde (z. T. für ihn selbst, z. T. für Zelter angefertigt) umfassen mehr als fünfzig große, eng beschriebene Seiten.[62] Endlich lebte Mendelssohn in einem musikalischen Kontinuum, das Vergangenheit und Gegenwart gleichermaßen innig umfaßte und keinen prinzipiellen Qualitätsunterschied zwischen altem und neuem zuließ. Über die «Musik der Zukunft» haben Schumann und besonders Wagner sich Gedanken gemacht, Mendelssohn nicht.

III. HÄUSLICHES UND GESELLIGES LEBEN

Mendelssohn wollte aber nicht nur Künstler und Gesellschaftsmensch sein, er hatte sehr starke Familieninstinkte. Er gefiel sich auch am besten in der Rolle des *pater familias*. Im Februar 1838 wurde ihm sein erster Sohn und Stammhalter geboren, der nach den drei Leitsternen seines Lebensweges Carl Wolfgang Paul getauft wurde[63] (Carl nach Klingemann und Zelter, Wolfgang nach Goethe, Paul nach dem Apostel). Cécile hatte keine leichte Geburt und erkrankte gefährlich in den Wochen danach. Im Herbst 1839 wurde er abermals Vater, diesmal einer Tochter Marie Pauline Helene. (Diesmal wurden Namen aus dem Familienkreis Céciles gewählt).

Sein zweiter Sohn, Paul Felix Abraham, kam im Januar 1841 zur Welt. Trotz Leas endgültiger Ablehnung, den Sohn und die Schwiegertochter in Leipzig zu besuchen, und trotz Céciles zweimaligen hysterischen «Zufällen», die immer kurz vor einem Besuch in Berlin eintraten und ihn verhinderten, entwickelte sich Felix zu einem idealen Familien- und Hausvater, bekannt als solcher in ganz Leipzig, und seine traulichen und rührenden Beschreibungen des Familienlebens lesen sich am schönsten und frischesten im Briefwechsel mit Klingemann, den er in allen diesen Dingen auf dem laufenden hielt.

Durch die Schwangerschaften und Geburten hatte sich endlich auch Céciles Verhältnis zur Familie ihres Mannes entschieden gebessert. Zwischen reizenden Plauderbriefen Fannys und Rebekkas an sie finden sich allerdings auch manchmal ein paar Nadelstiche, aber im großen und ganzen hatte Cécile es verstanden, sich ihre Schwägerinnen zu Freundinnen zu machen. Bei der Schwiegermama wollte ihr das nicht so ganz gelingen. Wie immer in solchen Fällen lag die Schuld an beiden Teilen. Céciles Scheu und Angst vor Lea äußerte sich oft in merkwürdiger, wie wir heute vielleicht sagen würden «psychosomatischer» Weise. Von ihren mehrfachen Reiseverhinderungen durch nervöse Leiden war schon die Rede. Auch die Schwäger verhalten sich ihr gegenüber nicht allzufreundlich; ihre extreme Reserviertheit, ihre zuweilen übertriebene Bigotterie scheinen manchmal die Oberhand über ihren Charme und ihre liebenswürdige Natur gewonnen zu haben. Immerhin, den Sommer 1838 verbrachte Felix mit Cécile doch endlich im elterlichen Hause in Berlin, im engsten Familienkreis, und Cécile gewöhnte sich an die von Lea vorgeschriebene Lebensweise. Bei all dem half Felix' unverwüstlicher Humor, der viele Konflikte überbrückte. Freilich, es war durchaus nicht immer leicht für ihn zwischen den zwei liebenden Frauen. Wir zitieren einen Scherzkanon aus einem Brief an die Mutter:[64]

Musikbeispiel 52 Scherzkanon

Der Bruder schreibt mir nicht, und ich bin auch kein guter Schreiber.

Dies ist nur einer von den vielen Gelegenheits- und Scherzkanons, die Felix in frohen Momenten hinzuwerfen pflegte. Wir werden noch andere solcher Kompositionen sehen. Es bedurfte allerdings einer glücklichen Gemütsart, um sich «zu befreien», denn er hatte doch viel Ärger und Aufregung, sei es im Berufsleben, sei es in der Familie. Cécile war besonders bedrückt durch die «Melancholie und Herrschsucht der Großmutter» (Mme Souchay), wie ihre Schwester mitteilt.[65] Bewundernswert ist auch Felix' physische und psychische Widerstandskraft und Elastizität, die ihn schwere Strapazen in wenigen Tagen überwinden ließ. So schreibt er nach dem sehr anstrengenden Braunschweiger Musikfest, daß er, um sich zu erholen, erst einmal «nachessen, nachtrinken, und nachschlafen» müsse.[66] Das Wort «nachtrinken» bedarf hier einiger erklärender Bemerkungen. Felix war von Haus aus ans Weintrinken gewöhnt und vertrug eine ganze Menge. In seinen Papieren finden sich, fein säuberlich gebündelt, die Weinrechnungen jedes Jahres. Da er ein großes Haus führte, ließ er sich im Jahr zwei Oxhoft Wein senden und etliche hundert Flaschen. Er bevorzugte Rheinwein, Mosel und weißen Burgunder. Trunkenheit verabscheute er wie jeden Exzeß. Er hatte übrigens die Gabe, sich über die geringsten Genüsse über jedes Maß freuen zu können. Eine seiner Lieblingsspeisen war Reispudding, den er immer bei Devrients vorgesetzt bekam. Deutsche Würste in London, und natürlich englisches Roastbeef, schätzte er sehr. Einmal schreibt er Beckchen:

Ich bin noch kindisch genug, mich über und auf solchen Kuchen [einen Butterkuchen nach jüdischer Art] *einen ganzen Abend freuen zu können. Moses muß ein großer Gesetzgeber gewesen sein. Cécile will durchaus wissen, ob solch ein Kuchen nur von Juden gebacken werden dürfe und warum?*[67]

Er war ein «Meisterschläfer», d. h. er konnte zu jeder Zeit und beinahe an jedem Platz ein Schläfchen machen und war danach erfrischt wie nach einer langen Rast. Nichtsdestoweniger war er von Kindheit an zu rigoroser Arbeitsdisziplin erzogen; sein Arbeitstag dauerte gewöhnlich von sechs Uhr morgens bis elf Uhr abends – natürlich mit bedeutenden Unterbrechungen.

Seine besonders anziehenden gesellschaftlichen Formen waren allgemein bekannt und machten sein Haus zu einem Zentrum geselligen Lebens in Leipzig. Seine große Belesenheit und Bildung, seine angeborene Intelligenz, sein lebhafter, aber nur in der Jugend sarkastischer Witz, seine mimische Begabung, die ihn oft verleitete, bekannte Personen nachzuahmen, waren verständlicherweise Anziehungspunkte; aber oft geschah es, daß Mendelssohn in Weinlaune über diesen oder jenen spöttische Bemerkungen machte, die natürlich nie geheim blieben. Im allgemeinen aber ist er die Diskretion in Person. Es finden sich z. B. im Briefwechsel zwischen ihm und Julius Rietz manche Bemerkungen über die Skandale und Skandälchen, in die Richard Wagner verwickelt war; nie aber macht Mendelssohn Gebrauch davon in anderen Briefen oder Mitteilungen. Obwohl er «Weiberaffären» verabscheute, war er doch Weltmann genug, um Künstler nicht nach ihrer Sexualmoral zu beurteilen.

Viele Leipziger Familien waren mit Felix oder Cécile befreundet; wir nennen nur die Namen Schleinitz, Dr. Frege, Porsche, Professor K.F. Günther. Er hatte beruflich und gesellschaftlich viel zu tun mit den großen Verlegern, vor allem mit Dr. Raymund Härtel und den Seniorchefs der Häuser Kistner und Simrock. Von Kollegen kam er am meisten mit Ferdinand David, seinem Konzertmeister, und mit Robert und Clara Schumann zusammen, wenn diese letzteren auch nicht lange in Leipzig lebten. Als Schumann nach Berlin reiste, schrieb Felix an seine Mutter den folgenden Empfehlungsbrief:

… *Ich habe ihn sehr lieb und er ist gegen mich von meinem ersten Hiersein an unverändert gut und freundlich gewesen..., er ist der Verlobte der Clara Wieck und will dieselbe jetzt in Berlin aufsuchen, da der Vater hier sich der Verbindung fortwährend widersetzt...; er ist etwas still und in sich gekehrt, dabei ein freundlicher, überaus talentierter und sehr guter Mensch im Herzensgrunde, und so bitte ich Dich wiederholt um eine recht gute Aufnahme für ihn...*[68]

Gewisse deutsche Gelehrte, die während der Nazizeit glaubten, sich der Freundschaft Schumann-Mendelssohn schämen zu müssen, sind auf den einfachen Ausweg verfallen, den Tatbestand der engen Verbindung zwischen diesen Künstlern entweder zu verfälschen oder doch herabzumindern. Wir werden später noch auf die – übrigens recht komplexe Beziehung – zwischen den beiden ausführlich zurückkommen. Am besten und ausführlichsten wird Mendelssohns tägliches Tun und Treiben, wenn man will, sein Lebensrhythmus, von Hiller in seinen Erinnerungen beschrieben; da er einige Wochen in Felix' Haus lebte, hat er das Werktagsleben der Mendelssohns gut gekannt, und wir dürfen seiner Schilderung Glauben schenken. Im folgenden geben wir ein paar kurze Auszüge aus jenen Erinnerungen:

Der Arbeitstag begann gewöhnlich um 6 Uhr morgens; nach dem Anziehen etc. pflegte Felix etwas zu arbeiten; um 8 Uhr wurde das Frühstück eingenommen, das aus Kaffee, Weißbrot und Butter bestand. Felix aber aß keine Butter; nach «Schulbubenmanier» zerpflückte er sein Brot in kleine Stücke, die er in den Kaffee «eintunkte», «wie er es von je gewohnt war». Dann hatte er entweder Probe oder administrative Geschäfte, oder während des Sommers schrieb er Briefe oder komponierte. Um 1 Uhr wurde zu Mittag gegessen, wobei immer Wein... getrunken wurde. Das Mittagessen durfte nicht zuviel Zeit einnehmen, während das Abendbrot gewöhnlich stundenlang ausgedehnt und sehr gemütlich war. Wenn der Meister komponierte, brauchte er selten ein Klavier dazu; er vertrug dann keine Person im gleichen Zimmer. Er spielte zwar viel Klavier, aber übte nie. Als Partiturleser und -spieler war er unvergleichlich, wie uns viele Zeitgenossen berichten. Wann und wie er «eigentlich inmitten so vielfach zerstreuender Verhältnisse arbeitete, würde schwer zu begreifen sein, wenn ihm nicht ein wunderbarer geistiger – Gleichmuth möchte ich es nennen, inne gewohnt». Er hätte, wenn er es für richtig gehalten hätte, zu jeder Stunde komponieren können – «aber daß er es oft dann that, wenn man es am wenigsten vermuthete, ist sicher». Seine Korrespondenz kostete ihn sicherlich am meisten Zeit. Es ist ja unbegreiflich, wie er die Zeit zu seinen vielen tausenden von Briefen gefunden hat, alle ebenmässig geschrieben, und sorgfältig gefaltet. Einmal berichtet er seiner Mutter, daß er an einem Tage 35 Briefe geschrieben hätte, abgesehen von seiner anderen Arbeit; und das ohne jede Sekretärin! Seine Lieblingsdichter waren Goethe, Shakespeare und Jean Paul, die er immer wieder von neuem lesen konnte. Seine Bescheidenheit erreichte manchmal, besonders im Glanz des Weltruhmes, absurde Formen. Er verbot, auf Programme sein Porträt zu drucken; er erlaubte nicht, daß seine zweite Cello-Sonate «Grande Sonate» vom Verleger genannt werde; er sagte oft: «Wenn ich zuweilen so recht un-

zufrieden mit mir bin, denke ich an diese und jene, die mir freundschaftlich zugethan sind, und sage mir, es muß doch so schlimm nicht mit dir stehen, wenn solche Männer dich lieben». *Pathos vertrug er sehr selten, eigentlich nur im Theater und der lyrischen Dichtung. Er war, wie schon oben bemerkt, keineswegs ein Fortschrittsgläubiger. «Ich spreche nicht von Maschinen und Eisenbahnen..., ich frage, ob Du glaubst, daß mit der Zeit die Menschen besser, bedeutender werden?»*[69] *In Brief und Rede nannte er sich oft einen Philister; aber er war ein Todfeind aller Philister in der Kunst. Er war überzeugt, daß seine Zeit den Philister in der Kunst überwunden hätte; aber er fürchtete sich, «daß von der entgegengesetzten Seite unserer Kunst noch viel mehr Unheil droht».*[70]

Mendelssohn war ein sozial denkender und fühlender Mensch; wir haben seines Eintretens für seine Orchestermusiker schon gedacht. Bei vielen Gelegenheiten versuchte er, immer von neuem, das Los der ausübenden Musiker, aber auch das der Komponisten zu bessern. Im Gegensatz zu seiner Mutter, die eine Anhängerin des «ancien régime» war und viel auf Klassenunterschiede hielt, mochte er, der geborene und gefühlsmäßige Aristokrat, von sozialen Vorurteilen nichts wissen. Sehr bemerkenswert ist in dieser Hinsicht ein Bericht, den er seinem Freund Julius Rietz über eine Intervention zu dessen Gunsten beim Verleger Hofmeister gab. Darin heißt es:

... Hofmeister fing im ächten, altmodischen, knauserigen Verlegerton ein Lied zu singen an, das mich entschiedener ennuyierte als alles andere... er müßte [vor Unterzeichnung des Kontrakts] *eine Abschrift der Partitur haben, das sei so Gebrauch beim Drucken von Clavier-Auszügen. Hier wurde ich sehr grob* [von Mendelssohn unterstrichen] *und äußerte, er möge nicht glauben, er könne mit mir umspringen wie mit seinen gewöhnlichen Kunden und mich nach Herzenslust beschummeln... ich setzte noch andere Malicen hinzu... Doch fürchte ich, Sie möchten ihm auf seine Anfragen mit einem bloßen Donnerwetter antworten, wenn Sie nicht vorher von seiner* blutigelregenwürmerischen *Art prävenirt werden...*[71]

Der Brief geht noch in viele Einzelheiten der Konferenz mit Hofmeister, alles zu Gunsten von Rietz! Ähnliches hat er für manche andere Komponisten und Kapellmeister unternommen, gewöhnlich mit Erfolg.

Darüber hinaus hatte Felix eine in seiner Familie erbliche philanthropische Neigung; in seinen Papieren finden sich unzählige Bettelbriefe, von denen die meisten positiv beantwortet wurden. Vielen Thomanern hat er geholfen, Marx, Dohrn, der ihn seinen «Lebensretter» nannte, Lobe, und einer Legion heute unbekannter Musiker. Humanitäre Organisationen wurden von ihm regelmässig unterstützt, ohne Unterschied der Religion oder der Nation. Als ein Kuriosum sei ein besonderer Fall erwähnt, der bis heute ganz unbekannt geblieben ist, weil Felix nie duldete, daß sein Name als Wohltäter bekannt werde. In der Gemeinde Schwaz im Salzkammergut hatte Mendelssohn einen feurigen Bewunderer, Herrn Christannel. Dieser trat an ihn mit dem Vorschlag heran, er möge etwas, vielleicht eine Hymne, nur zur Aufführung in Schwaz bestimmen und den Reinertrag jeder Aufführung den Armen der Stadt Schwaz stiften. Felix ging bereitwillig auf den Vorschlag ein, und aus seiner Korrespondenz geht hervor, daß das Werk, das er für Schwaz geschrieben hat, zu seinen Lebzeiten regelmäßig und mit beträchtlichem Einkommen für die Ortsarmen dort aufgeführt wurde.[72] In ganz anderer Weise bewährte sich Mendelssohns soziales Gefühl, als er von Droysen und seinem Schwager, dem großen Mathematiker Dirichlet, angegangen wurde, die soeben aus ihren akademischen Lehrstellen entfernten «Göttinger Sieben» zu unterstützen. Diese *cause célèbre* hat eine lange Vorgeschichte, die aber für das Verständnis von Mendelssohns Hilfsbereitschaft unwesentlich ist. Wie wir schon früher sahen, neigte Mendelssohn zu einem kleindeutschen Liberalismus Rankescher Färbung; die «Göttinger Sieben» aber waren durchaus nicht alle dieser Gesinnung. Alle aber waren begeisterte Liberale, besonders Dahlmann, die Brüder Grimm und der große Orientalist Heinrich August Ewald. Die rücksichtslose und dazu törichte Handlungsweise Ernst Augusts, des Königs von Hannover, erbitterte Mendelssohn über die Maßen, und er eilte, ihnen zu helfen. Er hat sie treulich unterstützt, bis sie andere Lehrstellen gefunden hatten. So indigniert der Meister über den «Übermut der Ämter» war, so sehr bezweifelte er doch, daß sich die bürgerliche Bevölkerung wirksam für diese Männer und ihre Gesinnung einsetzen würde. Er hat im wesentlichen Recht behalten. Aber auch er erwartete in absehbarer Zeit einen schweren Zusammenstoß zwischen den extremen Elementen der beiden Parteien, den «Ultras» auf der konservativen und den «Feuerköpfen» auf der liberalen Seite. Kein Zweifel kann bestehen über seine liberalen Sympathien, und hätte er das Jahr 1848 erlebt, so wäre er wahrscheinlich zu einem solchen Ausmaß in die politischen Begebnisse involviert worden, daß ihn die Verhältnisse möglicherweise ins Exil getrieben hätten. Das wenigstens hat ihm sein vorzeitiger Tod erspart!

Auch in anderer Weise hat ihm die Politik das Leben vergällt. Der während der vierziger Jahre immer mehr zunehmende Nationalismus des «Jungen Deutschland» war aus vielen Gründen ganz und gar nicht nach Mendelssohns Geschmack. Das sogenannte «Rheinlied» («Sie sollen ihn nicht haben, den freien deutschen Rhein»), das damals Alt und Jung zu patriotischen Kundgebungen anfeuerte, erschien ihm durchaus unwürdig. Hier lassen wir ihn am besten selbst sprechen:

Über besagtes Rheinlied könnte ich Dir eine lange Klage schreiben. Du hast keinen Begriff, was für einen Halloh sie hier davon machen, und wie ein Zeitungsenthusiasmus mir so etwas Widriges hat. Dazu die ganze Gesinnung, einen Lärm darüber zu erheben, daß die andern nicht kriegen sollen, was wir haben! Das ist rechten Lärmens und rechter Musik werth! Dabei muß nicht ein Ton gesungen werden, wenn es sich von nichts handelt, als das nicht zu verlieren, was man hat. Davon schreiben kleine Jungen und furchtsame Leute, aber rechte Männer machen kein Wesen von dem was sie besitzen, sondern haben es, und damit gut ...[73]

An Klingemann schreibt er in ähnlichem Sinn, fügt aber hinzu:
... *Natürlich fallen die Musiker wie toll darüber her, und komponieren sich unsterblich daran. Nicht weniger als drei Melodien haben Leipziger Komponisten dazu gemacht und alle Tage steht irgend was von dem Lied in der Zeitung. Gestern unter anderm, daß nun auch von mir eine Composition dieses Liedes bekannt ist, während ich nie im Traum daran gedacht habe, solche defensive Begeisterung in Musik zu setzen ...*[74]
Eine Spur Wahrheit lag dem Gerücht zugrunde: zwei berühmte Verleger – ihre Firmen existieren noch heute! – boten ihm hohe Summen, wenn er sich bereit finden sollte, das «Rheinlied» zu komponieren. Mendelssohn lehnte beide Angebote entschieden ab, hat aber dann, dem Druck der öffentlichen Meinung gehorchend, Conradin Kreutzers Komposition des Liedes einmal aufgeführt.[75]

Hand in Hand mit seiner Abneigung gegen diesen künstlich hochgezüchteten Nationalismus ging für Mendelssohn die Ablehnung aller militaristischen «Ausstellungen», wie er es nannte; so lehnt er es ab, in der Loge, die für Gardeoffiziere reserviert war, zu erscheinen: «... wir brauchen nicht dort zu sitzen, wo die Gardeoffiziere sitzen». Die Anspielung bezieht sich auf die «Bank der Spötter» (Ps. 1, 1) und preist den Mann, der sich von ihrer Gesellschaft fernhält.

Aber auch das «altdeutsche Gethue» (dem er einst selbst gehuldigt hatte) konnte er nun nicht mehr ertragen und machte aus seinen Gefühlen gegenüber einem der Bannerträger dieses «holzgeschnitzten Alt-Deutschlands», Wilhelm von Zuccalmaglio, durchaus kein Hehl. Vertraulich äußert er sich über diesen Briefwechsel seiner Mutter gegenüber:
Doch kann ich seine Lieder nicht komponieren, sie waren patriotisch und altdeutsch, und mir wills jetzt gar nicht nach patriotischen Liedern zu Muthe werden. Es können gar zu viele Mißverständnisse dabei vorfallen, und wie es jetzt ist, daß sie anfangen, gegen die Franzosen zu singen in demselben Moment *wo sie klar einsehen, daß die Franzosen nicht gegen sie fechten wollen; da will ich keine Musik dazu machen ...*[76]

Diesem «mittelalterlichen» Manierismus zog er sogar einige Vertreter des «Jungen Deutschland» vor, die er sonst wegen ihrer «Zeitungsschreiberei» kaum respektieren konnte. So taucht plötzlich Laube in seiner Korrespondenz auf, ja, er duzt ihn sogar. Es war mir unmöglich zu ermitteln, wie es zu dieser neuen Freundschaft kam. Möglicherweise spielte Devrient hier den Vermittler, wie immer, wenn es sich um Opernlibretti handelte. Es ist erstaunlich, daß der damals schon recht reservierte Felix einer neuen Bekanntschaft das brüderliche Du gestattete; noch sonderbarer sind hier Kunst, Politik und persönliche Freundschaft ineinander verhakt. Abgesehen von solchen Einzelfällen sprach aber Devrient ganz aus Felix' Herzen und erntete dessen begeisterte Zustimmung, als er – gegen die neue Welle der nationalistischen Kunstbegeisterung – erklärte: «Deutschland ist das europäische Bewußtsein.»[77]

IV. OPERNPLÄNE

Die vergebliche Suche nach einem passenden Opernlibretto zieht sich durch Mendelssohns ganzes Leben. Sie hat ihn mit beinahe allen damals lebenden deutschen Bühnenautoren in Verbindung gebracht, und mit vielen englischen, ja auch französischen, der toten Dichter nicht zu gedenken. Aber es wiederholt sich immer derselbe Prozeß: nach einem vielversprechenden und akzeptablen Szenarium geht der Autor an die Ausarbeitung seines Stoffes, und sofort wird Felix krittlig. Seine Beanstandungen sind nicht immer konsequent oder treffend: manchmal gefallen ihm die Charaktere nicht, manchmal vermißt er dramatische Spannung oder Kontrast; aber in den meisten Fällen mißfällt ihm die Sprache der Librettisten.

Wir können hier nicht im einzelnen auf alle Projekte und Verhandlungen eingehen, die Mendelssohn seit seinem einundzwanzigsten Jahre geführt hat, um ein ihm zusagendes Libretto zu erhalten. Das Schicksal des Immermannschen *Sturm* sollte sich, mit kleineren oder größeren Variationen, immer von neuem wiederholen. Um alle Projekte zu erörtern, bedürfte es einer ganzen Monographie, die uns allerdings bemerkenswerte Einblicke in die Theaterdichtung Deutschlands gewähren würde. Hier möge es genügen, wenn wir die drei Hauptprojekte herausgreifen und ihr Schicksal kurz skizzieren.

Vorher aber, nicht nachher, wollen wir versuchen, die tiefere Ursache von Mendelssohns Hyperkritik aufzufinden. Er hat ja schließlich eine Menge recht mittelmäßiger Gedichte in Musik gesetzt, und wenn man ihm etwas vorwerfen könnte, so wäre es eher ein Zuwenig als ein Zuviel an literarischer Kritik. Warum forderte er das Äußerste für das Theater? Hier eben liegt die grundsätzliche Antinomie, an der Mendelssohns Opernschaffen immer wieder scheiterte.

Mendelssohn wollte eine Dichtung für das Theater komponieren, aber wenn ihm das Theatralische zusagte, mißfiel ihm die Dichtung, und wenn er an der Dichtung Gefallen fand, war sie ihm nie «rechtes Theater». Dieses Dilemma der Oper, aus dem Wagner in seinen glücklichsten dramatischen Schöpfungen (*Meistersinger, Walküre* I. Akt, *Tristan* I. Akt) geniale Auswege gefunden hatte, vergiftete alle Opernpläne Mendelssohns im Keim. Es läßt sich nicht leugnen, daß König Friedrich Wilhelm IV. ein ausgezeichnetes Urteil über Mendelssohns Fähigkeiten und Neigungen an den Tag legte: denn unter den vielartigen Kompositionsaufträgen für das königliche Haustheater, mit denen er den Meister bedachte, findet sich nur große Dichtung, die aber keineswegs immer für das moderne Theater geeignet war, wie z.B. Racines *Athalie* oder Sophokles' *Ödipus auf Kolonos.* Nie hat Mendelssohn versucht, aus diesen Stücken Opern zu machen, aber er hat gute, und in manchen Fällen sogar großartige Theatermusik dafür geschrieben, wie z.B. den *Sommernachtstraum* oder *Antigone.* Hier brauchte er nicht jene Kompromisse einzugehen, die das Theater ihm kategorisch auferlegte und vor denen er zurückschreckte: er durfte beruhigt die Dichtung in Tönen deuten. Wir können uns nicht mit der simplen Erklärung zufrieden geben, daß Mendelssohn kein dramatisches Talent besaß. Seine Jugendoper *Die Hochzeit des Camacho* zeigt unverkennbare Spuren von Theaterbegabung, und auch sein Singspiel *Die Heimkehr aus der Fremde* enthält manch hübsche Pointe. Gibt es denn nicht auch im *Elias* großartige dramatische Momente? Aber man kann nicht ein Drama komponieren und dafür die höchste und reinste Poesie verlangen; diese Verbindung war selbst einem Goethe, einem Schiller nur in Einzelfällen geglückt, und dabei war das Problem der Oper noch gar nicht in das Dichtwerk einbezogen! Als Mendelssohn am Ende seines Lebens glaubte, in Geibels *Lorelei* ein «richtiges» Libretto in der Hand zu haben, machte er sich an die Arbeit. Aber das Fragment des Werkes, besonders das Finale des ersten Akts, deutet wieder auf eine konstitutionelle Schwäche des Meisters hin: Mendelssohn reiht aneinander, er verbindet nicht die dramatischen Einfälle. Er hätte ebenso gut ein Oratorium daraus machen können; denn erst aus der Verbindung, der Zuspitzung der Konflikte ergibt sich ja Drama und Theater. Seine Musik wird dem Text gerecht, aber nicht der Szene.

Mendelssohn stand in Verbindung mit einer Legion von Autoren, von denen hier nur die folgenden aufgezählt seien, um dem Leser eine Vorstellung von seinem heißen Drang zur Oper zu geben: Scribe, Planché, Birch-Pfeiffer, Holtei, Raupach, Laube, Devrient, Immermann, Tieck, Klingemann, Droysen, Chézy, Geibel, Atterbom, Benedict, Bartholomew, Lumley etc. Von all diesen Plänen erreichten drei das Stadium, wo Mendelssohn sofort an die Arbeit hätte gehen müssen, wenn er etwas davon gehalten hätte. J.R. Planché war ein Bühnenschreiber, kein Dichter; denn er kam vom lebendigen Theater her. Jahrelang Manager der Vauxhall-Singspiele, Autor von Webers *Oberon* (nach Wielands berühmtem Werk), war er ein richtiger «Theaterhase». Das von ihm für Mendelssohn gewählte Sujet *Die Bürger von Calais* (die Belagerung von Calais unter Edward III.) war denn auch von szenisch-theatralischem Effekt, aber ohne viel inneren Wert, und vor allem ohne Verständnis für Mendelssohns Hinneigung zur Lyrik und für seine Begabung für Subtilitäten. Mendelssohn plagte sich denn auch weidlich mit dem Szenarium, bevor er es als unpassend verwarf. Die gesamte Korrespondenz zwischen Komponist und Librettist ist noch erhalten und zugänglich. Bewundernwert ist Mendelssohns Geduld und Hartnäckigkeit, die einer besseren Sache würdig gewesen wäre.[78]

Ein zweiter Plan geht auf eine Idee Wielands zurück, mit dem Mendelssohn mehr gemein hat, als man auf den ersten Blick erkennen kann. Hier handelt es sich um die Verserzählung *Pervonte,* die Klingemann dramatisieren wollte. Es ist das alte Motiv von den drei Wünschen, hier in ein ziemlich bombastisches Gewand romantisch-italienischer Szenerie gekleidet. Klingemann ging wohlweislich nicht vom Wielandschen Original aus, sondern von Kotzebues dramatischer Bearbeitung der Idee. Das Szenarium war schon gebilligt worden, und sogar ganze Szenen waren von Klingemann ausgearbeitet, bevor Mendelssohn den Plan aufgab, da ihm die Handlung nicht genügend interessant und die Charaktere nicht klar genug waren.[79]

In den letzten Jahren seines Lebens taucht wieder der Plan auf, Shakespeares *Sturm* in einer «modernen» englischen Bearbeitung als Oper herauszubringen. Felix war ursprünglich Feuer und Flamme für die Idee gewesen, genau wie einst in Düsseldorf, wo es sich auch um den *Sturm* gehandelt hatte. Der Entrepreneur war diesmal Mr. Benjamin Lumley (eigentlich Levy), wieder ein Theatermanager, der allerdings imstande war, einen so erfahrenen Bühnenautor wie Scribe für seinen Plan zu interessieren. (Scribe wäre bereit gewesen, die Bearbeitung für Mendelssohn in französischer Sprache vorzunehmen; dies hätte denn ins Englische übersetzt werden müssen. An dieser Schwierigkeit, sowie an einer rechtlichen Streitfrage, die Felix böse Tage bereitete, ist, wie an anderer Stelle dargelegt, der Plan gescheitert.)[80]

Wir glauben nicht, daß durch Mendelssohns Zögern und Widerstand der Nachwelt in diesen Fällen bedeutende Werke verloren gegangen sind. Dagegen bedauern wir seine Ablehnung von Droysens *Nausikaa,* die sich für ein weltliches Oratorium vorzüglich geeignet hätte. Es ist ewig schade, daß Mendelssohn sich durch Droysens Skeptizismus abhalten ließ, das schön gegliederte Szenarium und die teilweise fertiggestellte Dichtung in Musik zu setzen. Wir wollen uns aber in diesem Einzelfall die Freiheit nehmen, über alle historische Evidenz hinaus dem Problem «Mendelssohn und das Theater» noch etwas nachzusinnen.

Felix war zeit seines Lebens ein Theaterkenner. Wie war es dann möglich, daß er jedesmal vor der schöpferischen «Theatertat» zurückschreckte, als ob er mit ihr ein Vergehen, eine Sünde beginge? Wir erinnern uns auch, daß er sich schon in Düsseldorf vom aktiven Theaterbetrieb zurückgezogen hatte, und das unter ziemlich fadenscheinigen Vorwänden; daß er die angebotene Stellung eines Hofkapellmeisters in Weimar hauptsächlich darum ablehnte, weil er mit dem Theater nicht «in ständiger Berührung» leben wollte. Welche Hemmungen, bewußte oder unbewußte, standen den so oft ausgesprochenen und sicherlich ehrlichen Intentionen und Impulsen Mendelssohns, die ihn zur Oper trieben, entgegen und lähmten seine Schöpferkraft, wo er sie am meisten ersehnte? Die oben angedeutete Antinomie zwischen Theater und Dichtung reicht wohl aus für eine rationale Deutung von Mendelssohns Verhalten, so etwa, wie er sie selbst verstanden haben mag. Aber sie dringt nicht hinab in die Urgründe seines Seins und Fühlens. Vielleicht hilft uns hier ein Zeitgenosse Mendelssohns, diesmal ein Philosoph, diese Widersprüche aufzuklären.

In Kierkegaards großartiger Interpretation von Mozarts *Don Juan* heißt es:

Wie die Oper in ihrer Totalität nicht so durchreflektiert sein kann wie das eigentliche Drama, so auch die musikalische Stimmung, die zwar dramatisch ist, aber doch in der Stimmung ihre Einheit hat ... [81]

An vielen anderen Stellen seines «Entweder-Oder» betont Kierkegaard die Rolle des Dämonischen in jeder guten Oper:

... die Sinnlichkeit ist das Dämonische in ästhetischer Indifferenz. [82]

Von einer ganz andern Seite beleuchtet Schiller das gleiche Problem: Für ihn gibt es zwei Extreme des Dramas, *zwischen welchen Wahrheit und Natur inne liegen. Die Menschen des Pierre Corneille sind frostige Behorcher ihrer Leidenschaft... in England und Deutschland... deckt man der Natur ihre Blöße auf, vergrößert ihre Finnen und Leberflecken unter dem Hohlspiegel eines unbändigen Witzes, die muthwillige Phantasie glühender Poeten lügt sie zum Ungeheuer...*[83]

Es war just dieses «Ernstnehmen» des Dämonischen und der Leidenschaft, was das Theater fordert und was Mendelssohn versagt blieb; diesen Ernst konnte und wollte er dem Theater nicht zubilligen. Wenn man seinen Briefwechsel mit Klingemann aufmerksam verfolgt, wird man in all den Opernplänen und -diskussionen erstaunt erkennen, daß Felix sich zu seinen Charakteren, die er ja musikalisch glaubhaft machen soll, völlig indifferent verhält; sie mögen sterben oder leben, lachen oder weinen, gedeihen oder verderben, ihm gilt es gleich. Denn seine Dämonie konnte sich im Theater nie erfüllen, weil er es im Grunde nicht ernst nahm. Was er an dämonischer Kraft besaß, gehörte der Sphäre der Religion; hier und nur hier war es ihm *manchmal* (auch nicht oft) gegeben,

siedenden Schmerz der Brust,
schäumende Gotteslust

in Tönen auszusprechen. Aber oft ist er auch dem Amor Dei, wenn er leidenschaftliche Gefühle einschließt, nicht gerecht geworden, wie manche seiner Psalmkompositionen zeigen.

Diese Disposition mag man wohl aus seiner westlich-jüdischen Erziehung und dem damit verbundenen Puritanismus verstehen: trotz aller Emanzipation, Aufklärung und Assimilation konnte der gebildete Jude das Theater nicht so ernst nehmen wie der Deutsche, etwa wie Lessing oder Schiller; es war ihm keine «ernsthafte» Ausdrucksform. Schon gar nicht wollte er sich dazu verstehen, seine tiefsten, ja lebenswichtigsten Gefühle, die dem Einen, Unnennbaren geweiht waren, mit dem Theater zu teilen. Es wäre ihm eine solche Gleichsetzung im tiefsten Herzen blasphemisch erschienen. Es standen also nicht nur rational-ästhetische Hindernisse im Weg einer Oper Mendelssohns, sondern noch viel tiefere, jahrtausendalte, unbewußte und dennoch sehr mächtige, religiös-ethische Hemmungen der «prophetischen Wertsetzung» ließen ihn das Theater nie als wirklich lebenswichtig ansehen.[84]

Haben wir Kierkegaard vorhin als Kronzeugen für das Dämonische der Oper angeführt, so wollen wir ihn, aber diesmal als Verteidiger von Mendelssohns Wertideal diese Bemerkungen abschließen lassen. In seiner Abhandlung «Das Gleichgewicht des Ästhetischen und Ethischen in der Ausarbeitung der Persönlichkeit» heißt es:

Das Ethische beraubt das Leben durchaus nicht seiner Schönheit, es macht es vielmehr erst schön. Es gibt dem Leben Sicherheit und Frieden, denn es ruft uns beständig zu: ‹quod petis, hic est›. Es bewahrt vor jeder erschlaffenden Schwärmerei; es gibt der Seele Gesundheit und Kraft... Die Hauptsache im Leben ist, sich selbst zu gewinnen, sich selbst zu erwerben.

ZWISCHENSPIEL III

DIE ANTIPODEN: MENDELSSOHN UND WAGNER

Trotz der vielfachen Versuche Richard Wagners und seiner Anhänger, das wahre Verhältnis zwischen ihm und Mendelssohn hinter einem fiktiven weltanschaulichen, rassischen, jedenfalls sehr künstlich bemalten Vorhang zu verschleiern, sind mehr und mehr Dokumente ans Licht gekommen, die die wahre Situation der beiden Gegner besser beleuchten. Es ist daher nötig, ihr gegenseitiges Verhältnis neu zu überprüfen.

Es kann nicht die Aufgabe dieses Buches sein, alle Aspekte jener überaus komplexen, weit über das Musikalische hinausgehenden Feindschaft zu erörtern; sie hat ein Jahrhundert überdauert und steht in der Musikgeschichte einzig da.

Wenn man bedenkt, daß der fast ebenso scharfe Antagonismus von Wagner und Brahms sich in unserer Betrachtung so weit gemildert hat, daß man diese beiden Komponisten als die zwei Seiten einer Medaille des ausgehenden 19. Jahrhunderts ansehen und sie völlig unabhängig voneinander betrachten kann, bedenkt man ferner, daß man Verdis Namen in einer Studie über Wagner nicht einmal zu erwähnen braucht, so wird man an jenes Gesetz der Perspektive erinnert, wonach zwei Objekte, die in der Nähe des Beschauers voneinander weit entfernt zu sein scheinen, immer näher zusammenrücken, je weiter der Beschauer sich von ihnen entfernt. Das gilt nicht nur im Raum, sondern auch in der Kategorie der Zeit. Es ist gültig für die künstlerischen Schöpfungen: Brahms und Bruckner können durchaus miteinander verglichen werden, und selbst Komponisten aus so verschiedenen Generationen wie etwa Carl Maria von Weber und Hugo Wolf oder Hector Berlioz werden unter dem vieldeutigen und wenig aussagekräftigen Generalnenner «Romantik» zusammengefaßt; sie erscheinen vielen Musikhistorikern als nah verwandte Stilexponenten. Das gilt sogar gelegentlich für die Musik Mendelssohns und Wagners, bleibt aber einseitig: denn Wagner hat zwar zwei oder dreimal charakteristische Motive von Mendelssohn übernommen, hatte aber selbst keinen Einfluß auf den nur um vier Jahre Älteren. In ihren *nicht* die Musik betreffenden Angelegenheiten sind sie einander so fern geblieben wie eh und je. Ihre Distanz hat sich sogar vergrößert: je mehr Quellen und Dokumente jener Zeit zum Vorschein kommen, desto mehr rükken sie auseinander. So sind auch Platon und Aristoteles, Buddha und die Propheten trotz ursprünglicher zeitlicher Nachbarschaft und trotz jahrtausendelanger Distanz in unserer Perspektive einander nicht näher gekommen, auch nicht für einen so vorurteilslosen Denker wie Karl Jaspers, der das Problem in seinem gedankenreichen Buch *Ursprung und Ziel der Geschichte* gestreift hat. Wie ist die Diskrepanz zu erklären, daß Werke entgegengesetzter Kunstrichtungen dem «Parallaxengesetz» der größeren zeitlichen Entfernung gehorchen, nicht aber die fundamentalen Ideen und Prinzipien der Philosophie und der Religion? Wir lassen die Frage hier unbeantwortet, werden aber auf sie zurückkommen.

Um sowohl Wagner wie Mendelssohn gerecht zu werden, ist es notwendig, die folgende Betrachtung chronologisch zu teilen: erstens in die Spanne von Mendelssohns Lebenszeit und zweitens in die von Mendelssohns bis zu Wagners Tod. Denn vor Mendelssohns Tod gibt es nicht ein einziges Dokument, in dem Wagner es wagt, Mendelssohn zu attackieren oder auch nur absprechend zu beurteilen. Im Gegenteil, er hofiert ihn und freut sich seiner Anerkennung. Das änderte sich von Grund auf mit Mendelssohns Tode. Von nun an gibt es keine Schranken mehr für Wagners offen ausgesprochenen Haß und seine irre Eifersucht auf des Toten Ruhm, besonders in England. Im folgenden werden nur authentische Bemerkungen oder Briefe Wagners und Mendelssohns erwähnt; nicht die der beiderseitigen Anhänger und Kohorten. Auch Ernest Newmans grotesk-einseitige Darstellung und ähnliche «Parteibiographien» werden hier außer Acht gelassen.

I. ZU MENDELSSOHNS LEBZEITEN

Die ersten Erwähnungen von Mendelssohn in Wagners Briefen sind voll ehrlicher Bewunderung, ja Begeisterung. Man muß überhaupt feststellen, daß Wagner, zumindest subjektiv, gegenüber Mendelssohn völlig ehrlich und ohne Falsch war; wenn er verehrte, bewunderte er ehrlich, wenn er haßte, war seine Feindschaft grenzenlos, aber immer echt. Die Motive für diesen komplexen Tatbestand liegen tief verborgen, und nur tastend werden wir am Ende dieses Zwischenspiels versuchen, ihnen nachzugehen.

Obwohl Wagner nur vier Jahre jünger war als Mendelssohn, hatte der letztere doch einen gewaltigen zeitlichen Vorsprung durch seine außerordentliche musikalische Frühreife und sein solides und intensives Studium. Wagner wirkte noch als Theaterkapellmeister in Magdeburg, als Mendelssohn schon der einflußreiche Direktor der Gewandhauskonzerte war. Darauf bezieht sich Wagners Bemerkung im Brief an Th. Apel vom 26. Oktober 1835:

Ich bin unumschränkter Herrscher über die Oper, das macht mir auch Freude! Vielleicht lief're ich etwas ähnliches wie Mendelssohn; aber ich bin nur in Magdeburg, er in Leipzig – das ist der Unterschied...

Bald darauf (am 11. April 1835) sandte er Mendelssohn die Partitur einer *Symphonie in C-dur* mit dem folgenden Brief:

Verehrter Herr!

Ich führe den Streich aus, den Sie so gütig waren im voraus einen gescheuten zu nennen, und bitte Sie, beiliegende Sinfonie, die ich 18 Jahre alt schrieb, als Geschenk von mir anzunehmen; ich wüßte für sie keine schönere Bestimmung. Ich mache als Gegengeschenk auf nichts weiter Anspruch, als daß Sie dieselbe in irgend einer Muße Stunde einmal durchlesen möchten, vielleicht reicht sie hin, Ihnen einen Beweis meines redlichen Bestrebens und meines Fleißes zu geben, und ich bedarf dieser günstigen Vermeinung von Ihnen, da Sie mich vielleicht verdammen würden, wenn Sie, ohne diesen Beweis meiner Studien zu kennen, sogleich meine neueren Compositionen beurtheilen sollten. Das Wünschenswertheste aber wäre mir, wenn die Bekanntschaft mit mir, die Sie durch diese Sinfonie machen werden, Sie mir einigermaßen näher führen sollte. *Mit Verehrung Ihr ergebenster R. Wagner*[1]

Mendelssohn scheint diesen Brief und das Geschenk unbeantwortet gelassen zu haben, was Wagner natürlich bitter enttäuschen mußte. Bedeutend später, in einem langen Brief an Robert Schumann (vom 5. Januar 1842), äußert er sich über angebliche Opernpläne Mendelssohns:

Ich höre, Mendelssohn soll eine Oper für Paris angetragen worden sein: ist Mendelssohn so wahnsinnig, dem Antrage zu entsprechen, so ist er zu bejammern; er ist meiner Ansicht nach nicht einmal im Stande, in Deutschland mit einer Oper Glück zu machen; er ist viel zu geistig und es fehlt ihm durchweg an großer Leidenschaft; *wie soll das in Paris werden?...*

Als Kapellmeister in Dresden wohl etabliert, gab Wagner seiner Schwester Avenarius in Paris einen ausführlichen Bericht über seine Stellung (vom 3. Mai 1842) und den Erfolg des *Fliegenden Holländers* in Berlin:

...da erstlich Mendelssohn, (mit dem ich in recht freundschaftliche Beziehungen getreten bin) mir versichert, daß (Graf) Redern für das erste halbe Jahr jedenfalls die Suprematie ausüben wird... etc.

Kurz darauf wollte sich Wagner über die Lage in Berlin «aufklären» (Brief vom 13. Mai 1842 an G. E. Anders, Paris:

*...ich erkundigte mich bei Mendelssohn, der mich in jeder Beziehung sehr freundschaftlich aufnahm, über alles, was mir zu wissen Noth that. Sein Bericht war trost*los, *und es genüge Dir zu sagen, daß Mendelssohn mir erklärte, er selbst würde jedenfalls künftigen Winter Berlin verlassen, weil es ihn empöre, für nichts und wieder nichts dort zu sein; seine Berufung erklärte er als bloße Renommage des Königs, der sich etwas darauf zu gut thue, bedeutende Namen nach Berlin zu ziehen, ohne den Berufenen jedoch den Wirkungskreis zu verschaffen, der die Berufung einzig von Werth machen könnte.*

Noch im selben Jahr bot Mendelssohn ihm eine Aufführung seiner *Ouvertüre zu Rienzi* an, aber Wagner entschuldigte sich im Brief vom 17. November 1842:

Hochgeehrter Herr,

soeben werfe ich nochmals einen Blick in die Partitur meiner Ouverture, und erschrecke ernstlich davor, sie Ihrem gütigen Anerbieten gemäß in einem Leipziger Gewandhaus-Conzert aufführen zu lassen: ich sehe ein, es ist nur für das Opern-Haus und nicht für den Conzert-Saal, und jedenfalls, wenn Ihre gütige Gesinnung gegen mich in Bezug auf die Aufführung einer meiner Compositionen unter Ihrer meisterlichen Leitung dieselbe bleiben sollte, verspare ich die mir zugedachte Ehre für eine andere Arbeit, die eher geeignet sein dürfte, Ihren nachsichtigen Ansprüchen zu genügen, vielleicht die Ouverture zu meinem «Fliegenden Holländer», sobald diese Oper, was Mitte künftigen Monats geschehen soll, auf der hiesigen Hofbühne in Scene gegangen sein wird.

Wenn ich wegen meines so abscheulichen und schwankenden Benehmens gegen Sie mich entschuldigen könnte, so würde das allein nur dadurch möglich sein, daß ich Sie auf das Gefühl hinweise, welches mich für einige Zeit in Unklarheit befangen hielt, als mir ein so ehrenvolles Anerbieten gemacht wurde, welches ich jedoch nach reiflicher Überlegung für diese *meiner Arbeiten nicht annehmen kann.*

Beweisen Sie mir Ihre Güte auch dadurch, daß Sie mir mein unziemliches Benehmen verzeihen, und seien Sie versichert, daß ich nie aufhören werde zu sein

Ihr glühendster Verehrer R. Wagner

Aber noch spürt man kein Anzeichen einer Spannung zwischen den beiden, im Gegenteil!: Wagner berichtet freudestrahlend seiner Frau über den Erfolg seines *Fliegenden Holländers* in Berlin und fügt hinzu (Brief vom 8. Januar 1844):
Mendelssohn, bei dem ich auch einmal zu Tisch war, hat mich recht erfreut: – er kam nach der Vorstellung auf die Bühne, umarmte mich und gratulierte mir sehr herzlich.
Das erste Anzeichen einer – an sich durchaus honorigen – Rivalität findet sich in einem Passus eines Briefes Wagners an Samuel Lehrs in Paris vom 7. April 1845:
... Wie mir übrigens die Leipziger gesinnt sind, kannst Du aus der Leipziger musikalischen Zeitung erkennen; dieses Organ Mendelssohns hat fast noch kein Wort über meine Oper mitgetheilt! Ich weiß aus guter Quelle, daß Mendelssohn – der jetzt auch eine Oper componiren will – mehr als eifersüchtig auf mich ist: – die Leipziger Clique, die nun Mendelssohn unbedingt gehorcht, weiß nicht, was sie mir für ein Gesicht schneiden soll – die Esel! Gebe doch Gott, daß Mendelssohn eine tüchtige Oper herausbrächte, so wären wir ihrer Zwei, und könnten mehr ausrichten, als Einer allein...!
Offene Rivalität zeigte sich erst, als sowohl Mendelssohn wie Wagner (als Hofkapellmeister) aufgefordert wurden, anläßlich der Enthüllung eines Monuments für König Friedrich August eine Hymne zu komponieren und sie aufzuführen. Wagner hat dieser reinen Höflingsarbeit weit mehr Aufmerksamkeit gewidmet als Mendelssohn. Darum beschreibt Wagner auch seinen angeblichen großen Erfolg in vier verschiedenen Dokumenten (in Briefen und in seinem Buch «Mein Leben»).[2]

(Brief vom 14. Juni 1843 an Minna Wagner): *...allgemein spricht man nur von meinem Gesange, während man zu dem Mendelssohnschen nur den Kopf schüttelt. So war es.*
Seiner Schwester Cäcilia berichtet er ausführlicher (Brief vom 13. Juli 1843):
...denn es herrscht nur eine *Stimme darüber, daß meine Composition die einfach*

und erhebend war, die Mendelssohnsche, welche complicirt und künstlich war, völlig geschlagen habe...

Da beide in Berlin sind, schreibt Wagner an Mendelssohn die folgenden Zeilen:

Berlin, 10. Jan. 1844

Mein lieber, lieber Mendelssohn,

ich bin recht glücklich darüber, daß Sie mir gut sind. Bin ich Ihnen ein kleines wenig näher gekommen, so ist mir das das Liebste von meiner ganzen Berliner Expedition.

Leben Sie wohl! Ihr R. W.

Als Dirigenten und Programmgestalter würdigte Wagner Mendelssohn in einem Passus eines langen Briefes an seinen Intendanten Baron Lüttichau (vom 11. März 1844):

...Leistungen, bei denen mir und der Kapelle Aufgaben gestellt wurden, wie sie z. B. Mendelssohn sich nur selbst stellt, *und bei denen einzig die wahren Kräfte eines Künstlers in Anspruch genommen werden...*

Die zwei letzten Briefe an Mendelssohn, die Wagner schrieb, handeln von der Mitwirkung der beiden zugunsten eines Denkmals für Carl Maria von Weber. Beide Briefe (vom 17. April und 15. Mai 1845) sprechen von ihrem Zusammenwirken; dabei hatte Mendelssohn seine Hilfe zugesagt, und auch hier bemüht sich Wagner, seine Ergebenheit zu zeigen, nennt ihn «hochverehrter Freund» und versichert, «daß es mir (Wagner) wahrhafte und große Freude macht, mich nach ziemlich langer Unterbrechung Ihnen einmal wieder nähern zu können... Mit der wiederholten Versicherung meiner allergrößten und aufrichtigsten Verehrung und Bewunderung bin ich Ihr ergebenster R.W.»

Dies alles ist aber nur das Material, das in den «Sämtlichen Briefen Richard Wagners» zu finden war. Doch sind das eben nicht *sämtliche* Briefe:[3] mindestens noch zwei weitere an Mendelssohn gerichtete Briefe finden sich in den *Grünen Büchern* in der Oxford Bodleian Library. Der eine, vom 6./7. Juni 1843, schließt mit den Worten:

... ich bin stolz, der Nation anzugehören, die Sie und Ihren «Paulus» hervorgebracht hat.[4]

Der andere ist ein undatiertes Billett, in dem Wagner Mendelssohn für seine Hilfsbereitschaft und Gastfreundschaft dankt, und scheint mit Spohrs Besuch in Leipzig zusammenzuhängen.[5]

Ein sehr wichtiges Dokument aus Wagners Dresdener Zeit ist aber erst im Jahre 1898 und durch Zufall ans Licht gekommen: Richard Wagners enthusiastischer Bericht an Baron von Lüttichau, aus dem hier nur der auf die Dresdener Aufführung des *Paulus* bezügliche Teil von Interesse ist:

Das letzte Palmsonntagkonzert ist eines der glänzendsten zu nennen und hinterließ einen tiefen Eindruck bei den besonders zahlreichen Zuhörern. Mendelssohn Bartholdy war eingeladen worden, in diesem Konzert die Aufführung seines Oratoriums «Paulus» selbst zu leiten, und verschaffte uns durch die Bereitwilligkeit, dieser Ein-

ladung zu entsprechen, einen Genuß der ungewöhnlichsten Art, nämlich bei dieser Gelegenheit ein klassisches Werk unter der persönlichen Leitung seines Schöpfers reproduziert zu sehen. Wir waren wohl bereits durch zwei öffentliche Aufführungen mit diesem Meisterwerk bekannt gemacht worden, und doch schien es, als ob uns das rechte Verständnis erst jetzt gekommen wäre, wo die unmittelbare persönliche Anführung des Meisters jeden der Exekutanten mit besonderer Weihe erfüllte und in dem Grade begeisterte, daß der Wert der Aufführung fast die Höhe des Werks erreichte...

Mendelssohn Bartholdy hat uns auf diese Weise in aller Vollendung ein Werk gezeigt, welches ein Zeugnis von der höchsten Blüte der Kunst ist und die Rücksicht, daß es in unseren Tagen geschaffen worden ist, mit gerechtem Stolz auf die Zeit, in der wir leben, erfüllt...[6]

Auch außer schönen Worten hat Wagner Mendelssohn seine Ehrerbietung durch die Tat bewiesen: im zweiten der Hofkapellkonzerte (12. Februar 1848) führte Wagner den *42. Psalm* zu Mendelssohns Gedenken auf, im dritten die *Schottische Symphonie* (8. März 1848). Es steht zu vermuten, daß sich Wagners Haltung nicht wesentlich geändert hätte, wenn Mendelssohn länger gelebt hätte.

Nun sollte man auch die andere Seite hören, d. h. Briefe Mendelssohns an Wagner zur Beurteilung vorlegen. Bisher scheint aber nicht ein einziger Brief Mendelssohns an Wagner ans Licht gekommen zu sein. Das mag zwei Gründe haben: entweder hat Wagner diese Briefe vernichtet oder das Bayreuther Archiv hat sie nicht veröffentlicht. Es ist kaum denkbar, daß keine solchen Briefe existieren, und wir möchten hoffen, daß nun auch Bayreuth die alte Fehde vergessen und etwaige Briefe Mendelssohns an Wagner veröffentlichen wird.[7]

Was an authentischen Äußerungen Mendelssohns über Wagner zu dritten Personen vorliegt, wird im folgenden erwähnt; es ist aber nicht viel, und es lautet im allgemeinen wohlwollend.

In zwei Briefen drückt Mendelssohn sein Mißtrauen gegenüber den wilden Gerüchten aus, die damals über Wagners häusliches Leben umgingen. Sie waren, wie man heute seinen Briefen entnehmen mag, wohl etwas übertrieben, aber im wesentlichen entsprachen sie der Wahrheit. Unzweifelhaft hatte Wagner als junger Mann wenig Bedenken, junge Mädchen oder Frauen zu verführen, und er war sich dieser Fähigkeit stolz bewußt. Aber Mendelssohn war kein Klatschmaul, und so schrieb er an Ferdinand Hiller (3. März 43):

...und ich komme viel besser weg, der ich jetzt so ein Zeitungseptembriseur bin [Vernichter der Zeitungen, nach dem franz. Wort ein Anhänger oder Teilnehmer der Mordtaten der Terreur im September 1792], *daß ich nichts, aber total nichts glaube, was ich nicht mit meinen Augen auf Noten sehe oder mit meinen Ohren in Noten höre. Leider geht es auch mit Wagner ein wenig so; ich habe Furcht, daß da viel übertrieben wird; und die Musiker, die ich als gewissenhafte Leute kenne, vermehren diese Furcht nicht wenig. Doch habe ich noch nichts Zusammenhängendes*

von seinen Opern gehört und denke immer noch, es wird besser sein, als die Leute es schildern. Talent hat er doch in jedem Fall, und ich habe mich gefreut, als er die Stelle bekam, obwohl ihm das schon in den paar Wochen Feinde gemacht hat, wie ich Dir mal mündlich erzählen will, wenn wir bei Sonnenuntergang spazieren gehen...[8]
In ähnlichem Sinn spricht Mendelssohn von Wagners «großem Talent» und «mangelnder Disciplin» in einem der unveröffentlichten Briefe der *Grünen Bücher,* Bd. XVI (1845). Selbst Fanny lernte Wagner kennen, wie man aus der englischen Ausgabe der Briefe an Klingemann erfährt, in der ein Brief Fannys an ihre Schwester vom 9. Januar 1844 von den vielen Künstlern berichtet, die in ihrem Hause verkehrten, darunter Wilhelmine Schröder-Devrient, Servais, Moriani und Richard Wagner, «der Komponist des Fliegenden Holländer». Auch Hans von Bülow, gewiß ein unverdächtiger Zeuge, berichtet von Mendelssohns Wohlwollen gegenüber Wagner:
...Um sich nicht dem Vorwurf eines grundlosen Verdammungsurtheils, d.h. grundsätzlichen Ignorirens der Wagnerschen Musik auszusetzen, beschloß man daher [im Leipziger Gewandhaus], *die Ouverture zum «Tannhäuser», als ein größeres abgeschlossenes Tonstück, das in Dresden Furore gemacht, in einem Conzerte zu Gehör zu bringen. Die Aufführung dieses sehr schwierigen, aber bei gehörigem Fleiß und Sorgfalt im Einstudiren auch höchst dankbaren und unvergleichlich wirksamen Musikstückes war über alle Maßen unerquicklich, eine* Execution, *im besonderen Wortsinne. Es hätte einer solchen (sit venia verbo) – Verhunzung – nicht einmal bedurft, um die Composition fallen zu lassen; die mißmutige Miene des Dirigenten* [Ferdinand Hiller] *autorisirte gewissermaßen schon das Publikum zur Misfallsbezeugung. Mendelssohn hat durch jene herzlichen Worte, welche er nach einer Aufführung des «Tannhäuser» in Dresden mit sichtlicher Ergriffenheit an Wagner richtete, sich vollkommen von diesem trüben Flecken gereinigt...*[9]
Doch soll nicht geleugnet werden, daß ihm die Ouvertüre des *Tannhäuser,* wie er selbst berichtet hat, fast körperliches Unbehagen wegen seiner «dionysischen Brunst» verursacht hat.[10]

Ehrliche Rivalität spricht auch aus Mendelssohns etwas herablassender Reaktion auf den Erfolg des *Fliegenden Holländers* in Berlin. Aber die Umarmung durch den Älteren, von der Wagner selbst berichtet, auch die Einladung zum Abendessen in Mendelssohns Haus reichen nicht aus, um Wagners Mißbilligung von Mendelssohns Worten: «Na, jetzt dürfen Sie doch zufrieden sein!»[11] aufzuwiegen. Vielmehr nimmt Wagner diese Worte in seine – an sich fragwürdige – Autobiographie auf; wie müssen die wenigen Worte ihn verletzt haben. In diesem Sinn ist auch eine andere Episode zu verstehen, die Wagner berichtet, wieder in *Mein Leben.* Dort heißt es:[12]
Im Hause meines Schwagers Fritz Brockhaus wurde von Mendelssohn und der Schröder-Devrient, welcher dieser eine reiche Auswahl Schubertscher Lieder accompagnirte, lebhaft musicirt. Ich beobachtete hierbei eine eigenthümliche Unruhe und Aufgeregtheit, mit welcher dieser damals auf der Sonnenhöhe seines Ruhmes und Wirkens stehende, noch immer junge Meister mich betrachtete oder vielmehr

mich ausspähte. Mir war ersichtlich, daß er auf einen Opernerfolg, und somit gewiß auch in Dresden, nicht sonderlich viel gab, und zweifellos zählte ich bei ihm hierdurch unter einer Gattung von Musikern, von denen er nichts hielt, und mit denen er nichts zu thun zu haben glaubte...

Nach Wagners Deutung, daß Mendelssohns kühles Betragen auf seine Eifersucht auf Wagner als Opernkomponist zurückzuführen sei, beendet er seine Erinnerungen an jenen Abend mit den merkwürdigen Sätzen:

Als ich ihn nämlich nach der gemeinschaftlichen Conzertprobe nach Hause begleitete, und mit großer Wärme soeben über Musik gesprochen hatte, unterbrach der durchaus nicht Redselige in eigenthümlich erregter Hast mich mit der Äußerung, die Musik habe nur das Schlimme, daß sie nicht nur die guten, sondern auch die üblen Eigenschaften, wie gerade auch die Eifersucht, stärker als alle anderen Künste anrege...[13]

Hier erkennen wir vielleicht das erste Motiv von Wagners Feindschaft: Eifersucht; denn Mendelssohn war nicht naiv genug, um jene moralisierende Bemerkung in Gegenwart Wagners zu machen, ohne dabei ad hominem zu sprechen. Der Naive aber war Wagner, der eben diese Anspielung nicht verstand.

II. NACH MENDELSSOHNS TOD

Auf der Höhe seines Ruhmes war Mendelsson, wie Achill, «dahingesunken». Daher kam Wagners plötzlicher Ausbruch wie eine wilde Explosion: sein Pamphlet *Das Judenthum in der Musik* erschien 1849 unter dem Pseudonym Karl Freigedank. Zweierlei muß hier in Erwägung gezogen werden: Wagner war in der Verbannung, und wurde von einigen Kritikern, unter denen sich auch Juden befanden, wohl auch von Pariser Verlegern (Schlesinger) arg bedrängt. Er hat später (1869) das Pamphlet unter seinem eigenen Namen veröffentlicht. Hier sei nur kurz bemerkt, daß sich Wagner häufig solcher Pseudonyme bediente, wenn es ihm unbequem oder peinlich war, eine polemische Attacke unter eigenem Namen zu unternehmen: so hat er Namen wie Karl Freigedank, Walter Drach, H. Valentin u. a. verwendet. Anderseits fühlte Wagner, daß *vor der Welt* Eifersucht auf einen berühmten, nun toten, aber doch zeitgenössischen Komponisten ihm als bloßer Neid und üble Malice ausgelegt werden würde, wenn er seinen persönlichen Gefühlen nicht einen respektablen, vorzüglich weltanschaulichen Mantel umhängte. Nach 1848 hatten die Burschenschaften, zusammen mit den Hetzschriften eines Konstantin Frantz und F. L. Jahn, beträchtliches Aufsehen mit ihren antisemitischen Programmen erregt und auch manche Anhänger gefunden. Wagner hieb in eine Kerbe, die ihm, dem Mythen- und Sagenfreund, am gelegensten war: denn in der deutschen Folklore erscheint der Jude eben immer als die Verkörperung des Bösen und Verachtenswerten.

Da wir uns aber nicht mit Rassentheorie beschäftigen wollen, sondern ausschließlich mit Wagners Verhältnis zu unserem Komponisten, sollen im folgenden nur die persönlichen Auslassungen Wagners über Mendelssohn zitiert und kommentiert werden.

Der auf Mendelssohn bezügliche Passus im *Judenthum in der Musik* lautet:
An welcher Erscheinung wird uns dies alles klarer, ja an welcher konnten wir es einzig fast inne werden, als an den Werken eines Musikers jüdischer Abkunft, der von der Natur mit einer specifisch musikalischen Begabung ausgestattet war, wie wenige Musiker überhaupt vor ihm? Alles, was sich bei der Erforschung unsrer Antipathie gegen jüdisches Wesen der Beobachtung darbot, aller Widerspruch dieses Wesens in sich selbst und uns gegenüber, alle Unfähigkeit desselben, außerhalb unseres Bodens stehend, dennoch auf diesem Boden mit uns verkehren, ja sogar die ihm entsprossenen Erscheinungen weiterentwickeln zu wollen, steigert sich zu einem völlig tragischen Conflict in der Natur, dem Leben und Kunstwirken des frühe verschiedenen Felix Mendelssohn Bartholdy. *Dieser hat uns gezeigt, daß ein Jude von reichster specifischer Talentfülle sein, die feinste und mannigfaltigste Bildung, das gesteigertste, zartestempfindende Ehrgefühl besitzen kann, ohne durch die Hilfe aller dieser Vorzüge es je ermöglichen zu können, auch nur ein einziges Mal die tiefe, Herz und Seele ergreifende Wirkung auf uns hervorzubringen, welche wir von der Kunst erwarten, weil wir sie dessen fähig wissen, weil wir diese Wirkung zahllos oft empfunden haben...*
Kurz darauf:
...bei Anhörung eines Tonstückes dieses Componisten konnten wir uns nur dann gefesselt fühlen, wenn nichts Andres als unsere, mehr oder weniger unterhaltungssüchtige Phantasie, durch Vorführung, Reihung und Verschlingung der feinsten, glättesten und kunstfertigsten Figuren, wie im wechselnden Farben- und Formreize des Kaleidoskopes, vorgeführt wurden, – nie aber da, wo diese Figuren die Gestalt tiefer und markiger menschlicher Herzensempfindungen anzunehmen bestimmt waren... es ist noch bezeichnend, daß der Componist für seine ausdrucksunfähige moderne Sprache besonders unsern alten Meister Bach *als nachzuahmendes Vorbild sich erwählte... Bachs musikalische Sprache bildete sich in einer Periode unsrer Musikgeschichte, in welcher die allgemeine Musikalische Sprache eben noch nach der Fähigkeit individuelleren, sicheren Ausdrucks rang... Die Sprache Bachs steht zur Sprache Mozarts, und endlich Beethovens in dem Verhältnisse, wie die ägyptische Sphinx zur griechischen Menschenstatue...*
Schließlich kommt das Verdikt:
Die Zerflossenheit und Willkürlichkeit unsres musikalischen Styles ist durch Mendelssohns Bemühen, einen unklaren, fast nichtigen Inhalt so interessant und geistblendend wie möglich auszusprechen, wenn nicht herbeigeführt, so doch auf die höchste Spitze gesteigert worden...
Sogar «mildernde Umstände» werden dem armen Mendelssohn zugebilligt:
Nur da, wo das drückende Gefühl von dieser Unfähigkeit sich der Stimmung des Componisten zu bemächtigen scheint, und ihn zu dem Ausdrucke weicher und schwermüthiger Resignation hindrängt, vermag sich Mendelssohn uns charakteristisch darzustellen, charakteristisch in dem subjectiven Sinne einer zartsinnigen

Individualität, die sich der Unmöglichkeit gegenüber ihre Ohnmacht eingesteht. Dies ist, wie wir sagten, der tragische Zug in Mendelssohns Erscheinung, und wenn wir auf dem Gebiete der Kunst an die reine Persönlichkeit unsre Theilnahme verschenken wollten, so dürften wir sie Mendelssohn in starkem Maße nicht versagen…[14]
Ohne auf die höchst fragwürdigen ästhetischen Prämissen einzugehen, auf die Wagner seine Argumente *pro mundo* stützt, erkennt man doch, daß noch einiger Respekt hinter der Feindschaft Wagners steht. Diese Feindschaft besteht aus einem Motiv, das Wagner *pro mundo* statuiert: dem rassisch begründeten Antisemitismus, und einem zweiten *pro domo:* entsprungen der persönlichen Mißgunst.

Was an Hintergedanken zu lesen ist, wurde schon vielfach an anderen Orten untersucht, z.B. in L. Steins Buch *The Racial Thinking of R. Wagner*[15], Robert Gutman's Biographie[16] und in meinem Essay *Mendelssohn – Wagner, eine alte Kontroverse in neuer Sicht.*[17] Wagners grundsätzliche Haltung gegenüber Mendelssohn ist nun fixiert; sein Rassenantisemitismus hat sich zwar mit den Jahren bedeutend verschärft, bis zur verblümten Aufforderung zum Genozid, nicht aber die Feindschaft gegen Mendelssohn, trotz der sinnlosen Aufhetzung durch Cosima. Diese hat in ihren Tagebüchern jede Äußerung ihres Mannes über Mendelssohn mit bösartigen Zusätzen kommentiert, wie ja überhaupt die Lektüre dieser Tagebücher sehr aufschlußreich ist für die Persönlichkeit der beiden Gatten. Nie und nimmer kam Wagner jedoch ganz los von Mendelssohn, im Guten wie im Bösen: sein Schatten folgte ihm, und bis zuletzt wetzt er seinen Grimm – und seinen Neid – an den Stücken, die er am Klavier zu spielen vermochte, vor allem an den *Liedern ohne Worte.*

Vom rein musikalischen Standort her verurteilt Wagner Mendelssohns «schnelle Tempi» bei gewissen Sätzen in Beethoven-Symphonien; er schreibt diese Eilfertigkeit einer «semitischen Aufgeregtheit» zu.[18] Die meisten dieser Kritiken sind kaum begründet und bleiben subjektiv. Konkret und technisch spricht Wagner nur selten, aber dann mit großer Emphase. Im Essay *Über das Opern-Dichten und Componiren* erinnert sich Wagner:

Spontini wohnte widerwillig einer Aufführung der Mendelssohnschen «Antigone» in Dresden bei, verließ sie aber bald mit verachtungsvollem Ingrimm: «C'est du Berliner Liedertafel»! Eine üble Bewandtnis hat es mit dem Eindringen jenes ungemein armseligen und monotonen Biergesanges…[19]

Es sei nicht übersehen, daß auch der kritische Wagner sich einiges auf dem Feld des «armseligen Biergesanges» geleistet hat, besonders im *Tannhäuser* und im *Lohengrin.* In den *Liedern ohne Worte* tadelt Wagner die «Dürftigkeit und die Italianismen».[20] Diese Kritteleien zeigen, wie eifrig Wagner sich bis zu Ende seines Lebens mühte, sachliche, nicht rein rassische, Fehler oder Schwächen in Mendelssohns Musik zu finden. Banquos Geist ließ ihn nicht ruhen! Ein paar Stichproben aus den Gesprächen Wagners (in den Tagebüchern Cosimas) mögen dies verdeutlichen.

Die vielen, im ganzen etwa siebzig, Erwähnungen Mendelssohns fallen alle in vier Kategorien, die unermüdlich und monoton wiederholt werden. Sie beziehen sich auf (1) den grimmigen Schmerz des achtzehnjährigen Wagner über die verlorene *C-dur-Symphonie;* (2) das Lob Mendelssohns als feiner Landschaftsmaler in der Musik, besonders in der *Hebriden-Ouvertüre;* (3) die innere Hohlheit von Mendelssohns Musik; (4) Träume von oder über Mendelssohn. Wir geben im folgenden von jeder Kategorie zwei Beispiele:

(1) *Ich beklage es doch, dir meine Symphonie nicht zeigen zu können; Mendelssohn hat sie wahrscheinlich vernichtet, möglich, daß ihm darin sich Anlagen offenbarten, welche ihm unangenehm waren.*[21]

Richard hatte mir nämlich gestern erzählt, daß die Symphonie, die ihm Mendelssohn verloren und die er gern wieder hätte, nur um zu zeigen, wie er das Metier gut gekonnt, in E dur gewesen.[22]

(2) *Wir nehmen noch einmal die «Fingalshöhle» vor, welches Richard bestimmt als das Meisterwerk von Mendelssohn erklärt* [II/367]; *Abends nahmen wir mit Herrn R*[ubinstein] *die drei Mendelssohnschen Ouverturen vor, von welchen «Die Hebriden» als wirklich meisterlich durchaus befriedigt, die «Meeresstille» bereits durch einige fade Sentimentalitäten weniger, am wenigsten beinahe der «Sommernachtstraum».* [II/361]

Beim Abendbrot spricht Richard über Mendelssohn, rühmt dessen «Hebriden-Ouverture», 'er hat gut gehört und Landschafts-Eindrücke empfangen... auch nicht die Natur, sondern die Landschaft hat er wiedergegeben, auch kann ich mir ein solches Wesen nie begeistert denken. [I/653f.][23]

(3) [Bei einer Leichenfeier...] *erklang plötzlich das Lied «Es ist bestimmt in Gottes Rath...» von Mendelssohn; Wagner habe zuerst an eine akustische Täuschung gedacht, bis er wirklich diese Seichtigkeit als Wirklichkeit hinnehmen mußte.* [I/585]

Wie ich einwende, daß es seelenlos mir scheine [Pilgerchor aus Berlioz' *Harold in Italien*], *sagt er: «Ja, seelenlos wie Landschaftsmalerei, wie Mendelssohn...»* [II/872]

(4) *Richard träumte von Mendelssohn, daß er ihm Du sagte...* [II/333]

In den letzten Tagen hatte Richard einen sonderlichen Traum von Mendelssohn, welcher für die Schröder-Devrient nichts schreiben wollte, weil sie bei seinem Begräbnis nicht gesungen hatte... [II/813]

Doch wäre es ein Irrtum zu glauben, daß Wagners Verdammung des Judentums – nicht der individuellen Juden – nur auf seine Rivalität mit Mendelssohn zurückzuführen sei. Es kann heute kein Zweifel mehr bestehen, daß, rein musikalisch betrachtet, die beiden Meister gar nicht so weit voneinander entfernt waren. Aber in jedem andern Betracht sind sie und bleiben sie Antipoden und Gegner: in ihrer Weltanschauung, Ethik, Ästhetik, Liebe zu Deutschland, besonders aber in ihrem sozialen Denken und in ihrer Philosophie: hier steht Hegel gegen Schopenhauer; unversöhnlich ist der Gegensatz, und kein Kompromiß ist denkbar.

15. DIE WERKE DER JAHRE 1837–1841

«Arkadien in Spartas Nachbarschaft»
Faust II, Akt 3

In den Jahren 1837–1841 sind vierzehn größere Kompositionen und viele kleine entstanden. Das ist für einen sehr stark beschäftigten Kapellmeister eine beträchtliche Leistung. Aber es zeigt sich bei diesen Werken, daß die Schaffenskraft des Meisters oft mehr in die Breite als in die Tiefe geht. Von diesen vierzehn größeren Werken können bei genauerer Prüfung nur fünf dem sichtenden Urteil der Nachwelt standhalten, dazu zwei oder drei der kleineren. Eine Liste der in jenen Jahren geschriebenen Werke wird diese Beobachtung erhärten.

Vokalmusik	*Psalm 42, Psalm 95, Psalm 114*
	Symphonie-Kantate *Lobgesang*
	Lieder im Freien zu singen op. 41, 48, 59, 88, 100
	Männerchöre op. 50, 75, 76, 120
	Lieder für eine Singstimme op. 34, 47
Instrumentalmusik	Ouvertüre zu *Ruy Blas*
	Drei Streichquartette op. 44
	Sonate für Cello und Piano op. 45
	Trio für Klavier, Violine, Cello op. 49
	Klavierkonzert d-moll op. 40
	Variations sérieuses für Klavier op. 54
	Drei Präludien und Fugen für Orgel op. 37

Von bleibender Bedeutung sind: *Psalm 114, Trio d-moll, Variations sérieuses, Drei Präludien und Fugen für Orgel, Quartett Es-dur,* die Lieder: «Es ist bestimmt in Gottes Rath»; «Auf Flügeln des Gesanges»; «Die Liebende schreibt»; einige *Lieder ohne Worte.*

Im folgenden wollen wir versuchen, diese Rangordnung zu rechtfertigen – nicht aus den sattsam bekannten Gründen der Popularität – sondern aus inhärenten musikalischen Werten dieser Kompositionen. Es gibt in der Musik, wie in jeder andern Kunst, Geschmacks- und Modewechsel, ja sogar Verrückungen von ästhetischen Kriterien, die man keinesfalls als «ewige Prinzipien» ansehen darf. Daher führen wir ausdrücklich die Kriterien an, auf die wir die folgenden Analysen und Urteile stützen:

1. Frische und Kraft der Erfindung
2. Thematische Integration (Einheit und Kontrast)
3. Ökonomie der Mittel
4. Rationales Verhältnis zwischen Substanz und Formweite

Sind dies Idealpostulate, die sich aus der Betrachtung *klassischer Meisterwerke* scheinbar von selbst ergeben, so bleiben sie eben einer «klassischen» Struktur und Gesinnung verhaftet; und das neunzehnte Jahrhundert dachte über viele dieser Postulate wesentlich anders als die klassische Ästhetik. Hier muß der Autor Farbe bekennen: er lehnt es grundsätzlich ab, die Werke irgendeines Meisters *nur* «aus seiner Zeit» heraus zu verstehen und zu beurteilen. Er verwendet dieselben Kriterien bei der Musik seiner eigenen Zeit; denn soviel hat sich nicht verändert in den letzten hundert Jahren der westlichen Musikgeschichte, daß wir, vertraut mit der Welt Strawinskys, Schönbergs, Bartóks und Hindemiths, uns vermessen dürften, alles, was vor 1900 geschrieben wurde, nach anderen, von denen der neueren Musik verschiedenen Maßstäben zu beurteilen. Würde diese Divergenz der Kriterien widerspruchslos hingenommen, dann hätte eine allgemeine Musikgeschichte keinen Sinn; denn ihr (oft unausgesprochenes) Grundaxiom ist und bleibt die Annahme einer echten Kontinuität der westlichen Musik. Nur unter dieser Voraussetzung lassen sich die aufgestellten Kriterien verteidigen.

A. VOKALMUSIK

DIE PSALMEN

Umgeben von holder italienischer Landschaft besinnt sich der Jüngling Mendelssohn seiner Pflicht, an dem Gut weiterzuarbeiten, das ihm die großen Meister hinterlassen haben. In diesem Sinne erklärt er sich gegenüber seinem Mentor Zelter. Nirgendwo ist ihm dieser Vorsatz besser gediehen als in seinen Psalmen, die – rein künstlerisch betrachtet – sicher am lautersten seinen eigenen Stil religiöser Musik darstellen. Hier ist das Ideal der Frühromantiker erreicht: die Verschmelzung des alten italienischen bel canto mit der Kraft Händels unter dem Gesichtswinkel Wakkenroders. E.T.A. Hoffmanns und Schleiermachers. Von den drei Psalmen, die wir betrachten, ist *Psalm 42* der empfindsamste, *Psalm 95* der den Bedürfnissen der Liturgie am ehesten entsprechende und *Psalm 114* bei weitem der stärkste; ja, er erscheint uns (nach dem *Elias*) als das beste geistliche Werk Mendelssohns überhaupt.

Psalm 42 wurde, wie schon erwähnt, auf der Hochzeitsreise geschrieben; zu Lebzeiten des Meisters war er von allen seinen Psalmen der populärste und auch – wohl aus persönlichen Gründen – Mendelssohn am liebsten. Daß bei diesem Werk gelegentlich «über den Text hinwegkomponiert» wurde, läßt sich kaum leugnen. Man vergleiche nur den Psalmtext (dessen deutsche Übersetzung die wilde Inbrunst des Urtexts schon abschwächt) mit seiner musikalischen Deutung. Hier ist alles abgeklärt, gedämpft, was im Gedicht mit starken Worten und leidenschaftlichen Bildern und Erinnerungen auf den Leser eindringt.

Die Einschaltung von Rezitativen, von antiphonisch gehaltenen Sätzen, von responsorialen Ensembles gegenüber dem Chor bringt zwar Farbe und Abwechslung genug in das Werk, aber die Leidenschaft und Wucht des Textes werden in der Musik zur Sentimentalität herabgemindert. Von den Chören ist der erste trotz einiger weichlicher Stellen der beste. Auch der Mittelteil enthält feine Züge; zum Schluß erlaubt sich aber Mendelssohn eine Freiheit, die zwar bei einem liturgischen Werk sinnvoll wäre, bei einem für das Konzert bestimmten aber nicht am Platze war: er fügt dem Text noch ein «Preis sei dem Herrn» an, offenbar in Anlehnung an die katholische Doxologie des «Gloria patri». Steht nun diese «optimistische» Lobpreisung schon im Widerspruch zum problemgeladenen Text, so trägt die dazugehörige Musik einen unangenehm salbungsvollen Charakter, der an schlechte Prediger erinnert. Hier hat Mendelssohn nicht den Psalm komponiert, sondern eine triviale theologische Tirade mit opernhaftem Einschlag.[1] Am besten ist diese Diskrepanz erläutert und gewürdigt in Rudolf Werners Buch über *Mendelssohn als Kirchenmusiker,* dessen schon öfter gedacht wurde. Dort heißt es:

Das Staunen über die Majestät Gottes und das Beugen vor seiner Macht, das Preisen seiner Größe und das Danken für seine Gnade... und selbst der Ruf nach seiner Hilfe, alle diese Gefühle fließen zusammen in den Grundton hymnischer Erhebung. Seine Herrschaft hat auch die Form bestimmt: die ursprünglich persönliche, subjektive *Aussprache des Psalmensängers mit seinem Gott wird zu einem Preis- und Danklied, einem Beten und Flehen der Allgemeinheit erweitert...*[2]

Schumann hielt den Psalm für das beste geistliche Werk Mendelssohns, ja er stellt es geradezu als das Ideal hin, dem die neuere Kirchenmusik nachstreben müsse.[3]

Psalm 95. Diese Komposition hält eine strenge liturgische Linie ein, die nur durch ihre Ensembles die konzertante Sphäre streift. Noch mehr als im *Psalm 42* macht sich hier der Einfluß der italienischen Kirchenkomponisten des Barocks bemerkbar, besonders der von Leonardo Leo, Durante und Marcello; mit dem Letztgenannten hat Rudolf Werner unseren Meister sogar verglichen.

Für das Verständnis des Werkes ist die liturgische Formgebung wichtig, die das Responsorium, die Antiphonie, das Unisono und das stilisierte Rezitativ benutzt. Ausnahmslos sind hier die Chorsätze besser und bedeutender als die Soli oder Ensembles. Nur das letzte «Heute, so Ihr seine Stimme höret» hält sich von Weichlichkeit frei und neigt zu einem schweren Ernst, der recht gut in den liturgischen Rahmen paßt. Wahrscheinlich wollte man dieser elegischen Stimmung nicht zuviel Grund einräumen und hat dann – gegen die Absichten des Komponisten – in England einen glanzvollen Chor «Denn sein ist das Meer» das Werk abschließen lassen. Doch war dieser Chor in der Endfassung des Psalms nicht vorgesehen und erscheint als Fremdkörper.[4] Auch Grove's Placet kann an dieser Sachlage nichts ändern. Jener Chor, den Mendelssohn wohl für den Psalm beabsichtigt hatte, dann aber hatte fallen lassen, verleiht zwar dem Werk einen glänzenden Abschluß, zerstört jedoch die liturgische Einfachheit, Strenge und Objektivität der vorhergehenden Sätze.

Psalm 114. Von grundsätzlich anderer Natur und Intuition ist *Psalm 114,* Mendelssohns wuchtigste und einheitlichste Kirchenmusik. Im Gegensatz zu den vorhergehenden Psalmen enthält sie keine einzige Solopartie und ist überdies von Anfang bis zu Ende für kompakten achtstimmigen Chor geschrieben. Zeigt sich schon hierin der

Wille zum kollektiven Ausdruck, zu entindividualisierender Monumentalität, so wird diese Absicht noch unterstützt durch die klare Gliederung des Werkes, durch seine prächtige Polyphonie, seine massiven Kontraste und seine herbe Harmonik, die alles Weiche und Sentimentale vermeidet. Diese großartige Komposition verdient eine sorgfältige Würdigung. Obwohl wir diese aus praktischen Gründen nicht geben können, seien wenigstens Formstruktur und Anlage der polyphonen Chöre hier erläutert.

Struktur: das Werk ist in sechs Sätze gegliedert, die ohne Pause und völlig organisch ineinander übergehen und miteinander verflochten sind. (I.) Vers 1 und 2: «Da Israel aus Ägypten zog», G-dur, C, Allegro con moto maestoso, Allegro moderato; (II.) Vers 3 und 4: «Das Meer sah's und floh», g-moll, C; (III.) Vers 5 und 6: «Was war dir, du Meer...?», Es-dur, $^3/_4$, Grave; (IV.) Vers 7 und 8: «Vor dem Herrn bebte die Erde», C-dur, C, Allegro maestoso e vivace; (V.) Vers 1 und 2: «Da Israel aus Ägypten zog», G-dur, C, Allegro con moto maestoso; (VI.) «Halleluja! Singet dem Herrn!», G-dur, C.

Sätze I und V entsprechen dem Hauptthema einer Sonatenform; II und III sind Gegenthemen; IV ist eine Brücke, und VI eine Doppelfuge, die zwei vorher gebrauchte Themen verarbeitet. Sie verwendet einen Text, der dem originalen Psalm nicht angehört, aber von den umgebenden Psalmen (113–115) gestützt wird. Wieder hat Mendelssohn den Vers hinzugefügt; er paßt diesmal völlig ins Ganze und rundet die herrliche Komposition majestätisch ab.

Der Psalm beginnt mit einem Unisono des Männerchors, der das archaisch strenge Thema «Da Israel aus Ägypten zog» vorträgt. Der Frauenchor schließt sich in kernigen Harmonien an. Mit «Judah ward sein Heiligtum» beginnt die polyphone Durcharbeitung. Sie hält sich zunächst in bescheidenem Rahmen und beschränkt sich auf kurze durchimitierte Phrasen. Auf der Dominanttonart D-dur beginnen dann Engführungen und Umkehrungen, die zu massiven und dissonanten Klangballungen führen.

Musikbeispiel 53

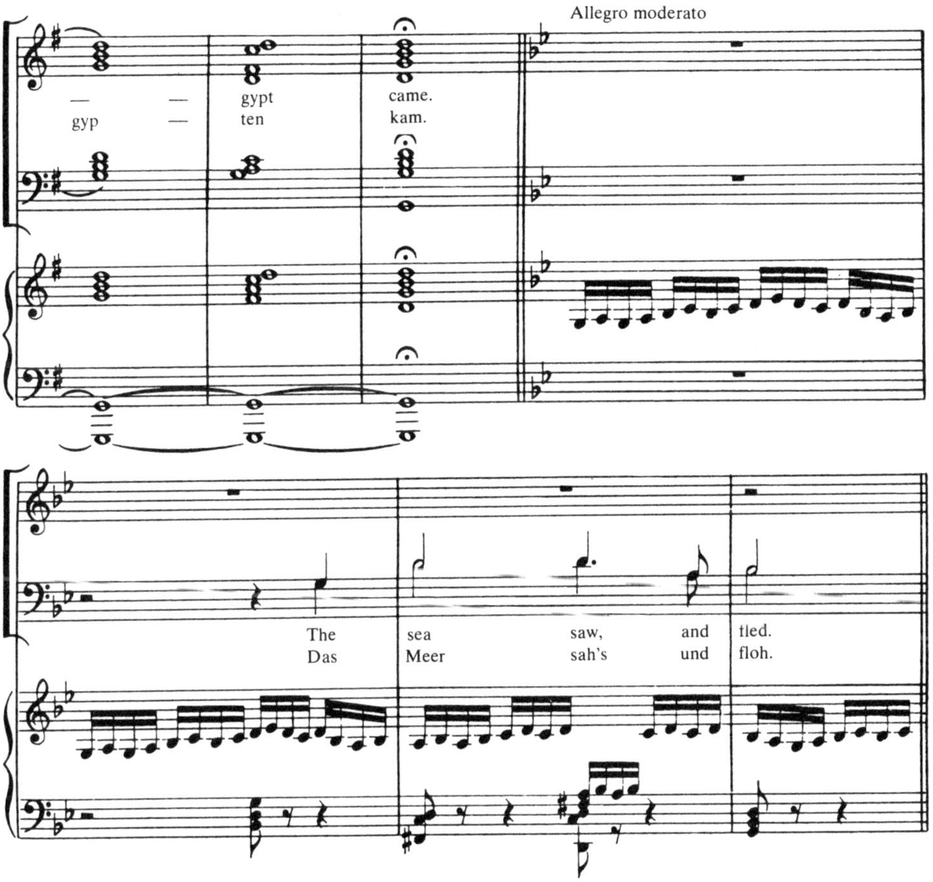

Nun, mit II «hebt der Jordan zu rauschen» an; alles äußerlich Illustrative ist aber vermieden bis auf ein Wellenmotiv im Orchester, das sich durch diesen Teil hindurchzieht. Wieder hat «lebendiges Wasser» den Meister inspiriert! Der Chor hält sich nun mehr deklamatorisch; mit der Beschreibung des zurückströmenden Jordans beginnen neue Imitationen, die zu gewaltigen, hämmernden Chorsprüchen überleiten auf dem Hintergrund eines im ff unisono dahinbrausenden Orchesters. Mit phrygischer Kadenz verebbt die Welle auf G. In atemlosem Staunen deklamiert der Chor pp (a cappella, Es-dur) «Was war dir, du Meer?» Das folgende Orchestertutti ff mit Orgel und der volle Chor geben die erschütternde Antwort: «Vor dem Herrn bebte die Erde» – auf das Wort «Herrn» erfolgt ein Ausbruch des Chors und Orchesters in ff von wahrhaft großartiger Wirkung. Nun werden drei Themen polyphon verwoben, und in majestätischem Schritt entfaltet sich eine Art musikalischer Prozession. Die Stelle «der den Fels wandelte in Wassersee» wird *nicht* illustrativ gedeutet, sondern ins Erhaben-Gottesfürchtige gehoben. Nun wiederholt der Komponist den Anfangsvers des Psalms in leichter Variation und schließt den Halleluja-Vers direkt an. Hierfür werden alle Künste des Kontrapunkts aufgeboten, ohne jedoch die Natürlichkeit des musikalischen Flusses irgendwie zu beeinträchtigen oder aufdringlich den Hörer vom rein geistigen Genuß abzuziehen. Dieser Teil gipfelt in einer achtfachen Engführung auf die Worte «Singet dem Herrn in Ewigkeit».

Musikbeispiel 54

Unter stürmisch jubelnden Halleluja-Rufen des Chors erinnert sich alles an den Eingangsvers, der in breiten, vollen Akkorden wiederholt wird und das wunderbare Werk beschließt.

Es ist verständlich, daß dieses auch für Mendelssohn außerordentliche Werk, das in vielen Punkten von seinem sonstigen Stil abweicht, besondere Aufmerksamkeit erregt hat. Angefangen von Sir George Grove bis zu Rudolf Werner sind Stimmen laut geworden, die diese Komposition mit dem Geist Händels einerseits und dem Judentum Mendelssohns anderseits in Verbindung bringen wollten. Bei Grove heißt es – eine Bemerkung, die oft zitiert worden ist:

Das jüdische Blut Mendelssohns muß sicherlich dieses eine Mal in feurige Wallung geraten sein bei der Vorstellung jenes großen Triumphs seiner Ahnen; es ist nicht mehr als die simple Wahrheit, wenn man feststellt, daß seine Musik den herrlichen Worten des Psalmisten durchaus ebenbürtig ist...[5]

Schon bei seiner Uraufführung am 1. Januar 1840 in Leipzig erregte das Werk große Bewunderung, deren Echo sich auch in den Tageszeitungen hören läßt.

Es ist bemerkenswert, daß Grove's Intuition ihn völlig richtig geführt hat. Denn Felix berichtet seiner Mutter über den Fortgang der Arbeit am Psalm mit den denkwürdigen Worten:

Es ist mir manchmal, als ob ich große Schwingen über mir rauschen hörte; beim Psalm drängen sie sich förmlich an mich...[6]

LOBGESANG. Eine Symphonie-Kantate

Hatte Grove den künstlerischen Impuls Mendelssohns bei seinem *Psalm 114* richtig erahnt, so scheint er in seiner Deutung des *Lobgesanges* auf eine «unvollendete» Symphonie in B-dur zu schließen.[7] In einem Brief an Klingemann schreibt Mendelssohn jedoch:

Das Stück für das hiesige Fest war kein Oratorium, sondern wie ich es auf deutsch nannte, «eine Symphonie für Chor und Orchester» und hieß Lobgesang – erst drei Symphoniesätze, an welche sich 12 Chor- und Solosätze anschließen... Du verstehst schon, daß erst die Instrumente in ihrer Art loben, und dann der Chor und die einzelnen Stimmen...[8]

Noch deutlicher ein halbes Jahr später:

Sonderbar, daß ich bei der ersten Idee dazu nach Berlin schrieb, ich wolle eine Symphonie mit Chor machen; nachher keine Courage dazu hatte, weil die drei Sätze zu lang als Einleitung wären, und doch immer das Gefühl behielt, als fehlte etwas bei der bloßen Einleitung. Jetzt sollen die Symphoniesätze nach dem alten Plan hinein, und dann das Stück heraus... Ich glaube nicht, daß es viel für Aufführungen taugt, und habe es doch so gern...[9]

Der *Lobgesang* war vom Komponisten ursprünglich nicht so geplant, wie wir ihn heute kennen. Wir hören zwar von einer Symphonie in B-dur,[10] aber auch von einem Chorwerk für die Gutenbergfestwoche in Leipzig.[11] Darunter war keinesfalls die

«Gutenberghymne» gemeint, von der wir schon im letzten Kapitel gesprochen haben. Der *Lobgesang* war für das Gutenbergfest geschrieben und ist nachher nur «erweitert worden», wie Felix selbst berichtet.[12] Wann Mendelssohn sich entschloß, instrumentale mit vokalen Stücken zu verbinden, läßt sich nicht mit Genauigkeit ermitteln. Das Zögern Mendelssohns läßt verschiedene Deutungen zu. Indes, vor etwa 20 Jahren zeigte mir ein – seither verstorbener – Rev. Huntington aus dem Staate New York vier Partiturseiten einer Symphonie in B-dur in Mendelssohns schöner Handschrift, die seinerzeit (ich glaube, im Jahr 1861) seinem Vater bei dessen Besuch in Berlin von der Familie Mendelssohn geschenkt worden waren. Diese Tatsache hat Mr. Huntington sen. in seinem Tagebuch festgehalten, und ich besitze eine Kopie der darauf bezüglichen Seiten. Bei gründlichem Studium der vier Seiten konnte ich keine Spur einer thematischen Ähnlichkeit mit den Motiven des *Lobgesanges* entdecken. Es muß sich also um einen – nie vollendeten – Symphoniesatz in B-dur handeln, und es ist durchaus möglich, daß Sir George Grove eben diese Partitur sah, von der der ältere Mr. Huntington ein paar Blätter zum Geschenk erhielt. Sobald man aber nach inneren Zusammenhängen sucht, und die Partitur auf die ursprünglichen Keimzellen des Werkes durchforscht, werden wir eine Überraschung erleben: das zyklische Thema («Alles, was Odem hat, lobe den Herrn»), welches das Werk einführt und beschließt, war und ist nicht organisch eingebaut in den Rest des Werks. Dies ergibt sich aus folgenden Tatsachen:

(a) Der erste Satz ist ganz und gar auf dem «Hymnenthema» aufgebaut.
(b) Der zweite Satz enthält im Trio des Scherzos das Thema als Mittelstimme und scheint erst nachträglich in den Choral – das Hauptmotiv des Trios – hineinkontrapunktiert zu sein (Partitur S. 60ff.).
(c) Der dritte Satz enthält das Thema überhaupt nicht; er war offenbar schon ein fertiger symphonischer Satz, an dem nichts geändert werden konnte und sollte.
(d) In den neun vokalen Stücken der Kantate erscheint das Thema nur innerhalb des ersten Chors, und wieder ganz zuletzt als glanzvoller Abschluß.

Dieser Überblick läßt uns annehmen, daß Mendelssohn die ersten drei symphonischen Sätze (vielleicht mit Ausnahme des Scherzo-Trios) fertig hatte, bevor er an einen chorischen Schluß dachte. Dann erkannte er die bindende Kraft des ersten Themas und assoziierte es bewußt mit der Idee eines Lobgesanges; im vokalen Schlußteil räumte er der Durchführung seines Lieblingsthemas den ersten Chor ganz ein und zitiert es ganz zuletzt wie ein Motto.

Genau wie viele Mütter ihre nicht ganz geratenen Kinder am innigsten lieben und ihnen die meisten Opfer bringen, so hing Mendelssohn an seinem *Lobgesang* mit besonderer Liebe. Dabei hatten sich doch schon bald nach der Uraufführung des *Lobgesanges* kritische Stimmen erhoben, die besonders an der Formgebung des Werkes Anstoß nahmen und in ihm den frevelhaften Versuch erblickten, Beethovens *Neunte* übertrumpfen zu wollen. Am ehrlichsten sprachen hier Moritz Hauptmann, später

Thomaskantor in Leipzig und Freund Mendelssohns, Robert Schumann und A. Reißmann; nicht ganz so unbefangen Richard Wagner, der das Werk eine «blöde Unbefangenheit» nennt.[13] In seiner – nicht zur Veröffentlichung bestimmten – Beurteilung des *Lobgesanges* gebraucht Moritz Hauptmann den zu seiner Zeit schlimmen Ausdruck «Manierismus». Zwar versucht er, dieses Urteil abzuschwächen und bewundert ehrlich die symphonischen Teile des Werkes, aber schon die Assoziation, die sich mit dem Wort Manierismus verbindet, macht uns hellhörig.[14] Nicht ganz in dieser Weise, aber im Grunde ähnlich, urteilt Hans von Bülow, der auch nur den instrumentalen Teil gelten läßt.[15] Selbst der Mendelssohn sehr zugewandte Hugo Riemann tut das Werk kurz als einen «im Ganzen doch nicht gelungenen Versuch» ab – schweigen wir von den neueren Kritikern und Biographen!

Gerade darum muß man, ohne unkritisch zu werden, die starken Partien des Werkes gerecht anerkennen. Mendelssohn selbst war viel zu gescheit, um nicht die gefährliche Nachbarschaft mit Beethovens *Neunter* zu erkennen und zu fürchten. Daher hat er den choralen Teil so geweitet, daß im Vergleich zu ihm die vorhergehenden drei symphonischen Sätze wirklich nur wie ein festliches Vorspiel erscheinen. Von diesen wieder ist der erste der geschlossenste und stärkste, schon das Scherzo kann sich nicht mehr auf dieser Ebene halten, und der langsame Satz fällt entschieden ab.

Der chorale zweite Teil enthält drei Höhepunkte: 1. die später eingeschaltete Partie (Nr. 6) «Hüter, ist die Nacht bald hin»; 2. den brillant figurierten Choral «Nun danket alle Gott» (Nr. 8) und 3. den fugierten *Anfang* des Schlußchors (Nr. 10), «Ihr Völker, bringet her dem Herrn».[16] Das Duett «Ich harrete des Herrn» (Nr. 5) hat einen unangenehmen salbungsvollen Ton und geht Banalitäten nicht aus dem Weg. Der Chor «Die Nacht ist vergangen» (Nr. 7) ist zwar pompös, aber unüberzeugend in seiner melodischen und rhythmischen Erfindung. Das Duett «Drum sing ich mit meinem Liede» (Nr. 9) schlägt schöne und herzliche Töne an, ist aber gar zu lang ausgeführt; eine radikale Kürzung des Satzes würde das Duett wieder zur Geltung bringen. Der lange Schlußchor nach der großartigen fugierten Einleitung ist etwas trocken, um nicht zu sagen akademisch, ausgefallen. Die chorale Durchführung des zyklischen Themas «Alles, was Odem hat, lobe den Herrn» (Nr. 2) ist zwar groß angelegt, wächst aber nur in die Breite, nicht in die Tiefe – der Komponist hat sich hier zu oft wiederholt. Das ganze Werk zeigt, paradoxerweise, keine einheitliche Linie und kann das Niveau der besten Sätze nicht durchhalten.

LIEDER IM FREIEN ZU SINGEN op. 41, 48, 59, 88, 100

MÄNNERCHÖRE op. 50, 75, 76, 120; drei ohne Opuszahl

Mit den kleinen Stücken für gemischten Chor versuchte sich Mendelssohn auf einem Feld, das vor ihm während der Renaissance in Italien als Madrigal, in Deutschland als künstlerisch stilisiertes Volkslied, in Frankreich als Chanson, und in England als

Glee schöne Blüten getragen hatte. Diese kleineren Chorformen hatten durch den Hauch des Volkstümlichen der Kunstmusik wichtige Impulse zugetragen. Komponisten wie Orlando Gibbons, Luca Marenzio, Hand Leo Hassler haben in solchen Stücken ihr Bestes geleistet. Zu Ende des 18. und zu Beginn des 19. Jahrhunderts waren diese gesellschaftlich bedingten Formen dem Aussterben nahe, durch Scherzkanons, Opernfinale oder laszive Gassenhauer verdrängt worden. Auch hier scheint Greshams Gesetz sich zu bewähren: Schlechtes Geld verdrängt gutes Geld.

Die Berliner Liedertafel und ihre Schwesterbünde hatten nun seit Zelter versucht, diesen Niedergang des geselligen Chorgesangs zu steuern, aber die Kompositionen Zelters, B. Kleins, Rombergs etc. wollten nicht recht populär werden. Es fehlte ein echter Melodiker. Schubert, der allerdings seine Chöre mit Klavier begleiten läßt, war in Nord- und Mitteldeutschland nicht bekannt. Hier konnte Mendelssohn erfüllen, was Zelter angebahnt hatte; er brachte das nötige Rüstzeug an melodischer Erfindung und besondere Vertrautheit mit A-cappella-Chören mit.[17] So erklärt sich der ungeheure Erfolg seiner kleinen Chorlieder, von denen zwar die meisten heute vergessen sind, einige aber zu echten Volksliedern wurden und als solche weiterleben. Keine größere Ehre für einen Komponisten, als wenn eins seiner Stücke zum Volkslied wird: sein Name ist vergessen, aber sein Werk lebt.

Etwas anders bedingt war der Männergesang. Wir haben schon auf die Liedertafeln aufmerksam gemacht, für die selbst ein Goethe Lieder zu schreiben nicht unter seiner Würde hielt. Nach Zelters und Carl Maria von Webers Tod aber verödete oder verwilderte der ungepflegte Garten. Im wesentlichen stieg der Männergesang hinab in die Niederung der akademischen Philisterei der «Alten Herren» oder des weniger akademischen Mob-Patriotismus oder Nationalismus.[18] Noch in unserer Generation können wir diese zwei Wurzeln des neueren deutschen Männergesangs deutlich erkennen. Weder Philisterei noch Nationalismus behagten Mendelssohn, auch kann man nicht behaupten, daß er sich für den an Klangwirkungen armen Männerchor begeisterte; im Gegenteil: Liedertafeln waren ihm eher unsympathisch.[19] Dennoch hat er auch dieses Feld bebaut und mit bleibendem Erfolg, getreu seinem Motto: «Res severa verum gaudium».

Wir besprechen im folgenden alle Chorlieder des Meisters, da sich bei ihnen, im Gegensatz zu andern Werken, eine Stilentwicklung kaum erkennen läßt; daher denn eine Chronologie dieser Stücke unwesentlich ist.

Von den *Liedern im Freien zu singen* sind die folgenden weit bekannt und beliebt geworden: «Es fiel ein Reif» (Nr. 3), das ungezählte Nachahmer «inspiriert» hat; «Auf dem See» (Nr. 6), dessen schöner und kunstvoller Satz den Hörer die häufigen Deklamationsfehler vergessen läßt; der entzückende «Lerchengesang» (Nr. 10), ein Doppelkanon von bestrickender Melodik; der stimmungsvolle Anfang (c-moll) des «Herbstlieds» (Nr. 12), das leider im zweiten Teil ganz in Banalität versinkt. Die berühmtesten Stücke: «Abschied vom Walde» (Nr. 15), das in Deutschland und England ein Modell für viele geistliche Hymnen geworden ist; die köstlich gearbeitete «Nachtigall» (Nr. 16), ein Juwel melodischer und volkstümlicher Polyphonie; J. P. Hebels schlicht-trauliches «Neujahrslied» (Nr. 19), dessen Text Mendelssohn ganz nach dem Herzen geschrieben war.

Die Stücke für Männerchor zeigen uns den Meister in einem weniger gewohnten Licht: hier läßt er seinem Humor, seiner Laune, ja sogar seiner Satire die Zügel schießen; der Charme seiner Persönlichkeit zeigt sich hier unverhüllt und gewinnt natürlich den Hörer.

Unter den ersten sechs *Liedern* finden wir drei allerliebste Stücke: Nr. 1, Goethes «Türkisches Schenkenlied», Nr. 2, Eichendorffs «Der Jäger Abschied», ein Markstein – Segen und Fluch – für den deutschen Männerchor, da er bis zum Überdruß von Hinz und Kunz nachgeahmt wurde, und Nr. 5, Goethes «Liebe und Wein» (‹Im betrunkenen Ton zu singen›). Das zweite Heft enthält Goethes «Trinklied», eine leicht spöttische Komposition, die dem berühmten Text kongenial ist. Dad dritte Heft enthält Heines Satire «Das Lied vom braven Mann», das Mendelssohn in komischer Feierlichkeit zu bitter-lustiger Parodie gestaltet; Nr. 4, Hoffmann von Fallerslebens schönes «Comitat», das den «Alte-Herren-Geist» veredelt und durch Mendelssohns Komposition berühmt wurde. Das letzte Heft bringt Goethes «Zigeunerlied» in sehr temperamentvoller Deutung; das Stück ist und klingt außerordentlich, ist aber nicht leicht zu singen.

Werfen wir einen Blick auf die Dichter von Mendelssohns besten Chören, so finden wir die folgenden Namen: Goethe, Heine, Eichendorff, Lenau, Hebel, Hoffmann von Fallersleben. Es ist gewiß kein Zufall, daß seine besten Chorgesänge auf Texte dieser Lyriker geschrieben worden sind.

Abschließend wollen wir zwei grundsätzliche Fragen streifen, mit denen sich Mendelssohn in seinen Chorliedern auseinanderzusetzen hatte. Die erste betrifft das Problem des «volkstümlichen» Liedes (nicht des Volksliedes). Wir haben in ähnlichem Zusammenhang Schillers tiefgehende Diskussion des Problems schon erwähnt.[20] Mendelssohn neigte mehr zum reflektiert-künstlerischen als zum naiv-volkstümlichen Element; ihm, der im Wesen ein Aristokrat war, sagte der «Mensch der Masse» wenig zu. So hat er im großen und ganzen eher stilisiert als sich volkstümlich gegeben. Nichtsdestoweniger sind doch ziemlich viele seiner Chorlieder ins Volk gedrungen, wenn auch in bedeutend vereinfachten Fassungen.

In einigen dieser Lieder schlägt Mendelssohn vaterländische Töne an. Wie wir am Falle des Beckerschen Rheinliedes sahen, war der Meister betont patriotischen Ideen nicht gerade hold; umso mehr dürfen wir über seinen Chor «Deutschland» (Geibel) staunen. Denn das Gedicht spricht die ungeduldige Hoffnung auf die baldige Wiederkehr des deutschen Kaisers aus, der die Braut, Deutschland, heimführen werde:

Wann weckst du sie mit Trommeln laut,
Wann führst du sie heim, mein Kaiser?

Mendelssohn hat eine zündende, feurige Musik dazu geschrieben; je näher das

Jahr 1848 rückte, desto eher schien sich der Kleindeutsche Mendelssohn mit dem großdeutschen Reichsgedanken befreunden zu können. Auch Herweghs «Rheinweinlied» spricht, wenn auch halb scherzhaft, die gleiche Sprache, die Mendelssohn bei Becker gerügt hatte:

Der ist sein Rebenbluth nicht werth,
Das deutsche Weib, den deutschen Herd,
Der nicht auch freudig schwingt sein Schwert,
Die Feinde aufzureiben...

Es gibt hier einen mildernden Umstand für diesen krassen Widerspruch: Mendelssohn liebte Rheinweine über alles; er war ein starker Zecher und hielt viel auf einen gepflegten und wohlversorgten Keller. Da darf man ihm wohl solche patriotischen Extravaganzen nachsehen; daß er ein guter Deutscher war, sich zumindest als solchen fühlte, ist tausendfach erwiesen und steht hier nicht zur Diskussion.

LIEDER FÜR EINE SINGSTIMME op. 34, 47

Unter den zwölf Liedern haben nur drei den Geschmacksänderungen und der Entwicklung des deutschen Liedes standzuhalten vermocht: das leider nun vulgarisierte «Auf Flügeln des Gesanges» (Heine), Goethes «Suleika» und das im Volkston gehaltene Gedicht von Feuchtersleben «Es ist bestimmt in Gottes Rath». Der weniger bekannte «Blumenstrauß» (Klingemann), ein zartes, duftiges und melodiöses Stück, verdient, ihnen angereiht zu werden.

Neue Ideen oder Textbehandlungen würde man in diesen Stücken vergeblich suchen; sie prätendieren auch nicht, tiefe Seelenschwingungen in Tönen zu offenbaren, wie manche Lieder von Schubert, Brahms, Hugo Wolf oder Mahler. Sie dienen vielmehr hauptsächlich den Bedürfnissen einer guten, oft anspruchslosen Hausmusik.

In formaler Hinsicht ist «Auf Flügeln des Gesanges» eine bemerkenswerte Schöpfung. Denn wir entdecken in ihr, nicht zum erstenmal bei Mendelssohn, eine echte Barform: zwei Stollen und einen Abgesang.[21] Die gleiche Struktur begegnet uns in der Vertonung von Heines «Neue Liebe», in Lenaus «Schilflied» und Eichendorffs «Nachtlied». Diese altertümliche Form hat unser Meister wohl von den protestantischen Chorälen her gekannt. Jedenfalls kann man sagen, daß nicht Wagner allein diese ungewöhnliche Form wiederentdeckt hat, sondern daß Mendelssohn ihn hier «vorgeahmt» hat, um ein Wort von Karl Kraus zu gebrauchen.

Mendelssohns schönstes Lied war zwar damals schon geschrieben, wurde aber erst nach seinem Tode veröffentlicht (op. 86, Nr. 2). Es ist Goethes Sonett «Die Liebende schreibt». In einer gnädig inspirierten Stunde hat Mendelssohn zur Feder gegriffen, als er das Gedicht vertonte. Die strenge Form des Sonetts stellt den Komponisten vor eine schwere Alternative: entweder er folgt genau der Reimstruktur, d.h. er kadenziert bei jedem Reimpaar, oder aber er ignoriert die Reime und hält sich nur an das – gleichfalls starre – Metrum. Im ersten Fall wird die Melodik oft monoton, im zweiten Fall die Rhythmik. Mendelssohn hat die erste Möglichkeit versucht, und sie ist ihm sehr wohl gelungen – die gefürchtete Monotonie ist vermieden. Von den Reimpaaren

1. 2.	3. 4.
a – a	c – c
b – b	d – d
b – b	e – e
a – a	

berücksichtigt er b, c, d und e, läßt also a ganz fallen. Sein Metrum folgt dem des Gedichts bis zur siebenten Zeile, gewinnt aber dann eigene Flügel und erreicht in schwungvoll-feuriger Kantilene den Höhepunkt auf den Worten: «Gib mir ein Zeichen»! Die Schönheit der melodischen Linie, die Tiefe der Empfindung und Vollkommenheit der Form werden aufmerksamen Hörern immer von neuem reinsten Genuß gewähren.

B. INSTRUMENTALMUSIK

a) ORCHESTERMUSIK

Außer den drei symphonischen Einleitungssätzen zum *Lobgesang* hat Mendelssohn in jenen Jahren nur ein Werk für Orchester vollendet, die *Ouvertüre* zu Victor Hugos *Ruy Blas,* und auch sie war nicht viel mehr als eine Gelegenheitsarbeit. Wir wollen aber nicht vergessen, daß er schon seit Jahren an der *Schottischen Symphonie* feilte. Sie wurde aber erst 1843 veröffentlicht.

Im Fall der *Ruy-Blas-Ouvertüre* begegnen wir wieder einmal den inneren Widersprüchen in Mendelssohns Charakter. Denn er hielt Hugos Stück für «ganz abscheulich und unter jeder Würde».[22] Dennoch hat er sie in drei Tagen hingefeuert – und sie ist feurig genug; und wie er selbst gesteht, hat ihm die Komposition des Werkes «unsäglichen Spas» gemacht.[23] Wie ist der Widerspruch zu erklären? Einen Teil der Erklärung liefert der Komponist selbst: er «hat sich gewurmt», weil man annahm, daß die Komposition einer Ouvertüre ihn für Monate in Anspruch nehmen würde. Noch regt sich in ihm das Blut des jugendlichen Bohemien; er will den Herrschaften zeigen, was er kann, wenn er will. Einer Bravado-Geste zuliebe wird also eine künstlerische Gesinnung geopfert? Nicht so ganz, denn das Stück *Ruy Blas* war für Mendelssohn doch nicht viel mehr als ein Vorwand, eine Konzertouvertüre zu schreiben. Wenn es irgend ein anderes gewesen wäre und er Lust zu einer Ouvertüre gehabt hätte, wäre wohl das Resultat ähnlich gewesen. Man möchte wünschen, daß er sich ein Stückchen dieser naiv-unkritischen Haltung auch in seine Opernpläne hineingerettet hätte; aber nein: da gab's tausend Hindernisse nach dem ersten Szenarium.

In der Tat schlägt die *Ruy-Blas-Ouvertüre* denn auch kaum tragische Töne an; sie ist eher etwas bombastisch, aber sehr flüssig und immer noch wirkungsvoll als eine echte Theaterouvertüre.

Ein anderes Werk mit Orchester, auf das wir schon früher zu sprechen kamen, war sein *zweites Klavierkonzert.* Es ist kaum seines Namens würdig. Seine Oberflächlichkeit und leere Brillanz bringt es in gefährliche Nähe der französischen Salonkomponisten Kalkbrenner, Herz und Thalberg, die Mendelssohn sonst so verachtete. Das Konzert ist heute mit Recht vergessen. Mendelssohn selbst kannte wohl die Schwächen dieses Salonkonzerts, denn er schrieb Hiller:
Mein neues Clavier-Konzert würdest Du, glaube ich, perhorreszieren.[24]

b) KAMMERMUSIK

1) *Drei Streichquartette* op. 44

Kinder eines ganz anderen Geistes sind die *drei Quartette D-dur, e-moll* und *Es-dur.* Wie das *zweite Klavierkonzert* weit hinter dem *ersten* zurücksteht, so erreichen auch diese Quartette als Ganzes nicht die Höhe und den Schwung ihrer Vorgänger *op.* 12 und 13. Dennoch sind es reife Werke eines Meisters, und ganz besonders das *Quartett in Es-dur* steht auf der Höhe der Mendelssohnschen Kunst.

Die Thematik des ersten Satzes des *e-moll-Quartetts* erinnert jeden Hörer sofort an das *Violinkonzert* derselben Tonart. Dieses befand sich damals noch nicht einmal in statu nascendi; allein die zerfahrene Rhythmik des ersten Quartettsatzes stört die Ähnlichkeit. Die Mittelsätze, ein elegantes, sprühendes Scherzo und ein kantables kanzonettartiges Andante sind die besten Stücke des Werkes; denn das Finale fällt trotz seines Schwungs und seiner Brillanz etwas ins Triviale ab.

Das *D-dur-Quartett* war von den dreien Mendelssohn am liebsten. Auch hier sind die Mittelsätze am besten geraten, ein Menuett in D mit einem dahinschwebenden Trio in h-moll; ein Andante espressivo h-moll von ausgesprochen elegischer Stimmung und wunderschönem Klang. Wieder folgt ein glänzendes, aber ziemlich leeres Finale, das uns wegen seiner thematischen Schwäche, trotz seiner relativen Kürze, zu lange dauert.

Das *Es-dur-Quartett* enthält die stärksten Kontraste, ist auch am sorgfältigsten gearbeitet. Es verdient eine ausführliche Analyse.

Der erste Satz (Allegro vivace, C, Es-dur) ist auf einem einzigen Thema aufgebaut, dessen vier Motive separat verarbeitet werden. Schon das Thema selbst ist ganz quartettmäßig konzipiert und aus der Natur der Streichinstrumente geschaffen. Wie in andern Sätzen spinnt Mendelssohn hier die Exposition zu einer kleinen Durchführung aus. Das Seitenthema ist eigentlich nur eine Variation eines der Motive aus dem Hauptthema. Die Durchführung zeichnet sich durch besonders durchsichtige thematische Arbeit aus; mit vollendeter Kunst werden die Höhepunkte vorbereitet und erreicht. Die Rückführung in die Reprise erfolgt fast unmerklich. Die Coda, wieder eine kleine Durchführung, stützt sich auf originelle Pizzicato-Wirkungen.

Der zweite Satz, ein Scherzo (Assai leggiero vivace, $^6/_8$, c-moll) beginnt mit einem

Staccato-Motiv, das einstimmig anhebt, aber bald von allen vier Instrumenten vorgetragen wird. Alle polyphonen Künste tummeln sich darin: Kanon, Engführung, Fugato, Gegenthemen, aber die Verve des Stückes wird dadurch nicht gemindert. Im Gegenteil! Bei der Kupplung des ersten Themas mit dem Fugenthema entsteht ein wirbelndes Doppelfugato, das den Satz zu einem prachtvollen Höhepunkt trägt; eine an überraschenden Trugschlüssen reiche Coda beschließt das Stück im pp.

Im dritten Satz (Adagio non troppo, $^3/_4$, As-dur) zeigt sich der Meister von seiner besten Seite. Ein inniges chromatisches Thema, das hymnische Züge hat, eröffnet das Spiel. Bald wächst es in eine orchestral wirkende Steigerung; ein zweites Thema wird ihm entgegengesetzt. Hier nun, aus dem Wechselspiel der beiden Themen entfaltet sich der Satz zu voller Schönheit. Der Dualismus der Sonatenform kommt hier besser zur Geltung als im Eingangssatz. Das zweite Thema erinnert lebhaft an die unvergeßliche Melodie des langsamen Satzes aus dem *Trio B-dur* von Schubert, jenem schönsten Schlummerlied der Kammermusik. Der Mendelssohnsche Satz aber hat weit in die Zukunft gewirkt: insbesondere hören wir sein Echo im Andante von Smetanas *Quartett «Aus meinem Leben»*, in Dvořáks *As-dur-Quartett*, im Walzer von Tschaikowskis *Schwanensee*, im langsamen Satz von Brahms' *zweitem Klavierkonzert* etc. Der Grundgedanke erinnert an eine Wendung in Mozarts *Es-dur-Quartett* (As-dur-Satz).[25]

Der letzte Satz (Molto allegro con fuoco, C, Es-dur) verwendet ein kleines Motiv des vorhergehenden Satzes als Kontrast gegen das etwas zu «flotte» Hauptthema des Finales. Nur Mendelssohns überlegener Kunstverstand und seine souveräne Beherrschung des Quartettstils bewahrt ihn hier vor Verflachung. Es gelingt ihm dann doch, aus dem etwas spröden thematischen Material Funken zu schlagen, und in schwungvollem Stil endet das prächtige Stück. Es ist das letzte Werk, in dem Mendelssohn noch mit zyklischen Ideen operiert. Das ist bedauerlich, denn wenigen nach ihm war es gegeben, so mühelos Fäden von einem Satz zum andern zu spinnen.

2) *Cello-Sonate* op. 45

In seiner Diktion nahe verwandt den Quartetten steht die *Cello-Sonate in B-dur* op. 45, die Felix für seinen Bruder Paul schrieb. Der langsame Mittelsatz, der sich aus einem kurzen, rhythmisch prägnanten Motiv entfaltet, scheint mir der beste des liebenswürdigen Werks zu sein.

3) *Klavier-Trio in d-moll,* op. 49

Brillanter als in der Cello-Sonate gibt sich Mendelssohn in seinem großen *d-moll-Trio.* Von all seiner Kammermusik ist das Trio wohl das beliebteste geworden, vielleicht zum Schaden der anderen, tiefer angelegten Werke. Da das Trio auch heute noch oft gespielt wird, erübrigt sich eine eingehende Besprechung. Jedoch möchten wir gern auf ein paar Feinheiten aufmerksam machen, die oft übersehen werden.

Bei der Reprise des ersten Satzes führt die Violine einen entzückenden Kontrapunkt gegen das Hauptthema ein. Im langsamen Satz soll die schwebende Begleitungsfigur des Klaviers den etwas monotonen Schritt des Basses verschleiern und verlangt sorgfältige klangliche Balance. Das Elfenscherzo verlangt schnellste Tempi und exaktes Staccato; der letzte Satz, der vielversprechend anhebt, aber seine Themen nicht recht verarbeitet, würde – besonders gegen den Schluß hin – eine Kürzung wohl vertragen.

Der Klaviersatz des Werks ist, auf Hillers Verlangen, vom Komponisten «aufpoliert», d. h. mit vielen brillanten Passagen versehen worden, so daß er einen konzertanten Eindruck macht.

4) *Werke für Klavier und Orgel*

Von Mendelssohns Kompositionen für Klavier stehen die *Variations sérieuses* op. 54 auf einsamer Höhe. Ganz im Gegensatz zum *zweiten Klavierkonzert,* das nur aus Fassade besteht, ist dieses Variationen-Werk von beispielgebender Bedeutung und historischer Tiefenwirkung. Das Werk ist erst im Sommer 1841 entstanden; und es hat etwas Rührendes, daß der Meister ganz naiv gesteht:

Ich variiere jedes Thema, das mir vorkommt. Erst achtzehn ernsthafte, nun sechs sentimentale hab ich gemacht; jetzt will ich zehn graziöse machen, und dann welche mit und für Orchester ... [Schade, daß er diesen Plan nicht verwirklicht hat!]

Die Variations sérieuses gehen aus d-moll und sind verdrießlich.[26]

Diese Bemerkung soll den hohen Ernst des Themas selbstironisierend etwas ins Lächerliche ziehen, wie es von altersher die Mode der «eleganten Welt» der Berliner jüdischen Assimilanten war, sich ja nicht ernst zu nehmen oder zu geben. Enthusiastisch berichtet er Klingemann:

Weißt Du, was ich in der vergangenen Zeit mit Passion komponiert habe? Variationen fürs Piano. Und zwar gleich auf ein Thema in d-moll; und habe mich dabei so himmlisch amüsiert, daß ich gleich wieder neue auf ein Thema in Es gemacht habe... Mir ist, als müßte ich nachholen, daß ich früher gar keine gemacht habe ...[27]

In keiner andern Form äußert sich so offen und ungeschminkt die stilistische Gesinnung eines Komponisten wie in der Variation. Mendelssohn ist keine Ausnahme von der Regel. Daher werden wir die Frage nach seiner Behandlung der Variationsform ernsthaft stellen und in ihrer Beantwortung den wahren Prüfstein von Mendelssohns selbstgewählter Stellung zwischen Klassik und Romantik erblicken müssen.

Zunächst muß es befremden, daß Felix, dem Bewunderer und Vorkämpfer Beethovens, dessen große Variationswerke fremd geblieben zu sein scheinen. Schließlich gehörten die *c-moll-Variationen,* die *Diabelli-Variationen,* und die vielen variierenden Sätze seiner Kammer- und Klaviermusik zum Charakteristischsten, was Beethoven an originalen Formen geschaffen hatte. Was Mendelssohn abgehalten haben dürfte, Beethovens letzten Variationen zu folgen, war seine konstitutive Ablehnung des (für Beethoven charakteristischen) Expansionismus der großen Variation, die

z. B. in der *Ariette* in op. 111 oder in den *Diabelli-Variationen* bis an die Grenze des Möglichen geht.

Und man darf auch nicht annehmen, daß Mendelssohn nicht die Problematik der *Diabelli-Variationen* erkannt hätte; auch sein ehemaliger Freund Adolf Bernhard Marx hat in seiner Kompositionslehre besonders auf sie hingewiesen und spricht ganz offen davon, daß «noch niemand in diesem Gebiete weiter oder auch bis zu dem von Beethoven vorgedrungen» sei.[28] Wir dürfen vielleicht annehmen, daß er bis dahin sich der strengen Anforderungen, die diese Form an die künstlerische Gesinnung eines Komponisten stellt, nicht bewußt gewesen war. Vergessen wir nicht, daß die Modemusik seiner Zeit überschwemmt war von «Variations brillantes», die so ziemlich den Gegenpol von Beethovens großen Variationen darstellen. Mendelssohn hatte diese Klimpereien der Herz, Kalkbrenner und des jungen Liszt herzlich verachtet und aus seinen Gefühlen kein Hehl gemacht. Darum betont er auch gleich im Titel seines ersten und besten Versuches das Epithet «sérieuses» in offen polemischer Absicht. Die zwei folgenden, viel schwächeren *Variationswerke,* op. 82 und 83, hat er selbst der Drucklegung nicht für würdig erachtet; sie sind erst posthum erschienen. Ein viel früheres Gelegenheitswerk, die *Variationen für Cello und Klavier* op. 17, gehört noch in die «brillante» Kategorie.

In der Tat, die *Variations sérieuses* erscheinen als ein Wendepunkt in Mendelssohns künstlerischer Zielsetzung: brillante, äußerliche, aber auch stimmungsmäßige Elemente treten nun mehr und mehr in den Hintergrund, und der Meister wendet sich einem klassizistischen Formalismus zu, der in seinen schwächsten Ausprägungen ins Akademische absinkt, in seinen besten Schöpfungen aber die Spitzenleistungen seiner Kunst einbegreift. Nur einen köstlichen Rückfall in die Welt seiner romantischen Neigungen kennen wir: die *Theatermusik zum Sommernachtstraum.*

Seit Beethoven, vielleicht auch seit Mozarts Klavierkonzerten, dürfen wir zwischen *strenger* und *freier* Variation unterscheiden. Wir verstehen unter *strenger* Variation die Auflösung der Themenkontur in ornamentale oder figurierte, also auch brillante Passagen oder auch die kontrapunktische Veränderung; unter *freier* Variation die Transformation des Themas in beinahe selbständige Charakterstücke, die mit dem Thema oft nur lose verbunden sind. Beethovens *c-moll-Variationen* gehören zur ersten, seine *Diabelli-Variationen* zur zweiten Kategorie. Aber nur selten sind die beiden Kategorien so klar unterschieden wie in der eben dargelegten Theorie; meistens gehen sie ineinander über, und es ist nicht immer leicht oder auch nur möglich, sie auseinander zu halten. Wenn wir die Terminologie der alten Theoretiker anwenden dürfen, so ist in der ersten Kategorie nur das Thema selbst eine *res scripta,* die Variationen *res factae;* bei der zweiten Kategorie ist jede Variation «scripta». Mit Recht weist Martin Friedland denn auch darauf hin, daß die strengste Variationsform nur Sinnparaphrase, aber keine neue Sinngebung des Themas enthalte.[29] Vielleicht lassen sich die extremen Variationstypen am schärfsten durch die Begriffe Kaleidoskop (strenge Variation) und Metamorphose (freie Variation) symbolisieren. Im «Kaleidoskop» sind alle Entwicklungsmöglichkeiten prädeterminiert vorgegeben, und durch einen konstanten Rahmen umspannt; die konstituierenden Motive nehmen von Fall zu Fall immer nur wechselnde Stellungen zueinander ein. Bei der Metamorphose sind sowohl Rahmen wie auch Motive variabel.

Ist also das Wesen einer Variation aus ihrer Relation zum Thema determiniert, so müssen wir noch eine grundsätzliche Antinomie feststellen, die bei keiner musikalischen Form so deutlich in Erscheinung tritt wie bei der Variation: die Polarität des Geistigen und Sinnlichen. Man darf nicht den einen oder den anderen der zwei Variationstypen mit einem der zwei Pole identifizieren. Jedoch läßt sich prinzipiell sagen: die rein klangbezogene Variation hat künstlerisch niedrigeren Rang als eine, die vom Geist des Themas, nicht nur von seinem Klang lebt. Daher läßt sich vielleicht der Variationsstil eines Komponisten aus dessen grundsätzlicher Stellungnahme zur Antithese Geist-Klang erklären. In ähnlicher Gesinnung hat Beethoven die beiden Extreme der Variationsformen gesetzt und den dazwischenliegenden Raum durchmessen. Zwischen seinen *Variationen über Nel cor più non mi sento* (G-dur) und den *Diabelli-Variationen* liegt eine Fülle variierender Formen, die bald der einen, bald der andern Seite zuneigen. Verständlicherweise hat der ertaubende Beethoven sich eher von der geistigen Konzeption eines Themas angezogen gefühlt als von dessen sinnlich-klanglicher Erscheinung.

Hier konnte Mendelssohn ihm nicht folgen: nicht nur wegen seiner Liebe zum Wohllaut, sondern vor allem wegen seiner Abneigung gegen alle «abstrakte», d. h. nicht für *ein und nur ein* bestimmtes Medium konzipierte Musik, die sich – beim letzten Beethoven – dem spezifischen Instrument gegenüber oft genug indifferent verhielt.

Wie schon erkannt worden ist, kann oft bei Mendelssohn das Thema selbst als Kontrapunkt der jeweiligen Variation hinzugefügt werden. Das ist richtig und bezeugt für solche Variationen, in denen eine derartige Kongruenz stattfindet, die streng klassizistische Gesinnung des Komponisten. Dennoch kann man nicht einfach die Mendelssohnsche Variationstechnik als «kaleidoskopisch» abtun; sehr oft findet man Transformationen, autonom-imitierende Stücke, oder auch Variationen, die weit über das ursprüngliche Gefüge des Themas hinausgehen.

Die Meister, die bei den *Variations sérieuses* Pate gestanden haben, waren der Beethoven der *c-moll-Variationen* und Carl Maria von Weber. In den freieren Abwandlungen folgt Mendelssohn Weber, in den strengeren Beethoven, aber *nicht* dem Vorbild der *Diabelli-Variationen.* Immer aber hat unser Komponist seinem eigenen Daimonion gehorcht und nirgendwo die älteren Vorbilder einfach nachgeahmt. Das muß in aller Deutlichkeit gegenüber Martin Friedlands unbewiesenen Behauptungen festgehalten werden. Seine These von der Nichtexistenz einer stilistischen Entwicklung bei Mendelssohn vollends ist weder neu noch irgendwie haltbar. Friedland schließt seine Beurteilung Mendelssohns mit der weisen Bemerkung, daß

diese Umbildungen über eine gewisse Schranke des Ausdrucksvermögens nicht hinaus-

gelangen ...; [dieses Manko] *ist nicht aus dem Mangel formaler Gestaltungskraft zu erklären, sondern aus der Eigentümlichkeit des Mendelssohnschen Gefühlslebens selbst, aus einer Schöpfernatur, die, trotz großer geistiger Regsamkeit und Beweglichkeit ihre tonliche Gestaltungsfülle doch nur im Umkreise ihrer seelisch beengten künstlerischen Individualität hervorzubringen vermag.*[30]

Friedlands Kritik wird weder dem Wesen Mendelssohns, noch der grundsätzlichen Frage nach der Spielfunktion eines Variationenwerks gerecht. Es bleibe dahingestellt, inwieweit Friedland die seelischen Grenzen des Meisters gekannt hat; offenbar verschweigt er das seiner Deutung zugrundeliegende Axiom, das weder widerlegt noch bewiesen werden kann: daß nämlich alle Musik der Ausdruck und Spiegel seelischer, vorzüglich emotiver Regungen sei. Demgegenüber stehen scharfe Behauptungen und Negationen von Meistern wie Strawinsky, E. Carter, Busoni und andern.

Wir wenden uns endlich dem Werk selbst zu. Das Thema ist chromatisch, weit geschwungen, und ein unterdrücktes Pathos bebt in ihm.

Musikbeispiel 55

Die vierte Variation präsentiert das Thema als zweistimmigen Kanon, die fünfte entwickelt es über einem Orgelpunkt, die zehnte nimmt ein Motiv aus dem Thema heraus und entfaltet es in einem fugato; in der vierzehnten tritt es mit breiter harmonischer Fülle in D-dur auf. Die fünfzehnte akzentuiert pikant die schwachen Taktteile des Themas; die elfte ist eine echte Charaktervariation, die an Schumanns Klavierstücke gemahnt. Sehr geistreich auch die dreizehnte Variation, in der das Thema die Mittelstimme besetzt, umgeben von flüchtigen staccati der rechten Hand gegen die Viertelnoten des Basses; ganz zum Schluß erscheint eine Art Apotheose der Hauptidee in wirbelnden Passagen, die die Spitzentöne markieren. Derselbe Mendelssohn, der sich bei Hiller darüber beklagt hatte, daß er keinen eigenen oder neuen Klavierstil hätte, schreibt nun ein zwar kaum brillantes, aber pianistisch sehr wirkungsvolles und dankbares Werk, voll von neuen klavieristischen Ideen. Von ihm haben Brahms, César Franck, Reger, Busoni, ja noch Bartók wichtige Anregungen empfangen. So ist z. B. die schlagzeugartige Repetitionstechnik Bartóks hier deutlich vorweggenommen. Auch in rhythmischer Hinsicht ist das Werk von einer Fülle und Vielfalt, wie sie Mendelssohn nur in wenigen Stücken erreicht hat.

Ein Wort noch über die kadenzierenden drei Schlußtakte. Jack Warner hat auf die bei Mendelssohn häufig vorkommende Mollkadenz aufmerksam gemacht und leitet sie, wahrscheinlich mit Recht, von einer altertümlichen Kadenz der Synagogenmusik ab, die den deutschen Juden von den Hohen Feiertagen her innig vertraut war. Er zitiert nicht weniger als zehn Beispiele dieser immerhin ungewöhnlichen Kadenz, die sich in Mendelssohns Musik finden lassen. Sie schließt auch die *Variations sérieuses* ab, wie auch das Duett (Nr. 2) des *Elias* und das *Höre, Israel* mit besonders auffälliger Assoziation.[31]

Anders als in den Variationen erscheint Mendelssohn in seinen ersten gedruckten Orgelwerken. Sie sind seinem alten Freund und Gönner Sir Thomas Attwood zugeeignet und etwa gleichzeitig mit den *sechs Präludien und Fugen für Klavier* op. 35 entstanden. Zunächst sei betont, daß von den *drei Präludien und Fugen für Orgel* es die Präludien, nicht die Fugen sind, welche neue Formen und Wege suchen und finden. Seit Bach war kein Orgelkomponist von Rang mehr in Deutschland aufgestanden, und wieder ist es unser Meister, der zwar entschieden bei Bachs Orgelstil anknüpft, aber ihn dem kantableren und weicheren Klangideal des 19. Jahrhunderts dienstbar macht. Heute gehören die *drei Präludien und Fugen* zum Standardrepertoire jedes guten Organisten; ohne sie sind die Orgelstücke von Brahms und Rheinberger, und ganz gewiß die Monumentalwerke Regers nicht denkbar, die ja in vielen Punkten direkt an Mendelssohn anschließen, wie er es bei Bach getan hatte.

Alle drei Paare *(Präludien und Fugen)* zeichnet ein hoher kirchlicher Ernst aus, der sich Ausflüge in die Niederung, in der hübsche Melodien gedeihen, konsequent versagt. Schumanns Urteil über die *sechs Präludien und Fugen für Klavier* op. 35 ist auch für das Orgelwerk anwendbar[32], und besonders zutreffend ist seine Bemerkung:

daß er mehr das Melodische der Kantilene vorherrschen ließ, bei allem Festhalten an der Bachschen Form, sieht ihm auch ganz ähnlich.

1) Präludium und Fuge c-moll

Das Präludium verknüpft die weitbogig imitierende Kunst Bachs mit Beethovens «atomisierender» Technik der Sonaten-Durchführung und erreicht mit dieser Synthese eine unerwartet starke Wirkung vor der Wiederaufnahme des vollen Themas. Schon in diesem Stück fällt Mendelssohns Vorliebe für Engführungen in kleinen Zeitintervallen auf, die manchen seiner polyphonen Kompositionen eine gewisse atemlose Unruhe verleiht. Die Fuge vermeidet die für Mendelssohn gefährlichen

Klippen des $^{12}/_8$-Takts durch häufige Bindungen und zeichnet sich im übrigen durch feine Stimmführung aus.

2) *Präludium und Fuge G-dur*

Das Präludium ist eine Pastorale in polyphoner Schreibweise und hält sich in einem elegant entworfenen Rahmen einer dreiteiligen Liedform. Das zweite Thema tritt in g-moll ein, streift dann c-moll, as-dur, c-moll und kehrt wieder nach G-dur zurück. Dann geht es ohne jede «Brücke» in die variierte Reprise des ersten Themas über; in der Coda leuchtet das zweite Thema noch einmal überraschend auf. Die Fuge in $^{4}/_2$ hebt in ruhigem Schritt an; sie enthält zwar stark chromatische Wendungen, bleibt jedoch durchaus im Konventionellen stecken, was uns bei dem schönen und verheißungsvollen Thema enttäuscht. Natürlich ist auch sie vom handwerklichen Standpunkt aus makellos, aber es fehlt der Genieblitz, den das Thema eigentlich zu versprechen scheint.

3) *Präludium und Fuge d-moll*

Die einleitenden 23 Takte haben mit dem Rest des Präludiums eigentlich nichts zu tun, wohl aber mit dem Fugenthema, das sie rhythmisch und melodisch antizipieren. Das Präludium selbst wirkt heterogen und nicht ganz organisch entwickelt; denn es zerfällt in ein großes Fugato, einen toccata-ähnlichen Teil und einen homophon-kompakten Satz. Die Nähte werden schmerzhaft deutlich: (a) unvermittelter Wechsel von hastiger Triolenbewegung zu Achteln; (b) ebenso unvermittelte Rückkehr zu Triolen und Sechzehnteln in a-moll; (c) plötzliche Verlangsamung von Sechzehnteln zu Vierteln! Die subtilste, aber wichtigste Kunst des Komponisten, die Bewegung an- und abzustellen, die Balance in der Bewegung sorgsam zu wahren, fehlt hier spürbar. Auch die Fuge, deren Thema sich von Bachs b-moll-Fuge aus dem I. Teil des *Wohltemperierten Klaviers* herleitet, ist etwas eintönig und ohne Schwung trotz ihren vielen kontrapunktischen Künsten.

Als Gesamtwerk betrachtet, tun aber die *drei Präludien und Fugen* einen wichtigen Schritt in die Richtung des zukünftigen deutschen Orgelstils, der am Barock anknüpft, ohne jedoch zu archaisieren. Diesen Sinn für Kontinuität, der bei Mendelssohn immer wach und lebendig war, darf man nicht mit anderer Komponisten Neigung zu historisierenden Stilkopien verwechseln. Mendelssohn hat nur wenige Werke «im alten Stil» geschrieben, vieles leitet sich von alter Tradition her, aber alles atmet die Luft seiner Zeit, und oft spürt man sogar «neoklassische» Tendenzen.

16. KOMPONIST IN KÖNIGLICHEN DIENSTEN

«Berlin ist einer der sauersten Äpfel,
in die man beißen kann,
und doch muß es gebissen sein...»

Felix Mendelssohn an Klingemann

I.

Wie ein Starkstrom jeden schwachen Leiter bald durchbrennt, so hat die unaufhörlich zunehmende Fülle der künstlerischen, administrativen und pädagogischen Tätigkeit den schwachen Körper Mendelssohns frühzeitig verbraucht; sein Tod mit 38 Jahren war die unvermeidliche Folge des Raubbaues, den er in den Jahren 1841–1844 mit seinem physischen und psychischen Kapital getrieben hat. Um sich davon eine klare Vorstellung zu machen, ist es nötig, die Haupttätigkeiten jener Jahre tabellarisch zusammenzustellen:

1. Als Komponist vollendete er:
   Vier große Theatermusiken
   Zehn geistliche Werke (für Chor mit Orgel oder Orchester)
   Eine Symphonie
   Sechs Orgelsonaten
   Zwölf Duette, zwanzig Lieder, viele Chorlieder
   Ein Violinkonzert
   Ein Klaviertrio
   Eine Sonate für Cello und Klavier
   Viele Klavierstücke
2. Als Dirigent
   stand er dem Gewandhausorchester, dem Berliner Domchor und den Subskriptionskonzerten der königlichen Kapelle vor, für die er künstlerisch verantwortlich war, auch wenn er nicht jedes Konzert persönlich leitete. Darüber hinaus dirigierte er zwei deutsche Musikfeste (in Düsseldorf und Zweibrücken) und zwei englische Musikfeste, nahm überdies sehr aktiven Anteil an zwei Londoner Musiksaisons.
3. Als Administrator
   bemühte er sich erfolglos um die Gründung einer Musikakademie in Berlin, sah aber ähnliche Anstrengungen um ein solches Institut in Leipzig von Erfolg gekrönt.
4. Als Bearbeiter
   hat er einige Händelsche Oratorien in gediegener und stilgerechter Form der Musikwelt zugänglich gemacht.

5. Als Lehrer
am neugegründeten Konservatorium in Leipzig unterrichtete er Klavierspiel und Komposition, wenn auch nicht immer regelmäßig.

Wie ist es zu einer derartigen Expansion aller künstlerischen und organisatorischen Tätigkeit gekommen? Dazu häuften sich die vielen Reisen und die nie endende gewaltige Korrespondenz, deren Bewältigung viele Stunden fraß, da Mendelssohn sich im allgemeinen keines Sekretärs bediente.

In einer Zeit, da man im allgemeinen viel geruhsamer lebte als heute, ist eine derartige Rastlosigkeit schwer verständlich. Denn Mendelssohn wollte doch hauptsächlich komponieren, nicht verwalten und nicht reisen! Er war nicht angewiesen auf die Einkünfte, die ihm seine Gast-Tourneen einbrachten. Er haßte administrative Arbeit aller Art; er verabscheute Intrigen, wie sie in höfischen Kreisen immer gedeihen. Warum also flieht er die Ruhe, begibt sich in Bezirke, in denen er sich nicht wohlfühlte und in denen er auch nicht zu Hause war, kurz: warum gönnt er sich weder innerlich noch äußerlich Ruhe?

Auf diese Frage gibt es zwei mögliche Antworten. Die erste ist hypothetisch, die zweite gibt Gründe an; beide zusammen aber sind für das Verständnis des Meisters notwendig. Aus der Korrespondenz Mendelssohns muß der aufmerksame Leser den Eindruck gewinnen, daß er seine Kräfte bedeutend überschätzte. Daneben spürt man immer wieder seine innere Überzeugung davon, daß er eine Mission zu erfüllen habe: die nämlich, Deutschland zum unbestrittenen Zentrum aller europäischen Musik zu machen. Nach der Eröffnung des Leipziger Konservatoriums verstärkte sich diese Besessenheit noch, als Schüler aus allen Ländern nach Leipzig strömten.

Der zweite Grund seiner Rastlosigkeit geht auf das Eingreifen des Königs von Preußen zurück, das ihn zu immer neuen Taten anspornte. Die Werke, die wir diesem Eingreifen verdanken, haben ihn selbst nicht ganz befriedigt – mit zwei Ausnahmen: die *Musik zum Sommernachtstraum* und die zur *Antigone.* Es sieht beinahe so aus, als ob er seine schwächeren Leistungen als königlicher Hauskomponist bitter empfunden hätte: sie blieben ihm ein Pfahl im Fleisch, der ihn unaufhörlich reizte, jene Erfüllung zu erreichen, die ihm Berlin – nun zum zweiten Male – versagen wollte. Wie war es überhaupt dazu gekommen, daß der preußische König sich für den Leipziger Musiker interessierte?

1840 hatte Friedrich Wilhelm IV. als König von Preußen den Thron seiner Vorfahren bestiegen. Er ist als «Romantiker auf dem Königsthron» in die Geschichte eingegangen. Woher stammt dieser Ausdruck? Entspricht er seinem Wesen? Wenn wir dem Urteil des weitsichtigsten und überlegensten Staatsmannes jener Zeit – es war Fürst Metternich – Glauben schenken wollen, zeigte sich Friedrich Wilhelm IV. des öfteren wie «ein Rohr im Winde». Die folgenden, von Metternich stammenden Bemerkungen enthalten eine für den Monarchen vernichtende Beurteilung:
Ich glaube mich nicht zu täuschen, wenn ich zwischen dem, was der König heute noch will, und dem, was er morgen tun wird, einen Unterschied mache, und: *Das*

Grundübel des Tages in Preußen ist heute die Exzentrizität des Königs in seinen wohlgemeinten Ideen...[1]

Wenn schon ein Legitimist reinsten Wassers so urteilte, wie mochten dann liberalere Geister denken! Ein Jugendfreund Mendelssohns, der als Historiker berühmt gewordene Gustav Droysen, äußerte sich ungemein drastisch über den König; wir hören, daß er sich mit Chimären herumschlug, Orden stiftete wie den sehr romantischen Schwanen- und den poetisch-religiösen Marienorden, daß er die Außenpolitik aufs gefährlichste vernachlässigte, daß er die Entwicklung sowohl in Österreich wie in Frankreich gar nicht beachtete usw.[2] Am deutlichsten für seine Zeit – und damit wohl auch für uns – sprach ein Theologe. Keiner hat wie er die schwachen Seiten jenes Königs erkannt, der uns in manchen Zügen auch an Wilhelm II. erinnert.

Wie aber war es in jener zensurdurchschnüffelten Zeit möglich, einen regierenden preußischen König öffentlich zu kritisieren, ohne daß Autor und Schrift der Polizei zum Opfer gefallen wären? Einem ist's dennoch gelungen. Freilich, er hat es geschickt angefangen und mit hohem Sinn für seine Verantwortung, mit Witz und profunder Bildung. Vielleicht sogar allzu geschickt: denn nur gebildete Leser verstanden die Dynamik der Satire. Der berühmte Theologe und Historiker David Friedrich Strauß hat vorgegeben, in seinem Essay *Ein Romantiker auf dem Throne der Cäsaren* Julian Apostata zu kritisieren, in Wirklichkeit aber meinte er Friedrich Wilhelm IV; und daher wird jene Bezeichnung «königlicher Romantiker» wohl von D.F. Strauß herrühren. Dieser Autor war bei aller Kritik gerecht genug, dem König die besten Absichten nicht nur zuzubilligen, sondern sie auch zu würdigen. Aber auch zur Revolution ist der Weg mit guten Vorsätzen gepflastert. Der König hat sie beim besten Willen nicht nur nicht aufgehalten, sondern durch seine vagen und völlig weltfremden Pläne geradezu heraufbeschworen.

Über seinen Hof ist wenig Erfreuliches zu berichten. Vielleicht fängt wirklich jeder Hof die Persönlichkeit des Monarchen wie in einem Hohlspiegel auf und reflektiert sie verzerrt, wie La Rochefoucauld meint: dann wäre jener König eine sonderbare Mischung von hohem Geistesflug, wahrer Liebe zu den Künsten, anachronistischen Ritteridealen und Regierungsunfähigkeit gewesen. Oder aber, wenn das Wort recht hat, daß alle Höfe einer Periode einander in ihrem innersten Wesen gleichen, müßte man jene Zeit durchaus würdig nennen; denn der König mag törichte, kurzsichtige, weltfremde und sogar unfähige Berater gehabt haben: an Integrität der Gesinnung, an edlem Willen hat es weder ihnen noch ihm gefehlt.

Von allem Anfang an zeigte der König lebhaftes Interesse für Geistesbildung: Wilhelm von Humboldt war einer seiner Minister, der bedeutende Orientalist Josias von Bunsen einer seiner nächsten Ratgeber. Der Maler Cornelius, die aus Göttingen vertriebenen Brüder Grimm, der Dichter Rückert wurden nach Berlin eingeladen, und so sollte auch die Musik von der königlichen Gnadensonne erleuchtet werden. Der damals bekannteste deutsche Komponist war zweifellos Mendelssohn. Also knüpfte der Hof sehr vorsichtig Verhandlungen an – zunächst mit Mendelssohns Familie in

Berlin –, um sich der Annahme einer Einladung zu vergewissern. Denn unser Meister war alles eher als ein Adelssnob und neigte, wie wir wissen, entschieden zu liberalen Ideen, die natürlich bei Hofe verabscheut wurden.

Wer nun waren die eigentlichen Urheber der Berufung Mendelssohns? Aus den Quellen und Familienarchiven können wir die einzelnen Schritte, die dazu geführt haben, ziemlich genau rekonstruieren. Obwohl der König Mendelssohn von Düsseldorf her persönlich kannte, stammte der Gedanke, ihn nach Berlin zu rufen, nicht von ihm. In Wirklichkeit ging die Initiative vom Freiherrn von Bunsen und von Wilhelm von Humboldt aus. Diese Tatsachen sind noch nicht allgemein bekannt, und daher wollen wir versuchen, den Plänen dieser hervorragenden Männer im einzelnen zu folgen.

Bunsen kannte Mendelssohn von Rom und auch von England her, wo er eine Zeitlang preußischer Gesandter gewesen war; Humboldt verkehrte seit vielen Jahren freundschaftlich mit der ganzen Mendelssohn-Familie.[3] Unter dem 30. Oktober 1840 schrieb Bunsen an den König:

...Durch die Persönlichkeit Ew. Majestät wird auch die Schwierigkeit wegen Felix Mendelssohns Stellung, welche ich mir nicht verhehlt habe, eine leichte Lösung finden. Wären die beiden jetzigen musikalischen Spitzen, Spontini und Rungenhagen, auch nicht besetzt, Felix würde keine von beiden wünschen, wahrscheinlich beide ablehnen, jene am entschiedensten. Aber glücklicherweise leistet keiner von beiden, was Ew. Majestät... vorzugsweise wünschen. Es handelt sich darum, daß die schönste und edelste Musik wieder in das Leben, sowohl in das allgemeine Volksleben, als in das gesellschaftliche Leben der höheren und höchsten Stände unter dem musikalischsten Volk der Erde eingeführt werde. Dies scheint mir durch drei jetzt gänzlich fehlende Realitäten geschehen zu können:

1. *Eine großartige Bildungsanstalt für alle Musik, besonders die höhere;*
2. *Aufführung wahrer gottesdienstlicher Musik nach Ew. Majestät Anordnung;*
3. *Aufführung großer, alter und neuer Oratorien – als eines künftigen Zweiges der Theatervorstellungen – schon jetzt als königliche Festlichkeit und Feier.*

Ist das nicht genug für einen Mann und Meister? Ich glaube, es ist eher zuviel für jeden andern als Felix Mendelssohn...[4]

Wie leicht ersichtlich, war die Berufung Mendelssohns in den Kreisen des Königs schon erwogen worden; daß eigentlich Humboldt der Anreger solcher Pläne war, ersehen wir aus einem Brief Bunsens an Humboldt, den er gleich am nächsten Tag verfaßte. Darin erwägt Bunsen sorgfältig die Chancen der Gegner Mendelssohns in Berlin und zieht deren Mißgunst ins Kalkül. Dann:

Ihre *Idee von einem Conservatorium finde ich vortrefflich; nur möchte ich zwei Sachen damit verbinden, welche Sie gewiß nicht ausschließen wollen.*

Es folgt nun die Aufzählung eben jener Punkte, die er zuvor dem König dargelegt hatte. Der Schluß dieses Briefes verquickt recht amüsant altpreußische Beamtensparsamkeit mit einer recht überraschenden Prüderie:

Die herrlichsten musikalischen Schöpfungen müssen ins Leben eintreten... als Institut des Staates... Aber was kann allein an der Oper und an dem scheußlichen Ballet erspart werden, dessen Barbarei mich immer empört hat![5]

Bunsen war kein Optimist und Schwärmer; im nächsten Brief an Humboldt sieht er für Mendelssohn in Berlin einen «dornenvollen Pfad» voraus, aber vertraut auf die «wohlverwahrten Füße» des Künstlers. Das war, wie man sieht, alles sehr schön und nobel gedacht. Allein: «Leicht beieinander wohnen die Gedanken...» Hätte Mendelssohn es nur mit diesen beiden Gelehrten und wahren Edelmännern zu tun gehabt, das Berliner Projekt würde sich in der Tat großartig enfaltet haben. Unglücklicherweise aber fiel der Meister «in ein Ressort», und zwar in das des Ministers von Eichhorn, eines langweiligen, phantasielosen und reaktionären Bürokraten. Der Mann, mit dem Mendelssohn direkt verhandelte und der seinerseits für ihn zuständig war, Exzellenz von Massow, ein nobler, aber durch seine Stellung zwischen dem König und dem Minister sehr gehemmter Beamter, versuchte zwar, Mendelssohns Weg zu erleichtern, aber ohne Initiative oder Mut und daher auch ohne sichtbaren Erfolg.

Der Stein des Anstoßes war jedoch allemal Eichhorn, wenigstens bei jenem denkwürdigen *ersten* Versuch[6]. In Wirklichkeit hat Felix, genau wie Bunsen es proponiert hatte, sich dreimal bemüht, auf des Königs Wünsche und Ideen einzugehen: 1. Als Direktor der musikalischen Klasse der Königlichen Akademie der Künste; 2. als Theaterkomponist des Königs und Dirigent der Königlichen Kapelle; 3. als Dirigent und Reorganisator des Domchores, als Generalmusikdirektor der evangelischen Kirchenmusik und als Komponist von geistlichen Musikwerken, die meistens auf Wunsch oder die Anregung des Königs zurückgehen.

Der erste Versuch

Es kann nicht unsere Aufgabe sein, die sich häufenden Memoranda, Berichte, kurz, die Akten Mendelssohns in seiner dienstlichen Stellung zu zitieren. Das würde nur Aktenstaub aufwirbeln, der schon damals «schlecht roch», wie Felix bemerkte. Aber wir wollen uns bemühen, die ziemlich konfuse Angelegenheit so klar wie möglich darzulegen, um beiden Teilen Gerechtigkeit widerfahren zu lassen.

Zunächst sollte also die Akademie der Künste in vier Klassen gegliedert werden: in Malerei, Skulptur, Architektur und Musik. Die musikalische Klasse ihrerseits sollte die Grundlage für ein großes Konservatorium bilden und dann zu einer Zentralstelle für deutsche Komponisten erweitert werden. Mendelssohn, der schon einige administrative Erfahrung hatte, erklärte sich bereit, die Leitung der – de facto noch nicht existierenden – Klasse zu übernehmen und ersuchte von Massow, ihm die vorliegenden Statuten und die Verfassung der Klasse zugehen zu lassen.. Als er diese erhielt, war er nicht wenig erstaunt. Denn

...von den elf Lehrfächern, die sie aufgestellt haben, sind sieben geradezu unbrauchbar, ja widersinnig... Ich habe diese Dinge zuweilen früher in der Staatszeitung ge-

lesen und darüber gelacht; schickt sie einem aber ein ernsthafter Minister... zu, dann wirds weinerlich.[7]
Um eine wirkliche Reform zu bewerkstelligen, schrieb Felix ein großes Pro-Memoria für Eichhorn, in dem er, «sei es eine gänzliche Veränderung von Grund auf, sei es eine Reform» der bestehenden Verhältnisse anregte und viele konkrete Einzelheiten anführte. Dieses Dokument – eine weitblickende Neuordnung des höheren Musikstudiums – wurde von Eichhorn ohne Antwort ad acta gelegt. Felix war verstimmt, aber es gelang von Massow, ihn zu beruhigen und zu veranlassen, daß er die Übersiedelung seiner Familie nach Berlin einleite, denn «wenn er erst dort sei, werde sich sein Einfluß schon geltend machen».[8]

Aber wieder gab es Schwierigkeiten. Felix, der nie ein Titel- oder Ordensjäger gewesen war, jedoch seine Berliner Musiker kannte, verlangte den Amtstitel eines Königlichen Kapellmeisters, um mit der nötigen äußeren Autorität ausgerüstet zu sein – auf die innere nämlich gaben die Berliner nichts. Er war zwar vom König von Sachsen zum Kapellmeister ernannt worden, aber in Berlin zählte das nicht. Eichhorn jedoch verweigerte ihm den Titel, und Felix wurde störrisch; wieder vermittelte von Massow, der Titel wurde verliehen, aber alles weitere Bemühen Mendelssohns um die musikalische Akademie blieb fruchtlos und erstickte «im Sand», wie Felix es nennt. Hier schon spürt er die Sinnlosigkeit des Unternehmens. Versprochen war ihm die Stelle eines Direktors in der Akademie der Künste, 3000 Taler Gehalt und ausreichender Urlaub; aber die Direktorstelle existierte nur dem Namen nach, und von seinem Gehalt schreibt er, daß er noch keinen Pfennig erhalten habe.[9] Er gab sich ja auch keinen Illusionen mehr hin:
Die Sache mit dem Konservatorium ist im allerweitesten Felde, wenn sie überhaupt in irgend einem Felde ist und nicht bloß in der Luft.[10]
Klingemann gegenüber, der versucht, ihm Geduld und Erkenntnis seiner Mission beizubringen, öffnet Felix nun alle Ventile seiner Enttäuschung und seines Grimms. Vor allem wehrt er sich gegen die Annahme, daß in Leipzig die Bequemlichkeit herrsche und seine Arbeit dort kein Echo finde, während er in Berlin für ganz Deutschland wirken könne.
Es ist wahrhaftig gerade umgekehrt... Dort in Berlin sind alle Bestrebungen Privatbestrebungen, ohne Widerhall im Lande, und den haben wir hier, *so klein das Nest auch ist. Wegen des Ruhiglebens habe ich mich nicht nach Leipzig gesetzt...*
Weiterhin betont Mendelssohn, daß er selbst gegen eine Lehrtätigkeit in Berlin nichts einzuwenden hätte, wenn er durchaus Privatmann bleiben könnte. Dann würde er bloß komponieren und in der Stille leben. Aber das Berliner Zwitterwesen werde alle solchen Pläne vereiteln:
Die großen Pläne, die winzige Ausführung; die großen Anforderungen, die winzigen Leistungen; die vollkommene Kritik, die elenden Musikanten; die liberalen Ideen, die Hofbedienten auf der Straße...[11]
Das Resultat: Der Plan einer musikalischen Sektion der Akademie wurde vor-

läufig fallengelassen; aber der König ließ Mendelssohn nicht gehen. Mehr denn je hing er an seinem Projekt, in Berlin ein musikalisches Zentrum für ganz Deutschland zu errichten. Hensel kann bei der Darstellung jenes ersten Versuches einen Ausruf der Empörung nicht unterdrücken, und im wesentlichen muß man ihm recht geben. Denn für mehr als 25 Jahre nach Mendelssohns Memorandum blieb die Gründung der Musikakademie in Berlin im Sande stecken. Am Ende aber sollte Mendelssohns Vorbereitungswerk doch noch zu Ehren kommen; es spielte eine gewichtige Rolle bei der Organisierung der königlichen Hochschule für Musik in Berlin (1869).

Nach diesem ersten Fehlschlag konnte Mendelssohn es kaum mehr erwarten, nach Leipzig zurückzukehren. Aber es wurde ein *modus operandi* geschaffen: Felix sollte sich für ein weiteres Jahr dem König «zur Disposition stellen»; während dieses Jahres sollte die Akademiefrage geklärt und womöglich gelöst werden. So endete der erste Versuch.

Der zweite Versuch

Noch während dieses fruchtlosen Verhandelns traten zwei Personen in Aktion, die bisher im Hintergrund gestanden hatten: der König selbst und sein Vorleser, Hofrat Ludwig Tieck. Dieser hatte einmal die *Antigone* des Sophokles in der neuen Übersetzung Professor Böckhs gewählt, und der König, der bis dahin keine griechische Tragödie gesehen oder gelesen hatte, war, wie Bunsen berichtet, «entzückt, wie über eine neue und glänzende Entdeckung». Nun wünschte der König unbedingt eine griechische Tragödie zur Gänze aufgeführt zu sehen.[12] Hier widerspricht Bunsens Darstellung dem sonst zuverlässigen Bericht Devrients, steht aber im Einklang mit Mendelssohns eigener Erinnerung. Dieser schrieb nämlich an David:

Alles sprach hin und her darüber [Antigone] *und keiner wollte anfangen. Sie wollten es aufs nächste Spätjahr verschieben... und wie mich die Herrlichkeit des Stückes so packte, da kriegte ich den alten Tieck an und sagte «jetzt oder niemals». Und der war liebenswürdig und sagte «jetzt»...*[13]

Nach Devrient wäre Tieck für den Aufschub gewesen, aber wir dürfen uns hier wohl auf Mendelssohns persönliches Zeugnis verlassen. Dagegen verdient eine Randbemerkung Devrients Beachtung, denn sie deutet einen Konflikt an, der leicht das ganze Projekt zum Scheitern hätte bringen können.[14] Wir erfahren nämlich von Bunsen, daß Tieck dem pietistisch angehauchten König die *Antigone* als eine «das Christentum vorausahnende» Dichtung anpries. Der gelehrte Böckh aber regte sich über diesen Anachronismus auf, und es kam zu einem erregten Wortwechsel zwischen ihm und Tieck. Diese Verschiedenheit in der Deutung des Stückes und die darauf folgende Polemik ist noch in Böckhs Erklärungen der Neubearbeitung und ihrer Musik eingegangen.[15] Der große Philologe leitete, im Gegensatz zu dem Romantiker Tieck, die humanitären Ideen der Tragödie von kultischen Gebräuchen und Vorstellungen der Griechen her, ohne das christliche Element auch nur mit einem Worte zu erwähnen.[16]

Nach Überwindung der technischen und gedanklichen Hindernisse machte sich Mendelssohn an die Arbeit. Er erkannte sehr wohl die Problematik, die jede musikalische Behandlung des Werkes heraufbeschwören mußte, und begann zunächst, mit den Chören zu experimentieren. Da wir das Werk selbst im nächsten Kapitel besprechen, werden wir auf Mendelssohns Absichten bei jener Gelegenheit zurückkommen. Devrient hat uns von diesen tastenden Versuchen ein lebendiges Bild übermittelt, auf das hier verwiesen sei.

Nicht ohne strenge Prüfung der Aufgabe ist Felix an ihre Lösung gegangen.[17]

Hier sei nur kurz die Schöpfungsgeschichte des Werkes zitiert: am 9. September begann Felix mit der Komposition, am 10. Oktober fand schon die erste Leseprobe statt, am 26. Oktober war Generalprobe, am 28. Oktober die Uraufführung am Potsdamer Hoftheater in Anwesenheit des Königs.

Wenn wir uns heute fragen, worin die Bedeutung des Werkes liegt – als lebende Musik ist es seit langem von den Theaterprogrammen verschwunden –, so läßt sich darauf nur eine Antwort geben: der Humanist Mendelssohn war von der Tragödie, die das allgemein-menschliche Empfinden über alle Kult- und Königsgesetze stellt, direkt angerührt worden. Aber er war durchaus nicht der einzige, der so empfand; ganz allgemein fühlte sich das deutsche gebildete Publikum, und danach das englische, den Gedanken und Grundsätzen der antiken Tragödie geistesverwandt. Wir finden uns am Beginn jener Epoche, die uns in E. Rhode, Jacob Burckhardt und vor allem durch Nietzsche ganz neue, von Winckelmanns und Goethes idealisierendem Griechentum abweichende Aufschlüsse über die Wurzeln der Tragödie gegeben hat. Auch Wagner, für den Nietzsches *Geburt der Tragödie aus dem Geiste der Musik* eine Offenbarung bedeutete, gehört so zu den Nutznießern dieser Generation von neuen Humanisten. Im Grunde ist Mendelssohn hier den Spuren seines wahrhaft humanistischen Großvaters Moses Mendelssohn gefolgt.[18] Devrient hatte wohl recht, wenn er behauptete, daß Mendelssohns Musik die griechische Tragödie großen Stils dem Theaterpublikum von neuem nahegebracht habe.[19]

Allein, die Berliner Kritik und das Berliner Publikum standen wie eh und je nicht auf Mendelssohns Seite; und nicht mit Unrecht war Felix über die wohlwollend-patronisierende, dabei unerträglich pedantische Beurteilung von seiten des Fossils Rellstab verärgert. Der Satiriker Glaßbrenner dagegen war offener und anständiger: er machte sich über den geschraubten Stil der Donnerschen Übersetzung und über die ganze Idee der Wiederbelebung griechischer Tragödien in parodistischer Form lustig. Diese Satire hatte insofern einen politischen Hintergrund, als viele Liberale argwöhnten, der König sei bemüht, den öffentlichen Kunstgeschmack von oben herab zu diktieren.

Der *Antigone*-Versuch hatte noch ein gelehrtes Nachspiel: sämtliche Tageszeitungen hatten Altphilologen als Kritiker engagiert, und eine Tagung der klassischen Philologen (in Kassel) beschäftigte sich mit der neuen Bearbeitung. Die hervorragendsten Gelehrten, darunter Böckh, Droysen und Toelken, stellten sich auf die

Seite des Komponisten. Böckh gab darüber hinaus in seiner ausführlichen Besprechung noch einige Winke, die Mendelssohn vor der Drucklegung des Werkes berücksichtigt hat.

Worum ging es eigentlich bei dieser lebhaften Debatte? Es läßt sich schwer denken, daß das gebildete deutsche Publikum sich für Einzelheiten wie z. B. die Behandlung der antiken Metren interessiert hat: und dasselbe gilt auch für die Instrumentation der Chöre, bei der Mendelssohn sorgfältig zwischen Strophe und Antistrophe unterscheidet. Das Kernproblem war und blieb die «Modernisierung» der Tragödie in szenischer, musikalischer und choreographischer Hinsicht. Im Grunde ist es ja noch heute so: die modernen französischen und amerikanischen Autoren, auch Hofmannsthal und Richard Strauss, sie alle, die antike Stoffe behandelt haben, mußten sich mit denselben Fragen auseinandersetzen.

Droysens Gegenkritik, die an die Adresse Rellstabs gerichtet war, weist die Forderung zurück, daß das Drama ganz so auf die Bühne hätte kommen müssen wie einst in Athen. Dann hätte man die Antigone von einem Mann spielen, die Schauspieler mit tragischen Masken auftreten lassen müssen u. a. m. Vor allem aber:

Soweit das Alte nur jener Zeit angehört, kann *man es gar nicht wieder erstehen lassen. Aber es hat etwas zu allen Zeiten Großes und Wichtiges, etwas Unvergängliches an sich, und das soll frisch und lebendig in unsere Gegenwart treten... Mendelssohn spricht mit fremdartigen und doch verständlichen Klängen zu uns; es ist nicht antike Musik, gibt aber den Eindruck antiker Musik, wie sie sich ihm erschlossen...*[20]

Mendelssohn selbst blieb stumm inmitten der Kontroverse. Ja, als ihn Professor Dehn, der Herausgeber einer bedeutenden Musikzeitschrift, anging, zu seinem eigenen Werk Stellung zu nehmen, lehnte er den Vorschlag höflich aber bestimmt ab: er habe es sich zum unverbrüchlichen Gesetz gemacht, niemals etwas Musik Betreffendes selbst in öffentlichen Blättern zu schreiben, noch auch «direkt oder indirekt einen Artikel über seine eigenen Leistungen zu veranlassen». Er sehe ein, daß ihm dieser Grundsatz zum Nachteil ausschlagen müsse, sei aber außerstande, davon abzugehen.[21] Wie anders hätte und hat Wagner in ähnlicher Lage gehandelt! Hier spricht das angeborene Aristokratentum Mendelssohns eine deutliche Sprache: er tat, was er für richtig hielt, ohne Rücksicht auf das Geschrei der Menge – und blieb stumm dazu. Im vertrauten Kreise allerdings sprach er sich aus. Da betonte er, daß er nicht solche Musik machen wolle, wie sie möglicherweise die alten Griechen gehabt hatten. Seine Musik sollte die Brücke schlagen zwischen dem antiken Stück und dem modernen Menschen.[22]

Als Hauskomponist des Königs hat Mendelssohn dann noch drei Bühnenmusiken komponiert, nämlich zum *Sommernachtstraum*, zu Racines *Athalie* und zu Sophokles *Oedipus auf Kolonos.* Einen fünften Auftrag, nämlich die Chöre zur *Orestie* des Aeschylos zu komponieren, lehnte der Meister nach ernsthafter Prüfung ab; damit war auch seine «theatralische Sendung» für den König beendet. Wir werden auf diesen endgültigen Bruch – denn ein solcher war es – noch später zurückkommen.

Während die *Athalie* und der *Ödipus* die antike Tragödie im französischen oder griechischen Sinne fortführen, handelte es sich beim *Sommernachtstraum* keineswegs um eine Neubelebung eines vergessenen Stückes, sondern, theatermäßig gesprochen, um eine Neuinszenierung mit einer für diese Gelegenheit komponierten Musik. Auch ging es diesmal nicht um tragische, sondern um phantastisch-komische Ideen und Wirkungen.

Mehr noch als bei den andern Bühnenmusiken war Mendelssohn hier auf Tiecks verständnisvolle Mitarbeit angewiesen, sollte das ihm aufgetragene Werk gedeihen. Daher wollen wir versuchen, den Beziehungen zwischen diesen beiden «königlichen» Künstlern nachzugehen.

Mendelssohn selbst stand, bei aller persönlichen Begeisterung für die *Antigone* als tragische Dichtung, dem Versuch ihrer Wiederbelebung skeptisch gegenüber:

Mit dem Griechenthum werden die Berliner nun wohl fürs Erste fertig sein. Jetzt will ihnen Tieck den «Sommernachtstraum» einflößen. Da bin ich dabei und habe einige Musik dazu gemacht...[23]

Es war ein merkwürdiger Sprung, den Tieck wagte, von der *Antigone* zum *Sommernachtstraum!* Wie könnte man ihn erklären? Hier scheint die simpelste Deutung die beste zu sein: *Antigone* war auf den Wunsch des Königs hin wiederaufgenommen worden, Shakespeares Phantasie-Komödie aber auf den Tiecks. Und es kann keinen Zweifel geben, daß Shakespeare Tieck im Innersten unvergleichlich näher lag als alle griechischen Tragiker zusammengenommen.

Tiecks dichterische Bedeutung und sein poetischer Stil müssen in Betracht gezogen werden, wenn wir seine Rolle als Partner Mendelssohns richtig einschätzen wollen. Alle Literarhistoriker sind sich einig darüber, Tieck als einen *musikalischen* Dichter par excellence anzusprechen. So urteilen Fritz Strich, Oskar Walzel und Marianne Thalmann, die erklärt:

Da besteht [bei Tieck] *jene Verflechtung von Verstand und Phantasie, um die schon Gottsched und die Schweizer gehadert haben, die sich dem gebildeten Bürger immer wieder als Besonnenheit oder Besessenheit aufdrängt, und die in der Musikalität der Romantik ein ausgesprochen produktives Vermögen wird.*[24]

Nun, Tieck hatte nicht nur an der kongenialen Übersetzung des Originalwerks tätigen Anteil genommen, er war auch der Regisseur und verantwortlich für die Inszenierung jener denkwürdigen Aufführung des Stückes mit Mendelssohns Musik am 14. Oktober 1843 im Neuen Palais in Potsdam. Außer dem Hof waren nur geladene Gäste zugelassen, und erst als der Erfolg außer jedem Zweifel stand, wurde das Stück auch öffentlich in Berlin im Königlichen Theater aufgeführt, meistens vor ausverkauftem Hause.

Wie einst Wieland in seinem *Oberon,* dann Weber in der Oper gleichen Namens, so empfanden Tieck und Mendelssohn dieses «zurück zum Original» als eine Rückkehr in ihr eigenes Jugendland der frühen Romantik. Der ganze Zauber, der Jugenderinnerungen anhaftet, ist ausgegossen über das wunderbare Werk. Hatte schon Shakespeare in seinen szenischen Bemerkungen der Musik einen bedeutenden Anteil an der Aufführung zugewiesen, so ging Mendelssohn weit über das Geforderte hinaus. Auf die Einzelheiten von Mendelssohns Komposition kommen wir im nächsten Kapitel zu sprechen.

Die Uraufführung brachte einigen Ärger, denn Tieck hatte sich an die Verabredung mit Mendelssohn nicht gehalten und das Stück in drei Akte geteilt, während Felix, der Schlegels Bearbeitung gefolgt war (vier Akte), drei Zwischenaktsmusiken komponiert hatte. Diese erlesenen Stücke mußten nun bei offener Szene, auf der nichts vorging, gespielt werden. Dazu kam eine lange Pause, während der in der Hofloge der Tee serviert und Cour gehalten wurde. David, der mit einem starken Kontingent von Leipziger Freunden zur Uraufführung geeilt war, berichtet, daß während der ganzen Introduktion zum dritten Akt das Klappern der Löffel und das erlauchte Geschwätz eine so peinliche Störung herbeigeführt hatten, daß Mendelssohn rot und bleich wurde und seine ganze Selbstbeherrschung benötigte, um nicht ergrimmt abzubrechen und hinauszulaufen.[25] Dazu kam die Impertinenz einiger Orchestermitglieder, die sich gelegentlich rohe Scherze erlaubten; schon anläßlich der *Antigone* hatte Mendelssohn die Erfahrung machen müssen, daß er von den Berliner Musikern immer noch nicht ganz ernst genommen wurde. So finden wir in seinen unveröffentlichten Briefen Betrachtungen über die Berliner Musiker, die an Deutlichkeit nichts zu wünschen übrig lassen: er nennt sie «kriechend, frech, bedientenhaft»; erst nachdem ihn der König zum Generalmusikdirektor ernannt und auch sonst bedeutend geehrt hatte, wandelte sich das Benehmen der Musiker.

Nun haben sie eine Schmeichelei, einen Kratzfuß angenommen, der ebensowenig taugt…

Er ließ sich aber nichts mehr gefallen und zog die Herren Spaßmacher bei jeder Provokation zur Rechenschaft.[26] Kurz, Mendelssohn war, selbst nach dem unbestrittenen Erfolg des *Sommernachtstraums,* wieder «sehr wild» und versuchte wenigstens zeitweise von Berlin loszukommen.

Auch das Banausentum des preußischen Adels, dem er in Berlin nicht ausweichen konnte, erregte ihn so sehr, daß ihm jeder Sinn für Humor verlorenging, besonders wenn er Bemerkungen wie diese hören mußte:

Wie schade, daß Sie Ihre wunderschöne Musik an ein so dummes Stück verschwendet haben![27]

Felix antwortete darauf eiskalt-maliziös, aber im Familienkreis tobte er vor Zorn. Auch Fannys Bericht erwähnt diese Verständnislosigkeit der höheren Stände.[28] Das war der Empfang, der jener populärsten Schöpfung des angeblich «immer Glücklichen», wie Mendelssohn ganz allgemein genannt wird, in Berlin bereitet wurde.

II.

DAS LEBEN ZWISCHEN DREI STÄDTEN MUSIKFESTE UND REISEN

Eine detaillierte Chronologie der Reisen, Besuche, Konzerte, die der Meister leitete, der Konferenzen, an denen er teilnahm, würde auch die interessiertesten Leser zugleich verwirren und langweilen. Wir wollen uns hier auf die wichtigsten Gastspielreisen Mendelssohns beschränken. Die vielen Fahrten jener Jahre wären heute, im Zeitalter der Jet-Flugzeuge, nicht so zeitraubend und anstrengend wie vor weit mehr als hundert Jahren. Für den modernen Dirigenten sind sie mehr oder weniger ein Berufsübel geworden, das er mit Gleichmut in Kauf nimmt. Für einen schöpferischen Musiker aber ist diese Reiselust auch heute nicht die Norm; und man kann sich nur schwer dem Vorurteil entziehen, daß Werke, die auf der Reise konzipiert werden, irgendwie das Stigma der Unruhe tragen müßten. Wie wollte man aber dieses Stigma an der *Schottischen Symphonie*, am *Violinkonzert,* an der Bühnenmusik zum *Sommernachtstraum* erkennen? Indessen liebte Mendelssohn das Reisen, ungeachtet aller Seufzer darüber in seinen Briefen.

Mendelssohn hat sich in den Jahren 1841–1844 in Berlin, aber auch häufig in Leipzig aufgehalten; dazwischen liegen zwei ausgedehnte Besuche in England, 1842 und 1843, ein langer Sommer in der Schweiz, viele Besuche in Frankfurt, wohin es ihn immer häufiger zog, berufliches Wirken in Düsseldorf (Niederrheinisches Musikfest 1842), Zweibrücken (Musikfest 1843) und Dresden (Ende 1842), wo er die Königliche Bewilligung zur Gründung des Leipziger Konservatoriums erhielt.

Wie spielte sich sein Leben in Berlin ab? Eine gute Vorstellung davon gibt uns ein Brief an David:

Vorigen Mittwoch, Donnerstag und Freitag war «Antigone», am Freitag nachher noch ein Konzert beim König, Sonnabend Ernst's Soiree mit meinem Trio, dazwischen Proben und Konferenzen ohne Ende, morgen wieder Ernst's Soiree mit der Kreutzersonate von Beethoven, Sonnabend wieder Konzert beim König in Potsdam, Montag wieder hier Konzert mit dem Lobgesang und Mittwoch, Donnerstag und Freitag wieder Antigone...[29]

Schon anfangs 1842 hatte ihn der König beauftragt, eine Reihe von symphonischen und Chor-Konzerten zu leiten. Mendelssohn begann mit seinem *Paulus* im Königlichen Schauspielhaus, kurz darauf dirigierte er dasselbe Werk in der Singakademie. Die Kritiken beider Aufführungen halten die Linie zwischen respektvoller Anerkennung und konservativer Opposition. Im April leitete er seinen *Lobgesang* und spielte eigene Klavierwerke. Es läßt sich wohl einwenden, daß er seine Berliner Programme allzusehr mit eigenen Werken bedachte, und die Haltung einiger Kritiker läßt den Gedanken aufkommen, daß sie diese königlich approbierte Musik nicht immer widerspruchslos hinnehmen wollten. Wir befinden uns mitten im Vormärz; und sicherlich haben antimonarchistisch-liberale Ressentiments bei der Opposition gegen den Herrn

Kgl. Komponisten eine Rolle gespielt. Das wurde nicht besser, als der König Mendelssohn mit dem höchsten zivilen Orden «Pour le Mérite» dekorierte und später zum Generalmusikdirektor ernannte.[30]

Die Ironie der Situation liegt darin, daß Mendelssohn ein Radikal-Liberaler war und sich selbst auch so bezeichnet, daß er von der «vornehmen Gesellschaft», d. h. den Höflingen, nichts wissen will, und sich über sie oft und grimmig lustig macht. Das hinderte nicht, daß er den König gerne mochte, trotz dessen zielloser Kultur- und Kunstpolitik. So wird seine Bitterkeit gegenüber der Umgebung des Königs, die er nicht mit Unrecht für viele seiner Schwierigkeiten verantwortlich macht, immer größer und mußte ihn diesen Herren, die andere Töne gewohnt waren, als unerträglichen Querulanten erscheinen lassen. Mendelssohns Erbitterung äußert sich denn auch gelegentlich in sehr stolzen Tönen, wie z. B.: «In der Königlichen Loge war der ganze Hof, in der unsrigen wir», oder: «Wir brauchen nicht dort zu sitzen, wo die Gardeoffiziere und dergleichen sitzen.» (Anspielung auf den Anfang des schon oben angeführten ersten Psalms).[31]

Aber nicht alles in Berlin war Arbeit, Ärger und Verbitterung: er war ja wieder mit seiner ganzen Familie zusammen, sah die Mutter täglich, traf viele alte Freunde, unter ihnen Devrient, und genoß hörend und mitwirkend die besonders schönen Sonntagsmusiken Fannys. An diesen nahmen außer ihm selbst Künstler wie Ernst, die Pasta, Ganz, Mme Ungher-Sabatier teil und musizierten vor einer Hörerschaft der erlesensten Geister Berlins, unter ihnen Cornelius, Böckh, Lepsius, Bunsen, von Humboldt u. v. a. Auch Liszt, der sich damals in Berlin aufhielt, spielte ein oder zweimal im Hause Mendelssohn, aber die Beziehungen zwischen ihm und Felix hatten sich getrübt. Mendelssohn verurteilte scharf «die albernen Possen, die er [Liszt] ... mit der Musik selbst treibt.»[32]
Der ungehemmte Exhibitionismus des Nur-Virtuosen war ihm verächtlich; David, der in diesem Punkt ein Herz und eine Seele mit Felix ist, geht noch einen Schritt weiter und fragt ironisch:
Gibt Liszt nicht nächstens in der Hasenheide für die Garde-Regimenter Conzerte zu einem Silbersechser Entree? Da kann er erst einmal Succeß haben ...[33]
Liszts servile Anbetung des Geburtsadels vollends erschien Felix «jämmerlich und nichtswürdig» und kontrastierte mit seinem eigenen, überaus reservierten, um nicht zu sagen ablehnenden Benehmen. Wie er selbst sagt, hatte sich sein Abscheu gegen vornehmen Umgang womöglich noch vermehrt, seitdem er nach Berlin übersiedelt war.[34]

Aber auch zu Hause, d. h. in der Familie, gab es gewisse Schwierigkeiten und Reibungen, besonders zwischen den Frauen. Sie fingen damit an, daß die Schwäger von Felix, wohl auf Wunsch ihrer Frauen, sich dagegen sträubten, Cécile ständig im Hause zu haben. Das war auch der Hauptgrund, warum Felix diesmal (1842) seine Frau zum Niederrheinischen Musikfest und nach England mitgenommen hat, denn Cécile weigerte sich, mit ihrer Schwiegermutter und Fanny allein im Hause zu bleiben.

Das Niederrheinische Musikfest, wieder in Düsseldorf, führte ein Monsterprogramm auf:

Erster Tag:	*Fünfte Symphonie*	Beethoven
	Israel in Ägypten	Händel
Zweiter Tag:	*Lobgesang*	Mendelssohn
	Feierlicher Marsch aus den *Ruinen von Athen*	Beethoven
	Ouvertüre *Hero und Leander*	Julius Rietz
	Motette (?)	J. Haydn
	Ernte-Cantate	C.M. von Weber
Dritter Tag:	Ouvertüre zu *Egmont*	Beethoven
	Arie aus *Robert le Diable*	Meyerbeer
	Duett aus *Israel*	Händel
	Ouvertüre (?)	J. Müller-Düsseldorf
	Arie aus *Titus*	Mozart
	Klavierkonzert in Es-dur (gespielt und dirigiert von Mendelssohn)	Beethoven

Im Chor sangen über 400 Personen, im Orchester spielten 170 Mann; und sechs Solisten traten auf.

Es läßt sich nicht leugnen, daß die Konzertprogramme Mendelssohns eine gewisse Starrheit annehmen, durch die so ziemlich alle Komponisten außer Bach, Händel, Beethoven, Weber und Mendelssohn zu kurz kommen. Man muß zugeben, daß die drei letztgenannten allgemein populär waren; aber die Vernachlässigung Mozarts, Haydns, Spohrs, Schumanns (den er in Leipzig doch immer aufführte), nicht zu reden von Komponisten wie Berlioz, Chopin oder Méhul, fällt doch auf. Mendelssohn tat, als ob es keine französischen Meister von Bedeutung gäbe. Der in Düsseldorf aufgeführte Rietz war ein persönlicher Freund Mendelssohns und eine lokale Größe; seine Musik ist aber herzlich mittelmäßig und langweilig. Hier zeichnet sich bereits die Front ab, auf der Wagner und seine Myrmidonen später Mendelssohn attackieren sollten: die Einseitigkeit seiner Richtung und seines Geschmacks.

Im Sommer 1842 machte er seinen siebenten Besuch in England, der vier Wochen dauerte. Zuerst führte er in der Philharmonic Society seine neue Symphonie, die *Schottische,* unter jubelndem Beifall auf. Später dirigierte er seine *Hebriden-Ouvertüre,* die wiederholt werden mußte, und spielte sein *g-moll-Klavierkonzert.* In der Zwischenzeit erfreute er sich und seine Bewunderer, wie gewöhnlich in England, mit Orgelspiel und Orgelimprovisationen. Wir hören von vier oder fünf solcher Gelegenheiten, bei denen er die Zuhörer immer wieder durch seine großartigen polyphonen Phantasien hinriß.[35]

Einen ungewöhnlichen Triumph feierte er bei dem Konzert in Exeter Hall, das er als Zuhörer besuchte. Als er erkannt wurde, brachte ihm das Publikum, das über

3000 Hörer zählte, unter der Führung von Sir Robert Peel eine stürmische Ovation dar, so daß er sich genötigt sah, diese Kundgebung von der Orgel her zu quittieren. Bei einer ähnlichen Gelegenheit spielte er in einem Konzert der Sacred Harmonic Society die große *Tripelfuge* von Bach *in Es-dur* mit dem Präludium (*St. Annenfuge*) und schloß mit improvisierten Variationen über Händels *Harmonious Blacksmith*.[36]

Den Höhepunkt der Englandreise bildeten seine Einladungen in Buckingham Palace, wo er mit Königin Victoria und dem Prinzgemahl musizierte. Darüber gibt es bei Hensel einen ausführlichen Bericht, dem wir hier nur einige Bemerkungen entnehmen und andere, noch nicht bekannte Einzelheiten hinzufügen.

Der König von Preußen hatte Felix mit einem eigenhändigen Empfehlungsschreiben an Prinz Albert versehen, und dieser lud denn auch den Meister zu sich in den Buckingham Palace ein. Beim zweiten Besuch, am 9. Juli, kam es zu einem angeregten musikalischen Gespräch zwischen dem Prinzen und Mendelssohn, und plötzlich erschien die Königin – allein und im Hauskleid – und begann sofort aufzuräumen, da die beiden Musikenthusiasten viele Notenhefte durcheinandergeworfen hatten. Dann spielte Prinz Albert auf seiner Orgel einen Choral sehr rein und musikalisch, und die Königin hörte «sehr vergnügt» zu. Dann spielte Felix und phantasierte über Themen aus dem *Paulus*, worauf das königliche Paar in den Chorus einfiel. Nun wollte der Prinz, daß die Königin aus Mendelssohns Liedern etwas singe, aber die Noten wollten sich nicht finden, obwohl die Königin sie eifrig suchte. Die hohe Gesellschaft ging dann ins Wohnzimmer der Königin, und dort fand sich schließlich doch eins von Mendelssohns Liederheften. Und die «hübsche, allerliebste Königin, die so mädchenhaft und schüchtern freundlich und höflich ist, und so gut Deutsch spricht», sang nun ein Lied «ganz allerliebst», «rein, streng im Takt und recht nett im Vortrag». Es war eigentlich ein Lied von Fanny, und Felix berichtete dies auch seinen Hörern. Dann sang die Königin noch eins von Felix' Liedern, dann trug Prinz Albert Mendelssohns Lied «Es ist ein Schnitter, heißt der Tod» vor, und schließlich mußte Mendelssohn nochmals improvisieren, und zwar über das Thema des «Schnitter Tod».[37] Die hohen Herrschaften wollten auch alles mögliche über Berlin und Dresden erfahren; «da war ich aber kein guter Erzähler, denn ich weiß wenig vom Hofleben», bemerkt Felix am Ende. Später, 1844, war er wieder zu Gast bei der Königin; dieser Besuch ist wenig bekannt. Er schreibt darüber:

Neulich habe ich wieder ein paar Stunden mit der kleinen Königin und Prinz Albert ganz und gar allein zugebracht, musiziert und geplaudert und mich superb dabei amüsiert. Ich lud sie ein, ins Philharmonic zu kommen, und die Art, wie sie sofort darauf einging und kein Hindernis gelten ließ, war zu allerliebst. Nun kommt sie nächsten Montag mit dem ganzen appendix von Potentaten und Hof und Du kannst Dir denken, in welcher Betippelung die Philharmonic Directoren sind …[38]

Schon vorher hatte er sich die Erlaubnis erbeten, der Königin die *Schottische Symphonie* widmen zu dürfen.[39]

Prinz Albert von England und Königin Victoria, London 1843.
Zeichnungen von Wilhelm Hensel

Ohne allen Zweifel war Prinz Albert der spiritus rector dieser immerhin ungewöhnlichen Einladung. Der Prinz hatte gar manches gemeinsam mit Mendelssohn, trotz aller sozialen Unterschiede. Zunächst einmal war er ein guter Musiker, spielte Orgel und komponierte solide Kirchenmusik. Sodann war er der «Intellektuelle» in der königlichen Familie und am englischen Hof. In dieser Hinsicht war er den Kabinettsministern weit überlegen, und nur Sir Robert Peel konnte sich an Bildung und Verstand mit ihm messen. Wie wir wissen, hatte der Prinz sehr unter dem Mißtrauen der englischen Stände zu leiden, das sich gegen ihn als Deutschen richtete; sein Leben lang wurde er als Outsider betrachtet und behandelt. Wir werden auf diesen wahrhaft bedeutenden Menschen und Fürsten noch zurückkommen.

Bei seinen Freunden Klingemann und Moscheles und auch bei den Horsleys wurde Cécile, die ihnen bisher unbekannt war, aufs herzlichste aufgenommen. Ihre Sanftmut und Schönheit erregte ihrer aller Bewunderung, und besonders Mme Moscheles gewann sie sehr lieb. All das war ganz anders als die Berliner Verhältnisse, und Felix genoß die Abwechslung und «Luftveränderung» aus vollen Zügen. Am 10. Juli verließ das frohe Paar London und ging nach Frankfurt, wo sie bei Céciles Verwandten einige Zeit verweilten. Dann reisten sie in die Schweiz, wo sich Felix mit seinem Bruder Paul und dessen Frau Albertine traf. Wieder ward ihm die Schweiz zum Labsal des Körpers und der Seele, zum wahren Refugium, und in seinen Briefen preist er dieses «Land aller Länder» als unvergleichlich schön. Dort zeichnete und malte er nach Herzenslust, frei von allen Sorgen, und war glücklich und frohgemut.

Der krasse Gegensatz zwischen der Atmosphäre verständnisvoller Würdigung, wie er sie in London geatmet hatte, und dem steifen, dabei unhöflichen Ton am Berliner Hof ließ Felix seine Rückkehr bedauern; er konnte sich einfach nicht mehr in Berlin einleben.

Auch muß an dieser Stelle die zunehmende Verschärfung des politischen Denkens in der ganzen Familie Mendelssohn festgestellt werden. Die persönlichen Dokumente aus jener Zeit sind voll von Bitternis und Klagen über die immer noch wachsende Reaktion, die von Eichhorn und den ostelbischen Junkern getragen wurde. Felix «jauchzte auf» über den Inhalt der Schrift: *Vier Fragen, beantwortet von einem Ostpreußen* (Dr. Jacoby, der dafür zu zweieinhalb Jahren Gefängnis verurteilt, später aber freigesprochen wurde). Auch im Punkte der Judenemanzipation stimmte Felix Jacobys Kritik bei, und er schließt mit den resignierten Worten:

Indes ist die Schrift verboten, und wir werden nun bald sehen, inwiefern es ein einzelner hoher Geist ist, der hier seine Ansichten ausspricht, oder inwiefern dieser Geist wirklich schon das Ganze ergriffen und durchwärmt hat... Wieder hat mich ein wehmütiges Gefühl ergriffen, wenn man so gewiß sieht... daß der Weg offen, gebahnt, deutlich daliegt, auf dem das ganze Deutschland einen Umschwung bekäme, wie es ihn vielleicht nie gehabt... und er wird dennoch immer und immer nicht betreten...[40]

Genau wie Fanny war er entrüstet über die Konfiskation der Schriften Herweghs und dessen Ausweisung. Sie fanden dieses willkürliche Verbot empörend und demütigend. Selbst der konservative Böckh war «ganz toll» über diesen törichten Schritt der Reaktion.[41]

Vergällten ihm schon die Quertreibereien der Bürokratie, die kühle Haltung des Publikums und die reaktionäre Atmosphäre in Preußen die Berliner Stellung, so erschwerten auch intime Konflikte in seiner Familie ihm das Leben. Fanny und Cécile lieben einander aus der Ferne, doch keineswegs in der Nähe. Nicht nur auf Felix' Schwester ist Cécile eifersüchtig, sondern auf jede Frau, die ihrem berühmten Mann schöne Augen machte, und es gab deren viele. In Berlin hatte sie wirklich keinen begründeten Anlaß zu solcher Haltung, denn Felix würdigte die gelegentlichen «Anträge» von Damen der Gesellschaft kaum einer Antwort. Anders lag der Fall mit Miss Louise Bendinen in London, deren Gesellschaft Felix so auffallend bevorzugte, daß sein Freund, der Kritiker J.W. Davison, beide Teile vor allzu auffälligen Kundgebungen ihrer Neigung warnen mußte.[42] Seien wir aufrichtig: es hätte der Entsagung eines Heiligen bedurft, um den deutlichen Avancen vieler schöner und auch kluger Frauen zu widerstehen. Glücklicherweise war Felix kein solcher Papiermaché-Heiliger, zu dem ihn wohlmeinende Freunde haben stempeln wollen: er liebte schöne Frauen und den Flirt mit ihnen. Wieweit in jedem einzelnen Fall der Flirt gegangen sein mag, entzieht sich unserer Kenntnis und ist auch völlig gleichgültig. Aber Cécile hatte ein gewisses Recht, gelegentlich eifersüchtig zu sein, wie sie ja von sich aus gesteht:

... Na, ich glaube es ist ganz gut, daß ich nicht dort bin [in Berlin], *für meine Eifersucht wenigstens. Du mußt mir so viel erzählen – darfst mir gar nichts verschweigen – daß Dir die Lunge lahm wird ...*[43]

Aus allen diesen Gründen war Felix entschlossen, Berlin sobald wie möglich zu verlassen und seine Pflichten gegenüber dem König aufzugeben. Er schrieb ein Abschiedsgesuch an den König, in welchem er ihm die Schwierigkeiten seiner Stellung erklärte und ihn um Entlassung aus seinen Diensten bat. Allein es kam ganz anders, als er es sich vorgestellt hatte. In seinem erklärenden Brief an von Massow führt er hauptsächlich die technischen und administrativen Schwierigkeiten an, welche sich seinem Wirken in den Weg gestellt hatten. Er schließt mit dem Ausdruck seiner Überzeugung, daß es für ihn in Berlin eine praktisch eingreifende musikalische Tätigkeit nicht gebe.[44] Er mißtraute auch den Versicherungen Eichhorns, daß er an einer entschiedenen Verbesserung der Lage arbeite. Felix wollte nicht länger durch tatenloses Abwarten das Vertrauen des Königs mißbrauchen, und daher bat er den König, ihm zu gestatten

an einem andern Orte, wo er für den Augenblick schon thätig einzugreifen vermöge, einstweilen zu leben, zu wirken, und seine Befehle zu erwarten.

Gleichzeitig bat Mendelssohn um eine Audienz. Er hatte diesen Schritt nicht leichtfertig unternommen; wie wir von Fanny hören, war er sehr bewegt, weinte und erwartete gefaßten Herzens seinen Abschied. Jedoch hoffte er vom König in Gnaden entlassen zu werden.[45]

Von dieser Audienz besitzen wir eine lebendige Darstellung durch Felix selbst. Daraus geht im wesentlichen das Folgende hervor. Massow hatte Felix berichtet, daß der König sehr verstimmt sei über das Abschiedsgesuch. Zur allgemeinen Überraschung aber zeigte sich der König höchst liebenswürdig, vertrauens- und verständnisvoll. Er sprach sein Bedauern darüber aus, daß Felix durch seinen Weggang eine Lücke reiße, die der König nicht wieder ersetzen könne. Und nun trug Friedrich Wilhelm Mendelssohn seine persönlichen Pläne vor. Sie liefen darauf hinaus, daß der König einen Elitechor schaffen, Felix die Königliche Kapelle unterstellen wollte und daß beide Ensembles im Dom, aber auch in Konzertsälen Kirchenmusik und Oratorien aufführen sollten. Auch sollte Felix für den König bzw. den Domchor Kirchenmusik komponieren. Es werde des Königs Sorge sein, den Chor und das Orchester zu etablieren, aber er müsse die Gewißheit haben, daß Felix auf dem für ihn geschaffenen Instrument werde spielen wollen. Bis das geschehen sei, sollte Felix völlige Aktionsfreiheit haben; er könne nach Leipzig oder auch nach Italien gehen, nur müsse der König auf seine Bereitschaft rechnen können. Das wäre aber nur dann zu erwarten, wenn Felix in seinen Diensten bliebe.

Dies war ein wahrhaft großherziges Angebot, und Felix konnte es einfach nicht zurückweisen. Also nahm er es an, bat aber den König, sein Gehalt auf 1500 Taler zu reduzieren. Indessen gesteht Felix in seinem Bericht:

... ich dachte, die Wahrheit zu sagen, mehr an mein Mütterchen als an alles übrige.[46]

Der dritte Versuch

Massow war außer sich vor Freude und konnte sich gar nicht fassen über den plötzlichen Umschwung. Er wiederholt immer: «Nein, wenn Sie nun noch an Fortgehen denken!»[47] Um Mendelssohn mit der erforderlichen Autorität auszustatten, ernannte ihn der König bald nach jener Audienz zum Generalmusikdirektor, womit ihm – in der Theorie – die Leitung und Aufsicht über die evangelische Kirchenmusik Preußens anvertraut war. Freilich, die Praxis sah ganz anders aus.

Leipziger Zwischenspiel; die Gründung des Konservatoriums

Für den Augenblick, d. h. bis zur Organisation des Domchores und des dazugehörigen Orchesters, fand sich Felix frei, und er benutzte diese Atempause, um nach Leipzig zu reisen und dort den neuen Gewandhaussaal einzuweihen. Vorher hatte er allerdings aus den Diensten des sächsischen Königs ausscheiden müssen – so lagen nun einmal die Dinge zwischen Preußen und Sachsen, daß ein Kgl. sächsischer Kapellmeister nicht zugleich auch preußischer Generalmusikdirektor sein durfte. Er hatte aber bei der Audienz in Dresden, bei der er aus sächsischen Diensten entlassen wurde, die Erlaubnis erwirkt, das Blümnersche Legat von 20 000 Talern, das für die Errichtung eines Konservatoriums zu Verfügung des Königs stand, für das von ihm lang geplante Konservatorium in Leipzig zu verwenden. Er erhielt nun auch die verbriefte Versicherung des Ministers von Falkenstein, daß die sächsische Regierung das Institut unter ihren Schutz nehmen und mit bedeutenden Privilegien unterstützen würde.

So wurde das Konservatorium – auf dem offiziellen Prospekt heißt es noch bescheiden «Musik-Schule» – versuchsweise am 27. März 1843, endgültig und feierlich am 3. April im Gewandhaus eröffnet.[48] Der sonst so aufgeklärte Felix wollte, wegen eines uns komisch erscheinenden Aberglaubens, den ersten April vermeiden, den er für einen Unglückstag hielt.[49] Die historische «erste Fakultät» bestand aus den folgenden Lehrkräften: Mendelssohn (für Klavier und Ensemble, später auch Komposition); Robert Schumann (Klavier und Komposition); Moritz Hauptmann, Thomaskantor und einer der bedeutendsten Musiktheoretiker des 19. Jahrhunderts (Musiktheorie und Kontrapunkt); Ferdinand David (Violine); K.F. Becker (Orgel); L. Plaidy (Klavier); E.F. Wenzel (Klavier); der vorgesehene Gesangmeister Ch.A. Pohlenz starb noch vor der Eröffnung und wurde durch Frau Grabau-Bünau und F. Böhme ersetzt, die in Solo- und Chorgesang unterrichteten. Erst 1846 gelang es Mendelssohn, seinen Freund Moscheles als Lehrer der obersten Klavierklassen für das Konservatorium zu gewinnen. Nachher hat Moscheles mit seiner ganzen Gesinnungstreue dem Konservatorium bis zu seinem Tode gedient.[50]

Die Urteile über Mendelssohn als Lehrer sind sehr ungleich; neben enthusiastischen Würdigungen, wie wir sie von Emil Naumann, Hans von Bülow oder Wilhelm von Wasielewski haben, stehen Berichte von Otto Goldschmidt, dem späteren Gemahl der Jenny Lind, oder Rockstro, die den vorigen doch einigermaßen widersprechen. Mendelssohn selbst hatte weder große Lust am Lehren, noch traute er sich ein wirkliches pädagogisches Talent zu:

Ich habe mich durch wiederholte Erfahrungen überzeugt, daß mir zu einem eigentlichen Lehrer… das Talent durchaus fehlt, sei es, daß ich zu wenig Freude daran oder zuwenig Geduld dazu habe, kurz, es gelingt mir nicht.[51]

Demgegenüber steht allerdings das Zeugnis H. von Bülows, wonach Mendelssohn *sich herbeiließ, dem Knaben* [Bülow] *eine mehrstündige Clavierlection… mit unvergleichlicher Geduld zu gewähren. Die hierdurch gewonnenen Eindrücke – die Macht der bezaubernden Persönlichkeit des Meisters kam der verhältnismäßigen Unreife des Zufall-Schülers zu Hilfe – sind begreiflicherweise fortwirkend haften geblieben.*[52]

Wilhelm von Wasielewski und Emil Naumann betonen gleichfalls die Fülle der Anregungen, die sie von Mendelssohn empfangen hatten, aber wenn sie auf Einzelheiten eingehen, ergibt sich ein ziemlich farbloses Bild von Mendelssohn als Lehrer. Ganz anders aber Goldschmidt und Rockstro; sie schildern den reizbaren Meister recht lebendig, wie er ärgerlich ausruft: «Toller Kerl, so spielen die Katzen!» oder sardonisch den Engländer kritisiert: «This is a very ungentlemanlike modulation.»[53] Als Kompositionslehrer neigte er, weiser als irgend einer seiner Zeitgenossen und

Nachfolger, zur Methode der Stil-Imitation, wie sie angehende Komponisten seit mehr als 250 Jahren geübt hatten, u. a. Haydn, Mozart, Beethoven und Bruckner. So riet Mendelssohn seinen Schülern, die Form eines Quartetts von Haydn genau nachzubilden, und bemerkte: «So hat es auch mein Lehrer Zelter mit mir gehalten.»[54] Diese Methode widerspricht allerdings dem romantischen Ideal der Originalität um jeden Preis, den «neuen Bahnen», auf das entschiedenste. Weniger pädagogisch erscheint uns Mendelssohn, wenn er zwei Studenten, die ihm begeistert Bach vorspielen, mit den Worten unterbricht:

Bitte lassen Sie mich einmal an das Klavier, das kann ich besser.

Natürlich konnte er's besser, und vermutlich war die Grenze des Erträglichen für ihn überschritten.[55] Seine Wirkung als Pädagoge ging also im allgemeinen mehr von seiner Persönlichkeit aus als von seinem Unterricht. Unbestreitbar aber ist Mendelssohns administrativer Weitblick, der von einer rein äußerlichen Expansion des Konservatoriums nichts wissen wollte und dessen weise Beschränkung noch heute unsere Bewunderung verdient. So heißt es in einem seiner Berichte:

... die Schüler wollen alle componiren und theoretisiren, während ich glaube, daß ein tüchtiges practisches Wirken, tüchtig Spielen und Tact halten, tüchtige Kenntnis aller tüchtigen Werke usw. die Hauptsache ist, die man lehren kann und muß. Aus denen findet sich alle andere Lehre von selbst, und das weitere ist nicht Sache des Lernens, sondern der Gottesgabe. Daß ich demungeachtet kein Handwerk aus der Kunst machen möchte, brauche ich wohl nicht erst zu sagen ...[56]

Hier ist das mehrmals gebrauchte Wort «tüchtig» ganz im Goetheschen Sinne verstanden.

Mendelssohns offizielle Stellung war nicht ganz klar. Aus den Quellen ist nichts Sicheres zu erfahren, und die verschiedenen Dokumente scheinen sich zu widersprechen. Aus den Briefen an Moscheles geht hervor, daß Mendelssohn weder zum Direktor des Konservatoriums ernannt worden war noch sich als solchen betrachtete.[57] Im Gegenteil: er denkt sich Moscheles als Direktor des Instituts. Vom streng legalen Standpunkt aus war Conrad Schleinitz der juristische Direktor des Konservatoriums, wie auch Moscheles berichtet.[58] Ganz in diesem Sinn berichtet Schumann in seinen *Erinnerungen an Mendelssohn:*

Gründung des Conservatoriums und sein Benehmen dabei, daß er nie als Direktor angesehen werden wollte.[59]

Schon drei Monate nach der Eröffnung des Konservatoriums hatte es 33 männliche, und, von diesen auch im Unterricht streng getrennt, elf weibliche Schüler. Da Mendelssohn von Hause aus zur Wohltätigkeit als einer Menschenpflicht angehalten worden war, sorgte er zunächst für sechs Freistellen, deren Zahl dann dank seiner persönlichen Hilfe immer zunahm. Den gleichen Geist verrät eine dringende Eingabe an den Rat der Stadt Leipzig, in dem der Meister die Stadtverordneten um eine Gehaltserhöhung der Gewandhausmusiker anging. Sie wurde nach einigem Zögern bewilligt – die zweite Aufbesserung in acht Jahren![60]

Im Dezember 1842 war Mendelssohns Mutter gestorben, ebenso leicht und plötzlich wie der Vater. War auch die Trauer um sie nicht von der hoffnungslosen Verzweiflung wie einst die um den Vater, so zerriß doch ihr Tod viele Fäden, die Felix an sein Jugendparadies, das Elternhaus, und damit an Berlin banden. Das Vaterhaus erbte er zwar gemeinschaftlich mit Paul, aber er überließ den Schwestern und Schwägern die Entscheidung darüber, ob sie darin wohnen wollten oder nicht. Ihm selbst schien nun das liebe Haus verödet und leer. Seinen Trost fand er in «halbmechanischer Arbeit» (der Revision der *Walpurgisnacht*), und die eifrige Arbeit an der Partitur fesselte ihn und half ihm über die schlimmsten Tage hinweg.[61] Es zeigt sich aber schon jetzt, beim Vierunddreißigjährigen, ein rasches Ermüden und Resignieren, das Schlimmes ahnen läßt; die Briefe an seinen Bruder, an Fanny und an Freunde klingen alle müde und ohne Lebensmut. Dieser Zustand hat sich dann zwar gebessert, aber jener Mangel an Lebenswillen löst beim Leser der Briefe noch heute Betroffenheit aus.

In das Frühjahr 1843 fielen zwei Konzerte, an denen Mendelssohn großen Anteil nahm. Er führte Niels Gades *c-moll-Symphonie* auf und war davon so eingenommen, daß er dem Komponisten einen begeisterten Brief schrieb; anderseits unterschätzte er das Auftreten Berlioz', dessen Musik ihm immer fremd blieb. In beiden Fällen hat ihm die Musikgeschichte Unrecht gegeben. Berlioz hat in seiner *Voyage Musical en Allemagne et en Italie* (Paris 1844) und in seinen *Mémoires* (Paris 1870) einige charakteristische Züge seines Leipziger Besuches festgehalten. Hier seien nur einige der für beide Persönlichkeiten gleich interessanten Begebenheiten erwähnt.

Berlioz hatte von Weimar aus vorsichtig angefragt, ob sein Besuch in Leipzig willkommen sein würde; darauf hatte Mendelssohn ihn höchst liebenswürdig eingeladen. Berlioz war ehrlich dankbar und freute sich auf das Wiedersehen.[62] Die alten Bekannten, die einander seit zwölf Jahren nicht mehr gesehen hatten, waren anfänglich etwas scheu; aber bald verstanden sie einander besser denn je.

Mendelssohn war charmant, aufmerksam, exzellent – kurz, ein wunderbarer Junge in jeder Beziehung. Wir tauschten unsere Dirigentenstäbe zum Zeichen unserer Freundschaft. Er ist in Wahrheit ein großer Meister; ich sage dies trotz seiner begeisterten Komplimente über meine ‹Romanzen› (für Orchester und Violine)... denn er hat nie ein Wort über meine Symphonien, Ouvertüren oder mein Requiem fallen lassen...[63]

Abschließend:

Mendelssohn half mir wie ein Bruder; ... seine Geduld war unerschöpflich.[64]

Der Brief à propos der getauschten Taktstöcke hat einiges Aufsehen bei den Musikphilistern jener Zeit gemacht; in Wirklichkeit wollte Berlioz mit dieser Geste nur J.F. Coopers Indianerstil parodieren, um sentimentale Gefühlsergüsse zu vermeiden, die Mendelssohn gar nicht liebte.[65] Zum Abschied schrieb er dem Freunde ins Album: «Donec eris Felix, multos numerabis amicos». (Solang Du Felix [glücklich] sein wirst, wirst Du viele Freunde zählen). Der geistreiche Scherz, hier das Wort felix als Eigennamen zu verstehen, wurde denn auch vom richtigen Felix bewundert.

Berlioz hatte bei aller Bewunderung von Mendelssohns Talent und künstlerischer Integrität doch einen Einwand gegen ihn: «Er liebt die Toten gar zu sehr.» Wie viel mehr hätte Berlioz über Mendelssohns «Nekrophilie» geseufzt, wenn er länger in Leipzig verweilt hätte! Denn Mendelssohn krönte seine Bemühungen um die Wiederbelebung Bachs mit einem Konzert anläßlich der Enthüllung jenes Denkmals, für das er seinerzeit die Mittel durch Orgelkonzerte Bachscher Musik zusammengebracht hatte. Aufgeführt wurden die *Ratswahlkantate*, das *Cembalo-Konzert in d-moll*, das *D-dur-Präludium für Violinsolo* (gespielt von David) und das Sanctus aus der *h-moll-Messe*. Bei der Enthüllung selbst sangen die Thomaner, geführt von ihrem Kantor Moritz Hauptmann, die Motette «Singet dem Herrn ein neues Lied!» Kurz vorher hatte Mendelssohn mit einem historischen Konzert das 100jährige Bestehen der Gewandhauskonzerte gefeiert.[66] Leipzig regte sich mächtig unter der anfeuernden Führung des Meisters. Der Stadtrat erkannte dies dankbar an, indem er Mendelssohn am 13. April 1843 zum Ehrenbürger von Leipzig ernannte. Nicht ganz hundert Jahre später, gegen Ende des 1000jährigen Reichs, wurde seine Statue in Leipzig verschrottet und ihm das Bürgerrecht aberkannt. Jetzt aber wird sein Name in Leipzig wieder mit Ehren genannt ...[67]

Auch der lebende Mendelssohn hatte Grund, das 1000jährige Reich nicht zu lieben, denn mitten in sein dicht gewebtes Arbeitsprogramm platzte ein Befehl des Königs von Preußen, unverzüglich den Choral «Herr Gott Dich loben wir» für Chor und Orchester zu arrangieren, «und das ist der längste Choral und die langwierigste Arbeit» – alles zur Tausendjahrfeier des Römischen Reiches Deutscher Nation in Berlin, der Hauptstadt Preußens, das sich um dieses Reich, als es noch existierte, kaum gekümmert hatte oder gar versucht hatte, es zu zerstören. Sehr ärgerlich machte sich Felix an die Arbeit, und mit keinem größeren Vergnügen probte und dirigierte er die Aufführung des Werks oder, wie er es nannte, «des 1000jährigen Reichs», im Berliner Dom.[68] Kaum von Berlin zurückgekehrt, erhielt er die «offizielle» Nachricht, daß der König die Aufführung der *Antigone*, des *Sommernachtstraums* und der *Athalie* für den September befohlen habe. Von den zwei letztgenannten Werken war die Partitur noch gar nicht für den Kopisten fertiggestellt, und Mendelssohn hatte «gräßlich zu thun», um die Stücke zur Zeit zu Ende zu bringen. Wie gewöhnlich in solchen Fällen, so hatte auch diesmal Felix sich ins Bockshorn jagen lassen; denn die *Antigone* bedurfte nur einer Revision, und die *Athalie* gelangte in jenem Jahr überhaupt nicht zur Aufführung. Hätte er das gewußt, so wäre ihm die zusätzliche Muße für die *Musik zum Sommernachtstraum* sehr willkommen gewesen. Kaum konnte er all den königlichen Wünschen – oder Launen – nachkommen. Nun wollte auch der sächsische König den *Paulus* unter Mendelssohns Leitung in Dresden hören – und der Komponist hatte zu gehorchen. Er hatte kaum mehr ein Privatleben!

III.

ZWISCHEN LEIPZIG UND BERLIN

Berlin drängte immer wieder darauf, daß die Theatermusiken bis September 1843 fertiggestellt seien; dadurch wurde Mendelssohns Arbeitslast noch gesteigert, und er entschloß sich, seinen Wohnsitz wieder nach Berlin zu verlegen. Zunächst ging er allein dorthin, um die wichtigsten Proben vorzubereiten; dann begann das uns schon bekannte Hin- und Herfahren, das etwa folgenden Verlauf nahm:

Nach Berlin:	16. September
Nach Leipzig:	vor 1. Oktober
Nach Berlin:	etwa 10. Oktober
Nach Leipzig:	22. Oktober
Nach Berlin:	25. November, nun mit der ganzen Familie.

Dazwischen lagen Wochen, in denen er «von Morgens früh bis Abends spät am Schreibtisch gesessen und Partituren geschrieben hat, daß ihm der Kopf brannte»[69], die Aufführungen des *Sommernachtstraums*, das erste Gewandhauskonzert (1. Oktober) der neuen Saison unter Hiller, bei dem Felix unter anderem sein *Klavierkonzert g-moll* spielte. Am 31. Oktober waren Clara Schumann, Hiller und Mendelssohn die Solisten beim Vortrag von Bachs Tripelkonzert, und am 18. November wurde dem ungern scheidenden Meister ein Abschiedskonzert gegeben, bei dem sein *Oktett* aufgeführt wurde. Schon die Besetzung der Instrumente war einzigartig. David und ein anderer Orchestermusiker spielten die erste und zweite Violine, Moritz Hauptmann und Kapellmeister Bach die dritte und vierte, Gade und Mendelssohn übernahmen die beiden Bratschen, und die Celli waren wieder Gewandhausmusikern anvertraut.[70]

Das Experiment mit Hiller als Vizedirektor ist aber der Freundschaft Mendelssohn–Hiller nicht gut bekommen; Hiller wollte die Kunst seiner Frau, die eine erfahrene Sängerin war, zu oft in den Vordergrund stellen. Ihr Gesang gefiel jedoch weder Mendelssohn noch dem Leipziger Publikum. Dazu kamen die Unerfahrenheit Hillers als Dirigent, seine mangelnde Vertrautheit mit dem Orchester, kurz, eine Entfremdung zwischen den alten Freunden trat ein, die bis zu Mendelssohns Tod dauerte.[71]

Endlich, am 25. November 1843, zog der Meister «mit Sack und Pack, mit Frau und Kindern nach Berlin». Es ist ihm diesmal noch schwerer geworden als das erstemal, und nur einen – allerdings geheimen – Trost gab es für ihn: seine Absicht, die Einladung der London Philharmonic Society anzunehmen, die ihn zur Leitung von sechs Konzerten verpflichtete. Aber diese Eskapade war erst nach Ostern 1844 fällig. Bis dahin hieß es, wieder «in Berlin unterzutauchen».

Neben der Komposition von Theatermusiken sollte Mendelssohn, wie wir uns erinnern, seinem hohen Herrn auch als Dirigent des Domchores und der Subskriptionskonzerte der königlichen Kapelle dienen. Die vorbereitende Organisations- und Probenarbeit für den Chor war zum größten Teil von Eduard Grell, dem feinen, aber allzu puristischen Kenner italienischen A-cappella-Stils, geleistet worden. Die Aufgabe war schwer, aber künstlerisch lohnend. Mendelssohn konnte nicht ahnen, daß er, der tiefgläubige Protestant, mit der Geistlichkeit, oder besser gesagt, mit einigen Persönlichkeiten geistlichen Standes wegen seiner Kirchenmusik zusammenstoßen würde. Der Stein des Anstoßes war die Einbeziehung von Instrumenten und die Beschränkungen, die die preußische Agende der protestantischen Kirchenmusik selbst im Dom auferlegte. Nichtsdestoweniger hat Mendelssohn seiner Kirche und seinem König mit seiner besten Kraft und mit der Lauterkeit gedient, die für ihn kennzeichnend ist. Eine Reihe wertvoller Kompositionen für die protestantische Kirche ist das Vermächtnis Mendelssohns an den Berliner Domchor. Wir werden diese Werke im nächsten Kapitel des näheren betrachten.

Es scheint hauptsächlich der Hofprediger G.F.A. Strauß gewesen zu sein, der Mendelssohn Schwierigkeiten bereitete. Dieser orthodox-reformierte Geistliche, für den die «Agende das Ideal einer Liturgie war»[72], neigte zwar in seinen Predigten zu einem «echauffierten Pathos»[73], wie seine Freunde es nannten, wollte sich aber von einem Musiker nicht seinen Donner stehlen lassen. Durch ihn hatte Felix Verdrießlichkeiten, vor allem wegen der Verwendung der Harfe im *98. Psalm*; denn die Harfe galt, wohl wegen ihres Gebrauchs in der Straßen- und Wirtshausmusik jener Zeit, als das profanste Instrument.

Erfreulicher war diesmal das Wirken mit der königlichen Kapelle. Nach der Pensionierung von Konzertmeister Möser und Generalmusikdirektor Spontini war ihre Leitung den Kapellmeistern Henning und Taubert übertragen worden, mit den Konzertmeistern Ries und Ganz. Eigentlich kam Mendelssohn da als Eindringling hinein, aber mit den führenden Musikern stand er gut, und er wurde von der Autorität und dem Vertrauen des Königs getragen. Zehn Konzerte wurden in der Saison 1843/4 von der Kapelle gegeben. Mendelssohn dirigierte sieben davon, und der Erfolg war bedeutend: der große Saal der Singakademie war überfüllt, und man mußte etwa hundert der Zuhörer im Vorsaal unterbringen. Nicht anders war es im Dom an den Feiertagen; selbst Fanny konnte nur durch regelrechte Miete eines Platzes im Dom die Musik ihres Bruders hören. Die Programme der Kapelle waren einseitig konservativ; aber man darf Mendelssohn nicht vorwerfen, daß er nicht wiederholt versucht hätte, die Programme lebendiger und abwechslungsreicher zu gestalten. Dies scheiterte jedoch immer wieder an der Lethargie des Publikums und an der Presse, die der nun fossilartig erstarrte Rellstab beherrschte. Dieser wehrte sich gegen alle neuere Musik und gegen die Teilnahme von Instrumentalsolisten; Sänger waren ihm vollends ein Dorn im Auge.

Die häufigen Aufführungen der Bühnenmusiken, des Domchores, der Königlichen Kapelle, die von Fanny arrangierten Sonntagsmusiken boten Abwechslung und Arbeit in Fülle. In der Tat, Felix hatte sich diesmal viel besser in Berlin eingelebt als zuvor. Das mag z. T. an seinem stetig wachsenden, nun schon internationalen Ruhm gelegen haben und seinem dadurch gefestigten Selbstvertrauen. Sicher hat die innere und äußere Befriedigung über den Erfolg, die spröden, hyper-kritischen und zynischen Berliner bezwungen zu haben, ihn beflügelt. So konnte Fanny auch Rebekka von Felix' prächtiger Laune und seinem unwiderstehlichem Charme berichten; nicht einmal die amtlichen und klerikalen Schwierigkeiten konnten diesmal seine glückliche Stimmung trüben.[74] Auch an Geselligkeit fehlte es nicht. Felix wurde hier vom *genius loci* Berlins angesteckt, den der Urberliner Fontane «den fehlenden Sinn für Feierlichkeit» genannt hat. Seine Berichte aus jener Zeit sind voll von humoristischen Bemerkungen.

Mendelssohn wurde vom englischen Gesandten, Lord Westmoreland, der ein Amateurkomponist war, sehr umschmeichelt und mußte viel von dessen Musik über sich ergehen lassen. Er tat dies mit so gutem Humor, daß Fanny sich darüber entsetzte, «der das Weinen näher war als das Lachen». Auch über das musikalische Publikum beginnt Mendelssohn endlich zu lachen und nimmt es nicht mehr so tragisch wie in vergangenen Jahren.

Fannys regelmäßige Sonntagsmusiken standen in höchster Blüte, und alles drängte sich zu ihnen. «Liszt und acht Prinzessinnen im Saale ... hierauf kam die *Walpurgisnacht ...*»[75] Die Höhepunkte dieser glänzenden Saison, die mit der Uraufführung des *Sommernachtstraums* begonnen hatte, bildeten die Großaufführungen von Händels *Israel in Ägypten* in der Garnisonkirche mit einem Chor von 450 Personen, großem Orchester und Orgel, deren Part Felix schon früher bearbeitet hatte, und der *Neunten Symphonie* Beethovens, die beide einen weithin reichenden Erfolg hatten. Sogar der kritische «Urvater», Rellstab, war enthusiasmiert. Inzwischen war die Londoner Saison vorgerückt, und Felix beeilte sich, seinen dortigen Verpflichtungen nachzukommen.

Schon im November 1843 hatte ihn sein Freund Sterndale Bennett eingeladen, die Philharmonischen Konzerte zu leiten, und Mendelssohn konnte es gar nicht erwarten, in «seinem alten Lieblingsrauchnest» zu hausen. Er wollte durch seinen Namen und seine Person der Philharmonic Society aufhelfen, die in den letzten Jahren böse Defizite zu verzeichnen hatte. Vorweggenommen sei hier schon der Erfolg dieser Mission: dem Defizit von £ 300.– stand nach Mendelssohns Abreise ein Reingewinn von mehr als £ 450.– gegenüber.[76]

Aber ganz ohne Ärger sollte er doch nicht von Berlin entkommen. Der König hatte schon mehrfach den Wunsch ausgesprochen, die *Eumeniden* des Äschylos mit Musik aufführen zu lassen und hatte erwartet, daß Mendelssohn, der die Aufgabe bei der *Antigone* so schön gelöst hatte, auch diesmal Hand anlegen werde. Nun sträubte sich aber Mendelssohns gesunder künstlerischer Instinkt gegen dieses monströse Unternehmen, und er versprach nur, die Komposition zu *versuchen.* Dies genügte aber seinem Protektor Baron Bunsen nicht, und er, der Mendelssohn dem König empfohlen hatte, fühlte sich wegen dieses Mangels an Bereitwilligkeit persönlich gekränkt. Er schrieb Mendelssohn einen moralpredigenden Brief, eine Form der Überredung, die im viktorianischen Europa nicht unbeliebt war. Aber Mendelssohn war seines Instinkts zu sicher und wachte zu sorgsam über seine Unabhängigkeit, als daß er solch eine Predigt ruhig hingenommen hätte. Er antwortete höflich, aber in sehr gemessenem Ton, daß er den Wünschen des Königs jederzeit Folge leisten wolle –

kann ich es aber nicht mit gutem künstlerischem Gewissen, *so werde ich aufrichtig meine Bedenken... darzulegen suchen, und dringe ich damit nicht durch, so muß ich gehen.*

Er schließt den sehr energischen Brief mit der Befürchtung, daß «seines Bleibens auf einem so gefährlichen Boden nicht sein kann».[77] Damit war auch jener Entschluß angedeutet, den er im November desselben Jahres in die Tat umsetzte: dem König nur für spezielle Aufführungen und Kompositionen zu dienen, im übrigen aber seinem Aufenthalt in Berlin ein Ende zu setzen.

Der Brief war schon in Frankfurt, auf dem Weg nach England, geschrieben. Cécile und die Kinder hatte Mendelssohn schon bei ihrer Familie in Frankfurt untergebracht, und so reiste er frohen Herzens nach England. Es war dies sein achter und sicherlich glänzendster Besuch des Inselreichs, und er selbst fand die Saison «herrlich», «grenzenloser Trubel», «allertollstes Leben»; was natürlich ist, wenn man bedenkt, daß der häusliche und «gutgezähmte» Mendelssohn keine Nacht vor halb 2 Uhr zu Bett kam. Er hat diesen Urlaub von Hof-, Ehe- und anderen Schranken nach Kräften genossen, und war stolz, berichten zu können, daß er in jenen zwei Monaten mehr Musik gemacht habe als sonst in zwei Jahren.

Die Konzerte unter seiner Leitung begannen mit einem Monsterprogramm, für das der Meister nicht verantwortlich war, wie er selbst betont.[78] Es muß bei den Hörern akute musikalische Indigestion hervorgerufen haben:

Part I.	Symphony in C	Mozart
	Aria «La Gita in Gondola»	Rossini
	Concerto for Pianoforte in G [Mendelssohn als Solist]	Beethoven
	Air «Ere Infancy's Bud» (Joseph)	Méhul
	Concerto for Violoncello	Kummer
	Ouverture and Suite in D (First Performance in this Country)	J.S. Bach
Part II.	Symphony in B-flat	Haydn
	Air «C'est un Caprice» (Cagliostro)	Adam
	Concerto for Violin in A	Molique
	Scene «La Religieuse» (accompanied by Dr. Mendelssohn)	Schubert
	Ouverture «Egmont»	Beethoven

An dieser musikalischen Völlerei von elf Gängen interessieren uns hauptsächlich die *Suite* von Bach, damals zum erstenmal aufgeführt, und die mysteriöse *Scene* von Schubert. Sollte sich unter diesem Titel das *Ave Maria*, dessen Text ja von Walter Scott stammt, verbergen? Wurde es vielleicht gar pantomimisch oder melodramatisch aufgeführt? Die englische Kritik benahm sich Mendelssohn gegenüber höchst freundlich, Bach gegenüber ganz absprechend, wie übrigens auch das Orchester.[79] Der führende Kritiker, J.W. Davison, bemerkte darüber:

Die Ouverture und Suite von Bach sind eher als eine Kuriosität denn als ein Stück musikalischer Schönheit anzusehen. Der erste und längste Teil ist ein umständlicher fugierter Satz im Stil einer... Händel-Ouverture, aber mehr obskur und weniger wirkungsvoll...[80]

Als große deutsche Novität gedachte der Meister auch Schuberts *C-dur-Symphonie* den Londonern zu präsentieren; aber «die rüden Orchestermusiker lachten so sehr über die Triolen des letzten Satzes, daß Mendelssohn erzürnt das Stück beiseite legte.» (Es wurde in der Philharmonic erst 1871 unter Cusius aufgeführt.[81]) Ein kleineres Werk von Schubert, die *Ouvertüre zu Fierabras*, erfuhr vom Musikorakel Londons, Davison, die folgende Abfertigung:

Das Werk ist überhaupt unter jeder Kritik... Vielleicht hat nie ein so überschätzter Mann gelebt als jener Schubert. Sicherlich hat er ein paar gute Lieder geschrieben, aber was sonst? Hat nicht ein jeder Komponist auch ein paar gute Lieder geschrieben?...[82]

Mendelssohn war wieder einmal so «wild» über eine so dreiste Dummheit, daß er seine eigene Ouvertüre *Ruy Blas*, die noch nie in England gehört worden war, zurückzog; kein Bitten wollte da helfen. Erst nach seinem Tod konnte das Stück in England gespielt werden. Dagegen hatte er mehr Glück bei einer anderen Importation: er führte seinen Protégé Joseph Joachim, damals dreizehn Jahre alt, dem Londoner Publikum vor. Nun hatte die Philharmonic Society zwar ein Statut, welches das Auftreten von Wunderkindern verbot, allein Mendelssohn zuliebe wurde es einfach ignoriert. Und hatten Bach und Schubert Davison mißfallen, so war er entzückt von Joachims Spiel. Seine Kritik: «Kein Meister hätte es (Beethovens *Violinkonzert*) besser spielen können», öffnete dem Knaben alle Tore der englischen Musikwelt, die ihn denn auch ähnlich wie Mendelssohn geliebt und verehrt hat:

Mendelssohns untergeordnete Funktion [als Dirigent] *schien ihm Spaß zu machen. Aber es war rührend zu sehen, welches Vergnügen es ihm bereitete, den Knaben an seiner Seite mit Bewunderung und Respekt zu betrachten.*[83]

Nicht genug damit, berichtete Mendelssohn Joachims Verwandten ausführlich über das wunderbare Debüt des «Posaunenengels» und schloß mit der Bitte, ihn für die nächsten zwei Jahre der Öffentlichkeit zu entziehen und ihn in Ruhe reifen zu lassen, seelisch und körperlich. Diesen weisen Rat haben die Verwandten auch befolgt.[84] Von eigenen Kompositionen führte Mendelssohn seine *Schottische Sym-*

phonie, die umgearbeitete *Walpurgisnacht*, die neue *Musik zum Sommernachtstraum*, die auf allgemeinen Wunsch in zwei aufeinanderfolgenden Konzerten gegeben werden mußte, in der Philharmonic auf. In anderen Instituten den *Paulus* zweimal, die *Schottische Symphonie*, Quartette und Quintette und vieles andere. In diese Zeit fällt seine Bekanntschaft mit Charles Dickens, den Alsagers, Ayrtons, die er alle durch seine alten Freunde in der englischen Gentry kennenlernte. Wahrlich, Klingemann hat nicht übertrieben, wenn er Rebekka schrieb, daß noch nie ein deutscher Künstler in England so geliebt und geehrt worden sei. Tatsächlich ist Mendelssohn mit dem für England typischen viktorianischen Mittelstand in so enge Beziehung gekommen wie kein anderer Ausländer.[85]

Da er im Hause seines Intimus Klingemann wohnte und diesen daher täglich sah, besitzen wir keine Aufzeichnungen aus jener Saison; dabei wären solche Notizen von großem Interesse. Denn trotz aller «Erinnerungen» und «Recollections» anderer schweigt sich Mendelssohn selbst über die musikalischen und gesellschaftlichen Details seiner Reise aus, und die an ihn gerichteten Briefe Benedicts, Macfarrens und anderer Tonkünstler erwähnen kaum etwas von Interesse. Auch Moscheles' «Diary» erwähnt nur die Gesellschaft und die Rolle, die er und Mendelssohn zusammen gespielt haben.[86]

Am 10. Juli überquerte er wieder den Kanal, und am 15. war er mit seiner Familie in Soden (bei Frankfurt) glücklich vereinigt.

Nun folgte ein Idyll in dem sonst rastlosen Lebens des Meisters. Er ließ den lieben Gott einen guten Mann sein, freute sich mit den Kindern, aß viel Erdbeeren, hatte viel Umgang mit den politischen Gesinnungsgenossen Hoffmann von Fallersleben, Freiligrath und Lenau, die alle in der Nähe wohnten. Das war ein Leben nach seinem Geschmack:

ohne Frack, ohne Klavier, ohne Visiten-Karten, ohne Wagen und Pferde, aber auf Eseln, mit Feldblumen, mit Notenpapier und Zeichenbuch, mit Cecile und den Kindern, doppelt wohl.[87]

Aber er arbeitete, diesmal ruhig und zielbewußt, an seinem *Violinkonzert*, am *Elias*, an den *Orgelsonaten*, auch an einer neuen Symphonie, von der sich keine Spur gefunden hat, und er wünschte sich, ein halbes Jahr so leben zu können. Das Konzertegeben und Dirigieren machte ihm keine Freude mehr, und nur ungern entschloß er sich, zum Zweibrücker Musikfest (31. Juli bis 1. August), das unter seiner Leitung stand, zu reisen.

Er hätte sich nicht zu sorgen brauchen. Denn die ganze Fahrt, hin und zurück, liest sich in Felix' Bericht wie eine große Weinreise im blühenden Sommer, die nur ein wenig durch Musik unterbrochen wurde. Er führte seinen *Paulus*, die *Walpurgisnacht,* Beethovens *Vierte Symphonie* und Marschners *Bundeslied* auf. Der Rest ist Lachen, Behaglichkeit, Freude, und über allem, der Wein!

Der Herbst begann, und Felix rüstete sich zur entscheidenden Audienz beim König. Schon seit jener Abkanzelung von seiten Bunsens war er entschlossen, die

Berliner Situation, die er für unwürdig hielt, zu beendigen. Dies geht aus einem erhaltenen Entwurf der Antwort an Bunsen hervor, in der Mendelsohn schon deutlich zu erkennen gibt, daß er zwar nicht des Königs, aber der Berliner Verhältnisse überdrüssig sei und sich bei nächster Gelegenheit zurückziehen werde.[88]

Am 30. September kam er nach Berlin und trug sein Anliegen beim König vor. Dieser, des schwierigen, ewig kritischen und empfindlichen, aber berühmten Mannes müde, gab ihm seine volle Freiheit unter der Bedingung, daß er weiterhin für besondere Kompositionswünsche des Königs und gelegentliche Festaufführungen in Berlin zu seiner Verfügung stehen werde – gegen ein Gehalt von 1000 Reichstalern. Diese fürstliche Großherzigkeit scheint Felix doch etwas überrascht zu haben, aber er freute sich, nahm an, und – mußte dableiben, weil der König ihn für die Leitung der ersten Kapellkonzerte ausersehen hatte und außerdem wieder den *Paulus* hören wollte. So dauerte es noch eine ganze Weile, während der Felix, melancholisch, bitter, aber der gewonnenen Freiheit froh, sich auf den Abschied von der geliebten Schwester vorbereiten konnte. Er fiel beiden sehr schwer, und die Tagebuchnotiz Fannys bei jener Gelegenheit[89] muß aus ihrem liebenden Herzen verstanden werden. Felix hatte etwas überspitzt Devrient zur Berufung als Oberregisseur an das Königliche Hoftheater in Dresden gratuliert:

Der erste Schritt aus Berlin ist der erste Schritt zum Glück.

Das edle Experiment eines Königs, der zwar schwärmerisch und romantisch dachte, aber Schillers Ideale ernst nahm, war gescheitert. Aber es war nicht umsonst gewesen; außer der *Antigone* und Kirchenmusik hat es die *Musik zum Sommernachtstraum* gezeitigt. Und die allein, meinen wir, wäre das Experiment wert gewesen. Am 30. November 1844 verließ Mendelssohn Berlin, um nach Frankfurt zurückzukehren. Er war wieder frei.

17. DIE WERKE DER JAHRE 1841–1844

«Kein Musiker war so wie er dazu befähigt, die zärtliche, aber in einer gewissen Äußerlichkeit befangene Sentimentalität dieser Liebenden in die Musik zu übertragen, wie er es im dritten Zwischenakt, einer Art schön instrumentierten ‹Liedes ohne Worte›, getan hat, keiner konnte wie er den Regenbogenduft, den Perlmutterschimmer dieser kleinen Kobolde schildern, die glänzende Emphase eines hochzeitlichen Hoffestes wiedergeben.» *Franz Liszt*

Vor der Betrachtung der Kompositionen der Jahre 1841–1844 mögen einige allgemeine Überlegungen empirischer Natur Platz finden.

Noch im 19. Jahrhundert war es durchaus gebräuchlich, namhafte Komponisten kontraktlich zu «engagieren», für ein bestimmtes Ensemble oder Instrument, zu einem Theaterstück etc. Musik zu komponieren, z. B. in der Art, wie Berlioz von Paganini eingeladen wurde, etwas für Violine oder Viola zu schreiben, woraus dann *Harold en Italie* wurde; man vergesse auch nicht die vielen Opern, die traditionsgemäß in Italien für die *stagione* bei einem bestimmten Komponisten und für ein bestimmtes Ensemble «bestellt» wurden. Diese Werke sind in ihrer Art durchaus verschieden von den kleinen Gelegenheitskompositionen, wie sie die Meister oft und ganz spontan für irgendeine Gelegenheit hinwarfen. Ganz allgemein sind die «bestellten» Werke, schon wegen ihres größeren Formats, von höherer Bedeutung als die Gelegenheitsstücke. Die grundsätzlich verschiedenartige Anlage eines großen Werks erfordert vom Komponisten eine durchaus andere Einstellung, ja, Gesinnung, was den Schluß zuläßt, daß das Gelingen einer Großform weit mehr vom kritischen Verstand und der Willensanspannung des Künstlers abhängt als die kleine *pièce de circonstance.*[1] Daher werden im folgenden reine Gelegenheitskompositionen nur gestreift werden, während größere Werke, seien sie bestellt oder spontan und frei geschaffen, unsere volle Aufmerksamkeit in Anspruch nehmen werden.

I. BÜHNENMUSIK

Vom König gewünschte Werke:	Musik zu Sophokles' *Antigone* Musik zu Sophokles' *Ödipus auf Kolonos* Theatermusik zu Racines *Athalie* Theatermusik zu Shakespeares *Sommernachtstraum*

II. GEISTLICHE MUSIK

Für den königlichen Dom geschriebene Werke	Psalmen Sechs Sprüche Hymnen, Motetten, Liturgie

III. INSTRUMENTALMUSIK

Nicht bestellte oder für ein bestimmtes Ensemble geschaffene Werke:	*Schottische Symphonie in a-moll* *Klaviertrio c-moll* *Sonata für Cello und Klavier* *Violinkonzert e-moll* *Sechs Orgelsonaten*

I. BÜHNENMUSIK

A. *Antigone* und *Ödipus auf Kolonos*

Wieder einmal war Mendelssohn mit einem archaischen Stoff konfrontiert. Hatte er in einem biblischen Oratorium bei seinem Publikum die Vertrautheit mit Handlung und Sprache voraussetzen dürfen, zumal er sich streng an den Wortlaut der Heiligen Schrift gehalten hatte, konnte er auch bei einer Ballade Goethes – der *Walpurgisnacht* – sich leicht mit einem Stil identifizieren, welcher zeitgebundene Elemente durch die transzendente Kraft der Dichtung verständlich machen würde, so fehlte bei der Wiederbelebung altgriechischer Tragödien jede natürliche Voraussetzung des Publikumsverständnisses. Die deutsche Dichtung hatte nicht in dem umspannenden Maß antike Stoffe und Formen ins Leben aufgenommen, wie die romanischen Literaturen, wo sie seit der Renaissance und dem Humanismus immer gepflegt worden waren. Selbst die Bemühungen Goethes und Schillers konnten diese Tatsache nicht grundsätzlich ändern. Ganz abgesehen von der mythologischen Komponente, die bei den «gebildeten Ständen» auch in Deutschland als bekannt vorausgesetzt werden durfte, mußte Mendelssohn seine Musik den antiken griechischen Metren anpassen. Wer je eine griechische Tragödie im Urtext oder in einer getreuen metrischen Übersetzung gelesen hat, wird ermessen, was diese Forderung für einen Musiker bedeutet. Welcher moderne Komponist würde sich freiwillig in das Prokrustesbett von Metrum und Sinn etwa folgender Verse begeben wollen?:

Strophe 1. *Zur rosprangenden Flur, o Freund,*
Kamst du hier zu des Landes bester Wohnstatt,
Des glanzvollen Kolonos Hain,
Wo hinflatternd die Nachtigall
In helltönenden Lauten klagt
Aus den grünenden Schluchten
Wo weinfarbiger Efeu rankt,
Tief im heiligen Laube des
Gottes, dem schattigen, früchtebeladenen,
Dem stillen, das kein Sturmwind
Aufregt, – wo der begeisterte
Freudengott Dionysos stets einherzieht,
Im Chor göttlicher Mädchen schwärmend.*

* [Im Original «Ammen»]

In diesem Metrum waren zwei Strophen und die dazugehörigen Gegenstrophen zu komponieren! Schon bei den immerhin deutsch gedachten und gedichteten Versen eines Hölderlin merkt man manchmal den Zwang eines willig getragenen Joches; schon mehr in den Kompositionen seiner Verse von Brahms, Wolf oder anderen. Wie viel schwieriger war die Aufgabe hier, wo die gekrampften Verse, in Musik gesetzt, den Fluß der dramatischen Handlung unterbrechen! So ist's denn kein Wunder, daß selbst ein humanistischer Geist wie Mendelssohn, dem die antike Welt noch etwas sehr Lebendiges war, bei der Vertonung einzelner Sätze mit den allergrößten Schwierigkeiten zu kämpfen hatte. Manchmal hat er sie trotz allem überwunden; aber im allgemeinen hat die strenge Bindung an die alten Metren den Strom seiner musikalischen Erfindung spürbar gehemmt. Um der metrischen Fessel treu zu bleiben, hat er aber oft die syntaktische Gliederung seiner Musik vernachlässigt. Kein Wunder, daß heute die vielen Neubearbeitungen und Paraphrasen griechischer Tragödien auf alle metrische Form verzichten, ganz zu schweigen von der Bewahrung der originalen Versmaße.

Mendelssohns Zeit aber begnügte sich nicht mit dem Mythos allein und seiner dichterischen Gestaltung. Alles mußte da sein, nichts durfte fehlen: nicht mythologische Anspielungen, zu deren Verständnis man eine Enzyklopädie zu Rate ziehen mußte, nicht die alten Metra, nicht die Strophen und Antistrophen, nicht Stasimon, nicht Parodos des männlichen Chores. Wie wir schon im letzten Kapitel erwähnten, genügte selbst diese weitgehende Treue gegenüber dem Original den Puristen nicht. Sie wollten griechische Instrumente, die alten Modi (oder *Nomoi*) der altgriechischen Musik, und ihren streng syllabischen Charakter. Dann hätten sie aber auf alle Akkorde verzichten und sich mit einem recht langweiligen Sprechgesang des Chores und der Schauspieler abfinden müssen. Zum Ruhm der Altphilologen sei bemerkt, daß sie sich beinahe alle für Mendelssohns Lösung des Problems einsetzten; wohl weil sie besser als die Kritikaster à la Rellstab die Schwierigkeiten einer sinnvollen Lösung begriffen.

Die Tragödie *Antigone* wird durch eine Introduktion eingeleitet. Ihr langsamer Eingang (Andante maestoso) entspricht durchaus dem tragischen Charakter; der schnelle zweite Teil (Allegro assai appassionato) kann den ehernen Schritt des Anfangs nicht halten und gerät ins ziellose Laufen, bei dem wiederum die endlos langen Kadenzierungen dem Sinn des schnellen Tempos widersprechen. Von den Chören ist der zweite «Vieles Gewaltige lebt; doch nichts ist gewaltiger als der Mensch» besonders angefochten worden. Aber ein Kenner der Tragödie wie der alte Böckh bemerkte:

Uns hat gerade die geistreiche Heiterkeit, welche ihn belebt, reizend angesprochen; diese Musik scheint ganz die Anmut und Süßigkeit der Sophokleischen Muse zu athmen ...

Der Bacchuschor (Nr. 6) «Vielnamiger! Wonn' und Stolz der Kadmosjungfrau» ist ein schönes, wirklich enthusiastisches Stück, in dem sich übrigens Vorahnungen des ganz anders intendierten «Priestermarsches» der *Athalie* finden.

Die eingeschalteten Melodramen, besonders der Trauermarsch am Ende, sind dramatisch wirkungsvoll erfunden. Übrigens erkennt man in Mendelssohns Interpretation der Antigone, wie weit er sich schon von Winckelmanns Formel für den Geist der Antike «Edle Einfalt und stille Größe» entfernt hatte; ebenso fern ist sein Stil von Goethes *Iphigenie* oder Glucks gleichnamigem Werk. Die Darstellung nähert sich schon dem Dionysischen, Grausig-Heroischen, jenem Sinn des «Bocksgesangs», den erst Nietzsche und Wilamowitz für uns heraufbeschworen haben.

Der *Ödipus auf Kolonos* folgt mehr oder minder der *Antigone* in Stil und Textbehandlung. Mendelssohn erlaubt sich hier aber mehr Freiheiten vom Choriambus durch Einführung rezitativischer Stellen; dadurch ist, rein dramatisch gesehen, der *Ödipus* wirkungsvoller als die in die metrische Zwangsjacke geschnürte *Antigone*. Besonders gelungen sind die Chöre Nr. 3 und Nr. 6; der letztere enthält die dumpfhallende Gegenstrophe «Nie geboren zu sein, ist der Wünsche größter», die einen erhabenen Pessimismus proklamiert.

Worin bestand für das damalige Europa die Bedeutung dieses Experiments mit der griechischen Tragödie? Wir erinnern uns, daß einst die Oper aus jenem berühmten und doch so fruchtbaren Mißverständnis der griechischen Tragödie geboren wurde. Sollte nun eine neue Form geschaffen, eine alte restauriert werden? Mögen die Privatinteressen eines humanistisch gesinnten Königs uns sympathisch erscheinen, seiner Zeit bedeuteten sie wenig. Selbst die Berliner hatten kein Verständnis für diese königlichen Extravaganzen, und ihr Sprecher, der Karikaturist Glaßbrenner, ein Zille von anno dazumal, ließ in seinen frech-lustigen Parodien keinen Zweifel an der als anachronistisch verstandenen Tendenz der königlichen Tragödienbegeisterung oder auch Griechenliebe. Glaßbrenner war eben kein Lord Byron, und Friedrich Wilhelm IV. war kein Prinz Albert, dem das griechische und biblische Altertum die geistige Heimat bedeuteten. Übrigens hat der preußische König bei aller Schwärmerei dem deutschen Namen mehr Ehre bereitet als seine Nachfolger auf dem Thron, Wilhelm I. und II., die beide noch eine Scheintradition der Antike in Preußen zu erhalten bemüht waren.

Wie dem auch sei, in Deutschland hatte sich die Begeisterung für Hellas, die seit 1821 aus politischen Quellen gespeist worden war, bald gelegt; und die altgermanische Mythologie hatte schon seit 1810 begonnen, die klassische zu verdrängen. Mit Hebbels und Wagners Nibelungentragödien war die Entscheidungsschlacht geschlagen, und die Antike und ihre Vorkämpfer hatten einen ziemlich kläglichen Rückzug anzutreten. Zumindest im deutschsprachigen Sektor Europas; in Frankreich, England und Italien gewann das Experiment der griechischen Tragödie Boden, weil es dort schon seit der Renaissance zu Hause war; es hat, trotz Naturalismus und Surrealismus, fortgewirkt und ist in unseren Tagen wieder ins deutsche Theater zurückgekehrt, getragen von großen französischen und italienischen Autoren.

Einer der allgemeinen Entwicklung widersprechenden Erscheinung aber ist hier noch zu gedenken: als die meisten deutschen Altphilologen zu ihren Kathedern oder

Arbeitszimmern zurückkehrten und zugleich für Großdeutschland und die klassische Antike Propaganda machten, hatte einer ihrer größten, Friedrich Nietzsche, zunächst die Rettung der Tragödie «aus dem Geiste der Musik» erhofft und sich – Mendelssohn war lange schon tot – Richard Wagner verschrieben, in dem er den eigentlichen Neuschöpfer des Tragischen in der Musik sah. Wagners Bevorzugung der keltischen und germanischen Mythologie stand seiner Bewunderung nicht im Weg. Erst als Wagner die lang verwehten Spuren der Frühromantik wieder beschritt, d. h. einer Synthese von Germanentum und Christentum zustrebte, wandte sich Nietzsche von ihm ebenso entschieden ab, wie er einst für ihn gestritten hatte. Er sah dann im mythologisch-alldeutschen, nationalistischen Deutschland eine Verfallserscheinung, und er hat Wagner mindestens teilweise dafür verantwortlich erklärt.

Derselbe Nietzsche hat Mendelssohn im allgemeinen und die Begleitmusik zu den Tragödien im besondern sehr gut charakterisiert, als er schrieb:
Mendelssohn, an dem sie [die Wagnerianer] *die Kraft des elementaren Erschütterns vermissen (beiläufig gesagt: das Talent des Juden des Alten Testaments), um an dem, was er hat, Freiheit im Gesetz und edle Affekte unter der Schranke der Schönheit, einen Ersatz zu finden.*[2]

B. *Athalie*

Mit Racines *Athalie* stand Mendelssohn auf ganz anderem Boden, der ihm zwar wegen seiner Bibelnähe vertrauter, wegen der französisch-zeitgebundenen Rhetorik aber fremder war als die griechische Tragödie. Die *Athalie* ist ein Alterswerk Racines und war ursprünglich für das Pensionat von St. Cyr geschrieben; es erlaubt nicht nur, wie die Griechen, Musik und Gesang, es setzt sie voraus. Auch war diesmal die Metrik kein Stein des Anstoßes – alles spielt sich in Alexandrinern oder Blankversjamben ab.

Hier hat Mendelssohn ein wohlgelungenes Werk zustandegebracht, das nicht bloß seine Funktion als Bühnenmusik glänzend ausfüllt, sondern
die mächtigen Szenen, in denen seine Musik niedergelegt ist, ließen sich mit Leichtigkeit zu einem vollständigen Oratorium vervollständigen.[3]
Schon die Ouvertüre der *Athalie* atmet biblisch-sakrale Atmosphäre:

Musikbeispiel 56

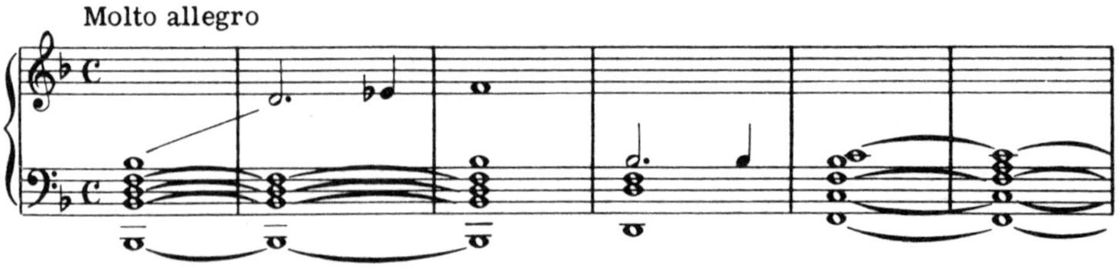

Mit großer Kunst und reichem dramatischen Verständnis gliedert der Meister den zweiten Chor, der, von Chorrezitativen ausgehend, in ein idyllisches Duett zweier Soprane mündet: «O, wie selig ist das Kind» (in der deutschen Übersetzung), und der mit der symbolisch intendierten Choralparaphrase über «Verleih uns Frieden gnädiglich» schließt. Hier ist der Choral natürlich mit anderen Texten verknüpft. Sogar eine Art «Gralsmotiv» erklingt, als der Hohepriester Joad den verzweifelten Israeliten eine erhabene Vision verkündet: hier intoniert die Trompete, umflirrt von hohen Streichertremoli und zitternden Holzbläsern, den Choral «Vom Himmel hoch da komm ich her» auf die Worte

Quelle Jérusalem nouvelle sort du fond du désert brillant... Lève Jérusalem, lève la tête altière!

Musikbeispiel 57

Das folgende Frauenterzett ist zwar musikalisch ein köstliches Stück, aber es hält die Handlung auf; dagegen wirkt der strahlende Kriegsmarsch der Priester ganz vorzüglich und erfüllt auch die Funktion einer Verwandlungsmusik. Er nimmt übrigens Motive des späteren, berühmten Hochzeitsmarsches vorweg. Das bedeutendste Stück der *Athalie* aber ist die fünfte Nummer, beginnend mit dem Gebet «Gott unsrer Väter»: sie enthält antiphonische und respondierende Gesänge, feierliche Anbetungen, Klagen und Segnungen und reiht starke dramatische Kontraste aneinander, die mit sicherer Hand zur Steigerung und Lösung gebracht werden. Nirgends hat man das Gefühl des Anachronistischen oder Archaischen wie gelegentlich bei der *Antigone*, nicht einmal beim Erklingen protestantischer Choräle, die doch manche Verehrer des *Paulus* gestört hatten.[4] Der Grund dafür liegt wohl darin, daß die Choralthemen niemals *in toto* gesungen werden, so daß sie eigentlich nur als leitmotivartige Symbole verstanden werden. Die *Athalie* verdient sicherlich eine Neubearbeitung und -aufführung; eine solche würde die Lebenskraft des Werkes erweisen.

C. *Sommernachtstraum*

Ganz zu Hause aber fühlte sich Mendelssohn erst wieder beim *Sommernachtstraum,* der Krone seiner vier Bühnenmusiken für das königliche Theater. Da wir bei unseren Lesern eine oberflächliche Bekanntschaft mit diesem Werk voraussetzen dürfen, werden wir uns im folgenden bemühen, einige der außerordentlichen Feinheiten dieses zur Vollkommenheit gediehenen Kunstwerks aufzuzeigen.

Es läßt sich in der ganzen *Musik zum Sommernachtstraum* eine Art «Urlinie» erkennen, die in allen geschlossenen Sätzen wiederkehrt. Sie besteht aus einem absteigenden Tetrachord oder Pentachord, das in dur, moll und «molldur» (gemischt) auftritt. Sogar die vier berühmten Eingangstakte der Ouvertüre enthalten es latent:

Musikbeispiel 58a

Ouvertüre

Musikbeispiel 58b

Musikbeispiel 58c

Scherzo

Musikbeispiel 58d

Elfenchor

Musikbeispiel 58e

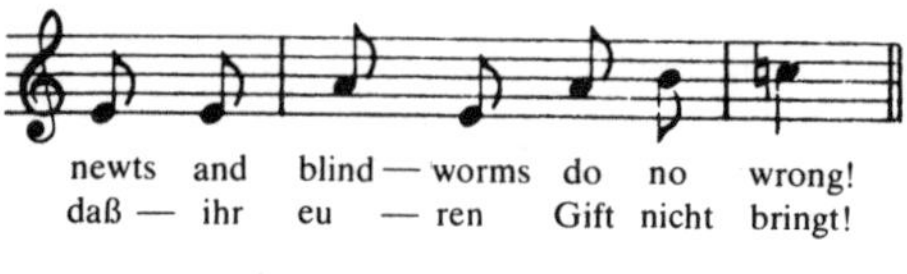

Musikbeispiel 58f

Intermezzo

Musikbeispiel 58g

Kinderlied

Musikbeispiel 58h

Melodrama

Musikbeispiel 58i

Nocturno

Musikbeispiel 58j

Melodrama

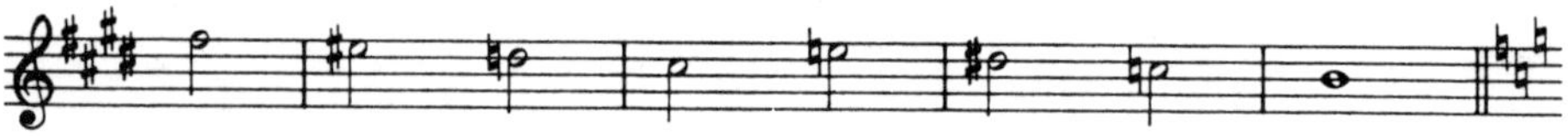

Musikbeispiel 58k

Hochzeitsmarsch

Übergang nach dem Marsch

Musikbeispiel 58l

Finale-Chor

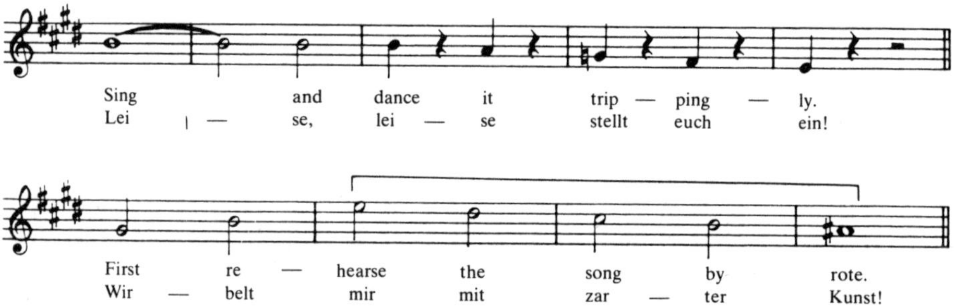
Sing and dance it trip — ping — ly.
Lei — se, lei — se stellt euch ein!
First re — hearse the song by rote.
Wir — belt mir mit zar — ter Kunst!

Beinahe die gesamte Harmonik des Werks ist von den drei Abwandlungen des Urmotivs abgeleitet. Daher die vielen, bei Mendelssohn sonst seltenen chromatischen Züge, die sich aus der gemischten Variante des Urtetrachords ergeben. Auch andere Elemente, denen Mendelssohn sonst eher ausgewichen war, kommen nun zur Geltung, vor allem die terzverwandten Tonarten (Medianten), z. B. im Feenmarsch, im Hochzeitsmarsch und besonders in den Melodramen. Auch treten Wagnerismen vor Wagner auf, z. B. im melancholischen Übergang vom Intermezzo zum lustigen «Abtanz» in A-dur.

Am deutlichsten fühlt man die motivische Einheit in der Melodik, die das Urmotiv in den verschiedensten Abwandlungen verwendet. Eine Vorausnahme der «unendlichen Melodie» im Sinne Wagners sei nebenbei angemerkt: Takte 80–100 im Notturno. Am großartigsten, zugleich am subtilsten, zeigt sich – oder verbirgt sich – die Kunst Mendelssohns in der Formgestaltung der geschlossenen Sätze. Das Scherzo ist, man merkt und glaubt es kaum, eine echte Sonatenform; das Intermezzo besteht ausschließlich aus Echowirkungen zweier Motive, an die dann ein parodistischer Nachtanz im $^2/_4$ Takt angefügt ist. Notturno und Hochzeitsmarsch sind in der großen dreiteiligen Liedform gestaltet, der Rüpeltanz aber ist eine Bergamasca, ganz im Einklang mit Zettels Ankündigung. Die größten Feinheiten birgt Nr. 3, der erste Elfenchor. Hier wird ein absteigendes Molltetrachord im Baß als Refrain am Ende jeder Strophe verwendet; dasselbe Tetrachord, nun in dur, stützt den vierstimmigen Chor. Die musikalische Substanz des Satzes besteht aus einem Trillermotiv der Holzbläser, dem Tetrachordmotiv im Baß und der, an sich nicht bedeutenden, aber fein geführten Melodie des Elfensoprans. (Vgl. Musikbeispiel 61c) Und aus diesen «Petits riens» wird ein Spinnweb gesponnen, das seinesgleichen in der ganzen Musikliteratur nicht wieder hat. Von hier ist's nur ein kleiner Schritt zur pointillistischen Struktur und Technik eines Debussy, Ravel oder Roussel. Die hier sehr sparsame und durchsichtige Instrumentation unterstreicht diesen Eindruck noch. Übrigens scheint Mendelssohn, bewußt oder unbewußt, die hohen Holzbläser als Symbole der Elfen, die Fagotte, Hörner und Trompeten als Kennzeichen des Menschen und die Streicher als neutralen, gewissermaßen chorischen Hintergrund zu verwenden.

Die *Musik zum Sommernachtstraum* ist oft gepriesen worden wegen ihrer stimmungsmäßigen Verknüpfung mit der Ouvertüre zum gleichen Werk, die Mendelssohn doch siebzehn Jahre vorher komponiert hatte. Anderseits haben manche Kritiker eben diese Verknüpfung als einen Beweis für einen Mangel künstlerischer Entfaltung in Mendelssohns Musik ansehen wollen.[5] Nun existiert zwar diese thematische Verknüpfung, aber in der Weise, wie sie gewöhnlich angeführt wird, ist sie von keiner entscheidenden Bedeutung, eher ein loses Band. In die Bühnenmusik herübergenommen wurden nur die vier Einleitungsakkorde, die ersten acht Takte des Ouvertürenthemas, und das Motiv des Rüpeltanzes. Solche Assoziationen heraufzubeschwören wäre auch einem geringeren Komponisten nicht schwer gefallen. Gerade in der latenten, nicht aufdringlichen Einheit *aller Stücke,* ihren gemeinsamen Ursprung aus *einer* geheimen Uridee, darin liegt der Zauber, aber auch die Größe dieser Musik. Die Frage, ob das gemeinsame Kernmotiv dem Künstler als Urzelle bewußt gewesen sei und ob er seine Thematik nach ihr gestaltet habe, ist völlig irrelevant. Wir wissen, daß dem schöpferischen Geist das Unbewußte viel mächtigere Impulse verleiht als das kritische Bewußtsein.[6] Noch etwas anderes geht aus unserer Analyse hervor: die musikalischen Ideenkomplexe, die die Ouvertüre ausfüllen, müssen in Mendelssohn «unterirdisch» weitergelebt haben. Sie konnten sich im Geheimen entfalten, und bei der Wiederaufnahme der altvertrauten Idee sind auch die alten Assoziationen, aber auf bedeutend höherer Stufe der künstlerischen Kraft, in geheimnisvoller Integration, wieder ans Tageslicht gekommen.

Die Atmosphäre der Musik ist zwar entschieden romantisch; aber eine solche innere Einheitlichkeit der einzelnen Stücke, die alle aus einer Keimzelle entsprangen, ist kaum einem andern Romantiker gelungen. Berlioz, Liszt und Wagner, die solche Einheit durch Leitmotive äußerlich zu erzwingen gedachten, bedienten sich, verglichen mit diesem einzelnen Fall, einer im Grunde primitiveren Methode. Daß man heute Shakespeare nicht mehr im romantischen Sinne versteht wie einst Mendelssohn, ist unbestreitbar; daher ist seine Bühnenmusik dem Theater weitgehend verloren gegangen und hat sich in den Konzertsaal gerettet. Diese Entwicklung hat nur einen Nachteil: durch sie sind die vielen höchst geistreichen, oft bezaubernden Melodramen dahingefallen, unter ihnen auch der parodistische Trauermarsch der Handwerker, der auf dem Theater die vollkommene Folie zum Hochzeitsmarsch abgibt.

II. GEISTLICHE MUSIK

Während bisher für die Beurteilung von Mendelssohns Werk rein musikalisch-ästhetische Kriterien maßgebend waren, sind solche auf diesem Gebiet nicht hinreichend. Zwei prinzipielle Fragen müssen zuvor entschieden werden, bevor wir uns den Werken, die Mendelssohn für die Kirche geschaffen hat, zuwenden können: I. Das historische Problem – Ist die Haltung eines Kirchenkomponisten nach absoluten Kriterien, nach denen seiner eigenen Umwelt oder nach denen unserer Zeit zu beurteilen? II. Das liturgische Problem – Welche Haltung zur liturgischen Musik war um 1830 in der protestantischen Theologie maßgebend, und welche Kriterien waren für sie entscheidend?

Zu I.: Ohne pedantisch zu sein, kann man, besonders für die evangelische Kirchenmusik, die Existenz «absoluter» Kriterien in Frage stellen, denn die Vielfalt der sogenannten «deutschen Landeskirchen», der Parallelismus von Luthers, Zwinglis, Calvins, der holländischen und skandinavischen Reformbewegungen, von kleineren Gruppen zu schweigen, hat schließlich die Einheitlichkeit und Kontinuität der protestantischen Kirchenmusik wesentlich beeinträchtigt. Dabei wurden die weitauseinandergehenden Prinzipien betreffend das Konzept der Liturgie selbst nicht einmal in Betracht gezogen. Es gibt ja nicht wenige, sogar einflußreiche protestantische Gruppen, besonders in Amerika, die eine geordnete, vorherbestimmte Liturgie von vornherein ablehnen.

Zu II.: Ist die erste Frage irgendwie beantwortet, so wird man sofort weiter fragen müssen, welcher Art die entscheidenden Kriterien sind: liturgisch-theologischer oder ästhetisch-stilistischer Natur? Diese Frage ist seit der sogenannten «Preußischen Agende» von 1821 nicht mehr zur Ruhe gekommen. Ihre Beantwortung hängt von vielen Variabeln ab, von denen wir hier nur einige nennen: ist die Kirche ein Bischofssitz oder eine Kathedrale, so wird *nach lutherischer Tradition* Kunstmusik, ausgeführt von geübten (nicht notwendigerweise professionellen) Sängern, wohl am Platz sein; ob andere Instrumente außer der Orgel angebracht sind, ist strittig. Soll der Chorgesang mit dem der Gemeinde *alternatim* erklingen, wie es in den älteren evangelischen Gottesdienstordnungen gefordert wurde? Soll das sogenannte «Predigtlied» ein Gemeinde- oder ein Chorgesang sein? Ist eine Trennung von «Altargesang» und «Gemeindegesang», wie er Schleiermacher vorschwebte, ausführbar und am Platz? Handelt es sich um eine Pfarrkirche, soll der Gemeindegesang, wenn irgend möglich, unterstützt und geführt vom Kantor-Organisten, alle musikalischen Funktionen ausüben?

Die Preußische Agende ist schon lange überholt, aber die alten Fragen sind immer noch offen. Die Jugendmusikbewegung, die evangelischen Singkreise, die Bewegung der «Bekennenden Kirche» haben sich weitgehend von der Kunstmusik abgewandt, und der Gemeindegesang, ob gut, ob schlecht, ob von einem «künstlerischen Ausschuß der Gemeinde» (Schleiermacher) getragen, oder nur vom Gesangbuch gestützt: ein einheitliches Prinzip ist in der heutigen Kirchenmusik-Praxis kaum erkennbar. Wie kann man daher, von der heutigen Lage ausgehend, die Kirchenmusik Mendelssohns fair beurteilen? Wie heterogen, ja, beinahe anarchisch die Situation heute aussieht, mag man aus einer der vielen zeitgenössischen Schriften ersehen, von denen die von Chr. Mahrenholz und Friedrich Buchholz die gedankenreichsten und anregendsten sind. Buchholz kommt auch auf jene Bürde der evangelischen Kirchenmusik zu sprechen:

Die Tendenz aller Liturgie, aus der Tradition zu schöpfen und selbst wiederum zur Tradition zu werden, ist vielleicht eine sakrale Quelle für jene Erscheinung, welche der gottesdienstlichen Tradition wiederum entgegenkommt und zugleich zum Schicksal des modernen Menschen gehört: den Historismus. Liturgisch leben wir fast ausschließlich von den historischen Formen; musikalisch und erst recht kirchen-musikalisch leben wir heute mehr von und mit alter als von und mit zeitgenössischer Musik ...[7]

Man wird zugeben müssen, daß Mendelssohn, obwohl im Grunde unhistorisch, der Tradition seinen Zoll entrichtete, besonders in seinen streng liturgisch ausgerichteten A-cappella-Kompositionen. Anderseits jedoch gaben ihm seine Psalm-Kompositionen die willkommene Gelegenheit, dem individuellen, subjektiven Ausdruck nachzustreben.

Festzuhalten ist jedenfalls, daß Mendelssohn an liturgischer Musik nur soweit interessiert war, als sie *Kunstmusik* war, allenfalls würdigte er den künstlerisch gepflegten Gemeindechoral – im Bachschen Sinne. So hat seine geistliche Musik ein Janusgesicht, zugleich der Vergangenheit und der Zukunft zugewandt.

Die Stücke, die Mendelssohn für den Berliner Domchor auf Veranlassung des Königs geschrieben hat, stehen, mit einigen Ausnahmen, in einer Art ästhetischen Zwielichts. Sie entsprachen dem damaligen Ideal liturgischer Gebrauchsmusik ebensowenig, wie dem unsrigen; als Konzertmusik sind sie zu liturgisch, als Kirchenmusik zu konzertant. Derselbe Einwand ist gegen die Messen der Wiener Klassiker erhoben worden; aber mit Unrecht. Denn deren Kirchenmusik war echte Gebrauchsmusik und hielt sich in vieler Hinsicht, sogar, wenn sie «im österreichischen Dialekt singt», an die lokale Tradition. War es lokaler Brauch, daß das «Christe eleison» vom Solosopran gesungen oder das «Osanna» im schnellen $^3/_4$ Takt gehalten war, so fügten sie sich diesen Regionaltraditionen willig ein, ja, vielleicht haben sie selbst einige geschaffen. Das können wir in den Messen Haydns (Joseph und Michael) wie in denen Mozarts oft genug sehen. Das bedeutet aber auch, daß ihre Konzeption der Kirchenmusik sowohl mit der der lokalen Geistlichkeit wie mit der der Gläubigen im Einklang stand oder zumindest nicht wesentlich von ihr abwich. Schon Beethoven wollte sich dieser Konvention nicht beugen, und die Romantiker vollends widersprachen ihr: bei all ihrer Liebe für das «Volksmäßige» neigten sie in der Kirchenmusik zu einem archaischen, häufig dem Palestrinastil abgelauschten Ideal. Damit aber wurde das wichtige Gegensatzpaar

subjektive – objektive,
konzertante – funktionsbedingte

Kirchenmusik aufgestellt, das seit damals, als Problem oder Urteil, die liturgische Musik beherrscht. Wenn wir die geistlichen Werke von Liszt, Berlioz, Brahms (*Deutsches Requiem*), Bruckner u. a. betrachten, scheint diese Begriffszuspitzung wohl berechtigt. Auch Mendelssohn war sich über das Dilemma, mit dem die Preußische Agende den protestantischen Komponisten konfrontierte, völlig im klaren, wie wir schon früher, besonders in Kapitel 10, gezeigt haben. Seine «echte», d. h. für den liturgischen Gebrauch geschriebene Kirchenmusik bedeutete die Wasserscheide zwischen zwei ästhetischen Regionen. Als Schüler Hegels, als Vorkämpfer Bachs und Händels neigte er ursprünglich zu einem Primat der Musik; als Kind eines puristischen Zeitalters dagegen mußte er dem objektiv-liturgischen Ideal seiner Zeit gerecht werden. Wo er also zwischen beiden Auffassungen zu vermitteln suchte, durfte er weder der autonomen musikalischen Eingebung allein folgen, noch sich auf die Linie des nur psalmodierenden oder choralparaphrasierenden «offiziellen» Kirchenmusikdirektors zurückziehen. So störte er nur die Geistlichkeit auf, ohne daß seine Musik «populär» geworden wäre, wie etwa die Haydns und Mozarts in den österreichischen Kirchen.

Der katholische Volksgesang hatte im deutschen und französischen Kirchenlied ein, wenn auch künstlerisch unbefriedigendes, Ausdrucksmittel für die Gemeinde gefunden, da der Meßgesang selbst, lateinisch und oft polyphon, der Masse der Gläubigen nicht recht zugänglich war. Demgegenüber stellte der Choral in der deutschen protestantischen Kirche das einzige Ausdrucksmittel dar, dessen sich sowohl Komponist wie Gemeinde offiziell bedienen konnten. So sah sich Mendelssohn gedrängt, einerseits den Choral als Bindeglied in der vorgeschriebenen Agende zu verwenden, anderseits aber Formen zu finden, die auch ohne Choralbindung dem freien religiösen Empfinden der Gemeinde Ausdruck verleihen sollten. Welche Stilmittel standen zu seiner Verfügung? Mit tiefer Einsicht in die Verhältnisse erörtert Moritz Hauptmann, als Thomaskantor mit diesen Fragen wohl vertraut, die Schwierigkeiten, mit denen Mendelssohn zu ringen hatte. Er erkennt, daß um 1850 jedermann einen Mendelssohn nachahmen konnte und dabei wohl fuhr; aber Mendelssohn selbst konnte niemanden nachahmen. Er kannte keine Modelle, denen er hätte folgen können.[8] Er hatte nur die Psalmtexte und nichts anderes. Seine Kirchenmusik verfolgt denn auch, wie Hauptmann bemerkt, keine rein künstlerisch-ästhetische Prätentionen; allein das innige religiöse Empfinden des Komponisten und sein geschulter Kunstverstand hielten ihn in der richtigen Bahn. Vielleicht hätte Hauptmann hinzufügen sollen, daß Mendelssohn intuitiv ein Gegenstück zum veredelten katholischen Kirchenlied suchte und daher gelegentlich volkstümliche Wendungen heranzog. Im großen ganzen ist er dem polyphonen Stil der lutherischen Kirchenmusik treu geblieben, hat ihn aber durch responsoriale und antiphonische Formen aus dem Repertoire der klassischen italienischen Kirchenmusik bereichert.

PSALMEN: In den *A-cappella-Psalmen* op. 78 macht Mendelssohn häufig von psalmodierender Textbehandlung Gebrauch. So herrscht in diesen Werken das Wort und der Wortakzent mehr als in seinen Psalmkompositionen mit Orchester, den sogenannten *Psalmkantaten.* Doch erlaubt sich der Meister auch in diesen Psalmmotetten bedeutende Freiheiten gegenüber dem Wort, und besonders ist er in seiner Deklamation manchmal nachläßig, wie z. B. in

Musikbeispiel 59

Im Gegensatz zu Liszt und den Spätromantikern aber ist Mendelssohn kein Stimmungskomponist und verschmäht es auch, Worte oder Phrasen auszukomponieren, d. h. musikalisch zu illustrieren. Wie er früher in seinem Chor «Der Jäger Abschied» bei den Worten «aufgebaut so hoch dort droben» sowohl Melodie wie Harmonie sanft *fallen* läßt, so ist er auch jetzt abgeneigt, seine Musik mit äußerlicher Tonsymbolik aufzuputzen. Diese Strenge kommt den Chören zugute; seine Soli oder Duette leiden oft unter einer gewissen sentimentalen Weichlichkeit, die sich aus dem Willen zu scharfen Kontrasten zwar erklären läßt, an der wir aber gelegentlich eine edle Linienführung vermissen, oder die gar ins Banale absinkt. Dagegen gehören die Chöre dieser Psalmen zum Besten, was Mendelssohn an Kirchenmusik geschrieben hat. Kraftvolle, antiphonale Sätze wie der Anfang des *2. Psalms*

Musikbeispiel 60

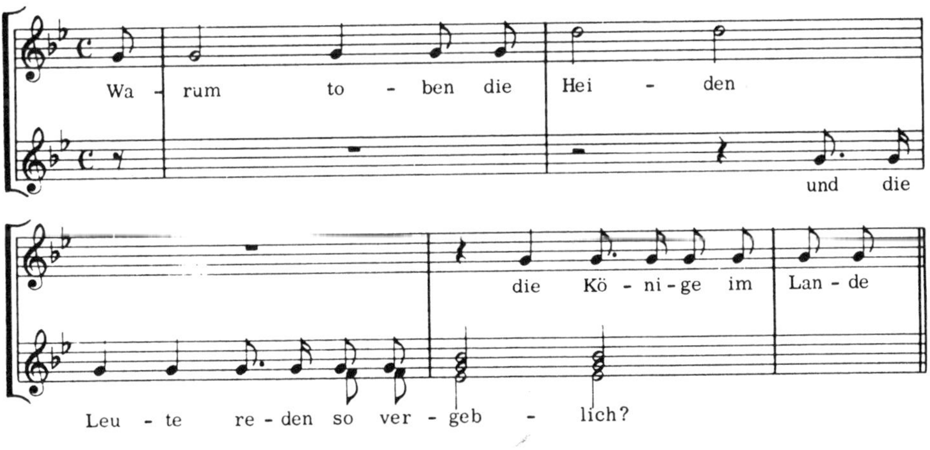

haben im besten Sinne des Wortes «Schule gemacht». Die ganze Strenge seiner Auffassung von liturgischer Musik offenbart sich in *Psalm 22,* der auf jede melodramatische Wirkung verzichtet (die bei diesem Psalm leicht zu erreichen wäre – «Mein Gott, mein Gott, warum hast Du mich verlassen?»). Er arbeitet hier mit den einfachsten Mitteln und erreicht dennoch – oder vielleicht gerade deshalb – eine Einheit und Reinheit des Stils, die im 19. Jahrhundert selten war.

Musikbeispiel 61a

Mein Gott, mein Gott, wa - rum hast Du mich ver - las - sen?
Ich
heu - le, a - ber mei - ne Hil - fe ist fern.

Musikbeispiel 61b

SPRÜCHE: Auf gleich hoher Stufe wie die Psalmen stehen die *Sechs Sprüche* op. 79. Sie sind nach dem Kirchenjahr geordnet und beginnen mit Weihnachten. Die Texte bestehen aus Psalm- oder Evangelienversen und sind für achtstimmigen Doppelchor a cappella gesetzt. Solche Stücke ließen sich leicht in die Agende einfügen und wurden bald populär. Der Stil ist polyphon, aber leicht eingängig.

PSALM 100: Mehr dem volkstümlichen Geschmack huldigt Mendelssohn in seinem *Psalm 100* für vierstimmigen gemischten Chor, der sich im Mittelsatz verdoppelt. Das Werk hat weder die Strenge noch die Kraft der Psalmmotetten, konnte sich aber wegen seines anmutig-erhabenen Charakters – eine seit Haydn selten gewordene Verknüpfung! – schnell einbürgern. Dieses Werk hat eine interessante, bis jetzt unbekannte Vorgeschichte.

Im Dezember 1843 wandte sich der Neue Tempelverein von Hamburg, eine liberale Synagoge, an Mendelssohn mit der Bitte, zur Einweihung des neuen Tempels einen Psalm zu komponieren. Mendelssohn antwortete zustimmend, und es folgte eine lebhafte Korrespondenz, aus der wir nur einige charakteristische Stellen herausgreifen.[9]

Wohlgeborner, hochgeehrter Herr! *Hamburg, 8. Jan. 1844*

Empfangen Sie den verbindlichsten Dank der Direction des Neuen Tempelvereins für Ihre gütige und prompte Bereitwilligkeit, die Wünsche desselben zu berücksichtigen. Wir schätzen auch eine theilweise Erfüllung dieser Wünsche von Ihnen hoch, und werden, was Sie uns an Psalm-Compositionen mittheilen wollen und in unserem Gottesdienst verwendbar ist, mit vielem Vergnügen benutzen...

Zunächst erlauben wir uns, den 24., 84., und 100. Psalm besonders hervorzuheben; gerade von diesen Psalmen wäre uns die Composition eines Meisters höchst erwünscht. Unser neues Tempelgebäude soll nämlich um Pfingsten dieses Jahres eingeweiht werden, und die genannten Psalmen scheinen uns für diese Gelegenheit vorzugsweise geeignet...

21. Jan. 1844

...Die beiden ersten der genannten Psalmen (24 und 84) wären als Cantate zu behandeln. Sollen sie in wörtlicher Übersetzung komponiert werden, so wäre die Übersetzung Ihres seligen Großvaters (ruhmvollen Andenkens!) zu Grunde zu legen; es bleibt Ihnen aber gänzlich überlassen, irgend eine poetische Bearbeitung dieser Psalmen zu benützen... Ich muß hier die einschränkende Bemerkung hinzufügen, daß die Begleitung ohne Orchester *und für die Orgel allein gesetzt sein müßte...*

Genehmigen Sie etc. *Dr. Fränkel,*
Präses der Direction des Tempels

Mendelssohn jedoch wählte Psalm 100 in der Übersetzung Luthers; und der Tempelverein ging auf diese Wahl ein, bat aber den Meister, gewisse «Härten und Unrichtigkeiten» des Textes auszumerzen oder zu mildern. Schließlich sandte Felix *Psalm 100,* gesetzt für vierstimmigen Chor und kleines Orchester nach Hamburg, wo er unter dem 12. April 1844 dankbar bestätigt wurde. Es war mir nicht möglich zu eruieren, wo sich die Handschrift dieser Komposition befindet. In vereinfachter Fassung ist der Psalm dann ohne Opusnummer, für Chor a cappella, bei Bote & Bock in einer Anthologie *Musica sacra* erschienen. So scheint es wenigstens, da keine Kopie des für Hamburg geschriebenen Psalms aufzufinden war.

PSALM 98: Bedeutend anspruchsvoller als der letztgenannte *Psalm 100* gibt sich die kantatenartige Komposition des *98. Psalms;* hier tritt das volle Orchester in Aktion, denn der Meister wollte dem Text «Singet dem Herrn ein neues Lied» alle Gerechtigkeit widerfahren lassen. Jedoch ist trotz der reichen Farbengebung der Wert des Werkes nicht so bedeutend, wie man es hoffen würde; es ist zwar pompös angelegt, nicht ohne prätentiöse Polyphonie, aber ohne eine des Meisters würdige musikalische Substanz. Wegen der Verwendung der Harfe in diesem Werk geriet Mendelssohn in Streitigkeiten mit der höheren Geistlichkeit.[10]

ENGLISCHES TE DEUM: Dagegen zeigt das für England geschriebene *Te Deum* (We praise Thee) für vierstimmigen Chor und Orgel Mendelssohn auf der vollen Höhe seiner Kunst; das Stück atmet liturgischen Geist, ohne steif zu wirken, und seine Klangschönheit kommt, angesichts des sehr sparsamen und durchsichtigen Satzes, als freudige Überraschung. Es ist dies das erste von vier Stücken für den anglikanischen Gottesdienst; später folgten «Nunc dimittis», «Jubilate», und «Magnificat», (alle mit englischem Text). Die reife Schönheit, die meisterliche Ökonomie der Mittel spricht aus jedem Takt dieser geistlichen Musik.

Musikbeispiel 62a

Musikbeispiel 62b

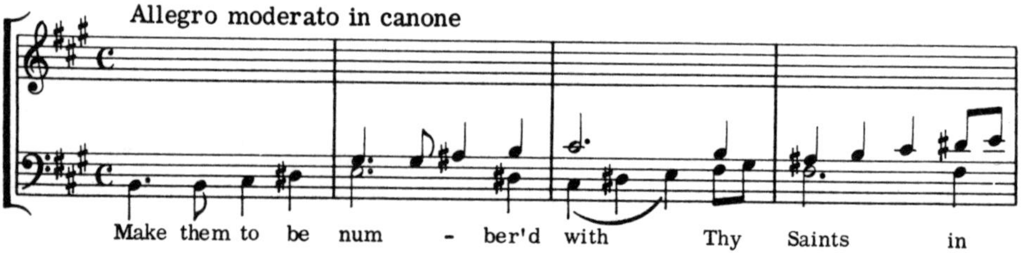

Schließlich seien noch einige *Hymnen* für Solostimme und Orchester erwähnt, die Mendelssohn auf Wunsch des Königs schrieb. Von der Gelegenheitskomposition «An die Künstler» (Schiller) und ähnlichen, nur dem Tag dienenden Stücken, sei bemerkt, daß sie alle Manuskript geblieben sind, und das mit Recht.

III. INSTRUMENTALMUSIK

SCHOTTISCHE SYMPHONIE: Gewisse Anklänge an die *Hebriden* erinnern uns daran, daß Teile dieser *Schottischen Symphonie* schon vor manchen Jahren konzipiert worden waren, z. B. Takte 215–228 oder die manchmal getadelte chromatische «Welle» der Takte 450–475 des ersten Satzes. Mendelssohn hat hier auf Eindrücke und Skizzen aus dem Jahre 1829 zurückgegriffen. Mehr noch als in seiner Wiederaufnahme des *Sommernachtstraums* zeigen sich hier Elemente einer Tonsprache, der Mendelssohn 1842 schon entwachsen war. Dazu gehören die chromatischen Wendungen, die allzugerade Symmetrie der Phrasen; und selbst die kunstvoll gesteigerte Wucht des ersten Satzes leidet unter Wiederholungen gewisser klischeeartiger Akkordfortschreitungen. Trotz dieser Rückfälle in den Stil des «jungen» Mendelssohn erscheint der erste Satz wie aus einem Guß, wenn auch das zweite Thema nicht gerade vornehmes Gepräge hat. Selbst einige, schon zu jener Zeit abgegriffene Wendungen vermögen die Kraft des Satzes nicht wirklich zu schwächen. Dazu haben gewiß die wirkungsvollen Orgelpunkte und vor allem die straffe Führung der Themen beigetragen. Im ganzen ersten Satz atmet man die etwas dumpfe, dicke Luft eines schottischen Hochlandnebels, und er ist dementsprechend massiv instrumentiert und dunkel gefärbt. In betontem Gegensatz dazu erinnert das Scherzo (F-dur, $^2/_4$) an die fröhlichen Volkstänze der Schotten mit ihren Dudelsackklängen. Das Thema ist pentatonisch wie die gälischen Volkslieder, keck und munter fliegt es dahin, ganz aus dem Charakter der Klarinette erfunden. Der Satz hat Sonatenform – bei Scherzi eine Seltenheit – und besticht durch seine durchsichtige Instrumentierung und abwechslungsvolle Rhythmik. Auch feine polyphone Züge fehlen nicht, wie bei Mendelssohn nicht anders zu erwarten. Besonders die geistvollen «Haschemännchen»-Imitationen der Takte 136–151 sind hier zu erwähnen. Nach einer kraftvollen Reprise, die vom vollen Orchester vorgetragen wird, erlischt der Satz in einem zarten Geflüster der Streicher pianissimo.

Der dritte Satz (Adagio A-dur, $^2/_4$) hebt mit einem hochdramatischen, rezitativartigen Gang der Violinen an, der ganz andere Töne erwarten läßt als den folgenden edlen und ruhigen Gesang.[11] Unzweifelhaft war Mendelssohn hier in den Bannkreis von Beethovens *Harfenquartett* op. 74 geraten, dessen langsamer Satz hier deutlich anklingt. Zwar besteht die Ähnlichkeit hauptsächlich aus einem gemeinsamen Kadenzmotiv; doch erinnert die ganze edel-getragene Stimmung jeden Augenblick an das genannte Werk Beethovens. Formal ist der Satz am ehesten als eine große zweiteilige Liedform anzusprechen, die von einem Ritornell umrahmt wird. Er ist besonders schön instrumentiert und schließt sich dem Scherzo sehr wohl an. Der letzte Satz (Allegro vivacissimo, a-moll, C) ist Mendelssohns bestes symphonisches Finale. Das thematische Material besteht aus einem kraftvollen, stürmischen Hauptgedanken, einem Überleitungsmotiv in Achteln, und einem scharf konturierten zweiten Thema. In der Durchführung macht Mendelssohn Gebrauch von Beethovens «Aufspaltungstechnik» (Takt 169–182), entwickelt dann das Überleitungsmotiv in einem bewundernswerten kontrapunktischen Gewebe, dessen Kunst der Hörer beim ersten Male kaum merkt, und leitet mit dem zweiten Thema machtvoll die Reprise ein. Nachher folgt nicht, wie üblich, eine thematische Coda, sondern ein völlig neues «Maestoso» in A-dur mit einem hymnischen Thema, einer Lieblingsidee des Meisters, die er oft in seine Kirchenmusik eingeflochten hat:

Musikbeispiel 63

Es wird, in dunklen Registern getönt, von geteilten Bratschen, tiefen Klarinetten, Hörnern und Fagotten zuerst vorgetragen, entfaltet sich aber zu einer triumphalen Apotheose und bringt so die Symphonie zu einem sehr wirkungsvollen Schluß. Leider ist es Mendelssohn nicht gelungen, das Thema der Apotheose wirklich zu entwickeln; es wird nur in immer wachsender Klangfülle wiederholt. Und so leidet dieser großartig aufgebaute Satz unter dem etwas enttäuschenden Schluß, der zwar pompös genug klingt, dessen Substanz aber nicht voll ausreicht. Als Gesamtwerk gehört jedoch die *Schottische Symphonie* zum Besten, was an symphonischer Musik zwischen Beethoven und Bruckner geschaffen wurde.[12] Es ist auch kein Zufall, daß der letztgenannte Meister sich viele Skizzen und Abschriften aus diesem Werk und dem *Elias* gemacht hat. Um die Einheit des Werkes zu betonen, bestand Mendelssohn darauf, die Symphonie ohne alle Pausen zwischen den einzelnen Sätzen vortragen zu lassen; er fühlte, daß auf diese Weise die Kontraste am besten zur Geltung kommen würden.[13]

VIOLINKONZERT *e-moll:* Es ist nicht leicht, über dieses populäre Werk etwas auszusagen, das zugleich neu und wahr wäre. Es ist ein Lieblingsstück des Konzertpublikums, und schon darum auch eins der Geiger. Seine melodischen und harmonischen Feinheiten scheinen uns eine genauere Untersuchung zu verdienen als ihnen bis jetzt zuteil geworden ist, doch können wir nicht in allzu technische Einzelheiten eingehen. Immerhin sollen einige bisher kaum erörterte Punkte hier Beachtung finden. Die Themen des ersten Satzes sind, bei aller hinreißenden Melodik, von einer verblüffenden Einfachheit und Sparsamkeit der harmonischen Mittel. Das Hauptthema ruht ausschließlich auf den allbekannten Akkorden, der Tonika, Unterdominante und Dominante und erlaubt sich nur eine Ausweichung in den Tonraum der Unterdominante, die überhaupt dem ganzen ersten Satz ihr charakteristisches Gepräge verleiht. Das zweite (Gesangs-) Thema in G-dur bedient sich derselben simplen Akkordfolgen; außer einigen Modulationen kommen im ganzen ersten Satz, und nur an entscheidenden Stellen, drei chromatisch aufsteigende Baßlinien vor, die ausgesprochen strukturelle Funktion haben: zu Ende der Durchführung, zu Ende der Reprise (nach der berühmten ausgeschriebenen Solokadenz, für deren Ausgestaltung Mendelssohn seinen ersten Interpreten David häufig zu Rate zog) und am Ende der Coda.[14] Diese chromatischen Wendungen haben also eine Art Refraincharakter und unterbrechen sehr wirkungsvoll das sonst rein diatonische Gefüge des Satzes. Mendelssohn hat, wie seine Skizzen zeigen, lange am Violinpart dieser chromatischen Passagen gefeilt, sie dreimal umgearbeitet, und zwar so, daß die formale Funktion der Stellen ins hellste Licht gerückt wird.[15]

Die subtile Modulation vom Ende des ersten Satzes (in e-moll) zum C-dur des zweiten ist vielfach bewundert worden; sie ist wieder chromatisch, im Gegensatz zur nahezu rein diatonischen Thematik des Satzes. Die Melodik des Hauptthemas ist für den Geschmack unserer Zeit vielleicht ein bißchen weichlich; der Septimensprung des Anfangs verlangt vom Geiger äußerste Diskretion und Behutsamkeit, wenn er nicht ins «Schmalzige» verfallen will – und das muß um jeden Preis vermieden werden. Auch in diesem Mittelsatz spielt die Unterdominantregion eine bedeutsame Rolle: sie trägt alle melodischen Höhepunkte (in F-dur und a-moll). Die Überleitung zum brillanten Finale erinnert wieder an den Abgesang des ersten Hauptthemas, ist im übrigen mit großer Feinheit gestaltet. Das Finale selbst, der Form nach ein Sonatensatz, ein Scherzo-Feuerwerk in seiner musikalischen Substanz, hat mit dem ersten Satz die Sparsamkeit der harmonischen Mittel gemein, übrigens auch die Gegenüberstellung von diatonischer Thematik und chromatischen Baßübergängen. Diesmal erscheinen diese Baßgänge zwischen erstem und zweitem Thema, zwischen Reprise und Coda, und zwischen Coda und Schlußkadenz.

Musikbeispiel 64a

Übergang zur Kadenz:

Musikbeispiel 64b

Aus der Kadenz:

Höchst dankbar für den Geigenvirtuosen (und es muß ein guter sein, um das von Mendelssohn geforderte Tempo des Finales durchstehen zu können), enthält es ungeahnte Feinheiten. Aus diesem Schatz von quellender Erfindung sei nur eine Stelle herausgegriffen: in der Durchführung gerät das erste Thema nach G-dur. Dort entwickelt die Solovioline ganz überraschend eine neue lyrische Melodie, die sofort gegen das erste Thema im Orchester ausgespielt wird. Später werden die Rollen vertauscht, d. h. die Geige trägt das Orchesterthema und die Celli das Gesangsthema vor (s. Musikbeispiel 64c). Man nennt das sehr gelehrt einen doppelten Kontrapunkt; aber nichts ist von staubiger Pedanterie weiter entfernt als dieser von Charme und Geist sprühende Satz. Der oberflächliche Hörer merkt gar nichts von diesem Filigranwerk graziöser Orchestertechnik und höchster thematischer Integration.

Musikbeispiel 64c

Aus dem letzten Satz:

Das *Violinkonzert* bändigt die Fülle der Erfindung in klassischem Geist, verschwendet sich nie in «außerordentlichen Details», «romantischen Extravaganzen» etc. und ist darum auch heute noch so lebendig wie einst vor hundert Jahren. Mendelssohn schrieb es drei Jahre vor seinem Tod. Kann man da wirklich von einer Abnahme seiner Erfindungskraft sprechen oder vom Fehlen einer Entwicklung? Das aber sind die gewöhnlichen Einwände, die gegen seine Kunst von oberflächlichen Autoren immer wieder erhoben und von gedankenlosen Lesern oder Hörern nachgeplappert werden. Demgegenüber verweisen wir auf die Worte Arnold Scherings, der in seinem Standardwerk über das Instrumentalkonzert schreibt:

Und wie man damals das Konzert Mendelssohns als eine Rettung aus der allmählich zur Unnatur gewordenen Formelhaftigkeit der Gattung begrüßte, so gilt es noch heute als Inbegriff höchster geigerischer Schönheit. In der glücklichen Vereinigung von geadelter Virtuosität und poetischer Bedeutsamkeit des Inhalts ist es bisher nicht überboten worden; das eine kettete es an den Spieler, das andere ans Publikum; in der Kontrastwirkung seiner Sätze liegt noch immer die Interessensphäre beider.[16]

KLAVIERTRIO *c-moll,* op. 66: Bei Werken für gleiche Besetzung liegt es immer nahe, Vergleiche mit den entsprechenden früheren Kompositionen zu ziehen; so auch hier. Das ältere *d-moll-Trio* war nur sechs Jahre früher geschrieben worden, und so sollte man eine mehr oder weniger gleichartige Komposition erwarten. Sie ist aber ganz anders ausgefallen: war das *d-moll-Trio* eingängig, ja hart an der Grenze des Gewöhnlichen, so hält sich das spätere Werk von so populärer Gesinnung frei; deshalb ist es auch an Volkstümlichkeit immer hinter dem früheren Trio zurückgestanden; übrigens mit Unrecht! Denn Satz für Satz miteinander verglichen, überragt das *c-moll-Trio* das ältere Werk in allen Sätzen außer dem langsamen. Es ist viel sorgfältiger gearbeitet, stellt höhere Ansprüche an Hörer und Vortragende, erreicht aber auch ein höheres Niveau.

Das Werk war dem Altmeister Louis Spohr gewidmet, und Spohr selbst hat es mit Mendelssohn gespielt. Das Hauptthema ist biegsam, elastisch, und entfaltet sich aus einem sogenannten «offenen» Motiv; das allein macht es für kontrapunktische Behandlung tauglich. In der Tat hat Mendelssohn von diesen polyphonen Künsten reichlich Gebrauch gemacht, aber, wie immer, in der ungezwungensten und elegantesten Weise, ohne jede «gelehrte» Prätention. Man könnte nun die Frage stellen, warum ein Komponist Wert darauf legt, seine Themen so zu erfinden, daß sie für kontrapunktische Verwendung möglichst brauchbar sind. Dies ist eine in der angewandten Musikästhetik sehr angebrachte Frage; denn schließlich ist ein Kunstwerk darum nicht besser oder schlechter, weil es gar nicht oder aber sehr kunstvoll polyphon gehalten ist. Der ästhetische Wert kontrapunktischer, vor allem imitierender (kanonischer, fugierender etc.) Schreibweise beruht auf drei Postulaten der europäischen Musikästhetik, nämlich:

1. Ökonomie der Mittel. Offenbar wird diese Forderung dann besser erfüllt, wenn alle im Themenmaterial enthaltenen Möglichkeiten voll ausgenutzt werden – und zu ihnen gehört die kontrapunktisch-imitatorische.
2. Unabhängigkeit der Stimmen in der Kammermusik. Bei polyphoner Schreibweise trägt *jedes Instrument* wesentlich zum Tongewebe bei; wenn es aber durch viele Fülltöne in eine untergeordnete, den andern Instrumenten nicht ebenbürtige Stellung gezwungen würde, könnte weder das Postulat der Gleichberechtigung aller Instrumente in der Kammermusik noch das erste Postulat der Ökonomie erfüllt werden.
3. Thematische Integration. Es wird immer das Ideal eines Komponisten sein, Einheit in der Verschiedenheit und Variation im Gleichgearteten zu schaffen. Dazu aber eignet sich keine Technik so gut wie die kontrapunktische Variation, da sie durch ihr eigenstes Wesen um die thematische Einheit ebenso bemüht ist wie um den organisch notwendigen Kontrast.[17]

Außer der kunstvollen Schreibweise und der geistreichen Behandlung des thematischen Materials ist für dieses Trio, besonders für den ersten Satz, die nun schon stark hervortretende Vorliebe für die dunkleren Klänge der Unterdominantregion sehr charakteristisch. Die meisten der Spätwerke unseres Meisters weisen diese Neigung auf. In der Coda des ersten Satzes geht es von c-moll bis nach Ges-dur, Cesdur, as-moll hinab, so daß der Hörer beinahe das tonale Zentrum c aus dem Sinn verliert. Mendelssohn ist sich dessen bewußt gewesen und versucht durch allzu häufige Wiederholung der c-moll-Schlußkadenz diesem Mangel abzuhelfen. Der zweite (langsame) Satz ist unbedeutend in seiner Erfindung wie in seiner musikalischen Gesinnung. Es ist der Geist des Philisteriums, der da waltet; und die «Gartenlaube» lag sicher nicht weit davon! Dagegen ist das Scherzo ein blitzendes, scharf erfundenes Stück, eine Art Weiterführung des Scherzotyps aus dem Oktett, nur rauher, männlicher, weniger spinnwebartig. Der Form nach ist es wieder ein kleines Experiment; das Trio in G-dur sticht in seiner graziösen Leichtigkeit von der Hetzjagd des Hauptteils ab, wird aber dann in einer stark verkürzten Reprise mit diesem verknüpft. Wir haben daher, diagrammgemäß, die folgende Struktur:

A B (Trio) B-A (verknüpft und verkürzt)

gewiß keine konventionelle Formgebung!

Der weitaus bedeutendste Satz des Werkes ist das Finale. Es schlägt ungewohnt tragische Töne an. Brahms wurde nicht gerne an die Ähnlichkeit seines *c-moll-Klavierquartetts* mit diesem Satz erinnert. Er soll darauf spöttisch reagiert haben: «Das merkt auch jeder Esel!» Was aber nicht jeder Esel merkt, ist, daß zwei der drei Themen des Finales eine lange Geschichte, beziehungsweise eine lange Zukunft haben. Das Hauptthema – oder eine Variante davon – ist vorgebildet in der Gigue der *Englischen Suite g-moll* von Bach. Nach Mendelssohn erscheint es wieder bei Brahms wörtlich als Thema des Scherzos der *f-moll Sonate* op. 5. Nachher geistert es noch bei Bruckner (*3. Symphonie,* 1. Satz) und Mahler (*2. Symphonie,* 2. Satz).

In der Durchführung stellt Mendelssohn ein Choralthema heraus, nämlich «Vor Deinen Thron», das er nur ganz leicht verändert. Dieser Sterbegesang ist auch mit anderen Texten bekannt, z. B. «Ihr Knechte Gottes allzugleich» (Psalm 134) und «Herr Gott, Dich loben alle wir» (J. S. Bach). Die Melodie stammt aus dem Genfer Psalter 1551. In der Coda wird sie, verknüpft mit dem Hauptthema, zu hymnischer Pracht gesteigert. Hier mag sich der sonst so klangsichere Mendelssohn in der Wahl seiner Mittel vergriffen haben, denn der Satz ruft nach großem Orchester und klingt im Original wie ein Klavierauszug eines symphonischen Satzes. Es wäre u. E. durchaus gerechtfertigt, diesen prächtigen Satz zu orchestrieren; er wäre eine Bereicherung der symphonischen Literatur und würde das sonst vergessene Stück wieder der lebenden Musik zuführen.

SECHS ORGELSONATEN: Mendelssohns Orgelsonaten gehören – nach Bachs Werken – zum regelrechten Repertoire aller Organisten. Man würde aber auf Zweifel stoßen, wenn man behauptete, daß der Anlaß der *Sechs Sonaten* und der des berühmten *Orgelbüchleins* von Bach der gleiche war. Und doch ist es so. Die englischen Organisten waren tief beeindruckt von Mendelssohns Kunst des Orgelspiels, der von Bach herrührenden selbständigen Pedalbehandlung, seiner polyphonen Improvisation, und drängten ihn, einige größere Werke für die Orgel zu schreiben. Aber erst als die Verleger Coventry und Hollier sich der Sache annahmen, wurde aus dem Wunsch Wirklichkeit. Sie beauftragten den Meister, einige «Voluntaries» für Orgel zu komponieren – es war dies der Titel, den Mendelssohn selbst ihnen vorschlug.[18] Unter einem Voluntary verstand man in England ein Orgelsolo, das organisch mit der Liturgie verbunden war: sei es eine Choralvariation, ein Präludium oder eine kleine Suite. Heute wird dieser Ausdruck nur für Präludien oder Postludien nach einem Gottesdienst gebraucht.[19] Die erste Ankündigung des Werkes hatte – mit Mendelssohns Zustimmung – den folgenden, etwas marktschreierischen Wortlaut, in dem allerdings der allzu spezifische Ausdruck «Voluntary» nun durch «Sonate» ersetzt worden war:[20]

MENDELSSOHN'S SCHOOL OF ORGAN PLAYING

Messrs. Coventry and Hollier
have the pleasure of announcing that they are about
to publish, by subscription,

SIX GRAND SONATAS FOR THE ORGAN
composed by
FELIX MENDELSSOHN BARTHOLDY[21]

Angefügt war hier ein langer Waschzettel, der Mendelssohns Verdienste als Komponist und Organist rühmte. Dieser ursprüngliche Titel wurde von Mendelssohn später zurückgezogen. Wir sehen aber, daß der Zweck der Sonaten im Grunde ebenso didaktisch war, wie der des *Orgelbüchleins,* in dessen Titel es heißt:

Worinnen einem anfahenden Organisten Anleitung gegeben wird, auff allerhand Arth einen Choral durchzuführen, anbei auch sich im Pedal studio zu habilitiren, indem in solchen darinne befindlichen Chorälen das Pedal ganz obligat tractiret wird.

Mit Ausnahme der dritten Sonate, die ältere Entwürfe verarbeitet, wurden diese sehr verschiedenartigen Stücke zwischen August 1844 und Januar 1845 komponiert.

Der Name Sonate ist hier im weitesten Sinne zu verstehen; weder die vorklassische noch die klassische (Mannheimer oder Wiener) Sonatenform tritt in Erscheinung.[22] Als Ganzes gesehen, würden diese Stücke am ehesten in die Kategorie von Orgelsuiten fallen. Sie haben von allem Anfang an Anerkennung und weite Verbreitung gefunden. Kurz nach ihrem Erscheinen besprach sie einer der bedeutendsten zeitgenössischen Organisten Englands, Dr. Henry Gauntlett, im *Morning Chronicle.*[23] Einige Bemerkungen aus dieser Besprechung haben auch heute noch volle Gültigkeit:

...Die vierte Sonate wird in England ein Lieblingsstück werden, und obwohl sie weder die sublimste noch die leidenschaftlichste ist, halte ich sie doch für die schönste von allen... Die Zeit überlanger Formen und langer Analysen ist vorbei; ...was wir wünschen, ist starkes Gefühl, aber es muß in konzentrierter Form geboten werden – es muß so plötzlich einschlagen wie ein elektrischer Strom – es muß blutvolles Leben haben... [«it must draw blood»]. *Und das hat Mendelssohn. Und das hat das Prälu-*

dium der 4. Sonate. Sieh dir die letzte Seite (der vierten Sonate) an... bemerke wohl den ans Herz greifenden Marsch der Pedale vom tiefen Es zum hohen F, und dann sprich ein Dankgebet für alle Zeiten!
Auch Schumann fühlte ähnlich. In einem an Mendelssohn gerichteten Brief bewundert er rückhaltlos die Sonaten, hält übrigens die fünfte und sechste Sonate für die besten Stücke. Besonders hebt er noch die feine Harmonik hervor:
...sie würde in Mendelssohns Händen immer reiner und tiefer beseelt.[24]
M. Hauptmann sprach von der «kunstvollen Einfachheit» der Stücke, die überall bewundert werde.[25] Dieses Urteil der Zeitgenossen hat sich im Lauf eines Jahrhunderts nicht wesentlich geändert, denn noch heute gelten die *Sonaten* als sine-qua-non-Erfordernisse des Organisten, und die American Organist's Guild verlangt in ihrer Zulassungsprüfung den Vortrag mindestens eines polyphonen Satzes aus diesen Sonaten.

Bei der Betrachtung dieser Kompositionen werden wir uns zunächst fragen, ob diesen insgesamt achtzehn Sätzen gemeinsame Elemente zugrunde liegen, und weiterhin, ob sich solche oder ähnliche Elemente auch sonst in Mendelssohns geistlicher Musik wiederfinden. Sechs von den achtzehn Stücken nähern sich dem Volkstümlich-Liedhaften, zehn gehören zur Kategorie strenger Polyphonie, und zwei sind brillante, tokkatenähnliche Konzertstücke, der Orgel «auf den Leib geschrieben». (Sonate I, Satz 4; Sonate V, Satz 2). Wir finden ähnliche Verhältnisse in den Oratorien, Psalmen und Motetten Mendelssohns. Den liedartigen Orgelsätzen entsprechen die Soli oder Duette, die Arien oder geistlichen Hymnen, den strengen kontrapunktischen Sätzen die großen Chöre der geistlichen Werke; die virtuosen Sätze freilich haben kein Gegenstück in der geistlichen Vokalmusik des Meisters, wohl aber in den Konzertstücken für Klavier oder Violine. Diese Nebeneinanderstellung von großangelegten, herben polyphonen Sätzen und zarteren, leicht sentimentalen Arien ist ja charakteristisch für Mendelssohns ganze Kirchenmusik, wenn man von einigen rein liturgisch-choralen Stücken absieht. Nirgends zeichnet sich dieser Kontrast der musikalischen Ausdrucksweise so scharf ab wie gerade in den Orgelsonaten. Während dieser nicht immer auf höchster Geschmacksebene stehende Gegensatz den gesanglichen Stücken oft Eintrag tut, rundet er die nicht eigentlich liturgische Orgelmusik wohltuend ab. Hatten doch weder Bach noch Händel es verschmäht, profane Elemente in ihre Orgelmusik aufzunehmen und zu verarbeiten, und durch ihre persönliche Kunst zu veredeln.

Am eindrucksvollsten tritt der kirchliche Geist der *Sonaten* zu Tage, wo Mendelssohn Choräle verwendet. Das Lied «Was Gott will, das gescheh allzeit» beherrscht den ersten Satz der *ersten Sonate,* der Bußgesang «Aus tiefer Noth schrei ich zu Dir» erscheint als mächtiger Cantus firmus in der *zweiten Sonate,* eine leichte Abänderung von «Dir, Dir, Jehova, will ich singen» eröffnet die *fünfte Sonate,* wird aber nicht weiter verarbeitet. In großartiger Weise durchzieht der Choral «Vater unser im Himmelreich» die *sechste Sonate:* der erste Satz besteht aus sechs kontrapunktischen

Variationen über ihn, ganz im Sinne der alten Choralpartita; und die folgende Fuge bezieht ihr Hauptthema aus der Choralintonation. Ja, auch dem abschließenden Satz in D-dur kann man den Choralanfang (in dur) als Baß unterlegen. Daneben hat der Komponist sich nicht gescheut, in zwei Sätzen sich selbst zu zitieren, und beidemale mit leicht programmatischer Tendenz: er führt in der *dritten Sonate* als Hauptthema der Fuge des Anfangssatzes sein eigenes Rezitativ aus dem *Lobgesang* ein: «Hüter, ist die Nacht bald hin»; in die sich entwickelnde Turbulenz der Fuge läßt er im Pedalbaß den Choral «Aus tiefer Noth» mächtig klingen. Das letzte Stück der *sechs Sonaten,* von Mendelssohn als Finale bezeichnet, ein ruhiger, lyrischer Abgesang, erinnert stark an den Anfang der Arie aus dem *Elias* «Sei stille dem Herrn». Das große Oratorium war zu jener Zeit noch nicht vollendet, aber Mendelssohn war schon fleißig am Werk, und so ist es wahrscheinlich, daß er das Ende der Berliner Konflikte und seine zunehmende Resignation in diesen Klängen symbolisieren wollte.

Ein besonderes Wort gebührt der Harmonik der Sonaten. Sie steht im allgemeinen nicht im Einklang mit Mendelssohns Rückkehr zur Diatonik und Abkehr von der Chromatik. Gerade von dieser macht er in vielen Sätzen ausgiebig Gebrauch. Die liedhaften Sätze sind freier davon als die polyphonen und virtuosen; so ist die großartige Fuge mit dem Cantus firmus «Aus tiefer Noth» ein Musterbeispiel von konsequenter Chromatik vor dem *Tristan.* Und von solchen Sätzen ist's nur ein kleiner Schritt zu den weitausgesponnenen chromatischen Orgelphantasien Max Regers, der ein großer Verehrer Felix Mendelssohns war.

Die Orgel, das polyphone Instrument par excellence, erfordert nicht nur vom Organisten, sondern auch vom Komponisten eine innige Vertrautheit mit dem kontrapunktischen Stil, denn ohne diesen verfällt er leicht ins Leer-Pompöse, wie man es bei einigen impressionistischen oder «freien» Orgelwerken des 19. Jahrhunderts bemerken kann. Mendelssohn hatte von Kindheit an eben jene Vertrautheit mit der Polyphonie, und schon als junger Bursch erwarb er sich durch fleißiges Üben eine spezifische Orgeltechnik, die von der des Klaviers weltenweit verschieden ist. Bei dieser Gelegenheit wollen wir auf gewisse Eigentümlichkeiten von Mendelssohns Orgelstil aufmerksam machen:

1. Der Meister liebt Engführungen, d. h. Nachahmungen seiner Themen im selben oder nächsten Takt, und erfindet seine Motive schon dieser Absicht entsprechend.

2. Die auf- und absteigenden Skalen im Pedal, von denen Mendelssohn oft Gebrauch macht, sind sehr wirkungsvoll und waren damals ein neues Mittel.

3. Die Stimmführung der Fugen ist oft sehr lose und erlaubt sich viele Freiheiten, nicht immer zum Vorteil des betreffenden Satzes.

Schließlich sei noch auf einige besonders bemerkenswerte Sätze hingewiesen:[26]

Der erste Satz der *ersten Sonate* entfaltet sehr wirkungsvoll den klanglichen Gegensatz von Schwellwerk und Hauptwerk; dem ersteren ist der Choral anvertraut, dem letzteren die Figuration. Das sehr fein gearbeitete Adagio c-moll der *zweiten Sonate* sei hervorgehoben: es greift auf die Schreibweise der Bachschen *Orgeltrios* zurück. Mendelssohn entwickelt darin ein fugiertes Duett zwischen Sopran und Mittelstimme gegen den dunklen Hintergrund eines ruhig gehenden kontrapunktischen Gewebes. So festlich die *dritte Sonate* anhebt – der Satz war eigentlich zur Trauung Fannys bestimmt[27] –, so tragisch gibt sich die nun folgende Fuge; sie klingt jedoch in den hymnischen Tönen des Anfangs wieder aus. Ein pastorales Duett von Ober- und Mittelstimme, wieder trioartig umspielt, ist der dritte Satz der *vierten Sonate;* er erfordert aber schon einen recht gewandten Spieler. Die *sechste Sonate* endlich, von der schon früher die Rede war, ist ein Meisterstück der Variationskunst; nicht nur in den Choralvariationen selbst, sondern auch in der folgenden Fuge wird das Choralthema abgewandelt. Dies ist nur ein Beispiel von dem hohen Grad thematischer Integration, den Mendelssohn in den Orgelsonaten erreicht hat. So beruhen die ersten zwei Sätze der zweiten Sonate auf dem Urmotiv:

c-h-c-d-e (es), das sich durch das Grave, Adagio und Allegro maestoso hindurchzieht. Auch in anderen Sätzen lassen sich ähnliche, dem Komponisten sicherlich unbewußte Urzellen finden, aus denen die thematische Substanz entspringt.

Wenn man dieses bedeutende Orgelwerk des 19. Jahrhunderts als Ganzes betrachtet, wird man den Worten eines englischen Autors durchaus beipflichten können: *Mendelssohn ist hier kaum der frohe, melodiöse, freundliche Mendelssohn, den man z. B. in den Liedern ohne Worte antreffen kann; auch kaum der populäre Mendelssohn, der in den Herzen der englischen Musikliebhaber so tiefe Wurzeln geschlagen hat; – sondern, weit eher, der Gigant Mendelssohn, der den Hammer des Thor handhabt...*[26]

Haus an der Königstraße in Leipzig, in dem Mendelssohn zuletzt wohnte

18. DIE LETZTEN JAHRE UND IHRE WERKE

> «Ein solcher innerlich Reicher bedarf von außen nichts weiter, als eines negativen Geschenks, nämlich freier Muße, um seine geistigen Fähigkeiten ausbilden und entwickeln und seinen inneren Reichthum genießen zu können, also eigentlich nur der Erlaubnis, sein ganzes Leben hindurch... ganz er selbst sein zu dürfen... Gegen dieses alles kommt andererseits in Betracht, daß die großen Geistesgaben, infolge der überwiegenden Nerventhätigkeit, eine überaus gesteigerte Empfindlichkeit für den Schmerz, in jeglicher Gestalt, herbeiführen, daß ferner das sie bedingende leidenschaftliche Temperament ... eine ungleich größere Heftigkeit der ... Affekte herbeiführt, während es doch überhaupt mehr peinliche als angenehme Affekte gibt...»
>
> *Schopenhauer, Aphorismen zur Lebensweisheit II*

I. IN FRANKFURT: *OTIUM CUM DIGNITATE*

Als freier Mann hatte Felix Berlin verlassen, zwar immer noch im Dienste des preußischen Königs, aber nur in einem losen Amtsverhältnis stehend. Er beabsichtigte, endlich seinem Herzenswunsch zu folgen und nur schöpferischer Arbeit und seiner Familie zu leben. Zumindest ein Jahr, vielleicht gar zwei, gedachte er so in Frankfurt zu verbringen, sich gelegentlich in Berlin beim König zu präsentieren und in Leipzig «nach dem Rechten» zu sehen.[1] Und beinahe ein volles Jahr solcher Unabhängigkeit war ihm vergönnt, bevor ihn zwei Persönlichkeiten dieser Idylle entrissen. Von ihnen wird noch des weiteren die Rede sein. Inzwischen aber lehnte er alle Einladungen ab, selbst eine von London, wo ihn die Philharmonic Society als Dirigenten engagieren wollte. Für das nächste Jahr war er entschlossen, sich von Weib und Kindern nicht zu trennen und selbst mit ihnen keine Reisen zu unternehmen.[2] In der Tat hatte sich Mendelssohn so sehr über das Londoner Philharmonische Orchester geärgert, besonders über die Ablehnung von Kompositionen Schuberts und Bachs, daß er fühlte, «die Beziehungen mit den Philharmonikern hätten ihm einen Widerwillen gegen das englische Musikwesen beigebracht, den er nicht recht los werden könnte.» Aber England liebt er nach wie vor, denn «das Herz geht ihm auf für die ganze geliebte Inselwirtschaft.»[3]

Sogar eine sehr lukrative Einladung, ein Musikfest in New York zu leiten, wurde von ihm nicht ernsthaft in Erwägung gezogen; er schreibt darüber seinem Bruder: *Neulich habe ich eine Einladung zum Musikfest bekommen, durch die ich so geschmeichelt war, daß ich seitdem ganz flattirt aussehe (wie Cecile behauptet). Nach New York nämlich; sie sagen mir die freundlichsten Dinge, beweisen, daß mich die Hin- und Herreise nur vier Wochen koste, wollen mir die ganze Reise hin und zu-*

rück erstatten, außerdem 1000 Pfund zahlen, und ein Concert veranstalten, das mir nocheinmal so viel eintragen soll, versichern mir, daß ich durch mein Kommen der ganzen dortigen Musik aufhelfen könnte. – Schade nur, daß es für mich eben doch so unmöglich ist wie eine Fahrt nach dem Monde. Aber daß ich geschmeichelt (und dankbar) bin, ist gar nicht zu leugnen ...[4]

Aber auch das Frankfurter Idyll war nicht ohne Sorgen: das jüngste der fünf Kinder, Felix, war schwer erkrankt und nur durch sorgfältigste Pflege gerettet worden. Es ist schwächlich geblieben und hat den Vater nur um wenige Jahre überlebt. Aufregung anderer Art bereitete ihm das Los seines zärtlich geliebten Klingemann. Dieser, vormals ein eingefleischter Junggeselle, war des Alleinseins müde geworden und hatte um Sophie Rosen, die Schwester des verstorbenen Freundes (Professor Friedrich Rosen) geworben, war auch von ihr freundlich aufgenommen worden. Felix jubelte über diese frohe Kunde und tanzte lang herum, als er sie erhielt. Aber der Jubel war verfrüht, denn der König von Hannover, Ernst August von Cumberland, eine wenig sympathische Gestalt in der europäischen Geschichte, der höchste Vorgesetzte Klingemanns, wollte seine Zustimmung zur Heirat nur geben, wenn das Paar nach Hannover zurückkehrte und dort lebte. Das wäre einer schweren materiellen und sozialen Schädigung, ja Degradation Klingemanns gleichgekommen, und so versuchte dieser, auf den störrischen König diplomatischen Druck ausüben zu lassen. Zunächst freilich ohne Erfolg. Denn Ernst August war mit dem englischen Königshause, eigentlich mit seiner Cousine Victoria, in einen häßlichen Rechtsstreit um die Kronjuwelen verwickelt, die Victoria ohne Konzessionen seinerseits nicht herausgeben wollte. Ernst August, selbst Engländer, war daher sehr schlecht auf alles Englische zu sprechen, auch auf seine eigenen Vertreter in London. Erst als er den Prozeß um die Kronjuwelen gewonnen hatte, milderte sich seine Laune und er gab «allergnädigst» seinen Heiratskonsens.[5]

Währenddessen war Mendelssohn intensiv beschäftigt mit einer Reihe von Werken, über die wir noch sprechen werden; aber er ermüdete nun schon sehr rasch und konnte konzentrierte Arbeit nur selten auf längere Zeit leisten. Aber er täuschte sich über seinen Gesundheitszustand, und zwar ganz bewußt, wie er auch Droysen bestätigt, daß «es Tugend sei, sich zu täuschen».[6] Erst auf die rückhaltlose Anfrage von Rebekka mußte er bekennen:

Ich selbst bin, wie Du mich kennst, nur was Du nicht an mir kennst: daß ich seit einiger Zeit das Bedürfnis nach äußerer Ruhe, (nach Nicht-*Reisen,* Nicht-*Dirigieren,* Nicht-*Aufführen) so lebhaft empfinde, daß ich ihm nachgeben muß, und, so Gott will, meine Lebenseinrichtung in dem ganzen Jahr zu treffen gedenke ...*[7]

Er täuscht sich wieder, wenn er meint, daß ihm «das einförmige, ruhige Leben» besonders behage oder daß er zu solch «einer stillen, ruhigen Existenz geboren sei». Für eine Ruhezeit, eine längere Erholung war es sicher das Richtige; als Mendelssohns wirkliche Lebensform war es ganz ungeeignet. Noch besaß er aber genügend Humor, um über seine eigenen Täuschungen, ja über sich und sein Werk lachen zu können, und diese Gabe machte ihn, der schon sehr jähzornig und irritabel geworden war, seinen Mitmenschen erträglich, besonders, wenn er aus vollem Herzen lachte. So zum Beispiel erstaunte er alle seine Lieben und Freunde durch seine wilde Heiterkeit, als er die Karikaturen des *Punch* über die Aufführung seiner *Antigone* in London sah. Besonders erheiterte ihn der Chorführer, «dem die schottischen Hosen unten herausgucken». Auch daß beim Bacchuschor das weibliche corps de ballet fröhlich mithüpfte, amüsierte ihn sehr, obwohl er hinzufügte, es sei kein Spaß.

Von den Berliner Bürokraten hörte er nur selten. Eine interessante Ausnahme war das Schreiben des Ministers Eichhorn, der sich steif, aber höflich erkundigt, ob Mendelssohn gewillt sei, im Falle einer Reform der Kgl. Akademie der Künste die Leitung der Schule für musikalische Komposition zu übernehmen. Mendelssohn antwortete mit einer Reihe von Gegenfragen bezüglich der geplanten Reform, deren Antworten für seine Entscheidung in der Sache bestimmend sein würden. Die Antwort des Ministers war im höchsten Maß entmutigend, denn er ging auf keine der konkreten Fragen Mendelssohns ein und beschränkte sich auf Platitüden im Kanzleistil.[8] Anders lag die Sache bei einem Schreiben des Kabinettrates von Müller, das in ungebührlichem Ton, der einem Polizisten eher angestanden hätte als einem Kabinettsrat, den Meister wegen seiner Ablehnung, die *Eumeniden* zu komponieren, abkanzelte. Mendelssohn war nicht gewillt, derlei Episteln ruhig hinzunehmen; er antwortet in eiskalt-höflichem Kanzleistil, in kurzen Sätzen, geht aber doch in einem Satz aus sich heraus. Dort heißt es: «Die Zusammenziehung der Orestie in ein Stück vermehrt diese Schwierigkeit ganz außerordentlich und ich wage zu behaupten, daß kein jetzt lebender Musiker im Stande sei, diese Riesenaufgabe gewissenhaft zu lösen – geschweige denn, daß ich es könnte.»[9]

Auch der Streit mit der Händel-Society zog sich in die Länge, da Mendelssohn fest bei seinem Entschluß blieb, dem Urtext nichts, auch keine agogischen und dynamischen Zeichen hinzuzufügen. Nicht einmal Tempobezeichnungen oder -vorschläge wollte er dulden. Diese Briefe sind höchst aufschlußreich, denn sie zeigen Mendelssohns gewissenhafte, in diesem Fall geradezu pedantische Editions-Akribie und sein ungewöhnliches künstlerisches Verantwortungsbewußtsein.

Mittlerweile war er nicht müßig gewesen – das war ihm ja nie möglich. Er arbeitete an *Elias*, begann eine *Symphonie*, von der sich aber keine Spur erhalten zu haben scheint[10], vollendete sein *zweites Streichquintett*, das große katholische Chorwerk *Lauda Sion* und schrieb eine Menge *Lieder* für Einzelstimme und Chor. Und so hätte dieses Leben «in Tusculum» schön weiter gehen können, wenn nicht der König von Sachsen sich plötzlich sehr für ihn interessiert, und wenn nicht Jenny Lind auf seine Rückkehr ins öffentliche Musikleben gedrungen hätte.

Mendelssohn war ein Prestige-Objekt geworden, um dessen Besitz sich zwei Könige (von Sachsen und von Preußen) bemühten. Der sächsische Minister von Falkenstein hatte schon seit Jahren versucht, Mendelssohn nach Dresden zu ziehen, und diese Pläne wurden nun von Geheimrat von Lüttichau, dem Generaldirektor der kgl. sächsischen Kapelle, eifrigst gefördert.[11] Beinahe wäre Mendelssohn hier in eine der Berliner ähnliche offizielle Stellung hineinmanövriert worden; allein, er hatte aus seinen Erfahrungen gelernt und wußte sich einem sächsischen Hofamt geschickt zu entziehen, indem er von Falkensteins dringenden Wunsch, die Leitung der Gewandhauskonzerte wieder zu übernehmen, gegen von Lüttichaus Absichten, ihn für Dresden zu gewinnen, diplomatisch ausspielte. Überdies betonte er – und man sieht ihn dabei förmlich mit den Augen zwinkern –, «daß er zu allem, was Spielen oder Musikmachen *als Privatmann* beträfe, sowohl beim König, wie sonst in Dresden, mit tausend Freuden bereit wäre, während er freilich nicht im Stande sein würde, in irgendein offizielles, amtliches Verhältnis dort zu treten; was noch dazu dem dortigen Musikwesen, so wie er es kenne, geradezu *schädlich* sein würde ...»[12] Aber selbst diese weise Zurückhaltung wurde von Richard Wagner gegen ihn ausgespielt, und dieser scheute sich nicht, von Mendelssohn als dem «geheimen Kapellmeister» mit einem «geheimen Gehalt» von 2000 Talern zu fabulieren, angeblich auf von Falkensteins Informationen hin. Diese im giftigsten Ton vorgebrachte Verdächtigung – die Wagner nicht wagte, zu Mendelssohns Lebzeiten zu veröffentlichen –, die dessen künstlerischen Idealismus als Heuchelei brandmarken will (Mendelssohn hatte 2000 Taler Gehalt in Berlin aufgegeben), ist von Anfang bis Ende unwahr und hat nur einen winzigen Tatsachenkern: daß der König von Sachsen Mendelssohn ein nominelles Gehalt ausgesetzt hatte für gelegentliche Aufführungen in Dresden.[13]

Mitte August 1845 kehrte Mendelssohn also, auf dringenden Wunsch der Leipziger Freunde und des Ministers von Falkenstein, zurück zu seiner gewohnten Arbeitsstätte. Aber die tägliche Direktionsarbeit langweilte ihn nun, wenn sie ihn nicht gar irritierte. Umso mehr trieb es ihn dagegen zu schöpferischer Arbeit; es galt, den *Elias* zu vollenden. Devrient, damals Oberregisseur in Dresden, besuchte den alten Freund hin und wieder und erinnert sich, ihm erklärt zu haben, daß Mendelssohn «seinen Thätigkeitsdrang mit seinem Schöpfungsdrang verwechsle».[14] Nun, eine solche Beobachtung war weder leichtfertig noch böswillig hingeworfen worden, und manche Kompositionen oder Stücke von Kompositionen aus jenen letzten Jahren scheinen Devrients Warnung in der Tat zu rechtfertigen. Mendelssohns Rastlosigkeit – nach dem Ruhejahr in Frankfurt – war wirklich seltsam und schwer zu verstehen. Der «Thätigkeitsdrang», der nun noch hinzukam, war auch kein neuer Zug in seiner Charakteranlage. Er läßt sich recht wohl deuten als eine Geschäftigkeit, die in der Angst vor dem Stillstehen ihren Grund hat. Und damit glauben wir auch den psychologischen Urgrund dieser Rastlosigkeit und Geschäftigkeit festgestellt zu haben: es ist Flucht, Flucht vor dem Tode. Denn der Tod bedeutet nicht nur Nicht-Sein, sondern auch Nicht-Tun, Stillstehen oder Stilliegen. Nicht jeder Mensch reagiert gleichartig auf ein so universelles und elementares Gefühl wie Todesangst; die strenge Arbeitszucht des Elternhauses hatte den Meister für jede längere Muße untauglich gemacht, da sie für ihn gewöhnlich mit Schuldgefühlen verknüpft war. So geriet er, aus Angst, in den Fluchtweg unaufhörlicher Tätigkeit, ohne es selbst recht zu merken.

Ungefähr zur gleichen Zeit, also während der Jahre 1844–1847, zeigt sich bei Mendelssohn eine deutliche Schwenkung der politischen Denkungsart. Zwar bleibt er weiterhin ein Liberaler, aber er haßt und fürchtet nun den Mob, die Masse Mensch, als seinen und jeder echten Entwicklung Erzfeind. Es gibt viele Zeugnisse dafür, daß er eine bloße Majoritätsdemokratie, eine Herrschaft der «Quantität über die Qualität» verabscheute.[15] Auch für diese Haltung gibt es natürlich bewußte, anerzogene, sogar ererbte Motive, und ebenso starke unbewußte. Dem politischen Denker Mendelssohn bildete die Einheit von Zielsetzung und Gesinnung ein kategorisches Postulat von größter Wichtigkeit. Daher waren ihm die ersten Zeichen der sich vorbereitenden Revolution entschieden unsympathisch; denn die Freiheitsbewegung war mit der großdeutschen eng verknüpft und wurde von ihr getragen. Alles «großdeutsche Gethue», wie er es nannte, ging aber ganz gegen seinen Geschmack, denn nicht mit Unrecht befürchtete er gerade von dieser Komponente Gewaltakte des Mobs. Er verachtete Massenausschreitungen und alle Mittel, die sich auf bloße Gewalt stützten; endlich mag die Weisheit der großen Ahnen, die in seinem Blut lebte, ihm bedeutet haben, daß große Denker, Künstler und Schöpfer aller Art notwendigerweise elitär, wenn auch nicht geborene Aristokraten sein müssen. Sie stehen allein, sind auf sich angewiesen und dürfen bei der großen Volksmenge kaum je auf Hilfe, nie auf Verständnis zählen.

Indessen beschränkten sich seine Bedenken zunächst auf zwei oder drei der damals aktuellen Kontroversen: das Erwachen des deutschen Katholizismus mit politischem Potential, die Versteifung der protestantischen Kirche, und die Frage der «ungeschulten Volksvertreter», die Felix für Dilettanten des öffentlichen Lebens hielt. Im Gegensatz zu dem nahezu ganz unpolitischen Schumann, aber auch zum überpolitisierten Jungen Deutschland suchte Mendelssohn, hier ganz eines Sinnes mit seinem Freund Droysen, aber im Gegensatz zu Devrient, Wagner, Laube, von Heine ganz zu schweigen, eine konservativ-liberale Mittellinie. Sie war schwer zu definieren und noch schwerer einzuhalten. Obgleich sie ihre Gesinnung nicht von Bettinas aus zweiter Hand «erlebten» Elendsschilderungen aus dem damaligen Proletariat bezogen, sympathisierten die Mendelssohns doch mit Adolf Stahrs Manifesten, von denen eins mit den Worten begann: «Ohne preußische Gleichgültigkeit gäb' es kein preußisches Proletariat».[16] Natürlich fielen sowohl Bettina wie Stahr prompt in königlich preußische Ungnade; Mendelssohn, der im wesentlichen ihrer

Meinung war, wurde von dieser Stelle nicht erfaßt, aber wir wissen ja, wie er eben die Berliner Bürokratie, die Bettina und Stahr hatte fallen lassen, aus tiefstem Herzen verachtete.

Dem deutschen Katholizismus gegenüber hat Mendelssohn eine ähnlich problematische Stellung eingenommen wie dem deutschen Judentum gegenüber, mit dem er durch viele verwandtschaftliche und freundschaftliche Beziehungen verbunden war. Er respektierte die katholische Religion und ihre Liturgie, nicht zuletzt aus der Dankbarkeit des Musikers für die Schätze der katholischen Kirchenmusik. Sein *Lauda Sion*, das er für ein Jubiläum der katholischen Kirche komponierte, und seine Bereitschaft, die *Einweihungsmusik* für den Kölner Dom zu schreiben, zeugen für diesen Respekt.[17] Die katholische Kirche und ihren politischen Apparat in Deutschland aber fürchtete er. Dies war für ihn der Hauptgrund gegen ein monarchisches oder föderatives Groß-Deutschland, das wegen Österreichs Übermacht stark katholisch hätte ausgerichtet sein müssen. Hatte er schon mit den politischen Vertretern der evangelischen Kirche (Eichhorn, Raumer, G.A. Strauß) unangenehme Erfahrungen gemacht, so mußte dem Schüler Schleiermachers ein politischer Katholizismus vollends verderblich erscheinen. So schwenkte Mendelssohn während der letzten Lebensjahre aus dem radikalen Liberalismus in eine monarchistische, konservativ-liberale Denkweise ein, wie sie etwa der Kronprinz Friedrich später vertreten hat.

III. JENNY LIND

Felix hatte die eben erst bekannt gewordene «schwedische Nachtigall» im Herbst 1844 in Berlin kennen gelernt; er verkehrte viel im Hause des Bildhauers Professor Wichmann, dessen Familie zum engsten Freundeskreis der Sängerin gehörte. Sie sang damals die Hauptrolle in Meyerbeers *Feldlager in Schlesien*. Die Beziehungen zwischen den beiden Künstlern vertieften sich im Laufe der nächsten drei Jahre außerordentlich: Mendelssohn schrieb die Sopran-Partie des *Elias* eigentlich für Jenny Lind, und sein außerordentlich feines Ohr hatte bald die Glanzpunkte ihrer Stimme entdeckt. Als Künstlerin bewunderte und schätzte er sie mehr als irgendeine andere Sängerin, mehr sogar als die einst angeschwärmte Malibran, die «Flamme» seiner halkyonischen Tage.[18]

Die junge Sängerin aber liebte Felix Mendelssohn mit der ganzen Hingabe ihrer jungen Seele, einer *anima candida*.[19] Ein weniger ehrenhafter Mann als Mendelssohn hätte aus dieser Liebe möglicherweise eine «Affäre» gemacht und sich auf ein Abenteuer mit dem ihn vergötternden jungen Mädchen eingelassen; wer weiß, ob nicht just solch ein Liebesfrühling für die Musik unverwelkliche Blüten getrieben hätte! Aber der Meister blieb seiner Frau und seinem Grundsatz «Leben und Kunst sind nicht zweierlei» treu. So ist es nur zu einer innigen Freundschaft zwischen den beiden wahlverwandten Seelen gekommen, bei der Mendelssohn die Rolle des bewunderten Führers in der Welt der Musik einnahm. So scheint es wenigstens. Was

Jenny Lind. Gemälde von J. L. Asher

damals wirklich in Mendelssohns Herzen vorging, wissen wir nicht. Eine moderne Biographie der Jenny Lind, vielleicht die beste und getreueste, schildert diese Freundschaft:

... Sie hätte sich wohl in Mendelssohn verlieben können. Sie war entzückt von ihm, als sie einander im Jahr zuvor [1844] *kennen lernten. In den Stunden, die sie miteinander verbrachten ... entdeckte sie eine Wahlverwandtschaft, tiefer und reicher als alles andere, was sie je in ihrem Leben antreffen sollte ... An solchen Tagen pflegte Mendelssohn am Klavier frei zu improvisieren ... seine großen, braunen Augen, immer die Brennpunkte seines schönen, rein jüdischen Gesichts, erweiterten sich, bis sie beinahe schwarz wurden. Das brachte Jenny Lind ganz und gar aus ihrer Fassung ... Sie verstanden einander so vollkommen, daß der eine Teil oft wußte, was der andere sagen würde – bevor noch der erste Satz ausgesprochen war; bald entwickelten sie eine Art privater Zeichensprache, die nur sie verstanden.*

Die sympathische, warmherzige Art Mendelssohns hatte die Frauen immer angezogen, und er war gewohnt, von ihnen umschmeichelt zu werden. Sie fesselten ihn aber nur durch besondere Fähigkeiten oder Talente, niemals als bloße Sexualpartner – ausgenommen die Frau, die er geheiratet hatte ... Cécile hatte nichts als ihre Schönheit, ihren Charme, ihre Noblesse und ihr Schweigen, und mit ihr, einer geborenen Hausfrau, war er überaus glücklich. Aber er bewunderte Jenny ebensosehr wie sie ihn. Er nannte sie «eine der größten Künstlerinnen, die je gelebt haben und sicherlich die größte, die ich kenne.» Er mochte sie sehr gerne als eine Kameradin und seelenverwandte Genossin; nicht weiter.

Wenn er nicht verheiratet gewesen wäre, hätte Jenny sich wild in ihn verliebt. Aber unter den gegebenen Umständen ... unterdrückte sie mit aller Gewalt ihre Gefühle – sie wollte sich keine verbotenen Träume erlauben ... In diesem Punkt hat sie sich wahrscheinlich über sich selbst getäuscht ... denn sie sprach ihre Gefühle [für Mendelssohn] *so offen und so frei aus, daß alle Welt von ihrer Liebe überzeugt war* [z. B. Clara Schumann, Jennys Vormund in Stockholm, H. Christian Andersen, ihr alter Freund und Beichtvater]. *Jedermann wußte, daß Mendelssohn über sie schalten und walten konnte, wie es ihm beliebte: ihre Laufbahn dirigieren, ihren musikalischen Geschmack und sie selbst formen ... Jedoch während jener Zeit hat sie nicht darunter gelitten, daß ihre Liebe nicht erwidert wurde.*[20]

Aus leichtverständlichen Gründen blieb das Verhältnis zwischen Jenny Lind und Cécile kühl und gespannt.[21] Dies zeigte sich besonders deutlich, als Mendelssohn die Sängerin einlud, im Gewandhaus aufzutreten und eine oder zwei Wochen in Leipzig zu verbringen. Das Konzert fand am 4. Dezember 1845 statt und blieb allen Zuhörern und Teilnehmern für viele Jahre unvergeßlich. Das lag vielleicht nicht einmal so sehr an ihrer großartigen künstlerischen Leistung als an den Begleitumständen, die ja (für Sänger) oft wichtiger sind als das rein künstlerische Ereignis. Die Eintrittspreise wurden bedeutend heraufgesetzt, und der freie Eintritt für die Konservatoristen wurde aufgehoben. Dies führte zu Protestaktionen von seiten der Studenten; ihr Vertreter gegenüber Mendelssohn war ein kleiner jüdischer Student, an dem nur die roten Haare auffallend waren. Es war Otto Goldschmidt, später der treue Begleiter und Gatte der Jenny Lind.[22] Auf Mendelssohns Wunsch gab sie ein Wohltätigkeitskonzert zu Gunsten des Pensionsfonds der Gewandhausmusiker und eroberte dadurch vollends die Herzen der Leipziger.

Nach jenem denkwürdigen Konzert brachten die Studenten der Universität und des Konservatoriums der Sängerin, die bei der Familie Brockhaus zu Gaste war, eine festliche Serenade dar; Mendelssohn, der zur Festgesellschaft gehörte, nahm die etwas scheue Jenny am Arm und ging mit ihr in den Garten, wo eine hochgestimmte Menge sie erwartete. Mit einigen herzlichen Worten präsentierte er die Künstlerin, die enthusiastische Ovationen erntete. Bei jener Gelegenheit sprach Fritz Brockhaus eine Ansicht über die Lind aus, die von tiefer psychologischer Einsicht zeugt. Er meinte, daß Jenny Lind nicht glücklich sei und gerne alle ihre künstlerischen Triumphe für ein wirkliches häusliches Glück eintauschen würde, wie sie es mit sehnsüchtigem Herzen in Mendelssohns Haus gesehen hatte.[23]

Konnte der Meister seinen Einfluß auf die Sängerin in einem solchen Maß geltend machen, daß sie oft blindlings seinem Rat oder Wunsch willfahrte, so darf man anderseits die Wichtigkeit ihrer bloßen Existenz für Mendelssohn nicht unterschätzen. Bei aller strengen Disziplin und Selbstzucht (es gibt dafür einige erstaunliche Beispiele!) projizierte er das Bild und die Stimme der Jenny Lind in jede tragende Sopranpartie eines Oratoriums oder einer Oper. Er schreibt (oder singt) der Sängerin sein uns schon bekanntes Klagelied vom «Rückzug aus dem öffentlichen Leben» und wünscht sich nichts als einen Stoß Notenpapier und keine Dirigentenpflichten. Sie erwidert darauf geradezu indigniert und erinnert ihn an seine Opernpläne.[24] Wann immer sich eine Gelegenheit bot, musizierten die beiden zusammen. Das zweite Auftreten der Lind in Leipzig fand am 12. April 1846 statt, kaum ein halbes Jahr nach dem ersten. Das Programm glich beinahe einer Soiree unter alten Freunden:

Sonate für Violine und Klavier G-dur Mendelssohn und David	Beethoven
Arie aus *Niobe*	Pacini
Violin-Solo	David
Arie «Non mi dir»	Mozart
Sonate für Klavier cis-moll («Mondschein-Sonate») Mendelssohn	Beethoven
Cavatinen aus *Euryanthe* und *Freischütz*	Weber
Lied ohne Worte Mendelssohn	Mendelssohn
Lieder mit Klavierbegleitung Jenny Lind und Mendelssohn	Verschiedene

Clara Schumann kam zufällig am gleichen Tag nach Leipzig und wurde von Mendelssohn überredet, bei dem Konzert mitzuwirken. Sie spielte einige *Lieder ohne Worte!* Mit Ausnahme der Komponisten Mozart, Beethoven und Pacini waren alle anderen, Komponisten wie Ausführende, persönliche Freunde Mendelssohns – eine zwar patriarchalisch-gemütliche, aber sicherlich falsche und gefährliche Geschmackserziehung des Leipziger Publikums![25] Mendelssohn begann nun die Gewandhausprogramme so ähnlich zu gestalten, wie einst die Sonntagskonzerte im Elternhause; dazu war er weder berechtigt noch konnte diese Einseitigkeit gute Folgen haben. Wenn Wagner, nicht unberechtigt, von einer Mendelssohn-Clique gesprochen hat, so darf man allerdings nicht vergessen, daß dieser Clique der Clan Wagners und Liszts gegenüberstand, der nicht weniger intolerant war. Und so wurden im Trubel dieser feindlichen Schulen die großen «Außenseiter» Berlioz und Bruckner vernachlässigt und übersehen.

Von nun an sind alle Opernprojekte untrennbar mit der Lind verbunden, und Mendelssohn zögert nicht, sie in alle seine englischen Opernpläne einzuweihen. Die leicht verschüchterte und häufig melancholische Interpretin seiner Lieder tröstete er mit einer Anspielung auf einen Vers aus dem *West-Östlichen Divan,* der ihr erklären möge, warum sie, die andere erfreut, nicht selbst froh sein kann.[26] Zur gleichen Zeit schreibt er an Freund Hauser, der die Lind bei ihrem Wiener Debüt häufig sehen wird: «Sag ihr, daß kein Tag vergeht, an dem ich mich nicht freue, daß wir beide zur gleichen Zeit leben ... und daß wir Freunde sind ... und ...»[27]

Beim Niederrheinischen Musikfest in Aachen, dem letzten, das Mendelssohn leitete, sah er die Lind wieder. Er hatte ein schönes, aber doch *sehr* konservatives Programm zusammengestellt:

1. Tag:	*Symphonie in D («Haffner»)*	Mozart
	Die Schöpfung (mit Jenny Lind)	Haydn
2. Tag:	*Fünfte Symphonie*	Beethoven[28]
	Motette «Ista dies»	Cherubini
	Ouvertüre zu Oberon	Weber
	Alexanderfest (mit Jenny Lind)	Händel

Vor und nach dem Fest machten Mendelssohn und die Lind, begleitet von ihrer Chaperonne Louisa Johanson, zwei Rheinfahrten, und der Meister zeigte der Freundin Köln, Bonn, den Drachenfels und Königswinter. Bezeichnenderweise erwähnte Mendelssohn in seinem sprühenden Reisebericht an Fanny die Lind nur im Zusammenhang mit dem Milchreis, den ihm die Aachener französischen Köche doch nie zu Dank zubereiten konnten; dann fügt er hinzu: «Wenn Paul die Lind im

Alexanderfest die beiden ersten Arien hätte singen hören, so hätte er wieder geklatscht...»[29] Das war alles, was er Fanny über die Lind zu schreiben wagte; nicht nur eine, gleich zwei eifersüchtig liebende Frauen bewachten ihn! Dagegen zeugen seine Briefe an die Sängerin und alle damit zusammenhängenden Dokumente von einer wesentlich tieferen Beziehung als diese betont harmlosen Bemerkungen am Rande.[30]

Nach dem Abschied von Jenny besuchte der Meister Düsseldorf, wo «es ihm ernsthaft zu Muthe wurde, denn allerdings schmeckten die paar Tage dort etwas bitter nach Vergangenheit».[31] Von dort ging er nach Lüttich zur Uraufführung seines *Lauda Sion*, bei der er aber nur Zuhörer war. Die Aufführung war nicht gut, weil die Bischöfe nur sehr mangelhafte Mittel für Proben und Orchester bewilligt hatten.

Die Vorgeschichte des *Lauda Sion* ist erst jüngst bekannt geworden, hauptsächlich durch die archivalischen Studien A. Van den Lindens.[32] Danach hatte die Kirche St. Martin von Lüttich einen wohlhabenden, musikverständigen Privatmann, M. Magis-Ghysens, ersucht, Mendelssohn um eine solenne Komposition der berühmten Fronleichnamssequenz anzugehen. Der Anlaß dazu war die 600. Wiederkehr des Festes selbst seit seiner offiziellen Einführung. Mendelssohn nahm den Antrag, der ihn in Frankfurt erreichte, am 26. April 1845 vorbehaltlos an.[33] Ein Honorar von 400.- Frcs. (also kein großer Betrag für ein halbstündiges Werk für Chor und großes Orchester) wurde ausbedungen und bezahlt. Die Urschrift des Werkes befindet sich in der Bibliothek des Brüsseler Konservatoriums. Sie enthält den bei Mendelssohn seltenen Vermerk: «Cette copie de la partition est la propriété de M. Magis-Ghysens à Liège; elle est destinée à être exécutée à la fête de St. Sacrement à l'église de St. Martin dans le mois de Juin de cette année et elle ne doit pas être copiée ni multipliée *sous aucune forme quelconque sans le consentement de l'auteur.*» Mendelssohn wollte eine Veröffentlichung des Werkes ohne genaue und kritische Revision seinerseits verhindern, wie aus seinem Brief vom 23. Februar 1846 hervorgeht. Unter dem gleichen Datum sandte er die vollendete Partitur nach Lüttich. Er hätte, so schreibt er, schon lange vorher die Partitur beenden können, wenn er nicht, «ayant été continuellement dans un très grand trouble d'affaires», überarbeitet und ohne die rechte und strenge Sammlung gewesen wäre, die dieses Werk erfordere. (Über die Komposition siehe weiter unten.) Unter diesen «affaires» verstand er u. a. eine Aufführung seines Festgesanges «An die Künstler» auf die berühmten Verse Schillers, der vom Deutsch-Flämischen Sängerbund in Köln vorgetragen wurde. Von wenigen Stellen abgesehen, welche die Meisterhand verraten, erscheint dieses Werk zugleich unbedeutend und bombastisch. Mendelssohn war aber in glänzender Laune, wie aus seiner Korrespondenz hervorgeht, die wieder einmal über alles normale Maß anschwillt. Unter der Fülle von *trivia* finden sich aber einige bisher unbeachtete oder unbekannte Briefe, von denen wir drei herausgreifen wollen. Sie erlauben uns intime Einblicke in das Denken und Fühlen unseres Meisters aus den letzten Jahren und sind von höchster, charakteristischer Eigenart.

Die Lind war vom Aachener Musikfest nach Wien gegangen, wo sie ihr Debüt in der Hofoper machte und außerdem eine Reihe von Konzerten geben wollte. Natürlich war sie aufgeregt und besorgt, denn die Wiener waren ein sehr kritisches, gewöhnlich auch hyperkritisches Publikum. Um ihr dort in den einflußreichen musikalischen und gesellschaftlichen Kreisen den Weg zu ebnen, richtete Mendelssohn zwei Briefe an alte Freunde: an die Baronin Ertmann, ehemalige Schülerin Beethovens und ihm gut bekannt von Mailand her, und an Aloys Fuchs, der im Rat der «Gesellschaft der Musikfreunde» saß. Beide Briefe, von denen der erste z. T. veröffentlicht, der zweite Manuskript ist, sprechen von der Sängerin ausschließlich in Superlativen – er nennt sie seine «teure Freundin» und «die edelste Künstlerin, die er je kennen gelernt hatte.»[34] Nun, Mendelssohn war oft hilfsbereit gewesen, wenn es sich um verdienstvolle Menschen gehandelt hatte; aber dieser beinahe kämpferische Einsatz für Jenny bei Menschen, die seine reinen Motive wahrscheinlich mißdeuten würden, bei Menschen, die er um eine Gefälligkeit bitten mußte, ist etwas bei Mendelssohn ganz und gar Ungewöhnliches. Hier sprach sein warmes Herz, ja, man möchte sagen, daß er hier, seines großen Namens sicher, seine Hände schützend, helfend und schirmend über seine Freundin hält.

IV. WIRKEN IN LEIPZIG; NOCHMALS OPERNPLÄNE

Wie er für Jenny Lind kämpfte, die er als seinen Schützling ansah, so konnte er sich auch für andere Künstler sehr energisch einsetzen. Sein hoher Respekt für Schumanns große Gaben veranlaßte Mendelssohn, auch ihn mit dem ganzen Gewicht seines Ansehens zu fördern. Im folgenden handelt es sich um einen Brief, den Mendelssohn an seinen englischen Verleger Buxton schrieb, um ihm Schumanns Oratorium *Das Paradies und die Peri* zu empfehlen. Diesen bis jetzt unbekannten und unveröffentlichten Brief wollen wir im originalen englischen Wortlaut wiedergeben, um die von den Nazis und ähnlichen Quellenvergiftern ausgestreuten Gerüchte, daß Mendelssohn von Schumanns Musik wenig gehalten und zugleich ihm seine Erfolge geneidet habe, ein für allemal richtigzustellen. Paradoxerweise wird Mendelssohn, der immerhin zwei Symphonien Schumanns aus der Taufe gehoben hatte, zugleich gleisnerischer Falschheit und allzu kühler Reserve diesem gegenüber beschuldigt. Wäre er unaufrichtig aufgetreten, so konnte er nicht wohl «reserviert» erscheinen; hätte er Schumann nur ablehnend gegenübergestanden, dann hätte er kaum seine Symphonien aufgeführt. Wie man sieht, führen solche Verleumdungen, wenn man sie mit den Tatsachen konfrontiert, notwendig in eine Sackgasse von Widersprüchen, die nicht einmal die begabtesten Nazimusikologen aufzulösen imstande waren.[35]

Der Brief an Mr. Buxton ist vom 27. Januar 1844 datiert; das Original des Briefes befindet sich in der Mendelssohn-Sammlung der Library of Congreß in Washington, D.C. Hier ist der englische Wortlaut:

Dear Sir,

my friend Dr. Schumann wishes for an opportunity to publish his new work «The Paradise and the Peri» in your country, and has desired me to write you my impression of the work, which I think he intends communicating himself to you his ideas about its publication.

I must accordingly tell you that I have read and heard this new work of Dr. Schumann with the greatest pleasure, that it has afforded me a treat which made me easily foretell the unanimous applaus it has gained at the two performances at Leipsic and the performance at Dresden, (which took place last month), and that I think it a very important and noble work, full of many eminent beauties. As for expression and poetical feeling it ranks very, very high, the choruses are as effective and as well written as the Solo parts are melodious and winning. In short it is a most worthy musical translation of that beautiful inspiration of your great poet Moore, and I think feeling of being indebted to that poet for that charme that pervaded the whole music has induced the composer to wish your countrymen to become acquainted with his work. He intends visiting England next year, where I am sure, he and his music will be received as they so highly deserve.

I am yours etc.   Felix Mendelssohn Bartholdy

Um eben jene Zeit begann das «Junge Deutschland», sich, wenn auch noch nicht offen, so doch in maliziösen Artikeln gegen Mendelssohn zu wenden, in dem es – und nicht mit Unrecht – ein Symbol der erfolgreichen und geglückten Judenemanzipation sah. Das «Junge Deutschland» kämpfte nämlich tapfer für seine eigene Freiheit und Gleichheit, die der jüdischen Mitbürger aber schätzte es ziemlich gering ein. Und es mehrten sich die bösen Vorzeichen: bald fiel auch das ominöse Wort «mosaisch» anläßlich der Uraufführung von Schumanns *C-dur-Symphonie* durch Mendelssohn. Es war eine feige, anonyme Zeitungsschmiererei, aber sie traf Mendelssohn, wo er verwundbar war.[36] Auch für Schubert trat der Meister mit immer wachsendem Enthusiasmus ein; es galt nun, die weniger bekannten Lieder und die Instrumentalmusik des Wiener Meisters einem Publikum vertraut zu machen, das Schuberts Bedeutung nur unter der Perspektive der *Müller-Lieder* und des «Erlkönigs» sah. So werden denn Kammermusikwerke Schuberts und vor allem Lieder wie «Ave Maria», «Der Wanderer», «Am Meer», «Die junge Nonne», «Der Doppelgänger» u. a. m. in Leipzig allgemein bekannt, vor allem durch den beseelten Vortrag der großen Künstlerin Wilhelmine Schröder-Devrient und unter Mendelssohns unablässigem Ansporn.[37] Auch die große *C-dur-Symphonie* Schuberts begann nur langsam im Konzertrepertoire festen Fuß zu fassen: noch 1847 heißt es in den *Signalen für die musikalische Welt*, daß sie fast nirgendwo anders aufgeführt werde, und daß selbst Mendelssohns Versuch, sie in England heimisch zu machen, gescheitert sei; «so scheint Leipzig das Mekka werden zu sollen, wohin der Musiker wandern muß, um dieses geniale, fantasiereiche Werk zu hören.»[38]

Nun meldete sich auch wieder Berlin, um Mendelssohn einen Kompositionsauftrag zu erteilen; aber diesmal wars nicht Bühnenmusik, die der König von ihm wünschte. Zugleich mit Otto Nicolai und Carl Loewe wurde auch Mendelssohn beauftragt, für die offizielle protestantische Agende (Gottesdienst-Ordnung) eine neue Musik zu schreiben. Der Königliche Generalintendant von Redern hatte Mendelssohn im Namen des Königs darum angegangen, und Mendelssohn war gerne bereit, den Wunsch Friedrich Wilhelms zu erfüllen. Am 6. November 1846 sandte er das Manuskript an von Redern. In seinem Begleitschreiben betonte er die Schwierigkeit der Aufgabe und fand sich, zumindest in diesem Punkte, mit Nicolai und Löwe eines Sinnes.[39] Während J. Fr. Naues *Versuch einer musikalischen Agende* (1818 bis 1826) noch allzusehr nach dem 18. Jahrhundert zurückblickte und andere Komponisten, wie z. B. Eduard Grell, gar «reinen» Palestrinastil forderten und anwendeten, hielt Mendelssohn, wie immer bei Ton-Wort-Problemen, die Mitte, die den Begnadeten zusteht. Allerdings war diesem letzten Berliner Auftrag kein glücklicheres Schicksal beschieden als den meisten anderen seiner Bemühungen um die Musik dieser Stadt: offiziell, d. h. vom königlichen Domkapitel, ist das Werk nie veröffentlicht worden.[40] Nur einzelne Teile, das «Ehre sei Gott» und das große «Heilig» hat Bote & Bock herausgegeben; diese und zwei weitere Stücke (Kyrie, Segen) finden sich in der großen, aber zu Unrecht «Gesamtausgabe» genannten Sammlung von Breitkopf & Härtel. Aber die offiziellen *Liturgischen Andachten der Königlichen Hof- und Domkirche,* die Mendelssohns alter Gegner G. F. A. Strauß herausgab, erwähnen das Werk Mendelssohns mit keinem Wort. Dagegen sind andere, bedeutend schwächere Werke und Komponisten darin namentlich aufgeführt.

Die Stücke für diese *Deutsche Liturgie* sind alle für achtstimmigen Doppelchor bestimmt, der häufig geteilt, also antiphonisch verwendet wird. Wie immer in solchen A-cappella-Sätzen, macht auch hier Mendelssohn reichen Gebrauch von der sprudelnden Kraft seiner polyphonen Erfindung und Schreibweise. Freilich, diese hymnischen Chorsätze sind vom Schmalz seines Zeitgenossen Bortniansky ebensoweit entfernt wie von der etwas gedrückten Orthodoxie eines Grell. Mendelssohns Liturgie hat Majestät, Würde, aber auch echte Wärme und Wohllaut und ist vor allem frei von dem damals hoffähigen und fashionablen Neupietismus, der zwar die «Stillen im Lande» anzog, sie aber oft zu sehr Lauten machte. Des toten Schleiermacher bitterer Spott über die Geistlichen, die sich gar zu hitzig für die königliche Agende eingesetzt hatten und «daher einen Orden verdient haben – non propter acta sed propter agenda» – ist wohl auch auf einige königliche orthodoxe Komponisten anwendbar, aber sicher nicht auf Mendelssohn. Bis heute schläft seine wunderschöne *Deutsche Liturgie* ihren Dornröschenschlaf; vielleicht können diese Zeilen sie wieder zu Klang und Leben erwecken!

Seitdem Mendelssohn Jenny Lind in der Oper gehört hatte, waren seine alten Opernträume wieder aufgewacht, und die Lind tat das ihrige, sie nicht wieder einschlummern zu lassen. Mendelssohn war so sehr von ihr begeistert, daß er ihr und nur ihr zuliebe die saure Mühe nicht scheute, die der Briefwechsel mit Librettisten, das Studium von Szenarien und dergleichen Vorarbeiten immer verursachen. Er geht so weit aus sich heraus, daß er, dem man übergroße Reserve nachgesagt hat, der Lind schrieb:

Ich wäre wirklich froh, wenn ich bald... etwas dramatisches schreiben könnte, ganz besonders für Sie... Wenn es mir nicht gelingen sollte, eine gute Oper jetzt und für Sie [Mendelssohns Unterstreichungen] *zu schreiben, wird es mir wohl nie gelingen...*[41]

Derselbe Brief enthält eine scharfe Verurteilung alles Französischen in Kunst, Leben und Politik, ein Punkt, in dem er mit der Lind völlig übereinstimmte; diese entschiedene Abneigung darf aber nicht mißdeutet werden. Mendelssohn stand zwar der französischen Musik von jeher kritisch, vielleicht sogar ungerecht gegenüber, aber er hatte sie nie in Bausch und Bogen verdammt. In diesem Brief, der vom Hans Sachs der *Meistersinger* geschrieben sein könnte («und welsche Kunst und welschen Tand...»), wendet sich Mendelssohn scharf gegen französische Strömungen in der zeitgenössischen Literatur und Musik Deutschlands.

Die Opernpläne, denen Mendelssohn nun nachging, und die er vor französischem Einfluß bewahren wollte, sind an sich ganz uninteressant, schon darum, weil keiner von ihnen zur Vollendung gedieh. Indessen kam er durch diese Pläne wieder in Berührung mit lebenden Autoren, Dichtern, kurz, mit der literarischen Nachhut der einst so lebendigen Romantik. Zuerst versuchte er es mit der «Theatertante» Birch-Pfeiffer, deren Gesellschaftsstücke, damals recht populär, Mendelssohns an den Klassikern geschulten Geschmack abstießen – sie hätte ihm ein Genoveva-Drama schreiben sollen. Dann wandte er sich an seinen Jugendfreund Devrient, der ihm einen Stoff aus den Bauernkriegen vorschlug. Auch hier beruft sich Mendelssohn wieder auf die Lind, die «ihm so zugeredet hatte, ihr eine [Oper] zu schreiben, und für die er gerne was recht Gutes komponieren wollte».[42] An Devrients Plan hatte er auszusetzen, daß sich in seinem Entwurf eine zu große «Menge von Freiheits-Knechtschafts-Sozial-Zustände-Motiven» fänden.[43] Das Stück sollte *Ritter und Bauer* heißen, und in Devrients Skizze kam der Ritter nicht eben gut weg; Mendelssohn kritisierte diese «Zeiten-Tendenz, jene *captatio benevolentiae*, die wir ja beide nicht haben».[44] Hierin allerdings irrte er, denn Devrient war ein begeisterter Freiheitskämpfer und Großdeutscher und hat seine Gesinnung auch 1848 durch die Tat bewiesen.

Während sich dieser Briefwechsel zwischen Dresden (wo Devrient wirkte) und Leipzig entspann, hatte sich Mendelssohn schon mit Geibel auf einen Loreley-Stoff für eine Oper geeinigt.[45] Dies hatte er Devrient auch mitgeteilt, worauf dieser, großherzig wie immer, seine große praktische Theatererfahrung in den Dienst der beiden Autoren stellte. Geibel, recht unsicher als Theaterdichter, besuchte Devrient, um von dessen Kritik und Opernerfahrung zu profitieren. Devrient war überzeugt, daß ein bühnenfestes Szenarium, das auch Mendelssohns literarischen Ansprüchen genügen würde, nur durch ein gemeinsames Arbeiten zu dritt geschaffen werden könne, und lud Felix ein, für ein paar Tage zu den notwendigsten Besprechungen mit ihm und Geibel nach Dresden zu kommen. Leider war die Zeit nicht günstig, denn Mendelssohn arbeitete Tag und Nacht am *Elias* und «durfte keine Stunde versäumen.»[46] Er bat Devrient herzlichst, sich der *Loreley* um ihrer alten Freundschaft willen anzunehmen, Geibel nach bestem Wissen zu beraten, und er bezeugte ihm sein vollstes Vertrauen. Als er Ende Februar 1847 das fertige Textbuch erhielt, war er wieder einmal sehr enttäuscht und verstimmt über den Mangel an dramatischem Leben im Libretto.

Doch hatte Mendelssohn noch einige andere dramatische Eisen im Feuer. Wenn er einkaufte, wollte er «große Auswahl», wie er selbst sagte; so lagen ihm noch mindestens zwei andere Szenarien, bzw. Textbücher vor. Das eine stammt von einem gewissen Benjamin Lumley, den man am besten und gerechtesten einen Theaternarren oder auch Bühnenabenteurer nennen könnte. Obwohl er ursprünglich Rechtsanwalt war, ließ er sich gegen sein eigenes besseres Urteil verleiten, die Direktion von Her Majesty's Theatre in London zu übernehmen (1841). Da er die Anziehungskraft des Balletts zu hoch eingeschätzt hatte und ihm einen ungewöhnlichen Vorzugsrang einräumte, hatte er um 1846 die meisten seiner Sänger und Sängerinnen verloren und war dem Bankrott nahe. Die Lind hatte ihm versprochen, ihr englisches Debüt in seinem Theater zu geben, und so war das Kommen der Lind für den gehetzten Unternehmer eine Frage von Sein oder Nichtsein. Da alle Welt von dem großen Einfluß Mendelssohns auf die Lind wußte, nahm sich Lumley die Freiheit, den Meister zu bitten, er möge doch auf die Sängerin in Lumleys Sinn und Interesse einwirken, was Mendelssohn versprach und auch getreulich hielt.[47] Bei der gleichen Gelegenheit fragte Lumley (der von den Opernplänen wußte), ganz unschuldig, ob Mendelssohn an einem Opernsujet interessiert sei. Damit begann die Zusammenarbeit an einer neuen Bearbeitung von Shakespeares *Sturm* als Oper. Lumley entwarf ein Szenarium und gewann sogar Scribe, den alten Theaterhasen, dazu, das Libretto (französisch) auszuarbeiten. Obwohl Lumley mit Mendelssohn kein bindendes Abkommen getroffen hatte, benutzte er dennoch seinen Namen als Aushängschild und Reklame für sein Theater, in dem *Der Sturm,* Musik von Felix Mendelssohn, gesungen von Jenny Lind, zu Uraufführung kommen sollte.

Es scheint, daß Mendelssohn sich in dieser Opernaffäre von seiner Begierde, für die Lind eine Oper zu schreiben, zu Äußerungen und Verpflichtungen hat hinreissen lassen, die mit seiner sonst geübten Vorsicht seltsam kontrastieren. Er meinte zuerst, daß «Scribe der einzige Mann ist, der das Sujet [*Sturm*] in einer für Musik passenden Form bearbeiten könne».[48] Und am 1. November 1846 verspricht er Lumley hitzig, wie nur ein junger Anfänger:

Wenn ich nur daran [die Oper] *denke, so wünsche ich, es wäre schon Januar und das Libretto wäre angekommen, so daß ich mich sofort ans Komponieren machen könnte.*[49]

Einen Monat später heißt es, noch ungeduldiger:

Ein Mann wie Scribe muß mit einem Sujet wie dem ‹Sturm› Außerordentliches zustande bringen können; es sollte mich mit Stolz erfüllen, meine Musik dazu zu setzen... Ich brauche Ihnen nicht zu versichern, daß ich alle andere Beschäftigung beiseit lassen würde, wenn ich nur die Möglichkeit *sehe, das Stück zur Zeit,* [d. h. für die Saison 1847/8] *fertigzustellen.*[50]

Das war derselbe Mendelssohn, der eben erst alles Französische in der Literatur verdammt hatte! Man sieht, wie der brennende Wunsch, der Lind eine Oper «hinzulegen», alle anderen Erwägungen über den Haufen wirft. Und so mag Mendelssohn in seinem glühenden Eifer sich auch in einer anderen Sache, die damit zusammenhing, nicht streng an die objektive Wahrheit gehalten haben; denn wie wir wissen, verhandelte er zu jener Zeit schon mit Geibel wegen der *Loreley.*

Am 19. Januar 1847 erhielt er Scribes vollständiges Libretto, begann aber nun doch zu fürchten, daß er nicht «zur Zeit» fertig werden könne, fügte aber gleich hinzu: «Ich werde es versuchen, mit meinem ganzen Herzen und so gut als ich es vermag.»[51] Erst am 21. Februar war er sicher, daß er das Libretto nicht würde zur Zeit vertonen können, da der zweite Teil davon ihm «ganz unsympathisch» sei. Doch war Scribe gerne bereit, dem berühmten Komponisten zuliebe große Partien nach Mendelssohns Wünschen zu ändern, konnte aber nicht einsehen, warum der Komponist bei einer «féerie» sich streng an Formprinzipien des klassischen Dramas halten wollte und überall strengste Motivierung forderte. Daran zerschlug sich schließlich das ganze Projekt.

Nun entwickelte sich ein häßlicher Theaterstreit in London, in dem die Konkurrenten Lumleys versuchten, ihn im besten viktorianischen Stil zugleich moralisch und finanziell zu ruinieren. Mendelssohn nahm an den Skandalprozessen, in denen sein Name immerhin eine beträchtliche Rolle spielte, gar keinen Anteil. Als Lumley weiterhin öffentlich zu verstehen gab, daß Mendelssohn an einer Oper für sein Theater arbeite (was nun nicht ganz der Wahrheit entsprach), sandte der Meister ihm das ganze Libretto mit Scribes Entwürfen, begleitet von einem kalt-höflichen Absagebrief, zurück.[52] Wieder war Mendelssohn durchaus nicht im Recht; und wieder war es ein «Sturm im Teekessel», wie schon einst in Düsseldorf.

Auch Mendelssohns ständiger englischer Übersetzer seiner Lieder und Oratorien, Mr. Bartholomew, unterbreitete ihm einen Opernplan, und sogar der Kritiker und Publizist Chorley spielte mit einem Opernsujet für unseren Komponisten. Aber wie so oft, verderben zu viele Köche den Brei. Bei allen diesen Plänen kam Mendelssohn merkwürdigerweise niemals mit einem wirklichen Dramatiker in Berührung, wie etwa mit Hebbel oder mit Otto Ludwig, der doch in Leipzig studierte und Mendelssohn persönlich gekannt hat. Man muß sich allerdings fragen, ob Mendelssohn erotisch-morbide Stoffe wie die *Judith* oder *Gyges und sein Ring* als Opernlibretti als sympathisch beurteilt hätte; sie wären ihm wahrscheinlich nicht «deutsch» genug gewesen; aus demselben Grund hätte er sich schwerlich für Ludwigs *Makkabäer* begeistern können, während er bei der *Agnes Bernauerin* das kleinbürgerlich-sozialproblematische Milieu getadelt hätte. Man konnte es ihm eben nur schwer recht machen, denn er war, was die Oper betrifft, ein «gebranntes Kind».

Wenn man die Reihe der Opernpläne Mendelssohns überblickt, muß man gestehen, daß der Meister nur zweimal wirklich brauchbare Textbücher vor sich hatte: Devrients *Hans Heiling* und Shakespeare-Scribes *Sturm.* Beide hat er aus Beweggründen, in denen sich ästhetische und ethische Forderungen seltsam mischten, ausgeschlagen. Wir wissen aber von Mozart, Wagner, Verdi und Richard Strauss, daß ein Komponist seinem Textdichter zwar kritisch, aber nicht pedantisch und mit doktrinären, ästhetisch-moralischen Vorurteilen belastet gegenübertreten darf. Was hätte Mendelssohn z. B. zum 1. Akt der *Walküre* gesagt, in dem der Bruch des Gastrechts, Ehebruch, Blutschande und Raub musikalisch glorifiziert werden? Es sind aber gerade diese Szenen, die uns beim Lesen schaudern lassen, welche den Zuschauer packen wie vielleicht kein anderer erster Akt Wagners.

V. DIE WERKE DER JAHRE 1845 UND 1846

In dieser verhältnismäßig ruhigen Zeit sind außer dem *Elias* noch einige bemerkenswerte, aber häufig übersehene Werke entstanden.

Quintett in B-dur op. 87

Das Werk wurde im sorgenfreien Sommer 1845 in Frankfurt komponiert und trägt, mit Ausnahme des langsamen Satzes, manche Spuren jener glücklichen Tage. Es ist von Anfang bis zu Ende eine lyrische Komposition, wendet sich aber von den stereotypen Lyrismen der *Lieder ohne Worte* ab.

Der schwungvoll-feurige *erste Satz* hält nicht ganz das Versprechen der klaren Zielstrebigkeit, welches das Dreiklangsthema gibt. Die schöne Reprise aber zeigt, daß das Hauptthema eine Entwicklung durchgemacht hat. Die feine kontrapunktische Coda, die das zweite Thema ausführt, bringt den Satz zu einem harmonischen Ende. Der *zweite Satz*, ein *lyrisches* Scherzo (also kein Elfenreigen), ein rhythmisch pikantes Gebilde, macht von Akzentrückungen und Pizzicati reichlich Gebrauch. Es ist einer von Mendelssohns Sätzen, die jeden Musiker schon durch die Eleganz ihrer Faktur bestechen. Man hat ihm diese Eleganz oft vorgeworfen und sie kurzerhand «oberflächlich» genannt. Mit wenigen Ausnahmen (einige Kammermusiksätze von Brahms, Richard Strauss, Maurice Ravel, Paul Hindemith, Poulenc, Milhaud, Tschaikowsky, Saint-Saëns, Elgar) ist aber diese Kunst eleganter und formsicherer Quartettsätze verschwunden. Nichts von dieser Glätte hat der *dritte Satz,* eine Adagio-Elegie. Sie beginnt mit einem hochpathetischen Thema, das sich seltsam in clair-obscuren Klängen entfaltet. Dabei schwankt die Terz der Dreiklänge fortwährend zwischen dur und moll. Der Satz erreicht seinen Höhepunkt in einer orchestral konzipierten Fassung des Elegiethemas und endet mit dramatischen Tremolos. Das *Finale* steht nicht auf der Höhe der übrigen Sätze. Es ist zwar rhythmisch wechselvoll, enthält reiche Synkopation, sogar manche asymmetrischen Phrasen, eine bei Mendelssohn allzu seltene Erscheinung, aber die Thematik ist schwach. Am besten wirkt die Mischung von konzertantem und kontrapunktischem Stil in der Coda. Es war das eine Synthese, die Mendelssohn sehr liebte und in der er gelegentlich brillierte. Manche seiner Orgel-Improvisationen scheinen diesen Stil besonders gepflegt zu haben.

Lauda Sion op. 73, für Chor, Soli und Orchester.

Wir haben schon anläßlich der italienischen Reise des jungen Mendelssohn auf dessen Einfühlungskraft in den Geist der katholischen Liturgie hingewiesen. Jedoch hat er sich niemals damit identifiziert. Eine Reihe von kleineren lateinischen Motetten bezeugt des Komponisten Sinn für das römische Zeremonial. Doch sei nicht vergessen, daß er sich schon vor der Italienreise mit Andacht und Respekt um katholisch-liturgische Texte bemüht hat, z. B. in seinem großen *Te Deum* (unveröffentlicht), *Tu es Petrus*, *Jube Domine* und der strengen Antiphona für 16stimmigen A-cappella-Chor *Hora est* (MS). Nun war der reife Meister mit einem Text konfrontiert, der nicht nur das dogmatische Element der katholischen Kirche betont, sondern im besondern das Mysterium der Fleischwerdung Jesu verherrlicht. Leider ist ein großer Philosoph nicht immer ein guter Dichter! Thomas von Aquin, der Autor des *Lauda Sion,* ist seinem erhabenen Stoff dichterisch nicht ganz gerecht geworden. Das liegt vor allem am kurzatmigen Metrum der Verse; jede Zeile hat nur 7 oder 8 Silben:

Lauda Sion salvatorem	Lob', Sion, den Weltenwalter
Lauda ducem et pastorem	Lob den Führer und Erhalter
In hymnis et canticis.	In Gesang und Melodien.

(8) ´– – ´– – ´– – ´– –
(8) ´– – ´– – ´– – ´– –
(7) ´– – ´– – ´– – ´–

Jede Strophe besteht aus sechs solchen Versen, die ganze Sequenz enthält zwölf solcher Strophen, die mit wenigen Abweichungen alle an dem monotonen Versmaß festhalten.

Mendelssohn hat das Problem sehr wohl erkannt und im allgemeinen bewundernswert gemeistert. Von der metrischen Schwierigkeit des Textes abgesehen, hatte aber der Schüler Schleiermachers und Hegels, der Sohn des Deisten Abraham, der Enkel des traditionellen Juden Moses Mendelssohn, die Dogmatik und Mysterienlehre der Kirche musikalisch zu deuten und zu verherrlichen. Wir haben schon früher auf seine – für einen protestantischen Musiker – revolutionäre Forderung hingewiesen, daß eine gute Kirchenmusik «mit fortdauernder Erinnerung an den kirchlichen Zweck» geschrieben sein müsse. Daher gab er seinen englischen Freunden, die das *Lauda Sion* im Konzertsaal aufführen wollten, zu bedenken, «daß es sich kaum ohne katholische Kirche und Zeremonien gut ausnehmen» könne.[53]

Mendelssohn hat also für die protestantische und die katholische Kirche Musik geschrieben, auch die Synagoge bedacht, wie wir schon gesehen haben. In einem solchen Fall muß sich aber die Frage nach der geistigen Identität, nach der wahren Gesinnung des Komponisten erheben, und sie ist in der Tat nicht leicht zu beantworten. Vielleicht kann man sie im Falle Mendelssohns in der folgenden Weise lösen: der Synagoge seiner Ahnen war er entfremdet, doch er stand ihr mit dem Bewußtsein einer jahrtausendalten Verpflichtung gegenüber; der katholischen Kirche war er fremd, aber er respektierte sie und ganz besonders ihre großartige Förderung der Musik; in der evangelischen Religion war er zu Hause. Der Enkel Moses', des Emanzipationspredigers, war dem Judentum noch menschlich nahe, der katholischen Kirche musikalisch verbunden, im Protestantismus aber fand er Erfüllung. Dennoch kann man sich des Gedankens nicht erwehren, daß Mendelssohn, der Werke für alle drei Religionen und ihre Liturgien komponierte, streng genommen keine von ihnen als Heimat angesehen hat. Es wurde schon in einigen Fällen gezeigt, daß sowohl traditionell-jüdische, wie alte gregorianische Formeln in seinen Werken Aufnahme gefunden haben und dort offenbar «zu Hause» sind. Zwei Erklärungen für diese scheinbare Unaufrichtigkeit lassen sich denken: Die erste würde auf dieselben mißverstandenen Gedanken seines Großvaters zurückgreifen, die schon Abraham zur Rationalisierung seiner Taufe ins Treffen geführt hatte; die andere Deutung würde den Unterschied zwischen subjektiver und objektiver Wahrheit betonen: Felix war subjektiv von der Echtheit seiner Gesinnung überzeugt, ohne zu bedenken, daß sie, objektiv gesehen, zumindest fragwürdig war.

Im *Lauda Sion* hat er der katholischen Kirche einen großartigen Tribut gezollt. Wenn K.G. Fellerer, einer der besten Kenner der Geschichte der Kirchenmusik, bemerkt, daß der «große Aufschwung liturgischen Fühlens in der Romantik der ersten Hälfte des 19. Jahrhunderts in der Mitte des Jahrhunderts erstarrt war, und daß nur durch organisatorische Maßnahmen die Reform der katholischen Kirchenmusik unter diesen Verhältnissen Fortschritt machen zu können schien...»[54], so ist von diesem Petrifikationsverdikt Mendelssohn, der Nicht-Katholik, entschieden auszunehmen. Von den bedeutenden Komponisten zwischen Cherubini und Bruckner war es ihm und Liszt gelungen, echte liturgische Musik für die katholische Kirche zu schreiben und sie dabei um Meisterwerke zu bereichern.

Die zwölf Strophen des Textes gliedert Mendelssohn in acht Abschnitte von verschiedenartiger Struktur und Stimmung. Rudolf Werner bemerkt mit feinem Verständnis für das Werk, daß auch in der Wahl der klanglichen Mittel (Chöre, Sopransoli, Soloquartett) reiche Abstufung herrsche und schon dadurch die Gefahr der Monotonie, die wegen der spröden Form, aber auch durch den streng-dogmatischen Inhalt nahe lag, gebannt wurde.[55] In diesem Werk hat Mendelssohn seinen sonstigen

Vorbildern Bach und Händel ganz deutlich den Rücken gekehrt; dafür knüpft er an die Italiener des Hochbarocks, etwa an Caldara, Pergolesi, Jomelli an. Neben streng-liturgischen Unisoni des Chores stehen bezaubernde Quartette; die Musik nähert sich der sanft geschwungenen Melodienlinie der Italiener des Barocks; an manchen Stellen nimmt er die Farbengebung des reifen Verdi vorweg (der von Mendelssohn manches gelernt hat). Am nächsten steht er hier der geistlichen Musik Cherubinis, ist aber erfindungs- und kontrastreicher als dieser. An harmonischer Pracht und klanglichem Wohllaut übertrifft dieses Werk alle anderen kirchlichen Kompositionen des Meisters. Aus der Fülle der Erscheinungen greifen wir nur einige wenige heraus:

Mendelssohn hielt sich nicht an den traditionellen Cantus firmus der Sequenz, aber er benützt einige Motive davon, schmiedet sie um, und erzielt so neue Cantus, mit denen er den Großteil des Werks bestreitet. Das feierlich intonierte Hauptthema setzt überraschend auf dem Quartsextakkord ein. Einige der vom regelmäßigen Versmaß abweichenden, dogmatisch wichtigen Sätze, wie z. B. «Dies enim solemnis agitur» vertraut der Komponist dem einstimmigen Männerchor in einer Psalmodieformel an. Das Soloquartett «In hac mensa novi regis», ein melodisch und kontrapunktisch bezauberndes Stück, beginnt in enger Nachahmung:

Musikbeispiel 65, 1

Musikbeispiel 65, 4

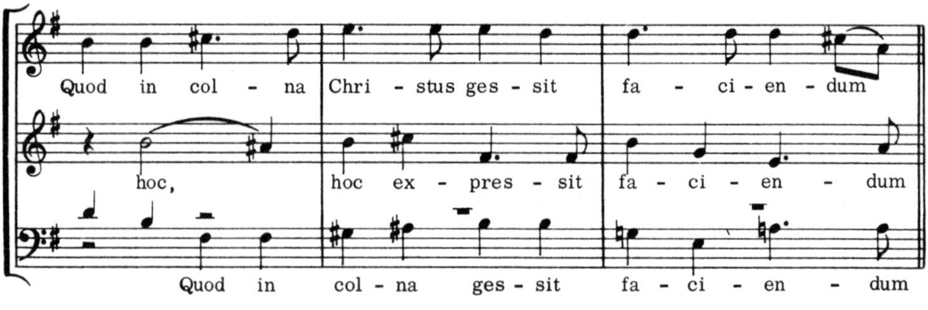

Musikbeispiel 65, 5

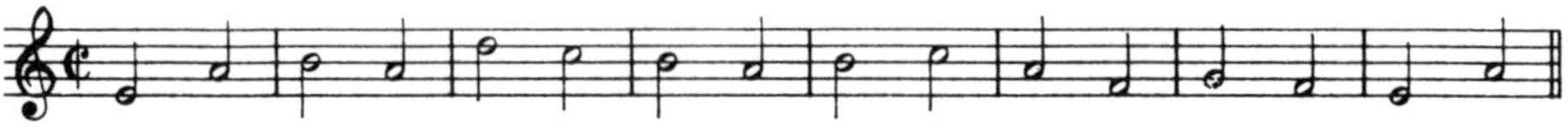

Zu Ende des Satzes führt der Meister das Thema in vierstimmigem Kanon ein, der sich so lieblich und zwanglos entfaltet wie eine Blüte. Der ganze Satz atmet die verklärte Schönheit einer reinen Gläubigkeit. Die folgenden Sätze verherrlichen in figurierten Chorälen das Mysterium der Fleischwerdung. Ursprünglich waren hier noch einige Stücke angeschlossen oder anders angelegt, wie wir aus der oben erwähnten Arbeit Van den Lindens wissen. Eine Engelsstimme erklingt in «Caro cibus», einfach, sanft und rein; scharf dagegen gestellt wird das an Tod und Gericht mahnende «Sumit unus, sumunt mille»; mit Recht bemerkt Rudolf Werner eine echte «Dies irae»-Stimmung darin. In der Tat erinnert es an das «Rex tremendae majestatis» in Mozarts *Requiem*. Die letzten Sätze nehmen in ihrer objektiven Ausmalung des Textes schon Faurésche Klänge und Konzeptionen voraus.

Das machtvolle, stilreine und klangschöne Werk ist ganz zu Unrecht so gut wie vergessen. Dies ist ausschließlich unser Verlust, und nicht etwa einer unserer Zeit fremden, subjektiv-romantischen Konzeption der Liturgie (à la Berlioz) vonseiten Mendelssohns zuzuschreiben. Nichts wäre unrichtiger! Das *Lauda Sion* ist in seiner beinahe barocken Großzügigkeit dem *Te Deum* Bruckners, dem *Te Deum* Verdis durchaus ebenbürtig

Die Deutsche Liturgie (ohne Opus-Nummer; nur teilweise veröffentlicht)

Es klingt paradox, aber es ist wahr: die Komposition der *Deutschen Liturgie* fiel Mendelssohn schwerer als die des *Lauda Sion*. Das lag aber an der überaus starren protestantischen Liturgie, die in Preußen *gesetzlich* festgelegt war – der König von Preußen war zugleich der höchste Bischof seiner Landeskirche. Wie schon erwähnt, bildete die «neue» Agende den Stein des Anstosses. Diese Agende oder Liturgieordnung, die unter Friedrich Wilhelm III. eingeführt worden war (1816–21), war schon von Schleiermacher angegriffen worden.[56] Doch setzte sie sich (auch ihre musikalische Version von Naue, siehe oben) allmählich in Preußen durch, wurde Opponenten auch gelegentlich durch administrative Machtmittel aufgezwungen.

Im wesentlichen bewahrt die Preussische Agende – sie wurde erst 1894 entscheidend revidiert – den Anschluß an die Messe, wie sie etwa zur Zeit der Reformationskämpfe im Gebrauch war. Im folgenden werden nur die musikalischen Teile der Agende besprochen, oder solche, für welche Musik zumindest erlaubt war. Diese Stücke waren:

1. Gesang der Gemeinde
2. Ein Spruch mit Gnadenverkündigung
3. Chor («Ehre sei dem Vater»)
4. Chor (Kyrie eleison)
5. Halleluja
6. Schlußgesang (Predigtchoral)
7. Chor («Christe, Du Lamm Gottes»)
8. Gemeindegesang (Choral)

Hier wird eine ziemlich klare Unterscheidung zwischen dem Chor (d. h. dem organisierten Chor aus Laien oder Berufssängern, die der Kirche zur Verfügung stehen) und dem Gesang der Gemeinde gemacht. Sowohl der Pietismus des 17. und beginnenden 18. Jahrhunderts wie der Rationalismus des 18. und frühen 19. Jahrhunderts standen dem Kunstgesang des Chores meistens feindlich, im besten Falle indifferent gegenüber; viele kryptocalvinistische Strömungen verbargen sich unter den scheinbar musikalischen Streitschriften.[57] Die wirkliche Funktion des Kunstgesanges in der protestantischen Liturgie ist heute noch ein von Theologen, Ästhetikern und Musikern umstrittenes Kapitel. Die Fragen des Gemeindegesanges oder der Responsen der Gemeinde wurden damals kaum objektiv erörtert.

Es konnte für Mendelssohn keinen Zweifel geben, auf welcher Seite er stehen sollte. Er vertrat durchaus Schleiermachers Ansicht: «Der Chor ist der künstlerische Ausschuß der Gemeinde. Soll die Musik in einer höheren Kunstform hervortreten, so geschieht es im Chor. Eine große Kunstausbildung läßt sich nicht von der ganzen Gemeinde postulieren; hat aber die Gemeine die Mischung wahrer Bildungsstufen, so fehlt es nicht an künstlerisch gebildeten, und das Zusammentreten derselben bildet den Chor, und hier läßt sich das musikalische Element in einer größeren Mannigfaltigkeit hervorheben.»[58]

Nach der Einführung der Agende bemühen sich viele Musiker, eine ihr angemessene Musik zu finden oder selbst zu schreiben. So schlägt z. B. Fr. T. Rohleder folgende Ordnung vor:

1. Introitus (Choralvorspiel und Gemeindechoral)
2. Kyrie
3. Gloria oder Magnificat
4. Choral (auch in Form eines Credo)
5. Graduale-Doxologie-Halleluja
6. Hauptlied (Choral) [hier meint der Verfasser den Choral nach der Predigt]
7. Agnus Dei
8. Vater Unser (gesprochen oder gesungen)
9. Gratiarum actio
10. Schlußvers des Chorals.

Ein Sanctus oder «Heilig» sieht der Verfasser nur für die hohen Festtage vor.[59] Doch war Rohleder keineswegs der erste mit seinen Vorschlägen. Am besten bekannt wurde Naues Agende, über die schon berichtet wurde. In seiner Revision des Werkes zu Anfang der vierziger Jahre ist Naue vielfach von seiner früheren starren

Orthodoxie abgewichen.[60] Dennoch läßt er eigentlich nur A-cappella-Gesang gelten, und Altargesang wie Kirchenkantate werden nur geduldet; selbst der Gemeindegesang wird aufs Unumgängliche eingeschränkt.[61] Gegenüber solchem Purismus sah Mendelssohn die Funktion seiner *Deutschen Liturgie* darin, innerhalb des umstrittenen Bezirks der protestantischen Kirchenmusik ein Exempel zu statuieren. Er hielt die Chorsätze (a cappella) einfach und leicht singbar, ohne jede Hinwendung zur gregorianischen Psalmodie, so daß vielleicht Teile davon «schließlich auch der Gemeinde zugänglich werden» sollten. Die (unveröffentlichten) Responsen waren von vornherein für den Gemeindegesang bestimmt.

Wie eng sich der Meister an alte liturgische Konzeptionen gehalten hat, mag man aus seinem «Heilig» ersehen:

Musikbeispiel 66

Wie in den anderen Stücken der *Deutschen Liturgie,* so hat Mendelssohn auch hier achtstimmigen Doppelchor verwendet; aber nicht etwa, um dadurch alle möglichen kontrapunktischen Künste spielen zu lassen, auch nicht, um den Wohllaut der Stücke zu erhöhen, sondern, um die alte theologische Vorstellung der Engelchöre, die «incessabili voce» den Herrn der Welt preisen, musikalisch zu versinnbildlichen. Dieses Stück ist daher von der konzertanten Natur des Sanctus in Bachs *h-moll-Messe* weltenweit verschieden. Harmonik und Stimmführung sind von größter Einfachheit, und gerade dadurch wird der streng-erhabene Charakter echt liturgischer Musik aufs neue bestätigt. Dabei aber hat das Stück den Goldklang reiner A-cappella-Musik und hält sich von der etwas mühseligen Frömmigkeit der Motetten Moritz Hauptmanns durchaus ferne. Es ist sehr schade, daß diese in Haltung und Geist wahrhaft protestantische Kirchenmusik der Vergessenheit verfallen ist. Wird jemand sie daraus erwecken?

Die volle Reife von Mendelssohns Kirchenmusik erweist sich in den *Drei Motetten* op. 69, die zunächst für England bestimmt waren und deren deutsche Texte daher gelegentlich vom biblischen Wortlaut abweichen. Es sind die Cantica: «Herr, nun läßest Du Deinen Diener in Frieden fahren» (Nunc dimittis); «Jauchzet dem Herrn» (Jubilate Deo) und «Mein Herz erhebet Gott den Herrn» (Magnificat).

Von diesen ergreifenden, echt liturgisch angelegten Meister- und Musterwerken greifen wir das letzte heraus, das deutsche (eigentlich englische) *Magnificat.* Neben *Psalm 114,* dessen Musik vielmehr den majestätischen Ton des Psalms nachbildet, ist dieses *Magnificat* ein Ausdruck frommer und gottesfürchtiger Demut. Ja, Mendelssohn gebraucht darin viele Kunstmittel des Kontrapunkts; aber anders als in seinen Jugendwerken, wo er seine polyphone Kunstfertigkeit paradieren läßt, ist sie hier nur Mittel zum Zweck einer vollen und durchdachten Integration des Stimmengewebes – der Laie wird sie kaum bemerken oder bestenfalls als Steigerung des Ausdrucks verstehen. Mendelssohn liebte das Wort: «Ars est velare artem» (es ist eine Kunst, die Kunstfertigkeit zu verschleiern), und er hat es in diesem klangschönen und fromm empfundenen Werk in die Tat umgesetzt. Die Kraft seines Ausdrucks zeigt sich in jedem Teil der Motette, und ein Beispiel mag für viele stehen:

Musikbeispiel 67

Leider wird das Werk nur selten zu Gehör gebracht und sollte von einem guten Chor auf Schallplatten aufgenommen werden! Hermann Kretzschmar nannte es «eine der bedeutendsten Leistungen der neueren Zeit im A-cappella-Stil überhaupt».[62]

Über seine eigenen Beiträge hinaus war Mendelssohn bemüht, andere führende Komponisten zur Schöpfung protestantischer Kirchenmusik persönlich oder durch die Berliner Behörden anzuregen. In einem Memorandum an Minister von Redern schlägt der Meister, großherzig wie immer, eine Reihe von zeitgenössischen Komponisten zur Mitarbeit für den Domchor vor. Er fügt hinzu: «In musikalischer Hinsicht wäre dabei wohl nur zu bemerken, daß die Komposition des Psalmes nach der Lutherschen Übersetzung ohne alle Instrumental-Begleitung (a cappella) erforderlich sei»[63]; Wortwiederholungen sollen womöglich ganz vermieden, und die «Figurierung» (Koloraturgesang) soll auf ein Minimum herabgesetzt werden. Er schlägt die folgenden Komponisten vor: L. Spohr für Ps. 47 (Himmelfahrt); C. Loewe für Ps. 68 (Pfingstfest); M. Hauptmann für Ps. 51 (Bußtag); A. H. Neithardt für Ps. 66 (Ostern) und L. Granzin (Organist in Danzig) für Ps. 8 (Sonntag nach Pfingsten). Die *Deutsche Liturgie* war seine letzte Bemühung um die protestantische Kirchenmusik; verglichen mit den Motetten und Kantaten seiner Jugend, bedeutet sie einen gewaltigen Schritt vorwärts zu einem «gereinigten» Stil liturgischen Gesanges, aber auch zu einem sich nun anbahnenden neuen Stil geistlicher Musik bei Mendelssohn selbst. Der Verzicht auf äußere Mittel, die Beschränkung auf das allereinfachste Tonmaterial deutet eine Stilwandlung zum Schlicht-Erhabenen an, die Großes erwarten läßt. Der Meister hat leider diese Versprechen nicht mehr einlösen können – sein Schaffen und sein Leben neigten sich zum Ende.

ZWISCHENSPIEL IV

DER «ELIAS»

«Herr, es wird Nacht um mich;
Sei Du nicht ferne!»

Mendelssohns Paraphrase von 1. Kön. 19, 9

Es ist nicht leicht, dieses Oratorium gerecht zu würdigen. Obwohl manche Teile des großen Werks komplex und oft uneben erscheinen, hat die Nachwelt es als das *chef d'œuvre* Mendelssohns angesehen, und Autoritäten vom Rang Sir George Groves, Hermann Kretzschmars und Alfred Einsteins nannten es das größte Oratorium des 19. Jahrhunderts. Wir wollen daher, um dem Oratorium objektiv gegenübertreten zu können, zunächst die Entstehungsgeschichte des *Elias,* sodann die Hauptprobleme des Textes und der Musik untersuchen.

Die ersten Anhaltspunkte für Mendelssohns Interesse an diesem Stoff gehen auf das Jahr 1836 zurück.[1] Der große Erfolg des *Paulus* hatte seine Lust geweckt, ihm ein zweites, noch größeres Oratorium folgen zu lassen. Er wandte sich an Klingemann mit der Bitte, ihm doch einen passenden Text zu schaffen. Damals war es ihm beinahe gleich, ob Klingemann «St. Peter, Elias, oder gar den König Og von Baschan» als Hauptperson des Oratoriums wählen würde. Im Verlauf des Briefwechsels wird der ohnehin nur scherzhaft herangezogene Og von Baschan nicht mehr erwähnt und Klingemann die Wahl zwischen St. Peter, Elias und vielleicht König Saul gelassen. Leider ist Mendelssohn auf diesen größten tragischen Stoff des Alten Testaments nicht mehr zurückgekommen.[2] Als Hochzeitsgeschenk erbittet er sich ein fertiges Textbuch für sein nächstes Oratorium, jedenfalls ein origineller Wunsch. Während seines nächsten englischen Besuches bemühten sich die beiden Freunde, zunächst einen brauchbaren Entwurf für das Textbuch eines Elias-Oratoriums zustande zu bringen. Allein Klingemann wollte und wollte sich für die Gestalt des Elias nicht begeistern. Mendelssohn war ernstlich verstimmt darüber, und im Briefwechsel finden sich unerfreuliche Spuren dieser vorübergehenden Entfremdung. Mendelssohns Interesse für den Elias-Stoff muß aber in England bekannt geworden sein, denn im Jahre 1837 erhielt er gleich zwei Libretti für ein Elias-Oratorium. Das eine stammte von einem Mr. Charles Greville, der ihm im Dezember sein Textbuch zusandte, und im Begleitbrief hinzufügte: «Ich weiß, daß ich es mit einem Gentlemann von Ehre zu tun habe und bin sicher, daß mir das Buch zurückgesandt werden wird, wenn es sich für musikalische Bearbeitung nicht eignen sollte ...»[3] Ein englischer Geistlicher, der Rev. James Barry, ließ Mendelssohn seine Bearbeitung des «Elijah», das er «a metrical libretto» nannte, vorlegen. Der

Komponist dankte höflich, bemerkte aber, daß die Bearbeitung für seine Zwecke zu lang sei und sandte das Manuskript zurück, nicht ohne sein lebhaftes Interesse kundzugeben.[4]

Da Klingemann weiterhin indifferent blieb, gab Felix, wenn auch ungern, die Hoffnung auf, hier etwas zu erreichen.[5] Er zeigte die Entwürfe, die er mit Klingemann in London begonnen hatte, seinem alten Freund und theologischen Berater Schubring, der sich sofort dafür interessierte. Es entspann sich nun ein langer Briefwechsel zwischen den beiden, der im wesentlichen dem *Elias*-Projekt gewidmet ist. Doch scheint von 1839 an Mendelssohns Interesse zu erlahmen, und das Thema «Elias» verschwindet nun aus seiner Korrespondenz. Möglicherweise hatte Felix den letzten Vorschlag Schubrings, Christus dem Elias erscheinen zu lassen, für so absurd gehalten, daß er für den Augenblick den Plan fallen ließ.

In der Tat: der *Elias* wäre nie geschaffen worden, wenn Mendelssohn nicht von Mr. Moore, dem Manager des Birmingham Music Festival, formell eingeladen worden wäre, ein großes Oratorium für diese Institution zu schreiben. Nun erst wurde der seit sechs Jahren schlummernde Plan wieder ausgegraben. Abermals sprang der getreue Schubring ein, und der Text nahm langsam seine endgültige deutsche Form an. Doch wollte der Theologe immer noch neutestamentliche Texte einfügen und war auch mit musikalischen Ratschlägen freigebig, deren Felix gewiß nicht bedurfte. So empfahl er, bekannte Choräle (wie etwa «Aus tiefer Not») an Höhepunkten des Oratoriums anzubringen.[6] Glücklicherweise hat Felix diesen Rat nicht befolgt. Aber einer anderen Anregung Schubrings hat Mendelssohn Gehör gegeben: der Verdammungsspruch des Propheten soll der Ouvertüre vorangehen; diese soll die Wirkung der Hungersnot während der drei verfluchten Jahre darstellen.[7] Umgekehrt hat Schubring einer Marotte des Komponisten, der auf alle erzählenden Darstellungsmittel verzichten wollte, allzusehr nachgegeben.

Mendelssohn spürte genau, daß «bei einem solchen Gegenstand wie Elias ... das Dramatische vorwalten müsse – daß die Leute lebendig redend und handelnd eingeführt werden, nicht aber, um Gotteswillen, ein Tongemälde daraus entstehen [sollte], sondern eine recht anschauliche Welt ..., und das Beschauliche, Rührende, nach dem *Du* verlangst, müßte eben alles durch den Mund und die Stimmung der handelnden Personen auf uns übergehen».[8] Dieser Anregung hat Schubring so konsequent Folge gegeben, daß der Hörer nie genau wissen kann, wer nun spricht oder singt, wenn er nicht ein Textbuch zu Rate zieht. Diese Schwäche des Librettos ist schon früh erkannt, aber von niemandem gerechter und verständnisvoller beurteilt worden als von Otto Jahn, dessen Besprechung wir gelegentlich heranziehen werden; bis heute ist über den *Elias* nichts Treffenderes gesagt worden.[9] Die Form der Darstellung, die auf das erzählende Element ganz verzichtet, kritisiert Jahn in den folgenden Worten:

Es ist nämlich das epische Element der Erzählung ... ganz ausgeschieden, die handelnden Personen werden ohne Weiteres redend eingeführt. Dadurch tritt der Elias in der Form den Händel'schen Oratorien näher, von denen er sich indessen durch das schon angedeutete symbolische [christologische] *Element in manchen Chören und Sologesängen wiederum merklich unterscheidet... Mir ist sehr zweifelhaft, ob hier nicht ein Irrtum obwalte, ob man nicht mit dem Aufgeben des dem Wesen des Oratoriums ganz entsprechenden epischen Elements einen wahren Vortheil für die künstlerische Gestaltung aus den Händen lasse, um einem eingebildeten nachzugehen. Das Oratorium ist einer wahrhaft dramatischen Ausbildung nicht fähig. Was man gewöhnlich als dramatische Darstellung bezeichnet, ist dies im eigentlichen und wahren Sinn nicht, sondern nur charakteristische Darstellung...*[10]

Wie richtig Jahn die Darstellungsform des Werkes einschätzte, zeigt sich in der folgenden Äußerung Mendelssohns, die erst 1892 bekannt wurde:

Ich kann nämlich das halb Opernhafte der meisten Oratorientexte, (wo man sich mit allgemeinen Figuren, wie z. B. ‹ein Israelit›, ‹ein Mädchen›... durchhilft) gar nicht leiden, halte sie für schwach und mag dergleichen nicht mitmachen. Aber freilich ist das ewige ‹er sprach› usw. auch nichts Rechtes.[11]

Hier irrt Mendelssohn! Was er für halb-opernhaft hält, ist in Wirklichkeit rein episch, wäre also dem Oratorienstil eher angemessen als dem Theater. Über die heikle Grenzlinie zwischen Drama und Oratorium, die im *Elias* oft verwischt ist, läßt sich Otto Jahn, der mit der griechischen Tragödie, der klassischen Oper und dem Oratorium gleichermaßen vertraut war, in eindringlichen Worten aus:

Je mehr das Oratorium sich... äußerlich dem Drama zu nähern sucht, umso fühlbarer wird es werden, daß ihm das Wesentliche dazu abgeht. Da es zu einer wirklichen Handlung nicht gelangen, den fortlaufenden Faden einer Begebenheit aber nicht entbehren kann, so wird man zu manchen Künsteleien gezwungen, wenn man die natürliche Form der Erzählung vermeiden will, und eine vollkommene Klarheit und Deutlichkeit doch nicht leicht erreichen. Die ruhigere Erzählung, für welche das Recitativ eine so vortreffliche Form ist..., bildet einen Grund, auf dem die charakteristisch ausgeführten Situationen hervortreten. Dagegen, wenn alles den handelnden Personen als selbständige Rede in den Mund gelegt ist, wird eine fortwährend gesteigerte Charakteristik erfordert, die leicht mit dem Gegenstand in Widerspruch geräth oder in Einzelheiten zerfällt und ermüdet.[12]

Soweit sind nun weder Mendelssohn noch Schubring gegangen, aber die erzählende Form haben sie ganz vermieden. Damit erhebt sich die Frage, nach welchen Gesichtspunkten Schubring den Text eigentlich gestaltet habe.

Sei es gleich hier ausgesprochen: der Text des Oratoriums stammt zwar aus der Heiligen Schrift, ist aber ein Potpourri von religiöser Fanatik und salbungsvoller Pastoren-Frömmigkeit. Diese zwei Komponenten harmonieren schlecht miteinander. Eine organische Verbindung historischer Texte aus der wilden Königszeit Israels mit biblischen Poesien reineren Geistes war wohl kaum möglich, und Schubring war einer solchen Aufgabe auch nicht gewachsen. Daher muß dieser teils blutrünstige, teils großartig-visionäre Text den denkenden Laien abstossen, den Theologen befremden. Denn vom theologischen Standpunkt, sei er nun jüdisch oder christlich, ist er nicht nur beleidigend naiv, sondern geradezu unhaltbar. Er stellt grundverschiedene Elemente des Alten Testaments, das vom Buch der Richter an bis zum Psalter und dem Deuterojesaja ein volles Jahrtausend religiöser und ethischer Entwicklung widerspiegelt, ruhig nebeneinander, als ob sie völlig homogen wären, und das Alte Testament selbst ein unteilbares Ganzes. Man lese aber ein Kapitel aus Jesaja oder etwa Psalm 23, und die gewaltige Entwicklung der Theologie des Alten Testaments wird dem Leser sofort bewußt werden: von Jahwe, dem Sturm- und Feuergott eines kleinen Beduinenstammes, zum Weltengott, dem Schöpfer des Universums, dem göttlichen Gesetzgeber, dem Gott der Nächstenliebe: vom anthropomorphen Glauben an einen Wüstengott zum universalen ethischen Monotheismus führt die Theologie des Alten Testaments. Für Schubring existiert eine solche Entwicklung überhaupt nicht; ja, wie wir aus seinem Briefwechsel mit dem Komponisten ersehen, wollte er die von ihm postulierte theologische Einheit des Alten Testaments noch mit einem neutestamentlichen Schlußchor besiegeln. Das wäre zwar ganz im Sinn orthodoxer Christologie gewesen, hätte aber eine Konfusion schlimmer Art gestiftet, und hauptsächlich darum winkte Mendelssohn ganz entschieden ab.[13]

Die Begeisterung unseres Meisters für den biblischen Text hat ihn, der weder Theologe noch Althistoriker war, verführt, das Alte Testament ganz naiv hinzunehmen. Es wäre die Aufgabe Schubrings, des Theologen, gewesen, Mendelssohn auf diesen Laienirrtum aufmerksam zu machen: die Bibel gibt sich zwar naiv, diese Naivität aber ist trügerisch, und manchen Versen oder ganzen Kapiteln liegen ganz bestimmte, zeit- und ortgebundene Vorstellungen zu Grunde. Daher war strengste Historizität geboten, und Jesaja darf nicht als Kronzeuge für Elias herangezogen werden.[14] Jedoch Schubring genügt selbst die Beschränkung auf das Bibelwort nicht, das für ihn zeitlos ist und daher keiner historischen Differenzierung unterliegen darf. Der Entwurf Mendelssohns scheint ihm zu «objektiv», zwar «interessant und aufregend», aber weit davon entfernt, «das Herz des Hörers andächtig und erbaulich» zu stimmen. Das sind nun Erwägungen und Kriterien liturgischer Musik, aber keineswegs notwendige Postulate eines für den Konzertsaal bestimmten Werkes. Schubring scheut sich nicht, Mendelssohn zu bedeuten, daß er wählen müsse zwischen einer echten «Kirchenmusik» oder einem Tongemälde in der Art der *Ersten Walpurgisnacht,* die er spöttisch-abfällig – natürlich, denn die Christen kommen dabei nicht gut weg – «Blocksberg-Cantate» nennt. Sieben Jahre später taucht derselbe Vergleich wieder auf; diesmal aber ist es Mendelssohn, der sich scharf dagegen verwahrt, eine «biblische Walpurgisnacht» schreiben zu wollen.[15] Als sich die Arbeit am Libretto ihrem Ende nähert (1846), beginnt Mendelssohn den Mangel einer einheitlichen Handlung zu fühlen, weiß aber selbst keinen richtigen Ausweg. So bittet er Schubring um recht viele schöne Texte für «Arien, Betrachtungen, Kernsprüche, und alles andere auch».[16] Man sieht, Librettist und

Komponist gehen naiv und nicht völlig einig in ihren Absichten an die große Aufgabe heran: Schubring will reine, erbauliche Kirchenmusik, Mendelssohn dramatisch-religiöse, Schubring kümmert sich weder um historische noch um ästhetische Fragen, betont aber kräftig das Orthodox-Theologische, Mendelssohn dagegen fürchtet kirchlich-erbauliche Langeweile und sucht lyrische und «charakteristische» Texte. Die Höhe der theologisch-historischen Naivität wurde erreicht, als Schubring, nun schon zum drittenmal, vorschlug, das Oratorium mit einem Terzett zwischen Petrus, Johannes und Jacobus abschließen zu lassen. Das nannte Mendelssohn merkwürdigerweise «zu historisch und zu sehr aus der Haltung des [alttestamentlichen] Ganzen entfernt» und wollte von so groben Anachronismen nichts wissen.[17] Hier standen einander symbolische und historische Auffassungen der Person des Elias gegenüber; die erstere sieht in ihm nur den Vorläufer Jesu, die zweite einen kraftvollen, unbeugsamen Propheten aus Israels Königszeit. Felix konnte sich für keine Auffassung ganz entscheiden; daher erscheinen denn zu Ende des Werkes wirklich die «schönen Bibelstellen zur Auswahl», um die er Schubring gebeten hatte.[18] Die herangezogenen Verse alle sind Stücke aus großartigen prophetischen Gedichten, aber mit Elias haben sie nichts zu tun (ausgenommen Nr. 40). Damit aber wird die Deutung des Hauptcharakters, des Propheten selbst, problematisch. Auch in dieser Frage treffen Jahns Beobachtungen zweifellos eine Schwäche des Werkes:

Vergegenwärtigt man sich die einzelnen Züge des mit so großer Vorliebe dargestellten Elias zu einem Bilde vereinigt, so wird man finden, es ist nicht der eisenfeste Mann, der mit unbeugsamen Muthe dem König und dem Volke, das von Gott abgefallen ist, keiner Gefahr achtend, mit flammendem Wort entgegentritt, der Prophet des Herrn, der ein eifriger Gott ist und der Väter Missetat an den Kindern heimsucht, es ist nicht der harte Mann, der die Priester Baals selber schlachtet. Mendelssohns Elias ist vor allem der fromme Mann, der des festen Glaubens ist, daß Gott ihn erhört, wenn er zu ihm betet… aber Eifer und Härte sind nicht die Grundzüge seines Charakters. Er ist weich und mitleidig, tiefer Kummer faßt ihn, daß man seiner Warnung nicht achtet, und nur die Erscheinung Gottes richtet ihn wieder auf.[19]

Nach solchen Betrachtungen liegt die Frage nahe, ob nicht Mendelssohn, bewußt oder unbewußt, sich selbst im Elias gesehen und gespielt hat. Daß dieser Gedanke nicht ganz sinnlos ist, geht aus dem Huldigungsschreiben Prinz Alberts an unseren Komponisten hervor, worin er ihn mit dem Propheten Elias vergleicht (siehe nächstes Kapitel). Auch die nächsten Freunde des Meisters haben die Resignation, die aus der Arie «Es ist genug» spricht, als ein persönliches Bekenntnis schwindenden Lebenswillens gedeutet. Ein um neun Jahre jüngerer Felix hatte sich den historischen Elias als «einen Propheten gedacht, wie wir ihn heut zu Tage wieder brauchen könnten, stark, eifrig, auch wohl bös und zornig und finster, im Gegensatz zum Hofgesindel und Volksgesindel, und fast zur ganzen Welt im Gegensatz».[20] So hatte der 29jährige Mendelssohn gefühlt; nun, am Ende seines Schaffens, stand ein anderer Mensch, ein Schöpfer, der mit «Hof- und Volksgesindel» umgegangen war, kein Eiferer, sondern ein Mann, der für seine Grundsätze gekämpft und gelitten hatte. Er war berühmt geworden, aber «der Ruhm war bitter geworden in seinem Mund», wie er seinem Bruder gesteht.[21] Freilich, die Nachwelt hat ihn anders gesehen, vorzugsweise als den immer glücklichen («er hat ja nie ums Brot arbeiten müssen»!); so ist diese Legende, die die Nachwelt den Tatsachen immer vorziehen wird, in alle Bücher, ja in die Geschichte eingegangen. Wie dem auch sei, ein autobiographisches Element (dem Mendelssohn sonst sorgfältig ausgewichen war), ist beim *Elias* wohl kaum von der Hand zu weisen.

In diesem Zusammenhang sei noch zweier anderer Sphären gedacht, in die der *Elias* hineinreicht: die des Judentums und des Sakral-Visionären. Beide liegen dem Komponisten eigentlich fern. Er war, wie wir gesehen haben, dem Judentum seiner Zeit entfremdet, nicht aber der zeitgenössischen Judenheit. Sollten ihn zur Wahl seines Stoffes uralte Gefühle und Assoziationen bewogen haben? Diese Frage kann sicherlich verneint werden. Denn zwischen Elias und Petrus als den tragenden Personen seines Oratoriums hatte Mendelssohn lange geschwankt. Nicht theologische oder sentimentale Gründe hatten Mendelssohn bewogen, sich für Elias und nicht für Petrus zu entscheiden; denn Petrus macht weder in den Evangelien noch in der Apostelgeschichte eine sehr sympathische Figur. Die Episteln Petri sind doktrinär und trocken; wo er aber dramatisch und interessant wird – in seinem Martyrium – fehlt eine biblische Grundlage. Nichtkanonische Texte aber lehnte Mendelssohn grundsätzlich ab, zumindest für ein Oratorium.

Bemerkenswert ist im *Elias* die Betonung des Visionären. Mendelssohn hatte gewiß keine Neigung zur Mystik; weder Familie noch Erziehung und Umgebung hatten diesen Aspekt der Religion besonders geschätzt. Und dennoch, wir finden, daß sowohl im *Paulus* wie im *Elias* die Höhepunkte von sakral-mystischer Weihe getragen sind. Das war kein Zufall: wir hören von Hiller, daß Mendelssohn den Eliasstoff wegen seines Kernstückes wählte, der Erscheinung des Herrn vor dem Propheten.[22] Diese feierliche Szene hat Mendelssohn noch durch das mystisch intonierte «Heilig» der Engelchöre ins Erhabene gesteigert. Weder sein Vater noch sein Großvater – der von Engeln wenig hielt – wären mit Felix' Behandlung der Szene einverstanden gewesen. Auch der Text der Bibel weiß nichts von Engelchören, die den Herrn begleiten (1. Kön. 19, 12.13). Mendelssohn hat also die Vision Jesajas (6, 2.3) mit dem Bild verwoben, das er sich von Elias machte und das er musikalisch deutete. Diese schroffe Abkehr von aller historischen Schriftauslegung mag auf orthodox-christologische Gedanken zurückgehen; es ist aber wahrscheinlicher, daß Mendelssohn, der die letzten Stücke des Oratoriums mit Jesaja-Texten bestreitet, durch diese in den Bannkreis des größten Seher-Dichters der Bibel geriet und sich seine Visionen zu eigen machte.

Heute ist der *Elias* in Deutschland viel weniger bekannt und populär als in England und Amerika, wo er zum ständigen Repertoire der Chorfeste gehört. Daher verdient die englische Textfassung noch eine kurze Würdigung. Mendelssohn selbst hatte sie seinem langjährigen Mitarbeiter William Bartholomew anvertraut, der vorher schon die meisten seiner Lieder, den *Paulus* und den *Lobgesang* zur vollen Zufriedenheit des Komponisten übersetzt hatte. Und diese Zufriedenheit war nicht leicht zu erreichen! Denn Mendelssohn war in allen Fragen, die Texte – musikalische oder dichterische – betrafen, von einer Pedanterie, die einem klassischen Philologen wohl angestanden hätte. Die Uraufführung des *Elias* sollte im August 1846 stattfinden; erst Mitte Mai erhielt Bartholomew die jeweils fertiggestellten Partien des Oratoriums in einzelnen Sendungen. Seine Aufgabe bestand keineswegs nur darin, eine Übersetzung zu schaffen, die dem Rhythmus und der Phrasierung der Musik entsprach. Das Hauptproblem für Bartholomew lag auf anderer Ebene: Mendelssohn und Schubring hatten den Text aus Bibelstellen zusammengestellt, denen, wenn auch nicht immer wörtlich, Luthers Übersetzung zugrunde lag. Nun sollte Bartholomew einerseits der Musik Mendelssohns gerecht werden, anderseits seine englische Übersetzung so genau wie nur möglich mit der traditionellen englischen Bibelübersetzung, dem sogenannten «King James»-Text, in Einklang bringen. Das war eine sehr schwere Aufgabe, und Mendelssohn kritisierte mehr als er half. Von Mitte Mai bis Mitte August arbeitete Bartholomew Tag und Nacht, unermüdlich und geduldig, intelligent und verantwortungsbewußt an der englischen Übersetzung. Interessante Einzelheiten seiner Zusammenarbeit mit dem Komponisten finden sich in F.G. Edwards Buch über die Entstehungsgeschichte des *Elias*, auf das hier nochmals verwiesen sei. Das dort beigefügte Faksimile eines Briefes von Mendelssohn ist besonders eindrucksvoll: es enthält eine Fülle von Vorschlägen, Berichtigungen und Einwänden. Im allgemeinen dienen Mendelssohns Änderungen an Bartholomews Entwürfen mehr dem Text als der Musik, und sie zeigen immer wieder, wie innig Ton und Wort in des Schöpfers Sinn verbunden waren (z. B.: «Pray let always accent go first, esp. in the choruses! And Songs! And Recitatives!»). Dies gilt genauso vom englischen wie vom deutschen Text, denn aus dem Briefwechsel mit Bartholomew geht hervor, daß Mendelssohn, wo immer möglich, auf den Wortlaut der traditionellen englischen Übersetzung Bedacht nahm. Freilich, nicht jede Einzelheit ließ sich übertragen. Einen charakteristischen Fall dieser Art hat. D. F. Tovey herausgegriffen und beleuchtet. Die Ouvertüre, die dem Fluch des Propheten auf dem Fuß folgt, betont den Rhythmus der letzten Worte «Ich sage es denn»; aber bei der Uraufführung in Birmingham mußte Mendelssohn den Text, der den deutschen Rhythmus gewahrt hatte, ändern, da man es für eine Blasphemie gehalten hätte, die Stelle anders als in der «Authorized Version» zu zitieren: «But according to My word», was natürlich die musikalische Anspielung auf den Rhythmus des deutschen Textes, der in der Ouvertüre wichtig ist, völlig zerstört.[23] Hier ist die Eile in Betracht zu ziehen, mit der einige der wichtigsten Fragen entschieden wurden; noch am 3. Juli war sich Mendelssohn über die Funktion und vor allem über den Platz der Ouvertüre nicht im klaren. Als er Schubrings und Bartholomews

Vorschlag folgte, sie nach dem Fluch einzusetzen, war sie noch nicht geschrieben, und als Mendelssohn sie schrieb, war er sich der Unverletzlichkeit der «Authorized Version» noch nicht voll bewußt.[24] Aber im ganzen gesehen, ist Bartholomews Leistung doch bewundernswert – und wohl auch undankbar gewesen!

Wir wenden uns nun der Betrachtung musikalischer Einzelheiten zu.

Wie schon bemerkt, verfolgt das Oratorium keine fortlaufende Handlung, sondern besteht aus einigen Bildern oder Szenen: Nrn. 1–5; 6–9; 10–20. Das unvermittelt anpackende Eingangsmotiv und -rezitativ, der prophetische Fluch, schreitet mit schweren Posaunenklängen und drohenden Tritonusschritten einher. Es ist ganz kurz und sehr dramatisch gehalten.

Musikbeispiel 68a

Der Fluch

Musikbeispiel 68b

Der Fluch

Nun erst setzt die Ouvertüre ein; sie ist ein großer fugierter Satz von strenger Thematik und schildert die Wirkung der Dürre auf das Volk Israel. Hier sehen wir, daß in der Hand des Meisters auch eine Fuge leidenschaftliche und angstbedrängte Empfindungen darstellen kann. Die Angst vor der Katastrophe spricht sich auch im Chor Nr. 1 aus und erreicht dort hohe Kraft. Nr. 2, ein Duett mit Chor, ist ein besonders gelungenes Formexperiment. Mendelssohn intoniert das Stück mit einem kurzen phrygischen Motiv

Musikbeispiel 69

Über diesem ostinaten Motiv des Chors erhebt sich eine lieblich-elegische Melodie «Zion streckt ihre Hände aus», getragen von zwei Sopranen, sparsam begleitet vom Streichorchester. Die folgende Arie (Nr. 4) «So ihr mich von ganzem Herzen suchet» kommt wieder dem etwas salbungsvollen Lied- und Kantatenstil des jüngeren Mendelssohn nahe, wird aber gleich von dem gewaltigen Chor «Aber der Herr sieht es nicht» beiseite gedrückt. Dieses Stück nimmt die Tritonusschritte des Fluches auf und verarbeitet sie wie ein Leitmotiv. Es mündet in das Grave «Denn ich, der Herr dein Gott», das dem für die Gerechtigkeit eifernden Jahwe gilt, dann überraschend in herrlich-polyphonem Aufschwung den Herrn der Barmherzigkeit und

Vergebung preist. Dieser Dualismus ist in der Theologie des Alten Testaments klar erkennbar und in der rabbinischen Literatur (die weder Mendelssohn noch Schubring kannten) durch die Attributenlehre Gottes erklärt. Hier wirkt er etwas widerspruchsvoll. In einem majestätischen Bekenntnis zur Gottesliebe endet die erste Szene. Sie ist prächtig gerundet und hat im Oratorium wenige ihresgleichen.

Die zweite Szene (Nrn. 6–9) schildert den Propheten am Bach Krith unter dem Schutz der Engel; davon ist Nr. 7, das Doppelquartett «Denn er hat seinen Engeln befohlen» wegen seines zauberhaften Wohlklangs berühmt geworden. Die Szene wird in Zarpath fortgesetzt, wo Elias das tote Kind der Witwe zum Leben erweckt. Mit diesem Teil hatte sich Mendelssohn besondere Mühe gegeben, ihn zweimal umgearbeitet, und war doch unzufrieden mit seiner eigenen Leistung. Denn leider ist die Witwe etwas zu realistisch gezeichnet, und man hat das Gefühl, daß hier eine unangenehme Querulantin den Propheten dauernd belästigt. Otto Jahn bemerkt, etwas diplomatischer, *daß der lang ausgesponnene Jammer der Mutter etwas Peinliches für das Gefühl hat. Die Kraft des Wunders aber wird geschwächt dadurch, daß Elias dreimal sein Gebet wiederholt, ehe es Erhörung findet.* Mendelssohn hatte hier, wohl das Theatralische mit dem Dramatischen verwechselnd, des Guten zu viel getan. Daher trifft Jahns Kritik die Szene ins Herz:

Mendelssohn wird, weil Ähnliches sich in Opern nicht selten findet, vielleicht geneigt sein, diese Weise dramatisch zu nennen, wie man das Wort oft entschuldigend oder tadelnd gebraucht; mit demselben Recht würde man Decorationsmalerei *die dramatische nennen.*[25]

Der folgende Chor «Wohl dem, der den Herrn fürchtet» (Nr. 9) kann den unbefriedigenden Eindruck der vorhergegangenen Szene nur etwas mildern. So ist die zweite Szene die schwächste des Oratoriums geworden, und man täte vielleicht gut, sie ganz wegzulassen.

Nun sind die drei Jahre Dürre um, und der Prophet macht sich auf, um König Ahab den ersehnten Regen zu verkünden. Bei dieser Gelegenheit fordert er die Baalspriester an seinem Hof zu jenem sonderbaren Duell zwischen Jahwe und den Göttern heraus, das allgemein bekannt ist. Die nun folgenden Chöre (Nrn. 11–14) gehören zum Packendsten, was je im Oratorium gewagt wurde. Die törichten und eitlen Bemühungen der Baalspriester, die schneidenden Spottreden des Elias, die verzweifelten Gebete der Götzendiener gehen weit über alles ähnliche im *Paulus* hinaus. Sehr fein ist die Hohnrede des Propheten gerade auf das Motiv gesetzt, mit dem die Baalsdiener gefleht hatten «Hör uns»! Im Chor «Baal, gib uns Antwort» (Nr. 13) durchlebt jeder Hörer die atemlose Spannung, die in zwei langen Generalpausen ihren Höhepunkt erreicht. Diese Pausen malen höchst lebendig die angstvolle Erwartung der Götzendiener. Nach dem würdevollen Gebet des Propheten und einem schwachen, choralartigen Sätzchen (Nr. 15), das leider von einer Solovioline begleitet wird, erfolgt das Wunder, vom Chor begeistert besungen: «Das Feuer fiel herab» (Nr. 16). Das Züngeln der Flammen ist in diesem biblischen

«Feuerzauber» vom polyphon geführten Chor dargestellt. Etwas gewaltsam geht die dramatische Szene ins Dogmatische über, indem der Chor den Vers anstimmt «Der Herr ist Gott». Nun fordert der ergrimmte Elias von der hingerissenen Menge den sofortigen Tod der Baalspriester; dieses Autodafé wird auch prompt vollzogen. Eine ziemlich apologetische Arie des Propheten «Ist nicht des Herrn Wort wie ein Feuer?» sucht das Massaker zu rechtfertigen; allerdings scheinen sich dabei weder Librettist noch Komponist sehr wohl gefühlt zu haben. Ein zweites elegisch-apologetisches Arioso «Weh ihnen, daß sie von mir wichen» endet wieder mit dem Tritonus des Fluches. Man spürt förmlich das Aufatmen Mendelssohns, da er diese blutige Szene verläßt und in Nr. 19 und 20 das Regenwunder schildert. Schubrings mangelnde Einfühlung in den Geist des Alten Testaments macht sich störend bemerkbar; hatte er doch anfangs den Propheten den Fluch aussprechen lassen. Nun betet derselbe Elias «Wende die Not deines Volkes»! – aber dieses Gebet findet sich in der Bibel nicht in diesem Zusammenhang. Vereint mit dem Volk beten Elias und sein Gefährte Obadja um Regen. Dreimal ruft der Prophet Jahwe an, während ein Knabe auf einem Hügel den Himmel nach Wolken absucht. Zweimal sieht er nichts; die mit den einfachsten Mitteln unternommene Darstellung des öden, lastenden Himmels ist bewundernswert. Endlich sammeln sich Wolken, und die Menge bricht in den Dankgesang aus «Danket dem Herrn, denn er ist freundlich»; er gipfelt in dem machtvollen Chor «Dank sei Dir» (Nr. 20). In Händelscher Breite und Kraft schildert er die Freude des geretteten Volkes. Schubring hat hier auch Verse aus Psalm 93 herangezogen: «Die Wasserströme erheben sich.» Abgewandt von oberflächlicher Wortmalerei drückt der Komponist das «Sich-Erheben» durch *fallende Tonleitern* aus. Mit dem Vers «Doch der Herr ist noch größer in der Höhe» wird eine Kette frappanter Modulationen eingeleitet, die in großem Schwung zur gesteigerten Wiederholung des Dankchores führt. Rauschende Unisoni herabstürzender Skalen leiten den Schluß des ersten Teiles ein.

Der zweite Teil gliedert sich in sechs Satzgruppen, von denen nur die zweite (Nrn. 23–25) und dritte Szene (Nrn. 30–35) die – schwer erkennbare – Handlung weitertragen. Die anderen Teile bestehen entweder aus frommen Betrachtungen, Trost- und Kernsprüchen oder aus messianischen Verheißungen (besonders Nr. 41 und das darauf folgende Quartett «Wohlan, alle, die ihr durstig seid»). Sie werden häufig durch Arien unterbrochen, und fast nur nebenbei berichtet ein Chor (Nr. 38) die Himmelfahrt des Propheten. Unter diesem Mangel an dramatischem Geschehen und der Überfülle prophetischer Sprüche leidet der zweite Teil in ähnlicher Weise wie der *Paulus*.

Von den zwei Mahnsprüchen, mit denen der zweite Teil anhebt, war der erste «Höre, Israel», wie die meisten Sopranstücke, speziell für die auch im pp weittragende Stimme der Jenny Lind geschrieben.[26] Die einfachen Motive erheben sich zu biblischem Pathos, das am Schluß der Arie sich mit schlichter Würde paart. Auch im folgenden Chor «Fürchte dich nicht» (Nr. 22) ist es Mendelssohn gelungen, den

Geist des Alten Testaments einzufangen; besonders in der trotzig-heroischen Stelle «Ob tausend fallen zu deiner Seite», die nur etwas zu lange ausgeführt ist. Danach nimmt die Handlung ihren Fortgang mit dem Auftritt des Propheten vor dem König und der Königin Jezebel. Mendelssohn hat die Szene sehr lebendig zu fassen verstanden; die von der Königin aufgestachelte Menge wendet sich wütend gegen Elias «Wehe ihm!» (Nr. 24), und auch hier übertrifft diese turba-Szene den ähnlich angelegten Steinigungschor des *Paulus* an eindringlicher Wirkung.

Elias entflieht in die Wüste und wünscht sich, verzagt und mutlos, den Tod. Es scheint, als ob diese Stimmung derjenigen Mendelssohns entsprochen hätte, der ja auch mehr und mehr in Müdigkeit und Resignation verfiel; denn der Meister hat diesem Gefühlszustand unvergeßliche Töne verliehen in der Arie «Es ist genug». Die klagende Melodie wird von einem obligaten Cello kontrapunktiert, und man erwartet das ruhige Ausschwingen der Klage, da bricht der Zorn des Propheten über das wankelmütige Volk in einem furiosen Allegro aus. Erst gegen Ende des Stückes fällt Elias wieder in seine Lebensmüdigkeit zurück und fleht «Nimm nun, o Herr, meine Seele!». Engel erscheinen, ihn zu trösten, und singen das berühmte «Hebe deine Augen auf» – ohne alle Begleitung, ein Wagnis in einem Oratorium großen Formats. Der Kontrast kommt jedoch sehr schön zur Geltung, und der einfache, aber mit unfehlbarem Sinn für die menschliche Stimme erfundene Gesang hat noch nie seine Wirkung verfehlt. Ein weiterer Chor voll anmutigen Trostes «Siehe, der Hüter Israels schläft noch schlummert nicht» leidet unter allzu symmetrischer Erfindung; seine feinen Nuancen kommen daher nur in sorgfältig abgetönter Aufführung zur Geltung; dann aber erhöhen sie das Gefühl des Geborgenseins. In den Rezitativen (Nrn. 30 und 33), welche die Handlung weiterführen, finden sich ausgesprochene Leitmotive: in Nr. 30 das Orchestermotiv aus «Es ist genug» auf die Worte «O Herr, ich arbeite vergebens», in Nr. 33 wird auf die Worte «Meine Seele dürstet nach Dir wie ein dürres Land» die Melodie des ersten Chores gesetzt «Die Ernte ist vergangen, der Sommer ist dahin». Im Abgrund der Verzweiflung verlangt der Prophet nur mehr nach dem Tod; da beschwichtigt ihn ein Engel und gebietet ihm, sich zum Berg Horeb aufzumachen, wo der Herr sich ihm offenbaren werde. Dieser Trostgesang ist das von vielen geliebte, von andern wegen seines volkstümlichen Tons geschmähte «Sei stille dem Herrn» (Nr. 31). Wie schon Otto Jahn erkannt hatte, ist es «eine Darstellung des inneren Gemütszustandes des Elias, den aber nicht er selbst allein vor uns ausspricht; vielmehr findet auch das, was verborgen im Innern des Menschen *ihm selbst unbewußt waltet*, hier einen objektiven Ausdruck und damit den Charakter... höherer Wahrheit».[27] Wie wir aus dem Briefwechsel mit Bartholomew erfahren, wollte Mendelssohn eben dieses Stück ganz weglassen, weil sein Anfangsmotiv allzu lebhaft an eine alte schottische Ballade erinnerte.[28] Nach einigem Zögern änderte er zwei entscheidende Noten und ließ das Stück stehen. Wir geben hier die Urfassung, die schottische Ballade, und Mendelssohns endgültige Version:

Musikbeispiel 70

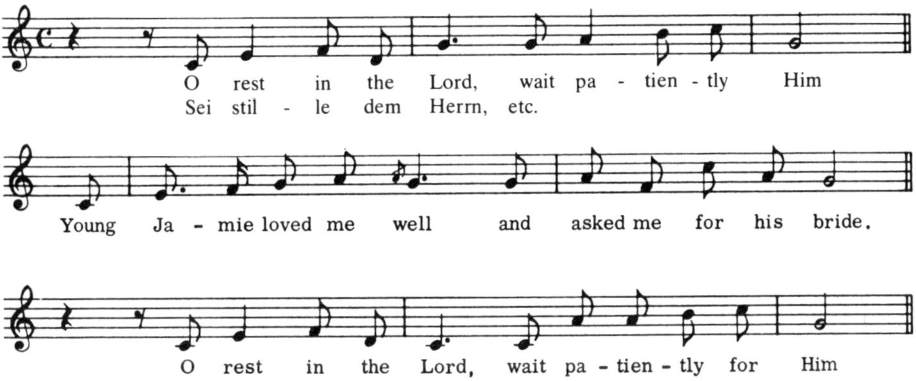

Gleichsam zur Bekräftigung des «Sei stille» versichert ein friedeatmender Chor «Wer bis an das Ende beharrt» (Nr. 32) dem Propheten die ersehnte Seligkeit. In diesem Stück verwendet Mendelssohn, wie mir scheint, ein charakteristisches Motiv aus dem Choral «O Welt, ich muß dich lassen»; die schöne Reminiszenz vertieft hier das Gefühl des Abschiednehmens, der abgeklärten Resignation. Besonders eindrucksvoll tritt sie hervor in den Bässen der Schlußkadenz:

Musikbeispiel 71

Und nun erreicht das Werk seinen allesüberragenden Höhepunkt in der Erscheinung des Herrn. In einem kurzen Dialog mit dem Engel bereitet sich der Prophet auf die Begegnung vor. Sie wird vom Chor getragen, ähnlich wie die Erscheinung Jesu im *Paulus.* Aber welch ein Unterschied! Dort zarte, transparente Harmonien des Frauenchores, der sich auf wenige Worte beschränkt; hier ein apokalyptisches Panorama von Erdbeben, Windsbraut, Sturmflut und Feuer; «und nach dem Feuer kam ein stilles, sanftes Sausen, und in dem Säuseln nahte sich der Herr». Mendelssohns Darstellung ist der gewaltigen Szene durchaus gewachsen. Wir wissen, daß sie Keimzelle des Oratoriums war, und es ist doch sehr merkwürdig, daß Mendelssohn hier auf eine mittelalterliche Weise der deutschen Juden zurückgegriffen hat. Sicher hat er die Ähnlichkeit nicht geahnt, aber es scheint, als ob diese Szene des Überwältigend-Heiligen Assoziationen in ihm wachgerufen hätte, die seit der Kindheit in ihm schlummerten. Die Weise ist eine Variante der Melodie, in der die 13 göttlichen Attribute (Exod. 34: 6.7) an den Hohen Feiertagen in allen deutschen Synagogen seit dem 15. Jahrhundert vorgetragen wurden. Nur an diesen drei höchsten Festtagen des jüdischen Jahres wurde die Melodie gesungen, an den Tagen, bei welchen sich alle Juden im Gotteshause einzufinden pflegten. Die getragene Weise bei hochfeierlicher religiöser Handlung, Rabbi und Kantor in weißen Gewändern, muß sich dem Knaben eingeprägt und mit der Vorstellung des Göttlichen selbst verbunden haben. So mag diese Assoziation durch das geheimnisvolle Wirken der schöpferischen Phantasie aus dem Unbewußten «heraufgehoben» worden sein.

Musikbeispiel 72

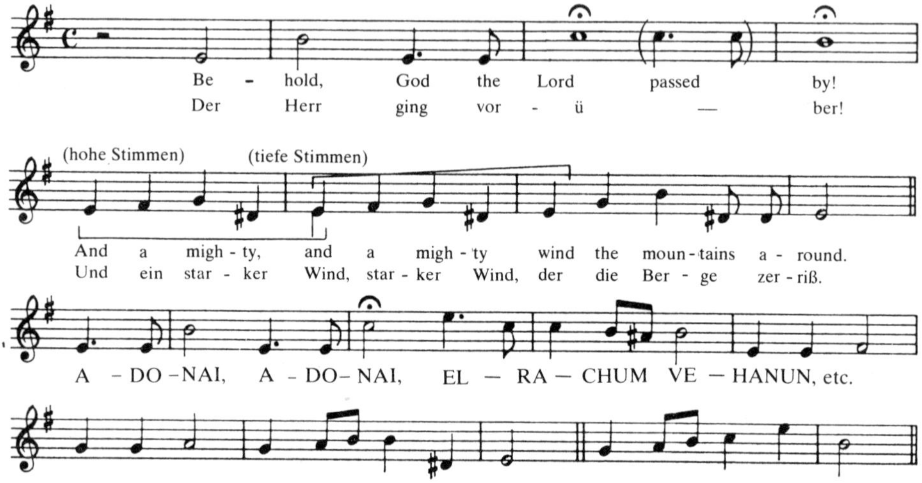

Für die formale Struktur des Satzes hat der Meister höchst glücklich die des freien Kanons gewählt, die, wie Jahn bemerkt, «etwas unaufhaltsam Treibendes und Drängendes hat» und dabei doch durch ihre innere Logik straff zusammengefaßt wird. Die Baßführung verdient besondere Bewunderung: zunächst tragen lang gehaltene Orgelpunkte die rasch wechselnden Harmonien des Chores (neunzehn Takte e, sechs Takte d, fünf Takte g, dreizehn Takte h, vier Takte gis, sechs Takte c, vier Takte f, drei Takte fis, vier Takte c, zwei Takte b, zwei Takte a, zwei Takte g, drei Takte f); von da an («die Erde erbebte») gerät der bis dahin feste und gehaltene Baß ins Schwanken, es ist wirklich, als ob der Boden unter den Füßen bebte. Nach diesem Aufruhr folgt das «sanfte Sausen» auf reinen, leicht bewegten Dreiklängen pp.

Der folgende Chor «Heilig» (Nr. 36) hebt die dramatische Vision noch höher, ins Sakral-Mystische: das Heer der Engel stimmt «im Wechselgesange» das Dreimalheilig an. Nur wenige Akkorde des Orchesters begleiten den feierlichen Gesang. Mit dem nächsten Chor (Rezitativ Nr. 36) «Gehe wiederum hinab» verklingt die zweite Szene und endet die eigentliche Handlung. Der Chor berichtet zwar noch, kraftvoll und erregt, von der feurigen Himmelfahrt des Propheten – und hier wollte Mendelssohn ursprünglich das Werk abschließen. Leider hat er sich von Schubring umstimmen lassen, sicher nicht zum Vorteil des Werks.[29] Denn was nun folgt, sind messianisch oder christologisch gedeutete Prophetensprüche aus den letzten Kapiteln von Maleachi und Jesaja. Unter ihnen ist der Chor «Aber einer erwacht von Mitternacht» (Nr. 41) ernst und groß gehalten, aber das folgende Quartett schwächt diesen Eindruck ab, und der Schlußchor (Nr. 42) «Alsdann wird euer Licht hervorbrechen» mit der Fuge «Herr unser Herrscher» präsentiert sich zwar glänzend und kraftvoll, aber solch fromme Betrachtungen und Freudensprüche haben mit der Person des Elias nichts mehr zu tun und wirken wie ein künstliches Anhängsel – eine Art theologisch-musikalischer Kommentar, der überflüssig und der Gesamtwirkung des Werkes entschieden abträglich ist.

Dennoch wächst das Oratorium, allein durch seine große musikalische Konzeption, weit über eine Interpretation des theologisch eng begrenzten Gedankengutes hinaus. In seinen besten Stücken ragt es in den Bezirk einer Worten nicht mehr zugänglichen Gottesfurcht. In dieser Hinsicht steht es auf einsamer Höhe, benachbart den Schöpfungen Bachs und Händels.

19. TRIUMPH UND TOD

«Le cœur a ses raisons que la raison
ne connaît pas.»

Pascal

«O Gott! beschwichtige die Gedanken,
Erleuchte mein bedürftig Herz.»

Goethe, Faust II.

In Mendelssohns Skizzen zum «Elias»

Das letzte Jahr von Mendelssohns Leben war erfüllt vom Weltruhm des Meisters und von den Bürden, die er ihm auferlegte. Diese Beobachtung trifft jedoch nicht das Wesentliche jener 14 Monate zwischen der Uraufführung des *Elias* und dem Tod seines Schöpfers. Eine innere Wandlung vollzieht sich in dieser kurzen Spanne, die vor der Öffentlichkeit verborgen, von der Nachwelt nicht erkannt, den Menschen und Künstler Mendelssohn in seinen Tiefen veränderte. Dies letzte Jahr ist nicht nur wegen des Meisters Tod unheilvoll zu nennen; was es im wahren Sinn des Wortes tragisch macht, ist die entscheidende innere Wendung Mendelssohns zu einer Haltung, die Schopenhauer «heroischen Pessimismus» nennt. Ein gedrängter Überblick der äußeren Geschehnisse, eine Art Chronologie sei hier vorangestellt, deren Einzelheiten im folgenden gedeutet werden. Erst nachher wird es erlaubt sein, an die geheimnisvolle innere Metamorphose Felix Mendelssohns mit behutsam nachfühlenden Worten zu rühren.

Chronologie des letzten Jahres

1 Uraufführung des *Elias* in Birmingham. 26. August 1846
2 Revision der Partitur
3. *Deutsche Liturgie.* Oktober
4 Tod von Mendelssohns Dieners. November
5 Opernpläne mit Lumley und Geibel. Dezember 1846, Januar–Februar 1847
6 Letzter Geburtstag am 3. Februar; Entwürfe und Arbeit am *Christus*
7 Arbeit fürs Konservatorium. März
8 Letzte (zehnte) Reise nach England. April
9 Sechs Aufführungen des *Elias* unter Mendelssohn. April
10 Konzerte in London; Empfang im Buckingham Palace. April
11 Jenny Linds Debüt in London. April
12 Rückreise; Zwischenfall in Herbesthal
13 Nachricht von Fannys Tod. 14. Mai
14 Letzter Schweizer Aufenthalt. Juni–September
15 Vorbereitung für 3 Aufführungen des *Elias* in Berlin, Wien und Leipzig

16 Letztes *Streichquartett,* letzte *Lieder, Englische Motette.* September
17 Letztes Orgelspiel in Ringgenberg. Rückkehr nach Leipzig
18 Beschäftigung mit deutscher Innenpolitik. September–Oktober
19 Mehrfache ernste Nervenanfälle. Oktober
20 Zwei Gehirnschläge und Tod. 4. November
21 Totenfeier, Überführung und Beerdigung in Berlin. 7.–8. November

I.

Mendelssohn selbst sah den Triumph anläßlich der Uraufführung des *Elias* als den größten *äußeren* Erfolg seiner künstlerischen Laufbahn an. Es fehlt nicht an ziemlich genauen Berichten von Zeitgenossen, aber sie widersprechen sich so häufig, daß man sich nur schwer ein klares Bild von jener Aufführung machen kann.

8 oder 9 Tage vor der Premiere war Mendelssohn in London angekommen und hatte sogleich die Proben mit den Solisten aufgenommen. Da Jenny Lind noch nicht in England aufgetreten war, hatte das Festspieldirektorium die Sopran-Partie Mme Caradori-Allan übertragen, einer damals bereits 46jährigen Sängerin. Schon in London kam es zu einem Zusammenstoß zwischen ihr und dem Komponisten: sie meinte, die Arie «Höre, Israel» (die allerdings für die Lind konzipiert war) sei kein «lady's song» und verlangte, daß Mendelssohn sie einen ganzen Ton tiefer transponiere. Mendelssohn, ganz Grandseigneur, informierte die Sängerin, kühl und höflich, daß er nicht die Absicht habe, das Stück zu ändern, und fügte gelassen hinzu, wenn sie das Stück nicht gerne singen wolle, würde er das Komitee um eine andere Sopranistin ersuchen.[1] Sodann probte er mit dem ganzen Orchester zwei volle Tage in der Hanover Square Hall. Der getreue Moscheles half nach Kräften: er hatte ja beim Musikfest das ganze Konzert des ersten Tages zu leiten und überdies den *Elias* mit Chor und Orchester einzustudieren. Diesem Werk wurde noch vor seiner Uraufführung die bis dahin unerhörte Ehre zuteil, von der *Times* in einem großen analytischen Artikel gewürdigt zu werden. Es war das Gesellenstück des nachmals berühmten Musikkritikers J. W. Davison. Drei Tage vor der Aufführung reiste Mendelssohn, zusammen mit dem ganzen Orchester, den Solisten, dem Londoner Teil des Chores, und natürlich begleitet von den Herren von der Presse nach Birmingham. Sofort wird wieder geprobt, nun mit dem vollen Chor, und dann arbeitet der Meister mit Bartholomew bis spät in die Nacht an den Korrekturen der Chor- und Orchesterstimmen. Das Orchester zählte 125 Mitglieder – 93 Streicher und doppelt besetzte Blasinstrumente; der Chor 271 Sänger: 79 Soprane, 60 Altstimmen, durchwegs von jungen Männern gesungen, 60 Tenöre und 72 Bässe.[2] Die Solisten waren: Mme Caradori-Allan (Sopran), Miß Marie B. Hawes (Alt), Mr. Charles Lockey (Tenor) und Joseph Staudigl (Baß-Bariton) als Elias. An der Orgel saß Mendelssohns alter Freund Dr. Gauntlett, und alles war, unter Mendelssohns und Moscheles' unermüdlicher Aufsicht, aufs beste vorbereitet.

Kurz vor seinem Auftreten als Dirigent der Uraufführung wandte sich Mendelssohn an Chorley, den Kritiker des *Athenäums,* mit den Worten: «Na, jetzt dürfen Sie ihre Krallen in mein Werk schlagen, aber bitte sagen Sie mir nicht, was Ihnen gefällt, sondern was Ihnen *nicht* gefallen hat.»[3] Über den Erfolg der Aufführung hören wir am besten den Bericht der *Times,* Moscheles' Brief an seine Frau und schließlich Mendelssohns eigene Meinung in einem Brief an seinen Bruder.

Die *Times* schrieb am Ende ihres langen Berichts: *Die letzte Note des Elijah ging unter in einem Unisono von nicht enden-wollenden Applaus-Salven von tosendem Lärm. Es war, als hätte der lang gestaute Enthusiasmus sich endlich Bahn gebrochen und die Luft mit wilden Schreien der Begeisterung erfüllt. Mendelssohn, offensichtlich überwältigt von diesen Ovationen, mußte sich zum Ausdruck des Dankes unzähligemale neigen... Niemals hat es einen vollkommeneren Triumph gegeben – niemals eine so durch und durch spontane, unmittelbare Anerkennung für ein Meisterwerk der Kunst.*[4]

Moscheles an seine Frau: *Ja, Mendelssohns Triumph bei der gestrigen Aufführung war etwas ganz Unglaubliches, Unerhörtes. Ich glaube, elf Nummern mußten wiederholt werden, und zwar unter Klatschen und Beifallssturm, während sonst alles Applaudieren bei diesen Musikfesten streng verpönt ist... Diesmal war alles so hingerissen, daß man dem Beifall keine Fesseln anlegen konnte, und es ging lärmend her, wie im Parterre eines Theaters...*[5]

Mendelssohn an seinen Bruder, am Tag nach der Uraufführung, dem 27. August 1846:
...Noch niemals ist ein Stück von mir bei der ersten Aufführung so vortrefflich gegangen, und von den Musikern und den Zuhörern so begeistert aufgenommen worden, wie dies Oratorium. Es war gleich bei der ersten Probe in London zu sehen, daß sie es gern mochten und gern sangen und spielten, aber daß es bei der Aufführung gleich einen solchen Schwung und Zug bekommen würde, das gestehe ich, hatte ich selbst nicht erwartet. Wärst Du nur dabei gewesen! Die ganze dritthalb Stunden die es dauerte, war der große Saal mit seinen 2000 Menschen, und das große Orchester alles so vollkommen auf den einen Punkt, um den sichs handelte, gespannt, daß von den Zuhörern nicht das leiseste Geräusch zu hören war, und daß ich mit dem ungeheuren Orchester- und Chor- und Orgelmassen vorwärts- und zurückgehen konnte, wie ich nur wollte... Nicht weniger als 4 Chöre und 4 Arien wurden wiederholt, und im ganzen ersten Theil war nicht ein einziger Fehler – nachher im zweiten Theil kamen einige vor, aber auch die nur sehr unbedeutend...[6]

Gegenüber diesen Äußerungen und den Erinnerungen Chorleys und Gauntletts fällt die einzige abschätzige Besprechung, (in: *Musical Times,* Oktober 1846) kaum ins Gewicht. Dennoch sei auch sie zitiert:
...Das Festival war von Bedeutung wegen der Aufführung von Mendelssohns neuem Werk, dem Elias; aber auch dieses Werk wurde, obwohl es vom Komponisten selbst dirigiert wurde, nur unvollkommen aufgeführt, hauptsächlich wegen ungenügender Proben. Viele andere Werke, deren Namen... viele Besucher von weither angezogen

hatten, wurden so schrecklich verstümmelt, daß dies zum Anlaß tiefster Enttäuschung wurde – darunter z. B. Beethovens Große Messe in D [Missa Solemnis]...[7]

In diesem Zusammenhang erwähnt Dr. P. Scholes einige Briefe von Zeitgenossen der Uraufführung, um gewisse Änderungen – um nicht zu sagen Verfälschungen – der Tempi des *Elias* zu tadeln. In einem Brief von Mr. Stanford an die *Times* (7. Dezember 1901) wird betont, daß Mr. Lockey, der Tenor der Uraufführung, immer wieder darüber klagte, daß seither alle Tempi verschleppt würden, insbesondere die der Alt-Soli «Wehe ihnen» und «Sei stille dem Herrn». «Es wird nun [1901] beinahe zweimal so langsam genommen als beabsichtigt.» Und zwei Augenzeugen berichten, daß Mendelssohn den Chor «Ist nicht sein Wort wie ein Feuer» so dirigierte, daß es aussah, als schlüge er Schlagsahne» (d. h. sehr schnell).[8] So angenehm Mendelssohn von Mr. Lockeys Gesang berührt war, so unsympathisch war ihm die Sopranistin. In einem Brief an Frau Frege in Leipzig, eine ausgezeichnete Sängerin, berichtet der Meister von dem großen Erfolg, klagt aber über die Sopranistin, weil sie «so niedlich, so gefällig, so elegant, so unrein, so seelenlos und so kopflos dazu [war], und die Musik eine Art von liebenswürdigem Ausdruck bekam, über den ich heute noch toll werden möchte, wenn ich daran denke...»[9]

Hier horchen wir auf: hat Mendelssohn je zuvor es übel aufgenommen, wenn seine Musik als elegant oder liebenswürdig verschrien wurde? Offenbar sind diese Bemerkungen schon Symptome der inneren Wandlung, die sich im Herzen Mendelssohns abspielte.

Unzweifelhaft stand der *Elias* im Mittelpunkt des ersten Tages des Musikfests, doch folgten trotz der triumphalen Ovationen für Mendelssohn und sein Werk *Elias* im selben Konzert Arien aus Mozarts *Davidde Penitente,* Cimarosas *Abramo* und ein Chor von Händel, alles unter Moscheles' Leitung.[10] Am gleichen Abend (26. August) wurden Werke von Beethoven und Spohr zu Gehör gebracht, und dann ein Potpourri von englischen Glees und volkstümlichen Liedern, die sehr beifällig aufgenommen wurden. Der nächste Morgen brachte Händels *Messias,* den «der Veteran Braham mit den Ruinen seiner Stimme eröffnete; Staudigl erhob das Ganze».[11] Am Abend folgten Webers *Preciosa-Ouvertüre,* verschiedene Gesangstücke und Arien, Moscheles' altes Cheval de bataille *Hommage à Händel* (mit Mendelssohn am zweiten Klavier) und Mendelssohns *Musik zum Sommernachtstraum.*[12]

Mit Ausnahme des *Elias* und der *Musik zum Sommernachtstraum* wurde alles andere von Moscheles dirigiert. Für ihn bedeutete das Musikfest den feierlichen Abschied von England, denn das Leipziger Konservatorium war in der Zwischenzeit so gewachsen, daß Moscheles sich Mendelssohns wiederholten Einladungen nicht mehr entziehen mochte und die Leitung der gesamten Klavierabteilung übernahm; später wurde er künstlerischer Direktor des Konservatoriums.

Nach London zurückgekehrt, versuchte Mendelssohn, sich von der enormen Arbeitsleistung, die hinter ihm lag, im Kreise seiner Freunde etwas zu erholen. Aber zu viele Geschäfte wollten besorgt, zu viele Bekannte besucht oder empfangen werden, so daß der Meister die Heimreise todmüde antrat. So erschöpft war er, daß er die Reise von Ostende nach Leipzig dreimal unterbrechen mußte, um sich auszuschlafen.

Die beginnende Konzertsaison, das Konservatorium, und die Ankunft der Moscheles-Familie mit Kind und Kegel (am 25. Oktober 1846) nahmen den erschöpften Mann von neuem in Anspruch. Dazu hatte er, der ewig Unzufriedene, schon die Revision der Partitur seines *Elias* in Angriff genommen. Welcher andere mit Glücksgütern und Ruhm begnadete Mensch hätte sich – ohne Not – selbst derart getrieben?[13]

In der Tat, zu Anfang Dezember ist er schon mitten in der Revision des Werks. Er berichtet Klingemann über seine Änderungen und betont, daß er jetzt endlich mit «einer der schwersten Parthien [der Witwenszene] ganz fertig geworden und von Klingemanns Billigung der Änderungen überzeugt sei». Er täuscht sich aber, wenn er meint, «der Elias sei an dieser Stelle viel wichtiger und geheimnisvoller geworden». Ein Vergleich mit der ersten Fassung zeigt nur eine beträchtliche Verlängerung der Szene und eine Versteifung im musikalischen Porträt des Propheten. Aber wir müssen die Gesinnung respektieren, die aus den Worten spricht: «Die Stücke, die ich bis jetzt umgearbeitet habe, zeigen mir doch wieder, daß ich Recht habe, nicht eher zu ruhen, bis solch ein Werk so gut ist, wie ichs nur irgend machen kann, wenn auch von diesen Sachen die wenigsten Leute etwas hören oder wissen wollen...»[14]

Zu all diesen Mühen und Pflichten kamen nun auch die Opernprojekte, die zum erstenmal in vielen Jahren konkrete Form annahmen. Im vorigen Kapitel wurde die Angelegenheit Lumley-Scribe, aber auch der Plan der *Loreley* (Geibels von Devrient zu revidierendes Libretto) besprochen; alle diese Fragen wurden nun plötzlich akut. Mitten in diesen ohnehin überbelasteten Arbeitsplan platzte der – einem Kommando ähnliche – Wunsch des preußischen Königs, von Mendelssohn eine *Deutsche Liturgie* zu erhalten. Wie wir gesehen haben, kam er diesem Wunsch gern und pünktlich nach; dafür ist dieses Werk bis zum heutigen Tag nicht vollständig veröffentlicht worden.

Und nun trat mit ernster Mahnung der Tod in seinen engeren Kreis. Mendelssohns treuer Diener oder vielmehr Helfer seit vielen Jahren, Johann Krebs, starb nach längerem Siechtum.[15] Er hatte Mendelssohn zu seinem Testamentsvollstrecker ernannt, und so hatte dieser neben dem Schmerz um den verlorenen Gehilfen noch die Hände voll mit Erschaftsangelegenheiten. Da er nicht imstande war, schöpferisch zu arbeiten, half der Rastlose sich mit «halb-mechanischen Arbeiten» durch: er korrigierte seine Partitur von Bachs *h-moll-Messe* nach den vom Komponisten selbst geschriebenen Stimmen. Bei all dem ist es kein Wunder, daß er dem «*einen* Freund» (Klingemann) gesteht, daß ihm alles Dirigieren und öffentliche Spielen zuwider sei. «Ich glaube, die Zeit naht heran oder ist vielleicht schon da, wo ich diese ganze Art öffentlichen, regelmäßigen Musikmachens an den Nagel hängen werde, um zu

Hause Musik zu machen, Noten zu schreiben, und das Wesen draußen gehen zu lassen, wie es kann und mag.»[16]

Sobald er wieder etwas Sammlung fand, begann er, ernsthaft an seinem dritten Oratorium *Christus* zu arbeiten, dessen Text, wieder nach Worten der Schrift, ihm erst in Einzelstücken vorgelegt wurde. Er hatte den *Christus* als das Krönungsstück seiner Oratorientrilogie konzipiert; damit meinte er, die musikalische Synthese von Altem und Neuem Testament zu vollenden. Seltsam, wie sein theologisches, oder besser gesagt, religiöses Denken immer wieder um das gleiche Problem kreiste! Immer wieder handelt es sich um den Übergang vom Judentum zum universalen christlichen Monotheismus in Schleiermachers Vision. Diese Theologie schien ihm die Familiengeschichte zu symbolisieren, in der Moses Mendelssohn die Rolle des alttestamentlichen Patriarchen und Abraham die Rolle des Paulus, des Führers vom Judentum zum Christentum, spielte. Auf eine andere, höchst unerfreuliche Weise wurde er in jenen Tagen an seine «mosaische» Abstammung erinnert – in voller Öffentlichkeit. Das geschah folgendermaßen:

Die Gewandhauskonzerte der Saison 1846/47 standen zwar nominell unter Mendelssohns Leitung; in Wirklichkeit aber wechselten sich Gade und Mendelssohn als Dirigenten von Konzert zu Konzert ab. Am 5. November 1846 hob der Meister seines Freundes Schumann *Zweite Symphonie* (C-dur) aus der Taufe; sie war als zweiter Teil des Konzerts vorgesehen. Den ersten Teil eröffnete Rossinis Ouvertüre zu *Wilhelm Tell*; der Beifallssturm, den sie hervorrief, erzwang die Wiederholung der Ouvertüre. Dies wurde vom Musikkritiker des *Leipziger Tageblatts* als eine Geste gegen die Novität des Abends, eben Schumanns *Symphonie*, angesehen, und zur Erklärung des an sich völlig natürlichen Vorfalls mußten die «mosaischen» Interessen Mendelssohns herhalten. Einem Mendelssohn Bevorzugung Rossinis gegenüber Schumann zu unterschieben, war an sich schon eine journalistische Infamie; sie mit antisemitischen Sentiments aufzuputzen, ein übler demagogischer Streich, der auf den «freiheitlichen» Journalismus des Vormärz und wohl auch des Jahres 1848 ein böses Schlaglicht wirft. Wie nicht anders zu erwarten, hüllte sich Mendelssohn in hochmütig-verachtungsvolles Schweigen gegenüber der Presse. Von jeher hatte er gegen sie gewichtige moralische Bedenken gehabt und stand ihr meistens mißtrauisch gegenüber. Als Clara Schumann ein eigenes Konzert geben wollte und Mendelssohn darum bat, die Symphonie wieder zu dirigieren, schlug der erzürnte Meister die Bitte ab. Erst dem vereinten Zuspruch von Clara und Cécile gelang es, den tief verwundeten Mendelssohn umzustimmen; so wiederholte er am 16. November Schumanns *Symphonie*.[17]

Der verschwenderische Raubbau an seinen geringen physischen Reserven machte sich nun beinahe ständig bemerkbar: es gab nur wenig Tage, an denen Mendelssohn nicht an Kopfschmerzen litt. Seine Ärzte mahnten und mahnten ihn, sich zu schonen, aber ihre Mahnungen wurden genauso mißachtet wie die seines eigenen Körpers. Selbst die zärtlichsten Bitten Céciles, die sich um Felix' Gesundheit ernste Sorgen machte, konnten nicht viel ausrichten. Er hatte eine mehr oder weniger stereotype Antwort stets zu Hand, wenn man ihn beschwor, auf sich selbst mehr Rücksicht zu nehmen: «Bis zum 40. Geburtstag will ich arbeiten, nachher ruhn» oder: «Laß mich nur jetzt noch arbeiten, es wird schon auch für mich die Zeit der Ruhe kommen». Aber er war doch entschlossen, sich vom «Musikbetrieb» zurückzuziehen. Nur wußte er noch nicht, wo er leben würde. Es scheint, daß er doch ernsthaft daran dachte, seinen Wohnsitz in Berlin aufzuschlagen, in der Nähe der geliebten Geschwister. So muß man wohl aus einem Brief an seinen Schwager Dirichlet schließen, der auch in anderer, hauptsächlich politischer Beziehung recht aufschlußreich ist. Darin heißt es:

...Du wirst dieselbe Verstimmung und dieselbe Unzufriedenheit [wie in Berlin] *überall, durch ganz Deutschland verbreitet finden; ...Und die Besserung der allgemeinen Krankheit führst Du nicht mit Deiner Übersiedelung* [nach Heidelberg], *und nicht ich mit meinen Abonnements-Concerten herbei, – sie kann nur durch ganz andere Dinge, oder durch eine sehr starke Krisis kommen, und in allen Fällen ist es dann gut, nicht in neuen, sondern in alten gewohnten Verhältnissen zu sein. Auch ein drittes kann kommen, und ist in Deutschland leider nicht das unwahrscheinlichste: es kann alles beim Alten bleiben...*[18] *Ich bin jetzt – ich kann wohl sagen entschieden, sehr bald wieder meine Winter in Berlin zuzubringen... Ich habe unter wahrlich sehr günstigen Umständen den Aufenthalt einer kleineren Stadt* [Leipzig] *vorgezogen, bin an keinen anderen gewohnt, und es zieht mich doch jetzt weg davon und zu den Leuten, mit denen ich Kindheit und Jugend genossen habe... Da meine ich, müßten wir alle zusammen ein ganz nettes Haus bilden können, so wie wirs lange nicht gesehen haben...*[19]

Devrient hingegen berichtet, daß Felix sich ein Haus in Frankfurt bauen wollte, wo er Frühjahr und Herbst zubringen würde; während der Winter dachte er in Berlin zu leben, die Sommer hatte er für die Schweiz reserviert, wo er sich in der Nähe von Interlaken ansiedeln wollte.[20] All dies sieht wie ein ernsthafter Plan aus, sein Leben ruhiger und weniger aufreibend zu gestalten. Leider kamen alle Pläne zu spät. Sie waren, das läßt sich ziemlich klar erkennen, großenteils von seinem politischen Denken beeinflußt. Er sah in Frankfurt ein Zentrum deutschen Geschehens, und das Jahr 1848 hat ihm recht gegeben. Wie wir schon gesehen haben, fühlte sich Felix als ein guter und vaterlandstreuer Deutscher. Wie einst sein Lehrer Hegel, so lehnte auch er ein vages Weltbürgertum ab. Wenn auch Hegels Philosophie – übrigens viel später erst – zum Orakel des deutschen Nationalismus erhoben wurde, sie selbst hielt sich noch in jenen Höhen, wo der «Philosoph noch durchaus glauben darf, nur der Idee zu dienen», während er doch schon im Begriffe ist, Diener der Tat zu sein. «Sein Bestreben ging dahin, ethische Prinzipien und Maximen gerecht und weise auf die Welt der Politik anzuwenden. So stammte auch Hegels [und Mendelssohns] Ablehnung des Weltbürgertums noch bei weitem nicht aus jener derb-dreisten Hinkehr zum Nationalistischen, wie sie in Deutschland wenige Jahrzehnte später... Wirklichkeit werden sollte.»[21] Was hier von Hegels Denksystem gesagt wird, gilt auch für die Freunde Mendelssohn und Droysen, die politisch ziemlich eines Sinnes waren. Freilich gelang es Droysen, in den Sturm der Ereignisse als «handelnde Person» einzutreten (was er als junger Mann ersehnte, als Greis belächelte), und wer weiß, ob Mendelssohn, hätte er die Krise 1848–50 erlebt, viel anders gedacht und gehandelt hätte. Jedenfalls aber hätte er, zu jeder Zeit, Droysens stolzem Spruch zugestimmt: «Der Adel unserer Wissenschaft ist, daß sie den Menschen nicht bloß klüger, sondern auch besser machen soll und wird.»[22] Das war auch Mendelssohns humanistischer Glaube, und sein politisches Denken stand zu allen Zeiten unter der Kontrolle seiner Ethik. Was moralisch falsch war, konnte politisch nicht richtig sein; dies war ihm ein universales Gebot; darum hat er sich in ebenso kräftigen Worten über Lord Palmerstons Politik wie über die Preußens im Vormärz geäußert.

Mittlerweile aber saß er vergraben in der Revision des *Elias* und den laufenden Geschäften des Leipziger Musiklebens – ein müder, schon vergrämter Mann von Weltruhm. Noch hatte er das tolle, ungehemmte Lachen seiner Jugend nicht verlernt, aber nur selten fand er Gelegenheit, sich aus vollem Herzen zu freuen. Einmal noch war's ihm in aller Pracht beschieden: an seinem letzten Geburtstag. Die Feier fand in Moscheles' Haus statt; zuerst wurde eine Art Prolog im Frankfurter Dialekt von Cécile und ihrer Schwester vorgetragen. Darauf folgte eine kunstvolle Scharade auf das Wort «Ge-wand-haus-Orchester».

Das «Ge» wurde vom jungen Joachim dargestellt, der im Kostüm Paganinis auftrat und in dessen Art auf der G-Saite improvisierte. Die «Wand» war jene zwischen Pyramus und Thisbe im *Sommernachtstraum;* das «Haus» veranschaulichte Frau Moscheles, die strickend der Köchin Aufträge erteilte. Das Wort «Orchester» wurde wieder durch Joachim symbolisiert, der mit seiner Spielzeuggeige die allerlei Lärminstrumente «spielenden» Kinder von Moscheles und Mendelssohn dirigierte. Mendelssohn selbst wälzte sich in hilflosen Lachkrämpfen, die ihn zu ersticken drohten; nachher meinte er, es sei sein schönster Geburtstag gewesen.[23] Es sollte auch sein letzter sein![24]

Der schon überarbeitete Meister machte nun den Fehler, der ihn sein Leben kosten sollte. Er hatte die Einladung der Sacred Harmonic Society angenommen, die neue Fassung des *Elias* selbst zu dirigieren.[25] Aus dieser einen Aufführung wurden sechs; alle innerhalb von zwei Wochen, vom 16.–30. April. Dazwischen lagen, wie gewöhnlich, unzählige andere Verpflichtungen, darunter ein Konzert der Philharmonie in London. Dazu kamen Privatempfänge und -konzerte in der Preußischen Gesandtschaft, zwei im Buckingham Palace vor der Königin und Prinz Albert, und wieder Konzerte (mit der Beethoven Quartet Society, mit der Antient Concert Society, bei Baron Bunsen etc.).

Mendelssohn hatte gezögert, ehe er die pflichtenreiche Einladung annahm; noch im März hatte er vorgeschlagen, die Konzertserie in den Herbst zu verlegen, da dann alles besser einstudiert und er selbst besser ausgeruht sein würde.[26] Aber Mr. Bartholomew und die Sacred Harmonic Society wollten von einem Aufschub nichts hören.

So machte sich denn Mendelssohn, begleitet vom «Posaunenengel», wie er den jungen Joachim zu nennen pflegte, auf seine letzte, die zehnte, englische Reise.

Am *Elias* war manches geändert und, im allgemeinen, verbessert worden; aus dem Duett «Hebe Deine Augen auf» war nun ein dreistimmiger A-cappella-Chor entstanden, die Witwenszene war nun doch verbessert, wenn auch noch nicht zur vollen Zufriedenheit des Meisters, die Chöre waren gestrafft und gekürzt worden, kurz, die schwere Arbeit war nicht vergebens gewesen.

Am 12. April kam Mendelssohn in London an und wohnte wie gewöhnlich bei Freund Klingemann. Schon am 16. fand die Aufführung der neuen Fassung des *Elias* in Exeter Hall statt und wurde am 23., 28. und 30. April wiederholt. Die zweite Aufführung war besonders glänzend durch die Anwesenheit der Königin und des Prinzgemahls.[27] Bei dieser Gelegenheit schrieb der Prinz, von jeher ein Bewunderer Mendelssohns, ihm in sein Textbuch des *Elias*:

Dem edlen Künstler, der, umgeben von dem Baalsdienst einer falschen Kunst, durch Genius und Studium vermocht hat, den Dienst der wahren Kunst, wie ein anderer Elias, treu zu bewahren, und unser Ohr aus dem Taumel eines gedankenlosen Tönegetändels wieder an den reinen Ton nachahmender Empfindung und gesetzmäßiger Harmonie zu gewöhnen, – dem großen Meister, der alles sanfte Gesäusel, wie allen mächtigen Sturm der Elemente an dem ruhigen Faden seines Gedankens vor uns aufrollt, – zur dankbaren Erinnerung geschrieben von

Buckingham Palace, 24. April 1847 *Albert*[28]

Dieser Ton ist uns wohlbekannt; hören wir nicht Hegel aus jedem Worte, besonders aus dem von «reinen Ton nachahmender Empfindung»? Es konnte ja nicht anders sein; denn Alberts Mentor, Baron Stockmar, war ein Hegelianer. Albert, vielleicht der klügste und staatsmännisch begabteste Fürst des 19. Jahrhunderts, beurteilte allerdings Kunst und Wissenschaft anders, als es in England üblich war. Das von ihm verachtete «Tönegetändel» ist die Primadonnenoper Londons, das «gedankenlos» bezieht sich auf den Kult des «eleganten» Spielens und Singens in Dilettantenkreisen.[29] Victoria hatte viel von Alberts Denkweise angenommen, und sie erwähnte oft mit Stolz, noch als alte Dame, daß Mendelssohn ihr Gesangsmeister gewesen sei. Auch in politischer Hinsicht dachte Albert ähnlich wie Felix; für den Prinzgemahl war schon 1846 die Einigung Kleindeutschlands unter Preußens Führung ein Postulat, und 1848 fordert dieser prophetische Fürst den Zusammenschluß Deutschlands als Bundesstaat, aber nicht im Bismarckschen Sinn, sondern durch das Zusammenwirken der Fürsten und ihrer Landtage.[30]

Wahrscheinlich hat Mendelssohn bei den stundenlangen Unterhaltungen mit Prinz Albert das damals brennende politische Gebiet gestreift. Er dürfte sich über das Einverständnis zwischen ihnen gefreut haben.

Am 20. April dirigierte Mendelssohn den *Elias* in einer Aufführung der Hargreaves Choral Society in Manchester, am 27. in Birmingham. Dort führte man das

Oratorium als Benefiz für Mr. Stimpson auf, den verdienstvollen Chormeister der Festspiele, und Mendelssohn verweigerte daher jedes Honorar; ja, nicht einmal seine persönlichen Ausgaben durften ihm wiedererstattet werden. In diesem Zusammenhang ist es interessant zu erfahren, wie man damals in England, da Mendelssohn auf der Höhe seines Ruhms stand, das englische Copyright des *Elijah* (das deutsche gehörte Simrock in Bonn) bewertete. Sein Verleger und Freund Buxton, bei Ewer and Co., bot ihm, da Mendelssohn es ablehnte, einen Preis zu nennen, 250 Guineen an (damals etwa 5250 Mark, aber in heutigem Gelde etwa das Vierfache an Kaufkraft), und Mendelssohn nahm sofort an. Nach seinem Tode sandte Buxton nochmals 100 Guineen als «Prämie» an die Witwe – alles in allem etwa 7400 Mark oder etwa 30 000 DM in heutigem Geld.

Zwischen den Aufführungen in Manchester und Birmingham trat Mendelssohn am 26. April in der Philharmonie auf, und zwar als Dirigent seiner *Schottischen Symphonie* und der *Musik zum Sommernachtstraum* und als Solist im *G-dur-Konzert* von Beethoven. In beiden Eigenschaften exzellierte er, weil er sein Allerbestes gab, denn er wollte zwei Damen in der Hörerschaft gefallen: «der Königin und Jenny Lind».[31]

In der Tat, das langerwartete Debüt der Lind in London fand just während dieser hektischen Tage statt. Mendelssohn wohnte ihm bei, und ein ganzer – wohl apokrypher – Legendenkranz ist um jene glänzende Aufführung von Meyerbeers *Robert der Teufel* gewoben worden.[32]

Einen wesentlich anderen Ton hatten die Empfänge Mendelssohns in der preußischen Gesandtschaft. Die Haltung Baron Bunsens war zwar freundschaftlich und warm, aber in den Berichten der Baronin Bunsen wie den Aufzeichnungen Klingemanns spürt man einen sonderbar empfindlichen, beinahe beleidigten Ton heraus. Es scheint, als habe Bunsen dem Meister das Scheitern der weitreichenden Pläne in Berlin nicht ganz verziehen und ihn das auch ein bißchen fühlen lassen. Am 6. Mai war er wieder bei Bunsens und lernte dort Mr. Gladstone, den späteren Premierminister, und dessen Frau kennen.[33]

Wie es bei Gesandtschaftsempfängen üblich war und ist, fand sich viel Aristokratie bei Bunsens ein: Lord Arundel, Charles Russell, Cavendish, Ellesmere, Lady Charlotte Greville, Lady Herschel, der Bischof von London, die Gladstones u. a. m.

Bei jenem letzten Empfang, kurz vor seiner Abreise, wählte Mendelssohn als letztes Stück die Arie «Sei getreu bis in den Tod» aus seinem *Paulus* und endete mit den Worten «Wir wollen hiermit schließen». Dann sprang er auf und verließ ungestüm das Haus, allen, die ihm folgen wollten, zurufend: «Ich kann nicht Abschied nehmen, Gott segne Sie alle!»

Am 8. Mai verabschiedete er sich von der Königin und Prinz Albert und machte sich todmüde auf die Heimreise. Er fühlte, daß er schon zu lange geblieben war, denn er rief aus: «Noch so eine ermüdende Woche, und ich bin ein toter Mann!» Klingemann, beunruhigt durch das elende Aussehen seines Freundes, geängstigt durch böse

Vorahnungen, begleitete Felix diesmal über den Kanal bis nach Ostende und nahm zärtlichen Abschied von ihm. Ein häßlicher Zwischenfall verdarb aber die ganze Reise: in Herbesthal wurde er festgehalten und mußte viele Stunden verbringen, die amtliche Neugierde zu befriedigen, die ihn mit einem Radikal-Liberalen gleichen Namens verwechselt hatte.[34] In Frankfurt angekommen, sollte er nicht lange die Ruhe und Geborgenheit in seiner Familie genießen; denn schon am zweiten Tag erfuhr er, ohne jede Vorbereitung, den plötzlichen Tod seiner geliebten Fanny. Mit einem Schmerzensschrei brach er bewußtlos zusammen.

II.

Die restlichen fünf Monate seines Lebens sind erfüllt vom Kampf seines Lebenswillens gegen die Ermüdungserscheinungen seines physisch und seelisch verausgabten Organismus. In ihnen vollendet sich auch eine innere Wandlung, die schon 1845 eingesetzt hatte und die die Gesamtpersönlichkeit Mendelssohns veränderte. Sie äußert sich in vielen, meist unbeachtet gebliebenen Zügen.

Sein religiöses Denken nimmt, je mehr er sich seinem Ende nähert, eine mystische Tiefendimension an. Wahrscheinlich hat dabei der Todesgedanke eine bedeutende Rolle gespielt. Je heller der Weltruhm ihn beglänzte, desto apathischer nahm er ihn zur Kenntnis. Zwei unveröffentlichte Briefe (an seinen Bruder Paul vom 27. November 1846 und an Julius Rietz vom 25. Februar 1847) lassen darüber keinen Zweifel. Da heißt es denn, da er Rietz zum Tod seiner Mutter kondoliert:

...Im Beruf und im Arbeiten liegt das einzig lebendige, und darum gebe Dir der Himmel vor allem Lust und Kraft zu neuem Schaffen...

Das ist eben das Elend, daß einen die Philister nachher gar nicht mehr freuen können (mit all ihrem Lob) und dennoch vorher ärgern, genau wie die lieben Erzkonservativen jetzt...

«Zertrümmern Sie das Übel und halten Sie sich oben»[35] *schloß Beethoven 1809 oder 1810 einen Brief; sollte man das nicht heute wiederholen und an jeden Briefschluß schreiben können? Schreib neue Sachen und laß Dir von allen Philistern* [nicht] *die Freude verkümmern, die Du wenig Leuten machst. Wenn Du sie nur denen machst! Recht behalten sie doch.*[36]

So männlich sich Felix Mendelssohn auch um Haltung bemüht, aus den intimsten Äußerungen bricht doch eine entsetzliche Todesfurcht durch. So schreibt er Klingemann: «Ich habe nur immer den einen Gedanken, wie kurz die Lebenszeit sei.»[37] Schon bevor er die Hiobspost von Fannys Tod erhalten hatte, beginnt er, vom Leben Abschied zu nehmen. In einem Brief an Droysen, der den gefeierten Künstler voller Selbstzweifel zeigt, gesteht er resigniert:

...Hättest Du nur einen Beruf wie ein Handwerker oder ein Arzt oder ein Prediger; die habe ich immer beneidet, daß sie wirklich menschlich notwendig sind, daß sie den andern helfen müssen, *es sehe im Innern aus, wie es wolle, während die Hand-*

werker immer arbeiten können. *Aber in solchen Tagen ein Buch schreiben oder eine Symphonie, in eine Vorlesung gehen oder in ein Konzert, das kommt einem lange, lange gar so nichtig vor...!*

Wie ist alles in dem Berlin außen und innen verändert! Und wie ist fast alles und jedes, das in unserer damaligen Zeit frisch und jung schien, verschwunden, verödet, veraltet, verschlechtert! Aber doch nur fast *alles, nicht alles, und es findet sich doch, Gott sei Dank, daß gerade das Beste nicht verschwindet, sondern sich ewig erneut, selbst im Tode. Dann ists freilich eben wieder das traurige Mißverständnis, daß man in den lustigen Jugendjahren alle Frühling etwas Bestes zu haben glaubt, und daß dann immer eins nach dem andern entblättert. Aber eben das Beste blättert nicht ab, Gott weiß allein, wie das zugeht, aber es blättert nicht ab...*[38]

Der «Mann von Welt», einst der Held aller Salons, in den letzten Jahren der gesuchteste Dirigent, er wird nun menschenscheu. Die Zeugnisse und Gespräche der letzten Monate lassen keinen Zweifel darüber. Am deutlichsten spricht Chorley in seinem Bericht über das letzte Jahr Mendelssohns.[39] Er mag keine brillante Musik mehr, oder auch nur laute, und er verabscheut nun, was er jetzt «Finger-Musik» nennt, der er doch einst selbst brillanten Tribut gezollt hatte. Ihn interessiert nunmehr in aller Musik nur mehr der *Ausdruck,* oder richtiger die Intensität des Ausdrucks, nicht mehr die Form, gar nicht die Technik. Seltsame Wandlung! Daher wendet er sich nach einem letzten verzweifelten Versuch von aller Instrumentalmusik ab und der Vokalmusik zu; denn nur sie «verbürgt des Künstlers wahre Gesinnung», wie er Frau Livia Frege, einer vertrauten Freundin und Sängerin der Leipziger Jahre, versichert. Sein letztes Instrumentalwerk, in seinem Wesen eine *Nänie* für Fanny, ist in seiner Art durchaus kein Abschluß; es bereitet den Stil eines «neuen» Mendelssohns vor, von dem uns nur wenige kostbare Stücke erhalten sind, die wir noch im einzelnen behandeln werden. Sie spiegeln genau seine innere Haltung wider. Es ist nicht nur Droysen, der den Komponisten der letzten Monate als «voll ernstklarer Fassung» schildert, ihn noch traulicher und tiefer als sonst findet. Die Konzerte hat er schon im Frühjahr 1847 aufgegeben, er unterrichtet noch einige wenige Klassen im Konservatorium, die er «noch nicht los werden kann», im übrigen will er nur zu Hause bleiben und arbeiten. «Alles Übrige ist vom Übel.»[40] Die Todesfurcht kann er zwar nicht ganz bannen; es gelingt ihm aber, sie in seinen letzten Liedern künstlerisch zu gestalten. Im Grunde verhält er sich wie ein zu Tode getroffenes Tier, das sich versteckt hält; und es ist nur seine Schöpferkraft, die ihn dem Bannkreis, den Angst und Bangigkeit um ihn ziehen, immer wieder entreißt. Sie äußert sich jetzt auch in seinem Malen und Zeichnen, das nun eine künstlerische Reife erreicht wie nie zuvor.

Nachdem er sich dem allerersten und schlimmsten Jammer entrafft hatte, verließ Mendelssohn mit seiner Familie Frankfurt und ging nach Baden-Baden, wo er sich mit Bruder Paul und Schwager Hensel verabredet hatte. Aber er fühlte sich nicht recht wohl, hauptsächlich wegen der törichten Streitereien zwischen Cécile und Albertine, Pauls Frau. So entschloß er sich, wieder die geliebte Schweiz aufzusuchen, die dem Rastlosen immer Ruhe, dem Verwundeten immer Heilung gewährt hatte. So geschah es auch diesmal. Über Luzern und Thun erreichten sie Interlaken, wo Felix sich niederließ und bis Mitte September blieb. Hier fand er auch den Ort, wo einige seiner Nachkommen Wurzel schlagen sollten: Wilderswil. In einem Brief an Rebekka heißt es:

...Da marschierte ich also nach Wilderschwyl in einer kleinen halben Stunde (was eine gute *halbe Stunde ist), und als ich vorn am Ort wieder nach dem Weg fragte, sagten mir die Leute, ich hätte noch anderthalb Stunden* [auf eine Alp] *zu gehen. Da ging ich den langen Ort durch.*[41]

In Interlaken sah er nicht viel Fremde; sein Freund Chorley aber besuchte ihn dort, und ihm danken wir die beste und zuverlässigste Beschreibung des späten Mendelssohn.[42] Der Meister sah gealtert und vergrämt aus; er ging nicht mehr ganz aufrecht, sondern etwas gebeugt; aber sein Lächeln war inniger und wärmer als je zuvor. Natürlich wurde viel von Musik gesprochen, und zu Chorleys Erstaunen war Mendelssohn viel toleranter geworden: Stücke von Rossini, ja, von Donizetti fanden Gnade vor ihm.

Er selbst hatte bedeutende Pläne: sie alle betrafen große Vokalmusik. Im Vordergrund stand die Oper *Loreley,* die er aber als eine «Vorübung» ansah, denn er meinte, nach vier oder fünf Versuchen könnte er etwas «wirklich Gutes» leisten, vielleicht sogar für die Pariser Grand Opéra.[43] Er interessierte sich lebhaft für die Musik des jungen Verdi, von der ihm Chorley nicht genug erzählen konnte. Die Einladung, die feierliche Kirchenmusik zur Einweihung des Kölner Domes zu schreiben, hatte er angenommen, und er freute sich schon im voraus darauf. Des weiteren plante er eine deutsche Kantate nach Klopstocks *Hermannsschlacht.* Die Liverpool Philharmonic hatte ihn um eine neue Symphonie gebeten, aber von ihr war gar nicht die Rede, dafür aber um so mehr von einer «Schweizer Musik», die er jedenfalls komponieren wollte. Der traurige Refrain aller solchen Pläne war aber immer: «Ich werde es nicht mehr erleben», oder: «Wenn ichs erlebe», und schließlich: «Was für einen Sinn haben diese Projekte denn? Ich werde sie doch nicht erleben».

In sonderbarem Widerspruch zu den weitreichenden Plänen, die er doch immer wieder negierte, steht aber sein fester Entschluß, sich in Frankfurt oder im Rheinland anzusiedeln, jeden Sommer in der Schweiz zu verbringen und gelegentlich nach England herüberzukommen. Hier denkt er durchaus pragmatisch, und seine Entschlüsse scheinen nicht von Vorahnungen oder Todesfurcht getrübt gewesen zu sein. Wo aber die Rede auf seine künstlerischen Arbeiten kommt, steigt immer die Angst mit ihnen auf.

Endlich die Politik: er fürchtete den Mob, aber er kritisierte in den schärfsten Worten die hohen Beamten und Hofleute, «die die Herzen derer entfremdet hatten, die sie so leicht hätten gewinnen können, die ein großes Volk demoralisiert und entmannt hätten, während sie vorgeben, es zu erziehen».[44]

Luzern und Berner Oberland. Ölgemälde von Felix Mendelssohn

Auf Chorleys Wunsch spielte der Meister nochmals – zum letztenmal – Orgel, in der kleinen Kirche von Ringgenberg am Brienzer See. Wie immer improvisierte er in großartiger Weise.

Einigermaßen erholt, zumindest beruhigt, kehrte Mendelssohn Mitte September nach Leipzig zurück. Er sollte nun die erste deutsche Aufführung des *Elias* in Berlin am 3. November und die zweite, in Wien, am 14. November leiten. Dort sollte die geliebte Jenny Lind die für sie geschriebene Partie singen. Das Berliner Engagement sagte er ab, nachdem er Ende September Fannys alte Wohnung besucht hatte. Die damit verbundene Aufregung machte die ganze Schweizer Erholung wieder zunichte.

Am 7. Oktober schrieb er seine letzte Komposition, das tief-traurige «Altdeutsche Frühlingslied», dessen letzter Vers heißt:

Nur ich allein, ich leide Pein,
Ohn' Ende werd' ich leiden,
Seit Du von mir und ich von Dir,
O Liebste, mußte scheiden!

Musikbeispiel 73

Dieses eben geschriebene und noch einige andere Lieder, die er für den Druck fertig machte, brachte er zu Frau Livia Frege, um sie sich vorsingen zu lassen. Er hatte immer viel auf ihre Interpretation seiner Lieder gehalten und gelegentlich kleine Änderungen vorgenommen, besonders dynamische Zeichen erst nach ihrem Vortrag fixiert. Schon beim Vortrag der Lieder «Tröstung» und «Auf der Wanderschaft» wurde er sehr nachdenklich, meinte aber, es sei ein ernsthaftes Geburtstagsgeschenk für Schleinitz. Beim «Altdeutschen Frühlingslied» fing er an, von Fanny zu sprechen. Als sie sein «Nachtlied» sang, das er erst in der vorigen Woche geschrieben hatte, schauderte Mendelssohn bei dem Vers

So reist die Zeit die ganze Nacht,
Nimmt manchen mit, der's nicht gedacht.

Musikbeispiel 74

zusammen und rief: «Ach, das klingt so müde, aber genau so war mirs!»: – er erbleichte, und seine Hände wurden eiskalt.[45] Er mußte sich gleich hinlegen, erholte sich aber und ging schnell nach Hause, wo der Anfall wiederkehrte. Die Familiengeschichte der Mendelssohns zeigt, daß Moses, Abraham, und seine Tochter Fanny vorzeitigen Gehirnschlägen zum Opfer fielen. Felix war sich dieser Disposition wohl bewußt und fürchtete jedes Anzeichen davon. Es kann auch keine leere Hypothese sein, denn der Prozentsatz der Mendelssohn-Nachkommen, die an Gehirnschlag gestorben sind, übersteigt die Norm bei weitem.

Felix kämpfte nun gegen die dunklen Mächte, mit der einzigen Waffe, die ihm verblieben war, mit seinem Willen zu leben und zu schaffen. Daher beschäftigte er sich in den folgenden Tagen mit den Vorbereitungen zur Reise nach Wien. Frau Frege, die ihn besuchte und über sein gutes Aussehen erfreut war, wurde wegen ihrer früheren Angst um ihn sanft gehänselt; ja, er durfte sogar einen Spaziergang mit Cécile wagen (28. Oktober). Bald darauf traf ihn ein schwerer Gehirnschlag, der ihn teilweise lähmte (1. November). Er hatte fürchterliche Schmerzen, stöhnte, schrie – und sang.[46] Ein zweiter Schlag (3. November) setzte diesen Qualen ein Ende; bald danach schlief er hinüber (4. November). Er konnte noch Bruder Paul sehen und sprechen, der von Berlin herbeigeeilt war. Mendelssohns Freund, der

Felix Mendelssohn auf dem Totenbett. Zeichnung von E. Bendemann
Leipzig, den 5. November 1847

Maler Bendemann, der sich, von Dresden kommend, ebenfalls eingefunden hatte, berichtet:

Der Ausdruck des Gesichtes war von einer unbeschreiblichen Freundlichkeit und Ruhe, so daß man beim Heintreten mehr einen Schlafenden als einen Toten zu sehen geglaubt hatte, wenn nicht die Farbe ... den Schrecken des Todes gezeigt hätte...[47]

Er hat nicht übertrieben; die Totenmaske Mendelssohns zeigt eine erhabene Ruhe. Ein geheimnisvolles Lächeln verklärt die Züge, von denen die Erschöpfung und der Gram des letzten Jahres wie weggewischt scheinen.

Die zwei Trauerfeiern – in Leipzig und in Berlin, wohin er überführt wurde – waren sehr pompös und mehr eine Ehrung der deutschen Musik, deren Hauptvertreter vor der Welt Mendelssohn noch im Tode war, als ein herzliches Gedenken unter Freunden, wie er sichs immer gewünscht hatte.

In Leipzig begab sich der Trauerzug in die Paulinerkirche, wo der Sarg eingesegnet wurde. Alle Würdenträger der Stadt und des Königreichs Sachsen hatten sich eingefunden. Im kostbaren Sarg lag Mendelssohn; um seine Schläfen wand sich der Schmuck, der ihm allzeit lieber gewesen war als alle Orden und Ehrenzeichen, ein einfacher Lorbeerkranz, das Wahrzeichen der Muse. In der Nacht wurde er mit der Eisenbahn nach Berlin überführt. Auf dem Weg dahin hielt der Zug in Köthen, Dessau und Halle, wo Thiele, Fr. Schneider und andere Chordirektoren dem großen Toten ihre letzte Huldigung darbrachten. Am 8. November morgens kam der Zug in Berlin an; dort wurde der Sarg vom Domchor (unter Neithardt), von der Singakademie (unter Rungenhagen und Grell) und einem großen Geleite empfangen und im alten Dreifaltigkeitsfriedhof bei seinen Eltern und neben Fanny bestattet. Bei dieser Gelegenheit sang man – eine letzte Beleidigung von seiten der Berliner – Grells Motette «Jesus ist die Auferstehung», die Choräle «Wie sie so sanft ruhen», «Jesus, meine Zuversicht» und spielte Beethovens Trauermarsch aus der *Sonate* op. 26; von Mendelssohn selbst nichts. Die Familie war betroffen, als Paul und Beckchen sich erinnerten, daß Felix im vorigen Jahr Fanny versprochen hatte, ihren Geburtstag (8. November) mit ihr zu verbringen; er hatte damals gesagt: «Verlaß dich drauf, das nächste Mal bin ich bei dir.» Er hat sein Wort gehalten.

Überall in Europa und Nordamerika bemühte man sich, dem Komponisten durch Gedächtniskonzerte zu huldigen. Da diese Aufführung nach altem Brauch mehr dem «Jahrmarkt der Eitelkeiten» dienten als dem angekündigten Zweck, können wir uns hier auf die wenigen Feiern beschränken, die wirklich der Musik Mendelssohns geweiht waren. Die wichtigsten fanden in Leipzig, London, Wien, Berlin, Frankfurt und Paris statt.

Eine Woche nach Mendelssohns Tod wurde der erste Teil des regelmäßigen Gewandhauskonzerts seiner Musik gewidmet. Das Programm des ersten Teils bestand aus der Ouvertüre zu *Paulus,* der *Motette* «Herr, nun lässest Du Deinen Diener in Frieden fahren», dem schon erwähnten «Nachtlied», besonders schön gesungen von Frau Frege, und der Ouvertüre zur *Schönen Melusine.* Es folgte darauf Beethovens *Eroica.* In London, das Mendelssohn immer als einen halben Engländer betrachtet hatte, war die Trauer sehr tief, und das Gedächtnis an den Meister erhielt sich frisch und dauernd. Die Sacred Harmonic Society führte am 17. November den *Elias* als Totenfeier für Mendelssohn auf; der Charakter des Konzerts wurde durch die Trauerkleidung des Orchesters, der Sänger und der Mehrheit des Publikums erhöht und unterstrichen. Vor Beginn des Oratoriums spielte das Orchester den Trauermarsch aus Händels *Saul,* den das Publikum stehend und schweigend anhörte. Händel und Mendelssohn wurden damals, nicht zum erstenmal in England, nebeneinandergestellt als die größten englisch-deutschen Komponisten. In Wien fand die lange geplante Aufführung des *Elias* von der Gesellschaft der Musikfreunde am 12. November statt, die Mendelssohn hätte leiten sollen. Vorausgegangen war wieder eine lange Korrespondenz mit Baron von Püttlingen, in der diesmal Mendelssohn fest zusagte, die Leitung des Musikfestes zu übernehmen, unter Verzicht auf jedes Honorar und auf den Ersatz der Reisekosten. Der am 29. September datierte Brief enthält seine definitive Zusage, die nur an eine Bedingung geknüpft war: daß Staudigl die Partie des Elias singe. Vorher schon hatte der Meister versprochen, die Reise nach Wien als eine Gegenmaßnahme gegen sein «Sichversenken» in die Trauer um die geliebte Schwester zu unternehmen. Er wünschte die Reise nach Wien als eine künstlerische Freude, nicht als eine «geschäftliche Unternehmung oder Transaktion» angesehen zu wissen. Was die Wiener dem Lebenden nicht gewährt hatten, zollten sie in reichem Maß dem Toten. Sämtliche Mitwirkenden erschienen in Trauerkleidung; Mendelssohns Pult war schwarz verhängt. Auf ihm lagen eine Notenrolle und ein grüner Lorbeerkranz. Der Chormeister J. B. Schmiedl leitete die Aufführung von einem zweiten Pult aus. Die Besprechungen waren durchwegs respektvoll, aber keineswegs alle enthusiastisch; einige Kritiker glaubten, daß Mendelssohns musikalische Diktion den «Bedürfnissen des Tages» nicht mehr genüge, kurz, daß sie sich überlebt habe. Andere priesen seine Ablehnung jedes Kompromisses mit der augenblicklichen Mode zugunsten «brillanter Effekte».

In Berlin weihte die Königliche Theater-Kapelle das erste Symphoniekonzert Mendelssohns Andenken. Nach dem Trauermarsch aus der *Eroica* wurden des Verstorbenen *Kyrie,* die *Schottische Symphonie,* der *43. Psalm,* die Ouvertüren zum *Sommernachtstraum* und den *Hebriden* zu Gehör gebracht; zum Schluß sang der Domchor «Es ist bestimmt in Gottes Rath». Auch die noch im November stattfindende Aufführung des *Elias* in der Singakademie darf als ein Gedächtniskonzert angesehen werden. In Frankfurt führte man hauptsächlich Kirchenmusik des Meisters auf; in Paris hatte das erste Konzert des Conservatoire den Titel «À la memoire de F. Mendelssohn Bartholdy» (8. Januar 1848), und das Programm bestand aus der *Schottischen Symphonie,* der *Hebriden-Ouvertüre,* dem *Violinkonzert,* und Stücken aus dem *Paulus.*

Die Ehrung, die Mendelssohn am meisten erfreut hätte, kam von Jenny Lind. Sie war so erschüttert durch seinen plötzlichen Tod, daß sie zwei Jahre lang nicht imstande war, seine Lieder zu singen. Ein Jahr nach Mendelssohns Tod veranstaltete sie eine große Gedächtnisfeier für ihn, bei der in Exeter Hall der *Elias* aufgeführt wurde; dabei sang sie zum erstenmal die Sopranpartie, die Felix für sie bestimmt hatte. Das Konzert hatte so großen Erfolg, daß sofort eine «Mendelssohn-Stiftung» mit dem Anfangskapital von 1000 Pfund gegründet werden konnte. Diese Stiftung fördert begabte englische oder irische Komponisten und war noch 1932 der angesehenste englische Kompositionspreis. Der erste Preisträger war Arthur Sullivan, dessen Name sowohl durch Kirchenmusik wie durch die britische Operette (mit Mr. Gilbert als Textautor) bekannt wurde.

In traurigem Gegensatz zu den englischen Aufführungen des *Elias* stand die erste Leipziger Darbietung des Oratoriums im Gewandhaus. Der Saal war halbleer, und das Publikum zeigte sich apathisch; die vielen Freunde des toten Künstlers konnten ihre bittere Enttäuschung nicht verbergen, und vielleicht schon damals kündigte sich die Abwertung Mendelssohns an, die in Deutschland bis zum Ende des 19. Jahrhunderts, ja bis zum Ende des zweiten Weltkriegs dauern sollte, kräftig unterstützt von den Kohorten Wagners und dessen antisemitischen Lehrlingen.

III. DER MUSIKALISCHE UND PERSÖNLICHE NACHLASS

Bei allen Krankheitssymptomen scheint Mendelssohn doch nicht ernsthaft an sein frühes Ende geglaubt zu haben, denn er hat kein Testament irgendwelcher Art hinterlassen.[48] Damit waren die Voraussetzungen der nun folgenden Tragikomödie gegeben. Die finanziellen Erbschaftsfragen waren durch Bruder Paul, den Bankier, bald und glatt erledigt; aber die persönliche und künstlerische Hinterlassenschaft des Meisters hat manche Streitigkeit verursacht, und mehr noch: sie ist in falscher Pietät verwaltet worden, als wäre Mendelssohn, sein Werk, seine Persönlichkeit das ausschließliche Eigentum seiner Familie gewesen. Es verlohnt sich heute nicht mehr, diese Flucht vor der Öffentlichkeit in ihren Einzelheiten darzustellen oder zu beklagen – es genügt hier, sie festzustellen.

Als Mendelssohn starb, hatte er gerade sein op. 72 erreicht, *6 Kinderstücke für Klavier.* Sie stehen weit zurück hinter Schumanns *Kinderszenen;* zwar verstand er die Welt der Kinder, aber sie erschien ihm eher kindisch als kindlich. Er selbst war viel zu frühreif gewesen, um jemals ein echtes Kinderland gekannt zu haben. Die vielen unveröffentlichten Manuskripte, die sich in seinem Nachlaß fanden – Mendelssohn hielt in seinen Dokumenten und Papieren eine geradezu buchhalterische Ordnung –, wurden von der Witwe einem Publikations-Komitee anvertraut. Es bestand aus Dr. Schleinitz, dem Präsidenten des Verwaltungsrates, der Gewandhaus und Konservatorium betreute, Konzertmeister Ferdinand David, Ignaz Moscheles, Thomaskantor Moritz Hauptmann, Julius Rietz, damals Kapellmeister in Dresden, und Paul Mendelssohn. Hier fällt der Name Schumann durch seine Abwesenheit auf; der Grund liegt in den recht kühlen persönlichen Beziehungen zwischen Rietz und Schumann, die Cécile in Betracht ziehen mußte. Leider war es Rietz, dem schließlich die Herausgabe der ungedruckten Werke anvertraut wurde. Dies war ein böser Fehler, denn die Handschriften kamen nach Céciles Tod (1853) in den Besitz von Felix ältestem Sohn, Carl Mendelssohn Bartholdy, der zusammen mit Rietz und seinem Onkel Paul Mendelssohn ein Triumvirat bildete. Das Komitee wurde hinfort einfach übergangen oder kaum zu Rate gezogen. Da nur Rietz Berufsmusiker war, hatte er freie Hand, für den Druck auszuwählen, was ihm beliebte.[49] Anfangs scheint er sich an die Weisungen des Ausschusses gehalten zu haben, aber auch dies läßt sich heute nur vermuten; denn es fehlen sämtliche Unterlagen, welche die Editionstätigkeit von Rietz beleuchten, seine Auswahl rechtfertigen oder zumindest erklären würden. Der Öffentlichkeit hat Rietz niemals Rechenschaft über diese höchst verantwortungsvolle Arbeit gegeben, wenn wir von seinem sehr bescheidenen Exposé am Ende der ersten und zweiten Briefausgabe absehen (Leipzig 1861, 1863 etc.), in dem von den andern Mitgliedern des Komitees, ja von dessen Existenz überhaupt kein Wort zu finden ist. Der einzig mögliche Ort, wo vielleicht einiges über Rietz' Editionstätigkeit zu finden wäre, das Archiv von Breitkopf & Härtel, war mir leider nicht zugänglich; diese dornige Arbeit muß den Leipziger Gelehrten überlassen bleiben, wenn sie sich ihrer annehmen wollen. Nach welchen Gesichtspunkten Rietz Werke für den Druck ausgewählt, andere unveröffentlicht gelassen hat, ist völlig unklar. Denn große Werke, wie die fünf großen *Choralkantaten* und *Motetten,* das 8stimmige *Te Deum,* das *As-dur-Doppelkonzert* für zwei Klaviere und Orchester sind damals nicht gedruckt worden, während unbedeutende Stücke wie der *Festgesang* für das Gutenbergfest, Gelegenheitskompositionen wie *Die Stiftungsfeier* oder *Seemanns Scheidelied* früh zum Druck gelangten.

Auch die Briefe Mendelssohns, dieser Schatz von Erinnerungen, dieser Spiegel des musikalischen Biedermeier, sind nicht aufs beste betreut worden, doch haben hier viele andere Beweggründe mitgespielt, über die wir uns schon andernorts ausgelassen haben. Es sei hier daher nur ein Überblick über die wichtigsten Dokumente gegeben:

Als die ersten biographischen Dokumente, welche der Allgemeinheit zugänglich waren, erschienen die *Briefe aus den Jahren 1830–32* (auch *Reisebriefe* genannt), herausgegeben von Bruder Paul; bald darauf folgte ein zweiter Band, der die Zeit von 1833–1847 umspannt. Aufgenommen in diese Sammlung wurden Briefe an die Familie, und einige an Klingemann, Pastor Bauer, Schubring, E. Devrient, und ein paar Schreiben, die sich mit der Königlichen Anstellung in Berlin beschäftigen. Auf diese Ausgabe der Familienbriefe gehen nahezu alle späteren Ausgaben zurück, ausgenommen Sebastian Hensels brav-bürgerliche, betont patriotische Auswahl von Familienbriefen und etwas Klatsch: *Die Familie Mendelssohn.* Es muß hier nochmals darauf hingewiesen werden, daß alle Ausgaben der Familienbriefe, deren Herausgeber lauter nahe Verwandte Mendelssohns waren, unzuverlässig sind, da sie vom handschriftlichen Text sehr bedeutend abweichen, viel unterdrücken, entstellen, manchmal auch die ursprüngliche Meinung Mendelssohns geradezu verdrehen.[50]

Es war schwer, dies definitiv festzustellen, denn die Besitzer der Autographen erlaubten «Außenseitern» nur selten einen Einblick in die Handschriften. Die Familienbriefe waren im Besitze des Bruders Paul, der sie seinem Sohn Ernst Mendelssohn Bartholdy vermachte; von diesem gingen sie auf dessen Sohn Paul über und nach dessen Tod in den Besitz seiner Schwestern, die die Briefe in einer Dresdner Bank verwahrten. Beim Bombardement Dresdens wurde die Bank zerstört, aber die Safes blieben intakt. Nach abenteuerlichen Irrfahrten sind diese wichtigen Familienbriefe wieder zu ihren rechtmäßigen Eigentümern zurückgekehrt. Von diesen hat sie die New York Public Library käuflich erworben.

Die Bodleian Library in Oxford beherbergt etliche zwanzig Folio-Bände (die sogenannten «Grünen Bücher»), in denen alle wichtigen (und viele unwichtige) Briefe *an* Mendelssohn von diesem selbst gesammelt und eingebunden waren. Sie gehörten Professor Albrecht Mendelssohn Bartholdy, dessen Witwe sie, mit anderen wichtigen Dokumenten, an Miß Margarete Deneke, M. A., in Oxford, verkaufte. Auch diese Sammlung stellt eine Fundgrube von Dokumenten über unseren Komponisten dar. Kleinere Sammlungen unveröffentlichter Briefe des Meisters befinden sich in der Library of Congreß, Washington, und im Besitz einiger Familienmitglieder.

Die Korrespondenz mit Mendelssohns Freunden ist weitgehend veröffentlicht worden in Hillers und Devrients Erinnerungen, dem Briefwechsel mit Droysen, den Briefen an Klingemann, Moscheles und einigen Separatdrucken. Unter diesen spielen die Erinnerungen Schumanns an Mendelssohn eine unglückliche Rolle; Teile davon wurden nämlich als antisemitisches Propaganda-Material von Dr. Wolfgang Boetticher, damals in Göttingen, unverantwortlich gefälscht und entstellt in dessen Ausgabe *Schumanns Schriften und Briefe,* Berlin 1942 publiziert. Seine Interpretation der entstellten Texte schlägt aller historischen Wahrheit ins Gesicht. Diese Nazi-Fälschung wurde dann, im Jahre 1947, anläßlich des 100. Todestags Felix Mendelssohns, vom Robert-Schumann-Archiv in Zwickau durch eine photostatische Ausgabe jener *Erinnerungen an Felix Mendelssohn Bartholdy* wieder gutgemacht. Die Entstellungen Boettichers sind damit klar erwiesen. Von interessanten Dokumenten fehlen Teile von Felix' Tagebüchern sowie viele seiner Briefe an Zelter.

Endgültig verloren sind zwei der wichtigsten und aufschlußreichsten Dokumentensammlungen: der Briefwechsel mit A. B. Marx, dem später völlig entfremdeten Jugendfreund, und jener mit Cécile; der letztere wurde von ihr selbst vernichtet, da sie ihn der Außenwelt nicht preisgeben mochte und fühlte, daß er ausschließlich ihr und ihrem Gatten gehöre. Doch existieren noch etliche Briefe von Cécile – allerdings nicht an Felix – in verschiedenen Sammlungen. Sie sagen über die scheue, furchtsame, sehr zartempfindende Frau und Mutter weniger aus als die Mitteilungen ihres Gatten über sie in seinen Familienbriefen. Die Briefe von Marx wurden von diesem nach seinem Bruch mit Mendelssohn im Jahre 1839 vernichtet.[51]

Wir kehren nun zum musikalischen Nachlaß zurück. 44 Bände der musikalischen Handschriften Mendelssohns, von diesem selbst gesammelt und gebunden, fanden sich bei seinem Tod vor. Am 23. Dezember 1877 wurden sie in der Königlich preußischen Staatsbibliothek in Berlin deponiert zufolge eines Abkommens der Erben Mendelssohns mit dem preußischen Staat. Danach sollten die Handschriften im Besitz der Bibliothek verbleiben; als Gegenleistung verpflichtete sich der preußische Staat, jährlich zwei Mendelssohn-Stipendien zu vergeben, jedes zu 1500 Mark. Während der Inflation der Zwanziger Jahre wurden diese Stipendien eingestellt und dann, nach einigen Jahren der Wiederaufnahme, in der Hitlerzeit ganz aufgehoben. Nach dem zweiten Weltkrieg wurden sie, eine Konsequenz des Wirtschaftswunders, wieder aufgenommen.[52]

Wichtiger als all das sind aber die Veröffentlichungen bisher ungedruckter Werke Mendelssohns und seines Briefwechsels. Bisher sind 12 Jugendsinfonien und 6 Konzerte (in Partitur) mit kritischem Apparat herausgegeben worden von Hellmut Christian Wolff (in: VEB Deutscher Verlag für Musik, Leipzig 1967, 1972, 1974), eine große Leistung, wenn man bedenkt, daß noch 1922 die Vereinigung deutscher Musikverleger, denen die Handschriften zur eventuellen Veröffentlichung vorgelegt worden waren, in ihnen «nichts des Druckes Würdiges» gefunden hatten. Aus der Korrespondenz sind bisher *Briefe aus den Leipziger Archiven* (Leipzig 1976) und *Briefe an die Verleger* erschienen, die ich noch nicht einsehen konnte. Es ist mir, der ich schon in meinem Buch *Mendelssohn: A new Image of the Composer* für die Veröffentlichung dieser Werke plädiert hatte, eine erfreuliche Pflicht, den Autoritäten der Wissenschaftlichen Bibliothek Berlin (DDR), wie auch den Herausgebern der bisher unveröffentlichten Werke Mendelssohns für ihre verantwortungsvolle Arbeit zu danken.

IV.

Wir haben noch der letzten Kompositionen Mendelssohns zu gedenken. Unter diesen befinden sich einige vollendete Werke und viele Fragmente. Alle andern überragt sein (sechstes) *Quartett* in *f-moll* op. 80 – eine Schöpfung wie aus einem Guß, eine Art Requiem für Fanny – ein außerordentliches Stück, das allein die hergebrachten Vorstellungen von der Kunst Mendelssohns und viele ebenso wenig fundierte Vorurteile dagegen zunichte machen sollte. Zugegeben, es ist ein für Mendelssohn atypisches Werk, aber es zeigt doch klar die Richtung an, in der Mendelssohn sich weiterentwickelt hätte, wenn ihm längeres Leben beschieden gewesen wäre. Das Quartett ist ganz autobiographisch intendiert, bei Mendelssohn eine außerordentliche Seltenheit. Es ist eine einzige, unverhüllte Klage um die Schwester; man hört überall den kaum stilisierten Schmerzensschrei der leidenden Kreatur. Hier kehrt Mendelssohn nach längerer Zeit zu den zyklischen Experimenten seiner Jugendjahre zurück; er zitiert Fetzen des Scherzos im letzten Satz; dazwischen schimmern ironisch-wehmütige Reminiszenzen an ein altes Lieblingsmotiv Fannys durch. Der erste Satz in f-moll ist im ganzen ein rein motorisches «Sich-Austoben» auf einem furiosen Thema, das kaum eine klare Kontur behält; es wird nur von den Klageliedern der 1. Violine unterbrochen. Im Wesen nimmt dieser Satz schon Ausdrucksformen des frühen Expressionismus vorweg. Die Rückführung zum Hauptthema ist eine der stärksten Stellen aller Musik des Meisters. Der zweite Satz, ebenfalls in f-moll, zeigt ein ganz un-Mendelssohnsches Scherzo: Synkopen, vergrämte, um nicht zu sagen brummige, chromatische Harmonien, rücken es in die Nähe der makabren Scherzi in den späteren Symphonien Mahlers. Der ostinato-Baß des Trios verstärkt noch die unheimlich drohende Monotonie des Satzes. Der dritte Satz, ein Adagio in Des, entfaltet sich als eine Elegie in clair-obscur-Tönen; gelegentlich meint man ein Echo des Klagegesangs aus dem ersten Satz zu hören. Der Satz ist mit größter künstlerischer Ökonomie angelegt und entwickelt sich aus einer «Urlinie» von fünf oder sechs Noten. Der letzte Satz, wieder in f-moll, fällt in die motorische, wilde Unrast des ersten Satzes zurück und enthält noch mehr orchestrale Wirkungen als dieser. Drei hemmungslose Ausbrüche der Klage markieren die Zäsuren; ein ungeheures Weinen geht durch den Satz und eine unaufhörliche, kaum bezähmte Rastlosigkeit. Man meint ein wildes Tier im Käfig zu ahnen. Als Ganzes ist das an sich großartig konzipierte Werk nicht völlig geraten, denn hier hat sich Mendelssohn im Medium vergriffen; alles darin ruft nach dem Orchester. Erst in symphonischem Gewand dürfte das Werk die beabsichtigte Wirkung hervorrufen.

Musikbeispiel 75a (Erster Satz)

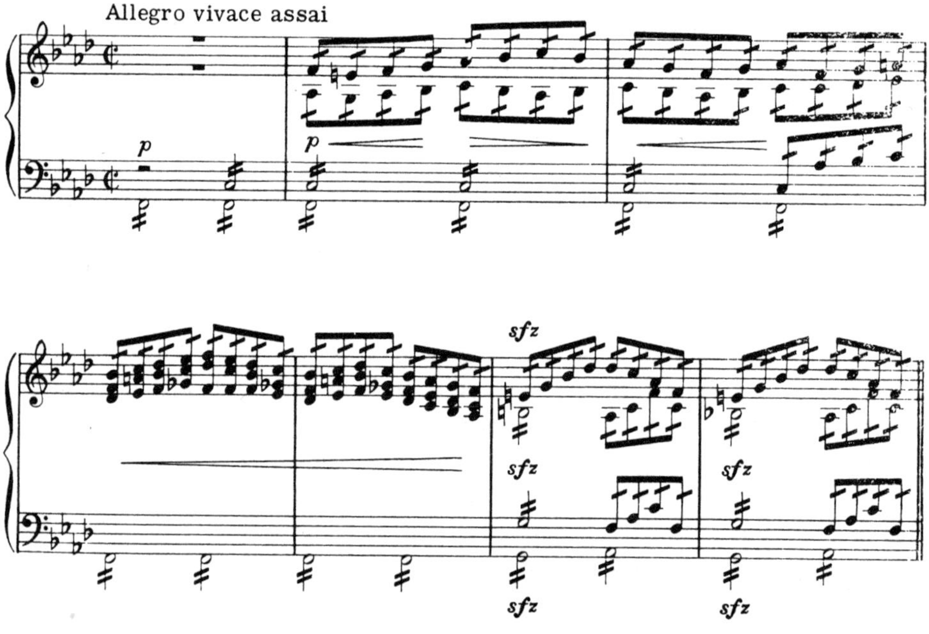

Musikbeispiel 75b (~~Dritter~~ Zweiter Satz)

Musikbeispiel 75c (Letzter Satz)

Das zweite vollendete Werk, ein *Te Deum* für den anglikanischen Gottesdienst, hält sich auf der Höhe der *Deutschen Liturgie*, stellt aber größere Ansprüche an Ausführende und Hörer.[53] Es ist durchwegs in streng polyphonem Stil gehalten und bemüht sich ebensosehr um objektiven Ausdruck, wie das *Quartett f-moll* um einen subjektiven. Es besteht in diesen zwei Werken ein so tiefer Gegensatz zwischen geistlicher und weltlicher Musik wie sonst nie in Mendelssohns Schaffen. Ist es erlaubt, bei solchem Sachverhalt über Mendelssohns gewandeltes Verhältnis zu einer anthropomorphen Gottheit nachzudenken? Was veranlaßte ihn, nach dem bittersten Schmerz seines Lebens, dem er eben unvergeßliche Töne geweiht hatte, einen Lobgesang auf Gott anzustimmen, noch dazu in einer Tonsprache von fleckenloser Reinheit und Klassizität? Und wie verträgt sich diese strenge, beinahe kühle Haltung mit dem größten seiner Fragmente, dem Oratorium *Christus*?

Dieses Fragment geht auf dem Weg des *Elias* weiter, bemüht sich vielleicht um größere Intensität des musikalischen Ausdrucks, diesmal in den Rezitativen, die vorher von Mendelssohn etwas stiefmütterlich behandelt worden waren. Der Plan zum *Christus,* für den Mendelssohn «seine besten Kräfte aufsparen wollte»[54], stammt vom Freiherrn von Bunsen, dem wohl auch die volle Ausführung des Librettos anvertraut war.[55] Es waren drei Teile vorgesehen, von denen der erste die Geburt, der zweite die Passion, und der dritte die Auferstehung zum Inhalt hatte. Wieder sollten möglichst nur Schriftworte herangezogen werden; über diese fixe Idee hat schon Kretzschmar das letzte Wort und Urteil gesprochen: «Insonderheit führte das Bestreben, die Oratorientexte lediglich aus dem Schriftwort aufzubauen, zu einer Unklarheit der Darstellung, zu einem frommen Schwulst und zu einer Unnatur, für die sich in der ganzen früheren Geschichte des Oratoriums kein Seitenstück findet.»[56]

Doch wird die Handlung wenigstens von einem Erzähler oder Evangelisten vorgetragen, und einige seiner Rezitative weisen eine scharf artikulierte Deklamation auf, wie wir sie sonst bei Mendelssohn nicht gewohnt sind. Im ersten Teil trägt ein Sopran das Evangelienwort, im zweiten Teil (der Passion) ein Tenor. Die turba-Szenen waren von Mendelssohn skizziert und zeichnen sich durch dramatische Kraft und präzise Deklamation aus, stehen aber natürlich weit hinter Bachs gewaltigen Fresken zurück. Leider hat Mendelssohn offenbar wieder mit Chorälen gerechnet, die symbolisch-leitmotivische Bedeutung tragen sollten. So sind die Choräle «Wie schön leuchtet der Morgenstern» und «O Welt, ich muß dich lassen» schon ausgeführt worden, ohne dem Werk irgendwelche neue Kraft zuführen zu können. Für einen *Christus* hatte Mendelssohns Begabung in seiner stärksten Zeit nicht ausgereicht, nun wollte der abgekämpfte Mann das geplante Triptychon, das mit *Paulus* und *Elias* begonnen hatte, durch einen *Christus* krönen. Hier waren es nicht nur die Grenzen seines spezifisch musikalischen Könnens, die er überschreiten wollte; nein, er hatte sich an eine Aufgabe gewagt, der seine gesamte Persönlichkeit einfach nicht gewachsen war: die Verflechtung menschlichen und göttlichen Wesens läßt sich durch «geistliche» Musik eines doch im Wesentlichen weltlich denkenden Künstlers kaum erahnen, geschweige denn darstellen. Es ist ja auch keinem Komponisten seit Bach mehr gelungen, das Mysterium in Tönen zu deuten.

Nicht viel anders ging es mit dem andern großen Fragment zur geplanten Oper *Loreley*. Ganz abgesehen vom allzu lyrischen und undramatischen Text hat Mendelssohn es nicht vermocht, seiner Musik dramatischen Atem und sinnliche Kraft einzuhauchen. Gewiß, das halb vollendete Finale des ersten Akts bietet manche liebliche Episode, gut gerundete Ensembles und treffende Lokalfarbe, aber es ist

Das alte, 1936 entfernte, und das neue, 1947 errichtete Mendelssohn-Denkmal vor dem Gewandhaus in Leipzig

kein Opernfinale. Da geht es nicht darum, den Hörer angenehm zu unterhalten oder zu erheben, sondern er will aufgerührt, entzündet, kurz persönlich betroffen sein. Diese Aufgabe aber überschritt die ohnehin ermüdeten Kräfte Mendelssohns, der auch in der Fülle seiner Schaffenskraft nur in einzelnen Fällen wirklich dramatische Höhepunkte angestrebt und erreicht hatte.

So ist das Finale der *Loreley*, in dem die Rheingeister chorisch auftreten, ein bemerkenswertes Stück Musik und entbehrt auch nicht theatermäßiger Elemente, aber, verglichen mit Wagners monumentaler Darstellung des Rheins und seiner Unterwelt wirkt Mendelssohns Versuch wie eine Bleistiftskizze neben einem ausgeführten Fresko. Es hebt feurig und wirklich dramatisch an, aber die Gestalt Leonoras hat musikalisch keine charakteristische Kontur und sinkt ins Lieblich-Lyrische zurück. Das entspricht genau dem Frauentypus, wie ihn Mendelssohn liebte, der aber der ernsten Oper weder Tragfähigkeit noch dramatische Schlagkraft verleihen konnte. Leonora ist eine Mischung von Cécile und Jenny Lind, aber keine Malibran, deren wilder Charme und libidinöser Magnetismus hier vonnöten gewesen wären.

So beweist auch dieses wohl im ganzen unglücklichste Fragment des Meisters sein bewußtes Festhalten an seinem Motto «Leben und Kunst sind nicht zweierlei». Was ihm im Leben verwerflich schien, konnte er auch als künstlerischen Vorwurf nicht brauchen; und Mendelssohns Weigerung, seine tiefsten Gesinnungen durch eine Femme fatale, sei sie auch auf dem Theater noch so wirkungsvoll, zu kompromittieren, hebt ihn in unseren Augen.

Von seinen Zeitgenossen hat wohl nur der einzige Kierkegaard das Dilemma ganz verstanden, mit dem Mendelssohn bewußt oder unbewußt konfrontiert war. Die folgenden Worte des dänischen Denkers scheinen wie auf Mendelssohn, den Verächter der «Ästhetiker, die ihm alle gestohlen werden konnten», gemünzt zu sein:

Entweder soll man ästhetisch leben oder man soll ethisch leben. Hier handelt es sich... noch nicht im strengeren Sinn um eine Wahl; denn wer ästhetisch lebt, wählt nicht, und wer das Ästhetische wählt, nachdem sich ihm das Ethische geoffenbart hat, lebt nicht mehr ästhetisch, sondern ethisch – nämlich unethisch, sündhaft, da er nun dem ethischen Urteil unterliegt. Sieh, das ist gewissermaßen ein character indelebilis *des Ethischen; daß es die Wahl erst zur Wahl macht, obgleich es sich zur Wahl bescheiden neben das Ästhetische stellt... Durch die absolute Wahl wird also das Ethische gesetzt; daraus folgt aber keineswegs, daß nun das Ästhetische ausgeschlossen wäre. In dem Ethischen zentralisiert sich die Persönlichkeit; das heißt, das Ethische ist,* daß *sich die Persönlichkeit in sich zentralisiert.*[57]

Damit werden auch wir, die den Verlauf des Ästhetizismus vom Realismus über l'Art pour l'Art, über *Les Fleurs du Mal,* zum Neoklassizismus, zum Expressionismus und seinen Konsequenzen verfolgen können – diese sind recht problematisch –, das Verhältnis der Nachwelt zu Mendelssohn besser einzuschätzen imstande sein. Dieser Frage ist das folgende letzte Kapitel gewidmet.

20. MENDELSSOHN UND DIE NACHWELT

Frage:	«Warum ist Mendelssohns Musik seit einiger Zeit so vernachlässigt worden?»
Antwort:	«Vielleicht weil er, im Vergleich mit den Stümpern unserer Zeit, zu viel kann.»
Frage:	«Welche Noblesse, Klarheit und Grazie ist in seiner Kunst! Manche nennen ihn den Murillo der Musik.»
Antwort:	«Ja, ich habe den Vergleich gehört – aber es ist leicht, zu vergleichen. Ich jedenfalls ziehe den Musiker dem Maler vor...»
Frage:	«Würden Sie Mendelssohn einen Romantiker ‹ohne Exzess und Wahnwitz› der Romantik nennen?»
Antwort:	«Sicherlich; er war ein Romantiker, der zuhause war in der Haltung der Klassik, und der überdies imstande war, das schwere Problem der Form in einer Weise zu lösen, die in dieser Eleganz und Phantasie nur ihm eigen war... Ich bin überzeugt, daß er wieder in seine Rechte eingesetzt werden wird.»

J. M. Corredor – Conversations avec Casals

I.

Nicht mehr als eine Handvoll Komponisten wählt die Nachwelt aus Tausenden; und von den Hunderten von Kompositionen eines solchen Erwählten bleibt nur ein Bruchteil als lebende Musik übrig. Welche Kräfte bestimmen diese Auswahl? Bleiben die bevorzugten Werke unveränderlich in der Gunst der Nachwelt oder ändert sie ihr Urteil? Es ist unmöglich, diese fundamentalen Fragen allgemein zu beantworten, aber wir wissen, daß die Schwankungen des musikalischen Geschmacks mit ihnen verbunden sein müssen. Nirgendwo kann man das genauer erkennen als in der Stilgeschichte der Musik, und ganz besonders dort, wo die musikalische *Mode* wechselt. Solche Moden hat es in der Musik genau so gegeben wie in allen andern Künsten, und ihre Fluktuationen fallen keineswegs immer mit Stilwechseln zusammen. So hat z. B. die Wendung gegen die Romantik, die in den zwanziger Jahren unseres Jahrhunderts deutlich wurde, den Erzromantiker Berlioz von seinen Zeitgenossen Chopin, Mendelssohn und Schumann getrennt und in ihm einen Champion der Moderne gesehen, zweifellos mit Recht. Anderseits ist ein Großmeister wie Haydn erst in unserer Zeit in seiner vollen Größe erkannt worden, ohne daß eine gleichzeitige Stiländerung zu verzeichnen wäre.

Diese «Wendepunkte» in der Geschmackskurve, wenn wir uns eines geometrischen Vergleichs bedienen dürfen, geben gewöhnlich über die Bewertung, ja über die Vorstellung, die die Nachwelt sich von einem Meister macht, bessere Aufschlüsse als die Kurvenstücke vor und nach einer solchen Wendung. Zwei Beispiele mögen diese Behauptung veranschaulichen.

Die Kurve der Bewertung J.S. Bachs weist drei solche Wendepunkte auf: (1) etwa 5–10 Jahre vor seinem Tode, als er langsam in Vergessenheit geriet; (2) während des 19. Jahrhunderts, als seine Musik nach und nach das Repertoire der lebenden (nicht nur der historischen) Konzerte eroberte; (3) seine Einschätzung als größter Komponist des Barocks geschah zu Anfang dieses Jahrhunderts, und wenn man Statistiken folgt, gewinnt seine Musik noch immer an Popularität, auch in Kontinenten außerhalb Europas und Amerikas. Wesentlich anders gelagert und geartet sind die Wendepunkte der Wagner-Kurve: nach einer anfänglich langsamen, dann steilen Steigung zu seinen Lebzeiten, die um die Jahrhundertwende ihren Höhepunkt erreichte, begann die langsame Senkung noch vor dem ersten Weltkrieg; danach fiel sie weiter zu einem Tiefpunkt in den Zwanzigerjahren. Der stark nationalistische Einschlag seiner Opern und Schriften brachte seine Kurve wieder zum Ansteigen, und während der Hitlerjahre erreichte sie eine Höhe ohnegleichen; nach dem zweiten Weltkrieg begann sie wieder zu fallen, aber nicht mehr so tief wie nach dem ersten Krieg. Sie läuft nun stetig und ohne Schwankung.

Abgesehen von politischen Ideen, wie sie den Erfolg einiger Werke Wagners mitbestimmen halfen, finden wir, daß Wechsel im Interesse an ganzen Stilperioden oft die musikalische Mode beeinflußt haben. Gegenwärtig ist die Hochromantik gerade nicht in Mode, wie alle künstlerischen Leistungen der gesamten viktorianischen Epoche, und die meisten Komponisten der ersten Hälfte des 19. Jahrhunderts stehen im Schatten der großen Meister des Barocks, der Klassik oder der Moderne, etwa Strawinskys oder Bartóks. Seit Mendelssohns Tod hat es nicht *eine* Stiländerung gegeben, die das Bild, das sich die Nachwelt von ihm gemacht hat, nicht retouchiert hätte, meistens zu seinem Nachteil. Es ist keine Übertreibung zu sagen, daß das Schicksal seiner Musik nach seinem Tode viel wechselvoller und umstrittener war als je zu seinen Lebzeiten. Nicht weniger als fünf Phasen in seiner Einschätzung, alle in Verbindung mit Stil- *und* Geschmacksänderungen lassen sich erkennen. Sie fallen zusammen mit dem Aufstieg Wagners und seiner Schule; mit dem Beginn des Impressionismus; mit dem Neo-Klassizismus vor und nach dem ersten Weltkrieg; mit dem Expressionismus, und schließlich mit der nationalsozialistischen Verdammung aller «nicht-arischen» Musik. *Post tot discrimina rerum*, um mit Vergil zu reden, scheint nun die halbvergessene Gestalt Mendelssohns zu neuem Leben zu erwachen; wenn die Statistiken der Aufführungen und der Schallplatten seiner Musik nicht trügen, dürfte sein Werk eine seiner musikgeschichtlichen Bedeutung angemessene Würdigung schon in der nahen Zukunft finden.

II.

In der europäischen Zivilisation hat wohl schon seit einem Jahrtausend ein prinzipieller Rangunterschied zwischen Kunst- und volkstümlicher Musik bestanden. Er hat sich seit der Renaissance immer mehr verschärft und hat sich zu Ende des 18.

Jahrhunderts zu einer nur ganz selten überbrückten Kluft erweitert. Die *Zauberflöte* und der *Freischütz* stellten damals die letzten Brücken zwischen den beiden Niveaus der Musik dar, denn viele Stücke der beiden Opern stammen entweder aus der Volksmusik oder sind in sie eingegangen. Im Italien des 19. Jahrhunderts hat noch Verdi es vermocht, mit seinen Opern ähnliche Brücken zu schlagen, wie z. B. mit «La donna è mobile» und anderen Stücken; sie gehören noch heute zum Repertoire des «Hof- und Straßensängers». In der reinen Instrumentalmusik, die doch von der Tanz- und Marschmusik ihren Ausgang genommen hatte, zeigte sich die Entfremdung vom Volkstümlichen noch deutlicher. Haydn, Mozart, Beethoven haben, in abnehmendem Maße, noch einige Verbindungen mit der Populärmusik hergestellt, aber schon die Instrumentalmusik Schuberts, die immerhin von volkstümlichen Quellen befruchtet war, hatte auf diese kaum mehr Einfluß. So finden wir, etwa um 1820, zwei nebeneinanderlaufende Ströme der Instrumentalmusik vor: auf der Ebene der «reinen Kunst» die klassisch-romantische Kammer- und Symphoniemusik, auf der Ebene des Populären entweder die hochbedeutsame Tanzmusik jener Zeit oder die leichte Unterhaltungsmusik für Klavier, Harfe, oder das kleine Ensemble der Gartenrestaurants.

Die volkstümliche Musik war damals – und ist es heute ebenso – grundsätzlich konservativer als die Kunstmusik. Mendelssohn war einer der wenigen Komponisten des 19. Jahrhunderts, von dem Stücke noch ins volkstümliche Idiom aufgenommen wurden, etwa wie Schumann, Wagner, weniger Chopin, aber dafür Lortzing und Offenbach. Bei der Betrachtung der Wechselfälle, denen die Musik Mendelssohns unterworfen war, wird es daher notwendig sein, zwischen seinem volkstümlichen Prestige einerseits und seiner Statur in den Augen der Berufsmusiker, Kritiker und Musikwissenschaftler anderseits zu unterscheiden. Hier beschäftigen wir uns nur mit jener Nachwelt, die durch die Kunstmusiker vertreten wird; denn im Volksgeschmack hat Mendelssohns Popularität sich seit seinem Tode nicht sehr geändert. Die Geschmacksurteile der beiden Kategorien sind aber heute kaum mehr in Einklang zu bringen. Dies ist schon mehrfach ausgesprochen worden, vielleicht am deutlichsten von R. Capell:

Die Zeiten sind vorüber, in denen Musik geschaffen werden konnte, die allgemein als erfreulich, künstlerisch hochstehend und zugleich als charakteristisch zeitgenössisch (also modern) empfunden wurde, die den Laien fesseln konnte, ohne daß der Komponist sich hätte etwas vergeben müssen… Genau dasselbe gilt für Dichtung und Malerei… Die Begriffe ‹gute Dichtung› und ‹volkstümliche Dichtung› sind miteinander unvereinbar…[1]

Ist diese lamentable Feststellung so ganz neu? Haben wir nicht schon sehr Ähnliches gehört – und besser formuliert? Erinnern wir uns der folgenden Sentenzen:

Seriosität und Popularität scheinen einander auszuschließen, das ‹Musikalisch-Schöne› gilt nicht als besonders geglückt, sondern als verdächtig. Das dahinterstehende Kunstideal – sozusagen eine Ästhetik der Askese – die das eigene Wohlgefallen perhor-

resziert – ist aus so komplizierten Momenten zusammengesetzt, daß die bloße Nennung des Sachverhalts nichts bewirkt…[2]
Oder, wie es vor nun bald zwei Jahrhunderten Schiller zu formulieren wußte:
Popularität ist ihm, weit entfernt, dem Dichter die Arbeit zu erleichtern, oder mittelmäßige Talente zu bedecken, eine Schwierigkeit mehr und fürwahr eine so schwere Aufgabe, daß ihre glückliche Auflösung der höchste Triumph des Genies genannt werden kann… Welch' Unternehmen, dem edeln Geschmack des Kenners Genüge zu leisten, ohne dadurch dem großen Haufen ungenießbar zu sein, – ohne der Kunst etwas von ihrer Würde zu vergeben…[3]
So hatte sich das Problem Schiller dargestellt, bevor das 19. Jahrhundert mit seiner das Volkstümliche unkritisch anbetenden Romantik, mit seiner es verdammenden Esoterik eines Oscar Wilde und Baudelaire die Augen aufgetan hatte.

Mendelssohn hat das hohe Ziel, das Schiller gewiesen und sich selbst gesteckt hatte, in einigen seiner Kompositionen erreicht. Wenn der Preis, den ein Komponist für vollkommene Popularität seines Werks zahlen muß, Anonymität ist, d. h. in diesem Fall Vergessen seines Namens, dann hat Mendelssohn diesen Zoll getreulich entrichtet. Dies gilt nicht nur für die allbekannten deutschen Lieder «Wer hat dich, du schöner Wald», «Es ist bestimmt in Gottes Rath», sondern auch für die Stücke, die, nahezu unbekannt im deutschen Sprachgebiet, das englische erobert haben: also zunächst das Weihnachtslied «Hark, the herald angels sing», oder die englische Version von Heines «Auf Flügeln des Gesanges» («On Wings of Song»). Wenige der deutschen oder englisch-amerikanischen Sänger sind sich der Identität des Komponisten dieser Stücke mit dem des *Elias* oder der *Schottischen Symphonie* bewußt. Diese echte Volkstümlichkeit, die einigen seiner Stücke innewohnt, ist schon sehr früh erkannt worden. Ein so feiner Kulturkritiker wie W.H. Riehl, jüngerer Zeitgenosse Mendelssohns, hat dies schön ausgedrückt: «Er war der Glückliche, dem es gelang, streng, ernst, rein in seinen Schöpfungen zu bleiben, und doch – populär zu werden».[4] Ganz ähnlich dachte Moritz Hauptmann, der gelehrte Thomaskantor und Musiktheoretiker.

Völlig unabhängig vom Volksgeschmack, wie sie sein soll, verhält es sich mit der Einschätzung Mendelssohns von seiten der Berufskritiker, der Musikologen und der «Ästhetiker», die der Meister so verachtet hatte. Zunächst betrauerte man seinen frühen Tod als eine Katastrophe für die Musik und ihre Zukunft; in ganz Mitteleuropa und noch ehrlicher vielleicht in England bedauerte man sein Hinscheiden. Auch in den U.S.A. und in Kanada, deren Musikzentren hauptsächlich von Deutschen und Engländern betreut wurden, herrschte das Gefühl eines unwiederbringlichen Verlusts. Noch viele Jahre nach seinem Tode (1874) nannte sich eine neugegründete, sehr einflußreiche und distinguierte Musikvereinigung von Philadelphia nach Mendelssohn; dasselbe gilt von Städten wie New York (Glee Club), Boston (Mendelssohn Quintette Club), wo die erste amerikanische Kammermusikvereinigung seinen Namen führte, Chicago (Mendelssohn Society and Club), Toronto

(Mendelssohn Choir) und andern Städten. Henry F. Chorley, der englische Kritiker, sprach damals für viele, als er über Englands Trauer berichtete:

Wie die Nachricht von Mendelssohns Tode in England aufgenommen wurde, und wie tief unser Bedauern über den Verlust des ausgezeichneten Mannes war, weiß jedermann. Wir wollen hoffen, daß in seinem Vaterland Mendelssohns Ruhm von Dauer sein wird, und wir haben guten Grund, dies zu glauben. Traurig, aber wahr ists dennoch, daß seine Landsleute ihrer Reputation für Ehrlichkeit, Treue, und Verehrung von Genie und Tugend keine Ehre gemacht haben; denn in der Zwischenzeit haben sie ihre Haltung – bald nach seinem Tod – geändert, einem Mann gegenüber, den sie zu seinen Lebzeiten geehrt und umschmeichelt hatten ...[5]

Diese tadelnden Worte wurden gerade drei Jahre nach dem Erscheinen einer Schrift ausgesprochen, die für die Zukunft der Musik Mendelssohns einen verhängnisvollen Wendepunkt bedeutete: Wagners Pamphlet *Das Judenthum in der Musik,* veröffentlicht unter dem Pseudonym K. Freigedank [B XVI]. Diese Schrift darf man nicht ungelesen verdammen; sie enthält einige bemerkenswerte Gedanken und zeugt für ein gewisses, von des Autors Haßliebe eingegebenes Verständnis für die problematische Stellung Mendelssohns und der deutsch assimilierten Judenheit im allgemeinen. Auch der Ton der Streitschrift, obwohl feindselig genug, ist noch weit entfernt von Wagners späterem antisemitischen Fanatismus. Das Gefährliche der Schrift liegt in der Verrückung der kritischen Ebene, vom rein Musikalischen weg auf die populäre, aber höchst subjektive schiefe Ebene des deutsch-arischen Nationalismus.

In seiner Kampfschrift ging Wagner von einer Prämisse aus, die für die deutsche Intelligenz des 19. Jahrhunderts einem Axiom gleichkam: alle Kunst hat ihre besten und stärksten Wurzeln im Volkstum und Volksbrauch. Wagner selbst dürfte nicht so naiv gewesen sein – zumindest war er es nicht in seiner Schrift – zu fordern, daß das künstlerische Rohmaterial *direkt*, d. h. ohne Vermittlung, den Komponisten erreiche; er selbst hätte eine solche Forderung nicht zu erfüllen vermocht. Doch hat er ziemlich *eindeutig* die künstlerische Leistung als abhängig von der völkischen Verbundenheit des Künstlers erklärt. Die weitere logische Fortspinnung des Gedankens ergab sich von selbst: da alle Kunstmusik ihre besten Kräfte aus ihrem spezifischen völkisch-rassischen Boden zieht, hat der assimilierte Jude nichts von Bedeutung beizutragen. Er sitzt sozusagen zwischen zwei Stühlen: dem jüdischen Volkstum, dem er nicht mehr angehören will, und dem deutschen, dem er nie angehören kann.[6]

Wagner schließt nun so: wenn der deutsche Assimilationsjude seine Situation verstünde, würde er notwendigerweise seine Absicht und sein schöpferisches Wollen unterdrücken, aktiv an der Gestaltung der deutschen Kultur mitzuwirken. Diese reichlich weltfremde, aber naiv-logische Theorie veranschaulicht Wagner an einem konkreten Fall – und sein «Versuchskaninchen» ist natürlich Mendelssohn. Nun legt der Polemiker erst los (s. Zwischenspiel III, S. 366–376):

Alles, was sich bei der Erforschung unserer Antipathie gegen jüdisches Wesen der Betrachtung darbot, aller Widerspruch dieses Wesens in sich selbst und uns gegen-

über, alle Unfähigkeit desselben, außerhalb unseres Bodens stehend, dennoch auf diesem Boden mit uns verkehren, ja sogar die ihm entsprossenen Erscheinungen weiterentwickeln zu wollen, steigern sich zu einem völlig tragischen Conflict der Natur, dem Leben und Kunstwirken des frühe verschiedenen Felix Mendelssohn Bartholdy.

So begann die Abwertung von Mendelssohns Werk unter der Ägis des antisemitischen deutschen Nationalismus. Wenn man gerecht ist, darf man nicht leugnen, daß Wagner in seiner Streitschrift sich bemüht, fair, wennschon nicht ritterlich, zu kämpfen – gegen einen toten Meister und Rivalen. Später hat er viel gehässigere und giftigere Worte über die Juden im allgemeinen und Mendelssohn im besonderen ausgesprochen. In einem Artikel: «Erkenne Dich Selbst!» findet sich die erste deutliche Aufforderung zum Judenmassaker, zum Genozid. Er verspricht sich von der «Endlösung» die Rettung des Deutschtums:

Nur aber, wenn der Dämon [das europäische Judentum]... *der jene Rasenden im Wahnsinn des Parteienkampfes um sich erhält, kein* Wo und Wann [von Wagner gesperrt], *zu seiner Bergung unter uns mehr aufzufinden vermag, wird es auch – keinen Juden mehr geben. Uns Deutschen könnte... diese großartige Lösung eher als jeder anderen Nation möglich sein...*[7] [B XX]

Dazu bemerkte ein zeitgenössischer deutscher Theologe in ironischem Zorn:

Treib sie aus, deutsches Volk – aber nicht etwa wie die Ägypter, welche ihnen noch goldene Gefäße auf die Reise mitgaben – das waren hamitische Thoren – sondern leer müssen sie fortgehen – wohin weiß ich nicht – denn allen rathe ich dasselbe; – mögen sie keine Stätte finden, keine Heimath, unglücklicher wie Kain, mögen sie suchen und nicht finden – mögen sie hinab in das Rothe Meer – aber nur, nur nicht wieder herauskommen –! Deutsches Volk, erkenne Dich selbst![8]

Es hat sich «zu erkennen geglaubt» und in seiner Verblendung den Rat befolgt... Wenn es möglich war, Wagners Gift gegen Mendelssohn noch zu übertreffen, so hat dies seine Cosima weidlich vermocht. Ihre Tagebücher sind voll von neidisch-gehässigen Wutausbrüchen über den «Judenjungen» Mendelssohn, Auslassungen, denen der «Meister» gerne zustimmte.

Also sprach der «Meister» – und seine Schüler? Die benahmen sich weit dümmer: sie griffen Mendelssohn dort an, wo er unverwundbar war, in seiner Musik. So «verreißt» Theodor Uhlig, ein heute längst vergessener Wagner-Adept, die *Ouvertüre zum Sommernachtstraum* in den folgenden Worten:

Er [Mendelssohn] *mutet dem Zuhörer nicht zu, aus einer Dichtung die Hauptwesenheiten herauszulesen... Als Mendelssohn die übrige Musik zum ‹Sommernachtstraum› noch nicht geschrieben hatte, wußten die kunstverständigen Leute bloß für das eine* [erste] *Tonbild der Ouvertüre die allerdings naheliegende Erklärung aufzufinden und gaben die Musik desselben für ‹Elfengeflüster› aus. Der Komponist hat diese Annahme später sanktioniert, zugleich aber auch gezeigt, was alles er in diesem Tonstücke gewollt und – nicht gekonnt hat...*[9]

Aus diesen Zeilen spricht nur die Wut der künstlerischen Impotenz, durch den Neid des Talentlosen zur Weißglut angefacht.

Nicht jedermann war geneigt, das Urteil Wagners und seiner Gefolgsmannen zu unterschreiben, aber zweifellos hat seine Doktrin den Rest des 19. Jahrhunderts beherrscht. Ein charakteristisches Beispiel dafür bietet uns Bernard Shaw, der die Dogmen Wagners alle gläubig schluckte. In seinen Musikkritiken, bei denen Shaw sich (mit Recht) unter dem Pseudonym «Corno di Bassetto» verbarg, nimmt er Mendelssohn gegenüber regelmässig einen ironisch-herablassenden Ton an, als ob Mendelssohn einer jener Dilettanten gewesen wäre, die Shaw so tödlich verachtete. Shaw hatte ein zu gutes Urteil, als daß er Mendelssohns Kunst und technische Meisterschaft nicht hätte würdigen müssen. Sein Vorurteil gegen ihn wurzelt nicht im musikalischen Bezirk, sondern im soziologischen. Er sah in Mendelssohn, wie auch in Tennyson, vor allem den Protagonisten jener viktorianischen Kultur, die er so unermüdlich verspottete und in der er doch selbst zutiefst heimisch war. Was ihn gegenüber Mendelssohn mit Wagners Gesinnung verband, war seine Überzeugung, daß Mendelssohn nicht imstande war, wirklich originelle musikalische Substanz zu schaffen, und daß ihm die Suggestivkraft Wagners fehlte, intensive und leidenschaftliche Gemütsbewegungen darzustellen und im Hörer zu erwecken. In allen seinen musikkritischen Schriften begeht Shaw genau denselben Grundirrtum wie seine überzeugt-viktorianischen Kollegen: er statuiert einen fundamentalen, aber völlig unhaltbaren Unterschied zwischen Form und Inhalt des musikalischen Kunstwerks.

III.

Eine Gegnerschaft wesentlich anderer Art und Gesinnung erwuchs Mendelssohn noch zu seinen Lebzeiten; sie nahm erst nach seinem Tod größere Bedeutung an. Ihr Wortführer war A.B. Marx, einst Mendelssohns intimer Freund. Es ist sehr wohl möglich, die sachlichen Einwände dieser Gegner unabhängig von ihren persönlichen Ressentiments zu erwägen.

Wie nicht anders zu erwarten, begibt sich Marx auf den Wachtturm des berufenen Verteidigers «wahrer» und «ursprünglicher» Kunst, die er mit dem terminologischen Apparat einer nachkantischen Ästhetik vor «Nachbildnern», «unwahren Komponisten» und «Verweichlichern» bewahren will. Ohne Zweifel hat er eine fundamentale Schwäche Mendelssohns erahnt, ohne sie genau formulieren zu können. Er fiel nicht in den konventionellen Wahn, Inhalt und Form des musikalischen Kunstwerks gedanklich zu trennen und sie gesondert zu behandeln; aber er führte unbedenklich Kriterien in die Musikästhetik ein (wie «Wahrheit» oder «Sehnen mehr als Empfinden»), die von Rechts wegen in der Erkenntnistheorie oder Ethik ihren legitimen Platz haben, nicht aber in der Betrachtung von Kunstwerken. Ohne auf das fragwürdige Postulat einzugehen, daß echte Kunst «wahr» sein müsse, wollen wir hier nur bemerken, daß es kein *objektives* Kriterium gibt, Wahres und Nicht-Wahres in einem Musikwerk zu unterscheiden.

Und dennoch hat Marx richtig empfunden, wenn er schreibt:
Denn ihm [Mendelssohn] *selber war die eigentliche Macht und Höhe des Dramas nicht gegeben; ja, seinem feinzurückhaltenden, mehr anempfindenden als ursprünglich schöpferischen Wesen im Grunde widersprechend...*[10]
Ganz auf Mendelssohn gemünzt (der auch nachher mit Namen genannt wird) sind die folgenden Sätze:
Im wahren Gegensatze dazu [zum Genie] *hat Talent den (meist beglücktern) Beruf, auszubilden und nachzubilden, auch einseitig zu verbessern und zu verschönen oder annehmlicher zu machen, das heißt: den dämonisch hochaufgerichteten Gedanken des Genius mit der Schwäche und Furcht der Welt durch vermittelnde Zwischengestaltungen, die Nachbildungen sind, auszugleichen...*[11]

Hier ist nur der Ausdruck «Nachbildungen» falsch und irreführend; Mendelssohn war weit mehr als ein bloßer Nachbilder. Wir werden gelegentlich unserer eigenen Deutung noch auf Marx' Gedanken zurückkommen.

Um die Jahrhundertwende – es war in jedem Sinn ein *finis saeculi* – setzte in allen Künsten eine Art Götterdämmerung ein, nicht gerade die von Nietzsche geforderte «Umwertung aller Werte», aber immerhin eine Revision der überkommenen Tradition. In Frankreich begann Wagners Werk bedeutend an Einfluß zu verlieren – wohl auch aus politischen Gründen –, und die Wellen, die von Frankreich und Rußland ausgingen, erreichten schließlich auch die Zitadelle der europäischen Musik, Deutschland und Österreich. Die hervorragendsten Musiker der Jahrhundertwende, Debussy, Richard Strauss, Gustav Mahler, Max Reger, Ferruccio Busoni und Edward Elgar waren noch alle «im Schatten des Titanen» (Wagner) aufgewachsen. Ungeachtet ihres Respekts vor Wagner und ihrer Bewunderung für sein Werk gingen sie doch ihre eigenen Wege, die sich von den Idealen des Bayreuther Festspielhauses mehr und mehr entfernten. Die Hörigkeit, mit der die vorangegangene Generation den Dogmen Wagners gefolgt war, hatte ihr Ende erreicht, und oft wandten sich die «Jungen» gegen ihn. Wie üblich, folgten ihnen die Musikkritiker und -orakel, wenn auch zunächst zögernd und vorsichtig. Doch von solchem Umschwung profitierte Mendelssohns Bild und Werk nicht. Man muß es den Geigern und ihrer Anhänglichkeit an sein *Violinkonzert* danken, und wohl auch der Loyalität der Oratorienvereine gegenüber dem *Elias*, daß sein Name während jener mageren Jahre nicht ganz vom Konzertprogramm verschwand.

Zwar brachte sein hundertster Geburtstag (1909) eine stattliche Anzahl von Artikeln hervor, wohl auch ein krampfhaftes Aufflackern seiner Musik im Repertoire, verbunden mit dem üblichen Lippendienst, der zu den Konventionen des europäischen Musikbetriebs nun einmal gehört. Doch hielt man ihn damals für eine schwindende Größe, allen Akklamationen zu trotz.[12] Die Gratulanten glaubten nicht recht an die Lebensfähigkeit des Gefeierten. Da hieß es denn: «Wenn Mendelssohns wirkliche Bedeutung von der jüngeren Generation manchmal nicht erkannt wird, so ist das nur deshalb, weil nun seine besten Werke für die hohe Achtung büßen müssen, die man einst den schwächsten erwies...» Dennoch bleibt der Autor pessimistisch: «Mendelssohn, einer der ehrlichsten Menschen, hätte es tausendmal vorgezogen, daß sein Ruhm ungerechterweise untergegangen wäre, als daß er durch heuchlerische und unwahre Mittel gerettet würde.»[13]

Während des ersten Weltkriegs schien für einen Augenblick der Geschmack der führenden Geister sich zu seinen Gunsten zu ändern. Zwar hatte die Ära des Expressionismus begonnen, die von Mendelssohn weltenweit entfernt war, aber Neuklassizisten wie Busoni, Casella und ihre Genossen waren nahe daran, in ihm einen ihrer Schutzpatrone zu sehen. Es ist bekannt, dass Busoni zu Ende seines Lebens Mendelssohns *Variations sérieuses* und *Lieder ohne Worte* von neuem studierte. Adolf Weissmann, einer der gescheitesten Kritiker jener Periode (1916–1922) erkannte wohl, daß die Musik von Richard Strauss und Max Reger Brahms und Mendelssohn mehr zu verdanken hat als Wagner. Kurz darauf warf Romain Rolland sein Wort für Mendelssohn in die Waagschale; er beschloß seine Würdigung des Meisters mit den Worten:

Son sens d'équilibre, la pureté de son goût et son culte sévère de la forme lui valurent l'appellation de néo-classique...[14]

Ähnliche Gedanken treffen wir bei Busoni an; nach ihm wären Rossini, Cherubini und Mendelssohn die einzigen wahren Schüler Mozarts gewesen.[15] Dagegen blieb er für die radikalen Expressionisten unannehmbar und daher unbeachtet, weil sein Formwille seinen Ausdrucksimpuls in strengen Zügeln hielt. Wenn sie ihn nicht geradezu ablehnten, so standen sie ihm doch völlig indifferent und nicht selten hochmütig gegenüber. Als einziger jener Gruppe hat ihn Paul Bekker gewürdigt und ihn mit Recht als einen selbständigen Nachfahren Beethovens erkannt. Dessenungeachtet versank die flüchtige Erinnerung an Mendelssohn, der für einen Augenblick aus der beginnenden Vergessenheit auftauchte, im aktuellen Kampf um die «Freiheit des Ausdrucks» – ein Kampf, für den sich Mendelssohn auch zu seinen Lebzeiten nicht interessiert hatte. Wenn ihm so die lebendige Erinnerung an seine Musik versagt wurde, so vergaß man doch nicht ganz den Dirigenten und Organisator. Anläßlich der verschiedenen Jubelfeiern des Gewandhausorchesters oder des Leipziger Konservatoriums begegnen wir seinem Namen immer wieder. Noch umgibt ihn das Prestige, das er erstrebt hatte: der Vorkämpfer deutscher Musik in der Welt zu sein.

Die nächste Phase gehört der Schande und untilgbaren Schmach. Sie begann mit einer Reihe von Angriffen gegen Mendelssohn von deutsch-nationaler Seite; den ersten Schuß feuerte, nicht gerade überraschend, H. J. Moser in seiner *Geschichte der deutschen Musik* ab. Dort wird nicht Mendelssohn, sondern eine von Moser geschaffene Karikatur des Meisters als eine Treibhausblüte der verjudeten Berliner Salons erkannt, und der arische Edeling Moser wendet sich naserümpfend von dieser korrupten Erscheinung ab. Darauf erfolgte eine Art «Generalangriff» auf das Andenken Mendelssohns. In beschämender, zugleich aber törichter Art wird Mendelssohn Seichtigkeit vorgeworfen und diese gleichzeitig als Konsequenz seiner allzu leichten Lebensführung und seines parasitären Reichtums dargetan. Als ob Mendelssohn sich je seiner Wohlhabenheit hätte erfreuen, d. h. dem Genuß und der Erholung hätte leben können oder auch nur wollen! Natürlich fällt seine Kirchenmusik, sein Eintreten für Bach und Händel ganz unter den Tisch, denn die meisten protestantischen Geistlichen kümmerten sich wenig genug um tote Komponisten – sie hatten ihre Hände voll mit den Sorgen lebender Mitmenschen.

Damit zusammenhängend tauchte das alte romantische Axiom wieder auf, daß ein schaffender Künstler, um Bleibendes zu hinterlassen, lange und tief gelitten haben müsse; ja eine beinahe mathematische Proportion zwischen dem Leiden des Schöpfers und dem Wert des Geschaffenen wurde für natürlich gehalten.

Damals kam die Legende auf, ein großer Künstler – insbesondere ein Tonkünstler – müsse jederzeit ein großer Leidender *am Leben gewesen sein. Wo, bei Gott, sollte sonst die überzeugende Macht seiner Schöpfung herkommen? Als klassisches Beispiel galt Beethoven. Kein anderer aber als dieser selbst, der männlichste unter den Klassikern, hat sich schärfer gegen diesen Aberglauben gewandt, indem er das Wort sprach: ‹Die meisten Menschen sind gerührt über etwas Gutes, das sind aber keine Künstlernaturen. Künstler sind feurig, aber sie weinen nicht – Rührung paßt nur für Frauenzimmer; dem Manne muß Musik Feuer aus dem Geist schlagen.›*[16]

Den «leidensfreudigen» Ästhetikern hatte Mendelssohn nicht genug gelitten, als daß man ihm hätte etwas wirklich Gutes zutrauen dürfen. Diese altjüngferliche Gesinnung wurde auf ingeniöse Weise mit dem populären Antisemitismus verknüpft, und Mendelssohn verschwand, da das Gesetz es so befahl, aus dem Konzertprogramm und der Hausmusik.

Ähnliche Argumente, wenn auch ohne den aufgesetzten Rassendünkel, waren während der dreißiger Jahre selbst in England, der treuen Wahlheimat Mendelssohns, zu hören. Wie schon früher erwähnt, rebellierten die englischen Komponisten des ausgehenden 19. Jahrhunderts gegen die Mendelssohn-Tyrannei, der sie von Mendelssohn-Schülern und -Verehrern während ihrer Studienzeit unterworfen worden waren. Nun nannte man ihn offen «ein gefallenes Götzenbild», und zwar wieder wegen seiner Beliebtheit im viktorianischen Zeitalter. Da alles Viktorianische verdächtig war, war es auch Mendelssohn. Viele, wenn auch nicht alle diese Kritiker gingen über die unverminderte Popularität Mendelssohns bei der britischen Bourgeoisie schweigend hinweg. Auch hier begegnen wir gelegentlich dem Argument, daß Mendelssohns allzu sorgenfreies Leben ihn nichts wirklich Bedeutendes habe erreichen lassen. Dieser Vorstellung liegt das englische Axiom zugrunde, wonach Leiden adelt (*Suffering ennobles*). Heute wissen wir – eines Schrecklicheren belehrt durch die Erfahrungen von Millionen leidender Menschen während und nach dem zweiten Weltkrieg –, daß Leiden eher brutalisiert als adelt. Gleichzeitig mit diesen Äußerungen aber hatte ein Gelehrter vom Rang P.H. Langs den Mut, zu schreiben:

Obwohl wir nicht umhin können, die Grenzen von Mendelssohns Begabung … zu erkennen, wächst seine zarte Gestalt zu gigantischen Maßen, wenn wir die Musik in Betracht ziehen, die rings um ihn zu seiner Zeit gemacht wurde.[17]

Am Vorabend seines neunzigsten Todestages (1937) entfernten die Stadtverordneten von Leipzig sein Denkmal vor dem Gewandhaus, das er weltberühmt gemacht hatte, und ließen es verschrotten. Von der Aufzählung anderer «Kulturgreuel» wollen wir hier absehen; es genügt, *eine* Blüte zu riechen, um den Duft des ganzen Straußes zu erahnen: ein gewisser K. Blessinger hielt es für seine heilige Pflicht, das deutsche Volk darauf aufmerksam zu machen, daß Mendelssohn mit dem Werk Bachs in unverzeihlich rücksichtsloser und respektloser Weise umgesprungen sei.[18]

1945 brach das tausendjährige Reich zusammen, und 1947 wurde die Hundertjahrfeier von Mendelssohns Tod festlich und feierlich in aller Welt begangen. Wieder wurde seine Musik «auf Herz und Nieren» geprüft – aber diesmal doch etwas einsichtiger und mit wachsendem Verständnis für Mendelssohns Subtilität. Die alten Streitfragen wie Wagner und die Romantik, Impressionismus und Neo-Klassik, Expressionismus und Formalismus waren mittlerweile uninteressant, akademisch oder einfach schimmlig geworden, und in dem Maß, als abstrakte ästhetische Theorien verstaubten, begann Mendelssohns Musik wieder zu grünen. Die Statistiken der Nachkriegszeit, gestützt auf Schallplatten-Kataloge, Konzertaufführungen, Radiosendungen etc. bezeugen die stetig wachsende Popularität seiner Musik. Allein die Konzertprogramme der letzten 10 Jahre weisen einen Zuwachs von etwa 15% in der Aufführungsziffer auf; und wenn man die Kataloge der Schallplattenindustrie als ein verläßliches Barometer des guten Publikumsgeschmacks ansehen dürfte, dann würde Mendelssohn zu den volkstümlichsten Komponisten zählen. Alle derartigen Rechnungen sind jedoch trügerisch und ohne jede Beweiskraft; denn sie vernachlässigen die unaufhörlichen Verdopplungen oder gar Verzehnfachungen derselben Werke durch verschiedene Dirigenten und Ensembles.

In Wirklichkeit nämlich können wir den folgenden Sachverhalt feststellen: aus der Fülle von Mendelssohns Werk hat die Nachwelt einen kleinen Bruchteil ausgewählt, der fortwährend gespielt und gesendet wird. Dieser Bruchteil aber ist in den letzten Jahren eher geschrumpft als gewachsen. In den letzten Jahren sind aber auch Werke der Öffentlichkeit zugänglich gemacht worden, die vorher vernachlässigt worden waren. Doch sind, außer den *12 Sinfonien* und *6 Konzerten,* die der Deutsche Verlag für Musik in Leipzig herausgebracht hat, nur die folgenden Kompositionen bekannt geworden: Das *«kleine» Violinkonzert in d-moll*, das Yehudi Menuhin ediert hat; die *Sonate für Violine und Klavier in F-dur* und einzelne Stücke der *Deutschen Liturgie*. Immerhin sind das insgesamt beinahe 20 Werke, und sie sollten im Konzertsaal gehört werden können. Davon ist leider bis heute noch wenig zu bemerken. Die frühen Kantaten sind ebensowenig wie die größeren A-cappella-Kompositionen veröffentlicht worden. Man muß schon zufrieden sein, daß wenigstens manche der halbvergessenen Werke wieder zum Vorschein gekommen sind, getragen von einer Neubesinnung auf unseren Komponisten. Daß eine solche neue Betrachtungsweise, ein neues Bild Mendelssohns im Entstehen ist, kann kaum bezweifelt werden: eines von vielen Büchern und Schriften, das hier öfters zitierte *Problem Mendelssohn* ist ein wichtiges Zeugnis dafür.

Wenn wir uns fragen, was von Mendelssohns Werken regelmässig aufgeführt und im Konzertsaal heimisch ist, wird sich folgende Liste ergeben:

(1) Das *Violinkozert,* (2) die *Ouvertüren Sommernachtstraum, Hebriden, Schöne Melusine,* (3) die *Italienische, Schottische* und gelegentlich die *Reformationssymphonie,* (4) die *Schauspielmusik zum Sommernachtstraum,* (5) eine oder zwei *Orgelsonaten,* (6) der *Elias,* (7) einige *Lieder ohne Worte* und das – anscheinend – unverwüstliche *Rondo capriccioso,* dieses Bravourstück aller Pianistinnen, jung und alt. Seine Kammermusik, sicherlich der edelste Teil seiner instrumentalen Kompositionen, die großen geistlichen und Kirchenmusiken für Chor, besonders die *Psalmen* und *Motetten,* sind so gut wie vergessen. Nicht einmal die *Walpurgisnacht,* dieses unbestritten schönste weltliche Oratorium des 19. Jahrhunderts, ist wieder zu neuem Leben erweckt worden, ganz zu schweigen von dem Schweigen, welches große Werke wie die *Antigone-Musik,* oder die feierlichen Chöre der *Athalie* umhüllt. Diese Ton-Dichtungen hohen Ranges waren noch vor 100 Jahren in den meisten Konzertprogrammen regelmäßig anzutreffen. Wie ist diese Diskrepanz zwischen der wachsenden Zahl von Mendelssohn-Aufführungen und der fortgesetzt kleiner werdenden Auswahl der aufgeführten Stücke zu verstehen?

Die gleichen Gründe verursachen das allmähliche Wiederaufleben von Mendelssohns Musik im allgemeinen und das Schrumpfen des Mendelssohn-Repertoires im besondern. Wieder ist hier zwischen der Ebene volkstümlichen Geschmacks und der kritischen Wertung durch Berufsmusiker zu unterscheiden. Das Wirken des Ausleseprozesses im Volk, von dem früher die Rede war, und seine Kriterien sind geheimnisvoll. Wir wissen so gut wie nichts darüber; doch vermuten wir, daß dabei unterschwellige Assoziationen und gewisse symbolische Elemente eine beträchtliche Rolle spielen. Daher rührt die Schrumpfung des Repertoires zu einigen vertrauten Stücken, die schon wegen ihrer öfteren Wiederholung leichter aufgenommen werden – ein Teufelskreis!

Und nun beginnen auch die Berufsmusiker ihre Aufmerksamkeit wieder Mendelssohn zuzuwenden. Die Wendung dieser Kreise ist wahrscheinlich aus ihrer Abkehr vom hochgezüchteten Subjektivismus der Romantik und des Expressionismus zu erklären, denen gegenüber Mendelssohns Musik als «objektiver Stil» erscheinen muß, verglichen mit Berlioz, Schumann, Wagner, Liszt oder auch Richard Strauss und dem frühen Schönberg. Uns erscheint der Begriff des «Objektiven», der aus der Erkenntnistheorie entlehnt ist, in der angewandten Ästhetik ganz und gar fehl am Ort, vage und undefiniert; dennoch erkennen wir gern den echten Ton der Bewunderung und des Respekts in den oft sehr verstiegenen oder gesuchten Ausführungen der Kritiker. Sie gelten zuallermeist der Eleganz und Vollkommenheit der Mendelssohnschen Faktur. Selbst in modernen Lehrbüchern für Harmonielehre und Kontrapunkt erscheinen wieder Musterbeispiele aus seiner Musik (z. B. von Schönberg und Hindemith). An diesen handwerklichen Punkt hält sich häufig die moderne Deutung Mendelssohns:

Seitdem das handwerkliche Können des Komponisten auf der Suche nach neuen Wirkungen an einem Stagnationspunkt angelangt ist, wird die Eleganz der Technik und Formgebung, die für Mendelssohn so charakteristisch ist, wieder bewundert, nicht ganz neidlos. Er zählt nunmehr zu der erlesenen Schar jener Komponisten (Mozart und Ravel gehören dazu), die genau wußten, wieviel Noten zu schreiben und wie sie anzuordnen.[19]

Vielleicht hilft noch ein anderer Umstand mit, Mendelssohns Musik wieder der Gunst des Publikums näher zu bringen. Sie macht – mit Ausnahme der Oratorien – keine Prätentionen, und diese Eigenschaft entspricht der sozialen Schicht, für die sie ursprünglich geschrieben war, der gebildeten Bourgeoisie. Anders als Haydn, Mozart oder Beethoven, die sich noch zumeist an die Aristokratie wandten, spricht Mendelssohn die Sprache eines gemäßigten, wohlerzogenen Bürgertums. So ist es nur natürlich, daß ihn eben diese Bourgeoisie berühmt machte, sowohl in Deutschland wie in England. Als nach dem ersten Weltkrieg dieser Mittelstand zu schwinden begann, sank auch Mendelssohns Popularität; nun, da eine neue Bourgeoisie überall in Europa zur Geltung gekommen ist, wird auch Mendelssohn wieder in seine alten Rechte eingesetzt. Doch soll nicht übersehen werden, daß diese erzbürgerliche Musik die Gefahr und Haltung der Philisterei in sich trägt; und das heimliche Sehnen des Menschen im Atomzeitalter nach der Ruhe und Geborgenheit der «Gartenlaube» darf dem Anspruch der Kunst, Spiegel ihrer Zeit zu sein, nicht Eintrag tun. Daher besteht für uns nicht die Alternative: Mendelssohn oder Strawinsky und Schönberg, die Lösung ist vielmehr: Mendelssohn *und* Strawinsky und Schönberg!

IV.

Die Rolle Mendelssohns in der Stilgeschichte der Musik ist immer umstritten gewesen. Aus vielen Gründen kann man ihn nicht mit der rein klassischen Tradition identifizieren. Die Gelehrten sind keineswegs einig über seine historische Stellung. Alfred Einstein nennt ihn einen «romantischen Klassizisten»[20], E. Bücken sieht in ihm einen klassisch gesinnten Romantiker[21], während Arnold Schering ihn als einen «Neuromantiker größter Zurückhaltung» anspricht.[22] Viele neue deutsche Kritiker bezeichnen ihn als einen Klassizisten, so etwa Carl Dahlhaus, ohne den Begriff genau zu umschreiben.

Mendelssohn selbst war sich dieser «Einzelgänger-Rolle» voll bewußt und hat sich öfters gegen eine strikte Kategorisierung seines Stils gewehrt. Diese Erwägung kann jedoch den Musikhistoriker unserer Tage nicht von der Verpflichtung lossprechen, sich um eine sinnvolle Eingliederung Mendelssohns in den Fluß der musikalischen Stile zu bemühen. Zwar ist das 19. Jahrhundert zur Zeit noch nicht in der musikwissenschaftlichen Mode; seit mehr als 30 Jahren ist es von der Forschung übergangen oder doch vernachlässigt worden zu Gunsten des Mittelalters, der Renaissance und des Barockzeitalters. Es ist aber wahrscheinlich, daß sich, mit wachsender geschichtlicher Distanz, das Interesse der Musikologen wieder dem Geschmackswandel des frühen 19. Jahrhunderts zuwenden wird, wie Schering es gefordert und erwartet hat.

Je mehr wir uns um scharfe Abgrenzungen des Klassischen und Romantischen *in der Musik* bemühen, desto klarer werden wir schließlich einsehen müssen, daß eine solche Antithese *in der Musik* nicht aufrechterhalten werden kann – anders als in der Literatur, wo sie legitim ist und trotz aller Imponderabilien in konkreten Fällen aufgezeigt werden kann. Noch radikalere Ansichten vertritt ein so feiner Denker wie Theodor Häcker:

Es ist nicht so, daß die Kunst schwinge und sich spanne zwischen zwei Polen, die Klassik und Romantik heißen, eine heute wahrlich überholte relativistische Konstruktion. Wenn auch immerhin die Romantik ein relativer Antipode bleiben mag. Sie nämlich verwechselt die Realität des Werdens mit der des Seins und beider Gesetze, sie stellt jene diesen gleich, und irrt…[23]

Und wissen wir nicht aus unserer und der Historie Erfahrung, daß die Dinge immer mehr zusammenrücken, je größer die Distanz wird, aus der man sie betrachtet; wie die Parallaxe eines Sterns immer kleiner wird, je weiter wir davon entfernt sind? Daher scheint uns alle Mühe um eine (für Lehrbücher) «brauchbare» Definition der Begriffe Klassik und Romantik eine bloße Spiegelfechterei. Wir müssen anderswo ansetzen, wenn wir Mendelssohn und seiner besonderen Stellung gerecht werden wollen.

In seinem schon oben herangezogenen Essay *Über naive und sentimentalische Dichtung* hat Schiller die Elegie als ein Produkt des sentimentalischen (d. h. reflektierenden) Dichters angesehen und in diesem Sinn diskutiert: «Setzt der Dichter die Natur der Kunst und das Ideal der Wirklichkeit so entgegen, daß die Darstellung des Ersten überwiegt, und das Wohlgefallen an demselben herrschende Empfindung wird, so nenne ich ihn *elegisch*…» «Bei der Elegie darf die Trauer nur aus einer durch das Ideal erweckten Begeisterung fließen. Dadurch allein erhält die Elegie poetischen Gehalt, und jede andere Quelle derselben ist völlig unter der Würde der Dichtkunst…» Später bemerkt Schiller, daß «Weichmüthigkeit und Schwermuth» allein keinen Anlaß zu elegischer Dichtung geben dürfen, wenn ihnen «das energische Princip, welches den Stoff beleben muß…» abgeht. Als die Hauptgefahr des sentimentalischen Dichters sieht Schiller die «Überspannung», die von der Neigung des Künstlers zu idealisieren herstamme.

Mendelssohn ist häufig ein «elegischer Künstler» genannt worden; der Ausdruck, richtig verstanden, ist nicht unzutreffend und zeigt einen gewissen Abstand von der wenig elegischen Klassik. Über einen verwandten Künstlertyp, den Manieristen, hat Goethe sich in einigen Kernsätzen geäußert:

Wenn wir nun ferner die Manier betrachten, so sehen wir, daß sie im höchsten Sinne und in der reinsten Bedeutung des Worts ein Mittel zwischen der einfachen Nachahmung und dem Styl seyn könne. Je mehr sie bei ihrer leichteren Methode sich der treuen Nachahmung nähert, je eifriger sie von der andern Seite das Charakteristische der Gegenstände zu ergreifen und faßlich auszudrücken sucht, je mehr sie beides durch eine reine, lebhafte, thätige Individualität verbindet, desto höher, größer und respectabler wird sie werden ...
Und er fügt hinzu:
Wir brauchen hier nicht zu wiederholen, daß wir das Wort Manier *in einem hohen und respectablen Sinne nehmen, daß also die Künstler, deren Arbeiten... in den Kreis der Manier fallen, sich über uns nicht zu beschweren haben.*[24]

Nicht weit entfernt von dieser Anschauung und Bewertung des Manierismus steht Ernst Robert Curtius. Er geht über die historisch begrenzte Vorstellung von den Manieristen als einer «Übergangserscheinung» zwischen der Hochrenaissance und dem Barock weit hinaus, indem er im Manierismus alle Kunstrichtungen sieht, «die der Klassik entgegengesetzt sind, mögen sie vorklassisch oder nachklassisch oder mit irgendeiner Klassik gleichzeitig sein». Danach wäre er eine «Komplementär-Erscheinung zur Klassik aller Epochen», also eine keineswegs zeitgebundene Erscheinung.[25]

An diese umfassende Betrachtung von Curtius knüpft sein Schüler G. R. Hocke an, der zumindest fünf «manieristische Epochen» in der Geistesgeschichte der letzten 2000 Jahre zu erkennen meint: Alexandria (etwa 350–150 v. Chr.), die sogenannte «Silberne Latinität» (etwa 14–138 n. Chr.), das späte Mittelalter, die «bewußte» manieristische Epoche von 1520–1650, die Romantik von 1800–1830 und schließlich die unmittelbar hinter uns liegende Epoche von 1880–1950. Jede Manierismus-Form bleibt anfangs noch klassizistisch gebunden, verstärkt dann ihre ‹Ausdruckszwänge›. Sie wird also ‹expressiv›, schließlich ‹deformierend›, ‹surreal›, und ‹abstrakt›.[26]

Scharf ablehnend steht vor allem Schopenhauer allem Manierismus gegenüber. Für ihn sind Manieristen nur Nachahmer: «Sie gehen in der Kunst vom Begriff aus; sie merken sich, was an ächten Werken gefällt und wirkt, machen sich es deutlich, fassen es... abstrakt auf, und ahmen es nun, offen oder versteckt, mit kluger Absichtlichkeit nach».[27]

Es scheint hier, daß Schopenhauer bei seiner Definition nicht den Manieristen meinte, sondern den Eklektiker; denn guten Manieristen kann Originalität gewiß nicht abgesprochen werden; das aber ist für Schopenhauer das entscheidende Kriterium.

Positiver umgrenzt W. Hofmann die Begriffe «Manier» und «Stil», die schon Goethe zu trennen versucht hatte. Für Hofmann entwickelt sich der Manierismus aus einer «Formenpluralität», die, zusammen mit einer gewissen Abwendung von der Natur, zu einer aus der Kunst *abgeleiteten* oder von der Kunst stimulierten

Kunst führt.[28] Zweifellos war es dies, was A.B. Marx ernsthaft an Mendelssohns Musik auszusetzen hatte: ihr *Anlaß* ist häufig Kunst, selten Natur.

Nach dieser summarischen und fragmentarischen Aufzählung von Ansichten über das Wesen des Manierismus und seine Hauptepochen wollen wir untersuchen, ob das so verschiedenartig beschriebene und beurteilte Gewand des Manieristen Mendelssohn paßt und welchen andern Musikern. Die Hauptkriterien sind hier: Stellung zwischen Nachahmung und Stil; Betonung des Charakteristischen im Detail (Goethe); eine der Klassik entgegengesetzte Richtung, zugleich eine Komplementär-Erscheinung zur Klassik (E. R. Curtius); zu den manieristischen Epochen gehört insbesondere das frühe 19. Jahrhundert (G.R. Hocke); bewußte, geschickte Nachahmung wirkungsvoller Elemente anderer Künstler (A. Schopenhauer); und Abwendung von der Natur und Konstruktion einer von Kunst angeregten Kunst (W. Hofmann).

Wenn wir von Schopenhauers einseitiger Verkennung des Begriffs absehen, würde Mendelssohn allen Kriterien des Manierismus genügen: er steht zwischen zwei Richtungen, verschreibt sich keiner, weder der Klassik noch der Romantik, bildet somit eine «Komplementärerscheinung» zur Klassik. Man kann auch nicht leugnen, daß viele seiner Schöpfungen nicht aus elementarer Inspiration herrühren, sondern, wie beinahe seine ganze Kirchenmusik, eine «abgeleitete» Kunst repräsentieren. Jedoch stehen diese Werke weit höher als bloße Nachahmungen, ja, sie haben ihrerseits Stil und Schule gemacht. Aber die Werke Bachs, Händels, und der italienischen Chorkomponisten des 17. Jahrhunderts waren ohne allen Zweifel die entscheidenden Vorbilder für Mendelssohn. Auch auf dem Gebiet der Konzertouvertüre und der Schauspielmusik entspricht Mendelssohn dem Kriterium der «abgeleiteten» Kunst: Shakespeare, Äschylos, Sophokles, Racine haben ihn inspiriert, und nicht weniger Goethe (in *Meeresstille und Glückliche Fahrt*),[29] die deutschen Märchen (*Schöne Melusine*), nicht zu vergessen die Glees. Dagegen hat er für seine Oratorien kaum Vorlagen gehabt; weder Bachs noch Händels Formen konnten ihm oder seiner Zeit völlig genügen. So können wir ihn als einen an der Klassik und Romantik orientierten Manieristen ansehen und der musikgeschichtlichen Entwicklung einreihen, die manche Geistesgefährten der manieristischen Richtung beherbergt, auch wenn sie als solche nicht voll erkannt wurden.

Schon Monteverdi scheint in diese Kategorie zu gehören, wie die ganze Frühgeschichte der Oper, die sich ja aus der lateinischen Überlieferung der griechischen Tragödie herleitet. Desgleichen neigt Berlioz, der Erzromantiker, hauptsächlich mit seinen dramatischen Werken der manieristischen Richtung zu, insbesondere schon wegen seiner bizarren Vorwürfe; aber auch Komponisten wie C.Ph.E. Bach, Tschaikowsky, Saint-Saëns und Reger, die zwischen sämtlichen «Schulen» stehen, mögen als manieristische Künstler besser verstanden werden denn als Eklektiker oder Einzelgänger. Der bedeutendste, am klarsten ausgeprägte Manierist unserer Epoche aber scheint Richard Strauss zu sein: auf sein Werk treffen wirklich jedes der angeführten und die meisten der nichtangeführten Kriterien zu, selbst das der *Manieriertheit*, welches vom Manierismus wohl zu unterscheiden ist. Unter dem ersteren Begriff verstehen wir die Präpotenz gewisser Klischees, die, gesucht oder ungesucht, im Werk des Künstlers immer wieder auftauchen, ohne darum stilbildende Funktion zu besitzen. Schon die von Strauss wieder zu Ehren gebrachte Stilkopie (*Couperin-Suite, Bourgeois-Gentilhomme, Ariadne* u. a.) weist auf seine manieristischen Neigungen hin; am deutlichsten tritt sie in seinem Spätwerk *Capriccio* zu Tage. Darin handelt es sich nicht einmal um eine von einem andern Kunstwerk angeregte Komposition, sondern um eine auskomponierte *ästhetische* Diskussion zwischen fiktiven Gluckisten und ihren ebenso fiktiven Gegnern. Wenn man hier eine mathematische Metapher einführen dürfte, so entspräche ein manieristisches Werk der ersten Ableitung, das *Capriccio* aber einem zweiten Differential. An diesem Punkt nähern sich die romantischen und die manieristischen Konzeptionen: wo immer formbildende, d. h. rationale Elemente in einer zwielichtigen Atmosphäre sich in den Dienst des Ausdruckswillens stellen, kommt das resultierende Kunstwerk dem Manierismus nahe. Tonsymbolik, strenger Formwille und die *ars inveniendi* hatten ähnliches bei J. S. Bach bewirkt:

... er schließt in sich die Welten des manieristischen Experiments und des barocken Ordnungsstrebens, souverän über beiden stehend.[30]

Bei Mendelssohn kommt eine ähnliche Verschmelzung seiner rationalistischen Gläubigkeit mit dem Hegelschen Streben nach echter Synthese zustande. Das Rationalistische aber ist der Romantik zuwider; die Synthese des Glaubens mit der Ratio wird von und bei Novalis noch akzeptiert, doch nachher kaum mehr ernst genommen.[31] Die antiromantische Musik-Ästhetik eines Hanslick postulierte Musik als das Spiel tönend-bewegter Formen. Solche oder ähnliche Ideen wurden von Literaten konzipiert, nicht von Musikern; sie kamen nur durch logische Deduktion rein rationalistischer Prämissen zustande. Diese philosophische Position stand aber, wie man weiß, durchaus nicht im Einklang mit den Ansichten der zeitgenössischen Komponisten.

Denn diese hatten, wenn auch nicht so deutlich wie Mendelssohn, dem Musik deutlicher war als Worte, den Gedanken nicht aufgegeben, daß ihre Kunst Emotionen sowohl ausspricht wie auch zu sublimieren bestrebt ist. Dies war die Auffassung aller Komponisten seit Rousseau und C. Ph. E. Bach und durchaus nicht nur ein Monopol der «Romantiker». Erst um die Wende zum zwanzigsten Jahrhundert begann dieses Prinzip von der «das Gefühl ansprechenden» Kunst der Musik zu verblassen. Das rein-formalistische Element wurde ein Teil der neo-klassizistischen Doktrin, wurde auf der anderen Seite des «Eisernen Vorhangs» aber zum schweren und oft tödlichen Tadel. Wie immer dem auch sei, im Grunde können jedoch alle solchen «Einreihungen» dem spezifischen Genre des Künstlers nie gerecht werden. Bei Mendelssohn erkennen wir deutlich einen *stile misto,* einen Mischstil mit zwei Brennpunkten: der eine, der die klanglich-sinnliche Komponente beherrscht, gehört zum romantischen Klangideal, der andere, formal-ästhetische, zu einer fast klassischen Strenge. Bei Manieristen können wir häufig diese «elliptische» Spaltung im künstlerischen Denken vorfinden.

Weitab von solchen kritischen Erwägungen stoßen wir in den letzten Jahren auf einen ziemlich oberflächlichen Einwand, der gegen Mendelssohns Musik erhoben wird: sie diene dem «escape», d. h. der Flucht vor den Irren und Wirren des täglichen Lebens. Diese Wirkung hat sie sicherlich mit der Operette, dem Kino, dem Kabarett gemeinsam, um von Ärgerem zu schweigen. Wenn der Ausdruck «escape-music» nichts als die Bereitschaft des Hörers ausdrückt, aus unserer «Zeit der Beängstigung» (age of anxiety) und ihren ins Wilde und Ungezügelte treibenden Dämonen in eine reinere Atmosphäre zu fliehen, dann ist er völlig richtig gewählt, und es läßt sich dagegen nichts einwenden. Mendelssohns Musik besitzt sicherlich die dazu erforderlichen «Flügel des Gesanges». Wenn aber unter dem Begriff einer «Flucht-Musik» die Vorliebe des Publikums für leichte, seichte oder gar frivole Musik verstanden würde, dann täte man Mendelssohn gewiß Unrecht. Ein solcher Vorwurf kann nur von Kritikern erhoben werden, die von seinem Werk nur sehr wenig kennen.

Und dennoch, auf einer höheren Ebene der Betrachtung bleibt ein Körnchen Wahrheit selbst an diesem, an sich törichten Urteil haften. Mendelssohn war, wie wir gesehen haben, allem autobiographischen Musikwerk abhold, und Exhibitionisten und «Teufelsromantiker» gaben ihm Anlaß zu grimmigem Spott. Nicht umsonst war er Schüler Hegels gewesen, der Gefühlsausbrüche in der Kunst nur dann billigte, wenn sie – eben durch die Medien der Kunst – sublimiert waren.

Während der letzten Jahrzehnte hat sich nun doch eine Wandlung vollzogen, die der Einschätzung und Bewertung Felix Mendelssohns zugute gekommen ist. Ohne Zweifel nimmt man ihn in Deutschland und England ernster als je zuvor seit dem Anfang des Jahrhunderts, und auch in Frankreich und Italien mehren sich die Stimmen, die ihn zwar kritisch, aber doch positiv beurteilen. In der neuen Sicht des 19. Jahrhunderts beginnt Mendelssohn die Funktion eines Brennpunkts einzunehmen, in dem die Tendenzen der «absoluten» Musiker konvergieren; der andere Brennpunkt wird durch die Neudeutsche Schule mit Liszt und seinen Schülern repräsentiert. Der Kampf zwischen den «Neudeutschen» (z. B. Liszt, Schillings, Richard Strauss) und den «Leipziger Brahminen» (z. B. Joseph Joachim, Carl Reinecke, Max Reger) ist in unserer Generation nicht wieder erneuert worden, sondern die beiden Richtungen werden in der Musikgeschichte als komplementär verstanden. Mendelssohn ist im gleichen Masse «problematisch» geworden, in dem man seinen Werken die fachmännische Aufmerksamkeit zugewendet hat, die sie – jenseits von Wagner und Brahms – für sich beanspruchen durften. So ist ein Buch wie *Das Problem Mendelssohn,* herausgegeben von Carl Dahlhaus, kein vereinzeltes Phänomen, zumal dazu zahlreiche Gelehrte beigetragen haben. Auch in England ist der «Case Mendelssohn» wieder aufgenommen worden, und die neuen Arbeiten, die sich mit ihm beschäftigen, ignorieren mit Recht die oberflächlichen und arroganten Vorurteile Shaws und Abrahams.

Was aber vor allem dankbar anzuerkennen ist, sind die systematischen und ausgezeichneten Veröffentlichungen der bis heute nicht publizierten Werke Mendelssohns durch die Deutsche Demokratische Republik, die mittlerweile ihren bravourösen Fortgang nehmen. Auch die Schallplattenindustrie hat schon bedeutende, bisher halbvergessene Sektoren von Mendelssohns Werk wiedererweckt. Man darf also hoffen, daß die Stellung Mendelssohns in der Musikgeschichte, die bisher so vielen Schwankungen unterworfen war, nun nach einer gründlichen Revision endlich stabilisiert wird. Obwohl er der öffentlichen Meinung und ihrem Urteil skeptisch gegenüberstand, hat Mendelssohn sie nicht geringgeschätzt. Da seine Selbstkritik stark entwickelt war, hat er sich nicht viel aus dem Lob anderer gemacht, wenn es nicht von eminent fachmännischer Seite kam. Er sah sein Werk und seinen Auftrag auf anderer Ebene und hat ihn am besten im Ausspruch des Stoikers Seneca erkannt und diesen auf sein musikalisches Wirken bezogen. So hat er ihn auch dem Gewandhaus vermacht, wo er noch heute zu lesen ist: «Res severa verum gaudium» – Freude zu machen ist ein ernstes Anliegen. Es gibt keinen Spruch, der Mendelssohn und seiner Kunst besser gerecht wird als diese Maxime.

Für die Benutzung der Anmerkungen S. 549
und der mit ihnen verbundenen Literaturverzeichnisse S. 589 und S. 590

Abkürzungen:

FMB	Felix Mendelssohn Bartholdy
FMBB	Felix Mendelssohn Bartholdy, Briefe
RB	Felix Mendelssohn Bartholdy, Reisebriefe
UFB	Unveröffentlichter Familienbrief
GZB	Goethe–Zelter-Briefwechsel
KMB	Karl Mendelssohn Bartholdy, Goethe und FMB
HFM	Hensel, Die Familie Mendelssohn
MGG	Musik in Geschichte und Gegenwart
MM	Moses Mendelssohn

Hinweise:

[A], [B] (mit Kapitelnummer) oder
[ZS] (mit Nummer eines Zwischenspiels) stehen in der Regel nach Kurztiteln und verweisen für den vollen Titelwortlaut in die Literaturverzeichnisse; A Seite 589f., B und ZS Seite 590ff.

Fehlt ein solcher Hinweis nach einem Kurztitel, so ist das Buch im Literaturverzeichnis B unter der entsprechenden Kapitelnummer zu finden.

ANMERKUNGEN

Abkürzungen und Hinweise siehe nebenstehend Seite 548

Kap. 1: Das Erbe der Ahnen

Seite 11: [1] Vgl. den Stammbaum der Familie Mendelssohn in den Archiven des Leo-Baeck-Instituts in New York. Nur ein kleiner Teil davon ist in den veröffentlichten Biographien der Mendelssohns zu finden.
[2] Vgl. den Stammbaum und die Ahnentafel der Familie Itzig in den Archiven des Leo-Baeck-Instituts, New York.
13: [3] Sara Levys Name wird in den gedruckten Annalen jener Organisation sorgfältig verschwiegen, war aber in den Archiven leicht zu finden. Schünemann, Singakademie hat ihre Gabe 1941, also während der Nazizeit, rühmend hervorgehoben (S. 71).
[4] Siehe Anhang I, S. 597.
14: [5] Vgl. Remy und ebenso M. Kayserling, Die jüdischen Frauen, Leipzig 1879, S. 228ff.
[6] M. M. Werke, Bd. III, S. 477.
[7] Vgl. Weil, Bildungsprinzip.
[8] Nach Katz, Judenassimilation.
15: [9] Dilthey, Erlebnis, S. 136.
[10] Aus «Jerusalem» (in den letzten Seiten).
18: [11] Zitiert nach Kayserling, Literatur, III.
[12] z. B.: «So lange noch das Vereinigungssystem im Hinterhalte lauert, scheint mir diese Toleranzgleisnerei noch gefährlicher als offene Verfolgung.» (Mendelssohn an Herz Homberg, 4. Oktober 1783, über Josephs II. Toleranzpatent).
[13] Dilthey, Erlebnis, S. 134/135.
[14] Mendelssohn hat in dieser Abhandlung einen sehr respektablen Beweis seiner hervorragenden mathematischen Begabung gegeben. Es gelang ihm nämlich, das Problem der gleichschwebenden Temperatur auf das sog. «Delische Problem» zurückzuführen (die Verdoppelung eines Würfels). Er lehnt sich dabei an Newtons «Arithmetica universalis» an. Seine geometrische «Construction» leidet nur an einem Schönheitsfehler: das Problem kann mit Zirkel und (unmarkiertem) Lineal nicht gelöst werden; Mendelssohn bedient sich der mechanischen Hilfe eines Zimmermannsquadrats, das er durch «Schieben» manipuliert. Er war sich aber der alten griechischen Lösungen mit Hilfe höherer Kurven (Conchoide, Cissoide, etc.) wohl bewußt. Text mit Kommentar und Noten jetzt in der M.M.-Jubiläums-Ausgabe, Bd. II.
[15] F. Bamberger, in: *Monatsschrift für Geschichte der Wissenschaft des Judentums*, Frankfurt/M 1929, S. 31ff.
19: [16] Stern-Täubler, Jews, S. 20ff.
[17] In «Jerusalem» II (kurz vor dem Ende).
20: [18] Hilde Spiel hat in ihrem liebenswürdigen Buch über Fanny Arnstein leider die Begriffe Emanzipation, Assimilation und Toleranz konfundiert und als synonym ge braucht; ihr Buch ist daher in dieser Sicht völlig irreführend.
[19] Vgl. seine Replik auf J. C. Lavaters freundschaftliche Herausforderung. Mendelssohn ist hier (1769) noch ganz resigniert.
21: [20] «Jerusalem» II (Ende).
[21] Eine Anspielung auf Jacobis Brief, der vom «frommen, engelreinen Mund Lavaters» gesprochen hatte. Vgl. Ende von «An die Freunde Lessings».
22: [22] z. T. nach B. Auerbachs Darstellung in seinem Buch «Zur guten Stunde». Von den Mendelssohn-Nachkommen wird die reizende Geschichte noch ausgeschmückt.
25: [23] Vgl. Moses Mendelssohns Briefe an Herz Homberg in der Jubiläums-Ausgabe.

[24] Die «Gesellschaft der Freunde» wurde erst von Hitler aufgelöst.
26: [25] Abrahams Brief vom 1. September 1797 aus Metz findet sich im *Kippenberg-Jahrbuch IV*. Danach ist es kaum verständlich, warum Zelter Abraham M. im Jahre 1816 brieflich als einen «braven» vorstellen zu müssen glaubte, als hätte Goethe noch nie von ihm gehört!
[26] Vgl. Brief Henriette Mendelssohns an Abraham in HFM Bd. I, Kap. 4 [A].
[27] Vgl. Devrient, Erinnerungen, S. 10f. [A]. Diese Schrift, die ein Zeugnis inniger Freundschaft mit dem toten Meister und Freund darstellt, hat den großen Fehler, daß ihr Verfasser sich des unausweichlichen, wenn auch oft verschwiegenen Konflikts zwischen dem jüdischen Erbe der Mendelssohns und ihrer preußisch-christlichen Neigung nicht ganz bewußt war.
28: [28] A. Mendelssohn Bartholdy, FMB. Beitrag zur Geschichte eines Lebens und seiner Familie. Sonderabdruck der *Frankfurter Zeitung* Nr. 31, 31. Januar 1909.
[29] So in den Briefen in: HFM, Bd. II, S. 253f. Petitpierre, der in seinem allzu beschönigenden Buch sowohl Moses wie Abraham Mendelssohn als brave und eifrige deutsche Nationalisten schildert, entstellt gröblich den Sachverhalt – und das zu einer Zeit, wo einige der Mendelssohn-Nachkommen schon verbannt waren oder in Arbeitslagern darbten!
29: [30] Vgl. Katz, Judenassimilation, S. 40/41.

Kap. 2: Elternhaus und Jugend

36: [1] Veröffentlicht nur in Varnhagen von Enses «Denkwürdigkeiten», IX (Eintragung 1819/20).
37: [2] Näheres über diesen schillernden Charakter bei Löwenberg.
[3] Ebd.; Zitat aus der in der in Rom erscheinenden *Allgemeinen Zeitung* 1825, Nr. 230.
[4] Abschrift des Briefes im Archiv des Leo-Baeck-Instituts, New York.
39: [5] Zelter wohnte der Enthüllung eines Denkmals «seines» Luther bei und setzte von dort die Reise nach Weimar fort.
[6] Unrichtige Annahme Zelters.
40: [7] Unveröffentlichter Brief aus den *Grünen Büchern,* Oxford.
[8] Vgl. KMB, S. 5f. [A].
[9] Rellstab, Leben.
44: [10] Nach Lobe, Erinnerungen.
[11] Adele Schopenhauer, Tagebücher II, S. 113; ebenso «Leben einer Einsamen».
46: [12] KMB, S. 17–19 [A].
47: [13] Abschrift des Briefes im Archiv des Leo-Baeck-Instituts, New York.
49: [14] HFM Bd. I, S. 129/130 [A].
[15] Ein Bericht über eine solche «Orgelfahrt» findet sich (verkürzt) in HFM Bd. I, S. 137ff. [A].
[16] Marx, Erinnerungen, Bd. II, S. 113ff.
[17] Aus einem unveröffentlichtem Brief Jacob Bartholdys an Abraham Mendelssohn aus dem Jahr 1824 (Kopie im Archiv des Leo-Baeck-Instituts, New York).
50: [18] Moscheles, Leben, Bd. I, Eintragung Berlin 1824.
[19] Fingierter «Beethoven»-Brief vom 8. November 1825, s. S. 128–131.
51: [20] Es war mir nicht möglich, eine wirklich authentische Quelle dieser oft zitierten Worte zu finden; Halévys Memoiren waren mir nicht zugänglich.
[21] Aus den *Grünen Büchern,* Oxford, und den Familienbriefen.
52: [22] In dem schön bebilderten Buch von Petitpierre, «Le Mariage de FMB» [B I], 1937, also mitten in der Hitlerzeit erschienen, scheut sich der Verfasser nicht, Moses, Abraham und Felix Mendelssohn als «treudeutsche Alldeutsche» darzustellen.
[23] Eine gute Darstellung der musikalischen Verhältnisse des damaligen Paris findet sich bei Tiénot.
[24] GZB, 28. Mai 1825 [A].

Kap. 3 Altes Gesetz oder neue Hoffnung,

54: [1] Vgl. mein Buch «A Voice Still Heard», Kap. 2 und 3.

[2] Scholem, S. 26.

55: [3] Der Philosoph Fichte wußte (1793) keine andere Lösung des jüdischen Problems als «ihnen allen die Köpfe abzuschlagen» und sie durch andere zu ersetzen, die frei sind von jüdischen Gedanken... Die Bemerkung findet sich, etwas verändert, in Fichtes «Beiträge zur Berechtigung des Urteils des Publikums über die Französische Revolution», Berlin 1793. Hier zitiert nach Katz, Judenassimilation [B1]. Neuerdings hat sich besonders die Encyclopaedia Judaica (in ihrem Artikel über Fichte) um ein objektiveres und auch gerechteres Urteil über den Philosophen bemüht, ohne indessen seine Judenfeindschaft zu beschönigen.

57: [5] HFM Bd. I, S. 105 [A].

[6] Ebd. S. 111. Abrahams Agnostizismus und Skeptizismus steht natürlich in scharfem Gegensatz zu den Lehren der evangelisch-lutherischen Kirche, in der Fanny und Felix konfirmiert wurden.

58: [7] UFB von Lea an Felix vom 4. Juni 1830.

[8] UFB von Abraham vom 12. August 1829.

59: [9] HFM I, S. 111f. [A].

[10] Albrecht Mendelssohn Bartholdy, «FMB», Beitrag zur Geschichte seines Lebens und seiner Familie» (Sonderdruck aus der *Frankfurter Zeitung*, Nr. 31, vom 31. Januar 1909).

63: [11] Aus dem (unveröffentlichten) Tagebuch Dr. Heyses, früher im Besitz des verstorbenen Prof. Joachim Wach, des Urenkels von Felix, der mich diese und viele andere Reminiszenzen und Dokumente der Familie einsehen ließ.

64: [12] UFB vom 23. Juli 1833 an seine Familie. Die Posener Edikte, als eine Vorstufe der Emanzipation, richteten zwei Klassen von Juden ein, von denen nur den oberen, wohlbegüterten, einige Rechte zugestanden waren.

[13] Dieser Joseph Dessauer (1798–1868) war ein verdienst- und verständnisvoller Musiker und Sammler von Autographen. Siehe den Artikel über Dessauer in MGG (Supplementband 1) [A].

[14] UFB vom 17. Juli 1829.

[15] Devrient, Erinnerungen, S. 56 [A].

66: [16] Unveröffentlichter Brief vom 29. Mai 1829.

[17] Dies ist ein wörtliches Zitat aus den «Sprüchen der Väter» (Mischna Abot, VI. 1), das dem großen Rabbi Meir zugeschrieben wird.

67: [18] Heines Spott über den Kriminalrat Julius Eduard Hitzig, den «Heil'gen Itzig», war nicht unbegründet, streute aber nur Salz in alte Wunden. Denn dessen Bruder Moritz hatte einen skandalösen Ehrenhandel mit Achim von Arnim, der lange nachhallte. Arnim wurde aus der Armee ausgestoßen, der junge Itzig fiel in der Schlacht von Lützen 1813. Siehe Anhang I, S. 597.

[19] Hier werden einige Bemerkungen über die Hauptquellen für Felix Mendelssohns Jugend, vor allem Hensels Buch «Die Familie Mendelssohn» und die sogenannten «Reisebriefe» von Felix angebracht sein. In beiden Publikationen wurden Briefe expurgiert, aus mehreren zusammengeflickt, Namen und Orte ausgelassen, alles, um den Wagnerianern keine Handhaben für ihre Angriffe zu bieten. Die tendenziöse und völlig unhistorische Darstellung der jüdischen Probleme in Hensels Buch läßt sich nur erklären aus des Verfassers totaler Ignoranz auf allen jüdischen Gebieten und aus seinem ebensogroßen Mangel an musikhistorischem Wissen. Man vergleiche dazu das Vorwort dieses Buches.

Kap. 4: Die Lehrjahre und ihre Werke.

68: [1] Vgl. Leopold Nowak, Joseph Haydn, Wien-Zürich 1959, S. 103.

70: [2] Julius Rietz veröffentlichte im Anhang zur 1. und 2. Auflage der Briefe Mendelssohns eine kleine, völlig unzureichende und unvollständige Liste einiger handschriftlicher Werke des Meisters.

[3] Einen großen Teil der Angaben verdanke ich der freundlichen Hilfe meines Kollegen Prof. Dr. Donald Mintz, New Jersey, dem ich dafür auch hier noch meinen Dank ausspreche.

[4] Meine speziellen Nachforschungen in der Library of Congress, Washington, hatten in allerletzter Zeit noch einen unerwarteten Erfolg: es wurde dort ein thematischer Katalog der Werke Felix Mendelssohn Bartholdys entdeckt, z. T. mit Musikzitaten von Mendelssohns eigener Hand, und mit dem Entstehungsdatum der meisten Werke. Ein kleiner Teil davon ist auf S. 610–13 veröffentlicht. Für die Erlaubnis, dieses bisher unbekannte Material zu veröffentlichen, bin ich den Herren D. Leavitt, Director of the Music Division, und Herrn Robert Palian, Research Librarian, beide in der Library of Congress, zu tiefem Dank verpflichtet.

[5] In: «Der unbekannte junge Mendelssohn» (Hg. Max F. Schneider), Basel 1960, S. 11.

[6] FMB, Sinfonien, 2 Bände (Nrn. I–XII). VEB Deutscher Verlag für Musik, Leipzig 1972, ausgezeichnet herausgegeben und mit Vorwort und Apparat versehen von H. Ch. Wolff; ferner 3 Bände Instrumentalkonzerte und 1 Band Operetten. Ein frühes Doppelkonzert für Violine, Klavier und Streichorchester war mir in der Partitur nicht zugänglich, wohl aber habe ich es öfters gehört. Die Ecksätze ähneln denen des «Kleinen» Violin-Konzerts, der sehr wohlklingende, melodiöse Mittelsatz bezaubert durch seinen fein ausgewogenen Klang.

72: [7] Vgl. von Greyerz, Im Röseligarte, Bern 1907; s. Einleitung zum II. Bd. der Sinfonien, Fußnote 6.

73: [8] zu (b): Dies ist ein allgemein verbreitetes Motiv des traditionellen Synagogengesanges. Vgl. Baer, Vorbeter, Nr. 406, oder A. Z. Idelsohn, Hebräisch-orientalischer Melodienschatz, Bd. VI, S. 10.

Zu (c): Die Melodie ist das berühmte Jigdal des Leoni von London, das 1776 entstand und auch als Hymne «The God of Abraham Praise» in die protestantischen Gesangbücher aufgenommen wurde.

[9] Vgl. mein «A Voice Still Heard», S. 321, Nr. 2 [B III]; auch A. Z. Idelsohn, Jewish Music, New York 1929, S. 221.

75: [10] Zitat aus Schering, Instrumentalkonzert, S. 170.

81: [11] Mendelssohn hielt das Werk zu Lebzeiten nicht des Druckes für würdig; es ist erst posthum bei Simrock erschienen. Der Verfasser hat dieses Werk in seine Urtextausgabe «Ausgewählte Klavierwerke» Mendelssohns aufgenommen (Henle-Verlag, München 1973).

[12] Schon A. B. Marx hat mit seinem von Haß geschärften Blick erkannt, wie sehr Mendelssohn Beethoven nachgeahmt hatte. In: Marx, Musik, S. 105.

82: [13] Vgl. das ausgezeichnete, bis ins Einzelne dokumentierte Werk über die Sonate von Newman, S. 299f., wo der Autor, wohl mit Recht, in der Tonartwahl und den Satzformen der Sonaten op. 105 und 106 eine Art «Hommage à Beethoven» vermutet. Siehe auch Robert Schumanns schwärmerische Besprechung der Sonate op. 6, die die Ähnlichkeit mit Beethovens op. 101 geradezu herausstreicht. Schumann, Schriften Bd. I, S. 143 [A].

83: [14] Rudolf Werner, FMB als Kirchenmusiker. Das Buch ist heute eine Rarität und auch wissenschaftlich von hohem Wert.

84: [15] Persönliche Mitteilung Prof. Schünemanns, die er 1924 in Berlin machte und 1931 in Saarbrücken wiederholte.

[16] Schünemann, Jugendopern, S. 506ff.

86: [17] Ebd. S. 15.

[18] Wagner, Spontini.

87: [19] Hoffmann, Schriften, VII, S. 344.

[20] Hier liegt eine – nicht offen zu Tage liegende – Ähnlichkeit der Antipoden (und guten Freunde) Berlioz und Mendelssohn:

das vage Programm verleiht Mendelssohn die Kraft der Kontinuität, den längeren Atem, der für die Großform erforderlich ist.
88: [21] Chorley, Music, Bd. II, Recollections and Criticisms, S. 408 (der Passus ist vom Verfasser übersetzt).
[22] Vgl. A. W. Thayer, The Life of Ludwig van Beethoven, Englisch von H. E. Krehbiel, London 1960, S. 309–10.
[23] Berlioz, Erinnerungen, S. 46ff.
[24] Zitat aus Reicha.

Kap. 5: Umhegte Jugend.

90: [1] Spontini war ein undankbarer Gast: in einem Brief an den jungen Richard Wagner schrieb er: «Oh croyez-moi, il y avait de l'espoir pour l'Allemagne lorsque j'étais empereur de la musique à Berlin; mais depuis que le roi de Prussie a livré sa musique au désordre occasionné par les deux juifs errants qu'il a attirés, tout espoir est perdu». In: Weissmann, S. 212f.
92: [2] Vgl. *Berliner Allgemeine Musikalische Zeitung,* 1824, S. 152ff. Vier Regeln für den Direktor der Akademie, 1827, S. 193: «Beschwerde».
[3] Devrient, Erinnerungen, S. 94 [A].
93: [4] Marx, Erinnerungen, S. 186ff. [B II]. Diese Memoiren geben ein hervorragendes Bild der Berliner Musik, und besonders aufschlußreich ist das Kapitel über Spontini und die Berliner Oper.
[5] Ebd. S. 233ff.
[6] Ebd. S. 122. Besonders beachtenswert sind Marx' Bemerkungen über Abrahams Zweifel an der Berufung seines Sohnes und über das Repertoire der «Sonntagsmusiken»
[7] So z. B. Professor W. Apel, der es besser wissen sollte, in seinem Buch «Masters of the Keyboard», Cambridge 1965, S. 253.
[8] UFB an den Vater vom 22. Juli 1826.
[9] Siehe Felix Mendelssohn Bartholdys Briefwechsel mit Carl Klingemann, S. 43 [A]. Man beachte den Vergleich mit «totgeborenen Kindern», der für Lea eine schmerzhafte Erinnerung bedeutet!
[10] Ebd. S. 46.
94: [11] Vgl. *Allgemeine musikalische Zeitung,* Leipzig, November 1827; und *Grüne Bücher,* Oxford, Brief 29 vom 29. November 1827. [A].
[12] Geschrieben für den Geburtstag der Mutter, 15. März 1828.
95: [13] UFB an Fanny, aus Doberan, vom 17. Juli 1824 (Library of Congress, Washington).
[14] UFB an Fanny, vom 20. September 1827 (Library of Congress, Washington).
[15] UFB an Fanny, vom 15. Mai 1829 (Library of Congress, Washington).
98: [16] UFB von Fanny, vom 29. Juli 1829, *Grüne Bücher,* Oxford.
[17] UFB von Fanny, vom 10. Juli 1829, *Grüne Bücher,* Oxford.
[18] UFB von Fanny, *Grüne Bücher,* Oxford.
[19] UFB von Rebekka, *Grüne Bücher,* Oxford.
[20] UFB von Rebekka, vom 17. Juni 1829, *Grüne Bücher,* Oxford.
100: [21] GZB, Briefe Zelters vom 13.–23. März 1829 [A].
102: [22] Unveröffentlichter Brief Hegels vom 30. Juni 1829.
[23] HFM Bd. I, S. 177f. [A].
104: [24] Ebd. Bd. I. S. 164f.
[25] Vgl. die unveröffentlichten Briefe vom 15. Mai, 29. Mai und 4. Juli 1829.
[26] Für eine ausführliche Analyse der zwei Doppelkonzerte s. E. Werner, Two unpublished concerts by Mendelssohn (in: *Music and Letters,* Oxford, April 1955). Nach dem Klavierkonzert spielte Felix in der Violinsektion die Beethoven-Symphonie mit.
105: [27] Vater Abraham schrieb nach Stettin: «Wenn nur Deinen Bläsern nicht die Mäuler zufrieren, es ist einem jetzt so recht sommernächtlich zu Mute; die Ouverture muß sich herrlich machen, wie die Faust aufs Auge!».
[28] Unveröffentlichter Brief vom 17. Februar 1827.
[29] Moscheles, Leben, Bd. I, S. 208, und

Brief vom 27. November 1832, *Grüne Bücher,* Oxford.
[30] Devrient, Erinnerungen, S. 93 [A].
[31] Unveröffentlichter Brief vom 23. Juli 1833, *Grüne Bücher,* Oxford; s. auch Werner, New Light.
[32] Klingemann, S. 132 [A].
[33] Hiller, FMB, S. 109 [A].
106: [34] Unveröffentlichter Brief vom 27. Oktober 1840 (Library of Congress).
[35] Klingemann, S. 315 [A].
[36] FMBB, Bd. II, S. 172 [A]; auch Klingemann, S. 251 [A].
[37] Klingemann, S. 315 [A].
[38] Unveröffentlichter Brief vom 3. August 1841 und vom 11. Dezember 1831 (Library of Congress).

Kap. 6: Traum und Tat.

107: [1] UFB an Fanny vom 4. Juli 1826.
108: [2] O. von Hase, Breitkopf & Härtel-Gedenkschrift, Leipzig 1919, Band II, S. 61.
[3] Über die Genesis der Ouvertüre zum *Sommernachtstraum* aber weiß er folgendes zu berichten: «Ich ließ es nicht an mir fehlen, eilte zu ihm und setzt ihm auseinander, daß eine solche Ouverture... das treue und vollständige Abbild des Dramas geben müsse, dem es als Prolog diene. Mit Feuer... ging er an die Arbeit. Das Wandeln der zärtlichen Paare war ... hinübergerettet, alles Weitere neu geschaffen. Da half kein Sträuben! «S'ist zu doll! zu viel!» schrie er, als ich auch den Rüpeln und sogar Zettels inbrünstigem Eselsschrei ihre Stelle gewahrt wissen wollte... Der Vater aber erklärte vor den zahlreich Versammelten bei der ersten Aufführung in seinem Hause: die Ouverture sei eigentlich mehr mein Werk als Felixens. Dies war durchaus, wie sich versteht, unbegründet, nur der Ausdruck der Befriedigung an meinem Verhalten... Die erste Idee und die Ausführung gehörten Felix, die Berathung war einzig meine Pflicht und mein Antheil.» Marx, Erinnerungen, Bd. I, S. 231–33 [B I]. Siehe auch die abschließenden Bemerkungen.
[4] Devrient, Erinnerungen, Bd. I, S. 32 [A]. Devrient kritisiert Mendelssohns Bezeichnung des Werkes als «Ouverture» und meint, es sollte «Orchesterfantasie» genannt werden; so sind wir also schon der «symphonischen Dichtung» Liszts und der neudeutschen Schule nahe!
[5] Schubring, Erinnerungen, S. 301f.
111: [6] Dieses Fragment fand ich in einem Brief an Abraham Mendelssohn unter den Geschäftsbüchern der Firma Gebrüder Mendelssohn (Privatbesitz).
[7] Bücken, S. 100.
114: [8] Die Literatur über diese Frage und sie selbst sind erörtert in G. Kinskys aufschlußreichem Artikel in: *Musical Quarterly,* April 1933, S. 176–186.
[9] Ebd.
[10] Vergleiche A. W. von Schlegels Brief an Goethe vom 10. Juni 1798 (in: Bd. X der *Schriften der Goethe-Gesellschaft,* S. 22).
[11] In der *Berliner Allgemeinen Musikalischen Zeitung,* Berlin 1827, Bd. IV, S. 95f.
115: [12] Schumann, Schriften, S. 157 [A].
[13] Berlioz, Musicien, S. 137.
[14] Chorley, Music, London 1854, Bd. II, S. 413 [B IV].
[15] Krummacher, Das Problem Mendelssohn.
116: [16] Insbesondere bei Abraham, S. 60 bis 64, und bei Bloch, Musik. In der «Penguin»-Ausgabe der Ouvertüre zum *Sommernachtstraum* erfährt der Leser u.a.: «Mendelssohn bietet weder als Mensch noch als Künstler ein Problem...» [Warum dann das «Problem Mendelssohn»?] «Er verfolgte sein Künstlerleben, wobei er den zeitgenössischen Problemen und Debatten nicht die geringste Aufmerksamkeit schenkte...» Ich glaube indessen, daß Mr. Ralph Hill, der Autor dieser Zeilen, den Quellen, unter anderem den [veröffentlichten und unveröffentlichten] Briefen des Meisters «nicht die geringste Aufmerksamkeit geschenkt», sondern lediglich wiederholt hat, was viele englische Kritiker dem zwar witzigen, aber

leider unwissenden G. B. Shaw nachgeschrieben haben.

[17] In einem Punkt widerspricht die Ouvertüre gewissen Kriterien der romantischen Musik, wie sie Fr. Blume aufgestellt hat: «der liedmelodische» Thementypus, den er für Mendelssohn, Schumann, Brahms postuliert wie auch für Spohr, Weber und die vielen «Kleinmeister» (S. 344); eben diese «liedmelodische Thematik» kommt in der Ouvertüre zum Sommernachtstraum nur im zweiten Thema vor, das eine geringe Rolle spielt.

[18] FMBB, Bd. I, S. 149f. (Brief vom Juli 1831) [A].

117: [19] Rochlitz, Bd. IV, S. 351.

[20] Einstein, Romantik, S. 63: «Man konstruierte ein Ideal des A-cappella-Gesanges, das nie existiert hatte.»

118: [21] Zwar war die *Kunst der Fuge* schon 1751 erschienen (unvollendet), aber die Veröffentlichung war noch von Bach selbst geplant worden. Siehe auch den Artikel «J. S. Bach», col. 1034/5 in MGG. [A].

[22] Einstein, Romantik, S. 47.

[23] Vgl. Wesleys schöne «Bach-Letters», von 1808/09, London 1875 (Letters of S. Wesley to Mr. Jacobs..., hg. von Elisa Wesley).

119: [24] Eine gedrängte, aber alles Wichtige umfassende Übersicht über das Schicksal von Bachs Werken findet sich in MGG, Artikel «Bach».

[25] Es waren zunächst Motetten und Choräle, auch Teile von Kantaten, die Zelter aufführte; mit den Messen und Passionen war er weniger vertraut. Siehe auch Prüfer, Bach.

[26] In: Schering, Textbehandlung.

[27] GZB, Brief Zelters an Goethe vom 9. Juni 1827 [A]; über die Anfänge der Bach-Renaissance siehe Albert Schweitzers großes Werk über Bach.

120: [28] Marx, Erinnerungen, Bd. II [BI]; übrigens auch GZB, Bd. II, S. 467/8 [A]. Durch die große Arbeit M. Gecks wurde Marx' Verdacht im großen und ganzen bestätigt.

[29] UFB von Lea Mendelssohn an Frau von Pereira, vom 19. September 1829.

[30] Unsere Kenntnis davon verdanken wir dem tapferen Prof. Georg Schünemann, der im wilden Nazi-Deutschland (im Jahre 1941!) eine Geschichte der Berliner Singakademie veröffentlichte, in der die jüdischen Sammler, vorab die Mendelssohns, die ihre kostbaren Handschriften der Singakademie oder der königlichen Bibliothek schenkten, weit nobler abschneiden als z. B. Doris Zelter oder die Familie Pölchau, die mit diesen MSS allerlei Geschäfte machten. Schünemann, Singakademie, S. 67ff. [BI].

[31] Der vollständige Text des Sonetts des edlen Telemann findet sich in Fr. W. Marpurgs Werk *Historisch-Kritische Beiträge zur Aufnahme der Musik,* Berlin 1754, Bd. I, S. 561.

[32] Vgl. Spitta, Bach, Bd. II, S. 815, auch MGG, Artikel «Bach» [A].

[33] Die Handschrift befindet sich nun in der Bodleian Library in Oxford.

[34] Therese Devrient, Jugenderinnerungen, S. 36, 42–53.

121: [35] Dies war eine der wenigen Taktlosigkeiten des jungen Felix: nicht nur spricht Verachtung seiner eigenen Abstammung daraus, sondern die Koppelung der einst im Gesetz nahezu «Vogelfreien», der Komödianten und der Juden, mußte Devrient verletzen.

122: [36] Sancta simplicitas! Naiv muß Devrient wohl gewesen sein, aber seine Bemerkung, geschrieben *nach* R. Wagners und Hans Richters Pultvirtuosentum, zeigt, daß er von der Entwicklung des Dirigenten in der Richtung der heutigen «Showmanship» (glücklicherweise) keine Vorahnung hatte.

[37] Über die Einzelheiten der Aufführung siehe M. Gecks große Studie.

[38] HFM, Bd. I. S. 234ff. (Brief von Fanny an Klingemann vom 22. März 1829), auch Marx, Erinnerungen, Bd. II, S. 86f. [B I].

[39] GZB, Brief vom 12. März 1829 [A].

[40] Ebd. Brief vom 28. März 1829.

[41] Library of Congress, Washington.
123: [42] Therese Devrient, Jugenderinnerungen, S. 309.
[43] Fr. Hegel, Ästhetik, Teil 3 (Bd. X), S. 208.
124: [44] Schweitzer (hier Ausgabe 1951), Bd. I, S. 214.
[45] Die letzte Bemerkung war eine hämische Anspielung auf die Kontroverse Lavaters mit Moses Mendelssohn, den jener mit aller Überredungskunst zum Christentum bekehren wollte; er ist mit diesem Vorhaben aber gescheitert.
[46] A. Einstein ahnte nicht, daß er die Partitur hätte sehen können, und verurteilte die Aufführung nach dem Hörensagen – ein seltenes Mißgeschick bei einem hervorragenden Gelehrten! Einstein, Romantik, S. 49f.
[47] Geck, S. 74.
[48] Rochlitz in seiner Kritik der Kantate «Ein feste Burg», s. MGG, Artikel «Bach»; auch Schweitzer, Bd. I., S. 245f.
[49] Schumann war im Irrtum, als er schrieb, daß Mendelssohn nichts von der Existenz des Wilhelm Ernst Bach, des letzten Enkels von J. S. Bach wußte. Im Gegenteil! Er hatte seine Schwester Fanny auf seine Spur gesetzt; sie folgte ihr und fand den Träger des großen Namens in Bückeburg. (Briefe vom 14. November 1830 und 15. Januar 1831, *Grüne Bücher,* Oxford.
125: [50] Brief Abrahams an Felix vom 10. März 1835.

Kap. 7: Die erste Ernte.

126: [1] Vgl. Mozarts Worte zu Kapellmeister Kucharz in Prag: «Ich versichere Sie, lieber Freund, Niemand hat so viel Mühe auf das Studium der Komposition verwandt als ich. Es gibt nicht leicht einen berühmten Meister in der Musik, den ich nicht fleißig und oft mehrmals durchstudiert hätte.» (Niemetschek, S. 83).
[2] Ein typischer Fall wäre etwa das Verhältnis Verdis zu Wagner.
133: [3] In seinem Brief an Zelter vom 1. Dezember 1831.
[4] Dies war der Spitzname, den Haydn für seinen – unbequemen – Schüler Beethoven gebrauchte.
[5] Aber auch Berlioz will illustrative Elemente nur unter gewissen Bedingungen rechtfertigen; siehe Barzun, Berlioz, Bd. I, S. 153f. Vgl. Adorno, Philosophie.
[6] Nach Lobe, Consonanzen, S. 258, hat sich Mendelssohn dann doch etwas von Beethoven distanziert.
[7] Adler, S. 230ff.
[8] Adorno, Philosophie, S. 129, 160.
[9] Dahlhaus, Musikästhetik, S. 134.
134: [10] Adler, S. 237f.
[11] Busoni, Ästhetik, S. 10f.
[12] UFB an den Vater vom 22. Juli 1826 (?) [A].
[13] UFB an den Vater vom 28. März 1835 [A].
[14] Devrient, Erinnerungen, S. 109 [A].
135: [15] Als ich es sehen wollte (1954 und 55), war die Partitur «unauffindbar», aber man versicherte mir, sie sei nicht verloren. Sie war aber der London Philharmonic Society gewidmet.
137: [16] Die einzelnen Sätze stammen aus den Jahren 1827 (Fuge in Es-dur), 1843 (Capriccio e-moll), 1847 (Andante E-dur; Scherzo a-moll); sie wurden von den Erben Mendelssohns, *nicht von ihm selbst,* als «4 Stücke für Streichquartett» op. 81 herausgegeben.
[17] Das Werk war Betty Pistor zugedacht, und in zwei Briefen finden sich Anspielungen an B. P., in deren Hause Mendelssohn gerne verkehrte, bis es, einer Kleinigkeit wegen, zu einer ernsten Verstimmung kam, bei der auch, wie aus heiterem Himmel, antisemitische Bemerkungen den «überaus leicht verletzbaren Felix» zur Zurückhaltung mahnten. Die Angelegenheit ist (im Urtext von E. Rudorffs «Aus den Tagen der Romantiker») während der Hitlerzeit unterdrückt worden (Leipzig 1942). Ich verdanke die Einsicht in den Urtext

Frau Dr. Nancy B. Reich (Hastings-on-the-Hudson), der hier dafür bestens gedankt sei. Sie besitzt eine Kopie des «unexpurgierten» Textes.

[18] Vgl. Thomas, Instrumentalwerk, S. 25ff., 86f., 117f. Dort zitiert er H. Mersmann, der von der «Zersetzung des Metrums» spricht. Thomas rühmt dem Werk nach, daß es sich mit «unerhörter Klarheit» darbiete.

139: [19] K. Trapp urteilt in seiner Dissertation «Die Fuge in der deutschen Romantik», Frankfurt/Main 1958, S. 64–79 unrichtig und ohne wirkliche Kenntnis des Sachverhalts, wenn er behauptet, daß Mendelssohns Stimmführung auf Vermeidung aller Reibungen bedacht sei. Allein der langsame Satz und das Finale des Quartetts op. 13, zu schweigen von op. 80 oder der *Schottischen Symphonie,* bezeugen genau das Gegenteil.

140: [20] Hinweise auf die Ähnlichkeit des Quartetts op. 13 mit Beethovens a-moll-Quartett, wie sie von einigen Kritikern gemacht wurden, sind hinfällig, da Mendelssohn zur Zeit der Komposition des Werkes (1826/7) Beethovens Quartett gar nicht gesehen haben konnte.

141: [21] Spohr, Bd. II, S. 162.

142: [22] HFM, «Leipziger Straße 3» [A].

144: [23] Wie souverän sich der junge Komponist hier über alle Schulregeln hinwegsetzt, dafür nur zwei Beispiele aus dem Scherzo: im 4. Takt nach E entstehen (verbotene) Oktaven zwischen erster Violine und zweitem Cello; im 7. Takt parallele Quinten zwischen erster und zweiter Violine!

[24] Vgl. Einstein, Romantik, S. 153 [B VI] und Blume, Romantik, S. 348 *et passim* [B VI]; auch Blume, Artikel «Romantik» in MGG [A].

145: [25] Vgl. Fischer, Todestag.

[26] Vgl. Wessely, S. 81ff., und Thomas, Instrumentalwerk, S. 83 *et passim.*

147: [27] von Bülow, III., S. 403–6.

148: [28] Vgl. Einstein, Romantik, S. 220 [B VI].

[29] FMBB, S. 223/4 [A]. Dies geht *gegen* Hegel, für den, besonders in der Musik, «die Empfindung die unbestimmte, dumpfe Region des Geistes [ist]: was empfunden wird, bleibt eingehüllt in die Form abstractester einzelner Subjectivität, und deshalb sind auch die Unterschiede der Empfindung ganz abstracte, keine Unterschiede der Sache selbst.» In Vorlesungen über Ästhetik, S. 42f. [B VI].

[30] E. T. A. Hoffmann, Gesammelte Schriften, herausgegeben von E. Istel, Regensburg o.J., Bd. II, S. 248.

149: [31] Das 12. Stück von op. 8 ist ein Duett «Suleika und Hatem» (Goethe); dieses wie auch Nr. 2 und 11, Gedichte von Friederike Robert, sind Kompositionen Fannys, die ihr Bruder «eingeschmuggelt» hatte. Auch die Nummern 7, 10 und 12 von op. 9 stammen von Fanny.

151: [32] Kretzschmar, Führer, II. Abt., 1. Bd., Seite 434/5.

[33] So Dahlhaus, Problem; auch bei Thomas, Instrumentalwerk.

153: [34] Rudolf Werner [B IV].

[35] W. Kirkendale, Fuge und Fugato in der Kammermusik des Rokoko und der Klassik, Tutzing 1966.

[36] Vgl. Schünemann, Singakademie, S. 12, 15f. und 215f. [B I].

155: [37] Rudolf Werner, S. 44 [B IV].

[38] *Leipziger Allgemeine musikalische Zeitung,* Bd. 31, S. 829.

[39] *Berliner Allgemeine Musikalische Zeitung,* 1829, Nr. 47.

[40] Ebd. 1830, Nr. 3.

[41] FMBB, Brief vom 21. November 1838.

Zwischenspiel I: Romantiker und «Neutrale» in den Musikachsen Europas.

157: [1] Blume, Romantik, S. 233 [B VI]. Von solchen nüchternen und klaren Gedanken wollen allerdings leichtfertige Musikkrittler nichts wissen wie etwa Ch. Rosen in seinem Buch «The Classical Style», New York 1971.

[2] Ebd. S. 307.

158: [3] Aber schon Dilthey rügte diese Einseitigkeit mit den Worten: «Völlig schloß sich diese Bildung von der großen Masse der Bevölkerung... ab.» [B I].
[4] Fr. Schlegel in «Athenaeum», hg. von F. Baader, Berlin 1905, S. 51–53; auch Haym, Schule. Der oben zitierte Passus gilt allgemein als der *locus classicus* der literarischen Romantik.
[5] Haym, Schule, S. 288, Fußnote 3.
[6] Siehe Emil Ermatinger, Die Literatur der Klassik und des Idealismus (in: Deutsche Literaturgeschichte, Bern 1946, S. 268, 271).
159: [7] Vgl. H. Mann, Ein Zeitalter wird besichtigt, Stockholm o. J., S. 21–23.
[8] In der jüngsten Avantgarde bemüht man sich, auch in der Musik Poesie und Prosa zu unterscheiden, und schreibt die letztere A. Schönberg und seiner Schule zu.
[9] Marx, Musik, S. 104–106 [BIV]. Viel von dieser Kritik ist gegen Liszt und seine «Neudeutsche Schule» gerichtet, wohl auch gegen Wagner; aber man kann heute Marx' Vorwürfe sehr wohl auf die Narrenmusik von John Cage und Konsorten beziehen – als eine prophetische Mahnung.
160: [10] Blume, Romantik, S. 314 [B VI].
[11] Zitiert nach Huch, Romantik, S. 51 und 56.
161: [12] Fr. Schiller, Über naive und sentimentalische Dichtung.
[13] Schumann, Schriften, Bd. I, S. 30 [A].
163: [14] Fr. Schiller, Über Bürgers Gedichte (1791).
[15] Brief Mozarts an seinen Vater vom 28. Dezember 1782.
164: [16] Vgl. Newman, S. 654–670. [BIV].
[17] L. Rellstab, «Ludwig Berger», Berlin 1846, S. 57ff.; zitiert nach P. Egert, Die Klaviersonate im Zeitalter der Romantik, Berlin 1934, S. 105f. Im Verlauf seines Hymnus auf Berger, den Rellstab mit Beethoven vergleicht, und den er C. M. v. Weber und Hummel vorzieht, geht er über die zitierte Lobeserhebung noch hinaus. Nach dem Studium des Werkes muß der Verfasser erklären, daß er das Werk trocken und keineswegs anziehend fand; es stellt aber einen Markstein in der Geschichte der «entwickelnden Variation» lange vor A. Schönberg dar, und das ist immerhin eine bemerkenswerte Leistung. So auch Newman, S. 307 [B IV], der versucht, Berger ohne Emphase oder Unterschätzung gerecht zu werden.

Kap. 8: Die Reise nach England.

166: [1] Vgl. Moscheles, Leben, S. 73. [B V].
167: [2] Vgl. Fétis, Report, S. 278ff.
[3] Ebd.
168: [4] Vgl. Ch. Grüneisen: «Der Vorschlag eines Opernhauses, in dem alle Opern ohne Rücksicht auf ihr Ursprungsland in der italienischen Sprache gesungen werden sollten, war meine Idee – sie setzte sich zum Ziel, durch dieses System die wahre Universalität (!) der Kunst zu realisieren.» (In: *Morning Chronicle,* zitiert bei Davison, S. 84).
[5] In Lady Morgans *Book of the Boudoir,* besprochen in: *Harmonicon,* 1830, S. 99.
[6] Der Eintrittspreis für die weniger aristokratischen Philharmonischen Konzerte betrug eine Guinea *pro Abend* (=21 Goldmark). Vgl. Davison, S. 65.
[7] Vgl. Fuller Maitland, S. 42. In diesem Zusammenhang möchten wir die Worte John Ellas, des damals erfolgreichsten Impresarios festhalten: «...es versteht sich, daß jede Institution, die von der Aristokratie unterstützt wird, ihre Feinde haben muß unter den Gleichmachern, Republikanern, Atheisten... Wenn wir die Aristokratie lächerlich machen, wo sollen wir dann eine anderen Protektion finden?» (zitiert nach Davison, S. 81). Eine kurze, aber wohlgerundete Darstellung der englischen Oper findet sich in Scholes, Mirror, Bd. I. S. 231 bis 238 [BXVI].
[8] Vgl. *Harmonicon,* Juni 1829.
173: [9] KMB, Brief an R. Ganz vom 13. Dezember 1829 [A].

[10] Vgl. Moscheles, Brief vom 12. Dezember 1828 [A].
175: [11] Vgl. Devrient, Erinnerungen, S. 76f. [A].
[12] Ebd., S. 79.
176: [13] Vgl. Klingemann, S. 54 [A].
[14] Vgl. Brief an Droysen vom 3. November 1829 [A].
[15] Vgl. *Harmonicon,* Mai 1829, S. 116.
[16] Moscheles, Leben, S. 149 [BV].
178: [17] Vgl. Klingemann, S. 53 [A].
[18] Unveröffentlichter Brief vom 5. Juni 1829.
[19] Unveröffentlichter Brief vom 1. Mai 1829.
179: [20] Unveröffentlichter Teil des Briefes vom 26. Mai 1829.
[21] Vgl. *Harmonicon,* Juni 1829.
180: [22] Brief vom 29. Mai. Bei jenem ersten Auftreten führte Felix den Dirigentenstab in London ein; diese Praxis, die C. M. von Weber auf dem Kontinent zur Geltung gebracht hatte, setzte sich in der Folge, wenn auch langsam, in England durch.
[23] Es war nicht Hans von Bülow, der das Auswendigspielen in London einführte, wie noch der sonst immer akkurate P. Scholes meint (Scholes, Mirror, Bd. I, S. 321) [BXVI].
[24] Unveröffentlichter Brief vom 28. Juni 1829.
181: [25] Unveröffentlichter Brief vom 28. Juni und 3. Juli 1829.
[26] Vgl. den Bericht in der *Allgemeinen Musikalischen Zeitung,* Berlin, Juli 1829.
[27] Vgl. die Besprechung beider Werke in: *Harmonicon,* Juli 1829.
182: [28] Unveröffentlichter Brief vom 29. Mai. Der Spruch Abrahams ist ein wörtliches Zitat aus der rabbinischen Literatur (Sprüche der Väter, Kap. VI).
[29] Einige dieser Zeichnungen befinden sich in Klingemanns Briefwechsel mit Mendelssohn [A].
[30] HFM, Bd. I, Klingemanns Brief, S. 251 [A].
183: [31] Ebd. Bd. I, S. 256 [A].
[32] HFM, Bd. I, S. 261f. [A].
184: [33] Vgl. den Originaltext jenes Briefes in der englischen Ausgabe von Hensels Buch «The Mendelssohn Family», übers. von C. Klingemann, Bd. I, S. 225.
[34] Unveröffentlichter Brief Zelters an Felix vom 9. August 1829.
[35] HFM, Bd. I, S. 265 [A].
[36] Unveröffentlichter Brief Zelters vom 5. Juli 1829. Der Nichtengländer findet eine vorzügliche Einführung in die englische Vokal- und Chortradition in Scholes, Mirror, Bd. I, Kap. 2 («The Century's Choralism»). [BXVI].
[37] HFM, Bd. I, S. 279 [A].
[38] Mendelssohn hielt es für das beste der drei Stücke, nennt es aber «ein bißchen langweilig einfach». (Ebd. S. 279).
185: [39] Der voreilige und ungerechte Brief an Marx vom 9. Mai (unveröffentlicht), der uns durch eine Kopie von seiner Mutter Hand erhalten ist, muß als Ausbruch seiner Ungeduld verstanden werden.
[40] Vgl. Fétis in *Revue Musicale,* Juni 1829.
[41] Vgl. *Harmonicon* vom 9. Juli 1829, S. 193, 216, 242.
[42] Unveröffentlichter Brief an J. Rietz vom 19. Februar 1841.
186: [43] Unveröffentlichter Brief an Zelter vom 20. Juli 1829.
[44] Unveröffentlichter Brief von Zelter vom 9. August 1829.
[45] Das unveröffentlichte Autograph dieser Komposition befindet sich in der Library of Congress, Washington. Felix' eigenes Präludium ist ebenfalls Manuskript geblieben und befindet sich in Oxford (Privatbesitz).

Zwischenspiel II: Die Heimkehr aus der Fremde.

188: [1] Felix nannte es «seine Widmung, seine Reverenz, mit welcher er vor die Eltern hinträte»; sie war aber nur für den vertrautesten Kreis bestimmt. Devrient, Erinnerungen, S. 89 [A].
[2] Ebd. S. 87.

[3] Dies ist ein alter Musikerscherz; es wird erzählt, daß Josquin Desprez ein Chanson für den unmusikalischen König Louis geschrieben habe, in dem der Tenor (für den König) auch immer nur denselben Ton singt.
190: [4] Devrient, Erinnerungen, S. 90 [A].
[5] Ebd. S. 183 [A].
[6] Heine, S. 215.
[7] Heine, Artikel für die *Augsburger Zeitung* vom 25. April 1844.
[8] Klingemann, Brief vom 10. Februar 1830; ebendort Brief an Rosen vom 9. April 1830; Brief an Klingemann vom 10. April 1830 [A].
191: [9] Klingemann, Brief vom 26. Dezember 1832 [A].
[10] Devrient, Erinnerungen, S. 94 [A]; Wolff, Musikerbriefe, S. 77; Grove, Dictionary, Artikel «Mendelssohn» [A].
[11] Brief Mendelssohns an J. G. Droysen, in: *Deutsche Rundschau, Berlin 1902,* seither erschienen in *Droysen* [A]. Sämtliche Briefe sind in meinem Text datiert.
[12] Zelter war Mendelssohn sehr dankbar für dessen sachverständigen Bericht über eine Auktion, in der Handschriften von J. S. Bach eine große Rolle spielten. Es heißt in dem (unveröffentlichten) Brief vom 18. März 1830: «Die Passion nach Lucas ist und bleibt aber von Telemann; sie legten mir hier Bachs MS. davon vor, und wollten mich damit ganz schlagen; zum Glück ist das alles so schön und zierlich geschrieben, daß man deutlich sieht, daß es nur eine Copie ist...»

Kap. 9: Reisen und Reiseberichte.

192: [1] Vgl. Graves, S. 128ff.
[2] Vgl. Wolff, Musikerbriefe, S. XII: «... die Herausgeber jener zweibändigen Sammlung [Mendelssohns Briefe] waren mit dem ihnen vorliegenden reichen Stoff aufs willkürlichste verfahren...» [ZS II].
193: [3] Vgl. Mendelssohns Bemerkung zu Jenny von Gustedt: «Wer weiß, was ohne Weimar, ohne Goethe aus mir geworden wäre.» (Vgl. Wolff, Musikerbriefe, S. 80) [ZS II].
194: [4] RB (= Reisebriefe), S. 5f. (25. Mai 1830) [A].
[5] RB, S. 4 (21. Mai 1830) [A].
[6] Blume, S. 32.
[7] Ebd. S. 36.
[8] Eckermann, 1823 (über die Quartette des zwölfjährigen Mendelssohn).
[9] GZB, Brief vom 9. November 1829 [A].
195: [10] GZB, Brief vom 3. Juni 1830 [A].
[11] Ebd.
[12] GZB, Brief vom 15. Juni 1830 [A].
[13] Unveröffentlichter Brief vom 8. Juni 1830.
[14] Unveröffentlichter Brief vom 13. Juni 1830.
196: [15] HFM, Bd. I (hier Ausgabe von 1921), S. 313–17 [A].
[16] Unveröffentlichter Brief vom 14. Juli 1830.
[17] Um Fannys Eifersucht zu beruhigen, vergleicht Felix sie in einem Brief mit Delphine und macht ihr eine Art Liebeserklärung. HFM, Bd. I, S. 354 [A].
[18] Unveröffentlichter Brief Leas vom 21. Januar 1834.
197: [19] Vgl. Brief an Klingemann vom 6. August 1830.
[20] Vgl. Spiel, Arnstein [B I].
[21] Vor allem das «dunkle Stück» *O Haupt voll Blut und Wunden,* eine polyphone Choralkantate, ist damals entstanden, vielleicht unter dem Eindruck eines Bildes von Zurbaran, wie Felix meint. (Unveröffentlichter Brief vom 22. August 1830).
[22] Von Ernst Bloch, dem hoffnungsvollen Philosophen hoffnungsloser Konservatoristen, in «Geist der Utopie», S. 81. [B VI]. Nietzsche allerdings, der mit Richard Wagner, Blochs Musik-Heiligem, brach, dachte anders.
[23] Brief an Devrient vom 5. September [A].
198: [24] Ebd.
199: [25] Um nur ein Beispiel zu geben, sei seine völlig verfehlte Kritik an den *Tenebrae* zitiert: «Ich kann mir einmal nicht

helfen: es empört mich, wenn ich die allerheiligsten, schönsten Worte auf so nichtssagende, leiermäßige Töne muß abgesungen hören. Sie sagen, es sei Canto fermo – es sei Gregorianisch – das ist all' eins. Wenn man es damals nicht anders gefühlt hat oder nicht anders hat machen können (!) so können wir es jetzt...» (Brief an Zelter vom 16. Juni 1831).

[26] RB S. 23 (vom 28. Mai 1831) [A].

[27] RB S. 66 (vom 10. Dez. 1830?) [A].

[28] RB vom 6. Juni 1831; vgl. auch RB vom 11. Dezember (über Santini) [A].

[29] RB vom 29. März 1831 [A].

202: [30] Unveröffentlichter Brief an den Vater vom 12. März. Es wird später noch von diesem zwiespältigen Verhältnis des Erzromantikers Berlioz zum romantischen «Manieristen» Mendelssohn die Rede sein.

[31] Vgl. Berlioz, Correspondance inédite (6. Mai 1831): «Tout ce que j'ai entendu de lui [Mendelssohn] m'a ravi; je crois fermement que c'est une des capacités les plus hautes de l'époque... Mendelssohn est une de ces âmes candides comme on en voit si rarement; il croit fermement à sa religion luthérienne et je le scandalisais quelquefois en riant de la Bible. Il m'a procuré les seuls instants supportables dont j'aie joui pendant mon séjour à Rome.»

[32] Brief an Klingemann vom 26. Dezember 1830 und vom 2. Januar 1831 [A].

203: [33] Unveröffentlichter Brief an den Vater vom 14. Dezember 1830.

204: [34] RB vom 17. Januar 1831 [A].

[35] Ebd.

[36] RB vom 15. März 1831 [A].

[37] GZB, Briefe vom 22.–31. Dezember 1830 [A].

205: [38] RB vom 7. Dezember 1830 [A].

[39] RB vom 1. März 1831 [A].

[40] RB vom 10. Dezember 1830 [A].

[41] Wolff, FMB, S. 90 [A].

206: [42] Brief an Goethe vom 5. März 1831: «...von den Opernarien, die die Nonnen produzieren, gar nicht erst zu sprechen, der Unsinn ist zu arg...»

[43] Vgl. Brief vom 18. Dezember 1830 an Zelter.

[44] RB vom 22. Februar 1831 [A].

[45] Der vollständige Text des Briefes findet sich im *Goethe-Jahrbuch* XII, S. 93. Es ist sonderbar, daß Blume in seinem Buch die Korrespondenz zwischen Goethe und Mendelssohn, die sich auf die Walpurgisnacht bezieht, völlig ignoriert.

207: [46] RB vom 13. April 1831 [A].

[47] RB vom 17. Mai [A].

[48] Vgl. Brief an Klingemann vom 20. Dezember 1831: «...eine von den unangenehmen Stimmungen erlebt, wo man mit sich unzufrieden ist; es geht mir fast immer so, wenn ich lange nichts komponiert habe.» [A].

208: [49] RB vom 6. Juni 1831 [A].

[50] GZB, Briefe vom 10.–15. Juni 1831 [A].

[51] Ebd., Brief vom 28. Juni 1831 [A].

[52] RB vom 27. April 1831 [A].

209: [53] «Denn so wie es überhaupt mit einer musikalischen Tradition ein schlimmes Ding ist, so weiß ich nicht, wie sich ein fünfstimmiger Satz vom Hörensagen fortpflanzen soll.» (Unveröffentlichter Brief aus Rom von Anfang Juni 1831).

[54] RB vom 16. Juni 1831 [A].

[55] Ebd.

210: [56] Unveröffentlichter Brief an den Vater vom 7. Juli 1831.

211: [57] Brief an Devrient vom 13. Juli 1831 [A].

[58] Aus einem Brief an Devrient vom 27. August 1831 [A].

[59] Brief an Devrient vom 13. Juli 1831 [A].

212: [60] RB vom 14. Juli 1831 [A].

[61] RB vom 14. Juli 1831 [A].

213: [62] RB an W. Taubert vom 27. August 1831 [A].

[63] Ebd.

[64] RB an Taubert vom 27. August 1831. Die Anspielung auf die «letzten Ereignisse» bezieht sich auf die Tyrannei des Mobs, der Maffia und auf die *carbonari,* die Felix Mendelssohn alle verabscheute und verachtete. [A].

65 Wolfgang Menzel, der berüchtigte Kritiker Goethes.

66 RB vom 27. August 1831 [A].

214: 67 Unveröffentlichter Teil des Briefes vom 18. Oktober 1831. E. Wolff weiß über die damals siebzehnjährige Delphine zu sagen: Adolphine von Schauroth, später Mrs. Hill Handley, geboren 1814 in Magdeburg, war Schülerin Kalkbrenners... Sie spielte das Werk (g-moll-Konzert) noch als bejahrte Künstlerin am 4. Februar 1870 bei der Mendelssohn-Feier im Leipziger Gewandhaus... Robert Schumann hat der *c-moll-Sonate* von Delphine Handley eine seiner anmutigsten Kritiken gewidmet.

68 RB vom 28. Dezember 1833 [A].

69 RB vom 18. Oktober 1831 [A].

215: 70 RB vom 6. Oktober 1831 [A]. Ebendort eine unveröffentlichte, recht boshafte Bemerkung: «Wer spricht viel und wäscht sich wenig? Wer zog gleich aus der Manteltasche ein Opernsujet? Nu, die Chezy!»

71 Unveröffentlichter Brief an Baron Poissl vom 4. November 1831 (Library of Congress, Washington).

217: 72 RB vom 19. Dezember 1831 [A].

218: 73 Unveröffentlichter Brief vom 11. Dezember 1831.

74 Brief an Klingemann vom 20. Dezember 1831 [A].

75 Hiller, FMB, S. 21 [A].

76 Brief an Klingemann vom 20. Dezember 1831 [A]. Es ist nicht ohne Ironie, daß Richard Wagner Mendelssohns Musik und besonders ihrer gelegentlichen Melancholie den gleichen Vorwurf gemacht hat. Wagner, Judentum [ZS III].

219: 77 RB an Zelter vom 25. Februar 1832 [A]. Zelter hat dies sehr genau verstanden und darüber an Goethe berichtet (GZB, Briefe vom 19.–27. Februar 1832), woran er aber einige leicht boshafte Anspielungen auf Abraham Mendelssohns Frankophilie knüpft. [A].

78 So liest man es in Felix' Berichten; in Wirklichkeit aber scheint das Werk keinen Erfolg gehabt zu haben, wie der Ohrenzeuge Liszt berichtet (Briefe an eine Freundin, Nr. 65, Prag, 21. April 1858).

79 Unveröffentlichter Brief vom 7. Januar 1832.

80 Hiller, FMB, S. 19 [A]. Mme Tiénot hat in ihrer Biographie die Mißerfolge Felix' ebenso verschwiegen wie seine Cholera-Attacke. [B II].

220: 81 RB vom 15. März 1832 [A].

82 Er nahm sogar am Debüt Chopins (26. Februar 1832) im Saal Pleyel, zusammen mit Liszt und Hiller, aktiv als Pianist teil.

221: 83 Unveröffentlichter Brief vom 3. April 1832.

84 Unveröffentlichter Brief an Wilhelm Hensel aus Rom, vom 19. Januar 1832 (Library of Congress, Washington).

222: 85 RB vom 11. Mai 1832: «...und ich mußte... aufs Orchester klettern und mich bedanken. Seht, das werde ich nicht vergessen, denn es war mir lieber als jede Auszeichnung...» [A].

86 *Harmonicon,* 1832, S. 141/2.

87 Geschrieben für Moris Konzert, aber von Mendelssohn selbst vorgetragen. Vgl. Moscheles, Leben, Tagebucheintrag vom 25. Mai 1832 [B V].

223: 88 Vgl. Ernest Walker, Mendelssohn und die Einsame Insel, in: *Music and Letters,* Juli 1945.

89 RB vom 21. Januar 1832 [A]. Die Urfassung trägt das Datum: Rom, 16. Dezember 1830 und scheint identisch mit der Version zu sein, die sich im Heyerschen Museum in Köln befand; vgl. auch Grove, Dictionary, Artikel «Mendelssohn» [A].

90 RB vom 25. Mai und 1. Juni 1832 [A].

224: 91 Diese Gedanken basieren auf gewissen tiefenpsychologischen Grundsätzen. Diese haben, so umstritten sie heute auch noch sein mögen, doch in manche problematischen Persönlichkeiten neues Licht gebracht.

92 Vgl. O. Rank (in: W. Reich, Bekenntnis zu Mozart, Luzern 1945), S. 274f.

93 Unveröffentlichter Brief von Abraham vom 9. Mai 1832.

KORRIGENDA

zu Eric Werner «Mendelssohn»

Seite 120, Zeile 8: **1828** statt **1928**
Seite 209, Zeile 22: **liturgischer** statt **ligurischer**
Seite 319, Zeile 4 von unten: **fleischliche** statt **Fleischliche**
Seite 347, Zeile 2: **Mozart** statt **Mendelssohn**
Seite 449, Zeile 8: **64c** statt **67c**
Seite 454, Zeile 9 von unten: **Engführungen** statt **Enführungen**
Seite 500, Zeile 12 von unten: **Diener** statt **Dieners**
Seite 525, Zeile 1: **Zweiter** statt **Dritter**
Seite 573, Zeile 13: **353** statt **553**

[94] RB vom 18. Mai 1832 [A].
[95] RB vom 25. Mai 1832 [A].
[96] RB vom 1. Juni 1832 [A].
[97] Ebd.
225: [98] Unveröffentlicher Brief vom 15. Juni 1832.

Kap. 10: Reife Früchte.

226: [1] Diese Situation bestand noch beim Erscheinen der ersten, englischen, Auflage dieses Buches (1961/62). Seitdem hat sich doch manches geändert: besonders in Deutschland und England hat man alte Vorurteile überwunden. Dafür zeugen Bücher wie «Das Problem Mendelssohn», hg. von Carl Dahlhaus, Regensburg 1974, oder M. Thomas, «Das Instrumentalwerk Felix Mendelssohns», Göttingen 1972, und vor allem die systematische und sukzessive Herausgabe der bislang unveröffentlichten Kompositionen Mendelssohns durch den (staatlichen) Deutschen Verlag für Musik in Leipzig. In England sind Bücher wie Wilfried Blunt's Biographie und Studien junger Autoren von Bedeutung, in Frankreich hat eine feine Biographie Mendelssohns von Yvonne Tiénot (Paris 1972) die konventionellen Ansichten weitgehend revidiert, und italienische Werke, wie die Enciclopedia della Musica (Rizzoli) haben dazu beigetragen, das «Image» unseres Meisters von Verfälschungen zu befreien. Auch werden weit mehr seiner Werke aufgeführt als noch vor 15 Jahren.
228: [2] Das gesamte Klavierwerk Mendelssohns ausschließlich nach seinen «Liedern ohne Worte» zu beurteilen und gleichzeitig zu verdammen, wie es W. Apel in seinem Buch «Masters of the Keyboard!» (Cambridge 1965, S. 253) tut, ist nicht nur unbillig, es ist auch unwissenschaftlich, ja geradezu falsch, da er mit *einer* unrichtigen Formanalyse – in einem Satz – 48 verschiedene Stücke abtut.
[3] Brief an Moscheles, worin er ihn um Vermittlung bei Novello bittet; s. auch die folgenden Briefe, S. 65f. Alle Bemerkungen und Zitate, die aus der Freundschaft zwischen FMB und Ignaz Moscheles stammen, sind den im Literaturverzeichnis aufgeführten Werken entnommen, die hier kurz mit: Moscheles [A] und: Moscheles, Leben [BV] für die ebenfalls benützte englische Ausgabe mit Moscheles, Diaries [B V] bezeichnet werden.
229: [4] Nach den Angaben von Prof. K. Heinemann in der Goethe-Ausgabe des Bibliographischen Instituts, Leipzig und Wien, Bd. I, S. 377, 393, 394.
[5] Vgl. W. Bode, Die Tonkunst in Goethes Leben, Berlin 1912, Bd. 1, S. 235.
[6] GZB, Brief vom 21. September 1799 [A].
[7] Ebd., Brief vom 12. Dezember 1802 [A].
[8] Ebd., Brief vom 18.–21. November 1812 [A].
[9] Brief vom 3. Dezember 1812. Inzwischen hat die Forschung Goethes Quellen gefunden; sie sind: Honemanns «Altertümer des Harzes» (Bd. 1, 1754–55) und *Archiv der Zeit,* Dezember 1796.
230: [10] Einstein, Romantik, S. 174 [BVI].
[11] Vgl. Riemer, S. 611ff.
231: [12] Brief von Mendelssohn an Goethe vom 28. August, zu Goethes Geburtstag, veröffentlicht in: *Jahrbücher der Goethe-Gesellschaft* XII, S. 98.
232: [13] HFM, Bd. I., S. 343ff. [A].
235: [14] Wolff, FMB, S. 88 [A] erwähnt, daß Mendelssohn das Werk auf den lateinischen Vulgata-Text komponiert habe. Auch Mendelssohn erwähnt den Psalm einmal unter seinem lateinischen Titel (Brief vom 16. Nov. 1830). Das Autograph zeigt den lateinischen Text mit Tinte, den deutschen mit Bleistift darunter gesetzt. Auch *Verleih uns Frieden*... war ursprünglich auf den lateinischen Text «Da nobis pacem...» gesetzt, wie Wolff aus der mangelhaften deutschen Deklamation schließt (ebd. S. 90).
[15] Kretzschmar, Führer, 5. Auflage 1921, II. Abt., Bd. 1, S. 434 [BVII].
[16] Brief an die Familie vom 4. April 1831.

236: [17] Brief an Pastor Bauer vom 12. Januar 1835.
[18] Die verlorenen lateinischen Motetten Bachs können wohl überhaupt keinen Choral verwendet haben, da ein gregorianischer Cantus von den Autoritäten als anstößig empfunden worden wäre. Vgl. Spitta, Bach, Bd. II, S. 429–443 [B VI].
237: [19] Brief von Abraham an Felix Mendelssohn vom 10. März 1835.
[20] Brief an Zelter vom 18. Dezember 1830; Rudolf Werner weist auf S. 46 darauf hin, daß Bach den Choral genau so zitiert wie Felix. [B IV].
[21] Brief vom 23. November 1830. «Der Choral ‹Mitten wir im Leben sind›... ist wohl eines der besten Kirchenstücke, die ich gemacht habe.»
239: [22] Rudolf Werner, S. 65 [B IV].
[23] Schweitzer, Bach (Ausgabe Leipzig 1951), S. 69 [B VI].
[24] Siehe auch Spitta, Bach, Bd. II, S. 285 ff. [B VI].
[25] J. A. Hiller, Beyträge zu wahrer Kirchenmusik, 2. Auflage, Leipzig 1791, S. 7.
241: [26] Schumann, Schriften, Bd. III, S. 40 [A].
[27] Wagner, Schriften, Bd. X, S. 149. Aber dem alternden Wagner fehlt die Noblesse, auch nur *ein* Werk seines Rivalen uneingeschränkt zu loben: siehe seine häßlichen Randbemerkungen in Cosimas Erinnerungen (II., S. 361, 692, 696, 840, 872 *et passim*).
[28] Über die verschiedenen Versionen und Handschriften der «Hebriden» siehe G. Kinsky in: Heyer, *Musikhistorisches Museum, IV,* S. 332; ebenso G. Abraham in: *The Monthly Musical Record,* September 1948, und zuletzt in: *Amerbach-Bote* (Almanach 1949, S. 140 ff.). Danach existieren sogar vier Fassungen, von denen aber die letzten zwei nahezu identisch sind.
[29] Noch aus Paris schreibt er am 21. Januar 1832 an seine Familie: «Die Hebriden aber kann ich hier nicht geben, weil ich sie... nicht als fertig betrachte; der Mittelsatz im Satz D-dur ist sehr dumm und die ganze sogenannte Durchführung schmeckt mehr nach Contrapunkt als nach Thran und Möven und Leberthran und es sollte doch umgekehrt sein.»
[30] Moscheles, Leben [B V], 1. Mai 1832. Im unveröffentlichten Brief an die Mutter vom 28. November 1833 (Düsseldorf) heißt es: «In den letzten Tagen hab' ich die Partitur der Hebriden zum Druck fertig gemacht. Die Ouvertüre ist viel besser geworden durch *dreimalige Verbesserungen...*»
242: [31] Rellstab, Schriften, Neue Folge, Bd. VIII, S. 217 [B II].
[32] Ebd., S. 212.
[33] Klingemann, S. 82 f. [A].
[34] Brief an Rietz vom 20. Juni 1838.
[35] Brief an Rietz vom 13. April 1841.
243: [36] Devrient, Erinnerungen, Seite 92 f. [A].
[37] Diese Mühe erspart sich allerdings ein Dr. Ch. Rosen; er hat sich in einem wortreichen Buch «The Classical Style» (New York 1972) für befugt gehalten, die «Reformations-Symphonie» prätentiös zu nennen (S. 401). Dieser kundige Thebaner hat auch festgestellt, daß Beethovens *Variationen in c-moll* «die Basis» für die *Variations sérieuses* von Mendelssohn abgegeben hätten. Siehe aber S. 392 Mendelssohns eigene Beschreibung seines Themas.
[38] Vgl. Heuß, S. 281 f., und Tappert.
246: [39] Vgl. Rellstab, Schriften, Bd. X, S. 213 [B II].
247: [40] Nicht viele Kollegen waren so frei von Neid wie Robert Schumann, der über das Konzert schrieb: «Da hättest Du den Meritis [Schumanns Spitzname für Mendelssohn] mit dem Mendelssohnschen g-moll-Konzert spielen sehen sollen! Der setzte sich harmlos wie ein Kind ans Klavier hin, und nun nahm er ein Herz nach dem andern gefangen und zog sie in Scharen hinter sich her, und als er sie freigab, wußte man nur, daß man an einigen griechischen Götterinseln vorbeigeflogen

war...» (Schumann, Schriften, Bd. I («An Chiara») [A].
[41] Brief an Simrock vom 4. März 1839.
[42] HFM, Bd. I, Brief Fannys vom 8. Dezember 1828 [A].
248: [43] Schumann, Schriften, Bd. I, «Felix Mendelssohn, Sechs Lieder ohne Worte» (zweites Heft) [A].
[44] Schumann, Schriften, Bd. II, S. 227. Darum auch durfte Schumann ausrufen: «Endlich ein Heft echter Lieder ohne Worte! im Gegensatz zu den vielen Nachahmungen.» [A].
249: [45] Ebd.
250: [46] H. Tischler (Mendelssohns Songs without Words) in *Musical Quarterly,* S. 15, irrt, wenn er aus der Ähnlichkeit des Gondelliedes Nr. 29 mit Nr. 6 schließt, daß in Mendelssohns Stil eine Entwicklung nach 1832 nicht erkennbar sei. Sicherlich nicht in den Liedern ohne Worte! Aber diese Form war ja «geprägt» und einer Entwicklung nicht fähig. Man könnte ebenso schließen, daß Beethovens Stil sich zwischen den frühen «Bagatellen» und den Sonatinen nicht weiterentwickelt habe.

Kap. 11: Berlin lehnt ab, Europa lädt ein.

253: [1] Ein kurzer Bericht darüber in Devrient, Erinnerungen, S. 136 [A]; siehe auch Brief an Klingemann vom 25. Juli 1832 [A].
[2] Brief vom 6. April 1833 an Pastor Bauer.
[3] Brief an Klingemann vom 5. September 1832 [A].
[4] Brief an Klingemann vom 5. Dezember 1832: «Jetzt, wo zwei [der Konzerte] vorbei sind, überhäufen mich die Leute mit Ehren..., aber nun freut es mich nicht mehr...»; siehe auch Brief an Moscheles vom 17. Januar 1833 [A].
254: [5] L. Rellstab, Kritiken und Erinnerungen, Berlin 1861, S. 217f.
[6] Brief an Klingemann vom 5. Dezember 1832 [A].
[7] Über die Einzelheiten der geplanten *Salomo-*Bearbeitung vergleiche den Brief an Klingemann vom 15. August 1832. [A].
[8] Unveröffentlichter Brief an Fanny vom 31. März 1835: «So haben sie wohl die Lust, Händel abzuändern oder gar zu verbessern, aber nicht einmal das! können sie ordentlich... Da haben sie jetzt Oboen in fis-moll in der Tiefe zum Ausfüllen zugefügt, vor denen jedes Oboistenherz schaudern muß! und eine armselige Baßposaune! Die klingt wie ein alter Kamm; da wollen sie G. F. Händel instrumentiren und würden vor Angst unter den Tisch kriechen, wenn der dicke Herr noch lebte...»
255: [9] Vgl. Devrient, Erinnerungen [A]; M. Blumner, Geschichte der Singakademie zu Berlin, Berlin 1891, S. 92ff.; Schünemann, Singakademie, S. 66–72 [BI].
[10] Schünemanns Buch war während der schlimmsten Nazi-Zeit erschienen, und obwohl der Autor sorgfältig jeden Mendelssohn-Angehörigen als «Juden» bezeichnen mußte, hat er sich streng an die Wahrheit gehalten, so daß die Juden in der ganzen Affäre neben den alteingesessenen Berlinern als wahre Edelleute erscheinen.
[11] Schünemann, Singakademie, S. 91f. [BI].
256: [12] Brief an Klingemann vom 26. Dezember 1832 [A].
[13] Brief an Klingemann vom 4.–6. Februar 1833 [A].
[14] Es ist vielleicht nicht nur Zufall, daß mit dem Durchfall Mendelssohns die Singakademie, die bedeutendste *protestantische* Chorvereinigung, ihre Hegemonie in Deutschland verlor. Von nun an verlagert sich das Schwergewicht der Musikfeste auf das Rheinland, Frankfurt, und schließlich auf die Opernfestspiele in Süddeutschland: Bayreuth, München, Salzburg.
[15] Unveröffentlichter Brief an die Mutter vom 28. November 1833 (aus Düsseldorf).
257: [16] Brief an Klingemann vom 16. Januar 1833 [A].
[17] Vgl. Brief an Klingemann vom 20. Februar 1833 [A].
[18] Es scheint, daß sich gerade damals die

Niederrheinischen Musikfeste in einer Krise befanden. J. Alf, der beste Kenner dieser Institution, schreibt über 1832: «Das Fest befand sich in einer Krise. Die Berichterstattung in der Presse ist müde.» (in: *Düsseldorfer Jahrbuch* 1942).

[19] Brief an Klingemann vom 10. April 1833 [A].

[20] Text und Faksimile in der Moscheles–Mendelssohn-Korrespondenz [A]. Dazu gehört auch ein Wiegenlied, später veröffentlicht als op. 47, Nr. 6.

258: [21] Unveröffentlichter Brief vom 7. Mai 1833.

[22] Brief an Bauer vom 6. April 1833.

[23] *Harmonicon,* 1833, S. 134f.

[24] Unveröffentlichter Brief vom 7. Mai und 13. Mai 1833.

[25] Die Singakademie hatte das Werk zwar schon im Jahre 1831 aufgeführt, aber in einer stark gekürzten, völlig geänderten Fassung.

259: [26] Über die Niederrheinischen Musikfeste siehe Becher; auch «Blätter der Erinnerung an die fünfzigjährige Dauer des Niederrheinischen Musikfests,» Cöln, 1868; und neuerdings Alf, Geschichte. Die an sich gründliche Arbeit ist – wegen ihres Erscheinungsjahrs 1940 – gezwungen, den Einfluß Mendelssohns, Hillers etc. wegen der Rassengesetze zu bagatellisieren.

[27] Vgl. Jahn, Aufsätze, S. 166, 181ff. [B XI]; siehe auch Bücken, S. 3 [B VI], wo es heißt: «Die restaurativen Tendenzen der Epoche konnten sich in den Musikfesten... auswirken, da diese die Tradition der großen englischen Händelaufführungen... aufnahmen. Und weiterhin wurden die Niederrheinischen Musikfeste... eifrige Förderer der durch Zelter, Mendelssohn und Schumann inaugurierten Bach-Renaissance.»

[28] Vgl. HFM, 1. Auflage, Bd. I, Briefe aus Düsseldorf vom 22., 26., 28. Mai 1833 [A].

260: [29] Das Haus in Hamburg, wo Felix gezeugt und geboren wurde.

[30] Man vergleiche hier den Bericht des *Westfälischen Merkur:* «Was guter Wille und ein ungetrübter Sinn... vereint mit einer, mir auf meiner künstlerischen Laufbahn noch *nie* vorgekommenen Ausdauer bei den vielen anstrengenden Proben vermögen, das wurde dort auf eine Art bewiesen, daß man es gesehen und gehört haben muß, um es für möglich zu halten.» In: Alf, Geschichte, S. 175.

[31] Es ist interessant, zu beobachten, daß Mendelssohn in diesem «Extra-Konzert» keine Konzessionen mehr machte; weder P. von Winter noch Wolf sind vertreten. Dagegen irrt Vater Mendelssohn in der Programmangabe. Die aufgeführten Werke waren: Beethoven, *Fidelio-Ouvertüre.* Weber, Szene der Agathe aus *Freischütz.* Weber, Konzertstück. Mozart, Arie aus *Figaro.* Beethoven, Duett aus *Fidelio.* Pause. Beethoven, Ouvertüre zu *Leonore.* Händel, verschiedene Chöre aus *Israel.*

261: [32] Im Brief an Klingemann vom 31. Mai spricht Felix nur von einem zweijährigen Kontrakt mit Düsseldorf. [A].

[33] HFM, Bd. I, S. 363 [A]. Merkwürdigerweise wird hier vom Theater nicht gesprochen; vielleicht wollte Immermann zuwarten, wie Felix sich einleben würde, bevor er ihn für die Oper engagierte.

[34] Vgl. *Caecilia,* 1834, Heft 64, S. 259f.: Man vergleiche mit dieser sehr summarischen Besprechung die begeisterten sechs Seiten (mit Musikbeispielen), die J. R. von Seyfried, der Freund Beethovens, einem langweiligen Klavierkonzert in Es-dur von Aloys Schmitt widmet.

[35] *Revue musicale,* Bd. VI (1833), S. 168. Auf S. 391 eine ausführliche Biographie von Felix.

262: [36] Vgl. dazu Gotch.

[37] Ebd. S. 78 und unveröffentlichter Brief von Klingemann vom 7. Mai 1833 [A].

[38] Unveröffentlichter Brief von Rosen an Mendelssohn vom 13. Juni 1833.

263: [39] HFM, Bd. I, S. 366–386 [A].

[40] Vgl. *Musical Times,* Dezember 1900, S. 792 und 800.

264: [41] Unveröffentlichter Brief vom 23. Juli 1833.
[42] Warum wohl Abraham diesen Namen gewählt hat? Er hatte in Paris den berühmten jüdischen Kantor Lovy oft gehört. Dieser war Ende 1832 gestorben, und es ist möglich, daß die Erinnerung an ihn Abraham den Namen suggerierte.
[43] Brief vom 28. Dezember 1833.
[44] Vgl. Brief an Frau Moscheles vom 11. Mai 1834. Bei jenem Konzert führten die beiden unter anderem Beethovens Kreutzersonate auf, ein Lieblingsstück von Felix. [A].
265: [45] Vgl. *Revue musicale,* 25. Mai 1833, S. 135. Der Düsseldorfer Singverein hatte damals 120 aktive Mitglieder. Vgl. Hiller, FMB, S. 40 [A]. Über Schindler und die Niederrheinischen Musikfeste vgl. A. Moser, Joseph Joachim, Berlin ^{3}1904, S. 46.
[46] Anton Schindler war 1833 Domkapellmeister in Münster in Westfalen.
[47] Brief vom 12. Januar 1835. Von Mendelssohns immer wieder schwankender Haltung zur Kirchenmusik wird noch die Rede sein.
[48] Brief vom 16. April 1835.
266: [49] Brief vom 10. Februar 1834.
267: [50] Devrient, FMB, S. 176f. [A].
[51] Unveröffentlichter Brief vom 2. August 1834 (Library of Congress, Washington).
268: [52] Brief vom 5. Dezember 1834 von Abraham Mendelssohn.
[53] Ebd.
[54] Unveröffentlichter Brief von Abraham Mendelssohn vom 14. Dezember 1834. Auch in den unveröffentlichten Briefen des Komponisten aus jener Zeit drückt sich dieser gehässig und arrogant über Immermann aus.
[55] Brief an Klingemann vom 30. November 1834 [A].
[56] Hiller, FMB, S. 32f. [A] fügt hinzu: «Man schien damals in Aachen noch keine richtige Ahnung von seiner Bedeutung zu haben, wie man sich denn auch erst 12 Jahre später entschloß, ihm die Leitung eines Musikfestes anzuvertrauen.»
269: [57] Brief vom 23. Mai 1834. Mirliflors und Incroyables waren Typen von Pariser Dandys.
[58] Vgl. *Revue musicale,* 1833, S. 391.
[59] Ebd., 1832.
[60] Vgl. Jullien.
[61] Unveröffentlichter Brief vom 28. Mai 1834.
[62] Fétis, *Biographie universelle,* Bd. VI, S. 79. Aber es ist wahr, daß Mendelsson mit dem Aachener Programm nicht einverstanden war; vgl. Moscheles' Brief vom 11. Mai 1834 [A].
[63] Vgl. zum Beispiel Brief an Klingemann vom 3. April 1834 und an Moscheles vom 26. Juni 1834 [A].
270: [64] Unveröffentlichter Brief vom 3. Dezember 1834.
[65] Brief vom 23. März 1835.
[66] Ebd.
[67] Brief von Abraham Mendelssohn vom 10. März 1835.
[68] Ebd.
[69] Unveröffentlichter Brief vom 2. Januar 1835.
[70] Unveröffentlichter Brief vom 3. Januar 1835.
[71] Ebd.
271: [72] Vgl. Brief vom 23. Dezember 1834.
[73] Siehe die diesbezüglichen Stellen besonders im Briefwechsel mit Droysen [A].
[74] Unveröffentlichter Brief an den Vater vom 19. Februar 1834. Ich setze hier als bekannt voraus, daß «der weise Nathan» eine Verkörperung seines Großvaters Moses Mendelssohn war.
[75] Am ehesten noch haben Riehl, (Bach und Mendelssohn aus dem sozialen Gesichtspunkt) und Jahn, Aufsätze («Paulus» und «Elias») diesen Mangel erkannt.
[76] Vgl. Klingemann, Brief vom 10. April 1835: «Tiefe Einsamkeit» [A].
272: [77] Unveröffentlichter Brief von Lea an Felix vom 11. Januar 1834. Der Ausdruck «schatchanisieren» ist ein Wortspiel: das deutsch-jüdische «Schadchen» bedeutet Heiratsvermittler.

[78] Unveröffentlichter Brief vom 9. Oktober 1834.
[79] Unveröffentlichter Brief an den Vater vom 11. Dezember 1834. «Vor allen Dingen will ich es vermeiden, mich auch im Entferntesten um Stellen zu bewerben, die von Andern besetzt sind, oder besetzt werden könnten. In dem Sinn habe ich auch nach Leipzig geschrieben ... und es ganz ihnen überlassen ..., indem ich jede Bewerbung meinerseits abgelehnt habe.»

Kap. 12: Lebenswende.

273: [1] Brief an Klingemann vom 14. Mai 1835 [A].
[2] Brief an Klingemann vom 26. Juni 1835 [A].
[3] Brief an Schleinitz vom 26. Januar 1835. Dies verlangten sowohl Vater wie Sohn; der Vater jedenfalls wußte, daß er damit einem Hauptprinzip jüdischer Ethik folgte, dem Verbot, sich um die Stellung eines anderen zu bewerben.
[4] Brief an Schleinitz vom 16. April 1835.
[5] Unveröffentlichter Brief an den Vater vom 15. Januar 1835.
274: [6] Dies war das Orchester, welches Wagners Jugendwerk *Ouvertüre in C* aufführte. Vgl. Schumann, Schriften, Bd. II [A].
[7] Vgl. W. Vetter, in: *Festschrift zum 175. Jubiläum des Gewandhauses;* Artikel «*Res severa...*», Leipzig 1956.
[8] Vgl. Wagner, Leben, Bd. I, S. 73f.
[9] Dies muß in aller Deutlichkeit klar ausgesprochen werden, zumal ein Autor wie E. Newman in seiner Wagner-Biographie Bemerkungen macht wie: «Pohlenz was dismissed from his post to make way for Mendelssohn.» Newman, Wagner, Bd. I, S. 177 [B XVII]. Auf deutsch nennt man das eine Verleumdung.
[10] Vgl. *Allgemeine musikalische Zeitung,* Leipzig, Mai 1835, Nr. 10.
275: [11] Unveröffentlichter Brief vom 26. Februar 1835.
[12] Vgl. Carse, S. 60.
[13] Ursprünglich hatte Mendelssohn eine der großen Revolutionshymnen Cherubinis aufführen wollen, erhielt aber dann von Cherubini die Manuskripte der aufgeführten Werke. Vgl. Hiller, FMB, S. 37 [A].
[14] Brief vom 3. April 1835; siehe auch Brief an Klingemann vom 26. Juni 1835 [A].
[15] Vgl. die ausführliche Denkschrift Mendelssohns an das Comité der Niederrheinischen Musikfeste vom 10. April 1835. Die Handschrift ist unveröffentlicht und befindet sich in der Library of Congress, Washington.
[16] Brief an Klingemann vom 6. Juli 1835 [A].
[17] Vgl. *Allgemeine musikalische Zeitung,* Leipzig, September 1835, Nr. 35, S. 580ff.
276: [18] Brief an Klingemann vom 26. März 1835 [A].
[19] Vgl. Riemann, Geschichte, S. 213; Einstein, Romantik, S. 211f. [B VI]; ebenso Kretzschmar, Führer, 3. Auflage, II, 2, S. 109ff. [B VII].
[20] Brief an Klingemann vom 17. Juli 1835 [A].
[21] Vgl. Polko, Kap. 2 [A].
[22] Brief an Klingemann vom 18. Mai 1836 [A].
[23] Vgl. Schering, Instrumentalkonzert, S. 189 [B IV]; Dörffel, Festschrift; Kneschke, Gewandhauskonzerte.
278: [24] Vgl. Schmidt, Musikleben; auch Carse, S. 134. Schumann nennt Queißer «Posaunengott», vgl. Schriften II, S. 97 [A]; s. auch Edward Holmes, A Ramble Among the Musicians of Germany, 1828, S. 254f., ein ausgezeichnetes Quellenwerk eines unbefangenen Amerikaners.
[25] Holmes, S. 248. Chorley nennt das Theater «klein und schäbig».
[26] Vgl. Dörffel, Festschrift, Bd. I, S. 78.
[27] Spohr, Selbstbiographie [B VII].
[28] Vgl. Schmidt, Musikleben, S. 32f.; s. auch Riehl, S. 100f. [B XI], wo es heißt: «Mendelssohn war der erste Musiker, welcher so recht für die «feine Gesellschaft» – im guten

Sinne des Wortes – musizierte. Er war nicht der knorrige, sich abschließende deutsche Bürger wie Bach, sondern ein vielseitig gebildeter, gesellschaftlich gewandter, wohlhabender, fein gesitteter Mann, in fast ganz Deutschland persönlich bekannt, in allen auserlesenen Zirkeln gesucht... So schrieb auch Mendelssohn im Geiste dieser gebildeten Gesellschaft, die sich jetzt ausgleichend und vermittelnd über alle Stände hinzieht... Mendelssohn ist darum eine nicht minder kulturgeschichtlich charakteristische Persönlichkeit, wie Bach für seine Zeit. Keine andere Kunst hatte einen Mann aufzuweisen, der in seinem künstlerischen Schaffen so ganz inmitten des sozialen Lebens unserer gebildeten Kreise gestanden hätte und wiederum so von diesen verstanden und gewürdigt worden wäre wie Mendelssohn...» Es war einmal.

279: [29] Vgl. Schmidt, Musikleben, S. 64ff.

[30] Vgl. Dörffel, Festschrift, S. 32.

[31] Mendelssohn war sich übrigens der möglichen Schäden professioneller Kammermusik bewußt; in seinem (unveröffentlichten) Brief an F. David vom 3. September 1841 heißt es: «... so sehr ich mich darum bemühe, die Meister in guter Aufführung darzubieten, so wenig möchte ich der Liebhabermusik den Boden entziehen wollen – auch wenn's meine eigenen ‹Lieder ohne Worte› sind. Denn an denen versündigen sie sich, Gott verzeih' ihnen!»

280: [32] Nach Schmidt, Musikleben; vgl. Brief an Klingemann vom 14. Januar 1841: «Das halte ich für eine gute Sache, daß wir das zahlende Publikum daran gewöhnen, gelegentlich selbst mitzuwirken – das gibt dem Institut wieder einen mehr geselligen als öffentlichen Ausdruck.» [A].

[33] Schmidt, Musikleben, S. 38f.

281: [34] Brief vom 18. Mai 1836 an Regierungssekretär Hirte in Köln.

[35] Über Mendelssohn als Dirigent vgl. Schünemann, Dirigieren; A. Dörffel, Geschichte der Leipziger Konzertdirektion, Leipzig 1867/68; Berlioz, Erinnerungen [B IV]; Schumann, Schriften [A]; Chorley, Music [B IV].

[36] Vgl. A. Weissmann, Der Dirigent im 20. Jahrhundert, Berlin 1925, S. 39f.

282: [37] von Bülow, S. 406 [B VII].

[38] Ebd. S. 335.

[39] Wolff, FMB, S. 123ff. [A].

[40] Vgl. Berlioz, Erinnerungen, S. 299ff., mit der Randbemerkung: «Nur liebt er immer noch die Toten ein bißchen zu viel.» [B IV].

[41] Vgl. Wagner, Leben, Bd. I, S. 125; Wagner fühlt sich plötzlich eines Sinnes mit dem alten Pohlenz, den Wagner nicht lange vorher (S. 73) recht übel kritisiert hatte. Über das heikle Kapitel «Wagner und Mendelssohn» vgl. Zwischenspiel III: Die Antipoden.

[42] Schumann, Schriften, Bd. I, S. 137 [A].

[43] Vgl. Wagner, Dirigieren.

283: [44] Vgl. Dörffel, Festschrift; auch Brief an Moscheles vom 30. November 1839 [A].

284: [45] Nach Schmidt, Musikleben.

[46] Brief vom 6. Oktober 1835.

[47] Brief vom 30. Januar 1836 (in der Ausgabe völlig entstellt). Dies war für den sensitiven, Stimmungen ausgelieferten Felix Kriterium wirklichen Wohlbefindens.

[48] Brief vom 1. Juni 1836.

285: [49] Vgl. *Leipziger Allgemeine Zeitung,* Oktober 1835, Nr. 41.

[50] Schumann, Schriften, Bd. I, «Schwärmbriefe» [A].

286: [51] Vgl. Boetticher, Schumann.

288: [52] Briefe vom 22. Februar 1831, 27. April 1831, 21. Januar 1832.

289: [53] Brief an Moscheles vom 26. Juni 1834, worin Felix bemerkt, daß er vom 4. Takt an den *ganzen ersten Satz ändern müßte,* wenn er sich einmal ernstlich an die Revision machte! Vgl. Brief an Klingemann vom 26. Juni 1835. Beide [A].

[54] Das Datum der «revidierten» Partitur vom Jahre 1837 ist irreführend. Kaum etwas ist geändert. Vgl. aber Brief von Klingemann vom 16. Februar 1835: «Ganz anders muß es werden auf jeden Fall.» [A].

290: [55] Auch Martin Witte, der offenen oder versteckten Programmen in Mendelssohns Symphonik nachgeht, ist die Anspielung auf Zelters Lied entgangen. In: Dahlhaus, Problem, S. 125f. [B VII].
292: [56] Vgl. Schumann, Schriften, Bd. III, S. 145ff. [A].
293: [57] Vgl. Moscheles, Leben, S. 278 [B V]. Doch dem Intimus Klingemann schreibt er: «Haben sie meine Melusine nicht beklatschen wollen? Dafür soll sie der Teufel holen.» Brief vom 14. Mai 1835 [A].
[58] Brief an Klingemann vom 14. Dezember 1835 [A].
[59] Brief vom 26. Oktober 1833; Brief an Klingemann vom 14. Dezember 1835 [A]. Eigentlich war die Ouvertüre zu einer Oper von Conradin Kreutzer geschrieben, die Felix gehört hatte, die ihm aber «apart mißfallen hatte.» Vgl. Brief vom 7. April 1834. Ausführlich wird die Entstehungsgeschichte des Werkes dargestellt von D. Mintz in seinem Essay «Melusine, A Mendelssohn Draft» (in: *Musical Quarterly,* Nr. 43, 1957,
[60] Sowohl in Schumanns Schriften, Bd. I, S. 158 [A] als auch in seinen Erinnerungen, S. 40.
295: [61] Vgl. O. Walzel, Die deutsche Dichtung seit Goethes Tod, ²1920, S. 43f.
[62] Unveröffentlichter Brief vom 30. Oktober 1835.
[63] Unveröffentlichter Brief vom 13. November 1835. Mendelssohn, der puritanisch erzogen war, mißfiel das neue Schlagwort von der «Emanzipation des Fleisches», das die Jungdeutschen propagierten.
[64] Brief vom 7. April 1834. An dieser Stelle soll den Urteilen und Vorurteilen des Philosophen spekulativer Konservatoristen, Herrn Ernst Bloch, ein für allemal entgegengetreten werden. Seine Urteile stammen alle aus der breiten Quelle seiner Ignoranz; wie arg die ist, sei nur am folgenden schönen Satz dargelegt: «Die minderen italienischen Gesänge, oder noch besser... die Mendelssohnschen Lieder ohne Worte und die Meyerbeerschen Arien machen diese verarmte Art völlig klar...» (Bloch, Utopie, S. 98) [B VI]. Diesem «Philosophendeutsch» stellen wir die Urteile zweier wirklicher Autoritäten entgegen: Hugo Leichtentritt demonstriert in seiner weitbekannten «Formenlehre» die große Vielfalt der Liedform in den Liedern ohne Worte, und der sonst so kritische Hans von Bülow rühmt die «Plastik eines Mendelssohn, den nur der wirklich Gereifte als das höchste Form-Genie nach Mozart zu erkennen fähig ist» (von Bülow, S. 316) [B VII]. Offenbar gehört Herr Bloch nicht zu dieser Elite.
297: [65] Brief an Hiller vom 10. Januar 1837 [A].
298: [66] Unveröffentlichter Brief an Devrient vom 14. Januar 1837.
[67] Schumann, Schriften, II, S. 46ff. [A].

Kap. 13: Krisen und Erfolge. Die Lebensgefährtin.

299: [1] Vgl. Devrient, Erinnerungen, S. 94 [A]; Marx, Erinnerungen, S. 14, 16, 19, 20–24 [B I].
300: [2] Ebd. S. 22ff. (gerichtet gegen Devrients ungenaue und subjektive Darstellung).
301: [3] Vgl. Max Hecker, Zelters Tod, in: *Kippenberg-Jahrbuch VII* (1927/8), S. 111f. [B I].
[4] Ebd.
[5] Vgl. Brief an Schubring vom 6. Dezember 1835 [A].
[6] Riemer, Mitteilungen über Goethe, 1841, Bd. I, S. 427f. [B X].
302: [7] Ebd., S. 40.
[8] Viele Briefe von Mendelssohn, Erinnerungen der Familie sowie die Memoiren Hillers und Moscheles' sprechen von ihm. [A].
[9] HFM, Bd. II (Fannys Briefe an Klingemann vom 8. und 12. Februar 1836 [A]; vgl. auch Hillers Brief an Meyerbeer vom 14. Oktober 1836; und in Moscheles' Briefwechsel Felix' Brief vom 20. Juli 1836 [B V]; auch Brief Mendelssohns vom 18. Februar 1836.

303: [10] Unveröffentlichter Brief von Mendelssohn, in Privatbesitz (Leo Baeck-Institut, New York).
[11] Brief vom 6. Dezember 1835 an Schubring [A].
305: [12] Vgl. Kretzschmar, Führer, II, 2, S. 204 [B VII].
306: [13] z. Zt. im Besitz des Leo-Baeck-Instituts, New York.
307: [14] Vgl. Dahlhaus, Problem, S. 57ff. [B VII].
[15] So z. B. O. Jahn, «Mendelssohns Oratorium Paulus», in: Aufsätze, S. 17ff. [BXI].
[16] Vgl. Schubring [A].
[17] Vgl. Einstein, Romantik, S. 206 [BVI].
308: [18] Vgl. Kretzschmar, Führer, II, 2, S. 331f. [B VII].
311: [19] H. F. Chorley im *Athenaeum* (London 1837), S. 708.
[20] Vgl. HFM, Bd. II, 5. 29 [A].
[21] Unveröffentlichter Brief Leas vom 26. Januar 1836.
312: [22] HFM, Bd. II, S. 4ff. [A].
[23] Brief an die Mutter vom 18. Februar 1836; ebenso an F. Hiller und H. Dorn.
[24] HFM, Bd. II, S. 5 [A].
313: [25] Unveröffentlichter Brief von Fanny an Felix vom 24. April 1836.
[26] Unveröffentlichter Brief vom 18. April 1846.
[27] Brief an die Mutter vom 1. Juni 1836.
314: [28] Jahn, Aufsätze, S. 36 [BXI].
[29] Unveröffentlichter Brief vom 22. Januar 1837.
[30] Rolland, «L'École romantique», in: Lavignac, *Encyclopédie* [A].
316: [31] Brief vom 14. Juli 1836.
[32] Ebd. Im selben «frisierten» Brief der Ausgabe [A] fehlt die launige Bezeichnung für Rossini: «dieser aimable Spitzbube».
[33] Ebd.
319: [34] Huch, Romantik, Bd. I, S. 21f. [ZSI].
320: [35] Sämtliche vorstehenden Briefzitate stammen aus den Familienbriefen.
324: [36] Ganz Leipzig nahm an seiner Heirat Anteil; so setzte die Direktion das Finale aus dem «Fidelio» aufs Programm des 12. Dezember 1836; die Stelle: «Wer ein holdes Weib errungen, mische seinen Jubel ein!» wurde so allgemein akklamiert, daß sich der Meister nachher an den Flügel setzen mußte, um über das Thema frei zu phantasieren.
325: [37] Unveröffentlichter Brief vom 27. Januar 1837 an Rebekka.
[38] Ebd.
[39] Ebd.
[40] Unveröffentlichter Brief vom 18. Februar 1837.
[41] Unveröffentlichter Brief Leas vom 5. März 1837.
[42] Petitpierre, S. 147 [B I].
[43] Unveröffentlichter Brief an Mutter und Schwestern vom 8. Juni 1837.
326: [44] Unveröffentlichter Brief vom 22. Juli 1837.
[45] HFM, Bd. II, S. 52 (Brief vom 4. Oktober 1837) [A].
[46] Ebd.
327: [47] Hiller, FMB S. 82 [A].
[48] Ebd., S. 88.
328: [49] Es ist bezeichnend für die Unsicherheit der frühviktorianischen Tage, daß Klingemann folgendermaßen spekulierte: «... endlich ist unser König [von Hannover]... mutmaßlicher Thronerbe; ... sollte die gute kleine Victoria irgendein Malheur haben und vor der Zeit sterben [!], so lebt unsere Kanzlei wieder auf.» (Brief vom 30. Juni 1837).
[50] Vgl. Dr. Gauntletts Bericht in: *The Musical World vom 15. September 1837, S. 8.*
[51] Grove, Dictionary^4, Artikel «Mendelssohn», S. 396f. [A].
329: [52] HFM, Bd. II, Brief vom 5. Oktober 1837 [A].

Kap. 14: Die «ruhigen» Jahre und ihre Früchte (1837–1841).

333: [1] Vgl. Barzun, Berlioz, Bd. I, S. 435 [B VII]; s. auch Kap. 16 und 17 dieses Buches.

[2] Eine volle Statistik der Gewandhauskonzerte 1836–41 (zeitgenössisch) findet sich in der Leipziger *Allgemeinen musikalischen Zeitung,* 1841.
[3] Unveröffentlichter Brief an Clara Novello vom 19. Juni 1837 (Library of Congress, Washington).
[4] Schumann, Schriften II: «Rückblick auf das Leipziger Musikleben 1837/38», S. 165 ff. [A].
334: [5] Vgl. Klingemann, S. 226 f. [A].
[6] von Wasielewski, S. 146.
[7] Polko, Erinnerungen, englische Ausgabe, S. 70 [A].
[8] Novello, *Reminiscences,* S. 63. Sie kannte FMB recht gut, sang auch das große Sopransolo im 42. Psalm, den Mendelssohn für seine Frau komponiert hatte.
[9] Ebd.
[10] Vgl. Deutsch, Schubert, S. 690.
[11] Moscheles, Diaries, S. 190 [B V].
335: [12] Leipziger *Allgemeine musikalische Zeitung,* 1839, Sp. 256.
[13] Vgl. von Bülow, S. 335 f. [B VII].
[14] *Revue Musicale,* 1840, S. 19.
336: [15] Vgl. Leipziger *Allgemeine musikalische Zeitung,* 1840, S. 60.
[16] Unveröffentlichter Brief an Fanny vom 7. April 1840.
338: [17] Hiller, FMB, S. 145 ff. [A].
[18] Schumann, Schriften: «Franz Liszt» [A].
[19] Brief an Moscheles vom 21. 3. 1840 [A].
339: [20] Nr. 2 des «Festgesanges» wurde von Dr. W. H. Cummings mit einem Weihnachtstext versehen und ist heute noch als Weihnachtshymne «Hark, the herald angels sing» sehr populär in den Ländern englischer Sprache. Mendelssohn war übrigens keineswegs entzückt über die Umarbeitung und hielt seine Musik für «gänzlich ungeeignet» für einen solchen Text. Vgl. *Musical Times,* December 1897, S. 810.
[21] von Bülow, S. 371 [B VII].
[22] Schumann, «Das Gutenbergfest in Leipzig». In: Schriften, Bd. III, S. 25 [A].
340: [23] Brief an Klingemann vom 9. Januar 1838 [A].
[24] Familienbrief vom 10. August 1840.
[25] Leipziger *Allgemeine musikalische Zeitung,* 1840, Sp. 863.
[26] Polko, Erinnerungen, englische Ausgabe, S. 87 [A].
341: [27] von Bülow, S. 137 ff. [B VII]; vgl. auch *Globe* (London) von 13. September 1837.
[28] Chorley, Kapitel IV und V.
[29] Moscheles, Leben, Bd. II, S. 67 ff. [B V].
[30] Ebd.
[31] Brief an Klingemann vom 26. Oktober 1840 [A].
342: [32] Wie ich eben durch meinen Freund Dr. R. Elvers erfahre, befindet sich die Handschrift zwar in Oxford (Bodleian Library) aber sie stammt nicht von C. Ph. E. Bach, sondern von einem seiner Zeitgenossen.
[33] Hiller, FMB, S. 156 [A].
343: [34] Chorley, Music, Bd. II, S. 31 (Fußnote) [B IV].
[35] Ebd. S. 32.
344: [36] Ebd. S. 34.
[37] Vgl. A. M. Grieve, Clara Novello, London 1954, S. 50 (Aus Miß Novellos Tagebuch).
[38] Vgl. *Revue Musicale,* 1840, S. 197 f., «Dona nobis pacem».
345: [39] Fétis, *Biographie universelle,* Artikel «Mendelssohn» [B XI].
[40] Vgl. *Revue Musicale,* 11. Februar 1838.
[41] Unveröffentlichter Brief von Fétis vom 16. April 1842, *Grüne Bücher,* Oxford.
347: [42] Braunschweiger Korrespondent der Leipziger *Allgemeinen musikalischen Zeitung,* 1839, Sp. 791 ff.
[43] Chorley, Music, Bd. I, Kap. V und VI [B IV].
[44] Unveröffentlichter Brief vom 1. August 1840.
349: [45] R. von Perger, Geschichte der K. K. Gesellschaft der Musikfreunde, Wien 1912.
[46] Unveröffentlichter Brief vom 18. Juli 1839.
350: [47] Unveröffentlichter Brief vom 14. September 1839.

[48] Vgl. Hanslick, Konzertwesen, Bd. I, S. 17.
[49] Ebd., S. 320.
351: [50] Schumann, Schriften, II: «Paulus in Wien» (1839), S. 184f. [A].
[51] Schumann, Schriften, III: «Schuberts C-dur-Symphonie», S. 4ff. [A].
352: [52] Unveröffentlichter Brief vom 10. Oktober 1839.
[53] Unveröffentlichter Brief an Fanny vom 9. Oktober 1839.
[54] *Allgemeiner Musikalischer Anzeiger,* Wien 1839, S. 230.
353: [55] Ebd., S. 242. Über diese Zeitschrift, deren Herausgeber der schon genannte Castelli war, schreibt Hanslick in seiner «Geschichte des Konzertwesens in Wien», S. 320: «Auch der größte Schund wurde darin mit liebevoller Aufmerksamkeit besprochen...»
[56] Bericht des Leipziger Korrespondenten in der *Allgemeinen musikalischen Zeitung* (Heinrich Adami).
[57] Wiener Zeitschrift für Kunst, Literatur, Theater und Mode, 1839, I. Quartal, S. 252.
[58] Wiener Theaterzeitung, 1839, vom 17. März.
354: [59] Der Humorist, Wien 1839, Nr. 46, S. 178ff.
[60] Ebd. Nr. 224, S. 698, vom 7. November.
355: [61] Schumann, Schriften, III: «Über die Abonnementskonzerte 1840/41», s. besonders über den 28. Januar 1841 [A].
[62] Vgl. auch den unveröffentlichten Brief vom 26. März 1840 an Breitkopf & Härtel, in dem Mendelssohn von der Entdeckung von Bachs Orgelbüchlein berichtet (Library of Congress, Washington). Im gleichen Jahr kritisiert er scharf die Erstausgabe von Bachs Präludium und Fuge in G-dur für Orgel; unveröffentlichter Brief an Peters vom 6. Januar 1840 (Library of Congress, Washington).
[63] Taufgedicht von Dr. Clarus:
«Im Phädon wie im Paulus
Hat sich der Geist verklärt –
des Hauses jüngstem Sprößling
Sey zweifaches bescheert.»
356: [64] Unveröffentlichter Brief an die Mutter vom 7. Juli 1839. Text: «Der Bruder schreibt mir nicht, und ich – bin auch kein guter Schreiber.»
[65] Brief von Julie Schunck an Mendelssohn vom 3. November 1838.
357: [66] Unveröffentlichter Brief vom 11. September 1839.
[67] Unveröffentlichter Brief an Beckchen vom 6. Februar 1839.
358: [68] Unveröffentlichter Brief an die Mutter vom 12. September 1839.
359: [39] Hiller, FMB, S. 155 [A].
[70] Ebd. S. 153.
[71] Unveröffentlichter Brief vom Jahr 1840 an J. Rietz (Library of Congress, Washington).
360: [72] Vgl. Hillers unveröffentlichten Brief in Bd. V der *Grünen Bücher,* Oxford: «Christannel fand es wunderbar daß Du, als *Ebräer,* diesen Stoff so herrlich bearbeitet – aber ich beruhigte ihn, indem ich ihm die Versicherung Deines langjährigen Christenthums gab...» Weitere Briefe über die merkwürdige Angelegenheit in Bd. V und VI.
[73] Brief an Paul Mendelssohn Bartholdy vom 20. November 1840 [A].
361: [74] Brief an Klingemann vom 18. November 1840 [A].
[75] Brief an die Familie vom 20. November 1840.
[76] Unveröffentlichter Brief vom 18. Dezember 1840.
[77] Unveröffentlichter Brief Devrients vom 3. Oktober 1843.
363: [78] Vgl. Planché, Bd. I, S. 279–316.
[79] Briefwechsel mit Klingemann, S. 120–166 [A].
364: [80] Vgl. Lumley.
[81] Vgl. Kierkegaard, S. 88 der englischen Ausgabe «Either–Or», Princeton 1946.
[82] Ebd.
365: [83] Vgl. Schiller, Über das gegenwärtige deutsche Theater, 1782.
[84] In diesem Zusammenhange sei der merkwürdigen Tatsache gedacht, daß das jüdi-

sche Volk, bei all seiner Theaterliebhaberei, nicht einen einzigen hervorragenden Dramatiker oder Opernkomponisten hervorgebracht hat. Dieser auffallende Mangel an Talent bei ständiger Berührung mit der Bühne, ja, trotz der mimischen Begabung der Juden, mag auf ähnliche Gründe zurückgehen.

Zwischenspiel III: Die Antipoden-Mendelssohn und Wagner.

368: [1] Die Zitate aus Wagners Briefen sind alle den «Sämtlichen Briefen» entnommen. Die Frage nach der verlorenen *C-dur-Symphonie* Wagners ist noch nicht restlos geklärt. In späteren Jahren hat Wagner von diesem Verlust viel Aufhebens gemacht. Völlig irreführend ist Cosimas Lamento, es habe Wagner tief geschmerzt, daß er ihr seine Jugendsymphonie nicht habe vorführen können; denn er hat Sätze davon am Klavier gespielt, und schließlich, nachdem die Partitur von A. Seidl aus den Dresdener Stimmen rekonstruiert worden war, fand die Aufführung des Werkes am 24. Dezember 1882 im Teatro Fenice in Venedig, zu Cosimas 45. Geburtstag, statt. Ich erinnere mich, Teile einer C-dur-Symphonie im Material der *Grünen Bücher* in der Oxford Bodleian Library gesehen zu haben – was ich sehen konnte, erschien mir allerdings recht unbedeutend.
[2] R. Wagner, Mein Leben, München 1911.
370: [3] Außer den genannten Briefen müßten noch folgende Briefe Mendelssohns an Wagner vorhanden sein, wenn sie nicht von Wagner oder Cosima vernichtet worden sind: a) eine Aufforderung, ihm seine Symphonie zuzusenden: b) ein Dankbrief für die Direktion eines Gelegenheitswerkes von Mendelssohn (vgl. Wagner, Leben, S. 309) [B XII]; c) ein Antwortschreiben Mendelssohns auf Wagners Brief vom 17. April 1845, für das Wagner im Brief vom 15. Mai 1845 ausdrücklich dankt. Zusammen mit den beiden in den *Grünen Büchern* enthaltenen, oben im Text erwähnten Briefen wären es fünf; aber ich habe Grund zur Vermutung, daß mindestens zehn Briefe zwischen den beiden Meistern gewechselt worden sind.
[4] Bd. XIX der *Grünen Bücher,* Oxford.
[5] Vgl. Spohr, Bd. II, S. 306 [B VII].
371: [6] Wagner, Gesammelte Schriften Bd. IX (oder Bd. XVI der Volksausgabe) [B X].
[7] *Grüne Bücher,* Bd. XVI, Oxford. Wo das Briefverzeichnis der «Sämtlichen Briefe» aussagt: «Original nicht mehr nachweisbar», dürften die auf Mendelssohn bezüglichen oder mit ihm gewechselten Originale sich in der Oxford Bodleian Library befinden.
372: [8] Brief an Hiller in: Hiller, FMB, S. 179 [A].
[9] von Bülow, S. 21f. [B VII].
[10] Unveröffentlichter Brief an E. Bendemann, *Grüne Bücher,* Bd. XX, Oxford.
[11] Wagner, Leben, S. 316 [B XII].
[12] Ebd. S. 284.
[13] Ebd. S. 285f.
375: [14] Wagner, Judentum, S. 25ff.
[15] New York 1950.
[16] R. Gutman, Richard Wagner, The Man, his Mind and his Music, New York 1967.
[17] E. Werner, «Mendelssohn-Wagner», in: *Festschrift für K. G. Fellerer,* Köln 1973, S. 640ff. [B XVI].
[18] Cosima Wagner, Tagebücher, Bd. II, S. 1055.
[19] Wagner, Opern-Dichten, S. 595.
[20] Cosima Wagner, Tagebücher, Bd. II, S. 1025, 1028. Der Text lautet: «Abends sieht er [Richard Wagner] auf dem Klavier liegen ‹Lieder ohne Worte› von Mendelssohn; er zeigt mir das ‹Venetianische Gondellied› [welches? Verf.], wobei Mendelssohn, die Hauptsache auslassend, den Refrain des Othello'schen benützt und es [sic!] auf eine Volksweise schiebt.»
Cosimas Text ist dunkel, milde gesagt. Vermutlich hatte sie mit dem «Othello'schen» Rossinis gleichnamige Oper im Sinn. Was das geheimnisvolle «es» bedeuten soll, entzieht sich sogar der Vermutung: die rätsel-

hafte Bemerkung über «die ausgelassene Hauptsache» [welche? Verf.], die FMB «auf eine Volksweise» geschoben habe, ist konfuser, böswilliger Unsinn.

376: [21] Ebd. Bd. I, S. 815.

[22] Ebd. Bd. I, S. 535.

[23] Ebd. Bd. II, S. 696. Anläßlich der Hebriden-Ouvertüre «gedenkt Richard... Mendelssohns, des Unheimlichen, schweigsam Lauernden, plötzlich heftig Sprechenden.» An solchen und ähnlichen Bemerkungen zeigen sich vielleicht die ersten Spuren eines schlechten Gewissens beim greisen Wagner. Ähnlich der Passus: «Er hebt es hervor, in welcher Decadence wir leben; Mendelssohn hatte Einfälle, darauf Schumann ein närrischer Grübler, und nun Brahms ohne irgendetwas.» Ebd. Bd. II, S. 753.

Kap. 15: Die Werke der Jahre 1837–1841.

379: [1] Rudolf Werner findet hier sogar Ähnlichkeiten mit dem Finale des 1. Akts von «Lohengrin». [B IV].

[2] Ebd. S. 77 [B IV].

[3] Schumann, Schriften, Bd. II, S. 166 [A].

[4] Rudolf Werner, S. 86 [B IV].

383: [5] Vgl. Grove, Dictionary, Artikel «Mendelssohn» [A].

[6] Unveröffentlichter Brief vom 4. Juni 1839. Solche Erfahrungen kann nur Musik oder Poesie hohen Ranges wiedergeben; ein ganz analoges Beispiel finden wir in den schönen Versen von Karl Wolfskehl («Die Stimme spricht», S. 17):

»Immer wieder, nun und immer wieder,
Samml' ich meines Volks verworfne Glieder
Zu der Zeltnacht meiner Passahstunde,
Schlag und schone, treu dem ewigen Bunde,
Ziehe immer wieder, wieder immer
Vor Euch: Tags Gewölk und nächtens Schimmer,
Nächtens Schimmer!»

[7] Grove, Dictionary, Artikel «Mendelssohn» [A].

[8] Brief an Klingemann vom 21. Juli 1840 [A].

[9] Brief an Klingemann vom 18. November 1840 [A].

[10] Brief an Klingemann vom 1. Januar 1839 [A].

[11] Unveröffentlichter Brief vom 10. August 1840.

384: [12] Ebd.

385: [13] Vgl. Wagner, Kunstwerk [B XV].

[14] Brief an Hauser vom 10. Dezember 1841.

[15] von Bülow, S. 371 [B VII].

[16] Mendelssohn wußte wohl, daß die neuen Einschaltungen («Hüter, ist die Nacht bald hin» und die folgenden Stücke) die besten des Werkes waren: «Das neue Stück ist bei weitem das Hauptstück geworden» (Unveröffentlichter Brief an die Mutter vom 27. Oktober 1840).

[17] Brief vom 3. Juli 1839; Brief an Klingemann vom 1. August 1840 [A].

386: [18] Über die patriotisch-dynastischen Statuten der Berliner Liedertafel vgl. Einstein, Romantik, S. 123 [B VI].

[19] Brief an Klingemann vom 1. August 1840 [A]; Brief vom 27. Oktober 1840 (an die Mutter). «Gott sei bei uns, was ist das deutsche Vaterland für ein langweiliges Ding, wenn es von dieser Seite betrachtet wird. Ich erinnere mich lebhaft an Vaters ungeheuren Grimm gegen die Liedertafeln...»

387: [20] Vgl. Kapitel 10 dieses Bandes.

388: [21] Vgl. Lorenz, Geheimnis, S. 402; s. auch H. Leichtentritt, Formenlehre, 4. Auflage S. 24, 155, 402.

389: [22] Brief vom 18. März 1839.

[23] Unveröffentlichter Brief vom 14. März 1839.

390: [24] Brief vom 10. Dezember 1837. Schon vorher hatte er kritisch bemerkt: «Das Concert wird nicht sehr besonders als Composition, aber das letzte Stück macht soviel Effect als Clavierfeuerwerk, daß ich oft lachen muß und Cecile es nicht oft genug hören kann» (Unveröffentlichter Brief an Fanny vom 22. Juli 1837).

391: [25] In einem oberflächlichen und überheblichen Buch («A Hundred Years of Music», London 1964), hat G. Abraham viele Fehler in der Satzkunst Mendelssohns hervorgehoben (S. 67f.), und dieser kundige Thebaner war sich nicht klar darüber, daß auf ihn Beethovens wütender Ausruf gemünzt sein könnte: «Das ist ja, als ob die Sau die Minervam lehren wollte!» (Brief an seinen Kopisten Wolanek).
392: [26] Unveröffentlichter Brief an Beckchen vom 31. Juli 1841.
[27] Brief an Klingemann vom 15. Juli 1841 [A].
393: [28] Vgl. Marx, Lehre, 3. Teil, S. 567ff.
[29] Vgl. Friedland, Zeitstil, S. 13.
395: [30] Ebd. S. 73. Etwa wie: «Die Armut kommt von der Powerteh» (Fritz Reuter).
396: [31] Vgl. Jack Warner, The Mendelssohnian Cadence (in: *Musical Times,* 1956, Bd. 97, S. 17ff.).
[32] Siehe Kapitel 13 dieses Buches.

Kap. 16: Komponist in königlichen Diensten.

400: [1] Vgl. Metternich, Bd. II, S. 385.
[2] Man lese Fannys Bericht über das Schwanenordensfest (HFM, Bd. III, S. 110; ihr Wort von «Gefühlsschwobelei» trifft den Kern der Sache. [A].
401: [3] Vgl. Wilma Hoecker: Der Gesandte Bunsen als Vermittler zwischen Deutschland und England, Göttingen 1951, S. 94.
[4] von Bunsen, Bd. II, S. 142.
402: [5] Ebd.
[6] Vgl. den Brief Fannys an Rebekka vom 4. September 1844, worin es heißt: «Dieser Mensch, der Eichhorn, scheint wirklich jeder freien geistigen Bewegung den Tod geschworen zu haben, vor jeder Maus fürchtet er sich... Er ist aber selbst nur ein Werkzeug, leider kommt der Ärger von oben. Das ewige Verbieten, Argwöhnen... ist wirklich auf eine Höhe gekommen, die ganz unleidlich ist.» In: HFM, Bd. II, S. 397 [A].
403: [7] Vgl. HFM, Bd. II, S. 244 [A].
[8] Unveröffentlichter Brief von Massows vom 3. Mai 1841.
[9] Unveröffentlichter Brief vom 28. August 1841 («Weshalb mir alle Leute sagen, ich sey jetzt ganz der ihrige...»)
[10] Brief an F. David, in HFM, Bd. II, S. 249ff. [A].
[11] Brief an Klingemann vom 15. Juli 1841 [A].
404: [12] Vgl. von Bunsen, Bd. II, S. 261.
[13] Brief an F. David vom 21. Oktober 1841 [A].
[14] Vgl. Devrient, Erinnerungen, S. 212 [A], wo es heißt, daß «dieses Stück dem modernchristlichen Verständnis am nächsten liege.»
[15] Vgl. Böckh, Antigone, S. 259ff.
[16] Vgl. W. Kraegenbrink, Tieck als Vorleser, Königsberg o.J.
405: [17] Devrient, Erinnerungen S. 212ff. [A].
[18] Bei aller Bewunderung für Theodor Haeckers gedankenreichen und im besten Sinne europäischen Essay über «Vergil, Vater des Abendlandes» kann ich unmöglich seine aphoristisch zugespitzte Sentenz unterschreiben, die da proklamiert: «Ein der Theologie entleerter Humanismus wird nicht standhalten. Man sucht heute krampfhaft nach dem ‹Menschen›, aber man sucht etwas, das es überhaupt nicht gibt: den Autonomen Menschen». Nirgendwo qualifiziert Haecker das Wesen der postulierten Theologie; für ihn war sie jedenfalls und ausschließlich die der katholischen Kirche. Jedoch läßt sich ein Humanismus sehr wohl auch auf einer protestantischen, jüdischen, islamischen oder buddhistischen Grundlage denken; mehr noch: solcher Humanismus hat bestanden und besteht heute noch!
[19] Devrient, Erinnerungen, S. 218 [A].
406: [20] Vgl. G. Droysen, Kleine Schriften zur alten Geschichte, Bd. II, S. 146ff.
[21] Brief vom 28. Oktober 1841 an S. Dehn.
[22] Vgl. die Briefe an David und Fanny, in: HFM, Bd. II, S. 241ff. [A].

407: [23] Brief vom 10. August 1843, in: HFM, Bd. III, S. 19f. [A].
[24] Vgl. Thalmann, Tieck, S. 38; siehe auch F. Strich, Der Dichter und die Zeit, Bern 1947, S. 355ff.; Walzel, S. 105f.: «Tieck neigt, in Schillers Sinn, zu den musikalischen Dichtern.»
408: [25] David, S. 187 [A].
[26] Ebd., S. 156f.; d. h. sie erlitten Disziplinarstrafen.
[27] Unveröffentlichter Brief an Rebekka vom 29. Oktober 1843.
[28] Vgl. HFM, Bd. III, S. 73. Bezeichnend für den Bildungsgrad der preußischen Hocharistokratie ist der folgende Brief (unveröffentlicht, vom 21. Oktober 1842): «Hogeehrter Herr Kappelmeister! [sic]: Im Auftrag I.K.H. der Frau Prinzessin von Preußen habe ich das Vergnügen inliegendes Schreiben über den jungen Herrn von Goete [sic], wo I.K.H. diesen Sommer mit Euer Wohlgeboren gelegentlich zu sprechen hat, zu übersenden mit der Bitte es mir gelegentlichst [sic] zurück zu stellen. Mit vorzüglicher Hochachtung nennt sich Gräfin Schweidnitz, Oberhofmeisterin I.K.H. der Prinzessin von Preußen.»
409: [29] David, S. 177f. [A].
410: [30] Die Friedensklasse des «Pour le Mérite» wurde erst am 31. Mai 1842 geschaffen. Mendelssohn, Meyerbeer, Rossini und Liszt waren die ersten Ritter des Ordens!
[31] Unveröffentlichter Brief vom 30. Juli 1841.
[32] David, S. 146 [A].
[33] Ebd. S. 165.
[34] Unveröffentlichter Brief an Rebekka vom 23. Dezember 1843.
411: [35] Vgl. *Athenaeum,* 18. Juni 1842.
412: [36] Vgl. *Atlas* vom 18. Juni 1842, und *Musical World* vom 23. Juni 1842.
[37] Vgl. HFM, Bd. II, S. 260ff. [A]; auch KMB (engl. Ausgabe), S. 141 [A], und Brief vom 22. Juni 1842; auch benützen wir hier einiges unveröffentlichte Material. Vgl. Kap. VIII, S. 15.
[38] Unveröffentlichter Brief vom 7. Juni 1844. Im schärfsten Gegensatz zu diesem noblen Verhalten der englischen Herrscherfamilie steht das unhöfliche Benehmen der preußischen Königin. Diese hatte sich einen Klavierauszug des *Lobgesangs* erbeten, den Mendelssohn ihr in zehn Tagen anfertigte. Er empfing weder eine Bestätigung noch auch ein Wort des Dankes von der Königin. (Unveröffentlichter Brief von Massows vom Oktober 1841).
[39] Merkwürdigerweise ist ein schriftlicher Konsens der Königin weder in den Royal Archives in Windsor noch im British Museum auffindbar; er fehlt auch in Mendelssohns Korrespondenz.
414: [40] Brief vom 3. März 1841.
415: [41] Anläßlich der umstrittenen Aufnahme eines Juden in die Kgl. preußische Akademie erinnert Lea ihren Sohn in recht sarkastischer Weise an eine Familiengeschichte; «Du weißt, daß diese Akademie einst Deinen Großvater gewählt, und Friedrich II. die Wahl nicht bestätigte, worauf Moses sagte: ‹Besser als wenn der König mich gewählt und die Akademie mich nicht bestätigt hätte›.» (Unveröffentlichter Brief Leas vom 22. Juni 1842).
[42] Vgl. *Grüne Bücher,* Oxford, Bd. XVI, S. 160f. [A].
[43] Ebd. Bd. XV, unveröffentlichter Brief vom 15. Oktober 1842. Die Ängstlichkeit Céciles beleuchtet der folgende Passus: «Schläfst Du noch immer allein? Ich fürchte mich schrecklich jeden Abend, und schließe alle erdenklichen Türen zu und ab.»
[44] Brief vom 23. Oktober 1842 an von Massow.
416: [45] Fannys Tagebuch, Eintrag vom 2. November 1842.
[46] Brief an Klingemann vom 23. November 1842 [A].
[47] Ebd.
417: [48] Vgl. Festschrift zum 75jährigen Bestehen des Kgl. Konservatoriums, Leipzig 1918.
[49] Brief vom M. Hauptmann an L. Spohr vom 6. Februar 1843, in: Briefe von Moritz

Hauptmann an L. Spohr (hg. von F. Hiller), Leipzig 1876.
[50] Riemann–Einstein, Musiklexikon, Artikel «Moscheles»; s. auch Moscheles' Tagebücher und Briefe (1846–1850) in: Moscheles, Leben [B V]; Auch MGG, Artikel «Moscheles».
[51] Brief an Professor Naumann vom 19. September 1839.
[52] von Bülow, Bd. III S. 404 [B VII].
[53] Grove, Dictionary, Artikel «Mendelssohn» [A].
[54] von Wasielewski, S. 35f. [B XIV].
418: [55] Ebd. S. 35; s. auch Hauptmann–Hauser, Brief vom 13. Juni 1843 [B XVII].
[56] Brief an Moscheles vom 30. April 1843 [A].
[57] Brief an Moscheles vom 15. April 1843 [A].
[58] Vgl. Moscheles, Leben, Bd. II, S. 131 [B V].
[59] Es scheint, daß der Herausgeber der «Erinnerungen an Mendelssohn» das Wort «nie» irrtümlich für «nur» gelesen hat. Der von uns schon genannte Dr. Boetticher läßt das fragliche Wort ganz weg, so daß ein ganz anderer Sinn entsteht: «Gründung des Conservatoriums und sein Benehmen dabei, daß er als Direktor angesehen werden wolle», also genau das Gegenteil von dem Satz im Brief an Moscheles und der richtigen Lesart in Schumanns Text. Vergl. auch den Brief an Moscheles vom 20. Dezember 1845, worin es ganz deutlich heißt, daß Mendelssohn nicht Direktor sei und nie sein wolle.
[60] Eingabe Mendelssohns an den Rat der Stadt Leipzig vom 3. Oktober 1843.
419: [61] Brief an Klingemann vom 17. Januar 1843 [A].
[62] Vgl. Barzun, Berlioz, Bd. I. S. 432 [B VII].
[63] Vgl. Berlioz' Brief an Joseph d'Ortigue vom 28. Februar 1842.
[64] Vgl. Berlioz' Erinnerungen, Kap. 55 [B IV].
[65] Warum Professor Barzun in seinem tiefschürfenden Werk über Berlioz den Scherzbrief Berlioz' «unglücklich» nennt, ist nicht ganz klar. Der Leser urteile nun selbst: «Dem Häuptling Mendelssohn! Großer Häuptling! Wir haben uns versprochen unsere Tomahawks auszutauschen; hier ist der meine! Er ist derb, Deiner schmal; nur Squaws und Bleichgesichter lieben verzierte Waffen. Sei mein Bruder! Und wenn der Große Geist uns zu den Jagdgründen im Lande der Seelen berufen wird, sollen die Krieger unsere Tomahawks vereint an der Pforte des Rates aufhängen.» Über die komisch-falsche Auslegung des Briefes vgl. HFM, III, S. 2. Hier sei noch hinzugefügt: Als Mendelssohn Berlioz' Stab empfing, sagte er ihm:» Ich tausche also Kupfer für [Ihr] Gold.» Barzun, Berlioz, Bd. I, S. 374 [B VII].
420: [66] Das Programm bestand aus Kompositionen früherer Dirigenten oder Thomaskantoren: J. S. Bach, J. A. Hiller, J. G. Schicht, F. David, M. Hauptmann und Mendelssohn.
[67] Vgl. Werner, Mendelssohn–Wagner, S. 640ff.
[68] Die Aufführung wurde vom «Großen Salut» von 101 Kanonenschüssen begleitet, worüber Mendelssohn entzückt gewesen sein muß.
421: [69] HFM, Bd. III, S. 53 [A].
[70] von Wasielewski, S. 78 [B XIV].
[71] Vgl. Hiller, FMB, S. 190 [A]; s. auch Wagner, Leben, Bd. I, S. 351f. [B XII]; auch von Wasielewski, S. 68, und Hiller-Sietz, S. 54 [A].
422: [72] Vgl. Allgemeine Deutsche Biographie, Artikel «G. F. A. Strauss».
[73] Ebd.
423: [74] HFM, Bd. III, S. 89, 114 [A].
[75] Ebd. S. 116.
[76] Sein Honorar betrug £ 250.–, von dem er allerdings alle Unkosten, auch die Fahrt für sich und seinen Bedienten, bezahlen mußte. Viel kann ihm nicht übrig geblieben sein.
424: [77] Brief an von Bunsen vom 4. Mai 1844.

[78] Unveröffentlichter Brief an Fanny vom 16. Mai 1844.
425: [79] Vgl. Grove, Dictionary, Artikel «Mendelssohn» [A].
[80] Vgl. Scholes, Mirror, Bd. I, S. 414.
[81] Ebd. Bd. I, S. 416.
[82] Ebd.
[83] Ebd. Bd. II, S. 834.
[84] Vgl. A. Moser, Joseph Joachim, Berlin 1898, erw. 1908/10, S. 52ff.
426: [85] Eine ganze Namensliste der englischen Freunde findet sich im Brief an Klingemann vom 17. Juli 1844. [A].
[86] Eine Einladung nach Dublin, wo ihm die Universität das Ehrendoktorat verleihen wollte, mußte er aus Zeitnot ablehnen.
[87] HFM, Bd, III, S. 177 [A].
427: [88] Auch Hensel, der offenbar jenen Briefentwurf kannte, meint, es wäre schon beim «Weggehen (im April) beschlossene Sache gewesen, nicht dauernd wieder zurückzukehren». HFM, Bd. III, S. 191 [A]. Vgl. die ausführliche Schilderung des Berliner Musiklebens in Berlioz' «Voyage musical» – hier spürt man die Wahrheit des alten Spruchs: «Auf der andern Seite ist das Gras immer grüner.»
[89] Vgl. HFM, Bd. II, S. 350 [A].

Kap. 17: Die Werke der Jahre 1841–1844.

428: [1] Hier sind Nietzsches Worte wohl angebracht: «Die Größe eines Musikers... mißt sich nach der Spannkraft seines Willens, nach der Sicherheit, mit der das Chaos seinem Befehl gehorcht und Form wird... Die Größe eines Musikers – mit einem Worte – wird gemessen an seiner Fähigkeit zum großen Stil. Der große Stil besteht in der Verachtung der kleinen und kurzen Schönheit, ist eher Sinn für Weniges und Langes». (In: «Kunst und Künstler», Nr. 39).
432: [2] Nietzsche, Nachlaß 1878, Nr. 129.
[3] Kretzschmar, Führer, II, 2, S. 618 [B VII].
433: [4] So empfanden auch die Zeitgenossen Mendelssohns. Vgl. Hauptmann–Hauser, Brief vom 3. Februar 1849 [B XVI].
437: [5] So vor allem Robert Schumann in seiner durchaus lauwarmen Besprechung des Werkes (Schriften, III) [A].
[6] Vgl. über dieses Thema in einem verwandten Gebiet Professor Hadamards Beobachtungen in: The Psychology of Invention in the Mathematical Field, New York, 1944.
439: [7] Friedrich Buchholz, Musik und Musiker in der Christlichen Gemeinde, Regensburg 1952, S. 19.
440: [8] Hauptmann–Hauser, Brief vom 18. Januar 1850.
443: [9] Aus den *Grünen Büchern,* Oxford, Bd. XV und XVI.
444: [10] Vgl. auch HFM, Bd. III, S. 114, 116.
446: [11] Die Einleitung dieses Satzes nimmt übrigens ein charakteristisches Motiv aus dem Violinkonzert vorweg.
447: [12] Vgl. von Bülow: «Unter den nach-Beethovenschen Symphonien nimmt Mendelssohns ‹Schottische Symphonie› als abgeschlossenes Kunstwerk den höchsten Rang ein.» S. 369f. [B VII]. Über Bruckners Mendelssohn-Studien siehe O. Wesselys interessante Arbeit «Bruckners Mendelssohn-Studien», in: *Bruckner-Studien* der Österreichischen Akademie der Wissenschaften, Wien 1975, S. 82ff.
[13] Die Symphonie ist der Königin Victoria zugeeignet, doch ließ sich ein schriftlicher Konsensus oder Dank der Königin weder im königlichen Hausarchiv in Windsor noch in Mendelssohns Papieren finden.
[14] Der chromatische Baßgang erscheint sogar in der Geigenkadenz.
[15] Vgl. Sir George Grove in: *Musical Times,* 1906, S. 611. Während der letzten Jahre hat insbesondere R. Gerlach in drei soliden Studien gezeigt, wie stark Jugenderinnerungen die Thematik und Struktur des Werkes befruchtet haben. Vgl. R. Gerlach, Mendelssohns Kompositionsweise (in: *Archiv für Musikwissenschaft, 1971, Bd. XXVIII);* derselbe: *Mendelssohns schöp-*

ferische Erinnerung der Jugendzeit, in: *Musikforschung,* Bd. XXV, 1972; derselbe: Mendelssohns Kompositionsweise II, in: Dahlhaus, Problem [B VII].
449: [16] Schering, Instrumentalkonzert, S. 207 [B IV].
450: [17] Mr. Gerald Abraham ist allerdings weit entfernt von solchen Gedankengängen. In seinem auf alle objektiven Kriterien verzichtenden Taschenbuch «A Hundred Years of Music» – ganz abgesehen von den Hunderten von Irrtümern darin – gelingt es ihm, das «delightful, well-balanced» Scherzo des Klaviertrios c-moll zu preisen, und auf derselben Seite (S. 68) Mendelssohn verächtlich zu kritisieren ob seiner «skilful, facile manipulation...»
452: [18] Vgl. die Korrespondenz zwischen Mendelssohn und Coventry in Edwards, Sonatas, S. 794f.; überdies den Brief Mendelssohns an Fanny vom 25. Juli 1844.
[19] Vgl. Grove, Dictionary, Artikel «Voluntary» [A].
[20] Mendelssohn erhielt £ 60.– Verlagshonorar für dieses Werk.
[21] Vgl. Edwards, Sonatas.
[22] Über Mendelssohns eigene Gedanken zum Namen Sonate vgl. Rudolf Werner, S. 119, und den Briefwechsel mit Breitkopf & Härtel. Als neueste ist ihnen Susanne Großmann-Vendrey mit ihrem Essay «Stilprobleme in Mendelssohns Orgelsonaten» (in: Dahlhaus, Problem, S. 185) anzureihen.
[23] Vgl. Edwards, Sonatas.
453: [24] Brief Schumanns vom 22. Oktober 1845; diesen Brief hat Professor Boetticher aus verständlichen Gründen – es ist darin beim bösesten Willen keine Nazimunition zu finden – *in sein Werk nicht aufgenommen.* Freilich, es finden sich in Schumanns Brief einige harte Worte über Wagner, den Nazi-Heiligen.
[25] Brief Hauptmanns an Hauser vom 12. Oktober 1845.
454: [26] Einige treffende Beobachtungen finden sich bei Großmann-Vendrey, S. 185.
455: [27] Das Autograph jenes Orgelstücks für Fannys Hochzeit befindet sich in der Library of Congress, Washington.
[28] Vgl. Hathaway, S. 5.

Kap. 18: Die letzten Jahre und ihre Werke.

457: [1] Brief an Klingemann vom 5. November 1844 [A].
[2] Brief an Klingemann vom 17. Dezember 1844 [A].
[3] Brief an Klingemann vom 29. September 1845 [A].
458: [4] Unveröffentlichter Brief an Paul Mendelssohn vom 11. Januar 1845. Zu Mendelssohns Antwort und den Voraussetzungen vgl. H. E. Krehbiel, Mendelssohn in Amerika, in: *New York Daily Tribune* vom 29. Oktober 1905.
[5] Derselbe Ernst August (Cumberland), der die «Göttinger Sieben» ausweisen ließ, auch sonst in dunkle Angelegenheiten verwickelt war.
[6] Brief an Droysen vom 18. März 1846 [A].
[7] HFM, Bd. III, S. 204 [A].
459: [8] Unveröffentlichter Brief von Eichhorns an Mendelssohn vom 23. März 1845.
[9] Brief vom 12. März 1845.
[10] Briefe an Klingemann vom 15. Februar und 15. April 1845 [A].
460: [11] Devrient, Erinnerungen, S. 249–255 [A].
[12] Es ist nicht schwer zu verstehen, was Mendelssohn damit andeuten wollte. Durch Wagner erfahren wir (Leben, Bd. I, S. 351 [B XII]), daß zu jener Zeit Hiller, mit dem sich Mendelssohn überworfen hatte, eine beträchtliche Rolle im Dresdener Musikleben spielte. Eine seiner Opern, ein Raupachsches Schreckensstück, «Der Traum der Christnacht», wurde gerade damals aufgeführt. Zudem war unser Meister nicht begierig, Vorgesetzter des jungen Wagner zu werden, über dessen häusliche Skandale er Freund Devrient geschrieben hatte, er wünsche darüber nichts zu sagen,

die Sache stoße ihn ab, aber er sei kein Richter. (Brief vom 25. Oktober 1844, unveröffentlicht).

[13] Vgl. Wagner, Leben, Bd. I, S. 377/8 [B XII]; s. auch Mendelssohns Brief an Klingemann vom 29. September 1845 und Devrients Darstellung in: Erinnerungen, S. 249–255 [A]. Auch die sächsischen Archive, soweit sie mir erreichbar waren, geben nicht den geringsten Anhaltspunkt für Wagners Behauptung. Wie schlecht Wagner informiert war, geht aus dem unveröffentlichten Brief Mendelssohns an einen ungenannten Regierungsrat in Leipzig hervor (vom 10. Mai 1845), in dem es heißt: «Nun habe ich seit vorigem December wieder in Hinsicht meines Wohnortes freie Hand, habe aber seitdem weder von der Concert-Direktion [des Gewandhauses], noch vom Konservatorium, noch endlich privatim irgend etwas darüber gehört, und muß mir nun denken, daß dort andere Einrichtungen getroffen sind, oder daß man von den früheren Anerbietungen zu abstrahieren wünscht, so leid mir dies thäte...» Es ist schwer zu verstehen, wie unter solchen Umständen und bei solchen dokumentarischen Quellen Mr. Ernest Newman behaupten kann: «Sein (Wagners) unkorrumpierbarer Idealismus machte es ihm unmöglich, Tatsachen zu modifizieren.» (Newman, Wagner, Bd. I, S. 448).

[14] Devrient, Erinnerungen, S. 260 [A].

461: [15] Ebd. S. 263.

[16] A. Stahr, Lebenserinnerungen «Aus der Jugendzeit», Schwerin 1870.

462: [17] Unveröffentlichter Brief an J. Seydlitz, vom 19. September 1847 (an das erzbischöfliche Ordinariat in Köln).

[18] Mendelssohn hatte nach dem frühen Tod der Malibran die Absicht gehabt, für sie ein Requiem zu komponieren. Warum er den Gedanken nicht ausgeführt hat, ist unbekannt.

[19] «Felix Mendelssohn ist ein *Mann,* und zugleich hat er das erhabenste Talent; so soll es sein». (Brief Jenny Linds an ihren Vormund in Stockholm) In: Holland-Rockstro, Bd. I, S. 323.

464: [20] Vgl. Bulman, S. 106 ff.

[21] Vgl. Bulman, S. 115.

465: [22] Programm des ersten Konzerts: Mozart, *D-dur-Symphonie* (Prager); Bellini, «Casta diva»; Joachim, Adagio und Rondo; Bellini «Se fuggire», Duett (Lind und Miß Dolby); Weber, *Oberon-Ouvertüre;* Mozart «Non mi dir» *(Don Giovanni);* Ernst, Caprice für Violine über ein Thema von Bellini; Lieder (mit Klavier), Jenny Lind und Mendelssohn. S. auch Reinecke, «Und manche lieben Schatten», Leipzig 1910, S. 62 ff.

[23] Bulman, S. 124. Programm des Wohltätigkeitskonzerts: Weber, *Euryanthe-Ouvertüre;* Weber, Szene und Arie aus *Freischütz;* Mendelssohn, *Klavierkonzert g-moll,* gespielt von ihm selbst; Weber, Finale aus *Euryanthe;* N. W. Gade, Ouvertüre *Im Hochland;* Mozart, Szene und Arie der Gräfin aus *Figaros Hochzeit;* Mendelssohn, *Lieder ohne Worte* und freie große Phantasie; Lieder mit Klavier; zum Schluß «Leise zieht durch mein Gemüt.» Bei den Stücken des Programms, die Gade dirigierte, spielte Mendelssohn am letzten Bratschenpult im Orchester mit – eine noble Geste!

[24] Brief Mendelssohn an Jenny Lind vom 18. März 1846 und ihr Antwortbrief in: Holland-Rockstro, S. 388.

466: [25] Aber eine ominöse Stimme war zu hören: «Die Tage der alten Feste sind vergangen; wir haben sie nicht mehr und dürfen sie nicht haben in den Tagen der Freiheit und Arbeit... wir wissen, daß ein Fest ohne Volk nichts ist; es sei denn, daß man einen Jenny Lind-Tag im Theater ein Musikfest nennen wollte, wo nur Begüterte... sich teuren Genuß erkaufen... ein kleiner Teil des Volks...» E. Krüger, in: *Beiträge zur Wissenschaft und Leben der Tonkunst,* Leipzig 1847, S. 58.

[26] Brief an Jenny Lind vom 15. Mai 1846, in Holland-Rockstro Bd. I, 388 ff. Die An-

spielung geht auf den Vers («Ergebung»); «Ich singe mit schwerem Herzen/Sieh doch einmal die Kerzen/Sie leuchten, indem sie vergehn.»
[27] Brief an F. Hauser vom 11. Mai 1846.
[28] Bei dieser Gelegenheit entdeckte Mendelssohn Unkorrektheiten in Beethovens gedruckter Partitur; s. auch: *Musical World,* vom 26. Mai 1860.
467: [29] HFM, Bd. III, S. 240 [A].
[30] Mendelssohn schenkte der Lind als Weihnachtsgabe ein kleines Album eigner Lieder in Handschrift, eine außerordentliche Kundgebung des Vertrauens und der Bewunderung.
[31] HFM, Bd. III, S. 241.
[32] Diese und die folgenden Daten sind der feinen Studie von A. Van den Linden, in: *Acta Musicologica,* XXVI, 1954, S. 48–64, entnommen.
[33] Ebd. S. 49, findet sich auch Mendelssohns Vermerk zitiert.
468: [34] Brief an Baronin Ertmann vom 12. April 1846, in Polko, Erinnerungen [A]; Brief an Aloys Fuchs vom 13. April 1846 (unveröffentlicht).
[35] So z. B. H. J. Moser, W. Boetticher u. a.
469: [36] Obwohl sehr erzürnt über die Niedertracht der Musikkritiker, ließ Mendelssohn sich doch beschwichtigen und führte die Schumann-Symphonie zum zweitenmal in Clara Schumanns Konzert am 16. November auf. In diesem Fall hat echter Idealismus und die wahre Künstlerfreundschaft zwischen Mendelssohn und Schumann sogar den sonst unbeugsamen Stolz Felix', der nach der Beleidigung kein Werk von Schumann mehr aufführen wollte, gebrochen und besiegt. S. auch Kap. 19, S. 469.
[37] Vgl. Fr. Schmidt, Das Musikleben der bürgerlichen Gesellschaft Leipzigs im Vormärz, Langensalza 1912, S. 126.
[38] Vgl. *Signale,* 1847, Nr. 45.
470: [39] Vgl. «Briefe berühmter Komponisten aus dem Archiv des Hof- und Domchors», Hg. R. Scheumann, in: *Die Musik,* VIII, Heft 11.
[40] Es ist nicht ganz klar, durch wessen Nachlässigkeit oder gar Vorurteil das Werk nicht vom kgl. Dom gedruckt worden ist; es lag jedenfalls in der Absicht des Königs, das Werk zu veröffentlichen.
471: [41] Brief an Jenny Lind vom 31. Oktober 1846 (aus dem Englischen übersetzt vom Verfasser).
[42] Devrient, Erinnerungen, S. 257 [A].
[43] Ebd. S. 263.
[44] Ebd. S. 265.
[45] Geibel hatte Mendelssohn nach einer Aufführung des *Sommernachtstraums* gefragt, warum er keine Oper schreibe; und dieser hatte geantwortet: «Geben Sie mir ein gutes Textbuch und ich werde morgen vier Uhr morgens mit der Komposition anfangen.» In: Polko, Erinnerungen, S. 141 [A].
472: [46] Devrient, Erinnerungen, S. 268 [A].
[47] Vgl. den strengen Brief Mendelssohns vom November 1846 an die Lind kurz nach der Uraufführung des *Elias* in: Holland-Rockstro. Die Bedingungen der Lind waren exorbitant: ein Honorar von 120.000 Frcs. wurde *garantiert,* und sie erhielt für die Dauer der Saison ein ganzes Haus, reichliche Bedienung, Wagen und Pferde gratis zu ihrer Verfügung. Vgl. Lumley, S. 163 [BXIV].
[48] Vgl. B. Lumley, S. 166 [BXIV].
473: [49] Ebd.
[50] Ebd.
[51] Ebd.
[52] Das authentische Material und der Absagebrief bei Klingemann, S. 320–327 [A].
476: [53] Brief an Klingemann vom 19. Januar 1847 [A].
[54] Vgl. Fellerer, S. 154.
[55] Vgl. Rudolf Werner, S. 102 [BIV].
478: [56] In einer anonymen Schrift «Über die neue Liturgie», 1816; über die Literatur jener Zeit vgl. G. Rietschel, Lehrbuch der Liturgik, Berlin 1900, S. 448ff.
479: [57] Ebd. S. 476. S. Kap. 17, S. 438. [58] Schleiermacher, Praktische Theologie, S. 169.

[59] Vgl. Rohleder, Liturgie, S. 208 ff.
480: [60] Naue, Agende.
[61] Vgl. Leupold, Gesänge. Diese sehr gründliche und aufschlußreiche Arbeit ist für das Studium der hier angeschnittenen Probleme unentbehrlich.
483: [62] Vgl. Kretzschmar, Führer, II, 1, S. 400f. [B VII].
[63] Memorandum an Minister von Redern vom 14. Februar 1844 in: Briefe berühmter Komponisten aus den Archiven des kgl. Hof- und Domchors zu Berlin, mitgeteilt von R. Scheumann in: *Die Musik,* VIII, Erstes Märzheft 1909.

Zwischenspiel IV: Der Elias.

484: [1] Brief an Klingemann vom 12. August 1836 [A].
[2] Brief an Klingemann vom 18. Februar 1837. Schubring dagegen meinte, daß eine Gestalt wie Saul «für Felix nichts bedeuten könnte.» Beide [A].
[3] Unveröffentlichter Brief von Charles Greville an Mendelssohn vom 12. Dezember 1837.
485: [4] Edwards, History, S. 7ff.
[5] Vgl. die Bemerkung von K. Klingemann, dem Herausgeber des Briefwechsels Mendelssohn-Klingemann, auf S. 233. Wäre es bei Klingemanns Entwurf geblieben, so «würde das herrliche Werk mehr eine dramatische als die schließlich verwendete episch-lyrische Form gewonnen haben.» [A].
[6] Der Sohn jenes Pfarrers Schubring, Dr. Julius Schubring, hat den Briefwechsel seines Vaters mit Mendelssohn herausgegeben, «zugleich ein Beitrag zur Geschichte und Theorie des Oratoriums,» wie der Titel bemerkt [A]. Vgl. darin die Briefe vom 2. Februar 1839, und S. 208. [A].
[7] Ebd.
[8] Brief an Schubring vom 6. Dezember 1838 [A].
[9] Vgl. Otto Jahn, Über Felix Mendelssohn Bartholdys Oratorium Elias, in: *Allgemeine musikalische Zeitung,* Leipzig 1848, S. 113; vgl. auch Jahn, *Aufsätze,* S. 40–63 [B XI]. Im folgenden zitieren wir aus dem letztgenannten Buch.
486: [10] Ebd., S. 43/44.
[11] Brief an Schubring vom 16. Dezember 1845 (nicht, wie in älteren Ausgaben, 1842) [A].
[12] Jahn, Aufsätze, S. 45 [B XI].
487: [13] Wie schon in Kap. 7 ausgeführt, war Mendelssohn zwar kein Theologe, aber er durfte dennoch einem biblischen Text nicht so unkritisch gegenübertreten wie ein unwissender Konfirmand. Er hat der Textwahl nicht die erforderliche gleiche Sorgfalt angedeihen lassen wie den Libretti seiner Opernpläne. Welch ein Paradox!
[14] Ebensowenig dürfen die Verse Jes. 41,25 und Jes. 11,2 miteinander verbunden und auf dieselbe Person bezogen werden, denn die erste Stelle geht auf Kyros, König von Persien, die letztere aber auf den Messias, den «Gesalbten, das Reis aus der Wurzel Jesse».
[15] Brief an Schubring vom 16. Dezember 1845 [A].
[16] Ebd.
488: [17] Brief an Schubring vom 23. Mai 1846 [A].
[18] Ebd. Die Stellen sind: Mal. 4,5.6 (Nr. 40); Jes. 41,25 und 11,2 (Nr. 41); Jes. 55,1.3 (Nr. 41a); Jes. 58,8 (Nr. 42).
[19] Vgl. Jahn, Aufsätze, S. 61 ff. [B XI].
[20] Brief an Schubring vom 2. November 1838 [A].
489: [21] Unveröffentlichter Brief an seinen Bruder vom 28. Juni 1846. Solche Stimmungen widersprechen allerdings der Darstellung des «armseligen Mendelssohn, immer heiter und gewandt», wie ihn der Philosoph der spekulativen Konservatoristen, Ernst Bloch, in seinem «Geist der Utopie» (S. 81) geschildert hat. [B VI].
[22] Vgl. Hiller, FMB, S. 150 [A].
490: [23] Tovey, Mainstream, S. 214.
491: [24] Vgl. den letzten Passus im faksimi-

lierten Brief vom 3. Juli 1846, in: Edwards, History.
494: [25] Jahn, Aufsätze, S. 51 [BXI].
495: [26] Die Kritik der Sopranistin der Uraufführung, Mme Caradori, daß die Arie nicht «a lady's song» sei, scheint mir die lebendige Kraft des Stückes unabsichtlich zu betonen.
496: [27] Vgl. Jahn, Aufsätze, S. 58 [BXI]. [28] Vgl. Edwards, History, S. 63ff.
499: [29] Vgl. Brief an Klingemann vom 18. Februar 1837 [A].

Kap. 19: Triumph und Tod.

501: [1] Edwards, History, S. 77 [ZS IV].
[2] Mendelssohn nannte die männlichen Altisten «bearded altos», vgl. ebd. S. 82.
502: [3] Ebd., S. 84.
[4] Ebd., S. 83.
[5] Moscheles, Leben, Bd. II, S. 156f. [BV].
[6] Brief an Paul Mendelssohn vom 26. (?) August 1846.
503: [7] Zitiert nach Scholes, Mirror, Bd. I, S. 80 [BXVI]. Der Herausgeber, Dr. Scholes, ein ausgezeichneter Kenner der Zeit, weist auch sofort in seinem Kommentar auf die Diskrepanz dieser Kritik mit anderen zeitgenössischen Berichten hin.
[8] Ebd. S. 81.
[9] Brief an Livia Frege vom 31. August 1846. Andere zeitgenössische Berichte in Edwards, History, S. 88ff. [ZS IV].
[10] Bei der Aufführung von Händels *Coronation Anthem* («Zadok the Priest») wußte man erst im letzten Augenblick, daß das einleitende Rezitativ nicht vorhanden war. Mendelssohn sprang ein und komponierte in ein paar Minuten das fehlende Stück für Tenor, Streicher und 2 Trompeter in Händelschem Stil. Das Rezitativ findet sich in: Edwards, History, S. 93/94 [ZS IV], ein Faksimile des Autographs in Scholes, Mirror, Bd. I, Tafel S. 80. [BXVI].
[11] Moscheles, Leben, S. 157 [BV].
[12] Der letzte Tag brachte ein Super-Monster-Circus-Konzert; der Kuriosität halber geben wir das Programm: wenn es etwas wie musikalische Indigestion wegen Überfüllung gibt, müssen die Hörer jenes Konzerts sie verspürt haben.

Teil I:

Ouvertüre zu Joseph	Méhul
Psalm 93 für Chor, Orchester, 6 Soli	Moscheles

Teil II:

Kyrie, Gloria, Sanctus and Benedictus aus der *Missa Solemnis*	Beethoven
Hallelujah aus *Christus am Ölberg*	Beethoven
Hymne an die Gottheit für Gesangs-Soli und Orgel	Spohr
Coronation Anthem	Händel

504: [13] Sein Briefwechsel mit seinem englischen Verleger Mr. Buxton, der sich nahezu vollständig in der Library of Congress, Washington, befindet, enthält viele selbstkritische Bemerkungen Mendelssohns. Eine davon nennt seinen Hang zu Revisionen «a dreadful disease», in einem andern Brief nennt er ihn «a veritable folly.» Moscheles reagierte auf die Revisionsarbeiten am *Elias* mit den Worten: «Dein Genius verlangt zuviel... wende Deine Kräfte nun neuen Werken zu!» Moscheles, Leben, Bd. II, Tagebucheintrag vom 27. Oktober 1846 [BV].
[14] Brief an Klingemann vom 6. Dezember 1846 [A]. Eine genaue Liste der revidierten und geänderten Stellen findet sich in Groves Artikel «Mendelssohn» [A] (jetzt separat erschienen) und in: Edwards, History, S. 997 [ZSIV].
[15] Mendelssohns Arzt wollte seinen Diener ins Spital schaffen, weil er nicht Zeit habe, Domestiken auf die Dauer zu behandeln. Felix hatte dem Arzt klar gemacht, daß Krebs ein Mitglied seines Hauses sei wie jedes andere und daß er eine Weigerung als eine persönliche Beleidigung ansehen würde. Noblesse oblige!
505: [16] Klingemann, S. 317 [A].

[17] Trotz aller Dokumente, die Mendelssohns selbstlose Freundschaft für die Schumanns bezeugen und von denen wir hier einige vorgelegt haben, will das böswillige Gerede über Mendelssohns Doppelzüngigkeit Schumann gegenüber nicht aufhören. Gibt es einen besseren Beweis des guten Willens als die Selbstverleugnung, die Mendelssohn in dieser Angelegenheit an den Tag legte?

506: [18] Wie treffend hat Mendelssohn hier das Scheitern der Revolution von 1848 – die er selbst nicht mehr erlebte – vorausgeahnt! Und ebenso hat er das Scheitern jeder andern deutschen Revolution gefürchtet in einem unveröffentlichtem Brief an seinen Bruder Paul, in dem es heißt: «Wir Deutschen taugen nun einmal nicht zu einer Revolution, weil keine uns taugen wird.»

[19] Brief an Dirichlet vom 4. Januar 1847.

[20] Unveröffentlichter Brief an Beckchen vom 24. Juli 1847.

[21] Vgl. Roland Nitsche, Von Hegel bis Droysen: Wandlungen der deutschen Geschichtsauffassung, in: *Monat,* Oktober 1960, S. 62.

507: [22] Ebd. S. 67. Ähnlich empfand Prinz Albert; vgl. Letters of the Prince Consort, Hg. K. Jagow, New York 1938.

[23] Mendelssohn glaubte fest an die Wahrheit des alten Sprichwortes: «Man schläft sich gesund, man lacht sich gesund, man trinkt sich gesund.»

[24] Am Karfreitag (2. April) dirigierte Mendelssohn noch in Leipzig seinen *Paulus.*

[25] Brief Mendelssohns an die Society vom 7. Oktober 1846.

[26] Vgl. Edwards, History, S. 120f. [ZSIV], wo einige der Briefe wiedergegeben sind. Der Grund, warum Mendelssohn die Reise aufschieben wollte, lag darin, daß Staudigl, der erste «Elias,» nun nicht verfügbar war. Er wurde durch Mr. Henry Philipps ersetzt, von dessen Leistungen Mendelssohn nicht überwältigt war.

508: [27] Als der Meister das Orchester betrat, intonierte dieses spontan den Chorus aus Händels *Judas Maccabäus* (eigentlich aus *Josua*) «Seht, er kommt mit Preis gekrönt.»

[28] Wie sehr Prinz Albert aus den Herzen der Engländer sprach, möge man aus Chorleys Worten ersehen. «Niemals gab es einen ausländischen Künstler, dessen Liebe und Verständnis für England der seinen [Mendelssohns] gleichgekommen wären». Vgl. Elkin, S. 45.

[29] «Eine brillante Ausführung [eines Musikstückes] wurde nicht verlangt oder als wichtig empfunden; denn Musik gehörte zur ‹eleganten Bildung› der Gesellschaft.» (Vgl. F. E. Benson, As we were, London 1930, S. 19/20). Ebd.: «Musik, damals wie heute (!), war für die Mehrheit des Volkes ein «elegantes Kunststück». («fashionable stunt»!) Wie ernst dagegen Prinz Albert Mendelssohns Musik nahm, möge man aus seinem Brief an König Friedrich Wilhelm IV. vom 13. Juni 1842 ersehen. Darin spricht er des längeren von Mendelssohns Bedeutung und Plänen.

[30] Vgl. Letters of the Prince Consort, S. 138.

509: [31] Vgl. Grove, Dictionary, Artikel «Mendelssohn», S. 413 (nach W. Bartholomew) [A].

[32] Vgl. Holland-Rockstro und Bulman, S. 155f., beide [BXVIII]. Das Debüt fand am Abend des 4. Mai statt; am selben Tag war Mendelssohn schon in der Beethoven Quartet Society aufgetreten, wo er Beethovens c-moll-Variationen und sein eigenes Trio in c-moll spielte.

[33] von Bunsen, Bd. II, S. 129ff. [BXVI].

510: [34] Jener andere Mendelssohn – es war FMBs Cousin Arnold – war auf seltsame Weise in den Lassalle-Hatzfeld-Prozeß verwickelt. Mehr über diese merkwürdige Persönlichkeit findet sich in Felix Gilberts Buch «Bankiers, Künstler und Gelehrte» (Briefe der Familie Mendelssohn) Tübingen 1972.

[35] Zweifellos eine Paraphrase von Voltaires «Ecrasez l'infâme!»

[36] Aus dem Brief geht nicht hervor, ob Mendelssohn meint, daß die Philister (oder die «wenigen Leute») recht behalten. Der Ton des ganzen Briefes ist tief pessimistisch.

[37] Brief an Klingemann vom 29. Juli 1847 [A].
511: [38] Brief an Droysen vom 5. April 1847 [A].
[39] Chorley, Music: «The last Days of Mendelssohn» [BIV].
[40] Brief an Klingemann vom 3. Oktober 1847 [A].
512: [41] Unveröffentlichter Brief an Beckchen vom 24. Juli 1847.
[42] Chorley, Music, S. 383ff. [BIV].
[43] Chorley glaubt, daß Vorverhandlungen zwischen der Grand Opéra und Mendelssohn schon stattgefunden hatten; in der Korrespondenz Mendelssohns findet sich aber kein Anzeichen, welches diese Vermutung bekräftigen wurde.
[44] Chorley, Music, S. 392 [BIV].
516: [45] Vgl. Polko, Erinnerungen, S. 178ff. [A].
[46] Moscheles, Leben, Bd. II, S. 180f. [BV].
518: [47] Vgl. Brief Bendemanns im Briefwechsel mit Droysen, S. 365f. [A].
520: [48] Vgl. die sorgfältige und ausführliche Studie über «Felix Mendelssohn Bartholdys Nachlaß» von Rudolf Elvers, der alle wesentlichen Elemente des legalen und künstlerischen Problems erörtert (in: Dahlhaus, Problem, S. 47ff.) [BVII].
521: [49] Das von Cécile Mendelssohn angefertigte Verzeichnis der «vorgefundenen musikalischen Kompositionen» (Sommer 1848) befindet sich in der Oxforder Bodleian Library.
522: [50] Vgl. meine Studien «New Light on the Family Mendelssohn» (in: *Hebrew Union College Annual);* «The Family Letters of Felix Mendelssohn Bartholdy» (in: *New York Public Library Bulletin,* Januar 1961); New Sources of Felix Mendelssohn Bartholdy (in: *Notes*); Felix Mendelssohn Bartholdy (in: MGG).
523: [51] Vgl. Kap. 13.
[52] Somit wären die Nachkommen des Komponisten berechtigt gewesen, die Herausgabe der Handschriften von der Staats-Bibliothek auf dem Rechtswege zu erlangen. Allein sie waren alle gute deutsche Patrioten. Zur Belohnung dafür wurden die meisten von ihnen unter Hitler enteignet oder vertrieben und die alte Firma der Mendelssohn-Bank «liquidiert».
525: [53] Mendelssohn scheint das *Te Deum* schon 1832 komponiert zu haben, und hat es 1847 einer gründlichen Revision unterzogen. Vgl. seinen Brief vom 22. 8. 1832, in: *Musical Times,* Oktober 1903, S. 652.
526: [54] Das Autograph des Plans zum *Christus* ist bei einem Brand in Hamburg 1931 oder 1932 verschwunden.
[55] Vgl. den Brief von Moscheles an Professor Fischhof, vom 7. November 1847 (in: *Die Musik,* VIII, Heft 9).
[56] Vgl. Kretzschmar, Führer, 3. Auflage, II, 2, S. 350 [B VII].
528: [57] Kierkegaard, S. 263f., 275 [BXIV].

Kap. 20: Mendelssohn und die Nachwelt.

531: [1] Vgl. R. Capell, Mendelssohn after 100 Years, in: *Hallé-Magazine,* London, August-September 1947.
532: [2] Lars U. Abraham in: Dahlhaus, Problem, S. 83f. [BVII].
[3] Fr. Schiller, Über Bürgers Gedichte.
[4] Riehl, Bd. I [BXI].
533: [5] Chorley, Music, S. 400f. [BIV]. In ganz ähnlicher Weise äußert sich M. Hauptmann in seinen Briefen an F. Hauser (Brief vom 22. Februar 1858) [BXVI].
[6] Hier erlaubt sich Wagner einen Seitenhieb auf die Synagogenmusik seiner Zeit. «Mögen wir diese musikalische Gottesfeier in ihrer ursprünglichen Reinheit auch noch so edel und erhaben uns vorzustellen gesonnen sein, so müssen wir desto bestimmter ersehen, daß diese Reinheit nur in allerwiderwärtigster Trübung auf uns gekommen ist.» Dies war von Wagner ursprünglich ganz naiv und ehrlich so gemeint und ausgesprochen worden (1850). Daß aber der Dichter der «Meistersinger,» der sich mittlerweile weit von jener Naivität entfernt hatte und in der genannten Oper ausruft:

«Daß unsre Meister sie gepflegt
Grad recht nach ihrer Art,
Nach ihrem Sinne treugehegt,
Das hat sie echt bewahrt:
Blieb sie nicht adlig, wie zur Zeit,
Wo Höf' und Fürsten sie geweiht
Im Drang der schlimmen Jahr',
Blieb sie doch deutsch und wahr:
Und wär' sie anders nicht geglückt,
Als wie wo Alles drängt und drückt,
Ihr seht, wie hoch sie blieb in Ehr':
Was wollt Ihr von den Meistern mehr?»

zeigt, daß Wagner gelernt hatte, Kulturgeschichte ohne «Wertpostulate» zu verstehen. Denn die Parallele mit der Synagogenmusik liegt hier offen zutage; aber der reifere Wagner hat trotzdem den Passus nicht ausgemerzt.

534: [7] In: *Bayreuther Blätter*, Februar-März 1881/2.

[8] D. Paulus Cassel, Der Judengott und Richard Wagner, Berlin 1886, S. 36/7. Man sollte auch nicht vergessen, daß manches aus dieser antisemitischen Welle von gewissen Juden gerne mitgemacht wurde. Es gab nicht wenige Juden, die zu den streitbarsten Wagnerianern gehörten, und sie würden wohl eine eingehende Betrachtung lohnen.

[9] Vgl. Uhlig, S. 168.

536: [10] Vgl. Marx, Musik, S. 80 [B IV].

[11] Ebd. S. 221.

[12] Als rühmliche Ausnahmen wären hier nur Max Reger und seine Schüler zu nennen, vielleicht noch Cyril Scott und Camille Saint-Saëns.

537: [13] Vgl. Ernest Walker, «Mendelssohn» in: *The Manchester Guardian,* February 3, 1909.

[14] Rolland [A] und [B XIII].

[15] Vgl. E. Dent, Ferruccio Busoni, London 1933, S. 267.

538: [16] Vgl. Schering, Kunstwerk, S. 79.

539: [17] Vgl. Lang, S. 811.

[18] Blessinger, S. 58f.

541: [19] Vgl. *Musical Times,* London 1947, Oktober-Nummer, Leitartikel.

[20] Vgl. Einstein, Romantik, S. 150 [B VI].

[21] Vgl. Bücken, S. 105 [B VI].

[22] Vgl. Schering, Kunstwerk, S. 67.

542: [23] Vgl. Haecker, S. 89–90. S. Zwischenspiel I.

543: [24] Goethe, Über Italien.

[25] Vgl. bei Curtius das Kapitel «Manierismus».

[26] Vgl. Hocke, S. 10/11.

[27] Zitiert nach Hocke, S. 212/13.

544: [28] Hofmann, Manier und Stil.

[29] Es ist hier wohl zu beachten, daß Beethoven nicht das Goethesche Gedicht «zum Vorwurf» nimmt, sondern es auskomponiert, im Gegensatz zu Mendelssohn.

545: [30] G. R. Hocke, Manierismus in der Literatur, Hamburg 1959, Bd. II, S. 200f.

[31] Novalis: «In der Musik erscheint die Mathematik förmlich als Offenbarung, als schaffender Idealism»; Ders. «Wie wenig hat man noch die Physik für das Gemüt, und das Gemüt für die Außenwelt benutzt!» Novalis, Werke, Leipzig-Wien o.J., Hg. H. Friedemann, Fragmente Nr. 1139–1152.

LITERATURVERZEICHNIS [A]

Abkürzungen siehe Seite 548

ALLGEMEINE LITERATUR

FELIX MENDELSSOHN BARTHOLDY, Briefe aus den Jahren 1829–1847 an verschiedene Adressaten, vor allem an seine Familie, mit Einschluß der Reisebriefe. Hg. von Paul Mendelssohn Bartholdy und Karl Mendelssohn Bartholdy. 1. Auflage Leipzig 1861, 7. Auflage Leipzig 1899. Stark «frisierte» und oft gekürzte Auswahl. *(FMBB* und *RB)*

SEBASTIAN HENSEL, Die Familie Mendelssohn. 1. Auflage Berlin 1879. Hier wurde meistens die 17. Auflage benützt, Berlin-Leipzig 1921. *(HFM)*

Über den Aufenthaltsort der über 8000 handschriftlichen Briefe Mendelssohns hat der Verfasser zunächst in seinem Aufsatz «The Family Letters of FMB» (in: *Bulletin of the New York Public Library,* Januar 1961) berichtet, sowie über andere Sammlungen in: *Notes,* XII, März 1955. Im übrigen darf er auf seinen großen Artikel FMB in: *Musik in Geschichte und Gegenwart (MGG),* Kassel, Basel, New York 1949ff. verweisen, in dem alle ihm bekannten Brieforte genannt werden. Der größte Teil der an FMB gerichteten Briefe befindet sich in den sogenannten *Grünen Büchern* in der Bodleian Library, Oxford. Siehe auch das Vorwort dieses Buches. Unveröffentlichte Familienbriefe werden häufig als *UFB* zitiert.

Veröffentlicht sind die folgenden Briefwechsel und Briefsammlungen:

F. DAVID UND FMB (in: Ferdinand David und die Familie Mendelssohn-Bartholdy, Leipzig 1888. Enthält 30 Briefe). *(David)* Zuletzt auch FMB, Briefe aus Leipziger Archiven, VEB, Leipzig 1971.

E. DEVRIENT, Meine Erinnerungen an FMB (mit 33 Briefen), 1. Auflage Leipzig 1869. Hier wurde die 3. Auflage, Leipzig 1891, benutzt. *(Devrient, Erinnerungen)*

J. G. DROYSEN UND FMB, hg. von C. Wehmer unter dem Titel «Ein tief gegründet Herz», Heidelberg 1959. *(Droysen)*

GOETHE UND FMB, hg. von Karl Mendelssohn Bartholdy, Leipzig 1871. Hier wurde die zweite, englische, Ausgabe benutzt, die 37 sonst nirgends greifbare Briefe enthält, London 1874. *(KMB)*

GOETHE UND FMB, Teilpublikation in: *Goethe-Jahrbuch* XII, 1891. *(Goethe-Jahrbuch)*

GOETHE UND ZELTER, hg. von Max Hecker, Leipzig 1913–1919 (nach der 1. von F. W. Riemer herausgegebenen Auflage, Berlin-Weimar 1834). *(GZB)*

F. HILLER, FMB, Briefe und Erinnerungen, 2. Auflage, Köln 1878. *(Hiller, FMB)*

Aus HILLERS Briefwechsel (1826–1831), hg. von R. Sietz. *(Hiller-Sietz)*

CARL KLINGEMANN UND FMB, hg. von Karl Klingemann, Essen 1909. *(Klingemann)*

Briefe von FMB an Aloys Fuchs, hg. von E. Hanslick (in: *Deutsche Rundschau*). *(Fuchs)*

FMB, Briefe an Ignaz und Charlotte Moscheles, Leipzig 1888; hier wurde die englische Ausgabe benutzt, hg. von Felix Moscheles, Boston 1888. *(Moscheles)*

E. POLKO, Erinnerungen an FMB (Mit 12 Briefen), Leipzig 1868; hier wurde die englische Ausgabe benutzt. *(Polko, Erinnerungen)*

JULIUS SCHUBRING UND FMB, hg. von Julius Schubring jr., Leipzig 1892. *(Schubring)*
H. THOMPSON, Some Letters of FMB (in: *Musical Times,* Bd. 64, London 1913. *(Thompson)*

LEXIKA UND ENZYKLOPÄDIEN

Sir GEORGE GROVE, Dictionary of Music and Musicians, 4. Auflage, London-Oxford. *(Grove, Dictionary)*
LAVIGNAC, Encyclopédie de la Musique, Paris 1914ff., Bd. II–IV. *(Lavignac, Encyclopédie)*
Musik in Geschichte und Gegenwart, Kassel, Basel, New York 1949ff. *(MGG)*

WIEDERHOLT BENÜTZTE QUELLENWERKE

ROBERT SCHUMANN, Gesammelte Schriften über Musik und Musiker, hg. von H. Simon, Reclam, Leipzig 1883. *(Schumann, Schriften)*
ERNST WOLFF, Felix Mendelssohn Bartholdy, Berlin 1906. *(Wolff, FMB)*

LITERATURVERZEICHNIS [B] und [ZS]

ZU DEN EINZELNEN KAPITELN

Kap. 1

W. DILTHEY, Das Erlebnis und die Dichtung, 5. Auflage, Berlin 1916. *(Dilthey, Erlebnis)*
Jahrbuch der Sammlung Kippenberg, insbesondere Band IV und VII, Leipzig 1926. *(Kippenberg-Jahrbuch)*
J. KATZ, Die Entstehung der Judenassimilation in Deutschland, Frankfurt 1936 *(Katz, Judenassimilation)*
M. KAYSERLING, Die jüdische Literatur von Moses Mendelssohn bis auf die Gegenwart (in: Winter und Wünsche, Die jüdische Literatur III). *(Kayserling, Literatur)*
A. MENDELSSOHN BARTHOLDY, Felix Mendelssohn Bartholdy, Beitrag zur Geschichte seines Lebens und seiner Familie (Sonderdruck der *Frankfurter Zeitung,* Nr. 31, vom 31. Januar 1909). *(A. Mendelssohn Bartholdy)*
MOSES MENDELSSOHN, Gesammelte Werke, hg. von B. Mendelssohn, Leipzig 1843–1846. *(MM Werke)*
– Jubiläumsausgabe der Gesammelten Schriften und Briefe, hg. von F. Bamberger u.a., Berlin 1929–1933; wieder aufgenommen Stuttgart 1971. *(MM-Jubiläumsausgabe)*
J. PETITPIERRE, Le mariage de Mendelssohn, Paris und Bern 1937. *(Petitpierre)*
N. REMY, Das jüdische Weib, Berlin 1892. *(Remy)*
E. F. SCHMIDT, C. Ph. E. Bach und seine Kammermusik, Kassel 1930–1932. *(Schmidt, C. Ph. E. Bach)*
G. SCHÜNEMANN, Die Bachpflege der Berliner Singakademie (in: *Bach-Jahrbuch,* Leipzig 1928). *(Schünemann, Bachpflege)*
– Die Singakademie zu Berlin (1791–1941), Berlin 1941. *(Schünemann, Singakademie)*
H. SPIEL, Fanny Arnstein oder die Emanzipation, Berlin 1962. *(Spiel, Arnstein)*
S. STERN-TÄUBLER, The First Generation of Emancipated Jews (in: *Yearbook XV of the Leo Baeck Institute,* London 1970). *(Stern-Täubler, Jews)*
H. WEIL, Die Entstehung des deutschen Bildungsprinzips, Berlin 1930. *(Weil, Bildungsprinzip)*

Kap. 2

J. CHR. LOBE, Erinnerungen an FMB (in: *Gartenlaube,* 1867, No. 1). *(Lobe)*
J. LÖWENBERG, Onkel Bartholdy (in: *Frankfurter Zeitung,* Januar 1909. *(Löwenberg)*
A. B. MARX, Erinnerungen aus meinem Leben, Berlin 1865. *(Marx, Erinnerungen)*
L. RELLSTAB, Gesammelte Schriften, Erinnerungen und Kritiken, 24 Bände, Leipzig, Neuausgabe 1861. Darin «Aus meinem Leben» (Bd. I–II). *(Rellstab, Leben)*
ADELE SCHOPENHAUER, Tagebücher, Leipzig 1909. *(Adele Schopenhauer, Tagebücher)*
– Aus dem Leben einer Einsamen, Leipzig 1911. *(Adele Schopenhauer, Leben)*
YVONNE TIÉNOT, Mendelssohn, Paris 1972. *(Tiénot)*
K. A. VARNHAGEN VON ENSE, Denkwürdigkeiten, besonders Band IX und Nachlaß, Leipzig 1837–46, 1853–59, 1862–63. *(Varnhagen von Ense)*

Kap. 3

J. G. FICHTE, Beiträge zur Berichtigung des Urteils des Publikums über die französische Revolution, Heliopolis 1793. *(Fichte, Beiträge)*
G. SCHOLEM, Deutsche und Juden, Frankfurt 1967. *(Scholem)*
E. WERNER, A Voice Still Heard... (The Songs of the Ashkenazic Synagogue), New York-London 1977). *(Werner, A Voice)*

Kap. 4

A. BAER, Der practische Vorbeter, 1. Auflage Göteborg 1877 (Nachdruck: Sacred Music Press, New York, 1952/53). *(Baer, Vorbeter)*
H. BERLIOZ, Lebenserinnerungen, hg. von H. Scholz, 2. Auflage, München o.J. *(Berlioz, Erinnerungen)*
H. F. CHORLEY, Modern German Music, London 1854/5. *(Chorley, Music)*
R. ELVERS, Zur Enstehungsgeschichte des Librettos von FMBs Oper «Die Hochzeit des Camacho», Berlin und Basel 1976. *(Elvers)*
O. VON GREYERZ, Im Röseligarte, Bern 1907. *(von Greyerz)*
E. T. A. HOFFMANN, Gesammelte Schriften, Serapionsausgabe, Leipzig 1922. *(Hoffmann, Schriften)*
A. B. MARX, Die Musik des 19. Jahrhunderts, Leipzig 1855. *(Marx, Musik)*
W. S. NEWMAN, The Sonata since Beethoven, Chapel Hill 1969. *(Newman)*
A. REICHA, L'art du compositeur dramatique, Paris 1833. *(Reicha)*
A. SCHERING, Geschichte des Instrumentalkonzerts, Leipzig 1905. *(Schering, Instrumentalkonzert)*
G. SCHÜNEMANN, Die Jugendopern FMBs (in: *Zeitschrift für Musikwissenschaft,* Berlin 1923). *Schünemann, Jugendopern)*
R. WAGNER, Erinnerungen an Spontini (in: Gesammelte Schriften und Dichtungen, hg. von J. Kapp, Leipzig 1911–14, Bd. V) *(Wagner, Spontini)*
RUDOLF WERNER, FMB als Kirchenmusiker, Frankfurt 1932. *(Rudolf Werner)*

Kap. 5

Aus MOSCHELES' Leben, Briefe und Tagebücher, hg. von Charlotte Moscheles, Leipzig 1872/3. *(Moscheles, Leben)*
– Englische Ausgabe: Diaries, London 1873. *(Moscheles, Diaries)*
A. WEISSMANN, Berlin als Musikstadt, Berlin 1911. *(Weissmann)*

E. WERNER, New Light on the Family Mendelssohn (in: *Hebrew Union College Annual,* Cincinnati 1955). *(Werner, New Light)*

Kap. 6

G. ABRAHAM, A Hundred Years of Music, 3. Auflage, London 1864. *(Abraham)*
H. BERLIOZ, Musicien errant, Hg. Tiersot, Paris 1919. *(Berlioz, Musicien)*
E. BLOCH, Das Prinzip Hoffnung, Frankfurt 1959. *(Bloch, Hoffnung)*
– Geist der Utopie, Frankfurt 1964. *(Bloch, Utopie)*
– Zur Philosophie der Musik, Frankfurt 1974. *(Bloch, Musik)*
FR. BLUME, Die Romantik (in: *Epochen der Musikgeschichte),* Kassel-Basel 1974. *(Blume, Romantik)*
E. BÜCKEN, Die Musik des 19. Jahrhunderts, Potsdam 1931/2. *(Bücken)*
TH. DEVRIENT, Jugenderinnerungen, Stuttgart 1903. *(Th. Devrient, Jugenderinnerungen)*
A. EINSTEIN, Music in the Romantic Era, New York 1947. *(Einstein, Romantic Era)*
– Die Romantik in der Musik, Vaduz 1950. *(Einstein, Romantik)*
M. GECK, Die Wiederentdeckung der Matthäuspassion im 19. Jahrhundert, Regensburg 1967. *(Geck)*
F. W. HEGEL, Vorlesungen über Ästhetik, Berlin 1842. *(Hegel, Ästhetik)*
F. KRUMMACHER (in: *Das Problem Mendelssohn,* hg. von C. Dahlhaus, Regensburg 1974). *(Krummacher)*
A. PRÜFER, S. Bach und die Tonkunst des 19. Jahrhunderts, Leipzig 1901. *(Prüfer, Bach)*
FR. ROCHLITZ, Für Freunde der Tonkunst, 3. Auflage, Leipzig 1868. *(Rochlitz)*
A. SCHERING, Bachs Textbehandlung, Leipzig 1900. *(Schering, Textbehandlung)*
J. SCHUBRING, Erinnerungen an FMB (in: *Daheim,* 1866). *(Schubring, Erinnerungen)*
A. SCHWEITZER, J. S. Bach. 1. deutsche Ausgabe Leipzig 1908; 2. (erweiterte englische) Ausgabe, hg. von E. Newman. Der Neudruck dieser Ausgabe (London 1955) und der deutschen Ausgabe von 1911 wurden hier meistens benutzt. *(Schweitzer)*
PH. SPITTA, J. S. Bach, 4. Auflage, Leipzig 1930. *(Spitta, Bach)*

Kap. 7

G. ADLER, Der Stil in der Musik, Leipzig 1911. *(Adler)*
TH. ADORNO, Philosophie der Neuen Musik, Frankfurt/M. 1958. *(Adorno, Philosophie)*
J. BARZUN, Berlioz and the Romantic Century, Boston 1950. *(Barzun, Berlioz)*
H. VON BÜLOW, Ausgewählte Schriften, hg. von Marie von Bülow, Leipzig 1896. *(von Bülow)*
F. BUSONI, Entwurf einer neuen Ästhetik der Tonkunst, Leipzig o. J. *(Busoni, Ästhetik)*
C. DAHLHAUS (Herausgeber), Das Problem Mendelssohn, Regensburg 1974. *(Dahlhaus, Problem)*
– Musikästhetik, Köln 1967. *(Dahlhaus, Musikästhetik)*
W. FISCHER, Zu FMBs hundertstem Todestag (in: *Österreichische Musikzeitschrift,* Wien, Oktober-November 1947). *(Fischer, Todestag)*
H. KRETZSCHMAR, Führer durch den Konzertsaal, 4. Auflage, Berlin-Leipzig 1916. *(Kretzschmar, Führer)*
J. CHR. LOBE, Consonanzen und Dissonanzen (Gespräche mit FMB), Leipzig 1869. *(Lobe, Consonanzen)*
F. NIEMETSCHEK, Leben des K. K. Capellmeisters Wolfgang Gottlieb Mozart, nach Originalquellen beschrieben, Prag, 1798, 2. Auflage Prag 1808. *(Niemetschek)*

L. SPOHR, Selbstbiographie, Leipzig 1860/1. *(Spohr)*
M. THOMAS, Das Instrumentalwerk Felix Mendelssohn Bartholdys, Göttingen 1972. *(Thomas, Instrumentalwerk)*
O. WESSELY, Bruckners Mendelssohn-Kenntnis (in: *Bruckner-Studien,* Österreichische Akademie der Wissenschaften, Wien 1975). *(Wessely)*

Zwischenspiel I

R. HAYM, Die Romantische Schule, 4. Auflage, Berlin 1920. *(Haym, Schule)*
R. HUCH, Die Blütezeit der Romantik, 10. Auflage, Leipzig 1920. *(Huch, Romantik)*

Kap. 8

J. W. DAVISON, Memoirs, London 1912. *(Davison)*
F. J. FÉTIS, Report on London Music (in: *Harmonicon,* London 1829). *(Fétis, Report)*
J. A. FULLER MAITLAND, English Music in the 19th century, London 1902. *(Fuller Maitland)*

Zwischenspiel II

H. HEINE, Rossini und FMB (in: Gesammelte Werke, Tempel-Klassiker, Bd. VIII, Leipzig o.J. *(Heine)*
E. WOLFF, Musikerbriefe (FMB), Berlin 1907. *(Wolff, Musikerbriefe)*

Kap. 9

H. BERLIOZ, Correspondance inédite, Paris 1878. *(Berlioz, Correspondance inédite)*
FR. BLUME, Goethe und die Musik, Kassel 1948. *(Blume)*
ECKERMANN, Gespräche mit Goethe, 1. Auflage 1823. *(Eckermann)*
CH. L. GRAVES, The Life and Letters of Sir George Grove, London 1903. *(Graves)*
E. HANSLICK, Aus meinem Leben, Berlin 1894. *(Hanslick)*
F. LISZT, Briefe an eine Freundin (in: F. Liszts Briefe, hg. von La Mara, 8 Bde., Leipzig 1893–1905), Brief vom 21. April 1858. *(Liszt, Briefe)*

Kap. 10

A. HEUSS, Das Dresdener Amen (in: *Signale*, 1904). *(Heuß)*
G. KINSKY, Musikhistorisches Museum von W. Heyer, Bd. 4, Autographen, Köln 1916. *(Kinsky)*
F. W. RIEMER, Mitteilungen über Goethe, Leipzig 1841. *(Riemer)*
W. TAPPERT, Das Gralthema aus Wagners Parsifal (in: *Musikalisches Wochen-Blatt* 1903, Nr. 31/1). *(Tappert)*
R. WAGNER, Gesammelte Schriften und Dichtungen, Leipzig 1911–1914. *(Wagner, Schriften)*

Kap. 11

J. ALF, Die Niederrheinischen Musikfeste (in: *Düsseldorfer Jahrbuch* 1942). *(Alf)*
– Geschichte und Bedeutung der Niederrheinischen Musikfeste in der ersten Hälfte des 19. Jahrhunderts, Freiburg 1940. *(Alf, Geschichte)*
A. BECHER, Das Niederrheinische Musikfest, Köln 1836. *(Becher)*
F. J. FÉTIS, Biographie universelle des Musiciens, 2. Auflage, Paris 1860. *(Fétis, Biographie universelle)*

R. B. GOTCH, Mendelssohn and his friends in Kensington, London 1934. *(Gotch)*
O. JAHN, Gesammelte Aufsätze über Musik, Leipzig 1866. *(Jahn, Aufsätze)*
A. JULLIEN, Airs variés, Paris 1877 («Mendelssohn à Paris»). *(Jullien)*
W. H. RIEHL, Musikalische Charakterköpfe, 2. Auflage, Leipzig 1927. *(Riehl)*

Kap. 12

W. BOETTICHER, Robert Schumann in seinen Schriften und Briefen, Berlin 1942. *(Boetticher, Schumann)*
A. CARSE, The Orchestra from Beethoven to Berlioz, New York 1919. *(Carse)*
A. DÖRFFEL, Festschrift zur hundertjährigen Jubelfeier des Gewandhauses, Leipzig 1881. *(Dörffel, Festschrift)*
E. KNESCHKE, Die hundertfünfzigjährige Geschichte der Leipziger Gewandhauskonzerte, Leipzig 1956. *(Kneschke, Gewandhauskonzerte)*
H. RIEMANN, Geschichte der Musik seit Beethoven, Stuttgart 1901. *(Riemann, Geschichte)*
F. SCHMIDT, Das Musikleben der bürgerlichen Gesellschaft Leipzigs im Vormärz, Langensalza 1912. *(Schmidt, Musikleben)*
R. SCHUMANN, Erinnerungen an FMB. Autograph-Faksimile-Druck, hg. von G. Eismann, Städtisches Museum, Zwickau 1948.
G. SCHÜNEMANN, Geschichte des Dirigierens, Berlin-Leipzig 1913. *(Schünemann, Dirigieren)*
R. WAGNER, Mein Leben, München 1911 (in: Gesammelte Schriften und Dichtungen, Leipzig 1911–14. *(Wagner, Leben)*
R. WAGNER, Über das Dirigieren (in: Gesammelte Schriften und Dichtungen, Leipzig 1911–14). *(Wagner, Dirigieren)*

Kap. 13

TH. MARX, A. B. Marx' Verhältnis zu FMB, Leipzig 1869. *(Therese Marx)*
R. ROLLAND, L'Ecole romantique (in: *Lavignac, Encyclopédie de la Musique,* 2. Auflage, Paris 1913). *(Rolland)*

Kap. 14

H. F. CHORLEY, Autobiography, London 1873. *(Chorley)*
O. E. DEUTSCH, The Schubert Reader, New York 1947. *(Deutsch, Schubert)*
E. HANSLICK, Geschichte des Konzertwesens in Wien, Wien 1869. *(Hanslick, Konzertwesen)*
S. KIERKEGAARD, Entweder – Oder, Diederichs-Verlag, Wiesbaden. *(Kierkegaard)*
B. LUMLEY, Reminiscences of the Opera, London 1864. *(Lumley)*
CLARA NOVELLO, Reminiscences, London 1910. *(Novello)*
J. R. PLANCHÉ, Recollections and Reflections, London 1871. *(Planché)*
W. J. VON WASIELEWSKI, Aus siebzig Jahren Lebenserinnerungen. Stuttgart und Leipzig 1897. *(von Wasielewski)*

Zwischenspiel III

COSIMA WAGNER, Die Tagebücher 1869–1883, München-Zürich, 1976/7. *(Cosima Wagner, Tagebücher)*
R. WAGNER (pseudonym K. Freigedank), Das Judenthum in der Musik, 1848, 2. erweiterte Auflage 1869. *(Wagner, Judentum)*

– Über das Opern-Dichten und Componieren (in: *Bayreuther Blätter,* 1879, Bd. II, S. 249f.). *(Wagner, Opern-Dichten)*
R. WAGNER, Sämtliche Briefe, VEB Deutscher Verlag für Musik, Leipzig 1970. *(Wagner, Briefe)*

Kap. 15

M. FRIEDLAND, Zeitstil und Persönlichkeit in den Variationswerken der Romantiker, Leipzig 1930. *(Friedland, Zeitstil)*
A. LORENZ, Das Geheimnis der Form bei R. Wagner, Berlin 1924–33. *(Lorenz, Geheimnis)*
A. B. MARX, Die Lehre von der musikalischen Komposition, 2. Auflage 1848. *(Marx, Lehre)*
R. WAGNER, Das Kunstwerk der Zukunft. *(Wagner, Kunstwerk)*

Kap. 16

A. BÖCKH, Des Sophokles Antigone, Griechisch und Deutsch, Leipzig 1884. *(Böckh, Antigone)*
JOSIAS FREIHERR VON BUNSEN, aus seinen Briefen geschildert von seiner Witwe, Leipzig 1869. *(von Bunsen)*
TH. HAECKER, Vergil, Vater des Abendlandes, München [7]1952. *(Haecker)*
CL. L. VON METTERNICH, Denkwürdigkeiten, München 1921. *(Metternich)*
P. SCHOLES, The Mirror of Music (1844–1944), Oxford 1947/8. *(Scholes, Mirror)*
M. THALMANN, Ludwig Tieck, Bern 1955. *(Thalmann, Tieck)*
O. WALZEL, Vom Geistesleben alter und neuer Zeit, Leipzig 1922. *(Walzel)*
E. WERNER, Mendelssohn–Wagner, eine alte Kontroverse in neuer Sicht (in: *Festschrift für K. G. Fellerer,* Köln 1973). *(Werner, Mendelssohn–Wagner)*

Kap. 17

F. G. EDWARDS, Mendelssohn's Organ Sonatas, in: *Musical Times,* London 1. Dezember 1901. *(Edwards, Sonatas)*
S. GROSSMANN;VENDREY, Stilprobleme in FMBs Orgelsonaten (in: *Das Problem Mendelssohn,* Hg. C. Dahlhaus, Regensburg 1974). *(Großmann-Vendrey)*
J. W. G. HATHAWAY, Analysis of FMB's Organworks, London 1898. *(Hathaway)*
M. HAUPTMANN, Briefe an F. Hauser. Hier wurde die englische Ausgabe in 2 Bd. benutzt: The Letters of a Leipzig Cantor, übersetzt von A. D. Coleridge, London 1894. *(Hauptmann–Hauser)*
F. NIETZSCHE, Gesammelte Schriften, Kröner Taschenbuch-Ausgabe, Leipzig 1922f. *(Nietzsche)*

Kap. 18

J. BULMAN, Jenny Lind, London 1956. *(Bulman)*
K. G. FELLERER, Geschichte der katholischen Kirchenmusik, Düsseldorf 1949. *(Fellerer)*
H. S. HOLLAND–W. S. ROCKSTRO, Jenny Lind, London 1891. *(Holland–Rockstro)*
U. LEUPOLD, Die liturgischen Gesänge der evangelischen Kirche in Aufklärung und Romantik, Kassel 1933. *(Leupold, Gesänge)*
J. FR. NAUE, Versuch einer musikalischen Agende, 2. Auflage, Halle 1833–45. *(Naue, Agende)*

E. NEWMAN, Life of Richard Wagner, London 1933–47. *(Newman, Wagner)*

F. T. ROHLEDER, Die musikalische Liturgie, Glogau 1828. *(Rohleder, Liturgie)*

FR. SCHLEIERMACHER, Praktische Theologie (in: Gesammelte Werke, Berlin 1835–60. *(Schleiermacher, Praktische Theologie)*

Zwischenspiel IV

F. G. EDWARDS, The History of Mendelssohn's Oratorio «Elijah», London 1896. *(Edwards, History)*

D. F. TOVEY, The Mainstream of Music, New York 1949. *(Tovey, Mainstream)*

Kap. 19

F. E. BENSON, As we were, London 1930. *(Benson)*

R. ELKIN, Royal Philharmonic, London 1947. *(Elkin)*

E. WERNER, The Family Letters of FMB (in: *New York Public Library Bulletin,* Januar 1961). *(Werner, Family Letters)*

– Artikel FMB in: Musik in Geschichte und Gegenwart. *(Werner, FMB)*

Kap. 20

K. BLESSINGER, Judentum und Musik, Berlin-Leipzig 1944. *(Blessinger)*

E. R. CURTIUS, Europäische Literatur und lateinisches Mittelalter, Bern 1953. *(Curtius)*

J. W. VON GOETHE, Einfache Nachahmung, Manier, Stil (in: Über Italien, Fragmente). *(Goethe, Über Italien)*

G. R. HOCKE, Die Welt als Labyrinth, Hamburg 1957. *(Hocke)*

W. HOFMANN, Manier und Stil in der Kunst des 20. Jahrhunderts (in: *Studium generale* 1955). *(Hofmann, Manier und Stil)*

P. H. LANG, Music in Western Civilisation, New York 1941. *(Lang)*

A. SCHERING, Vom musikalischen Kunstwerk, Leipzig 1949. *(Schering, Kunstwerk)*

FR. SCHILLER, Über Bürgers Gedichte. *(Schiller)*

M. THALMANN, Romantik und Manierismus, Stuttgart 1963. *(Thalmann, Romantik)*

TH. UHLIG, Musikalische Schriften, Regensburg 1913. *(Uhlig)*

R. WAGNER, Erkenne Dich selbst! (in: *Bayreuther Blätter,* Originalausgabe von Februar-März 1881/2). Einige besonders blutrünstige Stellen wurden in den späteren Ausgaben gemildert. *(Wagner, Erkenne)*

ANHANG I

A) UNVERÖFFENTLICHTES MANUSKRIPT VON VARNHAGEN VON ENSE

Abschrift:
«Dieser Aufsatz ist Anfangs April 1836 im Bette geschrieben, darf aber erst nach meinem Tode veröffentlicht werden. Varnhagen von Ense.

Ludwig Achim von Arnim und Moritz Itzig.
Ich glaube, es war bald nach seiner Verheirathung mit Bettina im Jahr 1811, daß Achim von Arnim die gräuelhafte Geschichte mit Moritz Itzig hatte. Bettina, als Frankfurterin im Judenhaß aufgewachsen, wollte in Berlin mit keinem Juden umgehn, machte aber doch eine Ausnahme für Mad. Sara Levy / hinter dem Packhof wohnend /, wo eine gewisse, ehrbar stolze Philisterei, in ausgebreiteten, und zum Theil auch vornehmen Gesellschaftsverbindungen sich geltend machte. Arnim hatte sich den Judenhaß gern angeeignet, und sprach ihn nach seiner Weise mit wunderlichen Späßen, und oft plumpen Muthwillen aus. Eines Tages war Bettina bei Mad. Levy zu einer großen Musik und Gesellschaft eingeladen, Arnim aber nicht, wie er denn auch nie seine Frau dorthin begleitet hatte. Plötzlich fällt ihm diesmal ein, er wolle auch hingehen, und weil ihm nicht nöthig dünkt, mit dem Judenhaus solche Umstände zu machen, so führt er die Sache aus, gleich wie er geht und steht...

Arnim hatte die bequeme Tracht [weite Plumphosen] auch für den Abend beibehalten, und erscheint so in der zahlreichen, geputzten Gesellschaft bei Mad. Levy. Die Wirthin, die ihn gar nicht erwartete, betreten und verlegen, nimmt sich bestens zusammen, Arnim aber thut ganz bequem, läßt kein Wort der Entschuldigung oder auch nur der Artigkeit hören, im Gegentheil, er macht mißfällige Späße, verletzt durch seine Launen die Anwesenden, und verursacht eine peinliche Störung für den ganzen Abend... Als er sich endlich entfernt hatte, brach von allen Seiten der Unwillen gegen ihn aus, besonders, da man von Mad. Levy hörte, er sei noch nie bei ihr gewesen, und dies das erstemal, daß er sie, ungebeten und unerwartet besucht habe... Mad. Levy schien in ihrem eigenen Hause beschimpft und verhöhnt worden zu sein. Gegen solche Ungebühr hielt ihr Neffe, Moritz Itzig, es für Pflicht, sie zu vertreten. Er schrieb daher folgenden Tages an Arnim sehr ernst und gemessen, um denselben, wegen seines unziemlichen Betragens gegen seine Tante zur Rechenschaft zu ziehen. Arnim, anstatt durch eine Entschuldigung Alles beizulegen, wies das Ansinnen mit höhnischer Verspottung ab. Nun erfolgte eine Ausforderung zum Zweikampf. Das dünkte Jenem doch zu arg, daß ein Judenjunge erst ihn lehren wolle, was sich schicke, und ihn dann noch gar herausfordere! Er eilte mit dem empfangenen Blatte nach dem Casino, rief dort alle Gemeinheit des Vorurtheils, und allen Dünkel des bevorrechteten Standes zu Hülfe, ließ sich von namhaften Edelleuten und Officieren eine Art Gutachten und Zeugniß ausstellen, daß er sich mit einem Juden gar nicht schlagen könne, und sandte dies, mit einem eigenen, ausführlichen Schreiben an Moritz Itzig.

Dieser, in gerechter Empörung, gab ihm zur Antwort: wer den Degen so unedel und feig versage, den werde der Stock zu treffen wissen.

Arnim achtete darauf nicht weiter, ging mit stolzem Lächeln umher, und hielt die Sache damit für abgethan.

Eines Nachmittags aber, als er baden wollte, und das Badeschiff an der Kurfürstenbrücke eben betreten hatte, sieht er bei seinem Erscheinen einen jungen Mann aufspringen, und unmittelbar darauf, ehe er sich noch besinnen und fassen kann, fühlt er gewaltige Stockschläge auf sich eindringen, begleitet von zornigen Ausrufen: «Niederträchtiger Schuft! Ehrlose Memme!» Der riesengroße Starke Arnim schrie um Hülfe, und erst nachdem die Herbeigeeilten sich des Angreifers bemächtigt hatten, entwand er sich der Züchtigung. Moritz Itzig aber nannte seinen Namen und erklärte mit wenig Worten, welcher Art der Handel sei, den er mit dem Edelmann habe, der sich nicht mit ihm schlagen, aber ihn beleidigen wolle... [Arnim] übergab die Sache dem Kammergericht. [Der Kammergerichtsrat J. E. Hitzig, ein Verwandter des inzwischen in der Schlacht bei Lützen gefallenen Moritz Itzig, bekam die Akten jener *chose célèbre* zur Einsicht und teilte seiner Schwester und andren Einzelheiten daraus mit.]...

[Arnim] bittet, nachdem er die Prügel bekommen hat, ihn vor dem wahnsinnigen Judenjungen zu schützen, der von Jugend auf krank und hypochondrisch gewesen sei. Wie niederträchtig feige, wie schlecht gelogen! Das Kammergericht sagt ihm aber auch in seiner Verurtheilung, daß von Wahnsinn nichts zu bemerken, daß er im Gegentheil sehr vernünftig sei. – Der Brief an Itzig, worin er ihm die sauberen Gutachten der Herren Chasot, Arnim, Quast, Barnekow, Rothenburg, Bardeleben, Möllendorf, Röder I, Hedemann, überschickt, ist in einem häßlichen Predigerton, bitteren Hohnes voll, neumodisch-ernst geschrieben... Er ist noch jung, er kann sich bessern, und darum will er ihm lieber diese Lehren geben, als das, was diese Herren ihm dictirt haben, nämlich Maulschellen, Peitschenhiebe und Stockschläge...

Das Kammergericht mußte natürlich den thätlichen Angriff bestrafen, that dies aber so gelind als möglich. Arnim trug die empfangenen Prügel, und diese Wendung, auf welche die hochfährtigen Adelsgesellen doch nicht gerechnet hatten, beugte ihren Übermut gar sehr. Sie hörten nun von allen Seiten die stärkste Mißbilligung, und ihnen selbst, denen die Standesehre noch eben so hoch gegolten hatte, erschien sie nun durch Arnim, der seinen Gegner, mit dem er sich nicht schlagen sollte, jetzt doch wenigstens todtstechen mußte, aufs Tiefste befleckt. – Sie schämten sich seiner, der nun auch ihnen für einen Feigling galt...

Moritz Itzig aber, seines Verhaftes bald entlassen, zeigte sich überall in Berlin ganz unbefangen und keck. Ihm sollte bald eine große Genugthuung werden! [Barnekow und einige seiner Kameraden widerriefen den häßlichen Brief, den sie an Itzig geschrieben hatten, und sagten sich von Arnim los.]...

Für Moritz Itzig war noch eine größere Genugthuung verhängt, welche der Geschichte erst den wahren Schluß gibt. Das Jahr 1813 kam heran, und rief alle Preußen zu den Waffen. Moritz Itzig eilte in die Reihen der Krieger zu treten, zeichnete sich durch Tapferkeit aus, und fand den Tod in der Schlacht von Groß-Görschen.

(Im Gegensatz des Juden, der in den Krieg zog, blieb Arnim der Edelmann auf seinem Gute sitzen, ließ die drei Kriegsjahre verstreichen, und trug allen Schimpf des Zuhausegebliebenen... Er empfand nun hart und bitter die, wenigstens zum Theil unverdiente Schmach, die er bei den Juden, auch als unverdiente, doch hatte richtig finden wollen, die Schmach, einem äußeren Schein und Vorurtheil grausam aufgeopfert zu werden!) Er hat unsäglich davon gelitten, man sah ihn mit verachtendem Mitleid an, niemand wollte näheren Umgang mit ihm...

Der Staatsrath Stägemann machte das beißende Epigramm: «Itzig und Arnim sind beide geblieben, jener bei Lützen, dieser hinter dem Ofen!»

Durch alle diese Erfahrungen kam indeß Arnim immer noch nicht zur rechten Erkenntniß, im Gegentheil bestärkte er sich in der Bitterkeit des Judenhasses, der aber fortan nur ihn selbst peinigte, und den er in hundert Fällen zu verläugnen gezwungen war. Denn während er seinen Schwager Savigny, auf den er stolz sich stützte, durch einen Juden Dr. Gans in seiner unangreifbar geträumten Stellung gründlich erschüttert sah, mußte er selbst, um die Aufführung eines seiner Stücke auf der Königstädter Bühne zu bewirken, sich demüthig um die Gunst mehrerer Juden, die dort Einfluß hatten, und noch dazu vergeblich, bemühen!...

Arnim war in seinem Innern gewiß nicht unedel, aber die Versäumnis wahrer Prüfung, das faule Hinnehmen überlieferter Vorurtheile und der Dünkel seiner Genialität, die er doch sehr überschätzte, wenn er sie auch nicht gänzlich entbehrte, dies Alles blendete und verwirrte ihn. – Er trug die Strafe des Sichgehenlassens in allen Richtungen, und hat besonders durch die Mißachtung gebüßt, die ihm als Schriftsteller widerfahren ist. Ich habe ihn oft bedauert und ihm öfters aufzuhelfen gesucht. Vielleicht wäre es gelungen, hätte er länger gelebt! V. v. E.»

[Unwesentlich gekürzt]

B) EIN UNVERÖFFENTLICHTER BRIEF MENDELSSOHNS AN SEINEN BRUDER PAUL, VOM 3. JULI 1841

«In den Riemerschen Mitteilungen über Goethe (1841, S. 419–30)... befindet sich eine gegen unseren seligen Vater gerichtete Stelle, welche ich entschlossen bin, nicht auf sich beruhen zu lassen.

Es wird nämlich an dieser Stelle behauptet, Vater habe an den Herausgeber der Zelter-Correspondenz einen anonymen, aber kenntlichen Brief geschrieben, um das tadelnde Urtheil Goethes über Hensel in der Correspondenz unterdrückt zu wissen, und dabei wird auf eine so lieblose, mich empörende Weise über Vater gepöttelt und hergezogen, dass ich gestern entschlossen war, nach Weimar zu reisen, den Autor persönlich darüber zur Rede zu stellen, ihm auch nötigenfalls ein Paar Ohrfeigen zu geben.

... Das Rechte wäre, dem Menschen gegenüberzutreten und ihn brutal zu bestrafen, wo er sich brutal vergangen hat – aber Schleinitz redete mir ernstlich und besorgt davon ab...

Lies übrigens das ganze Capitel «Juden» aus, um den Mann gehörig kennen zu lernen. Ich weiss wohl, dass der selige Vater mirs zum Gesetz gemacht hat, in keiner Weise von gedruckten Angriffen Notiz zu nehmen... aber dass einer den Namen unseres verstorbenen Vaters und unserer Ahnen auf so elende Weise mißbraucht, das kann ich und darf ich nicht ungeahndet lassen...» [Im Original unterstrichen.]

C) PROLOG ZUR WIENER AUFFÜHRUNG DES «ELIAS», die eine Woche nach Mendelssohns Tod stattfand

L. A. Frankl, in der Wiener Allgemeinen Musikzeitung, Nr. 138, 18. November 1847, S. 553ff.:

Die Halle prangt, den Meister zu empfangen,
Dem schon die Mitwelt gönnt des Ruhmes Glanz,
Sein harrt die frohe Menge mit Verlangen,
Zu Kränzen will sie fügen einen Kranz.

Doch um die Stätte, wo er ruht, der Meister,
Da wandelt riesenhaft ein Chorus hin,
So wie auf Fingals Höh'n die Heldengeister –
Ich hör' es – einen Sturm durch Harfen ziehn.

«Wir sind an seinem Grab die treuen Wächter.
Anschuf er uns die tönende Gestalt,
Auf Erden blühn und sterben die Geschlechter,
Doch unser ist die ewige Gewalt.

Wir halten Wacht. Was klagt Ihr um sein Leben?
Schön wars und kurz, «ein Traum der Sommernacht»,
«Auf Flügeln des Gesangs» ein Schweben
Um Nachwelt, eine siegreich stolze Schlacht!

Ein wunderthätig Erbtheil läßt er wallen
Als Trost herab bei seiner Himmelfahrt –
Vernehmt das heilge Tongewitter hallen,
Das Gruß sein sollte und – ein Abschied ward!»

ANHANG II: WERKVERZEICHNIS

DAS GESAMTWERK MENDELSSOHNS

Opuszahlen über 72: diese Werke sind *posthum* veröffentlicht.
MS: bisher unveröffentlichte Werke.
LA: kennzeichnet die neue Werkausgabe der Deutschen Demokratischen Republik (VEB, Leipzig).

I. Opern, Operetten etc.

Soldatenliebschaft *MS*
Die wandernden Komödianten *MS*
Der Onkel aus Boston *MS*
Die beiden Pädagogen *LA*
Die Hochzeit des Camacho, op. 10
Loreley (Text von E. Geibel), Fragment, op. 98
Die Heimkehr aus der Fremde, op. 89

II. Theater- und Bühnenmusik

Antigone (Sophokles) op. 55
Ein Sommernachtstraum (Bühnenmusik) op. 61
Athalie (Racine) op. 74
Ödipus in Kolonos (Sophokles) op. 93
Der Standhafte Prinz (Calderon) *MS*

III. Geistliche und Kirchenmusik

(A) a cappella

Jube Domne *MS*
Jesus, meine Zuversicht *MS*
Te Deum (für 8 st. Chor) *MS*
Hora est (Antiphona und Responsorium für 16 st. Chor mit Continuo) *MS*
Und ob Du mich züchtigst, Herr *MS*

Kirchenmusik
Drei Motetten op. 23:
  Aus tiefer Noth
  Ave Maria
  Mitten wir im Leben
Sechs Sprüche (für Doppelchor) op. 79:
  Weihnachten («Frohlocket, ihr Völker»)
  Am Neujahrstage («Herr Gott, Du bist unsere Zuflucht»)
  Am Himmelfahrtstage («Erhaben, o Herr»)

In der Passionszeit («Herr, gedenke nicht»)
Im Advent («Lasset uns frohlocken»)
Am Charfreitage («Um unsrer Sünden willen»)

Drei Motetten (für Chor und Solostimmen a cappella) op. 69:
«Herr, nun lässest Du Deinen Diener in Frieden fahren» (Nunc dimittis)
«Jauchzet dem Herrn, alle Welt» (Jubilate Deo)
«Mein Herz erhebet Gott den Herrn» (Magnificat)

Drei Psalmen (für gemischten Chor und Solostimmen a cappella) op. 78:
Der 2. Psalm
Der 43. Psalm
Der 22. Psalm

Die Deutsche Liturgie (für Doppelchor):
Ehre sei Gott in der Höhe
Heilig
Kyrie

Hymne (englisch) für Altsolo, Chor und Orchester, ohne Op.-Zahl
Hear my prayer, für Sopransolo, Chor und Orgel, ohne Op.-Zahl
Zwei geistliche Chöre (für Männerchor) op. 115:
Beati mortui
Periti autem

Trauergesang (für gem. Chor) op. 116

(B) mit instrumentaler Begleitung

Der 19. Psalm (für gem. Chor mit Continuo) *MS*
Der 66. Psalm (für gem. Chor oder Frauenchor, Soli und Continuo) *MS*
Salve Regina (für Sopran und Streich-Orch.) *MS*
Tu es Petrus (für 5 st. Chor und Orch.) op. 111
O beata (für 3 st. Frauenchor und Orgel) *MS*

Drei Motetten für weibliche Stimmen mit Begleitung der Orgel, op. 39
Verleih uns Frieden gnädiglich (für gem. Chor und Orch.)
Te Deum (Engl. Morning Service) für gem. Chor, Soli und Orgel
Evening Service, für gem. Chor und Orgel
Vespergesang (Responsorium et Hymnus für Männerchor, Tenorsolo, Violoncello und Bass) op. 121
Choral: «Herr Gott, Dich loben wir» (für Doppelchor, Orch. und Orgel) *MS*

Psalmen:
Der 115. Psalm (für Soli, Chor und Orch.) op. 31
Der 42. Psalm (für Soli, Chor, Orch. und Orgel) op. 42
Der 95. Psalm (für Soli, Chor, Orch. und Orgel) op. 46
Der 114. Psalm (für 8st. Chor und Orch.) op. 51
Der 98. Psalm (für 8st. Doppelchor, Orch. und Orgel) op. 91
Der 100. Psalm (für gem. Chor mit Orgel ad lib.)

Lauda Sion (für Soli, Chor und Orch.) op. 73
Cantique pour l'Eglise Wallone (für gem. Chor, mit Orgel ad lib.) *MS*

Kantaten:
Christe, Du Lamm Gottes (für 4st. Chor und kleines Orch.) *MS*
Ave maris stella (für Sopransolo mit kl. Orch.) *MS*
O Haupt voll Blut und Wunden (für 4st. Chor und Orch.) *MS*
Vom Himmel hoch (für 5st. Chor, Soli und Orch.) *MS*
Wir glauben all (für gem. Chor und Orch.) *MS*
Ach Gott, vom Himmel (für gem. Chor und Orch.) *MS*

Geistliche Lieder:
Zwei geistliche Lieder (für Sopran mit Klavier) op. 112:
Doch der Herr, Er leitet
Der Du die Menschen lässest sterben
Drei geistliche Lieder (für Altsolo mit Orgel)
Hymne: «Laß, o Herr» (für Altsolo, Chor und Orch.) op. 96
Hymne: «Hör meine Bitten» (Sopransolo, Chor und Orgel)

IV. Weltliche Chormusik

(A) a cappella

Sechs Chöre im Freien zu singen, op. 41:
Im Walde
Entflieh mit mir
Es fiel ein Reif
Auf ihrem Grab
Mailied
Auf dem See
Der erste Frühlingstag (6 Chöre, im Freien zu singen) op. 48:
Frühlingsahnung
Die Primel
Frühlingsfeier
Lerchengesang
Morgengebet
Herbstlied
Im Grünen (6 Lieder für gem. Chor) op. 59:
Im Grünen
Frühzeitiger Frühling
Abschied vom Walde
Die Nachtigall
Ruhetal
Jagdlied
Sechs Lieder für gem. Chor, op. 88:
Neujahrslied
Der Glückliche
Hirtenlied
Die Waldvögelein
Deutschland
Der wandernde Musikant

Vier Lieder für gem. Chor, op. 100:
- Andenken
- Lob des Frühlings
- Frühlingslied
- Im Wald

Chöre für Männerchor:

Sechs Lieder für Männerchor, op. 50:
- Türkisches Schenkenlied
- Ersatz für Unbestand
- Sommerlied
- Wasserfahrt
- Liebe und Wein
- Wanderlied

Nachtgesang für Männerchor

Ersatz für Unbestand, für Männerchor (ohne Op.-Zahl)

Die Stiftungsfeier, für Männerchor

Wandersmann, vier Männerchöre, op. 75:
- Der frohe Wandersmann
- Abendständchen
- Trinklied
- Abschiedstafel

Vier Männerchöre, op. 76:
- Das Lied vom braven Mann
- Rheinweinlied
- Lied für die Deutschen in Lyon
- Comitat

Vier Männerchöre, op. 120:
- Jagdlied
- Morgengruß des Thüringischen Sängerbundes
- Im Süden
- Zigeunerlied

Der weise Diogenes (für Männerchor) *MS*

Musikantenprügelei (für Männerchor) *MS*

(B) mit instrumentaler Begleitung

Der Jäger Abschied (für Männerchor und Orch., eigentlich Nr. 3 aus op. 59)

Festgesang (für Männerchor und Orch., anläßlich des Gutenberg-Festes), ohne Op.-Zahl

Die Erste Walpurgisnacht (für Soli, Gem. Chor und Orch.), op. 60

An die Künstler (Festgesang für Männerchor und Blechblasorch.), op. 68

V. Konzerte und Konzertstücke für Solo-Instrumente und Orchester

Konzert für 2 Klaviere und Orch. in E-dur *LA*
Konzert für zwei Klaviere und Orch. in As-dur *LA*
Violinkonzert in d-moll mit Orch. *LA*
Konzert für Klavier, Violine und Streichorch. *LA*
Konzert für Klavier und Orch. in a-moll *LA*
Konzert für Klavier und Orch. g-moll, op. 25
Konzert für Klavier und Orch., in d-moll, op. 40
Konzert für Violine und Orch., e-moll, op. 64
Capriccio brillant in h-moll, für Klavier und Orch., op. 22
Rondo brillant, Es-dur, für Klavier und Orch., op. 29
Serenade und Allegro giocoso, in h-moll, für Klavier und Orch., op. 43

VI. Kammermusik

Sonate in F-dur, für Viol. und Klavier, op. 4
Sonate in F-dur, für Viol. und Klavier (1838), (Ed. Peters)
Sonate für Viol. und Klavier *MS*
Sonate für Viola und Klavier *MS*
Sonate in B-dur für Violoncello und Klavier, op. 45
Sonate in D-dur, für Violoncello und Klavier, op. 58
Variations concertantes für Violoncello und Klavier, op. 17
Lied ohne Worte für Violoncello und Klavier, in D-dur, ohne Op.-Zahl
The Evening Bell, Konzertstück für Harfe und Klavier, ohne Op.-Zahl
Trio in a-moll, ohne Op.-Zahl *MS*
Trio in d-moll für Klavier, Violine, Violoncello, op. 49
Trio in c-moll für Klavier, Violine und Cello, op. 66
Klavierquartett in c-moll, op. 1
Klavierquartett in f-moll, op. 2
Klavierquartett in h-moll, op. 3
Streichquartett in Es-dur, ohne Op.-Zahl *MS*
Streichquartett Nr. 1 in Es-dur, op. 12
Streichquartett Nr. 2 in A-dur, op. 13
Drei Streichquartette op. 44
   Nr. 3 in D-dur
   Nr. 4 in e-moll
   Nr. 5 in Es-dur
Streichquartett Nr. 6 in f-moll, op. 80
Vier Stücke für Streichquartett, op. 81
   Andante in E-dur
   Scherzo in a-moll
   Capriccio in e-moll
   Fuge in Es-dur
Streichquintett Nr. 1 in A-dur, op. 18
Streichquintett Nr. 2 in B-dur, op. 87
Sextett für Violine, 2 Violen, Violoncello, Kontrabaß und Klavier, in D-dur, op. 110

Oktett für 4 Violinen, 2 Violen und 2 Violoncelli in Es-dur, op. 20
Zwei Konzertstücke für Klavier, Klarinette und Bassethorn, op. 113 und 114

VII. Klavierwerke

(A) für Klavier 2händig

Capriccio, op. 5
Sonate in E-dur, op. 6
7 Charakteristische Stücke, op. 7
Rondo capriccioso, E-dur, op. 14
Phantasie über die «Letzte Rose», op. 15
Drei Phantasien oder Capricen, op. 16
6 Lieder ohne Worte, Heft 1, op. 19
Phantasie (Sonate écossaise), op. 28
6 Lieder ohne Worte, Heft 2, op. 30
3 Capricen, op. 33
6 Präludien und Fugen, op. 35
Gondellied in A-dur (ohne Op.-Zahl)
6 Lieder ohne Worte, Heft 3, op. 38
Andante cantabile und Presto agitato in B-dur, ohne Op.-Zahl
6 Lieder ohne Worte, Heft 4, op. 53
Variations sérieuses in d-moll, op. 54
Prélude et Fugue in e-moll, ohne Op.-Zahl
6 Lieder ohne Worte, Heft 5, op. 62
6 Lieder ohne Worte, Heft 6, op. 67
6 Kinderstücke, op. 72
Variationen in Es-dur, op. 82
Variationen in B-dur, op. 83
6 Lieder ohne Worte, Heft 7, op. 85
6 Lieder ohne Worte, Heft 8, op. 102
3 Präludien, op. 104 (Buch I)
3 Fugen, op. 104 (Buch II)
Sonate in g-moll, op. 105
Sonate in B-dur, op. 106
Prélude et fugue in e-moll (im Album «Nôtre Temps»)
Albumblatt in e-moll, op. 117
Capriccio in E-dur, op. 118
Perpetuum mobile
Scherzo in h-moll
Scherzo a capriccio in f-moll
Zwei Klavierstücke in B-dur und g-moll, op. 119
Zwei Sonaten, einige Phantasien, Studien, Etüden, Fugen etc. *MS*

(B) für Klavier 4händig

Variationen in B-dur, op. 83a
Allegro brillant in A-dur, op. 92
Duo concertant (Variationen über den Marsch in Webers «Preziosa») zusammen mit I. Moscheles (ursprünglich für 2 Klaviere und Orch.), ohne Op.-Zahl

VIII. Werke für Orchester

(A) Symphonien

11 Sinfonien für Streichorchester *LA*
1 Sinfonie für Streichorch., orchestriert *MS*
Symphonie Nr. 1 in c-moll, op. 11 (eigentlich Nr. 13)
Symphonie Nr. 2 mit Soli und Chor «Lobgesang», in B-dur, op. 52
Symphonie Nr. 3, «Schottische», in a-moll, op. 56
Symphonie Nr. 4, «Italienische», in A-dur, op. 90
Symphonie Nr. 5, «Reformationssymphonie», in D-dur, op. 107

(B) Ouvertüren

Ouvertüre zu Shakespeares «Sommernachtstraum», op. 21
Ouvertüre für Harmoniemusik, op. 24
Konzertouvertüre «Die Hebriden» («Fingalshöhle»), (erste Version: «Die einsame Insel»), op. 26
Konzertouvertüre «Meeresstille und Glückliche Fahrt» (nach zwei Gedichten Goethes), op. 27
Konzertouvertüre «Das Märchen von der schönen Melusine», op. 32
Ouvertüre zu Victor Hugos «Ruy Blas», op. 95
Ouvertüre in C-dur («Trompetenouverture»), op. 101
Ouvertüre zu «Athalie» von Racine, op. 74. Siehe auch II (Theatermusik)
Trauermarsch für Norbert Burgmüller, für Militärorch., op. 103
Marsch in D-dur, op. 108

IX. Gesänge für eine Stimme mit Orchester

Konzert-Arie «Infelice»! für Sopran
Lied für Victor Hugos «Ruy Blas», für Sopran und Streichorchester (siehe auch II Theatermusik)

X. Orgelkompositionen

Präludium *MS*
Andante D-dur *MS*
Passacaglia c-moll *MS*
Choralvorspiel «Die Tugend wird durchs Kreuz geübet» *MS*
Fantasie und Fuge g-moll (Fragment) *MS*
Drei Präludien und Fugen, op. 37
Drei Fugen (in e-moll, C-dur, f-moll) *MS*
Sechs Sonaten, op. 65:
- Nr. 1 f-moll
- Nr. 2 c-moll
- Nr. 3 A-dur
- Nr. 4 B-dur
- Nr. 5 D-dur
- Nr. 6 d-moll

Vier Stücke (nicht aufgenommen in die Sonaten) *MS*
Präludium und Fuge B-dur *MS*
Zwei Stücke (Novello), in D-dur und B-dur
Fuge in f-moll
Präludium in e-moll (für Mr. H. Dibdin)

XI. Lieder für eine Stimme mit Klavierbegleitung

Zwölf Lieder op. 8:
- Minnelied
- Das Heimweh
- Italien
- Erntelied
- Pilgerspruch
- Frühlingslied
- Maienlied
- Hexenlied
- Abendlied
- Romanze
- Im Grünen
- Suleika und Hatem

Zwölf Lieder op. 9:
- Frage
- Geständnis
- Wartend
- Im Frühling
- Im Herbst
- Scheidend
- Sehnsucht
- Frühlingsglaube
- Ferne
- Verlust
- Entsagung
- Die Nonne

Sechs Lieder op. 19a:
- Frühlingslied
- Das erste Veilchen
- Winterlied
- Neue Liebe
- Gruß
- Reiselied

Sechs Lieder op. 34:
- Minnelied
- Auf Flügeln des Gesanges
- Frühlingslied
- Suleika
- Sonntagslied
- Reiselied

The Garland, ohne Op.-Zahl

Seemanns Scheidelied, ohne Op.-Zahl

Zwei Romanzen:
- There be none of beauty's daughters, ohne Op.-Zahl
- Sun of the sleepless

Zwei Lieder von Eichendorff (ohne Op.-Zahl):
- Das Waldschloss
- Pagenlied

Sechs Lieder op. 47:
- Minnelied
- Morgengruß
- Frühlingslied
- Volkslied
- Der Blumenstrauß
- Bei der Wiege

Sechs Lieder op. 57:
- Altdeutsches Lied
- Hirtenlied
- Suleika
- O Jugend
- Venetianisches Gondellied
- Wanderlied

Zwei Lieder (ohne Op.-Zahl):
- Ich hör' ein Vöglein
- Todeslied des Bojaren

Sechs Lieder op. 71:
- Tröstung
- Frühlingslied
- An die Entfernte
- Schilflied
- Aus der Wanderschaft
- Nachtlied

Drei Lieder op. 84:
- Da lieg ich unter den Bäumen
- Herbstlied
- Jagdlied

Sechs Lieder op. 86:
- Es lausche das Laub
- Morgenlied
- Die Liebende schreibt (Sonett)
- Allnächtlich im Traume
- Der Mond
- Altdeutsches Frühlingslied

Sechs Lieder op. 99:
- Erster Verlust
- Die Sterne schaun
- Lieblingsplätzchen
- Das Schifflein
- Wenn sich zwei Herzen scheiden
- Es weiß und rät es doch keiner

Zwei geistliche Lieder op. 112 (vgl. S. 603):
- Doch der Herr, Er leitet den Irrenden recht
- Der Du die Menschen lässest sterben

Des Mädchens Klage (ohne Op.-Zahl)

Warnung vor dem Rhein (ohne Op.-Zahl)

XII. Duette mit Klavierbegleitung

Sechs Duette op. 63:
- Ich wollt', meine Liebe ergösse sich
- Abschiedslied der Zugvögel
- Gruß
- Herbstlied
- Volkslied
- Maiglöckchen und die Blümelein

Drei Duette op. 77:
- Sonntagsmorgen
- Das Ährenfeld
- Lied aus «Ruy Blas»

Drei Volkslieder (ohne Op.-Zahl):
- Wie kann ich froh und lustig sein?
- Abendlied
- Wasserfahrt

XIII. Oratorien

St. Paulus (für Soli, Gem. Chor, Orch. und Orgel), op. 36

Elias (für gem. Chor, Soli, Orch. und Orgel), op. 70

Christus (für gem. Chor, Soli, Orch. und Orgel), Fragment, op. 97

XIV. Bearbeitungen

Orchestration von Händels «Acis und Galathea»

Orchester-Arrangement von Händels «Dettinger Te Deum»

Orgel-Stimme für Händels «Israel in Ägypten»

Orgel-Stimme für Händels «Salomo»

ANHANG III

ENGLISCHE ABSCHRIFT
(1878 DURCH Mr. FREEMANTLE, SHEFFIELD)
VON FMBs THEMATISCHEM VERZEICHNIS SEINER WERKE

Die allermeisten Autographen der Kompositionen Mendelssohns wurden im Jahre 1878 in der Königlich Preußischen Staatsbibliothek in Berlin deponiert. Noch im gleichen Jahr wurde von dem beigefügten thematischen Katalog durch Mr. R. Freemantle, Sheffield, eine englische Kopie angefertigt. Dieser bemerkte auf der ersten Seite des Verzeichnisses:

> «The contents of all the following
> volumes are in Mendelssohn's own
> handwriting. The few exceptions
> are pointed out especially».

Zu deutsch:

> «Der Inhalt aller folgenden Bände ist in
> Mendelssohns eigener Handschrift verzeichnet.
> Die wenigen Ausnahmen sind jeweils besonders
> angegeben.»

Von dieser Kopie werden hier erstmals einige Blätter als Muster abgedruckt, mit freundlicher Bewilligung der Library of Congress, Washington.

1st volume
1.
Largo
Pianoforte. 7th March 1820.
2 pages
Largo
1.
2 pages
Soprano, Tenore and Orchestra
4 pages
Lento
Pianoforte à quatre mains
5 pages
Allegro.
Trio
Pianoforte, Violino & Viola
No 1. Allegro.
Pf.
Pianoforte
1 page
No 2
Pf.
Pianoforte
1 page
No 3.
Pf.
Pianoforte
1 page

THEMATIC CATALOGUE OF MENDELSSOHN'S AUTOGRAPH VOLUMES.

In The

ROYAL LIBRARY, BERLIN

List of Dates Mentioned

1820.	March 7.	p. 1.
	April 5.	p. 1.
	May 9.	p. 2.
	May 11.	p. 2.
	May 12.	p. 2.
	June 15.	p. 10.
	June 16.	p. 11.
	July 1.	p. 5.
	July 13.	p. 3.
	November 28.	p. 7.
	December	p. 6.
	December 3.	p. 6.
	December 28.	p. 8.
1821.	January 5.	p. 8.9.
	March 24.	p. 9.
	March 28.	p. 9.
	April 7.	p. 9.
	April 11.	p. 10.
	April 18.	p. 10.
	April 27.	p. 10.
	May 2.	p. 10.
	August 18.	p. 12.
	September 5.	p. 17.
	September 24.	p. 12.
1822.	pp. 26. 86.	
	"Secheron. Sept. 18th"	p. 13.
	"Secheron. Sept. 18th"	p. 13.
	"Secheron. Sept. 20th"	p. 14.
	Sept. 26	p. 22.
	"Berlin. Oct. 18th"	p. 14.
	November 6.	p. 14.
	November 10.	p. 14.
	November 27.	p. 14.
	December 2.	p. 13.
	December 28.	p. 14.
1823.	February 1.	p. 22.
	February 19.	p. 15.
	February (?) 23.	p. 21.
	March 12.	p. 21.
	May 6.	p. 18.
	May 9.	p. 15.
	June 14.	p. 21.
	July 12.	p. 21.
	July 30.	p. 20.
	August 2.	p. 20.
	November 7.	p. 21.
	November 23.	p. 18.
	November 24.	p. 18.

List of Dates Mentioned

(Continued)

1824.	February 14.	p. 18.
	March 15.	p. 19.
	April 30.	p. 19.
	May 10.	p. 19.
	June 5.	p. 19.
	June 9.	p. 20.
	September 10.	p. 20.
1825.		p. 27. 27.
1826.		p. 86.
1827.		p. 86.
1830.		p. 48.
" ?	December 30.	p. 86.
1831 - 1837.		p. 41.
1833 - 1837.		p. 43.
1837.	November 23.	p. 54.
1838.	?	p. 50.
1839.		p. 52.
	Frankfurt a/M.	p. 53.
	February 14.	p. 54.
	June 14.	p. 53.
	June 15.	p. 53. 54.
	July 5.	p. 54.
	November 28.	p. 54.
	December 26.	p. 54.
	December 28.	p. 54.
1841.	April.	p. 33.
1842.	? January.	p. 35.
1843.		p. 60.
	August.	p. 64.
	December 27.	p. 65.
1844.		p. 66.
1845.		p. 71.
1846.		p. 76.

---------oOo----------

ABBILDUNGSVERZEICHNIS

Felix Mendelssohn, London 1829 .. .. Seite 2
Moses Mendelssohn 13
Stammbaum der Familie Mendelssohn und der Familie Itzig 16/17
Abraham Mendelssohn 23
Lea Mendelssohn 27
Carl Friedrich Zelter, Berlin 1829 35
Libretto für das geplante Oratorium *Moses* von A. B. Marx in Mendelssohns Handschrift 65
Das Gartenhaus in Berlin, Leipzigerstraße 3. Zeichnung von Felix Mendelssohn 91
Fanny Hensel, geb. Mendelssohn 96
Felix Mendelssohn 97
Adolf Bernhard Marx 109
Erste Seite der 4. Symphonie (Autograph) 110
Geburtstagsbrief von Felix an Fanny vom 8. November 1825 in Form eines fingierten Beethoven-Briefes 129–131
Carl Klingemann 177
Eduard Devrient, Berlin 1831 189
Spanische Treppe mit Casa Bartholdy, Rom 1831. Bleistiftzeichnung von Felix Mendelssohn 200/201
Aus Schumanns Erinnerungen an Mendelssohn 287
Cécile Mendelssohn, geb. Jeanrenaud 323
Das Konservatorium für Musik in Leipzig zur Zeit Mendelssohns 331
Das Bach-Denkmal vor der Thomaskirche in Leipzig 337
Prinz Albert von England und Königin Victoria, London 1843 413
Haus in Leipzig, in dem Mendelssohn zuletzt wohnte 456
Jenny Lind 463
Luzern und Berner Oberland. Ölgemälde von Felix Mendelssohn 513
Felix Mendelssohn auf dem Totenbett 517
Das alte, 1936 entfernte, und das neue, 1947 errichtete Mendelssohn-Denkmal vor dem Gewandhaus in Leipzig 527

Besitz-Verweise: Stiftung Preußischer Kulturbesitz, Berlin: 13, 23, 27, 35, 65, 96, 97, 109, 177, 189, 413; Familie Wach: 91; Deutsche Staatsbibliothek, Berlin: 110; Familie Hensel: 129–131; Familie Mendelssohn: 201, 323; Schumann-Archiv, Zwickau: 287; Museum für Geschichte der Stadt Leipzig: 331, 337, 456, 527, Schutzumschlag; Nationalmuseum Stockholm: 463; Bodleian Library, Oxford: 513.

REGISTER

Kursive Seitenzahlen verweisen auf die Abbildungen. Das * bei Bach, Beethoven und Mozart bedeutet, daß auf den betreffenden Seiten Werke der genannten Komponisten ausführlich besprochen werden. Die Namen des Stammbaums (S. 16/17) und des Literaturverzeichnisses (S. 589–596) werden hier nicht aufgeführt, die in den Anmerkungen (S. 549 bis 587) erwähnten Namen nur dann, wenn sie an der Bezugsstelle im Haupttext nicht erwähnt sind.

a) NAMEN

ABENDROTH Hermann 259
ABRAHAM 547
– Gerald 580
– Lars Ulrich 296, 586
ADAM Adolphe 424
ADLER Guido 133, 134
ADORNO Theodor Wiesengrund 133
AISCHYLOS oder ÄSCHYLUS 406, 423, 544
ALBERT VON SACHSEN-COBURG-GOTHA Prinzgemahl 151, 412–414, *413*, 488, 507 bis 509
ALF Julius 276, 566
ALLEGRI Gregorio 203, 265
ALSAGER Familie 426
ALTNIKOL Johann Christoph 119
AMADÉ Thaddäus von 350
ANDERS Gottfried Engelbert 368
ANDERSEN Hans Christian 464
APEL Theodor 367
ARISTOTELES 366
ARNIM Ludwig Achim von 13, 551, 597 bis 599
ARNIM Bettina von, geb. Brentano 90, 92, 103, 461, 462, 597
ARNSTEIN Familie 11
ARNSTEIN Franziska (Fanny) von, geb. Itzig 12, 26, 30, 32
ARNSTEIN Nathan Adam von 12
ARNSTEIN-ESKELES Familie 198
ARTARIA Musikverlag 69
ARUNDEL Lord 509
ASHER Julius Louis *463*
ASSMAYR Ignaz 350
ATTERBOM Per Daniel Amadeus 363
ATTWOOD Thomas 162, 169, 170, 172, 178, 185, 186, 223, 254, 263, 292, 340, 396
AUBER Daniel François Esprit 51, 52, 68
AUERBACH Berthold 549
AUSTEN Jane 262
AVENARIUS Cäcilia, geb. Geyer 368, 369
AYRTON Familie 426

BACH Familie 12, 13, 31, 88, 124
– Anna Carolina Philippina 119
– August Wilhelm 255
– Carl 421
– Carl Philipp Emanuel 12, 68, 71, 119, 120, 127, 133, 164, 255, 342, 544, 545
– Johann Sebastian 26, 34, 38*, 39*, 41, 45, 52, 64, 68, 74, 76, 82, 88, 104–106, 117 bis 126*, 132, 134, 146, 148, 156, 171, 173, 185, 194*, 195*, 197, 204, 211, 220, 224, 228*, 234–236, 239, 255, 263, 274, 277, 280, 284, 297, 298, 302–308*, 313, 316, 328, 330, 332, 336–346, *337*, 348, 351, 352, 355, 374, 396, 397*, 411, 412, 418, 420, 421, 424, 425*, 439, 440, 451 bis 453*, 455*, 457, 477, 481, 499, 504, 526, 530, 538, 539, 544, 545, 560
– Johanna Maria, geb. Dannemann 12
– Wilhelm Ernst 556
– Wilhelm Friedemann 12, 119, 120
BÄRMANN Heinrich Joseph 196, 253
BAINI Giuseppe 204, 205, 233
BALZAC Honoré de 217
BAMBERGER Fritz 18
BARRY James 484
BARTHOLDY Jakob 12, 31, 36, 37, 47, 49, 57, 58
BARTHOLOMEW William 190, 363, 473, 490, 491, 496, 501, 507
BARTÓK Béla 137, 250, 378, 396, 530
BARZUN Jacques 556, 571, 578
BAUDELAIRE Charles 532
BAUER Bruno 236, 253, 521, 566

BECKER Karl Ferdinand 417
BECKER Nikolaus 106, 387, 388
BEER Familie 12
BEER Michael 218
BEETHOVEN Ludwig van 33, 34, 43, 44, 49, 50 (fingierter Brief Mendelssohns), 52, 59, 69, 71, 75–81*, 84*, 86–88, 101, 104, 105*, 113, 117, 124, 126, 127, 128, *129 bis 131* (fingierter Brief Mendelssohns), 132*, 133*, 136*, 137*, 139–141, 143, 145, 146, 160, 162–165*, 169, 170, 174, 180, 184, 193–197, 204, 218, 219, 228*, 246, 248, 258–260, 264–266, 275, 279–285, 293, 297, 303, 307, 309, 313–315, 330, 332, 336, 338, 341, 343, 345–347, 350, 354, 374, 375, 384, 392–394*, 396, 409, 411, 418, 423–426, 439, 446*, 447, 465, 466, 468, 503, 507, 510, 518, 519, 531, 537, 538, 541, 585, 587
BEKKER Paul 537
BELLERMANN Heinrich 154
BELLINI Vincenzo 168, 267, 346, 581
BELLOLI Luigi 169
BENDEMANN Eduard 207, *517*, 518, 574
BENDINEN Louise 415
BENEDICT Julius 363, 426
BENEVOLI Orazio 153
BENNETT William Sterndale 223, 332, 333, 423
BENSON F. E. 585
BERGER Ludwig 32, 33, 41, 44, 69, 72, 161, 163–165
BERIOT Charles-Auguste de 180
BERLINER Singakademie 12, 33, 34, 49, 63, 64, 68, 82, 92, 104, 119, 121, 122, 153, 155, 210, 224, 225, 252–257, 275, 296, 342, 346, 409, 422, 518, 519
BERLIOZ Hector 86–88, 103, 108, 111, 112, 115, 116, 132, 153, 159, 160, 161, 199, 202, 204, 217, 219, 221, 227, 232, 243, 275, 279, 282, 284, 307, 315, 324, 332, 333, 350, 354, 366, 376, 411, 419, 420, 428, 437, 440, 466, 529, 540, 544, 579
BEROLDINGEN Familie 11
BETTAN Israel 10
BIEDERMANN Musikverlag 69
BIGNON Graf 13
BIRCH-Pfeiffer Charlotte 190, 363, 471
BISMARCK Otto von 271, 508
BLESSINGER Karl 539
BLOCH Ernst 560, 570, 583
BLÜMNER Heinrich 416
BLUM (Blume) Heinrich 85
BLUME Friedrich 157, 555, 557, 561
BLUMNER Martin 254
BLUNT Wilfried 563
BÖCKH Philipp August 90, 103, 404–406, 410, 415, 430
BODE Wilhelm 563
BÖHME Ferdinand 417
BÖRNE Ludwig 214, 218, 301
BOETTICHER Wolfgang 285, 286, 522, 578, 582
BONNET Charles 20
BORTNIANSKY Dimitri 470
BOTE & BOCK Musikverlag 443, 470
BOTSTIBER Hugo 291
BOYCE William 185
BRAHAM John 348, 503
BRAHMS Johannes 99, 134, 136, 140, 219, 259, 308, 366, 388, 391, 396, 430, 440, 451, 474, 537, 546
BREITKOPF & HÄRTEL Musikverlag 106, 108, 470, 521
BRENTANO Bettina von, s. Arnim, Bettina von
BROCKHAUS Familie 465
– Fritz 372, 465
BRUCE 64, 264
BRUCKNER Anton 88, 99, 140, 145, 153, 160, 198, 366, 418, 440, 447, 451, 466, 476, 478
BRUNO Giordano 203
BUCHHOLZ Friedrich 439
BUDDHA 366
BÜCKEN Ernst 347, 541
BULMAN Joan 581
BÜLOW Hans von 147, 281, 282, 335, 339, 340, 372, 385, 417, 559
BÜRGER Gottfried August 163
BULL John 174
BUNSEN Christian Karl Josias von 181, 204, 221, 400–402, 404, 410, 423, 426, 427, 507, 509, 526
BUNSEN Frances (Fanny) von 509

BURCKHARDT Jacob 405
BURGMÜLLER Norbert 332, 607
BURNEY Charles 118
BUSCH Wilhelm 320
BUSONI Ferruccio 115, 134, 395, 396, 536, 537
BUXTON Edward 340, 468, 509, 584
BYRON Lord George Gordon Noël 288, 431

CALDARA Antonio 153, 477
CALDERON DE LA BARCA Pedro 268, 288, 601
CALVIN Johannes 151, 438
CALVISIUS Sethus 277
CAPELL Richard 531
CARADORI-Allan Maria 501, 503, 584
CARTER Elliott 395
CASELLA Alfredo 537
CASPAR Johann Ludwig 83
CASALS Pablo 529
CASSEL Paulus 587
CASTELLI Ignaz von 344, 351, 353
CAVENDISH Familie 509
CHERUBINI Luigi 50–52, 68, 86, 127, 134, 145, 162, 163, 169, 180, 217, 219–221, 265, 275, 283, 284, 304, 332, 345, 354, 466, 476, 477, 537
CHÉZY Helmine von 190, 363
CHILDE James Warren *2*
CHOPIN Frédéric 33, 78, 86, 90, 160, 163, 217, 219–221, 227, 268, 269, 284, 289, 296, 303, 312, 324, 330, 332, 333, 354, 411, 529, 531
CHORLEY Henry Fothergill 87, 318, 328, 341, 343, 347–349, 473, 502, 511, 512, 514, 533, 568, 571, 572, 585, 586,
CHRISTANNEL 359
CIMAROSA Domenico 84, 168, 169, 280, 332, 503
CLEMENTI Muzio 33, 127, 161, 172, 178, 225, 283
COCCIA Carlo 207
COMTE Auguste 355
CONSTANT Benjamin 24
COOPER George 342
COOPER James Fennimore 419
CORNEILLE Pierre 365
CORNELIUS Peter von 400, 410
CORREDOR José Maria 529
COVENTRY and HOLLIER, Musikverlag 452
CRAMER Johann Baptist 33, 161, 178, 179, 181
CRAMER L. 179
CRAMER Marian 181
CROFT William 169, 185
CROTCH William 170, 171
CROMWELL Oliver 20
CUMMINGS W.H. 572
CURTIUS Ernst Robert 543, 544
CZERNY Carl 88, 197, 198

DAHLHAUS Carl 133, 296, 306, 541, 546, 557, 563, 570, 571, 580, 586
DAHLMANN Friedrich Christoph 360
DAHMS Walter 291
DARNLEY Earl of 169
DAUDET Alphonse 217
DAUMIER Honoré 217
DAVID Ferdinand 279, 342, 357, 404, 408 bis 410, 417, 420, 447, 465, 520
DAVISON James William 318, 341, 415, 425, 501, 558
DEBUSSY Claude 241, 437, 536
DECKER Pauline 259, 260
DEHN Siegfried Wilhelm 406
DELACROIX Eugène 217
DENEKE Margarete 522
DENT Edward 587
DERBY Earl of 169
DESSAU Mendel 60
DESSAUER Joseph 64
DEUTSCH Otto Erich 572
DEVONSHIRE Herzog von 176
DEVRIENT Eduard 26, 32, 50, 90, 92, 108, 120, 121, 123, 166, 174, 188–192, *189*, 211, 243, 254, 255, 266, 314, 318, 357, 361, 363, 404, 405, 427, 460, 461, 471, 472, 474, 504, 506, 521, 522, 570
– Therese 123, 124
DICKENS Charles 426
DILTHEY Wilhelm 14
DIRICHLET Gustav Peter Lejeune 263, 360, 506
– Rebekka, s. Mendelssohn Bartholdy, Rebekka

DITTERSDORF Karl Ditters von 84
DIZI François Joseph 179
DÖRFFEL August 354, 568, 569
DOHM Christian Wilhelm von 19, 20
DOLES Johann Friedrich 119, 277
DONIZETTI Gaetano 168, 208, 333, 512
DONNER Johann Jakob Christian 405
DORN Heinrich 276, 359, 571
DOWLAND John 170
DRACH Walter (Pseudonym für Richard Wagner) 373
DROYSEN Johann Gustav 90, 149, 174, 191, 192, 271, 315, 360, 363, 364, 400, 405, 406, 458, 461, 507, 510, 511, 522, 559
DROUET Louis 180
DUMAS Alexandre (père) 217
DURANTE Francesco 117, 153, 379
DUSSEK Johann Ladislaus 72, 86, 147, 161, 163, 164
DVOŘÁK Antonín 391

EBERL Anton 283
EBERT Egon 149, 150, 294
EBERWEIN Carl 45
ECKERMANN Johann Peter 560
EDWARD III., König von England 363
EDWARDS Frederick George 490, 580, 583, 584, 585
EICHENDORFF Joseph von 89, 387, 388, 608
EICHHORN Johann Albrecht Friedrich 402, 403, 414, 415, 459, 462
EINSTEIN Alfred 117–119, 124, 230, 276, 289, 291, 307, 484, 541
ELGAR Edward 474, 536
ELKIN R. 585
ELLESMERE Familie 509
ELVERS Rudolf 10, 85, 572, 586
EPHRAIM, Familie 12, 198
ERMATINGER Emil 558
ERNST Heinrich Wilhelm 409, 410
ERNST August, König von Hannover 328, 360, 458
ERTMANN Dorothea von 212, 468
ERTMANN Stephan von 212
ESKELES Bernhard von 12
ESKELES Cäcilie von, geb. Itzig 12, 30, 31
EWALD Heinrich August 360
EWER and Co., Musikverlag 223, 509
EYBLER Joseph von 350

FALKENSTEIN Johann Paul von 417, 460
FASCH Karl Friedrich Christian 12, 33, 34, 82, 119, 153, 348
FASSMANN Auguste von 346
FAURÉ Gabriel 478
FELIX Rachel 190
FELLERER Karl Gustav 297, 476
FERDINAND I., Kaiser von Österreich 354
FESCA Friedrich Ernst 283, 332
FÉTIS François Joseph 99, 167, 185, 194, 219, 220, 261, 264, 269, 276, 335, 344, 345
FEUCHTERSLEBEN Ernst von 388
FICHTE Johann Gottlieb 551
FIELD Henry 33
FINK Gottfried Wilhelm 277, 279, 284
FINN 64, 264
FISCHER Wilhelm 145
FISCHHOF Joseph 116, 586
FLEMING Paul 149
FONTANE Theodor 423
FORD Thomas 169
FORKEL Johann Nikolaus 118, 125
FOULD & Co., Bankhaus 25, 30
FRÄNKEL Dr. 443
FRÄNKEL David Hirschel 15
FRANCK César 88, 396
FRANTZ Konstantin 373
FRANZ I., Kaiser von Österreich 350
FRANZ Carl, Erzherzog von Österreich 354
FREEMANTLE R. 610–613
FREGE Livia 503, 511, 515, 516, 519
FREGE Richard Woldemar 357
FREIGEDANK Karl (Pseudonym für Richard Wagner) 373, 533
FREILIGRATH Ferdinand 426
FRIEDEMANN H. 587
FRIEDLÄNDER Blümchen, geb. Itzig 12
FRIEDLÄNDER David 12, 15
FRIEDLAND Martin 393–395
FRIEDRICH II., König von Preußen 20–22
FRIEDRICH August II., König von Sachsen 344, 369, 403, 416, 420, 459, 460
FRIEDRICH Wilhelm, Kronprinz von Preußen 462

FRIEDRICH Wilhelm III., König von Preußen 478
FRIEDRICH Wilhelm IV., König von Preußen 106, 123, 188, 271, 362, 368, 399–406, 408–410, 412, 415, 416, 420, 422–424, 426–428, 431, 439, 445, 457, 460, 470, 478, 504, 585
FRIES Familie 11
FUCHS Aloys 197, 255, 342, 352, 468
FULLER MAITLAND John Alexander 558
FÜRST Julius 67, 304

GADE Niels Wilhelm 259, 283, 419, 421 505, 581
GÄHRICH Wenzel 332
GAMALIEL 223, 305
GANS Eduard 67, 90, 93, 99, 599
GANZ Leopold 410, 422
GAUNTLETT Henry 328, 452, 501, 502
GAVARNI Paul 217
GECK Martin 124, 555
GEIBEL Emanuel 149, 190, 363, 387, 471 bis 473, 500, 504, 601
GEIGER Abraham 67
GENTZ Friedrich von 57
GEORG III., König von England 168
GEORG IV., König von England 168
GERLACH R. 579
GIBBONS Orlando 386
GILBERT Felix 585
GILBERT Sir William Schwenck 520
GIORGIONE DA CASTELFRANCO 198
GLADSTONE William Ewart 509
GLASSBRENNER Adolf 405, 431
GLUCK Christoph Willibald 31, 34, 72, 86, 212, 265, 280, 431
GOETHE Johann Wolfgang von 24, 25, 34 36, 39, 41–48, 52, 56, 68, 79, 90, 92, 99, 102, 119, 122, 141, 149, 150, 159, 163, 191, 193–195, 198, 202, 203, 206, 208, 213, 220, 221, 223, 226, 229, 230, 266, 269, 270, 294–296, 300–302, 312, 320, 330, 355, 358, 363, 377, 386–388, 405, 418, 429, 431, 466, 500, 542–544, 577, 607
– Ottilie von 195, 312
– Walter Wolfgang von 312
GOLDSCHMIDT Otto 417, 465
GOMPERZ (Gumpertz) Salomon 15
GOSSEC François-Joseph 161
GOTTSCHED Johann Christoph 407
GOUNOD Charles 88
GRABAU-BÜNAU Henriette 284, 417
GRANT Robert 64, 264
GRAVES Charles L. 560
GREGOIRE Abbé Henri 20
GRANZIN Louis 483
GRAUN Karl Heinrich 120, 148, 204
GRECO (GNECCO Francesco) 348
GREGOR XVI., Papst 203
GRELL Eduard 104, 154, 233, 255, 422, 470, 518
GRESHAM Sir Thomas 386
GRÉTRY André-Ernest-Modeste 31
GREVILLE Charles 484
GREVILLE Charlotte 509
GREYERZ Otto von 552
GRIMM Brüder 278, 360, 400
– Jakob 90
GRISI Giulia 167
GROSSMANN-VENDREY Susanne 580
GROVE Sir George 192, 328, 379, 383, 384, 484, 579, 584
GRUBEL Fred 10
GRUENWALD Max 10
GRÜNEISEN Ch. 558
GÜNTHER Karl Friedrich 357
GUGGENHEIM Abraham 22
– Fromet, s. Mendelssohn, Fromet
GUGLIELMI Pietro 169
GULOMY J.C. 343
GUSIKOW Mikhail 302, 303, 312, 313
GUTENBERG Johannes 338, 604
GUTMAN Robert 375
GUTZKOW Karl von 295

HABENECK François-Antoine 51, 219
HAECKER Theodor 542, 576
HÄNDEL Georg Friedrich 33, 34, 68, 71, 73, 74, 82, 132, 153, 156, 167–170, 172, 180, 185, 186, 204, 225, 228, 235, 258 bis 260, 265, 268, 275, 276, 280, 284, 305 bis 309, 313–316, 328, 330, 332, 334, 339, 341–346, 348, 352, 355, 378, 383, 398,

411, 412, 423, 425, 440, 453, 459, 466, 477, 486, 495, 499, 503, 519, 538, 544, 565, 585, 609
HÄRTEL Raymund 357
HALÉVY Jacques-Fromental 51
HALM August 88
HAMANN Johann Georg 18, 20
HANSLICK Eduard 350, 545
HARDENBERG Karl August von 57
HASE Oskar von 554
HASLER Hans Leo 386
HAUPTMANN Moritz 88, 235, 313, 314, 384, 385, 417, 420, 421, 440, 453, 482, 483, 520, 532, 579, 586
HAUSER Franz 197, 198, 342, 466, 579, 586
HAWES Marie B. 501
HAYDN Joseph 33, 49, 52, 68, 71, 99, 117, 127, 132, 136, 142, 145, 162, 163, 172, 174, 184, 196, 197, 225, 231, 265, 280, 284, 291, 332, 347, 352, 354, 355, 411, 418, 424, 439, 440, 443, 466, 529, 531, 541
– Michael 439
HEBBEL Friedrich 431, 473
HEBEL Johann Peter 299, 387
HECKER Max 570
HEGEL Georg Wilhelm Friedrich 34, 89, 90, 99–104, 107, 123, 150, 155, 160, 193–195, 202, 262, 270, 271, 355, 376, 440, 475, 506, 545, 546
HEIGL-WACH Susanne 10, 192
HEINE Familie 12
HEINE Heinrich 56, 66, 67, 90, 106, 149, 150, 190, 214, 218, 294–296, 301, 324, 387, 388, 461, 532
HEINEMANN Karl 563
HELLER Jakob Lipmann 11
HELLMESBERGER Joseph 279
HENNING Carl Wilhelm 33, 422
HENSEL Fanny, s. Mendelssohn Bartholdy, Fanny
– Sebastian 8, 11, 22, 53, 94, 178, 192, 215, 221, 318, 326, 404, 412, 512, 579
– Wilhelm *23, 27, 35,* 63, *96, 97,* 98, 105, *109, 177,* 188, *189,* 221, 301, 311, 413, 511
HERSCHEL Lady 509
HERWEGH Georg 388, 415
HERZ Henri 196, 197, 221, 390, 393
HERZ Henriette 13, 29, 32
HEUSS Alfred 243
HEYDEMANN Brüder 192
HEYSE Karl Wilhelm Ludwig 31, 47, 63, 99
HEYSE Paul 31, 94
HILDEBRANDT Theodor 207
HILL Richard 10
HILLER Antolka 47, 421
– Ferdinand 47, 90, 192, 218, 219, 220, 259, 268, 312, 313, 316, 318, 322, 327, 332, 333, 335, 336, 338, 342, 358, 371, 372, 390, 393, 395, 421, 489, 522, 567, 570, 573, 578, 580
HILLER Johann Adam 239, 277, 578
HINDEMITH Paul 378, 474, 541
HITLER Adolf 9, 530, 586
HITZIG Familie 13
– Julius Eduard 67, 598
HOCKE Gustav René 543, 544
HOECKER Wilma 576
HÖLDERLIN Friedrich 430
HÖLTY Ludwig Heinrich Christoph 149, 296
HOFFMANN E.T.A. (Ernst Theodor Amadeus) 86, 87, 117, 118, 148, 199, 378
HOFFMANN VON FALLERSLEBEN August Heinrich 387, 426
HOFMANN Werner 543, 544
HOFMANNSTHAL Hugo von 406
HOFMEISTER Friedrich 359
HOLLAND H. S. 417, 581, 582, 585
HOLMES Edward 568
HOLTEI Karl von 190, 363
HOMBERG Herz 549
HOMER 31
HORSLEY Familie 222, 225, 262, 414
– Schwestern 261, 262
– Charles Edward 225
– Sophy 248
– William 171, 172, 183, 225, 263
HUCH Ricarda 319, 558
HUGO Victor 217, 389, 607
HUMBOLDT, Brüder 24, 34, 103, 204, 410
– Alexander von 25, 93, 99

– Wilhelm von 34, 89, 90, 400–402
HUME David 62
HUMMEL Johann Nepomuk 40, 41, 45, 46, 51, 68, 76, 79, 141, 147, 160, 161, 221, 283, 332, 333
HUNTINGTON Rev. 384

IDELSOHN A. Z. 552
IMMERMANN Karl 214–217, 253, 257, 265–268, 274, 288, 315, 362, 363, 566
INGLIS 64, 264
ISSERLES Moses 11, 12
ITZIG Familie 12, 13, 29, 31, 120
– Babette, s. Salomon, Babette
– Blümchen, s. Friedländer, Blümchen
– Cäcilie (Zipporah), s. Eskeles, Cäcilie von
– Daniel 11, 26, 30, 37, 49, 55, 56
– Henriette, s. Mendelssohn, Henriette
– Moritz 597–599
– Rebekka, verehelichte Veitel 31
– Sorel (Sara), s. Levy, Sara

JACOBY Johann 414
JAHN Friedrich Ludwig 373
JAHN Otto 259, 306, 313, 314, 485, 486, 488, 494, 496, 498
JASPERS Karl 366
JEAN Paul 102, 158, 285, 297, 358
JEANRENAUD Familie 317, 321, 322, 325
– Auguste 317
– Cécile, s. Mendelssohn Bartholdy, Cécile
– Elisabeth Wilhelmine, geb. Souchay 317, 320, 322, 325, 326
– Johanna 321, 356, 507
JESAJA 487, 489, 499
JOACHIM Joseph 279, 282, 425, 507, 508, 546
JOHANSON Louisa 466
JOMELLI Niccolò 477
JOSEPH II., röm.-deutsch. Kaiser 20, 293
JOSQUIN DESPREZ 560
JULIAN APOSTATA 400

KALKBRENNER Friedrich Wilhelm Michael 51, 179, 196, 197, 219–221, 297, 326, 390, 393, 562
KALLIWODA Johann Wenzel 333
KANT Immanuel 20, 104, 216, 260, 262
KARL X., König von Frankreich 275
KARL FRIEDRICH Großherzog von Sachsen-Weimar 45
KARL LUDWIG Erzherzog von Österreich 354
KATZENELLENBOGEN Familie 11
KAYSERLING M. 549
KEMBLE Charles 176
KIERKEGAARD Sören 364, 365, 528
KINSKY Georg 554, 564
KIRKENDALE Warren 153
KIRNBERGER Johann Philipp 18, 26, 34, 119, 120
KISCH Abraham 15
KISTNER Friedrich 357
KLEIN Bernhard 255, 386
KLINGEMANN Carl 50, 51, 85, 89, 90, 93, 99, 149, 173, 175–178, *177*, 181, 183, 186, 190, 192, 202, 222, 224, 247, 248, 253–256, 261–263, 268, 271–273, 275, 292–295, 311, 315, 318, 322, 327, 328, 333, 339, 340, 341, 348, 355, 356, 361, 363–365, 372, 383, 388, 392, 398, 403, 414, 426, 458, 484, 485, 504, 508–510, 521, 522, 580, 582, 584
KOCH Heinrich Christoph 69
KOLLMANN August Friedrich Christoph 118
KÖHLER Karl-Heinz 10, 70, 234
KÖRNER Karl Theodor 45
KOTZEBUE August Friedrich Ferdinand von 363
KOŽELUCH Leopold Anton 161
KRAUS Karl 320, 354, 388
KREBS Johann 500, 504
KREBS Johann Ludwig 119
KREHBIEL Henry Edward 580
KRETZSCHMAR Hermann 151, 152, 235, 305, 308, 310, 483, 484, 526
KREUTZER Conradin 361, 570
KREUTZER Rodolphe 51, 75, 180
KRUMMACHER Friedhelm 115
KUFFERATH, Sängerin 260
KUHNAU Johann 277
KUMMER Friedrich August 424
KUNT Karl 353

LABLACHE Luigi 348
LACHNER Franz 196, 332, 333
LANDSDOWN Marquis von 176
LANG Paul Henry 538
LA ROCHEFOUCAULT François von 400
LASSO Orlando di 117, 132, 233, 265
LAUBE Heinrich 361, 363, 461
LAVATER Johann Kaspar 19–21, 124
LEHRS Samuel 369
LENAU Nikolaus 149, 387, 388, 426
LEO Familie 12
LEO Leonardo 265, 379
LEONI 73
LEPSIUS Richard 410
LESSING Gotthold Ephraim 11, 14, 18, 20, 21, 55, 102, 271, 365
LESUEUR Jean-François 86
LEUPOLD Ulrich 583
LEVY Samuel 12
– Sara (Sorel), geb. Itzig 12, 25, 26, 29, 33, 120, 124, 255, 342, 597
LICHTENSTEIN Geheimrat 255
LICHTENWANGER Bill 10
LIECHTENSTEIN Carl von 32
LIECHTENSTEIN Ulrich von 294, 295
LIEVEN Fürstin 178
LIND Jenny 150, 168, 417, 459, 462–468, *463*, 470–473, 495, 500, 501, 509, 514, 519, 528
LINDPAINTNER Peter 283
LISZT Franz 51, 86, 88, 112, 153, 160, 168, 219, 221, 250, 259, 284, 303, 324, 326, 332, 333, 335, 336, 338, 339, 341, 354, 393, 410, 423, 428, 437, 440, 441, 466, 478, 540, 546
LOBE Johann Christian 39, 44, 359
LOCKE John 62
LOCKEY Charles 501, 503
LOEWE Carl 104, 105, 218, 255, 306, 470, 483
LORTZING Albert 338, 531
LOTTI Antonio 117, 153, 265
LOUIS FERDINAND Prinz von Preußen 13, 72, 86
LOUISE Großherzogin von Sachsen-Weimar 45
LOVIE Alphonse (= Mendelssohn Bartholdy, Felix) 264
LUDWIG I. König von Bayern 214
LUDWIG Otto 473, 474
LÜTTICHAU Baron 370, 460
LULLY Jean-Baptiste 330
LUMLEY Benjamin 363, 364, 472, 473, 500, 504
LUTHER Martin 19, 198, 271, 339, 438, 443, 483, 490

MACFARREN Georg Alexander 426
MAGIS-GHYSENS M. 467
MAGNUS Eduard *323*
MAHLER Gustav 56, 102, 140, 145, 290, 294, 354, 388, 451, 536
MAHRENHOLZ Christhard 439
MALEACHI 499
MALIBRAN Maria 167, 176, 178, 263, 462, 528
MANASSE BEN ISRAEL 20
MANN Heinrich 158
MANNHEIM Karl 207
MARCELLO Benedetto 169, 235, 379
MARENZIO Luca 386
MARIA ANNA KAROLINE Kaiserin von Österreich 354
MARIA PAWLOWNA Großherzogin von Sachsen-Weimar 45
MARPURG Friedrich Wilhelm 18, 34, 119 120
MARSCHNER Heinrich 218, 267, 332, 333, 426
MARTINI Padre Giambattista 68
MARX Adolf Bernhard 50, 64, *65*, 89, 90, 92, 93, 99, 105, 107–108, *109*, 111, 114, 116, 120, 123, 124, 128, 155, 159, 191, 196, 299, 300, 359, 393, 522, 523, 535, 536, 544
MARX Karl 56, 355
MASSOW Ludwig Joachim Valentin von 402, 403, 415, 416
MATTHÄI Heinrich August 274, 279
MECHETTI Musikverlag 69
MÉHUL Etienne-Nicolas 31, 68, 86, 127, 280, 332, 333, 411, 424, 584

MENDELSSOHN Arnold 24, 585
– Dorothea, verehelichte Veit (geschieden), verehelichte Schlegel 24, 25, 32, 316, 318, 319, 325
– Fromet, geb. Guggenheim 22, 25
– Henriette (Jette) 24, 26, 47, 50
– Henriette, geb. Itzig 24
– Henriette, geb. Meyer 103
– Joseph 24, 25, 30, 56, 84, 93, 320
– Moses 11–15, *13,* 18–22, 24, 33, 39, 54, 56–58, 60–62, 66, 67, 102, 176, 209, 230, 236, 259, 270, 301, 302, 311, 316, 319, 354, 405, 443, 475, 476, 489, 505, 516, 567
– Nathan 24, 181
– Recha, verehelichte Mayer 24
– Saul 31
MENDELSSOHN BARTHOLDY Familie 31, 36, 39, 47, 53, 55, 56, 63, 70, 89, 93, 94, 120, 134, 173, 174, 180, 214, 225, 252, 255, 256, 267, 272, 276, 284, 301, 321, 325, 326, 356, 384, 400, 401, 410, 414, 489, 505, 516, 520–522
– Abraham *23,* 24–26, 28–31, 33, 36, 40, 44, 47, 49, 50, 52, 53, 56–63, 66–69, 73, 84, 89, 90, 92, 93, 111, 122, 125, 134, 173, 175, 176, 178, 182, 186–188, 190, 191, 195, 196, 198, 203, 205, 208, 210, 211, 214–216, 223, 224, 230, 231, 235, 237, 252, 255, 259–264, 266–271, 273, 276, 277, 295, 299–303, 311–313, 318, 321, 329, 342, 475, 476, 489, 505, 516, 518
– Albertine 414, 511, 512
– Albrecht 28, 59, 61, 62, 124, 522
– Cécile, geb. Jeanrenaud 214, 317–327, *323,* 329, 348, 349, 352, 355–357, 410, 414, 415, 421, 424, 426, 457, 462, 464, 505, 507, 509, 511, 516, 520–522, 528
– Ernst 522
– Fanny Cäcilie, verehelichte Hensel 30, 32, 33, 36, 37, 44, 46–48, 52, 57, 58, 62, 63, 69, 94–95, *96,* 98, 127, 128, *129–131,* 136, 141, 142, 153, 173, 186, 198, 206, 224, 230, 231, 242, 247, 248, 272, 295, 297, 312–315, 318, 320–322, 324–326, 336, 352, 356, 372, 408, 410, 412, 415, 419, 422, 423, 427, 455, 466, 467, 500, 506, 510, 511, 514–516, 518, 519, 523, 524
– Felix (Jakob Ludwig Felix) passim, s. auch Register der zitierten Werke
– Hugo von 10
– Karl Wolfgang Paul 44–46, 53, 192, 355, 421, 424, 426, 457, 507, 521
– Lea, geb. Salomon 11, 26–31, *27,* 36, 37, 39, 40, 44, 47, 55–59, 63, 89, 93, 94, 103, 120, 122, 173, 178, 186, 187, 188, 191, 195, 196, 272, 276, 277, 300, 311–313, 318, 319, 321, 322, 324, 325, 329, 336, 352, 356–359, 361, 383, 410, 419, 518
– Marie Pauline Helene 355, 421, 424, 426, 457, 507
– Paul 522
– Paul Felix Abraham 356, 421, 424, 426, 457, 458, 507
– Paul Hermann 30–32, 53, 69, 191, 192, 391, 414, 419, 457, 466, 489, 502, 506, 510, 511, 516, 518, 520–522
– Rebekka, verehelichte Dirichlet 30, 31, 58, 62, 64, 98, 102, 175, 191, 275–277, 312, 318, 320–322, 324–326, 329, 356, 357, 372, 419, 423, 426, 458, 506, 512, 518
MENUHIN Yehudi 74, 539
MENZEL Wolfgang 213
MERBECKE John 170
MERITIS F. (= Mendelssohn Bartholdy Felix) 285
MERK Joseph 197
METTERNICH Klemens Lothar Wenzel von 57, 207, 399
MEYERBEER Giacomo 51, 86, 90, 124, 217–219, 333, 354, 411, 462, 509, 577
MICHAELIS Johann David 14
MILDER-HAUPTMANN Anna 253
MILHAUD Darius 474
MILTON John 275
MILTON S. 10
MINTZ Donald 10, 552, 570
MIRABEAU Honoré Gabriel Victor Riquetti von 21
MÖSER Karl 253, 279, 422

MOLIQUE Bernhard 332, 347, 424
MONTEVERDI Claudio 148, 304, 544
MONTROSE Herzog von 178
MOORE Joseph 348, 485
MOORE Thomas 469
MORIANI Napoleone 372
MORLEY Thomas 170
MOSCHELES Familie 504
– Kinder 507
– Charlotte 105, 176, 341, 414, 502, 507
– Felix 257
– Ignaz 50, 51, 58, 69, 76, 90, 141, 160, 161, 164, 166, 172–176, 178, 179, 181, 191, 192, 221, 222, 224, 241, 254, 257, 262, 283, 289, 293, 297, 303, 312, 318, 322, 332–334, 338, 341, 348, 349, 414, 417, 418, 426, 501–503, 507, 520, 522, 584, 586, 606
MOSER Hans Joachim 347, 537, 582
MOSEVIUS Johann Theodor 255
MOZART Karl 212
– Leopold 52, 127
– Wolfgang Amadeus 14, 33, 37, 38*, 42*, 43, 45, 46, 49, 51, 52, 68, 71–76*, 81, 83–85, 117, 118, 126, 127, 132, 136, 140, 144, 145*, 147, 156, 162, 163, 168–170, 174, 179, 180, 188, 196, 197, 203, 204, 222, 224*, 246, 247, 256, 258, 260, 265 bis 267, 280, 284, 291, 293, 314, 315*, 328, 330, 332, 336, 339, 345, 346, 348, 350, 354, 364*, 374, 391, 393, 411, 418, 424, 439, 440, 465, 466, 474, 478, 503, 531, 537, 541
MUCK Karl 259
MÜHLENFELS Ludwig von 181
MÜLLER von, Kanzleirat 459
MÜLLER Friedrich von 301
MÜLLER-DÜSSELDORF J. 411
MURILLO Bartolomé Estéban 205, 241, 529

NÄGELI Hans Georg 119, 123
NAPOLEON I. Kaiser von Frankreich 30, 86, 317
NAUE Johann Friedrich 470, 479
NAUMANN Emil 417
NAUMANN Johann Gottlieb 280, 332
NEITHARDT August Heinrich 483, 518
NEUKOMM Sigismund von 116, 255, 283
NEWMAN Ernest 367, 552, 558, 568, 581
NEWTON Sir Isaac 156, 330, 549
NICHOLSON Charles 180
NICOLAI Christoph Friedrich 20
NICOLAI Otto 470
NIEBUHR Barthold Georg 57
NIEMETSCHEK F. 556
NIETZSCHE Friedrich 126, 230, 405, 431, 432, 536, 560, 579
NIKISCH Artur 332
NITSCHE Roland 585
NOVALIS (Friedrich Freiherr von Hardenberg) 158, 199, 545
NOVELLO Alfred 334
– Clara 333, 334, 344, 346
NOVELLO, Musikverlag 222, 228
NOWAK Leopold 10, 551

OFFENBACH Jacques 531
ONSLOW André Georges Louis 161, 332
OPPENHEIMER Familie 12
OURY Antonio James 180
OWEN Robert 62

PACINI Giovanni 169, 465, 466
PAGANINI Niccolò 39, 168, 194, 258, 332, 428, 507
PALESTRINA Giovanni Pierluigi 104, 117, 132, 148, 199, 205, 265, 280, 348, 440
PALIAN Robert 552
PALMERSTON Lord Henry John Temple 166, 507
PASCAL Blaise 500
PASTA Giuditta 167, 410
PATON Mary Anne 179, 180
PEEL Sir Robert 412, 414
PEREIRA Familie 11, 198
– Baronin 116, 197, 351
PERGER R. von 572
PERGOLESI Giovanni Battista 169, 265, 477
PESTALOZZI Johann Heinrich 84
PETITPIERRE Jacques 317, 318, 320, 325, 327
PHILIPPS Henry 585
PICO DELLA MIRANDOLA Giovanni 204

PILLET Léon 190
PIRQUET Familie 11
PISTOR Betty 556
PIUS VIII. Papst 203
PIUS X. Papst 209
PLAIDY Louis 417
PLANCHET (PLANCHÉ) James Robinson 186, 190, 363
PLATEN August von 296
PLATON 31, 366
PLEYEL Ignaz 161
PÖLCHAU Georg 255
POGWISCH Ulrike von 45
POHLENZ Christian August 274, 417, 569
POISSL Johann Nepomuk von 196, 215
POLKO Elise 277, 318, 334, 572, 582, 586
POPE Alexander 20
PORPORA Nicola 68
PORSCHE Familie 357
POULENC Francis 474
PRASLIN-SEBASTIANI Herzogin 24
PRÜFER Arthur 555
PURCELL Henry 185

QUEISSER Karl Traugott 278

RACEK Fritz 10
RACINE Jean Baptiste 223, 362, 406, 432 544, 601, 607
RAFFAEL (Raffaelo Santi) 205, 241, 339
RADZIWILL Anton Heinrich von 13
RANK Otto 562
RANKE Leopold von 90, 360
RAUMER Karl Otto von 462
RAUPACH Ernst 363
RAVEL Maurice 437, 474, 541
REDERN Wilhelm von 368, 470, 483
REGER Max 115, 298, 332, 396, 454, 536, 537, 544, 546
REICHA Antonin 51, 52, 69, 88, 161, 163, 297
REICHARDT Johann Friedrich 86, 153, 275
REINECKE Carl 332, 546, 581
REISSIGER Carl Gottlieb 255, 283, 332
REISSMANN August 291, 385
RELLSTAB Ludwig 39, 40, 44, 164, 242, 246, 253, 405, 406, 422, 423, 430
REMY N. 549
REUTTER Georg 68
RHEINBERGER Joseph 396
RHODE E. 405
RICHTER Hans 259, 555
RIEHL Wilhelm Heinrich 532, 568f.
RIEMANN Hugo 92, 157, 289, 385
RIEMER Friedrich Wilhelm 301f.
RIES Ferdinand 264, 268, 269, 283, 345, 422
RIETSCHEL Georg 582
RIETZ Eduard 33, 37, 75, 90, 140, 220, 267
– Julius 69, 80, 122, 245, 267, 332, 346, 357, 359, 411, 510, 520, 521, 559, 564
RHIGINI Vincenzo 280, 332
RITTER Karl 99
ROBERT Friederike 103, 149
ROCHLITZ Friedrich 117, 124, 340, 346
ROCKSTRO William Smyth 417, 581, 582, 585
RODE Pierre 51, 75
ROHLEDER Friedrich Traugott 479
ROLLAND Romain 314, 537
ROMBERG Andreas 280, 386
ROPS Félicien 202, 217
ROSÉ Arnold Josef 279
ROSEN Ch. 564
ROSEN Friedrich 181, 222, 262, 327, 328, 458
– Sophie 248, 458
ROSENHAIN Jakob 332
ROSNER Franz 179, 180
ROSSINI Gioacchino 34, 51, 69, 72, 84, 162, 168, 169, 174, 180, 190, 211, 217, 221, 267, 283, 316, 332, 333, 346, 348, 354, 424, 505, 512, 537, 577
ROTHSCHILD Familie 11, 12
ROUSSEAU Jean Jacques 545
ROUSSEL Albert 437
RUBINI Giovanni Battista 167
RUBINSTEIN Anton 259
RUBINSTEIN Josef 376
RÜCKERT Friedrich 400
RUNGENHAGEN Carl Friedrich 224, 252, 253, 255, 256, 401, 518
RUSSELL Charles 509

Saint-Saëns Camille 544, 587
Salieri Antonio 86, 280, 332
Salomon Familie 31
– Babette, geb. Itzig 12, 120, 215
– Bella 37
– Jakob, s. Bartholdy, Jakob
– Lea, s. Mendelssohn Bartholdy, Lea
– Levi 12
Salomon Bartholdy Jakob, s. Bartholdy, Jakob
Sand George 217
Santini Fortunato 204, 233
Saphir Moritz Gottlieb 353, 354
Savigny Friedrich Karl von 599
Scaliger Julius Cäsar 204
Scarlatti Domenico 82, 146, 316
Schadow Friedrich Wilhelm von 97, 205, 268, 271, 272, 320
Schauroth Delphine von 196, 214, 262
Schein Johann Hermann 277
Schelble Nikolaus 47, 119, 216, 255, 302, 303, 315, 316
Schering Arnold 119, 228, 449, 541, 542, 552, 587
Scheumann Richard 582
Schicht Johann Gottfried 277, 344, 578
Schiller Friedrich von 14, 25, 34, 55, 102, 158, 161, 163, 182, 209, 211, 213, 353, 363–365, 387, 427, 429, 445, 467, 532, 542
Schillings Max von 546
Schindler Anton 265
Schirmer Johann Wilhelm 155
Schlegel August Wilhelm von 102, 107, 117, 158, 159
– Dorothea, s. Mendelssohn, Dorothea
– Friedrich von 24, 32, 157–159, 316, 319, 408
Schleiermacher Friedrich 13, 66, 104, 156, 158, 236, 271, 302, 305, 317, 319, 322, 378, 438, 439, 462, 470, 475, 478, 479, 505
Schleinitz Conrad 274, 357, 418, 515, 520
Schlesinger Musikverlag 69, 114, 124, 373
Schloss Sophie 342, 346
Schmidt F. 568, 569, 582
Schmiedl Johann Baptist 519
Schmitt Aloys 276, 566
Schneider Friedrich 255, 283, 302, 346, 518
Schneider Max Friedrich 10, 32, 234
Schönberg Arnold 115, 378, 540, 541
Scholem Gershom 54, 55
Scholes Percy Alfred 503, 559
Schopenhauer Adele 30, 39, 44–46
– Arthur 376, 457, 500, 543, 544
Schröder-Devrient Wilhelmine 343, 372, 376, 469
Schubert Ferdinand 334
– Franz 33, 34, 86, 94, 127, 133, 136, 141, 149, 151, 160, 162–164, 197, 218, 227, 246–248, 282, 298, 334–336, 338, 351, 354, 372, 386, 388, 391, 424, 425, 457, 469, 531
Schubring Julius 108, 112, 304, 305, 307, 318, 485–488, 490, 494, 495, 499, 521, 570
Schünemann Georg 84, 254–256, 395, 555
Schumann Clara, geb. Wieck 248, 324, 341, 357, 358, 421, 464, 466, 505, 582
– Robert 86, 88, 115, 123, 136, 160, 161, 205, 218, 227, 241, 248, 249, 259, 277, 279, 282, 284–286, *287*, 288, 292–294, 297, 298, 303, 313, 324, 332–334, 338 bis 343, 350–352, 354, 355, 357, 368, 379, 385, 411, 417, 418, 453, 461, 468, 469, 505, 520–522, 529, 531, 540, 579
Schunck Julie 573
Schuppanzigh Ignaz 279
Schweitzer Albert 123, 239
Scott Cyril 587
Scott Sir Walter 182, 425
Scribe Eugène 190, 363, 364, 472–474, 504
Sebastiani Graf 24
Sechter Simon 88, 198
Seneca 273, 547
Servais Adrien François 372
Seydlitz J. 581
Seyfried Ignaz von 283
Shaftesbury Anthony Ashley Cooper 20

SHAKESPEARE William 102, 107, 108, 115, 124, 212, 213, 215, 216, 253, 343, 358, 364, 407, 408, 437, 472, 474, 544, 607
SHAW Georges Bernard 8, 535, 547, 555
SHAW Mary (Shaw, Mrs. Alfred) 333
SIMROCK Musikverlag 217, 247, 357, 509
SMART Sir George 172, 178–181
SMETANA Bedřich 144, 391
SOHN Carl Ferdinand 207
SONNLEITHNER Ignaz von 124, 352
SONTAG Henriette 168, 176, 178, 181
SOPHOKLES 223, 362, 404, 406, 430, 544, 601
SOUCHAY Familie 317, 321
– Carl Cornelius 317
– Elisabeth Wilhelmine, s. Jeanrenaud, Elisabeth Wilhelmine
– Hélène Elisabeth 317, 325, 356
Jean Daniel 317
SPIEL Hilde 549
SPITTA Philipp 555
SPOHR Louis 39, 47, 86, 87, 90, 114, 127, 141, 160, 161, 163, 167, 169, 172, 174, 179, 218, 276, 278, 283–285, 306, 332, 333, 343, 346, 354, 370, 409, 450, 483, 503, 577
SPONTINI Gasparo 39, 84, 86, 90, 122, 123, 127, 162, 174, 176, 203, 204, 216, 267, 332, 375, 401, 422
STAËL Germaine de 24
STAHR Adolf 461, 462
STANFORD Mister 503
STAUDIGL Joseph 501, 503, 519
STEFFENS Henrik 13
STEIN Leon 375
STEINSCHNEIDER Moritz 67
STERN-TÄUBLER Selma 18
STIMPSON James 509
STOCKMAR Baron 508
STRAUBE Karl 332
STRAUSS David Friedrich 400
– Gerhard Friedrich Abraham 422, 462, 470
– Johann (Vater) 197
STRAUSS Richard 115, 259, 406, 474, 536, 537, 540, 544–546
STRAWINSKY Igor 9, 378, 395, 530, 541
STREICHER Johann Andreas 45
STRICH Fritz 407
STUART Maria 182
SULLIVAN Arthur 520

TÄGLICHSBECK Thomas 332
TAMBURINI Antonio 167
TAPPERT Wilhelm 243, 244
TAUBERT Wilhelm 213, 422
TAYLOR Familie 183
– Schwestern 183, 184, 195
– Anne 184
– Honoria 184
– John 178, 183
– Susan 184
TELEMANN Georg Philipp 120
TELLER Probst 15
TENNYSON Lord Alfred 535
TERENZ 99
THALMANN Marianne 407
THALBERG Sigismund 284, 390
THAYER Alexander Wheelock 553
THERESE, Königin von Bayern 214, 215
THIBAUT Justus 103, 104, 117, 124, 154, 199, 265
THIELE Eduard 518
THOMAS VON AQUIN 475
THOMAS Mathias 145, 563
THORWALDSEN Bertel 205
TIECK Ludwig 90, 102, 107, 158–160, 190, 363, 404, 407, 408
TIÉNOT Yvonne 562, 563
TISCHLER Hans 565
TIZIAN (Tiziano Vecellio) 198
TOELKEN Ernst Heinrich 405
TORLONIA Familie 204
TOVEY Donald Francis 291, 490
TSCHAIKOWSKY Peter Iljitsch 290, 391, 474, 544

UHLAND Ludwig 149, 150
UHLIG Theodor 534
UNGHER-SABATIER Karoline (Carlotta) 410

VALENTIN H. (Pseudonym für Richard Wagner) 373
VAN DEN LINDEN Albert 467, 478
VANHAL Johann Baptist 161

VARNHAGEN VON ENSE Karl August 34, 90, 93, 597–599
– Rahel 13, 24, 29, 92, 103
VEIT Simon 32, 319
VERDI Giuseppe 153, 334, 366, 474, 477, 512, 531
VERGIL 576
VERNET Horace 205, 217
VESQUE VON PÜTTLINGEN Johann 349, 351, 519
VIARDOT-GARCIA Pauline 168
VICTORIA I. Königin von England 90, 157, 176, 328, 412, *413,* 458, 507, 508, 509, 579
VICTORIA Tomás Luis de (Ludovico da Vittoria) 104, 132, 199, 233
VIOTTI Giovanni Battista 75, 280
VOGLER Georg Joseph, Abbé 280, 332
VOIGT Henriette 286
VOIGTS Friedrich 85, 86
VOLTAIRE 20, 62, 585
VOŘIŠEK Jan Hugo 161, 163
VOSS Heinrich 138

WACH Joachim 9, 192, 551
WACKENRODER Wilhelm Heinrich 117, 378
WAGNER Cosima 375, 534, 564, 574
– Minna 369
– Richard 9, 68, 74, 80, 86–88, 92, 103, 115, 138, 145, 188, 199, 204, 218, 219, 231, 233, 239, 241, 244, 251, 259, 274, 279–282, 285, 294, 324, 333, 339, 347, 354, 355, 357, 362, 366–376, 385, 388, 405, 406, 411, 431, 432, 436, 437, 454, 460, 461, 466, 474, 520, 528, 530, 531, 533–537, 539, 540, 546, 580
WAHL Saul 11
WALKER Sir Ernest 223, 587
WALMISLEY Thomas 171
WALZEL Oskar 295, 407
WARNER Jack 396
WASIELEWSKI Wilhelm von 334, 417, 578
WATERS Edward 10
WEBER Carl Maria von 39, 68, 72, 76, 77, 79, 80, 84–87, 90, 107, 114, 118, 127, 137, 147, 163, 167, 172, 174, 179, 180, 188, 218, 245, 260, 265, 267, 275, 280, 284, 293, 332, 339, 346, 363, 366, 370, 386, 394, 407, 411, 465, 466, 503, 531, 606
WEBER Max 207
WEIGL Joseph 350
WEIL Hans 14
WEISCHAL Mister 169
WEISSMANN Adolf 537, 569
WELLINGTON Sir Arthur Wellesley, Duke of 105, 271
WENZEL Ernst Ferdinand 417
WERNER Elisabeth, geb. Mendelssohn 4, 10
– Eric 7, 552, 553, 574, 578, 582, 586
– Rudolf 8, 83, 153, 234, 239, 379, 383, 476, 478, 564
WESLEY Familie 119
– Charles 171
– John 171
– Samuel 118, 171, 328
– Samuel Sebastian 171
WESSELY Othmar 145, 579
WESTMORELAND John Fane Earl of 423
WICHMANN Ludwig Wilhelm 462
WIECK Clara, s. Schumann, Clara
WIELAND Christoph Martin 363, 407
WILAMOWITZ-MOELLENDORFF Ulrich von 431
WILDE Oscar 532
WILHELM I. deutscher Kaiser 431
WILHELM II. deutscher Kaiser 431
WILLIAM IV. König von England 90, 327
WIMPFFEN Graf 11, 198
WINCKELMANN Johann Joachim 405, 431
WINTER Peter von 258, 566
WITTE Martin 570
WOLF Ernst Wilhelm 258, 566
WOLF Hugo 294, 366, 388, 430
WOLFF Ernst 192, 205, 562, 569
WOLFF Hellmut Christian 234, 523, 552
WOLFSKEHL Karl 575
WORINGEN Familie 272, 277, 315
– Elise von 248
– Otto von 257, 266
– Rosa von 248
WRANITZKY Katharina 180

ZAMOSC Israel ben Moses 15
ZEDLITZ Joseph Christian von 116
ZELTER Doris 39, 255, 301, 342
– Karl Friedrich 12, 25, 33–41, *35*, 43–50, 52, 64, 68, 69, 71, 86, 90, 92, 99, 111, 112, 114, 119–125, 148, 149, 151, 157, 173, 184, 186, 191, 193–195, 198, 203, 204, 206, 208, 210, 219–221, 223–225, 229, 230, 233, 235, 237, 252, 254, 255, 290, 294–296, 299, 300, 301, 305, 306, 342, 353, 355, 378, 386, 418, 522
ZICHY Familie 11
ZILLE Heinrich 431
ZUCCALMAGLIO Wilhelm von 361
ZUNZ Leopold 67
ZURBARÁN Francisco de 560
ZWINGLI Ulrich 151, 438

b) ZITIERTE WERKE MENDELSSOHNS

Abschied vom Walde, aus «Im Grünen», 6 Lieder op. 59: 386
Ach Gott, vom Himmel sieh darein, Kantate: 233, 239, 240
Altdeutsches Frühlingslied, aus 6 Lieder op. 86: 514, 515
An die Künstler, op. 68: 445
Antigone, Bühnenmusik op. 55: 223, 362, 375, 399, 404–409, 420, 423, 427–431, 433, 459, 540
Athalie, Bühnenmusik op. 47: 223, 406, 407, 420, 428, 430, 432, 433, 540
Auf dem See, aus 6 Chöre im Freien zu singen op. 41: 386
Auf der Wanderschaft, aus 6 Lieder op. 71: 515
Auf Flügeln des Gesanges, aus 6 Lieder op. 34: 295, 377, 388, 532
Aus tiefer Noth, aus Kirchenmusik op. 23: 205, 206, 226, 232, 234, 236, 237
Ave Maria, aus Kirchenmusik op. 23: 198, 205, 226, 234, 237, 238, 270

Capriccio für Klavier in fis-moll, op. 5: 81, 146
Capriccio brillant für Klavier und Orchester in h-moll, op. 22: 147, 222
(3) Capricen für Klavier, op. 33: 288, 296, 297
(7) Charakteristische Stücke für Klavier, op. 7: 81, 135, 145–147, 298
(6) Chöre im Freien zu singen, op. 41: 288, 295, 296, 377
Christe, du Lamm Gottes, Kantate: 233, 239
Christus, Fragment eines Oratoriums op. 97: 224, 500, 505, 526, 586
Comitat, aus 4 Männerchöre op. 76: 387
Concertino, Particell der Italienischen Symphonie: 208, 288

Da Israel aus Ägypten zog, s. 114. Psalm op. 51
Das erste Veilchen, aus 6 Lieder op. 19a: 150
Das Lied vom braven Mann, aus 4 Männerchöre op. 76: 387
Der Blumenstrauß, aus 6 Lieder op. 47: 388
Der erste Frühlingstag, 6 Chöre im Freien zu singen op. 48: 377
Der Jäger Abschied: 387, 441
Der Onkel aus Boston: 84
Der standhafte Prinz, Theatermusik: 288
Die deutsche Liturgie: 470, 478, 480–483, 500, 504, 525, 539
Die Erste Walpurgisnacht, op. 60: 149, 202, 206, 212, 220, 226–232, 419, 423, 426, 429, 487, 540
Die Hebriden, s. Konzertouvertüre
Die Heimkehr aus der Fremde, op. 89: 186 bis 188, 363
Die Hochzeit des Camacho, op. 10: 83, 85, 86, 363
Die Liebende schreibt, aus 6 Lieder op. 86: 150, 377, 388, 389

Die Nachtigall, aus «Im Grünen», 6 Lieder op. 59: 387
Die Nonne, aus 12 Lieder op. 9: 150
Die schöne Melusine, s. Konzertouvertüre
Die Stiftungsfeier: 521
Die wandernden Komödianten: 84
Die zwei Pädagogen: 84
Duo concertant für 2 Klaviere und Orchester: 257

Ehre sei Gott in der Höhe, aus «Die deutsche Liturgie»: 470
Ein Sommernachtstraum, Bühnenmusik op. 61: 116, 232, 362, 393, 399, 406–409, 420, 421, 423, 426–428, 434–438, 445, 503, 507, 509, 534, 540, 554f., 582
Einweihungsmusik für den Kölner Dom (geplant): 462, 512
Elias, Oratorium op. 70: 66, 223, 235, 271, 304, 307, 351, 363, 378, 396, 426, 447, 454, 459, 460, 462, 472, 474, 484–504, 507–509, 514, 519, 520, 526, 532, 536, 540, 567, 582, 583, 584
Erntelied, aus 12 Lieder op. 8: 149, 412
Es fiel ein Reif, aus 6 Chöre im Freien zu singen, op. 41: 386
Es ist bestimmt in Gottes Rath, s. Volkslied
Es ist ein Schnitter, heißt der Tod, s. Erntelied
Evening Service: 253

Festgesang anläßlich des Gutenberg-Festes: 338, 384, 521
Fingalshöhle, s. Konzertouvertüre «Die Hebriden»
Frage, aus 12 Lieder op. 9: 137, 138
Frühlingsglaube, aus 12 Lieder op 9: 149, 150
Frühlingslied, aus 6 Lieder op. 19a: 295
Frühlingslied, aus 6 Lieder op. 34: 295

Gruß, aus 6 Lieder op. 19a: 150

Hark, the herald angels sing, Lied: 532
Heilig, aus «Die deutsche Liturgie»: 470
Herbstlied, aus «Der erste Frühlingstag», 6 Chöre im Freien zu singen, op. 48: 386
Hermannsschlacht, deutsche Kantate nach Klopstock (geplant): 512
Herr Gott, Dich loben wir, Choral: 232, 420
Herr, nun läßt Du Deinen Diener in Frieden fahren, aus 3 Motetten op. 69: 518, s. auch «Nunc dimittis»
Hexenlied, aus 12 Lieder op. 8: 149
Hora est: 135, 153–155, 247, 475

Im Grünen, 6 Lieder für gemischten Chor op. 59: 377
Infelice, Konzertarie op. 94: 288, 296
Israel in Ägypten (Händel), Orgelstimme: 423
Italienische Symphonie, s. Symphonie Nr. 4

Jube Domne: 475
Jubilate Deo, aus 3 Motetten op. 69: 444, 482

(6) Kantaten: 155
(6) Kinderstücke für Klavier, op. 72: 520
Klavierkonzerte, s. Konzerte für Klavier
Klavierquartett in c-moll, op. 1: 70, 79, 137
Klavierquartett in f-moll, op. 2: 79, 137
Klavierquartett in h-moll, op. 3: 79, 80, 137
Klaviersonaten, s. Sonaten für Klavier
Klaviertrio in c-moll, o. op. Nr.: 70
Klaviertrio in d-moll, op. 49: 377, 391, 392, 450
Klaviertrio in c-moll, op. 66: 70, 144, 429, 449–451
Konzert für Klavier und Orchester g-moll, op. 25: 144, 197, 214, 222, 227, 228, 246, 258, 261, 348, 411, 421, 581
Konzert für Klavier und Orchester in d-moll, op. 40: 325, 327, 328, 336, 348, 377, 390, 392
Konzert für Klavier, Violine und Streichorchester: 70
Konzert für 2 Klaviere und Orchester in As-dur: 70, 74, 76–79, 104, 105, 257, 521
Konzert für 2 Klaviere und Orchester in E-dur: 70, 74, 76, 77, 79, 181, 257

Konzert für Violine und Orchester in e-moll, op. 64: 75, 140, 144, 390, 409, 426, 429, 447–449, 519, 536, 540
Konzert für Violine und Streichorchester in d-moll: 70, 74–76, 539
Konzertouvertüren: 87, 107, 133
Konzertouvertüre «Das Märchen von der schönen Melusine», op. 32: 72, 87, 133, 195, 288, 292–294, 297, 519, 540, 544
Konzertouvertüre «Die Hebriden» («Fingalshöhle»), op. 26: 87, 101, 144, 183, 195, 198, 206, 220, 222, 223, 227, 241, 242, 244, 341, 376, 411, 445, 519, 540, 564
Konzertouvertüre «Meeresstille und Glückliche Fahrt», op. 27: 101, 133, 175, 284, 285, 336, 338, 347, 376, 544
(2) Konzertstücke für Klavier, Klarinette und Bassetthorn, op. 113 und 114: 196, 288
Kyrie, aus «Die deutsche Liturgie»: 470
Kyrie c-moll: 83

Lauda Sion, op. 73: 459, 462, 467, 475 bis 478
Laudate pueri, aus 3 Motetten op. 39: 234, 238
Lerchengesang, aus «Der erste Frühlingstag», 6 Chöre im Freien zu singen op. 48: 386
Liebe und Wein, aus 6 Lieder op. 50: 387
(12) Lieder für 1 Stimme mit Klavierbegleitung, op. 8: 135, 148–150
(12) Lieder für 1 Stimme mit Klavierbegleitung, op. 9: 135, 148–150
(6) Lieder für 1 Stimme mit Klavierbegleitung, op. 19a: 135, 148–150, 288, 294, 295
(6) Lieder für 1 Stimme mit Klavierbegleitung, op. 34: 288, 294, 295, 377, 388
(6) Lieder für 1 Stimme mit Klavierbegleitung, op. 47: 377, 388
(6) Lieder für Männerchor, op. 50: 377
(6) Lieder für gemischten Chor, op. 88: 377
(4) Lieder für gemischten Chor, op. 100: 377
Lieder ohne Worte (8 Hefte): 93, 101, 132, 163, 184, 187, 220, 222, 227, 228, 246–251, 261, 272, 298, 327, 375, 377, 455, 466, 474, 537, 540, 563, 565, 569, 570, 574, 581
Lobgesang, s. Symphonie «Lobgesang»
Loreley, Fragment op. 98: 512, 526, 528

(4) Männerchöre, op. 76: 377
(4) Männerchöre, op. 120: 377
Magnificat für Soli, Chor und Orchester: 83
Magnificat, aus 3 Motetten op. 69: 444, 482, 483
Meeresstille und Glückliche Fahrt, s. Konzertouvertüre
Mein Gott, mein Gott, warum hast Du mich verlassen, s. 22. Psalm, aus 3 Psalmen op. 78
Mitten wir im Leben, aus Kirchenmusik op. 23: 205, 226, 234, 236, 237
Moses, Libretto: 65, 222, 299, 300
(3) Motetten, op. 39: 206, 226, 228, 232, 234, 237
(3) Motetten, op. 69: 482

Nachtlied, aus 6 Lieder op. 71: 388, 515, 516, 518
Neue Liebe, aus 6 Lieder op. 19a: 150, 295, 388
Neujahrslied, aus 6 Lieder op. 88: 387
Non nobis Domine, s. 115. Psalm op. 31
Nunc dimittis, aus 3 Motetten op. 69: 444, 482

O beata, Motette: 233
O Haupt voll Blut und Wunden, Kantate: 198, 233
Oedipus in Kolonos, Bühnenmusik op. 93: 406, 407, 428, 429, 431
Oktett, op. 20: 71, 77, 79, 80, 135–137, 141–145, 153, 180, 219, 312, 421, 451
Orgelsonaten, s. Sonaten für Orgel
Ouvertüre zu «Ruy Blas», op. 95: 133, 377, 389, 425
Ouvertüre zu «Sommernachtstraum», op. 21: 59, 87, 98, 104, 107, 108, 111–117, 125, 140, 141, 143, 144, 146, 147, 153,

178–181, 195, 214, 219, 222, 269, 328, 348, 376, 437, 519, 534, 540

Paulus, Oratorium op. 36: 190, 216, 221, 223, 246, 270, 271, 288, 302–315, 325, 326, 328, 336, 346, 347, 349–354, 370, 409, 412, 420, 426, 427, 433, 484, 489, 490, 494, 495, 497, 509, 518, 519, 526, 567, 571, 585
Phantasie für Klavier zu 4 Händen in d-moll: 81
(3) Phantasien oder Capricen, op. 16: 184
(6) Präludien und Fugen für Klavier, op. 35: 288, 297, 298, 396
(3) Präludien und Fugen für Orgel, op. 37: 228, 327, 377, 396, 397
2. Psalm, aus 3 Psalmen op. 78: 441
22. Psalm, aus 3 Psalmen op. 78: 442
42. Psalm, op. 42: 150, 327, 336, 338, 341, 346, 348, 371, 377–379, 572
43. Psalm, aus 3 Psalmen op. 78: 519
95. Psalm, op. 46: 377–379
98. Psalm, op. 91: 422, 444
100. Psalm: 443, 444
114. Psalm, op. 51: 260, 348, 377–383, 482
115. Psalm, op. 31: 206, 226, 233–236, 238
(3) Psalmen, op. 78: 441

Reformationssymphonie, s. Symphonie Nr. 5
Reiselied, aus 6 Lieder op. 19a: 295
Reiselied, aus 6 Lieder op. 34: 295
Rheinweinlied, aus 4 Männerchöre op. 76: 387
(2) Romanzen von Lord Byron: 288
Rondo brillant für Klavier und Orchester in Es-dur, op. 29: 288, 296, 297
Rondo capriccioso in E-dur, op. 14: 135, 147, 148, 197, 540
Ruy Blas, s. Ouverture

Salomo (Händel), Orgelstimme: 253, 254, 275
Schilflied, aus 6 Lieder op. 71: 388
Schottische Symphonie, s. Symphonie Nr. 3
Schweizer Musik (geplant): 512
Schweizer Sinfonie, s. Sinfonie Nr. 9
Seemanns Scheidelied: 521
Serenade und Allegro giocoso für Klavier und Orchester in h-moll op. 43: 347
Sextett in D-dur, op. 110: 79, 80
Sinfonien für Streichorchester: 70, 87, 88, 135, 523, 539
Sinfonie Nr. 1: 70
Sinfonie Nr. 2: 71
Sinfonie Nr. 3: 71
Sinfonie Nr. 4: 71
Sinfonie Nr. 5: 71
Sinfonie Nr. 6: 71
Sinfonie Nr. 7: 71
Sinfonie Nr. 8: 71
Sinfonie Nr. 9 («Schweizer Sinfonie»): 71, 72
Sinfonie Nr. 10: 72
Sinfonie Nr. 11: 72–74
Sinfonie Nr. 12: 73, 74
Singet dem Herrn ein neues Lied, s. 98. Psalm op. 91
Soldatenliebschaft: 84
Sommernachtstraum, s. Ouvertüre und «Ein Sommernachtstraum», Bühnenmusik op. 61
Sonate für Klavier in E-dur, op. 6: 80, 81, 132, 165
Sonate für Klavier in g-moll, op. 105: 80, 81, 165
Sonate für Klavier in B-dur, op. 106: 80, 81, 165
Sonate für Viola und Klavier: 70, 79
Sonate für Violine und Klavier in f-moll, op. 4: 79
Sonate für Violine und Klavier in F-dur: 79, 539
Sonate für Violoncello und Klavier in B-dur, op. 45: 377, 391
Sonate für Violoncello und Klavier in D-dur, op. 58: 358, 429
(6) Sonaten für Orgel, op. 65: 426, 429, 451–455, 540
(6) Sprüche, op. 79: 428, 442
Streichquartett in Es-dur, o. op. Nr.: 137
Streichquartett Nr. 1 in Es-dur, op. 12: 135–137, 139, 219, 226, 390

Streichquartett Nr. 2 in a-moll, op, 13: 135–139, 141, 144, 219, 226, 390
(3) Streichquartette, op. 44: 377, 390
Streichquartett Nr. 3 in D-dur, aus 3 Streichquartette op. 44: 390
Streichquartett Nr. 4 in e-moll, aus 3 Streichquartette op. 44: 327, 390
Streichquartett Nr. 5 in Es-dur, aus 3 Streichquartette op. 44: 390, 391
Streichquartett Nr. 6 in f-moll, op. 80: 101, 144, 501, 523–525
Streichquintett Nr. 1 in A-dur, op. 18: 135, 137, 140, 144, 220
Streichquintett Nr. 2 in B-dur, op. 87: 459, 474, 475
(4) Stücke für Streichquartett, op. 81: 137
Suleika, aus 6 Lieder op. 34: 295, 388
Surrexit pastor bonus, aus 3 Motetten op. 39: 234, 238, 239
Symphonie Nr. 1 in c-moll, op. 11: 74, 135, 136, 178–180, 194, 214
Symphonie Nr. 2 mit Soli und Chor «Lobgesang», in B-dur, op. 52: 238, 339, 348, 349, 377, 383–385, 389, 409, 411, 454, 490, 577
Symphonie Nr. 3, «Schottische», in a-moll, op. 56: 72, 111, 182, 184, 206, 231, 371, 389, 409, 411, 412, 425, 426, 429, 445 bis 447, 509, 519, 532, 540, 557
Symphonie Nr. 4, «Italienische», in A-dur, op. 90: 110, 135, 206–208, 253, 257, 258, 261, 288–292, 540
Symphonie Nr. 5, «Reformationssymphonie», in D-dur, op. 107: 132, 135, 219, 221, 227, 242–246, 540, 564

Te Deum für achtstimmigen gemischten Chor: 135, 152, 153, 475, 521, 586
Te Deum, englisches Morning Service: 253, 444, 445, 525
Trinklied, aus «Wandersmann», 4 Männerchöre op. 75: 387
Tröstung, aus 6 Lieder op. 71: 515
Trompeten-Ouvertüre: 257, 258, 260
Tu es Petrus, op. 111: 134, 135, 153, 475
Türkisches Schenkenlied, aus 6 Lieder op. 50: 378

Variationen für Klavier in Es-dur, op. 82: 393
Variationen für Klavier in B-dur, op. 83: 393
Variations concertantes für Violoncello und Klavier, op. 17: 393
Variations sérieuses für Klavier in d-moll, op. 54: 144, 377, 392–394, 537
Veni domine, non tardare, aus 3 Motetten op. 39: 234
Verleih uns Frieden gnädiglich: 205, 226, 234, 240, 241, 344
Violinkonzert, s. Konzert für Violine
Volkslied, aus 6 Lieder op. 47: 376, 377, 388, 519, 532
Vom Himmel hoch, Kantate: 233

Wandersmann, 4 Männerchöre op. 75: 377
Warum toben die Heiden, s. 2. Psalm, aus 3 Psalmen op. 78
Wer hat dich, du schöner Wald: 532
Wie der Hirsch schreit nach frischen Quellen, s. 42. Psalm op. 42
Wir glauben all an einen Gott, Kantate: 233, 239

Zigeunerlied, aus 4 Männerchöre op. 120: 387